# Encyclopédia of Theatre Dance in Canada
# Encyclopédie de la Danse Théâtrale au Canada

Editor/Rédactrice: Susan Macpherson

Toronto, 2000

# Encyclopedia of Theatre Dance in Canada
# Encyclopédie de la Danse Théâtrale au Canada
Copyright ©2000 Arts Inter-Media Canada/Dance Collection Danse
145 George Street
Toronto M5A 2M6 Canada
www.dcd.ca

Editor/Rédactrice: Susan Macpherson
Translation/Traduction: Liliane Busby
Photographic and Copy Editor; Research Co-ordinator/Secrétaire d'édition et de la photographie; Coordonatrice de la recherche: Amy Bowring
French Language Reader/Lectrice de l'édition française: Marie Claire Forté
English Language Reader/Lectrice de l'édition anglaise: Allana Lindgren
Design and Layout/Conception et mise en page: LAMA Labs

## Canadian Cataloguing in Publication Data

Main entry under title:
Encyclopedia of theatre dance in Canada = Encyclopédie de la danse théâtrale au Canada
Text in English and French
ISBN 0-929003-42-X
1. Dance – Canada – Encyclopedias.   I. Macpherson, Susan, 1944- .II Title: Encyclopedie de la danse theatrale au Canada.

GV1625.E52 2000   792.7'8'097103   C00-931597-7E

## Données de catalogage avant publication (Canada)

Vedette principale au titre:
Encyclopedia of theatre dance in Canada = Encyclopédie de la danse théâtrale au Canada
Texte en anglais et en français.
ISBN 0-929003-42-X

1. Danse – Canada – Encyclopédies.  I. Macpherson, Susan, 1944-  . II.Titre Encyclopédie de la danse théâtrale au Canada.
GV1625.E52 2000   792.7'8'097103   C00-931597-7F

This publication has been made possible by a grant from The Canada Council for the Arts.
Cette publication est rendu possible grâce à une subvention du Conseil des Arts du Canada

**ISBN 0-929003-42-X**

LE CONSEIL DES ARTS DU CANADA DEPUIS 1957 | THE CANADA COUNCIL FOR THE ARTS SINCE 1957

Manufactured in Canada/Fabriqué au Canada

# Encyclopedia of Theatre Dance in Canada
# Encyclopédie de la Danse Théâtrale au Canada

## CONTENTS/TABLE DES MATIÈRES

This book is dedicated to those who have come before
and to all who will come after

Ce livre est dédié à ceux qui ont précédé
et à ceux qui suivront

# INTRODUCTION

With the launch of this encyclopedia in the millennium year, a new beachhead has been established for Canadian dance artists and their work. The book's release is timely in fostering a better understanding of the breadth and depth of the country's theatrical dance story. Canadian dance can now take its rightful place among the other arts – affirming that there are, indeed, distinguished achievements in Canadian theatrical dance which must be acknowledged and celebrated.

The original gathering work for the encyclopedia began over twenty years ago with Jill Officer at the University of Waterloo; the formidable task undertaken by Officer and her cohorts Robyn Gallimore, Frances Humphreys and Janet Wason in the (now defunct) U of W Dance Programme forms the foundation of this book. Initially, 6000 questionnaires were circulated to individuals and this information was entered into a database. However, by 1984 the project was out of money and had to be suspended.

In 1989, Dance Collection Danse published

Le lancement de cette encyclopédie en cette année du millénaire constitue un événement marquant pour les artistes canadiens de la danse ainsi que pour leur travail. La publication de ce livre est opportune, encourageant une compréhension de l'amplitude de l'histoire de la danse théâtrale au pays. Celle-ci prend enfin sa place parmi les autres disciplines artistiques – la danse théâtrale canadienne s'enorgueillit de nombreuses réalisations qui méritent d'être soulignées et célébrées.

C'est Jill Officer, de l'Université de Waterloo, qui entreprit la compilation des données pour cette encyclopédie. Cette tâche exigeante fut amorcée il y a plus de vingt ans par Officer et ses cohortes Robyn Gallimore, Frances Humphreys et Janet Wason, dans le cadre du programme en Danse de l'U de W, un programme qui n'est plus offert. Leur travail constitue les fondements de ce livre. Initialement, 6000 questionnaires furent distribués à divers individus et l'information recueillie fut compilée dans une banque de données. Le projet fut cependant interrompu en 1984, faute de subventions.

an electronic version of Officer's database as the Encyclopedia of Theatre Dance in Canada. There also began the daunting process of updating existing material as well as developing new entries. In 1994, with the support of the Department of Canadian Heritage, the Samuel and Saidye Bronfman Family Foundation and the Laidlaw Foundation, additional articles were added and, with Susan Macpherson as Editor, *101 from the Encyclopedia of Theatre Dance in Canada* was published in 1997.

In the spring of 1999, Dance Collection Danse received funding from the Canada Council for the Arts to translate, update and expand the *101*.

Our process was to assemble a very long list of names, fully acknowledging the financial and time parameters within which we were working. The list was distributed to the writers who have contributed articles, as well as to others in the community. This resulted in a second even longer list which was pared down to just over 100 new individual entries, based on an attempt to acknowledge both established and emerging artists and to achieve a balance between geography, accomplishment and stature – a near to impossible task. We also took the opportunity to introduce some recently discovered historical dance personalities uncovered through various Dance Collection Danse research projects. The reader will also find articles on several dance companies, and a listing of dance awards' recipients.

Two major new components of this edition are entries on a selection of choreographic works and a listing of music for dance.

The choreographic works herein are hopefully the beginning of a longer process of identifying and documenting dance works by Canadian choreographers. The works included in this edition have performance data taken from original house programmes, dating back to 1915. Where possible, short commentaries to accompany the works were commissioned. This documentation of dance works is a continuing process.

En 1989, Dance Collection Danse publia une version électronique de la base de données d'Officer sous le titre : Encyclopedia of Theatre Dance in Canada. C'est aussi à ce moment que s'amorça le processus draconien de la mise à jour du matériel existant et de l'ajout de nouvelles données. En 1994, grâce au soutien de Patrimoine Canada, de la Fondation de la famille Samuel et Saidye Bronfman et de la Fondation Laidlaw, de nouveaux articles furent ajoutés. En 1997, avec Susan Macpherson comme éditrice, le produit final fut publié: *101 from the Encyclopedia of Theatre Dance in Canada.*

Au printemps de 1999, Dance Collection Danse reçut des fonds du Conseil des Arts du Canada pour la traduction, la mise à jour et l'expansion de *101*. Nous avons ensuite préparé une longue liste de noms à être évalués en considérant, bien sûr, les contraintes financières et temporelles. Cette liste fut distribuée aux auteurs qui avaient déjà contribué des articles ainsi qu'à d'autres écrivains du milieu. Le résultat fut une liste encore plus volumineuse qui fut ramenée à un peu plus de 100 nouvelles entrées, une sélection reflétant notre tentative de reconnaître à la fois les artistes établis et ceux de la relève, et de réaliser un mélange équilibré en termes de géographie, de réalisations et de stature – une tâche pratiquement impossible. Nous avons également profité de l'occasion pour présenter des personnalités historiques du monde de la danse récemment découvertes dans le cadre de divers projets de recherche de Dance Collection Danse. Les lecteurs et lectrices trouveront également dans ces pages des articles portant sur plusieurs compagnies de danse ainsi qu'une liste de récipiendaires de prix en danse.

Deux des plus importantes nouvelles composantes de cette édition sont l'inclusion d'oeuvres chorégraphiques et une liste d'oeuvres musicales créées pour la danse.

Les oeuvres chorégraphiques s'y trouvant marqueront, nous l'espérons, le début d'un processus plus long d'identification et de documentation d'oeuvres de chorégraphes canadiens. Les oeuvres présentées dans cette édition sont accompagnées de données relatives à leur présentation, données datant d'aussi loin que 1915 et tirées des programmes originaux. Il fut

The music works for dance used the original listings in the Encyclopedia of Music in Canada, Second Edition, 1992, as its base, with new additions and expansions gathered by a team of researchers: Michael J. Baker, Heidi Strauss and John M. Sherlock. The list is impressively long and emphasizes the substantial amount of collaborative work between Canada's composers and choreographers over many years. This documentation of music for dance also continues.

It is quite devastating how quickly dance figures fade from memory and recovering some of these histories has been a formidable task. Also, what is clearly lacking in the dance record are qualitative accounts of performance and choreographic works – the daily newspapers being the weakest source for in-depth, descriptive information. This deficiency certainly magnifies the need of an expanding dance literature. It has also become all too clear that many working in dance have a limited scope of knowledge – perhaps because of this same scarcity of careful documentation as well as other written materials.

We well realize that the number of entries herein is shamefully inadequate so far as being all-inclusive of Canada's thriving dance scene – but we began the project with a determination to produce it within a reasonable time period, knowing that there must be an expanded version before too long. The reader should understand that what is contained here represents only a small percentage of the encyclopedia's potential.

Our thanks to all who are the subjects of this encyclopedia – with their achievements come many more legacies to entrust to future generations and renewed reason to celebrate the Canadian theatrical dance landscape.

parfois possible de commander la rédaction de brefs commentaires pour accompagner ces oeuvres. La documentation des oeuvres en danse est un processus toujours en cours.

La section traitant des oeuvres musicales pour la danse repose d'abord sur une liste originale tirée du Encyclopedia of Music in Canada, deuxième édition, 1992, liste augmentée de données recueillies par une équipe de chercheurs : Michael J. Baker, John Sherlock et Heidi Strauss. La liste est impressionnante par sa longueur et souligne l'importance et la constance du travail de collaboration entre les compositeurs et chorégraphes canadiens. Le travail de documentation de la musique créée pour la danse est également toujours en cours.

Il est assez navrant de constater la vitesse à laquelle les personnes engagées en danse sont oubliées ; la récupération de certaines des données historiques tient de l'héroïsme. Il existe bien peu de données qualitatives sur les spectacles et les oeuvres chorégraphiques présentées – les quotidiens s'avérant fréquemment les sources les plus pauvres en ce qui concerne l'information détaillée et les descriptions des spectacles. Une autre conclusion qui s'impose touche les connaissances limitées de plusieurs des personnes travaillant en danse. Ces insuffisances témoignent amplement du besoin d'une expansion de la littérature sur la danse.

Nous sommes très conscients que la sélection finale est déplorablement incomplète dans sa tentative de refléter le dynamique milieu de la danse canadienne dans son ensemble . . . mais nous avons amorcé ce projet animés d'une détermination de le compléter dans des délais raisonnables, sachant qu'une version augmentée devra être réalisée d'ici peu. Les lectrices et lecteurs auront compris que le présent contenu ne représente qu'une petite portion du potentiel d'une telle encyclopédie.

Notre gratitude va à tous ceux qui sont les sujets de cette encyclopédie – leurs réalisations sont un héritage légué aux générations futures, et sont une raison de continuer de célébrer le milieu de la danse théâtrale au Canada.

## ACKNOWLEDGEMENTS

There are a few people who must be applauded for their steadfast co-operation, unwavering support and spirited attention to this encyclopedia project – people whose knowlege and expertise are inestimable: Iro Valaskakis Tembeck, Professor of Dance at the Université du Québec à Montréal; Vincent Warren, Curator of the Dance Library at L'École Supérieure de Danse du Québec; and Sharon Vanderlinde, Manager of Education, Publications and Archives at the National Ballet of Canada. We thank them for always returning calls and responding to numerous Email requests for information.

We are very grateful to the many others who contributed their time to the project: Max Wyman and Graham Jackson for suggestions of choreographic works; Margaret Piasecki for identifying Royal Winnipeg Ballet archival photographs; Jean Orr for her photographic search at the Vancouver Ballet Society; Stephanie Ballard for her contribution of photographs and programmes from Winnipeg's Contemporary Dancers; Kate Cornell for providing her knowledge of Toronto Dance Theatre's history; and all those who sent in suggestions and house programmes for the choreographic works.

We thank Cylla von Tiedemann, Michael Slobodian, Daniel Collins, the NFB and CBC Photo Archives, the Banff Centre for the Arts, and the Metropolitan Toronto Reference Library for their photographic research; Suzanne McCarrey at Le Groupe Dance Lab for finding photos, programmes and answering many requests for information; and Arlette Anderson of the Royal Winnipeg Ballet for assisting with photographs and programmes. Thanks also to Kay Kanbayashi of the Canada Dance Festival for supplying Festival programmes from the year of its inception.

We are so grateful to Marie Robert for hours of discussion on translation and editing when we were just beginning this project;

## REMERCIEMENTS

Quelques personnes doivent être applaudies pour leur constante coopération, leur soutien inébranlable et leur vive attention portée à ce projet d'encyclopédie – les connaissances et l'expertise de ces personnes sont inestimables : Iro Valaskakis Tembeck, professeure de Danse à l'Université du Québec à Montréal ; Vincent Warren, conservateur de la bibliothèque de l'École supérieure de danse du Québec ; Sharon Vanderlinde, directrice de la division de l'Éducation, des publications et des archives au Ballet national du Canada. Nous les remercions de leur fidélité à retourner nos appels et à répondre à nos nombreuses requêtes d'information par courriel.

Nous sommes également très reconnaissants à tous ceux et celles qui ont contribué de leur temps à ce projet : Max Wyman et Graham Jackson pour leurs suggestions d'oeuvres chorégraphiques ; Margaret Piasecki pour l'identification de photos archivales du Royal Winnipeg Ballet ; Jean Orr pour sa recherche photographique au Vancouver Ballet Society ; Stephanie Ballard pour sa contribution de photographies et de programmes des Winnipeg Contemporary Dancers ; Kate Cornell pour le partage de ses connaissances de l'histoire du Toronto Dance Theatre, ainsi que toutes ceux qui nous ont fait parvenir des suggestions et des programmes spécifiques aux oeuvres chorégraphiques.

Nous remercions également Cylla von Tiedemann, Michael Slobodian et Daniel Collins, l'Office National du Film, les archives photographiques du CBC, the Banff Centre for the Arts et le Metropolitan Toronto Reference Library pour leur recherche photographique ; Suzanne McCarrey du Groupe Dance Lab pour ses trouvailles de photos, programmes et ses réponses aux nombreuses requêtes d'information ; Arlette Anderson du Royal Winnipeg Ballet pour son assistance en ce qui concerne les photographies et programmes. Merci également à Kay Kanbayashi du Festival Danse Canada pour les programmes du Festival depuis sa création.

Nous sommes très reconnaissant envers Marie Robert pour les heures passées à discuter de traduction et d'édition au début du projet ; Liliane

Liliane Busby for her wonderful, cheerful co-operation in translating the texts; Allana Lindgren for reading, so quickly and efficiently, the English language text; and Marie Claire Forté for her focussed and conscientious work as reader of the French language text.

We also thank the Encyclopedia of Music in Canada, Second Edition, 1992, for allowing Dance Collection Danse to publish their Ballets and Dance Theatre listings; Michael J. Baker, Heidi Strauss and John M. Sherlock for their diligent work in compiling the Music for Dance list; Carl Morey for his generous contribution of an Introduction to this list; The Canadian Music Centre, Danceworks, Alberta Dance Alliance, Dance Saskatchewan, the Dance Centre, The Dance Current, Dance Umbrella of Ontario, Le Regroupement Québécois de la danse, and the Canadian League of Composers for their assistance.

We are indebted to Amy Bowring whose overall research work and thorough fact-finding skills were invaluable to this encyclopedia project.

A special thanks to all the writers for their conscientious work. AND . . . last of the troupers, but far from the least, our Intrepid Editor, Susan Macpherson – someone who has been active in the dance community in various capacities for many years and whose knowledge of the Canadian dance scene was indispensable. With her red pen always poised for action, she spent many long hours in meetings with us so we could get it right!

All of the above, along with the Canada Council for the Arts' encouraging support, have given this Encyclopedia its presence.

Busby pour sa merveilleuse et joyeuse coopération dans la traduction des textes ; Allana Lindgren pour la lecture, si rapide et efficace, des textes de langue anglaise ; et Marie Claire Forté pour s'être concentrée si attentivement sur les textes de langue française.

Nos remerciements s'étendent aussi au Encyclopedia of Music in Canada, deuxième édition, 1992, pour la permission accordée à Dance Collection Danse de publier leurs listes touchant le ballet et la danse théâtrale ; Michael J. Baker, Heidi Strauss et John M. Sherlock pour leur diligence à compiler la liste Musique pour la danse ; Carl Morey pour sa contribution généreuse de l'introduction à cette même liste; The Canadian Music Centre, Danceworks, Alberta Dance Alliance, Dance Saskatchewan, the Dance Centre, The Dance Current, Dance Umbrella of Ontario, Le Regroupement Québécois de la danse, and the Canadian League of Composers pour leur assistance.

Nous sommes également redevables à Amy Bowring dont l'ensemble du travail de recherche, le talent et la rigueur dans la trouvaille des données furent sans prix pour ce projet d'encyclopédie.

Un remerciement particulier aux auteurs pour leur travail consciencieux. ET . . . La dernière de nos complices, et non la moindre, notre intrépide éditrice, Susan Macpherson – active dans le milieu de la danse à divers niveaux depuis de nombreuses années, ses connaissances du monde de la danse canadienne furent indispensables. Avec son stylo rouge toujours prêt à l'action, elle passa de nombreuses longues heures en réunion avec nous à s'assurer de la justesse de notre travail!

Toutes les personnes précitées, avec le soutien encourageant du Conseil des Arts du Canada, ont contribué à la réalisation de cette Encyclopédie.

Lawrence and Miriam Adams
Toronto, 2000

## Alice Murdoch Adams
by/par Anne Flynn

**Adams, Alice Murdoch**. Dancer, teacher, choreographer, designer. Born: March 5, 1908, Edinburgh, Scotland.

Alice Murdoch's family immigrated to Canada, and by 1915 they had settled in Calgary, where Alice studied highland dance with Jean Gauld, beginning in junior high school and continuing for nearly ten years. Alice quit school to pursue dancing full-time, and by 1926 she began a series of travels to New York, London, Paris, Seattle and Los Angeles to study ballet, ballroom and tap. In 1927 she opened the Alice Murdoch School of Dance in Calgary, and began a long career as a dancer, teacher, choreographer, costume designer and businesswoman.

Murdoch was essentially alone in her pursuits in a city of roughly 75,000 people, and she travelled every summer to New York, or other major urban centres, to absorb what she could of the current dance styles and fads. From 1927-1949 she taught hundreds of students per week, including classes in small towns within

**Adams, Alice Murdoch**. Professeure, danseuse, chorégraphe, conceptrice. Née : le 5 mars 1908, Édimbourg, Écosse.

La famille d'Alice Murdoch émigra au Canada et en 1915 s'installa à Calgary. Alice étudia la danse écossaise avec Jean Gauld au début de ses études secondaires et poursuivit ses études pendant près de dix ans. Alice quitta ensuite l'école afin de s'engager en danse à plein temps et vers 1926, elle amorça une série de voyages à New York, Londres, Paris, Seattle, et Los Angeles pour étudier le ballet, la danse de salon et la danse à claquettes. En 1927, elle fonda le Alice Murdoch School of Dance à Calgary et débuta une longue carrière de danseuse, professeure, chorégraphe, conceptrice de costumes et femme d'affaires.

Murdoch fut essentiellement toute seule à poursuivre ses recherches artistiques dans une ville comptant environ 75,000 habitants. Elle voyagea chaque été à New York ou vers d'autres centres urbains afin de s'imprégner des nouvelles tendances et de nouveaux styles en danse. De 1927 à 1949, elle enseignit à des centaines d'élèves chaque semaine, se déplaçant jusqu'à dans de petites villes situées à 250 kilomètres de Calgary. Elle créa les chorégraphies pour les récitals annuels de

250 kilometres of Calgary. She choreographed annual dance school recitals which drew audiences of up to 1,000: these consisted of up to forty separate dances with over 150 performers, including musicians. She also choreographed weekly movie warm-up revues for the Capitol and Palace Theatres. Murdoch designed and cut patterns for all the costumes used in these productions.

During World War II, from 1939-1943, she produced and created touring shows, which she estimates were performed about 400 times in communities throughout Alberta.

Murdoch married William Adams in 1933, and the couple had three children. The youngest child, Vicki Adams, was a latecomer who arrived in 1950, just after Alice turned the school over to her younger sister, Jean Murdoch. Alice had been Jean's teacher, and when three year old Vicki expressed interest in dance, Jean became Vicki's teacher, continuing the dance tradition from one generation to the next.

Alice Murdoch Adams brought popular dance forms to Calgary, and through her teaching and choreography she reached thousands of people and provided them with a connection to dance. The volume of her accomplishments is impressive, and in 1990 she was awarded the first Alberta Dance Award in recognition of outstanding contributions to the dance community.

l'école, attirant des auditoires touchant les 1 000 personnes : ces récitals comportaient jusqu'à quarante oeuvres différentes et nécessitaient plus de 150 interprètes, incluant les musiciens. Elle chorégraphia aussi les spectacles d'animation précédant les films projetés aux théâtres Capitol et Palace. Murdoch conçut et coupa les patrons pour tous les costumes utilisés lors de ces productions.

Pendant la Deuxième Guerre mondiale, de 1939 à 1943, elle créa et produit des spectacles de tournée qu'elle estime d'avoir été présentés environ 400 fois à travers l'Alberta.

Murdoch épousa William Adams en 1933 et le couple eut trois enfants. La benjamine, Vicki Adams, naissa en 1950 juste après qu'Alice ait cédé l'école à sa plus jeune soeur, Jean Murdoch. Alice fut la professeure de Jean et lorsque Vicki, alors âgée de trois ans, s'intéressa à la danse, Jean devint sa professeure de danse, perpétuant ainsi la tradition de danse d'une génération à l'autre.

Alice Murdoch Adams introduisit des formes de danse populaire à Calgary et, grâce à son enseignement et ses chorégraphies, elle toucha des milliers de personnes et les donna un lien à la danse. Le nombre de ses réalisations est impressionnant et en reconnaissance de ses contributions exceptionnelles au milieu de la danse, elle fut la première lauréate, en 1990, du Prix Alberta Dance.

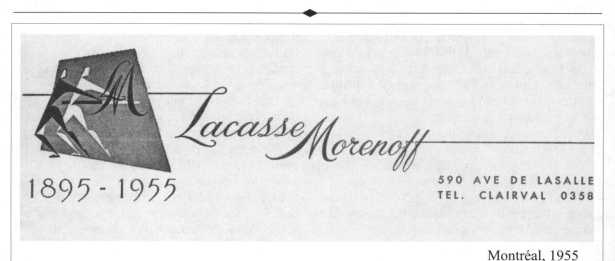

## David Adams
by/par Penelope Reed Doob

**Adams, David**. Dancer, choreographer, teacher, artistic director. Born: November 16, 1928, Winnipeg, Manitoba.

David Adams was a founding member of the National Ballet of Canada. His partnership with Lois Smith delighted audiences and inspired increasing support of the fledgling company in its early years. Adams began training in 1939 with Gweneth Lloyd and Betty Farrally, and performed with the Winnipeg Ballet before venturing forth to England in 1946. There he joined the Sadler's Wells Theatre Ballet at age seventeen, becoming soloist with the Metropolitan Ballet in 1947 and, among other

**Adams, David**. Danseur, chorégraphe, professeur, directeur artistique. Né : 16 novembre, 1928, Winnipeg, Manitoba.

David Adams fut membre-fondateur du Ballet national du Canada; son partenariat avec Lois Smith enchanta les auditoires et inspira un soutien croissant pour la compagnie débutante. Adams amorça sa formation en 1939 avec Gweneth Lloyd et Betty Farrally et dansa avec le Winnipeg Ballet avant de s'installer en Angleterre en 1946. Il se joint au Sadler's Wells Theatre Ballet à l'âge de dix-sept ans et devint soliste avec le Metropolitan Ballet en 1947 interprétant entre autres, l'oeuvre de Victor Gsovsky, *Dances of Galánta* avec Celia Franca. Adams revint au Canada en 1948 comme danseur et chorégraphe à Winnipeg, Vancouver et Los Angeles (pour le Civic Light Opera). L'année 1949 marqua ses débuts chorégraphiques avec *Ballet Composite*, une

roles, performing in Victor Gsovsky's the *Dances of Galánta* with Celia Franca. Adams returned to Canada in 1948 to dance and choreograph in Winnipeg, Vancouver, and in Los Angeles for the Civic Light Opera. His choreographic debut came in May, 1949 with the neo-classical *Ballet Composite* created for the Winnipeg Ballet. Other notable works in this period include *L'Auberge dérangée* (1950) and *Theorem A* (1950) created for Mara McBirney's Vancouver Ballet Production Club and performed at the 1950 Canadian Ballet Festival in Montreal.

When Celia Franca arrived in Canada in 1951 to become the founding artistic director of the National Ballet, she quickly recruited Adams, the only Canadian dancer she knew, and his wife, Lois Smith, as principal dancers for both classics: *Giselle*, *Swan Lake*, *Coppélia*, and contemporary works: Antony Tudor's *Lilac Garden*, *Dark Elegies*, *Offenbach in the Underworld*.

Adams became a mainstay of the National Ballet from 1951-1961, both as principal dancer and as a choreographer, creating the comic *Pas de Chance* (1956), the dramatic *Barbara Allen* (1960), and the spectacular Bolshoi-style *Pas de Deux Romantique* (1963), among others. With Smith, Adams starred in the National Ballet's first collaboration with CBC Television in producer Norman Campbell's *Swan Lake* (1956), and again in 1961 for the first videotaped production of this ballet.

Adams returned to England in 1961, becoming principal dancer with the London Festival Ballet until 1969. In 1966, he and partner Galina Samsova won the Gold Medal in Madrid for a performance of *Giselle*. Adams performed in pantomime at the London Palladium and made two films with Ken Russell in 1969 and 1970, before joining the Royal Ballet as a soloist from 1970-1977, where he made a graceful transition from principal roles to character dancing, e.g. as Von Rothbart in *Swan Lake*. In 1973, Richard Buckle wrote in the London Times, "Last night I was witness to the finest performance of Hilarion in Giselle, that I have ever seen on the stage at Covent Garden.

oeuvre néo-classique créée pour le Royal Winnipeg Ballet. Parmi ses autres oeuvres remarquables de cette époque, on retrouve *L'Auberge dérangée* et *Theorem A* créée pour le Vancouver Ballet Production Club de Mara McBirney et interprété au Festival de ballet canadien à Montréal en 1950.

Lorsque Celia Franca arriva au Canada en 1951 pour assumer ses fonctions de directrice artistique-fondatrice du Ballet national, elle s'empressa de recruter Adams, le seul danseur canadien qu'elle connaissait, et la femme d'Adams, Lois Smith comme danseurs principaux pour les oeuvres classiques comme *Giselle*, *Le Lac des cygnes*, *Coppélia*, et pour des oeuvres contemporaines d'Antony Tudor telles que le *Jardin aux lilas*, *Dark Elegies* et *Offenbach in the Underworld*.

Adams fut un pilier du Ballet national de 1951 à 1961, à la fois comme danseur et comme chorégraphe dans, entre autres, le comique dans *Pas de chance*, le dramatique dans *Barbara Allen* et le spectaculaire à la Bolshoi dans *Pas de deux romantique*. Adams et Smith furent les vedettes de la première collaboration entre le Ballet national et la chaîne de télévision CBC pour l'émission produite par Norman Campbell, *Le Lac des cygnes* (1956) et de nouveau en 1961 pour la première version sur bande vidéo de ce ballet.

Adams retourna en Angleterre en 1961 et devint danseur principal avec le London Festival Ballet jusqu'à 1969. En 1966, lui et sa partenaire Galina Samsova remportèrent la médaille d'or à Madrid pour leur interprétation de *Giselle*. Adams présenta aussi un pantomime au palladium de Londres et tourna deux films avec Ken Russell en 1969-1970, avant de se joindre au Royal Ballet comme soliste (1970-1977), époque où il réussit avec élégance la transition de danseur principal à danseur de caractère (e.g. Von Rothbart dans *Le Lac des cygnes*). En 1973, Richard Buckle écrivit dans le London Times : «Hier soir, je fus témoin de la meilleure interprétation d'Hilarion dans *Giselle* sur la scène du Covent Garden. Le danseur en question était David Adams.»

La force d'Adams comme partenaire était

The dancer was David Adams."

Adams' strength as a partner was legendary, not only in Canada but also in Britain, where from 1974-1977 he taught partnering to the graduate class of the Royal Ballet School. So unique was his power that a particularly impressive lift in the second act of Sir Kenneth MacMillan's *Manon*, in which Adams raised Manon very slowly and gently from a position on the floor to high overhead, had to be rechoreographed when Adams, nicknamed "the fork-lift truck" by some members of the company, left to become director of Ballet for All, the Royal Ballet's educational touring group, in 1977. He retired as a dancer with the Alberta Ballet in 1978.

Adams's teaching career, which began in 1948 with the Winnipeg Ballet and continued with the National Ballet Summer School from 1951 to1961, the London Festival Ballet from 1961 to1963, the London Dance Centre in 1969, and the Royal Ballet, also took much of his energy after his return to Canada where he taught extensively in Toronto at George Brown College and Toronto Dance Theatre, in the Vancouver area, and especially Edmonton, where he has lived since 1977, serving as Ballet Master of the Alberta Ballet Company and teaching in the Dance and Theatre Arts Department of Grant MacEwan Community College. He also choreographed and mounted productions of the classics for Grant MacEwan Community College, George Brown College, Ballet North, the Edmonton School of Ballet and the Edmonton Festival Ballet, whose artistic directorship he held from 1994-1996. Adams taught occasionally following his work at the Edmonton Festival Ballet, but soon retired.

légendaire, non seulement au Canada mais aussi en Grande-Bretagne où de 1974 à 1977, il enseigna l'art du partenariat aux finissants du Royal Ballet School. Sa puissance était telle qu'un porté particulièrement impressionnant dans le deuxième acte du ballet *Manon* de Sir Kenneth MacMillan, porté où Adams soulevait Manon du plancher jusqu'à bout de bras très lentement, dû être re-chorégraphié lorsqu'Adams, surnommé par certains membres de la compagnie le «chariot élévateur», quitta la compagnie pour devenir directeur du Ballet for All, la compagnie de tournée éducative du Royal Ballet en 1977. Il prit sa retraite comme danseur avec le Alberta Ballet en 1978.

La carrière de professeur de David Adams débuta en 1948 avec le Winnipeg Ballet, se poursuivit avec le stage d'été du Ballet national (1951-1961), le London Festival Ballet (1961-1963), le London Dance Centre (1969) et le Royal Ballet. Ces activités monopolisèrent beaucoup son énergie après son retour au Canada, où il enseigna à Toronto – George Brown College, Toronto Dance Theatre – dans la région de Vancouver et particulièrement à Edmonton, où il habite depuis 1977, agissant comme maître de ballet au Alberta Ballet et enseignant au département de danse et d'arts dramatiques au Grant MacEwan Community College. Il a également chorégraphié et monté des productions de classiques pour le Grant MacEwan Community College, le George Brown College, Ballet North, l'Edmonton School of Ballet et l'Edmonton Festival Ballet, dont il fut directeur artistique de 1994-1996. Occasionnellement, Adams accepta d'enseigner après son travail au Edmonton Festival Ballet mais il prit sa retraite peu après.

**Affamée** (Starved)
Première/Premiere: Les Créations Isis (anciennement la/formerly Compagnie Jo Lechay), Théâtre de la Veillée, Montreal, November 23 novembre, 1988
Pièce écrite et chorégraphiée par/written and choreographed by Jo Lechay et/and Eugene Lion
Jo Lechay: Soliste/Soloist
Eugene Lion: Mise en scène/Direction
Michel Garneau: Traduction/Translation
François Barbeau: Costume
Quebreizh, John Cage, Charmaine Leblanc, Manuel de Falla, Donald Martin Jenni, et Chansons Traditionnelles/Traditional Songs: Musique/Music
François Tanguay: Éclairage/Lighting
François Tanguay (sur scène et hors scène/on and off-stage): Direction Technique/Technical Director

Affamée *is an hour-long solo displaying comic and tragic overtones as it forges a hybrid theatrical form through singing, dancing and spoken text. This marathon performance piece presented alternately in French and English under the title* Starved *raises fundamental issues on the raison d'être of art, the individual's dilemma regarding economic survival and the growing need for social consciousness. First work in a series of similar tours de force, the others being* Absolute Zero *(1994) and* Augusta *(1995), Lechay manages to blend introspection with politics, bravado with self ridicule.*

Affamée *est un solo d'une durée d'une heure à saveur tragi-comique qui tisse une oeuvre théâtrale hybride à l'aide du chant, de la danse et du texte parlé. Cette oeuvre marathon, présentée en alternance en français et en anglais sous le titre* Starved*, soulève des questions aussi fondamentales que la raison d'être de l'art, le dilemme de la survie économique de l'individu et le besoin croissant de conscience sociale. Oeuvre initiale d'une série de tours de force semblables:* Absolute Zero *(1994) et* Augusta *(1995), Lechay réussit à intégrer l'introspection à la politique, la bravade à l'autodérision.*

Iro Valaskakis Tembeck

**Against Sleep** (Contre le sommeil)
Premiere/Première:Toronto Dance Theatre, MacMillan Theatre, Edward Johnson Building, University of Toronto, May 3 mai, 1969
"Death, shall I speak to you?"/«Mort, devrais-je te parler?»
The Woman/La Femme: Patricia Beatty
Her Guest/Son Invité: David Earle
Music/Musique: Ann Southam
Choreography/Chorégraphie: Patricia Beatty
Set Design/Décor: Ursula Hanes
Lighting Designer/Éclairages: Chuck Renaud
Costume Supervision/Direction des costumes: Susan Macpherson

Note: This work was first called *The Opening* and was premiered by Toronto Dance Theatre at

Hart House Theatre, University of Toronto, February 28, 1968

Note: Cette oeuvre s'intitulait *The Opening* et fut présentée en première au Hart House Theatre, à l'Université de Toronto, le 28 février 1968.

*Long before Beatty began to embrace consciously such themes as the eternal feminine and its struggle for recognition and respect, she was making dances that probed deeply into the heart of the male-female opposition.* Against Sleep *is such a dance, a duo for a woman, tense with longing and fear, and the demon lover who invades her dream-world. Using a Graham vocabulary, Beatty's vision here is dark, disturbing but, for the woman, ultimately liberating.*

*Bien avant que Beatty commence à explorer consciemment des thèmes tels que l'éternel féminin et sa lutte pour être reconnu et respecté, elle créait des oeuvres qui exploraient en profondeur le coeur de l'opposition mâle-femelle.* Against Sleep *est l'une de ces oeuvres, un duo pour une femme, remplie de désir et de peur, et de l'amant démon qui envahit son univers du rêve. Tirant partie d'un vocabulaire de Graham, la vision de Beatty est ici sombre et dérangeante mais conduit éventuellement à la libération de cette femme.*

Graham Jackson

---

## Alberta Ballet
by/par Pamela Anthony

Alberta Ballet was founded by Ruth Carse, a dancer, teacher and choreographer who danced with the Volkoff Canadian Ballet, the National Ballet of Canada and the Radio City Music Hall Ballet in New York, before an injury ended her performing career in 1954. She returned to Edmonton to teach and choreograph for special events and light opera productions.

Alberta Ballet traces its roots to 1958, when

L'Alberta Ballet fut fondé par Ruth Carse, une danseuse, professeure et chorégraphe qui dansa avec le Volkoff Canadian Ballet, le Ballet national du Canada et le Radio City Music Hall Ballet à New York. Sa carrière d'interprète fut interrompue suite à une blessure en 1954 et elle revint ensuite à Edmonton afin d'enseigner et de créer des chorégraphies dans le cadre d'événements spéciaux et d'opérettes.

Les débuts de l'Alberta Ballet remontent à 1958 alors que Carse forma une jeune troupe d'interprètes, le Dance Interlude. Cette troupe devient la pierre angulaire du milieu du ballet semi-professionnel à Edmonton. En 1960, le Ballet Interlude devint l'Edmonton Ballet. Suite à plusieurs années de tournées et de croissance, la troupe acquit un statut de compagnie professionnelle et devint l'Alberta Ballet Company en 1966.

Carse agit comme directrice artistique de la troupe jusqu'en 1975. Elle voyait la compagnie essentiellement comme une troupe de répertoire

# ALBERTA BALLET

Carse formed a young performance troupe, Dance Interlude. The troupe became the cornerstone of the semi-professional ballet scene in Edmonton, and in 1960, Ballet Interlude became Edmonton Ballet. After several years of touring and development, the company acquired professional status; it was renamed Alberta Ballet Company in 1966.

Carse was artistic director of the company until 1975. She was committed to the concept of a repertory company and during her eleven-year tenure the company performed a wide variety of original work. Carse herself choreographed over sixty ballets for the company and acquired repertoire from Gweneth Lloyd and Brian Macdonald. Carse retired in 1975, and was succeeded by former Alberta Ballet dancer and choreographer Jeremy Lesley-Spinks. A creative individual, well liked by the company dancers, Lesley-Spinks had a contemporary vision and artistic ambitions for the company which disturbed the public and the company's board, and he resigned after only one season.

In 1976, Brydon Paige, who had previously directed the young company of Les Grands Ballets Canadiens, was appointed artistic director of Alberta Ballet. The company was in disarray following the departure of Carse and Lesley-Spinks, and Paige provided both stability and a popular repertoire in the classical mode. He focussed on classical repertoire, and choreographed and produced five full-length ballets for the company, including *The Nutcracker* and *Coppélia*. He recruited numerous dancers from Les Grands Ballets Canadiens and invited guest artists such as Laura Alonso, Norbert Vesak and Veronica Tennant to perform with the company, boosting its artistic profile.

The company also benefitted from the presence of a dynamic young dancer and choreographer, Lambros Lambrou. Paige appointed him resident choreographer and he created a large repertoire of popular dances that complemented Paige's classical and full-length works.

During his twelve years with the company, Paige achieved considerable success building an

et pendant les onze années de son mandat, elle présenta une grande variété d'oeuvres originales. Carse elle-même chorégraphia plus de soixante ballets et acquit un répertoire d'oeuvres de Gweneth Lloyd et de Brian Macdonald. Carse se retira en 1975 et ce fut Jeremy Lesley-Spinks, un ancien danseur-chorégraphe de l'Alberta Ballet, qui lui succéda. Ce dernier, un créateur bien apprécié des danseurs/seuses de la troupe, était animé d'une vision contemporaine et d'ambitions artistiques qui ne convenait ni au public ni au conseil d'administration et il démissionna après sa première saison.

Brydon Paige, qui avait déjà dirigé Les Grands Ballets Canadiens à leur début, fut nommé à la direction artistique de l'Alberta Ballet en 1976. La compagnie était en désarroi suite au départ de Carse et de Lesley-Spinks. Paige stabilisa la troupe et la munit d'un répertoire populaire de style classique. Il se concentra sur le répertoire classique et chorégraphia et produit cinq longs ballets, entre autres *Casse-Noisette* et *Coppélia*. Il recruta de nombreux interprètes des Grands Ballets Canadiens et invita des artistes tels que Laura Alonso, Norbert Vesak et Veronica Tennant à danser avec la compagnie, rehaussant ainsi son profil artistique.

La compagnie profita également de la présence de Lambros Lambrou, un jeune chorégraphe-danseur dynamique. Paige le nomma au poste de chorégraphe en résidence et Lambrou créa un répertoire important de danses populaires en complément aux longues oeuvres classiques de Paige.

Au cours de ses douze années avec la compagnie, Paige réussit à créer un public très important pour l'Alberta Ballet, déplaçant les représentations à l'Auditorium Jubilee d'Edmonton et augmentant le nombre de tournées. L'Alberta Ballet participa à un événement international pour la première fois en 1970, dansa à Cuba en 1977 et à Chypre en 1979. La troupe compléta une tournée de l'Ouest du Canada en 1981 et se produit à Toronto en 1985. L'Alberta Ballet célébra son vingtième anniversaire en 1986 avec un nombre

audience for the Alberta Ballet, moving the regular season to Edmonton's Jubilee Auditorium and increasing the number of tours. Alberta Ballet made its first international appearances in the 1970's, performing in Cuba in 1977 and Cyprus in 1979. The company toured Western Canada in 1981 and appeared in Toronto in 1985. Alberta Ballet celebrated its 20th anniversary in 1986 with a record ninety-nine performances.

Despite these successes, the board did not renew Paige's contract for the 1987-1988 season, and his departure from the company caused some debate. More controversy was ignited when the board of directors passed over Lambrou, widely considered the heir apparent for the director's job, in favour of Ali Pourfarrokh, who was appointed artistic director designate for the 1987-1988 season. Lambrou was angry and publicly critical of the decision, and left the company, taking his entire repertoire with him, the rights to which had never been formally acquired by the company.

Pourfarrokh, a former dancer with the Joffrey Ballet, the Harkness Ballet and American Ballet Theatre, and a former artistic director of both the Iranian National Ballet and the Dance Theater of Long Island, was appointed artistic director in 1988. His early years with Alberta Ballet were tumultuous. There was considerable turn-over in the company ranks, and the repertoire of ballets was sorely depleted by the departure of Lambrou. There was little money to commission ballets, which meant Pourfarrokh choreographed much of the work for the company's season, a development which met with luke-warm critical response. Additional controversy arose in 1990, when the company merged with Calgary City Ballet and moved to Calgary's Nat Christie Centre, although they maintained an office, and continued to present a full season of performances, in Edmonton.

Pourfarrokh, however, was not discouraged by the criticisms he faced in his early years as artistic director. He refashioned Alberta Ballet into a stylish, contemporary ballet company, classically-based but not classical. He earned the loyalty of a core of talented dancers who

record de quatre-vingt-dix-neuf représentations.

Malgré tous ces succès, le conseil d'administration ne renouvela pas le contrat de Paige pour la saison 1987-1988 et son départ suscita une certaine controverse. Cette controverse s'amplifia lorsque ce même conseil ignora la candidature de Lambrou, jusqu'alors perçu comme le prochain successeur au poste de directeur, au profit d'Ali Pourfarrokh, qui fut nommé directeur artistique désigné pour la saison 1987-1988. Lambrou fut faché et critiqua publiquement cette décision; il quitta l'Alberta Ballet, apportant avec lui l'ensemble de son répertoire, les droits d'auteur n'ayant jamais été officiellement acquis par la troupe.

Pourfarrokh, un ancien danseur du Joffrey Ballet, du Harkness Ballet et de l'American Ballet Theatre et l'ancien directeur artistique du Ballet national Iranien et du Dance Theater of Long Island, fut nommé à la direction artistique de la troupe en 1988. Ses premières années avec l'Alberta Ballet furent tumultueuses. Les rangs de la troupe furent décimés et déstabilisés et le répertoire fut considérablement appauvri suite au départ de Lambrou. Le manque de fonds limitait la possibilité de nouvelles commandes ce qui signifiait que Pourfarrokh chorégraphia une bonne partie des oeuvres pour la saison, une situation qui ne suscita aucun enthousiasme chez la critique. La controverse s'amplifia en 1990, lorsque la troupe fusionna avec le Calgary City Ballet et s'installa au centre Nat Christie de Calgary, bien qu'ils continuèrent à offrir une saison complète de spectacles à Edmonton et y maintinrent toujours un bureau.

Pourfarrokh ne se laissa pas cependant décourager par les critiques jaillissant au cours de ses premières années à la direction. Il remodela l'Alberta Ballet en une compagnie de ballet contemporain d'inspiration classique, sans qu'elle se définisse pour autant comme une troupe classique. Il se mérita la loyauté d'un noyau d'interprètes de talent qui s'épanouirent sous sa direction et qui, pour la plupart, dansèrent avec la compagnie aussi longtemps qu'il en assuma la direction: Barbara Moore, Patricia Maybury et Marc LeClerc. Il mit également en place un répertoire éclectique,

blossomed under his direction, many of whom, like Barbara Moore, Patricia Maybury and Marc LeClerc, danced for the company through most of his tenure. He also developed an eclectic repertoire for the company, acquiring works by George Balanchine, Antony Tudor, Giuseppe Carbone, Peter Pucci, John Butler and Jean-Paul Comelin, as well as commissioning new work from young Canadian choreographers such as Mark Godden, Denise Clarke, Serge Bennathan, Gioconda Barbuto and Crystal Pite.

Under Pourfarrokh's direction Alberta Ballet grew to become Canada's fourth largest ballet company, with twenty dancers. The company's artistic profile flourished, validated by increased touring and positive critical response. In 1993, Alberta Ballet performed its first season at the Joyce Theater in New York and received a glowing review from the New York Times. The company again earned critical praise from the New York press when it returned for its second season at the Joyce in 1997.

Alberta Ballet instituted an orchestral accompaniment agreement with both the Edmonton and Calgary Symphony Orchestras in 1993, and regularly performs to live music in both cities. In addition to its development of contemporary ballet repertoire, the company produced a new *Nutcracker* (1995), and a full-length *Romeo and Juliet* (1998), both choreographed by Pourfarrokh who, in 1998, after a decade at the helm of Alberta Ballet, stepped down.

Pourfarrokh was replaced by Mikko Nissinen, a native of Finland, who had danced with the Finnish National Ballet, the Dutch National Ballet, Basel Ballet and the San Francisco Ballet. He retired as a dancer in 1996, and in 1997 was appointed artistic director of the Marin Ballet in California. He was appointed artistic director of Alberta Ballet in 1998, and shortly thereafter, embarked on an extended tour of China with the company.

Upon assuming his role as artistic director, Nissinen announced plans to develop the company's neo-classical style and has set considerable goals to expand repertoire and touring. In the 1999-2000 season, Alberta Ballet

acquérant des oeuvres de George Balanchine, Anthony Tudor, Giuseppe Carbone, Peter Pucci, John Butler et Jean-Paul Comelin et commandant de nouvelles oeuvres à de jeunes chorégraphes canadiens tels que Mark Godden, Denise Clarke, Serge Bennathan, Gioconda Barbuto et Crystal Pite.

Sous la direction de Pourfarrokh, l'Alberta Ballet prit de l'expansion, devenant la quatrième plus importante troupe de ballet au Canada avec ses vingt danseurs/seuses. Le profil artistique de la troupe fut rehaussé et solidifié par l'accroissement des tournées et la réponse positive de la critique. En 1993, l'Alberta Ballet présenta sa première saison au Joyce Theater à New York et fut acclamé par le critique du New York Times. La troupe fut de nouveau applaudie par la presse lorsqu'elle présenta sa deuxième saison au Joyce Theater en 1997.

L'Alberta Ballet instaura une entente d'accompagnement orchestral avec les orchestres symphoniques d'Edmonton et de Calgary en 1993 et depuis offre régulièrement des représentations avec de la musique en direct dans ces deux villes. En plus de l'accroissement du répertoire de ballet contemporain, la troupe produisit un nouveau *Casse-Noisette* (1995) ainsi qu'un *Roméo et Juliette* (1998), pleine durée deux oeuvres chorégraphiées par Pourfarrokh.

En 1998, après une décennie à la barre de l'Alberta Ballet, Pourfarrokh quitta son poste. Il fut remplacé par Mikko Nissinen, un natif de la Finlande qui avait dansé avec le Ballet national de la Finlande, le Ballet national de la Hollande, le Basel Ballet et le San Francisco Ballet. Il avait cessé de danser en 1996 et en 1997 il fut nommé directeur artistique du Marin Ballet en Californie. C'est en 1998 qu'il fut nommé à la direction artistique de l'Alberta Ballet et la même année, il amorça une tournée importante de la troupe en Chine.

Dès son entrée en poste à la direction artistique, Nissinen annonça des stratégies pour développer le style néoclassique de la troupe et il a défini des objectifs considérables visant à augmenter le répertoire ainsi que le nombre de tournées. Pour la saison 1999-2000, l'Alberta

added a week-long engagement at Toronto's Premiere Dance Theatre to its performance schedule, and nine ballets, four of them commissions, to its repertoire.

Ballet a rajouté à son calendrier de spectacles une semaine de représentations au Premiere Dance Theatre de Toronto et neuf ballets à son répertoire, dont quatre sont des commandes.

Allan, Maud. Dancer, choreographer, writer. Born: April 23, 1873, Toronto, Ontario. Died: October 19, 1956, Los Angeles.

### Maud Allan
by/par Felix Cherniavsky

Allan, Maud. Danseuse, chorégraphe, écrivaine. Née : 23 avril 1873, Toronto, Ontario. Décédée: 19 octobre 1956, Los Angeles.

Maud Allan était fille unique de William Allan Durant, un cordonnier, et d'Isabella, fille d'Adolph Sutro, un entrepreneur, mécène et maire de San Francisco (1894-1896).

À Toronto, Maud étudia le piano avec Clara Lichtenstein, la mère de Pauline Donalda, une chanteuse d'opéra de renommée internationale. La famille s'installa à San Francisco en 1877 et le 14 février 1895, Maud alla étudier à

Maud Allan was the only daughter of William Allan Durrant, a cobbler, and Isabella, natural daughter of Adolph Sutro, an entrepreneur, art patron and Mayor of San Francisco (1894-1896).

In Toronto, Maud was a piano student of Clara Lichtenstein, the mother of Pauline Donalda, an internationally known opera singer. In 1877, the family moved to San Francisco. On February 14, 1895, Maud left for Germany, to attend Berlin's Hochschule für Musik. Her beloved brother Theo planned to follow for graduate medical studies. However, on April 15, 1895, Theo was arrested in San Francisco for murder. The sensational case was dubbed "The Crime of the Century".

On January 7, 1898, Theo, unquestionably schizophrenic, was executed before 200 witnesses, including his father. Maud never recovered from the trauma of Theo's tragedy which, psychologically at least, later governed all aspects of her life.

In September, 1902, motivated by her obsessive distress over her brother's fate, she suddenly abandoned the piano to develop her intensely personal art, related to, but in her peculiar view, distinct from that of dance, in which she had no interest other than as a medium for her art. In effect, she was a dancer by default – but for all that, a remarkable one.

On November 24, 1903, as Maud Gwendolen Allan, she made her debut in Vienna, presenting an evening of "musically impressionistic mood settings". Her programme featured her interpretation of Mendelssohn's *Spring Song*, Chopin's *Funeral March* and Rubinstein's *Valse Caprice*, pivotal works of her limited repertoire.

On December 29, 1906, in Vienna, she performed the controversial *Vision of Salome*, dismissed as fit "for producers of Variety shows"; a few days later, in Budapest, *The Vision of Salome* caused a sensation.

In May 1907, she performed in Paris, where her critical reception was more balanced. She then joined Loie Fuller's company for a brief tour of France, including Marseilles. In September, she appeared before King Edward

l'Hochschule für Musik à Berlin. Son frère bien-aimé, Theo, devait l'y rejoindre afin de poursuivre des études médicales avancées. Cependant, le 15 avril 1895, Theo fut arrêté pour meurtre à San Francisco. On référa à cette cause célèbre comme «Le crime du siècle».

Le 7 janvier 1898 Theo, schizophrène reconnu, fut exécuté devant 200 personnes, incluant son père. Maud ne se remis jamais de cette tragédie qui, à tout le moins au niveau psychologique, influença subséquemment tous les aspects de sa vie.

En septembre 1902, motivée par une détresse obsessionnelle découlant du sort de son frère, elle abandonna soudainement le piano afin d'élaborer sa propre forme d'art très personnelle, reliée à la danse mais, selon sa vision très particulière, un art distinct de la danse. La danse n'avait pour elle aucun intérêt sauf en tant que médium pour sa propre vision artistique. En fait, elle était une danseuse que par défaut - mais malgré tout, une danseuse remarquable.

Le 24 novembre 1903, sous le nom de Maud Gwendolen Allan, elle fit ses débuts à Vienne, présentant une soirée de «tableaux musicaux impressionnistes». Au programme, elle interpréta le *Spring Song* de Mendelssohn, le *Funeral March* de Chopin et la *Valse Caprice* de Rubinstein, des oeuvres piliers de son répertoire restreint.

Le 29 décembre 1906, à Vienne, elle interpréta la controversée *Vision of Salome*, une oeuvre rejetée car jugée «bonne seulement pour des producteurs de spectacles de variétés». Quelques jours plus tard, à Budapest, *La Vision* créa une sensation.

En mai 1907, elle présenta un spectacle à Paris où la critique s'avéra plus nuancée. Elle se joint ensuite à la troupe de Loie Fuller pour une brève tournée en France, incluant Marseille. En septembre, elle se présenta devant le Roi Édouard VII, en séjour à Marienbad en Allemagne. Le Roi la recommanda au gérant du théâtre Palace à Londres où, suite à son premier spectacle, le 8 mars 1908, elle fit fureur instantanément et ses représentations continuèrent pendant dix-huit mois.

Alors que sa nudité visible et son énergie

VII, on holiday in Marienbad, Germany. The king commended her to the manager of London's Palace Theatre where, following her public debut on March 8, 1908, she became an overnight sensation and remained eighteen months.

While her perceived nudity and demonic energy in *The Vision* thrilled the general public and her personal charm conquered London's social and political circles, artistically sophisticated audiences welcomed her as a superbly trained musician of boundless imagination. Her secretive private life inspired a publication entitled "Maudie", promoted as "a notorious erotic frolic of the Edwardian era", when reprinted in 1985.

After her conquest of London, her career went into steady decline: December, 1909, St. Petersburg and Moscow; January, 1910, first American tour, with tepid reviews except for rapturous acclaim in San Francisco; 1911, a brief return engagement at the Palace Theatre, London, followed by an abortive tour of South Africa, India, the Far East and Australasia from November, 1913 to January, 1915, featuring Grieg's *Peer Gynt* suite. In September, 1916, Allan received but failed to perform a commissioned score of *Khamma* from Claude Debussy, for a large company tour of North America, with an orchestra conducted by Ernst Bloch. After appearances in New York, Montreal, Toronto and Ottawa, the tour collapsed in Buffalo. In October, 1917, she had a brief season in London; in 1918, she launched but lost the Black Book libel case (a notorious spy intrigue). In 1920, she toured South America; in 1921, she performed in London, billed with Tamara Karsavina. In 1923, there was a junket to Egypt, Malta and Gibraltar; in September of that year, a one week engagement in London, followed by a provincial tour. In 1925, she danced in Brussels, Paris and Lyon; in November of the same year, she gave three performances in New York, and the following year danced in Los Angeles, San Francisco, and at the Hollywood Bowl.

She returned to England in 1928, and opened a dance school for slum children in London. In

démoniaque dans *La Vision* excitaient le public et que son charme personnel conquit les cercles sociaux et politiques, le public artistiquement sophistiqué la célébra comme une musicienne de formation qualifiée, douée d'une imagination sans bornes. Sa vie privée, très secrète, inspira une publication intitulée Maudie, présentée comme «une série d'ébats érotiques notoire de l'ère Édouardienne» lors de sa réimpression en 1985.

Suite à sa conquête de Londres, sa carrière dégringola : en décembre 1909 à Saint Pétersbourg et Moscou; en janvier 1910, sa première tournée américaine reçut un accueil tiède de la critique, à part une réponse extrêmement enthousiaste à San Francisco; un bref retour au théâtre Palace à Londres suivi d'une tournée avortée en Afrique du Sud; novembre 1913 à janvier 1915, Indes, Extrême-Orient, Australasie (mettant en vedette la Suite *Peer Gynt* de Grieg.) En septembre 1916, Allan reçut la commande de *Khamma* de Claude Debussy pour une importante tournée d'Amérique du Nord avec la compagnie et l'orchestre d'Ernst Bloch, commande qu'elle ne put satisfaire. Suite à des représentations à New York, Montréal, Toronto et Ottawa, la tournée s'effondra à Buffalo. En octobre 1917, elle fit une brève saison à Londres; en 1918, elle entama et perdit un poursuite en diffamation à propos du Black Book, (une intrigue d'espionnage notoire). En 1920, elle fit une tournée de l'Amérique du Sud; en 1921, elle dansa à Londres, partageant l'affiche avec Tamara Karsavina. En 1923, un voyage à frais payés en Égypte, à Malte et à Gibraltar; en septembre de la même année, une semaine de représentations à Londres suivie d'une tournée en province. En 1925, elle dansa à Bruxelles, Paris et Lyon; en novembre, elle donna trois spectacles à New York et dansa l'année suivante à Los Angeles, San Francisco et au Hollywood Bowl.

Elle retourna en Angleterre en 1928 et ouvrit une école pour enfants démunis à Londres. En 1932, elle eut un rôle mineur dans la production de The Miracle de Max Reinhardt, mettant en vedette Diana Cooper et Leonide Massine et elle eu ensuite un rôle important dans The Barker,

1932, she had a minor role in Max Reinhardt's production of The Miracle, starring Diana Cooper and Leonide Massine, and then a lead role in The Barker with the Manchester Repertory Theatre.

In 1936, at the age of sixty-three, she performed at the Redlands Community Music Center, California. She returned once more to London, in 1938, and then, in 1942, settled, penniless, in Los Angeles, where she worked as draughts-person for Macdonald Aircraft. She died October 19, 1956.

In 1908, she published her skillfully contrived My Life and Dancing, followed by occasional articles, revealing little of herself or of her art.

Maud Allan's art was so intensely personal as to be inimitable, and thus spawned no disciples. Based on a disciplined intuition, a profound musicality, a personal grace of movement and a mastery of mime, it ranged between the joyously innocent *Spring Song* and the *Blue Danube*, the disturbingly macabre *Funeral March* and *The Vision of Salome*, and the abstract beauty of Chopin's *Waltzes* and *Mazurkas*. These elements, together with her deliberate dissociation with the dance community of her day, her world-wide notoriety as The Salome Dancer, and her failure – or was it inability? – to share the secrets of her unique art, are the root causes of her obscurity. Yet her critical record deserves attention, both as that of a dedicated artist and as a means of examining the generally unexplored relationship between personal pain and creativity.

"All the lines of her dancing are Greek, but there is nothing studied or obvious about it. She is, I think, the most spontaneous dancer, apart from the Russians, I have ever seen. You could not misinterpret the message dancing conveys." S. Morgan Powell, Memories that Live, Toronto 1928.

"She has gained in subtleties, in emotional expression and, if it were possible, in grace. Her art is now worthy to be compared with that of Isadora Duncan. Can praise go further?" Unidentified reviewer, London, England, 1911.

avec le théâtre de répertoire de Manchester.

En 1936, à l'âge de soixante-trois ans, elle donna un spectacle au centre de musique communautaire de Redlands à Californie. Elle retourna de nouveau à Londres en 1938 et s'installa ensuite à Los Angeles en 1942, sans le sou, où elle travailla comme dessinatrice industrielle pour Macdonald Aircraft. Elle est morte le 19 octobre 1956.

En 1908, elle publia son oeuvre habilement agencée, Life and Dancing suivie d'articles occasionnels, révélant très peu d'elle-même ou de son art.

L'oeuvre de Maud Allan était si intensément personnelle qu'elle est demeurée inimitable et n'a donc suscité aucun disciple. Fondée sur une intuition disciplinée, une musicalité profonde, une grâce de mouvement toute personnelle et une maîtrise du mime, son oeuvre s'étend du joyeusement innocent *Spring Song*, *Blue Danube*, au macabre inquiétant de la *Marche funéraire* de Chopin, *La vision de Salomé*, et à des oeuvres d'une beauté abstraite comme *Waltzes* et *Mazurkas* de Chopin. Ces éléments, associés à son écart délibéré du milieu de la danse de son époque, sa notoriété mondiale comme La danseuse de Salomé et son échec ou peut être son incapacité à partager les secrets de son art unique sont les causes-racines de son obscurité. Par contre, son parcours est digne d'intérêt, à la fois du point de vue d'une artiste passionnée et comme moyen d'évaluer la relation peu explorée existant entre la douleur personnelle et la créativité.

«Toutes les lignes de ses danses sont grecques, sans paraître recherchées ou évidentes. Elle est, selon moi, la plus spontanée des danseuses, mis à part les Russes, que j'ai pu observer. Il était impossible de se méprendre sur le message de sa danse.» S. Morgan Powell, Memories that Live, Toronto 1928.

«Elle a gagné en subtilité, en expression émotive et, si c'était possible, en grâce. Son art est maintenant digne d'être comparé à celui d'Isodora Duncan. L'éloge peut-il être plus grand?» Critique non identifié, Londres, Angleterre, 1911.

**Alleyne, John**. Choreographer, artistic director, dancer. Born: January 25, 1960, Barbados.

John Alleyne immigrated to Canada with his family in 1965. He discovered dance at the age of seven and at eleven began attending the National Ballet School in Toronto, graduating in 1978.

At thirteen, Alleyne met the great Danish dancer, Erik Bruhn, who was to become his mentor. It was Bruhn who thought to introduce Alleyne to the work of Katherine Dunham; her contribution to dance helped him believe in the possibilities of the art form for a black dancer.

A Canada Council grant allowed Alleyne to study in Europe after his graduation. In Germany, he was invited to join the Stuttgart Ballet and he danced with the company for six years, in works by Jiri Kylian, Maurice Béjart, Glen Tetley, Hans van Manen and William Forsythe. Alleyne's first choreographies were for company workshops; both *Phases* (1983) and *In Variation on a Theme* (1984) were taken into the repertoire. Later, his first commission, *Weiderkehr* (Recurrences) was premiered by the company in 1985.

In 1984, Alleyne joined the National Ballet

## John Alleyne
by/par Kaija Pepper

**Alleyne, John**. Chorégraphe, directeur artistique, danseur. Né : 25 janvier 1960, Barbade.

John Alleyne immigra au Canada avec sa famille en 1965. Il découvrit la danse à l'âge de sept ans et à onze ans il débuta ses études en danse à l'École nationale de ballet à Toronto, études qu'il compléta en 1978.

À l'âge de treize ans, Alleyne fit la rencontre du danseur danois, Erik Bruhn, qui devint son mentor. C'est Bruhn qui pensa introduire Alleyne au travail de Katherine Dunham; la contribution de celle-ci au monde de la danse nourrit sa confiance que cette forme d'art était possible pour un danseur de race noire.

Une subvention du Conseil des Arts du Canana permit à Alleyne d'approfondir sa formation en Europe après la fin de ses études. En Allemagne, il fut invité à se joindre au Stuttgart Ballet, dansant avec la compagnie pendant six ans dans des oeuvres de Jiri Kylian, Maurice Béjart, Glen Tetley, Hans van Manen et William Forsythe. Les premières chorégraphies d'Alleyne furent dans le cadre d'ateliers pour la compagnie; *Phases* (1983) et *In Variation on a Theme* (1984) furent incorporées dans le répertoire de la compagnie. Plus tard, sa première commande, *Weiderkehr* (Récurrences) fut présentée en première par la compagnie en 1985.

En 1984, Alleyne se joint au Ballet national du Canada comme premier soliste. Il dansa Solor dans *La Bayadère: acte II*, l'Oiseau Bleu dans *La Belle au bois dormant* de Petipa , Mercutio dans *Roméo et Juliette*, de John

of Canada as a first soloist. He danced Solor in Petipa's *La Bayadère* Act II, the Bluebird in *The Sleeping Beauty*, Mercutio in John Cranko's *Romeo and Juliet*, and the March Hare in *Alice* and the Soldier in *La Ronde*, both by Glen Tetley.

In May 1990, at the age of thirty, Alleyne gave his final performance with the National Ballet; two months later, he was appointed the company's resident choreographer. The following year, he choreographed two works for the company, both set to music by Morton Subotnick, *Time Out With Lola* (1991) and *Interrogating Slam* (1991), as well as a work for Ballet British Columbia, *Talk About Wings* (1991), also to music by Subotnick.

Alleyne took the position of artistic director with the young Ballet BC in April 1992. The company's mandate to present "ballet of our time" is in keeping with his own interest in stretching and reconfiguring the classical vocabulary to reflect contemporary realities. *The Archaeology of Karl...A Romantic Adventure* (1993) and *Three Visible Poems* (1994) are among the important works he has created for the company. The striking titles Alleyne gives his work are, he says, meant to be taken with a sense of humour. *Bet Ann's Dance*, created for the New York City Ballet's first Diamond Project in 1992, was actually the title he had in mind for another work. He later created *The Real Bet Ann's Dance*, with dancers from Ballet BC, for the 1992 Canada Dance Festival in Ottawa. Alleyne was invited back to New York for the second NYCB Diamond Project in 1994.

Alleyne won the Best Choreographer Award at the 1990 Jackson, Mississippi International Ballet Competition, a 1992 Dora Mavor Moore Award and the 1993 Harry Jerome Award for Professional Excellence from the Black Business and Professional Association.

Cranko et le Lièvre de Mars dans *Alice* ainsi que le Soldat dans *La Ronde*, deux oeuvres de Glen Tetley.

En mai 1990, à l'âge de trente ans, Alleyne donna son dernier spectacle avec le Ballet national; deux mois plus tard, il fut nommé au poste de chorégraphe en résidence de la compagnie. L'année suivante, il chorégraphia deux oeuvres pour la compagnie, toutes deux sur une musique de Morton Subotnick, *Time Out With Lola* et *Interrogating Slam* ainsi qu'une oeuvre pour Ballet British Columbia, *Talk About Wings* (1991) aussi sur une musique de Subotnick.

Alleyne accepta le poste de directeur artistique avec le jeune Ballet BC en avril 1992. Le mandat de cette compagnie, présenter un «ballet de notre époque», est conforme à son intérêt pour l'élargissement et la reconfiguration du vocabulaire classique afin de mieux réfléter les réalités contemporaines. *The Archaeology of Karl...A Romantic Adventure* (1993), et *Three Visible Poems* (1994) sont parmis les oeuvres majeures qu'il a créé pour la compagnie. Les titres saisissants qu'Alleyne donne à ses oeuvres doivent, dit-il, être pris avec un brin d'humour. *Bet Ann's Dance*, créée pour le premier projet Diamond du New York City Ballet en 1992, était en fait le titre qu'il avait en tête pour une autre oeuvre. Il créa plus tard *The Real Bet Ann's Dance* avec des danseurs/seuses du Ballet BC au Festival Danse Canada en 1992 à Ottawa. Alleyne fut de nouveau invité à New York en 1994 pour le second projet «Diamond» du NYCB.

Alleyne reçut le Prix du chorégraphe à Jackson, Mississippi lors du Concours international de ballet en 1990, le Prix Dora Mavor Moore en 1992 et le Prix Harry Jerome en 1993 pour l'Excellence professionnelle du Black Business and Professional Association.

**Kate Alton**
by/par Allana Lindgren

Photo: John Lauener

**Alton, Kate**. Dancer, choreographer, artistic director. Born: December 25, 1968, Montreal, Quebec.

At the age of nine, Kate Alton left St. Catharines where she lived with her mother, Janice, a ballet teacher, and headed for the National Ballet School. After four years in Toronto, she spent a year studying at the School of Dance in Ottawa before entering the Royal Winnipeg Ballet School in 1983. There she studied with Sandra Neels, a former member of Merce Cunningham's company in New York. Neels infused Alton with a passion for modern dance and in 1986, she left Winnipeg for the School of Toronto Dance Theatre.

. In an honour rarely bestowed on students, Patricia Beatty, a co-founder of TDT, choreographed a solo for Alton in 1988. She subsequently performed the work, *Gaia*, in

**Alton, Kate**. Danseuse, chorégraphe, directrice artistique. Née : 25 décembre, 1968, Montréal, Québec.

À l'âge de neuf ans, Kate Alton quitta St. Catharines où elle habitait avec sa mère, Janice, une professeure de ballet, et alla étudier à l'École nationale de ballet. Après quatre années passées à Toronto, elle étudia pendant un an à Ottawa au School of Dance avant d'être acceptée au Royal Winnipeg Ballet School en 1983. Elle y étudia avec Sandra Neels, une ancienne membre de la troupe de Merce Cunningham à New York. Neels imprégna Alton d'une passion pour la danse moderne et en 1986, celle-ci quitta Winnipeg pour le School of Toronto Dance Theatre.

Patricia Beatty, une cofondatrice du TDT, chorégraphia un solo pour Alton en 1988, un honneur rarement accordé à une élève. Alton interpréta subséquemment le solo *Gaia* en

Ireland and in Canada. The following year she was invited to join TDT as a company member. Noted for her stage presence and musicality, Alton performed featured roles in numerous works including Beatty's *Against Sleep* (1969), David Earle's *Sacra Conversazione* (1984), Peter Randazzo's *Enter the Dawn* (1982), Christopher House's *Artemis Madrigals* (1988) and James Kudelka's *15 Heterosexual Duets* (1991).

In 1994, Alton was among the TDT dancers who collaborated with New York choreographer Doug Varone for the Rhombus Media film The Planets. Later that year, taken with Varone's style and use of momentum, Alton followed him to the Bates Dance Festival in Maine where she studied technique and repertory with his company.

Alton left TDT in 1995 to work as an independent dancer and choreographer. Among the works she has since choreographed are *Paean* (1993), *Beau Soir* (1996), *Tartan Briefs* (1997), *Toward/Opposite/Against* (1998), and *Absquatulations* (1998). In 1997 she was nominated for a Dora Mavor Moore Award for Outstanding Performance in Laurence Lemieux's *Nuit de la St. Jean*. She has also worked with Louise Bédard who choreographed *Créature* for her in 1998, as part of the production Necessary Risks. Necessary Risks was the first production of Overall Dance, a Toronto-based company that Alton started in the fall of 1998. Working on a project-to-project basis, the company's mandate is to commission work for Alton as well as to invite choreographers to work with Toronto artists. Besides Alton herself, the choreographers who have created dances under the auspices of Overall Dance include Peggy Baker, Bédard, Sarah Chase, Peter Chin, Mitch Kirsch, Michael Sean Marye and Varone.

Alton has taught at the Teachers' Collective in Toronto, the School of Toronto Dance Theatre and Dublin's Association of Professional Dance Artists, in Ireland.

Irlande et au Canada. L'année suivante, elle fut invitée à se joindre à la compagnie TDT. Remarquée pour sa présence de scène et sa musicalité, Alton interpréta des rôles principaux dans de nombreuses oeuvres notamment, *Against Sleep* (1969) de Beatty, *Sacra Conversazione* (1984) de David Earle, *Enter the Dawn* (1982) de Peter Randazzo, *Artemis Madrigals* (1988) de Christopher House et *15 Heterosexual Duets* (1991) de James Kudelka.

En 1994, Alton fut parmi les interprètes du TDT qui collaborèrent avec le chorégraphe newyorkais Doug Varone dans le cadre du film The Planets de Rhombus Media. Plus tard la même année, emballée par le style de Varone et par son utilisation de l'inertie, Alton le suivit au Bates Dance Festival au Maine, où elle étudia la technique et le répertoire avec sa troupe.

Alton quitta le TDT en 1995 afin de travailler comme danseuse et chorégraphe indépendante. Parmi ses chorégraphies se retrouvent: *Paean* (1993), *Beau Soir* (1996), *Tartan Briefs* (1997), *Toward/Opposite/Against* (1998) et *Absquatulations* (1998). En 1997, elle fut en nomination pour le Prix Dora Mavor Moore pour Interprétation exceptionnelle en danse dans *Nuit de la St. Jean* de Laurence Lemieux. Elle a également travaillé avec Louise Bédard qui créa *Créature* pour elle en 1998, dans le cadre de la production Necessary Risks, la première production d'Overall Dance, une troupe de Toronto fondée par Alton à l'automne de 1998. Le mandat de la troupe, qui fonctionne à coup de projet, est de commander des oeuvres à l'intention d'Alton et d'inviter des chorégraphes à travailler avec des artistes de Toronto. En plus d'Alton, plusieurs chorégraphes ont créé des oeuvres dans le cadre d'Overall Dance, notamment Peggy Baker, Bédard, Sarah Chase, Peter Chin, Mitch Kirsch, Michael Sean Marye et Varone.

Alton a enseigné au Teachers' Collective de Toronto, au School of Toronto Dance Theatre et à l'association Professional Dance Artists de Dublin en Irlande.

**Carol Anderson**
by/par Michael Crabb

Photo: Cylla von Tiedemann

**Anderson, Carol**. Choreographer, teacher, dancer, artistic director, writer. Born: January 17, 1951, Regina, Saskatchewan.

Carol Anderson studied ballet as a child, and graduated in 1973 from the dance programme at York University in Toronto. She also studied at the London School of Contemporary Dance and in New York. At York, Anderson was exposed to a wide range of dance influences and personalities. Previously, Anderson had attended Queen's University where she met teacher and choreographer Judy Jarvis. In Toronto, Anderson performed in Jarvis' company before becoming one of the founding members of Dancemakers in 1974. Anderson's career was then primarily associated with Dancemakers; she acted as associate and co-artistic director, with Patricia Fraser, from 1979-1985 and was sole artistic director from 1985-1988. At Dancemakers, Anderson performed in a wide

**Anderson, Carol**. Chorégraphe, professeure, danseuse, directrice artistique, écrivaine. Née : 17 janvier 1951, Regina, Saskatchewan.

Carol Anderson étudia le ballet dès son enfance et compléta sa formation en danse à l'Université York à Toronto en 1973. Elle étudia également au London Contemporary Dance Theatre ainsi qu'à New York. À l'Université York, Anderson fut exposée à un vaste éventail d'influences et de personnalités du monde de la danse. Elle avait auparavant étudié à l'université Queen's où elle fit la connaissance de la professeure et chorégraphe Judy Jarvis. Anderson dansa pour la compagnie de Jarvis à Toronto avant de devenir membre-fondatrice de Dancemakers en 1974. Sa carrière fut dès lors associée étroitement à cette compagnie, dans un premier temps comme adjointe à la direction artistique et ensuite comme codirectrice artistique de la compagnie avec Patricia Fraser, de 1979 à 1985 et finalement comme unique directrice artistique de 1985 à 1988.

Pour Dancemakers, Anderson accomplit une variété de tâches et dès la deuxième saison, elle contribua régulièrement au répertoire de la compagnie. *Windhover* (1983) , sur une musique originale de Michael J. Baker, a fréquemment été citée comme l'oeuvre-signature d'Anderson.

range of work, and by the second season began to be a regular contributor to the company repertoire. *Windhover* (1983), with its original Michael J. Baker score, has often been described as Anderson's signature work. From time to time she also worked independently from the company, notably with Toronto Independent Dance Enterprises (T.I.D.E.) in 1979 and 1981.

Although not overtly interested in narrative, Anderson is concerned with humanity. Her solo *d'Arc* (1988) distils the specifics of its historic title character into a more generalized statement of defiant womanhood. In the same concert with *d'Arc* she presented another work of female affirmation, *Polyhymnia Muses* (1987).

Since leaving Dancemakers in 1988, Anderson has continued to work independently, occasionally as a performer, and more frequently as a choreographer, notably with the Canadian Children's Dance Theatre. At the INDE '88 festival, Anderson produced *Time and Fevers* (1988) with composer Kirk Elliott, incorporating in the work five dancers and an actor reciting from W.H. Auden. In 1994 she choreographed the George Gershwin musical, *Lady Be Good*, for the Shaw Festival in Niagara-on-the-Lake, Ontario.

Anderson is a widely respected teacher. She was an original member of Toronto's Teachers' Collective, has been on the faculty at York University and has been a guest teacher for the School of Toronto Dance Theatre and Canadian Children's Dance Theatre.

Since retiring as a dancer, Anderson has pursued dance writing. In 1993 she published an illustrated monograph about Judy Jarvis, and since then has written numerous articles for Dance Collection Danse magazine, The Dance Current, Canadian Dance Studies, Canadian Encyclopedia and the International Dictionary of Modern Dance. She compiled and edited This Passion: For the Love of Dance (1998), and wrote Chasing the Tale of Contemporary Dance (1998) and Dancing Toward the Light (1999), a biography of Rachel Browne.

Anderson has received three nominations for a Dora Mavor Moore Award, and was the recipient of the 1994 Dance Ontario Award.

À l'occasion, elle travailla aussi de façon indépendante avec d'autres compagnies, notamment avec Toronto Independent Dance Enterprises (T.I.D.E.) en 1979 et 1981.

Malgré qu'elle ne s'intéresse pas spécifiquement au narratif, Anderson se sent concernée par tout ce qui touche l'humanité. Son oeuvre solo de 1988, *d'Arc* extrait l'essence même de ce personnage historique et la présente sous forme plus généralisée d'un énoncé de féminité rebelle. Au même concert, elle présenta une autre oeuvre d'affirmation féminine, *Polyhymnia Muses*k.

Depuis son départ de Dancemakers en 1988, Anderson travaille de façon indépendante, occasionnellement comme interprète mais plus fréquemment comme chorégraphe, notamment avec le Canadian Children's Dance Theatre. Au festival INDE '88, Anderson produit *Time and Fevers* avec le compositeur Kirk Elliott, incorporant dans cette oeuvre cinq interprètes et un acteur récitant un texte de W.H. Auden. En 1994, elle chorégraphia la revue musicale de George Gershwin, *Lady Be Good* pour le Shaw Festival à Niagara-sur-le-Lac en Ontario.

Anderson est une professeure reconnue et très respectée. Elle fut l'une des membres initiales du Teachers' Collective de Toronto, fut membre de la faculté de l'Université York, et à été professeure invitée au School of Toronto Dance Theatre et au Canadian Children's Dance Theatre.

Depuis qu'elle n'est plus interprète, Anderson se consacre à l'écriture sur la danse. En 1993, elle publia une monographie illustrée de Judy Jarvis et a depuis rédigé de nombreux articles pour la revue Dance Collection Danse, The Dance Current, Canadian Dance Studies, Canadian Encyclopedia et le International Dictionary of Modern Dance. Elle a compilé et édité This Passion: For the Love of Dance (1998) et est également l'auteure de Chasing the Tale of Contemporary Dance (1998) ainsi que Dancing Toward the Light (1999), une biographie de Rachel Browne.

Anderson a été mise en nomination trois fois pour le Prix Dora Mavor Moore et on lui décerna le Prix Dance Ontario en 1994.

Photo: Cylla von Tiedemann

### Reid Anderson
by/par Michael Crabb

**Anderson, Reid Bryce**. Artistic director, dancer. Born: April 1, 1949, New Westminster, British Columbia.

After a distinguished career in Europe as a dancer and ballet master, Reid Anderson returned to Canada in 1986 and quickly emerged as an effective and imaginative director. In 1989, after a brief period with Ballet British Columbia, Anderson became artistic director of the National Ballet of Canada, which he led successfully during an often difficult period of fiscal retrenchment.

Anderson trained at the Dolores Kirkwood Academy in Burnaby, the Banff Centre School of Fine Arts and later at the Royal Ballet School in London, England. He joined Germany's renowned Stuttgart Ballet in 1969, rising to the rank of principal dancer. He created many leading roles, appeared internationally as a guest artist and began to choreograph. Anderson also worked as ballet master for the Stuttgart Ballet, 1982-1986, and travelled internationally to stage works by the company's celebrated former artistic director and principal choreographer, John Cranko.

Anderson's experience in Stuttgart was understandably formative. He worked in close contact with one of the leading choreographers of the later twentieth century, and in a company that celebrated creativity and spawned several notable choreographers who have gone on to

**Anderson, Reid Bryce**. Directeur artistique, danseur. Né : 1er avril 1949, New Westminster, Colombie-Britannique.

Suite à une carrière distinguée comme danseur et maître de ballet en Europe, Reid Anderson revint au Canada en 1986, où son talent de directeur efficace et imaginatif fut rapidement remarqué. En 1989, après une brève association avec le Ballet British Columbia, Anderson devint directeur artistique du Ballet national du Canada qu'il pilota avec succès à travers une phase souvent difficile de coupures fiscales.

Anderson fut formé à l'Académie Dolores Kirkwood à Burnaby, au Banff Centre School of Fine Arts et plus tard au Royal Ballet School à Londres, en Angleterre. Il se joint au renommé Stuttggart Ballet en Allemagne en 1969 où il devint danseur principal. Il y créa plusieurs rôles principaux, dansa comme artiste-invité à l'échelle internationale et amorça son travail de chorégraphie. Anderson fut aussi maître de ballet pour le Stuttggart Ballet de 1982 à 1986 et voyagea au niveau international pour réaliser la mise en scène d'oeuvres de l'ancien directeur artistique et chorégraphe principal de la compagnie, le renommé John Cranko.

Il est évident que l'expérience d'Anderson avec le Stuttgart Ballet a eu un impact formateur sur lui. Il travailla en collaboration étroite avec l'un des chorégraphes les plus novateurs de la fin du vingtième siècle et avec une compagnie qui célébrait la créativité et qui donna naissance à de nombreux chorégraphes remarquables, qui ont à leur tour laissé leur marque.

Après s'être réinstallé au Canada en 1986, Anderson assuma le rôle de codirecteur artistique et ensuite directeur unique du Ballet

make their marks independently.

After resettling in Canada in 1986, Anderson became a co-artistic director and then sole director of Ballet British Columbia. During his two-year tenure, Anderson helped give the company a more defined, contemporary image and established its national reputation. Anderson became director of the National Ballet of Canada in July, 1989.

The company he inherited had just passed through a stressful period precipitated by the premature death in 1986 of its charismatic director, Erik Bruhn. Bruhn had given the National Ballet a fresh image as a more dynamic and artistically adventurous company. Anderson realized that changing times required a slightly more cautious approach. Yet, with a clever blending of popular, traditional work and new choreography, he sustained the company through an economically perilous period, taking it on successful foreign tours, developing younger dancers and choreographers, often through the National Ballet's small touring offshoot, The Concert Group, and skilfully balancing the repertoire.

Although the National Ballet had already acquired Cranko's *Romeo and Juliet* and *Onegin*, Anderson added other Cranko works, notably *The Taming of the Shrew*, as well as works by such distinguished choreographers as William Forsythe, Glen Tetley and John Neumeier. He also championed the work of former resident choreographer, John Alleyne, and introduced to the company such Canadian modern dance choreographers as Christopher House and Serge Bennathan. Anderson became artistic director of the Stuttgart Ballet in June, 1996.

British Columbia. Pendant ses deux années avec cette compagnie, Anderson contribua à lui former une image plus précise et contemporaine, et à asseoir sa renommée nationale. Anderson fut nommé directeur du Ballet national du Canada en juillet 1989.

La compagnie dont il héritait venait à peine d'émerger d'une période parfois très difficile provoquée par le décès prématuré en 1986 de son directeur charismatique, Erik Bruhn. Ce dernier avait rafraîchi l'image du Ballet national, la transformant en une compagnie plus dynamique et artistiquement plus audacieuse. Anderson constata que les temps avaient changé et qu'une approche quelque peu plus prudente s'imposait. Néanmoins, grâce à une stratégie incorporant adroitement la chorégraphie populaire, traditionnelle et nouvelle, il mena la compagnie à travers une phase périlleuse économiquement, réussissant des tournées à l'étranger, développant de jeunes danseurs/seuses et chorégraphes, fréquemment à travers le petit groupe associé du Ballet national, le Concert Group, et équilibrant le répertoire avec beaucoup de justesse.

Même si le Ballet national avait déjà acquis *Roméo et Juliette* et *Onegin* de Cranko , Anderson ajouta d'autres oeuvres de Cranko notamment *The Taming of the Shrew* ainsi que des oeuvres de chorégraphes renommés tels que William Forsythe, Glen Tetley et John Neumeier. Il fit également la promotion des oeuvres de l'ancien chorégraphe en résidence, John Alleyne, et introduit la compagnie à des chorégraphes de danse moderne tels que Christopher House et Serge Bennathan. Anderson devint directeur artistique du Stuttgart Ballet en juin 1996.

Photo: Ken Bell

**Apinee, Irene**. Dancer, choreographer, teacher. Born: May 26, 1924, Riga, Latvia.

Irene Apinee was accepted into the Latvian National Ballet School in 1936, and taken into the National Opera Ballet Company as soloist in 1943. Among her teachers were Harrijis Plucis and Osvalds Lemanis, the choreographer and director of the company. The theatre closed in 1944 because of the war and Apinee married dancer Jury Gotshalks the same year. They then began to perform in displaced persons camps with a group of Latvian artists including Lemanis. Costumes were improvised: a tutu from diaper fabric starched with potato water; a flowing skirt from parachute silk; one pair of patched and repatched toe shoes serving for two years.

In 1947, the couple was invited to Canada by the Halifax Conservatory of Music, to establish a ballet school. Their pupils, who included Sally

### Irene Apinee
by/par Vincent Warren

**Apinee, Irene**. Danseuse, chorégraphe, professeure. Née : 26 mai, 1924, Riga, Lettonie.

Irene Apinee fut acceptée à l'école nationale de ballet de la Lettonie en 1936 et se joint à la compagnie du Ballet national de l'opéra comme soliste en 1943. Parmi ses professeurs se retrouvaient entre autres Harrijis Plucis et le directeur/chorégraphe de la compagnie, Osvalds Lemanis. En 1944 la guerre cause la fermeture du théâtre et Apinee épousa le danseur Jury Gotshalks. Ils commencèrent alors à danser dans des camps de réfugiés avec un groupe d'artistes latviens dont Lemanis. Leurs costumes étaient improvisés: un tutu provenant de couches empesées avec de l'eau de pomme de terre, une jupe coulante surgissait de la soie de parachute, les pointes étaient réparées à répétition et servaient pendant deux ans.

En 1947, le couple fut invité au Canada par le Conservatoire de musique de Halifax pour fonder une école de ballet. Leurs élèves, qui incluaient entre autres Sally Brayley, Marilla Merritt et Jan Murray, dansèrent dans des récitals annuels et le couple forma bientôt un groupe qui allait devenir le Gotshalks Halifax Ballet. Le répertoire de la troupe comptait *Don Quichotte*, la scène de la vision du deuxième acte et le pas de deux du cygne noir du *Lac des*

Brayley, Marilla Merritt and Jan Murray, performed in annual recitals and the couple soon formed a group that became the Gotshalks Halifax Ballet. The repertory included the *Don Quixote* pas de deux and vision scene, *Swan Lake* Act II and the Black Swan pas de deux, as well as works by Apinee, Gotshalks and Lemanis.

In October 1950, Ballet Panorama, a fund-raiser for the Third Canadian Ballet Festival, was given in Toronto and Apinee and Gotshalks displayed their professionalism and "technical brilliancy" in the *Don Quixote* and Black Swan pas de deux. A month later, when they performed in Montreal at the 1950 Canadian Ballet Festival, Apinee's virtuoso technique caused a sensation, especially in the thirty-two fouettés in the Black Swan pas de deux; the Montreal Star reported "a performance ... constantly interrupted by salvoes of applause." The company joined Apinee and Gotshalks in Apinee's *Sonata Quasi una Fantasia* – to Beethoven's Moonlight Sonata – and *Swan Lake* Act II.

The couple was invited to join the newly-formed National Ballet of Canada by Celia Franca in 1951. While touring Canada, Apinee danced leading roles in the classics as well as Antony Tudor's *Offenbach in the Underworld*, David Adams' *Ballet Composite* (1949) and Joey Harris' *Dark of the Moon* (1953).

Apinee and Gotshalks continued to teach and direct the Halifax company, bringing the troupe to Toronto for the 1952 Canadian Ballet Festival. Working with two companies proved too difficult, so reluctantly in 1953, the couple left Halifax, having trained several dancers who went on to companies in Toronto, Montreal, London and New York.

They spent two more years with the National Ballet, touring coast to coast, and receiving excellent reviews. In 1952, the Winnipeg Tribune said: "There is no doubt that in Latvian Irene Apine the ballet possesses a ballerina of star calibre." The couple left the company in 1955 and joined Les Ballets Chiriaeff in Montreal. Here Ludmilla Chiriaeff created the

*cygnes*, ainsi que des oeuvres d'Apinee, de Gotshalks et de Lemanis.

En octobre 1950, le Ballet Panorama, un spectacle bénéfice au profit du troisième Festival de ballet canadien fut présenté à Toronto et Apinee et Gotshalks firent preuve de professionnalisme et de «brillance technique» dans *Don Quichotte* et dans le pas de deux du cygne noir. Un mois plus tard, ils participèrent au Festival de ballet canadien de 1950 à Montréal où la technique virtuose d'Apinee créa une véritable sensation, particulièrement dans les trente-deux fouettés du pas de deux du Cygne noir. Le Montreal Star affirma «Une interprétation... constamment interrompue par des salves d'applaudissements.» La troupe se joint ensuite à Apinee et Gotshalks pour l'oeuvre d'Apinee, *Sonata Quasi una Fantasia*, interprétée sur la sonate au Claire de lune de Beethoven et pour l'Acte II du *Lac des cygnes*.

Le couple fut ensuite invité à se joindre au Ballet national du Canada, une compagnie récemment formée en 1951 par Celia Franca; ils participèrent aux tournées de la troupe au Canada. Apinee y dansaient les rôles principaux classiques ainsi que des oeuvres comme *Offenbach in the Underworld* d'Antony Tudor, *Ballet Composite* (1951) de David Adams, et *Dark of the Moon* (1953) de Joey Harris.

Apinee et Gotshalks continuèrent à enseigner et à diriger la compagnie d'Halifax qu'ils présentèrent à Toronto en 1952 à l'occasion du Festival de ballet canadien. Maintenir deux troupes s'avéra trop exigeant et, avec regret, le couple quitta Halifax après avoir formé de nombreux interprètes qui travaillèrent plus tard avec des compagnies de Toronto, Montréal, Londres et New York.

Ils passèrent deux ans avec le Ballet national, participant aux tournées à travers tout le Canada et ils furent acclamés par la critique. En 1952, le Winnipeg Tribune écrit: «Il n'y a aucun doute que la Latvienne Irene Apine est une ballerine de calibre étoile.» Le couple quitta le Ballet national en 1955 et se joint aux Ballets Chiriaeff à Montréal. C'est à cette époque que Ludmilla Chiriaeff créa le rôle titre dans *L'Oiseau phoénix* (1955) à l'intention d'Apinee ainsi que des rôles

title role in *L'Oiseau Phoénix* (1955) for Apinee as well as parts in *Les Ruses d'Amour* (1955), *Variations en Blanc* (1956).

Apinee joined American Ballet Theatre as a soloist in 1960, remaining two years, and performed with the New York City Opera in 1962. In the fall of 1965, Apinee returned to Canada as principal dancer with Les Grands Ballets Canadiens, on the invitation of Fernand Nault. He created the title role in *L'Oiseau de Feu* (1965) for her, and she also danced in his *Géhenne* (1965), *Carmina Burana* (1966) and *Casse-Noisette*.

Apinee took a leave of absence from the stage in December, 1967, returning only once, in 1970, to dance for the last time in Nault's *Casse-Noisette*.

Subsequently she developed a successful career in real estate, and became a champion in her age group in competitive swimming.

dans *Les Ruses d'Amour* (1955) et *Variations en Blanc* (1956).

Apinee se joint à l'American Ballet Theatre comme soliste en 1960, y demeurant deux ans; elle dansa de plus avec le New York City Opera en 1962. À l'automne de 1965, elle revint au Canada comme danseuse principale des Grands Ballets Canadiens à l'invitation de Fernand Nault qui créa pour elle le rôle principal de *L'Oiseau de feu* (1965); elle dansa également dans les oeuvres de Nault: *Géhenne* (1965), *Carmina Burana* (1966) et *Casse-Noisette*.

Apinee prit congé de la scène en décembre 1967 n'y retournant qu'une fois, en 1970, pour danser une dernière fois dans le *Casse-Noisette* de Nault.

Elle poursuivit ensuite une carrière fructueuse dans l'immobilier et devint championne de natation de compétition pour son groupe d'âge.

Photo: Eric Skipsey

## Kay Armstrong
by/par Kaija Pepper

**Armstrong, Kay**. Danseuse, professeure, chorégraphe. Née : 22 septembre 1921, Armstrong, Colombie-Britannique. Nom à la naissance : Kathleen Mae Armstrong.

C'est sous Helen Crewe à Vancouver que la jeune Kay Armstrong débuta sa formation en

**Armstrong, Kay**. Dancer, teacher, choreographer. Born: September 22, 1921, Armstrong, British Columbia. Birth name: Kathleen Mae Armstrong.

The young Kay Armstrong began her early dance training with Helen Crewe in Vancouver and then with Mary Pratten in the Okanagan Valley. In Vancouver she completed her public school education, concurrently studying with Dorothy Wilson and Princess Sylvia Arfa at the British Columbia School of Dancing. She had additional training with William Christensen at the School of the San Francisco Ballet before commencing her short but stimulating career as a performer.

Armstrong went to New York City to avail herself of further training at the Vilzak-Shollar School of Ballet and with the Spanish dancing expert, Helene Veola. While there, she found employment in the ballet troupe of the Radio City Music Hall and then in a production of Showboat.

Returning to Vancouver in 1947, Armstrong succeeded Wilson as principal of the British Columbia School of Dancing, a position she held until 1952, when she founded the Kay Armstrong Vancouver Ballet School. The school, co-directed for many years with her partner Robert Cadwallader, became one of the most successful in British Columbia and was in full operation for nearly four decades.

Remaining in Vancouver, Armstrong maintained a high profile in Canada's ballet development, both as a pedagogue and a choreographer. Choreographing a number of original ballets for the Vancouver Ballet Society's annual Showcase performances, she expressed her interest in regional phenomena in such pieces as *Legend of the Black Swan* and *Stanley Park Suite*. Her group was chosen to represent the Vancouver Ballet Society at the 1948 Canadian Ballet Festival in Winnipeg, but had to remain in Vancouver when floods washed out the railway.

She did make it to the Third Canadian Ballet Festival in Montreal in 1950, where she presented *Etude* set to the music of Tchaikovsky. This work was taken into the repertoire of the

danse, formation qu'elle poursuivit avec Mary Pratten dans la Vallée de l'Okanagan. À Vancouver, elle compléta ses études à l'école publique tout en poursuivant sa formation en danse avec June Roper, Dorothy Wilson et la Princesse Sylvia Arfa au British Columbia School of Dancing. Elle étudia également avec William Christensen au School of the San Francisco Ballet avant d'amorcer sa brève mais vibrante carrière d'interprète.

Armstrong se rendit à New York afin d'approfondir sa formation au Vilzak-Shollar School of Ballet et avec l'experte en danse espagnole: Helene Veola. Lors de son séjour à New York, elle trouva du travail avec la troupe de ballet du Radio City Music Hall et ensuite dans une production de Showboat.

À son retour à Vancouver en 1947, Armstrong succéda à Wilson comme principale du British Columbia School of Dancing, un poste qu'elle occupa jusqu'en 1952 alors qu'elle fonda le Kay Armstrong Vancouver Ballet School. Cette école, qu'elle codirigea pendant de nombreuses années avec son partenaire Robert Cadwallader, devint l'une des écoles les plus populaires de la Colombie-Britannique et continua d'offrir des cours pendant près de quarante ans.

Bien installée à Vancouver, Armstrong demeura très présente en ce qui concerne le développement du ballet au Canada, à la fois comme pédagogue et comme chorégraphe. Elle chorégraphia plusieurs oeuvres originales pour les spectacles de prestige présentés annuellement par le Vancouver Ballet Society, oeuvres à travers lesquelles se manifeste son intérêt pour les particularités régionales: *Legend of the Black Swan* et *Stanley Park Suite*. Son groupe représenta le Vancouver Ballet Society au Festival de ballet canadien de 1948 à Winnipeg mais il fut cependant contraint à demeurer à Vancouver lorsque des inondations emportèrent le chemin de fer.

Par contre, elle était présente au troisième Festival de ballet canadien à Montréal en 1950 où elle présenta *Étude* sur une musique de Tchaïkovsky. Cette oeuvre fut aussi incorporée au répertoire du Ballet national du Canada.

National Ballet of Canada. Armstrong also created choreography for the musicals offered by Vancouver's Theatre Under the Stars. As a teacher, she supplemented her training in 1962 on a scholarship to the National Ballet School of Canada. Armstrong has been an active member of the Canadian Dance Teacher's Association and the Imperial Society of Teachers of Dancing.

In 1978 she was among six Vancouver pioneer teachers honoured by the Dance in Canada Association. Since closing her studios in 1989, Armstrong has continued to teach weekly classes at a local community centre.

Armstrong créa également des chorégraphies pour les revues musicales présentées au Theatre Under the Stars à Vancouver. En 1962, une bourse du Ballet national du Canada lui permit de perfectionner sa formation d'enseignante. Armstrong a été membre active de l'association Canadian Dance Teachers et du Imperial Society of Teachers of Dancing.

En 1978, elle fut l'une de six professeurs de danse pionniers de Vancouver qui furent honorés par l'association Danse au Canada. Depuis la fermeture de son studio en 1989, Armstrong a continué à donner des cours hebdomadaires à un centre communautaire de sa région.

---

**L'Après-midi d'un faune** (Afternoon of a Faun)
Premiere/Première: Marie Chouinard, Canada Dance Festival Danse Canada, National Arts Centre Studio du Centre national des Arts, Ottawa, July 9 juillet, 1987

A choreography based on photographs by Adolphe de Meyer of Nijinsky in his *L'Après-midi d'un faune* (1912).
Des photographies de Nijinski, prises par Adolphe de Meyer, durant une représentation de *L'Après-midi d'un faune* (1912), ont inspiré cette oeuvre.

Choreography, Concept and Direction/Chorégraphie, conception et direction: Marie Chouinard
Music/Musique: Claude Debussy
Lighting/Éclairages: Alain Lortie
Visual and Sound Concept/Concept visuel et sonore: Louis Seize

---

**Arrival of All Time** (Arrivée de tous les temps)
Premiere/Première: Dancemakers, Festival of Women and the Arts, St. Lawrence Centre for the Performing Arts, Toronto, June 5 juin, 1975
Choreography/Chorégraphie: Anna Blewchamp
Music/Musique: Ann Southam
Costume Design/Conception des costumes: Michiko Yano
Lighting/Éclairages: Jim Plaxton, Plaxton Adult Toy Co.
Dancers/Danseurs: Carol Anderson, Peggy Baker, Noelyn George, Gary Goodwin

*Though not unusual in Blewchamp's repertoire - she made several dances that in the formal sense are minutely-observed gestural studies - the often-revived* Arrival *is unique in boasting an explicit narrative or psychological component. It is essentially a portrait of a woman writer (modelled on Virginia Woolf) struggling with the mysterious ebb and flow of the creative process manifested in the fractious, sometimes uncontrolled life, which, in the shape of three*

*dancers, bursts out from under her writing desk.*

*Bien que ne rompant pas avec le répertoire habituel de Blewchamp - elle a créé plusieurs oeuvres qui, dans le sens formel, sont des études de gestes observés avec minutie - Arrival, une oeuvre remontée fréquemment, se distingue par son caractère narratif et sa composante psychologique. Il s'agit essentiellement du portait d'une écrivaine (inspirée de Virginia Woolf) se débattant avec les marées mystérieuses du processus de création se manifestant à travers une vie pleine de hargne, parfois incontrôlable qui, sous la forme de trois interprètes, surgie du dessous de sa table de travail.*

Graham Jackson

## Joanne Ashe
### by/par Rosemary Jeanes Antze

**Ashe, Joanne**. Dancer, teacher. Born: January 31, 1928, Montreal, Quebec. Died: September 4, 1982.

Joanne Ashe moved with her family from Montreal to Toronto, and then to Ottawa. She studied ballet with Kang Waa, a student of

**Ashe, Joanne**. Danseuse, professeure. Née : 31 janvier 1928, Montréal, Québec. Décédée : 4 septembre 1982.

Joanne Ashe déménagea avec sa famille de Montréal, à Toronto et ensuite à Ottawa. Elle étudia le ballet avec Kang Waa, une élève de Gwendolyn Osborne, et s'entraîna au saut en longueur olympique.

Elle commença à étudier avec Nesta Toumine à l'âge de dix-huit ans. En 1947, elle participa au premier spectacle du Ottawa Ballet Company,

Gwendolyn Osborne, and trained as an Olympic broad-jumper.

At age eighteen, she began studying with Nesta Toumine. In 1947, she appeared in the first performance of The Ottawa Ballet Company, dancing in *Les Sylphides* and *The Nutcracker*. The following year she danced in *Giselle* as a Friend and the Queen of the Wilis, and created a role in Toumine's first ballet *Once Upon a Time*. In 1949, she danced a leading role, with Jean Stoneham, Marilyn Sewell and Roland Boisvenu, in Toumine's *Sonata in C Sharp Minor*.

When Toumine split with Yolande le Duc in 1949, Ashe went with Toumine to become her assistant and later associate director of the Classical Ballet Studio. She took prime responsibility for the junior students, while Toumine taught the senior classes. She continued to teach there until her death.

The leading ballerina with Toumine's company in Ottawa, Ashe declined offers to join two of Canada's professional ballet companies. She is remembered for her interpretation of leading roles in *Swan Lake*, *Nutcracker*, *Coppélia*, the grand pas de deux from *Don Quixote* and Toumine's *Marie-Madeleine*, in which she created the title role. Many of her most important roles in ballets such as *The Seasons* and *Shostakovich Ballet Suite* were created and danced with David Moroni, until his departure for the Royal Winnipeg Ballet in 1963. Then her principal partner became Frederick Braun. Also known as an actress, she played lead roles in Ottawa Little Theatre productions, including Dark of the Moon, and sang and danced with the Orpheus Operatic Society.

Ashe's performing career spanned over twenty years, during which she created many original roles. She was an extremely versatile dancer, equally at home in classic or dramatic ballets and was able to sparkle in other forms such as John Stanzel's jazz work *36-24-36*. She received critical acclaim for her performances in Ottawa, the Canadian Ballet Festivals, the Northeast Regional Ballet Festivals in the United States, and while touring Ontario with

dansant dans *Les Sylphides* et *Casse-Noisette*. L'année suivante, elle dansa dans *Giselle*, interprétant une amie et la reine des Willis; elle créa aussi un rôle pour le premier ballet de Toumine, *Once upon a time*. En 1949, elle dansa un rôle principal avec Jean Stoneham, Marilyn Sewell et Roland Boisvenu dans la *Sonata in C sharp Minor* de Toumine.

Lorsque Toumine rompit avec Yolande le Duc en 1949, Joanne Ashe devint l'assistante de Toumine et ensuite directrice associée du Classical Ballet Studio. Elle accepta la presqu'entière responsabilité pour les étudiants juniors alors que Toumine enseignait les classes plus avancées. Elle continua à enseigner au Studio jusqu'à la fin de sa vie.

Ashe, danseuse principale de la compagnie de Toumine à Ottawa, refusa de se joindre à deux compagnies professionnelles de ballet canadiennes. Elle est reconnue pour son interprétation des les rôles principaux dans *Le Lac des cygnes*, *Casse-Noisette*, *Coppélia*, le grand pas de deux de *Don Quichotte* et la *Marie-Madeleine* de Toumine, rôle qu'elle créa. Plusieurs des rôles les plus importants qu'elle interpréta dans des ballets tels que *The Seasons* et le *Shostakovitch Ballet Suite* furent créés et dansés avec David Moroni et ce jusqu'à ce que ce dernier quitte pour le Royal Winnipeg Ballet en 1963. Son partenaire principal fut ensuite Frederick Braun. Elle était aussi connue comme actrice, jouant des rôles principaux dans des productions de l'Ottawa Little Theatre, incluant Dark of the Moon; elle dansa et chanta aussi avec l'Orpheus Operatic Society.

Sa carrière d'interprète s'étala sur plus de vingt ans, pendant lesquelles elle créa plusieurs rôles originaux. Elle fut une danseuse remarquablement versatile, tout aussi à l'aise dans un répertoire de ballet classique ou dramatique et brillante dans d'autres formes telle que la création jazz de John Stenzel, *36-24-36*. Elle reçut l'éloge de la critique pour ses prestations à Ottawa, pour les Festivals de ballet canadien, les Northeast Regional Ballet Festivals aux É.U. et lors de tournées en Ontario avec le Classical Ballet Concert Group, connu plus tard sous le nom de Ballet Imperial. Elle se

the Classical Ballet Concert Group, later known as Ballet Imperial. She was distinguished by her long red hair, beautiful legs and feet, strong technique and dramatic presence, and she was one of Canada's leading dancers of her time.

As Toumine's right hand, she chose to remain in Ottawa with the hopes that the Classical Ballet Company would turn fully professional. Many of her students, with whom she later shared roles, did go on to dance professionally.

distinguait par sa longue chevelure rousse, ses superbes jambes et pieds, sa technique puissante et sa présence dramatique. Elle fut au Canada l'une des danseuses les plus importantes de son époque.

Elle choisit de demeurer à Ottawa comme bras droit de Toumine dans l'espoir que le Classical Ballet Company devienne pleinement professionnel. Plusieurs de ses élèves, avec qui elle partagea ses rôles plus tard, devinrent des danseurs/seuses professionnel(le)s.

Photo: Barry Gray

## Frank Augustyn
by/par Penelope Reed Doob

**Augustyn, Frank**. Dancer, artistic director. Born: January 27, 1953, Hamilton, Ontario.

His elegant line, Byronic good looks, dramatic intelligence and exceptional musicality made Frank Augustyn the most distinguished Canadian danseur noble of his generation. When he was only thirteen and a student at the National Ballet School, Betty Oliphant told Karen Kain that Augustyn might be the next Erik Bruhn; Kain, at fifteen, was not particularly impressed. However, after Augustyn joined the

**Augustyn, Frank**. Danseur, directeur artistique. Né : 27 janvier, 1953, Hamilton, Ontario.

Sa taille élégante, sa beauté, son sens du drame et sa musicalité exceptionnelle ont fait de Frank Augustyn l'un des danseurs les plus distingués et nobles de sa génération. Alors qu'il n'était âgé que de treize ans et étudiant à l'École nationale de ballet, Betty Oliphant dit à Karen Kain qu'Augustyn pourrait bien devenir le prochain Erik Bruhn. Alors âgée de quinze ans, Kain n'était pas particulièrement impressionnée. Cependant après qu'Augustyn se soit joint au Ballet national du Canada en 1970 (devenant soliste en 1971), Kain et Augustyn furent partenaires dans l' *Intermezzo* d'Eliot Feld (1972), et la légende de ce que le critique John Fraser allait nommer les «jumeaux dorés», commença et s'amplifia suite à leur début prometteur dans le *Roméo et Juliette* de John Cranko quelques mois plus tard. Ce même été, Augustyn fut choisi par Rudolf Nureyev pour interpréter la variation de l'Oiseau bleu dans sa

National Ballet of Canada in 1970, becoming soloist in 1971, Kain and Augustyn were cast as partners in Eliot Feld's *Intermezzo*, and the legend of what critic John Fraser would call "the gold-dust twins" began, enhanced by the pair's promising debut in John Cranko's *Romeo and Juliet* several months later. That summer, Augustyn was singled out by Rudolf Nureyev to dance the Bluebird variation in his new production of *The Sleeping Beauty*, a role in which he quickly achieved international acclaim for his combination of lyricism and fine technique. Augustyn became a principal dancer that same year.

In June, 1973, Kain and Augustyn won the award for best pas de deux at the Moscow International Ballet Competition. The charismatic partnership continued unabated until 1980, when Augustyn joined the Berlin Opera Ballet for a year. Their work together included such highlights as performances in *Swan Lake*, *Giselle*, *The Sleeping Beauty*, *La Sylphide*, John Neumeier's *Don Juan*, Sir Frederick Ashton's *La Fille Mal Gardée*, Jerome Robbins' *Afternoon of a Faun*, Ann Ditchburn's *Nelligan* and Hans Van Manen's *Four Schumann Pieces*. Their interpretations of several of these ballets are preserved in CBC Television performances directed by Norman Campbell. Augustyn's highly original Personal Essay, a commentary on his thoughts while dancing in *Four Schumann Pieces*, was broadcast on CBC Radio's The Dance and used as accompaniment for live performances during the Ballet Revue tour with Kain, Ditchburn and others in 1979.

Meanwhile, Augustyn was also freeing himself from public perceptions of him as "Karen Kain's partner", not least by creating roles in such works as Constantin Patsalas' *Black Angels* (1976) and James Kudelka's *A Party* (1976) and *Washington Square* (1979), by achieving distinction without Kain in ballets like Maurice Béjart's *Song of a Wayfarer*, and by guest appearances with the Dutch National Ballet and the London Festival Ballet, in which he earned acclaim from Dance and Dancers magazine for "Best performance by a male newcomer." An association with the Boston

nouvelle production de *La Belle au bois dormant*, un rôle qui lui permit d'atteindre rapidement une renommée internationale grâce à son alliage de lyrisme et de technique précise. La même année, Augustyn devint danseur principal de la compagnie.

En juin 1973, Kain et Augustyn furent les lauréats du Concours international de ballet de Moscou pour le meilleur pas de deux. Ce partenariat charismatique se prolongea sans interruption jusqu'en 1980, année où Augustyn se joint au Ballet de l'Opéra de Berlin pour un an. Parmi leurs interprétations se remarquent particulièrement, *Le Lac des cygnes*, *Giselle*, *La Belle au bois dormant*, *La Sylphide*, *Don Juan* de John Neumeier, *La Fille mal gardée* de Sir Frederick Ashton, *L'Après-midi d'une faune* de Jerome Robbins, *Nelligan* d'Ann Ditchburn et *Four Schumann Pieces* d'Hans Van Manen. Leurs interprétations de plusieurs de ces ballets ont été préservées dans le cadre d'émissions de télévision du CBC réalisées par Norman Campbell. L'oeuvre très originale d'Augustyn, *Personal Essay*, un commentaire sur les réflexions surgissant lors de son interprétation de *Four Schumann Pieces*, fut diffusée à l'émission de radio du CBC, The Dance et utilisée comme accompagnement lors de spectacles en direct pendant la tournée Ballet Revue avec Kain, Ditchburn et autres en 1979.

À cette époque, Augustyn se libérait de la perception habituelle du public, perception le limitant au rôle de «partenaire de Karen Kain», en créant plusieurs rôles dans des oeuvres comme *Black Angels* (1976) de Constantin Patsalas dans les oeuvres de James Kudelka *A Party* (1976) et *Washington Square* (1979). Il se distingua sans la présence de Kain dans des ballets comme *Song of a Wayfarer* de Maurice Béjart et comme artiste invité avec le Ballet national de la Hollande et le London Festival Ballet. Il fut célébré pour ses prestations dans la revue Dance and Dancers pour la «Meilleure interprétation par un interprète de la relève». Son association avec le Ballet de Boston, de 1982 à 1986, moussa encore plus la réputation d'Augustyn indépendamment de Kain.

Augustyn retourna au Ballet national en

Ballet from 1982-1986 also furthered Augustyn's reputation apart from Kain.

Augustyn returned to the National Ballet in 1981, on several occasions sustaining and recovering triumphantly from serious injuries. In 1989 he resigned to assume the artistic directorship of Theatre Ballet of Canada, later to be renamed the Ottawa Ballet. While there, he concentrated on developing dancers and audiences, bringing into the repertoire works by José Limón and Flemming Flindt, and commissioning new ballets by Edward Hillyer, Serge Bennathan and Michael Downing. For the Ottawa Ballet, Augustyn produced and performed in Timothy Spain's *The Tin Soldier* (1992) for stage and CBC Television. In 1994, Augustyn resigned as artistic director of the Ottawa Ballet, but continued to guest coach, teach and consult at various schools and companies including the Alberta Ballet, the National Ballet School and the Boston School of Ballet.

Beginning in 1995 Augustyn wrote, produced and hosted twenty half-hour television documentaries titled Footnotes: The Classics of Ballet. Since 1986 Augustyn has been the founding artistic director of Le Gala des Étoiles, a Montreal-based fundraising event. Augustyn holds honorary degrees from York and McMaster Universities and was made an Officer of the Order of Canada in 1979.

He is the author of an autobiography, and a children's book related to the Footnotes television series.

1981, se blessant à plusieurs reprises et se rétablissant de façon triomphale, même après des blessures graves. En 1989, il remit sa démission pour assumer le poste de directeur artistique du Theatre Ballet of Canada, qui fut plus tard connu sous le nom Ottawa Ballet. Avec cette compagnie, il misa sur le développement de danseurs/seuses et d'un public, incluant dans son répertoire des oeuvres de José Limón et de Flemming Flindt et commandant de nouveaux ballets à Edward Hillyer, Serge Bennathan et Michael Downing. Pour le Ottawa Ballet, Augustyn produit et dansa dans *The Tin Soldier* de Timothy Spain en spectacle et pour une émission de la chaîne de télévision CBC (1992). En 1994, Augustyn quitta le poste de directeur artistique du Ottawa Ballet mais continua à superviser, enseigner et à agir comme expert-conseil pour plusieurs écoles et compagnies de danse notamment l'Alberta Ballet, l'École nationale de Ballet et le Boston School of Ballet.

De 1995 à 1997, Augustyn rédigea, produit et anima vingt documentaires d'une demi-heure pour une émission de télévision intitulée : Footnotes: The Classics of Ballet. Depuis 1986, Augustyn est le directeur artistique pour Le Gala des Étoiles, un gala-bénéfice à Montréal. Les universités York et McMaster lui ont décerné un doctorat honorifique et Augustyn est également Officier de l'Ordre du Canada depuis 1979.

Il est auteur d'une autobiographie et d'un livre pour enfants associé à la série de télévision Footnotes.

Les Grands Ballets Canadiens

Montréal, 1960's

Photo: Andrew Oxenham

## Annette av Paul
by/par Linde Howe-Beck

**av Paul, Annette**. Dancer, teacher, artistic director. Born: February 11, 1944, Stockholm, Sweden.

Annette av Paul's career began with the Royal Swedish Ballet when visiting Bolshoi Ballet director Yuri Grigorovitch chose the seventeen-year-old apprentice to dance the lead in *The Stone Flower*. That was in 1962, just after she entered the company from its school, where she had studied with Albert and Nina Koslowski. She rose rapidly in the company, mastering all the major classical roles, as well as working with modern dance choreographers such as José Limón. She became a principal dancer in 1966.

Av Paul danced the classics, as well as contemporary works by some of the leading choreographers of the day, originating roles in Mary Skeaping's *The Fisherman's Daughter* and Antony Tudor's *Echoing of Trumpets* as well as in ballets by John Butler and by her

**av Paul, Annette**. Danseuse, professeure, directrice artistique. Née: 11 février 1944, Stockholm, Suède.

Annette av Paul débuta sa carrière avec le Royal Swedish Ballet lorsque le directeur du Ballet Bolshoi, Yuri Grigorovitch, alors en visite, la choisit, apprentie agée de dix-sept ans, pour interpréter le rôle principal de *The Stone Flower*. Ce fut en 1962, juste après son entrée dans la troupe après la fin de ses études à l'école affiliée, école où elle avait étudié avec Albert et Nina Koslowski. Elle gravit rapidement les échelons de la compagnie, maîtrisant tous les rôles classiques tout en travaillant avec des chorégraphes de danse moderne comme José Limón. Elle devint danseuse principale en 1966.

Av Paul interpréta les classiques aussi bien que des oeuvres contemporaines de chorégraphes renommés, créant des rôles dans *The Fisherman's Daughter* de Mary Skeaping et *Echoing of Trumpets* d'Antony Tudor ainsi que dans des ballets de son mari, Brian Macdonald, et dans des oeuvres de John Butler. Elle dansa comme danseuse principale et artiste invitée avec des compagnie comme Les Grands Ballets Canadiens, le Ballet national de la Norvège, le Harkness Ballet, le Royal Winnipeg Ballet et le Ballet Spectacular aux É.U. Elle a participé à plusieurs émissions de télévision, dansant des rôles principaux pour les chaînes de télévision de la Suède, de la Grande-Bretagne, du Canada et

husband, Brian Macdonald. She appeared as a principal dancer and guest artist with companies including Les Grands Ballets Canadiens, the Norwegian National Ballet, the Harkness Ballet, the Royal Winnipeg Ballet and Ballet Spectacular, U.S.A. Her television credits include lead roles in ballets for Swedish, British, Canadian and United States television networks, and she was featured in several ballet films by the National Film Board of Canada.

Best known in Canada for her dancing as Macdonald's muse during fourteen years with LGBC, av Paul gave her farewell performance in his *Adieu Robert Schumann* (1984), with contralto Maureen Forrester and dancers David LaHay and Jacques Drapeau. On her retirement, she turned her attention to other areas of dance, stressing a particular interest in helping young dancers achieve their potential.

She began coaching dancers at the National Ballet of Canada, the Royal Winnipeg Ballet, the Norwegian Ballet and Ballet BC, where she was the founding artistic director from 1985-1988. For the following four years, she served as artistic and pedagogical supervisor at Montreal's École Pierre Laporte, and by 1990, she was associate programme head at the Banff Centre for the Arts, where she had taught in the professional and dance training programmes since 1985. The early 1990's saw her teaching classes at the Stratford Festival and the National Ballet School in Toronto. She also staged many ballets for companies including Les Ballets Jazz de Montréal and the Norwegian Ballet. From 1995-1998, she frequently taught and coached at the Royal Swedish Ballet and its school, and at Sweden's Gothenburg Ballet Company.

In the late 1990's av Paul taught across Canada for the National Ballet of Canada, the National Ballet School, Ballet BC and its Mentor programme, Vancouver's Arts Umbrella, Dance Alberta and the Quinte Ballet School in Belleville.

Av Paul's other contributions to Canadian dance include serving as president of the Dance in Canada Association, 1988-1990 and as advisor to the dance department at Toronto's Ryerson Polytechnic University in 1990. She

des États-Unis et elle fut la vedette de plusieurs films que l'Office National du Film tourna sur le ballet.

Mieux connue au Canada comme la muse de Macdonald durant ses quatorze années avec LGBC, av Paul offrit son spectacle d'adieu dans l'oeuvre de ce dernier, *Adieu Robert Schumann* (1984), avec la contralto Maureen Forrester et les danseurs David LaHay et Jacques Drapeau. Après s'être retirée de la scène, elle tourna son attention vers d'autres facettes de la danse, apportant son soutien à la croissance et à la réalisation du potentiel de jeunes interprètes.

Elle commença en supervisant les danseurs/seuses du Ballet national du Canada, du Royal Winnipeg Ballet, du Ballet de la Norvège et du Ballet British Columbia. Elle fut directrice artistique fondatrice du Ballet BC de 1985 à 1988. Pendant les quatre années subséquentes, elle occupa le poste de superviseure artistique et pédagogique à l'École Pierre Laporte à Montréal et en 1990, elle fut directrice adjointe du programme du Banff Centre for the Arts, où elle a enseigné dans le cadre du programme de formation et du programme professionnel en danse depuis 1985. Au début des années 1990, elle offrit des classes au festival de Stratford et à l'École nationale de ballet à Toronto. De plus, elle mit en scène de nombreux ballets pour diverses troupes notamment, Les Ballets Jazz de Montréal et le Ballet de Norvège. De 1995 à 1998, elle a enseigné et supervisé fréquemment au Royal Swedish Ballet, à son école affiliée ainsi qu'au Ballet Gothenburg de la Suède.

Vers la fin des années 1990 av Paul offrit des cours à travers le Canada: au Ballet national du Canada, à l'École nationale de ballet, au Ballet British Columbia ainsi qu'à son programme de Mentor, au Arts Umbrella de Vancouver, au Dance Alberta ainsi qu'au Quinte Ballet School à Belleville.

Av Paul a également contribué au milieu canadien à divers autres niveaux: elle a siégé comme présidente de l'Association Danse au Canada de 1988 à 1990 et elle a agit comme conseillère au département de danse du Ryerson Polytechnic University de Toronto en 1990. Elle participa activement au Centre de ressources et

became active with the Dancer Transition Resource Centre in Toronto in 1987. Av Paul's interests also include researching and writing about aspects of Canadian dance history.

transition pour danseurs à Toronto en 1987. Av Paul s'intéresse également à la recherche et à l'écriture touchant les aspects de l'histoire de la danse au Canada.

## Bagne

Première/Premiere: duMaurier Theatre Centre, Toronto, September 15 septembre, 1994

*Bagne* dresse un portrait à la fois féroce, cru et touchant de deux hommes en résidence surveillée. Ils explorent les relations humaines dans une trame physique qui dresse un parallèle entre nos prisons intérieures et le milieu carcéral.

Le langage physique dépeint avec tendresse et férocité leur quête vitale de liberté et d'amour dans un lieu où la promiscuité règne et où la liberté s'atrophie.

With raw, sometimes brutal, ferociousness punctuated by tender emotions and touching drama, *Bagne* designs a portrait of two men living within the socially constructed bars and boundaries of humanity.

This performance uses a physicality rarely seen in the exploration of human relations, drawing a parallel between inner restraints and outer constraints. Two men with a vital quest: the search for love and understanding in a world where physical freedom is reigned in and emotional promiscuity abounds and degenerates.

Équipe de création/Creation Team:
Mise en scène, chorégraphie et interprétation/Direction, Choreography and Performance: Pierre-Paul Savoie, Jeff Hall
Scénographie/Set Design: Bernard Lagacé
Composition musicale*/Musical score: Ginette Bertrand
Éclairage/Lighting: Marc Parent
Sonorisation/Sound: Edward Freedman
Costumes: Paule-Josée Meunier
Sketch radiophonique/Radio sketch: Gaétan Nadeau, Harry Standjofski, Michoue Sylvain
Répétiteurs/Rehearsal coaches: Mireille Demers, Danielle Lecourtois, Jacqueline Lemieux, Alain Francoeur
Conseiller en interprétation/Acting coach: Yannick Auer
Conseiller en acrobatie/Acrobatics coach: Rénald Bourgeois
Réalisation de la structure/Set construction:Tim MacDonald
Consultants techniques/Technical consultants: Pierre Baril, Robert Berthiaume, Mario Brien, Stéphane Cognac, Tim MacDonald
*La musique de la petite valse est une composition de Mireille Demers interprétée par Michael Reinhart./The "Little Waltz" was composed by Mireille Demers and performed by Michael Reinhart.

**Peggy Baker**
by/par Michael Crabb

Photo: Cylla von Tiedemann

**Baker, Peggy**. Dancer, choreographer, artistic director, teacher. Born: October 22, 1952, Edmonton, Alberta. Birth-name: Peggy Smith.

Peggy Baker had been studying acting at the University of Alberta in Edmonton when she was introduced to modern dance by Patricia Beatty, a co-founder of Toronto Dance Theatre.

Baker moved to Toronto in 1971, studied at the School of Toronto Dance Theatre and appeared with the company as an apprentice. She became a founding member and occasional contributing choreographer of the Toronto modern dance repertory company Dancemakers in 1974 and, with a break to study in New York (1976-1977), remained until 1980, from 1979 as artistic director.

Baker then joined the Lar Lubovitch Dance Company in New York from 1981 to 1988 and became one of its most acclaimed performers, dancing a wide-ranging repertoire of existing

**Baker, Peggy**. Danseuse, chorégraphe, directrice artistique, professeure. Née : 22 octobre 1952, Edmonton, Alberta. Nom à la naissance : Peggy Smith.

Peggy Baker étudiait l'art dramatique à l'université de l'Alberta à Edmonton lorsqu'elle fut introduite à la danse moderne par Patricia Beatty, une cofondatrice du Toronto Dance Theatre.

Baker s'installa à Toronto en 1971, étudiant au School of Toronto Dance Theatre et dansant avec la compagnie comme apprentie. En 1974, elle devint membre-fondatrice et occasionnellement chorégraphe de la compagnie de répertoire de danse moderne de Toronto, Dancemakers, et à part un congé d'études à New York (1976-1977), elle y demeura jusqu'en 1980, comme directrice artistique depuis 1979.

Baker se joint ensuite à la compagnie de danse Lar Lubovitch à New York (1981-1988) et devint l'une de ses interprètes les plus renommées, interprétant un large répertoire d'oeuvres existantes et d'oeuvres originales et devenant répétitrice pour Lubovitch. Baker choisit de quitter la compagnie lorsqu'elle constata que Lubovitch s'orientait de plus en plus vers le ballet.

and original works and latterly assisting Lubovitch as a rehearsal director. Baker chose to leave when she found Lubovitch's tastes moving in a more balletic direction.

In 1990, Baker toured across the United States with Mikhail Baryshnikov and the White Oak Dance Project, and the same year embarked on a new career as a solo dancer/choreographer, making a very successful debut at the Festival of Canadian Modern Dance in Winnipeg. Since then she has performed to critical acclaim across Canada, in New York City, Los Angeles, Europe and the Scandinavian countries.

Peggy Baker's dancing begins with a lean, tall, statuesque body that is as interesting to watch in moments of stillness as it is in passages of fast, high-energy movement. Baker's technical and expressive range is extraordinary. She can move with great elegance and lyrical flow yet equally well exploit the linearity of her physique to generate deliberately distorted, angular imagery, or cut through space with a purposeful intensity of attack.

In her solo shows, Baker has mixed her own choreography with work by such Canadian choreographers as James Kudelka, Paul-André Fortier, Patricia Beatty, Stephanie Ballard and Christopher House, and Americans Mark Morris, Molissa Fenley and Doug Varone. Her preference is for works of poetic imagery that, while not specifically narrative, are nevertheless profoundly humane. Baker's emotional range easily embraces everything from elegiac reverie to madcap humour. She prefers when possible to perform to live music and has received particular acclaim for two deeply affecting works that incorporated her physically-challenged husband, the musician and composer Ahmed Hassan. In the earliest, *Sanctum* (1990), Baker became an almost shaman-like character wielding a bunch of sticks and remaining largely ground-rooted within a square of light. Hassan sat on a carpet a distance off and played a variety of primitive instruments. The tension between their apparent physical separation, yet equally evident emotional connection, gave the work a rare dynamic. The second duet with Hassan, *Geometry of a Circle* (1993), is a choreographed

En 1990, Baker fit une tournée des États-Unis avec Mikhail Baryshnikov et le White Oak Dance Project. La même année, elle amorça une nouvelle carrière de danseuse soliste/ chorégraphe, faisant un début remarquable au Festival canadien de danse moderne à Winnipeg. Elle a depuis récolté les éloges de la critique à travers le Canada, à New York, à Los Angeles et aux pays scandinaves.

Peggy Baker est svelte, grande et sculpturale, et il est tout aussi intéressant de l'observer dans des moments d'immobilité que dans des mouvements rapides, chargés d'énergie. Le registre technique et expressif de Baker est extraordinaire. Elle peut bouger avec une grande élégance et une fluidité lyrique mais peut tout aussi bien exploiter la linéarité de son physique pour générer une imagerie délibérément déformée, angulaire ou encore trancher l'espace avec une intensité précise d'attaque.

Dans ses spectacles solos, Baker présente sa propre chorégraphie ainsi que des oeuvres de chorégraphes canadiens tels que James Kudelka, Paul-André Fortier, Patricia Beatty, Stephanie Ballard et Christopher House, et des chorégraphes américains Mark Morris, Molissa Fenley et Doug Varone. Elle préfère des oeuvres d'imagerie poétique qui, tout en n'étant pas spécifiquement narratives, demeurent profondément humaines. L'éventail émotif de Baker englobe sans effort des rêveries élégiaques et l'humour fou. Elle préfère aussi danser sur de la musique en direct et elle a été particulièrement acclamée pour deux oeuvres très émouvantes qui incorporaient son mari handicapé, le musicien et compositeur Ahmed Hassan. Dans la première, *Sanctum* (1990), Baker incarne un personnage rappelant une chamane brandissant un paquet de bâtons et demeurant à l'intérieur d'un carré délimité par la lumière. Hassan est assis sur un tapis un peu plus loin et joue divers instruments primitifs. La tension entre leur séparation physique visible et l'évidente connexion émotionnelle confère à l'oeuvre une dynamique exceptionnelle. Le second duo avec Hassan, *Geometry of a Circle* (1993), est un dialogue chorégraphié; Hassan contribue un accompagnement vocalisé à partir

dialogue. Hassan provided a vocalized accompaniment from his wheelchair. Baker moved around him. The work is simultaneously architectural and analytical in its use of space and intensely personal in the tender intimacy of its non-verbal dialogue.

Alongside her distinguished performing career, Baker has developed a reputation as one of Canada's most inspiring modern dance teachers, working across the country and in the United States. In 1993 she was appointed the National Ballet School of Canada's first Artist-in-Residence, teaching modern dance technique, choreographing and staging works of Lubovitch and others for the students.

de sa chaise roulante et Baker danse autour de lui. L'oeuvre est à la fois architecturale et analytique dans son utilisation de l'espace et intensément personnelle dans la tendre intimité de son dialogue.

En parallèle à sa carrière d'interprète, Baker s'est aussi taillé une réputation comme l'une des professeures de danse moderne les plus inspirantes, enseignant à travers le pays et aux États-Unis. En 1993, elle fut nommée la première artiste-en-résidence de l'École nationale de ballet du Canada, enseignant la technique de danse moderne et mettant en scène des oeuvres de Lubovitch et de d'autres chorégraphes pour ses élèves.

---

**Balance** (Équilibre)
Premiere/Première: Dance Collective, Centre Franco-Manitobain Culturel/Franco-Manitoban Cultural Centre, Winnipeg, December 3 décembre, 1993
Choreographer/Chorégraphe: Ruth Cansfield
Paintings/Tableaux: Randal Newman
Lighting Design/Éclairages: Hugh Conacher
Costume Design & Construction/Conception et réalisation des costumes: Alan Trollope
Music/Musique: Sergei Rachmaninoff Vespers
    i AnneBruce Falconer
    ii Robert Abubo, Christina Medina
    iii Julia Barrick Taffe, Brent Lott, Susan Burpee, Robert Abubo, Christina Medina
    iv Susan Burpee
    v Lesandra Dodson
    vi AnneBruce Falconer, Brent Lott
    vii Julia Barrick Taffe, Lesandra Dodson, Christina Medina, Susan Burpee, Brent Lott, Robert Abubo
    viii AnneBruce Falconer

Artist's Statement: If a space exists between life and death, these paintings are my chronicle of the journey ahead.

Audience is welcome to view the BALANCE paintings on stage after the show.

Énoncé de l'artiste : S'il existe un espace entre la vie et la mort, ces tableaux sont ma chronique du trajet à parcourir.

Le public est invité à contempler les tableaux de BALANCE sur la scène après la fin du spectacle.

*In Ruth Cansfield's work* Balance, *the physical metaphor of dancers pushing physical balance to the limits of gravity took on a gripping emotional resonance; the work evoked a visceral*

*sense of suspense. How off-centre can a human get and still be "balanced"? How hard can you fall and still not be hurt? The use of Rachmaninoff's haunting "Vespers" as accompaniment underlined the sense of vulnerability and aspiration characterizing this sensual, physically risky, radical work.*

*Dans l'oeuvre de Ruth Cansfield Balance, la métaphore corporelle de danseurs/seuses repoussant les limites de l'équilibre physique jusqu'aux confins de la loi de la gravité suscite une résonance émotionnelle palpitante; l'oeuvre évoque une sensation viscérale de suspense. Jusqu'où un humain peut-il être décentré tout en restant «équilibré» ? Avec quelle intensité est-il possible de chuter sans se blesser ? L'accompagnement utilisé, les Vêpres obsédantes de Rachmaninoff, souligne le sentiment de vulnérabilité et de potentiel caractérisant cette oeuvre sensuelle, dangereuse physiquement et radicale.*

Carol Anderson

## Janet Baldwin
by/par Clifford Collier

**Baldwin, Janet**. Dancer, teacher, choreographer, artistic director. Born: December 5, 1912, Toronto, Ontario. Died: September 28, 1990, Toronto, Ontario.

Janet Baldwin, long considered an important supporting figure in Canadian ballet, came from

**Baldwin, Janet**. Danseuse, professeure, chorégraphe, directrice artistique. Née : 5 décembre 1912, Toronto, Ontario. Décédée : 28 septembre 1990, Toronto, Ontario.

Janet Baldwin, une figure importante du ballet au Canada, est née dans une famille éminente et influente de Toronto, un statut qui s'avéra fort utile pour ses activités dans les coulisses du monde de la danse.

Au début des années 1930, un cousin amena Baldwin à un spectacle de danse moderne à l'Auditorium Eaton; Baldwin fut fascinée par

a socially prominent and influential Toronto family, a status which was to prove valuable in her behind-the-scenes dance activity.

In the early 1930's, a cousin took Baldwin to a modern dance performance held in Eaton Auditorium, and she was enthralled. In spite of family opposition, she began to study dance at Boris Volkoff's school. By 1935, Volkoff was impressed enough with his pupil that he took her with him to study with Adolph Bolm in California. While there, Baldwin appeared with the Bolm company in a performance of the opera Faust. In later years, she would make trips to New York to study with Anatol Vilzak, Ludmilla Shollar, and Aubrey Hitchins, a former partner of Anna Pavlova.

In 1936, Volkoff received an invitation to take his group of fifteen dancers to the Internationale Tanzwettspiele as part of the XI Summer Olympiad in Berlin. Volkoff decided that it was important to take works having Canadian themes and Canadian music, and he turned to Baldwin for help with the research. She was also instrumental in obtaining financial support for the Volkoff troupe, and organized many fund-raising efforts for the trip.

On June 11, 1936, just before leaving for Germany, Baldwin and Volkoff were married and the trip to the Berlin Olympics became their honeymoon. The troupe had the honour of placing among the six winning entries, in spite of the professional level of the competition. The company returned to Canada to face the real business of building an audience for dance. The Olympic success did encourage further support at home. By 1938, the newly-formed Volkoff Canadian Ballet gave performances in Toronto at the summer Promenade Concerts, at Massey Hall, at the Royal Alexandra Theatre in local opera productions and recitals at Eaton Auditorium. During this period, Baldwin assisted Volkoff by teaching children's classes, managing the studio and company, organizing costumes, publicizing the performances and obtaining patronage.

The First Canadian Ballet Festival was held in Winnipeg in 1948. While the festival did not do well financially, it was an artistic success. It

l'expérience et en dépit de l'opposition de sa famille, elle commença à étudier la danse à l'école de Boris Volkoff. En 1935, Volkoff était suffisamment impressionné par son élève pour l'amener étudier avec Adolph Bolm en Californie. Durant son séjour, elle dansa avec la compagnie de Bolm dans un spectacle de l'opéra Faust. Éventuellement, elle allait voyager à New York pour étudier avec Anatol Vilzak, Ludmilla Shollar et Aubrey Hitchins, un ancien partenaire d'Anna Pavlova.

En 1936, Volkoff reçut une invitation pour amener son groupe de quinze danseurs/seuses à l'Internationale Tanzwettspiele, dans le cadre des XI ième olympiades d'été à Berlin. Volkoff estimait qu'il était important d'y présenter des oeuvres traitant de thèmes canadiens interprétés sur de la musique canadienne et se tourna vers Baldwin pour l'aider dans cette recherche. Elle joua un rôle important dans l'obtention de soutien financier pour la compagnie et organisa de nombreuses levées de fonds pour le voyage.

Le 11 juin 1936, juste avant leur départ pour l'Allemagne, Baldwin et Volkoff s'épousèrent et le voyage aux Jeux Olympiques de Berlin se transforma en lune de miel. La compagnie eut l'honneur de se placer parmi les six gagnantes et ce, en dépit du haut niveau de professionnalisme de la concurrence. Le groupe revint ensuite au Canada pour relever le véritable défi de créer un public pour la danse. Le succès de la compagnie aux olympiades se traduit par un soutien plus important au pays. En 1938, le Volkoff Canadian Ballet donna des spectacles à Toronto aux Concerts d'été de la Promenade, au Massey Hall, au Royal Alexandra Theatre dans des productions locales d'opéra et dans des récitals à l'Auditorium Eaton. À cette époque, Baldwin assistait Volkoff en enseignant les classes d'enfants, gérant le studio et la compagnie, organisant les costumes, s'occupant de la publicité des spectacles et recueillant des fonds.

Le premier Festival de ballet canadien eut lieu à Winnipeg en 1948. Le Festival fut un succès artistique plutôt que financier. On décida alors qu'une association du Festival de ballet canadien serait créée afin d'organiser de tels festivals à travers le Canada et que le second

was determined that a Canadian Ballet Festival Association should be formed to hold regular festivals throughout Canada, the second to be held in Toronto in 1949. Baldwin's social connections were instrumental in finding patronage and financial support for the association, and from 1949 to 1954 the festivals flourished. Originally as a fund-raiser for the festivals, Baldwin persuaded a number of local dance teachers to instruct each other in technique classes. Out of this came the Canadian Dance Teachers Association, which Baldwin co-founded with Mildred Wickson and Bernadette Carpenter. In the meantime, things were not going well in the Volkoff household. The marriage was dissolved in 1951 and Baldwin was at a loss as to what she should do. For the first time she was on her own.

Summoning up the courage, she opened the Janet Baldwin School of Ballet. Her old friend, Gweneth Lloyd, had recently moved to Toronto and Baldwin went to Lloyd for classes and comfort. There she was introduced to the Royal Academy of Dancing system; with its emphasis on defining every movement, it was eminently suitable to Baldwin's own very exacting manner. For five summers she went to England to work with Andrew Hardie and Anna Northcote, steeping herself in RAD syllabus. She probably had the most well-rounded ballet education of any Canadian teacher at the time. Her own open feel for Russian expanded movement, combined with the fastidious Royal Academy method, gave her pupils a look that many RAD examiners learned to recognize and accept.

Still involved in the Ballet Festival movement, Baldwin entered her own choreographic work, *Suite*, to music by Corelli, in the 1952 Toronto festival. Some of the pupils she had taught for Volkoff had followed her to her new studio, and these were the nucleus of her newly-formed concert group. While choreography never came easily to Baldwin, she did enter *Theme Primeval* in the fifth festival in Ottawa, and *Cycle* in the final festival in Toronto in 1954. With the beginning of the National Ballet in 1951, the ranks of the smaller

aurait lieu à Toronto en 1949. Les relations sociales de Baldwin furent fort utiles, facilitant la commandite et le soutien financier de l'association et de 1949 à 1954, les festivals furent de francs succès. Dans le but premier d'amasser des fonds pour les festivals, Baldwin persuada plusieurs professeur(e)s de danse locaux de se donner mutuellement des cours de technique; c'est de ce projet que l'association Canadian Dance Teachers vit le jour, une association que Baldwin cofonda avec Mildred Wickson et Bernadette Carpenter. Entre-temps, les choses n'allaient pas très bien dans le ménage Volkoff. Le mariage fut dissous en 1951 et Baldwin ne savait plus très bien où se diriger. Pour la première fois de sa vie, elle était seule.

S'armant de courage, elle ouvrit le Janet Baldwin School of Ballet. Son amie de longue date, Gweneth Lloyd, s'était récemment installée à Toronto et Baldwin alla la voir pour suivre des cours et recevoir de l'aide. C'est à ce moment qu'elle fut introduite au Royal Academy of Dancing qui, avec son emphase sur la définition précise de chaque mouvement, s'apparentait bien avec la nature pointilleuse de Baldwin. Pendant cinq étés, elle se rendit en Angleterre pour travailler avec Andrew Hardie et Anna Northcote, s'imprégnant du syllabus du RAD. À ce moment, elle possédait probablement la formation la plus complète en ballet de tous les professeurs canadiens de l'époque. Sa propre sensibilité pour le mouvement russe combiné à la méthode fastidieuse du Royal Academy, conféra à ses élèves un style que plusieurs des examinateurs du RAD vinrent à reconnaître et accepter.

Toujours engagée dans le Festival de ballet, Baldwin soumis sa propre oeuvre chorégraphique, *Suite*, sur une musique de Corelli, au festival de 1952 à Toronto. Certains des élèves à qui elle enseignait à l'école Volkoff l'avaient suivi à son nouveau studio et formèrent le noyau de son nouveau groupe de concert. Même si chorégraphier ne fut jamais facile pour Baldwin, elle présenta *Theme Primeval* au cinquième festival à Ottawa, et *Cycle* au dernier festival à Toronto en 1954. Avec l'arrivée du Ballet national en 1951, les rangs des plus petites

companies were decimated, and funds once given to support the Festival movement were diverted to support the National Ballet Company.

With the winding down of the Festival Association, Baldwin concentrated on developing her own school, while lending support to the National Ballet movement. She supported the growth of the Ballet Guild, who sponsored performances and raised money for the new company. She was also active with the Royal Academy. Besides her studio in Toronto, Baldwin had satellite schools in Willowdale and Clarkson. She was especially proud of having taught dance to Robert Paul and Barbara Wagner, Canadian world pairs figure-skating champions. Baldwin stopped teaching in 1979.

On June 22, 1986, the Dance Ontario Association awarded Janet Baldwin and Boris Volkoff (posthumously) the Dance Ontario Award in recognition of their contribution to dance in Canada.

compagnies furent décimés et les fonds, autrefois réservés au Festival, furent canalisés vers la compagnie du Ballet national.

L'association du Festival cessa donc graduellement ses activités et Baldwin se consacra au développement de sa propre école, tout en accordant son soutien au Ballet national. Elle soutint également la croissance du Ballet Guild, qui commanditait des spectacles et amassait des fonds pour la nouvelle compagnie. Elle fut active auprès du Royal Academy: en plus de son studio à Toronto, Baldwin dirigeait des écoles-satellites à Willowdale et Clarkson. Elle était particulièrement fière d'avoir enseigné la danse à Robert Paul et Barbara Wagner, champions canadiens du monde du patinage artistique. Baldwin cessa d'enseigner en 1979.

Le 22 juin 1986, l'association Dance Ontario décerna à Janet Baldwin et Boris Volkoff (à titre posthume) le Prix Dance Ontario en reconnaissance de leur contribution à la danse au Canada.

---

**Ballad** (Ballade)
Premiere/Première: National Ballet of Canada, Capitol Theatre, Ottawa, October 29 octobre, 1958
Choreography/Chorégraphie: Grant Strate
Music/Musique: Harry Somers
Décor and/et Costumes: Mark Negin

    Enoch, a derelict/un itinérant: Grant Strate
    Ben, a stranger/un étranger: Earl Kraul
    Mother/Mère: Jacqueline Ivings
    Father/Père: Donald Mahler
    Rose, the younger daughter/La cadette: Lilian Jarvis
    Martha, the elder daughter/L'aînée: Lois Smith
    and Company/et la compagnie

(Programme notes from December 29, 1960, National Ballet of Canada at the Queen Elizabeth Theatre, Vancouver)

The far west, in its vastness, produced a new race of people. The people who had left their cosmopolitan backgrounds were rendered humourless by the starkness of their existence. Hope lay in the next generation, the youngsters who knew no other land and loved their own.

Ben, a stranger, is not accepted by the older generation. When a provoked death occurs, jealousy, hatred and violence are aroused, as if reflected from the land itself, and these passions are focussed on the figure of the stranger. The lynching of Ben is inevitable in this community of sudden justice.

(Notes du Programme du 29 décembre 1960, Ballet national du Canada au Théâtre Queen Elizabeth, Vancouver)

L'Ouest américain et ses vastes étendues produisirent une nouvelle race de personnes. Ces gens qui avaient quitté leur milieu cosmopolitain perdirent tout sens d'humour en réponse à la désolation de leur nouvelle vie. L'espoir résidait dans la nouvelle génération, ces jeunes qui ne connaissaient pas d'autre terre et qui adorait la leur.

Ben, un étranger, n'est pas accepté par l'ancienne génération. Lorsqu'une mort est provoquée, la jalousie, la haine et la violence surgissent comme des reflets de la terre même et ces passions convergent vers cet étranger. Le lynchage de Ben est inévitable dans cette communauté où la justice est immédiate.

## Stephanie Ballard
by/par Carol Anderson

**Ballard, Stephanie**. Danseuse, chorégraphe, directrice artistique, professeure.  Née : 14 février 1949, San Francisco, Californie.

La carrière en danse de Stephanie Ballard est non seulement très diversifiée mais s'étend du Canada aux États-Unis. Après une formation en ballet dans son enfance, elle se joint aux Winnipeg's Contemporary Dancers en 1972, d'abord comme apprentie mais s'imposant rapidement comme membre très appréciée de la

**Ballard, Stephanie**. Dancer, choreographer, artistic director, teacher. Born: February 14, 1949, San Francisco, California.

Stephanie Ballard has pursued her wide-ranging dance career in both Canada and the United States. After early training in ballet, she joined Winnipeg's Contemporary Dancers in 1972 as an apprentice, and quickly became a valued member of the company. Under the directorship of WCD's founder Rachel Browne, Ballard performed in works by James Waring, Sophie Maslow, Paul Sanasardo, Browne herself and many others. Ballard cites Browne and Arnold Spohr as mentors.

Ballard was a member of WCD from 1972 to 1983. She became artistic director and manager of the company's apprentice programme in 1979, and was the company's associate artistic director from 1980 to 1983. Ballard's choreographic career began in company workshops and in the Dance Discovery series, a shared initiative of WCD and the Royal Winnipeg Ballet. Her first works, including *Prairie Song* (1980) and *A Christmas Carol* (1981), brought her critical acclaim.

From 1986 to 1990 Ballard managed and choreographed for her troupe Stephanie Ballard and Dancers. From 1983 until 1996 she acted as artistic advisor and company manager for the Margie Gillis Dance Foundation in Montreal. Choreographic work by Ballard, notably *Mara* (1989), was featured on Gillis' programmes and in the 1996 television special Wild Hearts in Strange Times.

Ballard has been part of many cultural and educational initiatives in Winnipeg, Montreal and California. Through such community-based organizations as the Palo Alto Institute for the Blind and the Canadian Association of Health, Physical Education and Recreation, she has worked on developing and instigating movement training projects for children and adults. She was a co-founder of the Dance Discovery series, a member of the board of Winnipeg's Osborne Village Cultural Centre, which helped give birth to the Gas Station Theatre, and a founding member of the Manitoba Arts Council's dance committee.

compagnie. Sous la direction de la fondatrice du WCD, Rachel Browne, Ballard dansa des oeuvres créées, entre autres, par James Waring, Sophie Maslow, Paul Sanasardo et Rachel Browne elle-même. Ballard estime que Browne et Arnold Spohr ont été ses mentors.

Ballard fut membre des WCD de 1972 à 1983. Elle fut promue au poste de directrice artistique et gérante du programme des apprentis de la compagnie en 1979 et agit aussi comme directrice artistique adjointe de la compagnie elle-même de 1980 à 1983. La carrière chorégraphique de Ballard s'amorça dans le cadre d'ateliers offerts par la compagnie et dans la série Dance Discovery, une initiative partagée des WCD et du Royal Winnipeg Ballet. Ses premières oeuvres, notamment *Prairie Song* (1980) et *A Christmas Carol* (1981), furent prisées par la critique.

De 1986 à 1990 Ballard agit comme gérante et chorégraphe de sa propre compagnie, Stephanie Ballard and Dancers. De 1983 à 1996, elle fut la conseillère artistique et gérante de la Fondation de Danse Margie Gillis à Montréal. Certaines chorégraphies de Ballard, notamment, *Mara* (1989), furent à l'affiche au programmes de Gillis et dans l'émission spéciale de 1996, Wild Hearts in Strange Times.

Ballard a participé à plusieurs événements de nature culturelle ou éducative à Winnipeg, à Montréal et en Californie. Par l'intermédiaire d'organismes tels que l'Institut pour aveugles de Palo Alto et l'Association canadienne de la santé, de l'éducation physique et de la récréation, elle a travaillé au développement et à la promotion de projets visant la mise en forme physique par le mouvement chez les enfants et les adultes handicapés. Elle fut cofondatrice de la série Dance Discovery, membre du conseil d'administration du centre culturel Osborne Village à Winnipeg, centre qui contribua à la fondation du Gas Station Theatre ainsi que membre-fondatrice du Comité-danse du Conseil des Arts du Manitoba. En 1997, Ballard reçut le prix du National Endowment for the Arts (États-Unis) ainsi qu'un soutien du département des Affaires Extérieures (Canada) pour un séjour avec le Columbia City Ballet à Columbia,

In 1997 Ballard received an award from the National Endowment for the Arts (United States), and assistance from the Department of Foreign Affairs (Canada), for a residency with the Columbia City Ballet in Columbia, South Carolina. In 1997 Ballard received grants from the Manitoba Arts Council and the Canada Council for the Arts for work on her Legacy Project, researching the history of WCD. In 1998 she co-ordinated an archival exhibit for the company titled 35 Years of New Creations.

As well as her ties with the company, Ballard maintains her association with the School of WCD, as teacher, advisor and guest choreographer-in-residence. In 1999 she collaborated with choreographer Rachel Browne on Browne's project titled *Edgelit*.

Ballard has won Canada's most prestigious choreographic awards: the Clifford E. Lee Choreographic Award in 1982, the 1985 Jean A. Chalmers Choreographic Award, and the 1986 Jacqueline Lemieux Prize. Her work *Prairie Song* won third prize at the Koln Choreographic Competition in 1986. She has created more than forty works for stage, television and film.

Caroline du Sud.

En 1997, le Conseil des Arts du Manitoba ainsi que le Conseil des Arts du Canada accordèrent une subvention à Ballard dans le cadre de son projet Legacy, qui retraçait l'historique du WCD. En 1998, elle coordonna une exposition d'archives pour la compagnie, intitulée *35 Years of New Creations*.

En plus de ses liens avec la compagnie, Ballard maintient son association avec l'école des WCD, agissant tour à tour comme professeure, conseillère et chorégraphe en résidence. En 1999 elle collabora avec la chorégraphe Rachel Browne sur un projet de cette dernière, *Edgelit*.

Ballard a remporté le plus prestigieux des prix associés à la chorégraphie au Canada: le Prix Clifford E. Lee pour la chorégraphie (1982) ainsi que le Prix Jean A. Chalmers, aussi pour ses chorégraphies (1985) et le Prix Jacqueline Lemieux (1986). Son oeuvre *Prairie Song* lui mérita le troisième prix au Concours de chorégraphie à Cologne en 1986. Elle a créé plus de quarante oeuvres pour la scène, la télévision et le cinéma.

◆

## Ballet British Columbia
### by/par Max Wyman

The declared mission of Ballet British Columbia is "to create and present new 'ballets of our time' that reflect the dynamics of one of the greatest regions of our nation." Well aware that funding practicalities make competition with Canada's three major ballet companies in terms of size and classical repertoire impractical,

La mission du Ballet British Columbia est de «créer et de présenter de nouveaux 'ballets contemporains' qui reflètent la dynamique de l'une des régions les plus importantes de notre nation.» Bien qu'en terme de grosseur et de répertoire classique, la question financière rend toute concurrence avec les trois plus importantes compagnies canadiennes de ballet impossible, le Ballet British Columbia a plutôt tenté de se forger une identité bien distincte et différente des notions habituelles de ballet régional. Sous la direction d'une série de directeurs artistiques, la compagnie a élaboré un style franc, sans superflu, qui rappelle les compagnies de ballet contemporaines de l'Europe, un style sans compromis que Jennifer Dunning, la critique du New York Times, a décrit comme «une part égale de nerf et de théâtralité discrète.» Son répertoire met l'emphase sur les chorégraphies européennes modernes, tout en laissant de la place aux oeuvres de plusieurs des jeunes

# BALLET BRITISH COLUMBIA

Ballet British Columbia has aimed to establish a distinctive identity far removed from traditional notions of regional ballet. Under a series of artistic directors, the company has developed a frank, no-frills look suggestive of European contemporary ballet companies, with a taut, uncompromising style that New York Times critic Jennifer Dunning called "equal parts nerve and restrained theatricality". Its repertoire emphasizes modern European choreographies, balanced by works from many of Canada's foremost young ballet choreographers; company members are expected to be comfortable dancing work that, while grounded in classical ballet, often tests the limits of the form.

British Columbia has always provided an enthusiastic audience for visiting ballet companies and the province has given the world of international ballet a significant number of high-profile performers. From the 1940's on, numerous unsuccessful attempts were made to create a permanent professional ballet company based in Vancouver. However, it was not until the launch of Ballet British Columbia in 1986, from the ashes of yet another failed endeavour, Maria Lewis's Pacific Ballet Theatre, that the idea finally took root in Vancouver.

From the start, ambitions for the company were high. "We were not setting out to make a regional company," recalls one of the founding directors, Vancouver concert promoter David Y.H. Lui. "We were setting out to make a company that was international." Artistic guidance initially came from former Les Grands Ballets Canadiens principal dancer Annette av Paul, but in 1987 artistic direction was passed to Reid Anderson on his return to Vancouver after a seventeen-year career as a dancer in Europe. He brought with him rich additions to the repertoire, including several works by his former mentor at the Stuttgart Ballet, John Cranko, and Jiri Kylian. He also managed to persuade Natalia Makarova to be part of a Ballet BC gala that featured performances by a duo from the Kirov Ballet. However, in 1989, Anderson moved to Toronto to become artistic director of the National Ballet of Canada. He was succeeded by former New York City Ballet principal Patricia

chorégraphes de ballet les plus en vue. Les membres de la compagnie doivent danser avec aisance des oeuvres qui, tout en prenant racine dans le ballet classique, repoussent les limites de cette forme.

La Colombie-Britannique a toujours fourni un public enthousiaste pour les compagnies de ballet en tournée et la province a légué au monde international du ballet un nombre important d'interprètes de fort calibre. Depuis 1940, plusieurs tentatives de créer une compagnie permanente de ballet basée à Vancouver avaient échouées. Ce n'est que lors de la création du Ballet British Columbia en 1986, des cendres d'une autre tentative manquée, le Pacific Ballet Theatre de Maria Lewis, que le projet s'enracina finalement à Vancouver.

Dès le début, on attendait beaucoup de cette compagnie. «Nous ne tentions pas de créer une compagnie régionale» rappelle l'un des fondateurs-directeurs, le promoteur de concert de Vancouver David Y.H. Lui. «Nous tentions de créer une compagnie de calibre international». Les critères artistiques provenaient au départ de la danseuse première des Grands Ballets Canadiens, Annette av Paul. En 1987, suite à une carrière en danse de dix-sept ans en Europe, Reid Anderson prit la direction artistique en charge lors de son retour à Vancouver. Il apporta à ce poste de riches contributions au répertoire incluant plusieurs oeuvres de son ancien mentor au Stuttgart Ballet, John Cranko, ainsi que des oeuvres de Jiri Kylian. Il réussit également à persuader Natalia Makarova de participer à un gala du Ballet B.C., gala qui comptait des interprétations par un duo du Kirov Ballet. Cependant, en 1989, Anderson s'installa à Toronto pour occuper le poste de directeur artistique du Ballet national du Canada et c'est l'ancienne danseuse principale du New York City Ballet, Patricia Neary, qui commença à instiller un peu de l'esthétique du NYCB dans le répertoire. Son style de direction flamboyant et hiérarchisant suscita une révolte publique chez les danseurs/seuses et les membres du conseil d'administration et dix mois plus tard elle n'était plus au poste. Son successeur, Barry Ingham, un ancien danseur du Stuttgart Ballet et maître de

Neary, who began to instil something of the NYCB aesthetic into the repertoire; her flamboyant, top-down style of direction caused a public revolt by dancers and board members, and within ten months she was gone. Her successor, Barry Ingham, a former Stuttgart Ballet dancer and ballet master at Frankfurt, was in the post only seventeen months before he died of AIDS-related causes early in 1992, though, like Anderson, he drew on his background to maintain and develop the contemporary European flavour in the repertoire, introducing works by William Forsythe as well as his own choreography.

John Alleyne, a Barbados-born, Montreal-raised National Ballet School graduate, had danced for six years with the Stuttgart Ballet before returning to Toronto in 1984, as a soloist and then resident choreographer with the National Ballet of Canada. Alleyne became artistic director of Ballet BC in 1992. He had been an enthusiastic collaborator in the forging of the company's distinctive image since the start of Anderson's reign, contributing a work a year to the company repertoire, and has continued to choreograph regularly. His works have frequently stretched and distorted the classical form, sometimes mystifying the more traditional members of his audiences, but the critical response, both at home and on the road, has been to a large degree positive and encouraging. In recent years his personal choreographic style, high-speed and hard-edged, has noticeably softened and broadened; while the kinetic innovation remains, the influence of his European modernist teachers has become far less easy to discern.

In addition to his own work, Alleyne has made a point of commissioning ballets by some of Canada's most intriguing choreographers, among them Christopher House, James Kudelka, Serge Bennathan and Jean Grand-Maître, as well as Vancouver modern-dance veteran Peter Bingham and former Ballet BC dancer Crystal Pite. When the company made its New York debut in 1994, with an all-Canadian programme containing works by House, Kudelka and Alleyne, Anna Kisselgoff in The New York

ballet à Francfort, n'occupa le poste que dix-sept mois avant de décéder de causes associées au SIDA, au début de 1992. Comme Anderson, il se servit de son expérience pour maintenir et développer la saveur contemporaine européenne du répertoire, introduisant des oeuvres de William Forsythe en plus de ses propres chorégraphies.

John Alleyne, né à Barbade, élevé à Montréal et diplômé de l'École nationale de ballet, avait dansé pendant six ans avec le Stuttgart Ballet avant de revenir à Toronto en 1984, d'abord comme soliste et ensuite comme chorégraphe permanent du Ballet national du Canada. Alleyne devint directeur artistique du Ballet BC en 1992. Il contribuait déjà avec enthousiasme à l'élaboration de la nouvelle image de la compagnie depuis le règne d'Anderson, créant une oeuvre par année au répertoire de la compagnie et il continue d'ailleurs à chorégraphier régulièrement pour la compagnie. Ses oeuvres ont fréquemment confronté et déformé les limites de la forme classique, mystifiant parfois certains membres plus traditionnels de son auditoire, mais la réaction de la critique, au pays et à l'étranger, a été en grande partie positive et encourageante. Depuis quelque temps, son style chorégraphique personnel, à haute vitesse et à angles précis, a évolué et s'est visiblement adouci et élargi. Malgré que les innovations cinétiques soient toujours présentes dans ses oeuvres, l'influence de ses professeurs modernistes européens est maintenant plus difficile à déceler.

En plus de ses propres oeuvres, Alleyne a spécifiquement commandé des ballets des plus intéressants chorégraphes du Canada notamment Christopher House, James Kudelka, Serge Bennathan et Jean Grand-Maître, ainsi que du vétéran de la danse moderne à Vancouver, Peter Bingham et l'ancienne danseuse du Ballet B.C., Crystal Pite. Lorsque la compagnie fit son début à New York en 1994 avec un programme entièrement canadien présentant des oeuvres par House, Kudelka et Alleyne, Anna Kisselgoff du The New York Times commenta sur «la prestance audacieuse et l'empreinte stylistique incroyablement puissante de la compagnie.»

Times commented on its "bold demeanor" and "amazingly strong stylistic imprint".

Apart from a season-long schedule of performances in Vancouver, the company tours for about two months a year in Canada and the United States, operates an extensive programme of performances and residencies in British Columbia schools and also hosts a dance series featuring visiting companies from Canada and abroad. It undertook a five-week tour of Asia in 1990. In the 1998/1999 season, the company numbered fourteen dancers.

En plus d'une saison complète de spectacles à Vancouver, la compagnie est en tournée environ deux mois par année au Canada et aux États-Unis, elle offre un programme étendu de spectacles et de stages-résidences dans les écoles de la C.-B. et elle organise une série de spectacles mettant en vedette des compagnies en visite d'autres régions du Canada ou de l'étranger. En 1990, la compagnie compléta une tournée de cinq semaines en Asie. Pour la saison 1998/1999, la compagnie comptait quatorze danseurs/seuses.

---

**Ballet Composite**
Premiere/Première: Winnipeg Ballet, Playhouse Theatre, Winnipeg, May 3 mai, 1949
Music by/Musique par Johannes Brahms
Choreography by/Chorégraphie par David Adams
Costumes and setting suggested by/Costumes et décors suggérés par: David Adams

Jean McKenzie, David Adams, Viola Busday, Joyce Clark, Reg Hawe, Carlu Carter, Leslie Carter

A Neo-Classic ballet which might be termed as a mathematical interpretation of Brahms' music.

Un ballet néo-classique qui pourrait être décrit comme une interprétation mathématique de la musique de Brahms.

---

Miss Barnjum's Gymnasium, 19 UNIVERSITY STREET.

Montréal, circa/vers 1890

## Les Ballets Jazz de Montréal
by/par Linde Howe-Beck

C'est au début des années 1960 qu'Eva von Gencsy, originellement danseuse de ballet, découvrit une nouvelle liberté - danser sur la musique jazz. Elle fusionna la technique du ballet à l'impétuosité du mouvement exécuté sur de la musique de jazz et nomma ce style de danse hybride le ballet jazz. Elle associa son propre groupe de danseurs/seuses pour la télévision au groupe d'Eddy Toussaint, un de ses anciens élèves, et nomma sa nouvelle compagnie: Les Ballets Jazz. Geneviève Salbaing, une autre ancienne ballerine, fut nommée au poste d'administratrice du nouveau projet et elle accola éventuellement le nom de la ville d'origine à celui de la compagnie.

Le moment était fort bien choisi pour l'arrivée des Ballets Jazz de Montréal. Les Québécois(es) étaient gonflé(e)s à bloc, bourré(e)s d'énergie et d'appréciation pour la danse après des décennies de discours de l'Église et de l'État qui vilipendaient la danse, la traitant de péché. Les Québécois(es) accueillirent ce style dynamique de danse à bras ouverts. La première année, *Jérémie*, une oeuvre chorégraphiée par von Gencsy sur une musique originale de Lee Gagnon, fut présentée à quatre reprises à plus de 2 300 spectateurs, déclenchant ainsi un véritable engouement pour le ballet jazz. Les Québécois(e)s avaient envie à la fois de danser et de regarder, ce qui amena Les Ballets Jazz à ouvrir des écoles à travers le Québec.

En 1973, Les Ballets Jazz amorcèrent des tournées qui allaient devenir leur source de survie. Au plus fort de son succès, la compagnie présenta plus de 150 spectacles annuellement partout à travers le globe, du Singapour à São Paulo, à Moscou et à New York. La vitesse, la précision et l'énergie vibrante associés à une variété de rythmes funky ont rendue la compagnie extrêmement populaire et elle fut fréquemment réinvitée.

Toussaint quitta la compagnie en 1973 afin de fonder son propre groupe et von Gencsy assuma la direction seule jusqu'en 1978, année où elle quitta ce poste afin de se consacrer à l'enseignement. Elle avait mis en place un répertoire populaire, entre autres *Jazz Sonata*, présentée en première et acclamée au Festival

In the early 1960's, former ballet dancer Eva von Gencsy discovered a new freedom – dancing to jazz. Fusing ballet technique with an impetuosity born of moving to jazz music, she christened the hybrid style ballet jazz. Merging her own group of television dancers with one headed by her former student Eddy Toussaint, she named her new company Les Ballets Jazz. Geneviève Salbaing, another former ballerina, was appointed administrator for the new enterprise, which would later add the city of origin to its name.

The timing was perfect for Les Ballets Jazz

de Montréal. Bursting with energy and appreciation for dance after decades of hearing dance condemned as a sin by church and state, Quebeckers enthusiastically embraced the energetic dance style. The first year, *Jérémie*, choreographed by von Gencsy to original music by Lee Gagnon, gave four performances to more than 2,300 spectators, launching a craze for the style. People wanted to do it as well as watch it, leading Les Ballets Jazz to found schools throughout Quebec.

In 1973, Les Ballets Jazz began the touring that became its life blood. At the peak of the craze for ballet jazz, the company gave more than 150 performances annually around the globe, from Singapore and Sao Paulo to Moscow and New York. Its speed, precision and vibrant energy along with its celebration of a variety of funky beats made it enormously popular. Return engagements were common.

Although Toussaint quit the company in 1973 to form his own group, von Gencsy continued at the helm until 1978, when she left to devote her time to teaching. She had created a crowd-pleasing repertoire, including works such as *Jazz Sonata*, premiered to critical acclaim at the International Dance Festival in Venice in 1975, and *Fleur de Lit*, made for the 1976 Olympics. With original music by Quebec composers, these pieces strongly reflected their French-Canadian roots.

Under Salbaing's direction, the company broadened its musical base to include jazz music by international composers. It also commissioned works that increasingly used modern dance idioms. Choreographers included Brian Macdonald, Lynne Taylor-Corbett, Louis Falco, Benoît Lachambre, Ulysses Dove, Vincente Nebrada and Mauricio Wainrot and were among the many who created new pieces for Les Ballets Jazz. Daryl Gray, Taylor-Corbett and Wainrot, contributed several pieces, with Wainrot's sexy, jubilant *Libertango* and *Fiesta* becoming the backbone of late 1980's programmes. However, Macdonald's influence spanned the greatest number of years. Four ballets – *Carapaces* (1976), *Entre-Nous* (1981), *Big Band* (1986) and *Red Hot Peppers* (1990) -

international de danse de Venise en 1975 et *Fleur de lit*, créée pour les Olympiques de 1976. Ces oeuvres, avec leur musique québécoise originale, reflétaient clairement leurs racines québécoises.

Sous la direction de Salbaing, la compagnie élargit sa base musicale afin d'inclure de la musique de jazz de compositeurs travaillant à l'échelle internationale. Elle commanda aussi des oeuvres qui tiraient de plus en plus partie de phrases modernes. Des chorégraphes comme Brian Macdonald, Lynne Taylor-Corbett, Louis Falco, Benoît Lachambre, Ulysses Dove, Vincente Nebrada et Mauricio Wainrot furent parmi ceux qui créèrent de nouvelles danses pour Les Ballets Jazz. Certains, comme Daryl Gray, Taylor-Corbett et Wainrot, contribuèrent plusieurs oeuvres; deux créations suggestives et jubilantes de Wainrot, *Libertango* et *Fiesta* devinrent, vers la fin des années 1980, le coeur des programmes de la compagnie. Ce sont par contre les oeuvres de Macdonald qui furent les plus populaires pendant le plus grand nombre d'années. Quatre ballets – *Carapaces* (1976), *Entre-Nous* (1981), *Big Band* (1986) et *Red Hot Peppers* (1990) – furent présentés en tournée et applaudis sans réserves pendant des années. Le nombre de représentations et d'auditoires progressa rapidement et dramatiquement. Ainsi, alors que plus de 26 000 personnes assistèrent aux spectacles en 1976, ce nombre grimpa à plus de 67 000 pour les années 1978-1979. Dans les années 1980 à 1981, lorsque l'appétit pour le ballet jazz était à son apogée, un nombre record de 144 000 spectateurs applaudirent à 157 représentations. Pendant les années 1990, la compagnie donna en moyenne soixante-quartre spectacles par année, une baisse énorme comparativement à ses meilleures années. Cependant, malgré toutes ces tournées réussies et les participations aux émissions spéciales diffusées à l'échelle internationale, les premières années des Ballets Jazz furent des années très difficiles au niveau financier et Salbaing puisa à ses propres fonds afin de permettre à la compagnie de survivre. Les Ballets Jazz durent de plus faire face à beaucoup de jalousie du milieu de la danse; on condamnait sa popularité

toured for years to ravenous applause. Early performances and audience figures increased rapidly and dramatically. While more than 26,000 saw the company in 1976, numbers for 1978-1979 zoomed to over 67,000. In 1980-1981 when the appetite for ballet jazz peaked, a record 144,000 cheered at 157 performances. During the 1990's, the company averaged sixty-four shows a year, a far cry from its heyday. Yet despite all the successful tours -- and appearances on internationally- broadcast television specials -- Les Ballets Jazz' early years were marked by severe financial hardship during which Salbaing drew on her personal funds to keep the group afloat. As well, Les Ballets Jazz had to face jealousy in the dance community; the company was condemned for its popularity and criticized for its commercial success. It was also labelled un-Canadian for frequently drawing on American music, choreographers and dancers.

Touring, private fundraising and revenue from its many schools enabled Les Ballets Jazz to keep dancing. But extensive touring took heavy tolls on dancers who burned out on the exhausting travel schedules and the high energy repertoire. Rare dancers like Odette Lalonde had constitutions that allowed them to withstand the pace. But on the whole, the company trained a new crop of dancers every season.

With 1987 came 15th anniversary celebrations and the 1,000th performance at a ten-day run at the prestigious Théâtre de Paris in Paris. The same year marked the company's first extensive Asian tour.

In 1990, after twenty years with Les Ballets Jazz and just two years after a two-week season at London's Sadler's Wells Theatre, on a tour that culminated in a week at the Théâtre des Champs Élysées in Paris, Salbaing announced her retirement – and heralded a period of instability in company direction. William Whitener, a modern dance choreographer from the United States, was first to succeed her. He stayed a year, contributing three short-lived ballets. In 1994, Argentine choreographer Mauricio Wainrot took over briefly. Having already created several latin-inspired

et on dénonçait son succès commercial. On la blâmait aussi d'être «non canadienne» parce qu'elle utilisait souvent de la musique, des chorégraphes et des interprètes américains.

Les revenus provenant des tournées, de dons privés et des nombreuses écoles permirent aux Ballets Jazz de survivre. Cependant, de si nombreuses tournées et le répertoire si exigeant épuisaient les danseurs/seuses à la longue. Quelques rares interprètes, comme Odette Lalonde, avaient une constitution leur permettant de tolérer ce rythme mais, en général, la compagnie devait former un nouveau groupe d'interprètes à chaque saison.

En 1987, la compagnie célébra son 15ième anniversaire et son 1000ième spectacle lors d'une série de dix spectacles au prestigieux Théâtre de Paris à Paris. La même année, la compagnie compléta sa première tournée d'envergure en Asie.

En 1990, après vingt ans avec Les Ballets Jazz et seulement deux ans après une saison de deux semaines au Sadler's Wells Theatre de Londres, dans le cadre d'une tournée dont le point culminant fut une semaine de spectacles au Théâtre des Champs Élysées à Paris, Salbaing annonça qu'elle prenait sa retraite - déclenchant ainsi une période d'instabilité en ce qui concernait la direction de la compagnie. William Whitener, un chorégraphe de danse moderne des États-Unis, fut son premier successeur, demeurant à ce poste pendant un an et contribuant trois ballets de courte durée. En 1994, le chorégraphe argentin, Mauricio Wainrot, prit brièvement la relève. Wainrot avait déjà créé de nombreuses oeuvres contemporaines inspirées de rythmes latins pour la compagnie et semblait une valeur sûre pour Les Ballets. Il ne demeura cependant au poste que six mois à peine. Surveillant de loin, Salbaing craignit que sous Wainrot, la compagnie ne devienne qu'une autre compagnie de danse moderne.

On offrit ensuite à Yvan Michaud, un ancien danseur qui avait dirigé la compagnie par intérim avant l'arrivée de Whitener, de reprendre le poste temporairement. En 1995, il assuma la direction officiellement. Sous sa tutelle, le moral

contemporary dance pieces for the group, Wainrot was a known commodity. Yet he lasted a mere six months. Watching from the wings, Salbaing worried that under Wainrot, the company would become another modern dance company.

Yvan Michaud, a former dancer who had directed the company on an interim basis before Whitener arrived, was again offered the post temporarily. In 1995, he formally took direction. Under his leadership, dancer morale was high, and he instigated group choreographies and educational programmes for young audiences. Michaud also supervised Ballets Jazz' 25th anniversary, commissioning the company's first full-evening ballet from French choreographer Myriam Naisy to music by Montreal composer Charles Papasoff. *Tristan / Iseult*, the story of medieval lovers, integrated musicians from the Papasoff Quartet into the choreography. Although not particularly successful artistically, the original and ambitious production marked an important departure in the company's development. The work's theatricality demanded dramatic projection unusual for Les Ballets Jazz, and dancers had to act their roles – an approach that pushed them in a different direction from the earlier, largely abstract, highly technical ballets. *Tristan / Iseult* premiered at the Montreal Jazz Festival in 1996 and opened Italy's jazz festival in Umbria the following year.

In 1998, the highly-regarded Montreal ballet dancer Louis Robitaille was appointed artistic director. His first season was a flurry of activity. He commissioned three new works from two choreographers associated with Les Grands Ballets Canadiens, Shawn Hounsell and Louis-Martin Charest, and one from National Ballet of Canada choreographer, Dominique Dumais. Under Robitaille's direction Ballets Jazz dancers held their first choreographic workshop. The company inaugurated a dance programme at Quebec's Domain Forget, a summer music camp in the Charlevoix region, where it established a two-week teaching and performance residency. As well, it increased its summer profile in and around Montreal. Robitaille continued to appear as a guest with

de la compagnie était au beau fixe et il initia des chorégraphies pour groupe ainsi que des programmes éducatifs à l'intention d'un public jeune. Michaud supervisa aussi le 25ième anniversaire des Ballets Jazz, commanda le premier ballet pleine soirée à la chorégraphe française Myriam Naisy, ballet interprété sur une musique du compositeur montréalais Charles Papasoff. *Tristan / Iseult*, le récit de deux amants de l'époque médiévale, intégrait les musiciens du Quatuor Papasoff dans la chorégraphie. Cette production, originale et ambitieuse, n'était pas particulièrement réussie sur le plan artistique, mais marqua un tournant important dans l'évolution de la compagnie. La théâtralité de l'oeuvre exigeait une projection dramatique inhabituelle pour Les Ballets Jazz et les danseurs/seuses devaient personnifier leurs rôles, une approche qui les poussa vers une direction différente des ballets précédents, ballets très abstraits et techniques. La première de *Tristan / Iseult* fut présentée au Festival de Jazz de Montréal en 1996 et marqua l'ouverture du festival de jazz d'Italie en Ombrie l'année suivante.

En 1998, Louis Robitaille, danseur de ballet très renommé de Montréal, fut nommé au poste de directeur artistique. Sa première saison à ce poste fut un véritable tourbillon d'activités. Il commanda trois nouvelles oeuvres à deux chorégraphes associés aux Grands Ballets Canadiens, Shawn Hounsell et Louis-Martin Charest, ainsi qu'une oeuvre à la chorégraphe du Ballet national, Dominique Dumais. Sous la direction de Robitaille, les danseuses/eurs des Ballets Jazz participèrent à leur premier atelier de chorégraphie. LBJ inaugura un programme de danse au Domaine Forget, un camp de musique estival dans la région de Charlevoix au Québec où fut offert un programme d'enseignement et de stage résidence de deux semaines. La compagnie augmenta sa visibilité estivale à Montréal et aux alentours. Robitaille continua à travailler comme artiste invité avec d'autres compagnies et confirma le statut des Ballets Jazz comme élément important du milieu de la danse.

La flexibilité de la compagnie, son répertoire vaste et dynamique qui exige aussi bien de

other companies, and reaffirmed Les Ballets Jazz' status as an important element in the dance community.

The company's flexibility, its energetic, wide-ranging repertoire that includes barefoot as well as pointe shoe ballets, and its versatile and personable dancers, are at the heart of its enduring success. Having toured on every continent, it has been a fixture in international dance festivals since its earliest days. While it relies less and less on jazz-based music, it has always danced to popular rhythms, whether by Oscar Peterson, Pat Methany, the Beatles or Astor Piazzola. Although in recent years, shifting currents of artistic direction have imparted an air of unpredictability to the company, a cutback on the touring schedule and more and varied performances closer to home as well as a core group of maturing dancers have lent stability to the well-loved company.

danser les pieds nus qu'avec des pointes ainsi que ses danseurs/seuses versatiles et de belle allure sont au coeur de la durabilité de son succès. Ayant complété des tournées sur tous les continents, la présence des Ballets Jazz est incontournable sur les scènes des festivals de danse internationaux et ce depuis ses premiers jours. La compagnie utilise de moins en moins de musique inspirée du jazz mais elle a toujours dansé sur des rythmes populaires, que ce soit ceux d'Oscar Peterson, de Pat Methany, des Beatles ou d'Astor Piazzola. Ces dernières années, par contre, les divers courants de direction artistique se sont traduits par un climat d'imprévisibilité, une réduction dans le nombre de tournées et un plus grand nombre et une plus grande variété de spectacles dans leur ville d'origine ainsi qu'un noyau central d'interprètes aguerris qui contribuent à la stabilité de cette compagnie si appréciée.

---

**Barbuto, Gioconda**. Dancer, choreographer. Born: February 8, 1957, Toronto, Ontario.

Gioconda Barbuto enjoyed a sixteen-year career with Les Grands Ballets Canadiens. In 1998, in search of self-expression through her own choreography and roles linked more to contemporary dance than to ballet, her professional life took a dramatic turn. Having expected that her days as a ballet dancer were behind her, she received a personal invitation from Jiri Kylian to join Nederlands Dans Theatre 3, an exclusive group of five or six international dancers over the age of forty. She accepted and immediately joined the company on world tours, performing specially choreographed works by Kylian, Hans Van Manen, Paolo Ribero and Paul Lightfoot.

At age nine, Barbuto began eight years of dance studies with Toronto's Gladys Forrester. In 1975, after dancing briefly with Les Feux Follets in Montreal, she was given a scholarship to the Royal Winnipeg Ballet School's Professional Programme. She graduated in 1977. As a student, she spent six summers at the Banff Centre for the Arts, studying under Vera Volkova, Earl Kraul, David Earle, Alicia Alonso

## Gioconda Barbuto
by/par Linde Howe-Beck

**Barbuto, Gioconda**. Danseuse, chorégraphe. Née : 8 février, 1957, Toronto, Ontario.

La carrière de Gioconda Barbuto avec Les Grands Ballets Canadiens s'étala sur seize ans. En 1998, alors qu'elle était à la recherche d'une

Photo: Michael Slobodian

and Eva von Gencsy.

Before joining LGBC in 1980, Barbuto danced for three seasons with the Minnesota Dance Theater. But it was with the Montreal company that she distinguished herself, performing a vast variety of works from the classical and contemporary repertoires.

A dancer of explosive wit and subtle intelligence, she shone in character roles as diverse as the Ballerina in Mikhail Fokine's *Petrouchka*, the Russian Ballerina in Antony Tudor's *Gala Performance* and Hans Van Manen's *Black Cake*. With her fine sense of theatricality and comic talents, she excelled in contemporary works such as *After Eden*, John Butler; *Jardi Tancat*, *Na Floresta*, *Rassemblement*, *Duende*, Nacho Duato; *Paukenschlag*, *Quincunx*, Mark Morris; *Axioma*

expression très personnelle par la chorégraphie et des rôles associés de plus près à la danse contemporaine qu'au ballet, sa vie professionnelle prit un tournant dramatique. Croyant que ses activités de danseuse de ballet étaient maintenant terminées, elle reçut une invitation personnelle de Jiri Kylian pour se joindre au Nederlands Dans Theatre 3, un groupe exclusif composé de cinq ou six danseurs/seuses de calibre international, tous âgés de plus de quarante ans. Elle accepta immédiatement de se joindre à la compagnie et à ses tournées internationales, interprétant des oeuvres spécialement chorégraphiées par Kylian, Hans Van Manen, Paolo Ribero et Paul Lightfoot.

C'est à l'âge de neuf ans que Barbuto amorça huit années d'études en danse avec Gladys Forrester de Toronto. En 1975, après avoir dansé brièvement avec Les Feux Follets de Montréal, elle reçut une bourse d'études pour le programme de formation professionnelle de l'école du Royal Winnipeg Ballet. Elle compléta ses études en 1977. Lors de cette formation, elle passa six étés au Banff Centre for the Arts étudiant sous Vera Volkova, Earl Kraul, David Earle, Alicia Alonso et Eva von Gencsy.

Avant de se joindre aux GBC en 1980, Barbuto dansa trois saisons avec le Minnesota Dance Theater. Ce fut cependant avec la compagnie de Montréal qu'elle se distingua, interprétant une grande diversité d'oeuvres des répertoires classiques et contemporains.

Une danseuse d'une vivacité d'esprit explosive et d'une intelligence subtile, elle brilla dans des rôles aussi variés que la ballerine dans le *Petrouchka* de Mikhail Fokine, la ballerine russe dans le *Gala Performance* d'Antony Tudor, le *Black Cake* d'Hans Van Manen. Grâce à son sens aigu du théâtre et à ses talents ravissants de comique, elle excella dans des oeuvres contemporaines comme *After Eden* de John Butler; *Jardi Tancat*, *Na Floresta*, *Rassemblement* et *Duende* de Nacho Duato; *Paukenschlag*, *Quincunx*, de Mark Morris; *Axioma 7* et *Perpetuam* d'Ohad Naharin et *Sinfonietta* de Jiri Kylian. Appréciée par les chorégraphes pour son attitude positive, son

7, *Perpetuam*, Ohad Naharin and *Sinfonietta*, Jiri Kylian. Prized by choreographers for her positive attitude, her dedication and versatility, she created many roles including a solo, *Private Dances*, one of ten James Kudelka created for her.

After leaving LGBC, Barbuto appeared with Fortier Danse Création in *La Part des Anges* (1996), by Paul-André Fortier; with Montréal Danse in *Soleil Noir* (1996), by Miriam Naisy and with Margie Gillis and Friends (1997). She choreographed and performed *Café Bohème*, filmed by Bravo Fact in 1997.

She also gave full reign to her choreographic talents which, combining her love of speed, clarity and articulation, had begun to blossom in 1993. She has since choreographed more than a dozen works for groups including LGBC, Les Ballets Jazz de Montréal, Bande à Part, Alberta Ballet, Ballet Jörgen, Vancouver's Kiss Project and Banff's Festival Ballet. Not surprisingly, her ballets share some of her own traits. Frequently bright and light-hearted, full of unexpected and fast directional changes, they demand a high degree of technical skill from dancers.

Barbuto was awarded the Clifford E. Lee Award for choreography in 1996.

dévouement et sa versatilité, elle créa de nombreux rôles entre autres, un solo, *Private Dances*, l'un des dix rôles que James Kudelka créa pour elle.

Après avoir quitté LGBC, Barbuto dansa avec Fortier Danse Création dans *La Part des anges* (1996) de Paul-André Fortier; avec Montréal Danse dans *Soleil noir* (1996) de Miriam Naisy et avec Margie Gillis and Friends (1997). Elle chorégraphia et interpréta *Café bohème*, filmé par Bravo Fact en 1997.

Elle laissa aussi libre cours à ses talents de chorégraphe qui, associés à son amour de la vitesse, sa clarté et son articulation, avaient commencé à éclore en 1993. Elle a depuis chorégraphié plus d'une douzaine d'oeuvres pour groupes, entre autres, Les GBC, Les Ballets Jazz de Montréal, Bande à Part, le Alberta Ballet, le Ballet Jörgen, le Kiss Project à Vancouver et le Festival Ballet de Banff. Il n'est pas étonnant que ses oeuvres reflètent certaines de ses propres caractéristiques: la brillance, la légèreté et les de changements de directions inattendus et rapides qui exigent un niveau élevé d'aptitudes techniques .

Barbuto reçut le prix Clifford E. Lee pour ses chorégraphies en 1996.

---

**Barrett, Cynthia**. Married name: Cynthia Neuman. Dancer, choreographer, teacher. Born: December 25, 1921, Toronto, Ontario.

In 1928 Cynthia Barrett's mother returned from a Mary Wigman concert at Toronto's Royal Alexandra Theatre announcing that she had just seen "a miracle of the modern age". Cynthia, taking dance lessons at the time, was provoked by this and when Toronto-born Saida Gerrard who had been studying in New York at the Wigman School with Hanya Holm, opened a studio in 1934, Barrett became her student. Following Gerrard's departure in 1936, Barrett began studying at the Worker's Educational Association (WEA).

Frieda Flier, of Martha Graham's dance group, arrived in Toronto to give a summer

**Cynthia Barrett**
Compiled from research by Pat Kaiser
Recherche et compilation : Pat Kaiser

course at the WEA. In June of 1939 Barrett headed to New York for technique classes at the Graham School, and composition classes with Louis Horst. Back in Toronto, she began teaching the WEA classes and in 1940 and 1941 she attended the Bennington College School of Dance summer schools.

Barrett gave lectures at the University of Toronto School for Social Studies on primitive dance and on the theories and methods of her craft. In an article in the magazine Food for Thought she outlined the need to include dance, "the most elemental form of human expression", as a standard part of the public school curriculum.

She taught in her own school, formed in 1941, at the Hashomair Hatzair, and the United Jewish People's Order. In the early 1940's her

**Barrett, Cynthia**. Nom de femme mariée : Cynthia Neuman. Danseuse, chorégraphe, professeure. Née : 25 décembre 1921, Toronto, Ontario.

En 1928, la mère de Cynthia Barrett revenait d'un concert de Mary Wigman présenté au théâtre Royal Alexandra de Toronto, en affirmant qu'elle venait d'assister à «un miracle de l'âge moderne». Cynthia, qui suivait des leçons de danse à l'époque, fut touchée par ce commentaire. Saida Gerrard, une torontoise qui avait fait des études avec Hanya Holm au Wigman school de New York, ouvrit un studio de danse en 1934 et Barrett devint son élève. Suite au départ de Gerrard en 1936, Barrett commença à étudier au Worker's Educational Association (WEA).

Frieda Flier, du groupe de danse de Martha Graham, arriva à Toronto pour enseigner un cours d'été au WEA. En juin de 1939, Barrett se rendit à New York pour suivre des classes de technique au Graham School ainsi que des cours de composition avec Louis Horst. De retour à Toronto, elle commença à offrir des cours au WEA. En 1940 et en 1941, elle participa aux stages d'été du Bennington College School of Dance.

Au School for Social Studies de l'Université de Toronto, Barrett donna des cours au sujet de la danse primitive, expliquant la théorie et les méthodes de son art. Elle écrit un article publié dans Food for Thought qui souligna l'importance d'inclure la danse, «la forme la plus élémentaire d'expression humaine», dans le programme scolaire public.

Elle fonda sa propre école en 1941, enseignant au Hashomair Hatzair et au United Jewish People's Order. Au début des années 1940, ses oeuvres chorégraphiques incluaient: *Pavane pour une infante défunte*, *Three Preludes* et *On our Street Lives a Girl*, une oeuvre explorant le sentiment de solitude émergeant chez une jeune fille.

Augustus Bridle décrit Barrett dans le Toronto Star: «une danseuse intensément intellectuelle... dont la finesse rythmique n'est que prétexte aux concepts dramatiques.» Son groupe de danseurs/seuses présenta des

choreographic works included: *Pavane pour une infante défunte*, *Three Preludes*, and *On our Street Lives a Girl*, a work exploring a young girl's new-found loneliness.

Augustus Bridle wrote about Barrett in the Toronto Star, describing her as "an intensely intellective dancer ... rhythmic finesse was only a basis for dramatic ideas." Her group performed at the Heliconian Club, Malloney's Art Galleries, Eaton Auditorium, and at what Bridle termed an "art-rendezvous" – the Royal Ontario Museum's theatre.

Barrett often collaborated with two classical pianists: Margaret Clemens and Gertrude Shuster. Shuster also composed music for Barrett's works.

Barrett's politics were made manifest in her 1942 work, *The People, Yes*, the title of a Carl Sandburg poem which reflected her belief that human destiny lay in the "deathless dream of equity".

In 1944 she created *Child Refugee: I Don't See No Butterflies* which put a painful light on the innocent victims of the concentration camps. *The Swallow Book* (1946), with a score by George Hurst, also the composer for *Butterflies*, was based on a post World War I poem by Ernst Toller about an imprisoned man who clings to hope, symbolized by a pair of swallows fluttering at his cell window.

In a 1947 Canadian Home Journal magazine article Barrett was quoted: "Canadians ... don't have to look to the States or to Europe for their dance themes – there is plenty of scope for them right here." This was reflected *Canadiana* (1946) a depiction of the country's social history. Ethnomusicologist Dr. Marius Barbeau contributed Eskimo songs which composer John Weinzweig adapted for a performance at the Eaton Auditorium.

Barrett's Neo Classical Dance Theatre Group appeared at the Second Canadian Ballet Festival in 1949 performing her *Song of David* based on Psalm XXIII. In the 1950's Barrett staged and choreographed variety shows and specials for CBC television.

Her next major stage work, *Mesiras Nefesh* (1965), was performed as part of the Chanukah

spectacles au Heliconian Club, aux Malloney's Art Galleries, à l'Auditorium Eaton et, lors de ce que Bridle décrivait comme un «rendez-vous artistique» – au théâtre du Royal Ontario Museum.

Barrett collabora fréquemment avec deux pianistes de musique classique: Margaret Clemens et Gertrude Shuster; cette dernière composa de la musique pour des oeuvres de Barrett.

La pensée politique de Barrett se révéla dans son oeuvre de 1942, *The People, Yes*, nommé après le titre d'un poème de Carl Sandburg. L'oeuvre reflétait la croyance de Barrett que la destinée humaine résidait dans le «rêve éternel de l'équité».

En 1944, elle créa *Child Refugee: I Don't See No Butterflies*, qui jette un regard douloureux sur les victimes innocentes des camps de concentration. *The Swallow Book* (1946), dansée sur une partition de George Hurst (qui était également le compositeur de *Butterflies*), était inspiré d'un poème de l'après guerre de la Première Guerre mondiale, poème d'Ernst Toller traitant d'un prisonnier qui s'accroche à l'espoir symbolisé par une paire d'hirondelles battant des ailes près de la fenêtre de sa cellule.

Dans un article du Canadian Home Journal publié en 1947, on cita Barrett: «Les Canadiens... n'ont pas à se tourner vers les États-Unis ou l'Europe pour trouver des thèmes de danse – il y en a à profusion ici même.» Elle illustra cette pensée dans *Canadiana* (1946), un tableau de l'histoire sociale du pays. L'ethnomusicologue Dr. Marius Barbeau y contribua des chants esquimaux, adapté par le compositeur John Weinzweig pour un spectacle à l'Auditorium Eaton.

Le Neo Classical Dance Theatre Group de Barrett participa au deuxième Festival de ballet canadien en 1949, interprétant *Song of David* inspiré du Psaume XXIII. À la fin des années 1950, Barrett mit en scène et chorégraphia des spectacles de variété et des émissions spéciales pour la chaîne de télévision CBC.

Son oeuvre importante subséquente, *Mesiras Nefesh* (1965), fut présentée dans le cadre du Festival Chanukah au Centre O'Keefe et incluait

Festival at the O'Keefe Centre and included dancers Patricia Beatty and David Earle. Barrett's last work *Heritage* was performed by Beatty's New Dance Group of Canada at the Ryerson Theatre in 1967. In a testimony to the Jewish spirit, the work featured Beatty as the Searcher attempting to understand herself by understanding her people.

More recently Barrett studied Alexander Technique, and she continues to teach fitness classes for seniors.

les danseurs Patricia Beatty et David Earle. La dernière oeuvre de Barrett, *Heritage*, fut interprétée par le New Dance Group of Canada de Beatty au Théâtre Ryerson en 1967. En témoignage à l'esprit juif, l'oeuvre mettait Beatty en vedette dans le rôle de la Chercheuse, tentant de se comprendre en comprenant son peuple.

Récemment, Barrett a étudié la technique Alexander et elle enseigne le conditionnement physique à des personnes du troisième âge.

Photo: Andrew Oxenham

**Beatty, Patricia**. Choreographer, teacher, artistic director, dancer, writer. Born: May 13, 1936, Toronto, Ontario.

## Patricia Beatty
by/par Graham Jackson

**Beatty, Patricia**. Chorégraphe, professeure, directrice artistique, danseuse, écrivaine. Née : 13 mai 1936, Toronto, Ontario.

Patricia Beatty est aux écoutes de cette muse qui fut autrefois appelée la «danse d'interprétation» depuis l'âge de quatre ans. Tout comme ses cofondateurs du Toronto Dance Theatre, David Earle et Peter Randazzo, elle fut profondément inspirée par la vision de la légendaire danseuse et chorégraphe américaine Martha Graham. Non seulement fut-elle formée au Graham School au début des années 1960, mais elle dansa aussi avec certains des anciens disciples de Graham; Pearl Lang et Sophie Maslow entre autres. La vision de Graham poussa éventuellement Beatty à fonder sa propre

Patricia Beatty has been following the muse of what was once called "interpretive dance" since the age of four. Like her Toronto Dance Theatre co-founders, David Earle and Peter Randazzo, she was deeply inspired by the vision of American dance legend Martha Graham, and not only trained at the Graham School in the early 1960's, but danced with some of Graham's former disciples, including Pearl Lang and Sophie Maslow. Graham's vision eventually led Beatty to found her own modern dance company in Toronto in 1967. Called the New Dance Group of Canada, it soon amalgamated with the also newly-formed Toronto Dance Theatre. Beatty offered two dances in that first historic concert of Toronto Dance Theatre in December, 1968, at the Toronto Workshop Productions Theatre.

As founder, co-artistic director and choreographer, Beatty continued to dance, appearing in many of her own works as well as in the work of David Earle: *A Thread of Sand* (1969), *The Silent Feast* (1971), *Atlantis* (1973) and Kathryn Brown's *Waiting* (1976).

However, it is as a choreographer that Beatty is best known. Her early works for Toronto Dance Theatre, *Against Sleep* (1969), *First Music* (1969), *Study for a Song in the Distance* (1969), *Rhapsody in the Late Afternoon* (1971) and *The Reprieve* (1975) show a subtle mixture of the lyrical, the moody, the dark and the visionary. A curiosity about Spanish culture and soul revealed itself in *Los Sencillos* (1972) and *Lessons in Another Language* (1980), while socio-cultural commentary made an appearance in *Hot and Cold Heroes* (1970) and *Harold Morgan's Delicate Balance* (1973).

Beginning in 1979, however, with *Seastill* and continuing the following year with *Skyling* (1980) and then *Mas'hara* (1981), Beatty has expressed an on-going, passionate commitment not only to the environment and its rescue but also to what she has termed "the deep feminine energies ... emerging on the spiritual forefront of our age". In fact, since 1979, Beatty's dances have been almost exclusively concerned with these energies: *Rite of Passage* (1983),

compagnie de danse moderne à Toronto en 1967. Celle-ci, appelée le New Dance Group of Canada, s'amalgama rapidement avec le Toronto Dance Theatre, une autre compagnie récemment formée. Beatty interpréta deux oeuvres lors du premier concert historique du Toronto Dance Theatre en décembre 1968, au Toronto Workshop Productions Theatre.

Fondatrice, codirectrice artistique et chorégraphe, Beatty continua à danser, interpète dans plusieurs de ses propres oeuvres ainsi que dans les créations de David Earle, *A Thread of Sand* (1969), *The Silent Feast* (1971), *Atlantis* (1973) et dans l'oeuvre *Waiting* (1976) de Kathryn Brown.

C'est néanmoins sur son travail de chorégraphe que la renommée de Beatty repose. Ses oeuvres initiales pour le Toronto Dance Theatre, *Against Sleep* (1969), *First Music* (1969), *Study for a Song in the Distance* (1969), *Rhapsody in the Late Afternoon* (1971) et *The Reprieve* (1975) reflètent un mélange subtil de lyrisme, de mélancolie, de sombre et de vision nouvelle. Un intérêt pour l'âme et la culture espagnole se révèlent dans *Los Sencillos* (1972) et *Lessons in Another Language* (1980), alors qu'un commentaire socio-culturel se fait entendre dans *Hot and Cold Heroes* (1970) et *Harold Morgan's Delicate Balance* (1973) .

Cependant, depuis 1979, avec *Seastill* et poursuivant l'année d'après avec *Skyling* (1980) et ensuite *Mas'hara* (1981), Beatty manifeste un engagement passionné et actuel, non seulement envers l'environnement et sa survie mais pour ce qu'elle nomme «les énergies profondes féminines... émergeant au premier plan spirituel de notre époque». De fait, depuis 1979, les oeuvres de Beatty sont presque toutes associées à ces énergies : *Rite of Passage* (1983), *Emerging Ground* (1983), *Radical Light* (1985), *Gaia* (1990), *Mandala* (1992) et *Dancing the Goddess* (1993), qui dure toute une soirée. L'exception remarquable fut *Threshold*, (1991), une oeuvre ne comportant que des interprètes masculins.

Une autre caractéristique du travail de Beatty est la profondeur de ses échanges avec ses collaborateurs/trices, qu'il s'agisse de

*Emerging Ground* (1983), *Radical Light* (1985), *Gaia* (1990), *Mandala* (1992) and the evening-length *Dancing the Goddess* (1993). The one notable exception was the all-male *Threshold* (1991).

Another noticeable characteristic of Beatty's work has been her intense involvement with her collaborators, be they designers, musicians, composers or dancers. Composer Ann Southam and artist Aiko Suzuki have played an especially important role in Beatty's vision. This cross-fertilization of creative disciplines culminated in 1983 with Painters and the Dance, a celebration of Beatty's collaborations with several Canadian artists: Suzuki, Gordon Raynor and William Ronald. This event earned Beatty the Victor Martin-Lynch Staunton Award (1984), an honour usually given to painters. Beatty also received the Award of Merit from the City of Toronto in 1984 for her distinguished contribution to modern dance in Canada and in 1988 she was co-recipient with Randazzo and Earle of the Toronto Arts Award for the Performing Arts.

Besides dancing, choreographing and teaching, Beatty found time to write. Out of her extensive work as a teacher, Beatty wrote a personal enquiry into the choreographic process called Form Without Formula (1984). She also contributed an article about dancer-choreographer Terrill Maguire to the collection of dance writings This Passion: For the Love of Dance, and in 1999 published an article in the California journal Temenos.

In 1993, Beatty resigned as Resident Choreographer of Toronto Dance Theatre and went on to choreograph independently. In 1995 she curated the second year of Dancing the Goddess, an evening of collected works by various choreographers including Beatty. The works were later videotaped for the Bravo! and Vision television networks. In 1999 she staged a reworked version of her 1998 piece *Omega* for Naoko Murakoshi's dance event Seline: A Feast for the Senses. Also in 1999 she began teaching independently in Toronto.

concepteurs/trices, musiciens/ciennes, compositeurs ou danseurs/seuses. La compositrice Ann Southam et l'artiste Aiko Suzuki ont joué des rôles particulièrement importants dans la vision de Beatty. Cette interfertilisation de disciplines créatives s'est soldé en 1983 par *Painters and the Dance*, une célébration des collaborations de Beatty avec de nombreux artistes canadien(ne)s tels que Suzuki, Gordon Raynor et William Ronald. C'est pour cet événement que Beatty reçut le Prix Victor Martin-Lynch Staunton (1984), un hommage réservé d'habitude à des peintres. En 1984, Beatty reçut également le Award of Merit de la ville de Toronto pour l'ensemble de ses contributions à la danse moderne au Canada. En 1988, elle fut corécipiendaire avec Randazzo et Earle du Toronto Arts Award for the Performing Arts.

En plus de danser, d'enseigner et de chorégraphier, Beatty a trouvé le temps d'écrire. Puisant à sa grande expérience d'enseignement, Beatty a rédigé une analyse personnelle sur le processus chorégraphique intitulé : Form Without Formula (1984). Elle a aussi contribué un article sur la danseuse-chorégraphe Terrill Maguire à la collection de textes traitant de danse : This Passion: For the Love of Dance et en 1999 publia un article dans Temenos, un journal californien.

En 1993, Beatty quitta le poste de chorégraphe en résidence du Toronto Dance Theatre et travailla comme chorégraphe indépendante. En 1995, elle fut conservatrice pour la seconde année de l'événement Dancing the Goddess, une soirée présentant une collection d'oeuvres de divers chorégraphes incluant celles de Beatty. Les oeuvres furent plus tard filmées sur bande vidéo pour les réseaux de télévision Bravo! et Vision. En 1999, elle réalisa la mise en scène d'une version remaniée de son oeuvre de 1998, *Omega*, pour l'événement de danse de Naoko Murakoshi – Seline: A Feast for the Senses. C'est également en 1999 qu'elle commença à enseigner de façon indépendante à Toronto.

Photo: Michael Slobodian

## Louise Bédard
by/par Linde Howe-Beck

**Bédard, Louise**. Dancer, choreographer, artistic director. Born: May 26, 1955, Montreal, Quebec.

Louise Bédard has written that to dance is, among other things, to cause one's inner child to emerge. Her dances – particularly her solos – plunge into sombre, intense depths and surface as textured visualizations of poetic subtlety. Paying little regard to time, her choreographies flicker and dart, combining a variety of gestures from her eclectic background as they probe relationships in manners both dense and dreamlike. As a performer, Bédard embodies lyrical curiosity and a kind of seer-like innocence that, with her strong technique, have made her a dancer's dancer, just as she's been a choreographer's choreographer.

Bédard is yet another graduate from Groupe Nouvelle Aire, the seminal dance school/movement/company of the 1970's that helped to

**Bédard, Louise**. Danseuse, chorégraphe, directrice artistique. Née : 26 mai, 1955, Montréal, Québec.

Louise Bédard a écrit que de danser était, entre autres choses, de provoquer l'émergence de l'enfant intérieur. Ses danses - particulièrement ses oeuvres solos - plongent dans des profondeurs intenses et sombres et refont surface sous la forme de visualisations texturées d'une subtilité poétique. Peu intéressée à la notion de temps, ses chorégraphies jaillissent et semblent se précipiter, combinant une variété de gestes alimentés par sa formation éclectique et explorant les relations de façon à la fois dense et rêveuse. Comme interprète, Bédard personnifie la curiosité lyrique et une sorte d'innocence perçante qui, alliées à sa puissante technique, la place parmi «une danseuse des danseuses» tout comme elle a été une «chorégraphe des chorégraphes».

Bédard est une diplômée du Groupe Nouvelle Aire, l'école de danse/mouvement/compagnie séminale des années 1970 qui a contribué à la fondation du milieu actuel de la danse de Montréal, milieu d'une richesse exceptionnelle. Elle étudia et travailla avec le GNA de 1979 à 1981, consacrant le reste de son énergie à diverses études de techniques de danse et de théâtre, du ballet au butoh, de l'improvisation à la voix. Parmi ses professeurs se retrouvent Jean-Pierre Perreault, Gilles Maheu, Linda

lay foundations for the wealth of Montreal dance today. She worked and studied with GNA from 1979 to 1981, committing the rest of her career to studies in a variety of dance and theatre techniques from ballet to butoh, improvisation to voice. Her teachers include Jean-Pierre Perreault, Gilles Maheu, Linda Rabin, William Douglas and Eugene Lion in Montreal, David Earle and Peggy Baker in Toronto, Richard Pochinko and Eiko and Koma in New York.

Her career as an independent dancer began in 1980 with GNA's Choréchanges en studio, which toured Germany, Belgium and Ann Arbor, Michigan, as well as playing at Montreal's Musée d'art contemporain. She was much in demand after that, performing with Fortier Danse Création, O Vertigo Danse, Sylvain Émard Danse, and especially Fondation Jean-Pierre Perreault, for which she created roles in *Joe* (1983), *Nuit* (1986), *Îles* (1991) and *Rodolphe* (1983). She was a member of Linda Rabin's *O Parade* in 1981, and helped in the reconstruction of works by dance artists Jeanne Renaud and Françoise Sullivan for the Encore! Encore! reconstruction project of 1986.

In 1983, *Pulsions et dérisions* launched her choreographic career which she has pursued in tandem with her role as an independent dancer ever since, producing a number of solos for herself and others, as well as group works. In *Les Métamorphoses clandestines* (1991) she examined male bonding and energy; *Viergenoire* (1993) focused on female relationships; and *Dans les Fougères foulées du regard* (1995) knit men and women together in a confusion of complex relationships in a topsy-turvy setting. The latter won Bédard France's Bagnolet competition in 1996.

The solo, *Cartes postales de Chimère* (1996), choreographed for herself, typifies Bédard's meticulous, emotionally poignant craftsmanship. This delicate piece is intensely dramatic, relying for impact on fragile gestural fragments. The set is hung low with dozens of photographs, a maze through which the dancer must navigate as she journeys through the stages of womanhood.

Bédard has toured the world as a dancer and with her company, Louise Bédard Danse, which

Rabin, William Douglas et Eugene Lion à Montréal, David Earle et Peggy Baker à Toronto, Richard Pochinko, Eiko et Koma à New York.

Sa carrière de danseuse indépendante débuta en 1980 avec les Choréchanges en studio du GNA, spectacle qui fit la tournée de l'Allemagne, de la Belgique et à Ann Arbor, Michigan, ainsi qu'au Musée d'art contemporain de Montréal. Suite à cette tournée, elle fut très en demande, dansant avec Fortier Danse Création, O Vertigo Danse, Sylvain Émard Danse, et particulièrement la Fondation Jean-Pierre Perreault, pour laquelle elle créa des rôles dans *Joe*, *Nuit*, *Îles* et *Rodolphe*. Elle fut aussi membre de *O Parade* de Linda Rabin en 1981, et aida dans la reconstruction d'oeuvres par les artistes pionniers en danse, Jeanne Renaud et Françoise Sullivan, pour le projet Encore Encore de 1986.

En 1983, *Pulsions et dérisions* lança sa carrière de chorégraphe qu'elle poursuit en parallèle à son travail de danseuse indépendante, produisant depuis des solos pour elle-même et pour d'autres ainsi que des oeuvres de groupe. Dans *Les Métamorphoses clandestines* (1991) elle s'est penchée sur l'énergie et les liens affectifs des hommes; dans *Vierge noire*, (1993) elle s'intéresse aux relations féminines et dans *Dans les fougères foulées du regard* (1995), elle enchevêtre les hommes et les femmes dans une confusion complexe de relations dans un cadre chaotique. Cette dernière oeuvre permit à Bédard de remporter le Concours Bagnolet de France en 1996.

Le solo, *Cartes postales de Chimère* (1996), qu'elle chorégraphia à son intention, est caractéristique de sa maîtrise chorégraphique méticuleuse et bouleversante. Cette oeuvre délicate est intensément dramatique, reposant pour son impact sur des fragments gestuels fragiles. Le décor est composé de douzaines de photographies suspendues, un labyrinthe à travers lequel la danseuse doit naviguer lors des différentes étapes de la féminité.

Bédard a complété des tournées partout dans le monde à la fois comme danseuse et avec sa compagnie, Louise Bédard Danse, qu'elle a

she founded in 1990, three years after helping to establish Circuit-Est, the choreographic co-operative where she produced many of her best works. She has made over a dozen videos. She received the Jean A. Chalmers National Dance Award in 1997.

fondée en 1990 après avoir contribué à établir Circuit-Est, une coopérative chorégraphique où elle a produit plusieurs de ses meilleures oeuvres. Elle a tourné plus d'une douzaine de vidéos. Elle reçut le Prix Jean A. Chalmers en 1997.

### Serge Bennathan
by/par Michael Crabb

**Bennathan, Serge**. Choreographer, artistic director, dancer. Born: August 14, 1957, L'Aigle, France.

Serge Bennathan was raised in Normandy, France, and moved to Paris to study dance in 1971 when he was fourteen years old. Three years later he was accepted into Roland Petit's Ballet de Marseilles. He began choreographing for the company in 1978. Bennathan later worked with director and teacher Rosella Hightower, in Cannes, where he eventually formed his own company. He emigrated to Canada in 1985.

In Canada, Bennathan worked for two years with Le Groupe de la Place Royale in Ottawa, and then established himself as an independent choreographer in Vancouver in 1987. There he choreographed for a variety of local troupes including EDAM (Experimental Dance and Music), Dancecorps, Judith Marcuse Dance

**Bennathan, Serge**. Chorégraphe, directeur artistique, danseur. Né : 14 août, 1957, L'Aigle, France.

Serge Bennathan grandit en Normandie en France et à quatorze ans, il déménagea à Paris pour étudier la danse en 1971. Trois ans plus tard, il fut accepté au Ballet de Marseille de Roland Petit. Il commença a créer des chorégraphies pour la compagnie en 1978. Bennathan travailla plus tard avec la directrice et professeure Rosella Hightower à Cannes, où il forma éventuellement sa propre compagnie. Il émigra au Canada en 1985.

Au Canada, il travailla pendant deux ans avec Le Groupe de la Place Royale à Ottawa et il s'établit comme chorégraphe indépendant à Vancouver en 1987. Il y créa plusieurs chorégraphies à l'intention de diverses compagnies locales, entre autres, EDAM (Experimental Dance and Music), Dancecorps, Judith Marcuse Dance Company et Ballet British Columbia, tout en continuant de présenter ses oeuvres indépendamment. Bennathan amorça aussi une association avec deux de ses plus

Company and Ballet British Columbia, as well as presenting his work independently. Bennathan also established connections with two of his most enduring artistic collaborators, composer Arne Eigenfeldt and designer Nancy Bryant.

*The Desires of Merlin* (1989), created for Ballet BC, is a symbolic meditation on contrasting aspects of female allure – the erotic and the spiritual. *La Beauté du Diable* (1990), produced independently, again focuses on a man and two women, this time contrasting elements of the sacred and profane.

Bennathan moved to Toronto in late 1990 to become artistic director of Dancemakers. Under his direction, the company became an almost exclusive vehicle for his work, gaining stylistic homogeneity in the process, as well as considerable national and international acclaim. Under Bennathan, Dancemakers has been hailed as Toronto's only authentic exponent of what some have called "new dance", although Bennathan prefers to describe his work simply as contemporary and his style as organic. Among his most successful works with Dancemakers have been *Quand les grand-mères s'envolent* (1992), which followed Bennathan's own emotional experience after the death of his grandmother, but generalized into a broader study of death and separation. Elements of its theme reappeared in *Chronicles of a Simple Life* (1993), and in *Les vents tumultueux* (1994), which won Bennathan a Dora Mavor Moore Award nomination.

In 1992 Bennathan created a work for the National Ballet of Canada's small touring company, the Concert Group. *The Strangeness of a Kiss* was brought into the company's mainstage repertoire in 1994. Since then, he has also created works for Ballet BC, the Alberta Ballet, Les Ballets de Monte Carlo and Theatro San Martin Ballet Contemporaneo in Buenos Aires. He was the choreographer for the Canadian Opera Company's production of Harry Somers' Mario and the Magician in 1992 and collaborated with them again on Jenufa in 1995 and Salome in 1996. He has worked with other opera companies including the Flanders Opera, the Grand-Théâtre de Genève and the

fidèles collaborateurs, le compositeur Arne Eigenfeldt et la conceptrice Nancy Bryant.

*The Desires of Merlin* (1989), créée pour le Ballet BC est une méditation symbolique sur les contrastes des charmes féminins - l'érotique et le spirituel. *La Beauté du Diable* (1990), une production indépendante, se penche de nouveau sur un homme et deux femmes mais cette fois, contrastant les éléments du sacré et du profane.

Bennathan s'installa à Toronto à la fin des années 1990 pour assumer le poste de directeur artistique de Dancemakers. Sous sa direction, cette compagnie devint un véhicule presque exclusif pour ses oeuvres, gagnant ainsi une homogénéité stylistique ainsi qu'une renommée nationale et internationale considérable. C'est sous Bennathan que Dancemakers a été reconnue comme l'unique représentant à Toronto de ce que certains ont appelé la «nouvelle danse», même si Bennathan préfère décrire son travail simplement de «contemporain» et son style d'«organique». Parmi ses oeuvres les plus réussies avec Dancemakers on retrouve : *Quand les grand-mères s'envolent* (1992), qui est associée à la perte que vécut Bennathan au décès de sa grand-mère, perte ensuite généralisée à une étude plus vaste sur les notions de mort et de séparation. Certains des mêmes éléments se retrouvent dans *Chronicles of a Simple Life* (1993), et dans *Les vents tumultueux* (1994), qui lui mérita une nomination pour le Prix Dora Mavor Moore.

En 1992 Bennathan créa une oeuvre pour la troupe de tournée du Ballet national, le Groupe Concert. *The Strangeness of a Kiss* fut incorporé dans le répertoire principal de la compagnie en 1994. Depuis, il a créé des oeuvres pour le Ballet BC, l'Alberta Ballet, Les Ballets de Monte Carlo et le Theatro San Martin Ballet Contemporaneo à Buenos Aires. Il fut le chorégraphe de la production de l'oeuvre de Harry Somers *Mario and the Magician* par le Canadian Opera Company en 1992 et collabora avec eux de nouveau avec *Jenufa* (1995) et *Salome* (1996). Il a également travaillé avec d'autres compagnies d'opéra notamment, l'Opéra de Flandres, Le Grand Théâtre de Genève et le Metropolitan

Metropolitan Opera Company. In 1995, Bennathan won the Dora Mavor Moore Award for New Choreography for his *Sable/Sand*, which was expanded into a trilogy in 1997.

Opera Company. En 1995, Bennathan remporta le Prix Dora Mavor Moore pour Meilleure nouvelle chorégraphie pour son *Sable/Sand*, qui fut élargie en une trilogie en 1997.

Photo: Daniel Collins

**Peter Bingham**
by/par Kaija Pepper

**Bingham, Peter**. Artistic director, choreographer, dancer, teacher. Born: May 31, 1951, Vancouver, British Columbia.

Peter Bingham, one of contact improvisation's earliest Canadian practitioners, began dance classes at age twenty-four, while studying at Simon Fraser University. In order to off-set the sedentary life of a student, Bingham took dance classes with Linda Rubin at Synergy, then based at the artist-run centre the Western Front, where he was introduced to improvisation and modern dance. Within the first year of studying at Synergy, Bingham began performing with Rubin's group of improvisers.

He was able to further his research into this new form with the American Nancy Stark

**Bingham, Peter**. Directeur artistique, chorégraphe, danseur, professeur. Né: 31 mai 1951, Vancouver, Colombie-Britannique.

Peter Bingham, l'un des premiers adeptes de l'improvisation contact au Canada, débuta ses cours de danse à vingt-quatre ans alors qu'il étudiait à l'Université Simon Fraser. C'est dans le but de compenser pour la sédentarité d'une vie étudiante que Bingham s'inscrit à des cours de danse avec Linda Rubin à Synergy, alors installé dans le Western Front, un centre géré par des artistes. C'est là qu'il fut introduit à l'improvisation et à la danse moderne. Dès la première année de sa formation à Synergy, Bingham commença à danser avec le groupe d'improvisation de Rubin.

Bingham apprit l'improvisation contact à Synergy et approfondit cette formation avec Nancy Stark Smith, une Américaine en visite à Vancouver en 1976, et avec Steve Paxton, l'un des créateurs de cette forme de danse, qui offrit aussi des cours à Vancouver. Bingham dansa ensuite à de nombreuses occasions avec Paxton et continue de danser et d'enseigner avec Smith.

En 1977, Bingham, Andrew Harwood et Helen Clarke cofondèrent Fulcrum, une compagnie se spécialisant en improvisation

Smith, who visited Vancouver in 1976, and with Steve Paxton, one of the form's originators, who also taught in Vancouver. Bingham went on to perform numerous times with Paxton and continues to perform and teach with Smith.

In 1977, Bingham, Andrew Harwood and Helen Clarke co-founded the contact improvisation-based company Fulcrum. In their second and final year, the trio undertook a cross-Canada tour, introducing the practice of contact improvisation to many in the dance community in the workshops which followed their performances.

After working independently in Vancouver for a short time, Bingham was one of seven artists who co-founded Experimental Dance and Music (EDAM) in 1982. The performers of the Vancouver-based group had very different backgrounds and Bingham began studying a wide range of dance forms from his fellow company members, including modern dance with Jennifer Mascall and Lola MacLaughlin and ballet with Barbara Bourget. His ongoing study of Pilates with Dianne Miller began in 1985.

Bingham began to create choreographed work in addition to improvisations during the early days of EDAM. These first choreographed works were made in 1983: a solo for Jay Hirabayashi, *Reflect*; a duet for himself and Philip Maxwell, *Wangarata Crawl*; and a group work, *Radius*. Bingham uses contact improvisation as a technique for making choreography and his work makes athletic use of weight and momentum.

Since 1989 Bingham has been sole artistic director of EDAM, although he continues to enjoy collaborating with other artists. *Critical Mass* (1989) was a collaboration with poet Gerry Gilbert, composer Jeff Corness and lighting designer John Macfarlane; in *Dreamtigers* (1992), he worked with visual artist Mona Hamill and musicians Coat Cooke, Ron Samworth and David Macanulty; *Remember Me From Then* (1996) was co-choreographed with Ballet British Columbia's artistic director, John Alleyne.

Bingham continues to perform as an

contact. Durant leur deuxième et dernière année d'existence, le trio fit une tournée à travers le Canada enseignant la pratique de l'improvisation contact à plusieurs membres du milieu de la danse lors d'ateliers offerts suite à leurs spectacles.

Après avoir travaillé pendant une courte période comme danseur indépendant à Vancouver, Bingham fut l'un des sept artistes à cofonder Experimental Dance and Music (EDAM) en 1982. Les interprètes de ce groupe installé à Vancouver étaient de formations très diverses et Bingham commença à apprendre un vaste éventail de danses de ses collègues de la compagnie, entre autres la danse moderne avec Jennifer Mascall et Lola MacLaughlin et le ballet avec Barbara Bourget. Ses études de Pilates avec Dianne Mille, études toujours en cours, débutèrent en 1985.

Bingham amorça ses premières oeuvres chorégraphiques en parallèle à son travail d'improvisation durant les premières années d'EDAM. Il compléta ses premières chorégraphies en 1983: *Reflect*, un solo pour Jay Hirabayashi, *Wangarata Crawl*, un duo pour lui-même et pour Philip Maxwell et une oeuvre pour groupe, *Radius*. Bingham utilise l'improvisation contact comme technique de création chorégraphique et son travail fait appel à l'utilisation athlétique de la masse et de la dynamique.

Depuis 1989 Bingham, est seul à la barre de la direction artistique d'EDAM, mais il aime toujours de collaborer avec d'autres artistes. Ainsi, *Critical Mass* (1989) est issue d'une collaboration avec le poète Gerry Gilbert, le compositeur Jeff Corness et le concepteur d'éclairage, John Macfarlane. Dans *Dreamtigers* (1992), il travailla avec l'artiste, Mona Hamill et les musiciens Coat Cooke, Ron Samworth et David Macanulty; *Remember Me From Then* (1996) fut cochorégraphié avec le directeur artistique du Ballet British Columbia, John Alleyne.

Bingham continue d'oeuvrer comme improvisateur, particulièrement à l'occasion de spectacles annuels offerts depuis 1994 au studio théâtre d'EDAM, spectacles où collaborent

improviser, notably in annual performances since 1994 at the EDAM studio/theatre with Andrew Harwood, Marc Boivin, musicians Cooke and Samworth, and lighting designer/operator Robert Meister; in Minneapolis with Chris Aiken in 1996 and 1997; and at the New York Improvisation Festival, 1992-1994. Bingham's last appearance in a choreographed work was in his *Crossfade* (1994), memorable for the natural elegance and playfulness typical of both his choreography and his individual performance style.

Bingham is an important teacher of contact improvisation and has taught for a number of dance schools and universities throughout Canada, the United States, Australia and Southeast Asia.

Andrew Harwood, Marc Boivin, les musiciens Cooke et Samworth ainsi que le concepteur d'éclairage Robert Meister. Il donna également des spectacles à Minneapolis avec Chris Aiken en 1996 et 1997, et au New York Improvisation Festival de 1992 à 1994. La dernière participation de Bingham à une oeuvre chorégraphique fut à l'occasion de son *Crossfade* en 1994, une oeuvre mémorable pour son élégance naturelle, la qualité de jeu caractéristique de sa chorégraphie et de son style personnel d'interprétation.

Bingham est un professeur renommé de l'improvisation contact et a enseigné à de nombreuses écoles de danse et universités à travers le Canada, les États-Unis, l'Australie et l'Asie du sud-est.

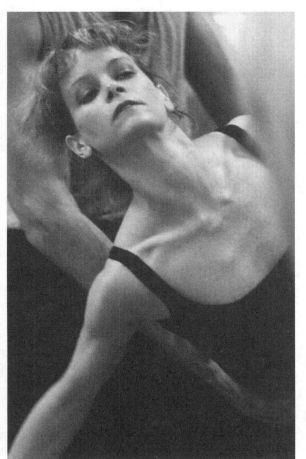

Photo: Michael Slobodian

## Anik Bissonette
by/par Vincent Warren

**Bissonette, Anik**. Danseuse. Née : 2 septembre, 1962, Montréal, Québec.

Anik Bissonette étudia à l'Académie des

**Bissonette, Anik**. Dancer. Born: September 2, 1962, Montreal, Quebec.

Anik Bissonette studied at the academy of Les Grands Ballets Canadiens and at the school of Eddy Toussaint, with Toussaint, Claire Patry and Camilla Malashenko. She joined La Compagnie de Danse Eddy Toussaint in 1979. Her extraordinary physical attributes – long arms, long hyper-extended legs, highly arched feet and feline suppleness – set her apart from the other dancers and assured her of leading roles from the beginning of her career. Among the roles created for her by Toussaint were the younger sister in *Rose la Tulipe* (1979), the pas de deux *Un Simple Moment* (1981), *le Requiem de Mozart* (1986), *New World Symphony* (1987), and *Bonjour Brel* (1988). Her stage partner was Louis Robitaille, whom she married in 1986. Together they starred in many television productions with the Ballet de Montréal Eddy Toussaint – the company changed its name in 1984 – and performed in a film directed by Lewis Furey, Night Magic. Their participation in the Helsinki Ballet Competition in 1984 won the first prize for choreography for Toussaint's *Un Simple Moment*.

In 1986-1987 Bissonette and Robitaille performed in the Spoleto Festival galas in Charleston, North Carolina, Spoleto, Italy and Melbourne, Australia. In 1988, they went to Odessa, Russia where Bissonette danced her first *Giselle*.

In 1989 the couple joined Les Grands Ballets Canadiens and in 1990, Bissonette was named premiere danseuse. Leading roles in classics such as *Coppélia*, *Les Sylphides*, *Giselle*, *Le Lac des cygnes*, and Fernand Nault's *Casse-Noisette* and *La Fille mal gardée*, demonstrated her versatility.

She also danced leading roles in many works by Balanchine, including *Agon*, *Concerto Barocco*, *The Four Temperaments* and *Apollo*, works in which her technical command, elegant line and seamless fluidity were particularly appreciated. She has performed the dramatic principal roles in Antony Tudor's *Lilac Garden* and *Pillar of Fire* as well as the Russian ballerina in his *Gala Performance*, which

Grands Ballets Canadiens ainsi qu'à l'École Eddy Toussaint, avec Toussaint, Claire Patry et Camilla Malashenko. Elle devint membre de La Compagnie de Danse Eddy Toussaint en 1979. Son physique exceptionnel – ses longs bras, ses jambes effilées, ses pieds très arqués et sa souplesse féline – lui permirent de se démarquer et de s'assurer des rôles principaux dès le début de sa carrière. Toussaint a créé des rôles à son intention: la soeur cadette dans *Rose la Tulipe* (1979), le pas de deux *Un Simple Moment* (1981), *le Requiem de Mozart* (1986), *New World Symphony* (1987) et *Bonjour Brel* (1988). En 1986 elle épousa Louis Robitaille, son partenaire de scène. Ensemble, ils ont fait vedette dans de nombreuses productions télévisées du Ballet de Montréal Eddy Toussaint – la troupe modifia son nom en 1984 – et ils ont dansé dans un film réalisé par Lewis Furey, Night Magic. Leur participation au Concours de ballet de Helsinki en 1984 mérita le premier prix pour la chorégraphie de Toussaint *Un Simple Moment*.

En 1986-1987, Bissonette et Robitaille dansèrent aux galas du Festival Spoleto à Charleston en Caroline du Nord, à Spoleto en Italie ainsi qu'à Melbourne en Australie. En 1988, ils se rendirent à Odessa en Russie où Bissonette interpréta sa première *Giselle*.

En 1989, le couple se joint aux Grands Ballets Canadiens et en 1990 Bissonette fut nommée première danseuse. Sa versatilité transparaît dans des rôles principaux de classiques tels que *Coppélia*, *Les Sylphides*, *Giselle*, *Le Lac des cygnes* ainsi que dans *Casse-Noisette* et *La Fille mal gardée* de Fernand Nault.

De plus, elle interpréta des rôles principaux dans de nombreuses oeuvres de Balanchine, entre autres, *Agon*, *Concerto Barocco*, *The Four Temperaments* et *Apollo*, oeuvres où sa maîtrise technique, son élégance et sa fluidité parfaite furent particulièrement appréciées. Son interprétation des rôles principaux dramatiques dans *Jardin aux lilas* et *Pillar of Fire* ainsi que celui de la Ballerine russe dans *Gala Performance*, des oeuvres de Tudor, révélèrent son talent inattendu de comique. Peter Anastos

revealed a hitherto unexpected talent for comedy. Peter Anastos used this quality in his comic ballet based on Edward Gorey's book, *La Chauve-Souris Dorée*, in which she played the role of Mirella Splatova, a.k.a. Maudie Splaytoes, with hilarious results. With LGBC, Bissonette also worked with James Kudelka, William Forsythe, Jiri Kylian, Nacho Duato, and Ginette Laurin.

Bissonette and Robitaille have appeared at many dance galas, including Dancers for Life, the Governor General's Performing Arts Awards and the Gala Des Étoiles. In 1994-1995, the couple participated in a small group under the title Bande À Part, which evolved into a new company directed by Robitaille: Danse-Théâtre de Montréal, performing in 1996 to positive critical response.

Bissonette continues at LGBC, performing a variety of roles which show her astonishing versatility, technical expertise and beautiful line. In 1995, she was named Officer of the Order of Canada, and in 1996, Chevalier de l'Ordre du Québec.

tira partie de cette qualité dans son ballet comique inspiré du livre d'Edward Gorey, *La Chauve-Souris Dorée*, dans lequel elle joua, avec un rare bonheur, le rôle de Mirella Splatova, A.K.A. Maudie Splaytoes. Avec les GBC, Bissonette travailla aussi avec James Kudelka, William Forsythe, Jiri Kylian, Nacho Duato et Ginette Laurin.

Bissonette et Robitaille ont participé à de nombreux galas incluant Dancers for Life, les Prix du Gouverneur général pour les Arts de la scène ainsi que le Gala des étoiles. En 1994-1995, le couple participa à Bande À Part, un petit groupe qui évolua vers une nouvelle troupe dirigée par Robitaille nommée Danse-Théâtre de Montréal, qui présenta un spectacle bien accueilli par la critique en 1996.

Bissonette poursuit ses activités avec LGBC, interprétant une grande diversité de rôles qui témoignent de son incroyable versatilité, son excellence technique et de sa ligne superbe. En 1995, elle fut nommée Officier de l'Ordre du Canada et en 1996, Chevalier de l'Ordre du Québec.

## Anna Blewchamp
by/par Carol Anderson

**Blewchamp, Anna**. Danseuse, chorégraphe, professeure. Née : 17 décembre 1947, Londres, Angleterre.

Anna Blewchamp étudia la danse à Londres à l'école de ballet Rambert, au Dance Centre ainsi

**Blewchamp, Anna**. Dancer, choreographer, teacher. Born: December 17, 1947, London, England.

Anna Blewchamp studied in London at the Ballet Rambert school, the Dance Centre and the Corona Theatre Academy, in New York at the Matt Mattox and Luigi studios, and in Los Angeles at the George Jacks Studio.

Arriving in Toronto in 1969, she taught jazz-modern dance and studied at both the Lois Smith and the Boris Volkoff Schools of Dance, and taught, studied and performed with Elizabeth and Robert Swerdlow at the Global Village Theatre. She travelled to New York to continue her studies at the Alvin Ailey School and the Martha Graham School, to Connecticut College and later to England, where she studied and taught at the London School of Contemporary Dance. In 1972 Blewchamp returned to Canada, and began to study at the School of Toronto Dance Theatre. She danced with Toronto Dance Theatre from 1973-1976, and is remembered particularly in Peter Randazzo's *Nighthawks* (1976).

In Toronto, Blewchamp choreographed a number of dramatic and entertaining works including *Homage* (1976) and *Baggage* (1977), which were created for Dancemakers and later performed by Winnipeg's Contemporary Dancers. Blewchamp's *Arrival of All Time* (1975), based on the life and writings of Virginia Woolf, was called "unquestionably a masterpiece" by Graham Jackson in Dance in Canada magazine. The work travelled to the 8th International Choreographic Competition in Cologne, Germany, in 1976, and was also set on Junction Dance Theatre in England, and the Concert Dance Company in Boston. In 1995 it was remounted by the Danny Grossman Dance Company.

Blewchamp was associate artistic director of Dancemakers from 1977-1978, and became the company's sole artistic director in 1978. She left in 1979 to devote her energies to her creative work. Her intricate, emotionally complex, dramatic, often hilarious choreographies are the playground of her fertile imagination and her sharply-honed powers of observation.

qu'au Corona Theatre Academy, à New York aux studios Matt Mattox et Luigi et à Los Angeles au George Jacks Studio.

Elle s'installa à Toronto en 1969 et enseigna la danse moderne et le jazz et elle poursuivit sa formation aux écoles de danse de Lois Smith et de Boris Volkoff. Elle donna des cours, étudia et dansa avec Elizabeth et Robert Swerdlow au Global Village Theatre. Elle se rendit ensuite à New York pour poursuivre ses études au Alvin Ailey School et au Martha Graham School, ensuite au Connecticut College et plus tard en Angleterre où elle étudia et enseigna au London School of Contemporary Dance. En 1972, Blewchamp revint au Canada et s'inscrit au School of Toronto Dance Theatre. Elle dansa avec le Toronto Dance Theatre de 1973 à 1976; son interprétation la plus remarquable fut dans *Nighthawks* (1976) de Peter Randazzo.

À Toronto, Blewchamp chorégraphia une série d'oeuvres dramatiques et d'oeuvres plus légères entre autres, *Hommage* (1976) et *Baggage* (1977), qui furent créées pour Dancemakers et interprétées plus tard par les Contemporary Dancers de Winnipeg. L'oeuvre de Blewchamp, *Arrival of All Time* (1975), inspirée de la vie et des écrits de Virginia Woolf, fut acclamée comme «un chef-d'oeuvre incontestable» par Graham Jackson dans la revue Dance in Canada. En 1976, la même oeuvre fut présentée au 8ième Concours international de chorégraphie à Cologne en Allemagne et montée pour le Junction Dance Theatre en Angleterre et le Concert Dance Company à Boston. En 1995, l'oeuvre fut de nouveau montée par le Danny Grossman Dance Company.

Blewchamp fut directrice artistique adjointe de Dancemakers de 1977 à 1978 et assuma finalement seule la direction artistique en 1978. Elle quitta la compagnie en 1979 afin de se consacrer à la création. Ses chorégraphies sophistiquées, émotionnellement complexes, dramatiques mais aussi fréquemment très drôles, sont le terrain d'expression d'une imagination fertile et d'un pouvoir d'observation très aiguisé.

En 1981, elle travailla avec le Toronto Dance Theatre sur *Shadows of Formal Selves*, une

In 1981 she worked with Toronto Dance Theatre on *Shadows of Formal Selves* (1981), a collaborative work with composer Marjan Mozetich and writer Graham Jackson. Her work has been performed as well by Ottawa Dance Theatre, the Concert Dance Company of Boston and on programmes of Pavlychenko Studio, Danceworks, A Space and the Art Gallery of Ontario. In 1985 Blewchamp mounted a retrospective of her work in Toronto.

The following year she was commissioned by Dance Collection Danse to choreograph a work for the Expo 86 multi-media presentation which reconstructed significant Canadian works of dance. *There's Always Been Dance* blended Blewchamp's choreography with music by Harry Freedman, slides and film from key dance works from the 1940's and 1950's, with performances by Jackie Burroughs, Ricardo Keens-Douglas and Vanessa Harwood.

Blewchamp began to teach at York University in 1982, and in 1992 she reconstructed Gweneth Lloyd's 1942 work *The Wise Virgins* which she set on the York Dance Ensemble. This was considered a lost work, but through research in Canada and England, with the help of Lloyd, then in her nineties, and with original cast members, Blewchamp recovered the choreography. She received the 1993 York University Master's Thesis Prize for this remarkable achievement.

In 1979 Blewchamp was the recipient of the Jean A. Chalmers Award for Choreography; in 1992 she was awarded the Judy Jarvis Dance Foundation Award.

oeuvre de collaboration avec le compositeur Marjan Mozetich et l'écrivain Graham Jackson. Ses oeuvres ont été présentées par l'Ottawa Dance Theatre, le Concert Dance Company de Boston et furent au programme du Pavlychenko Studio, de Danceworks, A Space et au musée des beaux-arts de l'Ontario. En 1985, Blewchamp présenta une rétrospective de son travail à Toronto.

L'année suivante, Dance Collection Danse lui commanda une oeuvre dans le cadre des présentations multimédias de l'Expo 86, un événement où furent remontées d'importantes oeuvres de danse canadiennes. *There's Always Been Dance* alliait la chorégraphie de Blewchamp à la musique de Harry Freedman, à des diapositives et des films tirés d'oeuvres en danse des années 1940 et 1950 et à des performances par Jackie Burroughs, Ricardo Keens-Douglas et Vanessa Harwood.

Blewchamp commença à enseigner à l'Université York en 1982 et en 1992, elle remonta l'oeuvre de Gweneth Lloyd, *The Wise Virgins* (1942), avec le York Dance Ensemble. On croyait cette oeuvre perdue, mais grâce à des recherches menées au Canada et en Angleterre et avec l'aide de Lloyd, alors dans sa neuvième décennie, et des membres de la distribution originale, Blewchamp réussit à récupérer la chorégraphie. En 1993, l'Université York lui décerna une thèse de maîtrise en reconnaissance de cet exploit remarquable.

En 1979 Blewchamp reçut le Prix Jean A. Chalmers pour la chorégraphie et en 1992 le Prix Judy Jarvis Dance Foundation.

1949

Photo: Michael Slobodian

### Andrea Boardman
by/par Linde Howe-Beck

**Boardman, Andrea**. Dancer. Born: April 11, 1960, Levittown, Pennsylvania.

Growing up in Cinnaminson, New Jersey, Boardman began to study ballet at the age of seven under Nancy-Jean Brooks followed by Phyllis Papa, a former member of the Royal Danish and Harkness Ballets. Very soon, she was performing a mixed repertoire of child roles with the West Jersey Ballet. Awarded first place in the National Merit Scholarship Awards at the age of fifteen, she enrolled at the National Academy of Dance in Champaign, Illinois, where she studied under Michael Maule, Gwen Ashton and Antony Valdor.

Graduating from high school in 1977, she catapulted into principal roles with the National Ballet of Illinois. The following year she joined American Ballet Theatre's second company, Ballet Repertory, dancing leads in *Romeo and Juliet*, *Flower Festival*, *Spring Waters* and the

**Boardman, Andrea**. Danseuse. Née : 11 avril, 1960, Levittown, Pennsylvanie.

Vivant à Cinnaminson, New Jersey, dans son enfance, Boardman commença à étudier le ballet à l'âge de sept ans sous Nancy-Jean Brooks et ensuite avec Phyllis Papa, une ancienne membre du Ballet Royal Danois et du Ballet Harkness. Elle se retrouva très tôt à interpréter des oeuvres du répertoire pour enfants avec le West Jersey Ballet. À quinze ans, elle se classa première pour la bourse National Merit et s'inscrit au National Academy of Dance de Champaign en Illinois, où elle étudia sous Michael Maule, Gwen Ashton et Antony Valdor.

Dès que ses études secondaires furent complétées en 1977, elle fut catapultée dans des rôles principaux avec le Ballet national de l'Illinois. L'année d'après elle se joint à la deuxième troupe de l'American Ballet Theatre, le Ballet Repertory, dansant les rôles principaux dans *Roméo et Juliette*, *Flower Festival*, *Spring Waters*, un pas de deux dans *Le Corsaire* ainsi que dans des ballets contemporains. En 1980, elle se joint aux Grands Ballets Canadiens comme demi-soliste amorçant ainsi un partenariat avec le danseur principal Rey Dizon. Le chorégraphe émérite de la troupe, Fernand

pas de deux from *Corsaire*, as well as contemporary ballets. In 1980, she joined Les Grands Ballets Canadiens as a demi-soloist, forming a decade-long partnership with principal dancer Rey Dizon. Company choreographer emeritus Fernand Nault encouraged her throughout her long career, starting by casting her as the Sugarplum Fairy in *The Nutcracker* in her first season. Boardman became a soloist in 1982 and three years later was promoted to principal.

During the next five years, James Kudelka created several ballets for her, including *Rite of Spring* (1988) and *Désir* (1991), a ballet that launched a thrilling partnership with Sylvain Lafortune. Simultaneously, she created roles in many other works by Judith Marcuse, Ginette Laurin, Linda Rabin, Danny Grossman, Christopher House, Mark Godden and David Earle.

Tiny, zesty and with the speed and accuracy of a hummingbird, the fearless Boardman displays a spinal suppleness unusual in a ballet dancer. While delightfully rambunctious in mischievous roles like Swanilda in *Coppélia*, or Lise in *La Fille mal gardée*, her versatility also shows well in other works by choreographers as diverse as Petipa and Balanchine, Limón and Lock. She danced with many partners, including, in 1990, the Kirov Ballet's Farouk Ruzimatov in *Giselle*. However, her most enduring partnerships have been with Dizon, Lafortune and Derek Reid. While she easily portrays the airy fragility of a classical dancer, Boardman's understanding of the importance of rootedness and weight in modern dance made her ideal for contemporary works and she is best remembered for her brilliance in contemporary ballets.

She became LGBC's signature dancer in the 1990's. Mark Morris, Edouard Lock, Jiri Kylian, Hans Van Manen, Ohad Naharin, and most especially, Nacho Duato, all cast her in their works. Besides *Na Floresta* which Duato created for LGBC, she performed his *Jardi Tancat*, *Rassemblement* and *Cor Perdut*. They have become her favourite works.

Boardman makes regular appearances in galas, and her television appearances include:

Nault, la soutint au cours de sa longue carrière d'abord en lui donnant le rôle de la fée des sucres dans *Casse-Noisette* dès sa première saison. Boardman devint soliste en 1982 et trois ans plus tard fut promue danseuse principale.

Durant les cinq années subséquentes, James Kudelka créa plusieurs ballets à son intention, entre autres, *Rite of Spring* et *Désir*, un ballet qui déclencha un vibrant partenariat avec Sylvain Lafortune. Simultanément, elle créa de nombreux rôles dans plusieurs autres oeuvres de Judith Marcuse, Ginette Laurin, Linda Rabin, Danny Grossman, Christopher House, Mark Godden et David Earle.

Minuscule, pleine de piquant et possédant la vitesse et la précision d'un oiseau-mouche, fringante et sans peur, Boardman fait montre d'une flexibilité vertébrale inhabituelle chez une danseuse de ballet. Alors qu'elle était délicieusement exubérante dans des rôles espiègles comme Swanhilda dans *Coppélia*, ou Lise dans *La Fille mal gardée*. Sa versatilité transparaît dans les oeuvres de chorégraphes aussi variés que Petipa, Balanchine, Limón et Lock. Elle dansa avec de nombreux partenaires notamment en 1990 avec Farouk Ruzimatov du Ballet Kirov dans *Giselle*. Ses partenariats les plus durables ont cependant été avec Dizon, Lafortune et Derek Reid. Alors qu'elle personnifie aisément la fragilité aérienne d'une danseuse classique, la compréhension qu'a Boardman de l'importance du centre et du poids en danse moderne en font une interprète idéale d'oeuvres contemporaines et c'est d'ailleurs dans ce type de ballet que sa brillance est la plus éclatante.

Elle devint la danseuse-signature des GBC dans les années 1990. Mark Morris, Edouard Lock, Jiri Kylian, Hans Van Manen, Ohad Naharin, et plus particulièrement, Nacho Duato, lui ont tous donné des rôles dans leurs oeuvres. En plus de *Na Floresta* que Duato créa pour LGBC, elle interpréta *Jardi Tancat*, *Rassemblement* et *Cor Perdut*. Ces oeuvres sont devenues ses oeuvres préférées.

Boardman danse régulièrement dans des galas et parmi les émissions de télévision auxquelles elle a participé on retrouve: les

Romeos and Juliets with Toronto Dance Theatre, 1990; Na Floresta, 1990; Salute to Dancers for Life, 1994; The Du Maurier Concert Stage, 1996; and Faces of Dance: the Gala des Étoiles, 1996.

Romeos et Juliets pour le Toronto Dance Theatre, 1990; Na Floresta, 1990; Salute to Dancers for Life,1994; Concert sur Scène Du Maurier, 1996 et Visages de la Danse: le Gala des Étoiles, 1996.

Photo: Michael Slobodian

### Lucie Boissinot
by/par Vincent Warren

**Boissinot, Lucie**. Dancer, teacher, choreographer. Born: May 8, 1958, Quebec City, Quebec.

Lucie Boissinot began her dance training at the age of seven at l'Académie des Grands Ballets Canadiens in Quebec City, studying with Andrée Millaire, David Latoff and Danielle Lauzanne. At seventeen, she moved to Montreal and joined the corps de ballet of Les Grands Ballets Canadiens as apprentice, becoming a company member in 1978, and dancing in works by Fernand Nault and George Balanchine. At the

**Boissinot, Lucie**. Danseuse, professeure, chorégraphe. Née : 8 mai 1958, Ville de Québec, Québec.

Lucie Boissinot débuta sa formation en danse à l'âge de sept ans à l'Académie des Grands Ballets dans la ville de Québec, étudiant avec Andrée Millaire, David Latoff et Danielle Lauzanne. À dix-sept ans, elle s'installa à Montréal et se joint au corps de ballet des Grands Ballets comme apprentie. Elle devint membre de la compagnie en 1978, dansant dans des oeuvres de Fernand Nault et George Balanchine. À vingt ans, elle quitta la compagnie afin d'étudier la danse moderne avec Linda Rabin et en 1979, elle se rendit en Caroline du Nord pour étudier à l'American Dance Festival. De retour au Canada, Chantal Belhumeur l'invita

age of twenty, she left the company to study modern dance with Linda Rabin, and in 1979 she travelled to North Carolina to study at the American Dance Festival. Returning to Canada, she was invited by Chantal Belhumeur to join Danse Partout in Quebec City. Here she danced in works by Belhumeur, Nault, Maria Formolo, Michel Nourkil and Marcus Shulkind.

She participated as a dancer in the second National Choreographic Seminar, directed by Robert Cohan in Banff in 1980, and from 1981 to 1986 she danced with Toronto Dance Theatre, working with choreographers David Earle, Patricia Beatty, Peter Randazzo and Christopher House.

In 1983, she studied at the Sommer Tanz Akademie at Cologne, Germany, and in 1985 she received the Jacqueline Lemieux Award. Although she continued to perform with TDT, she also danced with the Interkinetic Performing Arts Ensemble, directed by her partner Luc Tremblay, in his work, *Bardeau*. When Tremblay became director of Danse Partout, Boissinot accompanied him to Quebec City where she performed, taught, rehearsed and coached for the company as well as teaching in the École de Danse de Québec. In 1988, Jean-Pierre Perreault invited her to join an elite group of Quebec dancers in his site-specific piece *Piazza* (1988) in New York.

Parallel with her work as dancer, teacher and coach, Boissinot began choreographing, notably a solo, *Amour à Moi* (1989). She collaborated with Tremblay on *La Diagonale du Coeur* (1992), and choreographed for the École de Danse de Québec.

In 1993, in Montreal, she performed a solo, *Ses Propres Ailes*, by Harold Rhéaume, and a trio, *2&1=Trio*, by Tedd Senmon Robinson. The next year she choreographed and danced the solo *Cinq Petites Danses en Formes de Coeur* and appeared in Rhéaume's *Fatras* at Montreal's Agora de la Danse.

She created works at Les Ateliers de danse moderne de Montréal Inc., L'École de danse and Danse Partout, in 1995, and the same year began what became a long and fruitful association with Jean-Pierre Perreault, in a series of works

à se joindre à Danse Partout, une troupe de Québec avec laquelle elle interpréta des oeuvres de Belhumeur, Nault, Maria Formolo, Michel Nourkil et Marcus Shulkind.

En 1980, elle participa, en tant que danseuse, au second Séminaire chorégraphique national, séminaire dirigé par Robert Cohan et présenté à Banff. De 1981 à 1986, elle dansa avec le Toronto Dance Theatre, travaillant avec des chorégraphes comme David Earle, Patricia Beatty, Peter Randazzo et Christopher House.

En 1983, elle étudia au Sommer Tanz Akademie à Cologne, en Allemagne. Elle reçu le Prix Jacqueline Lemieux en 1985. Bien qu'elle ait continué à danser avec TDT, elle collabora également avec l'Interkinetic Performing Arts Ensemble, un ensemble dirigé par son partenaire Luc Tremblay, dans le cadre de son oeuvre *Bardeau*. Lorsque Tremblay assuma la direction de Danse Partout, Boissinot l'accompagna à Québec où elle oeuvra comme danseuse, professeure, répétitrice et superviseure de la compagnie tout en enseignant à l'École de danse de Québec. En 1988, Jean-Pierre Perreault l'invita à se joindre à un groupe de danseurs élites du Québec pour danser dans *Piazza* (1988), une oeuvre qu'il créa en fonction d'un lieu précis à New York.

En parallèle à son travail de danseuse, professeure et superviseure, Boissinot s'initia à la chorégraphie créant entre autres un solo, *Amour à Moi* (1989). Elle collabora de plus avec Tremblay sur *La Diagonale du coeur* (1992) et chorégraphia pour l'École de danse de Québec.

En 1993, à Montréal, elle interprèta un solo, *Ses Propres Ailes*, de Harold Rhéaume ainsi qu'un trio, *2&1=Trio*, de Tedd Senmon Robinson. L'année d'après, elle chorégraphia et interprèta le solo *Cinq Petites Danses en formes de coeur* et participa à *Fatras* de Rhéaume à l'Agora de la Danse à Montréal.

En 1995, en plus de crée des oeuvres à Les Ateliers de danse moderne de Montréal Inc., à L'École de danse et à Danse Partout, elle amorça une longue et fructueuse association avec Jean-Pierre Perreault. Cette association se traduit par une série d'oeuvres incluant entre autres *Eironos* (1996) et *Les Années de pèlerinage*

including *Eironos* (1996) and *Les Années de Pèlerinage* (1996), to which she brought the exceptional contribution of a mature artist at the peak of her interpretive powers.

She moved to Montreal in 1996, where she participated in the improvisation series Instant Instinct, and danced in Sarah Bild's *Prag 2* (1997), Rhéaume's *Dix Commandements* (1998), and Perreault's *Les Éphémères* (1998) and *L'Exil-L'Oubli* (1999).

Her career as choreographer continued with solos for students at l'École de Danse de Québec and the Université du Québec à Montréal, where she began teaching in 1996. Since 1998, she has also taught at Concordia University. In 1999 she presented *Maison* with young professional dancers, in the Série des Majeurs at Tangente.

Her radiant presence as a performer is much in demand, and she has danced in galas for the Dancer Transition Resource Centre in Toronto and Le Groupe de la Place Royale's 25th Anniversary.

(1996), oeuvres auxquelles elle contribua son talent d'artiste aguerrie au sommet de sa puissance d'interprétation.

Elle s'installa à Montréal en 1996, où elle participa à une série d'improvisations, Instant Instinct, et dansa dans *Prag 2* (1997) de Sarah Bild, *Dix Commandements* (1998) de Rhéaume ainsi que *Les Éphémères* (1998) et *L'Exil-L'Oubli* (1999) de Perreault.

Sa carrière de chorégraphe se poursuivit avec des solos à l'intention d'élèves de l'École de danse de Québec et de l'Université du Québec à Montréal où elle enseigne depuis 1996. Elle enseigne également à l'Université Concordia depuis 1998. En 1999, elle présenta *Maison* avec de jeunes danseurs/seuses professionnelles dans le cadre de la Série des Majeurs à Tangente.

Sa présence radieuse d'interprète est très en demande et elle a dansé dans des galas au profit du Centre de ressources et transition pour danseurs à Toronto et du 25ième anniversaire du Groupe de la Place Royale.

◆

**Boivin, Marc**. Dancer, teacher. Born: February 13, 1963, Ottawa, Ontario.

Marc Boivin's career as a dancer has been forged by "coups de coeur", by listening to his heart and passions. At the age of seventeen, with his sights set on architecture at Carleton University, he developed an interest in stage-managing for theatre. Shortly thereafter, he was introduced to modern dance at Le Groupe de la Place Royale, through Peter Boneham, who remains his principal mentor. After two years of intensive training, he joined the company, performing works by Boneham, Jean-Pierre Perreault, Michael Montanaro and Tassy Teekman.

Ballet studies in New York with Maggie Black and modern dance classes with Lar Lubovitch were cut short by an audition call from Ginette Laurin, choreographer and artistic director of O Vertigo Danse, a Montreal contemporary dance company known for its gravity-defying physicality. From 1986 to 1991, Boivin's dynamic lyricism and performing intensity helped shape such O Vertigo works as

### Marc Boivin
by/par Silvy Panet-Raymond

Photo: Michael Slobodian

*Timber, Chagall* (1989), *Full House, Don Quichotte* (1988) and *Train d'enfer* (1990). Boivin toured extensively with the company in Europe and North America.

Louise Bédard, a Montreal independent choreographer, was the next significant influence on Boivin's path. In *Les Métamorphoses clandestines* (1991) and *Dans les fougères foulées du regard* (1995), he brought to life her poetic and sensuous imagery. A sought-after performer, he has also danced in Tedd Senmon Robinson's *Antisocial Studies #1 through 21*, in Catherine Tardif's *Léopold et Maurice*, and from 1993 to 1997, in Jean-Pierre Perreault's major group works *Adieux* (1993), *Les Années de Pèlerinage* (1996), *Eironos* (1996) and *Les Éphémères*.

Through Danse-Cité's Performer Series, he commissioned a duet by Jean-Pierre Perreault for himself and Lucie Boissinot, a solo from

**Boivin, Marc**. Danseur, professeur. Né : 13 février, 1963, Ottawa, Ontario.

La carrière de danseur de Marc Boivin a été forgée par des «coups de coeur», en suivant son inspiration et ses passions. À dix-sept ans, alors qu'il planifiait étudier l'architecture à l'Université Carleton, il s'intéressa à la mise en scène de théâtre. Peu après, il fut introduit à la danse moderne par Le Groupe de la Place Royale grâce à l'intervention de Peter Boneham, qui demeure toujours son principal mentor. Après deux années de formation intensive, il se joint à la compagnie, interprétant des oeuvres de Boneham, Jean-Pierre Perreault, Michael Montanaro et Tassy Teekman.

Ses études de ballet à New York avec Maggie Black et ses cours de danse moderne avec Lar Lubovitch furent interrompus par une invitation de Ginette Laurin à passer une audition; Laurin est chorégraphe et directrice artistique d'O Vertigo Danse, une compagnie montréalaise de danse contemporaine renommée pour ses exploits qui défient la gravité. De 1986 à 1991, le lyrisme dynamique et l'intensité d'interprétation de Boivin ont contribué à ciseler les oeuvres d'O Vertigo: *Timber, Chagall, Full House, Don Quichotte* et *Train d'enfer*. Boivin participa à de très nombreuses tournées de la compagnie en Europe et en Amérique du Nord.

Louise Bédard, une chorégraphe indépendante de Montréal, s'avéra être la seconde influence importante pour le cheminement de Boivin. Dans *Les Métamorphoses clandestines* (1991) et *Dans les fougères foulées du regard* (1995), il donna vie à son imagerie poétique et sensuelle. Interprète recherché, il dansa également dans *Antisocial Studies #1 through 21* de Tedd Senmon Robinson, *Léopold et Maurice*, de Catherine Tardif et de 1993 à 1997, dans les oeuvres majeures pour groupes de Jean-Pierre Perreault: *Adieux* (1993), *Les Années de Pèlerinage* (1996), *Eironos* (1996) et *Les Ephémères*.

Dans le cadre de la Série des interprètes de Danse-Cité, il commanda un duo à Jean-Pierre Perreault pour lui-même et Lucie Boissinot, un solo de Louise Bédard et un autre de Sylvain Émard dans une coproduction intitulée Eccéité,

Louise Bédard and one from Sylvain Émard in a co-production titled Eccéité which toured Canada in 1995-1996. This experience triggered another significant chapter in Boivin's career, performing for Sylvain Émard, a Montreal choreographer whose complex vocabulary and keen eye for staging are evident in *Rumeurs* (1996) and *Mensonge Variations* (1998).

Boivin is a highly respected teacher of contemporary dance technique and dance interpretation, principally at Les Ateliers de danse moderne de Montréal (LADMMI) since 1987, and for Experimental Dance and Music's (EDAM) summer school in Vancouver, where he also develops improvisation performances, such as *the Echo Case*, with Peter Bingham and Andrew Harwood.

Committed to improving the status and the work conditions in his profession, Boivin represented dancers as a member of the Board of the Regroupement Québécois de la danse from 1993 to 1996.

In 1999, Boivin and dance educator Grant Strate were joint recipients of the Jacqueline Lemieux Award.

qui fut présentée en tournée au Canada en 1995-1996. Cette expérience déclencha un autre chapitre important de la carrière de Boivin, celui d'interprète pour Sylvain Émard, un chorégraphe de Montréal dont le vocabulaire complexe et l'oeil aiguisé pour la mise en scène sont frappants dans *Rumeurs* (1996) et *Mensonge Variations* (1998).

Boivin est un professeur reconnu de technique de danse contemporaine et d'interprétation, particulièrement aux Ateliers de danse moderne de Montréal (LADMMI) depuis 1987, ainsi que pour les cours d'été d'Experimental Dance and Music (EDAM) à Vancouver, où il a aussi élaboré des spectacles d'improvisation tels que *The Echo Case* avec Peter Bingham et Andrew Harwood.

Engagé à l'amélioration du statut et des conditions de travail de sa profession, Boivin représenta les danseurs/seuses en siégeant sur le conseil d'administration du Regroupement Québécois de la danse de 1993 à 1996.

En 1999, le Prix Jaqueline Lemieux fut décerné conjointement à Boivin et Grant Strate, professeur de danse.

Toronto
circa/vers 1927

Photo: David P. Chedore

**Peter Boneham**
by/par Lai-Ling Lee

**Boneham, Peter**. Artistic director, choreographer, teacher, dancer. Born: November 7, 1934, Rochester, New York.

Peter Boneham began ballet training in his native Rochester with Olive McCue in 1948. McCue directed the Mercury Ballet Company, with which Boneham began performing in 1950. Moving to New York City in the 1950's, Boneham studied with choreographer James Waring, and danced in nightclubs, on television and in several Broadway shows. He also performed at Radio City Music Hall and in summer stock productions. He danced with the William Dollar Concert Ballet, the Baltimore Civic Ballet and was a soloist with the Metropolitan Opera Ballet.

In 1965, Boneham moved to Montreal where he performed with Les Grands Ballets Canadiens and choreographed and danced with Jeanne Renaud in the Groupe d'Expression Contemporaine. In 1966, Renaud founded Le Groupe de la Place Royale; Boneham danced, taught and choreographed, and in 1972 became co-artistic director with Jean-Pierre Perreault. This partnership continued until 1981, when

**Boneham, Peter**. Directeur artistique, chorégraphe, professeur, danseur. Né : 7 novembre 1934, Rochester, New York.

Peter Boneham amorça sa formation de ballet dans sa ville natale de Rochester avec Olive McCue en 1948. McCue dirigeait le Mercury Ballet Company, compagnie avec laquelle Boneham donna ses premiers spectacles en 1950. Il s'installa ensuite à New York dans les années 1950, étudiant avec le chorégraphe James Waring et dansant dans des boîtes de nuit, pour des émissions de télévision et pour plusieurs spectacles sur Broadway. Il participa également à des spectacles à Radio City Music Hall et à des productions théâtrales d'été. Il dansa avec le William Dollar Concert Ballet, le Baltimore Civic Ballet, et fut soliste avec le Metropolitan Opera Ballet.

En 1965, Boneham s'installa à Montréal où il dansa avec Les Grands Ballets Canadiens et chorégraphia et dansa avec Jeanne Renaud dans le Groupe d'Expression Contemporaine. En 1966, Renaud fonda Le Groupe de la Place Royale; Boneham y cumula les emplois de danseur, professeur et chorégraphe pour finalement, en 1972, devenir codirecteur artistique avec Jean-Pierre Perreault. Ce partenariat se prolongea jusqu'en 1981, alors que Boneham prit seul la charge de la direction artistique. Il supervisa le déménagement de la compagnie vers Ottawa en 1977.

Les années 1981 à 1988 furent des années fastes en ce qui concerne l'oeuvre chorégraphique de Boneham. Parmi les oeuvres de cette période se retrouvent : *Faustus* (1983), *The Living Room* (1985), *Hank's Place* (1986),

Boneham became the sole artistic director. He oversaw the company's relocation to Ottawa in 1977.

The years from 1981 to 1988 were the last period of active choreographic creation for Boneham. Pieces from this period include *Faustus* (1983), *The Living Room* (1985), *Hank's Place* (1986), *Trio* (1987) and a solo for Davida Monk, *Duet 2* (1987).

1988 saw the end of Le Groupe de la Place Royale as a touring modern dance company. Boneham transformed Le Groupe into a unique structure with a permanent company of dancers, giving choreographers, with a senior artist of their choice as mentor, the chance to discuss and articulate their research ideas with artistic peers and with an audience, while the material is still "in the works". Choreographers from around the world have made use of these resources and many have asked for Boneham to act as their mentor.

In 1991, Boneham choreographed a duet performed by former students and Le Groupe company dancers Ken Roy and Marc Boivin at the National Arts Centre in celebration of Le Groupe de la Place Royale's 25th anniversary.

In 1992, Boneham collaborated with Bob Lockyer, dance producer for the British Broadcasting Corporation, to run Dance and the Camera, a summer workshop session at the Banff Centre for the Arts geared to create original video-dance pieces.

As a teacher, Boneham is rigorous and technically demanding. In addition to teaching company class at Le Groupe Dance Lab, he has been invited regularly to teach and act as mentor in many Canadian universities, the Banff Centre for the Arts, Grant MacEwan Community College, School of Contemporary Dancers, Main Dance, Montréal Danse, La Fondation Jean-Pierre Perreault, Dancemakers, the School of Toronto Dance Theatre, Circuit-Est in Montreal, New Moves in Scotland and DanceXchange in Birmingham, England.

In 1991, Boneham received the first Jean A. Chalmers Award for Creativity in Dance. The jury commented, "Peter has been extraordinarily generous to so many people in the dance

*Trio* (1987) ainsi qu'un solo pour Davida Monk, *Duet 2* (1987).

En 1988, Le Groupe de la Place Royale cessa ses activités de compagnie de danse moderne en tournée. Boneham transforma Le Groupe en une structure unique avec une compagnie permanente de danseurs/seuses, permettant aux chorégraphes, en collaboration avec un artiste accompli de leur choix comme mentor, de discuter et d'articuler leurs idées avec des collègues et avec l'auditoire alors que les oeuvres étaient toujours «en chantier». Des chorégraphes provenant du monde entier ont utilisé ces ressources et plusieurs ont demandé à Boneham d'être leur mentor.

En 1991, Boneham chorégraphia un duo interprété par d'anciens élèves et danseurs du Groupe, Ken Roy et Marc Boivin, au Centre National des Arts dans le cadre de la célébration du 25ième anniversaire du Groupe de la Place Royale.

En 1992, Boneham collabora avec Bob Lockyer, producteur en danse pour le British Broadcasting Corporation, à la direction de Dance and the Camera, un atelier offert chaque été au Banff Centre, atelier qui vise la création d'oeuvres danse-vidéo originales.

Dans son rôle de professeur, Boneham est rigoureux et exigeant au niveau de la technique. En plus de donner des cours au Laboratoire de danse du Groupe, il reçut plusieurs invitations pour enseigner et agir comme mentor dans plusieurs universités canadiennes, au Banff Centre for the Arts, au Grant MacEwan Community College, au School of Contemporary Dancers, à Main Dance, à Montréal Danse, à La Fondation Jean-Pierre Perreault, à Dancemakers, au School of the Toronto Dance Theatre, à Circuit-Est (Montréal), au New Moves (Écosse) et au DanceXchange (Birmingham, Angleterre).

En 1991, Boneham reçut le Prix Jean A. Chalmers pour la Créativité dans la danse, la première fois que ce prix ait été décerné. Le commentaire du jury se lit ainsi : « Peter a été d'une générosité extraordinaire envers tellement de personnes du milieu de la danse. La création du Laboratoire de danse du Groupe de la Place

community. The establishment of the Dance Lab at Le Groupe de la Place Royale is one of the best things for dance in this country. He is the ideal candidate. In addition to presenting real flashes of brilliance in his own choreography, throughout his career Peter has argued the case for the larger vision, for the whole field of dance."

His significant contribution to the development of dance was recognized with the 1992 Dance Ontario Award and the 1996 Victor Tolgesy Award from the Council for the Arts in Ottawa. Boneham is a frequent jury member, assessor and advisory committee member for various arts funding bodies.

Royale est l'une des meilleures initiatives pour la danse dans ce pays. Il est un candidat idéal. Tout au long de sa carrière, Peter a non seulement manifesté de réels éclats de brillance dans ses propres chorégraphies mais il a de plus promulgué une vision plus large pour l'ensemble de la discipline.»

L'importance de sa contribution au développement de la danse fut soulignée en 1992 par le Prix Dance Ontario et en 1996 par le Prix Victor Tolgesy, prix décerné par le Conseil des Arts du Canada. Boneham participe fréquemment à des jurys, agit comme évaluateur et siège sur des comités consultatifs de nombreux organismes artistiques.

Photo: Man-Kit Kwan

**Barbara Bourget**
by/par Kaija Pepper

**Bourget, Barbara**. Directrice artistique, chorégraphe, danseuse, professeure. Née : 10 octobre 1950, Port Alberni, Colombie-Britannique.

Barbara Bourget apprit la danse à claquettes dès l'âge de quatre ans et suivit des cours de

**Bourget, Barbara**. Artistic director, choreographer, dancer, teacher. Born: October 10, 1950, Port Alberni, British Columbia.

Barbara Bourget began tap dancing at age four, and by age nine was also taking ballet classes. She studied with Mara McBirney from 1961 to 1967, and participated annually from 1963 to 1967 in the Vancouver Ballet Society Showcases directed by Joy Camden.

From 1967 to 1969, Bourget was a scholarship student at the Royal Winnipeg Ballet School, where she was taught by Arnold Spohr, Gwynne Ashton, Jean McKenzie and Maria Fay, and performed as an apprentice with the RWB. From 1969 to 1972 she danced with Les Grands Ballets Canadiens. Bourget then began working in Vancouver's modern dance world, beginning with Mauryne Allan's Mountain Dance Theatre where she performed from 1974 to 1978. Allan encouraged her to choreograph and in 1975 Bourget created *Trio for Three Women*. She also took a summer workshop with Gladys Balin, an ex-Alwin Nikolais dancer, in 1975, and in 1976 spent a year in New York studying at the Martha Graham and Merce Cunningham Schools, Limón technique at the Clark Centre for the Performing Arts and ballet with Alfredo Corvino.

In 1982, Bourget was one of seven co-founders of the Vancouver collective Experimental Dance and Music. After four years, Bourget left to co-found Kokoro Dance with fellow EDAM member Jay Hirabayashi. The couple had met in 1979 when both were dancers with Paula Ross's company, and married in 1981. With Kokoro, Bourget has developed a unique choreographic signature. The physical control and choreographic principles gained through her grounding in ballet and modern dance are infused with the butoh aesthetic for which Kokoro has become well-known. Butoh is a subversive form of dance which came out of post-nuclear Japan and the white-painted, nearly nude, bald figures Kokoro often presents are part of this aesthetic. Bourget often appears in this persona, perhaps with a skirt of red or white tulle, creating a startling creature who is physically and

ballet à partir de neuf ans. Elle étudia avec Mara McBirney de 1961 à 1967 et participa aux spectacles de prestige de la Vancouver Ballet Society dirigée par Joy Camden de 1963 à 1967.

De 1967 à 1969, Bourget fut étudiante boursière au Royal Winnipeg Ballet School; elle suivit des cours avec Arnold Spohr, Gwynne Ashton, Jean McKenzie et Maria Fay, et elle fut apprentie avec la compagnie. De 1969-1972, elle dansa avec Les Grands Ballets Canadiens. Bourget commença ensuite à explorer le milieu de la danse moderne de Vancouver, au départ avec le Mountain Dance Theatre de Mauryne Allan où elle dansa de 1974 à 1978. Allan l'encouragea à créer ses propres chorégraphies ce qu'elle fit en 1975 avec *Trio for Three Women*. Toujours en 1975, elle participa à un atelier d'été avec Gladys Balin, une ancienne danseuse d'Alwin Nikolaiser, et elle passa l'année suivante à New York poursuivant sa formation au Martha Graham School et au Merce Cunningham School, étudiant de plus la technique Limón au Clark Centre for the Performing Arts et le ballet avec Alfredo Corvino.

En 1982, Bourget fut l'une des sept cofondatrices/eurs du collectif de Vancouver Experimental Dance and Music (EDAM) qu'elle quitta après quatre ans pour cofonder Kokoro Dance avec Jay Hirabayashi, un collègue et membre d'EDAM. Le couple s'était rencontré en 1979 lorsque tous deux dansaient avec la troupe de Paula Ross. Ils s'étaient épousés en 1981. C'est avec Kokoro que Bourget élabora la signature chorégraphique qui lui est si personnelle. Sa maîtrise de son outil et des principes chorégraphiques acquis lors de sa formation en ballet et en danse moderne sont imprégnés de l'esthétique butoh pour lequel Kokoro est si renommé. Le butoh est une forme de danse subversive qui émergea du Japon post-nucléaire; les personnages peints en blanc, chauves et presque nus de Kokoro font partie intégrante de cette esthétique. Bourget apparaît souvent sous cette forme, portant parfois une jupe de tulle rouge ou blanche, créant un personnage fascinant aux niveaux physique et émotif. Son dos nu a été célébré pour son

emotionally compelling, and whose bare back alone has been celebrated for its incredible articulation and expression.

Bourget saw her first butoh performance, San Francisco's Haru-pin Ha, in 1980. A decade later she took her first butoh workshop with Minoru Hideshima, during which she felt a strong affirmation of the artistic direction she was instinctively moving toward. Since then Bourget has continued to find inspiration from butoh artists.

As a choreographer and a performer Bourget is not afraid to tackle difficult subjects, as evidenced in her three-part series (1997-1999) based on the Marquis de Sade, created with playwright Elizabeth Dancoes. Many of her works are collaborations with Hirabayashi and many involve live music. Various influences are welcomed: in *Dance of the Dead* (1993), for instance, flamenco and butoh were combined to unforgettable, eerie effect. Bourget was a participant in the National Choreographic Seminar held in 1991 at Simon Fraser University under the direction of Robert Cohan, where she began work on what would become the bleak and mournful *Bats* (1992).

Bourget has taught extensively since 1975, beginning at the Burnaby Arts Centre, and with company classes at Karen Jamieson Dance Company and EDAM. She has also taught at MainDance, Simon Fraser University, Grant MacEwan College and the University of Calgary.

incroyable articulation et expression.

Bourget assista à son premier spectacle de butoh d'Haru-pin Ha à San Francisco en 1980. Une décennie plus tard, elle suivit son premier atelier de butoh avec Minoru Hideshima, atelier où elle acquit la certitude de la direction artistique qui l'interpellait si profondément. Depuis, Bourget n'a cessé de s'inspirer des artistes de butoh.

Dans son travail de chorégraphe et d'interprète, Bourget n'hésite pas à s'engager dans des projets exigeants comme par exemple son oeuvre triptyque basée sur le Marquis de Sade (1997-1999) et co-créée avec la dramaturge Elizabeth Dancoes. Plusieurs de ses oeuvres sont des collaborations avec Hirabayashi et incorporent de la musique en direct. Plusieurs influences sont les bienvenues; par emxemple dans *Dance of the Dead* (1993), le flamenco et le butoh sont associés, donnant un impact à la fois inquiétant et inoubliable. Bourget participa au Symposium national de chorégraphie en 1991 à l'Université Simon Fraser sous la direction de Robert Cohan et c'est à cet endroit qu'elle amorça la création de ce qui allait devenir *Bats* (1992), une oeuvre austère et mélancolique.

Depuis 1975, Bourget a beaucoup enseigné, au départ au Burnaby Arts Centre et aux classes pour les danseurs/seuses du Karen Jamieson Dance Company et d'EDAM. Elle a également enseigné à MainDance, à l'Université Simon Fraser, au Grant MacEwan College et à l'Université de Calgary.

Royal Winnipeg Ballet
1953

## Elaine Bowman
by/par Anne Flynn

**Bowman, Elaine**. Artistic director, teacher, choreographer, dancer. Born: January 24, 1946, Stow Longa, Huntingdonshire, England. Birth name: Mary Elaine Bowman.

Elaine Bowman has been working in the modern dance field for over twenty-five years. Arriving in Toronto in the fall of 1971 after studying visual arts, filmmaking and eventually dance, Bowman studied Graham-based technique at the School of Toronto Dance Theatre and with Marie Marchowsky. She danced with Marchowsky's company from 1974 to 1978 as a principal dancer; and from 1972 to 1979 she taught Graham-based modern technique at the School of Toronto Dance Theatre, the Marie Marchowsky Dance Theatre and School, and the Toronto Dance Co-op. She was a founding member of Dance Ontario and a board member of the Dance in Canada Association.

In 1979, when she moved to Calgary after

**Bowman, Elaine**. Directrice artistique, professeure, chorégraphe, danseuse. Née : 24 janvier, 1946, Stow Longa, Huntingdonshire, Angleterre. Nom à la naissance : Mary Elaine Bowman.

Elaine Bowman est active dans le domaine de la danse moderne depuis plus de vingt-cinq ans. À son arrivée à Toronto à l'automne de 1971, déjà formée en arts visuels et en cinéma, elle allait éventuellement poursuive une formation en danse, étudiant la technique Graham au School of Toronto Dance Theatre et avec Marie Marchowsky. Elle dansa avec la compagnie de Marchowsky de 1974 à 1978 comme danseuse principale et de 1972 à 1979, elle enseigna la technique Graham au School of Toronto Dance Theatre, à l'école et le Dance Theatre Marie Marchowsky ainsi qu'au Toronto Dance Co-op. Elle fut membre-fondatrice de Dance Ontario et membre du conseil d'administration de l'association Dance in Canada.

En 1979, elle s'installa à Calgary après avoir accepté un poste de professeure à l'université de Calgary, et sa carrière de chorégraphe et de directrice artistique prit une nouvelle envergure. Elle quitta l'université en 1981 et concentra ses énergies à développer le Dancers' Studio West,

accepting a teaching position at the University of Calgary, her career as a choreographer and artistic director came to the fore. Leaving the university in 1981, she concentrated on developing Dancers' Studio West, the company/theatre she and husband Peter Hoff founded in 1980. Dancers' Studio West has been part of the CanDance Network since the early 1980's, when the organization became a major presenter of dance in Calgary.

Since her move to Calgary, Bowman has created over forty works for both herself and an ensemble. She describes herself as a "physical poet", and her work has moved increasingly away from abstract formalism to autobiographical dance/theatre. Her attraction to Martha Graham's work is grounded in its emphasis on the human condition and she is interested in the role of the dance artist as communicator of the language of the soul. Bowman's art is intended to be very functional, feeding a human need to feel connections with a group experience.

From 1980 to 1983, and 1988 to 1991, she worked with a company of dancers, most of whom had received their modern dance training from Bowman. Alternatively, she has worked as an independent soloist. Bowman has toured in western Canada and performed in many festival settings throughout the country. Teaching has been an ongoing part of her work, whether daily class at the studio/theatre or for a community group. Bowman has also been very involved in the developmental work of creating a supportive environment for modern dance: the Springboard Dance Collective had its beginnings as part of a Dancers' Studio West choreographic lab.

Since 1983, Bowman has presented the annual Alberta Dance Explosions, which features the work of Alberta choreographers, in addition to presenting dozens of independent artists and companies from across North America.

Bowman and Hoff survived the multiple recessions of the 1980's and in 1994 Dancers' Studio West relocated to a downtown building providing a significantly expanded centre for contemporary dance in Calgary. Referring often

la compagnie/théâtre qu'elle et son mari Peter Hoff, avaient fondé en 1980. Dancers' Studio West fait partie du réseau CanDance depuis le début des années 1980 et cet organisme s'imposa comme promoteur important de la danse à Calgary.

Depuis son installation à Calgary, Bowman a créé plus de quarante oeuvres pour elle-même et son ensemble. Elle se décrit comme une «poétesse du corps» et son travail a évolué de plus en plus d'un formalisme abstrait vers une danse/théâtre autobiographique. Son attirance pour l'oeuvre de Graham tient à l'emphase que Graham mettait sur la condition humaine et elle s'intéresse au rôle de l'artiste en danse comme communicateur du langage de l'âme. L'oeuvre de Bowman se veut très fonctionnelle, satisfaisant un besoin humain de ressentir des liens avec l'expérience d'un groupe.

De 1980 à 1983, et de 1988 à 1991, elle travailla avec une compagnie de danseurs/seuses en majorité formés par elle-même. En alternance, elle a aussi oeuvré comme soliste indépendante. Elle a complété des tournées dans l'ouest du Canada et dansé dans le cadre de nombreux festivals à travers le pays. L'enseignement fait partie intégrante de son travail, que ce soit à l'intérieur de classes quotidiennes au studio/théâtre ou pour un groupe du milieu. Bowman a aussi été très engagée dans l'élaboration de conditions fécondes pour la danse moderne: le Springboard Dance Collective a d'abord vu le jour comme un élément du laboratoire chorégraphique du Dancers' Studio West.

Depuis 1983, Bowman a présenté de façon annuelle Alberta Dance Explosions, une vitrine pour les chorégraphes de l'Alberta en plus de présenter des douzaines d'artistes et de compagnies indépendantes de toute l'Amérique du Nord.

Bowman et Hoff ont survécu aux multiples récessions des années 1980 et en 1994 le Dancers' Studio West déménagea dans un édifice du centre-ville de Calgary, édifice allouant un espace beaucoup plus grand à la danse contemporaine. Si l'on puise à des métaphores de jardin, comme le fait Bowman

to her garden for metaphors as she describes her life's work in dance, Bowman is beginning to enjoy the rewards of her patient composting.

lorsqu'elle discute de sa vie de travail en danse, elle commence maintenant à récolter ce qu'elle a si patiemment semé.

Photo: Gerry Kopelow

### Rachel Browne
by/par Jacqui Good

**Browne, Rachel**. Choreographer, artistic director, teacher, dancer. Born: November 16, 1934, Philadelphia, Pennsylvania. Birth name: Ray Minkoff.

Rachel Browne is the founder of Winnipeg's Contemporary Dancers and its affiliated school.

**Browne, Rachel**. Chorégraphe, directrice artistique, professeure, danseuse. Née : 16 novembre, 1934, Philadelphie, Pennsylvanie. Nom à la naissance : Ray Minkoff.

Rachel Browne est la fondatrice des Winnipeg's Contemporary Dancers et de son école affiliée. Depuis 1983, elle poursuit une seconde carrière en tant que chorégraphe indépendante en danse moderne. Elle a exercé une influence énorme sur toute une génération de danseurs/seuses et de professionnel(le)s de la danse au Canada, particulièrement sur les femmes du milieu.

Browne n'avait que six ans lorsqu'elle demanda à suivre des cours de ballet suite à la visite d'une danseuse à son école en Philadelphie. À l'adolescence, elle interpréta un

Since 1983, she has had a second career as an independent modern dance choreographer. She has been a powerful influence on a generation of Canadian dancers and dancemakers, particularly women.

Browne was just six years old when she demanded ballet lessons after a dancer visited her school in Philadelphia. As a teenager, she had a small role in an Antony Tudor production of *Les Sylphides*. With Tudor's encouragement, she moved to New York City the day after she graduated from high school. Here she studied intensively with Benjamin Harkarvy. She also worked with the New Century Dancers, a group of dancers and choreographers committed to socialism. Browne continued her academic studies at the Marxist-oriented New York School for Social Research.

In 1957, Harkarvy, who had been artistic director of the Royal Winnipeg Ballet for a season, invited Browne to Winnipeg to dance with the company. Four years later she left the RWB to raise a family but found she was "miserable and unhappy" without dance. When she started to create dances for herself, she was surprised to discover the style was not classical. Her first work, *Odetta's Songs and Dances* (1964), is a simple, almost folkdance-like celebration of movement. Soon Browne found a group of dancers to perform her work and called them The Contemporary Dancers.

The company is often referred to as Canada's oldest modern dance troupe. Browne is fiercely proud of establishing it in Winnipeg. She had been told that it was folly to start a second dance company in a small city that was already home to the Royal Winnipeg Ballet. But Browne was stubborn and she stayed.

In the early years of Winnipeg's Contemporary Dancers, Browne was the company's chief dancer, choreographer, teacher, publicist, booking agent and fund-raiser. She took her small company on cross-Canada tours in an old school bus. And she insisted that Winnipeg's Contemporary Dancers be a repertory company, showcasing a wide range of dance styles. Browne is remarkably modest about her own skill as a choreographer. "I think

petit rôle dans la production d'Antony Tudor *Les Sylphides*. C'est avec l'encouragement de Tudor qu'elle s'installa à New York le lendemain de la remise de son diplôme d'études secondaires. À New York, elle suivit des cours intensifs avec Benjamin Harkarvy. Elle travailla aussi avec les New Century Dancers, un groupe de danseurs/seuses et de chorégraphes engagés dans le mouvement socialiste. Browne continua sa formation académique au New York School for Social Research, une école marxiste.

En 1957, Harkarvy fut le directeur artistique du Royal Winnipeg Ballet pendant une saison et il invita Browne à se joindre à sa compagnie. Quatre ans plus tard, elle quitta le RWB pour élever une famille mais découvrit qu'elle était «heureuse comme des pierres» sans la danse. Lorsqu'elle commença à créer des oeuvres à sa propre intention, elle fut étonnée de constater que son style n'était pas classique. Sa première oeuvre, *Odetta's Songs and Dances* (1964), est une célébration simple, presque folklorique, du mouvement. Peu après, Browne fonda un groupe de danseurs/seuses pour interpréter ses oeuvres et les nomma The Contemporary Dancers.

On réfère fréquemment à cette compagnie comme «la plus ancienne compagnie de danse moderne du Canada». Browne est profondément fière de l'avoir établie à Winnipeg. On lui avait dit qu'il était téméraire de fonder une seconde compagnie de danse dans une petite ville qui comptait déjà le siège social du Royal Winnipeg Ballet. Browne était cependant déterminée et elle s'installa.

Pendant les premières années des Contemporary Dancers, Browne en fut la danseuse principale, la professeure, la publiciste, l'agente de réservation et la leveuse de fonds. Elle transporta sa petite compagnie à travers le Canada dans un vieil autobus scolaire. Elle insista également pour que les Contemporary Dancers soient une compagnie de répertoire, présentant une grande variété de styles de danses. Browne est remarquablement modeste en ce qui concerne ses talents de chorégraphe. «Il me semble que les vingt premières années furent des années d'apprentissage», révéla-t-elle lors d'une entrevue. Après un moment

the first twenty years were an apprenticeship," she reveals in an interview. Then, after a moment of hesitation she adds, "I'll take that back and say that I still feel like an apprentice. I probably always will. Of all the dances I have ever made or have ever seen, I know just how very, very few are fine little gems. So I'm still struggling with making dances."

Many of Browne's most important works are intensely political. Dances such as *In a Dark Time the Eye Begins to See* (1987) deal directly with issues of war and peace. In *The Woman I Am* (1975) and *Haiku* (1981) she pairs feminist politics with passionate poetry. Leaving both performance and administration behind seems to have freed Browne to create some of the strongest, most humanist dances of her career. In 1995, she presented her first evening-length work, *Toward Light*, performed by eleven dancers of varying ages.

Browne continues to create, working with young dancers at the School of Contemporary Dancers and the Canadian Children's Dance Theatre, as well as creating solo works for mature artists including Patricia Fraser, Susan Macpherson and Davida Monk. Over the years she has encouraged many emerging creators such as Ruth Cansfield, Sharon Moore and Tedd Senmon Robinson. In 1995 Browne was awarded the prestigious Jean A. Chalmers Award for Creativity in Dance, and in 1997 she received the Order of Canada.

d'hésitation, elle ajouta, «Je dirais plutôt que je me sens encore comme une apprentie. Je me sentirai probablement toujours comme ça. De toutes les danses que j'ai créées ou que j'ai vues, très très peu sont de véritables bijoux. Alors, je continue à me lutter pour créer des danses.»

Plusieurs des oeuvres majeures de Browne ont une saveur politique très marquée. Une oeuvre comme *In a Dark Time the Eye Begins to See* (1987) traite ouvertement de questions de guerre et de paix. Dans *The Woman I Am* (1975) et *Haiku* (1981), elle associe la politique féministe à une poésie passionnée. Le fait d'avoir laissé tomber les travaux d'interprète et d'administratrice semble avoir permis à Browne de créer les oeuvres les plus puissantes et humanistes de sa carrière. En 1995 elle présenta sa première oeuvre d'une soirée longue, *Toward Light*, interprétée par onze danseurs/seuses d'âges variés.

Browne continue à créer, travaillant avec de jeunes élèves au School of Contemporary Dancers et au Canadian Children's Dance Theatre. Elle crée également des oeuvres solos à l'intention d'artistes accomplies tels que Patricia Fraser, Susan Macpherson et Davida Monk. Au fil des années, elle a encouragé de nombreux créateurs débutants comme Ruth Cansfield, Sharon Moore et Tedd Senmon Robinson. En 1995, Browne reçut le prestigieux Prix Jean A. Chalmers pour la Créativité en danse et en 1997 on lui décerna l'Ordre du Canada.

---

**The Brutal Telling** (Le Récit brutal)
Premiere/Première: Mascall Dance, Firehall Arts Centre, Vancouver, November 25 novembre, 1998
The Emily Carr Project/Le Projet Emily Carr
'The little old lady who lived on the edge of nowhere'/«La vieille dame qui vivait au bord de nulle part»
Choreographer/Chorégraphe: Jennifer Mascall
Director/Directrice: Penelope Stella
Performers/Interprètes: Marthe Léonard & Olivia Thorvaldson
Band Performers/Interprètes musiciens: Veda Hille, Peggy Lee, Ford Pier, Martin Walton, Barry Mirochnick
Music/Musique: Veda Hille

Voiceover/Voix hors-champ: Penelope Stella
Sound Design/Design sonore: Martin Gotfrit
Sound Engineer/Ingénieur du son: Marc L'Esperance
Lighting Design/Éclairages: John Macfarlane
Design/Décor: Pechet + Robb
Set Construction/Réalisation du décor: Ernst Kischnick & Jon Franklin
Costumes: Nancy Bryant
Costume Builder/Réalisation des costumes: Sarah Marchant
Costume Painter/Peintre des costumes: Linda Findlay
Set Maintenance/Maintien des décors: John Macfarlane
Slides/Diapositives: Andrew Denton
Text Adaptation/Adaptation du texte: Marc Diamond
Stage Manager/Régie: Tamerrah Volkovskis
Graphic Designer/Concepteur graphique: Andreas Kahre

Notes from the choreographer ...
The piece is creative non-fiction. The question we grappled with is, "What is a Portrait?" When does the image or memory or slide have flesh and blood, give you more information and leave an epitaph on your brain and psyche? We hung on to the parts of Emily Carr's life that had an impact on us and developed the threads from there. The exploration of the portrait may continue for some time as we continue to investigate what dance can portray about a person that no other medium can.

Notes de la chorégraphe...
Il s'agit d'une oeuvre créative basée dans la réalité. Nous étions habités par la question suivante : «Qu'est ce qu'un portrait ?». À quel moment une image, un souvenir ou une diapositive prennent-ils corps, informent-ils et laissent-ils une épitaphe sur le cerveau et la psyché ? Nous avons conservé les aspects de la vie d'Emily Carr qui nous touchaient et ils furent notre point de départ. L'exploration de la notion de portrait pourrait bien se poursuivre encore longtemps car nous continuons à explorer ce que le médium de la danse peut révéler d'une personne qui ne pourrait l'être par aucun autre médium.

*In* The Brutal Telling, *Jennifer Mascall's vigorous physicality is paired for the first time with a strong storyline, based on the life of Emily Carr. The interdisciplinary, approximately hour-long work's choreographic complexity thus serves a compelling emotional drama.*
*Mascall has used the work's extended performing life (e.g. about thirty performances with the Fringe Theatre Festival even before its official premiere) to continually experiment with and rework the choreography; for instance, the two-hander became a trio.*

*Dans* The Brutal Telling, *la corporalité vigoureuse de Jennifer Mascall est associée pour la première fois à un récit solide, inspiré de la vie d'Emily Carr. La complexité chorégraphique de cette oeuvre interdisciplinaire, d'une durée approximative d'une heure, sous-tend un drame émotif irrésistible. Mascall a profité des très nombreuses représentations de l'oeuvre (environ une trentaine de représentations dans le cadre du Fringe Theatre Festival avant la première officielle) pour expérimenter continuellement et retravailler la chorégraphie: ainsi, le duo fut transformé en trio.*

Kaija Pepper

Photo: Andrew H. Skilling

**Byers, Bettina**. Teacher, choreographer. Born: 1909, Chatham, Ontario.

Bettina Byers studied piano and voice in Toronto in the 1920's and early 1930's, and in 1931 she played piano accompaniment for her sister Rhoda, a mezzo soprano, in a concert in Chatham. This musical partnership continued for a few years, mostly in Toronto, where the format changed from piano accompanying voice, to sharing the stage and programme: Rhoda sang, Bettina danced.

By 1932 Byers had discovered ballet and began her dance education with Alison Sutcliffe, a former pupil of Mikhail Fokine, who taught Russian-style ballet at the Toronto Conservatory. Though she started late for a career in classical dance, Byers advanced quickly and Sutcliffe took her to London,

## Bettina Byers
by/par Clifford Collier

**Byers, Bettina**. Professeure, chorégraphe. Née : 1909, Chatham, Ontario.

Bettina Byers étudia le piano et la voix à Toronto dans les années 1920 et au début des années 1930. En 1931 elle accompagna au piano sa soeur Rhoda, une mezzo soprano, lors d'un concert à Chatham. Ce partenariat musical se poursuivit pendant quelques années, surtout à Toronto où le format se modifia, passant du mode piano accompagnant une voix à un partage de la scène et du programme: Rhoda chantait et Bettina dansait.

En 1932, Byers découvra le ballet et amorça sa formation en danse avec Alison Sutcliffe, une ancienne élève de Mikhail Fokine, qui enseignait le ballet de style russe au Conservatoire de Toronto. Bien qu'elle ait débuté sa carrière de danseuse classique à un âge tardif, Byers fit des progrès rapides et en 1933, Sutcliffe l'emmena à Londres en Angleterre pour des cours d'été avec Phyllis Bedells, alors vice-présidente du Royal Academy of Dancing, organisation qui en était à ses débuts. Byers poursuivit ses études avec Sutcliffe à Toronto mais retournait à Londres à chaque été pour étudier avec Bedells.

En 1937, elle s'installa à Londres afin d'étudier le ballet à temps plein au studio de

England in 1933 for summer classes with Phyllis Bedells, then vice-president of the newly-formed Royal Academy of Dancing. While Byers continued her studies with Sutcliffe in Toronto, she returned to London each summer to study with Bedells.

By 1937, she moved to London to study ballet full-time at Bedells' studio. That year Byers took her RAD exams, winning a Royal Academy Choreographic Scholarship which allowed her to take classes with Ninette de Valois, Frederick Ashton and Ursula Moreton. In 1938, she choreographed a work on Bedells' pupils for a competition which had de Valois as adjudicator. She won first prize. While in England, she also took classes with Keith Lester and studied Spanish dance with Elsa Brunelleschi. By 1939, World War II was looming and Bedells suggested that Byers return home to Canada and open a school to further the work of the RAD, becoming its Canadian organizer. She opened her Academy of Ballet in Toronto in 1939 and it became affiliated with the Toronto Conservatory of Music. She became the first Secretary of the RAD in Canada and continued as her school's principal until 1966, with Marjorie Haskins as her assistant. Both women were influential in the formation of the Canadian Dance Teachers' Association.

In 1941, in spite of the war, Byers was asked to organize a lecture tour to Toronto, Ottawa and Winnipeg for Adeline Genée, the first President of the Royal Academy. Genée lectured and Byers demonstrated, performing short dances choreographed by Bedells at the end of each evening.

Byers periodically visited New York to work with Anatole Vilzak, a former Diaghilev dancer, then teaching at the School of American Ballet. She also took classes at the Metropolitan Opera Ballet School, and continued her Spanish dancing with Mme Viola. In most of her recitals or performances, Spanish dance was represented. In 1942, Byers started a summer ballet school at Queen's University in Kingston, in conjunction with its School of Fine Arts. She continued until 1956 when Haskins, by then her partner, took over. Haskins directed the summer

Bedells. La même année, Byers passa ses examens du RAD, remportant une bourse d'études chorégraphiques du Royal Academy, ce qui lui permit d'étudier avec Ninette de Valois, Frederick Ashton et Ursula Moreton. En 1938, elle chorégraphia une oeuvre à l'intention des élèves de Bedells dans le cadre d'un concours où Valois siégeait comme juré. Byers remporta le premier prix. Toujours en Angleterre, elle prit des cours avec Keith Lester et étudia la danse espagnole avec Elsa Brunelleschi. En 1939, la Deuxième Guerre mondiale s'annonçait et Bedells suggéra à Byers de retourner dans son pays natal et d'y ouvrir une école qui pourrait promouvoir le travail du RAD, d'en être l'organisatrice canadienne. Elle ouvrit son Academy of Ballet à Toronto en 1939, et s'affilia au Toronto Conservatory of Music. Elle devint la première secrétaire du RAD au Canada et assuma le poste de principale de l'école jusqu'en 1966 avec Marjorie Haskins comme adjointe. Ces femmes jouèrent un rôle important dans la création de l'association Canadian Dance Teachers.

En 1941, malgré la guerre, on demanda à Byers d'organiser une tournée de conférences à Toronto, Ottawa et Winnipeg pour Adeline Genée, la première présidente du Royal Academy. Genée donnait les conférences et Byers exécutait les démonstrations, interprétant à la fin de chaque soirée des oeuvres brèves chorégraphiées par Bedells.

Byers visitait New York périodiquement afin d'y travailler avec Anatole Vilzak, un ancien danseur Diaghilev, qui enseignait alors au School of American Ballet. Elle suivit également des cours au Metropolitan Opera Ballet School tout en poursuivant sa formation en danse espagnole avec Mme Viola. Byers présentait de la danse espagnole à presque tous ses récitals et spectacles. En 1942, elle ouvrit une école estivale de ballet à l'Université Queen's en parallèle à l'école des beaux-arts qui y existait déjà. Elle persévéra jusqu'en 1956, année où Haskins, à cette époque sa partenaire, assuma la direction du stage jusqu'en 1966, alors que les deux femmes cessèrent d'enseigner pour s'installer à Victoria.

school until 1966, when both women retired from teaching to settle in Victoria.

Some of Byers' early students were John Keough and Linda Aliman, who became puppeteers; Doris Atkinson, Diane Forhan and Arnott Mader who went to England's Royal Ballet School; Linda Stearns who had a distinguished career as a dancer and later co-artistic director of Les Grands Ballets Canadiens; Myrna Aaron, Judie Colpman and Oldyna Maruszewska Dynowska, who were founding members of the National Ballet of Canada. Others, like Lucille McLure, Louise Goldsmith, Carole Mitchell and Sonia Chamberlain went on to become dance teachers. Judy Jarvis went to Germany and became a student of Mary Wigman and a proponent of German modern dance in Canada. Barbara Galt, another early pupil, became a composer and wrote several original ballet scores for Byers.

During her long career, Byers choreographed a number of dance works, many of them having commissioned scores: *The Jabberwocky* (1947) and *The King, the Pigeon and the Hawk* (1949), with scores by Graham George; *Pocahontas* (1953), score by Thurlow-Lieurance; *The Nightingale* (1954) and *The Magic Snowman* (1961) with scores by Galt. Byers entered her performing group in the Second Canadian Ballet Festival in 1949, where her company danced a ballet set to the music of Schubert. Her greatest distinction came in 1975 when she was made the first Canadian recipient of an RAD Fellowship (FRAD), the highest honour the Academy can bestow on any of its members.

Parmi les premiers élèves de Byers se retrouvent: John Keough et Linda Aliman, qui devinrent marionnettistes; Doris Atkinson, Diane Forhan et Arnott Mader qui étudièrent au Royal Ballet School en Angleterre; Linda Stearns qui réussit une carrière distinguée en danse et qui, éventuellement, codirigea Les Grands Ballets Canadiens; Myrna Aaron, Judie Colpman et Oldyna Maruszewska Dynowska, qui furent des membres fondatrices du Ballet national du Canada. D'autres comme Lucille McLure, Louise Goldsmith, Carole Mitchell et Sonia Chamberlain devinrent professeures de danse. Judy Jarvis se rendit en Allemagne où elle devint l'élève de Mary Wigman et une adepte de la danse moderne allemande au Canada. Barbara Galt, une autre élève des premières années, devint compositrice et composa plusieurs partitions originales de ballet pour Byers.

Tout au long de sa longue carrière, Byers chorégraphia de nombreuses oeuvres dont plusieurs utilisaient de la musique originale: *The Jabberwocky* (1947) et *The King, the Pigeon and the Hawk* (1949), sur des musiques de Graham George; *Pocahontas* (1953), musique de Thurlow-Lieurance; *The Nightingale* (1954) et *The Magic Snowman* (1961) sur des partitions de Galt. Le groupe d'interprétation de Byers participa au deuxième Festival de ballet canadien en 1949, interprétant un ballet monté sur de la musique de Schubert. Elle reçut sa plus grande marque d'honneur en 1975 lorsqu'elle devint la première récipiendaire canadienne du RAD Fellowship (FRAD), le plus grand honneur décerné par l'académie à ses membres.

Photo: Gordon Lafleur

## Joy Camden
by/par Leland Windreich

**Camden, Joy**. Dancer, teacher, choreographer, artistic director. Born: November 7, 1923, London, England. Married name: Joy Naylor.

Joy Camden began her training in ballet at the age of three in London with Linda Lindowska and continued her studies with Nicholas Legat, Nadine Nicolaeva, and Olga Preobrajenska. She received her advanced diploma from the Royal Academy of Dancing in 1937.

Camden appeared as a child soloist with Colonel de Basil's Ballets Russes, 1936-1938, and performed as a principal dancer with Ballets de la Jeunesse in 1939. She was a soloist with Ballet Rambert, 1939-1940, and performed with the Anglo-Polish Ballet, 1940-1942. During the years of World War II she toured extensively in the United Kingdom and abroad, performing in musicals and ballet divertissements for civilians and for British troops overseas. In 1946 she had a role in the film The Red Shoes (1946); two

**Camden, Joy**. Danseuse, professeure, chorégraphe, directrice artistique. Née : 7 novembre 1923, Londres, Angleterre. Nom de femme mariée: Joy Naylor.

Joy Camden commença sa formation en ballet à l'âge de trois ans à Londres avec Linda Lindowska et la poursuivit sous Nicholas Legat, Nadine Nicolaeva et Olga Preobrajenska. Le Royal Academy of Dancing lui décerna un diplôme d'études avancées en 1937.

Camden dansa comme enfant-soliste avec les Ballets Russes du Colonel de Basil de 1936 à 1938 et fut danseuse principale avec les Ballets de la Jeunesse en 1939. Elle fut soliste avec le Ballet Rambert de 1939 à 1940 et dansa avec le Anglo-Polish Ballet de 1940 à 1942. Pendant la Deuxième Guerre mondiale, elle participa à de nombreuses tournées en Grande Bretagne et à l'étranger, dansant dans des revues musicales et des ballets de divertissement pour les civils et les troupes britanniques postées à l'étranger. En 1946, elle joua dans un film, The Red Shoes suivi de deux contrats pour des films éducatifs:

educational film engagements followed: Steps of the Ballet (1947) and Ballet for Beginners (1949).

Camden moved to Canada in 1950. She choreographed *Incertitude*, music by Grieg; *Symphonie Classique*, music by Prokofiev; and Sibelius' *Valse Triste* for Nesta and Sviatoslav Toumine at the Ottawa Ballet. In 1951 she served as Assistant Ballet Mistress for the Royal Winnipeg Ballet, for whom she created a children's ballet, *Baba Lubov* (1951), based on Russian fairy tales. For the company she restored Fokine's *Les Sylphides* and the second act of *Swan Lake*. Needing a more substantial income, she took director Gweneth Lloyd's advice and opened a ballet school in Lethbridge in 1952. In 1959 she sold the Lethbridge school and moved to Vancouver.

British Columbia became her headquarters from 1959-1968. She opened a school in West Vancouver, which grew to serve over 350 pupils. During this time she was continuously active in the productions of the Vancouver Ballet Society's "Showcase" programmes, setting *Les Sylphides*, *Le Carnaval*, *Coppélia*, *Swan Lake* Acts II & IV and, *La Fille mal gardée* on student dancers from several ballet studios. The productions were received warmly by the community. She co-founded Pacific Dance Theatre with Norbert Vesak in 1964, but the venture, a cross-over ballet and modern dance endeavour, did not gain enough community support to survive its second year of activity. In her later years in Vancouver, she became involved in coaching figure skaters, and produced a version of *The Nutcracker* on ice. She returned to England in 1968, where she joined the staff of the Bush-Davies school as assistant to the Ballet Principal.

In 1971 she was designated as Major Examiner of the Royal Academy of Dancing. Over the next two decades Camden was sent abroad to examine RAD candidates and to adjudicate at various festivals and competitions in Southeast Asia, South Africa, Europe and Israel. In the mid-1980's, she resumed her contact with Canada with assignments in Ottawa, Calgary, Winnipeg and Victoria.

Steps of the Ballet (1947) et Ballet for Beginners (1949).

Camden s'installa au Canada en 1950. Elle chorégraphia *Incertitude* sur une musique de Grieg, *Symphonie Classique* sur une musique de Prokofiev et *Valse Triste* de Sibélius pour Nesta et Sviatoslav Toumine au Ottawa Ballet. En 1951 elle occupa le poste de maîtresse de ballet adjointe pour le Royal Winnipeg Ballet pour lequel elle créa un ballet pour enfant, *Baba Lubov*, inspiré d'un conte de fée russe. Pour cette compagnie elle restaura *Les Sylphides* de Fokine ainsi que le deuxième acte du *Lac des cygnes*. Vue sa situation financière précaire, elle décida de suivre les conseils de la directrice, Gweneth Lloyd, et d'ouvrir une école de ballet à Lethbridge en 1952, école qu'elle vendit en 1959 pour s'installer à Vancouver.

La Colombie-Britannique qui devint son port d'attache de 1959 à 1968. Elle ouvrit une école à Vancouver Ouest qui offrait des cours à plus de 350 élèves. Durant la même époque elle fut constamment active dans des productions «à prestige» du Vancouver Ballet Society. Les programmes : *Les Sylphides*, *Le Carnaval*, *Coppélia*, *Le Lac des cygnes* (Actes II & IV) et *La Fille mal gardée* utilisant des élèves de divers studios de danse. Ces productions furent bien accueillies par le public. En 1964, elle cofonda le Pacific Dance Theatre avec Norbert Vesak mais le projet, une companie incorporant le ballet et la danse moderne, ne reçut pas suffisamment de soutien du milieu et cessa ses activités après deux ans. Peu après, toujours à Vancouver, elle entraîna des patineurs artistiques et produit une version de *Casse-Noisette* sur glace. Elle revint en Angleterre en 1968 où elle se joint au personnel de l'école Bush-Davies comme adjointe au principal de ballet.

En 1971 elle fut nommée Major Examiner du Royal Academy of Dancing et pendant les deux décennies subséquentes, elle fut envoyée à l'étranger pour examiner les candidat(e)s RAD et pour jurer divers festivals et concours en Asie du Sud-Est, Afrique du Sud, Europe et Israël. C'est vers 1985 qu'elle revint au Canada grâce à des connaissances à Ottawa, Calgary, Winnipeg et Victoria.

**Ruth Cansfield**
by/par Carol Anderson

**Cansfield, Ruth**. Dancer, choreographer, artistic director. Born: November 27, 1961, Blough-borough, England.

Ruth Cansfield spent her early childhood in Amherst, Massachusetts, before studying dance in Winnipeg. As an adolescent, she was a student in the Royal Winnipeg Ballet School. She also studied at the School of Winnipeg's Contemporary Dancers, under the directorship of Faye Thomson. Subsequent influential teachers included Peggy Baker and Christine Wright. She also studied Cunningham technique with Sandra Neels, as well as Limón technique.

At nineteen, Cansfield joined Winnipeg's Contemporary Dancers. She danced with the company for eight years, performing works by Rachel Browne, Bill Evans, Cliff Keuter, Jennifer Mascall, Fred Matthews, Charles Moulton, Tedd Senmon Robinson and Lynn Taylor-Corbett. From 1986-1988, Cansfield was also WCD's resident choreographer.

She was instrumental in initiating a new level of dance activity in Winnipeg, as co-founder and co-artistic director, with Gaile Petursson-Hiley,

**Cansfield, Ruth**. Danseuse, chorégraphe, directrice artistique. Née : 27 novembre 1961, Bloughborough, Angleterre.

Ruth Cansfield passa sa jeune enfance à Amherst, au Massachusetts, avant d'étudier la danse à Winnipeg. Durant son adolescence, elle étudia à l'école du Royal Winnipeg Ballet et plus tard au School of Contemporary Dancers sous la direction de Faye Thomson. Sa formation fut beaucoup influencée par les professeures Peggy Baker et Christine Wright. De plus, elle étudia la technique Cunningham avec Sandra Neels, ainsi que la technique Limón.

C'est à dix-neuf ans que Cansfield se joint à la compagnie des Winnipeg's Contemporary Dancers. Elle dansa avec la compagnie pendant huit ans, interprétant des oeuvres de Rachel Browne, Bill Evans, Cliff Keuter, Jennifer Mascall, Fred Matthews, Charles Moulton, Tedd Senmon Robinson et Lynn Taylor-Corbett. De 1986 à 1988, Cansfield fut également chorégraphe en résidence du WCD.

Elle contribua à stimuler la croissance de la danse à Winnipeg par son rôle de cofondatrice et codirectrice artistique avec Gaile Petursson-Hiley, du Dance Collective, collectif où elle travailla de 1989 à 1994.

Elle fonda la compagnie Ruth Cansfield Dance en 1995, et présenta ses oeuvres dans plusieurs tournées, participant au Festival international de nouvelle danse à Montréal en

of the Dance Collective where she worked from its beginning in 1989-1994.

She founded Ruth Cansfield Dance in 1995. Since that time she has toured her work widely, appearing at Montreal's Festival international de nouvelle danse in 1995 and 1999, and at Ottawa's Canada Dance Festival in 1994 and 1996. As well, Cansfield's work was commissioned by the National Arts Centre in Ottawa in 1994 and 1998, and by the Performing Arts Center at the State University of New York, Purchase, New York, in 1992.

Cansfield's work seems to penetrate the essences of gender politics through physical imagery. Her choreography is equally demanding for men and women. Women often lift men and bite out aggressive sentiments. The work pushes at borders. It is probing, careful, daring, feminine, technically challenging, designed and presented with meticulous attention to detail. Her musical choices are eclectic; drawn to choral music with a liturgical quality, she has worked with Rachmaninoff's Vespers and medieval madrigals by Monteverdi. She has worked as well with non-classical techno-pop music. Recent works include *Conflict*, *Navigating Space*, *Trespassing* and *Beat Speak* – the latter two commissioned by the NAC in 1998.

Critics have called her work sparse and crystalline, like walking a tightrope physically and emotionally. Within a recognizable dance aesthetic, she challenges limits. Her work reflects the humanist scope of her formation and values – demanding, pushing, redefining where the body can go, and what it means when it falls. It imparts a sense of vulnerability, sensuality and a search for balance.

1995 et 1999 et au Festival Danse Canada à Ottawa en 1994 et 1996. Elle reçu des commandes du Centre National des Arts à Ottawa en 1994 et 1998 et du Performing Arts Center au State University de New York, Purchase, New York en 1992.

L'oeuvre de Cansfield semble pénétrer les essences mêmes de la politique des genres grâce à son imagerie corporelle. Ses chorégraphies sont aussi exigeantes pour les hommes que pour les femmes. Les interprètes féminines doivent fréquemment soulever des hommes et présenter des sentiments agressifs. Son travail pousse les limites habituelles; inquisiteur, audacieux, féminin et exigeant au niveau technique, il est conçu et présenté avec une attention minutieuse aux détails. Ses choix musicaux sont éclectiques, attirée vers la musique de chorale à saveur liturgique, elle a utilisé les Vêpres de Rachmaninoff et des madrigaux médiévaux de Monteverdi. Par contre, elle a aussi tiré partie de la musique techno-pop. Parmi ses oeuvres ultérieures se retrouvent *Conflict*, *Navigating Space*, *Trespassing* et *Beat Speak*, ces deux dernières oeuvres commandées par le CNA en 1998.

Les critiques, en parlant de ses oeuvres, les qualifient de dénudées et de cristallines, un peu comme marcher sur une corde raide en ce qui touche le corps et les émotions. L'esthétique de ses danses est accessible et elle remet en question les références habituelles. Son travail reflète l'étendue humaniste de sa formation et de ses valeurs personnelles – exigeant, repoussant et redéfinissant les frontières du corps et le sens rattaché aux chûtes. Son oeuvre dégage un sentiment de vulnérabilité et de sensualité ainsi qu'une recherche d'équilibre.

## Patti Caplette
by/par MaryJane MacLennan

**Caplette, Patti**. Dancer, choreographer, ballet mistress, teacher. Born: 1955, Surrey, British Columbia.

Patti Caplette's strong, graceful style and flare for theatrical roles made her a favourite of Winnipeg's ballet audiences. After more than twenty years as a dancer, Caplette began to choreograph and has established a reputation as a talented dance creator.

Caplette's mother directed a dance school in Surrey for fifty years, and the young Caplette started dance lessons at age three. She made her professional debut in 1971 and spent two years with Vancouver's Ballet Horizons. In 1972 she formed her own touring troupe called Dance and Dancers. At seventeen, Caplette went to Europe to train in England, Denmark and France. In Britain, she was invited to dance with the London Festival Ballet, but she declined the invitation and returned to Canada.

On her return, the nineteen-year-old Caplette danced with Les Grands Ballets Canadiens for three years. She joined the Royal Winnipeg Ballet in 1976 and was promoted to soloist three years later. Her experience there laid the

**Caplette, Patti**. Danseuse, chorégraphe, maîtresse de ballet, professeure. Née : 1955, Surrey, Colombie-Britannique.

Le style de danse à la fois fort et gracieux de Patti Caplette, ainsi que son flair pour les rôles dramatiques, en font l'une des favorites des auditoires de ballet à Vancouver. Après avoir dansé pendant plus de vingt ans, Caplette amorça une carrière de chorégraphe et s'est taillé une réputation de chorégraphe talentueuse.

La mère de Caplette dirigeait une école de danse à Surrey en C.-B., pendant cinquante ans, et la jeune Caplette commença ses leçons de danse à l'âge de trois ans. Elle fit son début professionnel en 1971 et passa deux années avec le Ballet Horizons de Vancouver. En 1972, elle fonda sa propre compagnie de tournée, Dance and Dancers. Caplette se rendit en Europe à dix-sept ans afin d'étudier en Angleterre, au Danemark et en France. En Grande-Bretagne, elle fut invitée à danser avec le London Festival Ballet mais refusa l'invitation pour revenir au Canada.

À son retour, Caplette, alors âgée de dix-neuf ans, dansa avec Les Grands Ballets Canadiens pendant trois ans. Elle se joint au Royal Winnipeg Ballet en 1976 et fut promue au poste de soliste trois années plus tard. Son expérience avec le RWB servit d'assise à son éventuelle évolution vers la chorégraphie. Le directeur artistique de la compagnie, Arnold Spohr, invitait régulièrement des chorégraphes à créer des oeuvres et Caplette dansa dans plusieurs

foundation for her later development as a choreographer. Artistic director Arnold Spohr regularly invited guest choreographers to create works for the company and Caplette danced in many new works, including several by Oscar Araiz. The open, fluid style of Dutch choreographers Rudi van Dantzig and Hans van Manen, and the dramatic work of Agnes de Mille strongly influenced Caplette. During those years, she was often partnered by André Lewis.

Caplette was particularly known for her performances in van Manen's *5 Tangos* and van Danzig's *Four Last Songs*, Araiz's *Adagietto*, and character roles in *Romeo and Juliet*, *Giselle*, and de Mille's *Fall River Legend*. Other favourite roles included the *Adagio Pas de Deux*, which she danced with Lewis, and the cruel mother in Araiz's *Family Scenes*.

Caplette retired from performing with the RWB in 1986 and not only made a smooth transition from one career to the next, but has helped other dancers do the same, becoming the regional representative for the national Dancer Transition Resource Centre. She also co-founded the Manitoba Independent Choreographers Association.

Her many choreographed works include: *Bellavia* (1977), performed by both Pacific Ballet Theatre and the RWB Concert Hour Ballet; *Triple Take* (1979), also for the RWB Concert Hour Ballet; *Hello in There* (1981), for Winnipeg's Dance Discovery '81; Autumn Lady (1981), an award-winning dance special produced for television; *4 Études* (1992), commissioned by Ballet Jörgen and re-mounted for the RWB; and *Journey* (1997), choreographed for Evelyn Hart, Louis Robitaille and Robert Desrosiers.

nouvelles pièces entre autres, plusieurs créations d'Oscar Araiz. Le style ouvert et fluide des chorégraphes hollandais Rudi van Dantzig et Hans van Manen et l'oeuvre dramatique d'Agnes de Mille marquèrent Caplette profondément. À cette époque, André Lewis était fréquemment son partenaire de danse.

Caplette fut particulièrement acclamée pour ses interprétations des oeuvres de van Manen, *5 Tangos* et de van Danzig, *Four Last Songs*, *Adagietto* d'Araiz et les rôles de caractère dans *Roméo et Juliette*, *Giselle* ainsi que *Fall River Legend* créée par de Mille. Parmi ses autres rôles préférés se retrouvent, *Adagio Pas de Deux*, qu'elle dansa avec Lewis, ainsi que la mère cruelle dans *Family Scenes* d'Araiz.

Caplette interrompit sa carrière d'interprète avec le RWB en 1986 et non seulement réussit-elle la transition d'une carrière à l'autre en douceur, elle a facilité cette même transition pour plusieurs danseurs/seuses en devenant la représentante régionale pour l'organisme national, le Centre de ressources et transition pour danseurs. Elle est également la cofondatrice de l'association Manitoba Independent Choreographers.

Parmi ses nombreuses oeuvres chorégraphiques se retrouvent: *Bellavia* (1977), interprétée par le Pacific Ballet Theatre et le RWB Concert Hour Ballet; *Triple Take* (1979), aussi pour le RWB Concert Hour Ballet; *Hello in There* (1981), pour le Dance Discovery '81 de Winnipeg; Autumn Lady (1981), une émission spéciale primée et réalisée pour la télévision; *4 Études* (1992), commandée par le Ballet Jörgen et remontée pour le RWB et *Journey* (1997), chorégraphiée pour Evelyn Hart, Louis Robitaille et Robert Desrosiers.

## Carmina Burana

Première/Premiere: Les Grands Ballets Canadiens, Salle Wilfrid Pelletier, Place des Arts, Montreal, November 12 novembre, 1966
musique/music: Carl Orff
chorégraphie/choreography: Fernand Nault
décor: Robert Prévost, assistant: Peter Gnass
costumes: François Barbeau
Artistes invités/Guest artists: Pierrette Alarie, Pierre Duval, John Boyden
direction des choeurs/choir director: Marcel Laurencelle

«Carmina Burana» fut présenté pour la première fois à l'Opéra de Francfort en 1937. L'oeuvre de Carl Orff est inspirée de poèmes écrits au 13e siècle par des ménestrels et des étudiants errants, qui furent découverts au monastère de Benediktbeuron en 1847.

L'origine de ces poèmes, dont certains étaient chantés, est obscure. Les ménestrels professaient un christianisme mêlé de croyances païennes; ils mangeaient, buvaient et chantaient l'amour, ils faisaient l'éloge de la beauté qui les entourait avec une passion qui rappelle le temps où Pan et Jupiter n'étaient pas considérés comme des dieux incompatibles.

M. Nault a créé l'oeuvre dans le style de la renaissance.

"Carmina Burana" was first produced at the Frankfurt Opera House in 1937. The source and inspiration for Orff's work was the poetry written by the wandering scholars of the late thirteenth century. Carmina Burana which means Songs of Beuren, was an anthology found in the monastery of Benediktbeuren in Bavaria.

The origin of these poems, some of which were definitely intended for singing, is obscure. The goliards tempered their Christianity with secular beliefs; they drank, ate, made love, and praised the beauty of life about them with a relish that recalls those ages when Pan and Jove were not considered incompatible deities.

Mr. Nault has approached the ballet in a Renaissance style.

Fortune, Impératrice du monde/Fortuna, Empress of the World
«... Destin vide et monstrueux, ta roue qui tourne est mesquine à ton plaisir cruel je suis soumis ...»/"... Monstrous and empty fate, thou, turning wheel, art mean ... to thy cruel pleasure I bare my back ..."
    Leslie Andres, Gail Austerberry, Richard Beaty, Alexandre Bélin, Jane Bellis, Jill Courtney, Irène Diché, William Josef, Judith Karstens, Claire Langlois, Madeleine Lashmar, René Lejeune, Maria Lewis, Pamela Lynne, Jocelyne Renaud, Peiter Roowaan, William Thompson, Vincent Warren

Prima Vera
«... le visage rayonnant du printemps se découvre au monde ...»/"... the bright face of spring shows itself to the world ...."
    I Shelley Osher, Vincent Warren, Leslie-May Downs, Richard Beaty
    II William Josef

III Ensemble

Sur le pelouse/On the Lawn
«... où est mon amour?»/"... where is my lover?"
  I Maria Lewis, Pamela Lynne, Judith Margolick, Jocelyne Renaud, Richard Beaty, Armando
    Jorge, William Josef, Vincent Warren
  II Leslie-May Downs, Judith Karstens, Shelley Osher, Nicole Vachon
  III Irène Apinée
  IV Brenda Arevalo, Gail Austerberry, Christiane Bobkova, Jill Courtney, Irène Diché,
    Leslie-May Downs, Judith Karstens, Madeleine Lashmar, Maria Lewis, Pamela Lynne,
    Judith Margolick, Shelley Osher, Jocelyne Renaud, Nicole Vachon

In Taberna
«... il y en a qui jouent, d'autres qui boivent; certains d'entre eux se laissent aller à l'ivresse
...»/"... some men gamble, others drink; others shamelessly indulge themselves ..."
  I Richard Beaty
  II Le cygne/Roasted Swan: Sanson Candelaria, avec/with Paul Wagner, Leslie Andres et/and
    Pieter Roowaan, René Lejeune, Madeleine Lashmar, Irène Diché, William Thompson,
    Alexandre Bélin
  III Vincent Warren
  IV Richard Beaty, Armando Jorge, William Josef, Vincent Warren

Cour d'amour/Court of Love
«... le Dieu de l'Amour est partout; il est saisi par le désir ...»/"... the God of Love flies
everywhere and is seized by desire ..."
  I Ensemble
  II Véronique Landory
  III Armando Jorge
  IV Vanda Intini
  V Vanda Intini, Armando Jorge et/and Ensemble
  VI Richard Beaty, Vincent Warren
  VII Ensemble
  VIII Véronique Landory, Vincent Warren
  IX Ensemble
  X Irène Apinée, Vincent Warren
  XI Ensemble

Fortune, Impératrice du monde/Fortuna, Empress of the World
«... Prenons le deuil car le destin brise les braves.»/"... Let us mourn together, for fate crushes the
brave."
Ensemble

*Orff's secular cantata has inspired numerous choreographers. Nault's version for Les Grands
Ballets Canadiens is a lavish spectacle with a Renaissance gloss involving a huge cast, including
singers. An undeniable hit - it played to capacity and acclaim everywhere - the ballet works best
in its more theatrical moments, particularly the opening and closing dominated by a huge,*

turning *"Wheel of Fortune"* and a sensational section where a male dancer impersonates the death throes of a roasting swan.

*La cantate séculière d'Orff a inspiré de nombreux chorégraphes. La version de Nault pour Les Grands Ballets Canadiens est un spectacle somptueux avec un vernis de Renaissance nécessitant une distribution énorme incluant des chanteurs/chanteuses. Un succès indéniable - il fut présenté à guichet fermé et acclamé partout - ce ballet est au plus efficace dans ses moments les plus dramatiques, particulièrement l'ouverture et la fermeture dominées par une gigantesque «Roue de Fortune» et lors de la section dramatique où un danseur personifie l'agonie d'un cygne qui se fait rôtir.*

Graham Jackson

Photo: Jerry Moses

**Ruth Carse**
by/par Anne Flynn

**Carse, Ruth**. Artistic director, teacher, choreographer, dancer. Born: December 7, 1916, Edmonton, Alberta. Died: November 16, 1999.

**Carse, Ruth**. Directrice artistique, professeure, chorégraphe, danseuse. Née : 7 décembre 1916, Edmonton, Alberta. Décédé : 16 novembre 1999.

Ruth Carse fait partie de la génération de danseuses canadiennes qui débutèrent leur formation en danse dans des parloirs, s'agrippant à des chaises plutôt qu'à des barres. Toute sa

Ruth Carse is part of the generation of Canadian women dancers who began their training in the parlour, holding on to chairs instead of barres. Her family was very athletic and two of her brothers played professional hockey.

Carse studied highland dancing to begin with and sought ballet training as her interest in dance became more serious. Studying in Edmonton with Marian and Dorothy Kinney, who had been students of Miss Mary A. Pimlott in Edmonton (Marian had also been a student of Boris Volkoff in Toronto in the mid 1930's), Carse trained and performed throughout her teens.

Leaving Edmonton in 1937, she studied with Volkoff and performed extensively with the Volkoff Canadian Ballet including the Canadian Ballet Festivals from 1948-1954. She danced professionally in Toronto briefly with the National Ballet of Canada and then in New York with the Radio City Ballet. From 1952-1954 Carse studied the Royal Academy of Dancing method in Toronto under Gweneth Lloyd, which marked the beginning of a teaching career that continued into the 1990's. During this time, she also appeared in several of producer Norman Campbell's early experiments with dance for CBC Television.

While studying in England during the summer of 1954, Carse tore her achilles tendon, which put an end to her professional performing career. At this time, she was invited home to Edmonton to teach for her friend Muriel Taylor.

Carse had gained seventeen years of professional experience. She intended to plant the seeds and nurture the growth of a ballet community. Immediately upon her return, she began choreographing for the Edmonton Light Opera Company, which was producing large-scale musicals such as Oklahoma, Brigadoon and South Pacific. She founded a performing group called Dance Interlude which toured the province, and in 1960 was re-named the Edmonton Ballet. From its beginnings in the mid-1950's until 1971, the company was financially self-sufficient, but neither Carse or the dancers were paid.

famille était très athlétique et deux de ses frères jouaient au hockey professionnel.

Au départ, Carse étudia la danse écossaise et se tourna vers la formation en ballet lorsque son intérêt pour la danse s'approfondit. Carse suivit des cours à Edmonton avec Marian et Dorothy Kinney, toutes deux d'anciennes élèves de Miss Mary A. Pimlott d'Edmonton (Marian avait aussi été l'élève de Boris Volkoff à Toronto au milieu des années 1930). Carse étudia et participa à des spectacles tout au long de son adolescence.

Quittant Edmonton en 1937, elle étudia avec Volkoff et dansa très fréquemment avec le Volkoff Canadian Ballet, participant entre autres aux Festivals de ballet canadiens de 1948 à 1954. Elle dansa aussi professionnellement à Toronto, pour une brève période avec le Ballet national du Canada et ensuite à New York avec le Radio City Ballet. De 1952 à 1954 Carse étudia à Toronto la méthode du Royal Academy of Dancing avec Gweneth Lloyd, ce qui marqua les débuts d'une carrière d'enseignement qui s'étendit jusque dans les années 1990. Durant la même époque, elle participa à de nombreuses émissions de télévision expérimentales sur la danse produites par Norman Campbell pour la chaîne de télévision CBC.

C'est en étudiant en Angleterre durant l'été 1954, que Carse déchira un tendon d'Achille, blessure qui mit fin à sa carrière d'interprète professionnelle. C'est à ce moment qu'elle reçut une invitation de son amie Muriel Taylor pour enseigner dans sa ville natale d'Edmonton.

Carse avait déjà dix-sept années d'expérience professionnelle. Son intention était, à cette époque, d'implanter, de féconder et de stimuler la croissance d'un milieu du ballet. Dès son arrivée, elle commença à chorégraphier pour l'Edmonton Light Opera Company, qui produisait des revues musicales d'envergure comme Oklahoma, Brigadoon et South Pacific. Elle fonda le Dance Interlude, qui fit la tournée de la province et qui fut renommé Edmonton Ballet en 1960. Dès ses débuts vers 1955, et jusqu'à 1971, la compagnie fut indépendante financièrement mais ni Carse ni les danseurs/seuses n'étaient rémunéré(e)s.

En 1966, la compagnie fut renommée Alberta

When, in 1966, the company was re-named the Alberta Ballet Company, it became fully professional and received government funding; the Alberta Ballet Company School was also established to begin the process of training potential company dancers. Carse directed the school and company until 1975, when she decided to devote her full-time efforts to the school and the education of dancers. She remained at the school until 1986, and she continued to teach and consult until her retirement.

Carse's work has been recognized with many honours, including the Order of Canada, an honorary doctorate from the University of Alberta, and the Dance in Canada Award for outstanding contributions to dance.

Ballet Company, acquis le statut de compagnie professionnelle et reçut un soutien financier gouvernemental; l'Alberta Ballet School fut aussi fondée dans le but de former des danseurs/seuses pour cette compagnie. Carse dirigea l'école et la compagnie jusqu'en 1975 et décida par la suite de consacrer toutes ses énergies à l'école et à la formation de danseurs/seuses. Elle demeura à l'école jusqu'en 1986 et continua à enseigner et à agir à titre de consultante jusqu'à sa retraite.

Le travail de Carse a été reconnu par l'attribution de nombreux honneurs entre autres, l'Ordre du Canada, un doctorat honorifique de l'Université d'Alberta et le Prix Dance in Canada pour ses réalisations exceptionnelles dans le domaine de la danse.

## Carlu Carter
by/par Max Wyman

Carter, Carlu. Danseuse, professeure, chorégraphe. Née : 6 janvier 1933, Winnipeg, Manitoba.

Danseuse principale avec le Royal Winnipeg Ballet dans les années 1940 et 1950, Carlu Carter reçut sa première formation en danse de Gladys Forrester et plus tard de Gweneth Lloyd et Betty Farrally au Canadian School of Ballet à

**Carter, Carlu**. Dancer, teacher, choreographer. Born: January 6, 1933, Winnipeg, Manitoba.

A principal dancer with the Royal Winnipeg Ballet in the 1940's and 1950's, Carlu Carter first trained as a dancer with Gladys Forrester, and then with Gweneth Lloyd and Betty Farrally at the Canadian School of Ballet in Winnipeg. She made her stage debut at the age of four in vaudeville and made her Winnipeg Ballet debut at the age of ten as one of the girls in Lloyd's ballet, *Russalki* (1943). From 1946-1951 she danced principal roles in many ballets, and created roles in David Adams' *Ballet Composite* (1949), Gweneth Lloyd's *Arabesque II* (1949), *Romance* (1949), The Rose and the Ring (1949) and in Arnold Spohr's *Ballet Premier* (1950). She remembers this period as one of teamwork and application – "we all wanted to be the best ballet company, and worked for no pay and long hours to achieve this."

In 1951, at the urging of the Winnipeg company's artistic director, Gweneth Lloyd, the person Carter credits with instilling the "dedication and discipline that has stayed with me all my life", she went to London to study with the Sadler's Wells Theatre Ballet. She danced for a season with the SWTB, touring the United States and Canada, and returned to Winnipeg in 1952 at the urging of RWB co-founder Betty Farrally, who said she had found her "the perfect partner" in RWB dancer Bill McGrath. It was the beginning of a professional and personal partnership that lasted more than twenty years.

The couple danced with the RWB until the disastrous fire of 1954 and returned to help restart the company in 1955, the year they were married; principal roles were created for Carter in this period in Lloyd's *Shadow on the Prairie* (1952) and *The Wise Virgins* (1942) renamed *Parable* (1955), Paddy Stone's *Clasico* (1955), and Ruthanna Boris' *Pasticcio* (1955). During her years with the RWB, she also appeared in thirty-five musicals with Vancouver's summertime Theatre Under the Stars.

In 1956 she and McGrath left the RWB to join forces with another former RWB dancer, Victor Duret, to create the Carlu Carter Trio,

Winnipeg. Elle débuta sur scène à l'âge de quatre ans dans le vaudeville et fit ses débuts avec le Winnipeg Ballet à dix ans en interprétant une des fillettes du ballet de Lloyd: *Russalki* (1943). De 1946 à 1951 elle interpréta des rôles principaux dans plusieurs ballets et créa des rôles dans le *Ballet Composite* (1949) de David Adams, l'*Arabesque II* (1949), *Romance* (1949) et *The Rose and the Ring* (1949) de Gweneth Lloyd ainsi que dans *Ballet Premier* (1950) d'Arnold Spohr. Elle se souvient de cette époque comme une époque de travail d'équipe et d'application – «Tous, nous désirions être la meilleure compagnie de ballet et travaillions de longues heures sans rémunération pour y arriver.»

En 1951, à la demande de la directrice artistique de la compagnie de Winnipeg, Gweneth Lloyd, la personne qui selon elle, lui a inculqué «le dévouement et la discipline qui m'ont suivi toute ma vie», elle se rendit à Londres pour étudier avec le Sadler's Wells Theatre Ballet. Elle dansa une saison avec le SWTB, participant à une tournée des État-Unis et du Canada et revint à Winnipeg en 1952, à la demande de la cofondatrice du RWB, Betty Farrally, qui affirmait lui avoir trouvé «le partenaire parfait» dans Bill McGrath, un danseur du RWB. C'est ainsi que débuta un partenariat personnel et professionnel qui s'étala sur plus de vingt ans.

Le couple dansa avec le RWB jusqu'à ce que survienne l'incendie désastreux de 1954, ils revinrent en 1955, l'année de leur mariage, pour aider à la reconstruction de la compagnie. Dans cette période, des rôles principaux furent créés pour Carter par Lloyd : *Shadow on the Prairie* (1952) et *The Wise Virgins* (1942) plus tard renommée *Parable* (1955), le *Clasico* de Paddy Stone (1955), et le *Pasticcio* (1955) de Ruthanna Boris. Pendant ces années avec le RWB, elle participa aussi à trente-cinq revues musicales avec le Theatre Under the Stars, le théâtre d'été de Vancouver.

En 1956, elle et McGrath quittèrent le RWB pour s'associer à un autre ancien danseur de cette compagnie, Victor Duret, afin de fonder le Carlu Carter Trio, qui fit plusieurs prestations à la

which appeared frequently on television in Toronto and London, England. In 1961 she and McGrath moved to Australia, where they continued to pursue a busy performing career on television and the stage. They were divorced in 1961, but remained dancing partners and inseparable friends until his death in February, 1994.

Carter established a prominent place on the entertainment, television and fashion scene of Australia, both as a choreographer (for a diverse range of events and productions, among them the opening show of the Sydney Opera House and the world tour of a cabaret troupe called Dance Fever International), and as a teacher at her two schools in Sydney. Awards include the Canadian Liberty television awards of 1957, 1958 and 1959, the Australian Logie Award for 1962 and, in 1969, the Television Society of Australia's Penguin Award. She performed in three Royal Command performances for Queen Elizabeth II.

télévision de Toronto et de Londres en Angleterre. En 1961, le couple émigra en Australie où ils continuèrent à poursuivre une carrière dynamique à la télévision et sur scène. Ils divorcèrent en 1961 mais demeurèrent partenaires de danse et d'inséparables amis jusqu'au décès de McGrath en février 1994.

Carter se tailla une place de choix dans le milieu du divertissement, de la télévision et de la mode en Australie, à la fois en tant que chorégraphe (pour une série variée d'événements et de productions, parmi lesquels la première du Sydney Opera House et la tournée mondiale d'une compagnie de cabaret appelée Dance Fever International) et en tant que professeure à ses deux écoles de danse à Sydney. On lui a octroyé plusieurs prix dont le Prix Canadian Liberty pour la télévision en 1957, 1958 et 1959, le Prix Australian Logie en 1962 et le Prix Penguin de la Television Society of Australia en 1969. Elle dansa dans trois spectacles Royal Command produits pour la Reine Elizabeth II.

---

### Chagall

Première/Premiere: O Vertigo Danse, Salle Marie-Gérin Lajoie, Université du Québec à Montréal, January 18 janvier, 1989
Chorégraphie et direction artistique/Choreographer and Artistic Director: Ginette Laurin
Répétitrice/Rehearsal mistress: Ginette Prévost
Éclairage et régie/Lighting designer and stage manager: Jean Philippe Trépanier
Scénographie/Set Design: Stéphane Roy
Costumes: Jean-Yves Cadieux
Musique/Music: Gaétan Leboeuf, Janitors Animated
Enregistrement et montage sonore/Sound recording and editing: Diane Leboeuf, Gaétan Leboeuf
Danseurs/Dancers: Marc Boivin, Pierre-André Côté, Carole Courtois, Alain Gaumond, Scott Kemp, Mireille Leblanc, Jacqueline Lemieux, Natalie Morin

*Faithful to its inspiration of airborne lovers and pastel villages by painter Marc Chagall, Laurin's* Chagall *combined poetry, surrealism and athletics in a torrent of wild and risky physicality. Gigantic-looking couples leaped and flipped into each other's arms or hurled themselves into space from the rooftops of a miniature Russian village. Despite energetic exuberance, instead of crash landing dancers appeared to float between earth and sky, recalling hovering painted images.*

*Fidèle à son inspiration d'amoureux volants et de villages pastels du peintre Marc Chagall, l'oeuvre de Laurin,* Chagall*, associe poésie, surréalisme et athlétisme dans un torrent de*

*corporalité sauvage et dangereuse. Des couples à l'allure de géants, sautent et bondissent, s'entrelacent ou se projettent dans l'espace des toits d'un village russe miniature. Malgré cette exubérance énergique, les interprètes ne s'effondrent pas mais semblent plutôt flotter entre ciel et terre, évoquant ainsi des images peintes voltigeantes.*

Linde Howe-Beck

Photo: Cylla von Tiedemann

### Peter Chin
by/par Heidi Strauss

**Chin, Peter**. Dancer, choreographer, performance artist, composer. Born: August 1, 1962, Kingston, Jamaica.

Peter Chin is versed in numerous arts disciplines and his eloquence as a performer and choreographer reflects an ability to weave

**Chin, Peter**. Danseur, chorégraphe, performeur, compositeur. Né : 1er août 1962, Kingston, Jamaïque.

Peter Chin maîtrise plusieurs disciplines artistiques. Son éloquence comme interprète et comme chorégraphe reflète sa capacité à intégrer ses multiples intérêts artistiques.

together his many artistic voices.

Chin's early influences were musical, commencing when he entered St. Michael's Choir School in Toronto at the age of eight. He completed piano and organ studies and began composing choral works. In 1985, after studying sculpture, painting, video and performance art, he received his BFA from York University. By this time he had already embarked upon his performing career in festivals and galleries across North America. With no intensive dance training, but an innate sense of movement, he performed in works by Bill James, Phillip Drube, Vera Frenkel, Murray Schafer, Holly Small, Marie-Josée Chartier and Claudia Moore.

In his own performance compositions, a boundless imagination earned him a reputation as a "madman of performance art". In 1989, he created *Flambeaux*, a pyrotechnical performance in a parking lot in Peterborough, and *LAVOIXLECORPS*, a dance opera with a twenty-one person cast. He performed improvisations in subways and cabaret numbers on barroom stages. His indefatigable energy and his inventive choreography found encouragement from studio director/presenter Larisa Pavlychenko, who prompted him to continue his movement exploration. Between 1990 and 1996, Chin spent time in Indonesia, studying and researching Javanese, Balinese and Sumatran dance and music. Immersion in these spiritually-infused art forms developed his choreographic voice further and added a new dimension to the Toronto dance scene. His personal interest in ritual and ceremony, his multi-disciplinary background and his daring performances were welcomed by Canadian and international audiences alike; Chin's work has been performed in Jakarta, Singapore, Hiroshima, Jamaica, Amsterdam, Hartford, St. John's and Montreal.

In 1997, his *Northeastsouthwest* won the Dora Mavor Moore award for best original choreography and in 1998 he was nominated again for *Language*, a commission from dancer Yvonne Ng. Performed to critical acclaim in June of that year was his Canada Dance Festival commission, *Inirian*. Chin has been

Chin débuta sa formation en musique au St. Michael's Choir School à Toronto à l'âge de huit ans. Il compléta des études de piano et d'orgue et commença à composer des oeuvres chorales. En 1985, suite à des études de sculpture, de peinture, de vidéographie et de performance, l'Université York lui décerna un B.F.A . À cette époque, il avait déjà amorcé sa carrière d'interprète dans des festivals et des galeries à travers l'Amérique du Nord. Sans formation poussée en danse mais possédant un sens inné du mouvement, il interprèta des oeuvres de Bill James, Phillip Drube, Vera Frenkel, Murray Schafer, Holly Small, Marie-Josée Chartier et Claudia Moore.

L'imagination délirante dont il fait preuve dans ses créations lui mérite le surnom de «fou de la performance». En 1989, il créa *Flambeaux*, un spectacle pyrotechnique dans un parc de stationnement de Peterborough, et *LAVOIXLECORPS*, une danse-opéra comptant une distribution de vingt-et-une personnes. Son énergie inépuisable ainsi que l'originalité de ses chorégraphies poussèrent Larisa Pavlychenko, directrice de studio et diffuseure, à l'inciter à poursuivre sa recherche créatrice. De 1990 à 1996, Chin voyagea en Indonésie, étudiant et explorant la danse et la musique de Java, de Bali et de Sumatra. Son immersion dans ces formes d'art, empreintes de spiritualité, nourrirent sa vision chorégraphique et ajoutèrent une nouvelle dimension au milieu de la danse à Toronto. Son intérêt pour le rituel et le cérémonial, sa formation multidisciplinaire et ses performances audacieuses furent accueillies favorablement par des auditoires canadiens et internationaux; les oeuvres de Chin furent présentées à Jakarta, Singapour, Hiroshima, en Jamaïque, Amsterdam, Hartford, St. John's et Montréal.

En 1997, son *Northeastsouthwest* lui mérita le prix Dora Mavor Moore pour la Meilleure chorégraphie et en 1998, une commande de la danseuse Yvonne Ng, son oeuvre *Language*, fut mise en nomination pour le même prix. *Inirian*, acclamée par la critique en juin de la même année, fut commandée par le Festival Danse Canada. Chin a reçu des commandes de Dancemakers, Toronto Dance Theatre,

commissioned to create work for Dancemakers, the Toronto Dance Theatre, Danceworks, Art in Open Spaces, Marie-Josée Chartier, Hari Krishnan and Dances For a Small Stage, and has taught performance art, music and dance at universities and arts schools internationally.

In 1993-1994, Chin was co-artistic director with Bill James and Katherine Duncanson for BLOC 16's 365 Day Garden, a year-long performance installation in a Toronto park. In 1998, he performed in the film Tari Rickshaw, directed by Nick DePencier, which capitalized on Chin's unique theatricality and won the Cinedance Award at Toronto's 1998 Moving Pictures Festival.

Danceworks, Art in Open Spaces, Marie-Josée Chartier, Hari Krishnan et Dances For a Small Stage. Il a enseigné l'interprétation, la musique et la danse à l'échelle internationale dans le cadre d'universités et d'écoles d'art.

En 1993-94, Chin fut codirecteur artistique avec Bill James et Katherine Duncanson du projet du BLOC 16, 365 Day Garden, une installation-performance présentée pendant une année dans un parc de Toronto. En 1998, il participa au film Tari Rickshaw réalisé par Nick DePencier, film qui tirait partie de la théâtralité unique de Chin et qui remporta, en 1998, le Prix Cinedance au Moving Pictures Festival de Toronto.

Photo: Michael Slobodian

## Ludmilla Chiriaeff
by/par Linde Howe-Beck

**Chiriaeff, Ludmilla**. Artistic director, teacher, choreographer, dancer. Born: January 10, 1924, Riga, Latvia. Died: September 22, 1996. Birth name: Ludmilla Otzup. Stage name: Ludmilla Gorny.

Often called the mother of dance in Quebec, founder of Les Grands Ballets Canadiens and its affiliated schools, Ludmilla Chiriaeff's role as

**Chiriaeff, Ludmilla**. Directrice artistique, professeure, chorégraphe, danseuse. Née : 10 janvier 1924, Riga en Lettonie. Décédée : 22 septembre 1996. Nom à la naissance : Ludmilla Otzup. Nom de scène : Ludmilla Gorny.

Fréquemment appelée la Mère de la danse au Québec, fondatrice des Grands Ballets Canadiens et de ses écoles affiliées, Ludmilla Chiriaeff, dans son rôle d'innovatrice infatigable et de pionnière de la danse, a eu un impact majeur sur la renommée du Québec dans le monde de la danse. Née de parents russes et élevée dans le Berlin d'avant-guerre, elle fut très influencée par la coterie de Russes blancs qui participaient aux soirées de ses parents, particulièrement ceux des Ballets Russes de Diaghilev. Elle étudia le ballet à Berlin avec Alexandra Nikolayeva, Xenia Borovansky et Eugenia Edouardova ainsi qu'avec Léonide

an indefatigable innovator and dance pioneer played a key role for Quebec's subsequent high dance profile. Born of Russian parents and raised in pre-war Berlin, she was strongly influenced by the coterie of White Russians who attended her parents' soirees, particularly those from Diaghilev's Ballets Russes. She studied ballet in Berlin with Alexandra Nikolayeva, Xenia Borovansky and Eugenia Edouardova, as well as with Léonide Massine and David Lichine. Mikhail Fokine was a close friend of the family, who stayed with her family during his sojourns in Berlin and exerted considerable influence on the impressionable young girl.

By 1936, under the stage name Ludmilla Gorny, borrowed from her father, writer Alexander Gorny, she was apprenticed to the Ballets Russes du Colonel de Basil, against the advice of Lichine who deemed her too tall for ballet. In 1938, she was introduced to modern dance through Alexander Von Swaine and Mary Wigman, when she joined Berlin's Nollendorf Theatre and then the Berlin Opera, where she was soloist. At this time, Chiriaeff was so impressed by German modern dance that she determined to make her career in this field instead of ballet.

But fate had other ideas. Her career had just begun when, in 1941, at the age of seventeen, she was interned in a Nazi labour camp until Liberation at the end of World War II. She then made her way to Lausanne and Geneva, Switzerland, where she worked with Jacqueline Farelli, Rousanne Baku and Harald Kreutzberg. In Geneva, she was founder, artistic director, lead dancer and choreographer for the Ballet des Arts. She also starred in a feature film, Danse Solitaire.

Within weeks of arriving in Montreal eight months pregnant in 1952, she founded a ballet school and had begun to dance and choreograph for the Canadian Broadcasting Corporation's new venture into television. Using students she met while teaching in Yolande Leduc's Ottawa studios, she formed Les Ballets Chiriaeff to facilitate her television work. She created dozens of short ballets for her small company, which appeared regularly on CBC's popular L'Heure

Massine et David Lichine. Mikhail Fokine était un ami proche de la famille, demeurant chez celle-ci lors de ses séjours à Berlin, et il exerça une influence considérable sur la jeune fille impressionnable.

En 1936, sous le nom de scène de Ludmilla Gorny, un nom emprunté à son père, l'écrivain Alexander Gorny, elle devint apprentie des Ballets Russes du Colonel de Basil et ce à l'encontre des conseils de Lichine qui la croyait trop grande pour le ballet. Elle fut introduite à la danse moderne en 1938 par Alexander Von Swaine et Mary Wigman lorsqu'elle se joint au Théâtre Nollendorf de Berlin et ensuite à l'Opéra de Berlin où elle fut soliste. Chiriaeff était à cette époque tellement impressionnée par la danse moderne allemande qu'elle était décidée à y faire carrière au détriment du ballet.

Cependant, le destin n'était pas du même avis. Sa carrière était à peine amorcée qu'en 1941, à l'âge de dix-sept ans, elle fut internée dans un camp de travail nazi jusqu'à la Libération, à la fin de la Deuxième Guerre mondiale. Elle réussit ensuite à se rendre à Lausanne et à Genève en Suisse où elle travailla avec Jacqueline Farelli, Rousanne Baku et Harald Kreutzberg. À Genève, elle fut fondatrice, directrice artistique, danseuse principale et chorégraphe pour le Ballet des Arts. Elle fut aussi la vedette d'un long métrage Danse Solitaire.

Dans les semaines qui suivirent son arrivée à Montréal, alors qu'elle était enceinte de huit mois, elle avait déjà fondé une école de ballet et elle commença à danser et chorégraphier pour les nouveaux projets de télévision de RC. C'est dans le but de faciliter son travail en télévision, qu'elle forma les Ballets Chiriaeff, composés d'étudiant(e)s qu'elle avait rencontré aux studios de Yolande Leduc à Ottawa. Elle créa des douzaines de ballets courts pour sa petite compagnie qui se produisait régulièrement à la populaire émission de RC L'Heure du concert et dans d'autres émissions semblables pour enfants et adolescents.

En 1957, la compagnie devenue Les Grands Ballets Canadiens et fit son entrée officielle sur la scène publique. Les saisons étaient cependant

du Concert, and in spinoff programmes for children and adolescents.

By 1957 the company had evolved into Les Grands Ballets Canadiens, and made its stage debut. But seasons were short, money scarce. Television remained the principal source of revenue for the group.

Attracting audiences to the company proved sometimes to be as difficult as finding ballet students. Quebec society was prim and closed, dominated by the Roman Catholic Church; dancing was considered immoral and Chiriaeff was preached against as a "mother who dared to show her legs". She countered this criticism determinedly, mounting an enduring educational campaign with programmes illustrating the history of dance. She related the history to Quebec society through folk legends and rhythms, adding excerpts from the classics to sustain the interest of "converts" she managed to win.

Soon, she had won over the more adventurous mothers who enrolled their children in her school, the Académie des Grands Ballets Canadiens. It began to flourish as her company gained recognition at Jacob's Pillow, in Lee, Massachusetts, in 1959. Chiriaeff, who had stopped dancing shortly after her arrival in Montreal because of overwork and malnutrition, sought other choreographers such as Eric Hyrst and Fernand Nault, to challenge her dancers. Montreal-born Nault arrived from American Ballet Theatre in New York in 1965. By 1975, Chiriaeff relinquished the artistic direction of the company to Brian Macdonald and turned her full force on teaching the Chiriaeff method at the École Supérieure des Grands Ballets Canadiens (now Québec's École Supérieure de Danse), which she founded in 1966. Her goal was to achieve public support for expanded ballet education for students aged nine to nineteen.

Under the auspices of Quebec's education ministry, one of Canada's first public high school intensive ballet courses was inaugurated at Pierre Laporte Secondary School in 1975 and followed in 1979 by a college level programme at the CÉGEP du vieux Montréal. By 1986,

courtes, l'argent rare et la télévision demeurait la principale source de revenu du groupe.

Il s'avéra parfois aussi difficile d'attirer le public qu'il était parfois ardu de trouver des élèves de ballet. La société québécoise de l'époque était alors guindée et fermée, dominée par l'Église catholique romaine qui jugeait la danse immorale; les sermons décrivaient Chiriaeff comme «une mère qui ose montrer ses jambes». Elle s'opposa résolument à cette critique, mettant sur pied une campagne soutenue de sensibilisation avec des oeuvres qui illustraient l'histoire de la danse. Elle racontait l'histoire du Québec à travers des rythmes et légendes folkloriques, insérant des extraits du répertoire classique afin de soutenir l'intérêt des «convertis» qu'elle avait réussi à gagner à sa cause.

Rapidement, elle avait pu convaincre les mères plus aventureuses, qui inscrivaient alors leurs enfants à son école, l'Académie des Grands Ballets Canadiens. Cette école prit de l'expansion en 1959, lorsque sa compagnie remporta un succès au Jacob's Pillow, à Lee au Massachusetts. Chiriaeff, qui avait cessé de danser juste avant son arrivée à Montréal pour cause de surmenage et de malnutrition, sollicita des chorégraphes tels que Eric Hyrst et Fernand Nault afin de stimuler ses élèves. Nault, montréalais de naissance, arriva de l'American Ballet Theatre de New York en 1965. En 1975, Chiriaeff remit la direction artistique à Brian Macdonald et investit toutes ses énergies à l'enseignement de la méthode Chiriaeff à l'École supérieure des Grands Ballets Canadiens (présentement l'École supérieure de danse du Québec) qu'elle fonda en 1966. Son objectif était alors d'obtenir le soutien du public à une formation plus poussée pour les élèves de neuf à dix-neuf ans.

C'est sous les auspices du ministère de l'Éducation du Québec que l'un des premiers cours intensif de ballet fut offert au secondaire au Canada; c'est l'École secondaire Pierre Laporte qui inaugura cet événement en 1975 suivi par un programme de formation de niveau collégial au CÉGEP du Vieux-Montréal en 1979. En 1986, Chiriaeff avait mis sur pied un autre

Chiriaeff had created another programme for elementary school children through the Montreal Catholic School Commission. École Laurier was close enough to the newly-opened Maison de la Danse Ludmilla Chiriaeff (1981) that these young students could take classes on the same premises as company professionals. Chiriaeff directed all these schools until 1992 when she was sidelined by serious illnesses.

Chiriaeff, who served on international ballet competition juries and was the subject of many television documentaries, received innumerable honours including the Governor-General of Canada's Medal in 1993. She was made an Officer of the Order of Canada in 1972, elevated to Companion in 1984, received the Ordre National du Québec in 1985 and the international Nijinsky Medal from Poland in 1992.

programme pour les enfants de l'école primaire à l'intérieur de la Commission des écoles Catholiques de Montréal. L'École Laurier était suffisamment rapprochée de la nouvelle Maison de la Danse Ludmilla Chiriaeff (1981) que ces jeunes élèves pouvaient suivre des cours dans les lieux utilisés par les professionnels de la compagnie. Chiriaeff dirigea toutes ces écoles jusqu'en 1992, année où la maladie la frappa.

Chiriaeff, qui fut juré pour des concours internationaux de ballet et qui fit l'objet de nombreux documentaires télévisés, reçut d'innombrables honneurs incluant la médaille du Lieutenant-Gouverneur du Canada en 1993. Elle fut nommée Officier de l'Ordre du Canada en 1972, élevée au titre de Compagnon en 1984, reçut l'Ordre national du Québec en 1985 et la médaille Nijinsky, une médaille de niveau international de la Pologne en 1992.

Photo: Michael Slobodian

## Marie Chouinard
by/par Linde Howe-Beck

**Chouinard, Marie**. Chorégraphe, danseuse, directrice artistique, professeure. Née : 14 mai 1955, Québec, Québec.

**Chouinard, Marie**. Choreographer, dancer, artistic director, teacher. Born: May 14, 1955, Quebec City, Quebec.

Marie Chouinard's reputation was that of an iconoclastic independent solo performer, whose irreverence earned her the title of "enfant terrible" of Quebec dance. Always fascinated by social ritual and exploring the potential of the human body, she shocked the public and presenters with some of her experiments. Urinating in a bucket on stage in a 1980 performance at the Art Gallery of Ontario led that Toronto institution to ban her from further appearances. In Montreal, a masturbation scene in *Marie Chien Noir* caused consternation.

She studied ballet with Tom Scott in Montreal before abandoning formal instruction to pursue her own vision. Her first performance came in 1979, when she created *Cristallisation* with composer/writer/artist Rober Racine. Recognition for her resolutely personal approach came quickly from the avant garde: she became the first artist-in-residence at the Quebec government's New York studio for working artists in 1981 and subsequently studied and worked in Berlin, Bali and Nepal. In 1982, she participated in Performance, an Austrian television series, with American artists Laurie Anderson, Robert Wilson and Trisha Brown. In 1991, she appeared in a documentary for Belgian television. Chouinard was awarded Canada's Jacqueline Lemieux Prize in 1986 and the Chalmers Award for choreography a year later.

Chouinard created several very short works as well as some longer solos, including *STAB (Space, Time and Beyond)* (1986) and *L'Après-midi d'un faune* (1987), each portraying a mythical beast. By the mid-1980's, her superb control and command of her roles had achieved its zenith. A serious artist, Chouinard brooked no interference from argumentative audiences, and was known to stop performances, stepping out of character for a few seconds to verbally berate noise makers. Whimsical, mystical and unpredictable, once she excused herself for not showing up at a Winnipeg festival with the excuse that a dragon had bitten her toe.

Marie Chouinard était réputée comme interprète soliste iconoclaste et indépendante dont l'irrévérence lui mérita le titre d'«enfant terrible» du milieu de la danse au Québec. Toujours fascinée par les rituels sociaux et explorant le potentiel du corps humain, elle choqua le public avec certaines de ses recherches artistiques. Elle urina dans un seau lors d'un spectacle à la Galerie d'art de l'Ontario et cette institution lui ferma ses portes. À Montréal, une scène de masturbation dans *Marie Chien Noir*, provoqua de la consternation.

Elle étudia le ballet avec Tom Scott à Montréal avant d'abandonner toute formation traditionnelle afin de poursuivre sa propre vision. Pour son premier spectacle, en 1979, elle créa *Cristallisation* avec le compositeur/écrivain/artiste Rober Racine. L'avant-garde reconnut rapidement la valeur de son approche résolument personnelle : en 1981, elle devint la première artiste à demeurer et travailler au studio pour artistes du gouvernement du Québec à New York. Elle étudia par la suite à Berlin, au Bali et au Népal. En 1982, elle participa à Performance, une série télévisée autrichienne avec les artistes américains Laurie Anderson, Robert Wilson et Trisha Brown. En 1991, elle participa à un documentaire pour la télévision belge. Chouinard reçut le Prix Jacqueline Lemieux en 1986 et le Prix Chalmers pour la chorégraphie, une année plus tard.

Chouinard créa plusieurs oeuvres très courtes ainsi que des solos de plus longue durée notamment, *STAB Space, Time and Beyond* (1986) et *L'Après-midi d'un faune* (1987), chacune de ces oeuvres décrivant une bête mythique. Au milieu des années 1980, sa suprême maîtrise de ses rôles était à son apogée. Une artiste très responsable, Chouinard ne tolérait aucune interférence d'auditoires ergoteurs et pouvait très bien interrompre une représentation afin d'engueuler des spectateurs bruyants. Fantasque, mystique et imprévisible, elle s'excusa une fois de ne pas s'être présentée à un festival à Winnipeg prétextant qu'un dragon avait mordu son orteil.

Elle fonda la Compagnie Marie Chouinard en 1990, et sa première oeuvre pour groupe, *Les*

She founded Compagnie Marie Chouinard in 1990 and her first group work, *Les Trous du Ciel* (1991), was inspired by an Inuit legend. Vocalizations including throat singing, by a cast of "primitives" with long hairs streaming from their armpits, provided the only sound in this piece. By contrast, *Le Sacre du printemps* (1993) was her first work to an existing musical score. This work was made into a video directed by Isabelle Hayeur in 1995.

Chouinard's company works, as well as her own solos, continue to be staples of the international festival circuit, as well as touring independently.

*Trous du ciel* (1991), s'inspira d'une légende inuit. La musique pour cette oeuvre se résumait à des vocalisations incluant des chants gutturaux produits par une distribution de «primitifs» avec de longs cheveux émergeant de leurs aisselles. Par contraste, *Le Sacre du printemps* (1993) fut sa seule oeuvre utilisant une musique déjà existante. Cette oeuvre fut filmée sur vidéo par Isabelle Hayeur en 1995.

Les oeuvres de Chouinard pour sa compagnie ainsi que ses solos sont toujours au programme du circuit international des festivals et sont aussi présentés lors de tournées indépendantes.

Photo: Trudie Lee

### Denise Clarke
by/par Anne Flynn

**Clarke, Denise Elizabeth**. Dancer, teacher, choreographer. Born: January 22, 1957, Calgary, Alberta.

Denise Clarke started dancing when she was

**Clarke, Denise Elizabeth**. Danseuse, professeure, chorégraphe. Née : 22 janvier 1957, Calgary, Alberta.

Denise Clarke commença à danser dès l'âge de trois ans. Rosalee Carter fut sa première professeure. Pendant son adolescence, elle suivit des cours surtout de Lynette Fry, une ancienne

three. Rosalee Carter was her first teacher and during her pre-teen and teenage years, she was taught primarily by Lynette Fry, a former dancer with the Royal Winnipeg Ballet who, with her husband Jock Abra, founded and co-directed the Calgary Dance Theatre in the late 1960's. The group introduced Clarke to teachers such as Florence Skinner, Susan Von Hellerman, Larry McKinnon and Robert Moulton.

Like many aspiring ballerinas, Clarke spent a summer (1971) at the Banff Centre for the Arts, where she came into contact with the national dance community and was exposed to a whole new range of teachers. In 1973 she moved to Edmonton to apprentice with the Alberta Ballet Company for a year and then moved to Winnipeg to study at the Royal Winnipeg Ballet School with David Moroni and Jacqueline Weber.

In September 1975, Clarke moved to Montreal to study at Les Ballets Jazz de Montréal. After a year during which she also freelanced doing commercial work for CBC Television, Clarke took a break from the dance world.

Returning to Calgary in 1978, she went back into the studio and began again. Teri Willoughby, with whom Clarke had danced as a teenager in Calgary, offered her rehearsal space and teaching opportunities. Teaching ballet to children and jazz to adults, Clarke spent the rest of her time choreographing and presenting her work.

In 1981 she was hired to teach in the physical education faculty at the University of Calgary, where she met dance faculty member and modern dancer Anne Flynn. The two began a six-year professional partnership, producing five evening-length concerts in addition to appearing at many festivals. Clarke also occasionally worked with One Yellow Rabbit Performance Theatre during these years and her interest in theatre was developing. In 1987 she decided to leave the university and concentrate on choreography and performance. Since that time, she has become a choreographer specializing in theatre, as well as an actor, director and playwright.

danseuse du Royal Winnipeg Ballet qui, avec son mari Jock Abra, fonda et codirigea le Calgary Dance Theatre à la fin des années 1960. Le groupe introduit Clarke à des professeurs comme Florence Skinner, Susan Von Hellerman, Larry McKinnon et Robert Moulton.

Tout comme de nombreuses jeunes femmes aspirant à devenir ballerines, Clarke passa un été (1971) au Banff Centre for the Arts où elle baigna dans un milieu national de la danse et fut exposée à un nouvel éventail de professeurs. En 1973, elle s'installa à Edmonton pendant une année pour étudier comme apprentie avec le Alberta Ballet et déménagea ensuite à Winnipeg pour étudier à l'école du Royal Winnipeg Ballet avec David Moroni et Jacqueline Weber.

En septembre 1975, Clarke s'installe à Montréal pour étudier avec Les Ballets Jazz de Montréal. Après une année pendant laquelle elle travailla comme pigiste pour des contrats commerciaux avec la chaîne de télévision CBC, Clarke interrompit pour un temps ses activités en danse.

Elle revint à Calgary en 1978 et recommença à travailler en studio. Teri Willoughby qui, à l'adolescence, avait dansé avec Clarke à Calgary, lui offrit un espace de répétition et des occasions d'enseigner. Clarke enseigna alors le ballet à des enfants et le jazz à des adultes et consacra ses temps libres à la chorégraphie et aux spectacles.

En 1981, la faculté d'éducation physique de l'Université de Calgary retint ses services et c'est là qu'elle fit la connaissance de la danseuse moderne et membre de la faculté de danse, Anne Flynn. S'amorça alors un partenariat professionnel qui allait durer six ans et qui produisit cinq soirées-concerts en plus de nombreuses participations à des festivals. À cette époque, Clarke travailla aussi occasionnellement avec One Yellow Rabbit Performance Theatre, ce qui nourrit son intérêt pour le théâtre. En 1987 elle décida de quitter l'université et de consacrer ses énergies à la chorégraphie et aux spectacles. Depuis, elle a évolué vers une chorégraphie spécialisée en théâtre et travaille également comme actrice, réalisatrice et dramaturge.

Clarke est artiste associée avec One Yellow

Clarke has been an associate artist with One Yellow Rabbit Performance Theatre since 1988. She has also received six choreographic commissions including the Olympic Arts Festival, Canada Dance Festival and Alberta Ballet. In 1990 she shared a Dora Mavor Moore Award with co-directors Mark Christmann and Neil Cadger for The Erotic Irony of Old Glory, which they also co-wrote.

Clarke has taught extensively in the theatre community, where her goal is to enable theatre practitioners to move with confidence and integrity. She has choreographed for Canadian Stage, the Tarragon Theatre, Crow's Theatre, the Vancouver, Calgary and Edmonton Operas, Theatre Calgary and Alberta Theatre Projects.

Rabbit Performance Theatre depuis 1988. Elle a également reçu six commandes chorégraphiques d'entre autres, le Festival Olympic Arts, le Festival Danse Canada et le Alberta Ballet. En 1990, elle partagea le Prix Dora Mavor Moore avec les codirecteurs Mark Christmann et Neil Cadger pour The Erotic Irony of Old Glory, qu'ils créèrent ensemble.

Clarke a aussi enseigné abondamment dans le milieu du théâtre, son objectif étant de permettre aux acteurs/trices de bouger avec confiance et intégrité. Elle a chorégraphié pour le Canadian Stage, le Tarragon Theatre, le Crow's Theatre, les Opéras de Vancouver, Calgary et d'Edmonton, le Théâtre de Calgary et les Alberta Theatre Projects.

Photo: David Cooper

### Gisa Cole
by/par Kaija Pepper

**Cole, Gisa**. Artistic director, teacher, choreographer, dancer. Born: April 4, 1945, Windsor, Ontario. Birth name: Judith Cole.

Gisa Cole moved with her family to Vancouver at age two. From 1951-1954, she studied ballet with Rosemary Deveson, and from

**Cole, Gisa**. Directrice artistique, professeure, chorégraphe, danseuse. Née : 4 avril 1945, Windsor, Ontario. Nom à la naissance : Judith Cole.

Gisa Cole déménagea à Vancouver avec sa famille à l'âge de deux ans. Elle suivit des cours de ballet avec Rosemary Deveson de 1951 à 1954, et de 1955 à 1965, elle étudia le ballet, la danse de caractère et la danse espagnole avec Kay Armstrong. Avec celle-ci elle participa à des tournées avec l'orchestre symphonique de Vancouver de 1958 à 1962, interprétant des danses slaves et une variété de numéros, tel que *Peter and the Wolf*.

Cole reçut des bourses pour étudier l'été à l'École nationale du Ballet à Toronto en 1961 et 1962. Subséquemment, on lui accorda deux

1955-1965, she studied ballet, character and Spanish dance with Kay Armstrong. With Armstrong, she toured from 1958-1962 with the Vancouver Symphony Orchestra, performing Slavonic dances and *Peter and the Wolf*.

Cole received scholarships to study at the National Ballet Summer School in Toronto in 1961 and 1962. Following that, she was awarded two scholarships with the Royal Winnipeg Ballet School, including an apprenticeship with the company itself, taking classes and performing with them during their home season. While it was exciting, the competitive world of ballet was also disturbing and she returned to Vancouver disillusioned by the harsh realities of company life.

In 1964, Norbert Vesak asked Cole to join Pacific Dance Theatre, a company he had recently helped teacher/choreographer Joy Camden to launch. Cole worked and studied with Vesak from 1964-1971 and was part of his short-lived Western Dance Theatre which was formed in 1970 but lasted less than two seasons. A Canada Council grant in 1971 enabled Cole to study with Toronto Dance Theatre, and also at the Martha Graham School in New York. With the help of another grant in 1976, she returned to New York to study at the Merce Cunningham Dance Foundation.

In 1974, Cole co-founded Prism Dance Theatre with Jamie Zagoudakis (who had launched the company as The Contemporary-Jazz Dance Theatre the year before). The partnership lasted until Cole left in 1982. Besides performing with Prism, she began choreographing for the company, beginning in 1974 with *The First Time Ever* and *Jazz de la Peuf*.

A decade later, in 1984, Cole produced Gisa Cole and Friends, a full evening of her work at the Firehall Arts Centre. The next year, along with teacher/choreographer Iris Garland, she produced another evening at the same venue.

A born teacher, Cole began teaching ballet in the family's basement at age fifteen, at eighteen she gave classes at a Jewish Community Centre. In 1973 she helped Linda Rubin found Synergy Dance Studio in Vancouver; a year later, she

bourses avec le Royal Winnipeg Ballet School, incluant une place d'apprentie avec la compagnie, suivant des cours et dansant avec la compagnie durant leurs spectacles de saison. Cet univers était excitant mais le côté très compétitif du ballet était déconcertant. Elle retourna à Vancouver, déçue par la réalité brutale de la vie dans une compagnie de ballet.

En 1964, Norbert Vesak demanda à Cole de se joindre au Pacific Dance Theatre, une compagnie qu'il avait récemment fondée avec la professeure/chorégraphe Joy Camden. Cole travailla et étudia avec Vesak de 1964 à 1971, et participa à son Western Dance Theatre, fondé en 1970 (mais qui exista moins de deux saisons). Une subvention du Conseil des Arts du Canada en 1971 permit à Cole d'étudier avec le Toronto Dance Theatre et aussi à l'École Martha Graham à New York. Grâce à une autre subvention, en 1976, elle retourna à New York pour suivre une formation au Merce Cunningham Dance Foundation.

En 1974, Cole cofonda le Prism Dance Theatre avec Jamie Zagoudakis (qui avait inauguré la compagnie sous le nom Contemporary-Jazz Dance Theatre l'année précédente). Ce partenariat se prolongea jusqu'au départ de Cole en 1982. En plus de danser avec Prism, elle commença à chorégraphier pour la compagnie, débutant en 1974 avec *The First Time Ever* et *Jazz de la Peuf*.

Une décennie plus tard, en 1984, Cole produisit Gisa Cole and Friends une soirée-spectacle où ses oeuvres furent présentées au Centre des Arts Firehall. L'année d'après, avec la professeure/chorégraphe Iris Garland, elle produisit une autre soirée-spectacle au même endroit.

Cole commença à enseigner le ballet dans le sous-sol familial à l'âge de quinze ans et à dix-huit ans, elle enseignait au centre communautaire juif. En 1973 elle aida Linda Rubin à fonder le Synergy Dance Studio à Vancouver; une année plus tard elle donnait des classes à la compagnie Prism. Cole reçut une bourse de perfectionnement en enseignement du Conseil des Arts pour 1990-1991. Ses études

taught company classes at Prism. Cole received a Canada Council grant for professional development as a teacher in 1990-1991; her studies included six months in New York with the José Limón Dance Company, and Pilates with Christine Wright.

Cole's greatest impact has been in the role of artistic director of Main Dance Place, (later called MainDance), founded in 1984. In 1987, the first Performance Training Intensive began, growing out of Cole's desire to offer advanced training that would allow dancers to stay in Vancouver beyond the intermediate stage. The Intensive developed into a comprehensive two-year programme for advanced dancers.

Cole continues to show her choreography at Vancouver events such as the Women In View festivals and at Dancing on the Edge. She left MainDance in 1998 and has since worked as rehearsal director for Katherine Labelle Dance Company.

incluaient six mois à New York avec le José Limón Dance Company et des cours de Pilates avec Christine Wright.

L'impact le plus remarquable de Cole a été dans son rôle de directrice artistique de Main Dance Place (plus tard appelé MainDance), compagnie fondée en 1984. En 1987, fut offert le premier Performance Training Intensive, résultant du désir de Cole d'offrir une formation avancée qui permettrait aux danseurs/seuses de demeurer à Vancouver au-delà de l'étape de formation intermédiaire. Cet intensif se transforma en un programme complet de deux ans à l'intention de danseurs/seuses déjà bien formés.

Cole présente toujours ses chorégraphies à des événements de Vancouver tels que les festivals Women In View et Dancing on the Edge. Elle quitta MainDance en 1998 et a depuis travaillé comme directrice des répétitions avec la compagnie de danse Katherine Labelle.

**Coleman, Bill**. Dancer, choreographer, artistic director. Born: July 14, 1961, Berwick, Nova Scotia.

In 1963, alongside his four brothers, Coleman followed his parents to their native Scotland. For him, travel became responsible for defining the importance of home and family, allowing him an eye for life's humorous situations, an appreciation for beauty and, eventually, the ability to express those things on stage.

Coleman's decision to dance grew from a fondness for Fred Astaire films. At fifteen, he began studying tap dance. Two years later he started ballet classes and at the age of nineteen was invited to work with Anton Dolin and the Dublin City Ballet. He didn't settle anywhere very long; in 1980 Coleman moved to Germany and danced for the Wiesbaden Ballet before returning to North America in 1981. Between 1983 and 1999, he danced with Bill T. Jones, Kate Foley, Laurence Lemieux, Montage Dance Theatre, Holly Small, Tere O'Connor, Toronto Dance Theatre, William Douglas Danse, the Martha Graham Dance Company and Fondation

### Bill Coleman
by/par Heidi Strauss

**Coleman, Bill**. Danseur, chorégraphe, directeur artistique. Né : 14 juillet 1961, Berwick, Nouvelle-Écosse.

Photo: Cylla von Tiedemann

Jean-Pierre Perreault.

At the same time, Coleman was also busy developing and presenting his own choreography in alternative venues like Toronto's Ritz Café and New York's Fresh Tracks. He created work that revealed a fascination with vaudeville, film and the American midwest. *Shane* (1987), *Baryshnikov: the other story* (1987) and Dora Mavor Moore Award nominated *Zorro* (1990) delivered an intelligent and quirky combination of theatrical dance and commentary on North American culture.

With composer John Oswald, Coleman founded a company called Bill Coleman and His North American Experience. In 1990 he drove 10,000 kilometres across the United States in a cherry red 1967 Chrysler Newport. It was his research for *Heartland*, a solo juxtaposing Jesus and Raging Bull's Jake LaMotta in a thematic exploration of ascension. *Heartland* not only further defined Coleman as an original, but added a sense of the tragic and vulnerable to his

En 1963, Coleman et ses quatre frères suivèrent leurs parents qui retournaient à leur Écosse natale. Selon lui, ses déplacements répétés le sensibilisèrent particulièrement à l'importance de la famille et de la maison, aiguisant sa perception des situations cocasses de la vie, à la beauté et, éventuellement, il exprima cette sensibilité sur scène.

Coleman fut inspiré à devenir danseur par son amour pour les films de Fred Astaire. À quinze ans, il commença à étudier les claquettes. Deux ans plus tard, il amorça des cours de ballet et à dix-neuf ans, fut invité à travailler avec Anton Dolin et le Dublin City Ballet. Il ne s'installa nulle part très longtemps; en 1980, il déménaga en Allemagne et dansa pour le Wiesbaden Ballet avant de revenir en Amérique du Nord en 1981. De 1983 à 1999, il dansa avec Bill T. Jones, Kate Foley, Laurence Lemieux, Montage Dance Theatre, Holly Small, Tere O'Connor, Toronto Dance Theatre, William Douglas Danse, Martha Graham Dance Company et la Fondation Jean-Pierre Perreault.

Coleman travaillait simultanément à élaborer et à présenter ses propres chorégraphies sur des scènes alternatives telles que le Ritz Café de Toronto et Fresh Tracks à New York. Il créa des oeuvres qui révèlent une fascination pour le vaudeville, le cinéma et le Midwest américain. *Shane* (1987), *Baryshnikov: the other story* (1987) et une oeuvre mise en nomination pour le Prix Dora Mavor Moore, *Zorro* (1990), présentent tous une combinaison intelligente et originale de danse théâtrale et de commentaire sur la culture nord américaine.

Avec le compositeur John Oswald, Coleman fonda une troupe de danse appelée Bill Coleman and His North American Experience. En 1990 il conduit 10,000 kilométres à travers les États-Unis à l'intérieur d'une Chrysler Newport 1967 de couleur rouge cerise. Il s'agissait là de sa recherche pour *Heartland*, une oeuvre solo juxtaposant Jésus et Jake LaMotta de Raging Bull en une exploration thématique de l'Ascension. *Heartland* non seulement permet de mieux cerner l'originalité de Coleman mais ajoute un sens du tragique et de la vulnérabilité à son répertoire. En 1997, *Heartland* fut le thème

repertoire. In 1997, *Heartland* became the subject of an award-winning film by Laura Taler.

In 1993 Coleman started Heartland Events with Michael Caplan. An interactive community-based company, Heartland Events approached dance dissemination in a non-workshop format by visiting and collaborating with specific communities to create performances. Coleman collaborated with the Ojibway Community of Heron Bay, the International Trade Club of Toronto and Pedahbun Lodge Residential Addiction Treatment Centre.

While Coleman was commissioned by Canadian Children's Dance Theatre, Toronto Dance Theatre and Dancemakers, he also continued travelling. His company performed in Bologna, Edinburgh and Glasgow. Choreographically, he remained faithful to his early inspirations, presenting *Welcome Back, Buffalo Bill* (1996) in Regina and *Monster's Midway* (1998) at the Opera House, a ninety year-old vaudeville theatre in Toronto. It was *Glory Days* (1994), however, that recaptured Coleman's nostalgia for home. The cast, including his parents, brother and fiancée, described his childhood years and memories. He married Laurence Lemieux the following summer in Scotland.

In 1999, the two moved to Montreal to work with Fondation Jean-Pierre Perreault.

d'un film primé de Laura Taler.

En 1993 Coleman initia les Heartland Events avec Michael Caplan. Une troupe interactive composée de membres de la communauté, Heartland Events vise une diffusion de la danse hors des formats habituels d'atelier en visitant et collaborant avec divers groupes pour créer des spectacles. Coleman collabora avec la communauté Ojibway de la Baie Héron, le International Trade Club de Toronto et le Pedahbun Lodge Residential Addiction Treatment Centre.

Même lorsqu'il reçut des commandes du Canadian Children's Dance Theatre, du Toronto Dance Theatre et de Dancemakers, il continua toujours à voyager. Sa compagnie donna des représentations à Bologne, Édimbourg et Glascow. Ses chorégraphies continuèrent à puiser à ses premières inspirations, *Welcome Back, Buffalo Bill* (1996) présenté à Régina et *Monster's Midway* (1998) présenté à l'Opera House, un théâtre de vaudeville à Toronto vieux de quatre-vingt-dix ans. Ce fut par contre *Glory Days* (1994), qui captura de nouveau la nostalgie de Coleman pour ses origines. La distribution, incluant ses parents, son frère et sa fiancée, décrit ses années d'enfance et ses souvenirs. Il épousa Laurence Lemieux l'été suivant en Écosse.

En 1999, le couple déménagea à Montréal pour travailler avec la Fondation Jean-Pierre Perreault.

---

**Court of Miracles** (Cour des miracles)
Premiere/Première: Toronto Dance Theatre with/avec Dancemakers and/et le School of Toronto Dance Theatre, Premiere Dance Theatre, Toronto, December 14 décembre, 1983
Conceived by/Conception: David Earle
Directed by/Direction: David Earle and/et Kenny Pearl
Choreography/Chorégraphie: David Earle, Peter Randazzo, Carol Anderson, Christopher House, Kenny Pearl
Guest Choreographer/Chorégraphe invité: James Kudelka
Music/Musique: collage of Early Music created by Michael J. Baker
Lighting Designers/Éclairages: Peter McKinnon, Ron Snippe
Costume Designer/Conception des costumes: Denis Joffre

Associate Costume Designer/Adjointe à la conception des costumes: Susan Rome
Scenic Designer/Scénographie: Ron Ward
Production Manager/Directeur de production: Ron Ward (courtesy/courtoisie Canadian Actors' Equity)
Stage Manager/Régie: Pierre Lavoie
Assistant Stage Manager/Adjointe à la régie: Penny Olorenshaw
Seamstress/Couturière: Lenore Ison
Scenic Carpenter/Charpentier scénique: Barry Eldridge
Carpenter/Charpentier: Jon Bankson
Props Assistants/Assitantes aux accessoires: Anne Barry, Brenda Davis, Rachel MacHenry

The Court of Miracles was an area in Paris dating back to the Middle Ages, in which the inhabitants gained their livelihoods through their imaginations.

La Cour des Miracles était une région de Paris au Moyen-âge où les habitants gagnaient leur vie grâce à leur imagination.

Act I Pageant of the City/Spectacle fastueux de la Ville
A square in a city in Northern Europe in the Middle Ages during the Feast of St. Nicholas/Un square dans une ville du Nord de l'Europe, au Moyen-âge et durant la célébration de la Saint-Nicolas

    Priests/Prêtres: David Earle, Peter Randazzo
    Beggars/Mendiants: Carol Anderson, Lucie Boissinot, Karen duPlessis, Ken Gould, Christopher House, Benoît Lachambre, Susan McKenzie
    Acrobats/Acrobates: Christine Adderson, Diane Bartlett, David Victor
    Courtesans/Courtisanes: Patricia Fraser, Merle Holloman, Helen Jones, Sara Pettitt
    Bishop/Évêque: Ricardo Abreut
    Banner Dancers/Danseurs avec bannières: Duke: Conrad Alexandrowicz; Men at Arms/Hommes armés: Francisco Alvarez, Michael Conway, Luc Tremblay
    Lepers/Lépreux: Billyann Balay, Jonathan Burston, Ricardo de la Fuente, Donald Himes, Anne Marie Lalancette, Pamela Tate, Phyllis Whyte
    Penitents/Pénitents: Patricia Beatty, Michael Conway, Murray Darroch, Remi Falquet, Suzette Sherman
    Gypsies/Gitans/tanes: Francisco Alvarez, Monica Burr, Grace Miyagawa, Eric Tessier-Lavigne, Luc Tremblay, Zella Wolofsky
    Three Kings/Trois Rois: Richard Bowen, Murray Darroch, Donald Himes
    Bride/La Mariée: Suzette Sherman
    Groom/Le Marié: Michael Conway
    Townspeople/Citoyens de la ville: Billyann Balay, Jonathon Burston, Donald Himes, Suzette Sherman, Pamela Tate, Phyllis Whyte, and Students of the/et les élèves du School of the Toronto Dance Theatre: Sylvie Bouchard, France Salmon, Gina Desjarlais, Karen Forsey, Ian Betts, Anne Barry, Fiona Drinnan, Ricardo de la Fuente, Michael Menegon, Brenda Davis, Remi Falquet, Gillian Ferrabee, Emily Hackett, Suzanne Miller, Lynn Snelling, Rachel MacHenry, Anne Marie Lalancette

Act II Feast of Light/Festin des Lumières
A home for the socially discarded, on Christmas Eve/Une maison pour les délaissés sociaux, la

veille de Noël
   Inmates/Pensionnaires: Patricia Beatty, David Earle (Dec. 14, 16, 17 eve, 20, 21, 22, 23),
      Ricardo Abreut, (Dec. 15, 17 mat, 18, 19), Murray Darroch, Donald Himes,
      Peter Randazzo, Pam Tate, Phyllis Whyte
   Miracle Play/Pièce des Miracles: Mary/Marie: Carol Anderson; Joseph: Benoît Lachambre;
      Angel/Ange: Christopher House; Ox/Boeuf: Karen duPlessis; Ass/Âne: Ken Gould;
   Shepherds/Bergers: Lucie Boissinot, Susan McKenzie

Court of Miracles *was choreographed by David Earle, Christopher House, James Kudelka,
Peter Randazzo, Carol Anderson and Kenny Pearl. A ritual of transfiguration,* Court of Miracles
*was inspired by an area of medieval Paris inhabited by beggars. Bannered processions of
nobles, lepers, a wedding party, a naive nativity play, the ascension of the saintly, wove the
tapestry of the work. The splendid musical score, a composite of medieval "hits", was arranged
by Michael J. Baker.*

Court of Miracles *fut chorégraphié par David Earle, Christopher House, James Kudelka, Peter
Randazzo, Carol Anderson et Kenny Pearl. Un rituel de transfiguration,* Court of Miracles
*s'inspire d'une région du Paris médiéval habitée par des mendiants. Des processions avec
bannières, des lépreux, un mariage et les invités, une représentation de la Nativité, l'ascension
des saints, tissent la tapisserie de l'oeuvre. La splendide partition musicale, un composite de
«succès» médiévaux, fut arrangée par Michael J. Baker.*

Carol Anderson

## Yves Cousineau
by/par Nadine Saxton

**Cousineau, Yves L-Ph**. Danseur, professeur,
chorégraphe, directeur artistique. Né : 27
septembre 1932, Montréal, Québec.
   Né dans une famille de neuf enfants,
Cousineau grandit dans un environnement où
l'art était apprécié. En 1949, il se joint aux

# COUSINEAU

**Cousineau, Yves L-Ph**. Dancer, teacher, choreographer, artistic director. Born: September 27, 1932, Montreal, Quebec.

One of nine children, Cousineau grew up in a family that enjoyed the arts. In 1949, he entered Les Compagnons de Saint Laurent under the artistic direction of Paul-Émile Legault to study drama. His movement teacher encouraged him to pursue dance and two years of study with Elizabeth Leese and Séda Zaré confirmed his vocation; he loved the discipline, control and the intensity. In 1953, Cousineau moved to Toronto as an apprentice with the National Ballet of Canada. His work with Antony Tudor, Margaret Craske and Erik Bruhn furthered his development as an artist. A performance by Marcel Marceau in 1956 was a revelation that inspired him to travel to Paris to study with Jacques Lecoq. In 1960, a Canada Council grant enabled him to work intensively with Lecoq while continuing ballet studies with Nora Kiss and Serge Peretti. He returned to the National Ballet as a soloist and a principal character dancer in 1961.

To maintain an interest outside dance, in 1966 Cousineau and Lawrence Adams opened an antique shop called Adams and Yves, and soon after, an art gallery and framing shop. Cousineau continued to perform full-time with the National Ballet while teaching occasionally for the National Ballet School. In 1970, he joined the Theatre Department at York University as a part-time instructor. He took up a full-time appointment at the newly-formed Dance Department as an associate professor in 1972, and served as chair of the department from 1978-1981. Throughout this period, he choreographed various works for the Theatre Department and for Young People's Theatre.

In 1981, Cousineau became artistic director of Québec Été Danse, founded by Jaqueline Lemieux and located at Bishop's University and he added a six-week workshop for professional choreographers. He raised substantial funds to create the kind of programme that he envisioned, and his commitment over the next four years enabled such choreographers as Ginette Laurin, Paul-André Fortier, Robert Desrosiers, Edouard

Compagnons de Saint Laurent pour étudier l'art dramatique sous la direction artistique de Paul-Émile Legault. Son professeur de mouvement l'incita à étudier en danse et deux années de formation avec Elizabeth Leese et Séda Zaré confirmèrent sa vocation; il adorait la nécessité de la discipline, le contrôle et l'intensité associés à la danse. En 1953, Cousineau s'installa à Toronto comme apprenti avec le Ballet national du Canada. Son talent d'artiste progressa sous la tutelle de Anthony Tudor, Margaret Craske et Erik Bruhn. En 1956, il assista à un spectacle de Marcel Marceau qui l'inspira à se rendre à Paris pour étudier avec Jacques Lecoq. En 1960, une bourse du Conseil des Arts du Canada lui permit de travailler intensément avec Lecoq tout en poursuivant ses études de ballet avec Nora Kiss et Serge Peretti. Il retourna au Ballet national comme soliste et danseur principal en 1961.

Afin de maintenir ses intérêts en dehors de la danse, Cousineau ouvrit Adams and Yves avec Lawrence Adams en 1966; ce fut une boutique d'antiquités, incluant une galerie d'art et un atelier d'encadrement. Cousineau continua à danser à temps plein avec le Ballet national tout en enseignant à l'occasion à l'École national de ballet. En 1970, il se joint au département de Théâtre de l'Université York comme enseignement à temps-partiel et en 1972, accepta le poste à temps plein de professeur agrégé au nouveau département de Danse. Il fut directeur de ce même département de 1978 à 1981. À la même époque, il chorégraphia diverses oeuvres pour le département de Théâtre ainsi que pour le Young People's Theatre.

En 1981, Cousineau assuma le poste de directeur artistique de Québec Été Danse, une compagnie fondée par Jacqueline Lemieux à l'Université Bishop. Il ajouta un atelier de six semaines à l'intention de chorégraphes professionnels et amassa suffisamment de fonds pour créer le type de programme qu'il entrevoyait; son engagement pendant les quatre années subséquentes permit à des chorégraphes comme Ginette Laurin, Paul-André Fortier, Robert Desrosiers, Edouard Lock, Gilles Maheu et d'autres de développer leur vision personnelle.

Lock, Gilles Maheu and others to develop their artistic ideas.

Together with Pierre Guillmette, Cousineau assembled an exhibition of 19th-century ballet lithographs and prints from private collections across Canada that toured the country during the summer and fall of 1983.

In l967, Cousineau was awarded the Canada Centennial Medal for his contribution to the arts. In 1977, his gifts and dedication were further recognized with a Queen Elizabeth Silver Jubilee Medal.

Avec Pierre Guillmette, Cousineau réunit une exposition de lithographies et de gravures traitant du ballet au dix-neuvième siècle, celles-ci provenant de collections privées à travers le Canada. Cette exposition fit le tour du pays durant l'été et l'automne de 1983.

En 1967, Cousineau fut décoré de la médaille du Centenaire du Canada pour ses contributions au milieu des arts. En 1977, ses talents et son dévouement furent de nouveau soulignés par l'attribution de la médaille du jubilé d'argent de la Reine Elizabeth.

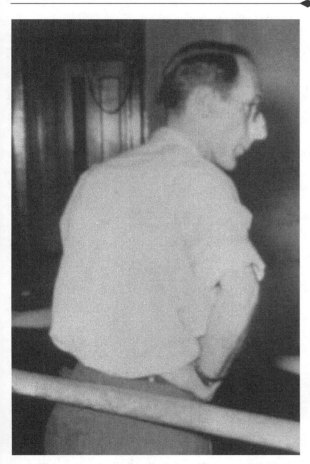

## Gérald Crevier
by/par Iro Valaskakis Tembeck

**Crevier, Gérald**. Directeur artistique, professeur, chorégraphe, danseur. Né : 1912, Longueuil, Québec. Décédé : 17 décembre 1993.

Gérald Crevier est né d'une mère irlandaise et d'un père canadien-français. À l'âge de dix ans, après avoir été ébahi par la prestation d'Anna Pavlova à Montréal, il s'inscrit à l'École de danse d'Ezzak Ruvenoff. En plus d'étudier le ballet, il étudia les claquettes avec l'artiste de vaudeville Dora Marshall Dan. Éventuellement, il participa à des spectacles de type «prologue» présentés sur des scènes de théâtre et c'est là

**Crevier, Gérald**. Artistic director, teacher, choreographer, dancer. Born: 1912, Longueuil, Quebec. Died: December 17, 1993.

Gérald Crevier was born to an Irish mother and a French Canadian father. He enrolled at Ezzak Ruvenoff's school of dance after having

been dazzled by Anna Pavlova's performances in Montreal when he was ten years old. As well as taking ballet classes, he studied tap dance with vaudeville artist Dora Marshall Dan. Eventually he took part in live "prologue" presentations featured in movie houses and there met his future wife, Elizabeth (Zette) Devaux. In 1932, they left for England, where he worked as a corps de ballet member of the Sadler's Wells Ballet, and also taught a few tap classes and performed at the Piccadilly Hotel's nightclub.

When he returned to Montreal, he worked for George Sheffler's Dance Studio before deciding to give his own classes at the Berkeley Hotel. Among his students were Andrée Millaire, Lise Gagnier and Françoise Sullivan. Crevier gave annual recitals under the name Dansart.

With the outbreak of World War II, he enlisted in the Canadian Army and was posted to England. On leave, he was tutored by Phyllis Bedells in the newly-created ballet syllabus of the Royal Academy of Dancing. Back in Montreal, he became the first teacher there to prepare students for the required examinations. By 1948, he had gathered a group of young dancers who performed in *Walpurgis Night* at the Mount Royal Chalet during the Montreal Summer Festival. He soon founded the first official ballet company of the province, Les Ballets-Québec, with dancers including Suzanne Blier, Françoise Sullivan, Lise Gagnier, James Ronaldson, Corinne St. Denis, Alex Pereima, Marilyn Rollo and Jacques Delisle.

The company appeared throughout the province from 1948 (before its official founding in 1949), until 1952, including performances at the Third Canadian Ballet Festival held in Montreal in 1950. The repertoire consisted of works choreographed by Crevier as well as excerpts from the classical ballet repertoire. *Veillée d'Armes*, created in 1950 to a story-line by Alex Pereima, was among his best known pieces. It was a danced interpretation of the emotions experienced by a medieval knight on the eve of his knighthood.

Les Ballets-Québec closed abruptly in 1952, after six of Crevier's dancers were offered more promising contracts with the newly-formed

qu'il fit la rencontre de sa future femme, Elizabeth (Zette) Devaux. Ils s'installèrent en Angleterre en 1932 où il travailla comme membre du corps de ballet du Sadler's Wells Ballet; il donna également des cours de claquettes et offrit des spectacles au Piccadilly Hotel's Nightclub.

À son retour à Montréal, il travailla pour l'école de danse de George Sheffler avant d'offrir ses propres cours à l'hôtel Berkeley. Parmi ses élèves se trouvaient André Millaire, Lise Gagnier et Françoise Sullivan. Crevier présenta des récitals annuels sous le nom de Dansart.

Au début de la Seconde Guerre mondiale, il s'engagea dans l'armée canadienne et fut affecté en Angleterre. Lors de ses permissions, Phyllis Bedells lui servit de tutrice pour le nouveau syllabus du Royal Academy of Dancing. De retour à Montréal, il fut le premier professeur à préparer des élèves pour ces examens. En 1948, il avait rassemblé un groupe de jeunes danseurs/seuses qui interprétèrent le *Walpurgis Night* au Chalet du Mont-Royal dans le cadre du Festival d'été de Montréal. Rapidement, il fonda la première école de ballet de la province, Les Ballets-Québec, qui comptaient parmi ses membres Suzanne Blier, Françoise Sullivan, Lise Gagnier, James Ronaldson, Corinne St-Denis, Alex Pereima, Marylin Rollo et Jacques Delisle.

La compagnie se produisit à travers la province à partir de 1948 (avant même sa création officielle en 1949) jusqu'en 1952 et présenta des spectacles au troisième Festival de ballet canadien, tenu à Montréal en 1950. Le répertoire de la compagnie consistait d'oeuvres chorégraphiées par Crevier ainsi que des extraits d'oeuvres du répertoire de ballet classique. L'oeuvre *Veillée d'armes*, créée en 1950 sur un récit d'Alex Pereima fut l'une de ses oeuvres les plus connues. Elle traduisait en danse, les émotions ressenties par un chevalier médiéval à la veille de devenir membre de la chevalerie.

Les Ballets-Québec fermèrent leurs portes soudainement en 1952 après que six des danseurs de Crevier furent offerts des contrats plus alléchants avec le Ballet national du Canada, une compagnie nouvellement créée.

National Ballet of Canada. Disillusioned, Crevier left Montreal to settle in Venice, Florida, and severed all ties with dance.

Désillusionné, Crevier quitta Montréal pour s'établir à Venice en Floride et coupa tous les ponts avec la danse.

◆

## Dancemakers
### by/par Amy Bowring

In Toronto during the 1970's there was a proliferation of dance activity, and it was not uncommon for a dance company to form one day and collapse the next. Dancemakers is one of those companies, born out of the York University dance department, that did survive. It was created by Andrea Ciel Smith and Marcy Radler with a handful of strong, idealistic dancers.

Dancemakers debuted in July 1974, dancing on Toronto's Markham Street in front of the David Mirvish Gallery. The company subsequently developed a relationship with Mirvish, performing in his gallery several times.

In September 1974, Dancemakers presented its first theatre performance, featuring the work of New York choreographers Kelly Hogan and Mitchell Rose; founding member and York graduate Carol Anderson; William Holahan, another York graduate, collaborating with Smith and Anderson; and Grant Strate, founding chair of the dance department at York University. Strate also coached the dancers and supplied

Dans les années 1970 à Toronto, la danse était en pleine expansion et il n'était pas rare qu'une compagnie de danse surgisse un jour pour disparaître le lendemain. Tirant ses origines du département de danse de l'Université York, Dancemakers est l'une des compagnies qui réussit à survivre. La compagnie fut fondée par Andrea Ciel Smith et Marcy Radler avec une poignée de danseurs/seuses forts et idéalistes.

Dancemakers débuta en juillet de 1974, dansant sur la rue Markham de Toronto devant la Galerie David Mirvis. La compagnie collabora plus tard avec Mirvish, présentant des spectacles dans sa galerie plusieurs fois.

En septembre 1974, Dancemakers présenta son premier spectacle de théâtre, proposant le travail des chorégraphes newyorkais Kelly Hogan et Mitchell Rose, de la membre-fondatrice et diplômée de York, Carol Anderson, de William Holahan, un autre diplômé de York, collaborant avec Smith et Anderson ainsi que de Grant Strate, président-fondateur du département de danse de l'Université York. Strate supervisa les danseurs/seuses et leur fournit un espace de répétitions à l'université. Un des premiers communiqués de presse énonça: «Dancemakers espère élargir le public pour la danse moderne en présentant des spectacles hors des salles traditionnelles. Ils prévoient offrir des représentations dans des centres d'achat et même sur la rue.» La compagnie présenta donc des spectacles dans des écoles, des centres de réadaptation, des centres récréatifs et même des prisons. Les spectacles dans les prisons furent particulièrement exigeants, les interprètes étant soumis à des moqueries répétées des prisonniers masculins.

Dancemakers avait au départ l'intention de ne présenter que des oeuvres créées par des membres de la compagnie mais ils se ravisèrent avant même de présenter leur premier spectacle et optèrent pour une politique de portes ouvertes. Une année plus tard, cette dernière

them with rehearsal space at the university. An early press release stated, "Dancemakers hopes to widen the modern dance audience by performing their dances beyond the confines of the conventional theatre. Plans include performance in shopping centres and on the street itself." The company proceeded to perform in schools, rehabilitation centres, recreation centres and even prisons – the prison performances were particularly challenging, with frequent jeers from the male inmates.

The group had planned to perform only work created by company members, but even before their first performance they decided to have an open door policy. A year later, this is what set them apart from other budding modern dance companies: they were a repertory group open to collaborative association with many choreographers using many different styles. They began to build a repertoire that included dances by American choreographers Robert Cohan, Nina Wiener, Paul Taylor, Donald McKayle and Lar Lubovitch, and Canadians Anna Blewchamp, Judith Marcuse, Paula Ravitz, Jennifer Mascall and Karen Jamieson. Company members Carol Anderson, Peggy Baker, Patricia Fraser and Conrad Alexandrowicz also contributed works to the repertoire.

In its early years, Dancemakers did not have an artistic director and decisions were made democratically. It was not until 1977, when three of the founding members left Canada, that leadership was needed in order to maintain the company. Peggy Baker and Patricia Miner assumed the roles of co-directors.

When the company first formed, the dancers were paid $5 per week and choreographers were paid whatever was available. Early on, the dancer turnover was frequent, mainly due to the lack of money. In 1978, Graham Jackson wrote that, "Dancemakers is about as far from stable as you can be and still exist as a performing group." For him, stability meant having a solid corps of dancers, a permanent repertoire, a definite look and maybe an operating grant from one of the arts councils and yet, in its first four years of existence, Dancemakers had none of

caractéristique les distingua des autres compagnies de danse moderne qui débutaient. Ils étaient un groupe de répertoire ouvert à des collaborations avec de nombreux chorégraphes travaillant avec des styles très différents. Ils élaborèrent un répertoire qui comptait des oeuvres des chorégraphes américains Robert Cohan, Nina Wiener, Paul Taylor, Donald McKayle et Lar Lubovitch, ainsi que des chorégraphes canadiennes Anna Blewchamp, Judith Marcuse, Paula Ravitz, Jennifer Mascall et Karen Jamieson. Carol Anderson, Peggy Baker, Patricia Fraser et Conrad Alexandrowicz, membres de la compagnie, contribuèrent également des oeuvres à ce répertoire.

Durant les premières années, Dancemakers n'avait pas de directeur artistique et les décisions se prenaient de façon démocratique. Ce n'est qu'en 1977, lorsque trois des membres-fondateurs quittèrent le Canada, que le leadership artistique s'avéra nécessaire pour assurer la survie de la compagnie. Peggy Baker et Patricia Miner acceptèrent donc le poste de codirectrices.

Initialement, les danseurs/seuses ne recevaient que 5.00$ par semaine et les chorégraphes étaient payés que si des fonds étaient disponibles. À l'époque, les danseurs ne restaient pas très longtemps avec la compagnie en grande partie à cause du manque de fonds. En 1978, Graham Jackson écrivit: «Dancemakers est aussi loin de la notion de stabilité qu'il est possible de l'être, tout en continuant d'exister comme groupe». Pour lui, la stabilité signifiait la présence d'un corps solide de danseurs/seuses, un répertoire permanent, une allure précise et peut-être même une subvention de fonctionnement de l'un des Conseils des Arts. Cependant, dans ses quatre premières années d'existence, Dancemakers ne répondait à aucun de ces critères. Une certaine constance était par contre assurée par une poignée d'individus tissant l'historique de la compagnie.

Carol Anderson fut associée à Dancemakers pendant quinze ans dans les rôles de danseuse, chorégraphe et directrice artistique. Dès la deuxième saison de la compagnie, elle contribua des oeuvres régulièrement et son *Windhover*

these. However, there was consistency in a handful of individuals important to the company's history.

Carol Anderson had a fifteen-year association with Dancemakers as a dancer, choreographer and artistic director. By the company's second season, she was contributing work regularly and her *Windhover* (1983) became a signature piece for Dancemakers.

Peggy Baker performed in Dancemakers' debut concert while studying at the School of Toronto Dance Theatre and later contributed choreography including *Album* – a dance of four "snapshot" vignettes inspired by her family photo album. Baker was artistic director of the company from 1980-1981, and her leadership resulted in a coherent and powerful performance group.

In addition to her work as an artistic director, from 1979-1980, Anna Blewchamp created many significant pieces for Dancemakers, including *A.K.A.*, *Terminal*, *Homage* (1976) and *Arrival of All Time* (1975), inspired by the writing of Virginia Woolf.

Both Patricia Fraser and Patricia Miner joined Dancemakers in 1975, Fraser coming from York University and Miner from Toronto Dance Theatre. Both contributed to Dancemakers' development through leadership and their extraordinary abilities as dancers. Miner co-directed the group with Baker from 1977-1979, bringing stability to the company. Fraser became Dancemakers' associate director in 1980 and then co-director with Anderson from 1981-1985.

After Anderson's tenure as artistic director from 1985-1988, Dancemakers made a major shift, moving from a repertory company to one that performed mainly the work of its artistic director. From 1988-1990 that position was held by Bill James. James began his career dancing with Le Groupe de la Place Royale and later choreographed for Le Groupe, O Vertigo and Danse Partout before coming to Toronto. When he came to work for Dancemakers, he had been living in rural Quebec, his move to Toronto initiated his experiments with dance in an urban environment. *Atlas Moves Watching* (1985) took

(1983) devint une oeuvre-signature pour Dancemakers.

Peggy Baker dansa dans le premier concert présenté par Dancemakers tout en étudiant au School of Toronto Dance Theatre, et contribua éventuellement des oeuvres comme *Album* – une danse de quatre vignettes «photo» inspirées de son album de photos de famille. Baker fut la directrice artistique de la compagnie de 1980 à 1981 et son leadership se traduit par un groupe d'interprétation puissant et cohérent.

En plus de son travail de directrice artistique, de 1979 à 1980, Anna Blewchamp créa plusieurs oeuvres importantes pour Dancemakers, notamment *A.K.A.*, *Terminal*, *Hommage* (1976) et *Arrival of All Time* (1975), inspirée des écrits de Virginia Woolf.

Patricia Fraser et Patricia Miner se joignirent à Dancemakers en 1975, Fraser diplômée de l'Université York et Miner ayant étudié au Toronto Dance Theatre. Toutes deux contribuèrent à la croissance de Dancemakers par leur leadership et leur incroyable talent de danseuse. Miner codirigea le groupe avec Baker de 1977 à 1979, y apportant une certaine stabilité. Fraser devint directrice associée de Dancemakers en 1980 et ensuite codirectrice avec Anderson de 1981 à 1985.

Suite au directorat artistique d'Anderson de 1985 à 1988, Dancemakers amorça un virage majeur, celui de compagnie de répertoire à une compagnie qui essentiellement allait se consacrer aux oeuvres de son/sa directeur/trice artistique. De 1988 à 1990 ce poste fut occupé par Bill James. James débuta sa carrière de danseur avec Le Groupe de la Place Royale et chorégraphia plus tard pour le Groupe, ainsi que pour O Vertigo et Danse Partout avant de s'installer à Toronto. Avant de se joindre à Dancemakers, il vivait dans une région rurale du Québec et son départ pour Toronto déclencha sa recherche en danse dans un environnement urbain. *Atlas Moves Watching* (1985) fut présenté au premier plancher d'un magasin dont les vitrines ouvraient sur la rue Queen Ouest, une rue très achalandée de Toronto. Les interprètes dansèrent dans la vitrine du magasin, sur un arrière-plan d'activités de rue chorégraphiées et aléatoires. James

place in a storefront on Toronto's busy Queen Street West. The dancers performed in the shop window, against a background of both random and choreographed street activity. James brought innovative choreography to the company, but Dancemakers struggled with the transition and James resigned as artistic director in 1990.

French-born Serge Bennathan succeeded James. Bennathan emigrated to Canada in 1985 and worked in Ottawa with Le Groupe de la Place Royale and in Vancouver with Experimental Dance and Music, Dancecorps, the Judith Marcuse Dance Company and Ballet British Columbia before joining Dancemakers. Under his direction, Dancemakers has moved completely away from its eclectic repertory tradition and Bennathan's choreography has brought the company wider international acclaim. Among the works Bennathan has contributed are *Quands les grand-mères s'envolent* (1992), *Les vents tumultueux* (1993) and *Sable/Sand* (1995).

From its beginning as a company that was to present just one season of work and then disband, Dancemakers has become a mainstay of Toronto's dance community. Its studios have become a performance venue and rehearsal space for the independent dance community; past and present company members including Julia Sasso, Philip Drube and Sylvie Bouchard regularly contribute choreography to Toronto's dance scene, and under Bennathan's guidance Dancemakers continues to present innovative and challenging choreography.

apporta une chorégraphie innovatrice à la compagnie mais Dancemakers trouva la transition difficile et James démissionna du poste de directeur artistique en 1990.

Serge Bennathan, né en France, succéda à James. Bennathan émigra au Canada en 1985 et travailla à Ottawa avec Le Groupe de la Place Royale et à Vancouver avec Experimental Dance and Music, Dancecorps, le Judith Marcuse Dance Company et le Ballet British Columbia avant de se joindre à Dancemakers. Sous sa direction, Dancemakers s'est affranchi complètement de sa tradition de répertoire éclectique et la chorégraphie de Bennathan a apporté une renommée internationale à la compagnie. Parmi les oeuvres contribuées par Bennathan se retrouvent: *Quand les grand-mères s'envolent* (1992), *Les vents tumultueux* (1993) et *Sable/Sand* (1995).

Au départ une compagnie qui ne devait présenter qu'une saison de spectacles pour ensuite se dissoudre, Dancemakers est devenue l'un des piliers du milieu de la danse de Toronto. Ses studios sont maintenant utilisés comme salles de spectacles et comme espaces de répétitions par le milieu indépendant de la danse; d'anciens membres ainsi que des membres actuels de la compagnie comme Julia Sasso, Philip Drube et Sylvie Bouchard contribuent régulièrement des oeuvres au milieu de la danse à Toronto et sous la direction de Bennathan, Dancemakers continue à présenter une chorégraphie qui ne cesse d'innover et de confronter.

---

**Dans les fougères foulées du regard** (Among the Ferns, Brushed by a Glance)
Première/Premiere: Louise Bédard Danse, l'Agora de la Danse, Montreal, May 3 mai, 1995
chorégraphe/Choreographer: Louise Bédard
conseiller artistique/Artistic assistant: Vladimir Petkov
répétitrice/Rehearsal Director: Dodik
interprètes/Performers: Marc Boivin, AnneBruce Falconer, Jacqueline Lemieux, Luc Ouellette, Harold Rhéaume, Michèle Rioux
musique originale/Original Music: Robert Marcel Lepage
scénographie/Set Design: Richard Lacroix
réalisation des décors/Set Construction: Alain Cadieux pour/for Manoeuvre Montréal

peinture scénique/Scenic Painters: Sophie Dagenais et Alain Cadieux
assemblage des filets/Assembly of nets: Nadjia Vranjes
conception et réalisation des costumes/Costume Design and Construction: Caroline Bourgeois
assistante à la réalisation des costumes/Assistant Costume Design: Marie-Josée Michaud
lumière/Lighting: Lucie Bazzo
maquillages/Make-up: Angelo Barsetti
photographie/Photography: Michael Slobodian
techniciens/Technicians: Sylvain Fontaine, Vincent Rouleau, Réjean Bourgault, Nancy
Longchamps

La Création
Après l'oeuvre les *métamorphoses clandestines* (1991) qui sondait l'univers masculin et *vierge noire* (1993) qui abordait la psyché féminine, Louise Bédard complète un triptyque en joignant hommes et femmes avec *Dans les fougères foulées du regard*.

Cette création réunissant trois hommes et trois femmes, explore la dualité interne propre à chacun dans une perspective où la poésie sert d'ancrage et d'amarrage. L'oeuvre se lit comme un immense mouvement vital traversé par des êtres qui vivent intensément et passionnément, qui se croisent, se toisent, se manipulent et s'aiment ... parfois.

The Creation
Following *métamorphoses clandestines* (1991) which explored the world of the masculine and *vierge noire* (1993) which explored the feminine psyche, Louise Bédard completes a triptych by combining men and women in *Dans les fougères foulées du regard*.

(English translation from June 11 juin, 1996, Canada Dance Festival Danse Canada, National Arts Centre Studio du Centre national des Arts)
This piece brings together three men and three women in an exploration of the internal duality of each individual, evolving within a poetic landscape. The work unravels as an immense vital movement whose path is crossed by humans existing intensely and passionately, people who meet, watch, manipulate and at times love. The audience is swept irresistibly into the energy of the wholehearted abandon.

*Des fleurs poussent à l'envers dans un champ. Les cieux tourbillonnent sur la terre en dessous. Dans cette oeuvre primée, un univers sens dessus dessous, trois couples folâtrent, leurs gestes empreints d'une myriade d'élaborations subtiles. Ignorant leur environnement inversé et s'ignorant mutuellement, ces terriens vaquent à leurs occupations quotidiennes. Des collisions éclatent dans la sensualité, la violence, la tendresse et dans cette poésie subtile et complexe qui porte l'empreinte de Bédard et qui se retrouve dans ses oeuvres explorant les relations interpersonnelles.*

*Flowers grew upside down in a field. Skies swirled on the earth below. In this award-winning topsy-turvy world, three couples frolicked, their gestures loaded with a myriad of subtle elaborations. Oblivious to their inverted environment and each other, these earthlings went about their everyday affairs. Collisions erupted in sensuality, violence, tenderness and that sweet and complex poetry that bears Bédard's label in dances about relationships.*

Linde Howe-Beck

## Hylda Davies
by/par Pat Richards

**Davies, Hylda**. Dancer, choreographer, teacher. Born: June 11, 1897, Folkstone, England. Birth-name: Hylda Davis. Died: 1988, Kelowna, British Columbia.

Madame Hylda Davies grew up studying dance with her mother, formerly a professional dancer. She continued her training at the Italia Calenti School of Dancing, London.

Davies arrived in Halifax, Nova Scotia in August 1922, with her mother and sister Lydia. They came to Canada to join the third sister, Katharine, who had moved to Halifax with her husband.

A chance encounter with Joy Redden led to the formation of what was for twenty years the most important dance school in Halifax. The Madame Hylda School of Dance was located at St. Agnes Hall on Quinpool Road. Madame

**Davies, Hylda**. Danseuse, chorégraphe, professeure. Née : 11 juin 1897, Folkstone, Angleterre. Nom à la naissance : Hylda Davis. Décédée : 1988, Kelowna, Colombie-Britannique.

Madame Hylda Davies étudia la danse dès son enfance avec sa mère, une ancienne danseuse professionnelle. Elle poursuivit ensuite sa formation à l'école de danse Italia Calenti à Londres.

Elle s'établit à Halifax, Nouvelle-Écosse en août 1922, accompagnée de sa mère et de sa soeur Lydia. Elles vinrent au Canada pour rejoindre la troisième soeur, Katharine qui s'était installée à Halifax avec son époux.

C'est une rencontre fortuite avec Joy Redden qui mena à la formation de ce qui allait être pendant vingt ans l'école de danse la plus importante de Halifax. Madame Hylda's School of Dance s'installa au St Agnes Hall sur la rue Quinpool. Madame Hylda enseignait le ballet et sa soeur Katharine (Kate), la danse à claquettes même si cette dernière, qui détenait une maîtrise en musique, ne se perçut jamais comme une danseuse.

Davies ne fut non seulement une professeure de talent mais également une interprète et chorégraphe accomplie; son travail fut rapidement reconnu par les connaisseurs de Halifax et par la presse. Sur une coupure de presse sans date on aperçoit la photographie de Davies et le commentaire suivante : «En plus de nous plaire avec sa propre danse pleine de grâce, [Davies] a rassemblé autour d'elle un groupe de belles jeunes femmes de Halifax et leur a tellement bien enseigné l'art de la danse que chaque représentation est un véritable triomphe.»

Hylda taught ballet, and her sister Katharine (Kate) taught tap dance, although Kate, who had a Masters degree in music, never thought of herself as a dancer.

Davies was not only a very successful teacher, but also an accomplished performer and choreographer, and her work was quickly appreciated by the Halifax theatre-goers and by the press. In an undated newspaper clipping, Davies' photograph appears with the following comment: "In addition to pleasing with her own graceful dancing, [Davies] has gathered around her a group of attractive Halifax girls, and so instructed them in the art of dance, that each appearance is a veritable triumph." Margueritte, Joy Redden's daughter, was Davies' first student and became her first star performer, along with Davies' niece, Phyllis Early.

In 1925, Ruth Tully also joined Davies, but Tully had already been dancing for years, performing her own choreography with George's Juvenile Entertainers and the Halifax Dramatic and Musical Club. In 1926 Davies acquired a contract with Mr. John F. O'Connell, the lessee and manager of the Majestic Theatre, Barrington Street. This was previously the Academy of Music, and later became the Capitol Theatre. The contract was for prologues before the movies. Halifax had always been a lively theatre-going city, with many musical revues being put on by the Rotary, Kiwanis and Commercial Clubs as well as the Halifax Dramatic and Musical Club, and an affiliate group, the Dominoes. In addition to the popularity of local performers, many European and American productions were seen at the Majestic, including Stuart White's English productions, which included the ballet the *Black Crook*. Other touring groups included Rose Sydell's Burlesque Co., Isham's Octoroons and Black Patty's Troubadours.

In 1926 prologues included instrumental music, singing and dancing. Sometimes the dance sequences were related to the film and at other times they were a composite of dances taken from other dance productions. One undated newspaper review notes: "It was not 'The Dancer From Paris', which in itself was a

Margueritte, la fille de Joy Redden, fut la première élève de Davies et devint aussi sa première interprète étoile en même temps que la nièce de Davies, Phyllis Early.

En 1925, Ruth Tully se joint aussi à Davies mais Tully avait déjà plusieurs années d'expérience, interprétant ses propres chorégraphies avec George's Juvenile Entertainers et le Halifax Dramatic and Musical Club. En 1926, Davies décrocha un contrat avec M. John F. O'Connell, le locataire et gérant du théâtre Majestic, sur la rue Barrington. (C'était l'ancienne académie de musique et devint plus tard le théâtre Capitol). Ce contrat se résumait aux prologues avant la projection des films. Halifax avait toujours été une ville où les gens aimaient aller voir des spectacles sur scène. Plusieurs revues musicales avaient été produites par les clubs Rotary, Kiwanis et Commercial ainsi que par le Halifax Dramatic and Musical Club et son groupe affilié, les Dominoes. En plus de la popularité des artistes locaux, des productions européennes et américaines se produisaient au théâtre Majestic, entre autres les productions anglaises de Stuart White qui incluaient le ballet *Black Crook*. D'autres groupes se produisirent en tournée : Rose Sydell's Burlesque Co., Isham's Octoroons et Black Patty's Troubadours.

En 1926, les prologues aux films comportaient de la musique instrumentale, du chant et de la danse. Les séquences de danse présentées avaient quelquefois un lien avec le film et d'autres fois, elles étaient un amalgame de danses pigées à d'autres spectacles. Une critique non datée d'un journal écrit : «Ce n'était pas The Dancer From Paris qui était en soi une production de mérite certain qui étonna l'auditoire du théâtre Majestic, mais plutôt Les Danseurs/seuses de Halifax, qui firent preuve d'un calibre égal sinon supérieur aux productions haut de gamme en visite, qui présentèrent ce qu'on pourrait appeler une brève revue de danse.» Ainsi, en 1926, les prologues étaient annoncés dans le Morning Chronicle pour le 28 mai, le 4, 8 et 29 juin et le 10 et 20 juillet. Ces prologues, nécessitant des costumes élaborés et les répétitions furent extrêmement exigeantes

production of high merit, that astounded the large audience at the Majestic Theatre, but 'The Dancers from Halifax', who in manner that was equal, if not superior, to that in many high class productions brought to the city, presented what might be termed a brief dance revue." In 1926 for example, prologues were advertised in the Morning Chronicle for May 28, June 4, 8 and 29, July 10 and 20. These prologues, requiring elaborate costumes and rehearsals, were a tremendous undertaking for Davies, who, in addition, taught regular classes in her school. Most of the music for the prologues was arranged by Harry Cochrane, who worked with Davies for many years; Greta Rent, one of Davies' featured dancers, designed many of the costumes which her mother then created.

The contract with J.F. O'Connell lasted, incredibly, for approximately fifteen years. In addition to the prologues, which were numerous, Davies also found time to choreograph some of the dances for The Halifax Dramatic and Musical Club Productions and the Dominoes, e.g. The Minstrel Revue of 1926.

In 1927, an outdoor concert was held in the Halifax Public Gardens featuring Madame Hylda and her Classic Dancers. Four thousand people crowded into the Gardens for the event. The following year the event was repeated with better staging; however, Davies' name is not mentioned as a performer. This was possibly due to the fact that she was expecting her first child. Davies was married to Willard Nelson, and Ronald was born in 1929, followed by Joan in 1932.

In 1928, Pathe News came to Halifax to film Davies' dancers. The footage, which unfortunately has since been lost, was shot at a beach in Cow Bay, and made the rest of Canada aware of the dance activity in Halifax. Towards the end of the 1920's, some of Davies' early students, Greta Rent, Ruth Tully and Margueritte Redden, began to do their own performances with the Halifax Dramatic and Musical Club and for the Enchanted Hour Series at the Lord Nelson Hotel. Tully remembers tension between Davies and the dancers about their performances for other groups.

pour Davies, qui devait par surcroît enseigner les cours réguliers à son école. Les thèmes musicaux pour ces prologues furent en grande partie arrangés par Harry Cochrane qui travailla avec Davies pendant de nombreuses années; Greta Rent, une des danseuses de Davies à l'affiche, conçut plusieurs des costumes que sa mère réalisait ensuite.

Incroyablement, le contrat avec J.F. O'Connell s'étala sur environ quinze ans. En plus des prologues, qui furent nombreux, Davies trouva aussi le temps de chorégraphier certaine des danses pour les productions du Halifax Dramatic and Musical Club et pour les Dominoes, par exemple The Minstrel Revue de 1926.

En 1927, un concert en plein air eut lieu dans les Jardins publics de Halifax mettant en vedette Madame Hylda et ses Classic Dancers. Quatre mille personnes se présentèrent pour l'événement qui fut répété l'année suivante avec une mise en scène améliorée. Le nom de Davies n'apparaît cependant pas au programme comme interprète, vraisemblablement parce qu'elle attendait alors son premier enfant. Davies était mariée à Willard Nelson et son fils, Ronald, vit le jour en 1929 suivi de Joan en 1932.

En 1928, Pathe News vint à Halifax filmer les danseurs/seuses de Davies. Les prises de vue, malheureusement perdues depuis, furent tournées à une plage de Cow Bay et révélèrent l'activité en danse à Halifax à l'ensemble du Canada. Vers la fin des années 1920, certaines des premières élèves de Davies, Greta Rent, Ruth Tully et Margueritte Redden commencèrent à présenter leurs propres spectacles avec le Halifax Dramatic and Musical Club et pour l'Enchanted Hour Series à l'hôtel Lord Nelson. Tully se souvient de la tension présente entre Davies et ses danseuses à propos de leurs spectacles pour d'autres groupes.

En 1927, Marial Mosher, alors âgée de dix ans, se joint à l'école de Davies. Cinq ans plus tard, elle participait aussi aux prologues. Mosher alla ensuite étudier au Albertina Rasch Studio à New York. Elle retournait à Halifax pendant les vacances et partageait ses nouvelles techniques avec Davies et sa soeur Kate. Elle fut aussi

In 1927, Marial Mosher joined Davies' School as a ten year old. Five years later she was also performing in the prologues. Mosher then went to New York to study at the Albertina Rasch Studio. During the holidays, she returned to Halifax and shared her new skills with Davies and her sister Kate. She also taught for Davies. She became one of Davies' principal dancers and even assisted with the choreography for the prologues.

After the start of World War II, many of Davies' dancers left and her studio finally closed in 1943. The work that she created towards the end of the 1930's was mostly for the troops stationed in Halifax, and consisted of light entertainment, including tap and jazz solos. She also continued to present the occasional Prologue at the Capitol Theatre. Her most bitter disappointment was Marial Mosher's departure to sign up with the newly formed Canadian Women's Army Corps. After leaving Halifax, Davies and her family moved to the Bay of Fundy, and then to Moncton, New Brunswick, in 1945. After her husband's retirement, they moved to several different cities, finally settling in Kelowna, British Columbia in 1969, where Davies died in 1988 at the age of ninety-one.

After closing her School in Halifax, she left the dance world behind, rarely talking about or dwelling on the past. In 1986, she was inducted into the Encore Hall of Fame, along with eight other Canadian dance artists all over the age of eighty – a fitting tribute to a woman who brought ballet training to Halifax and strongly influenced a generation of dancers with her professionalism and dedication to dance.

professeure sous Davies. Elle devint l'une des danseuses principales de Davies et l'assista même avec les chorégraphies des prologues.

Plusieurs des danseurs/seuses de Davis partirent après le début de la Deuxième Guerre mondiale et son studio ferma finalement ses portes en 1943. Le travail qu'elle créa à la fin des années trente étaient presqu'exclusivement à l'intention des compagnies affectées à Halifax et se résumaient à une forme de divertissement léger, incluant la danse à claquettes et des solos jazz. Elle continua aussi à présenter occasionnellement des prologues au théâtre Capitol. Sa déception la plus amère fut de voir Marial Mosher s'engager dans le nouveau Corps de l'Armée des Femmes Canadiennes. Après avoir quitté Halifax, Davies et sa famille s'installèrent à la Baie de Fundy et ensuite à Moncton au Nouveau-Brunswick en 1945. Suite à la retraite de son mari, ils déménagèrent vers plusieurs villes différentes pour finalement s'établir à Kelowna, Colombie-Britannique en 1969, année où Davies décéda à l'âge de quatre-vingt-onze ans.

Après la fermeture de son École à Halifax, elle délaissa le milieu de la danse complètement, n'en parlant peu et ne discutant pas du passé. En 1986, elle fut introduite au Temple de la renommée Encore, en même temps que huit autres artistes de danse canadiens, tous âgés de plus de quatre-vingt ans, une reconnaissance appropriée pour une femme qui instaura la formation en ballet à Halifax et qui eu un impact majeur sur une génération de danseurs/seuses par son professionnalisme et son engagement envers la danse.

---

## Decidedly Jazz Danceworks
### by/par Anne Flynn

Decidedly Jazz Danceworks is a Calgary-based company founded in 1984 by Vicki Adams

Vicki Adams Willis, Michele Moss et Hannah Stilwell fondèrent Decidedly Jazz Danceworks en 1984. Moss et Stilwell étaient toutes deux des élèves de la chorégraphe Adams Willis, qui était professeure agrégée à l'Université de Calgary. Leurs études terminées, Moss et Stilwell n'avaient aucune envie de s'expatrier pour continuer à danser et réussirent à convaincre Willis de fonder une troupe de danse de concert dans la tradition jazz. La troupe originale incluait

Willis, Michele Moss, and Hannah Stilwell. Moss and Stilwell were both students of choreographer Adams Willis, who was Associate Professor at the University of Calgary. After graduation, neither Moss nor Stilwell wanted to leave Calgary in order to continue dancing, so they convinced Willis to create a concert dance company in the jazz tradition. The original company included dancers Sean Cheesman, Jill Curry, Moss and Stilwell. Their first concert was held at Dancers' Studio West, and the show was held over for two extra weeks to accommodate the audience numbers it attracted. Denise Clarke and Anne Flynn appeared as guests in this first concert, in a piece that Willis had created for them several years earlier.

The company really got off the ground in 1987 when it received funding from a federal government job training programme to hire ten dancers for ten months. After this pivotal year, Willis resigned from her position at the University of Calgary, and the company flourished.

Vicki Adams Willis is the daughter of Alice Murdoch Adams, a prolific choreographer/performer who opened one of Calgary's earliest dance studios in the 1920's. Willis began dancing at the age of three in the family studio; her aunt, Jean Murdoch Simpson, took over the school that her mother had opened. Before DJD was created, Willis was well known in Calgary for her work as a choreographer, dancer and singer, with groups such as the Young Canadians of the Calgary Stampede, the Calgary Theatre Singers, Calgary Dance Theatre and others.

The DJD company mandate is "to create an awareness of, and encourage respect for the integrity, spirit and traditions of jazz". The dancers receive training in jazz, ballet, tap, Afro-Cuban, African, contemporary, swing/lindy, funk, flamenco, bharata-natyam and yoga. Their stylistic range is broad, but they are first and foremost jazz dancers. The company has produced an average of two new shows each season, touring to communities both within and outside Canada, and they have done

les danseurs Sean Cheesman, Jill Curry, Moss et Stilwell. Leur premier concert fut présenté au Dancers' Studio West et le spectacle fut prolongé pour deux semaines en réponse à la demande générale. Denise Clarke et Anne Flynn furent invitées à danser dans ce premier concert, interprétant une oeuvre créée à leur intention plusieurs années auparavant.

La compagnie connut un essor important en 1987 lorsqu'elle put engager dix danseurs/seuses pour dix mois dans le cadre d'un programme d'emploi du gouvernement fédéral. C'est suite à cette année charnière que Willis quitta son poste à l'Université de Calgary et que la troupe prit véritablement son envol.

Vicki Adams Willis est la fille de Alice Murdoch Adams, une interprète/ chorégraphe prolifique qui ouvrit l'un des premiers studios de danse de Calgary dans les années 1920. Willis commença à danser à l'âge de trois ans dans le studio familial; sa tante, Jean Murdoch Simpson, dirigeait l'école que sa mère avait fondée. Avant la création de DJD, Willis était bien connue à Calgary pour son travail de chorégraphe, de danseuse et de chanteuse, ayant travaillé entre autres avec les Young Canadians of the Calgary Stampede, les Calgary Theatre Singers et le Calgary Dance Theatre.

Le mandat de DJD est de «créer une conscience du jazz et d'encourager le respect pour l'intégrité, l'esprit et les traditions du jazz». Les danseurs/seuses reçoivent une formation en jazz, ballet, claquettes, danse afro-cubaine, africaine, danse contemporaine, swing/lindy, funk, flamenco, bharata-natyam et en yoga. Ils/Elles explorent une grande diversité de styles mais sont avant tout des danseurs/seuses de jazz. La troupe a produit en moyenne deux nouveaux spectacles par saison, a complété des tournées au Canada ainsi qu'à l'étranger et a présenté de très nombreux spectacles dans les écoles de Calgary. DJD a aussi créé plus de vingt-cinq productions pleine soirée, cinq spectacles de tournées à l'intention d'enfants d'âge scolaire et deux spectacles de tournée visant les personnes du troisième âge. La troupe a dansé à travers l'Alberta et le Canada ainsi qu'aux Congrès internationaux de danse à Chicago et au Japon.

extensive performing in Calgary schools. They have created over twenty-five evening-length productions, five touring shows for school-aged children, and two touring shows for senior citizens. The company has performed throughout Alberta and across Canada, as well as at the World Jazz Dance Congresses in Chicago and Japan.

Willis started making dances at a young age. *Timesplay* (1983), a beautifully crafted work to music by Dave Brubeck, was the culmination of many years working with large student ensembles and classes at the University of Calgary. Another choreographic milestone in Willis's work was the full-evening piece *No Small Feets* (1992), a collaboration with the legendary jazzman Clarence "Big" Miller. Miller died suddenly nine days before the opening night, but the company managed to carry on and the show became a tribute instead of a live collaboration.

DJD has been described as "music for the eyes". They perform soulful, musical dances in the jazz style, and have become extremely popular with audiences. The music they use spans a range of jazz and related forms, and they have commissioned several scores by young Calgary composers. While the majority of the DJD repertoire has been created by Willis, Moss and Stilwell were also nurtured as choreographers, and have been creating work for the company on a regular basis since the early 1990's. The company also has a significant record of choreographic commissions. Tap dance legend Buster Brown, flamenco artist Claudia Carolina and modern dancer Leni Wylliams have contributed original pieces to the repertoire, as well as Denise Clarke, Michael Montanaro, Bradley Rapier, and Billy Siegenfeld.

The company works with a full-sized band for the final production of each season, and musical collaborators have included Miller, Tommy Banks, P.J. Perry, Ravi Poliah, Dewi Wood, the Edmonton Jazz Ensemble and over thirty other musicians and composers.

DJD aimed, from the beginning, to do more than recreate traditional jazz dances exactly as

Willis créa ses premières oeuvres dès son jeune âge. *Timesplay* (1983), une oeuvre merveilleusement ciselée sur une musique de Dave Brubeck, fut le point culminant de nombreuses années de travail avec d'importants ensembles d'élèves et d'une série de cours à l'Université de Calgary. Une autre pierre de gué du travail chorégraphique de Willis fut l'oeuvre pleine soirée *No Small Feets* (1992), une oeuvre de collaboration avec le légendaire jazzman, Clarence "Big" Miller. Celui-ci décéda subitement neuf jours avant la première du spectacle mais la troupe réussit à encaisser le coup et, plutôt qu'une collaboration en direct, le spectacle se transforma en hommage.

On a décrit DJD comme «de la musique pour les yeux». La compagnie interprète des danses musicales pleines d'émotions dans le style jazz et est extrêmement populaire auprès du public. La troupe utilise un large éventail de formes musicales jazz et de formes musicales connexes; DJD a commandé plusieurs oeuvres à de jeunes compositeurs de Calgary. Bien que la majorité du répertoire de DJD ait été créé par Willis, depuis le début des années 1990, Moss et Stilwell furent encouragées à chorégraphier des oeuvres pour la troupe régulièrement et la compagnie à aussi commandé plusieurs chorégraphies. Le légendaire danseur de claquettes, Buster Brown, l'artiste de flamenco Claudia Carolina et la danseuse moderne Leni Wylliams ont tous contribué des oeuvres originales au répertoire de la troupe comme l'ont fait Denise Clarke, Michael Montanaro, Bradley Rapier et Billy Siegenfeld.

Les productions finales de chaque saison sont présentées avec un ensemble complet de musiciens et parmi ceux qui ont collaboré à ces productions se retrouvent Miller, Tommy Banks, P.J. Perry, Ravi Poliah, Dewi Wood, l'Edmonton Jazz Ensemble et plus de trente autres musiciens et compositeurs.

Depuis sa création, DJD tente de dépasser le simple remontage répétitif de danses jazz traditionnelles présentées il y a quarante ou cinquante ans. Le but visé est plutôt de «retrouver l'esprit dans lequel ces danses historiques furent créées et évoluèrent» et de

they had been done forty or fifty years earlier. The goal was rather "to reclaim the spirit in which these historical styles had developed and evolved", and to showcase a viable and compelling contemporary dance form. The company has been unswerving in its commitment to jazz dance, and while much jazz dance is performed in commercial venues and on music videos, DJD has prided itself on being a concert dance company.

DJD operates a successful community school that trains over 800 students, offering classes for children, teens, pre-professionals and adults. The company relies largely on the support of the Calgary community, through their school, their audiences, and corporate and individual sponsorships. An unusually small percentage of the budget comes from government grants, and the company has an active board of directors and volunteers. They hold an annual fundraising ball that attracts over 1500 people, where patrons dance the night away to different styles of jazz music – a fitting way to support a company that is dedicated to touching the dancing spirit in everyone.

présenter une forme de danse contemporaine viable et accrocheuse. L'engagement de la troupe envers la danse jazz est inébranlable et bien que beaucoup de danse jazz soit présentée dans des salles commerciales et sur bande vidéo, DJD est fière de demeurer une troupe de danse de concert.

DJD dirige avec succès une école communautaire de danse qui forme plus de 800 élèves, offrant des cours aux enfants, aux adolescent(e)s, aux préprofessionnels et aux adultes. La survie de la troupe dépend en grande partie de la communauté de Calgary, de leur école, leur public et des commandites individuelles et corporatives. Une somme exceptionnellement modeste du budget origine de subventions gouvernementales et la troupe s'administre grâce à un conseil d'administration et à des volontaires dynamiques. Chaque année, la troupe organise un bal de lever de fonds, bal qui attire plus de 1500 personnes et où les contributeurs/trices dansent toute la nuit sur diverses musiques de jazz – une façon très appropriée de soutenir une troupe engagée à réveiller l'esprit de la danse en chacun et chacune.

**Dédales** (Mazes)
Premiere/Première: Montréal, 1948
Choreography/chorégraphie: Françoise Sullivan
Costumes: Jean-Paul Mousseau
Dancer/danseuse: Françoise Sullivan

*Dédales is the epitome of Françoise Sullivan's minimalist aesthetic. Eschewing narrative and performed without a set, elaborate costume, lighting or music, the piece explores the hypnotic, repetitive rhythm of the swing movement, which is regulated only by the dancer's breathing and is used to propel the dancer's body through spatial patterns. Emotional and dramatic impact derive entirely from the trance-like intensity of the performer's movement.*

*Dédales illustre la quintessence même de l'esthétique minimaliste de Françoise Sullivan. Évitant la narration et interprétée sans décor, costume, éclairage ou musique élaborés, cette oeuvre explore le rythme hypnotique, répétitif du mouvement oscillatoire qui n'est contrôlé que par la respiration de la danseuse qui propulse son corps dans des motifs spatiaux. La charge émotive et dramatique surgit entièrement de l'intensité, semblable à la transe, du mouvement de l'interprète.*

Allana Lindgren

Photo: Mac Baker

**Nancy Lima Dent**
by/par Clifford Collier

**Dent, Nancy Lima**. Dancer, choreographer, teacher. Born: October 22, 1919, Toronto, Ontario. Birth name: Nancy Lima.

Nancy Lima Dent studied music as a child at the Toronto Conservatory, and in 1942 began dance training with Boris Volkoff, Elizabeth Leese and Rita Warne.

In 1946, she presented her first choreography, *Set your clock at U235* (1946), using a poem by Norman Corwin, with an original score by Sam Goldberg.

In the mid-1940's, Dent went to New York, and for two years she studied the techniques of Martha Graham, José Limón and Hanya Holm and the composition technique of Doris Humphrey. She returned to Toronto in 1948 where friends convinced her to stay and help develop modern dance in Canada.

In Toronto, she joined the United Jewish People's Order (UJPO), an organization that maintained both the Toronto Jewish Folk Choir and the Neo Dance Theatre, a dance company directed by Cynthia Barrett. Dent danced and

**Dent, Nancy Lima**. Danseuse, chorégraphe, professeure. Née : 22 octobre 1919, Toronto, Ontario. Nom à la naissance : Nancy Lima.

Nancy Lima Dent étudia la musique au Toronto Conservatory dès son enfance. Elle débuta sa formation en danse en 1942 avec Boris Volkoff, Elizabeth Leese et Rita Warne.

En 1946, elle présenta sa première chorégraphie, *Set your clock at U235* (1946), s'inspirant d'un poème de Norman Corwin, sur une musique originale de Sam Goldberg.

Au milieu des années 1940, Dent se rendit à New York où pendant deux années, elle étudia les techniques de Martha Graham, José Limón et Hanya Holm, ainsi que la technique de composition de Doris Humphrey. Elle revint à Toronto en 1948 où elle fut persuadée par des amis de s'installer et de participer au développement de la danse moderne au Canada.

À Toronto, elle s'associa au United Jewish People's Order (UJPO), un organisme sous-tendant à la fois le Toronto Jewish Folk Choir et le Neo Dance Theatre, une troupe de danse dirigée par Cynthia Barrett. Dent y travailla comme danseuse et partagea la charge d'enseignement avec Barrett. Elle assuma la direction de la troupe lors du départ de Barrett en 1949. Elle changea le nom de la troupe, qui devint le New Dance Theatre.

En 1949, Saida Gerrard, une Canadienne de naissance, revint au pays après un séjour aux États-Unis afin de chorégraphier *Di Naye Hagode*, un spectacle présenté au Massey Hall avec chorale complète, orchestre et le New Dance Theatre. Gerrard devait interpréter le rôle principal et en fut incapable à la dernière minute. On tira vite Dent du corps de ballet afin qu'elle interprète le rôle qu'elle n'avait pas étudié; sa consigne était de sortir sur scène et de «faire semblant», sinon la production serait un échec

shared teaching duties with Barrett; she directed the group after Barrett left in 1949, and changed its name to the New Dance Theatre. In 1949, Canadian-born Saida Gerrard returned from the United States to choreograph *Di Naye Hagode*, which was presented at Massey Hall with full choir, orchestra and the New Dance Theatre. At the last minute Gerrard, who was to dance the lead, was unable to go on stage, and Dent was pulled from the corps to dance the role, which she had not understudied. She was told to go out and "fake it" or the entire production would be a failure. She did so, to great acclaim, and the audience never knew of the backstage crisis.

Also in 1949, Dent involved herself with the organization of the Second Canadian Ballet Festival in Toronto, and in 1950, entered *That We May Live* (1950), co-choreographed with New York dancer Alex Rubin, in the third Festival in Montreal. In 1950, Dent stopped dancing and concentrated on her teaching and choreography. She created *Credo* (1951), to music by Kabalevsky, and for the 1952 Canadian Ballet Festival in Toronto, she entered *Heroes of Our Time* (1952). She choreographed *Lysistrata* (1953), and in 1955, she presented her final work with the UJPO, *Indian Women's Lament* (1955), performed at Hart House Theatre.

Later that year, Dent moved with her family to Sudbury to teach and choreograph for two years at the Sudbury Mine-Mill Dance School operated by the Mine, Mill and Smelter Workers' Union. During that time she gave well-received recitals in Sudbury and Garson, Ontario.

In 1957, she took a summer course at Connecticut College and studied with Doris Humphrey, just before her death. She also took Graham classes, and studied with José Limón and Ruth Currier. The experience revitalized her and, on her return to Toronto, she formed the Nancy Lima Dent Dance Theatre. In 1959, she taught in the summer at Camp Manitou-wabing, where she choreographed *Many Faces of Man* (1959), to an original electronic score by Dr. Myron Schaeffer.

In 1960, she arranged the Festival Evening of

total. Elle réussit avec brio ; elle fut acclamée et l'auditoire ne sut rien de la crise se déroulant en coulisses.

Toujours en 1949, Dent collabora à l'organisation du deuxième Festival de ballet canadien présenté à Toronto et l'année suivante, elle présenta *That We May Live* (1950) au troisième Festival à Montréal, une oeuvre cochorégraphiée avec le danseur newyorkais Alex Rubin.

En 1950, Dent cessa de danser et elle se consacra à l'enseignement et à la chorégraphie. Elle créa *Credo* (1951), sur une musique de Kabalevsky, et dans le cadre du Festival de ballet canadien de 1952 à Toronto, elle chorégraphia *Heroes of Our Time* (1952). En 1953, elle créa *Lysistrata* (1953) et en 1955, elle présenta sa dernière oeuvre avec l'UJPO, *Indian Women's Lament* (1955), oeuvre présentée au Hart House Theatre.

Un peu plus tard dans l'année, Dent s'installa avec sa famille à Sudbury afin d'enseigner et de chorégraphier pendant deux ans au Sudbury Mine-Mill Dance School, une école dirigée par le Mine, Mill and Smelter Workers' Union. C'est à cette époque qu'elle donna des récitals bien reçus à Sudbury et à Garson, en Ontario.

En 1957, elle suivit un cours d'été au Connecticut College et étudia avec Doris Humphrey, juste avant le décès de cette dernière. Elle assista également à des classes de technique Graham et elle étudia avec José Limón et Ruth Currier. Cette expérience raviva son enthousiasme et à son retour à Toronto, elle fonda le Nancy Lima Dent Dance Theatre. En 1959, elle enseigna au Camp d'été Manitou-wabing, où elle chorégraphia *Many Faces of Man* (1959) sur une musique électronique du Dr Myron Schaeffer.

En 1960, elle organisa le Festival Evening of Modern Dance à Toronto, en collaboration avec les chorégraphes Yone Kvietys, Bianca Rogge et Ruth Tutti Lau. Elle y présenta quatre oeuvres : *Concerto Grosso* (1959) sur une musique d'Ernst Bloch, *Glory, Glory Halleluja* (1960) sur une musique folklorique, *Will No One Hear* (1960) et *The Planets, the Void, Man* (1960), ces

Modern Dance in Toronto in conjunction with choreographers Yone Kvietys, Bianca Rogge and Ruth Tutti Lau. There she presented four works: *Concerto Grosso* (1959) to music by Ernst Bloch, *Glory, Glory Halleluja* (1960) to folk music, *Will No One Hear* (1960) and *The Planets, the Void, Man* (1960), both set to music by Stan Kenton. The Modern Dance Festival in 1961 saw her *The Land* (1961), a suite of five dances inspired by Canadian and European folk music. In 1962, she created *"the children who wait in the dusk"*, a developed version of *Many Faces of Man*, to Schaeffer's music combined with folk music and Canadian poetry.

In 1965, Dent began a three-year sabbatical from dance due to an injury; however, by January 1968 she was teaching again. She taught courses and seminars for dance teachers in Toronto, Kingston, Brockville and Thunder Bay, as well as dance courses at Centennial College, Humber College, University Settlement House and North York Parks and Recreation.

Her choreographic career culminated in 1974, with the dances for Vladimir Heifetz' cantata, Oifn Fidl, sung by the Toronto Jewish Folk Choir at the MacMillan Theatre, University of Toronto. Coming full circle, Dent's last major work was with the organization where she had her beginnings.

In 1986, Dent was one of six choreographers whose early work was brought back to life as part of Dance Collection Danse's ENCORE! ENCORE! Project. *Heroes of Our Time* (1952), a group work on which she collaborated, was reconstructed using a newly commissioned score by Harry Freedman.

deux oeuvres sur une musique de Stan Kenton. Au second Festival de danse moderne, en 1961, elle présenta *The Land* (1961), une suite de cinq danses inspirées de musique folklorique canadienne et européenne. En 1962, elle créa *"the children who wait in the dusk"*, une version plus développée de *Many Faces of Man*, sur un mélange de musique de Schaeffer, de musique folklorique et de poésie canadienne.

En 1965, Dent interrompit ses activités en danse pendant trois ans en raison d'une blessure; en janvier 1968, elle avait cependant recommencé à enseigner. Elle enseignait des cours ainsi que des ateliers de formation à des professeurs de danse de Toronto, de Kingston, de Brockville et de Thunder Bay, en plus de cours de danse au Centennial College, au Humber College, au University Settlement House et dans le cadre des Services récréatifs et des parcs de North York.

Le point culminant de sa carrière chorégraphique fut atteint en 1974, à l'occasion des danses pour la cantate de Vladimir Heifetz, Oifn Fidl, interprétée par le Toronto Jewish Folk Choir au Théâtre MacMillan, à l'Université de Toronto. Revenant à son point de départ, la dernière oeuvre majeure de Dent se réalisa avec l'organisme avec lequel elle avait amorcé ses activités professionnelles.

En 1986, Dent fut l'une de six chorégraphes dont les premières oeuvres furent ravivées dans le cadre du projet de Dance Collection Danse, ENCORE! ENCORE! *Heroes of Our Time* (1952), une oeuvre pour groupe à laquelle elle collabora, fut reconstruite sur une musique originale commandée à Harry Freedman.

Boris Volkoff Studio, Toronto, 1931

Photo: Luc Senécal

**Danièle Desnoyers**
by/par Dena Davida

**Desnoyers, Danièle**. Dancer, choreographer, artistic director. Born: November 6, 1960, Montreal, Quebec.

With her pensive demeanour and fertile imagination, Desnoyers is an eloquent representative of an unusual breed of conceptual choreographers who challenge the dominant strain in Montreal of expressionistic, emotion-driven dance. Early piano lessons awakened a musicality which later re-emerged as a major characteristic of her choreography. She studied ballet from age six to sixteen until a compulsory modern dance class at the Québec Été Danse summer school set her, albeit with trepidation, on an unfamiliar modernist course. She went on to earn a degree in modern dance interpretation from the Université du Québec à Montréal, while also making her debut on the professional stage in several works of choreographer Jean-Pierre Perreault, including the premier version of his classic work *Joe*

**Desnoyers, Danièle**. Danseuse, chorégraphe, directrice artistique. Née : 6 novembre 1960, Montréal, Québec.

Avec son allure pensive et son imagination fertile, Desnoyers est une représentante éloquente d'une espèce rare de chorégraphes conceptuelles qui remettent en question le style de danse expressioniste et motivé par l'émotion qui prévaut à Montréal. Elle étudia le piano à un jeune âge, éveillant ainsi une musicalité qui allait plus tard imprégner toute son oeuvre chorégraphique. Elle suivit des cours de ballet de six à seize ans jusqu'à ce qu'un cours obligatoire d'été de danse moderne à Québec Été Danse l'initie à une voie nouvelle et moderniste, voie où elle s'engagea d'abord avec quelque appréhension mais qu'elle poursuivit en décrochant un diplôme d'interprétation en danse moderne de l'Université du Québec à Montréal, tout en faisant son début sur la scène professionnelle dans plusieurs oeuvres du chorégraphe Jean-Pierre Perreault, incluant la première version de son classique, *Joe* (1983). Elle créa ses premières oeuvres en 1984 comme membre d'un collectif de chorégraphes et créa sa propre compagnie de danse, Le Carré des Lombes en 1989, la même année où elle obtint

(1983). She created her first dances in 1984 as a member of a choreographer's collective and established her own dance company Le Carré des Lombes in 1989, the same year that she completed her degree in dance.

Desnoyers' choreographies are often described by critics as sparse and restrained, poetic and melancholic; their evocative power has gained her an international reputation. The gestural style is marked by its sophistication and complexity, abrupt dynamic changes and attention to intricate detail. Conceived by artistic collaborators, the lush and striking costumes, sculptural lights and sets are vital components of her unique choreographic language.

Desnoyers' slow and meticulous working process, including a period of scholarly research, has yielded eight full-length works since 1986, including a duet – later a quintet – study *Des héros désaffectés* (1986), a concept developed in tandem with scenographer Marc-André Coulombe; *Rouges-Gorges* (1989), a distillation of the foreboding ambience of Margaret Atwood's classic The Handmaid's Tale; *Mirador-Mi-clos* (1990), inspired by writings about artists' muses; *Les bois dormants* (1991), with inspiration from South American literature; *Ex-Voto* (1992), a collage of images emerging from painter Frida Kahlo's life and work and Desnoyers' first-hand observation of Mexican culture; *Du souffle de sa tourmente, j'ai vu* (1994), a space-conscious, pure dance ode for five of the women with whom she has worked closely for many years; and a sextet, *Discordantia* (1997), that interweaves movement into the dense and tormented music of Russian composer Sofia Gubaidulina.

Since her auspicious performances in Montreal's Festival international de nouvelle danse in 1992, Desnoyers has received numerous commissions, offers of choreographic residencies, and international touring opportunities in North America and in Europe.

son diplôme en danse.

Les critiques décrivent fréquemment les chorégraphies de Desnoyers comme dénudées et retenues, poétiques et mélancoliques. Leur pouvoir évocateur lui a assuré une renommée internationale. La gestuelle est sophistiquée et complexe, animée de changements dynamiques et d'une attention minutieuse aux détails multiples. Conçus par des collaborateurs artistiques, les costumes riches, étonnants et les éclairages et décors sculpturaux sont des composantes vitales de son langage chorégraphique.

Le processus de travail de Desnoyers, lent et méthodique, inclue une phase de recherche érudite qui s'est traduite par huit oeuvres pleine-durée depuis 1986 incluant une étude pour duo – plus tard pour quintette – *Des héros désaffectés* (1986), un concept élaboré en tandem avec le scénographe, Marc-André Coulombe; *Rouges-Gorges* (1989), qui fut une distillation de l'essence de l'ambiance oppressante du classique de Margaret Atwood The Handmaid's Tale; *Mirador-Mi-clos* (1990), inspirée de textes sur les muses d'artistes; *Les bois dormants* (1991) inspirée de la littérature sud-américaine; *Ex-Voto* (1992), un collage d'images émergeant de la vie et de l'oeuvre du peintre Frida Kahlo et de son observation directe de la culture mexicaine; *Du souffle de sa tourmente, j'ai vu* (1994), une ode pure où la notion d'espace prédomine, oeuvre créée à l'intention de cinq des femmes avec lesquelles elle a travaillé depuis plusieurs années; et un sextuor *Discordantia* (1997), qui tisse un mouvement à l'intérieur de la musique dense et tourmentée de la compositrice russe Sofia Gubaidulina.

Depuis ses interprétations remarquées au Festival international de nouvelle danse à Montréal en 1992, Desnoyers a reçu plusieurs commandes, des offres de stages-résidences et de tournées internationales en Amérique du Nord et en Europe.

Photo: Cylla von Tiedemann

**Robert Desrosiers**
by/par Paula Citron

**Desrosiers, Robert**. Choreographer, artistic director, dancer, designer. Born: October 10, 1953, Montreal, Quebec.

Following studies at the National Ballet School, Robert Desrosiers danced with the National Ballet of Canada from 1971-1972, Lindsay Kemp & Company from 1974-1975 and Toronto Dance Theatre from 1976-1980, as well as Les Ballets Felix Blaska, Les Grands Ballets Canadiens, Montréal Contemporary Dance Theatre, Ballet Ys and Dancemakers. In 1980 he established his own company in Toronto, Desrosiers Dance Theatre.

Well-known as a choreographer both in Canada and abroad, Desrosiers' repertoire contains audience- pleasing, full-evening works, using imaginative props, costumes, sets and projected images, and enhanced by original scores by Canadian composers such as Eric Cadesky and John Lang. Desrosiers was strongly influenced by the eccentric English theatre visionary Lindsay Kemp. The dance critic Anna Kisselgoff of the New York Times has referred to Desrosiers' work as "an hypnotizing spectacle".

In the early years of his company, Desrosiers had a complement of people who were more

**Desrosiers, Robert**. Chorégraphe, directeur artistique, danseur et concepteur. Né : 10 octobre 1953, Montréal, Québec.

Suite à des études à l'École nationale du ballet, Robert Desrosiers dansa avec le Ballet national du Canada de 1971à 1972, Lindsay Kemp & Company de 1974 à 1975 et le Toronto Dance Theatre de 1976 à 1980, ainsi qu'avec Les Ballets Felix Blaska, Les Grands Ballets Canadiens, le Théâtre de danse contemporaine de Montréal, Ballet Y's et Dancemakers. En 1980, il fonda sa propre troupe à Toronto: Desrosiers Dance Theatre.

Bien connu comme chorégraphe au Canada et à l'étranger, le répertoire de Desrosiers comporte des oeuvres accessibles à un grand public, des oeuvres d'une soirée en longueur, se servant d'accessoires, de costumes et de décors créatifs, rehaussées de musiques originales de compositeurs canadiens tels qu'Eric Cadesky et John Lang. Desrosiers fut très influencé par le visionnaire excentrique du théâtre anglais, Lindsay Kemp. La critique de danse Anna Kisselgoff du New York Times a parlé du travail de Desrosiers comme étant un «spectacle hypnotisant».

Dans les premières années de sa compagnie, Desrosiers dirigeait un groupe de personnes qui avaient de fortes personnalités plutôt que d'être des techniciens de la danse. Lorsqu'il commença à intégrer les éléments de danse avec les composantes théâtrales, il se pencha de plus en plus vers des danseurs/seuses qui maîtrisaient

"personalities" than technical dancers, but as the choreographer brought the dance elements of his works more into balance with the theatrical components, he began to engage dancers who were also superb technicians. *Jeux* (1990) was Desrosiers' crucible – a work that was shorn of theatrical elements so that he could pursue the development of his dance language. Although *Jeux* disappointed many of Desrosiers' admirers, it was an important choreographic step towards refining his dance vocabulary, a combination of demanding gymnastic feats, difficult and intricate partnering and dense, rapid footwork.

Desrosiers' work has a strong philosophical and personal underpinning as the point of departure for his wild visual imaginings. The disorderly, disorganized and tormented man and his world were the central focus of early works such as *Brass Fountain* (1980) and *Bad Weather* (1982), and this theme culminated in *Ultracity* (1984) and *Lumière* (1986).

With *Blue Snake* (1985), created for the National Ballet of Canada, and *Concerto in Earth Major* (1987) for his own company, the theme of harmony with the soul and with nature respectively became the focal point, although the madness that humanity has created is still very much present. The mid-1980's was a key time in his choreographic development. Greatly influenced by oriental philosophies, subsequent works have all contained images of moving from darkness to light, of moving from scattered fragments to one unity, of transforming into a higher state; although these elements were evident in earlier works, they became more pronounced after *Blue Snake*. *White Clouds* (1994), was clearly a product of this evolution, with its western and eastern religious imagery. Desrosiers envisioned that his choreography, detailing his own self-growth, might, in turn, reach out to others "on some kind of path of self-search".

Desrosiers has been honoured with both the Canada Council's Jacqueline Lemieux Prize, 1981 and the Jean A. Chalmers Choreographic Award, 1985.

l'aspect technique. *Jeux* (1990) fut le creuset de Desrosiers – une oeuvre dépouillée de ses éléments théâtraux dans le but de raffiner son langage personnel en danse. Même si *Jeux* déçut plusieurs de ses admirateurs/trices, cette oeuvre fut une étape chorégraphique majeure dans l'élaboration de son vocabulaire personnel, un mélange d'exploits gymnastiques et de mouvements complexes entre les partenaires, et de travail de pieds dense et rapide.

L'oeuvre de Desrosiers est empreinte d'une vision philosophique et personnelle sous-jacente à ses créations visuelles délirantes. L'homme défait, désorganisé et tourmenté et son univers furent le point de mire des premières oeuvres, *Brass Fountain* (1980) et *Bad Weather* (1982), et ce thème atteint son apogée dans *Ultracity* (1984) et *Lumière* (1986).

Avec *Blue Snake* (1985), créé pour le Ballet national du Canada et *Concerto in Earth Major*, que Desrosiers créa en 1987 pour sa propre compagnie, le thème de l'harmonie de l'âme et de la nature devinrent les points saillants même si le désorde humain fut toujours très décelable. Le milieu des années 1980 fut une période critique pour l'évolution de sa chorégraphie. Très influencé par les philosophies orientales, toutes ses oeuvres subséquentes sont imprégnées d'images de mouvement de la noirceur vers la lumière, du mouvement de fragments épars vers une unité, de transformation vers un état de transcendance. Même si ces éléments sont déjà évidents dans les premières oeuvres, ils s'imposent encore plus après *Blue Snake*. *White Clouds* (1994) est de toute évidence une suite cohérente de cette évolution, comportant des éléments visuels occidentaux et orientaux. Desrosiers espérait que son oeuvre chorégraphique, qui retrace ses propres étapes de croissance intérieure pourrait, à son tour, inciter d'autres à poursuivre cette «espèce de quête intérieure».

Desrosiers a eu l'honneur de recevoir à la fois le Prix Jacqueline Lemieux du Conseil des Arts du Canada (1981) ainsi que le Prix Jean A. Chalmers pour la Chorégraphie en 1985.

### Rosemary Deveson
by/par Leland Windreich

**Deveson, Rosemary**. Dancer, teacher, choreographer. Born: December 28, 1921, Bowsman River, Manitoba. Stage name: Natasha Sobinova. Married name: Rosemary Deveson Livingston.

"Biddy" was the name that Rosemary Deveson used with her intimates, and to sign the many letters that she wrote to her parents when she danced under the more cumbersome name of Natasha Sobinova with the Ballets Russes company of Colonel de Basil. As a child, she spent a year in England, where she got her first instruction in ballet from her aunt, Doris Nichols. In 1934 her father's work took the family to Vancouver, where Deveson studied with the inspirational June Roper.

**Deveson, Rosemary**. Danseuse, professeure, chorégraphe. Née : 28 décembre 1921, Bowsman River, Manitoba. Nom de scène : Natasha Sobinova. Nom de femme mariée : Rosemary Deveson Livingston.

Avec ses intimes, Rosemary Deveson utilisait le surnom de «Biddy»; c'est aussi ainsi qu'elle signait les lettres écrites à ses parents lorsqu'elle dansait sous le nom plus lourd de Natasha Sobinova avec la troupe des Ballets Russes du Colonel de Basil. Enfant, elle passa une année en Angleterre où elle reçut ses premières leçons de ballet de sa tante, Doris Nichols. En 1934, le travail de son père amena la famille à s'installer à Vancouver où Deveson étudia avec l'inspirante June Roper.

La visite des Ballets Russes du Colonel de Basil en 1935 eut un impact énorme sur l'enfant et sur sa professeure. Malgré que Deveson fut essentiellement une danseuse lyrique avec un penchant pour les rôles romantiques, elle fut néanmoins formée pour devenir une formidable technicienne. Deveson dansa dans toutes les

The visit of Colonel de Basil's Ballets Russes in 1935 had an enormous effect on both the child and her teacher. Basically a lyrical dancer with a penchant for romantic roles, Deveson was trained nonetheless to be a formidable technician. She performed in all the local outlets that Roper provided for her charges – charity events, cabarets, civic celebrations – and appeared in the role of the Bird of Paradise in June Roper's *Dream Bird Ballet* (1936). In February 1938, she and two other pupils were presented in a midnight audition to Colonel de Basil and members of his company, after their final performance in Vancouver. Deveson and Patricia Meyers, ages sixteen and fifteen respectively, joined the company two days later in Portland, Oregon.

The name Natasha Sobinova was assigned to her during the ensuing tour of the United States, on which she gradually learned the varied and complex repertoire. In Europe she continued her studies with Lubov Egorova, Pierre Vladimiroff and Ana Roje. The choreographer David Lichine became her mentor, directing her career and creating roles for her in such ballets as *Protée* and *Graduation Ball*. Just before the outbreak of World War II, Deveson made an acclaimed debut in George Balanchine's *La Concurrence* at Covent Garden.

She returned to Vancouver early in 1940. As her teacher June Roper was preparing for retirement, Deveson opted to stay in town and opened a studio in the penthouse of the Georgia Hotel. Over the next few years, many of Vancouver's dancing talents emerged from her classes, notably Lynn Seymour and Lois Smith.

Her first marriage took her to Hollywood and New York, and she continued her training with Bronislava Nijinska in California, and Eileen O'Connor and Chester Hale in New York. Returning to Vancouver, she choreographed for the Theatre Under the Stars musicals and appeared in showcase performances sponsored by the Vancouver Ballet Society.

During her second marriage, she raised three children, remaining dedicated to her dance associations in Vancouver. After her third marriage, she resumed teaching at the Richmond

occasions organisées par Roper – événements de charité, cabarets, célébrations municipales – elle apparut dans le rôle de l'Oiseau du paradis dans le *Dream Bird Ballet* de June Roper (1936). En février 1938, Deveson ainsi que deux autres élèves furent présentés à une audition de minuit au Colonel de Basil et aux membres de sa compagnie, après leur dernier spectacle à Vancouver. Deveson et Patricia Meyers, âgées respectivement de seize et quinze ans se joignirent à la compagnie deux jours plus tard à Portland en Orégon.

Le nom de Natasha Sobinova lui fut assigné lors de la tournée des États-Unis qui suivit, tournée pendant laquelle elle apprit progressivement le répertoire complexe et varié de la compagnie. En Europe, elle poursuivit sa formation avec Lubov Egorava, Pierre Vladimiroff et Ana Roje. Le chorégraphe David Lichine devint son mentor, dirigeant sa carrière et créant des rôles pour elle tels que *Protée* et *Graduation Ball*. Juste avant la Deuxième Guerre mondiale, Deveson fit un début triomphal dans *La Concurrence* de George Balanchine à Covent Garden.

Elle décida de retourner à Vancouver au début de 1940. Sa professeure, June Roper, s'apprêtait à prendre sa retraite et Deveson choisit de s'installer en ville et ouvrit un studio dans l'appartement en attique de l'Hôtel Georgia. Elle forma plusieurs talents en danse dans les années suivantes, notamment Lynn Seymour et Lois Smith.

Lors de son premier mariage elle voyagea à Hollywood, à New York et elle poursuivit sa formation avec Bronislava Nijinska en Californie, et avec Eileen O'Connor et Chester Hale à New York. De retour à Vancouver, elle chorégraphia les revues musicales du Theatre Under the Stars et elle apparut aussi dans des spectacles de prestige parrainés par le Vancouver Ballet Society.

Elle eu trois enfants de son deuxième mariage, qu'elle éleva tout en maintenant ses associations en danse à Vancouver. Après son troisième mariage, elle recommença à enseigner au Richmond Arts Centre et devint un mentor et entraîneure pour plusieurs danseurs/seuses

Arts Centre and served as mentor and coach to several aspiring Vancouver dancers.

Deveson was one of six pioneer ballet teachers honoured at the Dance in Canada conference in Vancouver in 1978. In 1995 a plaque in her name was placed in the pavement of Vancouver's Granville Street "Star Walk".

aspirant(e)s de Vancouver.

Deveson fut l'une des six professeurs de ballet pionniers honorés lors de la conférence Danse au Canada à Vancouver en 1978. En 1995, une plaque à son nom fut installée sur le pavé du «Star Walk», sur la rue Granville à Vancouver.

---

**Double Quartet** (Double Quatuor)
Premiere/Première: Les Grands Ballets Canadiens, Salle Wilfrid Pelletier, Place des Arts, Montréal, March 3 mars, 1978
Choreography/Chorégraphie: Brian Macdonald
Music/Musique: Schubert, R. Murray Shafer
Décor: Claude Girard
Lighting/Éclairages: Nicholas Cernovitch
Music played by the Orford String Quartet/Musique interprétée par le Quatuor à Cordes Orford
Andrew Dawes: violin/violon
Kenneth Perkins: violin/violon
Terence Helmer: viola/alto
Marcel St. Cyr: cello/violoncelle
Dancers/Danseurs: Annette av Paul, Vincent Warren, Dwight Shelton, Lorne Toumine

"Those who hear the music not, Think the dancers mad."
The quick shifts from sunlight to shadow in the Schubert Quartettsatz in C Minor and the interlocking quality of the musical structure of Murray Schafer's 1st String Quartet have been combined in the now famous recording by the Orford Quartet. It was the inspiration for this choreography.

«Ceux qui n'entendent point la musique, pensent le danseur fou».
Les changements rapides du soleil à l'ombre retrouvés dans le Quartettsatz en do mineur de Schubert ainsi que le caractère imbriqué de la structure musicale du premier Quatuor pour cordes de Murray Schafer s'associent dans l'enregistrement maintenant célèbre du Quatuor Orford. Cette chorégraphie s'inspire de cette oeuvre.

---

**Douglas, William**. Dancer, choreographer, artistic director, teacher. Born: September 25, 1953, Amherst, Nova Scotia. Died: March 10, 1996, Montreal, Quebec.

William Douglas was an elegant, conceptual and sensual choreographer, whose aesthetics were profoundly marked by his studies in music, environment, architecture, the Cunningham dance style and interdisciplinary philosophy. He trained in music in Toronto and took degrees in environmental studies at the University of

**Douglas, William**. Danseur, chorégraphe, directeur artistique, professeur. Né : 25 septembre 1953, Amherst, Nouvelle-Écosse. Décédé : 10 mars 1996, Montréal, Québec.

William Douglas était un chorégraphe élégant dont l'esthétisme, à la fois conceptuel et sensuel, fut profondément marqué par ses études en musique, en écologie, en architecture, en danse de style Cunningham et par sa philosophie interdisciplinaire. Il suivit une formation en musique à Toronto et compléta une formation en

Photo: Cylla von Tiedemann

## William Douglas
by/par Dena Davida

Waterloo and architecture at Carleton
University. His dance training included
Graham-based technique at the School of
Toronto Dance Theatre from 1978-1980, ten
years at the Merce Cunningham Studio in New
York from 1981 and in-depth classwork in
classical ballet and Alexander Technique.

His professional career began in the field of
architectural and interior design and drafting in
the late 1970's in Ottawa, and later New York,
where he honed skills and values that he would
bring to dance-making. In 1980 he was engaged
for a three-year stint with Toronto's
Dancemakers. Also during the same period, he
danced in works by Judy Jarvis, David Earle,
Graham Jackson, Paula Ravitz, Patricia Beatty
and Jennifer Mascall, and in 1981 he began a
ten-year immersion in New York, dancing with
seminal experimentalist Douglas Dunn from
1983-1985, and with several younger

études environnementales à l'Université de
Waterloo et en architecture à l'Université
Carleton. Sa formation en danse comprend la
technique Graham au School of Toronto Dance
Theatre de 1978 à 1980, dix années d'études au
Merce Cunningham Studio à New York à partir
de 1981 ainsi que des classes avancées de ballet
classique et de technique Alexander.

Il débuta sa carrière professionnelle en
décoration d'appartements, en architecture et en
dessin industriel à la fin des années 1970 à
Ottawa et plus tard à New York, où il raffina les
habiletés et les valeurs qu'il allait plus tard
transposer à la création de chorégraphies. En
1980, il fut engagé pour un contrat de trois ans
par Dancemakers à Toronto. À la même époque,
il dansa dans des oeuvres de Judy Jarvis, David
Earle, Graham Jackson, Paula Ravitz, Patricia
Beatty et Jennifer Mascall. En 1981, il amorça
une véritable immersion à New York qui allait
s'étendre sur dix ans, dansant avec la sommité en
danse expérimentale, Douglas Dunn, de 1983 à
1985 ainsi qu'avec plusieurs autres chorégraphes
plus jeunes.

En 1981, Douglas fonda William Douglas
and Dancers à New York, une compagnie très
prolifique pendant treize ans. Le nom fut changé
pour William Douglas Danse en 1991, lorsqu'il
fut attiré par le nouveau défi culturel
franco-canadien, et qu'il s'installa à Montréal.

choreographers.

Thirteen years of prolific dance-making followed the founding of William Douglas and Dancers in New York in 1981; the company name was changed to William Douglas Danse when he moved to Montreal, drawn by the new cultural challenge of French Canada in 1991. His first dances were short studies of human nature. They were often performed with live music, but especially tailor-made in response to the dance qualities of his closest collaborators, dancers like Dominique Porte, Daniel Firth, Bill Coleman, and his partner José Navas. But it was with a brash, explosive trio *We Were WARned* (1992), commissioned with composer Reid Robins for the Toronto INDE '92 Festival, that Douglas later won the influential Bagnolet choreographic prize in France; the award led to national and international acclaim and touring. He began an accumulation cycle in 1993, introducing progressively thick and complex layerings of media – sound, lights, costumes, visual images, sets – and dancers: a quartet *Apollo* (1994), quintet *The Golden Zone* (1994), sextet *Love is a Stranger*, and his last work, a septet *héros* (1996).

Douglas is remembered as a precise and generous technique and composition teacher, capping his career as a guest professor in the Dance Department at the Université du Québec à Montréal. Navas believes that the enduring strength of Douglas' vision lies in his scientific approach to the craft of choreography: a métier to be taken seriously, requiring education and discipline, and not simply the result of passion. Up until the time of his death, Douglas continued to choreograph, working intensely on the wild and challenging *héros* even while spending nights in a hospital bed.

In 1994, Douglas's life and work were documented in the film E/motional/ogic, by director Lisa Cochrane.

Ses premières oeuvres étaient des études sur la nature humaine. Elles étaient fréquemment présentées avec des musiciens en direct et étaient taillées sur mesure en réponse aux qualités précises de ses plus proches collaborateurs, des danseurs comme Dominique Porte, Daniel Firth, Bill Coleman, et son partenaire José Navas. C'est cependant grâce à un trio audacieux, fougueux et explosif, *We Were WARned* (1992), commandé par le compositeur Reid Robins pour le Toronto INDE '92 Festival, que Douglas remporta plus tard le Prix Bagnolet, un prix prestigieux français de chorégraphie; cet honneur se traduit par une renommée nationale et internationale ainsi que plusieurs tournées. Il amorça un cycle d'accumulation en 1993, introduisant progressivement des couches épaisses et complexes par le moyen de différents médias -- son, éclairages, costumes, art visuel, décors -- et danseurs: un quatuor, *Apollo* (1994), un quintette, *The Golden Zone* (1994), un sextuor, *Love is a Stranger* et sa dernière oeuvre, un septuor *héros* (1996).

Le plus mémorable chez Douglas était sa technique précise et généreuse et son talent de professeur de composition, talent qu'à l'apogée de sa carrière, il exerça au poste de professeur invité au département de Danse de l'Université du Québec à Montréal. Navas estime que la force durable de la vision de Douglas réside dans son approche scientifique du processus chorégraphique: un métier qui doit être pris au sérieux, qui exige une formation, de la discipline et qui transcende la simple expression d'une passion quelconque. Douglas continua à chorégraphier jusqu'à la fin de sa vie, travaillant intensément sur l'oeuvre audacieuse et éclatée, *héros* même lorsqu'il passait des nuits dans un lit d'hôpital.

En 1994, la vie et l'oeuvre de Douglas furent documentées dans le film E/motional/ogic de la réalisatrice Lisa Cochrane.

Photo: David Street

**Dumais, Dominique**. Choreographer, dancer. Born: March 14, 1968, Lac-St-Jean, Quebec.

Dominique Dumais was singled out as a dancer at the age of thirteen, when choreographer Constantin Patsalas created a leading role for her in *Past of the Future* (1981) at the National Ballet School. She graduated from the school in 1986, entering the National Ballet of Canada in 1987 and becoming second soloist in 1993. In 1999, she left the company as a dancer to focus on a choreographic career.

Tall and elegant, Dumais gave strong performances in the classics, dancing the Lilac Fairy and Principal Fairy in *The Sleeping Beauty*, Mercedes in *Don Quixote* and Myrtha in *Giselle*, but was particularly outstanding in character roles including Lady Capulet in *Romeo and Juliet* and Frau Gabor in James Kudelka's *Spring Awakening* (1994), and in the Balanchine and Kylian repertoires. She created featured roles in Kudelka's *The Four Seasons* (1997),

## Dominique Dumais
by/par Penelope Reed Doob

**Dumais, Dominique**. Chorégraphe, danseuse. Née : 14 mars 1968, Lac St-Jean, Québec.

Le talent de danseuse de Dominique Dumais fut déjà souligné à treize ans alors que le chorégraphe Constantin Patsalas créa un rôle principal à son intention dans *Past of the Future* (1981) à l'École nationale du ballet. Elle compléta ses études à l'école en 1986, se joint au Ballet national en 1987 et devint deuxième soliste en 1993. En 1999, elle cessa de danser pour la compagnie pour se consacrer à sa carrière de chorégraphe.

Grande et élégante, Dumais offrit des interprétations fortes d'oeuvres classiques comme la fée lilas et la principale fée dans *La Belle au bois dormant*, Mercedes dans *Don Quichotte* et Myrtha dans *Giselle*. Elle fut particulièrement remarquable dans des rôles de caractère comme Dame Capulet dans *Roméo et Juliette* et Frau Gabor dans *Spring Awakening* de James Kudelka ainsi que dans les répertoires de Balanchine et de Kylian. Elle créa des rôles principaux dans *The Four Seasons* (1977) de Kudelka, *Café Dances* (1991) de Christopher House et, peut-être particulièrement, *the second detail* de William Forsythe, une expérience qui l'inspira à explorer la chorégraphie sérieusement.

Christopher House's *Café Dances* (1991), and perhaps most significantly William Forsythe's *the second detail*, an experience that motivated her to move seriously into choreography.

Like Kudelka, Patsalas, Bengt Jörgen and Ann Ditchburn, Dumais got her start as a choreographer in the company's workshops, where she made *Parallel* (1990), *Echo* (1991), and *Sometimes she leaves you there....* (1993), before branching out to Toronto's fringe Festival of Independent Dance Artists, for which she choreographed *The Hotel Project* (1994), *do moments of Her dissolve?* (1995), and most notably *after Lucy* (1996). Dumais's choreographic style – angular and often contorted movement, striking sculptural images, stark lighting, and poignant, compassionately viewed subjects of longing, suffering and emotional torment – transcends easy distinctions between experimental dance and contemporary ballet. Remarkable in her work are the simultaneity of extraordinary beauty and intensely painful subject matter, and her fruitful collaboration with composer Eric Cadesky.

Dumais's later works include a commission from Karen Kain for *Tides of Mind*, a pas de deux created for the 1996 Gala des Étoiles that has also been seen in the United States and Europe, entering the repertoire of the National Ballet in 1997; *Chambers* (1997) for Ballet Jörgen; *Une profonde légèreté* (1997) for Kain, *Pulled by Blue* (1997) for the Stuttgart Ballet and *the weight of absence* (1998) for the National Ballet of Canada. Commissions in 1999 include works for Ballet British Columbia, Les Ballets Jazz de Montréal and the National Ballet. *Tides of Mind* and *Une profonde légèreté* have both been broadcast by CBC television.

Dumais has worked productively with both trained and untrained dancers in the National Ballet's Dance in the Schools project, and she has given highly regarded workshops at the National Ballet School that have moved many young dancers, particularly women, to create their own works.

Tout comme Kudelka, Patsalas, Bengt Jörgen et Ann Ditchburn, Dumais amorça son travail de chorégraphe dans le cadre d'ateliers de la compagnie où elle créa *Parallel* (1990), *Écho* (1991), et *Sometimes she leaves you there....* (1993), avant de participer au Fringe Festival of Independent Dance Artists de Toronto, pour lequel elle chorégraphia *The Hotel Project* (1994), *do moments of Her dissolve question* (1995), et plus remarquable encore, *after Lucy* (1996). Le style chorégraphique de Dumais – un mouvement angulaire et fréquemment contorsionné, des images sculpturales étonnantes, un éclairage cru, et des thèmes abordés avec coeur et intensité, des thèmes comme le désir profond, la souffrance et les tourments émotifs – transcende les étiquettes faciles de danse expérimentale et de ballet contemporain. Son travail est remarquable par la coexistence de l'extraordinaire beauté et de l'intensité douloureuse des thèmes traités et par sa riche collaboration avec le compositeur Eric Cadesky.

Parmi les oeuvres plus récentes de Dumais on compte une commande de Karen Kain pour *Tides of Mind*, un pas de deux créé pour le Gala des Étoiles de 1996 qui fut aussi présenté aux États-Unis et en Europe et fut inclus dans le répertoire du Ballet national en 1997; *Chambers* (1997) pour le Ballet Jörgen; *Une profonde légèreté* (1997) pour Kain, *Pulled by Blue* (1997) pour le Stuttgart Ballet, et *the weight of absence* (1998) pour le Ballet national du Canada. Les commandes de 1999 incluent des oeuvres pour le Ballet British Columbia, Les Ballets Jazz de Montréal et le Ballet national. *Tides of Mind* et *Une profonde légèreté* ont toutes deux été diffusées sur la chaîne de télévision CBC.

Dumais a travaillé avec succès avec des danseurs/seuses débutant(e)s et accompli(e)s dans le cadre du projet du Ballet national Dance in the Schools; elle a également enseigné des ateliers très estimés à l'École nationale de ballet, ateliers qui ont inspiré plusieurs danseuses à créer leurs propres oeuvres.

Photo: Andrew Oxenham

## David Earle
by/par Carol Anderson

**Earle, David**. Choreographer, artistic director, teacher, dancer. Born: September 17, 1939, Toronto, Ontario.

David Earle's first teachers, with whom he began ballet study in Toronto in 1944, were Fanny Birdsall and Beth Weyms. From 1959-1963 he was a scholarship student at the National Ballet School. Studying as well with Laban-based teacher Yone Kvietys, he appeared in her company from 1960-1964. He began to choreograph in 1960, performing in Toronto's fledgling modern dance scene. Earle went to New York where he became a scholarship student at the Martha Graham School from 1963-1965. During this period, he studied at the Connecticut College 1963 summer school with Martha Graham, Donald McKayle and José Limón. He made his professional debut with Limón's company, in the summer of 1966 at

**Earle, David**. Chorégraphe, directeur artistique, professeur, danseur. Né : 17 septembre 1939, Toronto, Ontario.

C'est en 1944 que David Earle suivit ses premiers cours de ballet à Toronto avec les professeures Fanny Birdsall et Beth Weyms. De 1959 à 1963, il s'inscrit comme étudiant-boursier à l'École nationale de ballet. Il étudia aussi avec la professeure formée à la tradition Laban, Yone Kvietys, et dansa avec sa compagnie de 1960 à 1964. Il amorça sa carrière de chorégraphe en 1960, présentant ses oeuvres sur la nouvelle scène de danse moderne à Toronto. Earle s'installa ensuite à New York où il reçut une bourse pour étudier au Martha Graham School de 1963 à 1965. À la même époque, il compléta un stage d'été en 1963 au Connecticut College, étudiant avec Martha Graham, Donald McKayle et José Limón. À l'été de 1966, il fit son début professionnel au Connecticut College avec la compagnie de Limón.

Earle avait très tôt ressenti le besoin de créer. En 1967, il se rendit en Angleterre et après avoir chorégraphié une oeuvre pour le nouveau London Contemporary Dance Company de

Connecticut College.

Early on, Earle's appetite to create was manifest. In 1967, he went to England and after choreographing a work for Robert Cohan's new London Contemporary Dance Company he became assistant director, choreographing, dancing in and directing the company's first London season. Back in Toronto Earle danced with Patricia Beatty's newly-formed New Dance Group of Canada in December, 1967. Beatty, Peter Randazzo and Earle founded the Toronto Dance Theatre in 1968.

A founder also of the School of Toronto Dance Theatre, Earle has taught across Canada for many companies and schools, including the New Dance Group of Canada, l'Université du Québec à Montréal, l'École Supérieure de Danse in Montreal, Canadian Children's Dance Theatre, Dance Connection in Victoria, the Banff School of Fine Arts and numerous summer training courses. He has also taught in England at Ballet Rambert and the London School of Contemporary Dance, in the United States at Southern Methodist University in Texas and in Poland.

Creator of more than ninety works by 1999, Earle is especially noted for the epic kinetic sweep of his many choral dances for Toronto Dance Theatre. Committed to dance as a powerful expression of spirituality and beauty, he has often drawn from Western iconography and used classical Western music with spiritual or religious themes. Concurrent with a burgeoning interest in contemporary visual art, his work began to show changes in the early 1990's. He maintains a strong faith in the dancer's body as a ground of ethical expression. He aims to extend the borders of his art. "I want," he says, "to not be fettered by what works on tour. I want to create in natural light.... I want to work with children, and old people, and dogs.... The dancer's notion of taking possession of yourself ... is a really extraordinary human possibility."

Earle has created work by commission for the Stratford Summer Music Festival, *Dido and Aneas* (1982); the National Ballet of Canada, *Realm* (1984); Guelph Spring Festival, Brock

Robert Cohan, il fut nommé au poste de directeur adjoint, chorégraphiant, dansant et réalisant la première saison londonienne de la compagnie. De retour à Toronto, Earle dansa en décembre 1967 avec la nouvelle compagnie de Patricia Beatty, le New Dance Group of Canada. Beatty, Peter Randazzo et Earle fondèrent le Toronto Dance Theatre en 1968.

Également fondateur du School of the Toronto Dance Theatre, Earle a enseigné à travers le pays pour différentes compagnies et écoles entre autres, le New Dance Group of Canada, l'Université du Québec à Montréal, l'École supérieure de danse à Montréal, le Canadian Children's Dance Theatre, le Dance Connection à Victoria, le Banff Centre School of Fine-Arts et dans le cadre de nombreux stages d'été. Il a aussi enseigné en Angleterre au Ballet Rambert et au London School of Contemporary Dance, aux États-Unis à la Southern Methodist University du Texas ainsi qu'en Pologne.

En 1999, Earle avait déjà créé plus de quatre-vingt-dix oeuvres entre autres, l'éventail épique de ses nombreuses danses-chorales qu'il créa pour le Toronto Dance Theatre. Selon lui, la danse est un puissant véhicule de la spiritualité et de la beauté et il a souvent tiré partie de l'iconographie et de la musique classique occidentale illustrant des thèmes religieux ou spirituels. Au début des années 1990, il commença à s'intéresser à l'art visuel, intérêt qui se refléta bientôt dans ses oeuvres chorégraphiques. Il demeure convaincu de l'importance du corps de l'interprète comme base éthique de l'expression. Il désire repousser les conventions de son art. «Je désire», dit-il, «ne pas être limité par ce qui fonctionne en tournée. Je veux créer sous des éclairages naturels ... Je souhaite travailler avec des enfants, des personnes âgées, des chiens ... La notion, pour l'interprète, de prendre possession de soi-même, demeure une option humaine extraordinaire.»

Earle a créé des oeuvres commandées pour le Stratford Summer Music Festival, *Dido and Aneas (1982); le Ballet national du Canada, Realm* (1984); le Guelph Spring Festival, le Brock Centre for the Arts, *The Painter's Dream* (1993); le Ballet British Columbia, le Ballet

Centre for the Arts, *The Painter's Dream* (1993); Ballet British Columbia, Ballet Creole, *Clay Garden* (1991); the Banff School of Fine Arts, *Sacra Conversazione* (1984); and for the Canadian Children's Dance Theatre, *Cantate de Nöel* (1997). In the fall of 1994, Earle stepped down as sole artistic director of Toronto Dance Theatre, a position he held from 1987.

In 1997, he formed Dancetheatre David Earle, to preserve his repertoire and to act as a vehicle for new choreography by himself and young choreographers interested in portraying humanism through dance. For the 1997-1998 season he was the first Artist-in-Residence at the Canadian Children's Dance Theatre.

His work has been seen on television in Rhombus Media's La Valse and Romeos and Juliets, and in the CBC/TVO Dancemakers series.

Earle has been the recipient of many awards, notably the 1987 Clifford E. Lee Award, the 1987 Dora Mavor Moore Award for New Choreography, the 1988 Toronto Arts Award in Performing Arts with his co-founders Beatty and Randazzo, the 1994 Jean A. Chalmers Award for Distinction in Choreography, the Order of Canada in 1997 and the Toronto Arts Foundation's Murriel Sherrin Award in 1998.

Creole, *Clay Garden* (1991); le Banff School of Fine Arts, *Sacra Conversazione* (1984); et le Canadian Children's Dance Theatre, *Cantate de Nöel* (1997). À l'automne de 1994, Earle quitta son poste de directeur artistique du Toronto Dance Theatre, poste qu'il occupait depuis 1987.

En 1997, il fonda Dancetheatre David Earle afin de préserver son répertoire et de fournir un véhicule pour des nouvelles chorégraphies créées par lui-même et par de jeunes chorégraphes intéressé(e)s par des thèmes humanistes. Il fut le premier artiste en résidence pour la saison 1997-1998 du Canadian Children's Dance Theatre.

Certaines de ses oeuvres, réalisées par Rhombus Media, ont été diffusées à la télévision: La Valse et ses Roméos et Juliettes ainsi que dans le cadre de la série Dancemakers de CBC/TVO.

Earle a reçu plusieurs prix, notamment, le Prix Clifford E. Lee en 1987; la même année le Prix Dora Mavor Moore pour Nouvelle chorégraphie; en 1988, le Prix Toronto Arts pour les Arts de la scène avec ses cofondateurs Beatty et Randazzo; en 1994, le Prix Jean A. Chalmers pour Réalisations en chorégraphies, l'Ordre du Canada en 1997 et le Prix Murriel Sherrin de la fondation Toronto Arts en 1998.

---

**The Ecstasy of Rita Joe** (L'Extase de Rita Joe)
Premiere/Première: Royal Winnipeg Ballet, Manitoba Centennial Concert Hall, Winnipeg, September 29 septembre, 1971
a ballet in one act by Norbert Vesak from the original play by George Ryga/
un ballet en un acte de Norbert Vesak tiré de la pièce originale de George Ryga

It's said that when you're being swallowed up by an ocean, your whole life, both the good and the bad, flashes before your eyes. And so it is with Rita Joe, an Indian girl about to be swallowed up in a sea of city faces ... her dreams and memories jumbled together in an unreal reality.

Il est dit que, lorsqu'on se noie dans l'océan, notre vie entière, le bon et le mauvais, défile à notre esprit. C'est bien ce qui se passe pour Rita Joe, une jeune amérindienne submergée par une marée de visages de la ville ... ses rêves et ses souvenirs enchevêtrés dans l'irréalité du réel.

Music/Musique: Ann Mortifee
Lyrics and dialogue/Paroles et dialogue: George Ryga

Costumes and lighting/Costumes et éclairages: Norbert Vesak
Orchestration: Carlos Rausch
Audio direction/Direction audio: Philip Keatley

Film
Direction/Metteur en scène: Don S. Williams
Cinematography/Cinématographie: Don Hunter
Editing/Montage: Jeff Kool
Colour Control/Contrôle de la couleur: Bill Hilson
Produced by/Produit par: J. Sergei Sawchyn

This work was commissioned by the Manitoba Indian Brotherhood to mark the centenary of the signing of Indian Treaties Numbers 1 and 2 in Manitoba on August 3, 1871.
Cette oeuvre fut commandée par le Manitoba Indian Brotherhood pour souligner le centenaire de la signature des Traités Indiens 1 et 2 au Manitoba, le 3 août 1871.

Rita Joe: Ana Maria de Gorriz
Jaimie Paul: Salvatore Aiello
The Singer/La Chanteuse: Ann Mortifee
The Voice of the Father/La Voix du Père: Chief Dan George
The Voice of the Magistrate/La Voix du Magistrat: Peter Howarth
Others/Autres: Petal Miller, Terry Thomas, Kathy Duffy, Marina Eglevsky, Frank Garoutte, Veronica Graver, Bill Lark, Patti Ross, Janek Schergen, Craig Sterling, Edward Traskowski.

This ballet is dedicated to Robert-Glay La Rose who first suggested to me that the Rita Joe's and Jamie Paul's I came to know and care for and about were a story that had to be danced.
N. Vesak

The "Cenotaph Song" is after Willy Dunn's original composition for the stage play.

Ce ballet est dédié à Robert-Glay La Rose qui, le premier, m'a suggéré que les Rita Joe et les Jamie Paul que je suis arrivé à connaître et à aimer constituaient un récit qui devait être dansé.
N. Vesak

Le «Cenotaph Song» est dérivé de la composition originale de Willy Dunn pour la pièce de théâtre.

# EDAM
## Experimental Dance and Music
by/par Kaija Pepper

Experimental Dance and Music, or EDAM, was formed in 1982 in Vancouver as a collective by six independent dancer/choreographers and one musician: Peter Bingham, Barbara Bourget, musician Ahmed Hassan, Jay Hirabayashi, Lola MacLaughlin, Jennifer Mascall and Peter Ryan. Over the years, the group slowly drifted apart in order to pursue their individual directions, with Hassan the first to leave in 1985, followed by Bourget and Hirabayashi in 1986. In 1989, the remaining quartet was reduced as Mascall, Ryan and then MacLaughlin left and Bingham continued as sole artistic director. The company has been based at the Western Front, an artist-run centre, since its founding.

One practical reason for EDAM's original alliance was that it allowed them to apply for funding together under a company structure. Beyond this, however, was a spirit of adventure and daring which connected the disparate group of creators. Their backgrounds included modern dance, ballet, athletics and contact improvisation. In order to perform in each other's work, the company shared techniques, providing group members with experience in a number of dance styles. Early funding was granted for a cross-disciplinary exploration of dance and athletics, and so the company embarked on a period of circuit training, weight lifting, high jumping and gymnastics. This resulted in their first major collectively choreographed work, *Run Raw: Theme and Deviation* (1983), a powerful explosion of

EDAM, (Experimental Dance and Music), vit le jour en 1982 à Vancouver sous la forme d'un collectif composé de six danseurs/seuses-chorégraphes indépendant(e)s et d'un musicien: Peter Bingham, Barbara Bourget, le musicien Ahmed Hassan, Jay Hirabayashi, Lola MacLaughlin, Jennifer Mascall et Peter Ryan. Au fil des années, les membres du groupe se dispersèrent progressivement afin de poursuivre leur propre parcours. Hassan fut le premier à quitter le groupe en 1985, suivi de Bourget et de Hirabayashi en 1986. En 1989, le quatuor toujours en existence fut dissout lorsque Mascall, Ryan et ensuite MacLaughlin quittèrent à leur tour. Bingham continua alors seul comme directeur artistique. Depuis sa fondation, la troupe est installée à Western Front, un centre géré par des artistes.

Une des raisons pratiques à l'origine de l'association était que celle-ci permettrait aux artistes de demander des fonds en commun sous l'ombrelle administrative d'une troupe. Mais au-delà de cet aspect pratique, un esprit d'aventure et d'audace animait ce groupe très disparate de créateurs. Diverses formations étaient représentées: la danse moderne, le ballet, l'athlétisme et l'improvisation contact. Afin de pouvoir danser dans leurs oeuvres mutuelles, les membres du groupe se devaient de partager leurs techniques, ce qui les poussaient à faire l'expérience de différents styles de danse. Les premières années, les subventions étaient accordées dans le but de promouvoir l'exploration interdisciplinaire de la danse et de l'athlétisme. La compagnie se lança dans un programme élaboré d'entraînement physique par circuits, musculation, saut en hauteur et gymnastique. Cet entraînement donna naissance à leur première oeuvre majeure chorégraphiée collectivement: *Run Raw: Theme and Deviation* (1983), une explosion puissante d'abandon athlétique sur de la musique de percussion jouée en direct par Salvador Ferreras. Le groupe repoussa ses limites physiques à un point tel que l'un des danseurs se brisa le bras et un autre se blessa à la cheville.

Le mandat de la compagnie, celui de maintenir une structure flexible afin de

athletic abandon with live percussion accompaniment by Salvador Ferreras. The group pushed themselves to such a physical extreme in this work that one dancer ended up with a broken arm and another with an injured ankle.

The company's mandate to provide a flexible structure to support both individual and group projects resulted in a variety of programming. In addition to group projects like *Run Raw*, EDAM presented an evening featuring improvised work by Mascall and Hassan at their Western Front studio in 1984, while in 1988 an evening of work by MacLaughlin was presented at the Vancouver East Cultural Centre.

In EDAM's mixed bills, both improvised and choreographed work were included from the beginning. For *EDAM/MADE*, an evening-length "environmental" work presented at the Western Front in June 1985, the improvised *Laughter is a Serious Affair* was Ryan's and Bingham's contribution, while New York's Mel Wong, who had been working and teaching at EDAM the previous three weeks, contributed a choreography, *Buddha at the Mount*. These and thirteen other individual performances or interactive installations comprised the programme, which took place at sites both in the Western Front building and outside it on scaffolding. The audience for the event was free to wander as they wished. The well-attended mixed bills at the Queen Elizabeth Playhouse in 1984 and 1985 were important opportunities for the young company to perform in an established, mainstream theatre.

In 1987, EDAM's four artistic directors presented *Naked and Unafraid* at the New York Theatre in Vancouver's Eastside. The programme featured MacLaughlin's *Twang*, a country and western-style look at relationships to commissioned songs by Toronto's John Lang; *Florilda*, a group-choreographed duet for dancers Florentia Conway and Hilda Nanning; Mascall's *Table*; and Ryan's highly theatrical *Birth of Soldiers, Death of Children*. MacLaughlin opened and closed the evening with excerpts from her work, *The Gargoyle*, and jazz/rock pianist Jack Velker offered a musical interlude.

promouvoir les projets individuels et de groupe, se traduit par une programmation variée. En plus de projets de groupe comme *Run Raw*, EDAM présenta un spectacle en soirée d'oeuvres improvisées par Mascall et Hassan à leur studio de Western Front en 1984 alors qu'en 1988, une soirée de spectacle d'oeuvres de MacLaughlin fut présentée à l'East Cultural Centre de Vancouver.

Dès le début, EDAM présenta des spectacles incluant des oeuvres improvisées et des oeuvres chorégraphiées. Pour le spectacle, *EDAM/MADE*, un programme environnemental présentée au Western Front en juin de 1985, *Laughter is a Serious Affair*, fut improvisée par Ryan et Bingham alors que Mel Wong, de New York, qui avait travaillé et enseigné à EDAM les trois semaines précédentes contribua la chorégraphie *Buddha at the Mount*. En plus de ces oeuvres, le programme comportait treize autres performances individuelles ou installations interactives et fut présenté à l'intérieur de l'édifice du Western Front et à l'extérieur sur des échafaudages. Les spectateurs/trices étaient libres de se promener à leur guise. Les populaires spectacles mixtes offerts en 1984 et 1985 au Queen Elizabeth Playhouse furent une occasion importante pour la jeune compagnie de se produire dans un théâtre conventionnel bien établi.

En 1987, les quatre directeurs artistiques d'EDAM présentèrent *Naked and Unafraid* au New York Theatre dans le quartier Est de Vancouver. Au programme, le *Twang* de MacLaughlin qui jetait un regard, style campagnard et western, sur les relations, oeuvre interprétée sur des chants commandés à John Lang de Toronto; *Florilda*, un duo chorégraphié par le groupe à l'intention des danseuses Florentia Conway et Hilda Nanning; *Table* de Mascall; et le très théâtral *Birth of Soldiers, Death of Children* de Ryan. MacLaughlin ouvrit et ferma la soirée avec des extraits de son oeuvre *The Gargoyle* et le pianiste de jazz/rock, Jack Velker offrit un intermède musical.

Sous la direction artistique de Bingham depuis 1989, la compagnie se compose d'une liste variable de danseurs et danseuses dont la

The company, under Bingham's sole directorship since 1989, is made up of a changing roster of dancers, who usually have backgrounds in modern dance, ballet and/or other types of movement. Bingham's own foundation in contact improvisation, which flavoured the company from the beginning, contributes to EDAM's unique profile in the dance community. Contact improvisation has inspired the company's physicality since its inception and, under Bingham's directorship, is central to its style. Bingham's choreographed work, too, is created using contact improvisation as a base.

Contact improvisers Steve Paxton and Nancy Stark Smith are two important American artists who first worked with EDAM in its early years. Paxton, an originator of contact improvisation, contributed to collaborative works like *Ankle On* (1986).

From the late 1980's, EDAM offered support to other choreographers through its loosely curated Forced Issues series, which evolved in 1994 into the more formal, finished presentation of Other Issues. Bingham still provides opportunities for choreographers to present work, although without a series banner. These showings are held at the EDAM studio/theatre, and contact improvisation by Bingham and others are often a part of the evening.

Bingham continues to work collaboratively with a variety of co-creators. Notable examples are *Critical Mass* (1989), a collaboration with poet Gerry Gilbert, composer Jeff Corness and lighting designer John Macfarlane; *Dreamtigers* (1992), with visual artist Mona Hamill and musicians Coat Cooke, Ron Samworth and David Macanulty; and *Remember Me From Then* (1996), co-choreographed with Ballet British Columbia's artistic director, John Alleyne, and performed by dancers from both companies.

EDAM has toured Canada four times and has appeared at the Canada Dance Festival. A variety of classes and intensive workshops open to the community are offered at the EDAM studio.

Four of the founding members of EDAM

formation est en général la danse moderne, le ballet et/ou d'autres types de mouvements. La formation en improvisation contact de Bingham, qui imprégna une saveur particulière à la troupe à ses débuts, contribue toujours au profil unique d'EDAM dans le milieu de la danse. L'improvisation contact est sous-jacente à la physicalité de la troupe depuis son origine et sous la direction de Bingham, elle est devenue le style pilier. Bingham utilise également l'improvisation contact comme assise de son oeuvre chorégraphique.

Steve Paxton et Nancy Stark Smith, deux danseurs de l'improvisation contact, sont des artistes américains importants qui travaillèrent avec EDAM dès ses premières années. Paxton, l'un des créateurs de cette forme de danse, a contribué à des oeuvres de collaboration comme *Ankle On* (1986).

Depuis la fin des années 1980, EDAM offre un soutien aux chorégraphes dans le cadre de sa série relativement libre Forced Issues, qui en 1994, évolua vers la série plus officielle et plus travaillée, Other Issues. Bingham continue d'offrir aux chorégraphes l'occasion de présenter leurs oeuvres en dehors du cadre des séries. Ces spectacles sont présentés au studio/théâtre d'EDAM et l'improvisation contact, par Bingham et d'autres, est fréquemment au programme de la soirée.

Bingham ne cesse de travailler en collaboration avec une diversité de créateurs et de créatrices. Ainsi, il a créé *Critical Mass* (1989) en collaboration avec le poète Gerry Gilbert, le compositeur Jeff Corness et le concepteur d'éclairage John Macfarlane; *Dreamtigers* (1992) avec l'artiste en arts visuels Mona Hamill et les musiciens Coat Cooke, Ron Samworth et David Macanulty et *Remember Me From Then* (1996), cochorégraphié avec le directeur artistique du Ballet British Columbia, John Alleyne, et interprété par des membres des deux troupes.

EDAM a complété quatre tournées au Canada et a participé au Festival Danse Canada. EDAM offre également une variété de cours et des ateliers intensifs à ses studios.

Quatre des membres fondateurs d'EDAM ont

have gone on to form their own Vancouver-based companies: Kokoro Dance, founded by Bourget and Hirabayashi, Lola MacLaughlin Dance and Mascall Dance. Hassan, based in Toronto, has composed for Desrosiers Dance Theatre, Dancemakers, Peggy Baker and others, and Ryan teaches in Ottawa.

à leur tour fondé leurs propres troupes à Vancouver: Kokoro Dance, fondée par Bourget et Hirabayashi, Lola MacLaughlin Dance et Mascall Dance. Hassan, installé à Toronto, a composé entre autres pour Desrosiers Dance Theatre, Dancemakers et Peggy Baker, et Ryan enseigne à Ottawa.

## Eironos

Premiere/Première: Fondation Jean-Pierre Perreault and/et Chrissie Parrott Dance Company, Festival of Perth, Old Boans Warehouse, Perth, Australia, February 15 février, 1996
A choreographic work by/Une oeuvre chorégraphique de: Jean-Pierre Perreault

A co-production by the Festival of Perth, Fondation Jean-Pierre Perreault and the Chrissie Parrott Dance Company
Une coproduction du Festival of Perth, de la Fondation Jean-Pierre Perreault et de la Chrissie Parrott Dance Company

Duration/Durée: 1h 20
Choreography, scenography and costumes/Chorégraphie, scénographie et costumes: Jean-Pierre Perreault
Music/Musique: Bertrand Chénier
Lighting/Éclairages: Louis-Pierre Trépanier
Assistant to the choreographer/Assistante au chorégraphe: Ginelle Chagnon
Dancers/Danseurs: Claudia Alessi, Marc Boivin, Lucie Boissinot, Jon Burtt, Christine Charles, AnneBruce Falconer, Lisa Heaven, John Leathart, Lina Malenfant, Sylviane Martineau, Paul O'Sullivan, Luc Ouellette, Chrissie Parrott, Sylvain Poirier, Ken Roy, Mark Shaub, Peter Sheedy, Daniel Soulières, Yves St-Pierre

*Eironos* brings together for the first time two major dance companies from Canada and Australia: Twelve dancers from the Fondation Jean-Pierre Perreault and seven dancers from the Chrissie Parrott Dance Company from Perth.

The idea for this artistic association came about when Australian choreographer Chrissie Parrott, upon meeting Jean-Pierre Perreault at Montreal's Festival international de nouvelle danse in 1993, invited him to create a piece that would involve her company. First developed in Montreal during the summer of 1995, *Eironos* is destined for touring in various formats.

"The idea of bringing two different dance companies together in a new creation was a challenge that I welcomed.

As a Choreographer, you build a relationship of trust and a complicity with the dancers you collaborate with over a long period of time. Those dancers, familiar with your work, have a deep understanding of its codes and of life beneath the movement. But, before anything, dancers have to be autonomous creative artists, and that is what I found the dancers of Chrissie Parrott Dance Company to be.

The objective was to truly merge the companies together so that within *Eironos* we would be one company, a cohesive group. It takes a lot of generosity on everyone's part and the meeting of bodies and minds has been very stimulating. It was also very generous and courageous of Chrissie Parrott to relinquish her role as Choreographer and Artistic Director to participate as a dancer within the work instead of leading it.

"I have wanted to come to the Festival of Perth for a long time and would like to thank Chrissie Parrott and David Blenkinsop for making this possible."
Jean-Pierre Perreault

*Eironos* réunit pour la première fois deux troupes de danse importantes du Canada et de l'Australie: Douze danseurs de la Fondation Jean-Pierre Perreault et sept danseurs du Chrissie Parrott Dance Company de Perth.

L'idée d'une collaboration artistique surgit lorsque la chorégraphe australienne Chrissie Parrott, rencontrant Jean-Pierre Perreault au Festival international de nouvelle danse de Montréal en 1993, l'invita à créer une oeuvre à laquelle sa compagnie participerait. Initialement élaborée à Montréal à l'été 1995, *Eironos* sera présentée en tournée sous divers formats.

«L'idée d'associer deux troupes différentes à l'intérieur d'une nouvelle création fut un défi qu'il me plaisait de relever.

Comme chorégraphe, une relation de confiance et de complicité se tisse avec les danseurs avec lesquels on collabore de longue date. Ces derniers, familiers avec votre travail, possèdent une compréhension profonde de ses codes et de la vie sous-jacente au mouvement. Mais, avant tout, les interprètes doivent eux-mêmes être des artistes autonomes créatifs comme le sont les interprètes du Chrissie Parrott Dance Company.

L'objectif était vraiment de fusionner les troupes de sorte que, dans le cadre d'*Eironos*, nous ne formerions qu'une troupe unique, un groupe cohésif. Cela nécessite énormément de générosité de la part de tous et la rencontre des corps et des esprits fut des plus stimulantes. Ce fut également très généreux et très courageux de Chrissie Parrott de délaisser son rôle de chorégraphe et de directrice artistique afin de participer à l'oeuvre comme danseuse.

Il y a longtemps que j'espérais venir au Festival de Perth et j'aimerais remercier Chrissie Parrott et David Blenkinsop qui ont rendu ce voyage possible.»
   Jean-Pierre Perreault

*Created in Perth, Australia, with Fondation Jean-Pierre Perreault dancers and those of the Chrissie Parrott Dance Company,* Eironos *was a huge, dark work of almost unbearable weight. Scaled down from nineteen to twelve dancers for Canadian shows, it investigated the vast*

architectural world of its creator. Dancers walked and ran en mass, breaking into duos and trios. Their kaleidosope of relationships added the texture of heartbeats to the imposing landscape.

*Créée à Perth, en Australie, avec les interprètes de la Fondation Jean-Pierre Perreault et les interprètes du Chrissie Parrott Dance Company, Eironos fut une oeuvre énorme et sombre d'un poids presque insoutenable. Ramenée à des proportions plus modestes, passant de dix-neuf à douze danseurs pour les spectacles canadiens, Eironos explore le vaste univers architectural de son créateur. Les danseurs marchaient et couraient en groupes, se brisant en duos et trios. Ce kaléidoscope de relations imprimait une texture de battements de coeur au paysage imposant.*

Linde Howe-Beck

Photo: Daniel Collins

### Lee Eisler
by/par Max Wyman

**Eisler, Lee.** Dancer, choreographer, artistic director. Born: October 16, 1951, Calgary, Alberta. Birth name: Brenda Lee Eisler.

Best known today as Lee Eisler, one of the individuals who have helped shape multi-

**Eisler, Lee.** Danseuse, chorégraphe, directrice artistique. Née : 16 octobre 1951, Calgary, Alberta. Nom à la naissance : Brenda Lee Eisler.

Présentement connue sous le nom de Lee Eisler, elle a contribué au développement de la recherche multidisciplinaire en danse au Canada. Dans sa jeunesse, elle était connue sous le nom de Brenda Eisler, championne d'athlétisme. Gagnante de la médaille d'or du saut en longueur aux Jeux Panaméricains de 1971, elle fut détentrice du record pour le saut en longueur au Canada pendant quatorze ans. Lorsqu'elle cessa de participer à des compétitions

disciplinary dance experiment in Canada, she was known in her early years as Brenda Eisler, champion track-and-field athlete. Winner of the long-jump gold medal at the Pan-American games in 1971, she held the Canadian long jump record for fourteen years. When she left athletic competition in 1976, she enrolled in Karen Jamieson's modern dance class at Simon Fraser University, where she was taking a master's degree in kinesiology. The following summer she enrolled in an intensive summer course with visiting New York dancer-choreographer Phyllis Lamhut. At the end of the course, Lamhut invited Eisler to be part of her New York company. She stayed with the Lamhut company for three years, simultaneously studying Cunningham and Limón techniques, returned to SFU as a lecturer for two years, and in 1983 joined Edouard Lock's company, La La La Human Steps, in Montreal. A year later she returned to Vancouver and became a co-founder, with poet-performance artist Nelson Gray, of Jumpstart Performance Society. It gave its first performance, a video dance show called *Out of the Glass Backwards*, in 1985.

Heavily influenced during her New York years by the work of cross-disciplinary experimenters like Meredith Monk, Ping Chong and the Wooster Group, she collaborated with Gray in combining dance, computer technology, text, original music and performance art. In 1986 Jumpstart was commissioned to produce works for Expo 86 and the Calgary Olympics, and it quickly progressed through the Montreal Festival international de nouvelle danse and the Canada Dance Festival to the international market, making its United States debut in 1989 and its first European appearances in 1991.

Eisler became sole artistic director in 1992, and continued her experiments in integrating movement techniques – high-risk athletics, high-energy dance, theatrical body language – and art forms – music, opera, language, film. Collaborators and performers are regularly drawn from the non-dance milieu. Film and video have been consuming interests and her dance video works have been seen extensively on Canadian and American television. She has

d'athlétisme en 1976, elle s'inscrit au cours de danse moderne de Karen Jamieson à l'Université Simon Fraser, où elle complétait alors un programme de maîtrise en kinésiologie. L'été suivant, elle participa à un stage intensif d'été avec la chorégraphe-danseuse de New York en visite, Phyllis Lamhut. À la fin du stage, Lamhut invita Eisler à se joindre à sa compagnie de New York. Elle travailla avec la compagnie de Lamhut pendant trois ans, profitant de l'occasion pour étudier concurremment les techniques Cunningham et Limón. Elle retourna ensuite à la SFU comme chargée de cours pendant deux ans et en 1983, elle se joint à la compagnie montréalaise d'Édouard Lock, La La La Human Steps. Une année plus tard elle revint à Vancouver et devient cofondatrice, avec le poète et performeur Nelson Gray du Jumpstart Performance Society. Le premier spectacle de cette compagnie, un spectacle de danse-vidéo, s'appelait *Out of the Glass Backwards* (1985).

Durant son séjour à New York, très influencée par la recherche menée par des artistes multidisciplinaires comme Meredith Monk, Ping Chong et le Wooster Group, Eisler collabora avec Gray à l'intégration de la danse à la technologie informatique, le texte, la musique originale et la performance. En 1986, on demanda à Jumpstart de créer des oeuvres pour Expo 86 et pour les Jeux Olympiques de Calgary. Rapidement, la compagnie participait au Festival international de nouvelle danse de montréal et au Festival Danse Canada, faisant son début aux États-Unis en 1989 et offrant ses premiers spectacles en Europe en 1991.

Eisler assuma seule la direction artistique de la compagnie en 1992 et poursuivit sa recherche d'intégration de techniques de mouvement – exploits athlétiques risqués, danse très énergique, langage corporel théâtral – à diverses formes d'art – la musique, l'opéra, le langage, le film. Elle travaille fréquemment avec des collaborateurs/trices et interprètes qui ne sont pas issus du milieu de la danse. Le film et le vidéo l'ont passionnée et ses oeuvres de danse-vidéo ont été diffusées à grande échelle à la télévision canadienne et américaine. Elle a étudié les techniques de cinéma et de

studied film-making and screen-writing techniques, and since the mid-1990's she has taught a course in creativity based on the crossover techniques she has honed as her own creative tools.

However, from the start all this experimentation was ultimately only a means to an end, which was to participate in contemporary culture by making emotional and intellectual contact with her audience through statements about matters of broad and pressing social concern. *Berlin Angels* (1990) reconstructed the Orpheus and Eurydice myth in terms of the Nazi Holocaust. Her trilogy *The Laughing Years* (1991), *Four Fridas* (1993) and *Matters of the Flesh* (1994) examined public and private facets of the passion and power of women. *Running Shoe Point* (1998) was based on the issue of people having neither the leisure time nor the time for spiritual matters that they were promised by the technological revolution. Eisler won the Canada Council's Jacqueline Lemieux Prize in 1995.

scénarisation et depuis 1995, elle enseigne un cours en créativité fondé sur les techniques multidisciplinaires qu'elle a développées comme outils de création.

Dès le début, toutes ses recherches n'étaient que des outils en vue d'un but précis: participer à la culture contemporaine en cultivant une communication émotive et intellectuelle avec son auditoire par l'intermédiaire d'énoncés sur des questions globales et urgentes, des questions d'intérêt social. *Berlin Angels* (1990) reconstruit le mythe d'Orphée et d'Eurydice en terme de l'holocauste nazi. Sa trilogie, *The Laughing Years* (1991), *Four Fridas* (1993) et *Matters of the Flesh* (1994) examine les facettes privées et publiques de la passion et du pouvoir des femmes. *Running Shoe Point* (1998) fait commentaire de la réalité que les gens n'ont aucun temps pour explorer les loisirs ou la spiritualité alors que la révolution technologique le leur promettait. Eisler remporta le Prix Jacqueline Lemieux du Conseil des Arts en 1995.

---

**Eklof, Svea**. Dancer, teacher. Born: May 31, 1951, Los Angeles, California.

A petite, blond ballerina, Eklof was known for spectacular classical technique, natural musicality, a lyrical romantic style and beautiful feet.

Her first ballet teacher was Emily Beardan, who taught the Vaganova Method in Newport, Virginia. When Eklof was twelve years old, the family moved to Orlando, Florida where she studied with Edith Royal. Her training continued at the North Carolina School of the Arts, where she finished two years of university credits in one year along with her ballet studies.

In 1970, Eklof was accepted into the Pennsylvania Ballet in Philadelphia, performing there until her friendship with choreographer Job Sanders took her to Mexico City where Sanders directed the Ballet Classico de Mexico. Eklof danced with the company for the next three years.

In the years that followed, she danced in Europe with the Netherlands Dance Theatre and

# Svea Eklof
by/par MaryJane MacLennan

**Eklof, Svea**. Danseuse, professeure. Née : 31 mai 1951, Los Angeles, Californie.

Photo: David Cooper

with Balanchine's Ballet du Grand Théâtre in Geneva. Balanchine coached Eklof in *Tchaikovsky Pas de Deux*, *Allegro Brillante*, *Tarantella Pas de Deux*, *Serenade*, *Symphony in C* and *Agon*, and he choreographed an opera for Eklof and her partner Sanders.

Eklof later returned to the United States to dance *Giselle* at an alumni performance at the North Carolina School of the Arts. North Carolina Dance Theatre needed a couple, and Eklof and her husband, the French dancer Michel Rahn, joined the company. After several years in the United States, the couple went to the Alberta Ballet in Edmonton, under the direction of Brydon Paige. Eklof danced the principal role in Paige's *Firebird* (1981).

After four years with the Alberta Ballet, Eklof went to Winnipeg as a soloist with the Royal Winnipeg Ballet in 1982. The same year, Dancemagazine declared her one of the leading ballerinas of the day. At the RWB, she worked under artistic director Arnold Spohr and teacher Galina Yardanova. In 1987 Eklof won accolades

Ballerine blonde et menue, Eklof était particulièrement renommée pour sa technique classique spectaculaire, sa musicalité naturelle, son style lyrique et romantique et ses pieds magnifiques.

Sa première professeure de ballet fut Emily Beardan, qui enseignait la méthode Vaganova à Newport en Virginie. Alors qu'elle était âgée de douze ans, sa famille s'installa à Orlando en Floride où elle étudia avec Edith Royal. Sa formation se poursuivit au North Carolina School of the Arts où elle compléta deux années d'études universitaires en l'espace d'une année et ce, en parallèle à ses études de ballet.

En 1970, Eklof fut admise au Pennsylvania Ballet à Philadelphie, y dansant jusqu'à ce que son amitié pour le chorégraphe Job Sanders l'amène à Mexico où Sanders dirigeait le Ballet Classico de Mexico. Eklof dansa avec cette compagnie pendant les trois années suivantes.

Subséquemment, elle dansa en Europe avec le Netherlands Dance Theatre et avec le Ballet du Grand Théâtre de Balanchine à Genève. Balanchine dirigea Eklof dans *Tchaikovsky pas de peux*, *Allegro Brillante*, *Tarantella pas de deux*, *Sérénade*, *Symphony in C* et *Agon*; il chorégraphia de plus un opéra pour Eklof et son partenaire Sanders.

Eklof retourna plus tard aux États-Unis pour danser au North Carolina School of the Arts où elle interpréta *Giselle* dans le cadre d'un spectacle des anciens diplômés de l'école. Le North Carolina Dance Theater avait besoin d'un couple et Eklof ainsi que son mari, le danseur français Michel Rahn, devinrent membres de la compagnie. Après plusieurs années aux États-Unis, le couple se joint au Alberta Ballet à Edmonton, sous la direction de Brydon Paige. Eklof dansa le rôle principal dans le *Firebird* (1981) de Paige.

Après quatre années avec l'Alberta Ballet, Eklof s'installa à Winnipeg comme soliste avec le Royal Winnipeg Ballet en 1982. La même année, Dance Magazine la nomma «l'une des ballerines actuelles les plus importantes». Au RWB, elle travailla sous la direction artistique d'Arnold Spohr et sous la professeure Galina Yardanova. En 1987, Eklof fut acclamée pour

for her stunning debut in the role of Odette/Odile in *Swan Lake*. She was also admired in Rudi van Danzig's *Four Last Songs* and *Romeo and Juliet*, and Hans van Manen's *Five Tangos*.

Following her retirement from the RWB in 1989, Eklof moved to Toronto where she is a freelance teacher, dancer and coach. She performed the principal dance role in the International Opera Festival's production of Aida in Toronto and has been a guest artist with the National Ballet of Canada's Jeremy Ransom in Memphis, Tennessee, as well as with the Edmonton Symphony.

Eklof has been a guest teacher with the National Ballet School of Canada, the North Carolina School of the Arts and the West Virginia Dance Festival, and for a time she directed her own school, the Professional School of the Toronto Ballet Ensemble.

son début époustouflant dans le rôle d'Odette/Odile dans *Le Lac des Cygnes*. Elle suscita également l'admiration dans *Four Last Songs* et *Roméo et Juliette* de Rudi van Danzig ainsi que dans *Five Tangos* de Hans van Manen.

Après avoir cessé de danser avec le RWB en 1989, Eklof s'installa à Toronto où elle travaille comme professeure, danseuse et entraîneur indépendante. Elle dansa le rôle principal dans la production de Aida du International Opera Festival à Toronto, fut artiste invitée avec Jeremy Ransom du Ballet national du Canada à Memphis au Tennessee, ainsi qu'avec l'Edmonton Symphony.

Eklof fut professeure invitée à l'École nationale du ballet du Canada, au North Carolina School of the Arts et au West Virginia Dance Festival. A une certaine époque, elle dirigea sa propre école, le Professional School of the Toronto Ballet Ensemble.

Photo: Michael Slobodian

## Sylvain Émard
by/par Philip Szporer

**Émard, Sylvain**. Danseur, chorégraphe, directeur artistique, professeur. Né : 2 mars 1956, Montréal, Québec.

Sylvain Émard fonda sa propre compagnie en

**Émard, Sylvain**. Dancer, choreographer, artistic director, teacher. Born: March 2, 1956, Montreal, Quebec.

Sylvain Émard founded his own company in 1986 and since then he has choreographed over twenty dance works.

He began his career as an actor and director, but soon turned his energies to dance. In the 1970's he was a professional actor and mime, performing with Le Bonhomme Sept Heures, Enfantillage and La Grosse Valise until joining choreographer Jo Lechay's company in the early 1980's, working alongside Eugene Lion, Howard Abrams, Gurney Bolster and Jacqueline Lemieux. He moved from Lechay and Lion's brand of robust, Fauve-inspired dance to the contemplative yet technically driven world of Jean-Pierre Perreault, with whom he worked for six years. He also studied with Linda Rabin and appeared in works by Jeanne Renaud, Daniel Léveillée, Louise Bédard and Aline Gélinas.

Critics have admired Émard's sensitive, nuanced talent as an independent choreographer. Émard has said that he looks to touch an audience through their senses and not through their intellect. His early dance creations include *Ozone, Ozone* (1986), *l'Imposture des sens* (1988), *De l'Éden au septentrion* (1990), *Retour d'Exil* (1991), and *Pavane* (1992). *Terrains vagues* (1993), caught the imagination of critics and the public, both nationally and internationally, and launched his international career. In *Terrains vagues* and *Des siècles avec vous* (1994), a dark, melancholic solo Émard danced himself, the influence of English painter Francis Bacon holds great sway. Other of his best-known dance works include *Agathe* (1995), a solo commissioned by dancer Sophie Corriveau for the Danse-Cité series, which was nominated for a Dora Mavor Moore Award for choreography; *Le Bruit qui court* (1995), a solo featuring dancer Luc Ouellette; *Rumeurs* (1996), a quintet for men commissioned for the Canada Dance Festival; *A Jamais* (1996), a solo commissioned for dancer Marc Boivin as part of the Danse-Cité series; and a group work, *Mensonges variations* (1998). His group choreography reveals Émard's fascination with

1986 et il a depuis chorégraphié plus de vingt oeuvres.

Il amorça sa carrière comme acteur et réalisateur mais consacra rapidement ses énergies à la danse. Dans les années 1970, il travaillait comme acteur professionnel et mime avec Le Bonhomme sept heures, Enfantillage et La Grosse valise jusqu'à ce qu'il s'associe à la compagnie de Jo Lechay au début des années 1980, travaillant aux côtés d'Eugene Lion, Howard Abrams, Gurney Bolster et Jacqueline Lemieux. Il délaissa le style de Lechay et Lion, un style robuste de danse inspiré des Fauves pour l'univers contemplatif mais très technique de Jean-Pierre Perreault, avec lequel il travailla pendant six ans. Il étudia aussi avec Linda Rabin, et dansa dans des oeuvres de Jeanne Renaud, Daniel Léveillée, Louise Bédard et Aline Gélinas.

Les critiques ont souligné le talent de chorégraphe sensible et nuancé d'Émard. Il affirme qu'il tente de toucher ses auditoires à travers leurs sens et non à travers leurs concepts. Ses premières créations: *Ozone, Ozone* (1986), *L'Imposture des sens* (1988), *De l'Éden au septentrion* (1990), *Retour d'Exil* (1991), *Pavane* (1992) et *Terrains vagues* (1993), captèrent l'imagination des critiques et du public à l'échelle nationale et internationale et lancèrent sa carrière internationale. L'influence du peintre anglais Francis Bacon est prédominante, dans *Terrains vagues* et *Des siècles avec vous* (1994), un solo sombre et mélancolique qu'Émard dansa lui-même. Parmi ses oeuvres les plus connues se retrouvent *Agathe* (1995), un solo commandé par la danseuse Sophie Corriveau dans le cadre de la série Danse-Cité, solo mis en nomination pour le Prix Dora Mavor Moore pour la chorégraphie; Le Bruit qui court (1995), un solo mettant en vedette le danseur Luc Ouellette; *Rumeurs* (1996), un quintette pour hommes commandé pour le Festival Danse Canada; *À Jamais* (1996), une oeuvre solo à l'intention du danseur Marc Boivin commandée dans le cadre de la série Danse-Cité; ainsi qu'une oeuvre pour groupe, *Mensonges variations* (1998). Son oeuvre chorégraphique pour groupe met à jour la fascination d'Émard pour le sens de la

community and shared experience. A collaboration with choreographer Louise Bédard and painter Pierre Bruneau premiered in 2000.

Émard is the recipient of the 1996 Jean A. Chalmers Award for choreography and the Canada Council's 1991 Jacqueline Lemieux prize. He has served as president of the Regroupement Québécois de la danse; he is co-founder of Circuit Est, a Montreal-based centre for research and creation, and he teaches in the dance programme at Concordia University.

communauté et du partage des expériences. La première d'une oeuvre de collaboration avec la chorégraphe Louise Bédard et le peintre Pierre Bruneau sera présentée à l'an 2000.

En 1996, Émard fut le récipiendaire du Prix Jean A. Chalmers pour la chorégraphie et le Prix Jacqueline Lemieux du Conseil des Arts en 1991. Il fut président du Regroupement Québécois de la danse. Il a cofondé Circuit Est, un centre de recherche et de création établi à Montréal et il enseigne dans le cadre du programme de danse de l'Université Concordia.

**Encounter** (Rencontre)
Premiere/Première: Toronto Dance Theatre, MacMillan Theatre, Edward Johnson Building, University of Toronto, May 1 mai, 1969
Music/Musique: Ann Southam
Set Design/Décor: James Plaxton
Choreography/Chorégraphie: Peter Randazzo
Dancers/Danseurs: Amelia Itcush, Peter Randazzo, Keith Urban
Lighting Designer/Éclairages: Chuck Renaud
Costume Supervision/Direction des costumes: Susan Macpherson

"The set establishes itself with a measured inevitability. The final light reveals that this place is inhabited by a man and a woman. They suggest a premonition of a new element which appears as a second man wearing a floor length cape. A conflict is set up in which the cape takes on a semblance of power and the first man is replaced by the second with the woman. The spell of the place seems broken and all three flee from each other and the encounter."

Peter Randazzo

«Le décor s'installe de façon mesurée et inévitable. La lumière finale révèle que le lieu est habité par un homme et une femme. Ils suggèrent une prémonition d'un nouvel élément qui apparaît sous la forme d'un deuxième homme portant une cape qui touche le sol. Un conflit s'installe: la cape prend des allures de pouvoir et le premier homme est remplacé par le second auprès de la femme. La magie du lieu semble brisée et les trois personnages s'évitent, fuyant la rencontre.»

Peter Randazzo

**Endangered Species** (Espèces en voie de disparition)
Premiere/Première: Danny Grossman Dance Company, National Dance Week, The Space at
City Center, New York City, April 7 avril, 1981
Choreography/Chorégraphie: Danny Grossman
Music/Musique: Krzysztof Penderecki
Costumes: Mary Kerr
Lighting/Éclairages: Nicholas Cernovitch
The Company/La Troupe: Trish Armstrong, Eric Bobrow, Randy Glynn, Danny Grossman,
Pamela Grundy, Susan Macpherson, Judith Ann Miller, Gregg Parks

"*Endangered Species*, takes its theme from the music, Krzysztof Penderecki's Threnody to the
victims of Hiroshima and Goya's visual testament, The Disasters of War. The anti-war message
has never been clearer. The movements of the victims, draped in tattered clothing, arouse
feelings of despair and sympathy. They run in a frenzy of terror, raked into a huddle by a
demonic, flag-bearing soldier. The death/warrior symbol is sometimes embraced, sometimes
repulsed, but it always remains a threatening and very dangerous figure."
Mandy Chepeka
  Excerpt from "Danny Grossman Dance Company, National Arts Centre, Ottawa, 27
September, 1983", Dance in Canada Magazine, Winter 1983, No. 38, p. 28.

«*Endangered Species*, tire son thème de l'oeuvre musicale de Krzysztof Penderecki: Threnody
to the victims of Hiroshima et du testament visuel de Goya, The Disasters of War. Jamais le
message anti-guerre n'a-t-il été aussi explicite. Les mouvements des victimes, vêtues de
vêtements en lambeaux, éveillent des sentiments de désespoir et de compassion. Ils courent dans
une frénésie de terreur, rassemblés par un soldat démoniaque portant un drapeau. Le symbole de
la mort/soldat est quelquefois accueilli à bras ouverts, quelquefois repoussé mais demeure une
présence menaçante et très dangereuse.»
Mandy Chepeka
  Extrait de : «Danny Grossman Dance Company, Centre National des Arts, Ottawa, 27
septembre, 1983», Dance in Canada Magazine, hiver 1983, No. 38, p. 28.

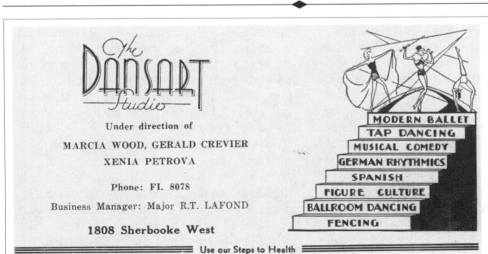

Photo: François Brunelle

## Martine Époque
by/par Iro Valaskakis Tembeck

**Époque, Martine**. Choreographer, artistic director, teacher. Born: 1942, Six-fours les Plages, France.

Martine Époque came to Canada in 1967 to teach Dalcrozian rhythm classes at the Physical Education department of the Université de Montréal. She graduated from l'École normale supérieure d'éducation physique in Paris and studied for a year at the Dalcroze Institute in Geneva before emigrating to Canada.

She co-founded with Rose-Marie Lèbe Le Groupe Nouvelle Aire, which was incorporated in 1968. The troupe was made up of physical education students and teachers, who showed a growing enthusiasm for dance and the new concept of "expression corporelle". Époque quickly became the main figurehead of the new group which, together with Le Groupe de la Place Royale, spawned a number of the young Quebec dancemakers who were to achieve

**Époque, Martine**. Chorégraphe, directrice artistique, professeure. Née : 1942, Six-fours les Plages, France.

Martine Époque s'installa au Canada en 1967 afin d'enseigner des classes de rythme Dalcroze au département d'Éducation physique de l'Université de Montréal. Elle est diplômée de l'École normale supérieure d'éducation physique à Paris, et elle poursuivit une formation d'un an à l'Institut Dalcroze à Genève avant d'émigrer au Canada.

Elle cofonda, avec Rose-Marie Lèbe, Le Groupe Nouvelle Aire, qui s'incorpora en 1968. La compagnie était constituée d'étudiants et de professeurs en éducation physique qui faisaient preuve d'un enthousiasme grandissant pour la danse et pour le nouveau concept d'«expression corporelle». Époque s'imposa rapidement comme la figure dominante du nouveau groupe qui, avec Le Groupe de la Place Royale, donna naissance à plusieurs jeunes artistes en danse du Québec qui allaient atteindre une renommée internationale.

Le Groupe Nouvelle Aire tenta immédiatement de créer un nouveau style de danse. Époque était une autodidacte en ce qui concernait l'aspect technique de la danse; elle travailla diligemment à ciseler un nouveau langage gestuel élaboré à partir de rythmes

international recognition.

From the outset, Le Groupe Nouvelle Aire aimed to create a new style of dance. In terms of dance technique, Époque was self-taught; she worked diligently at crafting a new gestural language built on complex rhythm patterns and body isolations inherited from her Dalcroze training. The Nouvelle Aire/Époque technique was technically and musically challenging, and some of Époque's earlier performance pieces illustrated its complexity: *De Profundis* (1970) and *La Cellule humaine* (1970). Later work, *Pour Conjurer la Montagne* (1980), showed the technique to have changed and acquired greater fluidity following Époque's contact with the José Limón dance vocabulary during a sabbatical year spent in Ann Arbor, Michigan in 1975-1976.

In 1980, Époque became a professor in the newly formed dance programme at the Université du Québec à Montréal (UQAM), and severed her ties with Le Groupe Nouvelle Aire, which disbanded two years later. During the 1980's she created works for Artscène, a choreographic research group, which she co-founded with colleagues Sylvie Pinard, Iro Tembeck and set designer Claude Sabourin; she also started her own company, Danse Actuelle Martine Époque, or D.A.M.E.

She has been very active as an administrator and headed the Dance department of UQAM for many years. She was one of several people who developed the joint project between the Montreal dance community and UQAM to create l'Agora de la danse; the renovated historic site of the old Palestre National became a dance building, housing, as well as UQAM's Dance Department, two theatres, offices and rehearsal spaces for two dance presenters, Tangente and Danse-Cité.

In the 1990's, Époque involved herself in several dance-related ventures. She collaborated several times with videographer Denis Poulin to make video-dance works, and she developed her own computer-assisted system of dance notation. Her book about Le Groupe Nouvelle Aire was published in 1999.

In 1983 she won the Clifford E. Lee

complexes et d'isolations du corps hérités de sa formation Dalcroze. La technique Nouvelle Aire/Époque était exigeante musicalement et techniquement; certaines de ses premières oeuvres pour spectacles illustrent bien la complexité téchnique: *De Profundis* (1970) et *La Cellule humaine* (1970). Une oeuvre plus tardive, *Pour Conjurer la Montagne* (1980), permet d'observer l'évolution de sa technique et sa grande fluidité résultant de son contact avec le vocabulaire en danse de José Limón pendant une année sabbatique passée à Ann Arbor, au Michigan, en 1975-1976.

En 1980, Époque devint professeure dans le cadre du nouveau programme de danse de l'Université du Québec à Montréal (UQAM), et coupa les ponts avec Le Groupe Nouvelle Aire, qui se dissout deux années plus tard. Dans les années 1980, elle créa des oeuvres pour Artscène, un groupe de recherche chorégraphique qu'elle cofonda avec ses collègues Sylvie Pinard, Iro Tembeck et le designer scénique, Claude Sabourin. Elle fonda également sa propre compagnie, Danse Actuelle Martine Époque, ou D.A.M.E.

Elle a été très active dans le rôle d'administratrice et dirigea le département de Danse de l'UQAM pendant plusieurs années. Elle fut l'une des nombreuses personnes à avoir collaboré au projet conjoint entre le milieu de la danse montréalaise et l'UQAM pour créer l'Agora de la danse. Ce site historique de la Palestre Nationale fut rénové et transformé en édifice à l'intention de la danse, comportant des lieux d'habitation, abritant le département de Danse de l'UQAM, deux théâtres, des bureaux et des salles de répétitions pour deux diffuseurs de la danse, Tangente et Danse-Cité.

Dans les années 1990, Époque s'engagea dans plusieurs projets associés à la danse. Elle collabora fréquemment avec le vidéaste Denis Poulin dans le cadre de créations d'oeuvres vidéo-danse et elle élabora un système personnel de notation assistée par ordinateur. Son livre traitant du Groupe Nouvelle Aire fut publié en 1999.

En 1983, on lui décerna le Prix de chorégraphie Clifford E. Lee. La même année

Choreographic Award, and created *Constellation I* at the dance summer school in Banff. In 1994, Époque was awarded the prestigious Prix Denise Pelletier du Québec for lifetime achievement in the performing arts.

elle créa *Constellation I* au stage d'été à Banff. En 1994, Époque reçut le Prix Denise Pelletier du Québec, un prix prestigieux en reconnaissance de ses réalisations dans le domaine des arts de la scène.

**Marion Errington**
by/par Amy Bowring

**Errington, Marion**. Directrice artistique, chorégraphe, professeure. Née : 1904, London, Ontario. Décédée : 1978, London, Ontario. Nom à la naissance : Marion Stark. Nom de femme mariée : Marion Stark Graham. Deuxième nom de femme mariée : Marion Errington.

Étalée sur soixante ans, la contribution de Marion Errington à la scène culturelle de la ville de London, Ontario fut importante. Professionnelle consommée, quelquefois flamboyante et nerveuse, elle fut un chef de file qui joua un rôle clé dans le développement de danseurs/seuses, élaborant un syllabus de ballet et faisant connaître la danse dans le sud-ouest de l'Ontario.

Alors qu'elle n'était qu'une enfant, son père lui donna un kilt et l'inscrit à des cours de danse écossaise avec Alice Henderson. Lorsque Errington avait treize ans, Henderson quitta London et suite à des demandes répétées des autres élèves, Errington commença à enseigner dans la maison familiale avec sa mère comme accompagnatrice au piano. Malgré la désapprobation de son père, elle commença à

**Errington, Marion**. Artistic director, choreographer, teacher. Born: 1904, London, Ontario. Died: 1978, London, Ontario. Birth name: Marion Stark. Married name: Marion Stark Graham. Second Married name: Marion Errington.

Over a period of sixty years, Marion Errington contributed significantly to the cultural scene of London, Ontario. Always professional, sometimes flamboyant and excitable, she was a leader who played a key role in producing dancers, developing a ballet syllabus and raising the profile of dance in Southwestern Ontario.

When she was a child, Errington's father presented her with a kilt and sent her off to Scottish dancing lessons with Alice Henderson. When Errington was thirteen, Henderson moved from London and, following pleas from the other students, Errington began teaching in her parents' home with her mother providing piano accompaniment. Despite her father's disapproval, she began holding annual recitals in 1923. Her first recital was a joint concert with Gwendolyn Anthistle's elocution students and featured a Spanish Mazurka performed by Errington and *Oriental Fantasy* performed by her cousin, Gladys Tulett.

When Errington married Burwell Graham in 1926, she continued to direct her school. When the newlyweds moved to Florida, she sent instructions to her mother and teaching assistants, and when she returned to London in 1928, she found her school exactly as she had left it. While in Florida, she danced on the Publix theatre chain circuit. Beginning in 1929, she expanded on her own training by attending annual summer dance programmes in New York and Chicago.

In 1938, Errington was approached by Dr. Harvey Robb, principal of the Western Ontario Conservatory of Music at the University of Western Ontario, to create a ballet syllabus. She formed the Western Ontario Conservatory of Ballet and created a syllabus for the hour-a-week student, which she based on the principles of several ballet techniques, primarily the Cecchetti method. Errington brought in outside examiners such as Boris Volkoff.

In 1939, while parenting two young sons, attending university classes and running a 250-pupil school, Errington debuted her London Ballet Company, presenting her choreography *Cleopatra*. The leading male role was danced by Richard Errington and this triggered a turning point in Errington's personal and professional life. Richard Errington soon became an instructor and the manager of the school. The two were married in 1947 and the school became the Errington Dance Studios; Richard Errington handled most of the teaching while Marion Errington looked after the business and focussed

donner des récitals annuels en 1923. Son premier récital fut un concert partagé avec les élèves d'élocution de Gwendolyn Anthistle et présentait une Mazurka espagnole interprétée par Errington et *Oriental Fantasy* interprétée par sa cousine Gladys Tulett.

Errington épousa Burwell Graham en 1926 et continua de diriger son école. Lorsque les nouveaux mariés s'installèrent en Floride, elle envoya régulièrement des directives à sa mère et à ses assistantes de telle sorte qu'à son retour à London en 1928, elle retrouva son école dans le même état qu'à son départ. En Floride, elle dansa dans le circuit des chaînes de théâtres Publix. À partir de 1929, elle approfondit sa formation par des programmes estivaux de danse à New York et Chicago.

En 1938, le Dr Harvey Robb, principal du Western Ontario Conservatory of Music à l'Université Western Ontario, demanda à Errington de créer un syllabus de ballet. Elle fonda donc le Western Ontario Conservatory of Ballet et élabora un syllabus pour des cours d'une heure par semaine, syllabus fondé sur les principes de plusieurs techniques de ballet, plus particulièrement la méthode Cecchetti. Errington invita des examinateurs externes tels que Boris Volkoff.

En 1939, alors qu'elle élevait deux jeunes fils, qu'elle étudiait à l'université et qu'elle dirigeait une école de 250 élèves, Errington offrit le premier spectacle de sa compagnie, le London Ballet Company, présentant sa chorégraphie *Cleopatra*. Le rôle masculin principal fut interprété par Richard Errington et ceci fut un point tournant dans la vie personnelle et professionnelle d'Errington. Peu après, Richard Errington devint professeur et gérant de l'école. Ils s'épousèrent en 1947 et l'école devint Errington Dance Studios. Richard s'occupait surtout de l'enseignement alors que Marion gérait l'entreprise et créait des chorégraphies pour leur compagnie, l'Errington Ballet Theatre.

Le 9 décembre 1948, l'Errington Ballet Theatre présenta un spectacle historique à l'occasion duquel la ville de London accorda une charte municipale à la compagnie qui devenait ainsi le London Civic Ballet Theatre. Pour ce

on choreography for their company – the Errington Ballet Theatre.

On December 9, 1948, the Errington Ballet Theatre gave an historic performance at which it was granted a civic charter by the City of London, becoming the London Civic Ballet Theatre. That night the company performed Marion Errington's *Mardi Gras* (1948) and *Les Sylphides*. The company performed many classical works over the years, including *Coppélia*, the Black Swan Pas de Deux and *The Nutcracker*, all of which Errington learned by watching performances by visiting companies, such as the Ballet Russe de Monte Carlo, and scribbling notes in the darkened theatre. Her notes, along with her photographic memory, enabled her to reconstruct the choreography for the corps de ballet and soloists and she would hire a dancer, such as Leon Danelian, to set the principal parts. While the classical work was important, Errington also choreographed several original works for the company. Her most popular ballet was the comical *Dude Ranch* (1948), which featured a tomboy Rancher's Daughter, Her Society Friends, Cowboys, a Movie Star On Location and The Mountie.

The London Civic Ballet Theatre performed throughout Southwestern Ontario until 1954. Throughout the life of her company, Errington focussed on its potential contribution to Canadian dance at large. She saw the company as a stepping stone into professional careers and larger ballet companies such as the Volkoff Canadian Ballet and the National Ballet of Canada. Many of her students, including Colleen Kenney, Glenna Jones, Charmaine Turner, Virginia Pell, Carol Morley and Liliane Marleau, found careers in North America, England and Australia.

Errington was very active in the Canadian Dance Teachers Association, founding a Western Ontario Branch in 1952 and acting as its president for nearly a decade, until this branch broke away from the CDTA to form the Associated Dance Educators of Ontario. Her activism and dedication raised the profile of dance in London and created an environment for it to develop.

spectacle, la troupe dansa le *Mardi Gras* (1948) de Marion Errington ainsi que *Les Sylphides*. Au fil des ans, la troupe interpréta plusieurs classiques, entre autres, *Coppélia*, le pas de deux du Cygne noir et *Casse-Noisette*, classiques qu'Errington avait appris en observant les interprétations par des compagnies en visite comme le Ballet Russe de Monte Carlo et rédigeant des notes pendant les représentations. Augmentées de sa mémoire photographique, ses notes lui permirent de reconstruire les chorégraphies pour son corps de ballet et ses solistes. Elle engageait aussi des danseurs, tel que Leon Danelian, pour monter les rôles principaux. Les oeuvres classiques importaient à Errington mais elle chorégraphia également plusieurs oeuvres originales pour la compagnie. Son ballet le plus apprécié fut *Dude Ranch* (1948), un ballet comique qui comportait les personnages suivants: la fille du propriétaire du ranch (en garçon manqué), les ami(e)s de son cercle social, les cowboys, une vedette de cinéma et une police montée.

Le London Civic Ballet Theatre présenta des spectacles à travers tout le sud-ouest de l'Ontario jusqu'en 1954. Tout au long de l'existence de sa compagnie, Errington insista sur sa contribution possible au milieu canadien de la danse en général. Elle estimait que la troupe était une pierre de gué pour des carrières professionnelles et des compagnies plus importantes comme le Volkoff Canadian Ballet et le Ballet national du Canada. Plusieurs de ses élèves, notamment, Colleen Kenney, Glenna Jones, Charmaine Turner, Virginia Pell, Carol Morley et Liliane Marleau firent carrière en Amérique du Nord, Angleterre et en Australie.

Errington fut très active auprès de l'association Canadian Dance Teachers, fondant une succursale dans l'Ouest de l'Ontario en 1952 et siégeant comme présidente de l'association pendant près d'une décennie, jusqu'à ce que cette succursale se sépare de la CDTA afin de fonder l'Associated Dance Educators of Ontario. Son activisme et son dévouement ont contribué à sensibiliser le public à la présence de la danse à London et ont créé un environnement propice à son développement.

## Etude

Premiere/Première: Le Ballet Concert, Third Canadian Ballet Festival, His Majesty's Theatre, Montreal, November 21 novembre, 1950 (first performed as a section of /présenté initialement en tant qu'une section de : *Divertissements*, The B.C. School of Dancing Stars of '49, International Cinema, Vancouver, June 13 juin, 1949, with/avec Margaret Elmgren, Alice David, Anita Barnett, Ray Moller)
Le Ballet Concert
Director and Choreographer/Directrice et chorégraphe: Kay Armstrong
Wardrobe/Habilleuse: Lucy Pearce
Scenery/Décors: Harry Webb, Joseph Ternent

*Etude*
Choreography/Chorégraphie: Kay Armstrong
Music/Musique: Tchaikovsky
Costumes: Vancouver Costume Studio and/et Kay Armstrong
Dancers/Danseurs: Ray Moller, Margaret Elmgren, Anita Barnett, Kay Armstrong
Conductor/Conducteur: Jean Deslauriers

Etude, *a five-minute study of classical line, was one of many outstanding works Kay Armstrong created for her first group of senior students in Vancouver. After overwhelming critical success at the Third Canadian Ballet Festival,* Etude *was performed as part of the first programme presented by the National Ballet of Canada. According to The Globe and Mail's Herbert Whittaker, "The lack of strain and cleanness of this work was worthy of Balanchine" (13 November, 1951).*

Etude, *une étude des lignes classiques d'une durée de cinq minutes, fut l'une des nombreuses oeuvres exceptionnelles que Kay Armstrong créa pour son premier groupe d'élèves séniors à Vancouver. Suite à un succès critique renversant au troisième Festival de ballet canadien,* Etude *fut présentée dans le cadre du premier programme offert par le Ballet national du Canada. Selon Herbert Whittaker du Globe and Mail, «L'absence de tension et la finesse de cette oeuvre sont dignes de Balanchine» (13 novembre 1951).*

Kaija Pepper

Halifax, 1985

Photo: Cylla von Tiedemann

**Betty Farrally**
by/par Anna Blewchamp

**Farrally, Betty Hey**. Artistic director, teacher, dancer. Born: May 5, 1915, Manningham, Yorkshire, England. Died: April, 1989, Kelowna, British Columbia. Birth name: Betty Hey. Married name: Betty Hey Farrally Ripley.

Farrally was the only child of Arthur Hey, the managing director of a prominent brewery in Bradford, and Ada (née Sugden). Betty Farrally was, as her partner Gweneth Lloyd said, very "spoilt" by her parents, who gave her every financial opportunity during her childhood, sending her to boarding school and to private dance lessons. She studied with Miss Ratcliffe in Bradford, taking classes in social or ballroom dance, national dance, Revived Greek dance – codified by Ruby Ginner – and Natural Movement after the methods of Madge Atkinson. At boarding school she took academic subjects, gymnastics and the same range of

**Farrally, Betty Hey**. Directrice artistique, professeure, danseuse. Née : 5 mai 1915, Manningham, Yorkshire, Angleterre. Décédée : avril 1989, Kelowna, Colombie-Britannique. Nom à la naissance : Betty Hey. Nom de femme mariée : Betty Hey Farrally Ripley.

Elle était la fille unique d'Arthur Hey, le directeur général d'une brasserie importante à Bradford, et d'Ada (née Sugden). Betty Farrally fut, aux dires de sa partenaire Gweneth Lloyd, très «gâtée» par ses parents qui lui offrirent durant son enfance tous les avantages associés à la richesse, l'envoyant en pension et lui offrant des leçons de danse privées. Elle étudia avec Miss Ratcliffe à Bradford, suivant des cours de danse sociale, de danse de salon, de danse folklorique, de Revived Greek dance (codifiée par Ruby Ginner) et de Natural Movement (selon les méthodes de Madge Atkinson). En plus de sa formation académique au pensionnat, elle étudia la gymnastique et poursuivit le même éventail d'études en danse. En 1929, à l'âge de 14 ans, elle entra au Harrowgate Ladies' College afin de poursuivre le type de formation jugé approprié aux jeunes femmes de son statut social. Elle termina ses études en 1933. Le curriculum du collège Harrowgate incluait de nouveau la danse sociale, Revived Greek dance et Natural Movement.

À l'adolescence, elle était intéressée par l'idée de devenir vétérinaire mais sa famille et ses amis ne croyaient pas qu'elle aurait la discipline nécessaire pour poursuivre avec succès une carrière ou des études supérieures et son bilan académique n'était pas assez brillant. Sa famille était aussi convaincue qu'une carrière n'était pas nécessaire. Comme l'écrit Max Wyman dans sa biographie du Royal Winnipeg Ballet, «ça aurait été suffisant pour elle de faire

dance studies. In 1929, at the age of fourteen, she entered Harrowgate Ladies' College, to continue the kind of education which was considered appropriate for a young lady of her social standing, graduating in 1933. The Harrowgate curriculum included, once again, social dancing, Revived Greek dance and Natural Movement.

In her teens, Farrally was interested in becoming a veterinarian, but was considered too undisciplined by her family and friends to ever successfully follow through on a career or higher education. Her academic record was, in any case, not good enough. Her family also thought a career was unnecessary. As Max Wyman writes in his biography of the Royal Winnipeg Ballet, "it would have been enough for her to 'come out' – as a debutante – with the appropriate ceremony – which she did – and settle down to a lifetime of pouring tea ... and perhaps doing Good Works." These opinions and expectations were to change once she made a commitment to dance.

Farrally initially demanded to go to London to study dancing, which was unthinkable to her parents. Instead they enrolled her at the Torch School of Dance in Leeds, founded by partners Gweneth Lloyd and Doris McBride. Lloyd and McBride did not see the potential in Farrally, mainly because she did not seem to take the training seriously. During her first year in the three-year teacher's programme, she was chauffeured from Bradford to Leeds in the family limousine, which did not instill Lloyd with confidence that Farrally would be able to "buckle down" to the hard work essential for her training. But she was an exuberant and vibrant personality, and this made her a good performer. She regularly won prizes in competitions, including the national "Sunshine Competitions". At Leeds, she studied Greek dance, tap, ballet, musical comedy, anatomy and ballroom dance. By the time she received her teacher's certification in 1936, she had passed her exams in ballroom through the Imperial Society of the Teachers of Dancing, ballet through the Cecchetti Society and Revived Greek dance through the Association of the Revived Greek

son «début» (comme débutante) avec toutes les cérémonies habituelles et de s'installer dans une vie consacrée à verser le thé ... et possiblement de s'impliquer dans de Bonnes Oeuvres.» Ces opinions et ces attentes devaient se modifier dès qu'elle se passionna pour la danse.

Farrally voulu étudier la danse à Londres, ce qui était impensable pour ses parents. Ils l'inscrivirent plutôt au Torch School of Dance à Leeds, école fondée par les partenaires Gweneth Lloyd et Doris McBride. Ces dernières ne voyaient pas beaucoup de potentiel en Farrally, surtout parce qu'elle ne semblait pas prendre sa formation au sérieux. La première année du programme de trois ans, la limousine familiale la transportait de Bedford à Leeds, ce qui portait Lloyd à croire que Farally ne pourrait s'astreindre au travail exigeant nécessaire à sa formation. Par contre, elle était de nature exubérante et vibrante, ce qui la rendait une bonne interprète. Elle remportait des prix régulièrement dans des concours incluant le concours national Sunshine. À Leeds, elle étudia la danse grecque, les claquettes, la comédie musicale, l'anatomie et la danse de salon. À son accréditation d'enseignante en 1936, elle avait réussi les examens en danse de salon du Imperial Society of Teachers of Dancing, ceux de ballet de la Société Cecchetti et ceux de Revived Greek dance du Revived Greek Dance Association. Elle suivit également des cours de ballet à Londres avec Margaret Craske.

Son premier poste d'enseignante fut à Gainsborough, Lincolnshire (1936-1937) où elle était décidée à réussir. Elle sentait l'importance de prouver qu'elle était capable d'engagement et de discipline. Suite à une année scolaire remplie de travaux ardus et souvent sans rapport, elle donna sa démission et retourna à Leeds, où elle fut membre du corps professoral (1937-1938) du Torch School of Dance. Lorsque Lloyd décida de quitter Leeds et d'émigrer au Canada, Farrally profita de l'occasion pour la suivre. À partir de 1938, elle fut le bras droit de Lloyd, qui affirmait que sa propre carrière canadienne n'aurait jamais été possible sans la persévérance et la détermination de Farrally.

En arrivant à Winnipeg en 1938, Lloyd et

Dance. She also took ballet classes in London with Margaret Craske.

Her first teaching position was in Gainsborough, Lincolnshire (1936-1937) and she was determined to succeed. She felt it was important to prove that she had both commitment and discipline. After a full school year of arduous and often unrelated duties, she resigned, returning to Leeds where she became a member of the teaching staff (1937-1938) of the Torch School of Dance. When Lloyd made the decision to leave Leeds and emigrate to Canada, Farrally took the opportunity to join her. From 1938 onwards, she was to be Lloyd's constant "second-in-command", with Lloyd always acknowledging that her own Canadian career would not have been possible without Farrally's perseverance and drive.

Lloyd and Farrally arrived in Winnipeg in 1938, with plans to set up a school similar to the Leeds studio. They founded the Canadian School of Ballet, and then the performance group, the Winnipeg Ballet Club. Almost immediately, their partnership took on a distinctive character. Lloyd was the choreographer and artistic director, Farrally the ballet mistress, dancer and rehearsal director. Max Wyman's description of their relationship, "Gweneth was the one with the brains, Betty was the brawn," typifies the role undertaken by Farrally. She was a "fierce disciplinarian", demanding, hard-working and extroverted, who, in Arnold Spohr's words, "goaded, commanded, drilled and bullied" the dancers to a level of excellence that met her standards. As she herself said, "Gweneth thought everything the dancers did was right, and I thought everything they did was wrong!" Lloyd's interest in her own ballets diminished once the choreography was complete and it was left to Farrally to restage, rehearse and polish. Also, Lloyd was concerned always with the dancers' musicality, expressiveness and quality of movement, whereas Farrally was the one who made sure every technical detail was absolutely perfect. As a result, Farrally knew every Lloyd work inside and out, and became the custodian of the Winnipeg company's repertoire. Without Farrally, who used Lloyd's

Farrally pensèrent fonder une école semblable à celle du studio de Leeds. Elles fondèrent le Canadian School of Ballet suivi du groupe d'interprètes, le Winnipeg Ballet Club. Presque immédiatement, leur partenariat afficha une couleur bien distincte. Lloyd était la chorégraphe et la directrice artistique alors que Farrally était la maîtresse de ballet, la danseuse et la directrice des répétitions. Max Wyman décrit leur relation ainsi : «Gweneth était le cerveau, Betty les muscles», décrivant bien le rôle de Farrally. «Elle était une partisane féroce de la discipline», exigeante, ardente au travail et extrovertie qui, selon les mots d'Arnold Spohr «talonnait, ordonnait, entraînait et tyrannisait» les danseurs/seuses vers un niveau d'excellence qui rencontrait ses normes. Comme elle le disait elle-même, «Gweneth croyait que tout ce que les danseurs/seuses faisaient était bien alors que je pensais que tout ce qu'ils faisaient était moche.» L'intérêt de Lloyd pour ses propres ballets se dissipait une fois la chorégraphie achevée et c'est Farrally qui devait refaire la mise en scène, répéter et polir le tout. Lloyd s'intéressait toujours à la musicalité, l'expressivité et la qualité du mouvement des danseurs/seuses alors que c'est Farrally qui s'assurait de la perfection absolue de chaque détail technique. Par conséquent, Farrally connaissait chaque oeuvre de Lloyd de fond en comble et devint même la gardienne attitrée du répertoire de la compagnie de Winnipeg. Il aurait été difficile plus tard de remonter les oeuvres de Lloyd sans la présence de Farrally qui se fonda sur les cahiers de Lloyd. Celle-ci était reconnue pour ne pas se souvenir de ses propres chorégraphies et a même affirmé : «Je n'ai pas besoin de m'en souvenir ... elles sont toutes dans les pieds de Betty.»

Dans les premières années de la compagnie, Farrally écrivait des scénarios pour plusieurs des ballets de Lloyd, entre autres *Triple Alliance* (1941) avec Peggy Jarman, *Backstage 1897* (1941), *Finishing School* (1941), *Les Coryphées* (1945), *Pleasure Cruise* (1946) avec David Yeddeau, et *Concerto* (1947). Elle jugeait aussi que le travail d'interprète était l'une de ses responsabilités à l'intérieur de la compagnie. Elle était une excellente danseuse et interprète de

notebooks as reference, most of Lloyd's works would have been difficult to restage. Lloyd was notorious for not remembering her own choreography and once said, "I don't have to ... they are all in Betty's feet."

During the early years of the company, Farrally wrote scenarios for a number of Lloyd ballets, including *Triple Alliance* (with Peggy Jarman, 1941), *Backstage 1897* (1941), *Finishing School* (1942), *Les Coryphees* (1945), *Pleasure Cruise* (with David Yeddeau, 1946) and *Concerto* (1947). She also included performance as one of her company responsibilities. She was an excellent character dancer, who was particularly noted for her comedic abilities. Lloyd created a number of roles for her during the 1940's, and her performance career ran from 1939-1950, with only one break between 1943-1944.

In November of 1942, she had married John Hudson Farrally, a Royal Canadian Air Force Flight Lieutenant, and during late 1943 was pregnant with their son, Richard Blaise. She left Winnipeg to join her husband in Carberry and then Vulcan, Alberta. She was soon bored with the life of a flying instructor's wife and returned to Winnipeg to teach. She began dancing again almost immediately after the birth of Richard in 1944. In 1945, her husband was killed during a routine aircraft landing in British-occupied France. In keeping with the kind of demands that she made on her students and dancers, Farrally did not cancel any of her rehearsals or classes when she heard the news, but went into the studio as usual.

In 1949, she married Ken Ripley and retained his name for the rest of her life, although they were officially separated within a short time.

In 1950, after Lloyd had begun her association with the Banff Centre School of Fine Arts, Farrally began teaching there during the summer programmes. Lloyd left Winnipeg in 1950 for Toronto, retaining the title of Artistic Director but leaving Farrally essentially in charge of the Winnipeg company as ballet mistress. By this time, the company had become a non-profit organization with a board of directors, and for the next few years, Farrally

rôles de caractère, particulièrement reconnue pour ses talents de comédie. Lloyd créa un certain nombre de rôles à son intention dans les années quarante et sa carrière d'interprète s'étendit de 1939 à 1950 avec un seul arrêt entre les années 1943-1944.

En novembre 1942, elle épousa John Hudson Farrally, un lieutenant des Forces de l'Aviation Royale Canadienne et devint enceinte de leur fils, Richard Blaise, à la fin de 1943. Elle quitta Winnipeg pour rejoindre son mari à Canberry et ensuite à Vulcan en Alberta. La vie de femme d'un instructeur de vol l'ennuya rapidement et elle revint à Winnipeg pour enseigner. Elle recommença presque immédiatement à danser après la naissance de Richard en 1944. En 1945, son mari fut tué lors d'un atterrissage de routine en France occupée par les Anglais. Typiquement, s'imposant les mêmes exigences qu'à ses danseurs et danseuses, Farrally n'annula aucune de ses répétitions ou cours lorsqu'elle apprit la nouvelle mais se rendit au studio comme à l'accoutumée.

En 1949, elle épousa Ken Ripley dont elle conserva le nom toute sa vie même s'ils furent officiellement séparés après une brève période de temps.

En 1950, après que Lloyd ait amorcé son association avec le Banff Centre School of Fine-Arts, Farrally commença à y enseigner des stages d'été. Lloyd quitta Winnipeg en 1950 pour s'installer à Toronto, conservant le titre de directrice artistique mais laissant Farrally comme maîtresse de ballet, essentiellement en charge de la compagnie. À cette époque, la compagnie était devenue un organisme à but non lucratif avec un conseil d'administration et dans les années qui suivirent, Farally dut négocier avec le conseil en se battant pour chaque décision relative aux programmes et aux salaires des danseurs/seuses. La compagnie se renforçait de plus en plus , recevant sa désignation de «Royal» en 1953 et accumulant les éloges de la critique tout au long des tournées à travers le Canada. Cependant, les déficits associés aux tournées inquiétaient le conseil d'administration et dès 1954, Farrally devait se battre contre l'arrêt des activités de la compagnie. Au mois de

had to negotiate her way with the board, while fighting for each programming decision and for the dancers' salaries. The company was growing from strength to strength, receiving its Royal designation in 1953 and critical acclaim through cross-Canada touring. Tour deficits, however, were of concern to the board and in 1954, Farrally argued against the suspension of company operations. In June of 1954, the headquarters and studios of the Royal Winnipeg Ballet were destroyed by fire and the company was forced to suspend the season. In 1955, Farrally became artistic director (Lloyd was founding director) for the reborn company, but found her relationship with the board increasingly difficult.

Between 1955 and 1957, the company retained the services of Nenad Lhotka as ballet master, with Ruthanna Boris as choreographer-soloist and her husband Frank Hobi as soloist. Boris and Hobi gradually were invited to train the company, causing first Lhotka's resignation and then an ultimatum from Farrally. Farrally attempted to ameliorate the situation developing within the company, which had resulted in friction between the dancers, staff and board. When the Hobis left Winnipeg, Farrally was artistic director for the 1957-1958 season and she had strong feelings that the company had to expand and tour. The board felt otherwise. Faced with a growing deficit, the board voted to restrict performances to Winnipeg for the next season and to engage a smaller group of dancers.

There are two versions of the result of their decision. Betty Farrally maintained that she was fired. The board maintained that she resigned. No matter which version is true, the result was the same. Farrally stayed in British Columbia, where she had been adjudicating a festival at the time of the board's decision. Lloyd resigned in support of Farrally, and their association with the company was at an end.

From 1957, until her death in 1989, Farrally lived in Kelowna, British Columbia. Initially teaching throughout the region, she and Lloyd established a branch of the Canadian School of Ballet in Kelowna in 1958, when Lloyd joined her from Toronto. She and Lloyd retained their

juin 1954, le siège social et les studios du Royal Winnipeg Ballet furent détruits par un incendie et la compagnie fut contrainte de suspendre ses activités. Farrally devint directrice artistique en 1955 (Lloyd conservant le titre de directrice-fondatrice) de la compagnie reconstituée mais ses relations avec le C.A. devenaient de plus en plus difficiles.

Entre les années 1955 et 1957, la compagnie retint les services de Nenad Lhotka comme maîtresse de ballet, de Ruthanna Boris comme chorégraphe-soliste et de son mari, Frank Hobi comme soliste. Boris et Hobi furent graduellement invités à entraîner la compagnie ce qui provoqua d'abord la démission de Lhotka suivie d'un ultimatum de la part de Farrally. Celle-ci tenta de calmer les frictions naissantes entre les danseurs/seuses, le personnel et le C.A. Lorsque les Hobis quittèrent Winnipeg, Farrally fut directrice artistique pour la saison 1957-1958 et elle était alors absolument convaincue que la compagnie devait prendre de l'expansion et partir en tournée. Le C.A. n'était pas du même avis et, face à un déficit croissant, le conseil vota pour la restriction des représentations à Winnipeg pour la saison suivante et l'engagement d'un plus petit nombre de danseurs et danseuses.

Il existe deux versions de l'impact de ces décisions. Betty Farrally affirma avoir été congédiée alors que le Conseil affirma qu'elle avait offert sa démission. Quelle que soit la vérité, le résultat fut le même : Farrally demeura en Colombie-Britannique où elle était juré pour un festival au moment de la décision du Conseil. Lloyd, en signe de soutien à Farrally, offrit également sa démission et leur association avec la compagnie prit fin.

Farrally vécut à Kelowna, en Colombie-Britannique de 1957 à 1989, enseignant au départ à travers toute la région. Elle et Lloyd ouvrirent une succursale du Canadian School of Ballet à Kelowna en 1958 lorsque celle-ci vint la rejoindre de Toronto. Leur association avec le Canadian School of Ballet se poursuivit jusqu'en 1962. Farrally continua à enseigner à Banff jusqu'en 1981, devenant la codirectrice de la section Danse (avec Arnold Spohr) en 1967,

association with the Winnipeg Canadian School of Ballet until 1962. Farrally continued to teach at Banff until 1981, taking over as co-director of the Dance Division (with Arnold Spohr) in 1967, after Lloyd's retirement. She was an indefatigable teacher, travelling miles to give classes, adjudicate festivals and act as an examiner for the Royal Academy of Dancing.

Like Lloyd's, Farrally's work in Canada was finally honoured in the 1970's and 1980's. She received a Civic Achievement Medal from the City of Winnipeg in 1977. She was honoured by the Royal Academy of Dancing with a Fellowship Award in 1979. In 1981, she received the Order of Canada and the Dance in Canada Award in 1984. Unfortunately, her health began to desert her during her sixties. In 1977, on one of her long drives between branches of the Canadian School of Ballet, she was involved in an accident that broke her pelvis. Although her recovery was complete, and she was teaching and driving again after her recuperation, she was soon to begin a battle with cancer. Throughout the extended time of her illness, she used every opportunity, when her health was stable, to continue teaching. Her humour and drive motivated all the students at the Kelowna school, and once again she acted as Lloyd's right hand in staging works for concerts, or rehearsing choreography for musicals.

Farrally was more pragmatic than Lloyd and had an extremely caustic wit. It was her "no-nonsense" approach to technical training that first terrified students. When she got results, as she always did, she earned their love and respect. In 1986, she travelled to Toronto to help with the Dance Collection Danse ENCORE! ENCORE! Reconstruction project of Lloyd's ballet *Shadow On The Prairie* (1952), and in 1988 was honoured, with Lloyd, at a Gala held in Kelowna to commemorate the fifty years of the Canadian School of Ballet.

après que Lloyd ait pris sa retraite. Elle fut une professeure infatigable, voyageant des milles pour enseigner, pour siéger sur des jurys de festivals et pour son poste d'examinatrice du Royal Academy of Dancing.

Tout comme pour Lloyd, le travail de Farrally au Canada fut finalement reconnu dans les années 1970 et 1980. La ville de Winnipeg lui décerna en 1977 la médaille du Civic Achievement. Le Royal Academy of Dancing l'honora d'un Prix Fellowship en 1979. Elle reçut également l'Ordre du Canada en 1981 et le Prix Dance in Canada en 1984. Malheureusement, sa santé se détériora dans la soixantaine. En 1977, lors d'un long voyage automobile entre les succursales du Canadian School of Ballet, elle fut impliquée dans un accident qui fractura son bassin. Malgré qu'elle se soit complètement rétablie et qu'elle enseignit et conduisit de nouveau, elle devait bientôt s'engager dans une lutte contre le cancer. Durant cette longue maladie, elle sauta sur toutes les occasions de continuer à enseigner. Son humour et sa détermination inspiraient les étudiants de l'école à Kelowna et de nouveau, elle devint le bras droit de Lloyd pour la mise en scène d'oeuvres pour des concerts ou pour des répétitions de chorégraphies pour des revues musicales.

Farrally était plus pragmatique que Lloyd, son humour était mordant et son approche «directe et sans balivernes» de la formation technique terrifiait initialement les élèves. Cependant lorsque, infailliblement, elle obtenait les résultats recherchés, leur amour et respect lui étaient acquis. En 1986, elle se rendit à Toronto pour aider à remonter le ballet de Lloyd *Shadow on the Prairie* (1952), projet initié par Dance Collection Danse ENCORE! ENCORE!. En 1988, elle fut honorée, avec Lloyd, par un Gala à Kelowna afin de commémorer le cinquantième anniversaire du Canadian School of Ballet.

**Faustus: An Opera for Dancers** (un opéra pour danseurs)
Premiere/Première: Le Groupe de la Place Royale, National Arts Centre national des Arts, Ottawa, October 14 octobre, 1983
Libretto adapted by the composer from Gertrude Stein's Doctor Faustus Lights the Lights./D'après l'oeuvre de Gertrude Stein, Doctor Faustus Lights the Lights, adaptée par le compositeur.
Choreography/Chorégraphie: Peter Boneham
Music/Musique: John Plant
Visual Presentation and Costume Design/Décor et costumes: Arthur Penson
Lighting/Éclairage: John Munro
Film Sequences/Séquences de film: Christopher Mullington
Voice Coaches/Direction des voix: John Devers, Cathy Miller (touring/en tournée)
Drama Coach/Répétiteur dramatique: Alain Bauguil
Production Stage Manager/Directeur de scène: Karen Amyot
Technical Director/Directeur technique: Martin Conboy
Costume Cutter/Tailleur: Jan Cogley
Costume assistants/Assistantes du tailleur: Maria Vigliotti, Monica Wier
Prop Construction/Accessoires: John van Leishout
Mr. Boneham wishes to dedicate *Faustus* to Trudi LeCaine, as a tribute to her outstanding contribution to the arts in Canada./M. Boneham désire dédier *Faustus* à Trudi LeCaine pour rendre hommage à son éminente contribution aux arts au Canada.
Cast/Distribution (in order of appearance/par ordre d'entrée en scène)
Doctor Faustus/Le docteur Faust: Bill James
Mephisto/Méphistophélès: Michael Montanaro
Devilettes/Diablotins: Cathy Kyle, Sandra Lapierre
Dog/Chien: Tassy Teekman
Boy/Disciple: Marc Boivin
Insects/Insectes: Marc Boivin, Bob Krupinski, Cathy Kyle, Sandra Lapierre
Marguerite Ida and Helena Annabel/Marguerite Ida et Hélène Annabel: Janet Oxley
Country Woman/Campagnarde: Cathy Kyle
Chorus/Choeur: The Company/La compagnie
Candlelights/Chandelles: Bob Krupinski, Sandra Lapierre
Mister Viper (A Man From Over the Seas)/Monsieur Vipère (un homme d'outre-mer): Cathy Kyle
Second Devil/Second diable: Bob Krupinski

Film Prologue: A dog being one being a dog is a dog and a dog being one is a woman.*
Act One
Scene one: Faustus's study. Doctor Faustus is furious with Mephisto for having tricked him into selling his soul in order to make electric light. The Dog and the Boy, Faustus's faithful companions, join him in admiring the electric lights. Faustus has a premonition that he will meet a woman named Marguerite Ida and Helena Annabel.
Scene two: A Woods. Marguerite Ida and Helena Annabel is in the woods, alone and frightened. As menacing insects surround her, she is bitten by a viper. The Country Woman advises Marguerite to visit Doctor Faustus, who is the only one who can cure her of the viper's poison.
Scene three: Faustus's study. Faustus, the Dog and the Boy are asleep. Faustus reflects on the relationship between man and dog. Marguerite Ida and Helena Annabel rushes in and implores

Faustus to cure her. He resists, but finally agrees to perform the necessary magic.
Intermission (20 minutes)
Act Two
Scene one: A Place. Marguerite is cured of the viper's bite and sits with her back to the sun bathing in the glow of Candlelights. Mr. Viper (A Man From Over the Seas) appears, who represents another aspect of Mephisto. He wields a compelling power over Marguerite. The Devil is incensed over Marguerite's source of light, which she gained without his permission.
Scene two: Faustus's study. With the Boy and Dog, Faustus laments over the fact that he cannot share the electric lights with anyone. FILM: Doctor Faustus being Doctor Faustus remembers and remembering one one answers everything.* Mephisto appears in a fury, and accuses Faustus of deceit. Unconcerned, Faustus asks Mephisto: "How can I, who have no soul, go to hell?" The Devil answers: "Commit a sin. Kill something – kill anything." Faustus turns to his devoted companions, and with his magic, makes the viper bite the Boy and Dog, who die. Mephisto makes Faustus young and tells him to take Marguerite to hell. But when the young Faustus approaches her, she refuses to recognize him. Mr. Viper leads Marguerite to her fate, as Mephisto drags Faustus to hell.
((((Curtain)))
*Choreographer's "Steinisms"


Prologue filmé: Un chien étant un chien est un chien et un chien qui en est un est une femme.*
Acte I
Scène 1. Le cabinet de Faust. Le docteur Faust est fâché contre Méphistophélès qui l'a amené par la ruse à vendre son âme pour pouvoir produire de l'électricité. Le chien et le disciple, qui sont les compagnons fidèles de Faust, admirent avec lui les lumières électriques. Faust pressent qu'il rencontrera une femme s'appelant Marguerite Ida et Hélène Annabel.
Scène 2. La forêt. Marguerite Ida et Hélène Annabel se trouve seule dans la forêt. Elle est effrayée. Des insectes menaçants l'entourent et une vipère la mord. La campagnarde conseille à Marguerite d'aller voir le docteur Faust, le seul à pouvoir la guérir de la morsure.
Scène 3. Le cabinet de Faust. Faust, le chien et le disciple sont endormis. Faust réfléchit sur la relation entre homme et chien. Marguerite Ida et Hélène Annabel entre précipitamment et supplie Faust de la guérir. Il hésite, mais il accepte finalement d'avoir recours à la magie.
Entracte (20 minutes)
Acte II
Scène 1. La place. Marguerite est guérie de la morsure; elle est assise, le dos tourné au soleil, et baigne dans la lueur des chandelles. Surgit M. Vipère (un homme d'outre-mer), qui incarne un des aspects de Méphistophélès. Il exerce un pouvoir irrésistible sur Marguerite. Le diable s'indigne que Marguerite ait obtenu une source de lumière sans son accord préalable.
Scène 2. Le cabinet de Faust. En compagnie du disciple et du chien, Faust se lamente puisqu'il ne peut partager la lumière électrique. FILM: Comme le docteur Faust est le docteur Faust, il se souvient, et en s'en souvenant on trouve réponse à tout.* Méphistophélès, en colère, apparaît et accuse Faust de l'avoir trompé. Sans se laisser troubler, Faust demande à Méphistophélès: «Comment puis-je aller aux enfers puisque je n'ai pas d'âme?» Et le diable répond: «Commets un péché. Détruis quelque chose, détruis n'importe quoi.» Faust va donc voir ses compagnons dévoués et, au moyen de sa magie, fait périr le disciple et le chien par une morsure de la vipère. Par la suite, Méphistophélès rajeunit Faust et lui ordonne d'amener Marguerite aux enfers. Mais au moment où le jeune Faust s'approche d'elle, elle ne veut pas le reconnaître. Par l'entremise

de Monsieur Vipère, Marguerite subit son sort en meme temps que Méphistophélès entraîne Faust aux enfers.
(((Rideau)))
*Les «Steinismes» du chorégraphe.

---

**Fifteen Heterosexual Duets** (Quinze Duos hétérosexuels)
Premiere/Première: Toronto Dance Theatre, Premiere Dance Theatre, Toronto, April 16 avril, 1991
Choreographer/Chorégraphe: James Kudelka
Composer/Compositeur: Ludwig van Beethoven, Sonata No. 9 in A, Opus 47 Kreutzer
Costume Designer/Costumes: Denis Joffre
Lighting Designer/Éclairages: Ron Snippe
For my father/Pour mon père
Dancers/Danseurs:
1. Laurence Lemieux & Graham McKelvie
2. Coralee Moen & Pascal Desrosiers
3. Suzette Sherman & David Pressault
4. Miriane Braaf & Michael Sean Marye
5. Kate Alton & Christopher House
6. Kate Alton & Graham McKelvie
7. Monica Burr & Pascal Desrosiers
8. Suzette Sherman & David Pressault
9. Laurence Lemieux & Michael Sean Marye
10. Coralee Moen & Christopher House
11. Rosemary James & Crispin Redhead
12. Monica Burr & Michael Sean Marye
13. Miriane Braaf & Christopher House
14. Suzette Sherman & David Pressault
15. Laurence Lemieux & Graham McKelvie

"Kudelka's style, described as neoclassical, translates easily to the modern dance vocabulary and he had welcomed David [Earle]'s invitation and the challenge of working with the versatile TDT dancers. This abstract work of fifteen duets, danced to Beethoven's haunting Kreutzer Sonata, intricately and sculpturally interweaves the various partnerships. Kudelka's movement invention, kinetic and sensorial in nature, brings another level of appreciation to Beethoven's score."

«Le style de Kudelka, décrit comme néo-classique, se traduit aisément dans un vocabulaire de danse moderne. Kudelka a accepté l'invitation de David Earle et il a relevé le défi de travailler avec les versatiles interprètes du TDT. Cette oeuvre abstraite comportant quinze duos, dansée sur la captivante Sonate Kreutzer de Beethoven, tisse les diverses relations de façon précise, complexe et sculpturale. L'invention du mouvement de Kudelka, de nature cinétique et

sensorielle, offre un niveau d'interprétation additionel de la partition de Beethoven.»
Nadine Saxton and Katherine Cornell
  Excerpt from/Extrait de Toronto Dance Theatre 1968-1998: Stages in a journey. 1998.
Toronto: Captus Press, p. 108.

## Anne Flynn
by/par Lisa Doolittle

**Flynn, Anne**. Teacher, dancer, choreographer.
Born: August 11, 1955, New York, New York.
  Born in Brooklyn to an Irish father and a
Norwegian mother, Anne Flynn's earliest
experiences of dancing were populist – her
father's tap and social dance sessions in the
family kitchen and trips to Radio City Music
Hall in Manhattan. She discovered modern

**Flynn, Anne**. Professeure, danseuse,
chorégraphe. Née : 11 août, 1955, New York,
New York.
  Née à Brooklyn, d'un père irlandais et d'une
mère norvégienne, les premières expériences en
danse d'Anne Flynn furent populistes – les
sessions de claquettes et de danses sociales de
son père dans la cuisine familiale et les
spectacles au Radio City Music Hall à
Manhattan. Elle découvrit la danse moderne au
State University of New York (SUNY), campus
Cortland, où elle fut introduite à la technique
d'Erik Hawkins. Elle poursuivit sa formation
avec Merce Cunningham, Viola Farber, June
Finch, Hawkins et Irene Dowd. Subséquemment,

dance at the State University of New York, Cortland, where she was introduced to the Erik Hawkins technique and she went on to study with Merce Cunningham, Viola Farber, June Finch, Hawkins and Irene Dowd. Subsequently, at SUNY Brockport, she was introduced to dance improvisation, kinesiology and somatic practices. After completing a BA in 1977, she joined the Richard Bull Dance Theatre in Brockport, a company dedicated to the performance of structured improvisations. When RBDT moved to Manhattan in 1978, Flynn accepted a position on the dance education faculty of the Physical Education Department at the University of Calgary. In this new academic environment, fellow dance educators Shirley Murray, Sylvia Shaw and John Pool had established a home for dance, including a hugely popular annual student/faculty dance production, Dance Montage. Flynn worked tirelessly for the creation of a dance degree programme, searching for ways to bridge the apparent and problematic chasm between dance in Fine Arts and dance education in Physical Education. Her efforts were rewarded when the degree programme became a reality in 1995; she became Assistant Coordinator and Associate Professor in the Faculties of Fine Arts and Kinesiology.

Flynn created and performed solo work on campus and in the WORKS, an interdisciplinary performance series produced by the Calgary dance collective Co-Motion from 1978-1981. From 1981-1988, Flynn collaborated with Calgary dancer Denise Clarke, creating a number of evening-length shows. Their work, a provocative mixture of dance forms, popular music, feminist theory, philosophy and humour, was immensely watchable and was shown in Calgary, Banff, Edmonton, Saskatoon, Toronto, Brockport and Berlin, Germany.

Performance and choreography were always intimately connected to Flynn's academic research interests. She received her M.A. from Wesleyan University in 1986, with a thesis investigating barriers to dance education in Euro-American cultures. She has since written about Alberta dance history, gender issues in

au campus Brockport du SUNY, elle fut exposée à l'improvisation, la kinésiologie et les pratiques corporelles. Après avoir reçu son BA en 1977, elle se joint au Richard Bull Dance Theatre à Brockport, une troupe se consacrant à l'interprétation d'improvisations structurées. Lorsque le RBDT s'installa à Manhattan en 1978, Flynn accepta un poste à la faculté d'enseignement de la danse au département d'Éducation physique à l'Université de Calgary. Dans ce nouveau cadre académique, ses collègues, Shirley Murray, Sylvia Shaw et John Pool avaient déjà établi une base pour la danse, incluant un spectacle annuel extrêmement populaire, Dance Montage, auquel participaient les membres de la faculté et les élèves. Flynn travailla sans relâche pour élaborer un programme diplômé en danse, cherchant à réconcilier le gouffre apparent et problématique entre la formation en danse des départements des Beaux-Arts et de l'Éducation physique. Ses efforts furent récompensés lorsque le programme diplômé en danse devint réalité en 1995; elle fut nommée coordonnatrice adjointe et professeure agrégée aux facultés des Beaux-arts et de Kinésiologie.

Flynn créa et interpréta des oeuvres solos sur le campus universitaire et dans le cadre de WORKS, une série de spectacles interdisciplinaires produits par le collectif de danse de Calgary, Co-Motion de 1978 à 1981. De 1981 à 1988, Flynn collabora avec la danseuse de Calgary Denise Clarke, créant plusieurs spectacles pleine soirée. Leur travail, un mélange audacieux de diverses formes de danse, de musique populaire, de théorie féministe, de philosophie et d'humour était très agréable à contempler et fut présenté à Calgary, Banff, Edmonton, Saskatoon, Toronto, Brockport et à Berlin en Allemagne.

La recherche académique de Flynn se concentrait invariablement sur le spectacle et la chorégraphie. Elle reçut sa MA de la l'Université Wesleyan en 1986, sa thèse explorait les obstacles à la formation en danse dans les cultures euroaméricaines. Depuis, elle a écrit sur l'histoire de la danse en Alberta, sur les questions de genre en danse et sur la danse

dance, and dance as a model for interdisciplinary studies. Flynn has contributed to an enormous number of projects that support and further the growth of dance and dance education in Canada. She has served on the board of the Dance in Canada Association, as president of the Alberta Dance Alliance, and as provincial chair of the Alberta CAHPER committee. She co-founded the bi-monthly magazine Dance Connection with Lisa Doolittle, and was a contributing editor and board member from 1987-1997. She has produced an award-winning video, Dance for our Children, and has co-edited with Doolittle a collection of essays about dance and culture.

comme modèle d'études interdisciplinaires. Flynn a contribué à une quantité énorme de projets qui soutiennent et encouragent la croissance de la danse et de son enseignement au Canada. Elle a siégé sur le conseil d'administration de l'association Danse au Canada, fut présidente du Alberta Dance Alliance ainsi que présidente provinciale du Comité CAHPER de l'Alberta. Elle cofonda le magazine bimensuel Dance Connection avec Lisa Doolittle et fut rédactrice et membre du conseil d'administration de 1987 à 1997. Elle a produit un vidéo primé, Dance for our Children et encore avec Doolittle, elle a coédité une collection d'essais sur la danse et la culture.

Photo: Helen Stylianou

## Maria Formolo
by/par Barbara Cameron

**Formolo, Maria**. Danseuse, chorégraphe, directrice artistique, professeure. Née : 29 juillet 1944, Marquette, Michigan.

Chorégraphe prolifique et cofondatrice de trois troupes de danses renommées, Maria Formolo a enseigné à de nombreux groupes, à

# FORMOLO

**Formolo, Maria**. Dancer, choreographer, artistic director, teacher. Born: July 29, 1944, Marquette, Michigan.

A prolific choreographer and co-founder of three successful companies, Maria Formolo has taught extensively in communities, universities, and public and private schools throughout Canada, the United States and abroad.

Formolo holds a BA in theatre and visual arts from Rosary College, Illinois. Her professional dance training includes modern, classical, folk and native dance, and she has studied intensively in the fields of meditation, tai chi and healing therapies. Her dance mentors have included Petre Bodeut, Peter Boneham, Robert Cohan, Lambros Lambrou, Jeanne Renaud and Grant Strate.

Formolo's career began in Montreal in 1967. During a visit to Expo '67 she became involved with a fledgling dance group, decided to prolong her stay and became a member of Le Groupe de la Place Royale. Her pioneering spirit took her to Regina, Saskatchewan, where a chance meeting with Marianne Livant led to an invitation to co-direct Regina Modern Dance Works, which became a professional dance company in 1974. After the resignation of Livant in 1976, Formolo remained as artistic director to lead the company to national recognition. At its height, Regina Modern Dance Works toured Canada to critical acclaim: "Mesmerizing. Formolo is a gifted actress and she has a talent for choreographing sudden and surprising changes of quality, shifting subtly from fluidity to tension", wrote Alina Gildiner in the Globe and Mail. In 1979 Keith Urban, formerly with Toronto Dance Theatre and Dancemakers, joined the company, becoming co-artistic director with Formolo. Success for the company continued until financial woes and differences in artistic vision between the board of directors and the dancers eventually forced the closure of the company in 1982.

Undaunted, and with a vision of what they wished to achieve, Urban and Formolo moved to Edmonton and co-founded Formolo and Urban Dance Company. From 1982 until 1986 they toured extensively throughout Canada and the des universités et à des écoles privées et publiques à travers le Canada, aux États-Unis et à l'étranger.

Formolo détient un B.A. en théâtre et en arts visuels du Rosary College, Illinois. Sa formation professionnelle en danse couvre la danse moderne, classique, folklorique et la danse autochtone. De plus, elle a étudié en profondeur la méditation, le tai chi et les thérapies alternatives. Parmi ses mentors en danse se retrouvent Petre Bodeut, Peter Boneham, Robert Cohan, Lambros Lambrou, Jeanne Renaud et Grant Strate.

Formolo amorça sa carrière à Montréal en 1967 quand elle s'associa à un groupe de danse débutant lors d'une visite à l'Expo '67. Elle décida de prolonger son séjour et elle devint membre du Groupe de la Place Royale. Son esprit de pionnière l'amena à Régina en Saskatchewan, où une rencontre fortuite avec Marianne Livant se traduisit par une invitation à codiriger Regina Modern Dance Works, qui devint une compagnie professionnelle de danse en 1974. Suite à la démission de Livant en 1976, Formolo demeura comme directrice artistique dirigeant la troupe vers une reconnaissance nationale. À son apogée, le Regina Modern Dance Works fit une tournée du Canada acclamée de la critique: «Hypnotisant. Formolo est une actrice et une chorégraphe de talent, créant des changements soudains et surprenants en ce qui concerne la qualité, passant avec subtilité de la fluidité à un état de tension» écrivit Alina Gildiner dans le Globe and Mail. En 1979 Keith Urban, anciennement du Toronto Dance Theatre et de Dancemakers, se joint à la compagnie comme codirecteur avec Formolo. La troupe alla de succès à succès jusqu'à ce que des difficultés financières et des divergences de vision entre le conseil d'administration et les danseurs/seuses contraignent la compagnie à fermer ses portes en 1982.

Inébranlables et animés d'une vision précise, Urban et Formolo s'installèrent à Edmonton et cofondèrent le Formolo and Urban Dance Company. De 1982 jusqu'à 1986, ils firent de très nombreuses tournées à travers le Canada, aux États-Unis, en Chine, au Japon, aux Îles

United States, as well as China, Japan, Fiji and New Zealand.

With Urban's departure in 1985, she created Formolo Dance Association, to "celebrate the environment through the arts." An annual series of workshops, seminars and performances was offered in the community, focussing on the arts and traditions from many cultures as a means of personal and planetary healing. This goal has been further expanded in 1999, with the creation in Edmonton of the Willow Center Foundation for Creative & Expressive Arts, a group co-founded by Formolo and a group of creative arts therapists, professional artists and psychologists.

Formolo is the recipient of many awards and honours, including the 1989 Leonardo Da Vinci Award for her contribution to the artistic legacy of humanity; the Chalmers Choreographic Award in 1980, the 1979 Queen Elizabeth II Jubilee Medal for Outstanding Achievement in Dance and the 1993 Syncrude Award for Innovative Artistic Programming. She has been an ambassador of Canadian dance at international forums in England, Moscow, Japan, Caracas, Cyprus and China.

Fidji et en Nouvelle-Zélande.

Suite au départ d'Urban en 1985, elle créa l'association Formolo Dance afin de «célébrer l'environnement par les arts». Une série annuelle d'ateliers, de séminaires et de spectacles furent offerts à la communauté dans son ensemble, avec une emphase placée sur les arts et les traditions de plusieurs cultures comme moyen de guérison personnelle et planétaire. Cet objectif s'est élargi en 1999 avec la création à Edmonton du Willow Center Foundation for Creative & Expressive Arts, un organisme cofondé par Formolo et un groupe de thérapeutes par les arts, d'artistes professionnels et de psychologues.

Formolo fut récipiendaire de nombreux prix et marques d'appréciation comme le Prix Leonardo Da Vinci en 1989 pour sa contribution à l'héritage artistique de l'humanité; le Prix Chalmers pour la chorégraphie en 1980, la médaille du jubilé de la Reine Elizabeth II en 1979 pour ses réalisations exceptionnelles en danse et le prix Syncrude en 1993 pour la Programmation artistique innovatrice. Elle fut une ambassadrice de la danse canadienne lors de forums en Angleterre, Moscou, Japon, Caracas, Chypre et Chine.

Photo: Michael Slobodian

**Paul-André Fortier**
by/par Aline Gélinas

**Fortier, Paul-André**. Choreographer, dancer, artistic director, teacher. Born: April 30, 1948, Sherbrooke, Quebec.

Paul-André Fortier taught literature before joining Montreal's Le Groupe Nouvelle Aire in 1973 as a dancer. He started to choreograph in 1978; his first work, *Derrière la porte un mur*, was a poetic duet performed by himself and Ginette Laurin, with a set designed by Françoise Sullivan.

In the 1980's, with his newly-formed company Danse-Théâtre Paul-André Fortier, he became a leading figure in dance theatre. Flirting with expressionism, he created a series of highly theatrical pieces in which both Judeo-Christian heritage and male/female relationships were boldly subjected to scrutiny with irony and wit: *Parlez-moi donc du cul de mon enfance* (1979), *Violence* (1980), *Assis soient-ils* (1984), *Chaleur* (1985). Using disturbing imagery of pregnancy

**Fortier, Paul-André**. Chorégraphe, danseur, directeur artistique, professeur. Né : 30 avril 1948, Sherbrooke, Québec.

Paul-André Fortier enseignait la littérature avant de se joindre comme danseur à la compagnie montréalaise, Le Groupe Nouvelle Aire, en 1973. Il commença à chorégraphier en 1978. Sa première oeuvre, *Derrière la porte, un mur*, fut un duo poétique qu'il interpréta avec Ginette Laurin dans un décor conçu par Françoise Sullivan.

C'est dans les années 1980, avec sa nouvelle compagnie Danse-Théâtre Paul-André Fortier, qu'il s'imposa comme chef de file de la danse-théâtre. Flirtant avec l'expressionisme, il créa une série d'oeuvres hautement théâtrales et audacieuses où il scruta l'héritage judéo-chrétien ainsi que les relations hommes/femmes avec une minutie remplie d'humour et d'ironie: *Parlez-moi donc du cul de mon enfance* (1979), *Violence* (1980), *Assis soient-ils* (1984), *Chaleur* (1985). Utilisant un langage visuel troublant de grossesse et de servage, Fortier créa des oeuvres solos puissantes notamment, *Non coupable*

and bondage, Fortier created powerful solo works for women, notably *Non coupable* (1983) with Susan Macpherson, and *Venus 1984* (1984) with Michèle Febvre.

In 1986, Fortier and Daniel Jackson co-founded the contemporary dance repertoire company Montréal Danse; Fortier served as co-artistic director with Jackson until 1989. For this company, he pursued his choreographic research with relatively large scale works – *O-Pé-Ra Savon* (1987) for twelve dancers, and *Désert* (1989) for thirteen dancers. In 1987, he was commissioned to create *Le Mythe Décisif* for Les Grands Ballets Canadiens. He joined the dance faculty at the Université du Québec à Montréal in 1989, and taught there until 1999.

After several years of retirement from the stage, he returned to performing in 1987, as Fortier Danse Création, with a collection of short solos created for him by five Montreal choreographers: Jean-Pierre Perreault, Daniel Léveillé, Daniel Soulières, Denis Lavoie and Catherine Tardif. He then devoted his time to creating a series of remarkable solo works – *Les mâles heures* (1989), and, working in close collaboration with painter Betty Goodwin, *La Tentation de la transparence* (1991) and *Bras de plomb* (1993). In these works, images unfold of a mature man confronted by anguish, solitude and aging. Fortier performed again in 1996 in *La part des anges*, a quartet that included Peggy Baker, Gioconda Barbuto and Robert Meilleur. This work toured across Canada in 1998 and to Europe in 1999.

Fortier has surrounded himself with collaborators of high calibre, who serve his vision by challenging and reinforcing every choice he makes, creating closed, small-scale universes of great density, coherence and austerity. Movement in its form and dynamism, music, lighting, the use of space and sets – a small platform on which the character is isolated in *La Tentation de la transparence*, metallic structures and floor surfaces in *Bras de plomb* – all these elements are channelled and held in tight control to produce a powerful impact on the audience.

Fortier received the Chalmers Award for

(1983) avec Susan Macpherson, et *Vénus 1984* (1984) avec Michèle Febvre.

En 1986, Fortier et Daniel Jackson cofondèrent la compagnie de danse de répertoire contemporain Montréal Danse; Fortier en fut le codirecteur artistique avec Jackson jusqu'en 1989. Avec cette compagnie, il poursuivit sa recherche chorégraphique avec des oeuvres d'envergure: *O-Pé-Ra Savon* (1987) pour douze danseurs et *Désert* (1989) pour treize danseurs. En 1987, il créa *Le Mythe décisif* pour Les Grands Ballets Canadiens. Il se joint à la faculté de danse de l'Université du Québec à Montréal en 1989 et y demeura jusqu'en 1999.

Suite à un long retrait de la scène, Fortier recommença à danser en 1987 sous la bannière de Fortier Danse Création et une collection de courts solos furent créés à son intention par cinq chorégraphes montréalais: Jean-Pierre Perreault, Daniel Léveillé, Daniel Soulières, Denis Lavoie et Catherine Tardif. Il consacra ensuite son temps à créer une série de solos remarquables : *Les mâles heures* (1989), et en étroite collaboration avec la peintre Betty Goodwin, *La Tentation de la transparence* (1991) et *Bras de plomb* (1993). Dans ces oeuvres, des images se déploient d'un homme mûr confronté à l'angoisse, à la solitude et au vieillissement. Fortier dansa de nouveau en 1996 dans *La part des anges*, un quatuor incluant Peggy Baker, Gioconda Barbuto et Robert Meilleur. Cette oeuvre fut présentée en tournée à travers le Canada en 1998 ainsi qu'en Europe en 1999.

Fortier a s'entoure de collaborateurs/trices de calibre élevé qui sont au service de sa vision, qui le confrontent et renforcent ses choix, créant de petits univers clos de grande densité, de cohérence et d'austérité. Le mouvement dans sa forme et dans son dynamisme, la musique, l'éclairage, l'utilisation de l'espace et des décors – une petite plate-forme où le personnage est isolé dans *La Tentation de la transparence*, des structures métalliques et des surfaces de plancher dans *Bras de plomb* – tous ces éléments sont canalisés et étroitement maîtrisés afin de produire un impact percutant sur l'auditoire.

Fortier a reçu le Prix Chalmers pour la Chorégraphie en 1981 ainsi que le Prix Dora

Choreography in 1981 and the Dora Mavor Moore Award for New Choreography in 1993 for *La Tentation de la transparence*. In 1994, he was profiled in a CBC Television special produced by Adrienne Clarkson entitled Bare Essentials.

Mavor Moore pour la Nouvelle chorégraphie en 1993 pour *La Tentation de la transparence* . En 1994, la chaîne de télévision CBC traça son profil dans le cadre d'une émission produite par Adrienne Clarkson et intitulée Bare Essentials.

---

**Four Working Songs** (Quatre Chants de Travail)
Première: Ballet Rambert, March/Mars 1976
Programme information from Canadian premiere, Les Grands Ballets Canadiens, Centaur 2, Montreal, June 2 juin, 1976
Chorégraphie/Choreography: Judith Marcuse
Musique/Music: Carlos Miranda
Collage sonore/Sound collage: Richard Crosby
Costumes: Spyros Koslinos
1. Les mains/Hands
2. Les machines/Machines
3. Travail solitaire/Working Alone
4. Travail d'équipe/Working Together
   Patti Caplette, Manon Hotte, Shauna Wagner, Wendy Wright

"Choreographer Judith Marcuse has created a dance about how work - on the assembly line or in the community - affects us as social beings. Perhaps a shade too literal, *Four Working Songs* is also eerie, austere and at the same time, warmly compassionate and brilliantly effective."
Susan Cohen
  Excerpt from "Dance in Canada Conference '76, Halifax, August 7-9", Dance in Canada Magazine, Fall 1976, No. 10, p. 26.

«La chorégraphe Judith Marcuse a créé une oeuvre qui explore comment le travail - qu'il soit à la chaîne ou dans le cadre d'une communauté - nous touche en tant qu'êtres sociaux. Peut-être un peu trop littérale, l'oeuvre *Four Working Songs* est également inquiétante, austère et en même temps, empreinte de compassion chaleureuse et brillamment efficace.»
Susan Cohen
  Extrait de «Conférence Danse au Canada '76, 7-9 août 1976, Halifax», Dance in Canada Magazine, automne 1976, No. 10, p. 26.

Photo: Cylla von Tiedemann

**Jennifer Fournier**
by/par Penelope Reed Doob

**Fournier, Jennifer**. Dancer. Born: January 4, 1969, Ottawa, Ontario.

With her exquisite line and sensitive musicality, Jennifer Fournier embodies elegant serenity and passionate dramatic commitment. After training at the Ottawa School of Dance, Fournier entered the National Ballet School at the age of twelve, joining the National Ballet of Canada as an apprentice in 1984 and becoming a member of the corps de ballet in 1986. At the age of twenty, with partner Stephen Legate, she represented Canada in the Second Erik Bruhn Competition in 1989. She was promoted to second soloist in 1990, first soloist in 1994, and principal dancer in 1997.

Fournier's unusual mixture of delicate beauty, strong technique and vulnerable air, evident in early soloist roles like the Principal Fairy and Princess Florine in *The Sleeping Beauty*, the Queen of the Dryads in *Don*

**Fournier, Jennifer**. Danseuse. Née : 4 janvier 1969, Ottawa, Ontario.

Avec sa ligne exquise et sa sensibilité musicale, Jennifer Fournier personnifie la sérénité élégante et l'engagement dramatique passionné. D'abord formée à l'Ottawa School of Dance, Fournier entra à l'École nationale de ballet à douze ans, devint apprentie en 1984 et membre du corps de ballet en 1986. À vingt ans, avec son partenaire Stephen Legate, elle représenta le Canada au deuxième Concours Erik Bruhn en 1989. Elle fut promue au poste de deuxième soliste en 1990, première soliste en 1994 et danseuse principale en 1997.

L'alliage exceptionnel de sa beauté délicate, de sa technique puissante et de son air de vulnérabilité, qualités évidentes dans ses premiers rôles solos comme la fée principale et la princesse florine dans *La Belle au bois dormant*, la reine des dryades dans *Don Quichotte*, le deuxième mouvement de *Concerto* et «Of Youth» dans *Song of the Earth*, deux oeuvres de Kenneth MacMillan, ainsi que des rôles principaux dans *Serenade* de George Balanchine, font d'elle un choix immédiat pour les rôles dramatiques pour ballerine - une Juliette mémorable dans le *Roméo et Juliette* de John Cranko, Myrtha dans *Giselle*, Aurore dans *La*

*Quixote*, the second movement of Kenneth MacMillan's *Concerto* and "Of Youth" in his *Song of the Earth*, and leading roles in George Balanchine's *Serenade*, made her a natural in dramatic ballerina roles – a memorable Juliet in John Cranko's *Romeo and Juliet*; Myrtha in *Giselle*; Aurora in *The Sleeping Beauty* and a particularly poignant Hanna Glawari in The *Merry Widow*. Fournier's most stunning debut in a classical ballet was as the Swan Queen/Black Swan in a matinee of Erik Bruhn's *Swan Lake*. Fournier was among the first group of company principals to perform Odette/Odile in James Kudelka's version of *Swan Lake* in 1999.

If there is a strong spiritual component to many of Fournier's roles – the trio in Glen Tetley's *Voluntaries*, the Karen Kain role in Kudelka's *Musings* (1991), the Waltz in *Les Sylphides*, the Preghiera variation in Balanchine's *Mozartiana* – a much darker side to Fournier's dancing is evident in the role of the Prostitute in Tetley's *La Ronde*, the Sphinx in Tetley's ballet of that name, Bianca in Cranko's *Taming of the Shrew*, and Lescaut's Mistress in MacMillan's *Manon*. In such roles, Fournier's apparent innocence contrasts strongly with the character's eroticized immorality/amorality, giving a sharp edge to her interpretations.

Fournier has had roles created for her in Tetley's *Tagore*, John Alleyne's *Blue-Eyed Trek* (1988), *Have Steps Will Travel* (1988), and *Time Out with Lola* (1991), Jean Grand-Maître's *Frames of Mind* (1994), and Dominique Dumais' *the weight of absence* (1998). She is an impressive interpreter of Kudelka's works, from *Pastorale* (1990) and *Musings* to *Spring Awakening* (1994), The *Nutcracker* (1995), and *The Four Seasons* (1997). She has also danced leading roles in a number of Kudelka works remounted on the National Ballet, including *Cruel World* (1994) and *Terra Firma* (1995).

Fournier has been active in Canadian Actor's Equity negotiations with the National Ballet and became a dancers' representative to the company's Board of Directors in 1999.

*Belle au bois dormant* et une Hanna Glawari particulièrement émouvante dans *La Veuve joyeuse*. Le début le plus remarquable de Fournier dans un ballet classique fut dans le rôle de reine des cygnes/cygne noir dans une représentation en matinée du Lac des cygnes de Erik Bruhn. Fournier fut l'une des premières danseuses principales à interpréter Odette/Odile dans la version du *Lac des cygnes* de James Kudelka en 1999.

Plusieurs des rôles interprétés par Fournier ont une composante spirituelle importante - le trio dans *Voluntaries* de Glen Tetley, le rôle de Karen Kain dans *Musings* (1991) de Kudelka, la valse dans *Les Sylphides*, la variation Preghiera dans le *Mozartiana* de Balanchine. Cependant, un côté beaucoup plus sombre de l'interprétation de Fournier apparaît clairement dans le rôle de la prostituée dans *La Ronde* de Tetley, le sphinx dans le ballet de Tetley du même nom, Bianca dans *The Taming of the Shrew* de Cranko et la maîtresse de Lescaut dans *Manon* de MacMillan. Dans ces rôles, l'innocence apparente de Fournier contraste fortement avec l'immoralité/amoralité érotique du personnage, imprimant une qualité tranchante à ses interprétations.

Plusieurs chorégraphes ont créé des rôles pour elle: *Tagore* de Tetley, *Blue-Eyed Trek* (1988), *Have Steps Will Travel* (1988) et *Time Out with Lola* (1991) de John Alleyne, *Frames of Mind* (1994) de Jean Grand-Maître, et *the weight of absence* (1998) de Dominique Dumais. Elle est une interprète impressionnante des oeuvres de Kudelka, de *Pastorale* (1990) et *Musings* à *Spring Awakening* (1994), *Casse-Noisette* (1995) et *The Four Seasons* (1997). Elle a également dansé des rôles principaux dans plusieurs oeuvres de Kudelka remontées par le Ballet national: *Cruel World* (1994) et *Terra Firma* (1995).

Fournier a participé aux négociations du Canadian Actors Equity avec le Ballet national du Canada et représenta les danseurs/seuses auprès du conseil d'administration de la compagnie en 1999.

Photo: Ken Bell

**Franca, Celia**. Artistic director, dancer, choreographer, teacher. Born: June 25, 1921, London, England. Birth name: Celia Franks.

As founding artistic director of the National Ballet of Canada, Celia Franca has played a central role in the development of classical ballet in Canada. Although the company was not the first professional ballet troupe in the country, being pre-dated by the Royal Winnipeg Ballet, nor in any officially mandated sense truly "national", Franca built the Toronto company over an often difficult twenty-three-year period into an internationally respected classical ballet repertory troupe, with a diverse repertoire of traditional evening-length ballets and one-act works.

Franca trained in London, England, at the Guildhall School of Music, and with Antony Tudor and Stanislas Idzikowsky. She made her debut with Ballet Rambert in 1937 and then danced with the International Ballet and Sadler's Wells Ballet from 1941-1946. She choreographed *Khadra* (1946) and *Bailemos* (1947) for the Sadler's Wells Theatre Ballet. In

## Celia Franca
by/par Michael Crabb

**Franca, Celia**. Directrice artistique, danseuse, chorégraphe, professeure. Née : 25 juin 1921, Londres, Angleterre. Nom à la naissance: Celia Franks.

Directrice artistique fondatrice du Ballet national du Canada, Celia Franca a joué un rôle central dans l'évolution du ballet classique au Canada. Bien que ce ne fut pas la première compagnie professionnelle de ballet au pays, le Royal Winnipeg Ballet l'ayant précédé, et qu'elle n'avait pas non plus le mandat officiel d'être un ballet vraiment «national», Franca établit la compagnie de Toronto sur une période de vingt-trois ans, période truffée de difficultés, et la transforma en une compagnie de répertoire de ballet classique reconnue à l'échelle internationale, une compagnie maîtrisant un répertoire de ballets pleine soirée et d'oeuvres plus courtes.

Franca fut formée à Londres, en Angleterre, au Guildhall School of Music ainsi que sous Antony Tudor et Stanislas Idzikowsky. Elle fit son début avec le Ballet Rambert en 1937 et dansa ensuite avec l'International Ballet et le Sadler's Wells Ballet de 1941 à 1946. Elle chorégraphia *Khadra* (1946) et *Bailemos* (1947) pour le Sadler's Wells Theatre Ballet. Vers la fin des années 1940, elle créa également deux danses théâtrales pour le British Broadcasting Corporation et enseigna le ballet à la compagnie des Ballets Jooss. En 1948, elle se joint à la nouvelle compagnie du Metropolitan Ballet comme danseuse principale et maîtresse de ballet. C'est dans ce contexte qu'elle rencontra David Adams et Erik Bruhn, des rencontres qui allaient plus tard lui être fortes utiles au Canada.

Franca ne serait probablement jamais devenue une ballerine classique pure mais ses talents de danseuse de caractère et danseuse théâtrale étaient incontestables. Elle avait également fait preuve de dons organisationnels en plus de son talent artistique. Jim Bolsby, aussi

the late 1940's she also created two dance dramas for the British Broadcasting Corporation and taught ballet to the Ballets Jooss company. In 1948 she joined the newly formed Metropolitan Ballet as a leading dancer and ballet mistress. Here she met David Adams and Erik Bruhn, contacts that would be useful once she began work in Canada.

Franca would probably never have developed as a pure classical ballerina, but her gifts as a demi-caractère and dramatic dancer were greatly admired. She had also shown organizational skills combined with artistic ability. Jim Bolsby, a.k.a. Stewart James, was a Toronto arts administrator who had gone to England to study the Sadler's Wells' administrative structure. Knowing there was interest in Canada to start a national ballet, he asked Ninette de Valois, founder of the Sadler's Wells Ballet, to suggest an artistic director. She recommended Celia Franca. The T. Eaton Company financed Franca's week-long visit to the 1950 Canadian Ballet Festival in Montreal, so that she could assess the potential for a ballet company in Canada. By this time three Toronto ballet-lovers – Sydney Mulqueen, Pearl Whitehead and Aileen Woods – had become involved in the formation of a company. They invited Franca to come to Toronto as artistic director of this new company. Eaton's gave Franca a job when she arrived, as there was initially no salary for the artistic director.

In early 1951, Franca and Bolsby toured Canada holding informal auditions and inviting dancers to join the National Ballet, which made its debut performance in Toronto at Eaton Auditorium on November 12, 1951. Over the next three years the Company toured extensively in Canada. Franca succeeded in developing the company into a well-schooled repertory ballet ensemble. One of her most important early moves was the founding in 1959 of a National Ballet School, which was immediately placed in the hands of the company's former ballet mistress, Betty Oliphant.

It has often been argued that Franca merely produced a Canadian copy of the Sadler's Wells model, but if that is the case, she was simply

connu sous le nom de Stewart James, était un administrateur du domaine des arts de Toronto qui avait étudié la structure administrative du Sadler's Wells à Londres. Conscient de l'intérêt au Canada pour la création d'un ballet national, il demanda à Ninette de Valois, la fondatrice du Sadler's Wells Ballet, de lui suggérer un(e) directeur(trice) artistique. Elle lui recommanda Celia Franca. La compagnie T. Eaton finança la visite d'une semaine de Franca au Festival canadien de ballet présenté à Montréal en 1950, afin de permettre à Franca d'évaluer la possibilité d'une compagnie de ballet au Canada. Entre-temps, trois amoureux torontois du ballet – Sydney Mulqueen, Pearl Whitehead et Aileen Woods – avaient aidé à former une nouvelle compagnie de danse et invitèrent Franca à venir à Toronto en assumer la direction artistique. Eaton procura un emploi à Franca dès son arrivée puisqu'au début, le poste de directrice artistique n'était pas rémunéré.

Au début de l'année 1951, Franca et Bolsby firent une tournée d'auditions non-officielles au Canada, invitant les danseuses et danseurs à se joindre au Ballet national qui présenta son premier spectacle à l'auditorium Eaton à Toronto le 12 novembre de la même année. Pendant les trois années suivantes, la compagnie compléta plusieurs tournées importantes au Canada. Franca réussit à transformer le groupe en un ensemble de répertoire de ballet bien solide. L'une de ses stratégies initiales les plus importantes fut de fonder en 1959, l'École nationale de ballet, qui fut immédiatement confiée à l'ancienne maîtresse de ballet de la compagnie, Betty Oliphant.

Plusieurs ont affirmé que Franca n'a fait que reproduire une version canadienne du modèle Sadler's Wells mais, si c'était le cas, elle a tout bonnement suivi la tendance générale observée chez plusieurs compagnies de ballet classique en émergence. La seule alternative aurait été de monter un groupe voué au travail d'un(e) chorégraphe accompli(e). Ses mécènes torontois avaient surtout envie de tulle, de chaussons à pointe et du romanesque associés au ballet. Ce n'était pas cependant un désir partagé par tous. Bolsby, le gérant d'affaires de la compagnie

subscribing to a pattern that was being copied in other countries by several emerging classical ballet troupes. The only alternative model would have been a troupe dedicated to the work of an accomplished choreographer. In any case, what her Toronto patrons wanted most was tulle, toe shoes and ballet romance. However, this was not the desire of everyone involved. Bolsby, who was the company's business manager for the 1951-1952 season, raised the question of whether this was a Canadian ballet company or simply a ballet company in Canada. Some argued that a Canadian "national" ballet should be more reflective of the country itself. Franca was certainly criticized for what was perceived as a lack of commitment to indigenous choreographers, although she had provided opportunities for Canadian choreographers, including the National Ballet's first resident choreographer, Grant Strate, as well as David Adams, Kay Armstrong, Don Gillies, Joey Harris, Elizabeth Leese and Brian Macdonald.

Franca always insisted that to serve its role, the National Ballet had to be able to perform the benchmark classical masterpieces since, quite apart from their audience appeal, these works, which included *Les Sylphides*, *Giselle* – in which Franca took the leading role – and *Swan Lake*, establish the credibility of dancers and companies at an international level. She staged *The Nutcracker* in 1955 and choreographed her own version in 1964, which remained a seasonal favourite with audiences until it was replaced in 1995 with a new version by James Kudelka.

In the 1950's and 1960's Franca brought works with which she was familiar in England: *Gala Performance*, *Dark Elegies* and *Lilac Garden* by Antony Tudor; Walter Gore's *Winter Night*; Andrée Howard's *The Mermaid* and *Death and the Maiden*, and several George Balanchine works. The company also enjoyed enormous success with a staging of John Cranko's *Romeo and Juliet*, a production which coincided with a move from Toronto's 1,500-seat Royal Alexandra Theatre to the 3,100-seat O'Keefe – now Hummingbird – Centre, a move that stimulated the company to renew and expand its repertoire of full-length

pour la saison 1951-1952, souleva la question suivante: s'agissait-il d'une compagnie de ballet canadienne ou d'une compagnie de ballet travaillant au Canada? Certains ajoutaient qu'une compagnie de ballet canadienne «nationale» se devaient de refléter le caractère du pays. Franca fut sans aucun doute blâmée pour ce qui était perçu comme un manque d'engagement envers les chorégraphes canadiens, bien qu'elle ait fourni l'occasion de travailler à des chorégraphes canadiens, notamment le premier chorégraphe en résidence du Ballet national, Grant Strate, ainsi que David Adams, Kay Armstrong, Don Gillies, Joey Harris, Elizabeth Leese et Brian Macdonald.

Franca a toujours affirmé que, pour être à la mesure de son rôle, le Ballet national devait pouvoir interpréter les chef-d'oeuvres classiques piliers: *Les Sylphides* et *Giselle* – dans lesquels Franca dansa le rôle principal – et *Le Lac des cygnes*, qui, bien au-delà de leur succès populaire, établiraient la crédibilité des danseurs/ seuses et de la compagnie à l'échelle internationale. Elle mit en scène *Casse-Noisette* en 1955 et chorégraphia sa propre version en 1964, version qui demeura une des favorites du public jusqu'à son remplacement en 1995 par la version plus récente de James Kudelka.

Dans les années 1950 et 1960, Franca importa des oeuvres avec lesquelles elle était familière en Angleterre: *Gala Performance*, *Dark Elegies* et *Jardin aux lilas* d'Antony Tudor; *Winter Night* de Walter Gore; *The Mermaid* et *Death and the Maiden* d'Andrée Howard et plusieurs oeuvres de George Balanchine. La compagnie remporta également un succès énorme avec le *Roméo et Juliette* de John Cranko, une production qui coïncida avec le déménagement de la compagnie du Royal Alexandra Theatre à Toronto, une salle comptant 1 500 places vers le O'Keefe Centre – maintenant le Hummingbird Centre for the Arts – une salle de 3 100 places; ce déménagement inspira la compagnie à se renouveler et à élargir son répertoire de classiques pleine durée.

En 1964, Franca invita le grand danseur danois, Erik Bruhn, à venir danser, enseigner et chorégraphier au Canada. Il y remonta *La*

classics.

In 1964, Franca brought the great Danish dancer, Erik Bruhn, to Canada as a guest artist, teacher and choreographer. Here he restaged *La Sylphide* in 1964, and in 1966 choreographed a controversial *Swan Lake*. The company's association with Bruhn culminated in his brief but important artistic directorship of the National Ballet, 1983-1986.

Although Franca did not dance leading roles after 1959, she appeared as a character dancer, notably as Carabosse in the *Sleeping Beauty*, the witch, Madge, in *La Sylphide* and as Lady Capulet in *Romeo and Juliet*, into the early 1980's.

In the early 1970's, Franca accepted an opportunity to work with Rudolf Nureyev. The result was his lavish production of *The Sleeping Beauty* in 1972. This, together with Nureyev's continuing association with the company as a guest artist, engendered a marked improvement in the company's overall performing standards and a major heightening of its international profile.

Franca was a strong-willed leader who was not afraid to battle nervous boards of directors to get what she believed she needed for her company. She was not always liked, but she was almost invariably respected. When she tired of boardroom battles and decided to appoint David Haber as co-artistic director in 1973, it seems clear she did not envisage her immediate early departure from the company. However, her decision in 1974 to hand over full authority to Haber, who was subsequently fired after six months on the job, soured what should have been a much celebrated retirement. "The National Ballet can take a running jump", was her comment at the time. Even so, Franca returned to help direct the company for part of the interim, and continued to show a lively interest in its activities, even occasionally appearing with the company under the regime of Alexander Grant.

Franca moved to Ottawa on leaving the National Ballet, served on the board of the Canada Council and, for a time, that of the former Theatre Ballet of Canada, and remains

*Sylphide* en 1964, et en 1966 chorégraphia un *Le Lac des cygnes* controversé. L'association de Bruhn avec la compagnie atteint son apogée lorsqu'il assuma, pour une période brève mais bien importante, la direction artistique du Ballet national de 1983 à 1986.

Bien que Franca n'ait pas dansé de rôles principaux après 1959, elle interpréta des rôles de caractère jusqu'au début des années 1980, notamment Carabosse dans *La Belle au bois dormant*, la sorcière Madge dans *La Sylphide et Dame Capulet dans Roméo et Juliette* .

Au début des années 1970, Franca accepta l'invitation de travailler avec Rudolf Nureyev, collaboration qui se solda par sa production somptueuse de *La Belle au bois dormant* en 1972. Cette production, ainsi que la collaboration soutenue de Nureyev avec la compagnie en tant qu'artiste invité, se traduit par une nette amélioration de la qualité des interprétations de la compagnie et un rehaussement certain de son profil international.

Franca était un leader animé d'une volonté de fer et qui ne craignait pas d'affronter les timides conseils d'administrations afin d'obtenir ce qu'elle croyait nécessaire. Elle ne fut pas toujours aimée mais presqu'invariablement, elle fut respectée. Lorsqu'elle se lassa des luttes administratives et décida de nommer David Haber à la codirection artistique en 1973, il semblait évident qu'elle ne pensait pas à quitter la compagnie. Cependant, sa décision en 1974, de remettre les rênes complètement à Haber, qui fut congédié six mois plus tard, gâta ce qui devait être une retraite très célébrée. «Le Ballet national peut aller se faire foutre» commenta-t-elle à l'époque. Malgré tout, Franca revint aider la compagnie en participant à la direction pendant l'intérim et continua à manifester de l'intérêt pour ses activités et à l'occasion, dansa même avec la compagnie sous la direction d'Alexander Grant.

Franca s'installa à Ottawa après avoir quitté le Ballet national, siégea sur le conseil d'administration du Conseil des Arts et pendant quelque temps, sur celui du Theatre Ballet of Canada; elle continue d'enseigner et de donner des conférences. Elle fut honorée à plusieurs

active as a teacher and lecturer. Her many honours include the Order of Canada in 1967, Companion of the Order in 1985, the 1974 Molson Prize, the Canadian Conference of the Arts Diplôme d'honneur in 1986 and the 1994 Governor General's Performing Arts Award.

reprises recevant l'Ordre du Canada en 1967, fut nommée Compagnon de l'Ordre en 1985, reçut le Prix Molson en 1974, le Diplôme d'honneur de la Conférence Canadienne des Arts en 1986 et le Prix du Gouverneur général pour les Arts de la scène en 1994.

Photo: Frank Richards

### Patricia Fraser
by/par Michael Crabb

**Fraser, Patricia**. Dancer, teacher, artistic director, choreographer. Born: November 12, 1952, Toronto, Ontario. Birth name: Patricia Pritchard.

Patricia Fraser began studying Scottish Highland dancing at age eight, and had originally intended to be a physical education teacher. She auditioned successfully to enter the dance department at York University in Toronto in 1971, where she began serious ballet and

**Fraser, Patricia**. Danseuse, directrice artistique, chorégraphe. Née : 12 novembre, 1952, Toronto, Ontario. Nom à la naissance : Patricia Pritchard.

Patricia Fraser commença à étudier la danse écossaise à huit ans et désirait devenir professeure d'éducation physique. Elle passa une audition et fut acceptée au département de danse de l'Université York à Toronto en 1971; c'est là qu'elle amorça des études sérieuses en ballet et en danse moderne.

Fraser se joint à Dancemakers en janvier 1975, la même année où elle compléta ses études à l'Université York. Toujours en 1975, elle alla

modern dance training.

Fraser joined Dancemakers in January, 1975, the same year she graduated from York University. She left later that year to live with her husband in Scotland, where she taught dance in the school system and was Director of Dance for the Glasgow Arts Centre. Fraser returned to Dancemakers in 1977, became associate director in 1979 and co-director, with Carol Anderson, until her resignation in 1985, resulting from dissatisfaction with the arrangement of the company's artistic leadership.

Although she has occasionally choreographed, Fraser's distinction lies in her extraordinary gifts as an interpretive dance artist, in material as diverse as Paul Taylor's *Aureole* and Karen Rimmer's solo *Despair Comics* (1983). The range of Dancemakers' repertoire suited Fraser's own taste. "I never ever wanted to be doing all one kind of movement", she says. Conrad Alexandrowicz's antic solo for Fraser, *Mump* (1983), is one of the few created works to exploit Fraser's gift for comedy, although this did find expression, albeit with a sarcastic twist, in her own 1983 work for Dancemakers, *Marital Blister*, set to three Tammy Wynette songs.

Since leaving Dancemakers, Fraser has continued to perform as an independent dancer. In 1990 she received a Canada Council grant to prepare a solo show, given its premiere in Toronto in February, 1993, including commissioned choreography by Rachel Browne, Christopher House, Paul-André Fortier, Karen Jamieson and James Kudelka. Again, Fraser impressed critics with her range of expression, from the introspection of Fortier's *Lost* (1991) to the wittiness of Kudelka's *The Kiss of Death* (1991).

Alexandrowicz describes Fraser as a dancer with, "a lot of humanity and a lot of warmth; very much an acting dancer. She is a tremendous interpreter. Her whole intention is to try to realize the choreographer's vision, and she finds satisfaction in doing that." Throughout her career Fraser has also been much admired as a teacher. She was an assistant professor of dance at York University from 1985-1988, and in 1991 founded the Teachers' Collective in Toronto

rejoindre son mari en Écosse où elle enseigna la danse dans le cadre du système scolaire et fut directrice de la section danse du centre des arts de Glascow. Fraser retourna chez Dancemakers en 1977, y devint directrice adjointe en 1979 et codirectrice avec Carol Anderson jusqu'à sa démission en 1985, démission provoquée par son insatisfaction quant au leadership artistique de la troupe.

Fraser a occasionnellement créé des chorégraphies mais elle est surtout reconnu pour son talent extraordinaire d'artiste-interprète et ce dans des oeuvres aussi diverses que *Auréole* de Paul Taylor et le solo de Karen Rimmer *Despair Comics* (1983). L'étendue du répertoire de Dancemakers correspondait aux goûts de Fraser: «Je n'ai jamais eu le désir de toujours répéter le même type de mouvement» dit-elle. Le solo bouffon que Conrad Alexandrowicz créa à son intention, *Mump* (1983), est l'une des rares oeuvres mettant en valeur le talent de Fraser pour la comédie même si elle put l'exploiter, teintée de sarcasme, dans sa propre création pour Dancemakers, *Marital Blister* sur trois chants de Tammy Wynette.

Depuis qu'elle a quitté Dancemakers, Fraser a continué à travailler comme danseuse indépendante. En 1990, elle reçut une bourse du Conseil des Arts pour préparer une oeuvre solo, présentée en première à Toronto en février 1993 et incluant des chorégraphies commandées à Rachel Browne, Christopher House, Paul-André Fortier, Karen Jamieson et James Kudelka. Fraser impressionna les critiques par l'étendue de son expression, s'étalant de l'introspection de *Lost* (1991) de Fortier à l'esprit vif de *The Kiss of Death* (1991) de Kudelka.

Alexandrowicz décrit Fraser comme une danseuse avec «beaucoup d'humanisme et de chaleur; essentiellement une danseuse-actrice. Elle est une interprète remarquable. Son intention est de s'abandonner totalement à la vision du chorégraphe et c'est de là que surgit sa satisfaction.» Le travail d'enseignement de Fraser a suscité l'admiration tout au long de sa carrière. Elle fut professeure adjointe de danse à l'Université York de 1985 à 1988, et en 1991 elle fonda le Teachers' Collective à Toronto

with Patricia Miner and Sylvain Brochu. She has also taught at Simon Fraser University, Montréal Danse, Les Ateliers de danse moderne de Montréal inc., Winnipeg's Contemporary Dancers and the Banff Centre.

In June, 1994, Fraser became artistic director of the School of Toronto Dance Theatre. She had been acting artistic director since the previous September. Fraser has served on the Canada Council's Dance Advisory Committee, Assessment Review Committee and Peer Assessment Committee. She is a founding member of the Canadian Alliance of Dance Artists.

avec Patricia Miner et Sylvain Brochu. Elle a également enseigné à l'Université Simon Fraser, Montréal Danse, Les Ateliers de danse moderne de Montréal inc. et les Contemporary Dancers de Winnipeg ainsi qu'au Centre Banff.

En juin 1994, Fraser fut nommée au poste de directrice artistique de The School of Toronto Dance Theatre. Elle avait été directrice par intérim depuis septembre 1993. Fraser a siégé sur le comité consultatif sur la danse, le comité de révision et le comité d'évaluation par les pairs au Conseil des Arts du Canada. Elle est membre-fondatrice du Canadian Alliance of Dance Artists.

Photo: Cylla von Tiedemann

**Denise Fujiwara**
by/par Carol Anderson

**Fujiwara, Denise**. Choreographer, dancer, artistic director, teacher. Born: August 22, 1954, Toronto, Ontario. Birth name: Denise Hanayo Fujiwara.

Denise Fujiwara aspires to creating and

**Fujiwara, Denise**. Chorégraphe, danseuse, directrice artistique, professeure. Née : 22 août 1954, Toronto, Ontario. Nom à la naissance : Denise Hanayo Fujiwara.

L'objectif de Denise Fujiwara est de créer et de partager des oeuvres qui sont des «voies vers la transformation et la connaissance» en s'inspirant de ses études en danse

sharing works which are "journeys to transformation and knowledge", and she draws on aspects of her foundations in contemporary dance training, ballet, contact improvisation and Butoh. Elegant and spare, with a singular sense of flow, she is a unique presence onstage.

Fujiwara was a member of the Canadian modern gymnastics team from 1972-1976, touring, competing and training internationally. She completed her BFA at York University in 1979. She was a founding member and artistic director of Toronto Independent Dance Enterprise, participating in the creation of thirty-two collaborative choreographies.

Fujiwara launched her career as a soloist in 1988. Her first solo concert, *Spontaneous Combustion*, was a collection of works by Ginette Laurin, Judy Jarvis, Judith Marcuse, Paula Ravitz, Muna Tseng and Fujiwara herself. From 1988 until 1992, she performed these works in concert in Toronto, Ottawa, Halifax, Vancouver and Buffalo. In 1990 she performed her work *Loud Colours* at Expo '90 in Osaka, Japan. In 1993 she mounted her second solo concert, Vanishing Acts, including her own choreography and works by William Douglas, Judy Jarvis, Peggy McCann and Paula Ravitz, performing across Canada.

After an intense creation and study period with Natsu Nakajima, a Japanese Butoh master, Fujiwara presented *Sumida River* (1994), the work Nakajima made for her, at the 1994 Canada Dance Festival. She also performed the work in Toronto in 1996, and in 1997 at the Asians in the Americas Dance Festival in Washington, D.C. The making of this work was a landmark for Fujiwara. Following it, she began to incorporate Butoh into her own choreography. Subsequent works including *Unearthed* (1994) and *Wellspring* (1998) are rich in imagery, finely edited to an essence of gesture and meaning.

Fujiwara's 1997 concert, *Elle Laments*, was given in Toronto, at the National Gallery of Canada at the 1998 Canada Dance Festival, and at the Vancouver Art Gallery during the Dancing on the Edge Festival.

Fujiwara has started a parallel career as an

contemporaine, en ballet, en improvisation contact et en Butoh. Élégante et menue, singulièrement fluide, elle possède une présence unique sur la scène.

Fujiwara fut membre de l'équipe canadienne de gymnastique moderne de 1972 à 1976, participant à des tournées, des concours et s'entraînant à l'échelle internationale. Elle compléta son B.A. en beaux-arts à l'Université York en 1979. Elle fut membre fondatrice et directrice artistique du Toronto Independent Dance Enterprise, collaborant à la création de trente-deux chorégraphies.

La carrière de soliste de Fujiwara débuta en 1988. Son premier concert solo, *Spontaneous Combustion*, présentait une collection d'oeuvres par Ginette Laurin, Judy Jarvis, Judith Marcuse, Paula Ravitz, Muna Tseng et Fujiwara elle-même. De 1988 jusqu'à 1992, elle présenta ces oeuvres dans des concerts à Toronto, Ottawa, Halifax, Vancouver et Buffalo. En 1990 elle interpréta son oeuvre *Loud Colours* à Expo'90 à Osaka au Japon. En 1993, elle mit sur pied son second concert solo qu'elle présenta à travers le Canada, Vanishing Acts, incluant sa propre chorégraphie et des oeuvres de William Douglas, Judy Jarvis, Peggy McCann et Paula Ravitz.

Suite à une période intensive de création et d'études avec Natsu Nakajima, une maîtresse japonaise du Butoh, Fujiwara présenta *Sumida River* (1994), une oeuvre créée à son intention par Nakajima, au Festival Danse Canada en 1994. Elle présenta également cette oeuvre à Toronto en 1996 et en 1997 au festival de danse Asians in the Americas à Washington, D.C. La création de cette oeuvre fut un point tournant pour Fujiwara qui commença à incorporer le Butoh dans sa propre chorégraphie. Les oeuvres subséquentes, *Unearthed* (1994) et *Wellspring* (1998) sont riches en imagerie et distillées en une essence de geste et de signification.

Le concert de 1997 de Fujiwara, *Elle Laments*, fut présenté à Toronto, au Musée des beaux-arts du Canada au Festival Danse Canada de 1998 ainsi qu'au Vancouver Art Gallery durant le festival Dancing on the Edge.

Fujiwara a débuté une carrière parallèle d'actrice, interprétant plusieurs rôles à la

actor, appearing in a number of works for television; she was featured in Dance to Remember, in which she choreographed and danced her lead role. In 1993 the CBC profiled her in Walls, a documentary on her life and work, which won a Gemini award for best performing arts programme in 1995. She has choreographed for live theatre as well.

Fujiwara is an active member of the dance community. Through the Master Class Series, her company, Fujiwara Dance Inventions, sponsors opportunities for young or mid-career artists to study with master choreographers, who have included Patricia Beatty, David Earle, Danny Grossman, Elizabeth Langley, Natsu Nakajima and Menaka Thakkar. Fujiwara has been a member of the Dance Advisory Committee of the Canada Council for the Arts, chair of CanAsian Dance Creations, and a board member of the Toronto Arts Council, the Dance Umbrella of Ontario and the Judy Jarvis Dance Foundation.

télévision; elle participa à l'émission Dance to Remember pour laquelle elle chorégraphia et interpréta le rôle principal. En 1993, le chaîne de télévision CBC produit Walls, un documentaire traitant de sa vie et de son oeuvre, documentaire qui remporta un Prix Gémeau en 1995 pour la meilleure émission sur les Arts de la scène. Elle a également chorégraphié pour le théâtre.

Fujiwara participe activement au milieu de la danse. Grâce au projet Master Class Series, sa troupe, Fujiwara Dance Inventions, permet à des chorégraphes débutants ou en mi-carrière d'étudier avec des chorégraphes exceptionnels entre autres, Patricia Beatty, David Earle, Danny Grossman, Elizabeth Langley, Natsu Nakajima et Menaka Thakkar. Fujiwara a siégé sur le comité consultatif sur la danse du Conseil des Arts du Canada; elle a également été présidente de CanAsian Dance Creations, et membre du conseil d'administration du Toronto Arts Council, du Dance Umbrella de l'Ontario et du Judy Jarvis Dance Foundation.

5th Canadian ballet festival
5e festival canadien de ballet

1953
souvenir program
programme souvenir

**La Gaspésienne** (The Woman from Gaspé)
Premiere/Première: Ruth Sorel Ballet, Second Canadian Ballet Festival, Royal Alexandra
Theatre, Toronto, March 1 mars, 1949
Choreography by/Chorégraphie par Ruth Sorel
Book by/Livre par Michel Choromanski
Music by/Musique par Pierre Brabant
Settings and Costumes by/Décor et costumes par André Jasmin

The Mother/La Mère: Ruth Sorel
The Widow/La Veuve: Michèle Gervais
The Bride and Groom/La Mariée et le Marié: Roslyn Walker, John Kelly
The Daughter/La Fille: as a Child/en tant qu'enfant: Gail McEachern, as a Girl/en tant
    que jeune fille: Joan Stirling
The Urbanites/Les Citadins: D'Anjou, Carmencita Gallagher, Yves Chatel, David Haber
The Weavers/Les Tisserandes: Andrée Millaire, Michèle Gervais, Carmencita Gallagher,
    Roslyn Walker, Pauline Rheault
The Fishermen/Les Pêcheurs: Yves Chatel, David Haber, John Kelly, D'Anjou,
    Gilles Villandré

Manager/Gérant: Norman Springford
Captain of the corps/Capitaine du corps de ballet: Andrée Millaire
Personnel: Roslyn Walker

*As with many works choreographed for the Canadian Ballet Festivals between 1948 and 1954,
Ruth Sorel's* La Gaspésienne *was a truly Canadian collaboration in its choreography, music and
design. It tells the story of a young Gaspé girl who is tempted by the lure of the city despite her
mother's warnings. She eventually sees the wickedness of the city and returns to her fishing
village home. This work exemplifies the adoption of Canadian themes by Canada's immigrant
dance artists of the 1940's and 1950's.*

*Comme il est vrai pour plusieurs des oeuvres chorégraphiées dans le cadre des Festivals de
ballet canadien présentés entre 1948 et 1954,* La Gaspésienne *de Ruth Sorel résultait d'une
véritable collaboration canadienne dans sa chorégraphie, sa musique et sa conception.
L'oeuvre raconte l'histoire d'une jeune Gaspésienne attirée par la ville malgré les
avertissements de sa mère. Elle découvre éventuellement l'aspect pernicieux de la ville et
retourne à son village natal de pêcheurs. Cette oeuvre illustre l'adoption de thèmes canadiens
par les artistes en danse immigrant au Canada dans les années 1940 et 1950.*

Amy Bowring

**Gawa Gyani**
Premiere/Première: Karen Jamieson Dance Company, University of British Columbia Museum of Anthropology, Vancouver, July 9 juillet, 1991
Conception: Karen Jamieson and Doreen Jensen
Choreography/Chorégraphie: Karen Jamieson/ in collaboration with the performers/en collaboration avec les interprètes
Music/Musique: Jeff Corness
Gitksan song sources/ressources, chants gitksan: Alice Jeffrey
Costumes: Susan Berganzi, Christine Hatfull
Performers/Interprètes: Maureen Adams, Charlene Aleck, Daina Balodis, Byron Chief-Moon, Virginia Corcoran, Jeff Corness, Allan Dobbs, Anni Frazier, Kenneth B. Harris, Margaret Harris, Margaret Ann Harris, Rachel Harris, Kay Huang, Hiromoto Ida, Karen Jamieson, Denise Lonewalker, Catherine Lubinsky, Donald Morin, Andrew Olewine, Toby Wick
Narration of/de Sc'a waa: Kenneth B. Harris

Ayuuk'm Nex (law of marriage) has been violated. In the wake of it all Sc'a waa realizes that only she and her granddaughter have survived a fierce battle. In her search for a husband for her granddaughter, Sc'a waa appeals to the cosmic world but finds that all creatures of the animal world can be prey to man. Finally intervention comes from the spiritual world and Sc'a waa's granddaughter is carried off into "Tgem Lahae" to be married. There she gives birth to three children. These children return to settle at Damelahamid. Sc'a waa herself remains on earth, tucked away within a spruce tree. Only her howl is heard on a windy day.

Kenneth Harris, from Visitors Who Never Left

The story of Sc'a waa belongs to the Gitksan people. It is one of the ancient myths of Damelahamid, a utopian paradise lying between the Nass and Skeena Rivers. This story tells of the origin of the people of Damelahamid, the introduction of culture and the start of a matrilineal system. This dance comes as a result of our collective interaction with this myth.
The Company

I first met Karen Jamieson two years ago to discuss the possibility of a collaborative concept for a performance piece that would acknowledge both her culture and the cultures of the First Nations peoples of the North Pacific coast.

That meeting was the beginning of a very intense and interesting journey into how we would show the powerful presence that had inspired Jamieson in some of her previous works. That powerful presence was centuries of being that has existed here on the west coast of British Columbia, carved into the mountains and present in the very air that we breathe.

During the course of our discussions over the last two years, very significant changes were taking place. Land claims were at last being heard and processed through the courts of the land. The Meech Lake Accord was developed with the exclusion of the First Nations of Canada. Meech Lake was later defeated by the gentle voice of Saskatchewan [sic] MLA Elijah Harper. Civil disobedience and court cases seemed to be the only way that First Nations voices were being heard.

Sometime during our discussions I told Karen about an ancient and still used method of Gitksan government. When there were differences and conflicts the two sides would be called in to discuss these differences in neutral territory for just resolution, this ancient system is called gawa gyani. –Doreen Jensen

Gawa Gyani is the most esteemed Noxnox in the house of Go'onu (Godfrey Good). The title is presently held by Edgar Good – younger brother of Go'onu. Gawa Gyani has never been used nor has it been permissible to allow strangers to use the title. However, because of a very high regard that we have for our grand son Haxbagwootxw (Ken B. Harris) Go'onu will make an exception and will allow Ken to use the title Gawa Gyani with his story Sc'a waa.
The foregoing statement is recorded on a cassette tape Tuesday, May 21, 1991 at Kitwancool, B.C. by Ken Harris.

The Museum of Anthropology as a neutral yet highly charged meeting place for diffferent points of view, here becomes a metaphor for an open space suggested by the Gitksan process of law, Gawa gyani, with dance as the medium of exchange.

The assistance, understanding, encouragement, criticism and support of the Museum - through its Director Michael Ames, Curator Rosa Ho, Administrator Anne-Marie Fanger and many others - has been essential to the realization of this project.

Karen Jamieson


L'Ayuuk'm Nex (la loi du mariage) n'a pas été respectée. En conséquence, Sc'a waa comprend qu'elle seule et sa petite-fille ont survécu à une bataille féroce. À la recherche d'un mari pour sa petite-fille, Sc'a waa lance un appel au Cosmos mais constate que tous les êtres du règne animal sont des proies pour l'humain. Le monde spirituel intervient finalement et la petite-fille de Sc'a waa est emmenée dans le «Tgem Lahae» pour être mariée. C'est là qu'elle donne naissance à trois enfants. Ces derniers reviennent au Damelahamid pour s'installer. Sc'a waa demeure sur terre, cachée à l'intérieur d'une épinette. Seul son hurlement est audible les jours de grand vent.

Kenneth Harris, tiré de Visitors Who Never Left (Invités qui ne sont jamais partis).

L'histoire de Sc'a waa appartient au peuple Gitksan. Il s'agit de l'un des mythes touchant le Damelahamid, un paradis utopique situé entre les fleuves Nass et Skeena. Ce récit dépeint les origines du peuple du Damelahamid, l'introduction de la culture et le début d'un système matrilinéaire. Cette danse résulte de notre interaction collective avec ce mythe.
La Compagnie de danse

J'ai d'abord rencontré Karen Jamieson il y a deux ans afin de discuter de la possibilité de collaborer à un concept d'une oeuvre dansée qui célébrerait à la fois sa propre culture et les cultures des Premières Nations de la Côte Nord du Pacifique.

Cette rencontre marqua le début d'une démarche intense et fascinante qui tenterait d'illustrer comment certaines des oeuvres précédentes de Jamieson furent inspirées par une présence

puissante. Cette présence puissante reflétait les siècles d'existence sur la Côte Ouest de la Colombie-Britannique, siècles taillés sur les faces des montagnes et imprégnant l'air même que nous respirons.

Plusieurs événements importants eurent lieu en parallèle à nos discussions s'étalant sur les deux dernières années. Des revendications territoriales étaient enfin entendues devant les cours du pays. L'Accord du Lac Meech fut élaboré en excluant les Premières Nations du Canada. Cet Accord fut plus tard renversé grâce à la voix calme du représentant de la Saskatchewan [sic], Elijah Harper. La désobéissance civile et les contestations juridiques semblaient être les seules avenues ouvertes aux Premières Nations pour se faire entendre.

À un moment pendant nos discussions, j'ai décrit à Karen une ancienne méthode Gitksan de gouvernement, méthode toujours en vigueur. Lorsque surgissaient des conflits et des disputes, les deux parties devaient se rencontrer sur un terrain neutre afin d'en arriver à une solution équitable. Cet ancien système s'appelle le gawa gyani. –Doreen Jensen

Le gawa gyani est le Noxnox le plus respecté dans la maison de Go'onu (Godfrey Good). Ce titre est présentement détenu par Edgar Good - le frère cadet de Go'onu. Gawa Gyani n'a jamais été utilisé et il est interdit aux étrangers d'utiliser ce titre. Cependant, à cause de la grande estime que nous ressentons envers notre petit-fils, Haxbagwootxw (Ken B. Harris), Go'onu acceptera une exception et permettra à Ken d'utiliser le titre de Gawa Gyani pour son récit sur Sc'a waa. L'énoncé précédent fut enregistré sur cassette audio, mardi le 21 mai 1991 à Kitwancool, C.B. par Ken Harris.

Le Musée d'Anthropologie, comme lieu de rencontre de différents points de vue, lieu neutre mais très chargé, devient ici une métaphore pour un espace ouvert suggéré par le processus juridique Gitksan, Gawa gyani, la danse devenant le médium d'échange.

L'assistance, la compréhension, l'encouragement, la critique et le soutien du Musée - par l'entremise de son directeur, Michael Ames, de la conservatrice Rosa Ho, de l'administratrice Anne-Marie Fanger et de nombreuses autres personnes - furent essentiels à la réalisation de ce projet.

Karen Jamieson

Les Ateliers de Danse
Moderne Montréal Inc.

## Evelyn Geary
by/par Mary Jane Warner

**Geary, Evelyn**. Dancer, teacher. Born: circa 1909, Toronto, Ontario.

Evelyn Geary began studying dance with Samuel Titchener Smith when she was six years old. After several years of lessons, she performed Fancy and Toe dance routines frequently at local fairs and garden parties and in small movie theatres throughout Toronto. In 1922, she danced in the Christmas pantomime, Cinderella, produced by Vaughan Glaser at the Uptown Theatre, then returned for several years to perform in the annual pantomime, including the featured role of Boy Babe in The Babes in the Wood.

She obtained additional training in ballet with Leon Leonidoff and his partner Florence Rogge, then appeared in several local productions choreographed by Leonidoff for various Toronto movie houses. At sixteen she joined the Canadian tour of Captain Plunkett's Three Little Maids as a featured dancer.

In 1927, on a visit to New York, she was invited by Leonidoff to join the ballet troupe at the Roxy Theatre. Following this stint, she

**Geary, Evelyn**. Danseuse, professeure. Née : env. 1909, Toronto, Ontario.

Evelyn Geary commença ses études en danse avec Samuel Titchener Smith à l'âge de six ans. Après plusieurs années de formation, elle dansa dans les spectacles de danse «Fancy and Toe» présentés aux foires, fêtes champêtres locales et petites salles de cinéma à travers Toronto. En 1922, elle participa au pantomime de Noël, Cendrillon, produit par Vaughan Glaser au théâtre Uptown. Elle dansa ensuite pendant plusieurs années dans ce spectacle annuel, interprétant entre autres le rôle vedette de Boy Babe dans The Babes in the Wood.

Elle poursuivit sa formation en ballet avec Leon Leonidoff et sa partenaire Florence Rogge, et dansa ensuite dans de nombreuses productions locales chorégraphiées par Leonidoff pour plusieurs salles de cinéma de Toronto. À seize ans, elle se joint à la tournée canadienne de Three Little Maids du Capitaine Plunkett comme danseuse vedette.

En 1927, lors d'une visite à New York, elle fut invitée par Leonidoff à faire partie de la troupe de ballet au Roxy Theatre. Suite à ce contrat, elle participa à la tournée de la revue musicale Sunny Skies sous les auspices de la chaîne de théâtre Publix avant de s'associer au Fox Theatre à Brooklyn comme l'une des

toured in the musical Sunny Skies under the auspices of the Publix theatre chain, before joining the Fox Theatre in Brooklyn as one of the Leonidoff Girls.

She was invited by producer Jack Arthur to join Toronto's Uptown Theatre, in 1929, as lead dancer and choreographer. Several months later, Boris Volkoff arrived and took over as ballet master and choreographer; Geary became his dancing partner. In the spring of 1930, Arthur moved his productions to the Imperial Theatre. Volkoff decided, instead, to open his own dance studio and invited Geary to join him. For the next three years, she taught children's classes, pointe, tap and musical comedy as well as appearing as Volkoff's partner in his annual recitals at Hart House Theatre.

She returned to New York in the fall of 1933 to resume her dancing career, joining the corps de ballet at the recently opened Radio City Music Hall, where Leonidoff and Rogge were on staff. Later she toured the United States in several musicals before joining the dance troupe at Shea's Theatre in Buffalo.

When the company folded as a result of the Depression and the rise of the talking motion picture, she turned to nightclub work in New York, Atlantic City, Toronto and Buffalo. In 1938, she retired from dancing and returned to Toronto where she continues to reside.

Leonidoff Girls.

Elle fut invitée par le producteur Jack Arthur à se joindre, comme danseuse principale et chorégraphe, au théâtre Uptown de Toronto en 1929. Plusieurs mois plus tard, Boris Volkoff fit son entrée et s'installa comme maître de ballet et chorégraphe; Geary devint alors sa partenaire de danse. Au printemps de 1930, Arthur déménagea ses productions au théâtre Imperial. Volkoff décida plutôt d'ouvrir son propre studio de danse et invita Geary à l'accompagner. Durant les trois années suivantes, elle enseigna les classes pour enfants, les pointes, les claquettes, la comédie musicale en plus d'être la partenaire de Volkoff pour ses récitals annuels au Hart House Theatre.

Elle retourna à New York à l'automne de 1933 afin de reprendre sa carrière de danseuse et de joindre le corps de ballet du nouveau Radio City Music Hall, où Leonidoff et Rogge étaient membres du personnel. Éventuellement, elle fit de nombreuses tournées des États-Unis avec plusieurs revues musicales avant de s'associer à la troupe de danse au Shea's Theatre à Buffalo.

Lorsque la troupe s'effondra en raison de la Dépression et de l'arrivée des films parlants, elle se tourna vers le travail de boîtes de nuit à New York, Atlantic City, Toronto et Buffalo. En 1938, elle cessa de danser et retourna à Toronto où elle réside toujours.

---

**Gecko Eats Fly** (Gecko Dévore Mouche)
Investigation into a Garden/Exploration dans un Jardin
Premiere/Première: Battery Opera Performing Arts Society, Roundhouse Community Centre, Vancouver, December 5 décembre, 1997

gecko eats fly: a perspective from the choreographer
Lee Su-Feh/Choreographer: In the mornings I arrive to do class with the company and I catch a glimpse of badminton games in the gym. During the day people who are here for classes, lectures or seminars pause briefly for a look into our rehearsals. At the end of the day, on our way out, we stop to watch basketball practice.

Every day I am reminded that we are all part of a continuum in which all of us are, in our own way, seeking excellence in our lives.

It's hard to write about a piece of my own work, because in many ways I am as ignorant of

what the piece is about as someone sitting down in the dark theatre, waiting in anticipation (or dread?) for something to be revealed. I can only talk of my impulses as points of departure for the creation of the work.

There are those impulses which come in the form of a daydream, a vision, or a strong sensation – then you commit to a word, an action, a work (which you hope will be art, but who can tell?). After that a whole range of forces are unleashed – the piece unfolds and it seems that I am less a creator than a problem-solver. How to reconcile this movement idea with that musical idea? How to connect this image with that image? Is any of this interesting to anybody?

I came into the rehearsals for *Gecko Eats Fly* with these impulses:

-An image of myself sitting in a tropical rainforest listening to the faint strains of gamelans.
-An obsession with my homesickness for Malaysia, and subsequent ruminations over what the idea of "Home" meant to the mythology of myself.
-A preoccupation with metamorphosis and transformation, and possession.

I have thrown these ideas into the pot along with a group of incredibly talented dancers who inspire me everyday with their dedication, concentration, and more than anything else, their creative force. Add to this the complexity of Michael Maguire's music and all the ideas inherent in it. Include, also, the imagination of photographer Jamie Griffiths, the elegant eye of designer Deborah Dunn (poster and costumes) and the vision of lighting designer James Proudfoot. Finally, add the artistic, emotional and technical support of my partner, buddy, and co-artistic director, David McIntosh.

Now comes the next stage of creation – the performances. The piece will unfold under new and unpredictable laws of time and space created by the presence and anticipation of the audience. In a sense, the piece will breathe for the first time and in doing so, will be transformed.

Composer's Note: Narcissus auf Bali attempts to incorporate three metaphorical levels onto the grid of the Narcissus and Echo myth. These are the cultural clash between east and west, the battle between nature and civilization, and the struggle of an individual to achieve integration in a multi-, non-culturally/free market world. These programmatic and theological elements are translated into the musical language of minimalism, serialism, modernism and post-modernism, as well as pop, jazz.

Choreography/Chorégraphie: Lee Su-Feh
Music/Musique: Michael Maguire
Lighting Design/Operation/Éclairages: James Proudfoot
Production/Stage Management, Set Design/Directeur de production, régie et conception des décors: David McIntosh
Publicity and Promotion/Publicité et promotion: Richard Forzley, Hothouse Productions
Costume Design, Poster Design/Conception des costumes et poster: Deborah Dunn
Costume Construction/Réalisation des costumes: Kate Nelson, Brenda Webster
Photography/Photographie: Jamie Griffiths
Performers/Interprètes: Delia Brett, Susan Elliott, Tonja Livingstone, Dean Makarenko, Tristan Rehner

gecko eats fly: perspective du chorégraphe.

Lee Su-Feh/Chorégraphe : Les matins, j'arrive pour la classe avec la compagnie et je remarque du coin de l'oeil des gens qui jouent au badminton dans le gymnase. Le jour, les gens qui passent ici pour leurs cours, conférences ou séminaires, s'arrêtent brièvement pour observer nos répétitions. En fin de journée, lorsque nous sortons, nous nous arrêtons pour observer les pratiques de basketball.

À chaque jour, je réalise de nouveau que tous, nous participons à un continuum où, chacun à notre façon, cherchons l'excellence dans nos vies.

Il est difficile d'écrire sur une de mes oeuvres car, sous plusieurs aspects, je suis aussi ignorant du sens de l'oeuvre qu'un spectateur assis dans le noir attendant avec anticipation (ou angoisse?) que quelque chose soit révélé. Je ne peux que discuter des pulsions qui sont le point de départ pour la création de l'oeuvre.

Certaines pulsions surgissent sous la forme d'un rêve éveillé, d'une vision ou d'une sensation forte - ensuite on s'engage dans un mot, une action, une oeuvre (que vous espérez être de l'art, mais qui peut l'affirmer?). Tout un éventail de forces se trouve ensuite déchaîné - quelquefois l'oeuvre se révèle d'elle-même et il me semble alors être celle qui résout les problèmes plutôt que la créatrice. Ainsi, comment réconcilier cette idée de mouvement avec ce concept musical ? Comment lier cette image avec cette autre? Est-ce que ça pourrait intéresser quelqu'un?

J'ai commencé les répétitions pour *Gecko Eats Fly* habitée des pulsions suivantes :
- Une image de moi-même assise dans une forêt tropicale écoutant les murmures des gamelans.
- Une obsession avec mon désir lancinant pour la Malaisie et les réflexions subséquentes sur la signification du concept de «Maison» quant à ma mythologie personnelle.
- Une préoccupation avec la métamorphose, la transformation et la possession.

J'ai rassemblé toutes ces idées et je les ai lancées dans la marmite avec un groupe de danseurs incroyablement talentueux qui chaque jour, m'inspirent par leur engagement, leur concentration et particulièrement, leur force créatrice. S'ajoutent ensuite la complexité de la musique de Michael Maguire et toutes les idées inhérentes à cette musique. Ajoutez de plus l'imagination de la photographe Jamie Griffiths, le regard élégant de la designer Deborah Dunn (poster et costumes) et la vision du concepteur d'éclairage James Proudfoot. En finale, ajoutez le soutien artistique, émotionnel et technique de mon partenaire, ami et codirecteur artistique David McIntosh.

Vient ensuite la nouvelle étape de création - les spectacles. L'oeuvre se révélera alors sous de nouvelles et imprévisibles lois de temps et d'espace créées par la présence et l'anticipation de l'auditoire. Dans un sens, l'oeuvre respire alors pour la première fois et en sera ainsi transformée.

Note du Compositeur : Narcissus auf Bali tente d'incorporer trois niveaux métaphoriques sur la grille du mythe de Narcisse et d'Écho. Ce sont les conflits culturels entre l'Est et l'Ouest, le combat entre la nature et la civilisation et le combat de l'individu pour réussir une intégration personnelle dans un monde multi-«non culturel» dans un contexte de marché libre. Ces éléments de théologie et de conditionnement se traduisent dans un langage musical du minimalisme, du sérialisme, du modernisme et postmodernisme ainsi que de la musique pop et jazz.

**Germinal**
Premiere/Première: Les Ballets Jazz de Montréal, Théâtre Maisonneuve, Montréal, October 10 octobre, 1984
Chorégraphie et costumes/Choreography and costumes: Iro Tembeck
Musique originale/Original score: Vincent Dionne
Confection des costumes/Costume Construction: Isabelle Villeneuve
Éclairages/Lighting: Nicholas Cernovitch

Des formes rituelles surgissent dans une évocation primitive d'un sacre du printemps.
Ritual shapes emerge from a primitive evocation of a Rite of Spring

Danseurs/Dancers: Odette Lalonde, Hans Vancol, Réjane Smith, Barry Meyer et la troupe/and the company

*Commissioned by Les Ballets Jazz de Montreal, the serious and ritualistic* Germinal *heralded a shift away from the company's essentially lighthearted repertoire. Focussing on primitive and violent forces,* Germinal *dancers behaved like pack animals playing a mating game of blatant sexuality and sensuality. Dancers writhed and twitched passionately to electronic and natural rhythms by the choreographer's frequent collaborator, composer Vincent Dionne. Popular with audiences,* Germinal *toured on four continents.*

*Une commande des Ballets Jazz de Montréal,* Germinal, *une oeuvre grave et ritualiste, signalait un écart important du répertoire essentiellement léger de la troupe. Explorant des forces primitives et violentes, les interprètes de* Germinal *se comportent comme une bande d'animaux jouant un jeu d'accouplement rempli de sensualité et de sexualité crues. Les interprètes se tordent en mouvements convulsifs et passionnés sur des rythmes électroniques et naturels créés par un collaborateur fréquent de la chorégraphe, le compositeur Vincent Dionne. Populaire auprès des auditoires,* Germinal *fut présenté en tournée sur quatre continents.*

Linde Howe-Beck

main
dance

Vancouver, 1990's

## Saida Gerrard
by/par Selma Odom

**Gerrard, Saida**. Dancer, choreographer, teacher. Born: April 9, 1913, Toronto, Ontario.

Daughter of Russian immigrants who were keen music lovers and amateur musicians, Saida Gerrard studied dance and music as a child; she later married Toronto-born concert pianist Aube Tzerko. Her first dance teachers at the Peretz School in Toronto included Maude McCann, Nora Griffiths and Amy Sternberg. She also studied Dalcroze Eurhythmics with Madeleine Boss Lasserre at the Toronto Conservatory of Music.

In 1931 she began two years of study on scholarship at the newly opened Mary Wigman School in New York, where Hanya Holm was her main teacher. She later trained with other modern dance leaders such as Fe Alf, Sarah Mildred Strauss, Benjamin Zemach and Martha Graham, returning frequently to perform and teach in Toronto during the 1930's and 1940's. In 1934, over 8,000 people attended her dynamic

**Gerrard, Saida**. Danseuse, chorégraphe, professeure. Née : 9 avril 1913, Toronto, Ontario.

Fille d'immigrants russes, des musiciens amateurs qui adoraient la musique, Saida Gerrard étudia la danse et la musique dès son enfance et plus tard, elle épousa le pianiste de concert Aube Tzerko. Ses premières professeures de danse au Peretz School de Toronto furent entre autres Maude McCann, Nora Griffiths et Amy Sternberg. Elle étudia également l'Eurytmie Dalcroze avec Madeleine Boss Lasserre au Conservatoire de musique de Toronto.

En 1931, elle s'inscrit pendant deux ans comme étudiante boursière au Mary Wigman School, une nouvelle école de New York où elle étudia surtout sous Hanya Holm. Elle fut plus tard formée sous d'autres danseurs/seuses modernes renommé(e)s tel(le)s que Fe Alf, Sarah Mildred Strauss, Benjamin Zemach et Martha Graham, retournant fréquemment à Toronto dans les années 1930 et 1940 pour y danser et enseigner. En 1934, plus de 8 000 personnes assistèrent à sa dynamique interprétation de *The Sorcerer's Apprentice* dans le cadre d'un concert Promenade Symphony à l'Aréna Varsity. Dans le cadre de concerts Prom subséquents, elle chorégraphia et interpréta des oeuvres telles que *Hunger* (1935), montée sur une partition originale de percussion, la polka du *Schwanda* de Jaromir Weinberger, (1935) et *Negro Spirituals* (1935).

De 1934 à 1936, elle a enseigné à des

performance of *The Sorcerer's Apprentice* in a Promenade Symphony Concert at Varsity Arena. For subsequent Prom concerts, she choreographed and performed works such as *Hunger* (1935), set to an original percussion score, the polka from Jaromir Weinberger's *Schwanda* (1935) and *Negro Spirituals* (1935).

She taught children, adults and professionals at her Toronto Studio of Modern Dance between 1934 and 1936. Classes in technique, improvisation, percussion and group work prepared ensembles of dancers who performed with her at venues such as the Art Gallery of Toronto, where she first presented *Songs of Unrest* (1935). The same year Herman Voaden invited her group to take part in his experimental Play Workshop series at Central High School of Commerce and she choreographed a dance chorale, *Death and Transfiguration* (1935), which included expressionist light and colour effects by Voaden. In 1938, the Toronto Skating Club produced Gerrard's *The Machine*, set to a score by the noted young American composer Wallingford Riegger.

Ray W. Harris wrote, circa 1935, that Gerrard "was the first to plant the seeds of a modern dance movement in this country. Slender and graceful, young and soft-spoken, with compelling unwavering eyes like stars of flashing blue, her brow clear and broad, her beautiful pale face electrifying in its cameo-like transparency, this girl with the body of a young goddess looks in every respect the genius whose unique endeavor places her among the leaders in her art. It is when she talks of her beloved dance in her own cultured manner that one meets the philosopher, the idealist, and submits willingly to her claims. For a great dancer is also a philosopher, and Saida Gerrard is as eloquent and convincing in her speech as she is in her dancing."

Gerrard made New York her base from around 1936 through the early 1950's. During this period, she danced and choreographed actively, working most extensively as a soloist with Charles Weidman and on specific concerts with many other American dance notables including Hanya Holm and composer Louis

enfants, des adultes et des professionnels à son Toronto Studio of Modern Dance. Des classes de technique, d'improvisation, de percussion et de travail de groupe préparaient des ensembles de danseurs/seuses qui dansèrent avec elle dans des spectacles. Les spectacles furent présentés dans des lieux comme le Musée des beaux-arts de Toronto, où elle présenta en primeur son *Songs of Unrest* (1935). La même année, Herman Voaden invita le groupe à participer à sa série expérimentale des Play Workshop au Central High School of Commerce; elle y chorégraphia une chorale de danse, *Death and Transfiguration* (1935), une oeuvre qui comportait des éléments d'éclairages et de couleurs expressionnistes créés par Voaden. En 1938, le Toronto Skating Club produisit l'oeuvre de Gerrard *The Machine* montée sur une partition du jeune compositeur américain renommé Wallingford Riegger.

Ray W. Harris écrivit vers 1935, que Gerrard «fut la première à planter les graines d'un mouvement de danse moderne dans ce pays. Menue, gracieuse, jeune, dotée d'une voix douce, d'un regard impassible et irrésistible, avec des yeux semblables à de brillantes étoiles bleues, un front clair et dégagé, un beau visage pale électrifiant dans sa transparence de camée, cette jeune femme possédant un corps de déesse incarne complètement le génie expressif qui la place parmi les grands de son art. C'est lorsqu'elle parle de sa danse adorée, de façon si personnelle et cultivée que l'on découvre la philosophe, l'idéaliste et que l'on s'abandonne sans regret à ses propos. Car une grande danseuse est également une philosophe et Saida Gerrard est aussi éloquente et convaincante dans ses paroles que dans sa danse.»

Autour de 1936, Gerrard s'installa à New York jusqu'au début des années 1950. À cette époque elle dansa et chorégraphia beaucoup, travaillant surtout comme soliste avec Charles Weidman et dans le cadre de concerts spécifiques avec plusieurs autres interprètes américains bien connus entre autres, Hanya Holm et le compositeur Louis Horst. Elle chorégraphia *Sea Shanties* (1937), une version dansée des *The Grapes of Wrath* (vers 1940), et

Horst. She choreographed *Sea Shanties* (1937), a dance version of The Grapes of Wrath (circa 1940), and *Hostage, 1942* (circa 1942). In 1949, she returned to Toronto to produce dances for Max Helfman's highly-acclaimed choral tone poem Di Naye Hagode – The Glory of the Warsaw Ghetto. Dancers from the New Dance Theatre, a Toronto company directed by Nancy Lima Dent, appeared in the work, supported by the full force of the Toronto Symphony Orchestra and the Toronto Jewish Folk Choir. It was repeated the following year in Toronto, and later in Detroit and Chicago productions.

From the 1950's through the 1980's, Gerrard continued her career in southern California, where she performed occasionally with Charles Weidman, directed her own modern dance companies and choreographed operas, plays and revues.

*Hostage, 1942* (vers 1942). En 1949, elle revint à Toronto afin de produire des danses pour le poème symphonique pour chorale, Di Naye Hagode - The Glory of the Warsaw Ghetto, une oeuvre très acclamée de Max Helfman. Des interprètes du New Dance Theatre, une troupe de Toronto dirigée par Nancy Lima Dent, dansèrent dans cette production et furent soutenus par toute la puissance du Toronto Symphony Orchestra et du Toronto Jewish Folk Choir. Cette oeuvre fut de nouveau présentée l'année suivante à Toronto et ultérieurement dans des productions à Détroit et à Chicago.

Dès les années 1950 jusqu'aux années 1980, Gerrard poursuivit sa carrière dans le sud de la Californie où elle dansa occasionnellement avec Charles Weidman, dirigea ses propres troupes de danse moderne et chorégraphia des opéras, des pièces de théâtre ainsi que des revues musicales.

---

**Gibson, Ian**. Dancer. Born: November 16, 1919, Glasgow, Scotland.

Acclaimed as the Canadian Nijinsky during his short but remarkable career in ballet, Ian Gibson came to Victoria, British Columbia with his parents in the first year of his life. He had weekly dancing lessons with a teacher from Victoria's Russian Ballet School of Dancing. Gibson took to dancing naturally and at age twelve he enrolled in Dorothy Wilson's school – the only boy to do so for some years. He appeared in many of his teacher's local pageants and recitals, and in 1936, at age seventeen, danced the role of Franz in Dorothy Wilson's staging of the ballet *Coppélia*.

Gibson fully intended to begin an academic programme at the University of British Columbia, when he was sidetracked into further ballet study with June Roper in Vancouver. The persuasive teacher was convinced that he would make a remarkable performer, and began coaching him in the difficult leaps and turns of the male classical repertoire. In 1938 she took her new charge to Hollywood for special coaching with her own teacher, Ernest Belcher. Gibson made his debut in a summer musical revue in the Hollywood Bowl.

**Ian Gibson**
by/par Leland Windreich

**Gibson, Ian**. Danseur. Né : 16 novembre 1919, Glascow, Écosse.

Acclamé comme le Nijinski canadien durant sa brève mais remarquable carrière en ballet, Ian Gibson s'installa à Victoria, Colombie-

Early in 1939, Vancouver received the first visit of Serge Denham's new Ballets Russes de Monte Carlo and Gibson auditioned for its celebrated director, Leonide Massine. He joined the company in Monte Carlo in April.

European performances were curtailed by the outbreak of war in September, and a London season at Covent Garden was cancelled. Gibson went to New York where the Ballets Russes was scheduled for an opening in October. He stayed with the organization for two years, working first in the corps de ballet and gradually taking on significant roles in the Massine and Fokine ballets. For his debut in Vancouver with the company, he was coached for a performance of Fokine's *Le Spectre de la rose*.

In 1941 he joined the newly-formed Ballet

Britannique avec ses parents dès sa première année. Il suivit des leçons hebdomadaires de danse d'un professeur en visite du Russian Ballet School of Dancing de Victoria. Gibson glissa dans la danse tout naturellement et à l'âge de douze ans, il s'inscrivit à l'école de Dorothy Wilson – le seul garçon inscrit pour de nombreuses années. Il participa à plusieurs des spectacles et récitals locaux organisés par son professeur et en 1936, à l'âge de dix-sept ans, Gibson interpréta le rôle de Franz dans une mise en scène de Dorothy Wilson du ballet *Coppélia*.

Gibson était décidé à poursuivre sa formation académique à l'Université de la Colombie-Britannique lorsqu'il fut dévié de ce parcours par des études en ballet avec June Roper à Vancouver. Cette professeure persuasive était convaincue qu'il serait un interprète remarquable et commença à le guider dans les difficiles sauts et bonds du répertoire classique masculin. En 1938, elle amena son protégé à Hollywood afin qu'il soit entraîné avec son propre professeur, Ernest Belcher. Gibson fit son début dans une revue musicale estivale au Hollywood Bowl.

Au début de 1939, les nouveaux Ballets Russes de Monte Carlo de Serge Denham visitèrent Vancouver pour la première fois et Gibson passa une audition devant son célèbre directeur, Leonide Massine. Il rejoint la compagnie à Monte Carlo en avril.

Les représentations européennes furent écourtées en raison du début de la guerre en septembre et une saison au Convent Garden de Londres fut annulée. Gibson se rendit donc à New York où les Ballets Russes devaient commencer leur prestations en octobre. Il demeura avec cette compagnie deux ans, travaillant au début dans le corps de ballet et graduellement interprétant des rôles importants dans les ballets de Massine et Fokine. Pour ses débuts à Vancouver, il fut préparé en vue d'une représentation du *Spectre de la rose* de Fokine.

En 1941 il se joint au nouveau Ballet Theatre et c'est avec cette compagnie qu'il atteint sa renommée. Anton Dolin le guida personnellement pour la première de *Princess Aurora*, une nouvelle mise en scène du troisième

Theatre and it was with this company that he achieved acclaim. For the premiere of *Princess Aurora*, a restaging of the third act of *The Sleeping Beauty*, Anton Dolin personally coached Gibson for his debut as the Bluebird. Fokine's ultimate restaging of *Le Spectre de la rose* for Gibson in 1941 provided him with a sublime vehicle. Before his departure from Ballet Theatre late in 1942 to serve in the Royal Canadian Navy, Gibson danced the title role in Fokine's *Petrouchka*, Harlequin in *Le Carnaval* and the title role of Eugene Loring's *Billy the Kid*. In Great Male Dancers of the Ballet, the critic Walter Terry praises Gibson: "Ian, with his incredible elevation and ballon, was a soaring Bluebird.... His *Le Spectre de la rose* invited comments by those who had seen Nijinsky, and Ian fared well in comparison."

Gibson returned briefly to ballet after two years on submarines in the Royal Canadian Navy but found his interest in performance waning. He began working in retail sales, eventually retiring in comfort.

In 1980 he joined former Ballet Theatre colleagues on the stage of the Metropolitan Opera House for a gala performance celebrating the company's 40th anniversary.

acte de *La Belle au bois dormant* où Gibson interpréta l'Oiseau bleu. En 1941, l'ultime mise en scène par Fokine du *Spectre de la rose* fut un véhicule sublime pour Gibson. Avant son départ du Ballet Theatre à la fin de 1942, lorsqu'il s'enrôla dans la Marine Royale Canadienne, Gibson interpréta le rôle titre dans *Petrouchka* de Fokine, Harlequin dans *Le Carnaval* et le rôle titre dans le *Billy the Kid* d'Eugene Loring. Dans son Great Male Dancers of the Ballet, le critique Walter Terry chanta ainsi les mérites de Gibson : «Ian, avec son incroyable élévation, son ballon, fut un Oiseau bleu transcendant dans le célèbre pas de deux de *La Belle au bois dormant*. Son *Spectre de la rose* invita des commentaires le comparant favorablement à Nijinski.»

Gibson retourna brièvement au ballet après deux ans de service avec la Marine Royale Canadienne mais montra peu d'intérêt pour les prestations. Il commença à travailler dans la vente au détail et profita d'une retraite confortable.

En 1980, il se joint à des collègues du Ballet Theatre sur la scène de la Maison de l'Opéra métropolitaine pour un spectacle-bénéfice célébrant le 40th anniversaire de la compagnie.

---

**Gillies, Don**. Choreographer, dancer, teacher, designer. Born: 1926, Toronto, Ontario.

In 1945, Don Gillies had dreams of becoming an Olympic track and field medallist, specializing in the hurdles. When leafing through the ballet magazines that his art teacher, Connie Payer Pole, kept in her studio, he happened upon a photograph of dancer Igor Youskevitch. Up until that time, Gillies had known of Youskevitch as the Olympic medallist who won the hurdles for Russia in the 1930's. Now he was a member of the Ballets Russes.

With the encouragement of his art teacher, Gillies began a year of clandestine dance classes with a number of teachers in Toronto, including Boris Volkoff, Mildred Herman – later known as Melissa Hayden – and Bettina Byers. It is Volkoff whom Gillies credits with having the

### Don Gillies
by/par Dianne Milligan

**Gillies, Don**. Chorégraphe, danseur, professeur, concepteur. Né : 1926, Toronto, Ontario.

En 1945, Don Gillies rêvait de devenir un médaillé olympique de piste et terrain, se spécialisant dans la course à obstacles. C'est en feuilletant une revue de ballet trouvée à l'atelier de Connie Payer Pole, son professeur d'art, qu'il tomba sur une photographie du danseur Igor

most influence on his early dance training. He danced in Volkoff's *Polovetzian Dances* from *Prince Igor*, *Classical Symphony* and *The Big Top* at the 1948 Canadian Ballet Festival in Winnipeg; he also performed in his *Red Ear of Corn* at the 1949 Canadian Ballet Festival in Toronto.

While studying with Volkoff, Gillies had his first introduction to modern dance. Yone Kvietys, a Laban-based dancer who had emigrated from Latvia, taught in Volkoff's studio and performed in Volkoff's *Magic Flute* for the 1949 Canadian Ballet Festival.

After four years as a dance student in Toronto, Gillies realized that he had to head to New York or London if he was to pursue his passion for ballet. He studied with Audrey de Vos, Harold Turner and Vera Volkova, and with Claude Newman, who taught all-male classes at the Sadler's Wells School.

The road to a job in London was through the studios. Ninette de Valois would occasionally watch classes at the Sadler's Wells School and Newman would often advise her when a student

Youskevitch. Gillies ne connaissait ce dernier que comme le médaillé olympique qui avait remporté la course à obstacles pour la Russie dans les années 1930. Youskevitch était maintenant membre des Ballets Russes.

C'est avec l'encouragement de son professeur d'art que Gillies commença une année d'études clandestines en danse avec plusieurs professeurs de Toronto, entre autres, Boris Volkoff, Mildred Herman (connue plus tard sous le nom de Melissa Hayden) et Bettina Byers. Gillies affirme que Volkoff exerça la plus grande influence sur sa formation initiale en danse. Il dansa dans *Polovetzian Dances* from *Prince Igor*, *Classical Symphony* et *The Big Top,* des oeuvres que Volkoff présenta au Festival de ballet canadien à Winnipeg en 1948. De plus, il dansa dans *Red Ear of Corn* de Volkoff au Festival de ballet canadien à Toronto en 1949.

Lors de ses études avec Volkoff, Gillies reçut sa première introduction à la danse moderne. Yone Kvietys, une danseuse de formation Laban qui avait émigré de la Lettonie, enseignait au studio de Volkoff studio et dansa dans *Magic Flute* de Volkoff pour le Festival de ballet de 1949.

Après quatre années d'études en danse à Toronto, Gillies constata qu'il devrait se rendre à New York ou à Londres s'il voulait poursuivre sa passion pour le ballet. Il étudia donc avec Audrey de Vos, Harold Turner et Vera Volkova ainsi qu'avec Claude Newman, qui enseignait les classes pour les élèves masculins au Sadler's Wells School.

À cette époque, la seule façon de se trouver du travail à Londres était par l'intermédiaire des studios. Ninette de Valois visitait à l'occasion les classes au Sadler's Wells School et fréquemment, Newman lui indiquait les élèves particulièrement prometteurs. Ceci s'avéra fort intéressant pour Gillies; en une année, il était devenu membre du Sadler's Wells Theatre Ballet. Dans les années qui suivirent, il participa à une tournée des États-Unis du Sadler's Wells en 1951 tout en travaillant avec Agnes de Mille comme membre de la distribution originale londonienne de Carousel, et avec Gene Kelly

showed potential. This paid off for Gillies; within a year he was a member of the Sadler's Wells Theatre Ballet. His next few years included a tour of the United States with the Sadler's Wells in 1951, as well as working with Agnes de Mille as a member of the original London cast of Carousel and with Gene Kelly in the movie Invitation to the Dance. At the same time, he began developing his own choreographic voice, creating both the dance and the sets for a pas de deux with Connie Garfield, entitled *The Golden Pear*. Performed at the Mercury Theatre in London in 1953, it was reviewed by Clive Barnes in Dance and Dancers Magazine: "It is the work of a mind that has thought deeply about the nature of ballet....", and "the decor and the costumes by Gillies are outstandingly successful."

After working on a production for BBC television, he saw the potential of the medium that was still in its nascent stage in Canada. Using the money he earned on the Gene Kelly project, Gillies returned to Canada in 1953 to find a newly-created National Ballet of Canada, which was under the direction of Celia Franca, an acquaintance from his Sadler's Wells days, as well as a lively television scene. A letter from Franca inviting him to audition for the corps confirmed his decision to follow his interest in television.

On October 4, 1953 Gillies appeared on CBC Television as lead dancer with Gladys Forrester, Ruth Carse and Victor Duret, on the General Electric Hour. In January, 1954, he was offered a twenty-six-week contract.

In Toronto, Gillies taught and choreographed for Janet Baldwin, creating *I Want, I Want* for the Baldwin School's appearance in the 1954 Canadian Ballet Festival. An unconventional contemporary ballet, it received excellent reviews. 1954 also marked the beginning of Gillies' twenty-year involvement with the Wayne and Schuster Show on CBC television.

Gillies often designed the sets and costumes for his work, as in *Ballet Three*, created in 1961 for the Janet Baldwin Ballet, and remounted on the Royal Winnipeg Ballet. He returned to the RWB in 1962 to create *The Golden Phoenix*. In

dans le film Invitation to the Dance. En parallèle, il commença à élaborer des chorégraphies, créant la chorégraphie et les décors pour un pas de deux avec Connie Garfield, intitulé *The Golden Pear* présenté au Mercury Theatre à Londres en 1953. On peut lire la critique suivante de Clive Barnes dans la revue Dance and Dancers Magazine: «Il s'agit d'une oeuvre d'un esprit qui a beaucoup réfléchi à la nature même du ballet...» et «le décor et les costumes conçus par Gillies sont exceptionnels.»

Après avoir travaillé à une production de la BBC, il réalisa le potentiel de ce médium qui n'en était qu'au stade larvaire au Canada. Puisant aux sommes récoltées de son projet avec Gene Kelly, Gillies retourna au Canada en 1953 pour y découvrir le nouveau Ballet national du Canada sous la direction de Celia Franca, une de ses connaissances de l'époque Sadler's Wells, ainsi qu'un milieu de la télévision en effervescence. Une lettre de Franca l'invitant à passer une audition pour le corps de ballet confirma sa décision de poursuivre son intérêt pour la télévision.

Le 4 octobre 1953, Gillies participa à une émission de la télévision CBC, le General Electric Hour, comme danseur principal avec Gladys Forrester, Ruth Carse et Victor Duret. En janvier 1954, on lui offrit un contrat de vingt-six semaines.

À Toronto, Gillies enseigna et chorégraphia pour Janet Baldwin, créant *I Want, I Want* que le Baldwin School présenta au Festival de ballet canadien en 1954. Cette oeuvre, un ballet contemporain non traditionnel, fut acclamé par la critique. La même année marqua également le début d'une association de vingt ans avec le Wayne and Schuster Show à la chaîne de télévision CBC.

Gillies concevait fréquemment les décors et costumes pour ses oeuvres comme *Ballet Three*, créé en 1961 pour le Janet Baldwin Ballet et remonté pour le Royal Winnipeg Ballet. Il retourna au RWB en 1962 afin de créer *The Golden Phoenix*. En 1961, Gillies fut invité à chorégraphier une oeuvre pour le 10ième anniversaire du Ballet National du Canada

1961, Gillies was invited to choreograph a new work for the National Ballet of Canada's 10th Anniversary. Entitled *The Remarkable Rocket*, it had an original score by Morris Surdin, and sets and costumes by the painter Jack Nichols. In addition to his television work and ballet choreography, Gillies crossed the country directing and choreographing musicals.

In 1977, Gillies moved to Cape Breton and has since worked on various projects, including the opening ceremonies for the 1987 Canada Games, productions at the Boardmore Playhouse and the Cape Breton Summertime Review, and a production with Andrea Leigh Smith based on his choreography and style of dance. He has taught at the Dance Nova Scotia summer school and Broadway Bound.

intitulée *The Remarkable Rocket*. L'oeuvre comportait une musique originale de Morris Surdin et des décors et costumes du peintre Jack Nichols. En plus de son travail pour la télévision et les chorégraphies de ballet, Gillies voyagea à travers le pays, dirigeant et chorégraphiant des revues musicales.

En 1977, Gillies s'installa au Cap Breton et a depuis participé à de nombreux projets entre autres, les cérémonies d'ouverture des Jeux du Canada en 1987, des productions du Boardmore Playhouse et du Cape Breton Summertime Review. Il travaille aussi sur production basée sur son oeuvre chorégraphique et son style de danse avec Andrea Leigh Smith. Il a enseigné au stages d'été de Dance Nova Scotia et de Broadway Bound.

---

**Gillis, Margie**. Dancer, choreographer, artistic director, teacher. Born: July 9, 1953, Montreal, Quebec.

Margie Gillis is considered by some to be her generation's Isadora Duncan. From the first moment she walked onstage, she danced to a private drummer, a disciple to no particular dance dogma but her own.

Gillis comes from a family of high achievers – both parents were Olympic skiers, brother Jere was a professional hockey player, sister Nancy a prize-winning freestyle skier, and her late brother Christopher was a choreographer and principal dancer with the Paul Taylor Dance Company in New York City.

She began taking dance lessons when she was three years old. Her studies covered a broad spectrum of interests including ballet, adagio, theatre, mime and competitive gymnastics. She began her formal dance training at seventeen with teachers including Lynda Raino, Linda Rabin, May O'Donnell and Allen Wayne.

"I never thought of 'becoming' a dancer. I just always thought – you breathe, you live, you dance." Gillis' trademark long mane of brown hair, and sculpted face of a thousand expressions add to her poignantly honest approach to

## Margie Gillis
by/par Kathryn Greenaway

**Gillis, Margie**. Danseuse, chorégraphe, directrice artistique, professeure. Née : 9 juillet, 1953, Montréal, Québec.

Margie Gillis est souvent connue comme l'Isadora Duncan de sa génération. Dès le premier moment où elle mit les pieds sur scène, elle dansa selon sa propre vision, libre de tout dogme, ne puisant qu'à sa propre inspiration.

Gillis vient d'une famille de personnes douées – ses deux parents étaient des skieurs olympiques, son frère Jere était joueur de hockey professionnel, sa soeur Nancy, une championne de ski en style libre et son frère

Photo: Michael Slobodian

movement and performance and make her one of the most watchable dancers on the Canadian scene. Her movements can be angular, liquid, disjointed, awkward, elegant or earthy.

Gillis isn't about steps being on the right count. She's about inner visions being made physical with searing honesty. You can see it in her bittersweet plain-Jane in her *Waltzing Matilda* (1978), or the golden goddess of beast and bird in *Desert* (1991), or the arthritic and broken baroque ballerina in Martha Clarke's *Nocturne* (1984). She makes her audience laugh and cringe as the jiggling young girl on the verge of womanhood, or losing control, in *How the Rosehips Quiver* (1983), and she is unforgettable in *Broken English* (1981) which becomes a powerful feminist statement.

Gillis' first solo performance as a professional was in Vancouver in 1975. In the years to follow, her one-woman show touched hearts worldwide. In 1979 she toured China – the first modern dance performer and teacher to do so post-revolution.

décédé, Christopher, fut chorégraphe et danseur principal avec le Paul Taylor Dance Company à New York.

Elle commença à suivre des cours de danse à trois ans. Ses études s'étendaient sur un large éventail d'intérêts incluant le ballet, l'adagio, le théâtre, le mime et la gymnastique de compétition. Sa formation professionnelle en danse débuta à dix-sept ans sous des professeurs comme Lynda Raino, Linda Rabin, May O'Donnell et Allen Wayne.

«Je n'ai jamais pensé à «devenir» une danseuse. J'ai simplement toujours pensé - on respire, on vit, on danse.» La longue chevelure brune si caractéristique à Gillis et son visage sculpté, où se reflètent des milliers d'expressions, enrichissent son approche si touchante et authentique du mouvement et de l'interprétation et en font l'une des danseuses les plus éminemment faciles à contempler de la scène canadienne. Ses mouvements peuvent être angulaires, liquides, gauches, élégants ou ancrés.

La danse de Gillis ne se limite pas à l'interprétation de pas selon un tempo. Elle est plutôt préoccupée par les visions intérieures transposées sur le plan physique avec une honnêteté brûlante. Ces éléments sont visibles dans sa Jane aigre-douce dans *Waltzing Matilda* (1978) ou la déesse dorée des bêtes et des oiseaux dans *Desert* (1991) ou encore la ballerine baroque arthritique et brisée dans le *Nocturne* (1984) de Martha Clarke. Elle fait rire et frémir son auditoire en dansant la jeune fille tremblotante à l'aube de la féminité ou en perdant le contrôle dans *How the Rosehips Quiver* (1983), et elle est inoubliable dans *Broken English* (1981) qui devint un éoncé féministe puissant.

Gillis donna son premier solo professionnel à Vancouver en 1975. Au fil des années, ses spectacles solo ont touché les coeurs partout sur la planète. En 1979 elle fit une tournée de la Chine, la première interprète de danse moderne à le faire à cette époque de post-révolution.

En 1981, elle créa la Fondation de Danse Margie Gillis et fut nommée Ambassadrice culturelle du Canada par le Premier Ministre

In 1981, she founded the Margie Gillis Dance Foundation, and was named Canadian cultural ambassador by Prime Minister Pierre Trudeau.

In 1984, she performed in New York City in the Off-Broadway run of Martha Clarke's production of The Garden of Earthly Delights, and in 1985, she was a guest artist with Les Grands Ballets Canadiens, dancing the role of Miss Lucy in James Kudelka's version of *Dracula* (1985). That same year she was the subject of a documentary on French television, and the following year was named Quebec cultural ambassador by Premier Robert Bourassa.

In 1987, Gillis was appointed to the Order of Canada for her outstanding abilities as a solo performer and choreographer.

Gillis has been a guest artist with companies including the Paul Taylor Dance Company, Momix, Canadian Children's Dance Theatre, and Stephanie Ballard and Dancers. She also performed on numerous occasions with her brother, Christopher, in New York and Montreal.

She has danced at international festivals around the world and toured Canada, South East Asia, Switzerland, Brazil, Israel, Greece, Europe and the United States. She has also performed with the Quebec and Montreal Symphony Orchestras, and appeared in the CBC television special Wild Hearts in Strange Times, which won a Gemini award in 1998.

d'alors, Pierre Trudeau.

En 1984, elle dansa à New York dans le spectacle hors-Broadway de la production de Martha Clarke, The Garden of Earthly Delights et en 1985, elle fut artiste invitée des Grands Ballets Canadiens, interprétant le rôle de Miss Lucy dans la version de *Dracula* (1985) de James Kudelka. La même année, un documentaire traitant d'elle et de son travail fut présenté à la télévision française et l'année suivante, elle fut nommée Ambassadrice culturelle du Québec par le Premier Ministre Robert Bourassa.

En 1987, Gillis fut nommée à l'Ordre du Canada pour son travail exceptionnel de danseuse soliste et de chorégraphe.

Gillis a dansé comme artiste invitée avec plusieurs compagnies notamment le Paul Taylor Dance Company, Momix, le Canadian Children's Dance Theatre et Stephanie Ballard and Dancers. Elle a aussi donné plusieurs spectacles avec son frère Christopher à New York et à Montréal.

Elle a participé à des festivals internationaux à travers le monde et a fait des tournées au Canada, en Asie du Sud-Est, en Suisse, au Brésil, en Israël, en Grèce, en Europe et aux États-Unis. Elle a également dansé avec les Orchestres symphoniques de Montréal et de Québec et fut la vedette de l'émission spéciale du CBC, Wild Hearts in Strange Times, qui remporta un Prix Gémeau en 1998.

---

**Glass Houses** (Maisons de Verre)
Premiere/Première: Toronto Dance Theatre, Winchester Street Theatre, Toronto, November 10 novembre, 1983
Choreography/Chorégraphie: Christopher House
Music/Musique: Ann Southam, "Glass Houses No. 5"
Lighting Design/Éclairages: Ron Snippe
Costume Design/Conception des costumes: Denis Joffre
Dancers/Danseurs: Merle Holloman, Helen Jones, Benoît Lachambre, Grace Miyagawa, Luc Tremblay

"Ann Southam's score, Glass Houses #5' not originally intended for dance, inspired Christopher to create a playful and athletic exploration of the joy of movement, parallelling the

music's construction and surprising the audience with the off-centring of formulaic patterns. Choreographed on three women and two men and designed by Denis Joffre, the work climaxes in a series of awe-inspiring lifts where the female dancers seem to hover parallel to the ground for a brief moment."

«La partition d'Ann Southam, Glass Houses #5, ne fut pas composée à l'origine pour la danse mais elle inspira Christopher à élaborer une recherche athlétique et légère de la joie du mouvement, traçant un parallèle avec la structure de la musique et surprenant le public en décentrant des patrons formels. Chorégraphiée sur trois femmes et deux hommes et conçue par Denis Joffre, l'oeuvre atteint son apogée dans une série de portés impressionnants où, pendant un bref moment, les danseuses semblent planer parallèles au plancher.»

Nadine Saxton and Katherine Cornell
Excerpt from/Extrait de Toronto Dance Theatre 1968-1998: Stages in a journey. 1998. Toronto: Captus Press, p.89.

Photo: David Cooper

**Godden, Mark**. Choreographer, dancer. Born: 1958, Dallas, Texas.

    Trained initially as an actor at Carnegie-Mellon University, Mark Godden took his first ballet class at age twenty with Hugh Nini in

## Mark Godden
by/par Deborah Meyers

**Godden, Mark**. Chorégraphe, danseur. Né : 1958, Dallas, Texas.

    D'abord formé comme acteur à l'Université Carnegie-Mellon, Mark Godden suivit son premier cours de ballet à l'âge de vingt ans avec Hugh Nini à Denton au Texas. Deux ans plus tard, Godden fut l'un de dix élèves de Nini à s'inscrire au stage d'été du Royal Winnipeg Ballet School en 1980 et ensuite à temps plein à la division professionnelle de l'école où son

Denton, Texas. Two years later Godden was one of ten Nini students to attend the Royal Winnipeg Ballet School's 1980 Summer School and then the RWB's full-time Professional Division, where his principal teacher was David Moroni. In 1984 he joined the Royal Winnipeg Ballet as a member of the corps de ballet. Promoted to soloist in 1989, Godden danced leading roles in ballets by Marius Petipa, George Balanchine, Agnes de Mille, Antony Tudor, Hans van Manen, Rudi van Dantzig and Jiri Kylian.

It was Moroni and fellow RWB School teacher, Sandra Neels, who encouraged Godden to choreograph. Dutch-born Henny Jurriens, artistic director of the RWB from 1988-1989, entered Godden's *Forms of Distinction*, made for an RWB choreographic workshop, in the competition for the Banff Centre for the Arts' 1989 Clifford E. Lee Award. Godden won the award and went to Banff to make *Sequoia*, an eighteen-minute work for sixteen dancers to the music of American composer Joan Tower. In 1990 he was awarded first place for choreography at the 1990 International Ballet Competition in Varna for *Myth*, a pas de deux set to the music of Samuel Barber, and his *La Princesse et le Soldat* won second place at the 1991 Helsinki International Ballet Competition.

Appointed resident choreographer of the Royal Winnipeg Ballet in 1990 by artistic director John Meehan, Godden continued to dance and choreograph there for four years. Important works during this period included *Rapsodie Espagnole* (1990), *Symphony No. 1* (1990), *Angels in the Architecture* (1992) and *Dame Aux Fruits* (1992). *Chambre*, his first ballet to be created on another company, was commissioned by Les Grands Ballets Canadiens and premiered in Montreal in 1993. Godden left the RWB in 1994 when his wife, dancer Amy Brogan, accepted a contract in Montreal with Les Grands Ballets Canadiens and he began his freelance choreographic career. He retains his ties to his alma mater under artistic director André Lewis, making *Miroirs* to Ravel in 1995, *Rite of Spring* in 1996 and his first full-length ballet, *Dracula*, in 1998, set to Mahler's

principal professeur fut David Moroni. En 1984, il se joint au corps de ballet de la compagnie. Promu soliste en 1989, Godden dansa les rôles principaux dans des ballets de Marius Petipa, George Balanchine, Agnes de Mille, Antony Tudor, Hans van Manen, Rudi van Dantzig et Jiri Kylian.

Moroni et sa collègue professeure à l'ecole du RWB, Sandra Neels, encouragèrent Godden à créer des chorégraphies. Henny Jurriens, Hollandais de naissance et directeur artistique du RWB de 1988 à 1989, soumit l'oeuvre de Godden, *Forms of Distinction*, créée dans le cadre d'un atelier chorégraphique du RWB, au concours du Banff Centre for the Arts pour le Prix Clifford E. Lee en 1989. C'est Godden qui remporta le prix et il se rendit à Banff pour créer *Sequoia*, une oeuvre de dix-huit minutes pour seize danseurs sur une musique de la compositrice américaine, Joan Tower. En 1990, on lui décerna la première place pour la chorégraphie au Concours international de ballet à Varna pour *Myth*, un pas de deux monté sur une musique de Samuel Barber. L'année suivante, il remporta la seconde place au Concours international de Ballet à Helsinki, pour *La Princesse et le Soldat*.

Nommé chorégraphe en résidence au Royal Winnipeg Ballet en 1990 par le directeur artistique John Meehan, Godden continua à danser et à créer des chorégraphies pendant quatre ans. Parmi les oeuvres majeures de cette époque se retrouvent *Rapsodie Espagnole* (1990), *Symphony No. 1* (1990), *Angels in the Architecture* (1992) et *Dame Aux Fruits* (1992). *Chambre*, le premier ballet qu'il créa pour une autre compagnie, fut commandé par Les Grands Ballets Canadiens et présenté en première à Montréal en 1993. Godden quitta le RWB en 1994 lorsque son épouse, la danseuse Amy Brogan, accepta un contrat à Montréal avec Les Grands Ballets Canadiens, et il amorça alors sa carrière de chorégraphe indépendant. Il demeure affilié à son alma mater, maintenant sous la direction artistique d'André Lewis, créant *Miroirs* sur une musique de Ravel en 1995, *Rite of Spring* en 1996 et son premier ballet pleine-durée *Dracula*, sur la symphonie

Resurrection Symphony. He has also made works for Ballet British Columbia, Alberta Ballet, Ballet Jörgen and Ballet Florida, and staged his ballets for BalletMet in Columbus, Ohio and Compania Nacional de Danza in Mexico City.

"Clearly fearless, in a hurry, and very, very, talented", is how Lewis Segal, writing in the Los Angeles Times, described Godden in January 1993. In 1997 Robert Enright in the Globe and Mail called Godden's *Rite of Spring* "a perfectly contemporary sketch – part cartoon and part psychic portrait of himself and the age in which he lives." Michael Crabb, reporting on CBC Radio in 1998 on the premiere of *Dracula* called the work "an original, made-in-Canada, full-length story ballet that combines wit, intelligence, theatricality and fine dancing."

Résurrection de Mahler en 1998. Il a également créé des oeuvres pour Ballet British Columbia, l'Alberta Ballet, le Ballet Jörgen et le Ballet Florida, et il a mit en scène ses ballets pour le BalletMet à Columbus en Ohio et la Compania Nacional de Danza à Mexico City.

Lewis Segal, dans le Los Angeles Times de janvier 1993, décrit Godden comme «Sans peur, pressé et bourré de talent». En 1997, Robert Enright du Globe and Mail salua le *Rite of Spring*: «un sketch parfaitement contemporain – partie dessin animé et partie portrait psychique de lui-même et de son époque.» Michael Crabb commenta la première de *Dracula* sur les ondes de la radio CBC en 1998: «une oeuvre canadienne originale, un ballet pleine-soirée qui associe la vivacité d'esprit, l'intelligence, la théâtralité et une interprétation subtile.»

Photo: Cylla von Tiedemann

**Chan Hon Goh**
by/par Max Wyman

**Goh, Chan Hon**. Dancer. Born: February 1, 1969. Beijing, China.

Chan Hon Goh's parents, Choo Chiat Goh

**Goh, Chan Hon**. Danseuse. Née : 1er février 1969, Beijing, Chine.

Dans les années 1960 et 1970, les parents de Chan Hon Goh, Choo Chiat Goh et Lin Yee Goh, furent danseurs principaux avec le Peking Central Ballet Company, une compagnie influencée par le Bolshoi. Ils n'encouragèrent pas leur fille à étudier le ballet et lorsqu'elle eut douze ans, elle les persuada de la laisser s'inscrire au programme de danse

and Lin Yee Goh, were principal dancers with the Bolshoi-influenced Peking Central Ballet Company in the 1960's and 1970's. They did not encourage their daughter to study ballet seriously until, at the age of twelve, she persuaded them to let her join the professional programme at their Vancouver school, the Goh Ballet Academy.

She won numerous awards in regional dance festivals as a student, and made her public performance debut at fourteen with her parents' fledgling Goh Ballet Company. She won a silver medal at the 1986 Prix de Lausanne International Competition for young dancers, in Switzerland, and two years later, after completing the Royal Academy of Dancing Solo Seal in 1987, won the silver medal at the Adeline Genée Awards in London, England.

She became a principal dancer with the Goh Ballet Company at the age of seventeen, learning pas de deux from the classical repertoire, as well as works in the Chinese traditional style and new choreography by guests Lynn Seymour, David Earle and Choo Chiat Goh's brother, the late Choo San Goh. In 1987 she danced lead roles with the company during a tour of China and South-East Asia, winning praise for her "razor-sharp footwork and graceful carriage of the neck and shoulders" in the Straits Times, Singapore, and "breathtaking arabesques, airy movements and filigree delicacy" in the Sunday Star, Malaysia.

In the summer of 1988 she joined the National Ballet of Canada. She was promoted to second soloist in 1990, became a first soloist eighteen months later and a principal in 1994. By that time she had already made her debut, guided by then-artistic director Reid Anderson, in many principal roles, among them Olga in *Onegin* and Lise in *La Fille mal gardée*.

Gradually, more dramatic roles came her way, including the Sylph in *La Sylphide*, Odette/Odile in *Swan Lake* and Aurora in *The Sleeping Beauty*. Throughout her career she has won high praise for her technical brilliance, elegant line and breathtaking balances, and radiant, unmannered assurance. Under the influence of Anderson's successor, James

professionnelle à leur école de Vancouver, le Goh Ballet Academy.

Elle remporta de nombreux prix dans des festivals régionaux de danse comme étudiante et fit son début à l'âge de quatorze ans avec la nouvelle compagnie de ses parents, le Goh Ballet Company. On lui décerna la médaille d'argent au Concours international du Prix de Lausanne pour les jeunes danseurs en Suisse en 1986 et deux ans plus tard, après avoir complété le Solo Seal du Royal Academy of Dancing en 1987, elle remporta la médaille d'argent aux Prix Adeline Genée à Londres en Angleterre.

Elle devint danseuse principale avec le Goh Ballet Company à l'âge de dix-sept ans, apprenant les pas de deux du répertoire classique, des oeuvres chinoises traditionnelles ainsi que des chorégraphies par les artistes invités Lynn Seymour, David Earle et le frère de Choo Chiat Goh, Choo San Goh, maintenant décédé. En 1987, elle dansa des rôles principaux avec la compagnie durant une tournée de la Chine et de l'Asie du Sud-Est, tournée où elle fut acclamée pour «l'extrême précision de ses mouvements de pieds et le port gracieux de son cou et de ses épaules» dans le Straits Times de Singapore, et pour «ses arabesques stupéfiantes, ses mouvements aériens et sa sensibilité en filigrane» dans le Sunday Star en Malaisie.

À l'été de 1988 elle se joint au Ballet national du Canada. Elle fut promue deuxième soliste en 1990, première soliste dix-huit mois plus tard et danseuse principale en 1994. Elle avait déjà, à ce moment, fait son début, guidée par le directeur artistique de l'époque, Reid Anderson, dans plusieurs rôles principaux notamment, Olga dans *Onegin* et Lise dans *La Fille mal gardée*.

Graduellement, on lui proposa des rôles plus dramatiques, entre autres la Sylphide dans *La Sylphide*, Odette/Odile dans *Le Lac des cygnes* et Aurore dans *La Belle au bois dormant*. Tout au long de sa carrière, elle fut acclamée pour sa brillance technique, sa ligne élégante, ses exploits d'équilibre époustouflants ainsi que pour son assurance radieuse et authentique. Sous l'influence du successeur d'Anderson, James Kudelka, elle a commencé à dépasser la simple

Kudelka, she has begun to go beyond technical artistry into a deep exploration of her emotional expressiveness, in roles such as Giselle, Tatiana in *Onegin*, Kate in *The Taming of the Shrew* and Juliet in *Romeo and Juliet*, and in Kudelka's own works, including *The Four Seasons* (1997), *Musings* (1991) and *Pastorale* (1990).

In terms of influences, she singles out, as well as her parents, Anderson, Kudelka, Karen Kain, Natalia Makarova and Antony Dowell. She has performed as a guest artist with the Washington Ballet, the Birmingham Royal Ballet, Singapore Dance Theatre and at numerous galas.

technique artistique pour explorer en profondeur sa propre expressivité émotionnelle dans des rôles comme Giselle, Tatiana dans *Onegin*, Kate dans *The Taming of the Shrew* et Juliette dans *Romeo et Juliet*, ainsi que dans les oeuvres de Kudelka entre autres *The Four Seasons* (1997), *Musings* (1991) et *Pastorale* (1990).

En terme d'influences, elle mentionne, en plus de ses parents, Anderson, Kudelka, Karen Kain, Natalia Makarova et Antony Dowell. Elle a dansé comme artiste invitée avec le Washington Ballet, le Birmingham Royal Ballet, le Singapore Dance Theatre ainsi qu'à de nombreux galas.

**Lawrence Gradus**
by/par Sara Porter

**Gradus, Lawrence**. Directeur artistique, chorégraphe, danseur. Né : 1936, Bronx, New York.

La carrière en danse de Lawrence Gradus fut diverse et variée, englobant les claquettes, les revues musicales de Broadway et le ballet.

À l'adolescence, il quitta le Bronx pour Manhattan après qu'un professeur de claquettes l'ait convaincu de suivre des cours de ballet; il fit également la connaissance de professeurs de

**Gradus, Lawrence**. Artistic director, choreographer, dancer. Born: 1936, the Bronx, New York.

From a background in tap, Broadway and ballet, Lawrence Gradus' dance career has had many manifestations.

As a teenager, he moved from the Bronx to Manhattan after a tap teacher persuaded him to take ballet lessons; he also found enthusiastic dance teachers from Radio City Music Hall who inspired excursions to see dance on screen and stage. Entertainment value and commitment to music have remained strong values throughout Gradus' career.

Accepted as a scholarship student at the School of American Ballet Theatre, Gradus trained under Valentina Pereyaslavec. Soon becoming a company member, Gradus jokes that he learned to dance in the company. He rose quickly to the rank of soloist and toured with the company in Europe and the United States.

Gradus worked briefly at the Pittsburgh Civic Light Opera in 1956 and the Royal Winnipeg Ballet in 1957 and, off season, was drawn to Broadway. He danced for the legendary Jerome Robbins' Ballets USA from 1959-1963 and he cites Robbins' inclusive approach to dance and choreography as influential in developing his own aesthetic. Gradus' first choreography *The Bull Dancers* (1963), based on the Greek myth of the minotaur, was presented as part of an ABT workshop at Hunter College Playhouse. His short-lived position as artistic director of Louisville Civic Ballet Company in Kentucky in 1966 anticipated his eventual shift from dancer to director/choreographer.

After performing at Montreal's Expo '67, Gradus was persuaded by Fernand Nault, associate artistic director at Les Grands Ballets Canadiens – and a former colleague at ABT – to remain in Montreal and join the company. Gradus danced as a soloist for five years, from 1967-1972. From 1971-1973 he also co-directed, with Ludmilla Chiriaeff, an offshoot company called Les Compagnons de la danse that toured public schools.

In the early 1970's Gradus began to work

danse enthousiastes du Radio City Music Hall qui l'encouragèrent à assister à des spectacles de danse sur scène et sur film. Tout au long de sa carrière, Gradus a privilégié la musique et les qualités de divertissement.

Accepté comme étudiant boursier à l'école du American Ballet Theatre, Gradus fut formé sous Valentina Pereyaslavec. Il devint membre de la compagnie si rapidement qu'il affirmait, en blaguant, que c'est dans la compagnie qu'il apprit à danser. Bientôt, il devint soliste et participa aux tournées en Europe et aux États-Unis.

Gradus travailla brièvement au Pittsburgh Civic Light Opera en 1956 et au Royal Winnipeg Ballet en 1957 et hors saison, il travailla à Broadway. Il dansa pour les légendaires Jerome Robbins' Ballets USA de 1959 à 1963 et il affirme que l'approche globale de la danse et de la chorégraphie de Robbins a été déterminante pour sa propre esthétique. La première chorégraphie de Gradus fut *The Bull Dancers* (1963), inspirée du mythe grecque du Minotaure; la danse fut présentée dans le cadre de l'atelier ABT au Hunter College Playhouse. Son poste de directeur artistique du Louisville Civic Ballet Company au Kentucky en 1966, poste qu'il n'occupa que pour une brève période, présagea de son passage éventuel de danseur vers celui de directeur/chorégraphe.

Suite à sa participation à Expo '67 à Montréal, Gradus fut convaincu par Fernand Nault, directeur artistique adjoint des Grands Ballets Canadiens – et un ancien collègue du ABT – de demeurer à Montréal et de se joindre à la compagnie. Gradus y dansa comme soliste pendant cinq ans, de 1967 à 1972. Durant les années 1971 à 1973, il codirigea Les Compagnons de la danse avec Ludmilla Chiriaeff, une troupe subsidiaire qui compléta des tournées dans les écoles publiques.

Au début des années 1970, Gradus commença à travailler avec Jacqueline Lemieux, une professeure de Montréal. Ils présentèrent une chorégraphie lors de la conférence Danse au Canada de 1974 à Montréal et le succès de leur projet les stimula à fonder leur propre troupe. Celle-ci, Entre-Six, débuta avec six

with Montreal teacher Jacqueline Lemieux. They presented choreography at the 1974 Dance in Canada conference in Montreal and the success of their venture prompted them to found a company. Their company, Entre-Six, began with six dancers who were not highly trained, but Gradus drew from his eclectic dance experience and his creativity flourished. In its first season, Entre-Six gave eighty performances across Canada. His significant works of the time included *Toccata* (1975) and *Nonetto* (1976). The company's 1976 performances in New York received critical acclaim, and for the group's invited return in 1979, Karen Kain and Frank Augustyn danced as guest artists.

Gradus was given the Chalmers Award for choreography in 1975. When Lemieux, administrator of the company and then Gradus' wife, died of cancer in 1979, Entre-Six folded and Gradus left Montreal. The next ten years were spent as Artistic Director of Ottawa's Theatre Ballet of Canada, a new company born from the ashes of Entre-Six and another troubled company, Toronto's Ballet Ys. Difficulties continued in the new company, despite extensive touring in Canada and the United States, and Gradus was forced out in 1989.

After settling in Toronto, Gradus choreographed for the Danny Grossman Dance Company and for the Ryerson dance department. In 1998 he choreographed an acclaimed work, *When Night Falls* for Grossman company dancer, Monique Trudelle. In 1999 he reworked a twenty-year-old Entre-Six choreography, *Rain Garden* (1979) for Ryerson dance students, and created a piece, *Cast Away*, for Grossman himself.

danseurs/seuses qui n'étaient pas très aguerri(e)s, mais Gradus put tirer partie de son expérience si éclectique en danse et sa créativité fleurit. Pendant sa première saison, Entre-Six présenta quatre-vingts spectacles à travers le Canada. Ses oeuvres remarquables de l'époque furent, entre autres, *Toccata* (1975) et *Nonetto* (1976). Les spectacles de la troupe à New York en 1976 suscitèrent l'éloge de la critique et lorsqu'ils furent invités à revenir en 1979, Karen Kain et Frank Augustyn dansèrent avec la compagnie comme artistes invités.

Gradus reçut le Prix Chalmers pour la chorégraphie en 1975. Lorsque Lemieux, administratrice de la troupe et à l'époque, l'épouse de Gradus, décéda du cancer en 1979, Entre-Six ferma ses portes et Gradus quitta Montréal. Il passa les dix années suivantes comme directeur artistique du Theatre Ballet of Canada, à Ottawa, une nouvelle troupe issue des cendres d'Entre-Six et d'une autre troupe en difficulté, Ballet Ys, de Toronto. Malgré de très nombreuses tournées au Canada et aux États-Unis, la nouvelle troupe éprouva de nombreuses difficultés et Gradus fut contraint de se retirer en 1989.

Après s'être installé à Toronto, Gradus chorégraphia pour le Danny Grossman Dance Company et pour le département de danse de Ryerson. En 1998, il chorégraphia une oeuvre acclamée, *When Night Falls* à l'intention d'une danseuse de la compagnie de Grossman, Monique Trudelle. En 1999, il retravailla une chorégraphie d'Entre-Six, vieille de vingt ans, *Rain Garden* (1979) à l'intention d'élèves en danse de Ryerson et créa également une oeuvre pour Grossman, *Cast Away*.

Photo: Paul Martens

## Laura Graham
by/par Greg Klassen

**Graham, Laura**. Dancer. Born: September 6, 1964, Philadelphia, Pennsylvania.

Although she has performed with the Joffrey Group and the Stuttgart Ballet, Laura Graham is best known in Canada for her performances with the Royal Winnipeg Ballet. Graham joined the RWB in 1985 and became a principal dancer in 1990, just prior to winning a Silver Medal (the top honour awarded that year) at the Fourteenth International Ballet Competition in Varna, Bulgaria. She left the RWB in 1995 to join William Forsythe's Stuttgart Ballet.

A strong, technical dancer with a flair for the dramatic, Graham was one of the most diversely talented dancers in the RWB's history. She was equally at home in the classical role of Odette/Odile in *Swan Lake* and dancing the muse in Mark Godden's risqué *Dame Aux Fruits*

**Graham, Laura**. Danseuse. Née : 6 septembre 1964, Philadelphie, Pennsylvanie.

Malgré que Laura Graham ait dansé avec le Joffrey Group et le Ballet de Stuttgart, elle est mieux connue au Canada pour ses interprétations avec le Royal Winnipeg Ballet. Graham se joint au RWB en 1985 et devint danseuse principale en 1990, juste avant de remporter la médaille d'argent (le prix le plus élevé accordé cette année là) au quatorzième Concours international de ballet à Varna, en Bulgarie. Elle quitta le RWB en 1995 pour se joindre au Ballet Stuttgart de William Forsythe.

Une danseuse technique avec un flair pour le dramatique, Graham fut, dans l'historique du RWB, l'une des danseuses dont les talents étaient les plus diversifiés. Elle était aussi à l'aise dans le rôle classique d'Odette/Odile dans *Le Lac des cygnes*, que dans l'interprétation de la muse dans l'oeuvre audacieuse de Mark Godden, *Dame aux fruits* (1992).

Graham amorça sa formation en danse à l'âge de huit ans au Mount Laurel Regional Ballet School. Elle étudia plus tard au Joffrey Ballet School à New York sous Meredith Baylis,

(1992).

Graham began dancing at the age of eight at the Mount Laurel Regional Ballet School. She later trained at the Joffrey Ballet School in New York, studying with Meredith Baylis, Choo San Goh and William Griffith, at the Ballet Nacional de Cuba, where she received personal coaching from Laura Alonso, and with David Howard in New York.

Graham had one of the largest repertoires of any RWB dancer. She danced many of the great roles, including Odette/Odile, Juliet in Rudi van Dantzig's *Romeo and Juliet*, Giselle and Queen of the Willis in Peter Wright's *Giselle* and Kitri in *Don Quixote* pas de deux. She also excelled in contemporary roles, such as Jacques Lemay's *Le Jazz Hot* (1984), Hans van Manen's *5 Tangos*, Brian Macdonald's *Pas D'Action* (1964) and Rudi van Dantzig's *Four Last Songs*.

Graham was Mark Godden's main muse during his tenure as resident choreographer during the early 1990's. She was in the original cast of his *Symphony No. 1* (1990), *Angels in the Architecture* (1992), *Dame Aux Fruits* (1992) and *Shepherd's Wake* (1994). Godden's award-winning pas de deux *Myth* (1990) was created for Graham and partner Stephen Hyde for the International Ballet Competition in Varna.

A popular guest artist, she has performed by invitation at the 1990 Paris International Ballet Competition Gala, L'Opéra de Montréal Guild, the 1993 International Festival of Dance in Victoria, the Dancers for Life AIDS Benefit in Toronto, Winnipeg Cares, and with the Winnipeg Symphony Orchestra and Winnipeg's Contemporary Dancers. Her film credits include Jacques Lemay's Big Top and Le Jazz Hot, which were both produced for CBC-TV.

Choo San Goh et William Griffith et au Ballet Nacional de Cuba, où elle fut directement supervisée par Laura Alonso, et à New York avec David Howard.

Graham avait l'un des répertoires les plus étendus de tous/toutes les danseurs/seuses du RWB. Elle interpréta plusieurs des grands rôles comme Odette/Odile, Juliette dans le *Romeo et Juliet* de Rudi van Dantzig, Giselle et la reine des Willis dans le *Giselle* de Peter Wright et Kitri dans le pas de deux de *Don Quichotte*. Elle excellait également dans des rôles contemporains notamment, *Le Jazz Hot* (1984) de Jacques Lemay, *5 Tangos* de Hans van Manen, *Pas D'Action* (1964) de Brian Macdonald et *Four Last Songs* de Rudi van Dantzig.

Graham fut la muse principale de Mark Godden durant le séjour de ce dernier comme chorégraphe en résidence de la troupe au début des années 1990. Elle fut dans la distribution originale de son *Symphony No. 1* (1990), *Angels in the Architecture* (1992), *Dame aux fruits* (1992) et *Shepherd's Wake* (1994). Le pas de deux de Godden *Myth* (1990), une oeuvre primée, fut créé pour Graham et son partenaire Stephen Hyde pour le Concours international de ballet à Varna.

Une artiste invitée populaire, c'est sur invitation qu'elle participa au Gala du Concours international de ballet à Paris en 1990, à la Guilde de l'Opéra de Montréal, au Festival international de danse à Victoria en 1993, au gala-bénéfice Dancers for Life à Toronto, au Winnipeg Cares, et avec l'Orchestre symphonique de Winnipeg et les Contemporary Dancers. Elle a participé aux films de Jacques Lemay, Big Top et Le Jazz Hot, tous deux produits pour la chaîne de télévision CBC

## Les Grands Ballets Canadiens
### by/par Linde Howe-Beck

A few months after receiving its charter in 1957, Quebec's first professional dance company premiered as Les Grands Ballets Canadiens on April 12, 1958, at Montreal's Comédie-Canadienne. An expanded version of the former television group, Les Ballets Chiriaeff, the new company indicated the educational and eclectic approach it would take on a programme that included *Initiation à la danse*, a sweeping history of ballet from the days of commedia dell'arte to the present. It proved difficult to establish a ballet company in a province where most of the Roman Catholic population was accustomed to hearing dance condemned as sinful, and the founding artistic director, Berlin-bred Russian emigree Ludmilla Chiriaeff, eventually enlisted the help of open-minded clergy to attract audiences to performances. In the belief that she could change societal views by educating the children, she

La première compagnie de danse professionnelle du Québec, les Grands Ballets Canadiens, présentèrent leur premier spectacle le 12 avril 1958 à la Comédie Canadienne à Montréal, quelques mois après qu'ils ont reçu leur charte en 1957. La nouvelle troupe, une version élargie d'un groupe dansant pour la télévision, Les Ballets Chiriaeff, révélait son approche éclectique et sa volonté d'éduquer en offrant un programme qui incluait *Initiation à la danse*, un vaste historique du ballet, du début de la commedia dell'arte jusqu'au présent. Il s'avéra difficile d'établir une compagnie de ballet dans une province où la majorité de la population, catholique romaine, était habituée à entendre la danse dépeinte comme un péché. La directrice-fondatrice Ludmilla Chiriaeff, émigrée russe élevée à Berlin, fut éventuellement contrainte à rechercher le soutien d'un clergé moins borné afin d'attirer le public aux spectacles. Convaincue qu'elle pourrait changer les mentalités par l'entremise de l'éducation aux enfants, elle fonda l'Académie des Grands Ballets Canadiens en 1958 à Montréal et en 1966, elle étendit le mandat de cette école en y incluant une division professionnelle, l'École supérieure de danse du Québec. En 1959 LGBC participèrent l'année suivante au Festival de danse du Jacob's Pillow au Massachusetts. Une deuxième participation, l'été suivant, se traduit par une tournée de cinq semaines aux États-Unis en 1961. Vers 1967, la renommée internationale de la troupe avait contribué à diminuer l'intolérance religieuse dans sa ville natale et en 1970, l'église avait fait volte-face en permettant aux GBC de présenter la *Symphonie des Psaumes* de Fernand Nault à l'Oratoire Saint-Joseph.

Dans les premières années de la troupe, Chiriaeff partageait le poste de chorégraphe avec le danseur et chorégraphe anglais, Eric Hyrst, qui se chargeait du répertoire classique. Chiriaeff contribuait plutôt des oeuvres inspirées du folklore ou des oeuvres remontées telles que *Suite Canadienne* (1957), qui reflétaient son intérêt pour les thèmes québécois.

L'oeuvre à grand déploiement de l'ancien montréalais Fernand Nault, *Casse-Noisette*

founded Montreal's Académie des Grands Ballets Canadiens in 1958, and in 1966, expanded it to include a professional division, the École Supérieure de danse du Québec. LGBC performed at Jacob's Pillow Dance Festival in Massachussetts in 1959. A second appearance the following summer lead to a five-week United States tour in 1961. By 1967, the company's international acclaim had helped to reduce religious intolerance at home. By 1970, the church had done an about-face, allowing LGBC to perform Fernand Nault's *Symphony of Psalms* in Saint Joseph's Oratory.

In the early years, Chiriaeff shared choreographic duties with English dancer-choreographer Eric Hyrst, who took charge of the classical aspects of the repertoire. Chiriaeff's contributions were frequently folk-based works or remounted pieces like *Suite Canadienne* (1957), which reflected her interest in French-Canadian themes.

Former Montrealer Fernand Nault's full-scale *Nutcracker* (1964) heralded a major long-term influence on the company. Having spent more than twenty years as a dancer and ballet master with American Ballet Theatre, Nault returned to Montreal in 1965 to become company assistant artistic director. He served as associate artistic director from 1967 to 1974. He remains the company's choreographer emeritus. Nault has left a deeper impression on the company than any other choreographer. He created many ballets, some of which, such as the popular *Carmina Burana* (1962), continue to be remounted. *Nutcracker* has been performed almost every season since 1964 and *Tommy* (1970) saved the company from extinction with its international youth-appeal, playing to sell-out crowds in Europe and in North America for four seasons.

Another person integral to the development of the company was Uriel Luft, the talented general manager who masterminded some of the company's early tours. Luft, who was married to Chiriaeff, parlayed his commitment to the company into spectacular and often near-impossible tours from 1960 to 1974.

Turning her full attention to her schools, in

(1964) marqua le début d'une influence marquante et durable sur la troupe. Après avoir dansé et travaillé comme maître de ballet à l'American Ballet Theatre, Nault revint à Montréal en 1965 afin d'occuper le poste de directeur artistique adjoint des GBC et de 1967 à 1974, il agit comme directeur artistique associé. Il conserve toujours le statut de chorégraphe émérite de la troupe. Plus que tout autre chorégraphe, Nault a laissé son empreinte sur cette dernière. Il y créa de nombreux ballets, dont certains comme le célèbre *Carmina Burana* (1962), sont montés à répétition. *Casse-Noisette* a été présenté presque chaque saison depuis 1964 et *Tommy* (1970), sauva la troupe de l'extinction grâce à sa popularité auprès des jeunes et à ses représentations à guichet fermé en Europe et en Amérique du Nord pendant quatre saisons.

Une autre personne significative pour l'évolution de la troupe fut le gérant habile, Uriel Luft, qui organisa certaines des premières tournées de la troupe. Luft, l'époux de Chiriaeff, convertit son engagement envers la troupe en tournées spectaculaires et presque impossibles à réaliser et ce de 1960 à 1974.

En 1974, désirant consacrer toute son attention à ses écoles, Chiriaeff invita Brian Macdonald à lui succéder aux GBC. Ce dernier était un chorégraphe et directeur aguerri qui avait travaillé avec le Royal Winnipeg Ballet, le Harkness Ballet, le Batsheva Dance Company et le Royal Swedish Ballet. Il s'installa donc à Montréal, sa ville natale, avec son épouse et muse, Annette av Paul, qui devint la ballerine principale de la troupe. Macdonald, tout comme son prédécesseur, encouragea les concepteurs, compositeurs et chorégraphes canadiens. En plus d'ajouter plusieurs oeuvres de Balanchine au répertoire, notamment *The Four Temperaments*, *Concerto Barocco* et *Sérénade*, il remonta plusieurs de ses propres oeuvres et en créa de nouvelles telles que: *Tam Ti Delam* (1974) et *Fête Carignan/Hangman's Reel* (1978) sur une musique folklorique québécoise. Sa contribution la plus importante fut *Double Quatuor/Double Quartet* (1978), un ballet sculptural aux lignes pures sur des musiques de

1974 Chiriaeff invited Brian Macdonald to succeed her at LGBC. An experienced choreographer and director who had worked with the Royal Winnipeg Ballet, the Harkness Ballet, the Batsheva Dance Company and the Royal Swedish Ballet, Montreal-born Macdonald arrived with his wife and muse, Annette av Paul, who became the company's leading ballerina. Macdonald, like his predecessor, encouraged Canadian designers, composers and choreographers. Besides adding several Balanchine works to the repertoire, e.g. *The Four Temperaments*, *Concerto Barocco* and *Serenade*, he remounted several of his own works and created others such as *Tam Ti Delam* (1974) and *Fête Carignan/Hangman's Reel* (1978) to Quebec folk music. His major contribution was *Double Quatuor/Double Quartet* (1978), a sleek and sculptural ballet to music by Franz Schubert and R. Murray Schafer.

Macdonald's leadership helped to clarify the company's public image, but in private dancers mutinied against his autocratic ways. After leading a critically and popularly successful ten-week South American tour, he left the post in 1977 to be replaced by an artistic triumvirate. The unlikely trio had complimentary talents. Scottish-born Colin McIntyre, an administrator with the visionary aspirations of a Diaghilev, had joined the company as director-general in 1975; Toronto-born ballet mistress Linda Stearns and Daniel Jackson, an American ballet master, had come to the company as dancers in 1961. Stearns's proficiency lay with the classics while Jackson's forte was modern dance. When McIntyre left in 1984, Stearns and Jackson continued for a year until the latter departed. Jeanne Renaud, a Quebec modern dance pioneer, joined Stearns as co-director until 1987. Stearns then guided the company alone until 1989.

Fraught with tensions as well as triumphs, the period of committee management expanded the repertoire in several directions. Nault's influence faded somewhat, and as resident choreographer, Macdonald created occasional pieces. But during this period emphasis shifted to American modern dance, including Paul Taylor's *Cloven Kingdom* and *Aureole*, Lar Lubovitch's

Franz Schubert et de R. Murray Schafer.

Le leadership de Macdonald permit à la compagnie de préciser son image publique mais, en privé, les interprètes se révoltaient contre son attitude autocratique. Après avoir dirigé une tournée de dix semaines en Amérique du Sud, tournée acclamée par la critique et le public, il quitta son poste en 1977 et fut remplacé par un triumvirat artistique. Ce trio étonnant était animé de visions complémentaires. L'Écossais de naissance Colin McIntyre, un administrateur visionnaire à la Diaghilev, s'était joint à la troupe comme directeur général en 1975; la Torontoise et maîtresse de ballet Linda Stearns et Daniel Jackson, un maître de ballet américain, avaient dansé avec la compagnie depuis 1961. La force de Stearns résidait dans les classiques alors que Jackson excellait en danse moderne. Lorsque McIntyre quitta en 1984, Stearns et Jackson continuèrent à travailler jusqu'au départ de ce dernier un an plus tard. Jeanne Renaud, une pionnière de la danse moderne au Québec, se joint à Stearns comme codirectrice jusqu'en 1987. Stearns dirigea ensuite seule la troupe jusqu'en 1989.

Chargée de tensions et de triomphes, cette période de gestion par comité vit le répertoire de la troupe s'élargir dans plusieurs directions. L'influence de Nault s'estompa quelque peu et, comme chorégraphe en résidence, Macdonald créa des oeuvres pour la compagnie à l'occasion. C'est aussi durant cette période que la troupe mit l'emphase sur la danse moderne américaine entre autres avec *Cloven Kingdom* et *Auréole*, de Paul Taylor, *Exsultate Jubilate* de Lar Lubovitch et *Soaring* de Doris Humphrey. Les chorégraphes canadiens, Linda Rabin, Judith Marcuse et Christopher House furent également encouragés. Le plus grand coup d'éclat de la troïka fut d'attirer le chorégraphe et danseur James Kudelka en 1981. Débutant avec *Genesis* (1982), *In Paradisum* (1983), une oeuvre qui fit école, et *Alliances* (1984), les recherches de Kudelka, associant un mélange d'expressions personnelles classiques et modernes, devinrent un autre pôle d'intérêt pour la troupe.

Critiqué pour son éclectisme, la compagnie

*Exsultate Jubilate* and Doris Humphrey's *Soaring*. Canadian choreographers Linda Rabin, Judith Marcuse and Christopher House were also encouraged. The troika's greatest coup was luring choreographer-dancer James Kudelka to its bosom in 1981. Beginning with *Genesis* (1982), the seminal *In Paradisum* (1983) and *Alliances* (1984), Kudelka's experiments with a personal blend of classical and modern idioms provided yet another focus for the company.

Criticized for being too eclectic, the company committed a near-fatal error in 1987 by focussing on Montreal contemporary dance. Daring creations – *Le Mythe décisif* by Paul-André Fortier and *Tango Accelerando* by Ginette Laurin – did not sit well with the conservative Place des Arts audience, which cancelled subscriptions. Renaud left and Stearns struggled to salvage the company by returning to its classical foundations. Enrique Martinez's *Coppélia* entered the repertoire at this time. A year later, McIntyre returned as director-general to lend a stabilizing hand and indulge a passion in early twentieth-century works by Diaghilev's Ballets Russes. Elaborate remountings of some of these ballets ensued, starting with Fokine's *Petrushka*, Nijinska's *Les Noces* and Nijinsky's *L'Après-midi d'un faune* in 1989. While of great historical interest, these ballets did little to clarify the company's image.

In 1989, Lawrence Rhodes was appointed artistic director, ushering in a decade of relative artistic stability. An American, Rhodes, a senior teacher at New York University, had enjoyed an outstanding career as a dancer, ballet master and director with the Joffrey, Harkness and Pennsylvania ballets. He had also performed as a guest with LGBC. Rhodes made significant contributions to the repertoire by capitalizing on his connections with leading European choreographers like Jiri Kylian, William Forsythe and particularly Nacho Duato, whose earthy ballets seemed to speak to the company's soul. Rhodes also commissioned ballets from American choreographer Mark Morris and Israeli Ohad Naharin. His battle to cut costs and stimulate his dancers and audiences led to encouraging a new crop of promising young

commit une erreur presque fatale en 1987 en se consacrant à la danse contemporaine montréalaise. Des créations audacieuses, – *Le Mythe décisif* de Paul-André Fortier et *Tango Accelerando* de Ginette Laurin – furent mal accueillis par le public conservateur de la Place des Arts et provoqua l'annulation d'abonnements. Renaud quitta la troupe et Stearns se débattit pour sauver la compagnie en la ramenant à ses racines classiques. Le *Coppélia* d'Enrique Martinez fut introduit au répertoire à cette époque. Une année plus tard, McIntyre revint aux GBC comme directeur général afin d'aider à stabiliser la troupe et satisfaire une passion pour des oeuvres des Ballets Russes de Diaghilev du début du 20ième siècle. Certains de ces ballets furent remontés dans des productions très élaborées débutant avec *Petrouchka* de Fokine, *Les Noces* de Nijinska et *L'Après-midi d'un faune* de Nijinsky en 1989. Bien que de grande importance historiquement, ces ballets ne contribuèrent pas à clarifier l'image de la troupe.

En 1989, Lawrence Rhodes fut nommé directeur artistique, amorçant ainsi une décennie de stabilité relative sur le plan artistique. Rhodes, un Américain et professeur de longue date à l'Université de New York, avait fait une carrière exceptionnelle de danseur, maître de ballet et comme directeur des ballets Joffrey, Harkness et de Pennsylvanie. Il avait également dansé comme interprète invité avec LGBC. Rhodes fit plusieurs contributions importantes au répertoire de la troupe en tirant partie de ses liens avec des chorégraphes européens importants tels que Jiri Kylian, William Forsythe et particulièrement Nacho Duato, dont les ballets terre à terre semblaient parler à l'âme même de la troupe. Rhodes commanda également des ballets au chorégraphe américain Mark Morris et à l'Israélien Ohad Naharin. Sa lutte pour réduire les dépenses et stimuler ses interprètes et son public se traduit par un soutien particulier à une nouvelle fournée de jeunes chorégraphes canadiens prometteurs tels que Gioconda Barbuto, une danseuse vétéran de seize ans avec la compagnie, Mark Godden, Jean Grand-Maître et Édouard Lock. L'oeuvre

Canadian choreographers such as Gioconda Barbuto, a sixteen-year veteran dancer with the company, Mark Godden, Jean Grand-Maître and Edouard Lock. The latter's *Études* (1996) represented the first time the company risked returning to Quebec contemporary dance. This time the venture was popular.

When Rhodes retired in 1999, the company set a precedent by informally seeking dancers' opinions regarding his successor. In September, Macedonian-born Gradimir Pankov was appointed to the post. With an international reputation as an excellent teacher, Pankov has directed several companies, notably Stockholm's Cullberg Ballet and Geneva's Ballet du Grand Théâtre. With his strong connections to Europe, it is expected that Pankov will pursue the direction established by Rhodes while upgrading the technical level of the dancers.

de Lock, *Études* (1996) marqua la première fois où la troupe prenait le risque de retourner à la danse contemporaine québécoise, risque qui s'avéra cette fois-ci un pari gagnant.

Lorsque Rhodes prit sa retraite en 1999, la troupe créa un précédent en demandant l'opinion de ses danseuses et danseurs quant à son successeur. En septembre, Gradimir Pankov, né en Macédonie, fut nommé au poste de directeur. Possédant une excellente réputation comme enseignant et ce, à l'échelle internationale, Pankov a dirigé plusieurs troupes notamment, le Cullberg Ballet de Stockholm et le Ballet du Grand Théâtre de Genève. Grâce à ses liens étroits avec l'Europe, il est prévu que Pankov poursuivra la ligne de conduite déjà tracée par Rhodes tout en voyant à améliorer la compétence technique des danseurs et danseuses des GBC.

Photo: Dimitri Vladimiroff

## Gail Grant
by/par Karen Stewart

**Grant, Gail**. Danseuse, chorégraphe, professeure, directrice artistique, écrivaine. Née : 31 janvier 1910, Régina, Saskatchewan. Décédée : 1999, Texas. Nom à la naissance : Edith May Grant. Nom de femme mariée : Gail Grant-Ryan.

Gail Grant, dont la carrière s'étendit sur plus de soixante ans, débuta sur la scène à l'âge de six ans dans une production musicale, Queen

**Grant, Gail**. Dancer, choreographer, teacher, artistic director, writer. Born: January 31, 1910, Regina, Saskatchewan. Died: 1999, Texas. Birth name: Edith May Grant. Married name: Gail Grant-Ryan.

Gail Grant, whose dance career spanned over sixty years, made her stage debut at age six, in the musical production Queen Sceptre: A Musical Fairy Pantomime (1916), at Regina's City Hall Auditorium. In 1924, after four years of Highland dance lessons, she began a ballet correspondence course offered by the Sergei Marinoff Homestudy Method of Chicago. Grant began teaching ballet in her home at age thirteen.

Her formal ballet training began when her family moved to Winnipeg in 1927. There she trained for two years with Geraldine Foley and became a featured soloist at annual recitals. During that time, she spent intensive summer sessions in New York studying with Ned Wayburn and Ivan Tarasoff.

In September 1929, she returned to Regina and opened the Studio of the Dance. Grant left Canada two years later to join New York City's Roxy Theater corps de ballet. In 1932 she became an original member of the Radio City Music Hall Ballet. Opening night at Radio City Music Hall featured Canadian Patricia Bowman as the leading dancer, The Roxyettes, dancing comedian Ray Bolger, the London Music Hall Dancers, Harold Kreutzberg and Martha Graham and her Dance Group.

At Radio City Music Hall, she acquired the stage name Gail Grant. In 1939, she married Walter John Ryan and changed her name to Gail Grant-Ryan. She began to freelance, and in the late 1930's danced in the Broadway musical Stars In Your Eyes. She left the Music Hall in 1940 to perform in nightclubs in New York. For a short time during the early 1940's, she was associated with George Balanchine's American Concert Ballet.

Gradually, Grant made the transition from performer to choreographer. She was hired by the Canadian National Exhibition in Toronto from 1948-1951. For the 1948 show she performed *Rhapsody in Blue*, partnered by Peter

Sceptre : a Musical Fairy Pantomime (1916) à l'auditorium de l'Hôtel de ville de Régina. En 1924, après quatre années de cours de danse écossaise, elle débuta un cours de ballet par correspondance offert par le Sergei Marinoff Homestudy Method of Chicago. Elle commença à enseigner le ballet chez elle à l'âge de treize ans.

Sa formation officielle en ballet débuta lorsque sa famille déménagea à Winnipeg en 1927. Elle suivit des cours avec Geraldine Foley pendant deux ans et devint une soliste à l'affiche des recitals annuels. Pendant cette même période elle suivit des stages intensifs d'été à New York sous Ned Wayburn et Yvan Tarasoff.

Elle retourna à Régina en septembre 1929 et ouvrit son Studio of the Dance. Grant quitta le Canada deux ans plus tard lorsqu'elle dénicha un poste avec le corps de ballet du Roxy Theatre à New York. En 1932, elle devint l'une des membres initiales du Radio City Music Hall Ballet. La première du Radio City Music Hall présentait le Music Hall Ballet avec la Canadienne Patricia Bowman comme danseuse principale, The Roxyettes, le danseur-comédien Ray Bolger, les London Music Hall Dancers, Harold Kreutzberg et Martha Graham avec son Dance Group.

Au Radio City Music Hall, Edith Grant pris le nom de scène de Gail. En 1939 elle épousa Walter John Ryan et changea son nom à Gail Grant-Ryan. Elle commença à travailler comme pigiste et vers la fin des années 1930, elle dansa dans la revue musicale de Broadway Stars in Your Eyes. Elle quitta le Music Hall en 1940 afin de danser dans diverses boîtes de nuit de New York. Elle fut aussi, pour une brève période, associée à l'American Concert Ballet de George Balanchine.

Graduellement, Grant fit la transition d'interprète à chorégraphe. Elle fut embauchée par la Canadian National Exhibition à Toronto de 1948 à 1951. Pour le spectacle de 1948, elle dansa dans *Rhapsody in Blue* avec Peter Hamilton comme partenaire, un danseur principal de la compagnie de Charles Weidman. Le *Boléro* de Ravel fut présenté en 1949 et *Milady's Fan* en 1950. En 1951, Grant

Hamilton, a principal dancer for the Charles Weidman Company. Ravel's *Bolero* was featured in 1949, and *Milady's Fan* in 1950. In 1951, Grant again choreographed *Rhapsody in Blue*, with solo roles for Lois Smith and David Adams, soon to be principal dancers with the National Ballet of Canada. Grant and her husband moved to Toledo, Ohio, in 1958. The following year, she founded the Gail Grant Theater Ballet company and school, which she directed for the next two decades.

A gifted teacher, Grant was often invited to teach for national dance associations. In 1966, she recorded Ballet Class No. 5 for the Idento Dance Series. Grant was honoured in 1976 by the Dance Masters of America, with their Annual Award for Outstanding Contributions to Dance. In 1977, she recorded Ballet Class With Gail Grant on Stepping Tones Records. Her Technical Manual and Dictionary of Classical Ballet, first published in 1950, was distinguished by the inclusion of the French, Russian and Italian schools of ballet. A second edition was published in 1969 and a third in 1980.

In 1978 hers became the first ballet manual to be published in Labanotation by the Dance Notation Bureau in New York.

chorégraphia de nouveau *Rhapsodie in Blue* avec des rôles solos pour Lois Smith et David Adams, qui deviendraient bientôt des danseurs principaux avec le Ballet national du Canada. Grant et son mari déménagèrent à Tolédo en Ohio en 1958. L'année suivante, elle fonda la compagnie et l'école Gail Grant Theater Ballet qu'elle dirigea, pour les deux décennies suivantes.

Professeure douée, Grant était fréquemment invitée à enseigner par des associations nationales de danse. En 1966, elle enregistra Ballet Class No. 5, pour la Idento Dance Series. En 1976, elle reçut le prix annuel des Dance Masters of America dans la catégorie pour Contributions exceptionnelles à la danse. En 1977, elle enregistra Ballet Class with Gail Grant sous l'étiquette Stepping Stones. Son Technical Manual and Dictionary of Classical Ballet, initialement publié en 1950, se distinguait par la présence des écoles de ballet françaises, russes et italiennes. Une seconde édition fut publiée en 1969 et une troisième en 1980.

En 1978, son manuel devint le premier manuel de ballet à être publié par le Dance Notation Bureau de New York.

Photo: Deborah Samuels

## Danny Grossman
by/par Michael Crabb

**Grossman, Danny**. Chorégraphe, directeur artistique, danseur, professeur. Né : 13 septembre 1942, San Francisco, Californie.

Danny Grossman commença à étudier la danse moderne en 1960 avec Gloria Unti. Il se joint à la compagnie de danse de Paul Taylor après avoir suivi un cours avec ce dernier au American Dance Festival en 1963. Sous le nom de scène de Danny Williams, il devint l'un des danseurs les plus renommés de la compagnie. Il demeura avec Taylor jusqu'en 1973 alors qu'il quitta New York pour se rendre à Toronto, enseignant à l'Université York et dansant comme artiste invité au Toronto Dance Theatre.

Grossman créa sa première oeuvre

**Grossman, Danny**. Choreographer, artistic director, dancer, teacher. Born: September 13, 1942, San Francisco, California.

Danny Grossman began studying modern dance in 1960 with Gloria Unti. After a course at the American Dance Festival in 1963, he joined the Paul Taylor Dance Company. Under the stage name Danny Williams, he became one of the company's most acclaimed dancers. Grossman remained with Taylor until leaving for Toronto in 1973 to teach at York University and to guest with Toronto Dance Theatre.

Grossman created his first choreographic work, *Higher*, a duet to Ray Charles songs, for a York student/faculty concert in 1975. *Higher*, featuring a tall step-ladder and two stacking chairs, can be read as a stylized male/female courting ritual, at once humorous and poignant. It immediately signalled Grossman's profound interest in humanity, in sexual relations and sexuality as well as the hyper-athletic, angular movement that became his choreographic trademark.

*Higher* was an immediate hit, and encouraged Grossman to form his own Danny Grossman Dance Company the same year. Within two years, Grossman had produced a further seven works, including his popular spoof on patriotism, *National Spirit* (1976) and a sad yet heroic virtuoso solo, *Curious Schools of Theatrical Dancing, Part 1* (1977). Also that year, with Judy Jarvis, he created *Bella*, a whimsical duet to music by Puccini, featuring a colourful wooden horse by Mary Kerr, one of Grossman's favourite designers. These early dances formed a core repertoire to which Grossman added new works such as his anti-war *Endangered Species*, and a witty plea for sexual tolerance, *Nobody's Business*, both created in 1981.

By 1978 Grossman's company was touring Canada and the United States and later internationally, winning acclaim as much for the originality and forcefulness of the choreography's social and political commentary as for its accessibility. He also either staged existing works or created new ones for the Paris Opera Ballet, Les Grands Ballets Canadiens,

chorégraphique, *Higher*, un duo sur des chansons de Ray Charles pour un concert incluant des étudiant(e)s et des professeur(e)s à l'Université York en 1975. Utilisant une longue échelle et deux chaises superposables, *Higher* peut être vue comme un rituel stylisé de la séduction mâle/femelle plein d'humour tout en étant émouvant. Cette oeuvre révéla immédiatement l'intérêt profond que porte Grossman à l'humanité, aux relations sexuelles et à la sexualité ainsi que sa passion pour le mouvement angulaire, super athlétique qui allait caractériser son oeuvre chorégraphique.

*Higher* fut immédiatement acclamé ce qui encouragea Grossman à former sa propre compagnie la même année, le Danny Grossman Dance Company. Pendant les deux premières années d'existence de celle-ci, Grossman produit sept autres oeuvres, incluant sa parodie populaire sur le patriotisme, *National Spirit* (1976), et un solo virtuose, triste mais héroïque, *Curious Schools of Theatrical Dancing, Part 1* (1977). La même année, avec Judy Jarvis, il créa *Bella*, un duo fantasque sur une musique de Puccini, utilisant un cheval de bois très coloré de Mary Kerr, l'une des conceptrices préférées de Grossman. Ces premières oeuvres formèrent le coeur du répertoire auquel Grossman ajouta de nouvelles oeuvres telles que son *Endangered Species*, une oeuvre anti-guerre, et *Nobody's Business*, un plaidoyer plein d'esprit pour la tolérance sexuelle. Ces deux oeuvres furent créées en 1981.

En 1978 la compagnie de Grossman faisait des tournées au Canada et aux États-Unis et plus tard internationalement, gagnant en renommée autant pour l'originalité et la puissance du commentaire social et politique de la chorégraphie mais également pour son accessibilité. Grossman fit également la mise en scène, soit d'oeuvres existantes ou de nouvelles créations pour le Ballet de l'Opéra de Paris, Les Grands Ballets Canadiens, le Theatre Ballet of Canada, le Judith Marcuse Dance Company, le Canadian Children's Dance Theatre et le Ballet national du Canada.

Le style de mouvement caractéristique de Grossman est une conséquence directe de sa

Theatre Ballet of Canada, the Judith Marcuse Dance Company, Canadian Children's Dance Theatre and the National Ballet of Canada.

Grossman's distinctive movement style is very much an outgrowth of his own quirky dancing and it has proved an effective medium for expressing his always heartfelt human concerns, from the social injustice of rich versus poor in *La Valse* (1987) to the ecological disaster scenario of *Ground Zero* (1990). Grossman's world view was deeply affected by the social activism of his parents.

The fact that many of Grossman's dancers have remained with him for unusually extended periods has given the company a notable homogeneity of style and has helped maintain the integrity of the repertoire. Grossman's company members are also heavily involved in the company's residency programmes, and give seminars on everything from dance and technology to African dance to eating disorders.

In the 1990's, Grossman initiated a policy of reviving and staging what he considers significant but neglected works by Canadian choreographers such as Patricia Beatty, Paula Ross, Anna Blewchamp, Peter Randazzo and Judy Jarvis.

Grossman won the Jean A. Chalmers Award for Choreography in 1978, a Dora Mavor Moore Award for Best New Choreography in 1988, the William Kilbourn Lifetime Achievement Award from the Toronto Arts Awards (1998) and the Dance Ontario Award (1998). Always active within his community, Grossman has served on the Board of the Toronto Arts Council, has participated in various task forces related to dance and is frequently involved in ArtsVote, a campaign to educate voters and politicians about cultural issues.

façon très particulière de danser, et s'est montré très efficace pour exprimer ses intérêts humanitaires de l'injustice sociale du riche versus le pauvre dans *La Valse* (1987) au scénario catastrophe écologique de *Ground Zero* (1990). La vision de l'univers de Grossman fut très influencée par l'activisme social de ses parents.

Plusieurs des membres de sa compagnie sont demeurés avec lui pour des périodes de temps exceptionnellement longues; ceci se traduit par une homogénéité de style du groupe et le maintien de l'intégrité de son répertoire. Les membres de la compagnie de Grossman sont aussi très engagés dans des programmes de stages-résidence et ils animent des séminaires sur toutes sortes de sujets, de la danse et la technologie à la danse africaine, aux troubles de l'alimentation.

Dans les années 1990, Grossman initia une politique de remettre en scène ce qu'il estime être des oeuvres négligées de chorégraphes canadiens tels que Patricia Beatty, Paula Ross, Anna Blewchamp, Peter Randazzo et Judy Jarvis.

Grossman a remporté le Prix Jean A. Chalmers pour la Chorégraphie en 1978, le Prix Dora Mavor Moore Award pour la Meilleure nouvelle chorégraphie en 1988, le Prix William Kilbourn pour les Réalisations globales du Prix Toronto Arts (1998) ainsi que le Prix Dance Ontario (1998). Toujours actif au sein de son milieu, Grossman a siégé sur le Conseil d'administration du Conseil des Arts de Toronto, a participé à divers groupes de travail associés à la danse et il est fréquemment engagé dans ArtsVote, une campagne qui vise à informer les électeurs/trices et les politicien(ne)s sur des questions culturelles.

## Le Groupe de la Place Royale
by/par Jo Leslie

Le Groupe de la Place Royale was founded in Montreal in 1966 by dancer/choreographer Jeanne Renaud. Renuad had studied dance in Montreal and in 1947 she travelled to New York to study with Hanya Holm and Merce Cunningham. In 1949 she travelled to Paris where she danced and choreographed, returning to Montreal in 1953 to raise her family.

In 1965 Renaud presented a concert, Expressions 65, at the Place Ville Marie for which she hired Vincent Warren and Peter Boneham, both then dancing with Les Grands Ballets Canadiens. The next year she established Le Groupe de la Place Royale where Boneham became her assistant, teaching, choreographing and dancing in the company.

The company name refers to the small square in Old Montreal which housed its studios. Le Groupe began as a collective of dance artists who worked experimentally in collaboration with other media. Visual arts, music and poetry were melded with a dance vocabulary related to that of Merce Cunningham in its abstraction and purity of line.

In 1971 Renaud left Le Groupe, and Boneham struggled to keep the company on the map. Jean-Pierre Perreault, a young company dancer of obvious talent, had left to study ballet

Le Groupe de la Place Royale fut fondé en 1966 à Montréal par la danseuse/chorégraphe Jeanne Renaud. Après des études à Montréal, Renaud approfondit sa formation à New York avec Hanya Holm et Merce Cunningham en1947. En 1949, elle s'installa à Paris où elle dansa et chorégraphia, ne revenant à Montréal qu'en 1953 afin d'y élever sa famille.

En 1965, Renaud présenta Expressions 65 à la Place Ville Marie, un concert pour lequel elle avait engagé Vincent Warren et de Peter Boneham, deux danseurs des Grands Ballets Canadiens. L'année suivante, elle créa Le Groupe de la Place Royale et Boneham devint son adjoint, enseignant, chorégraphiant et dansant pour la compagnie.

La compagnie tire son nom d'un petit square du Vieux Montréal où se trouvaient les studios. Le Groupe amorça ses activités sous la forme d'un collectif d'artistes qui exploraient la danse en association avec d'autres médias. Les arts visuels, la musique et la poésie étaient alliés à un vocabulaire de danse rappelant celui de Merce Cunningham par son abstraction et sa pureté de ligne.

En 1971 Renaud quitta Le Groupe et Boneham lutta pour la survie de la troupe. Jean-Pierre Perreault, un jeune danseur de talent exceptionnel ayant étudier le ballet à Paris, devint le codirecteur artistique du Groupe en 1972. En 1975, Perreault et la danseuse Maria Formolo chorégraphièrent Les Bessons, utilisant des projections op-art sur les danseurs/seuses se mouvant à l'intérieur de tissus; cette oeuvre fut une oeuvre-signature des premières années de la compagnie. Perreault et Boneham s'inspiraient de la technique classique mais chacun la définissait en ses propres termes. Perreault continua d'évoluer vers des lignes verticale alors que Boneham optait plutôt pour l'articulation du torse, la vitesse et la direction de l'énergie.

L'approche du Groupe envers la musique et la structure ressemblait à celle de Cunningham: l'oeuvre était chorégraphiée séparément de la musique, utilisa des musiciens en direct et fréquemment, les danseurs/seuses s'accompagnaient mutuellement; le jeu du hasard et les changements de structures étaient

in Paris. Upon his return in 1972 he became Le Groupe's co-artistic director. In 1975, Perreault and dancer Maria Formolo choreographed *Les Bessons*, with op-art projections on dancers moving inside fabric; it became an early signature work for the company. Both Perreault and Boneham drew on classical technique but each defined it in their own terms. Perreault continued to develop along visually oriented lines; Boneham demanded an articulated torso, working with speed and direction of energy.

Le Groupe's approach to both music and order was similar to that of Cunningham: work was choreographed independently of music, used live music, and often involved dancers accompanying each other; randomness and change of structure was often incorporated in the work. In the work called *13 choreographies* (1975), each company member created a short dance, and the audience selected the running order by calling out the titles. *Nouveaux Espaces* (1976) by Boneham and Perreault built on this modular idea and was changed according to the venue. Perreault's *Les Dames aux Vaches* (1975) took on a very different life when it moved from the stage, with projected images of cows, to an actual cow pasture on a farm in Vancouver.

Boneham's work, influenced by musical theatre, evolved steadily towards the use of voice and text. In 1976 soprano Pauline Vaillancourt was engaged as vocal coach. *Danse pour Sept Voix* (1976) was a Boneham-Perreault collaboration. Boneham continued in this vein with *Love Songs* (1977). *What Happened* (1977) and *Faustus* (1983), were both based on texts by Gertrude Stein. *Collector of Cold Weather* (1980) was a series of poems on murder, mystery and death, often yelled by dancers while chairs were hurled through the air. *Faustus*, Boneham's most ambitious vocal work, was called "an opera for dancers". Music was an essential component in the company's work, and composers Vincent Dionne, Claude Vivier and John Plant were primary collaborators.

In 1977 Le Groupe moved to Ottawa, establishing a school, studios and a studio performance series called Les Événements. Company members were contracted to teach in

fréquemment incorporés dans les oeuvres. Dans *13 choreographies* (1975), chaque membre de la compagnie créa une danse courte et l'auditoire choisissait l'ordre des oeuvres présentées en criant les titres. *Nouveaux Espaces* (1976), créée par Boneham et Perreault, fut construit sur ce concept de module et fut modifiée selon l'endroit. Ainsi, l'oeuvre de Perreault, *Les Dames aux vaches* (1975), était fort différente lorsqu'elle fut déménagée de la scène où on projetait des images de vaches et qu'elle fut présentée dans un véritable pâturage de vaches sur une ferme de Vancouver.

L'oeuvre de Boneham, influencée par le théâtre musical, évolua constamment vers l'utilisation de la voix et du texte. En 1976, la soprano Pauline Vaillancourt fut engagée comme professeure de voix. *Danse pour sept voix* (1976) résulta d'une collaboration entre Boneham et Perreault. Boneham poursuivit dans la même veine avec *Love Songs* (1977). *What Happened* (1977) et *Faustus* (1983), furent toutes deux inspirées de textes de Gertrude Stein. *Collector of Cold Weather* (1980) était une série de poèmes sur le meurtre, le mystère et la mort, poèmes fréquemment hurlés par les interprètes alors que des chaises étaient projetées dans l'espace. *Faustus*, l'oeuvre vocale la plus ambitieuse de Boneham, fut décrite comme un opéra pour danseurs. La musique était une composante essentielle du travail de la compagnie et les compositeurs Vincent Dionne, Claude Vivier et John Plant furent des collaborateurs de premier plan.

En 1977, Le Groupe s'installa à Ottawa, y mettant sur pied une école, des studios et créant une série de spectacles en studio appelée Les Événements. Les membres de la compagnie enseignaient à l'école et étaient encouragés à chorégraphier. Le Groupe présenta également d'autres compagnies dans le cadre de ses séries entre autres, EDAM, Douglas Dunn et Marie Chouinard. Les studios devinrent un véritable bouillon de création.

Le mandat de la compagnie était la recherche expérimentale et non pas les tournées même elle compléta quelques tournées de façon sporadique. Parce que Le Groupe n'adhérait à

the school and were encouraged to choreograph. Le Groupe also presented other companies in their series, including EDAM, Douglas Dunn and Marie Chouinard. The company studios became a cultural hothouse.

Experimentation was the company's mandate; touring was not, although they did tour somewhat sporadically. Le Groupe did not adhere to a conventional company structure, nor to an identifiable technique or single choreographic voice, and because of this, the company struggled for recognition and acceptance. Yet they were able to present residencies across the country which brought dance to small communities. The company excelled in opening doors for its students and company members, but critics were often left with nothing to compare them to, and their performances garnered mixed reviews.

In 1981 Perreault left the company, having contributed twenty works to its repertoire. Michael Montanaro became assistant artistic director from 1981-1985, leaving his stamp on the company with several choreographies that used video technology and scores which he composed. The company fostered many other choreographers within its ranks, including Bill James, Tassy Teekman, Noam Gagnon, Harold Rhéaume and Davida Monk.

In the work of Le Groupe, Boneham continually sought to stimulate and challenge dancers and audiences. In 1988 he dismantled the operating structure of the company to create a choreographic research lab, in response to trends he perceived in the Canadian dance community. Boneham wanted young choreographers to be able to take risks, without putting their careers on the line. The Lab provided such a place, with ample resources: six dancers, rehearsal space, technical and design professionals, a 125-seat theatre with a loyal audience geared to give feedback and most significantly, a monitor. The monitor, or mentor, follows the choreographic process, and coaches, questions and confronts the choreographer. The work is shown for feedback from the audience, and the process may continue for another few weeks, or go on to production. Dance presenters

aucune structure conventionnelle, ni à une technique identifiable, ni à une vision chorégraphique unique, Boneham fut contraint de se battre pour être reconnu et accepté. Malgré tout, il put offrir des stages-résidences à travers le pays, diffusant ainsi la danse à de petites villes. La troupe ouvraient des portes pour ses élèves et ses membres mais fréquemment, parce que les critiques n'avaient aucun point de comparaison, leurs spectacles ne reçurent que des critiques mitigées.

Perreault quitta la compagnie en 1981, après avoir contribué une vingtaine d'oeuvres à son répertoire. Michael Montanaro fut directeur artistique adjoint de 1981 à 1985, laissant son empreinte avec plusieurs chorégraphies qui tiraient partie de la technologie vidéo et de partitions musicales qu'il composa. La compagnie favorisa l'émergence de nombreux autres chorégraphes dans ses rangs, notamment Bill James, Tassy Teekman, Noam Gagnon, Harold Rhéaume et Davida Monk.

Dans le cadre de l'oeuvre du Groupe, Boneham chercha constamment à stimuler et à provoquer les danseurs/seuses et les auditoires. En 1988, en réponse aux tendances perçues dans le milieu de la danse au Canada, il dissout la structure de fonctionnement de la compagnie afin d'opter pour un laboratoire de recherche chorégraphique. Boneham désirait que les jeunes chorégraphes puissent prendre des risques sans nuire à leur carrière. Le laboratoire le leur permet avec ses ressources abondantes: six danseurs/seuses, de l'espace de répétition, des professionnels techniques et du design, une salle de 125 places avec un public loyal entraîné à fournir des réactions et surtout, un moniteur. Le moniteur ou mentor suit le processus chorégraphique, supervise, questionne et confronte le/la chorégraphe. L'oeuvre est ensuite présentée en vue d'obtenir une réaction de l'auditoire et le processus peut soit se prolonger pendant quelques semaines additionnelles ou l'oeuvre peut être produite rapidement. Les diffuseurs de la danse et les organisateurs des festivals sont quelquefois invités aux préspectacles. Le Lab est reconnu comme un outil d'une valeur inestimable dans le

and festival curators are sometimes invited to showings. The Lab is recognized as invaluable in the landscape of Canadian dance. Boneham, its curator and primary mentor, has been invited to run similar workshops in Toronto, Glasgow, Scotland and Birmingham, England.

European choreographers including Meg Stuart and Sacha Waltz have taken advantage of the Lab's resources and have offered jobs to Lab dancers. The Lab's structure allows Canadian dance mentors to pass on their expertise and insight: Grant Strate, Paul-André Fortier and Jeanne Renaud are among the senior artists who have acted as monitors or choreographic editors.

Le Groupe Dance Lab is housed in Ottawa's Arts Court building, and Boneham continues as its artistic director.

milieu de la danse canadienne. Boneham, le curateur et principal mentor du Lab, a été invité à animer des ateliers semblables à Toronto, à Glasgow en Écosse et à Birmingham en Angleterre.

Des chorégraphes européens, incluant Meg Stuart et Sacha Waltz, ont profité des ressources du Lab et ont offert des emplois à ses danseurs et danseuseuses. La structure du Lab permet à des mentors canadiens de la danse de partager leur expérience et leur vision : Grant Strate, Paul-André Fortier et Jeanne Renaud sont parmi les artistes accomplis qui ont oeuvré comme mentors ou éditeurs chorégraphiques.

Le Groupe Dance Lab est installé dans l'édifice Arts Court à Ottawa et Boneham en assume toujours la direction artistique.

Photo: Cylla von Tiedemann

## Pamela Grundy
by/par Sara Porter

**Grundy, Pamela**. Danseuse, professeure, directrice artistique adjointe. Née : 1951, Windsor, Ontario.

Pamela Grundy suivit ses premiers cours de danse récréatives à six ans sans espoir particulier d'une carrière en danse. Jusqu'au milieu de l'adolescence, elle continua à suivre des cours de ballet, de jazz et de claquettes, cours qu'elle remplaça ensuite par l'athlétisme de compétition qu'elle poursuivit jusqu'à sa deuxième année d'université.

Grundy étudia l'anthropologie pendant deux ans à l'Université de Waterloo, mais commença bientôt à réinvestir son énergie dans la danse.

**Grundy, Pamela**. Dancer, teacher, associate artistic director. Born: 1951, Windsor, Ontario.

Pamela Grundy began recreational dance classes at age six with no expectations of a career in dance. Classes in ballet, jazz and tap continued into her mid-teens, when they were usurped by competitive track and field, which she pursued until her second year at university.

Grundy studied anthropology for two years at the University of Waterloo, but her energies soon shifted back into dance. She performed in the university's amateur modern dance company and enrolled in non-credit dance classes through the physical education department. Engaged in several rehearsals a week and classes with teachers imported from Montreal and Toronto, she eventually transferred into the kinesiology department – then the beginnings of a dance department – to gain credit for her dance work. She graduated with a Bachelor of Science in 1974.

Grundy's greatest influence and inspiration at the time came through teacher/choreographer Judy Jarvis. Jarvis' primary influence was the German Expressionist dancer/choreographer Mary Wigman and Jarvis created, through improvisation and character work, highly theatrical pieces. Grundy also trained with Europeans Til Thiele and Eric Hyrst. Upon graduating, she was invited into Jarvis' fledgling company. She performed in *Three Women* (1974), a character study of street women which was a section of a longer work by Jarvis entitled, *People People* (1974). Grundy toured with the Judy Jarvis Dance and Theatre Company in Ontario, to Montreal, New York and to the Dance in Canada Conferences. But by 1977, she sensed it was time for a change.

That year she created The Home Show, an hour-long theatrical piece based on domestic themes. *A Close Brush with Dance* survived the close of the show and was subsequently filmed for television, performed at Dancers for Life, and set on the Halifax Young Company some years later. After a year teaching dance technique and track and field at University of Calgary, Grundy furthered her training as a scholarship student at the School of Toronto

Elle dansa avec la compagnie amateur de danse moderne de l'université et s'inscrit à des cours non crédités de danse offerts par le département d'éducation physique. Elle participait alors à de nombreuses répétitions chaque semaine ainsi qu'à des cours enseignés par des professeurs invités de Montréal et de Toronto et finalement, elle décida de transférer au département de kinésiologie - qui allait plus tard devenir le département de danse - afin de voir ses cours de danse crédités. L'université lui décerna un baccalauréat ès sciences en 1974.

Selon Grundy, sa plus importante influence et source d'inspiration fut sans contredit la professeure/chorégraphe Judy Jarvis. Celle-ci fut elle-même particulièrement influencée par la danseuse expressionniste et chorégraphe allemande Mary Wigman. Jarvis créa, grâce à l'improvisation et les rôles de caractère, des oeuvres théâtrales très lyriques. Grundy fut aussi formée par les Européens Til Thiele et Eric Hyrst. À la fin de ses études, Jarvis l'invita à se joindre à sa compagnie débutante. Elle dansa dans *Three Women* (1974), une étude des femmes sans abris. Cette oeuvre n'était qu'un volet d'une oeuvre plus longue de Jarvis intitulée *People People* (1974). Grundy participa aux tournées du Judy Jarvis Dance and Theatre Company en Ontario, à Montréal, à New York et aux conférences Dance in Canada. Cependant, en 1977, elle ressentit le besoin d'un changement.

Cette même année, elle créa Home Show, une oeuvre théâtrale d'une heure inspirée de thèmes domestiques. L'une des oeuvres présentées, *A Close Brush with Dance*, fut subséquemment filmée pour la télévision, présentée à Dancers for Life et montée sur le Halifax Young Company quelques années plus tard. Après une année d'enseignement de la technique de danse et d'athlétisme à l'Université de Calgary, Grundy décida de poursuivre sa formation en acceptant une bourse pour étudier au School of Toronto Dance Theatre.

Elle avait rencontré Danny Grossman en 1976 lors d'un stage d'été à l'Université Simon Fraser, stage où elle travaillait comme démonstratrice pour Judy Jarvis. Attirée par

Dance Theatre.

She had encountered Danny Grossman in 1976 at a summer course at Simon Fraser University while engaged as a demonstrator for Judy Jarvis. Attracted by the athleticism of Grossman's work, she joined the company, remaining for over twenty years as a dancer. Appointed as associate artistic director in 1990, Grundy also runs the day-to-day activities and shares in long-term planning. Her long-time association with Randy Glynn began while both were dancing in Grossman's company. The pair worked nights and weekends on Glynn's dances until 1987 when Glynn branched off to form his own company. Grundy danced in his work for nine years. In 1998 they opened a summer dance course in Annapolis Royal, Nova Scotia to teach and coach young professional dancers.

l'athlétisme du travail de Grossman, elle se joint à sa compagnie, y demeurant pendant plus de vingt ans comme danseuse. Nommée au poste de directrice artistique adjointe en 1990, Grundy dirige également les opérations quotidiennes de la compagnie et participe au processus de planification à long terme.

Sa longue association avec Randy Glynn débuta alors que tous deux dansaient pour la compagnie de Grossman et ils travaillaient le soir et les week-ends sur les oeuvres de Glynn jusqu'en 1987, année où Glynn fonda sa propre compagnie. Grundy interpréta les chorégraphies de Glynn pendant neuf ans. En 1998, ils commencèrent à offrir un cours d'été en danse à Annapolis Royal, Nouvelle-Écosse afin de former et de superviser de jeunes danseurs/seuses professionnel(le)s.

**Hardy, Leica**. Choreographer, dancer, artistic director, teacher. Born: May 7, 1954, Toronto, Ontario.

Leica Hardy began her dance training with the Toronto Regional Ballet and with Marijan Bayer. She later studied at the School of American Ballet in New York, York University, the Banff Centre for the Arts, the Royal Winnipeg Ballet School, the Classical Ballet Studio in Ottawa, the Pavlychenko Studio in Toronto, with Dancemakers and with teachers including Linda Rabin, David Earle and Carol Anderson.

Hardy began her performing career with the City Ballet of Toronto before joining La troupe de danse Pointépiénu in 1980. She then danced with Spindrift Dance Theatre, based in Kingston, before moving to Nova Scotia to join Nova Dance Theatre in 1984. After this group was disbanded, she and Patricia Richards collaborated to form Split Second Dance, presenting two seasons of performances in Halifax.

Since 1988 she has been the artistic director and resident choreographer of the Halifax Dance Young Company. *The Circus Show - Ophelia's Folly* (1988) and *The Sorcerer's Apprentice*

**Leica Hardy**
by/par Christopher Majka

(1992), both co-directed with Mary Lou Martin, have toured extensively to Nova Scotia schools. Particularly well known is her 1991 adaptation, co-directed with Graham Whitehead, of Tchaikovsky's *Nutcracker*, staged annually by Symphony Nova Scotia, Halifax Dance and Mermaid Theatre. She has choreographed many original works for the Halifax Dance Young Company, including *Chiaroscuro* (1989), *Tack* (1990), *Concerto* (1992), *Currents* (1995), *Without End* (1996-1997), and *Uakti* (1998).

Hardy has been active as an independent choreographer creating *Monologues to Mandolin* (1982), *Solos, Duets, and Processions* (1984), *The Dick and Jane Trilogy* (1984), *Ryoku* (1984), *Gallery* (1985), *Shakin' the Blues Away* (1986) and *In Passing* (1989) for companies including Atlantic Ballet Company, Nova Dance

**Hardy, Leica**. Chorégraphe, danseuse, directrice artistique, professeure. Née : 7 mai 1954, Toronto, Ontario.

Leica Hardy amorça sa formation en danse avec le Toronto Regional Ballet et avec Marijan Bayer. Elle étudia plus tard au School of American Ballet à New York, à l'Université York, au Banff Centre for the Arts, au Royal Winnipeg Ballet School, au Classical Ballet Studio à Ottawa, au Pavlychenko Studio à Toronto, avec Dancemakers et avec des professeurs comme Linda Rabin, David Earle et Carol Anderson.

Hardy débuta sa carrière d'interprète avec le City Ballet of Toronto avant de se joindre à la compagnie de danse Pointépiénu en 1980. Elle dansa ensuite avec Spindrift Dance Theatre, établi à Kingston, et s'installa en Nouvelle-Écosse en 1984 pour travailler avec Nova Dance Theatre. Suite à la dissolution de ce groupe, elle collabora avec Patricia Richards pour fonder Split Second Dance, présentant deux saisons de spectacles à Halifax.

Depuis 1988, elle est directrice artistique et chorégraphe permanente du Halifax Dance Young Company. *The Circus Show - Ophelia's Folly* (1988) et *The Sorcerer's Apprentice* (1992), deux oeuvres coréalisées avec Mary Lou Martin, ont été présentées dans des tournées fréquentes des écoles de la Nouvelle-Écosse. Une de ses oeuvres les mieux connues est son adaptation de 1991, coréalisée avec Graham Whitehead, de *Casse-Noisette* présenté annuellement par Symphony Nova Scotia, Halifax Dance et le Mermaid Theatre. Elle a chorégraphié plusieurs oeuvres originales pour le Halifax Dance Young Company, notamment *Chiaroscuro* (1989), *Tack* (1990), *Concerto* (1992), *Currents* (1995), *Without End* (1996-1997), et *Uakti* (1998).

Hardy est aussi chorégraphe indépendante, ayant créé: *Monologues to Mandolin* (1982), *Solos, Duets, and Processions* (1984), *The Dick and Jane Trilogy* (1984), *Ryoku* (1984), *Gallery* (1985), *Shakin' the Blues Away* (1986) et *In Passing* (1989) pour des compagnies comme l'Atlantic Ballet Company, le Nova Dance Theatre, et Split Second Dance ainsi que dans le

Theatre and Split Second Dance as well as for independent performances. Her strong background in ballet and her interest in clear and precise forms are apparent in her work. As a performer, she has danced in the works of Veronique MacKenzie Bourne, David Earle, Gwen Noah, Howard Richard and Patricia Richards.

She taught at both Claude Watson High School for the Arts and George Brown College in Toronto, before moving to Nova Scotia. Since 1984 she has taught ballet, modern dance and composition at Halifax Dance, where she was director of the Intensive Training Program from 1985-1996. In 1998 she became a ballet examiner for the Society of Russian Ballet.

Hardy has played an active administrative role in organizations such as Halifax Dance, the Society of Russian Ballet and Dance Nova Scotia's Performance Art Dance Committee.

cadre de spectacles indépendants. Sa formation poussée en ballet ainsi que son intérêt pour les formes précises et claires transparaissent dans ses oeuvres. Comme interprète, elle a dansé dans des oeuvres de Veronique MacKenzie Bourne, David Earle, Gwen Noah, Howard Richard et Patricia Richards.

Elle a enseigné au Claude Watson High School for the Arts à North York ainsi qu'au George Brown College à Toronto avant de s'installer en Nouvelle-Écosse. Depuis 1984, elle a enseigné le ballet, la danse moderne et la composition à Halifax Dance où elle dirigea le Intensive Training Program de 1985 à 1996. En 1998 elle devint examinatrice de ballet pour le Society of Russian Ballet.

Hardy a participé activement à l'administration d'organismes comme Halifax Dance, le Society of Russian Ballet et le comité Performance Arts Dance de Dance Nova Scotia.

---

**Harrington, Rex**. Dancer. Born: October 30, 1962, Peterborough, Ontario.

With his sensitive musicality, seemingly instinctive partnering, and dark good looks, Rex Harrington has become a highly acclaimed danseur noble. A graduate of the National Ballet School where he studied with Erik Bruhn, Harrington entered the National Ballet of Canada in 1983, becoming second soloist in 1985, first soloist in 1987, and principal dancer in 1988.

In Harrington's first year in the company, then-resident choreographer Constantin Patsalas noticed his exceptional partnering abilities and paired him with Karen Kain in *Oiseaux Exotiques*, setting in motion a brilliant partnership that would continue until Kain's retirement in 1997. Unlike most talented young male dancers, Harrington – never a virtuoso technician – always took partnering as seriously as soloist work and artistry as seriously as pyrotechnics. The rewards, in the form of roles created for him in new ballets and several international performances with ballerinas like Carla Fracci, Ekaterina Maximova, Alessandra Ferri and frequent partner Evelyn Hart, were not

## Rex Harrington
by/par  Penelope Reed Doob

**Harrington, Rex**. Danseur. Né : 30 octobre 1962, Peterborough, Ontario.

C'est grâce à sa musicalité sophistiqué, son talent de partenaire hors-pair et sa beauté sombre que Rex Harrington est acclamé comme un danseur noble. Diplômé de l'École nationale de ballet où il étudia avec Erik Bruhn, Harrington se joint au Ballet national du Canada en 1983, devint deuxième soliste en 1985, premier soliste en 1987 et danseur principal en

Photo: Andrew Oxenham

long in coming. Thrust into principal roles so young, instead of resting on his laurels and partnerships, Harrington continued to improve his solo technique, giving some of his most impressive performances when well into his thirties: The Man in James Kudelka's *The Four Seasons* (1997), Apollo in George Balanchine's eponymous ballet, Rothbart in Kudelka's *Swan Lake* (1999).

Harrington has danced the leading classical roles in *Swan Lake*, *The Nutcracker*, *The Sleeping Beauty*, *Don Quixote*, *Raymonda*, and – perhaps best of all – Albrecht in *Giselle*. He has danced in many of John Cranko's ballets, performing Onegin with numerous illustrious partners all over the world, and much admired Petruchio in *The Taming of the Shrew*, and Romeo in *Romeo and Juliet*. He has toured with the Australian National Ballet in Ronald Hynd's *The Merry Widow* and in *Madame Butterfly*. He

1988.

Lors de sa première année avec la compagnie, le chorégraphe en résidence de l'époque, Constantin Patsalas, remarqua son talent exceptionnel de partenaire et l'allia à Karen Kain dans *Oiseaux exotiques*, initiant ainsi un partenariat brillant qui allait se poursuivre jusqu'à la retraite de Kain en 1997. Contrairement à la plupart des jeunes danseurs de talent, Harrington – qui ne fut jamais un virtuose de la technique – a toujours estimé que le travail de partenariat était aussi sérieux que le travail de soliste et la vision artistique aussi importante que les pyrotechnies. En conséquence, et très rapidement, plusieurs rôles furent créés à son intention dans de nouveaux ballets et il dansa à l'échelle internationale avec de nombreuses ballerines comme Carla Fracci, Ekaterina Maximova, Alessandra Ferri et fréquemment avec Evelyn Hart. Il fut sollicité très jeune pour danser des rôles principaux et plutôt que de s'asseoir sur ses lauriers et de se reposer sur son statut de partenaire, Harrington continua à améliorer sa technique de soliste et c'est dans la trentaine avancée qu'il donna ses interprétations les plus remarquables: l'homme dans *The Four Seasons* (1997) de James Kudelka, Apollon dans le ballet éponyme de George Balanchine, et Rothbart dans *Le Lac des cygnes* (1999) de Kudelka.

Harrington a interprété les principaux rôles classiques dans *Le Lac des cygnes*, *Casse-Noisette*, *La Belle au bois dormant*, *Don Quichotte*, *Raymonda*, et – possiblement sa meilleure interprétation – Albrecht dans *Giselle*. Il a dansé dans *Onegin* de Cranko avec plusieurs partenaires illustres à travers le monde et il est admiré pour son Petruchio dans *The Taming of the Shrew* et son Roméo dans *Roméo et Juliette*. Il a participé à des tournées de *The Merry Widow* de Ronald Hynd et de *Madame Butterfly* avec le Australian National Ballet. Il a dansé comme artiste invité avec le Royal Winnipeg Ballet, le Eugene Ballet, La Scala Opera Ballet, le San Francisco Ballet, le Ballet Capab, le Pact Ballet de l'Afrique du Sud, le Ballet Teatro dell'Opera à Rome, les ballets de Stuttgart et de Munich et, plus particulièrement avec Hart et

has been a guest artist with the Royal Winnipeg Ballet, the Eugene Ballet, La Scala Opera Ballet, the San Francisco Ballet, South Africa's Capab and Pact Ballets, Ballet Teatro dell'Opera in Rome, the Stuttgart and Munich Ballets, and, particularly with Hart and Kain, has appeared at numerous galas, including frequent appearances in Dancers for Life benefits.

Glen Tetley first called upon Harrington's skills as an actor in creating the role of Lewis Carroll in *Alice* in 1986, followed by the Young Gentleman in *La Ronde* (1987) and a leading role in *Tagore* (1989). Other Tetley roles include *Sphinx*, *Voluntaries*, *Daphnis and Chloe*, and *The Rite of Spring*.

Harrington's finest work may well come in the Kudelka repertoire with its demanding partnering, profound musicality and psychological complexity. Roles were created for him in *Pastorale* (1990), *The Miraculous Mandarin* (1993), *Spring Awakening* (1994), *The Actress* (1994), *Missing* (1995), *The Nutcracker* (1995), *The Four Seasons* (1997), and *Swan Lake*. He has given moving interpretations in company premieres of other Kudelka works as well, e.g., *Cruel World* (1994), *Terra Firma* (1995), and *Désir* (1991).

Harrington's dancing has been filmed in Norman Campbell/CBC productions of Alice and La Ronde, and he has appeared in Veronica Tennant's Dancers for Life, Anthony Azzopardi's Making Ballet and Tennant's Karen Kain: Dancing in the Moment and Wild Hearts in Strange Times, a CBC special featuring Margie Gillis.

Kain, il a participé à de nombreux galas tel que Dancers for Life.

Glen Tetley fut le premier à tirer partie du talent de comédien de Harrington en créant à son intention le rôle de Lewis Carroll dans *Alice* en 1986, suivi du rôle du jeune gentleman dans *La Ronde* (1987) ainsi qu'un rôle principal dans *Tagore* (1989). Parmi les autres rôles créés par Tetley on retrouve: *Sphinx*, *Voluntaries*, *Daphnis and Chloe* et *The Rite of Spring* .

Il est fort probable que les plus admirables interprétations de Harrington sont celles associées au répertoire de Kudelka, répertoire très exigeant en ce qui concerne le partenariat, la profonde musicalité et la complexité psychologique. Certains rôles furent créés spécifiquement à son intention, dans *Pastorale* (1990), *The Miraculous Mandarin* (1993), *Spring Awakening* (1994), *The Actress* (1994), *Missing* (1995), *Casse-Noisette* (1995), *The Four Seasons* (1997) et *Le Lac des cygnes*. Il a à son actif plusieurs autres interprétations remarquables dans le cadre de premières d'autres oeuvres de Kudelka, par ex. *Cruel World* (1994), *Terra Firma* (1995) et *Désir* (1991).

Les interprétations de Harrington ont été filmées dans les productions de Norman Campbell/CBC d'Alice et de La Ronde; il a également dansé dans Dancers for Life de Veronica Tennant, Making Ballet d'Anthony Azzopardi, Karen Kain: Dancing in the Moment de Tennant ainsi que Wild Hearts in Strange Times une émission spéciale de la CBC mettant en vedette Margie Gillis.

Photo: Paul Martens

**Evelyn Hart**
by/par MaxWyman

**Hart, Evelyn**. Dancer. Born: April 4, 1956, Toronto, Ontario.

Described by former National Ballet of Canada principal dancer Veronica Tennant in 1991 as "one of the most extraordinary ballerinas dancing today, one of the most complete", Royal Winnipeg Ballet principal Evelyn Hart is among Canada's foremost expressive artists.

Hart was inspired to take up ballet lessons after attending a lecture-demonstration given by Betty Oliphant and students of the National Ballet School when she was ten. She suffered two rejections by the school before beginning serious ballet training in 1970 in London,

**Hart, Evelyn**. Danseuse. Née : 4 avril 1956, Toronto, Ontario.

Elle fut décrite en 1991 par l'ancienne danseuse principale du Ballet national de Canada, Veronica Tennant, comme l'une des «plus extraordinaires ballerines actuelles, une des plus complètes.» Danseuse principale du Royal Winnipeg Ballet, Evelyn Hart est l'une des artistes expressives les plus importantes du Canada.

Hart eut envie de prendre des leçons de ballet après avoir assisté, à l'âge de dix ans, à une conférence-démonstration de Betty Oliphant et des élèves de l'École nationale de ballet. Elle fut refusée à deux reprises par l'école avant de commencer des études sérieuses de ballet en 1970 à London, Ontario, avec Dorothy et Victoria Carter. L'année suivante elle fut invitée au stage d'été de l'École nationale de ballet et on lui accorda une bourse complète pour la formation à l'école l'automne suivant. Elle quitta l'école trois mois plus tard, souffrant d'anorexie et d'épuisement émotif.

Ontario, with Dorothy and Victoria Carter. The following year she was invited to the National Ballet School summer session and given a full scholarship to the school that fall. However, she left the school three months later, suffering from anorexia nervosa and emotional exhaustion.

Her confidence restored by a 1972 trip with the Carters to New York, she joined the Royal Winnipeg Ballet School's professional programme under David Moroni in 1973. Her first appearance with the Royal Winnipeg Ballet was in 1974, while still a student. She joined the company in 1976, became a soloist in 1978 and a principal in 1979.

In 1980, partnered by David Peregrine, she won a bronze medal at the World Ballet Concours in Osaka, Japan. The same year, she became the first Western dancer to win the gold medal as best female soloist at the International Ballet Competition in Varna, Bulgaria; she also took the competition's only Exceptional Achievement Award.

The Royal Winnipeg Ballet has mounted a number of narrative classics to showcase her talents: Rudi van Dantzig's *Romeo and Juliet* (1981), Peter Wright's *Giselle* (1982) and *Swan Lake* (1987). She has danced major classical roles as a guest with other companies, among them *The Sleeping Beauty* with the National Ballet of Canada and the Sadler's Wells Royal Ballet, *Onegin* for the National Ballet of Canada and Bayerische Staatsballett, *Cinderella* and *La Sylphide* for Bayerische Staatsballett. She has received equal acclaim in shorter works such as Vicente Nebrada's *Our Waltzes*, Hans van Manen's *Five Tangos*, van Manen's *Songs Without Words*, George Balanchine's *Allegro Brillante*, and has become identified with a number of short showpiece works, among them Norbert Vesak's *Belong* (1973) and Jiri Kylian's *Nuages*.

In 1990 she reached an arrangement to spend half the season with the Royal Winnipeg Ballet and half with the Bayerische Staatsballett in Munich, Germany. She has also appeared frequently as a guest artist at galas and with companies around the world, among them Homura Tomoi Ballet in Tokyo, Tokyo Festival

Sa confiance restaurée par un voyage en 1972 avec les Carter à New York, elle se joint au programme professionnel du Royal Winnipeg Ballet sous David Moroni en 1973. C'est en 1974 qu'elle dansa pour la première fois avec la compagnie alors qu'elle était toujours étudiante. Elle se joint à la compagnie en 1976, devint soliste en 1978 et danseuse principale en 1979.

En 1980, avec David Peregrine comme partenaire, elle remporta une médaille de bronze au World Ballet Concours à Osaka, au Japon. La même année, elle devint la première danseuse occidentale à remporter la médaille d'or comme meilleure soliste féminine au Concours international de ballet à Varna en Bulgarie; on lui décerna de plus le seul prix accordé pour Réalisations exceptionnelles.

Le Royal Winnipeg Ballet a monté une série de classiques narratifs pour tirer partie de ses talents: *Roméo et Juliette* (1981) de Rudi van Dantzig, *Giselle* (1982) de Peter Wright et *Le Lac des cygnes* (1987). Elle a dansé des rôles classiques majeurs comme invitée avec d'autres compagnies, notamment, *La Belle au bois dormant* avec le Ballet national du Canada et le Sadler's Wells Royal Ballet, *Onegin* pour le Ballet national du Canada et pour Bayerische Staatsballett, *Cinderella* et *La Sylphide* pour Bayerische Staatsballett. Les critiques ont été aussi élogieuses pour des oeuvres plus brèves telles que *Our Waltzes* de Vicente Nebrada, *Five Tangos* et *Songs Without Words* de Hans van Manen et *Allegro Brillante* de George Balanchine. De plus, elle fut identifiée à plusieurs oeuvres remarquables courtes entre autres, *Belong* (1973) de Norbert Vesak et *Nuages* de Jiri Kylian.

Grâce à une entente de 1990, il lui est possible de passer la moitié de la saison avec le Royal Winnipeg Ballet et l'autre moitié avec le Bayerische Staatsballett à Munich, en Allemagne. Elle a également participé comme artiste invitée à de nombreux galas et elle a dansé avec des compagnies à travers le monde, notamment le Homura Tomoi Ballet à Tokyo, le Festival de Ballet de Tokyo, l'English National Ballet et le Dutch National Ballet, et elle dansa en 1988 et 1991 au Festival mondial de ballet au

Ballet, English National Ballet and Dutch National Ballet, and danced in 1988 and 1991 at the World Ballet Festival in Japan.

She has been the subject of two films, one featuring her dancing in Odessa, Moscow and Leningrad, 1986, and a personality profile entitled Moment of Light: The Dancing of Evelyn Hart, 1992. She also danced the lead role opposite Peter Schaufuss in Natalia Makarova's 1988 film version of *Swan Lake*. She has twice received ACTRA awards for Best Variety Performer for television specials.

A notorious perfectionist who is rarely satisfied with her work on the stage, she makes large demands of commitment from her partners. Partners with whom she has at different times established fruitful working relationships include Peregrine, Henny Jurriens, Richard Cragun, Rex Harrington, Andris Liepa and Lindsay Fischer. "There is no dancer alive today more able to lead the imagination into a kingdom of legend and romance than Evelyn Hart," wrote Michael Scott in the Vancouver Sun after a Hart performance in *Swan Lake* in February, 1992.

Hart became an Officer of the Order of Canada in 1983 (Companion of the Order, 1994). She was voted Manitoba's Woman of the Year in 1987 and in 1989 received honourary doctorates from McMaster University and the University of Manitoba (she danced *The Dying Swan* instead of giving an acceptance speech).

Japon.

Deux films ont été tournés sur elle, un qui la montre dansant à Odessa, Moscou et Léningrad, (1986), alors que l'autre film trace un profil personnel et s'intitule : Moment of Light: The Dancing of Evelyn Hart (1992). Elle a également dansé le rôle principal aux côtés de Peter Schaufuss dans la version filmée du *Lac des cygnes* tournée par Natalia Makarova en 1988. Elle a reçu deux prix ACTRA pour la Meilleure interprète de variétés pour les émissions spéciales.

Perfectionniste notoire, rarement satisfaite de son travail sur scène, elle exige un engagement profond de ses partenaires. Des relations professionnelles riches se sont tissées avec certains de ses partenaires entre autres, Peregrine, Henny Jurriens, Richard Cragun, Rex Harrington, Andris Liepa et Lindsay Fischer. «Nulle danseuse vivante aujourd'hui n'est aussi capable de transporter l'imagination vers un royaume de légende et de romance qu'Evelyn Hart» écrivit Michael Scott dans le Vancouver Sun suite à une interprétation de Hart dans le *Lac des cygnes* en février 1992.

Hart fut nommée Officier de l'Ordre du Canada en 1983 (Compagnon de l'Ordre en 1994). Elle fut votée Femme de l'année au Manitoba en 1987 et reçut des doctorats honorifiques des universités McMaster et du Manitoba (elle dansa *La Mort du cygne* plutôt que de prononcer un discours.)

Photo: Joël Muzard

## Andrew Harwood
by/par Philip Szporer

**Harwood, Andrew de Lotbinière**. Dancer, teacher, choreographer. Born: December 1, 1951, Montreal, Quebec.

After ten years of gymnastics, athletics and yoga, Andrew Harwood realized his passion was dance. Since 1974, he has explored various aspects of that field: composition, improvisation, contact dance, modern and postmodern dance, release technique, aikido and the Alexander Technique. Contact improvisation, which he first studied, then taught and performed with its founders, Steve Paxton and Nancy Stark Smith, remains the main source of inspiration in all aspects of his work and teaching. He has said that when he left gymnastics and yoga, he realized that the "still point" was not for him. His discovery of dance sprung from his own instinct to move. His continued commitment and

**Harwood, Andrew de Lotbinière**. Danseur, professeur, chorégraphe. Né : 1er décembre 1951, Montréal, Québec.

Après dix années de gymnastique, d'athlétisme et de yoga, Andrew Harwood comprit que sa véritable passion serait la danse. Depuis 1974, il a exploré plusieurs aspects de cette discipline: la composition, l'improvisation, la danse contact, la danse moderne et postmoderne, la technique de relâchement, l'aïkido et la technique Alexander. L'improvisation contact, qu'il étudia et plus tard enseigna et dansa avec ses fondateurs, Steve Paxton et Nancy Stark Smith, demeure sa plus importante source d'inspiration de tous les aspects de son travail et de son enseignement. Il a affirmé que lorsqu'il quitta la gymnastique et le yoga, il avait compris que le «point d'immobilité parfaite» n'était pas pour lui. Sa découverte de la danse surgit de son instinct pour le mouvement. Son engagement profond et son amour de l'improvisation l'amenèrent à planifier des séries d'improvisation, les Instant

devotion to improvisation led him to curate the improvisation series called Instant Instinct, which continued from 1992-1996 at Montreal's Tangente performance space.

His career as a choreographer, with over twenty-five works to his credit, has been enriched by his experience as a dancer with the companies of Marie Chouinard, Jean-Pierre Perreault and Jo Lechay. He has performed commissioned solo pieces by Paul-André Fortier, Tedd Senmon Robinson and Sara Shelton Mann. Harwood has also collaborated with many well-known Quebec dance artists including Louise Bédard, Marc Boivin, Jacqueline Lemieux, Daniel Soulières and Pierre Tanguay, and with American artists Steve Paxton, Randy Warshaw, Lisa Nelson and John Jasperse.

Over the years, Harwood has consolidated his reputation as an authority on contact improvisational dance. Since the 1970's, he has taken part, with set and improvised work, in different venues and festivals throughout Canada, the United States and in Europe, including Moment Homme in Montreal, the International Contact-Improvisation Festival in New York, the Festival international de nouvelle danse in Montreal, the Canada Dance Festival in Ottawa, the International Tanzwochen Wien, in Vienna, the Chisenhale Dance Space in London, Dancing on the Edge in Vancouver, Dance Works in Toronto, the Kitchen and Judson Church in New York.

The stage holds a central place in Harwood's life. "It's where you can be awkward, look silly," he says in an interview. "It's not at all about being pretty or beautiful." Harwood is looking for subtler connections, the deep physical and emotional bonds between movers.

Harwood shifted his perspective from improvised work and choreographed a group piece for thirteen dancers, *Réflexe* (1997). The following year, he created another ensemble work, *Réflexe, suite* (1998), structured with solo, duet, and group sections.

Instant, qui furent présentées de 1992 à 1996 à Tangente, une salle réservée aux spectacles de danse à Montréal.

Sa carrière de chorégraphe, au cours de laquelle il créa plus de vingt-cinq oeuvres, fut enrichie par ses expériences de travail avec les compagnies de Marie Chouinard, Jean-Pierre Perreault et Jo Lechay. Il a interprété des oeuvres solos commandées par Paul-André Fortier, Tedd Senmon Robinson et Sara Shelton Mann. Harwood collabora également avec plusieurs artistes renommés du domaine de la danse au Québec notamment, Louise Bédard, Marc Boivin, Jacqueline Lemieux, Daniel Soulières et Pierre Tanguay, et avec les artistes américains Steve Paxton, Randy Warshaw, Lisa Nelson, et John Jasperse.

Au fil des années, Harwood a solidifié sa réputation et sa renommée en ce qui concerne l'improvisation contact. Depuis les années 1970, il a participé, avec des oeuvres établies et des oeuvres improvisées, à des spectacles et festivals à travers le Canada, les États-Unis et l'Europe incluant Moment Homme à Montréal, le Festival international d'improvisation contact de New York, le Festival international de nouvelle danse à Montréal, le Festival Danse Canada à Ottawa, l'International Tanzwochen Wien à Vienne, le Chisenhale Dance Space à Londres, Dancing on the Edge à Vancouver, Dance Works à Toronto et au Kitchen and Judson Church à New York.

La scène occupe une place centrale dans la vie de Harwood. «Sur la scène on peu être malhabile, avoir l'air fou» dit-il lors d'une entrevue, «Ça ne se résume pas à être beau ou mignon». Harwood recherche des filiations plus subtiles, les profonds liens physiques et émotifs liant ceux qui se meuvent.

En 1997, Harwood délaissa l'improvisation afin de chorégraphier une oeuvre pour groupe de treize danseurs, *Réflexe*. L'année suivante, il créa une autre oeuvre pour ensemble, *Réflexe, suite* (1998), oeuvre structurée comportant un solo, un duo et une section pour groupe.

## Vanessa Harwood
by/par Graham Jackson

**Harwood, Vanessa**. Dancer, artistic director, teacher. Born: June 14, 1947, Cheltenham, England.

Vanessa Harwood's dance training was mostly conducted under the auspices of Betty Oliphant and the National Ballet School, of which Harwood was one of the first graduates. She joined the National Ballet of Canada immediately following graduation and by 1970 was a principal dancer with the company. Her sojourn with the National Ballet lasted twenty-two years, and even then she retired prematurely, not quite forty, at the end of the winter season in 1987. Her last performance, in the role of Swanhilda, the playful heroine of Erik Bruhn's *Coppélia*, was given in February of that year. Three years earlier, she had been made an officer of the Order of Canada.

During her tenure at the National Ballet,

**Harwood, Vanessa**. Danseuse, directrice artistique, professeure. Née : 14 juin 1947, Cheltenham, Angleterre.

Vanessa Harwood reçut sa formation en danse de Betty Oliphant et de l'École nationale de ballet. Elle fut d'ailleurs l'une des premières diplômées de l'école. Elle se joint au Ballet national du Canada dès la fin de ses études et dès 1970, elle occupa le poste de danseuse principale de la compagnie. Son association avec le Ballet national s'étendit sur vingt-deux années. Elle se retira prématurément à la fin de la saison d'hiver de 1987, n'ayant pas encore atteint la quarantaine. Elle donna sa dernière interprétation dans le rôle de Swanhilda, l'héroïne joyeuse de *Coppélia* d'Erik Bruhn, en février de la même année. Trois ans auparavant, on lui avait décerné l'Ordre du Canada.

Durant son séjour au Ballet national, Harwood fit preuve à maintes reprises de dons exceptionnels, ce qui se traduit par des

Harwood was frequently singled out for several remarkable gifts, which brought her offers to dance from foreign ballet companies including the Australian Ballet and the Dutch National Ballet. Not least of these gifts was an impressively sturdy technique. Another was most certainly the dramatic flair which dominated her interpretations of Myrtha in *Giselle*, Odette/Odile in *Swan Lake*, Juliet in John Cranko's *Romeo and Juliet*, Titania in Frederick Ashton's *The Dream* and Dona Ana in John Neumeier's *Don Juan*. In all of these roles, she demonstrated a complexity of character often missing in more bravura performances. This gift applied equally to soubrette roles in Ashton's *La Fille mal gardée*, Antony Tudor's *Offenbach in the Underworld* and Roland Petit's *Le Loup*. The playfulness she brought to these soubrette roles was also unmistakable; she could be genuinely amusing, comical. And finally there was the English-rose lyricism which marked her appearances in George Balanchine's *Serenade*, Hans van Manen's *Four Schumann Pieces* and Gerald Arpino's *Kettentanz*. The CBC Television film of her Dying Swan provides a remarkable testimony to this last quality.

Following her departure from the National Ballet, Harwood became involved in several opera-ballet projects. With the Canadian Opera Company, she choreographed and danced Andrea Chenier in 1987, and danced The Merry Widow in 1988. In 1989, she staged and danced The Merry Widow with the Dallas Opera, and she choreographed and danced La Traviata for the Hamilton Opera in 1991.

In addition to her opera work, Harwood directed a small chamber ballet company, Balletto Classico, which performed mixed ballet repertoire with numerous symphony orchestras from 1989-1993.

Other post-National Ballet activities have included appearances with the Quinte Ballet School in Belleville, Ontario, with Ballet Orlando in Florida, the Georgia Ballet and Ballet Markus in Oakville, Ontario. She coached figure skaters Tracy Wilson and Robb McCall for the 1988 Winter Olympics and World

invitations à danser avec des compagnies à l'étranger, entre autres le Australian Ballet et le Ballet national de la Hollande. Un de ces dons, et non le moindre, était sa technique remarquablement solide. Son flair dramatique domina ses interprétations de Myrtha dans *Giselle*, Odette/Odile dans *Le Lac des cygnes*, Juliette dans *Roméo et Juliette* de John Cranko, Titania dans *The Dream* de Frederick Ashton et Dona Ana dans *Don Juan* de John Neumeier. Dans tous ces rôles, elle fit preuve d'une complexité de caractère fréquemment absente d'interprétations plus tape-à-l'oeil. Ce talent s'appliquait tout autant à des rôles de soubrette dans *La Fille mal gardée* de Ashton, *Offenbach in the Underworld* de Antony Tudor et *Le Loup* de Roland Petit. Le caractère enjoué qu'elle imprima à ces rôles comiques était incontournable; elle fut réellement très amusante et très drôle. Elle fut aussi douée d'un lyrisme remarquable qui imprégnait ses interprétations dans *Serenade* de George Balanchine, *Four Schumann Pieces* de Hans van Manen et *Kettentanz* de Gerald Arpino. Le film tourné par la chaîne de télévision CBC, Dying Swan, témoigne amplement de cette dernière qualité.

Suite à son départ du Ballet national, Harwood participa à plusieurs projets de ballet-opéra. Avec le Canadian Opera Company, elle chorégraphia et dansa Andrea Chenier en 1987 et dansa La Veuve joyeuse en 1988. En 1989, elle mit en scène et interpréta La Veuve joyeuse avec le Dallas Opera et elle chorégraphia et dansa dans La Traviata pour le Hamilton Opera en 1991.

En plus de son travail d'opéra, Harwood dirigea une petite compagnie de ballet de chambre, Balletto Classico, qui présenta un répertoire mixte de ballet avec plusieurs orchestres symphoniques de 1989 à 1993.

Toujours suite à son départ du Ballet national, Harwood a dansé avec le Quinte Ballet School à Belleville en Ontario, avec le Ballet Orlando en Floride, le Georgia Ballet et le Ballet Markus à Oakville en Ontario. Elle a de plus supervisé les patineurs artistiques Tracy Wilson et Robb McCall pour les Olympiques d'hiver et les Championnats mondiaux de 1988. Elle fut

Championships, and she has adjudicated dance festivals in Surrey and Prince George, British Columbia.

Harwood was president of the Actor's Fund from 1996-1999. She is a trustee of Toronto Arts – formerly the Toronto Arts Foundation – and sits on the Executive Council of the World Dance Alliance.

juré pour des festivals de danse à Surrey et à Prince George en Colombie-Britannique.

Harwood fut présidente de l'Actor's Fund de 1996 à 1999. Elle est membre du conseil d'administration de Toronto Arts – anciennement la fondation Toronto Arts – et siège sur le conseil exécutif du World Dance Alliance.

---

**Heartland** (Terre de Coeur)
Premiere/Première: The Artspace New Dance Series/La Série nouvelle danse de Artspace, Peterborough, Ontario, March 20 mars, 1992
Choreographed and Performed by/Chorégraphe et interprète: Bill Coleman
Costumes: Lindy Pole
Lighting/Éclairages: Patrick Matheson
Technicians/Techniciens: Dan Robertson, Joe Julien
Sound Operation/Technicien Audio: John Muir
Music compiled from various sources including/Musique compilée de diverses sources dont: James Brown, John Oswald, John Adams, Xenakis, the Beatles, Frank Zappa. Recorded at the/Enregistrée au: Music Gallery, Toronto.
Best Boy/Premier Assistant: Christopher Matheson Burr

*Much more emotionally intense than the larky dances Coleman is noted for, the solo* Heartland *seeks to map out the choreographer's feeling landscape. In four musically (James Brown to Puccini) as well as choreographically distinct episodes, he is Christ writhing on his cross, a fighter shadow-boxing with aggression, a kilted Highlander having a fling at joy and finally an eighteenth-century lover reeling under love's blows. Throughout Coleman seems caught breathlessly on the brink of self-fulfillment.*

*Beaucoup plus intense émotionnellement que les danses badines généralement associées à Coleman, le solo* Heartland *cherche à tracer la carte du paysage affectif du chorégraphe. Dans quatre épisodes distincts musicalement (de James Brown à Puccini) et au niveau chorégraphique, il interprète subséquemment le Christ se tordant sur la croix, un boxeur boxant à vide avec l'agression, un Écossais portant un kilt, dansant avec joie et finalement un amant du dix-huitième siècle s'écroulant sous les attaques de l'amour. Tout au long de l'oeuvre, Coleman semble perché à deux doigts de l'accomplissement de soi.*

Graham Jackson

**Heroes of Our Time** (Héros de Notre Temps)
Premiere/Première: New Dance Theatre Group, Fourth Canadian Ballet Festival, Royal Alexandra Theatre, Toronto, May 7 mai, 1952
At the Piano/Au Piano: Loretto Doherty
Choreography/Chorégraphie: Marcel Chojnacki, Laya Liberman, Nancy Lima
Scenario/Scénario: John Holmes, Charles Fine and the choreographers
Costumes: Laya Liberman, Florence Cash
Music/Musique: Contemporary Russian/Russe contemporain, Orchestration - Abe Mannheim
Scenery/Décor: Israel Chojnacki, Martin Bochner, Tom Lima, Nancy Lima
Staging and Lighting/Mise en Scène et Éclairages: Nancy Lima

This is a Canadian scene of today; the story of four teenage boys who hang around the only social centre in their neighbourhood, the corner store.

Il s'agit de scènes contemporaines canadiennes; l'histoire de quatre adolescents qui flânent au seul lieu de rencontre de leur voisinage, le dépanneur.

Scenes/Scènes: 1. Corner Store/Dépanneur, 2. Jim's Birthday/l'Anniversaire de naissance de Jim, 3. Dreams of Glory/Rêves de Gloire, 4. Conspiracy/Complot, 5. Robbery/Vol, 6. Tragedy/Tragédie.
Cast/Distribution (in Order of Appearance/par ordre d'entrée):
Mr. and Mrs Standish/M. et Mme. Standish, Store Owners/Propriétaires du dépanneur: Vera Davis, Hope Chris
Shoppers/Clients: Ida Abrams, Ivy Krehm
Cronies/Comparses: Ernest Krehm, Florence Cash
Perpetual Reader/Lecteur perpétuel: Bertha Cohen
Children/Enfants: Dorie Kyle, Honey Winer, Olga Veloff
The Gang/La Gang: Blackie: Marcel Chojnacki, Steve: Tom Lima, Jim: Rosalyn Kolen, Binkie: Laya Liberman
Cop/Policier: Pleet
Girls/Filles: Honey Winer, Olga Veloff
Party Goers/Fêtards: Dorie Kyle, Bertha Cohen, Ernest Krehm, Ida Abrams, Pleet
Gangsters: Marcel Chojnacki, Tom Lima
Gun Moll/Nana au Pistolet: Hope Chris
Soldiers/Soldats: Ida Abrams, Ernest Krehm, Pleet
Love Girl/Amoureuse: Olga Veloff
Spy/Espion: Honey Winer
Cowgirl: Dorie Kyle
Binkie's Mother/Mère de Binkie: Florence Cash
Delivery Boy/Livreur: Dorie Kyle
The choreography and scenario of this ballet is the result of the collective participation of the entire cast.
La chorégraphie et le scénario de ce ballet résultent d'un travail collectif de tous les membres de la distribution

*This work is an example of Nancy Lima Dent's use of dance as social commentary – unusual for the time. It is about the 1950's debate over the depiction of violence in comic books and the*

*negative effect the books had on youth. The work juxtaposes the lighter moments of teenage life with violence and tragedy. Hugh Thomson wrote in the Toronto Daily Star, "... this was no pretty display of ballet grace, but ideological beliefs in dance form." (May 8, 1952).* Heroes *was reconstructed as part of the ENCORE! ENCORE! Reconstruction project in 1986.*

*Cette oeuvre traduit comment Nancy Lima Dent utilisa la danse comme commentaire social - ce qui à l'époque était inhabituel. L'oeuvre traite du débat des années 1950 concernant la représentation de la violence dans les bandes dessinés et leur impact négatif sur les jeunes. L'oeuvre juxtapose le quotidien plutôt léger de la vie adolescente à des épisodes de violence et de tragédie. Hugh Thomson écrit dans le Toronto Daily Star, «... il ne s'agit pas d'une jolie parade illustrant la grâce du ballet, mais plutôt de convictions idéologiques présentées sous forme de danse.» (8 mai 1952).* Heroes *fut reconstruit dans le cadre du projet de reconstruction ENCORE! ENCORE! en 1986.*

Amy Bowring

## Anne Fairbrother Hill
by/par Mary Jane Warner

**Hill, Anne Fairbrother**. Danseuse, professeure. Née : 15 juillet 1804, Londres, Angleterre. Décédée : 1890, Saint-Antoine, Québec. Nom à la naissance : Amelia Fairbrother.

Anne Fairbrother Hill était la fille de Robert Fairbrother, un acrobate et danseur populaire avec le Drury Lane Theatre de Londres. À ses débuts, elle interpréta l'enfant de Cora dans *Pizarro* et devint membre du corps de ballet autour de 1816. Suite à son mariage avec le comédien Charles Hill en 1926, le couple effectua plusieurs tournées en Grande-Bretagne pendant de nombreuses années.

En 1830, les Hills retournèrent à Londres où Anne travailla comme danseuse et actrice de pantomime aux théâtres Drury Lane et Surrey. Lors de leur transfert à Covent Garden en 1835, Anne fut rapidement promue au poste de danseuse principale et eut un succès énorme dans les rôles de pantomime. De 1837 à 1840, les Hills travaillèrent dans des théâtres de province mais la faillite du théâtre Royal à Brighton, provoquée par la mauvaise gestion de Charles Hill, les contraint à fuir en Amérique du Nord.

**Hill, Anne Fairbrother**. Dancer, teacher. Born: July 15, 1804, London, England. Died: 1890, St. Antoine, Quebec. Birth name: Amelia Fairbrother.

Anne Fairbrother Hill was the daughter of Robert Fairbrother, a popular dancer/acrobat with London's Drury Lane Theatre. She made her debut as Cora's child in *Pizarro*, and became a corps de ballet member around 1816. Following her marriage to actor Charles Hill in 1826, the couple toured Britain for several years.

In 1830 the Hills returned to London, where Anne appeared at the Drury Lane and Surrey theatres as a dancer and pantomime actress. When they transferred to Covent Garden in

1835, Anne was soon promoted to principal dancer and had considerable success in pantomime roles. From 1837 to 1840, the Hills worked in provincial theatres, but bankruptcy at Brighton's Theatre Royal, caused by Charles Hill's mismanagement, forced them to flee to North America.

The Hills made their debut in the United States at New York's Park Theatre on September 2, 1840. Mrs. Hill became an audience favourite with a repertoire that included Elssler's *Cracovienne* and *Cachucha*, and dramatic roles such as the mute, Fenella, in *Masaniello*. The Hills moved to Montreal, in 1843, to join John Nickinson's company.

Between seasons, the Hills directed a dancing academy and assisted amateurs in producing plays. During the summers, they toured Upper Canada, performing in Toronto and Hamilton as well as shorter stints in countless other towns. Anne Hill danced and acted, her husband served as manager and character actor, son Charles John Barton played romantic leads, daughter Rosalie was second dancer and ingenue and younger son Robert Herbert was box-office manager.

Following violent demonstrations in Montreal over the Rebellions Losses Bill, in 1849, the Hills moved to Toronto to join Charles Kemble Mason's new company at the Royal Lyceum. The family troupe disbanded in 1851 following a benefit performance; an announcement in the Patriot attested to Mrs. Hill's ability as a dance instructor, stating, "She has won the esteem of all, not merely by her grace and elegance and consequent success in this department, but also by her extreme good temper, good sense and kindness of disposition. As a performer her merits are well known; but the extent of her histrionic exertions in favour of others is known only to a few."

During the 1850's, Charles and Anne Hill toured widely. At the outbreak of the Civil War in the United States, Mrs. Hill, who had separated from her husband, settled in Montreal. She remained active in Montreal's professional and amateur theatre until her death in St. Antoine, Quebec in 1890.

Les Hills firent leur début aux États-Unis au Théâtre Park à New York le 2 septembre 1840. Madame Hill était une favorite du public avec son répertoire qui incluait, *Cracovienne* d'Elssler et *Cachucha*, et des rôles dramatiques comme la muette, Fenella, dans *Masaniello*. Les Hills déménagèrent à Montréal en 1843 afin de se joindre à la troupe de John Nickinson.

Dans leur temps libre, entre les saisons de spectacles, les Hills dirigeaient une académie de danse et guidaient des amateurs dans la production de pièces de théâtre. Pendant l'été, ils faisaient la tournée du Haut-Canada, dansant à Toronto et à Hamilton et donnant des spectacles pour de plus brèves périodes dans d'innombrables autres villes. Anne Hill travaillait alors comme danseuse et actrice alors que son mari cumulait les postes de gérant et d'acteur de caractère. Leur fils, Charles John Barton, jouait les rôles principaux romantiques, leur fille, Rosalie, était deuxième danseuse et jouait l'ingénue et finalement Robert Herbert, le benjamin, était gérant du guichet de billets.

Suite à des démonstrations violentes à Montréal par rapport à la loi sur les Pertes associées aux Rébellions en 1849, les Hills s'installèrent à Toronto afin de se joindre à la nouvelle troupe de Charles Kemble Mason au Royal Lyceum. La troupe familiale fut dissoute en 1851 après un spectacle bénéfice. Une annonce publiée dans le Patriot souligne les talents de professeure de danse de Madame Hill en ces termes : «Elle a conquis l'estime de tous, non seulement par sa grâce et son élégance et les succès découlant de ces qualités mais aussi par sa sérénité, son jugement et sa grande générosité. Ses talents d'interprète sont bien connus mais l'étendue de ses efforts presque dramatiques au profit d'autres, n'est connue que de bien peu de personnes.»

Charles et Anne Hill firent de nombreuses tournées durant les années 1850. Au début de la Guerre civile aux États-Unis, Madame Hill, qui s'était depuis séparée de son mari, s'installa à Montréal. Elle demeura active dans le milieu théâtral amateur et professionnel de Montréal jusqu'à son décès à Saint-Antoine, au Québec en 1890.

Photo: Laurence M. Svirchev

## Jay Hirabayashi
by/par Kaija Pepper

**Hirabayashi, Jay**. Artistic director, dancer, choreographer, teacher. Born: February 18, 1947, Seattle, Washington.

Jay Hirabayashi moved to Edmonton, Alberta in 1959. He received a BA in Philosophy and Religious Studies at the University of Alberta in 1973 and an MA in Religious Studies at the University of British Columbia in 1978. Hirabayashi was a downhill ski racer and it was after radical knee surgery that he took his first dance class, at age thirty, with Vancouver's Paula Ross, to help speed recovery. He cites Ross, who had him performing within a year, as his primary influence and mentor. He subsequently studied at the School of Toronto Dance Theatre and the Goh Ballet Academy, as well as with contact improvisers Peter Ryan, Peter Bingham and Steve Paxton.

In Vancouver Hirabayashi performed with

**Hirabayashi, Jay**. Directeur artistique, chorégraphe, danseur, professeur. Né : 18 février 1947, Seattle, Washington.

Jay Hirabayashi s'installa à Edmonton, en Alberta en 1959. Il reçut un BA en Philosophie et en Études religieuses de l'Université de l'Alberta en 1973 ainsi qu'une MA en Études religieuses à l'Université de la Colombie-Britannique en 1978. Hirabayashi était un skieur de descente et c'est suite à une chirurgie radicale du genou qu'il prit son premier cours de danse à l'âge de trente ans, avec Paula Ross de Vancouver, dans le but d'accélérer sa guérison. Il estime que Ross, qui réussit à le présenter sur scène après une année d'entraînement, fut sa plus grande influence et son mentor. Il poursuivit ensuite sa formation au School of the Toronto Dance Theatre et au Goh Ballet Academy, ainsi qu'avec les improvisateurs en danse-contact, Peter Ryan, Peter Bingham et Steve Paxton.

À Vancouver, Hirabayashi dansa avec le Mountain Dance Theatre en 1980 et avec le Karen Jamieson Dance Company en 1982 et fut l'un de sept artistes indépendants à fonder le collectif EDAM (Experimental Dance and Music), où il développa ses talents de chorégraphe, créant près d'une douzaine d'oeuvres. Après quatre ans, en 1986, Hirabayashi ainsi que Barbara Bourget, une autre membre d'EDAM qu'il avait rencontrée au studio de Ross et épousée en 1981, décidèrent

Mountain Dance Theatre in 1980 and in 1982 with the Karen Jamieson Dance Company, and was one of seven independent artists to form the collective Experimental Dance and Music, (EDAM) where he developed his choreographic skills, creating close to a dozen works. After four years, Hirabayashi and fellow EDAM member Barbara Bourget, whom he had met at Ross's studio and married in 1981, struck out on their own, forming Kokoro Dance in 1986. Through Kokoro, Hirabayashi developed his own aesthetic, taking the Japanese art form of butoh and infusing it with the Western training and influences of himself and Bourget.

Hirabayashi had seen his first butoh performance in 1980, when Haru-pin Ha performed in Vancouver, and took his first butoh workshop in 1987 with Goro Namerikawa from Sankai Juku. Kokoro Dance, which he describes as "post-butoh", has become well-known for its nearly nude, white-painted, often bald performers, who invest their inverted, hunched and tense movements with extreme physical and emotional commitment. Hirabayashi's own powerful, athletic body creates unforgettable images of both physical and inner force.

Hirabayashi's *Rage*, Kokoro's first full-length piece, was originally titled *Half and Half* when it was performed in 1985. The duet with drummer John Greenaway was a study in tension, and was the first time Hirabayashi explored the slow motion movement that is a Kokoro trademark. A sixty-minute multi-disciplinary version, with nineteen performers, was performed in 1987. Part of the work's inspiration was the experience of people with Japanese ancestry, including Hirabayashi's father, who were forced to leave the Canadian and United States coasts during World War II. The ninth version, *The Believer* (1995), had just three dancers to make it suitable for touring. Hirabayashi has created about forty works for Kokoro, usually including improvisational elements within a choreographed score. Many are co-choreographed with Bourget.

In 1995, Hirabayashi went to Japan to study with Kazuo Ohno, one of the co-founders of butoh, on a Canada Council grant and received

de fonder leur propre compagnie de danse, Kokoro Dance. C'est avec Kokoro qu'Hirabayashi élabora sa propre esthétique, infusant l'art japonais du butoh de sa formation occidentale et de sa vision personnelle ainsi que de celle de Bourget.

Hirabayashi avait assisté à son premier spectacle de butoh en 1980, lorsque Haru-pin Ha donna un spectacle à Vancouver et suivit son premier atelier de butoh en 1987 avec Goro Namerikawa de la compagnie Sankai Juku. Kokoro Dance, qu'il décrit comme une compagnie «post-butoh», est particulièrement renommée pour ses interprètes presque nus, peints en blanc et souvent chauves, qui investissent leurs mouvements intervertis, accroupis et tendus d'une volonté d'intention physique et émotionnelle extrême. Le corps puissant et athlétique de Hirabayashi crée des images inoubliables de force physique interne et externe.

L'oeuvre d'Hirabayashi *Rage*, la première pièce pleine durée de Kokoro était au départ intitulée, *Half and Half* lorsqu'elle fut présentée en 1985. Ce duo, avec le batteur John Greenaway, est une étude sur la tension. Ce fut aussi la première fois qu'Hirabayashi explorait le mouvement en ralenti qui est depuis devenu une caractéristique de Kokoro. Une version multidisciplinaire de la même oeuvre, d'une durée de soixante minutes et comptant dix-neuf interprètes, fut présentée en 1987. L'oeuvre est en partie inspirée de l'expérience de personnes d'origine japonaises, incluant le père d'Hirabayashi, qui furent forcées de quitter les côtes canadiennes et américaines pendant la Seconde Guerre mondiale. La neuvième version, *The Believer* (1995), n'utilisait que trois interprètes afin de faciliter les tournées. Hirabayashi a créé environ quarante oeuvres pour Kokoro incluant souvent des éléments d'improvisation dans le cadre d'une chorégraphie fixe. Plusieurs de ses oeuvres sont des cocréations avec Bourget.

En 1995, Hirabayashi se rendit au Japon grâce à une bourse du Conseil des Arts, pour étudier avec Kazuo Ohno, l'un des cofondateurs du butoh. Il reçut le Prix Jacqueline Lemieux la

that year's Jacqueline Lemieux Prize. The same year, Hirabayashi began teaching a Butoh Zen Jazz Dance class, focusing on body/mind/spirit integration and abandonment through a combination of butoh and modern dance practices.

même année. Toujours en 1995, Hirabayashi commença à enseigner un cours de danse Butoh Zen Jazz, mettant l'emphase sur l'intégration corps/cerveau/esprit et sur l'abandon grâce à un mélange de pratiques propres au butoh et à la danse moderne.

◆

## Greta Hodgkinson
by/par Penelope Reed Doob

Photo: Cylla von Tiedemann

**Hodgkinson, Greta**. Dancer. Born: August 13, 1973, Providence, Rhode Island.

Determined, physically daring and technically secure, Greta Hodgkinson has moved rapidly through the ranks of the National Ballet of Canada. She entered the corps de ballet in 1990 at the age of sixteen after only a week as an apprentice, becoming a second soloist in 1993, first soloist in 1995, and principal dancer in 1996, when James Kudelka assumed the artistic directorship.

Hodgkinson, whose athletic prowess and competitive spirit were originally honed also in gymnastics and figure skating, studied ballet in

**Hodgkinson, Greta**. Danseuse. Née : 13 août 1973, Providence, Rhode Island.

Déterminée, audacieuse et techniquement exceptionelle, Greta Hodgkinson grimpa rapidement les échelons du Ballet national du Canada. Elle entra au corps de ballet en 1990 à l'âge de seize ans, une semaine seulement après avoir été acceptée comme apprentie; elle devint deuxième soliste en 1993, première soliste en 1995 et danseuse principale en 1996, lorsque James Kudelka assuma la direction artistique de la compagnie.

Hodgkinson, dont les prouesses athlétiques et l'esprit de compétition furent aiguisés par sa formation en gymnastique et en patinage artistique, étudia initialement à Rhode Island avec Winthrop Corey et Christine Hennessy avant de s'inscrire à l'École nationale de ballet,

Rhode Island with Winthrop Corey and Christine Hennessy before attending the National Ballet School, graduating in 1990. In 1993, with Robert Tewsley, she represented the National Ballet at the Third Erik Bruhn Prize Competition, dancing the pas de deux *Vittoria* (1993), the first role created for her by Kudelka.

Hodgkinson, carefully mentored by ballet mistress Magdalena Popa, has had strong debuts in much of the standard repertoire: Aurora, Giselle, Kitri in *Don Quixote*, Juliet in John Cranko's *Romeo and Juliet*, Irma in August Bournonville's *Tales of the Arabian Nights*, Hanna Glawari in *The Merry Widow*, Frederick Ashton's *Symphonic Variations*, the Russian Girl in George Balanchine's *Serenade*, the Swan Queen in both Erik Bruhn's and Kudelka's productions of *Swan Lake*, Bianca and Katarina in *The Taming of the Shrew*, the Sugar Plum Fairy and the Snow Queen in *The Nutcracker*, and Lescaut's Mistress and Manon in Kenneth MacMillan's *Manon*.

Perhaps her most memorable performances so far, however, are in more abstract contemporary works that highlight her formidable technique and abandon: John Alleyne's *Split House Geometric* (1990); William Forsythe's *the second detail*, *Herman Schmermann* and *In the Middle, Somewhat Elevated*, which she danced with the Australian National Ballet; Cranko's *Holberg Suite*; and Glen Tetley's *Sphinx* and *Voluntaries*. Still more impressive is her work in original roles: Alleyne's *Interrogating Slam* (1991) and *Septet*, John Neumeier's *Now and Then*, Jean Grand-Maître's *Frames of Mind*, Tetley's *Oracle*, Dominique Dumais' *the weight of absence* (1998); and in the Kudelka repertoire generally: *Cruel World* (1994), *Terra Firma* (1995), *Désir* (1991), *Musings* (1991) and *Pastorale* (1990).

The close creative symbiosis between Hodgkinson and Kudelka, sketched in *Vittoria* and *Nutcracker* and fully developed in *Swan Lake* and especially Summer in *The Four Seasons*, is reminiscent of Kudelka's earlier fruitful collaborations with Veronica Tennant and Karen Kain.

complétant ses études en 1990. En 1993, avec Robert Tewsley, elle représenta le Ballet national au troisième Concours Erik Bruhn, dansant le pas de deux *Vittoria*, le premier rôle que Kudelka créa à son intention.

Hodgkinson, supervisée étroitement par la maîtresse de ballet Magdalena Popa, fit des débuts solides dans une bonne partie du répertoire habituel: Aurore, Giselle, Kitri dans *Don Quichotte*, Juliette dans *Roméo and Juliette* de John Cranko, Irma dans *Tales of the Arabian Nights* d'August Bournonville, Hanna Glawari dans *The Merry Widow*, *Symphonic Variations* de Frederick Ashton, la fille russe dans *Serenade* de George Balanchine, la reine des cygnes dans les productions du *Lac des cygnes* d'Erik Bruhn et de Kudelka, Bianca et Katarina dans *The Taming of the Shrew*, la fée des sucres et la reine des neiges dans *Casse-Noisette* et la maîtresse de Lescaut ainsi que Manon dans *Manon* de Kenneth MacMillan.

C'est dans des oeuvres contemporaines abstraites, qui soulignent sa technique brillante et sa capacité d'abandon, qu'elle a jusqu'à date, donné ses interprétations les plus mémorables: *Split House Geometric* (1990) de John Alleyne; *the second detail* de William Forsythe ainsi que *Herman Schmermann* et *In the Middle, Somewhat Elevated*, qu'elle interpréta avec le Australian National Ballet; *Holberg Suite* de Cranko; *Sphinx* et *Voluntaries* de Glen Tetley. Elle est encore plus impressionnante dans des rôles originaux comme *Interrogating Slam* (1991) et *Septet* d'Alleyne, *Now and Then* de John Neumeier, *Frames of Mind* de Jean Grand-Maître, *Oracle* de Tetley, *the weight of absence* (1998) de Dominique Dumais et dans le répertoire de Kudelka dans son ensemble: *Cruel World* (1994), *Terra Firma* (1995), *Désir* (1991), *Musings* (1991) et *Pastorale* (1990).

La symbiose créative étroite liant Hodgkinson et Kudelka, décelable dans *Vittoria* et *Casse-Noisette*, devient tout à fait évidente dans le *Lac des cygnes* et elle est particulièrement éclatante dans le rôle de l'été dans *The Four Seasons*; cette symbiose rappelle les précédentes riches collaborations de Kudelka avec Veronica Tennant et Karen Kain.

## Anna-Marie Holmes
by/par Leland Windreich

**Holmes, Anna-Marie**. Dancer, teacher, choreographer, artistic director. Born: April 17, 1943, Mission, British Columbia. Birth name: Anna-Marie Ellerbeck.

An achiever from her early childhood, Anna-Marie Ellerbeck excelled in her academic work in public school, in her piano studies, and as a young performer. At age ten she auditioned for Heino Heiden of the British Columbia School of Dancing. The following year she entered the training programme at the Vancouver school, where she began intensive study in classical ballet with the St. Petersburg-born Lydia Karpova. David Holmes, born in Vancouver in 1928, proved to be a potential partner for the young Ellerbeck, and Karpova began their immersion in Russian training, both as soloists and in supported

**Holmes, Anna-Marie**. Danseuse, professeure, chorégraphe, directrice artistique. Née : 17 avril 1943, Mission, Colombie-Britannique. Nom à la naissance : Anna-Marie Ellerbeck.

Déterminée à réussir dès son enfance, Anna-Marie Ellerbeck excella au niveau de ses études scolaires à l'école publique, dans ses études de piano et en tant que jeune danseuse. À l'âge de dix ans, elle passa une audition pour Heino Heiden du British Columbia School of Dancing et l'année suivante, elle fut acceptée au programme de formation de l'école de Vancouver où elle amorça des études poussées en ballet classique avec Lydia Karpova, une native de Saint Pétersbourg. David Holmes, né à Vancouver en 1928, sembla être un partenaire potentiel pour la jeune Ellerbeck et Karpova amorça leur immersion dans la technique russe, comme solistes et comme danseurs adagios.

Ellerbeck fit son début sur scène à

adagio.

At age fourteen, Ellerbeck made her stage debut in Vancouver's Theatre Under the Stars. She supplemented her six years of study in Vancouver with additional training under Wynne Shaw in Victoria and in London, England, with Errol Addison and Audrey de Vos. Married to Holmes in 1960, she began a partnership which took them first to the Royal Winnipeg Ballet, where she rose quickly to the rank of soloist. The couple's work was admired for their "Russian" style and they applied to study at Leningrad's Kirov Theatre. During their two-year residence in Leningrad, Holmes was coached by the legendary Natalia Dudinskaya, who would become her mentor in later years. The couple made their Russian debut in the ballet, *The Flames of Paris*. From their coaches they learned all the spectacular pas de deux characteristic of Soviet ballet in the 1960's, works involving hazardous lifts and acrobatic prowess.

Over the next several years they appeared as guest artists with the London Festival Ballet, Les Grands Ballets Canadiens, the Chicago Opera Ballet and the Dutch National Ballet. In 1967 they settled in Estoril, Portugal, where they established the International Academy of Dance and founded the Lisbon International Festival of the Arts.

The Holmes appeared in two films made by the National Film Board of Canada: Ballet Adagio (1971), directed by Norman McLaren, a slow-motion version of the celebrated *Spring Waters* pas de deux, and Tour en l'air (1973), a fifty-minute documentary of their peripatetic career.

In 1980 the Holmes' separated and Anna-Marie began to concentrate on her talents as a coach, production consultant and teacher. Joining the Boston Ballet in 1985 as Ballet Mistress during Bruce Marks' directorship, she introduced the Vaganova syllabus to the company. She has mounted productions of *Giselle*, *Swan Lake* and *The Sleeping Beauty* for the company. In 1990 and 1994, she headed the faculty of the International Ballet Competition in Jackson Mississippi. Upon Marks' retirement in

Vancouver avec le Theatre Under the Stars. Elle approfondit ses six années de formation en danse à Vancouver grâce à des cours additionnels avec Wynne Shaw à Victoria et avec Errol Addison et Audrey de Vos à Londres. Elle épousa Holmes en 1960 amorçant ainsi un partenariat qui les mena d'abord au Royal Winnipeg Ballet, où elle devint soliste rapidement. Le style «russe» du couple était particulièrement apprécié et ils décidèrent d'aller étudier au théâtre Kirov de Léningrad. Durant leur séjour de deux ans à Léningrad, Holmes fut supervisée par la légendaire Natalia Dudinskaya, qui deviendrait plus tard son mentor. Le couple fit son début en Russie dans le ballet *The Flames of Paris*. Leurs professeurs russes leur enseignèrent tous les pas de deux spectaculaires si caractéristiques du ballet soviétique des années 1960 ainsi que les portés audacieux et les prouesses acrobatiques.

Au fil des années suivantes ils dansèrent comme artistes invités avec le London Festival Ballet, Les Grands Ballets Canadiens, le Chicago Opera Ballet et le Dutch National Ballet. En 1967, ils s'installèrent à Estoril, au Portugal, où ils fondèrent le International Academy of Dance et le International Festival of the Arts de Lisbonne.

Les Holmes participèrent à deux films tournés par l'Office national du film: Ballet Adagio (1971), réalisé par Norman McLaren, une version au ralenti du célèbre pas de deux de *Spring Waters* et Tour en l'air (1973), un documentaire de cinquante minutes décrivant leur carrière péripatétique.

En 1980 les Holmes se séparèrent et Anna-Marie commença à travailler comme entraîneur, conseillère en production et professeure. En 1985 elle se joint comme maîtresse de ballet au Boston Ballet, compagnie dirigée par Bruce Marks, et elle y introduit le syllabus Vaganova.

Elle a monté pour cette compagnie des productions de *Giselle*, *Le Lac des cygnes* et *La Belle au bois dormant*. En 1990 et 1994, elle dirigea le comité responsable du Concours international de ballet à Jackson au Mississipi. Holmes assuma la direction artistique du Boston

1998, Holmes assumed the artistic directorship of the Boston Ballet. Her celebrated production of *Le Corsaire* was taken into the repertoire of American Ballet Theatre that year.

Ballet suite à la retraite de Marks en 1998. Cette même année, sa célèbre production, *Le Corsaire*, fut incluse au répertoire de l'American Ballet Theatre.

**The Hound of the Baskervilles** (Le Chien des Baskerville)
Premiere/Première: National Tap Dance Company of Canada, Premiere Dance Theatre, Toronto, December 8 décembre, 1987
A full-length tap dance thriller!/Une oeuvre de suspense pleine soirée aux claquettes!
Based on the book by/Inspiré du livre de: Sir Arthur Conan Doyle
Choreography/Chorégraphie: William Orlowski
Costume and Set Design/Conception des costumes et du décor: William Orlowski
Lighting Design/Éclairages: Steve Ross
Costume Construction/Réalisation des costumes: Winthrop Corey

Prologue
The Artists of the National Tap Dance Company of Canada prepare for *The Hound of the Baskervilles*, a tap dance thriller.

Act I
After strutting a 'grand march', a troupe of "minstrels" assume many characters to portray an unusual tale of mystery and intrique.

Sir Charles Baskerville has met a violent and unnatural death on the moors of Devon.

In his London quarters, Sherlock Holmes and his loyal friend Dr. Watson are joined at breakfast by Dr. James Mortimer. After claiming his walking stick, which he had left behind on a visit the previous evening, Dr. Mortimer arouses his host's curiosity by relating the tale of the "Curse of the Hound."

In 1684, the wicked Hugo Baskerville was murdered by a terrible ghostly beast on the moors of Dartmoor, and his descendants have been cursed to doom.

The recent death of Sir Charles Baskerville has been attributed to the legendary curse. The report that the Hound has actually been seen again brings Watson and Holmes upon the scene.

Sherlock Holmes becomes involved after having been visited in his London apartment by Sir Henry, the young heir to the Baskerville estate. A missing boot and a letter warning Sir Henry to keep away from the moors become important clues in this mystery.

Although Holmes is too occupied to go down to Devon, he sends Watson with Sir Henry. Intimidated by the grim atmosphere of the moors and the cheerless Baskerville Hall, Watson is cordially welcomed by the butler and housekeeper, Mr. and Mrs. Barrymore.

The next day, Watson and Sir Henry meet Jack Stapleton, a naturalist, and his beautiful 'sister', Beryl, who try to convince Watson to return to London. On the edge of the moors they hear a

long, low moan, which Stapleton says is the Hound of the Baskervilles calling for its prey.
Act II
The Hound is not alone on the moors; an escaped convict is hiding there. The ensuing events, including Watson's visit with Laura Lyons, the last person to see Sir Charles alive, all add to the suspense of this chilling tale. But it is not until Watson has discovered the identity of another person he has seen on the moors that he can resolve the mystery of *The Hound of the Baskervilles*.

Players/Joueurs:
(In order of appearance) subject to change/(Par ordre d'entrée) sujet à des changements
Minstrel Troupe/Troupe des ménestrels: The Company/La compagnie
Sherlock Holmes: Glen Kotyk
Dr. Watson: William Orlowski
Dr. James Mortimer: Lili Francks
A Maiden/Une jeune femme: Carol Forrest
Sir/Sieur Hugo Baskerville: Cassel Miles
The Hound/Le chien: Christopher Caterer
Sir/Sieur Charles Baskerville: Cassel Miles
Sir/Sieur Henry Baskerville: Stephen Greig
A Mystery Man/Un homme mystère: Cassel Miles
A Lady on the train/Une dame dans le train: Leslie McAfee
Seldon (an escaped convict/un prisonnier évadé): Christopher Caterer
A Policeman/Un policier: Glen Kotyk
Mr./M. Barrymore: Glen Kotyk
Mrs./Mme. Barrymore: Cheri Gibson
Jack Stapleton: Cassel Miles
Beryl Stapleton: Leslie McAfee
Laura Lyons: Cheri Gibson

Prologue
Les artistes du National Tap Dance Company of Canada préparent pour le *The Hound of the Baskervilles*, un thriller dansé aux claquettes.
Premier Acte
Après une marche grandiose, une troupe de «ménestrels» incarne divers personnages afin d'illustrer un récit inhabituel de mystère et d'intrigue.

Sir Charles Baskerville est décédé dans des circonstances violentes et suspectes sur les landes du Devon.

Dans ses quartiers londoniens, Sherlock Holmes et son fidèle ami, le Dr Watson reçoivent le Dr James Mortimer au petit déjeuner. Après avoir repris sa canne oubliée la veille, le Dr Mortimer éveille la curiosité de son hôte en racontant le récit de «la malédiction du chien».

En 1684, le vilain Hugo Baskerville, fut assassiné par une terrible bête fantôme sur les landes de Dartmoor et ses descendants ont été maudits jusqu'à la fin des siècles.

Le récent décès de Sir Charles Baskerville a été attribué à une malédiction légendaire. Comme

on raconte que le Chien a de nouveau été aperçu, Watson et Holmes se rendent sur la scène. Sherlock Holmes s'intéresse à l'affaire après la visite à son appartement de Londres de Sir Henry, le jeune héritier du domaine des Baskerville. Une botte manquante et une lettre avertissant Sir Henry de se tenir loin des landes deviennent des indices importants du mystère.

Bien que Holmes soit trop pris pour se rendre à Devon, il envoie Watson avec Sir Henry. Intimidé par l'atmosphère lugubre des landes et par le morne Baskerville Hall, Watson est reçu cordialement par le serviteur et la bonne, M. et Mme. Barrymore.

La journée d'après, Watson et Sir Henry rencontrent Jack Stapleton, un naturaliste, ainsi que sa magnifique «soeur», Beryl, qui tente de convaincre Watson de retourner à Londres. À la périphérie des landes, ils entendent un long gémissement sourd, que Stapleton affirme être le Chien des Baskerville appelant sa proie.

Deuxième Acte
Le Chien n'est pas seul sur les landes, un prisonnier évadé s'y cache aussi. La suite des événements, incluant la visite de Watson avec Laura Lyons, la dernière personne à voir Sir Charles vivant, ajoutent au suspense de ce récit angoissant. Ce n'est que lorsque Watson a découvert l'identité d'une autre personne aperçue sur les landes qu'il peut résoudre le mystère

Photo: Cylla von Tiedemann

## Christopher House
by/par Paula Citron

**House, Christopher**. Chorégraphe, danseur, directeur artistique. Né : 30 mai 1955, St. John's, Terre-Neuve.

Les chorégraphies de Christopher House, oeuvres très épurées, furent acclamées dans des salles prestigieuses comme le Joyce Theater à New York ainsi qu'à plusieurs festivals, notamment le Festival international de nouvelle danse. En 1994, il fut nommé au poste de directeur artistique du Toronto Dance Theatre, la compagnie avec laquelle il avait amorcé sa

**House, Christopher**. Choreographer, dancer, artistic director. Born: May 30, 1955, St. John's, Newfoundland.

Christopher House's polished choreographic works have been widely acclaimed at prestigious venues such as the Joyce Theater in New York, and at festivals including Montreal's Festival international de nouvelle danse. In 1994, he took over the artistic direction of Toronto Dance Theatre, the company where he began his professional career as a dancer in 1978.

While studying political science at the University of Ottawa, House began movement classes with Elizabeth Langley and subsequently decided to pursue dance as a full-time career. He spent time in New York training with Nikki Cole and Alfredo Corvino, and then studied at York University, receiving a BFA in dance in 1979.

House's choreographic talent was noted early on. In his first year with Toronto Dance Theatre, he was already producing works for the company choreographic workshop and by 1981 had been appointed resident choreographer.

*Glass Houses* (1983), with its high-energy perpetual motion, is regarded by many critics as House's signature work. If any piece can be considered a turning point in his prolific career, it is *Artemis Madrigals* (1988), in which his choreography became, in his word, "looser" and was created in a more intuitive way. Unlike earlier works, *Artemis Madrigals* had a degree of passion, emotionalism and intensity new to the choreographer.

Throughout House's career, he has deliberately pushed himself choreographically in the opposite direction to that of his most recent work. When he comes back to the previous stylistic focus, it is in the hope of exploring the language more deeply. This quest to develop his language of dance led him to the works he premiered from 1992-1994 – the classical vocabulary of *Amor's Gavottes* (1992) and *Encarnado* (1993), the Broadway idioms of *Barnyard* (1993), the structural formality of *Four Towers* (1993) and the abstract movement of *Colder Ink* (1994).

There is a constant development in his dance

carrière professionnelle de danseur en 1978.

Alors qu'il étudiait les sciences politiques à l'Université d'Ottawa, House débuta des cours de mouvement avec Elizabeth Langley et décida subséquemment d'opter pour une carrière à temps plein en danse. Il étudia avec Nikki Cole et Alfredo Corvino à New York et plus tard à l'Université York où il se mérita un baccalauréat en beaux-arts (danse) en 1979.

Le talent de chorégraphe de House fut rapidement remarqué. Dès sa première année avec le Toronto Dance Theatre, il produisait des oeuvres dans le cadre des ateliers de chorégraphies de la compagnie et devint le chorégraphe en résidence de la troupe en 1981.

Plusieurs critiques estiment que *Glass Houses* (1983), animée d'un mouvement intense perpétuel, est l'oeuvre-signature de House. Une oeuvre charnière de sa carrière prolifique est *Artemis Madrigals* (1988), une oeuvre à partir de laquelle sa chorégraphie devint, selon ses propres mots, «plus relâchée» et plus intuitive. Au contraire de ses oeuvres précédentes, *Artemis Madrigals* se démarquait par un niveau de passion, d'émotivité et d'intensité jusque là inconnu chez ce chorégraphe.

Tout au long de sa carrière, House choisit de toujours explorer une chorégraphie se situant au pôle opposé de sa plus récente oeuvre. Il revient ensuite au style précédent dans l'espoir d'explorer ce langage connu avec plus de profondeur. Cette quête vers un vocabulaire personnel se traduit par les oeuvres qu'il présenta en première dans les années 1992 à 1994 : le vocabulaire classique d'*Amor's Gavottes* (1992) et d'*Encarnado* (1993), les codes typiques à Broadway se retrouvant dans *Barnyard* (1993), la formalité structurelle de *Four Towers* (1993) et le mouvement abstrait de *Colder Ink* (1994).

Son vocabulaire en danse est en évolution constante, ses oeuvres sont à la fois énigmatiques et stimulantes intellectuellement. Sa chorégraphie est étroitement associée à la musique et donne lieu à un mouvement particulièrement complexe en ce qui a trait au rythme. La musique est fréquemment sa

vocabulary. His works are frequently both enigmatic and intellectually challenging. His choreography is usually bound up in the music, producing movement noted for its rhythmic complexity. Often, the music is the point of inspiration, and he responds to any score in an almost Balanchine-like way. His stage pictures are sculptural and he is at home creating both solos and large ensemble works. His partnering is demanding, and his inventive footwork requires enormous discipline and technical skill.

House is paradoxically both conservative and forward looking. On one hand, he remains firmly rooted in works that "move" and has completely resisted other influences such as dance theatre and use of text. On the other hand, House actively seeks to work with contemporary musicians, particularly Toronto's avant garde Arraymusic, because he believes strongly in collaboration. He has also initiated collaborations with Asian artists such as Korea's Kim Soo-ja. His 1997 collaboration with East Indian choreographer Chandralekha led to the company's tour to India the following year.

He has created works for Dancemakers, the Banff Festival Ballet, Les Grands Ballets Canadiens, Ballet British Columbia, the National Ballet of Canada, Lisbon's Ballet Gulbenkian, Judith Marcuse Dance Company and solos for Karen Kain, Peggy Baker and Patricia Fraser.

House was awarded the 1983 Jean A. Chalmers Award for Choreography, the 1986 Clifford E. Lee Award, Dora Mavor Moore Awards in 1985 and 1988, the 1986 Royal Bank Choreographic Commission for Expo '86, and the 1992 Toronto International Festival Music/Dance Award. He was inducted into the Hall of Honour of Newfoundland and Labrador in 1996.

première source d'inspiration et il répond à une partition d'une façon semblable à celle de Balanchine. Ses tableaux de scène sont sculpturaux et il est aussi à l'aise dans des oeuvres solos que dans des oeuvres élaborées pour groupe. Ses chorégraphies sont exigeantes au niveau du partenariat et son travail de pieds innovateur exige une discipline énorme et une technique solide.

Paradoxalement, House est à la fois conservateur et avant-gardiste. D'une part, il demeure enraciné dans des oeuvres qui «bougent» et a donc résolument résisté à d'autres influences comme la danse théâtrale et l'utilisation du texte. D'autre part, House cherche activement à travailler avec des musiciens contemporains, plus précisément avec Arraymusic de Toronto; la collaboration artistique lui est importante. Il a également initié des collaborations avec des artistes asiatiques tels que Kim Soo-ja de la Corée. En 1997, sa collaboration avec la chorégraphe de l'Est de l'Inde, Chandralekha, se solda l'année suivante par une tournée de la compagnie dans ce pays.

Il a créé des oeuvres pour Dancemakers, le Banff Festival Ballet, Les Grands Ballets Canadiens, le Ballet British Columbia, le Ballet national du Canada, le Ballet Gulbenkian de Lisbonne, le Judith Marcuse Dance Company ainsi que des solos à l'intention de Karen Kain, Peggy Baker et Patricia Fraser.

House reçut le Prix Jean A. Chalmers pour la Chorégraphie en 1983, le Prix Clifford E. Lee en 1986, le Prix Dora Mavor Moore en 1985 et en 1988, la Commande chorégraphique de la Banque Royale pour Expo '86 ainsi que le Prix Toronto International Festival Music/Dance en 1988. Il fut nommé au Temple d'honneur de Terre-Neuve et du Labrador en 1996.

**Human Sex** (Sexe Humain)
Premiere/Première: La La La Human Steps, Vancouver East Cultural Centre, April 3 avril, 1985
Choreography/Chorégraphie: Edouard Lock
Music Composition/Composition musicale: Randall Kay, Louis Seize
Micro-computer Music Project/Projet de musique informatique: Philippe Ménard, Daniel Blanchet, Pierre Caron
Lyrics/Paroles: Randall Kay, Edouard Lock, Louis Seize
Music Interpretation/Musiciens: Frederike Bedard, Randall Kay
Sound Engineering/Technicien Audio: Alain Couture, Frederic Samne
Stage Manager/Régie: Sylvie Galarneau
Production and Tour Manager/Production et Gérante de tournée: Suzanne Lortie
Lighting Design/Éclairages: Ian Donald
Costumes: Ginette Noiseaux
Set and Props/Décors et accessoires: Danielle Levesque, Louise Campeau
Set Construction/Réalisation des décors: Ateliers Blanchard Inc.
Light Machine and Video Components/Machines d'Éclairages et Composantes Vidéos: Doug Meek, Randall Kay
Laser Sculpture/Sculpture au Laser: Jean-Yves Coté
Assistant Tour Manager/Gérante adjointe de tournée: Heidi Fleming
Assistant Production Manager/Gérant adjoint de Production: Beaudoir Wart
Rehearsal Mistress/Répétitrice: Marie Renaud
Promotion: Ludmilla Luft
Dancers/Danseurs: Marc Beland, Carole Courtois, Glaude Godin, Louise Lecavalier, Edouard Lock

Human Sex
The dance, performance art and musical spheres interact continuously through the use of light beam musical machines which use white and laser light. These beams, when interrupted by movement such as hand dances, trigger percussive sounds, thus clarifying movement by creating a direct relationship between it and sound. Therefore, a portion of the musical content is directly linked to the visual complexity of the dance. The dancer accompanies himself without having to change artistic mediums.

Though this is not necessarily new, the musical integrity to which it is applied creates a contemporary support to an imaginative and "actuel" musical style created by Randall Kay and Louis Montpetit, two young Canadian composers. Electric guitar, synthesizer, drum machines, live vocals led by Frederike Bedard, sound effects and technicians are all ingredients in the piece.

This is a show in which a highly physical dance evolves in a musical frame as researched as the dance. The two worlds create an anarchy on stage which does not obey the rules of polite co-existence. Each medium attracts the audience's attention which duplicates the anarchy and pleasure of anarchy in our society.

The dance in itself is highly complex and risk-oriented. Risk creates passion because it stimulates hope. The greater the risk, the greater the hope it encourages, and when it is stylised on stage, it reaches for the same fundamental response.

Human Sex

Les sphères de la danse, de l'interprétation et de la musique interagissent continuellement grâce à l'utilisation de machines musicales à faisceaux de lumière blanche et de rayons laser. Ces faisceaux, lorsqu'ils sont interrompus par des mouvements tels que des danses de mains, provoquent des sons de percussion, clarifiant ainsi le mouvement en créant un lien direct entre celui-ci et le son. Une portion du contenu musical est donc directement associé à la complexité visuelle de la danse. L'interprète s'accompagne ainsi sans avoir à changer de médium artistique.

Cette utilisation n'est pas foncièrement nouvelle cependant, l'intégrité musicale de son application génère un soutien contemporain au style musical actuel et imaginatif créé par Randall Kay et Louis Montpetit, deux jeunes compositeurs canadiens. La guitare électrique, le synthétiseur, les machines à tambour, les voix en direct dirigées par Frederike Bedard, les effets sonores ainsi que les techniciens, tous sont des éléments de l'oeuvre.

Il s'agit d'un spectacle où la danse, très physique, évolue dans un cadre musical aussi sophistiqué que la danse même. Les deux univers créent ainsi une anarchie sur scène, anarchie qui n'obéit pas aux règles de la coexistence polie. Chaque médium capte l'attention de l'auditoire ce qui accentue l'anarchie et le plaisir de l'anarchie dans notre société.

La danse est en elle-même très complexe et orientée vers le risque. Le risque génère la passion parce qu'il stimule l'espoir. Plus grand est le risque, plus grand l'espoir ainsi suscité et lorsqu'il est stylisé sur scène, il tend vers la même réponse fondamentale.

*Taking technology to new dance heights,* Human Sex *was a stage full of electric cables, towering dancer-activated sound and light machines, videos suspended from the rafters and kamikaze-style dancing that involved horizontal barrel rolls which ended in crash landings, felling dancers like logs. Combining music, performance art and dance, this brazen redefinition of dance moved in bursts with laser precision. Dancer Louise Lecavalier set new standards for gritty, muscled risk taking.*

*Poussant la technologie vers de nouveaux sommets,* Human Sex *présente une scène remplie de câbles électriques et d'imposants appareils d'éclairages et de sons activés par les interprètes, des appareils vidéos suspendus et un style de danse kamikaze où des sauts "barrel" à l'horizontale se terminent en atterrissage brutal, abattant les danseurs comme des billots. Associant la musique, l'interprétation et la danse, cette nouvelle définition impudente de la danse éclate en explosions avec une précision laser. La danseuse Louise Lecavalier établit de nouvelles normes pour la prise de risques audacieux.*

Linde Howe-Beck

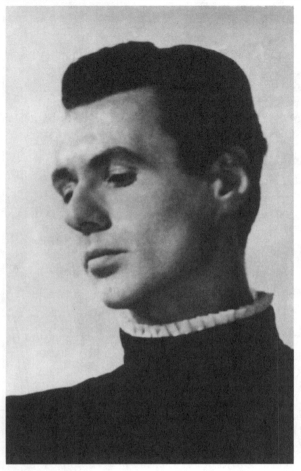

**Eric Hyrst**
by/par Iro Valaskakis Tembeck

**Hyrst, Eric**. Dancer, choreographer, artistic director. Born: 1927, London, England. Died: January 31, 1996, Montreal, Quebec.

Eric Hyrst studied at the Italia Conti School from the age of nine and continued at the Sadler's Wells Ballet School and with Vera Volkova before becoming a member of the Sadler's Wells company at the age of sixteen. In 1947 he joined the Metropolitan Ballet in London as leading dancer in the classical ballet repertoire. There his colleagues included such renowned dancers as Svetlana Beriosova, Sonia Arova, Erik Bruhn, Poul Gnatt, Celia Franca and David Adams. For one year, in 1949, he had his own dance company in London. In 1950 he left England to perform with George Balanchine's New York City Ballet, having worked with Balanchine while with the Sadler's Wells

**Hyrst, Eric**. Danseur, chorégraphe, directeur artistique. Né : 1927, Londres, Angleterre. Décédé : 31 janvier 1996, Montréal, Québec.

Eric Hyrst étudia à l'école Italia Conti dès l'âge de neuf ans et poursuivit ses études au Sadler's Wells Ballet School ainsi qu'avec Vea Volkova avant de devenir membre de la compagnie de Sadler's Wells à seize ans. En 1947 il se joint, comme danseur principal du répertoire de ballet classique, au Metropolitan Ballet à Londres. Ses collègues étaient alors des danseurs et danseuses renommés tels que Svetlena Beriosova, Sonia Arova, Erik Bruhn, Paul Gnatt, Celia Franca et David Adams. En 1949, il eut sa propre compagnie de danse pour une année à Londres. En 1950, il quitta l'Angleterre pour danser avec le New York City Ballet de George Balanchine, ayant travaillé avec celui-ci lorsqu'il était avec la compagnie Sadler's Wells. Hyrst quitta New York pour danser une saison avec le Ballet Alicia Alonso en Amérique du Sud.

company. Hyrst left New York to dance a season with the Alicia Alonso Ballet in South America.

He first came to Canada to perform with the Royal Winnipeg Ballet in 1953, where he restaged Act II of *Swan Lake*, dancing it with Jean Stoneham. Moving to Montreal, he collaborated for eleven years with Les Ballets Chiriaeff and Les Grands Ballets Canadiens, as premier danseur, choreographer and artistic advisor.

Hyrst appeared regularly on Radio Canada's television productions L'Heure du Concert, both as dancer and choreographer. For L'Heure he choreographed *La Cage d'or* and *Romeo and Juliet* (1955), dancing with another former Royal Winnipeg dancer, Eva von Gencsy. In 1955 he choreographed an entire one-hour show using the music of Canadian composers. The next year his work *Drawn Blinds* featured both von Gencsy and Ludmilla Chiriaeff. Other works he created in Montreal include *Sea Gallows* (1959), based on a Nova Scotian folk legend with an original score by Michel Perrault; *Valses Nobles et sentimentales* (1961); *Labyrinthe*, a 1959 restaging of his *Romeo and Juliet* for Les Grands Ballets Canadiens; and in 1960 he collaborated with composer Robert Fleming to create *Introduction*.

For the opening of Place des Arts, Rosella Hightower was brought to Montreal as guest artist and Hyrst choreographed a new work, *Hommage* (1963), which was later televised by the CBC.

In 1972 he founded Les Ballets Métropolitains in Montreal. A school, L'Atelier de Ballet Classique, was attached to the company. The venture was unsuccessful and following a divorce he moved to the United States where he worked with the Wisconsin Conservatory of Music, and later with the Kansas City Ballet restaging *Giselle* and creating his own version of *The Nutcracker*. Hyrst later directed the Springfield Civic Ballet of Missouri. In 1980, he and his second wife, Diane Gaumond, founded the State Ballet of Oregon in Medford.

Hyrst died of a heart attack while visiting Montreal in 1996.

Il visita le Canada la première fois en 1953 pour danser avec le Royal Winnipeg Ballet et y créa une nouvelle mise en scène du deuxième acte du *Lac des cygnes*, dansant avec Jean Stoneham. Déménagé à Montréal, il collabora pendant onze ans avec Les Ballets Chiriaeff et Les Grands Ballets Canadiens comme danseur principal, chorégraphe et conseiller artistique.

Hyrst participait régulièrement en tant que chorégraphe et danseur aux productions télévisées de la Société Radio-Canada comme L'Heure du concert. Pour cette émission il chorégraphia *La Cage d'or* et *Roméo et Juliette,* dansant avec une autre ancienne danseuse du Royal Winnipeg Ballet, Eva von Gencsy. En 1955, il chorégraphia une émission d'une heure utilisant la musique de compositeurs canadiens. L'année d'après, son oeuvre, *Drawn Blinds* mettait en vedette von Gencsy et Ludmilla Chiriaeff. Parmi les autres oeuvres qu'il créa à Montréal on compte : *Sea Gallows* (1959), inspirée d'une légende de la Nouvelle-Écosse sur une musique originale de Michel Perrault; *Valses nobles et sentimentales* (1961); *Labyrinthe* (1959), une nouvelle mise en scène de *Roméo et Juliette* (1958) pour les Grands Ballets Canadiens et en 1960, il collabora avec le compositeur Robert Fleming pour créer *Introduction*.

Pour l'ouverture officielle de la Place des Arts, Rosella Hightower fut l'artiste-invitée et Hyrst chorégraphia une nouvelle oeuvre, *Hommage* (1963), qui fut diffusée subséquemment sur les ondes de la CBC.

En 1972, il fonda Les Ballets Métropolitains de Montréal et l'école associée, l'Atelier de ballet classique. Cette entreprise échoua et suite à un divorce il s'installa aux États-Unis où il travailla avec le Conservatoire de musique du Wisconsin et plus tard avec le Kansas City Ballet, créant une nouvelle mise en scène de *Giselle* et créant sa propre version du *Casse-Noisette*. Hyrst dirigea plus tard le Springfield Civic Ballet of Missouri. En 1980, lui et sa seconde femme, Diane Gaumond, fondèrent le State Ballet of Oregon à Medford.

Hyrst décéda d'un infarctus lors d'une visite à Montréal en 1996.

Ottawa, 1996

**I Want! I Want!** (Je Veux! Je Veux!)
Premiere/Première: Janet Baldwin Ballet, Sixth Canadian Ballet Festival, Hart House Theatre, Toronto, May 3 mai, 1954
Music by/Musique par Dohnanyi
Choreography and Costumes by/Chorégraphie et costumes par Don Gillies

"*I Want! I Want!*" developed from an inspiration to use ladders decoratively. Meaning later sprang into the conception from an awareness of William Blake's drawing - "I Want! I Want!" The ballet is the idea of man always wanting and never being satisfied. A solution is found, and that is - instead of "I Want! I Want!" - GIVE!

    Introduction.
    I want a balloon.
    I want to be the greatest.
    I want the moon.
    I want the largest.
    I want a true love.
    I want the glory (sycophants).
    I want a soul.
    I have found - GIVE!

*I Want! I Want!* s'élabora à partir de l'idée d'utiliser des échelles de façon décorative. Le sens surgit plus tard lors de la contemplation d'un dessin de William Blake intitulé «I Want! I Want!». Le ballet traite de l'homme qui est constamment en état de besoin sans jamais être satisfait. Une solution surgit: plutôt que de dire Je Veux! Je Veux! - DONNER!

    Introduction.
    Je veux un ballon.
    Je veux être le meilleur.
    Je veux la lune.
    Je veux le plus gros.
    Je veux un véritable amour.
    Je veux la gloire (flagorneurs).
    Je veux une âme.
    J'ai trouvé - DONNER !

Dancers/Danseurs: Claudia Andrechuk, Naida Chrysler, Ruth Carse, Barbara Cook, Freda Crisp, Sheila Dunion, Glenda Favot, Eva Hawkins, Nancy Hope, Shirley Stephenson, Jill Stewart, Vlasta Tichopad, Lorraine Zade, Chuck Chandler, William Diver, Victor Duret, Don Gillies, Bob Millar, Fred Warnes.

## In Paradisum

Premiere/Première: Les Grands Ballets Canadiens, Salle Wilfrid Pelletier, Place des Arts,
Montréal, April 21 avril, 1983
Chorégraphie/Choreography: James Kudelka
Musique/Music: Michael J. Baker
Costumes: Denis Joffre
Éclairages/Lighting: Nicholas Cernovitch

La mort peut être vue comme un état transitoire ou comme un acte final. Dans *In Paradisum*, la
mort est un acte empreint de dignité et l'oeuvre décrit les attitudes des êtres qui tentent de lui
faire face. James Kudelka a tiré une partie de son inspiration des écrits et des théories du docteur
Elizabeth Kübler-Ross et une partie des images dans les ouvrages illustrés Graphics, Posters and
Drawings de Käthe Kollowitz, Angels collectionnés par Peter Lamborn Wilson et
Metamorphosis of a Death Symbol de Kathleen Cohen.

Death can be seen as a transitory state or a final act. *In Paradisum* focuses on the dignity of
death and the attitudes people assume when they attempt to cope with dying. James Kudelka
drew some of his inspiration from the writings and theories of Dr. Elizabeth Kübler-Ross and
some of the visual imagery came from the three following illustrated books: Graphics, Posters
and Drawings by Käthe Kollowitz; Angels, collected and recorded by Peter Lamborn Wilson
and Metamorphosis of a Death Symbol by Kathleen Cohen.

Edward Hillyer (21, 22), Sylvain Lafortune (21, 22), Annette av Paul (23), Jacques Drapeau (23)
(21, 22) Betsy Baron, Jacques Demers, Ruth Norgaard, Alain Thompson, Betsy Carson,
Rosemary Neville
Sylvain Senez (21, 22), Catherine Lafortune (23)
(23) James Bates, Gioconda Barbuto, Nicholas Minns, Josée Ledoux, Robert Mason,
Maurice Lemay

*A Canadian classic,* In Paradisum *dealt with death and its affects on others. The work was
unusual because the leading roles - the sufferer, the chief mourner and the angel - were
performed by both men and women. Sparse, angular and feverish movements testified to the
agony felt by those gathered around the dying person until an angel appeared to herald a more
peaceful path.*

*Un classique canadien,* In Paradisum *traite de la mort et de son impact émotif sur les autres.
L'oeuvre se démarquait car les rôles principaux - celui qui souffre, la personne la plus touchée
par le deuil et l'ange - furent interprétés par des hommes et des femmes. Des mouvements
retenus, angulaires et fébriles témoignent de l'agonie ressentie par les personnes rassemblées
autour de la personne mourante jusqu'à ce qu'un ange apparaîsse annonçant ainsi un
dénouement plus paisible.*

Linde Howe-Beck

**Interrogating Slam**
Premiere/Première: National Ballet of Canada, O'Keefe Centre, Toronto, November 13 novembre, 1991
Choreography/Chorégraphie: John Alleyne
Music/Musique: Morton Subotnick – All My Hummingbirds Have Alibis for midi keyboard, midi mallets, flute, cello and computer

Set design/Décor: John Alleyne
Costume design/Conception des costumes: Kim Nielsen
Lighting design/Éclairages: Ken Alexander
Conductors/Chefs d'orchestre: Ormsby Wilkins (November 13, 15, 16 mat., 17), Paul Connelly (November 14, 16 eve.)
Musicians/Musiciens: Leslie Allt, flute/flûte; Maurizio Baccante, cello/violoncelle; Kerry McShane, piano; Beverley Johnston, mallets/maillets

Part I Evocation Dance/1ère Partie Danse de l'évocation
Part II Solos and Duets Dance/Épilogue/2ième Partie Solos et Duos/Épilogue
Julia Vilen, Martine Lamy, Sarah Green, Raymond Smith, Graeme Mears, Sally-Anne Hickin, Emily Molnar, Johan Persson, Clinton Luckett (November 13, 14, 16 eve., 17/ 13, 14, 16 novembre en soirée et le 17)
Jennifer Fournier, Caroline Richardson, Greta Hodgkinson, Jeremy Ransom, Peter Ottmann, Gail Skrela, Susan Dromisky, Philippe Dubuc, Robert Tewsley (November 15, 16 mat./15 et 16 novembre en matinée)

Excerpt from/Extrait de "Alleyne's new work an atomic ballet." Globe and Mail. November 15 novembre, 1991, p. C6.

*"Interrogating Slam*, Alleyne's new work for the National Ballet of Canada, is an atomic ballet, in which the circulating bodies combine or remain inert according to some irreducible principle. It's the periodic table in pointe shoes. The behaviour of Alleyne's atoms (we see nine, though their number may be infinite) can be charted, described, even predicted to a degree. Some are inert, meaning they act but do not combine. The nucleus - the trunk of the body - remains largely fixed in its own gravity; energy is expressed through set positions of the orbiting arms. Other atoms fuse instantly with their neighbours, spines and limbs melting into new complex cores and orbits."

«*Interrogating Slam*, la nouvelle oeuvre d'Alleyne créée à l'intention du Ballet national du Canada, est un ballet atomique, à l'intérieur duquel les corps en mouvement s'associent ou demeurent immobiles en réponse à un principe irréductible. C'est le tableau de classification périodique des éléments sur pointe. Le comportement des atomes d'Alleyne (nous en apercevons neuf mais leur nombre peut être infini) peut être suivi, décrit et jusqu'à un certain point, prédit. Certains sont inertes, c'est à dire qu'ils agissent sans s'associer. Le noyau - le tronc du corps - demeure en grande partie fixe dans sa propre masse; l'énergie s'exprime grâce aux positions figées des bras en orbite. D'autres atomes fusionnent instantanément avec leurs voisins, épines dorsales et membres se fondant dans de nouveaux noyaux et orbites complexes.»

Robert Everett-Green

Photo: Michael Slobodian

**Daniel Jackson**
by/par Kathryn Greenaway

**Jackson, Daniel**. Artistic director, dancer. Born: June 13, 1937, Detroit, Michigan.

Daniel Jackson began his ballet and modern dance studies with Osvalds Lemanis and Harriet Berg in Detroit, before moving to New York, where he studied with ballet teachers Edward Caton and Antony Tudor. His first professional job was with the first American national touring production of My Fair Lady. He had originally taken the job to pay the bills, but found, to his surprise, that he thoroughly enjoyed the experience. The musical's tour of the Soviet Union in 1960 was one of his career highlights.

Jackson made the transition from musical theatre to ballet after Ludmilla Chiriaeff asked him to join Les Grands Ballets Canadiens in 1961. It was not an easy move. Not only did he have to adjust to a new country, but he had to conform to a classical curriculum. He drew heavily on the discipline he had acquired while surviving the rigors of touring. He danced the lead role of Pierrot in Ludmilla Chiriaeff's full-length ballet *Pierrot de la lune* (1963), and choreographed one ballet for the company, *On est 000 16 pour assurer votre confort* (1972), but

**Jackson, Daniel**. Directeur artistique, danseur. Né : 13 juin, 1937, Détroit, Michigan.

Daniel Jackson débuta ses études de ballet et de danse moderne avec Osvalds Lemanis et Harriet Berg à Détroit avant de s'installer à New York où il étudia sous les professeurs de ballet Edward Caton et Anthony Tudor. Son début professionnel fut avec la première tournée américaine de la production My Fair Lady. Au départ, il avait accepté cet emploi pour subvenir à ses besoins mais il découvrit, à sa grande surprise, qu'il adorait cette expérience. La tournée de cette revue musicale en Union soviétique en 1960, fut l'une des meilleures expériences de sa carrière.

Jackson fit la transition du théâtre musical au ballet après avoir été invité par Ludmilla Chiriaeff à se joindre aux Grands Ballets Canadiens en 1961. Ce fut une étape difficile. Non seulement devait-il s'adapter à un nouveau pays, mais il devait aussi se conformer à un répertoire classique. Sa discipline acquise pour survivre aux rigueurs des tournées lui fut alors d'un grand secours. Il interpréta le rôle principal de Pierrot dans le ballet pleine durée de Ludmilla Chiriaeff, *Pierrot de la lune* (1963), et chorégraphia un ballet pour la compagnie, *On est 000 16 pour assurer votre confort* (1972). Cependant, c'est dans les postes de maître de ballet et directeur qu'il brilla particulièrement.

Il fut promu au poste de soliste et devint

he was destined to put his talents to best use as rehearsal master and director.

In 1966 he was promoted to soloist and became assistant ballet master, and consequently rehearsal master, in 1969. From 1978 until 1985, Jackson was Les Grands Ballets Canadiens' co-artistic director with Linda Stearns and Colin McIntyre. During his time as co-artistic director, Jackson took the opportunity to add modern works of a more experimental nature to the company's repertoire. At the time, Quebec was experiencing a contemporary dance boom and Jackson constantly monitored this creative explosion.

In 1985, he left the ballet company on difficult terms, and turned his undivided attention to the contemporary and postmodern dance scene. That same year, he began working as rehearsal director for Paul-André Fortier's company Fortier Danse Création. The encounter eventually led to the founding of Montréal Danse in 1986. In 1989, Fortier left the company to pursue a solo career and Jackson remained as sole artistic director. The company, dedicated to the creative process, is for the most part postmodern in approach – and does not have a resident choreographer. Jackson constantly searched for creators on the vanguard of new dance, pushing his troupe of performers a little further with each new venture, whether it be conquering the subtle strengths and unfamiliar cultural nuances of Japanese Butoh, or devouring a psychological drama by James Kudelka. Expanding dance horizons is second nature to Jackson and he continued to dedicate his time to the meticulous rehearsal process, nurturing new works and striving for seamless artistry. The results speak for themselves. Montréal Danse, consistently fascinating to watch, received both critical and public praise. This success was due, in part, to Jackson's faultless eye for dance talent, and, in large part, to his unfailing attention to artistic detail.

Jackson left Montréal Danse in March, 1996. In the summer of 1997, he became the artistic advisor for the Margie Gillis Dance Foundation.

maître de ballet adjoint en 1966, devenant répétiteur en 1969. De 1978 à 1985, Jackson fut codirecteur artistique des Grands Ballets Canadiens avec Linda Stearns et Colin McIntyre et il profita de l'occasion pour ajouter des oeuvres modernes à caractère plus expérimental au répertoire de la compagnie. À cette époque, le Québec vivait une explosion de danse contemporaine et Jackson était très attentif à cette profusion créatrice.

En 1985, il quitta la compagnie de ballet dans des conditions difficiles et consacra l'ensemble de ses énergies au monde de la danse contemporaine. La même année, il commença à travailler comme répétiteur pour la compagnie de Paul-André Fortier, Fortier Danse Création. Cette rencontre donna éventuellement naissance à Montréal Danse en 1986. En 1989, Fortier quitta la compagnie afin de poursuivre une carrière solo et Daniel Jackson demeura seul au poste de directeur artistique. La compagnie, qui se consacre au processus créateur, utilise une approche en grande partie post-moderne et ne possède pas de chorégraphe permanent. Jackson était constamment à la recherche de créateurs/trices d'avant-garde de la danse, poussant sa compagnie un peu plus loin avec chaque nouveau projet, que ce soit en maîtrisant les forces subtiles et inhabituelles du buto japonais ou en dévorant un drame psychologique de James Kudelka. Repousser les horizons de la danse est seconde nature pour Jackson et il continua à consacrer son temps au processus méticuleux des répétitions, nourrissant de nouvelles oeuvres et tentant d'atteindre une perfection artistique. Les résultats parlent d'eux-mêmes: la compagnie Montréal Danse, toujours fascinante à observer, reçut des éloges et de la critique et du public. Ce succès s'explique en partie à l'oeil impeccable de Jackson pour le talent en danse et surtout, à son attention constante aux détails artistiques.

Jackson quitta Montréal Danse en mars de 1996. À l'été de 1997, il assuma le poste de conseiller artistique de la Fondation de danse Margie Gillis.

Photo: Andrew Oxenham

**Jago, Mary**. Dancer, teacher. Born: April 25, 1946, Henfield, Sussex, England.

Reared in the British ballet tradition, Mary Jago began her professional career as a dancer with the Royal Opera's ballet company at Covent Garden. Joining the National Ballet of Canada in 1966, she rose in the next four years from corps to soloist to principal. Altogether her performing life with the company lasted eighteen years. Her last performance in a principal role took place in 1984; it was as *Giselle*, a role in which she was greatly admired. At the end of that season she retired from performing and joined the National Ballet of Canada's staff as ballet mistress and, after lay-offs in l991, as guest ballet mistress.

In February 1984, Jago's style was characterized by the late dance critic of the Globe and Mail, Stephen Godfrey, as "romantic, lyrical". This side was certainly very evident in her interpretations of *La Sylphide*, *La Bayadère* as Nikiya, *Giselle*, *The Sleeping Beauty* and Desdemona opposite Rudolph Nureyev's Moor in José Limón's *The Moor's Pavane*.

But to that lyricism was also added a quality

## Mary Jago
by/par Graham Jackson

**Jago, Mary**. Danseuse, professeure. Née : 25 avril 1946, Henfield, Sussex, Angleterre.

Formée à la tradition du ballet britannique, Mary Jago amorça sa carrière de danseuse professionnelle avec la compagnie de ballet du Royal Opera à Covent Garden. Elle se joint au Ballet national du Canada en 1966, d'abord comme membre du corps de ballet ensuite comme soliste et finalement, après quatre ans, comme danseuse principale. En tout, elle dansa avec cette compagnie pendant dix-huit ans. Sa dernière interprétation d'un rôle principal fut en 1984; elle dansa alors Giselle, un rôle pour lequel elle fut très admirée. Elle se retira comme danseuse à la fin de cette saison et se joint au personnel du Ballet national du Canada comme maîtresse de ballet et suite à des licenciements en 1991, comme maîtresse de ballet invitée.

En février 1984, Stephen Godfrey, le critique maintenant défunt du Globe and Mail, décrit le style de Jago comme «romantique et lyrique». Ces aspects furent en évidence dans ses interprétations de *La Sylphide*, dans le rôle de Nikiya dans *La Bayadère*, *Giselle*, *La Belle au bois dormant* et Desdémone (avec Rudolph Nureyev interprétant le Maure) dans *The Moor's Pavane* de José Limón.

À ce lyrisme s'ajoutait également une présence confiante et une aura d'énigme et de mystère qui faisait d'elle le choix parfait pour la Dame en Blanc dans le *Don Juan* de John Neumeier. Jago possédait aussi une nature vive, brillante et joyeuse qui faisait d'elle une des

of self-possession and an aura of enigma or mystery that made her the perfect, even obvious choice for the Lady in White in John Neumeier's *Don Juan*. Jago also possessed a crisp, bright and good-natured quality that made her one of the company's finest Swanhildas.

Other roles strongly associated with Jago were the clownish Helena in Frederick Ashton's *The Dream*, Juliet in John Cranko's *Romeo and Juliet*, the Russian Girl in George Balanchine's *Serenade*, the van Manen section of *Collective Symphony* and the viciously narcissistic mother, Louise, in Ann Ditchburn's *Mad Shadows*. Very late in the day, Jago was given Odette/Odile to dance in Erik Bruhn's idiosyncratic staging of *Swan Lake*. Her performance in this role had devoted admirers.

Following her retirement from dancing, Jago concentrated on teaching and rehearsing for the National Ballet, although she was coaxed back to the stage from 1990-1993 to dance character roles in *Swan Lake* and *The Sleeping Beauty*.

Jago began an association with the George Brown College School of Dance in 1986 as its Artistic Advisor. From 1990-1995, she offered master classes at the Georgian Bay Summer Dance Camp in Collingwood, Ontario, run by Jane Wooding-Pugh. She has also taught at Halifax Dance, DANS Nova Scotia Summer School, Quinte Dance Centre and the National Ballet School. In the fall of 1992, Ann Ditchburn invited her to help in the mounting of *Mad Shadows* for a short-lived contemporary ballet company based in Paris, called Concordanse. By this point Jago was suffering from severe osteoarthritis, which led to hip-replacements in 1994 and 1997. The operations have allowed her to continue an active life in the dance community. In addition to her appointment in 1998 as Artistic Associate for George Brown Dance, she offers master classes, coaches and examines RAD Solo Seal students and in 1999 taught and adjudicated for the Canadian Dance Teachers Association's 50th Anniversary in Ottawa.

meilleures Swanhilda de la compagnie.

D'autres rôles très associés à Jago sont l'Helena bouffonne dans *The Dream* de Frederick Ashton, Juliette dans *Roméo and Juliette* de John Cranko, la soi-disant fille russe dans *Sérénade* de George Balanchine, la section van Manen du *Collective Symphony*, et Louise, la mère vicieusement narcissique dans *Mad Shadows* d'Ann Ditchburn. Très tard dans sa carrière, Jago interpréta Odette/Odile dans la mise en scène assez particulière de Erik Bruhn du *Lac des cygnes*. Son interprétation de ce rôle fut acclamée par ses fidèles admirateurs.

Après avoir pris sa retraite en tant que danseuse, Jago se concentra sur l'enseignement et les répétitions pour le Ballet national, malgré qu'on ait réussi à la convaincre de revenir sur scène de 1990 à 1993 pour danser des rôles de caractère dans le *Lac des cygnes* et *La Belle au bois dormant*.

En 1986, Jago devint conseillère artistique au George Brown College School of Dance. De 1990 à 1995, elle offrit des cours de maître au Georgian Bay Summer Dance Camp à Collingwood en Ontario, un camp dirigé par Jane Wooding-Pugh. Elle a également enseigné à Halifax Dance, au DANS Nova Scotia Summer School, au Quinte Dance Centre et à l'École nationale de ballet. À l'automne de 1992, Ann Ditchburn l'invita à collaborer à la production de *Mad Shadows* pour une compagnie de ballet contemporain à Paris, Concordanse, compagnie qui cessa rapidement ses activités. À cette époque, Jago souffrait d'ostéoarthrite grave qui nécessita le remplacement de hanches en 1994 et 1997. Ces chirurgies lui ont permises de continuer une vie active dans le milieu de la danse et en plus de son poste de directrice artistique associée de la compagnie George Brown Dance, elle enseigne des cours de maître, supervise et agit comme examinatrice d'élèves Solo Seal du RAD. En 1999 elle enseigna et fut juré pour le 50ième anniversaire de l'association Canadian Dance Teachers à Ottawa.

Photo: Cylla von Tiedemann

**James, Bill**. Choreographer, dancer, artistic director, teacher. Born: November 25, 1951, Cleveland, Ohio. Birth name: William Henry

Bill James is one of the foremost choreographers of site-specific dance works in Canada. He studied Fine Arts at the University of North Dakota before switching to architecture at the University of Portland in Oregon. James also studied dance because he was fascinated by the structural possibilities of choreography and soon moved to Chicago to study at the Ruth Page Foundation and with Mary Wigman protégé Frances Allis.

Because James was eligible for the draft during the Vietnam War, his family immigrated to Canada in 1972 and he enrolled in the Royal Winnipeg Ballet Professional Program. He joined Le Groupe de la Place Royale in 1975 and began to choreograph. James left Le Groupe in 1985, and his first piece as an independent

### Bill James
by/par Paula Citron

**James, Bill**. Chorégraphe, danseur, directeur artistique, professeur. Né : 25 novembre 1951, Cleveland, Ohio. Nom à la naissance : William Henry James.

Bill James est l'un des plus importants chorégraphes du Canada créant des oeuvres spécifiques à un site. Il étudia les beaux-arts au l'Université du Dakota du Nord avant d'opter pour l'architecture à l'Université de Portland en Oregon. James étudia également la danse parce qu'il était fasciné par le potentiel structural de la chorégraphie. Il s'installa donc à Chicago pour étudier au Ruth Page Foundation et avec la protégée de Mary Wigman, Frances Allis.

James étant admissible à la conscription pendant la guerre du Vietnam, sa famille émigra au Canada en 1972 et il s'inscrit au programme de formation professionnelle du Royal Winnipeg Ballet. Il se joint au Groupe de la Place Royale en 1975 et commença à chorégraphier. James quitta Le Groupe en 1985, et sa première oeuvre chorégraphique indépendante lui mérita une renommée immédiate. *Atlas Moves Watching* (1985), dépeint clairement les structures de classe et la décadence urbaine en plaçant l'auditoire à l'intérieur d'une vitrine d'un magasin de Toronto. La recherche créatrice du Groupe était une source intarissable d'inspiration pour la chorégraphie de James – absolument tout, même le plus ordinaire, pouvait être inclus dans une danse qui par conséquent ne se limitait pas à une technique particulière ou à un langage

choreographer made his name. *Atlas Moves Watching* (1985), graphically depicted class structure and urban decay by placing the audience inside a Toronto city storefront looking out on the street. Le Groupe's creative exploration was the wellspring of James' choreography – anything, no matter how pedestrian, could be included in dance, which was not chained to one technique or specific choreographic language. Inspired by performance art, each piece for James becomes a new world with a new movement vocabulary.

While earlier works used James' own stage designs, increasingly he has turned to architects and visual artists to help create environments. James also commissions original scores, with the musicians and their instruments becoming fixtures in the design. A major project involving the four elements has been performed in various abandoned industrial buildings in Toronto.

*Flux* (1994) encompassed a huge wading pool, vertical slabs of ice, and rain running down plastic sheets. *Serpent Lines* (1994) paid homage to the earth with a mountain range of sand. *Inferno* (1995) used images of fire and spectacular pyrotechnics, while *Wind* (1998) had a huge inflatable lung which could be danced in, on, and under. Outdoor events for which James has created work include The 365 Day Garden in 1993-1994, celebrating the changing seasons in a downtown vacant lot, and Art in Open Spaces, for which site-specific works were created for public sculptures in 1995, and for public fountains in 1997 and 1999. For James, these events place dance into everyday life where it becomes populist, accessible art.

James briefly became artistic director of Dancemakers, from 1988-1990, but a standing company was antithetical to his method of working. In 1997, he founded his own company, Atlas Moves Watching Dance Projects. Extensive travel has informed his work, particularly the belief in art as a community event. Parallel to his professional choreography are his community arts projects, primarily in Toronto, which include teaching dance to adults and working with street youth.

chorégraphique spécifique. Inspirée de l'art du spectacle, chaque oeuvre de James devient un monde nouveau s'articulant sur un nouveau vocabulaire de mouvement.

Pour ses premières oeuvres, James concevait ses propres décors mais de plus en plus, il se tourne vers des architectes et des artistes en arts visuels pour l'aider à créer ses environnements. Il commande également de la musique originale, incorporant les musiciens et leurs instruments dans le dessin de l'oeuvre. Un projet important incorporant les quatre éléments a été présenté dans divers édifices industriels abandonnés de Toronto.

Flux (1994) utilisait un vaste bassin contenant des blocs verticaux de glace et de la pluie coulant sur des feuilles de plastique. *Serpent Lines* (1994) rendait hommage à la Terre grâce à une chaîne de montagnes de sable. *Inferno* (1995) se servait d'images de feux et de pyrotechnies spectaculaires alors que *Wind* (1998) tirait partie d'un immense «poumon» gonflable sur, sous ou dans lequel on pouvait danser. James a également créé des événements destinés à l'extérieur comme The 365 Day Garden en 1993-1994, célébrant le changement des saisons dans un terrain vacant du centre-ville, et Art in Open Spaces, pour lequel des oeuvres spécifique à un site furent créées pour des sculptures publiques en 1995, et pour des fontaines publiques en 1997 et en 1999. Pour James, ces événements insèrent la danse dans le quotidien, la rendant accessible et populiste.

James fut directeur artistique de Dancemakers pour une brève période, de 1988 à 1990 mais la structure traditionnelle d'une compagnie était l'antithèse de son processus de création. En 1997, il fonda sa propre troupe, Atlas Moves Watching Dance Projects. De multiples voyages ont nourri son travail, particulièrement en ce qui a trait à sa conviction que l'art est un événement associé au milieu d'où il émerge. En parallèle à ses chorégraphies professionnelles, James mène des projets artistiques communautaires, surtout à Toronto, projets qui visent à enseigner la danse aux adultes et à travailler avec des jeunes de la rue.

Photo: Daniel Collins

## Karen Jamieson
by/par Kaija Pepper

**Jamieson, Karen**. Choreographer, dancer, artistic director. Born: July 10, 1946, Vancouver, British Columbia.

Karen Jamieson studied philosophy and anthropology at the University of British Columbia and then entered the education programme at Simon Fraser University. Although she had been taken to ballet performances as a child, it was only at university that she took her first dance class: a non-credit workshop offered by Iris Garland. Inspired by Garland's positive approach, Jamieson found herself, at the age of twenty-two, hooked on dance.

Jamieson spent four years in New York, studying modern dance at the Alwin Nikolais, Merce Cunningham and Martha Graham studios. She also studied ballet with Alfredo Corvino and Maggie Black. She joined the Alwin Nikolais Dance Company for a period and also performed with Yvonne Rainer and Phyllis Lamhut.

In 1974, Jamieson returned to Vancouver, teaching in the dance department at SFU until

**Jamieson, Karen**. Chorégraphe, danseuse, directrice artistique. Née : 10 juillet 1946, Vancouver, Colombie-Britannique.

Karen Jamieson étudia la philosophie et l'anthropologie à l'Université de la Colombie-Britannique et s'inscrit ensuite au programme de formation des enseignants à l'Université Simon Fraser. Malgré qu'elle ait assisté à des spectacles de ballet dans son enfance, elle ne suivit son premier cours en danse que lorsqu'elle fut à l'université, suivant un atelier non crédité enseigné par Iris Garland. Inspirée par l'approche positive de Garland, Jamieson se retrouva à vingt-deux ans, complètement accrochée à la danse.

Jamieson passa quatre ans à New York, étudiant la danse moderne aux studios de Alwin Nikolais, de Merce Cunningham et de Martha Graham. Elle étudia aussi le ballet avec Alfredo Corvino et Maggie Black. Elle se joint à la troupe de danse Alwin Nikolais pour une période et dansa également avec Yvonne Rainer et Phyllis Lamhut.

En 1974, Jamieson retourna à Vancouver, enseignant au département de danse de l'USF jusqu'en 1978. Avec Savannah Walling et Terry Hunter, elle fonda un collectif d'interprétations, le Terminal City Dance; cette troupe donna son premier spectacle en 1976. Terminal City, dont le nombre variait de trois à sept membres,

1978. With Savannah Walling and Terry Hunter, she formed the performance collective Terminal City Dance; the company gave its first performance in 1976. With a fluctuating membership of three to seven dancers, Terminal City experimented with integrating dance, music and theatre. Besides being a founding member and co-director, Jamieson – under her married name of Rimmer – also performed with and choreographed for the company. In 1980, she won the Jean A. Chalmers Award for Choreography. She formed the Karen Jamieson Dance Company in 1983.

Jamieson is interested in the deeper communicative language of dance and her vision goes beyond both classical and modern dance, crossing cultural boundaries and including myth and archetype in an effort to create a universal language. An example of this is the site-specific *Gawa Gyani* (1991), created for the University of British Columbia's Museum of Anthropology: it used both modern dance and the ceremonial dance-drama of the Gitksan Nation, as well as the ancient Gitksan myth of Sc'a waa, and the ancient Greek myth of Demeter and Persephone. The work was a creative collaboration between Jamieson and Northwest Coast Native artists, including Gitksan artist and teacher Doreen Jensen, who encouraged the addition of First Nations dancers in the performance.

As well as new and traditional Gitksan songs, *Gawa Gyani* includes music by the company's resident composer, Jeff Corness, who first collaborated with Jamieson in 1988 on *Danceland*. Their interest in developing works where music and dance are equal partners in a theatrical creation, as in their dance opera *Tales of Descent* (1993), is an ongoing commitment.

In 1998, Jamieson collaborated with a First Nations carver for the site-specific piece *Necessary Encounter*, performed in the rotunda of the Vancouver Art Gallery. Besides work for her own company, Jamieson has choreographed for Dancemakers, Winnipeg's Contemporary Dancers and Toronto Independent Dance Enterprise.

poursuivait une démarche expérimentale, tentant d'intégrer la danse, la musique et le théâtre. En plus d'en être membre-fondatrice et codirectrice, Jamieson – sous son nom de femme mariée de Rimmer – fut interprète et chorégraphe pour la troupe. En 1980, on lui décerna le Prix Jean A. Chalmers pour la Chorégraphie. Elle fonda la troupe de danse Karen Jamieson en 1983.

Jamieson s'intéresse à la profondeur de la capacité expressive de la danse et sa vision dépasse à la fois la danse classique et la danse moderne, traversant les frontières culturelles et incluant le mythe et l'archétype dans une tentative de créer un langage universel. Un exemple qui illustre bien ceci est *Gawa Gyani* (1991), une oeuvre associée à un site précis et créée pour le musée d'anthropologie de l'Université de la Colombie-Britannique: elle utilise la danse moderne et le drame-danse cérémonial de la Nation gitksan ainsi que l'ancien mythe gitksan de Sc'a waa, ainsi que l'ancien mythe grec de Déméter et de Perséphone. L'oeuvre fut une collaboration créative entre Jamieson et les artistes amérindiens de la côte nord-ouest incluant l'artiste gitksan et professeure Doreen Jensen, qui encouragea l'inclusion de danseurs des Premières Nations au spectacle.

En plus de chants nouveaux et de chants gitksans, *Gawa Gyani* comporte une musique par le compositeur en résidence de la troupe, Jeff Corness, qui débuta sa collaboration avec Jamieson en 1988 avec *Danceland*. Tous deux sont fermement engagés à élaborer des oeuvres où la musique et la danse sont partenaires égales à l'intérieur d'une création théâtrale, comme l'illustre leur opéra-danse, *Tales of Descent* (1993).

En 1998, Jamieson collabora avec un sculpteur des Premières Nations pour la pièce spécifique à un site *Necessary Encounter*, présentée dans la rotonde du Musée des beaux-arts de Vancouver. En plus de travailler pour sa propre compagnie, Jamieson a aussi chorégraphié pour Dancemakers, les Contemporary Dancers de Winnipeg ainsi que Toronto Independent Dance Enterprise.

Photo: Thaddeus Holownia

**Jarvis, Judy**. Choreographer, dancer, artistic director, teacher. Born: May 6, 1942, Ottawa, Ontario. Died: November, 1986, Toronto. Birth name: Judith Anne Jarvis.

Judy Jarvis was a proponent of the Expressionist school of modern dance at a formative time in Toronto's emergent dance community in the 1970's and early 1980's. She was a strong, unique presence in dance in Canada.

Athletics, prescribed as an antidote to a childhood asthmatic condition, were an important feature of her early life. Through her student years at Toronto's Havergal College she figure-skated, and later took up badminton. She is remembered as a fiercely competitive athlete in many sports at school. Among many other victories in solos and doubles, she distinguished herself by winning the Canadian Junior Open badminton title in 1961.

**Judy Jarvis**
by/par Carol Anderson

**Jarvis, Judy**. Chorégraphe, danseuse, directrice artistique, professeure. Née : 6 mai 1942, Ottawa, Ontario. Décédée : novembre 1986, Toronto. Nom à la naissance : Judith Anne Jarvis.

Judy Jarvis était une adepte de l'école de danse moderne expressionniste à une époque charnière du développement de la danse à Toronto. Durant les années 1970 et au début des années 1980, elle eut un impact remarquable sur la danse au Canada.

L'athlétisme, prescrit comme antidote à un asthme d'enfance, devint une partie intégrale de sa jeunesse. Tout au long de ses études au Havergal College de Toronto, elle pratiqua le patin artistique et plus tard le badminton. On se souvient d'elle comme une athlète férocement ambitieuse dans plusieurs sports à l'école. Parmi ses nombreuses victoires solos ou en doubles, elle remporta le titre du Tournoi canadien de Badminton junior pour 1961.

Ses études terminées à Havergal, Jarvis étudia l'histoire et les langues modernes à l'Université de Toronto. Simultanément, elle étudiait la danse moderne avec Bianca Rogge, une diplômée de l'école Mary Wigman. Elle participa aux activités de la compagnie de Rogge au niveau de la chorégraphie et de la danse. À la

On graduation from Havergal, Jarvis attended the University of Toronto, studying history and modern languages. At the same time, she studied modern dance with Bianca Rogge, a graduate of the Mary Wigman School. Jarvis became involved in Rogge's company, choreographing and performing. On graduation from the University of Toronto she began teaching at St. Michael's School, choreographing Henri Gheon's *Way of the Cross* (1965), and presenting her own work, initially at the Poor Alex Theatre.

Following an intuitive compulsion, Jarvis travelled to Berlin and enrolled in the Mary Wigman School. Though she spoke no German, and was often cold, lonely and hungry, this was the formative time in her transformation into a sleek, impassioned soloist, committed to the Expressionist way in dance. She was in Europe from 1963-1965 at the Wigman school. During this time, she also travelled, studying mime in Paris, painting in Switzerland, and attending courses at the Laban Centre in London.

Jarvis' creative career can be seen to have several clear stages. On her return from Berlin, she taught dance in the physical education department at Queen's University in Kingston, Ontario, and instigated a campus interest in dance. As well, she launched her solo performances, dancing in Kingston, Toronto, Windsor and Ottawa. Her early dances were short and imagistic, often using minimal accompaniment or recorded music. They were jewel-like and succinct, based in mythic and archetypal sources.

Soon she started the first of a series of companies, with the intent of creating group works as well as solos. When a fire in her studio in March 1971 ended the first company, Jarvis went to New York, studying ballet, yoga and contemporary dance. She performed with Merce Cunningham's repertory performance group in 1972, and was associated with Dance Theatre Workshop from 1970-1972.

Later, Jarvis and her partner Larry McCullogh formed a company. Together they created some of the most memorable work in Jarvis' repertoire, including *Changes* (1971) and

fin de ses études à l'Université de Toronto, elle commença à enseigner à l'école St Michael, chorégraphiant *Way of the Cross* (1965) d'Henri Gheon et présentant son propre travail dans un premier temps au Poor Alex Theatre.

Suivant son intuition, Jarvis se rendit à Berlin et s'inscrit à l'école Mary Wigman. Malgré qu'elle ne parla pas l'allemand, qu'elle eu froid et faim et qu'elle se sentit seule, cette période de sa vie fut une période formative, la transformant en une soliste passionnée, raffinée et dévouée à la tendance expressionniste en danse. Pendant ses études de 1963 à 1965 en Europe, elle voyagea, étudiant le mime à Paris, la peinture en Suisse et suivant des cours au Laban Centre à Londres.

La carrière de chorégraphe de Jarvis peut être divisée en diverses étapes. À son retour de Berlin, elle enseigna la danse au département d'Éducation physique de l'Université Queen's à Kingston, en Ontario, et stimula l'intérêt pour la danse sur le campus. Elle lança également sa carrière de soliste, dansant à Kingston, Toronto, Windsor et Ottawa. Ses premières danses étaient brèves, remplies d'imagination et fréquemment sur un accompagnement minime ou sur une bande enregistrée. Ses oeuvres étaient de petits bijoux tirées de sources mythiques et archétypales.

Rapidement elle fonda une série de compagnies de danse avec l'intention de créer des oeuvres pour groupes et des solos. Après qu'un incendie ait dévasté son studio en mars 1971 et mit fin à sa première compagnie, Jarvis se rendit à New York pour étudier le ballet, le yoga et la danse contemporaine. Elle dansa avec le groupe d'interprétation du répertoire de Merce Cunningham en 1972 et fut associée au Dance Theatre Workshop de 1970 à 1972.

Jarvis fonda une autre compagnie de danse avec son partenaire Larry McCullogh. Ensemble, ils créèrent certaines des oeuvres les plus mémorables du répertoire de Jarvis telles que : *Changes* (1971) et *Clouds* (1972).

Au début des années 1970 et jusqu'en 1975, Jarvis enseigna à plusieurs endroits, inspirant plusieurs élèves par ses ateliers d'improvisation et ses interprétations charismatiques. Elle

*Clouds* (1972).

Jarvis was a peripatetic teacher in the early and mid-1970's, inspiring many dance students through her teaching, improvisational workshops and charismatic performances. Jarvis had a long relationship with the University of Waterloo, where she taught from 1970-1977. Pamela Grundy and Gina Lori Riley, students there, became the core of her next company. *Three Women*, created in 1974 as part of a longer work titled *People...People*, is perhaps the best-known of her works with them.

In 1974, Jarvis became the first modern dance choreographer to be honoured with the Jean A. Chalmers Award in Choreography. *Just Before and In Between*, also created in 1974, was a germinal work for her, with its minimal, theatrical view of mortality and dying. Through the 1970's her work became less "dancey" and harder to categorize. Always though, it was refined work, gleaned through improvisation, underscored with compassion and honesty, often spiked with Jarvis' black humour.

She created a solo work for herself, a blend of dance, theatre and history titled *Catherine the Great* in 1982. She continued to operate a company, touring to New York City's Riverside Dance Festival in 1977, to the Edinburgh Fringe Festival in 1980, travelling in Ontario and the Maritime provinces and doing many school tours, until funding for the company ended, from the Canada Council in 1981, and Ontario Arts Council by 1983. Jarvis went back to school, attending McArthur College of Education in Kingston, where she qualified as a teacher of dramatic and visual arts. She directed several school productions at Madonna High School where she taught, and had a gallery show (Mitchell Gallery, 1983) of her paintings and drawings in Toronto.

In November, 1986 Jarvis died suddenly of heart failure caused by smoke inhalation after a small fire in her apartment. She is remembered in the repertory of Denise Fujiwara, who dances *Bird* (1967), a signature work of Jarvis' solo repertory, and in reconstructions by Gina Lori Riley Dance Enterprises and the Danny Grossman Dance Company of *People...People*,

entretint une longue relation avec l'Université de Waterloo, y enseignant de 1970 à 1977. Deux de ses étudiantes à l'Université, Pamela Grundy et Gina Lori Riley formèrent le noyau de sa prochaine compagnie. L'oeuvre la mieux connue issue de cette collaboration est probablement *Three Women* créée en 1974 à l'intérieur d'une oeuvre plus longue intitulée *People... People*.

En 1974, Jarvis devint la première chorégraphe de danse moderne à recevoir le Prix Jean A. Chalmers en Chorégraphie. L'oeuvre *Just Before and In Between*, aussi créée en 1974, fut une oeuvre germinale avec sa vision minimaliste et théâtrale de la mortalité et du processus de la mort. Au fil des années 1970, son travail fut moins «dansant» et plus difficile à étiqueter. Les oeuvres restaient raffinées, tirées d'improvisations, remplies de compassion et d'intégrité et fréquemment relevées de l'humour noir typique à Jarvis.

En 1982, elle se créa un solo, un mélange de danse, de théâtre et d'histoire intitulé : *Catherine the Great*. Elle continua à maintenir une compagnie, faisant la tournée du Riverside Dance Festival de la Ville de New York en 1977, du Fringe Festival d'Édimbourg en 1980, en plus de voyager en Ontario et aux Maritimes, faisant la tournée de plusieurs écoles jusqu'à ce que le Conseil des Arts cesse son soutien financier à la compagnie en 1981, suivi du Conseil des Arts de l'Ontario en 1983. Jarvis retourna étudier, s'inscrivant au McArthur Education College à Kingston où elle se qualifia comme enseignante en art dramatique et en art visuel. Elle dirigea plusieurs productions à l'école secondaire Madonna où elle enseignait et montra ses peintures et dessins à la galerie Mitchell de Toronto en 1983.

Jarvis décéda soudainement en novembre 1986, d'insuffisance cardiaque provoquée par l'inhalation de fumée lors d'un incendie mineur à son appartement. On se souvient d'elle dans le répertoire de Denise Fujiwara qui danse *Bird* (1967), une oeuvre-signature du répertoire solo de Jarvis et dans une reconstruction de *People...People* par Gina Lori Riley Dance Enterprises, ainsi que dans les interprétations de *Just Before and In Between*, *Prophet* (1966) et

*Just Before and In Between, Prophet* (1966) and other work. The Judy Jarvis Dance Foundation was established in 1987 to protect and promote the memory of her work.

autres oeuvres par le Danny Grossman Dance Company. Le Judy Jarvis Dance Foundation fut créée en 1987 afin de protéger et promouvoir la mémoire de son oeuvre.

## Lilian Jarvis
by/par Carol Anderson

**Jarvis, Lilian**. Dancer, teacher. Born: March 25, 1931, Toronto, Ontario. Birth name: Lilja Järvinen.

Lilian Jarvis began to study ballet at thirteen with Toronto teacher Mildred Wickson, performing lead roles in Wickson's annual recitals. By the age of fifteen she was dancing with the Volkoff Canadian Ballet. She

**Jarvis, Lilian**. Danseuse, professeure. Née : 25 mars 1931, Toronto, Ontario. Nom à la naissance : Lilja Järvinen.

Lilian Jarvis commença à étudier le ballet à treize ans avec Mildred Wickson, une professeure de Toronto, interprétant des rôles principaux dans les récitals annuels organisés par cette dernière. À quinze ans, elle dansait déjà avec le Volkoff Canadian Ballet. Elle dansa avec la compagnie à New York ainsi qu'aux premiers Festivals de ballet canadiens et participa aux tournées en Ontario, dansant entre autres dans

performed with the group in New York as well as in early Canadian Ballet Festivals and on tours of Ontario, dancing in works including Volkoff's *Red Ear of Corn* (1949), *Der Rosenkavalier* (1946) and *Toccata and Fugue* (1945).

In 1950 Jarvis and two other students accompanied Mildred Wickson to London, England to study with Wickson's former teacher Cleo Nordi. She remained in London for a year, dancing in Carousel at the Theatre Royal in Drury Lane, studying with Audrey de Vos and performing with Ballet Workshop at the Mercury Theatre.

Returning to Toronto, Jarvis became a charter member of the National Ballet. She performed with the company as a principal dancer from 1951 until 1963, touring throughout Canada, the United States and Mexico. In summer breaks she danced in the shows at the Canadian National Exhibition.

At the National Ballet, Jarvis worked with Grant Strate, dancing leads in his *The Fisherman and His Soul* (1956), *Ballad* (1958) and *Antic Spring* (1960 ). Other early roles were in David Adams' *Ballet Behind Us* (1952 ), Joey Harris' *Dark of the Moon* (1953 ), Mikhail Fokine's *Le Carnaval*, Frederick Ashton's *Les Rendezvous* and Antony Tudor's *Lilac Garden*. Favourite roles included English choreographer Walter Gore's *Winter Night*, John Cranko's *Pineapple Poll*, George Balanchine's *Concerto Barocco* and Celia Franca's *Afternoon of a Faun* (1952). As well as her work in contemporary ballets, Jarvis danced lead roles in classics including *Nutcracker*, *Coppélia*, *Giselle* and the White Swan in *Swan Lake*, in which she was always paired with Angela Leigh who danced the Black Swan.

In 1954 as the Princess in *A Soldier's Tale*, she was the first dancer to perform at the Stratford Festival. In 1961 she was a finalist in the first international ballet competition, held in Rio de Janeiro.

In 1963 Jarvis travelled to New York, where she studied with Antony Tudor, Margaret Craske and Mia Slavenska, and began intensive study at the Martha Graham school. During a class there,

*Red Ear of Corn* (1949), *Der Rosenkavalier* (1946) et *Toccata and Fugue* (1945) de Volkoff.

En 1950, Jarvis et deux autres élèves accompagnèrent Mildred Wickson à Londres, en Angleterre, afin d'étudier avec l'ancienne professeure de Wickson, Cleo Nordi. Elle demeura à Londres une année, dansant dans Carousel au Theatre Royal à Drury Lane, étudiant avec Audrey de Vos et dansant avec le Ballet Workshop au Mercury Theatre.

De retour à Toronto, Jarvis devint membre fondatrice du Ballet national. Elle dansa avec la compagnie comme danseuse principale de 1951 à 1963, participant à des tournées à travers le Canada, les États-Unis et le Mexique. Durant les congés d'été, elle dansa dans des spectacles présentés dans le cadre de l'Exposition nationale canadienne.

Au Ballet national, Jarvis travailla avec Grant Strate, dansant des rôles principaux dans *The Fisherman and His Soul* (1956), *Ballade* (1958), et *Antic Spring* (1960). Parmi ses premiers rôles se retrouvent *Ballet Behind Us* (1952) de David Adams, *Dark of the Moon* (1953) de Joey Harris, *Le Carnaval* de Mikhail Fokine, *Les Rendez-vous* de Frederick Ashton et *Jardin aux lilas* d'Antony Tudor. Certains de ses rôles préférés sont *Winter Night* du chorégraphe anglais Walter Gore, *Pineapple Poll* de John Cranko, *Concerto Barocco* de George Balanchine et *L'Après-midi d'une faune* (1952) de Celia Franca. En plus de son travail dans des ballets contemporains, Jarvis dansa des rôles principaux dans les classiques comme *Casse-Noisette*, *Coppélia*, *Giselle* et le cygne blanc dans *Le Lac des cygnes*, où on l'associait toujours à Angela Leigh qui interprétait le cygne noir.

En 1954, elle fut la première danseuse à participer au Festival de Stratford, interprétant la princesse dans *A Soldier's Tale*. En 1961, elle fut finaliste au premier Concours international de ballet, concours tenu à Rio de Janeiro.

En 1963, Jarvis se rendit à New York où elle étudia avec Antony Tudor, Margaret Craske et Mia Slavenska et elle poursuit un programme intensif de formation à l'école Martha Graham. Elle fut influencée par des professeurs tel que

a chance remark from teacher Bertram Ross changed Jarvis' approach to movement.

Jarvis returned to the National Ballet in 1976 to dance the role of Juliet in Cranko's *Romeo and Juliet* for the company's 25th anniversary. In 1977 she taught at Toronto Dance Theatre and at Pavlychenko Studio, and in 1978 she joined Jacqueline Ivings, Stephanie Leigh, Pia Bouman and Judith Popiel in a joint studio venture. The members of this collective soon went their separate ways, but Jarvis continued to teach and develop her own technique, which she calls BioSomatics.

Jarvis has written about her work for a number of publications, and in 1994 Stress Releaser, a book of the exercises she has developed, was published in Toronto.

Bertram Ross.

En 1976, Jarvis retourna au Ballet national pour y danser le rôle de Juliette dans le *Roméo et Juliette* de Cranko à l'occasion du 25ième anniversaire de la compagnie. En 1977, elle enseigna au Toronto Dance Theatre ainsi qu'au Pavlychenko Studio et en 1978, elle s'associa à Jacqueline Ivings, Stephanie Leigh, Pia Bouman et Judith Popiel pour un projet de studio commun. Les membres de ce collectif se dispersèrent rapidement mais Jarvis continua à enseigner et à développer sa propre technique qu'elle appelle BioSomatics.

Jarvis a rédigé plusieurs textes traitant de son travail pour de nombreuses revues et en 1994, elle écrit Stress Releaser, un livre d'exercices qu'elle a mis au point et qui fut publié à Toronto.

---

**Jeux** (Games)
Premiere/Première: Desrosiers Dance Theatre, Premiere Dance Theatre, Toronto, November 14 novembre, 1990
Conceived and Choreographed by/Conception et chorégrahie: Robert Desrosiers
Music Composed by/Musique par: Eric Cadesky and John Lang
Design by/Décor par: Myles Warren and Robert Desrosiers
Lighting Design by/Éclairages: Adrian Muir
Assistant Set Designer/Adjoint à la conception des décors: Tim Christian
Design Assistant/Conceptrice adjointe: Mary Spyrakis

*Jeux* is a portrayal of the cyclical nature of our lives. It examines the individual's evolution, as we weave through the whirling, ever-changing environment surrounding us. From the moment of conception to the moment of death, we examine the reality of everlasting spirits within the framework of our time on earth. Our lives are depicted in sections: at times chaotic, humorous, tender and energetic. "Life Carnival" represents, in dance, the individual nature of each life, its many dynamics, its fluidity, its limitless possibilities. –Robert Desrosiers

*Jeux* décrit la nature cyclique de nos vies. L'oeuvre se penche sur l'évolution de l'individu tout au long de son passage à travers les multiples environnements tourbillonnant autour de lui. Du moment de la conception au moment de la mort, nous examinons la réalité d'esprits éternels dans le cadre de notre passage sur cette terre. Nos vies sont décrites en sections: par moment chaotique, humoristique, tendre et énergique. Le «Carnaval de la vie» illustre, par la danse, la nature distincte de chaque vie, ses nombreuses dynamiques, sa fluidité, ses possibilités infinies. –Robert Desrosiers

Act/Acte I
Love Scene ... "We really want one."/Scène d'amour... "Nous en voulons vraiment": Sonya Delwaide, Robert Glumbek

The Womb ... "Where am I?"/La matrice... "Où suis-je?": Robert Desrosiers

Dolls ... "Give me some more or I'll cry again."/Poupées... "J'en veux encore ou je vais encore pleurer": Gaétan Gingras, Jean-Aimé Lalonde, Marq Levene-Frerichs, Sylvie Plamondon, Robin Wilds. [From/Du Canadian Children's Dance Theatre:] Rebecca Armstrong, Eliza Gibson, Anna Jaeger, Tara Lee, Keat Maddison, Lise Matthews, Amanda Porter, Mathias Sperling

Clockman ... "Inevitably with us."/Horloger... "Inévitablement avec nous": David J. Wood

Kindergarden ... "or Heaven."/Maternelle... "ou le Paradis": Sonya Delwaide, Robert Desrosiers, Jean-Aimé Lalonde, Gaétan Gingras, Marq Levene-Frerichs, Robert Glumbek, Rebecca Armstrong, Anna Jaeger, Tara Lee, Amanda Porter

Recess ... "a breath of fresh air."/La récréation... "un souffle d'air frais": Jennifer Dick, Philip Drube, Gaétan Gingras, Robert Glumbek, Jean-Amié Lalonde, Marq Levene-Frerichs, Sylvie Plamondon, Robin Wilds, Rebecca Armstrong, Eliza Gibson, Anna Jaeger, Tara Lee, Lise Matthews, Amanda Porter

Piano Lessons ... "Mom, do I have to?"/Leçons de piano... "Maman, dois-je vraiment?": Sonya Delwaide, Marie-Josée Dubois, Gaétan Gingras, Robert Glumbek, Sylvie Plamondon

Adolescence ... "I'm sixteen. Don't tell me what to do."/Adolescence... "J'ai seize ans. Ne me dites pas quoi faire": Jennifer Dick, Marie-Josée Dubois, Philip Drube, Marq Levene-Frerichs, Robert Glumbek

Love Relationship ... "Are you free tonight?"/Relation amoureuse... "Êtes-vous libre ce soir?": Sonya Delwaide, Robert Desrosiers

Act/Acte II

Life Carnival/Le Carnaval de la vie: The Company/La compagnie

---

# JOE

Première/Premiere: La Fondation Jean-Pierre Perreault, Le Regroupement Théâtre et Danse de l'Université du Québec à Montréal, Salle Marie-Gérin Lajoie, Montréal, November 14 novembre, 1984

Chorégraphie et conception globale/Choreographed and Conceived by: Jean-Pierre Perreault

Danseurs(ses)/Dancers: Joanna Abbatt, Lise Beausoleil, Louise Bédard, Hélène Blackburn, Gilles Brisson, Michelle Brousseau, Françoise Cadieux, Annie Dreau, Jacinte Giroux, Brigitte Gonthier, Marie-Andrée Gougeon, Sylvie Lanouette, Ginette Laurin, Hélène Lemay, Manon Levac, Catherine Martin, Sylviane Martineau, Cheryl Prophet, James Saya, Gilles Simard, Daniel Soulières, Catherine Tardif, Alain Thompson, Nicole Turcotte

Répétitrice/Rehearsal Director: Ginette Prévost

Directrice de production/Production Manager: Ginette Prévost

Conception des éclairages/Lighting Design: Jean Gervais

Régie/Stage Manager: Ginette Prévost

Manipulation des éclairages/Lighting Technician: Louise Dubeau

Construction des décors/Set Construction: Guy Rouillard

Sonorisation/Sound: Philippe Overy

*With a cast of twenty-four dancers,* Joe *defined Montreal dance of the 1980's. Resolutely unlyrical,* Joe *was a hymn to urban humanity.* Joe *championed the collective will - or lack of - by*

*daring its bumbling, stomping hordes to climb up and slide down a huge ramp to nowhere. Unrecognizable beneath shapeless coats and hats, dancers marched in unison, beating rhythmical tattoos with their oversized boots.*

*Avec une distribution de vingt-quatre danseurs,* Joe *marqua le monde de la danse des années 1980. Résolument sans lyrism,* Joe *était un hymne à l'humanité urbaine.* Joe *prônait la volonté collective - ou le manque de - en mettant au défi ces hordes empotées et au pas lourd, de grimper et glisser le long d'une immense rampe n'allant nulle part. Méconnaissables sous des manteaux informes, les danseurs marchaient à l'unisson, scandant des battements rythmiques avec leurs bottes trop grandes.*

Linde Howe-Beck

## Helen Jones
by/par Graham Jackson

Photo: Andrew Oxenham

**Jones, Helen**. Dancer, teacher. Born: January 3, 1951, Wales.

Helen Jones was trained in ballet at White Lodge and Upper School of Britain's Royal Ballet School. In the late 1960's, she became

**Jones, Helen**. Danseuse, professeure. Née : 3 janvier 1951, Pays de Galles.

Helen Jones reçut sa formation en ballet de l'École White Lodge et de l'Upper School du Royal Ballet School en Grande-Bretagne. Vers la fin des années 1960, elle fut emballée par Martha Graham et sa vision de la danse moderne et en 1968 elle s'inscrit au London School of Contemporary Dance afin d'étudier la technique Graham. En 1970 elle se retrouva au School of the Toronto Dance Theatre à Toronto, où elle dansa bientôt dans *A Thread of Sand* (1969) de

enamoured of the modern dance idiom created by Martha Graham, and in 1968 entered the London School of Contemporary Dance to study the Graham technique. This led her in 1970 to Toronto and the School of the Toronto Dance Theatre. In short order, she was performing in David Earle's *A Thread of Sand* (1969).

A dancer with a remarkably flexible technique and an elegant, even glamorous style that could be both dramatic and highly lyrical, Jones appeared in many of Earle and Peter Randazzo's works during her initial six years with Toronto Dance Theatre. For Earle, she presented both sides of her dance personality: dramatic as the Spirit of the Deer in *Legend* (1971), in *A Soldier's Tale* (1971), and in *Boat, River, Moon* (1972) as the Woman, one of her greatest achievements; lyrical in *Baroque Suite* (1972) and the Ruby section of *The Ray Charles Suite* (1973). Randazzo chose to emphasize her femme fatale side to great effect in *Three-Sided Room* (1972), *A Flight of Spiral Stairs* (1973) and especially *The Letter* (1974).

After giving a final performance with Toronto Dance Theatre in July, 1976 at Toronto Workshop Productions theatre, she headed for New York and the Martha Graham Dance Company. As well as teaching at the Graham School, she appeared with the Graham Company in works including *Appalachian Spring*, *Night Journey*, *Diversion of Angels* and *Clytemnestra*.

In 1979 she returned to Toronto, and in 1980 to the School of Toronto Dance Theatre, as co-director with Christel Wallin. While in this post, she danced occasionally with the company, notably in Christopher House's *Schola Cantorum* (1981). She returned to the company as a full-time performer in 1984. For the next two seasons she danced in revivals of Earle's *Boat, River, Moon*, *Legend* (1971) and *Exit Nightfall* (1981), and Randazzo's *A Simple Melody* (1977). During the same period, she was a key performer in many of House's works as well: *Toss Quintet* (1980), *Glass Houses* (1983) and *green evening, clear and warm* (1985). In 1985, she danced in the premiere performance of Randazzo's *Rewind*.

Jones left Toronto Dance Theatre a second

David Earle.

Danseuse douée d'une technique remarquablement flexible et d'un style élégant, voire brillant, qui pouvait être à la fois théâtral et très lyrique, Jones dansa dans plusieurs des oeuvres d'Earle et de Peter Randazzo durant ses six premières années avec le Toronto Dance Theatre. Pour Earle, elle présentait les deux côtés de sa personnalité: d'une part, le côté dramatique dans l'interprétation de l'esprit du cerf dans *Legend* (1971), *A Soldier's Tale* (1971), et dans une de ses interprétations les plus remarquables, la femme dans *Boat, River, Moon* (1972) et d'une autre part, le côté lyrique dans *Baroque Suite* (1972) et la section Ruby de *The Ray Charles Suite* (1973). Randazzo choisit plutôt de mettre l'accent, avec un grand succès, sur son côté femme fatale, dans *Three-Sided Room* (1972), *A Flight of Spiral Stairs* (1973) et plus particulièrement *The Letter* (1974).

Après un dernier spectacle avec le Toronto Dance Theatre en juillet de 1976 au théâtre Toronto Workshop Productions, elle s'installa à New York et se joint au Martha Graham Dance Company. En plus d'enseigner au Graham School, elle se produisit avec le Graham Company entre autres dans les oeuvres suivantes: *Appalachian Spring*, *Night Journey*, *Diversion of Angels* et *Clytemnestra*.

En 1979, elle revint à Toronto et occupa en 1980, le poste de codirectrice du School of Toronto Dance Theatre avec Christel Wallin. Durant cette période, elle dansa occasionnellement avec la compagnie, notamment dans *Schola Cantorum* (1981) de Christopher House. Elle recommença à danser à temps plein avec la compagnie en 1984. Pour les deux saisons suivantes, elle dansa dans des reprises d'oeuvres d'Earle *Boat, River, Moon*, *Legend* et *Exit Nightfall* (1981) et dans *A Simple Melody* (1977), une oeuvre de Randazzo. À la même époque, elle fut une interprète clé de plusieurs des oeuvres de House: *Toss Quintet* (1980), *Glass Houses* (1983) et *green evening, clear and warm* (1985). En 1985, elle dansa dans la première de *Rewind* de Randazzo.

Jones quitta le Toronto Dance Theatre une seconde fois en 1985. En 1986, elle participa à

time in 1985. In 1986 she appeared in a programme of Terrill Maguire's work at Toronto's Premiere Dance Theatre, and in 1987 danced in Joan Phillips' award-winning *Urban Mudra* at that year's INDE Festival in Toronto. 1990 saw her participating in Elizabeth Chitty's dance-theatre spectacle, *Lake*. With the assistance of a scholarship from the Dancer Transition Resource Centre, Jones received a BSc from the University of Toronto in 1990.

un programme des oeuvres de Terrill Maguire au Premiere Dance Theatre de Toronto et en 1987 elle dansa dans l'oeuvre primée de Joan Phillips, *Urban Mudra* au Festival INDE de 1987 à Toronto. Elle participa également au spectacle de danse-théâtre d'Elizabeth Chitty, *Lake* (1990). Grâce à une bourse du Centre de ressources et transition pour danseurs Jones retourna aux études et reçut un B.Sc. de l'Université de Toronto en 1990.

## Bengt Jörgen
by/par Penelope Reed Doob

**Jörgen, Bengt**. Artistic Director, dancer, choreographer. Born: February 6, 1963, Stockholm, Sweden.

After training at the Royal Swedish Ballet School, Bengt Jörgen attended the National Ballet School in Toronto before entering the National Ballet of Canada in 1982 as a member of the corps de ballet. Two attractive pieces he

**Jörgen, Bengt**. Directeur artistique, danseur, chorégraphe. Né : 6 février 1963, Stockholm, Suède.

Suite à sa formation au Royal Swedish Ballet School, Bengt Jörgen étudia à l'École nationale de ballet à Toronto avant de se joindre au corps de ballet du Ballet national du Canada en 1982. Entre 1984 et 1985, il créa deux oeuvres attrayantes dans le cadre d'ateliers chorégraphiques de la troupe: *Shelter* et *Circle* qui révélèrent le talent considérable de chorégraphe de Jörgen. En 1985, insatisfait du manque de répertoire nouveau, il quitta la

created in 1984 and 1985 for company choreographic workshops, *Shelter* and *Circle*, signalled Jörgen's considerable promise as a dance-maker, and in 1985, dissatisfied with the dearth of new repertoire, he left the security of the company to work intensively on choreography. A subsequent work, *Tuwat*, entered the National Ballet's Concert Group repertoire.

Jörgen lost no time in honing his artistic and entrepreneurial skills. In 1986, choreographer and artistic director Norman Morrice chose him as Canadian representative to the Creative Dance Artists Trust summer choreographic programme in Guildford, England, and in 1987, he took the major risk of starting his own company, Ballet Jörgen, with a mandate to create new works by emerging Canadian choreographers, himself among them.

Since then, the company has presented over eighty new works for classically trained dancers and has helped nurture the talents of fifty choreographers, among them Jean Grand-Maître, Dominique Dumais, Crystal Pite, Mark Godden, Gioconda Barbuto, Michael Downing and Kathleen Rea. Ballet Jörgen's encouragement of women choreographers, generally under-represented in ballet, has been especially noteworthy and is likely to constitute a highly important legacy. Jörgen's associates in the company include Arnold Spohr, who has been associate director since 1994, artistic associate Mary Jago, and his wife, Susan Bodie, a former dancer with the National Ballet of Canada.

In 1989, Jörgen became resident choreographer at Toronto's George Brown College, and in 1992 he was appointed artistic director of dance programmes at the College. In 1993, he received the Clifford E. Lee Choreography Award.

Among the best known of Jörgen's more than thirty works are *Dialogue des Carmélites* (1995) and *Swedish Songs* (1995), which was commissioned by the Royal Winnipeg Ballet, augmented for Ballet Jörgen in 1997, and mounted on the State Ballet of Missouri that same year. Because many of the company's guest choreographers have tended to create

sécurité de la compagnie afin de se consacrer intensément à la chorégraphie. Une oeuvre subséquente, *Tuwat* fut plus tard incorporée au répertoire du Groupe concert du Ballet national.

Jörgen raffina rapidement ses habiletés artistiques et entrepreneuriales. En 1986, le chorégraphe et directeur artistique Norman Morrice le choisit pour représenter le Canada au programme chorégraphique estival du Creative Dance Artists Trust à Guildford en Angleterre. En 1987, il prit le risque important de fonder sa propre troupe, le Ballet Jörgen, dont le mandat était la création de nouvelles oeuvres par lui-même et par d'autres jeunes chorégraphes canadiens.

Depuis, la compagnie a présenté plus de quatre-vingts nouvelles oeuvres à l'intention de danseurs/seuses classiques et a favorisé le talent de cinquante chorégraphes notamment, Jean Grand-Maître, Dominique Dumais, Crystal Pite, Mark Godden, Gioconda Barbuto, Michael Downing et Kathleen Rea. Le Ballet Jörgen s'est particulièrement démarqué par l'encouragement apporté aux chorégraphes féminines qui, en général, sont sous-représentées dans le milieu du ballet. Il est aussi probable que ce soutien particulier soit l'un des héritages les plus significatifs du Ballet Jörgen. Dans le cadre de la compagnie, les associés de Jörgen sont Arnold Spohr, directeur adjoint depuis 1994, Mary Jago, adjointe artistique et Susan Bodie, sa femme, une ancienne danseuse du Ballet national du Canada.

En 1989, Jörgen devint chorégraphe permanent au George Brown College à Toronto et en 1992, il fut nommé directeur artistique des programmes en danse du collège. En 1993, on lui décerna le Prix Clifford E. Lee pour la Chorégraphie.

Parmi les trente oeuvres et plus que Jörgen créa, les plus connues sont: *Dialogue des Carmélites* (1995) et *Swedish Songs* (1995), une commande du Royal Winnipeg Ballet qui fut retravaillée pour le Ballet Jörgen en 1997 et montée sur le State Ballet of Missouri la même année. Parce que plusieurs des chorégraphes invités de la troupe ont eu tendance à créer des ballets dotés d'un langage résolument

ballets in a strikingly contemporary idiom, Jörgen has provided a useful artistic and financial balance by making full-length works that can be performed by a small company whose mandate includes not only new Canadian choreography but also the presentation of classically-based works in smaller communities. Among the most successful of Jörgen's story ballets are *The Nutcracker* (1995) and *Romeo and Juliet* (1998), a ballet that provided him his own favourite principal role and which he mounted on the Hong Kong Ballet in 1999 to considerable acclaim.

contemporain, Jörgen a réussi à maintenir un équilibre artistique et financier grâce à la création d'oeuvres pleine durée qui peuvent être dansées par une petite troupe dont le mandat ne se résume pas seulement à la nouvelle chorégraphie canadienne mais propose de plus des oeuvres classiques à de plus petites communautés. Parmi les ballets narratifs les plus réussis de Jörgen se retrouvent *Casse-Noisette* (1995) et *Roméo et Juliette* (1998), un ballet qui lui permit d'interpréter son rôle principal préféré, ballet qu'il monta sur le Hong Kong Ballet en 1999 avec un succès considérable.

◆

**Just Before and In Between** (Juste Avant et Entre-Deux)
Premiere/Première: Judy Jarvis Dance and Theatre Company, Toronto Workshop Productions Theatre, Toronto, September 3 septembre, 1974
A Theatre Piece/Une oeuvre théâtrale
Choreography/Chorégraphie: Judy Jarvis
Figure on Bed/Personnage sur le lit: Judy Jarvis
Nurse - Stag/Infirmière - Cerf: Pamela Grundy
Holy Man - Donkey/Saint Homme - Âne: Deborah McLachlan
Sounds/Audio: Frank Canino
Music/Musique: Janko Jezovsek
Mask of Figure on Bed/Masque du personnage sur le lit: David Powell
Animal Masks/Masques d'Animaux: Mike Maher

*A harrowing study of dying, this work focusses on the last rites of a white-robed and -masked figure lying in a large bed. Movement is spare, reminiscent of Japanese Butoh. The figure squirms, sits up, explores her failing flesh, subsides. Later a white-robed nurse with a stag's head delivers an injection and a priest, also in white, with a donkey's head, administers a benediction. White ropes behind the bed move, criss-cross and the figure is finally still.*

*Une étude poignante de la mort, cette oeuvre se penche sur les derniers rites d'une figure habillée en blanc et portant un masque, étendue sur un lit. Le mouvement est minime, rappelant le Butoh japonais. Le personnage se tortille, s'assoit, explore sa chair défaillante, s'étend de nouveau. Plus tard, une infirmière vêtue en blanc et porteuse d'une tête de cerf, donne une injection et un prêtre, également en blanc et portant une tête d'âne, donne une bénédiction. Des cordes blanches derrières le lit se meuvent, forment une croix et la figure sur le lit est finalement immobile.*

Graham Jackson

◆

Photo: Cylla von Tiedemann

**Allen Kaeja**
by/par Heidi Strauss

**Kaeja, Allen**. Choreographer, co-artistic
director, dancer, teacher. Born: June 22, 1959,
Kitchener, Ontario. Birth name: Allen Norris.

As a way to supplement his wrestling
training, Allen Norris took his first ballet class
while attending the University of Waterloo. At
the age of twenty-one, he left his studies in child
psychology to pursue dance, moving to Toronto
where he studied at the School of the Toronto
Dance Theatre. A year later, an eager and
fiercely independent Norris produced his first
show, Allen Norris Kaeja Dance Theatre:
Performance Concert, which was performed in
Toronto and Waterloo.

Although he was passionate about dance, his
family was unsupportive; the arts were not
revered in his household. Norris, however, had
learned what it was to survive from hearing
about the experiences and loss his father had
endured during the holocaust. With his decision
to dance, he was thrust into independence;
acting on his beliefs gave him the foundation he
later needed to trust his own impulses in his
choreographic process.

**Kaeja, Allen**. Chorégraphe, codirecteur
artistique, danseur, professeur. Né : 22 juin
1959, Kitchener, Ontario. Nom à la naissance :
Allen Norris.

Allen Norris suivit ses premiers cours de
ballet comme complément à sa formation de
lutteur alors qu'il étudiait à l'Université de
Waterloo. Il délaissa ses études en psychologie
de l'enfance à vingt et un ans et s'installa à
Toronto pour étudier à l'école du Toronto Dance
Theatre. Une année plus tard, Norris, passionné
et férocement indépendant, produit son premier
spectacle intitulé, Allen Norris Kaeja Dance
Theatre: Performance Concert, qui fut présenté à
Toronto et à Waterloo.

Malgré le manque d'intérêt pour les arts et
l'absence de soutien de sa famille, Norris avait
appris le sens de la survie en écoutant son père
raconter ses expériences et ses deuils résultant de
l'holocauste et il décida malgré tout de devenir
danseur, assumant ainsi une indépendance et une
autonomie de pensée qui facilitèrent plus tard
son processus chorégraphique.

En 1987, avec la compositrice Loreena
McKennitt, il présenta sa première chorégraphie
pleine durée, *Beare: A Celtic Odyssey*. La même
année il se joint au Toronto Independent Dance
Enterprise. Il changea son nom à Kaeja en 1989
lorsqu'il épousa Karen Resnick. Le couple dansa
pendant trois ans avec le Randy Glynn Dance

In 1987, with composer Loreena McKennitt, he presented his first full-length choreography, *Beare: A Celtic Odyssey*. That same year he joined Toronto Independent Dance Enterprise. He changed his surname to Kaeja in 1989 when he married Karen Resnick. For three years the couple danced for the Randy Glynn Dance Project. In 1990, while participating in a choreographic lab with Tom Stroud, Kaeja met Michael Menegon. The two began to discuss the idea of a festival that would support community, performance and choreographic development, and in 1991 they founded the fringe Festival of Independent Dance Artists. That same year the Kaejas formed their own company, Kaeja d'Dance.

In 1993, while expecting their first child, the couple focussed on the development of Kaeja d'Dance, and Kaeja gave himself over to choreographing with a new concentration on issues that were of personal relevance to him, subjects that had haunted his family and childhood. He began a series of holocaust-based works with composer Edgardo Moreno: *In Blood* (1993), *Sarah* (1994), *Old Country* (1995), *Zummel* (1996), *Courtyard* (1997) and *Resistance* (2000). Both *Sarah* and *Courtyard* were later adapted for film, co-directed by Kaeja and Mark Adam. His dance works won him London, England's Bonnie Bird Choreography Award in 1997, and the Clifford E. Lee Award for Choreography in 1999.

Kaeja d'Dance, Sweden's NORRDANS and England's Transitions Dance Company have performed Kaeja's choreography in Japan, Israel, England, Sweden, the Czech Republic, Romania, Venezuela, and across Canada. Kaeja has received numerous commissions from companies, solo artists and schools, and with his wife has taught contact improvisation and composition internationally to students and professional dancers. In 1999 the Kaejas co-authored, with Carol Oriold, Express Dance, an educator's resource for teaching dance in the public school system.

Project. En 1990, en participant à un laboratoire de chorégraphie avec Tom Stroud, Kaeja fit la connaissance de Michael Menegon. Ils discutèrent de l'idée d'un festival qui pourrait se traduire simultanément par un soutien au milieu de la danse, la promotion de la discipline et le développement de la chorégraphie et en 1991, ils fondèrent le fringe Festival of Independent Dance Artists. La même année, Les Kaeja formèrent leur propre compagnie : Kaeja d'Dance.

En 1993, dans l'attente de leur premier enfant, les époux se consacrèrent au développement de Kaeja d'Dance et Kaeja s'investit dans le processus chorégraphique avec une concentration renouvelée, traitant de thèmes qui le touchaient personnellement, thèmes qui avaient hanté sa famille et son enfance. Il commença une série d'oeuvres inspirées de l'holocauste avec le compositeur Edgardo Moreno: *In Blood* (1993), *Sarah* (1994), *Old Country* (1995), *Zummel* (1996), *Courtyard* (1997) et *Resistance* (2000). Les oeuvres *Sarah* et *Courtyard* furent plus tard adaptées pour film et coréalisées avec Mark Adam. En 1997, ses oeuvres chorégraphiques lui méritèrent le Prix Bonnie Bird pour la chorégraphie de Londres en Angleterre ainsi que le Prix Clifford E. Lee pour la chorégraphie en 1999.

Les compagnies Kaeja d'Dance, NORRDANS de la Suède et Transitions Dance Company de l'Angleterre ont interprété les chorégraphies de Kaeja au Japon, en Israël, en Angleterre, en Suède, en République Tchèque, en Roumanie, au Venezuela et à travers le Canada. Kaeja a reçu plusieurs commandes de diverses compagnies, de solistes et d'écoles et, avec sa femme, il a enseigné l'improvisation contact et la composition à l'échelle internationale à des étudiants(e)s et des danseurs/seuses professionnel(le)s. En 1999 les Kaeja furent les coauteurs avec Carol Oriold, de Express Dance, un matériel didactique à l'intention de professeurs de danse enseignant dans le cadre du système scolaire.

Photo: Cylla von Tiedemann

**Karen Kaeja**
by/par Heidi Strauss

**Kaeja, Karen**. Dancer, teacher, choreographer, co-artistic director. Born: November 25, 1961, Toronto, Ontario. Birth name: Karen Resnick

At the age of eighteen, intrigued by a combination of movement, human interaction and psychology, Karen Kaeja started her post-secondary education in York University's dance therapy programme. As an extension of her studies, she was instrumental in developing a dance therapy course for Toronto's Baycrest Hospital for the elderly, which she ran for two years. While working toward her degree, Kaeja also studied the Mitzvah technique with M. Nehemia Cohen, and was introduced to contact improvisation during a six-week course offered through the university by Toronto Independent Dance Enterprise. Contact improvisation married her two interests: working with people and movement.

In 1984, she graduated with an Honours BFA from York. She continued to study in both

**Kaeja, Karen**. Danseuse, professeure, chorégraphe, codirectrice artistique. Née : 25 novembre, 1961, Toronto, Ontario. Nom à la naissance : Karen Resnick

Karen Kaeja, intéressée par les relations entre le mouvement, les interactions humaines et la psychologie, débuta sa formation postsecondaire en s'inscrivant au programme de thérapie par la danse de l'Université York. Dans le prolongement de ses études, elle participa à l'élaboration d'un cours de thérapie par la danse offert à l'Hôpital Baycrest pour personnes âgées, cours qu'elle dirigea pendant deux ans. En parallèle à sa formation académique, Kaeja étudia également la technique Mitzvah avec M. Nehemia Cohen et fut introduite à l'improvisation contact lors d'un cours de six semaines offert à l'université par Toronto Independent Dance Enterprise. L'improvisation contact lui permit d'intégrer ses deux intérêts: le travail avec les gens et le mouvement.

En 1984, l'Université York lui décerna un baccalauréat en beaux-arts avec spécialisation. Elle continua à étudier à Montréal et à New York et suite à une tournée en Suisse et au Portugal avec la chorégraphe américaine Jody Oberfelder, elle revint à Toronto pour épouser Allen Norris Kaeja en 1989.

Kaeja dansa indépendamment avec les chorégraphes Holly Small, Rebecca Todd, Tama Soble, Maxine Heppner, Jane Mappin,

Montreal and New York, and after touring Switzerland and Portugal with American choreographer Jody Oberfelder, returned to Toronto to marry Allen Norris Kaeja in 1989.

Kaeja danced independently with choreographers Holly Small, Rebecca Todd, Tama Soble, Maxine Heppner, Jane Mappin, Marie-Josée Chartier and Allen Kaeja, and in 1990 joined the Randy Glynn Dance Project. She presented her first choreographic work *Hangman* (1991) in the inaugural fringe Festival of Independent Dance Artists in Toronto, and the same year, in Bangkok, began a teaching partnership with her husband. Since then the two have taught contact dance in England, Sweden, Venezuela, the United States, and across Canada, with students ranging from young children to professional ballet dancers. Their teaching method has been chronicled in a book, on which they collaborated with Listowel drama teacher Carol Oriold, called Express Dance, a dance resource for public school teachers.

In 1993, Kaeja left the Randy Glynn Dance Project to start both a family and a full-time dance company with her husband. Their company, Kaeja d'Dance, has performed, toured and taught workshops internationally. In 1997, they expanded their creative repertoire into dance film.

Kaeja finds a balance between her passion for dancing and the ability to share her art form in a classroom environment. In 1996 she collaborated with Toronto choreographer/dancer Sylvie Bouchard to found Estrogen, a festival celebrating female choreographers, and in 1997, with Toronto dance improviser Pam Johnson, she began the ongoing Festival of Interactive Physics. She is the founder of the 502 dance lab, a forum for improvisational exploration, and from 1997 until 1999 was on the Board of the Canadian Alliance of Dance Artists.

Marie-Josée Chartier et Allen Kaeja. En 1990, elle se joint au Randy Glynn Dance Project. Elle présenta sa première oeuvre chorégraphique, *Hangman* (1991) à Toronto lors du Fringe Festival of Independent Dance Artists inaugural et la même année, à Bangkok, elleamorça un partenariat d'enseignement avec son mari. Depuis, le couple a enseigné la danse contact en Angleterre, en Suède, au Venezuela, aux États-Unis et à travers le Canada, à des étudiant(e)s très jeunes ainsi qu'à des interprètes professionnels de ballet. Leur technique d'enseignement fut décrite dans un livre auquel ils collaborèrent avec la professeur d'art dramatique de Listowel, Carol Oriold. Le livre, intitulé Express Dance, est un manuel de ressources sur la danse à l'intention de professeur(e)s des écoles publiques.

En 1993, Kaeja quitta le Randy Glynn Dance Project afin de fonder une famille et d'établir une troupe de danse à temps plein avec son mari. Leur compagnie, Kaeja d'Dance, a présenté des spectacles, complété des tournées et donné des ateliers à l'échelle internationale. En 1997, ils élargirent leur répertoire de création en explorant la danse sur film.

Kaeja trouve son équilibre en intégrant sa passion pour la danse et son talent pour partager sa discipline artistique dans le cadre d'une classe. En 1996, elle collabora avec la chorégraphe/danseuse de Toronto Sylvie Bouchard pour mettre sur pied Estrogen, un festival célébrant les chorégraphes féminines et en 1997, avec l'improvisatrice en danse de Toronto, Pam Johnson, elle initia le Festival of Interactive Physics, festival toujours actif.

Elle est la fondatrice de 502 dance lab, un lieu d'exploration de l'improvisation et de 1997 à 1999, elle siégea sur le conseil d'administration du Canadian Alliance of Dance Artists.

Photo: Cylla von Tiedemann

**Kain, Karen**. Dancer. Born: March 28, 1951, Hamilton, Ontario.

Virtually the personification of Canadian ballet for over two decades, Karen Kain decided to become a dancer when she saw Celia Franca dance *Giselle* in 1959. After training with Betty Carey and Iris Giggs, Kain entered the National Ballet School in 1962, where her extraordinary talents were recognized by teachers like Daniel Seillier and Betty Oliphant. Kain graduated into the National Ballet of Canada in 1969.

After only a year in the corps de ballet, Kain became a principal dancer, making her debut as Odette/Odile in Erik Bruhn's production of *Swan Lake* at the age of nineteen. When Rudolph Nureyev mounted *The Sleeping Beauty* at the National Ballet in 1972, he singled out Kain, insisting that she be cast as Aurora. Over the next months Kain was Nureyev's frequent partner in *Swan Lake* and *The Sleeping Beauty*, earning accolades from New York Times critics Anna Kisselgoff and Clive Barnes as "a true ballerina" and "one of the most talented ballerinas in the western world". Nureyev, who

## Karen Kain
by/par Penelope Reed Doob

**Kain, Karen**. Danseuse. Née : 28 mars 1951, Hamilton, Ontario.

Virtuellement la personnification même du ballet canadien pour plus de deux décennies, Karen Kain décida de devenir danseuse après avoir vu Celia Franca danser *Giselle* en 1959. Après une formation auprès de Betty Carey et d'Iris Giggs, Kain entra à l'École nationale de ballet en 1962 où son talent exceptionnel fut reconnu par des professeurs comme Daniel Seillier et Betty Oliphant. Kain compléta ses études et se joint au Ballet national du Canada en 1969.

Après seulement une année dans le corps de ballet, Kain devint danseuse principale et faisait son début en interprétant Odette/Odile dans la production du *Lac des cygnes* d'Erik Bruhn à l'âge de dix-neuf ans. Lorsque Rudolph Nureyev monta *La Belle au bois dormant* au Ballet national en 1972, il choisit Kain personnellement, insistant pour qu'elle interprète le rôle d'Aurore. Durant les mois qui suivirent, Kain fut la partenaire de Nureyev à plusieurs reprises dans *Le Lac des cygnes* et *La Belle au bois dormant*, récoltant des éloges des critiques du New York Times Anna Kisselgoff et Clive Barnes: une «vraie ballerine» et «une des plus grandes ballerines de talent de l'Occident». Nureyev, qui devint l'ami et le mentor de Kain et avec lequel elle dansa comme artiste invitée

became Kain's mentor and friend, and with whom she performed as a guest artist in Europe, Australia and the United States, encouraged her in developing her own characteristic blend of Russian and British balletic style, combining athletic daring and amplitude of movement with lyricism, profound musicality and strong technique.

Simultaneously, Kain was building a legendary partnership with Frank Augustyn. In 1971, choreographer Eliot Feld cast Kain and Augustyn in the National Ballet's production of *Intermezzo*, and Nureyev chose them to dance the Bluebird pas de deux at the 1972 Ottawa premiere of *The Sleeping Beauty*. The couple entered the 1973 Moscow International Ballet Competition, where Kain won a silver medal in the women's division and, with Augustyn, received a gold medal for best pas de deux. The partnership of what critic John Fraser would call "the gold-dust twins" continued into the 1980's, encompassing virtually the entire classical and contemporary repertoire.

Kain's passionate and seemingly effortless artistry has been evident in a broad range of roles from the classics including Aurora, Giselle, Odette/Odile, Swanhilda to roles in the contemporary repertoire such as Juliet in John Cranko's *Romeo and Juliet*, Tatiana in his *Onegin*, Katarina in his *The Taming of the Shrew*, the Woman in Black in James Kudelka's *Pastorale* (1990), Carmen in Roland Petit's *Carmen*, and numerous ballets by George Balanchine, most notably *Concerto Barocco* and *Serenade*. Still more impressive, however, is Kain's record of created roles, in a long list of ballets by Petit, Ann Ditchburn, Constantin Patsalas, Kudelka, Feld and Glen Tetley.

Kain's career after the age of forty blossomed into ever more extravagant artistic creativity. While she chose to relinquish *The Sleeping Beauty* and *Swan Lake* in 1994, she also created roles of great emotional and choreographic complexity in ballets by John Alleyne, Christopher House, John Neumeier, and above all Kudelka, who has evoked Kain's wise serenity in *Musings* (1991) and *Gluck pas de deux* (1994); her extraordinary versatility in

en Europe, Australie et aux États-Unis, l'encouragea à développer sa propre combinaison de style de ballet russe et britannique, associant les exploits athlétiques et l'amplitude du mouvement au lyrisme, à la musicalité profonde et à une technique puissante.

Simultanément, Kain élaborait un partenariat légendaire avec Frank Augustyn. En 1971, le chorégraphe Eliot Feld donna des rôles à Kain et Augustyn dans la production du Ballet national d'*Intermezzo* et Nureyev les choisit pour danser le pas de deux de l'oiseau bleu à la première de *La Belle au bois dormant* en 1972 à Ottawa. Le couple participa au Concours international de ballet à Moscou en 1973, concours où Kain remporta la médaille d'argent dans la section des femmes et avec Augustyn, reçut la médaille d'or pour le meilleur pas de deux. Ce partenariat, que le critique John Fraser allait appeler celui «des jumeaux poudrés d'or» persévéra jusque dans les années 1980 et allait couvrir pratiquement tout le répertoire classique et contemporain.

Le talent artistique de Kain fut manifeste dans un large éventail de rôles, qu'il s'agisse des classiques comme Aurore, Giselle, Odette/Odile, Swanhilda ou de rôles du répertoire contemporain comme Juliette dans *Roméo et Juliette* de John Cranko, Tatiana dans son *Onegin*, Katharina dans son *The Taming of the Shrew*, la Femme en Noir dans *Pastorale* (1990) de James Kudelka, Carmen dans *Carmen* de Roland Petit et de nombreux ballets de George Balanchine, plus particulièrement *Concerto Barocco* et *Sérénade*. Elle créa aussi une liste record de rôles dans une longue série de ballets par Petit, Ann Ditchburn, Constantin Patsalas, Kudelka, Feld et Glen Tetley.

Après l'âge de quarante ans, la carrière de Kain fleurit encore en une créativité artistique extravagante. Malgré qu'elle ait choisi de délaisser *La Belle au bois dormant* et le *Lac des cygnes* en 1994, elle créa des rôles d'une grande complexité émotive et chorégraphique dans des ballets de John Alleyne, Christopher House, John Neumeier, et par-dessus tout, dans les oeuvres de Kudelka, qui évoqua la sérénité sage de Kain dans *Musings* (1991) et *Gluck pas de deux* (1994), sa versatilité extraordinaire dans

The Actress (1994); and her ability to convey the dark perversities of neurotic repression in *The Miraculous Mandarin* (1993); and *Spring Awakening* (1994).

In 1995, to celebrate Kain's 25th anniversary with the National Ballet, she performed the coveted role of Natalia Petrovna in Sir Frederick Ashton's *A Month in the Country*. Kain retired from performance with the National Ballet of Canada in 1998 and in 1999 was appointed Artistic Associate of the NBC.

Kain has appeared in Norman Campbell's television productions of *Giselle*, *La Fille mal gardée*, *The Merry Widow*, *La Ronde* and *Alice*, and has been the subject of numerous documentaries and specials, including Anthony Azzopardi's Making Ballet.

Kain became an Officer of the Order of Canada in 1976 and Companion of the Order in 1991, earned the 1992 Performing Arts Award from the Toronto Arts Awards, and in 1996 became the first Canadian to receive the Cartier Lifetime Achievement Award. Since 1979 she has received honorary degrees from numerous universities including York, McMaster, Trent, Brock and the universities of British Columbia and Toronto. She is the founding president of the Dancer Transition Resource Centre.

The Actress (1994) et sa capacité d'exprimer les perversités sombres de la répression névrosée dans *The Miraculous Mandarin* (1993) et dans *Spring Awakening* (1994).

En 1995, afin de célébrer son 25ième anniversaire avec le Ballet national, elle dansa le rôle très convoité de Natalia Petrovna dans *A Month in the Country* de Sir Frederick Ashton. Kain cessa de danser avec le Ballet national en 1998 et en 1999, elle fut nommée artiste en résidence de la compagnie.

Kain a participé aux productions télévisées de Norman Campbell de *Giselle*, *La Fille mal gardée*, *The Merry Widow*, *La Ronde* et *Alice*. Plusieurs documentaires et émissions spéciales traitant de son travail ont été réalisés, entre autres, Making Ballet, d'Anthony Azzopardi.

Kain fut nommée Officier de l'Ordre du Canada en 1976 et Compagnon de l'Ordre en 1991, remporta le Prix Toronto Arts pour les Arts de la scène en 1992, et en 1996 devint la première Canadienne à recevoir le Prix Cartier pour les Réalisations globales. Depuis 1979, elle a reçu plusieurs diplômes honorifiques de diverses universités telles que York, McMaster, Trent, Brock, de la Colombie-Britannique et de Toronto. Elle est présidente-fondatrice du Centre de ressources et transition pour danseurs.

◆

**Kraul, Earl**. Dancer, teacher. Born: March 5, 1929, London, Ontario. Died: December 23, 1999, Vancouver, British Columbia.
Birth name: Earl Riedar Kraul.

Although he spent more than a decade dancing all the principal roles of the National Ballet of Canada's classical repertoire, Earl Kraul began his dancing career as the Fred Astaire of London, tapping in public recitals from the age of nine. He initially planned a career in accounting, but was given tickets to see a touring production by the Mia Slavenska dance company, and was inspired by Eugene Loring's *Billy the Kid* to set his sights on a career as a ballet dancer.

After less than two years of formal ballet studies with Bernice Harper in London, he became a founding member of the National

**Earl Kraul**
by/par Max Wyman

Photo: Ken Bell

Ballet of Canada in 1951 – though he claimed he was only accepted because an individual who had originally been hired broke his foot and was unable to join the company. He continued his studies with Celia Franca and Betty Oliphant, and in 1953 became a soloist. At the same time, he maintained his tap-dance expertise, dancing on Alan Lund's Cross-Canada Hit Parade television show in the 1961-1962 season and at the Canadian National Exhibition in the company's long summer break. In 1961 he spent a summer season in London, England, and took the opportunity to study with Stanislas Idzikowski.

In 1963 Kraul became a principal with the National Ballet of Canada. He was one of the versatile stalwarts of the company, dancing a wide range of roles. Among many lead roles he

**Kraul, Earl**. Danseur, professeur. Né : 5 mars 1929, London, Ontario. Décédé : 23 décembre 1999, Vancouver, Colombie-Britannique. Nom à la naissance: Earl Riedar Kraul.

Bien qu'il ait interprété tous les rôles principaux du répertoire classique du Ballet national pendant plus d'une décennie, Earl Kraul débuta sa carrière en danse en tant que le Fred Astaire de London, faisant la danse à claquettes dans des récitals publiques depuis l'âge de neuf ans. Il prévoyait faire carrière en comptabilité mais il reçut en cadeau des billets pour assister à une production en tournée de la troupe de danse Mia Slavenska et *Billy the Kid* d'Eugene Loring l'inspira à explorer une carrière de danseur de ballet.

Après moins de deux années d'études structurées de ballet avec Bernice Harper à London, il devint membre fondateur du Ballet national du Canada en 1951 – bien qu'il affirma d'avoir été accepté que parce qu'un individu déjà sélectionné s'était cassé le pied et ne put se joindre à la compagnie. Il poursuivit sa formation avec Celia Franca et Betty Oliphant et devint soliste en 1953. En parallèle, il consolida son expertise en claquettes, dansant pour l'émission de télévision d'Alan Lund, Cross-Canada Hit Parade pour la saison 1961 à 1962 ainsi qu'à l'Exposition nationale canadienne durant le long congé estival. En 1961, il passa un été à Londres en Angleterre et saisit l'occasion d'étudier avec Stanislas Idzikowski.

En 1963, Kraul devint danseur principal avec le Ballet national du Canada. Il fut l'un des piliers les plus versatiles de la compagnie, interprétant une grande diversité de rôles. Parmi les rôles principaux qu'il créa se retrouvent celui du pêcheur dans *The Fisherman and His Soul* (1956), le marié dans *Antic Spring* (1960) et Orestes dans *The House of Atreus* (1964), des

originated were the Fisherman in *The Fisherman and His Soul* (1956), the Groom in *Antic Spring* (1960) and Orestes in *The House of Atreus* (1964), all choreographed by Grant Strate. Throughout the 1960's he was an exceptional partner to the company's ballerinas, and a mainstay of the classical principal roles in *La Sylphide*, *Swan Lake* and *The Nutcracker*.

He became renowned for his interpretation of Romeo in John Cranko's *Romeo and Juliet*, dancing with six different ballerinas. He starred in CBC Television network telecasts of numerous ballets, among them *Coppélia* (1958), *Giselle* (1962) and *Romeo and Juliet* (1966).

In 1966 he partnered Martine van Hamel when she won a silver medal at the International Ballet Competition in Varna, Bulgaria. He retired from the National Ballet of Canada in 1970.

Kraul taught at the National Ballet School from 1970-1976, and from 1973-1976 at York University, the Banff Centre for the Arts and George Brown College, Toronto, before becoming ballet master with the Dance Company of Ontario, 1979-1981. In 1981 he moved to Vancouver, where he became co-director with Dianne Miller of The Dance Gallery, a school at which he taught for ten years. He began to teach at Simon Fraser University in 1991, and took numerous guest teaching positions in Canada and abroad; in 1992 he spent four months teaching at the Laban Centre in England.

He choreographed about a dozen works, mainly for students, in Toronto, Banff and Vancouver, and also choreographed for festivals in Guelph and Stratford, Ontario. He received the Centennial Medal in 1967 and the Queen's Silver Jubilee Medal in 1978.

oeuvres chorégraphiées par Grant Strate. Tout au long des années 1960, il servit de partenaire exceptionnel aux ballerines de la compagnie et fut un incontournable interprète des principaux rôles classiques de *La Sylphide*, *Le Lac des cygnes* et *Casse-Noisette*.

Il fut renommé pour son interprétation de Roméo dans le *Roméo et Juliette* de John Cranko, dansant avec six ballerines différentes. Il fut la vedette de nombreuses émissions de ballets diffusées par la chaîne de télévison CBC, notamment *Coppélia* (1958), *Giselle* (1962) et *Roméo et Juliette* (1966).

En 1966, il fut le partenaire de Martine van Hamel lorsqu'elle remporta la médaille d'argent au Concours international de ballet à Varna en Bulgarie. Il prit sa retraite du Ballet national du Canada en 1970.

Kraul enseigna à l'École nationale de ballet de 1970 à 1976 et à l'Université York de 1973 à 1976, ainsi qu'au Banff Centre for the Arts et au George Brown College à Toronto, avant d'occuper le poste de maître de ballet avec le Dance Company de l'Ontario de 1979 à 1981. Toujours en 1981, il s'installa à Vancouver, où il partagea la direction de The Dance Gallery avec Dianne Mille, une école où il enseigna pendant dix ans. Il commença à enseigner à l'Université Simon Fraser en 1991, et il accepta de nombreuses invitations à enseigner à travers le Canada et à l'étranger. En 1992, il passa quatre mois à enseigner au Laban Centre en Angleterre.

Il a chorégraphié environ une douzaine d'oeuvres, surtout à l'intention d'étudiant(e)s de Toronto, de Banff et de Vancouver et a il également chorégraphié pour des festivals de Guelph et de Stratford en Ontario. On lui a décerné la médaille du centenaire en 1967 et la médaille du jubilé d'argent de la Reine en 1978.

Photo: Cylla von Tiedemann

## James Kudelka
by/par Michael Crabb

**Kudelka, James**. Artistic director, choreographer, dancer. Born: September 10, 1955, Newmarket, Ontario.

James Kudelka is acknowledged internationally as the leading Canadian ballet choreographer of his generation. He has evolved a unique style that draws from both classical ballet and modern dance movement to produce works of unique emotional power. His versatility has placed him in the rare position of being equally at home choreographing for ballet and modern dance troupes. Kudelka is also unusual in his willingness to interpret major orchestral scores, notably *Pastorale* (1990), set to Beethoven's Symphony No. 6, for the National Ballet of Canada.

Kudelka is an acknowledged master of solos and duets but is also notable for his imaginative handling of larger groups, as shown in one of his most acclaimed works for Les Grands Ballets Canadiens, *In Paradisum* (1983). His *Fifteen Heterosexual Duets* (1991), for Toronto Dance Theatre, demonstrates Kudelka's extraordinarily inventive ability to develop a theme both

**Kudelka, James**. Directeur artistique, chorégraphe, danseur. Né : 10 septembre 1955, Newmarket, Ontario.

James Kudelka est reconnu à l'échelle internationale comme le plus important chorégraphe canadien de ballet de sa génération. Il a élaboré un style tout à fait unique qui s'inspire du ballet classique et de la danse moderne afin de créer des oeuvres empreintes d'une puissance émotionnelle exceptionnelle. Il est un des rares chorégraphes qui sont aussi à l'aise dans la chorégraphie pour les troupes de ballet que pour les troupes de danse moderne. Kudelka se démarque également par son intérêt pour les partitions orchestrales majeures notamment dans *Pastorale* (1990), sur la Symphonie No. 6 de Beethoven, crée pour le Ballet national du Canada.

Kudelka est reconnu pour sa maîtrise du solo et du duo ainsi que pour sa manipulation imaginative de groupes plus importants tel qu'illustré dans l'une de ses oeuvres les plus acclamées pour Les Grands Ballets Canadiens, *In Paradisum* (1983). Son *Fifteen Heterosexual Duets* (1991), pour le Toronto Dance Theatre, témoigne de l'extraordinaire capacité créative de Kudelka à développer un thème au niveau de la composition autant qu'au niveau émotif. Son dynamique *Désir* (1991), sur de la musique de Prokofiev, illustre les mêmes qualités dans un mode purement classique.

Bien que la chorégraphie de Kudelka soit

compositionally and emotionally. His fast-paced *Désir* (1991), to Prokofiev, represents the same qualities in a more purely classical mode.

Although Kudelka's choreography is often lyrical it can be equally fierce and percussive. While he has often tackled the subject of love and relationships, his depiction is frequently tinged with sombre shades of disappointment, nostalgia, regret and outright dysfunction. Kudelka has not been afraid to tackle such difficult subjects as sexual and family dysfunction in works like *The Miraculous Mandarin* (1993) and *Spring Awakening* (1994), both for the National Ballet of Canada.

Kudelka first choreographed while a student at the National Ballet School. He continued to create works while performing as a leading dancer of the National Ballet of Canada from 1972-1981. Kudelka won serious critical attention for such overtly dramatic ballets as *A Party* (1976) and *Washington Square* (1979). As a dancer, Kudelka was notable for his speed, clarity and musicality. Within his wide-ranging repertoire of solo roles, he was particularly memorable for his dazzling Neapolitan Variation in *Swan Lake*.

In 1981, Kudelka left Toronto to join Les Grands Ballets Canadiens where he said he found a more creatively supportive environment. Kudelka's choreography shifted to a less overtly dramatic style in such acclaimed works as *In Paradisum* and *Alliances* (1984). He was resident choreographer of Les Grands Ballets Canadiens from 1984-1990 and contributed regularly to the company repertoire, while increasingly working for outside companies in Canada and abroad, among them Dancemakers, Les Ballets Jazz de Montréal, Montréal Danse, the Joffrey Ballet, San Francisco Ballet and American Ballet Theatre.

Kudelka returned to the National Ballet of Canada as artist-in-residence in 1992, continuing to create works for it and other companies, as well as occasionally performing in character roles. One of his biggest commissions for the National Ballet was to replace Celia Franca's thirty-year-old staging of *The Nutcracker* with a completely new production designed by his

fréquemment lyrique, elle peut également être féroce et percutante. Il a fréquemment exploré les thèmes de l'amour et des relations, ceux-ci demeurant par contre empreints d'une saveur sombre de déception, de nostalgie, de regret et de dysfonction évidente. Kudelka n'a pas craint d'explorer des thèmes aussi douloureux que la dysfonction sexuelle et familiale dans des oeuvres comme *The Miraculous Mandarin* (1993) et *Spring Awakening* (1994), toutes deux pour le Ballet national du Canada.

Kudelka créa ses premières chorégraphies alors qu'il étudiait à l'École nationale de ballet. Il continua à créer des oeuvres même lorsqu'il fut danseur principal au Ballet national du Canada de 1972 à 1981. Les critiques célébra ses ballets si nettement dramatiques comme *A Party* (1976) et *Washington Square* (1979). Comme danseur, Kudelka se distinguait par sa rapidité, sa clarté et sa musicalité. Parmi le répertoire diversifié de rôles solos qu'il interpréta, Kudelka brilla particulièrement dans son époustouflante variation napolitaine du *Lac des cygnes*.

En 1981, Kudelka quitta Toronto pour se joindre aux Grands Ballets Canadiens où il trouva un environnement plus propice à la création. Sa chorégraphie progressa vers un style moins flamboyant comme en témoigne les oeuvres célèbres: *In Paradisum* et *Alliances* (1984). Il fut chorégraphe en résidence des Grands Ballets Canadiens de 1984 à 1990 et contribua régulièrement au répertoire de la compagnie tout en créant de plus en plus d'oeuvres pour d'autres compagies au Canada et à l'étranger, notamment Dancemakers, Les Ballets Jazz de Montréal, Montréal Danse, le Joffrey Ballet, le San Francisco Ballet et l'American Ballet Theatre.

Kudelka retourna au Ballet national du Canada comme artiste en résidence en 1992, continuant à créer des oeuvres pour le Ballet national et pour d'autres troupes et interprétant à l'occasion des rôles de caractère. L'une de ses commandes les plus importantes pour le Ballet national fut de remplacer la mise en scène de Celia Franca de *Casse-Noisette*; il remplaça cette version vieille de trente ans par une toute nouvelle production conçue par un de ses

frequent collaborator Santo Loquasto, which premiered in December 1995. Kudelka was appointed artistic director of the National Ballet of Canada in June 1996. In 1997, he choreographed *The Four Seasons* for the company, to the music of Vivaldi, and he received critical acclaim and much public admiration for his complete restaging of *Swan Lake* in 1999.

Kudelka has continued to choreograph for other companies, creating *Le Baiser de la fée* (1996) for the Birmingham Royal Ballet, *Some Women Some Men* (1998) for the San Francisco Ballet, and *The Book of Alleged Dances* (1999) for the Australian Ballet.

For his choreography, Kudelka has received the 1973 and the 1993 Jean A. Chalmers Award and two Dora Mavor Moore Awards, in 1995 and 1996.

fréquents collaborateurs, Santo Loquasto, et présentée en première en décembre 1995. Kudelka fut nommé directeur artistique du Ballet national du Canada en juin 1996. L'année suivante, il chorégraphia *The Four Seasons* pour la compagnie sur une musique de Vivaldi et il fut acclamé par la critique et applaudi par le public pour sa nouvelle mise en scène du *Lac des cygnes* en 1999.

Kudelka a continué à chorégraphier pour d'autres compagnies, créant *Le Baiser de la fée* (1996) pour le Birmingham Royal Ballet, *Some Women Some Men* (1998) pour le San Francisco Ballet et *The Book of Alleged Dances* (1999) pour l'Australian Ballet.

La valeur de son oeuvre chorégraphique fut soulignée par le Prix Jean A. Chalmers en 1973 et de nouveau en 1993 ainsi que par deux Prix Dora Mavor Moore, en 1995 et en 1996.

# Yone Kvietys
by/par Lisa Doolittle

**Kvietys, Yone**. Danseuse, chorégraphe, professeure. Née : Kaunas, Lituanie. Nom de femme mariée : Yone Kvietys Young.

Yone Kvietys reçut sa formation initiale au

**Kvietys, Yone**. Dancer, choreographer, teacher. Born: Kaunas, Lithuania. Married name: Yone Kvietys Young.

Yone Kvietys received her early training at the Nasvytis Modern Dance School. When the Soviets entered Lithuania, she and her family escaped to Germany, where she entered the Laban Concert and Theatre Dance School in Hamburg. She earned her diploma after four years, and like all Laban graduates, she choreographed and performed in a solo show, touring war-torn Germany.

Kvietys and her family immigrated to Canada in 1948. In Toronto, she worked at first with the Boris Volkoff company from 1948-1949. Then, at the invitation of choreographer Ruth Sorel, she moved to Montreal and performed with Sorel's group in the early 1950's. She then formed an independent contemporary company, the Montreal Modern Dance Company, as artistic director and co-choreographer with fellow Lithuanian expatriate Birouté Nagys. Kvietys' choreographic trademark was precise and stylized movement with an often witty approach to her subject matter, all set to a knowledgeable choice of contemporary music. The Globe and Mail's Herbert Whittaker described the Montreal Modern Dance Company's 1954 performance of *Manière de Commencement* at the Sixth Canadian Ballet Festival as "interesting in content, fresh, original in approach".

She returned to Toronto in 1956, where she formed another company, the Contemporary Dance Company. She held a long list of posts from the mid 1950's to the mid 1960's teaching at the University of Toronto, the YM-YWHA, University of Western Ontario, Queen's University and the Manitou-wabing Summer Arts Camp, and she choreographed for various CBC television series. The nineteen years she spent performing, forming two companies, choreographing, and teaching, all without government support, she describes as "tearing myself to pieces".

When Kvietys moved to Calgary in 1966, she had no intention of maintaining a career in dance, but she was persuaded to teach movement

Nasvytis Modern Dance School. Lorsque les Soviétiques envahirent la Lituanie, elle et sa famille s'échappèrent en Allemagne où elle s'enrôla au Laban Concert and Theatre Dance School à Hambourg. On lui décerna un diplôme après quatre années d'études et, comme tous les diplômés de Laban, elle chorégraphia et dansa dans un spectacle solo, dansant en tournée à travers une Allemagne déchirée par la guerre.

Kvietys et sa famille immigrèrent au Canada en 1948. À Toronto, elle travailla d'abord avec la troupe de Boris Volkoff de 1948 à 1949. Ensuite, à l'invitation de la chorégraphe Ruth Sorel, elle s'installa à Montréal et dansa avec le groupe de Sorel au début des années 1950. Elle fonda ensuite une troupe indépendante de danse contemporaine, le Montreal Modern Dance Company. Elle en fut sa directrice artistique et cochorégraphe avec une autre expatriée lituanienne, Birouté Nagys. La chorégraphie de Kvietys se démarqua par sa précision, son mouvement stylisé et son approche fréquemment pleine d'esprit des thèmes explorés, le tout sur une sélection avertie de musique contemporaine. En 1954, Herbert Whittaker du Globe and Mail décrit l'interprétation de *Manière de commencement* du Montreal Modern Dance Company au sixième Festival de ballet canadien comme «un contenu intéressant, une approche fraîche et originale».

Elle revint à Toronto en 1956 et y fonda une autre troupe, le Contemporary Dance Company. De 1955 à environ 1965, elle occupa une série de postes, enseignant à l'Université de Toronto, au YM-YWHA, à l'Université Western en Ontario, à l'Université Queen's et au Manitou-wabing Summer Arts Camp. Elle créa de plus des chorégraphies pour plusieurs séries télévisées du CBC. Elle décrit les dix-neuf années passées à danser, chorégraphier, enseigner et à former deux troupes de danse et ce sans aucun soutien gouvernemental, comme des années où elle «se déchira en morceaux».

Lorsque Kvietys s'installa à Calgary en 1966, elle n'avait nullement l'intention de continuer une carrière en danse mais l'Université de Calgary la persuada d'enseigner des classes de mouvement et à son départ de l'université, elle

at the University of Calgary, and by the time she left the University, the basis of a dance programme was in place.

In 1972, she resigned from the University, and her attention was soon drawn to the visual arts. She became a student and instructor at the Alberta College of Art, offering classes for four years in Movement and Visual Design. She and her students staged some memorable events, notably a dance piece for a graduation ceremony in which all performers were naked. After graduation from ACA, she cut her ties to the dance world, and has managed a successful career as an independent visual artist for more than twenty years.

Throughout her dance career, her choreography carried the stamp of both European and American modern dance trends. In regular trips from Montreal and Toronto to New York, she had studied with Martha Graham, Merce Cunningham, Charles Weidman and José Limón. But Kvietys transcended imitation to reread and rewrite her inherited dance aesthetic. Her students did not perpetuate a style, but influenced many aspects of the dance landscape in Canada and elsewhere. One student, David Earle, went on to co-found a modern dance "establishment" – the Toronto Dance Theatre. Another, Margaret Dragu, became an important performance artist, writer and teacher. Perhaps Kvietys' most obviously enduring legacy is a continuing presence for modern dance in the Fine Arts faculty at the University of Calgary. Her fierce and confident individualism inspired numerous dance artists and her work has enriched many.

avait réussi à mettre en place les structures nécessaires à un programme en danse.

Elle quitta l'université en 1972 et porta bientôt son attention vers les arts visuels. Elle devint à la fois élève et professeure au Alberta College of Art, offrant des cours de mouvement et de design visuel. En association avec ses élèves, elle mit en scène quelques événements mémorables, notamment une oeuvre dansée à l'occasion d'une cérémonie de remise des diplômes. Elle coupa ses liens avec le milieu de la danse après avoir complété ses études à l'ACA et mena une carrière féconde d'artiste en arts visuels pendant plus de vingt ans.

Tout au long de sa carrière, sa chorégraphie refléta les tendances européennes et américaines en danse moderne. Elle voyagea régulièrement de Montréal et Toronto vers New York, y étudiant avec Martha Graham, Merce Cunningham, Charles Weidman et José Limón. Cependant, Kvietys transcenda la simple imitation, imposant sa propre lecture et écriture de l'esthétique de la danse. Ses élèves n'ont pas perpétué un style particulier mais ont influencé plusieurs aspects de la danse au Canada et à l'étranger. Un de ses étudiants, David Earle, cofonda ultérieurement une véritable «institution» de la danse moderne, le Toronto Dance Theatre. Une autre élève, Margaret Dragu, devint une interprète, auteure et professeure importante. Son héritage le plus probant et durable réside probablement dans sa présence continue à la danse moderne à la faculté des Beaux-arts à l'Université de Calgary. Son individualisme féroce et confiant a inspiré et enrichi de nombreux artistes en danse.

$2

Spring 1979 Printemps

# Dance in Canada Danse au

Magazine/journal, 1973 -1989

**Lady from the Sea** (Dame de la mer)
Premiere/Première: Elizabeth Leese Ballet, Fourth Canadian Ballet Festival,
Royal Alexandra Theatre, Toronto, May 8 mai, 1952
The Elizabeth Leese Ballet, Montréal
presents/présente "Lady from the Sea"
Music by/Musique par Saul Honigman
The Wife/La femme: Elizabeth Leese
The Husband/Le mari: Roger Labbé
The Stranger/L'étranger: Jimmy Ronaldson
The Artist/L'artiste: Alex Pereima
The Daughters/Les filles: Juliette Fischer, Joan Williscroft, Louise Hébert
Conductor/Chef d'orchestre: Samuel Hersenhoren

Souvenir programme note: Lady from the Sea, music by Saul Honigman written especially for the ballet and in close collaboration with the choreographer. The Ballet is a free version of Ibsen's play of the same name, concerning the problem of a woman who must choose between an old romantic atttachment and her role as a wife and mother. Only when the choice is left to her freely does she solve the problem.

Note du programme-souvenir: Lady from the Sea, musique de Saul Honigman, composée spécialement pour le ballet et en étroite collaboration avec la chorégraphe. Le Ballet est une version libre de la pièce d'Ibsen du même nom, décrivant le dilemme d'une femme qui doit choisir entre une ancienne liaison et son rôle de femme mariée et de mère. Ce n'est que lorsqu'on lui laisse le libre choix qu'elle résout le problème.

*Leese was the first choreographer to adapt Ibsen's play for dance. The work typified Leese's crossover style of blending classical ballet with expressionistic movement and garnered good reviews at the Canadian Ballet Festival in 1952 for its overall production and especially for the sets and costumes. It was also presented at the Canadian Ballet Festival in Ottawa the following year. Leese then adapted the original version for inclusion in the National Ballet of Canada's repertoire for its 1955 season with Celia Franca dancing the lead.*

*Leese fut la première chorégraphe à adapter la pièce d'Ibsen pour la danse. L'oeuvre est typique du style hybride de Leese, joignant le ballet classique au mouvement expressionniste. L'oeuvre fut accueillie favorablement au Festival de ballet canadien en 1952, pour la production dans son ensemble mais plus particulièrement pour les décors et les costumes. Elle fut également présentée l'année suivante au Festival de ballet canadien à Ottawa. Leese adapta ensuite la version originale afin de l'inclure au répertoire du Ballet national du Canada pour sa saison de 1955, avec Celia Franca dansant le rôle principal.*

Iro Valaskakis Tembeck

Photo: Michael Slobodian

## Sylvain Lafortune
by/par Linde Howe-Beck

**Lafortune, Sylvain**. Dancer, teacher, choreographer. Born: December 15, 1961, Montreal, Quebec.

One of the most versatile of Montreal dancers, Sylvain Lafortune has been acclaimed for his ballet and contemporary dance interpretations. In 1979, he graduated from the professional ballet programme at the school affiliated with Les Grands Ballets Canadiens, now the École Supérieure de danse du Québec. Immediately he entered the parent company, studying ballet with Daniel Seillier, Terry

**Lafortune, Sylvain**. Danseur, professeur, chorégraphe. Né : 15 décembre 1961, Montréal, Québec.

Sylvain Lafortune, l'un des danseurs les plus versatiles de Montréal, est renommé pour ses interprétations en ballet et en danse contemporaine. En 1979, il compléta le programme de formation en ballet professionnel de l'école affiliée aux Grands Ballets Canadiens, connue présentement sous le nom d'École supérieure de danse du Québec. Immédiatement après, il se joint aux GBC, étudiant le ballet avec Daniel Seillier, Terry Westmoreland et Benjamin Harkarvy, et la danse moderne avec Jennifer Scanlon.

Son aisance dans ces deux disciplines fut vite apparente et il poursuiva les deux formations – le ballet avec Lawrence Rhodes, Marjorie Mussman et Cindy Green et la danse moderne avec Risa Steinberg, Christopher Pilafian et Angeline Wolf. À la fin du millénaire,

Westmoreland and Benjamin Harkarvy and modern dance with Jennifer Scanlon.

His ease in both disciplines soon became apparent and he continued to mix training - ballet with Lawrence Rhodes, Marjorie Mussman and Cindy Green and modern dance with Risa Steinberg, Christopher Pilafian and Angeline Wolf. By the end of the millennium, he had renounced all conventional dance training in favour of gymnastics and high performance sports training.

Although Lafortune occasionally performed classical roles during his time with LGBC, he excelled in contemporary ballets, particularly those by James Kudelka who created roles for him in *Désir* (1991), *Misfits* (1991), *Alliance* (1984) and *In Paradisum* (1983).

Six feet tall, with an imposing physique and presence, Lafortune brings a sense of physical daring and powerful inner focus to his dancing, performing virtuoso feats with ease. In the blink of an eye, he can hurl his partner into the air, catch and raise her into a high lift, support her into a landing that looks more like a toss and send himself sliding across the floor on his knees. As a young dancer, he reined in this raw energy, performing works like *In Paradisum* with quivering intensity.

After leaving LGBC in 1984, he spent five years with the Lar Lubovitch Dance Company in New York, where he also danced with Susan Marshall & Co. and performed in Martha Clarke's *The Garden of Earthly Delights*. Lubovitch choreographed *Fandango* and *Concerto 622* for him.

Lafortune returned to LGBC in 1990, leaving again five years later to join O Vertigo Danse where several roles were created for him by choreographer Ginette Laurin, including Jean-Joseph in *La Bête*. By 1998 he had joined Montréal Danse, headed by his wife, Kathy Casey, with whom he had danced in Ginette Laurin's *Petite pièce dénudé* (1991).

Recipient of the 1984 Jacqueline Lemieux prize, Lafortune has choreographed six works including the humorous *La concordance des temps*, which won the Hiawatha Festival Award in 1995. He has made several films including

il avait renoncé à toute forme de formation traditionnelle en danse au profit de la gymnastique et de l'entraînement dans des sports exigeants.

Même si occasionnellement, Lafortune interpréta des rôles classiques lors de son association avec LGBC, il excella dans des ballets contemporains, particulièrement ceux de James Kudelka qui créa des rôles pour lui dans *Désir* (1991), *Misfits* (1991), *Alliance* (1984) et *In Paradisum* (1983).

À six pieds de hauteur avec une carrure et une présence imposantes, Lafortune imprègne ses interprétations d'un sentiment d'audace physique et d'une concentration intérieure exceptionnelle, réussissant des exploits de virtuose avec toute aisance. En un clin d'oeil, il peut projeter sa partenaire dans les airs, la rattraper et la soulever très haut, la soutenir dans sa réception qui ressemble alors à une virevolte et se lancer ensuite en glissade sur les genoux. Comme jeune danseur, il interprétait des oeuvres comme *In Paradisum* en maîtrisant cette énergie si vitale avec une intensité frémissante.

Suite à son départ des GBC en 1984, il passa cinq ans avec la compagnie Lar Lubovitch Dance à New York, où il dansa aussi avec Susan Marshall & Co. et dans *The Garden of Earthly Delights* de Martha Clarke. Lubovitch chorégraphia *Fandango* et *Concerto 622* à son intention.

Lafortune retourna aux GBC en 1990, quittant cette compagnie de nouveau cinq ans plus tard pour s'associer à O Vertigo Danse où la chorégraphe Ginette Laurin créa plusieurs rôles pour lui incluant Jean-Joseph dans *La Bête*. En 1998 il se joint à Montréal Danse, une compagnie dirigée par sa femme, Kathy Casey, avec laquelle il avait dansé dans l'oeuvre de Ginette Laurin, *Petite pièce dénudée* (1991).

Récipiendaire du Prix Jacqueline Lemieux en 1984, Lafortune a chorégraphié six oeuvres entre autres *La concordance des temps*, une oeuvre pleine d'humour qui lui mérita le prix du Festival Hiawatha en 1995. Il a participé à plusieurs films dont Narcissus, réalisé par Norman McLaren en 1980; Le Mandarin merveilleux, réalisé par Pierre Morin en 1982;

Narcissus directed by Norman McLaren, 1980; Le mandarin merveilleux, directed by Pierre Morin, 1982; Romeos and Juliets and Fandango, directed by Barbara Sweete, 1990 and 1991 respectively; and La nuit du déluge directed by Bernar Hébert, 1996.

An accomplished teacher of ballet and modern technique and partnering, Lafortune is also an advocate of dancer health awareness, writing and speaking on health concerns. He has served on the board of directors of the Regroupement Québécois de la danse.

Romeos and Juliets et Fandango, réalisés par Barbara Sweete en 1990 et 1991 respectivement et La nuit du déluge, réalisé par Bernar Hébert en 1996.

Un professeur de ballet, de technique moderne et de portés accompli, Lafortune est aussi un partisan de l'importance d'une conscience de la santé pour les danseurs/seuses; il donne des conférences et rédige des textes sur ce thème. Il fut aussi membre du Conseil d'administration du Regroupement Québécois de la danse, et il en reste membre régulier.

Photo: Cylla von Tiedemann

## Martine Lamy
by/par Penelope Reed Doob

**Lamy, Martine**. Danseuse. Née : 8 juillet, 1964, Trois-Rivières, Québec.

Qu'il s'agisse de rôles classiques ou contemporains, les interprétations de Martine Lamy sont animées par son esprit vif et sa

**Lamy, Martine**. Dancer. Born: July 8, 1964,
Trois-Rivières, Quebec.

Wit and musicality, supported by
extraordinary technical and physical strength
and versatility, characterize Martine Lamy's
dancing in a broad range of roles from the
classics to the contemporary. Her abilities were
recognized early: while still a student at the
National Ballet School, which she had entered in
1975, she won a bronze medal in the Junior
Women's Division in 1981 at the Fourth
Moscow International Ballet Competition as
well as the medal for best partnership, with
Serge Lavoie. She entered the National Ballet of
Canada in 1983, becoming second soloist in
1985, first soloist in 1987, and principal dancer
in January 1990. Powerful, muscular, and
athletic, yet still elegant, she represented the
National Ballet in the First Erik Bruhn Prize
Competition in 1988.

Lamy's remarkable early virtuosity was
showcased in her first major role, Harald
Lander's *Études*, only a year after she joined the
company. Successive classical roles offered
greater dramatic challenges, to which Lamy
rose: Swanhilda in *Coppélia*, Lise in *La Fille
mal gardée*, the Swan Queen in Erik Bruhn's
*Swan Lake*, and Giselle, perhaps her finest
classical interpretation. She also blends strength
and vulnerability in the John Cranko and
Kenneth MacMillan repertoires: as Tatiana in
*Onegin*, Katarina in *The Taming of the Shrew*,
Manon, and the leading role in *Gloria*. She is a
commanding interpreter of the Glen Tetley
repertoire: *La Ronde, Daphnis and Chloe,
Voluntaries, The Rite of Spring.*

A measure of Lamy's artistic strength is her
ability to be second-cast lead in a new ballet
without trying to recreate the performance of her
predecessor. Thus, she followed Kimberly
Glasco as Child Alice in Tetley's *Alice* (1986)
and Karen Kain in James Kudelka's *The Actress*
(1994), Christopher House's *Café Dances*
(1991), and Dominique Dumais' *Tides of Mind*
(1996), yet gave the roles a completely
individual reading.

Lamy's greatest achievements, however,
have come in roles created for her: David

musicalité, sa technique exceptionnelle, sa force
physique et sa versatilité. Dès le début de sa
formation, son talent fut remarqué: à l'École
nationale de ballet où elle s'inscrit en 1975, elle
remporta la médaille de bronze, section junior
pour femmes ainsi que la médaille pour le
meilleur partenariat avec Serge Lavoie au
quatrième Concours international de ballet à
Moscou. Elle se joint au Ballet national en 1983,
fut nommée seconde soliste en 1985, première
soliste en 1987 et danseuse principale en janvier
1990. Forte, musclée et athlétique mais toujours
élégante, elle représenta le Ballet national au
premier Concours Erik Bruhn en 1988.

La virtuosité remarquablement précoce de
Lamy fut très évidente dans son premier rôle
majeur, *Études* de Harald Lander, une année
seulement après son entrée dans la compagnie.
Les rôles classiques subséquents furent de plus
grands défis dramatiques, défis qu'elle releva
avec succès: Swanhilda dans *Coppélia*, Lise
dans *La Fille mal gardée*, la reine des cygnes
dans *Le Lac des cygnes* d'Erik Bruhn et *Giselle*,
possiblement son interprétation classique la plus
remarquable. Elle intégra force et vulnérabilité
dans les répertoires de John Cranko et de
Kenneth MacMillan interprétant Tatiana dans
*Onegin*, Katarina dans *The Taming of the Shrew*,
et les rôles principals dans *Manon* et *Gloria*. Elle
est une interprète brillante du répertoire de Glen
Tetley: *La Ronde, Daphnis and Chloe,
Voluntaries, Le Sacre du printemps.*

Le talent artistique de Lamy se mesure par sa
capacité à offrir une interprétation du rôle
principal d'un nouveau ballet sans tenter de
recréer l'interprétation de son prédécesseur.
Ainsi, c'est après Kimberly Glasco qu'elle
interpréta l'enfant alice dans *Alice* (1986) de
Tetley et suite à Karen Kain qu'elle interpréta
l'actrice dans *The Actress* (1994) de James
Kudelka, *Café Dances* (1991) de Christopher
House, et *Tides of Mind* (1996) de Dominique
Dumais. Elle réussit à imprégner chacun de ces
rôles d'une lecture totalement personnelle.

Lamy a cependant réalisé ses interprétations
les plus remarquables dans des rôles créés à son
intention: *The Need* (1990) de David Parsons;
*Pastorale* (1990), *The Miraculous Mandarin*

Parsons's *The Need* (1990); Kudelka's *Pastorale* (1990), *The Miraculous Mandarin* (1993), *Nutcracker* (1995), Autumn in *The Four Seasons* (1997); John Alleyne's *Time Out with Lola* (1991) and *Interrogating Slam* (1991); William Forsythe's *the second detail*; Jean Grand-Maître's *Frames of Mind* (1994).

She has made frequent guest appearances ranging from the Royal Danish Ballet and the World Dance Alliance to the Desrosiers Dance Theatre and Edouard Lock's La La La Human Steps, in whose *Exaucé/Salt* she appeared in Toronto and Paris in 1999.

Lamy has also tried her hand at choreography and arts education, hosting and writing Dimanche Classique for the Ontario Francophone television network, TFO. Her film appearances include the CBC production of La Ronde, Rhombus Media's The Making of Blue Snake, Ann Ditchburn's A Moving Picture, the BBC's Bold Steps, and Antonio Azzapardi's Making Ballet.

(1993), *Casse-Noisettes*, (1995), et l'automne dans *The Four Seasons* (1997) de Kudelka; *Time Out with Lola* (1991) et *Interrogating Slam* (1991) de John Alleyne; *the second detail* de William Forsythe et *Frames of Mind* (1994) de Jean Grand-Maître.

Elle fut invitée à danser par plusieurs compagnies dont le Royal Danish Ballet, le World Dance Alliance, le Desrosiers Dance Theatre et la compagnie La La La Human Steps d'Édouard Lock, pour lequel elle dansa dans *Exaucé/Salt*, à Toronto et à Paris en 1999.

Lamy s'est également intéressée à la chorégraphie et à l'enseignement des arts, concevant et animant l'émission Dimanche Classique pour le réseau de télévision francophone ontarien, TFO. Elle a participé aux films suivants: La Ronde, une production du CBC, The Making of Blue Snake de Rhombus Media, A Moving Picture d'Ann Ditchburn, Bold Steps du BBC et Making Ballet d'Antonio Azzapardi.

---

## Lap

Premiere/Première: Dance Artists, St. Paul's Centre, Toronto, November 26 novembre, 1976
choreography/chorégraphie: Elizabeth Chitty
performers/interprètes: Terry McGlade, Elizabeth Chitty
videotapes/bandes vidéos:
-first tape by /première bande par : Terry McGlade and/et Paul Wong
camera/caméra: Paul Wong, John Faichney
-others by/autres par: Elizabeth Chitty
camera/caméra: Terry McGlade, Elizabeth Chitty
black and white video production courtesy of/production vidéo noir et blanc, courtoisie de:
Visus, colour production Canada Council video equipment courtesy of /équipement vidéo du
Conseil des Arts pour la production en couleur courtoisie de: Visus, Trinity Video, A Space, Art
Metropole

*Two dancers - one male in gym clothes, one female in a 1950's swimsuit - circle each other like boxers in a ring. By means of toy whistles, they register their anger, indignation and excitement. Occasionally they lunge at each other and engage in a violent contact that carries references to social dances. As in much of her work, Chitty, using a minimalist vocabulary, explores the confrontation of the sexes as a primitive and barbaric mating ritual.*

*Deux danseurs - un masculin en vêtements sports et une femme en maillot de bain des années*

1950 - tournoient l'un autour de l'autre comme des boxeurs dans une arène. Avec des sifflets, ils manifestent leur colère, indignation et excitation. Occasionnellement, ils s'élancent l'un sur l'autre dans un contact violent évoquant les danses sociales. Comme dans plusieurs de ses oeuvres, Chitty utilise un vocabulaire minimaliste pour explorer la confrontation des sexes en tant que rituel d'accouplement barbare et primitif.

Graham Jackson

### Ginette Laurin
by/par Kathryn Greenaway

Photo: Michael Slobodian

**Laurin, Ginette**. Choreographer, artistic director, dancer, teacher. Born: January 3, 1955, Montreal, Quebec.

Ginette Laurin is a member of Quebec's postmodern elite. During the 1980's, she joined other Quebec choreographers including Paul-André Fortier and Edouard Lock to forge an impressive choreographic path.

Laurin first came to the attention of dance audiences beyond Quebec in 1986, when she received the Jean A. Chalmers award for *Chevy*

**Laurin, Ginette**. Chorégraphe, directrice artistique, danseuse, professeure. Née : 3 janvier 1955, Montréal, Québec.

Ginette Laurin fait partie de l'élite postmoderne du Québec. Durant les années 1980, en parallèle à d'autres chorégraphes québécois tels que Paul-André Fortier et Edouard Lock, elle contribua à tracer une voie chorégraphique impressionnante.

Laurin fut d'abord remarquée du public hors-Québec en 1986, lorsqu'on lui octroya le Prix Jean A. Chalmers pour *Chevy Dream*, interprété avec son ancien mari, Kenneth Gould. Le couple arriva sur la scène dans une Chevrolet d'époque et commencèrent à jouer, culbuter et plonger à travers et autour du véhicule comme un couple d'adolescents éperdus d'amour des années 1950 assistant à une projection extérieure

*Dream*, performed with former husband Kenneth Gould. The two drove onstage in a vintage Chevrolet, and proceeded to frolic, tumble and dive over, through and around the vehicle, like a couple of love-sick teenagers at a 1950'sdrive-in show. As with all of Laurin's works, the piece was layered with meaning. She portrayed the 1950's as a time of innocence - flanking the frolic with the horrors of war. The pervasiveness of pop culture, the hypocrisy of the American conservative psyche, and the power of propaganda were all wrapped up in one neat package. It was one of the first glimpses Canada at large had of Laurin's penchant for flirting with physical danger, and pushing the limits of physical risk in dance.

Laurin began her training in Montreal in 1972. She studied ballet with Fernand Nault, Madame Voronova and Marjorie Lambert, and a variety of modern techniques and styles – Limon, Cunningham, Graham, Eutonie, Falco – as well as working with Martine Époque of Le Groupe Nouvelle Aire, Peter Boneham of Le Groupe de la Place Royale, Jean-Pierre Perreault, Peggy Baker and Meredith Monk. She also studied improvisation in New York and voice technique with Compagnie de Théâtre UBU.

As a dancer, Laurin performed with Le Groupe Nouvelle Aire from 1973-1979, worked as an independent performer with all the major Quebec choreographers, and was a guest artist with Théâtre en danse contemporaine, Le Groupe de la Place Royale and the Toronto-based Desrosiers Dance Theatre.

In 1984, she founded a company with Daniel Léveillé, but the next year branched out on her own and founded O Vertigo Danse. She remains artistic director and sole choreographer for the troupe. Laurin has also choreographed for theatre productions, taught contemporary dance to theatre students and lectured at the Université du Québec à Montréal. She has produced commissions for Les Grands Ballets Canadiens, Introdans in the Netherlands, Danse-Cité, Katherine Labelle, Montréal Danse and the Judith Marcuse Dance Company.

Notable choreographic works include *Don*

de films. Comme pour toutes les oeuvres de Laurin, l'oeuvre a plusieurs niveaux d'interprétation. Elle traçait un tableau des années 1950 comme une période remplie d'innocence, plaçant côte à côte la légèreté du jeu et les horreurs de la guerre. La présence excessive de la culture pop, l'hypocrisie de la psyché américaine conservatrice et le pouvoir de la propagande étaient tous rassemblés dans un ensemble bien serré. Ce fut l'un des premiers indices perceptibles au Canada, du penchant de Laurin pour le danger physique et sa tendance à repousser les limites du risque en danse.

Laurin débuta sa formation à Montréal en 1972. Elle étudia le ballet avec Fernand Nault, Madame Voronova et Marjorie Lambert ainsi que diverses techniques et styles modernes – Limón, Cunningham, Graham, Eutonie, Falco. Elle travailla également avec Martine Époque du Groupe Nouvelle Aire, Peter Boneham du Groupe de la Place Royale, Jean-Pierre Perreault, Peggy Baker et Meredith Monk. De plus, elle a étudié l'improvisation à New York et la technique de voix avec la Compagnie de théâtre UBU.

Comme danseuse, Laurin a dansé avec Le Groupe Nouvelle Aire de 1973 à 1979, comme interprète indépendante avec tous les chorégraphes importants du Québec et elle fut artiste invitée au Théâtre en danse contemporaine, au Groupe de la Place Royale et au Desrosiers Dance Theatre.

En 1984, elle fonda une compagnie avec Daniel Léveillé et elle décida l'année d'après de faire cavalier seul en créant O Vertigo Danse. Elle demeure la directrice artistique et unique chorégraphe pour la compagnie. Laurin a également chorégraphié pour des productions théâtrales, enseigné la danse contemporaine à des étudiant(e)s de théâtre et donné des cours à l'Université du Québec à Montréal. Elle a créé des oeuvres sous commande pour Les Grands Ballets Canadiens, pour Introdans aux Pays-Bas, Danse-Cité, Katherine Labelle, Montréal Danse et le Judith Marcuse Dance Company.

Parmi les oeuvres chorégraphiques remarquables se retrouvent *Don Quichotte* (1988) qui joue sur la distinction subtile séparant

*Quichotte* (1988) which played with the fine line between visions and insanity, and *Chagall* (1989), which rendered the painter's loving oils in rapturous swirls and fanciful flights. *Train d'enfer* (1990) traps passengers in a purgatory with mischievous angels. *La Chambre Blanche* (1992) toys with the physical dissection of mental turmoil.

In 1998, Laurin choreographed *Le Funambule* for Les Grands Ballets Canadiens and the following year choreographed *La Vie qui bat* co-produced by the Canadian organizations Société de musique contemporaine du Québec, Le Palace de Granby, and the German company Joint Adventures. Previously, Joint Adventures had produced Laurin's *En Dedans* (1997) when it was commissioned by the Cultural Department of Munich.

Laurin collaborated with filmmakers Larry Weinstein for September Songs: The Music of Kurt Weill, 1996, and Bernar Hébert for Night of the Flood, 1996. *La Chambre Blanche* earned Laurin the 1992 Grand Prize from the Montreal Urban Community Arts Council and a Dora Mavor Moore Award. She has also received the 1997 Emergence Prize from UQAM and the 1998 Grand Prize from the Montreal Urban Community Arts Council.

le visionnaire de la folie et *Chagall* (1989), qui traduit les huiles aimantes du peintre en tourbillons enchanteurs et en créativité débridée. *Train d'enfer* (1990) emprisonne des passagers dans un purgatoire avec des anges malicieux. *La Chambre blanche* (1992) jongle avec la dissection physique des troubles mentaux.

En 1998, Laurin chorégraphia *Le Funambule* pour Les Grands Ballets Canadiens et l'année suivante, *La Vie qui bat*, coproduit par les organismes canadiens de la Société de musique contemporaine du Québec et Le Palace de Granby, et la compagnie allemande Joint Adventures. Cette compagnie avait auparavant produit une autre oeuvre de Laurin *En Dedans* (1997), commandée par le Département de la Culture de Munich.

Laurin collabora avec les cinéastes Larry Weinstein pour September Songs: The Music of Kurt Weill (1996), et Bernar Hébert pour La Nuit du Déluge (1996). C'est pour *La Chambre Blanche*, que Laurin remporta en 1992 le Grand Prix du Conseil des Arts de la Communauté urbaine de Montréal ainsi que le Prix Dora Mavor Moore. L'UQAM lui décerna le Prix Émergence en 1997 et elle reçut de nouveau le Grand Prix du Conseil des Arts de la Communauté urbaine de Montréal en 1998.

1974

Photo: Ronny Jaques

**Elizabeth Leese**
by/par Iro Valaskakis Tembeck

**Leese, Elizabeth**. Teacher, choreographer, dancer, artistic director. Born: 1916. Died: 1962.

Elizabeth Leese was of Danish ancestry but was brought up in Germany. Her father, a disciple of Teilhard de Chardin, was a philosophy professor at Hamburg University. She studied free-style dancing in Germany before becoming a member of the Trudi Schoop Comic Ballet, with which she toured Canada and the United States in 1937. Her performing career was momentarily interrupted by an injury, and before the outbreak of World War II, she was convalescing in England where she studied at the Jooss-Leeder school. During this period she met and married Canadian journalist Kenneth Johnstone, and was thus able to emigrate to Canada in 1939, despite her German passport.

**Leese, Elizabeth**. Professeure, chorégraphe, danseuse, directrice artistique. Née : 1916. Décédée : 1962.

Elizabeth Leese était de descendance danoise mais fut élevée en Allemagne. Son père, un disciple de Teilhard de Chardin, était professeur de philosophie à l'Université de Hambourg. Elle étudia la danse libre en Allemagne avant de devenir membre du Trudi Schoop Comic Ballet, compagnie avec laquelle elle fit la tournée du Canada et des États-Unis en 1937. Sa carrière d'interprète fut interrompue momentanément par une blessure et avant la déclaration de la Deuxième Guerre mondiale, elle était en convalescence en Angleterre où elle épousa le journaliste canadien Kenneth Johnstone, ce qui lui permis d'émigrer au Canada en 1939 malgré son passeport allemand.

Leese s'installa d'abord à Toronto, dansant avec le Volkoff Canadian Ballet et enseignant la

Leese first lived in Toronto, dancing with the Volkoff Canadian Ballet and teaching free-style interpretive dance and pantomime at Boris Volkoff's school. In 1942, her husband was hired by the National Film Board, and they moved to Ottawa, where Leese became the director of the Canadian Government's Recreational Dance Project. In 1944 the couple moved again, to settle in Montreal, where Leese soon opened a school and organised performances.

Originally a modern dancer, Leese gradually became more classical in both her teaching and her choreography. She regularly attended summer courses in New York, improving her ballet technique with classes conducted by Antony Tudor, Edward Caton and George Balanchine, as well as continuing modern dance studies with Hanya Holm, Martha Graham and Doris Humphrey.

Leese pioneered Cecchetti ballet training in Montreal, with Margaret Saul as guest teacher. Her school also offered a teacher training programme in dance. Some of her well known students and dancers were Jeanne Renaud, Brian Macdonald, Juliette Fischer, Jacqueline Lemieux-Lopez, Yves Cousineau, Alexander Macdougall and Birouté Nagys.

Choreographically, Leese was influenced by both modern dance and ballet. Her work *Lady from the Sea* (1952), inspired by Ibsen's play, and with an original score by Saul Honigman, was first mounted for her own company. It was added to the repertoire of the National Ballet of Canada in the 1955-1956 season, with Celia Franca dancing the leading role. The newer version was more balletic, with pointe shoes replacing the sandals Leese had worn when she first created it.

Leese was active in the Montreal cultural scene, and frequently appeared on stage and television. She choreographed for Les Compagnons de Saint-Laurent's numerous theatre shows, and collaborated with Gratien Gélinas on the premiere of *Ti-Coq*. She was also a radio arts commentator, speaking on the English as well as the French networks, and she had leading roles in both I Remember Mama and

danse d'interprétation en style libre et le pantomime à l'école de Boris Volkoff. Son mari fut engagé par l'Office national du Film en 1942 et ils déménagèrent à Ottawa où Leese fut directrice du Projet de danse récréative du gouvernement canadien. En 1944 le couple déménagea à Montréal où Leese ouvrit rapidement une école et organisa des spectacles.

À l'origine une danseuse moderne, Leese évolua graduellement vers un style d'enseignement et de chorégraphie classique. Elle prenait régulièrement des cours d'été à New York, améliorant sa technique de ballet en suivant les classes offertes par Antony Tudor, Edward Caton et George Balanchine, tout en poursuivant des études en danse moderne avec Hanya Holm, Martha Graham et Doris Humphrey.

Leese fut la première à présenter la formation de ballet Cecchetti à Montréal avec l'artiste invitée Margaret Sorel. Son école offrait aussi un programme de formation des professeurs de danse. Parmi ses élèves et danseurs/seuses les plus connu(e)s se trouvent Jeanne Renaud, Brian Macdonald, Juliette Fischer, Jacqueline Lemieux-Lopez, Yves Cousineau, Alexander Macdougall et Birouté Nagys.

Les chorégraphies de Leese furent influencées par la danse moderne et le ballet. Son *Lady from the Sea* (1952), inspirée d'une pièce d'Ibsen sur une musique originale de Saul Honigman, fut d'abord montée pour sa propre compagnie. Cette oeuvre fut plus tard incluse dans le répertoire du Ballet national du Canada avec Celia Franca dans le rôle-titre et fut présentée en 1955/1956. La version la plus récente était d'influence plus classique, les pointes remplaçant les sandales portées par Leese lorsqu'elle créa cette oeuvre initialement.

Leese fut active dans la vie culturelle montréalaise où on la vit fréquemment à la télévision et sur la scène. Elle chorégraphia de nombreux spectacles de théâtre pour Les Compagnons de Saint-Laurent et collabora avec Gratien Gélinas à la première de *Ti-Coq*. Elle fut également chroniqueuse artistique à la radio, aux réseaux anglophones autant que francophones. Elle interpréta les rôles-titres dans I Remember

Anna Christie, produced by the Montreal Repertory Theatre.

In 1956, Brian Macdonald asked her to join him and other dancers and choreographers to form the Montreal Theatre Ballet, which was active for three seasons.

In 1962, Leese died of a brain tumour, just as her career was at its peak. She bequeathed her personal dance library to Les Grands Ballets Canadiens, who created a scholarship fund in her memory.

Mama et dans Anna Christie, produites par le Théâtre de répertoire de Montréal.

En 1956, Brian Macdonald l'invita, avec d'autres danseurs/seuses et chorégraphes, à former le Montreal Theatre Ballet, qui fut actif pendant trois saisons.

Leese décéda en 1962 d'une tumeur cérébrale, à un moment où sa carrière était à son apogée. Elle laissa sa collection de livres sur la danse aux Grands Ballets Canadiens qui créèrent une bourse en sa mémoire.

**Angela Leigh**
by/par Allana Lindgren

**Leigh, Angela**. Dancer, teacher, choreographer. Born: Kampala, Uganda. Birth name: Angela

**Leigh, Angela**. Danseuse, professeure, chorégraphe. Née : Kampala, Uganda. Nom à la naissance : Angela Kathleen Dearden Firmin. Nom de femme mariée : Angela Leigh.

Née de parents anglais à Kampala, en Uganda, la destinée de Leigh semblait toute tracée lorsque sa mère ressentit les premières contractions d'accouchement alors qu'elle

Kathleen Dearden Firmin. Married name: Angela Leigh.

Born to English parents in Kampala, Uganda, Leigh's destiny seemed clear when her mother went into labour while attending a dance. Leigh began dance classes at the age of seven after her family had returned to London. Her first teacher was Lydia Kyasht, a friend and colleague of Anna Pavlova. When Leigh was twelve, she entered the Sadler's Wells Ballet School (later the Royal Ballet School), where she studied with Nicholas Sergueff and Vera Volkova. Eager to begin her professional career, Leigh left four years later to dance in a London musical.

Shortly after the end of World War II, Leigh married and immigrated to Orillia, Ontario where she opened a ballet school. When she heard about plans to create a national ballet company, she drove from Orillia to Toronto every Sunday to attend the classes that Celia Franca taught at Boris Volkoff's studio. Leigh became one of the founding members of the National Ballet of Canada, dancing with the company from 1951 to 1966.

As a principal dancer, Leigh performed all of the company's major roles in both its classical and contemporary repertoire. Usually partnered by Earl Kraul or Jeremy Blanton, Leigh won accolades for her technical ability and dramatic artistry in *Swan Lake*, *Giselle*, *Lilac Garden*, *Dark Elegies* and *Serenade*. Naturally witty, Leigh established herself as a comic force on stage.

In addition to her professional career with the National Ballet, Leigh performed in several CBC television productions, and made guest appearances with other dance companies, including *Court of Miracles* (1983) with Toronto Dance Theatre.

A broken foot was Leigh's cue to enter a new stage in her life. She cultivated her innate talent as a teacher at the National Ballet of Canada and the National Ballet School. She was a founding member and assistant professor in the dance department at York University, and taught advanced ballet at the George Brown College School of Dance.

In the course of her career as a dancer, Leigh

assistait à une soirée de danse. Leigh débuta les cours de danse à l'âge de sept ans, après que sa famille se soit réinstallée à Londres. Sa première professeure fut Lydia Kyasht, une amie et collègue d'Anna Pavlova. À douze ans, elle s'inscrit au Sadler's Wells Ballet School (qui devint plus tard le Royal Ballet School), où elle étudia avec Nicholas Sergueff et Vera Volkova. Très pressée de débuter sa carrière professionnelle, Leigh quitta l'école quatre ans plus tard pour danser dans une revue musicale à Londres.

Peu après la fin de la Deuxième Guerre mondiale, Leigh se maria et émigra à Orillia en Ontario, où elle ouvrit une école de ballet. Lorsqu'elle entendit parler d'un projet de création d'un ballet national, elle conduisit chaque dimanche d'Orillia à Toronto pour assister aux cours offerts par Celia Franca aux studios de Boris Volkoff. Leigh devint l'une des membres-fondatrices du Ballet national du Canada et dansa avec la compagnie de 1951 à 1966.

Comme danseuse principale, Leigh interpréta tous les rôles majeurs des répertoires classique et contemporain de la compagnie. Avec un de ses partenaires habituels, Earl Kraul ou Jeremy Blanton, Leigh fut acclamée pour son habileté technique et son flair dramatique dans *Le Lac des cygnes*, *Giselle*, *Lilac Garden*, *Dark Elegies* et *Sérénade*. Pleine d'humour et d'esprit, Leigh s'imposa comme une véritable présence comique sur la scène.

En plus de sa carrière professionnelle avec le Ballet national, Leigh participa à plusieurs productions télévisées du CBC et fut artiste invitée avec plusieurs compagnies, notamment dans *Court of Miracles* (1983) du Toronto Dance Theatre.

Une fracture au pied poussa Leigh à amorcer une nouvelle étape de sa vie. Elle cultiva son talent inné de professeure en donnant des cours au Ballet national et à l'École nationale de ballet. Elle fut membre-fondatrice et professeure adjointe au département de danse de l'Université York, et enseigna des cours avancés de ballet au George Brown College School of Dance.

Au fil de sa carrière de danseuse, Leigh

became interested in choreography. She created dances for the National Ballet of Canada Workshop and later choreographed for the National Ballet School, York University, Canadian Opera Company, George Brown College School of Dance, and the Ontario Ballet Theatre. Leigh also collaborated with Tom Kneebone and Dinah Christie choreographing and directing numerous cabaret theatre revues, including Gilbert and Sullivan Tonight and Noel and Gertie.

In 1974, following a life-long interest in art and design, Leigh started Mantra Design, a company to handle her commissions for paintings, wall-hangings and fabrics. She later studied at the Sheffield School of Interior Design in New York. In 1995, she moved her company, renamed Mantra Interior Design, to Victoria where she continues to "choreograph" colour, space, and light.

In 1992 Leigh choreographed and performed for The Dance Goes On, a gala benefit event featuring performances by many of the people who shaped dance in Canada in the 1950's and 1960's.

s'intéressa à la chorégraphie et créa des oeuvres pour l'Atelier du Ballet national et éventuellement chorégraphia pour l'atelier du Ballet national, l'Université York, le Canadian Opera Company, le George Brown College School of Dance et l'Ontario Ballet Theatre. Leigh collabora également avec Tom Kneebone et Dinah Christie dans le cadre de chorégraphies et de direction de nombreuses revues de cabaret-théâtre incluant Gilbert and Sullivan Tonight et Noel and Gertie.

En 1974, en poursuivant son intérêt de longue date des arts et du design, Leigh fonda Mantra Design, une compagnie qui gère ses commandes de peintures, tentures murales et tissus. Elle étudia plus tard au Sheffield School of Interior Design à New York. En 1995, elle déménagea sa compagnie à Victoria où elle continue toujours de «chorégraphier» la couleur, l'espace et la lumière.

En 1992, Leigh chorégraphia et dansa dans The Dance Goes On, un gala-bénéfice présentant des interprétations par plusieurs des individus qui eurent un impact majeur sur le monde de la danse au Canada dans les années 1950 et 1960.

◆

Scotiabank Dance Centre

Vancouver, 2000

## Jacqueline Lemieux
by/par Iro Valaskakis Tembeck

**Lemieux, Jacqueline**. Teacher, administrator, dancer. Born: July 9, 1939, Montreal, Quebec. Died: September 23, 1979, Montreal, Quebec. Birth name: Jacqueline Lemieux. Married name: Jacqueline Lemieux-Lopez.

Lemieux-Lopez left her mark in dance as an inspiring ballet teacher and a rallying force for the broad cause of the art. As an administrator she was socially conscious and sought to bring dance to a larger public. Her dynamism and generosity earned her the respect of the wide Canadian dance community.

Her ballet studies started in Montreal with Gérald Crevier, Séda Zaré, Marc Beaudet and Elizabeth Leese. She danced in Leese's choreographies on television and in Zaré's recitals, and attended the National Ballet School's summer programme. Her performing career was brief and she soon turned to teaching, obtaining the Royal Academy of Dancing Advanced Teacher's certificate. She also held the Advanced Imperial Society of Teachers of Dancing diploma in National Dance.

Remission from a bout with cancer in the

**Lemieux, Jacqueline**. Professeure, administratrice, danseuse. Née : 9 juillet 1939, Montréal, Québec. Décédée : 23 septembre 1979, Montréal, Québec. Nom à la naissance: Jacqueline Lemieux. Nom de femme mariée: Jacqueline Lemieux-Lopez.

Lemieux-Lopez marqua le milieu de la danse grâce à son talent de professeure de ballet inspirante et par sa capacité à rassembler et mobiliser les forces en vue de la promotion de cette discipline artistique. Dans son rôle d'administratrice, elle était animée d'une conscience sociale et chercha à introduire la danse à un public étendu. Son dynamisme et sa générosité lui méritèrent le respect de l'ensemble du milieu canadien de la danse.

Elle débuta ses études de ballet à Montréal avec Gérald Crevier, Séda Zaré, Marc Beaudet et Elizabeth Leese. Elle dansa dans les chorégraphies de Leese diffusées à la télévision et dans les récitals de Zaré et fut inscrite au programme estival de l'École nationale de ballet. Sa carrière d'interprète fut brève et rapidement, elle se tourna vers l'enseignement. Elle fut la première québecoise à recevoir le certificat Advanced Teacher du Royal Academy of Dancing. Elle était également détentrice du diplôme Advanced Imperial Society of Teachers of Dancing en danse nationale.

Atteinte d'un cancer en phase de rémission dans les années 1960, Lemieux-Lopez fut animée d'un sentiment d'urgence qu'elle garda toute sa vie. Comme professeure, elle travailla à développer de nouvelles méthodes de formation en ballet qui incorporaient une connaissance de l'anatomie à l'imagerie mentale. Grâce à des subventions, elle put voyager à Londres, Paris,

1960's triggered an urgency Lemieux-Lopez maintained throughout her life. As a teacher she worked to develop new methods of ballet training that would incorporate anatomical knowledge and mental imaging. With the help of grants she travelled to London, Paris, Cannes, New York, Lisbon and Stuttgart to research how master teachers taught ballet. From 1968 to 1971 she taught at the Canadian College of Dance, then located in Montreal, before becoming principal assistant to Ludmilla Chiriaeff at L'École supérieure de danse du Québec. She also taught company class at Les Grands Ballets Canadiens.

By 1974 she headed the Académie de ballet du Saguenay, the only professional dance school in the Lac St. Jean area, and commuted there from Montreal regularly.

Lemieux-Lopez organized Québec Été Danse in 1975, a three-week intensive summer dance programme, based on the campus of Bishop's University in Lennoxville, which offered master classes by internationally renowned teachers in ballet, modern, jazz and creative dance. In 1978 she organized the Octobre en Danse festival in Montreal which brought together dance artists from across Canada.

While working at Les Grands Ballets Canadiens, Lemieux-Lopez met dancer-choreographer Lawrence Gradus. In 1975 they founded Entre-Six, a chamber ballet company of six dancers, financing their first season with their own money. Soon afterward, Lemieux and Gradus married, and she dropped the Lopez from her name.

Part of Entre-Six' mission was audience development. With Lemieux as administrator and Gradus as artistic director and choreographer, the company performed accessible contemporary ballet fare.

From 1975 to 1979 Lemieux served on the Board of the Dance in Canada Association, eventually becoming vice-president. She was also a member of the advisory board of the Canada Council, which created, on her death, the Jacqueline Lemieux Award to honour her outstanding contribution to Canadian dance.

Cannes, New York, Lisbonne et Stuttgart afin d'étudier les méthodes d'enseignement des maîtres de ballet. De 1968 à 1971 elle enseigna au Collège Canadien de la Danse, alors établi à Montréal, avant de se joindre à l'École supérieure de danse du Québec comme adjointe principale de Ludmilla Chiriaeff. Elle enseigna également des classes à la compagnie des Grands Ballets Canadiens.

En 1974, elle dirigeait l'Académie de ballet du Saguenay, la seule école professionnelle de danse de la région du Lac Saint Jean et s'y rendait régulièrement à partir de Montréal.

Lemieux-Lopez organisa Québec Été Danse en 1975, un programme estival intensif de formation de trois semaines au campus de l'Université Bishop à Lennoxville, stage qui offrait des classes de maître par des professeurs de ballet renommés internationalement, des classes de danse moderne, de ballet jazz et de danse créative. En 1978, elle organisa le festival Octobre en Danse à Montréal, événement qui rassembla des artistes en danse de toutes les régions du Canada.

C'est en travaillant avec Les Grands Ballets Canadiens que Lemieux-Lopez fit la connaissance du danseur-chorégraphe Lawrence Gradus. En 1975, ils fondèrent Entre-Six, une compagnie de ballet de chambre de six interprètes québecois(es), qu'ils finançèrent leur première saison à partir de leurs fonds personnels. Peu après, Lemieux et Gradus s'épousèrent et elle cessa d'utiliser le nom de Lopez

Un des mandats d'Entre-Six était de développer les auditoires. Lemieux administrait alors que Gradus en était directeur artistique et chorégraphe, et la troupe présentait des oeuvres de ballet contemporaines accessibles.

De 1975 à 1979, Lemieux siégea sur le conseil d'administration de l'association Danse au Canada, devenant éventuellement vice-présidente. Elle fut également membre du conseil consultatif du Conseil des Arts du Canada qui, à son décès, créa le Prix Jacqueline Lemieux afin de souligner sa contribution exceptionnelle à la danse.

Photo: Cylla von Tiedemann

**Laurence Lemieux**
by/par Heidi Strauss

**Lemieux, Laurence**. Dancer, choreographer, teacher. Born: September 30, 1964, Quebec City, Quebec.

Overwhelmed by a 1985 performance by Margie Gillis at Place des Arts in Montreal, Lemieux witnessed dance as an expression of life experience. The impact it had on her set a precedent for what she expected of herself: dance with heart.

In 1979, after five years of gymnastics training, Lemieux began taking ballet classes. A year later Ludmilla Chiriaeff, invited Lemieux to study at Montreal's École Pierre Laporte. Lemieux made rapid progress under the tutelage of Daniel Seillier, and in 1984 attended the summer session at the Banff Centre School of

**Lemieux, Laurence**. Danseuse, chorégraphe, professeure. Née : 30 septembre, 1964, Ville de Québec, Québec.

Tout à fait renversée par un spectacle que Margie Gillis présenta à la Place des Arts à Montréal en 1985, Lemieux comprit que la danse était une expression de la vie. L'impact de cette expérience lui révéla ce à quoi elle pouvait s'attendre d'elle-même: danser avec le coeur.

En 1979, après cinq ans de formation en gymnastique, Lemieux commença à prendre des cours de ballet. Un an plus tard, Ludmilla Chiriaeff l'invita à étudier à l'École Pierre Laporte à Montréal. Lemieux fit des progrès rapides sous la tutelle de Daniel Seillier, et en 1984 elle suivit le stage d'été du Banff Centre School of Fine Arts où David Earle chorégraphiait *Sacre Conversazione*. Earle l'introduit à la technique Graham ainsi qu'à une philosophie de la danse qu'elle sentait plus proche de sa personnalité que le ballet. Elle

Fine Arts, where David Earle was choreographing *Sacra Conversazione*. Earle introduced her to the Graham technique and a dance philosophy she felt better suited her personality than had ballet. She followed Earle to Toronto, attended the School of Toronto Dance Theatre and joined the company in 1986.

Her talents best exercised in roles created for her, she drew focus in Christopher House's *Artemis Madrigals* (1989), and *Four Towers* (1994), reaching a climax with the solo *Cryptoversa* (1998), which won her a 1998 Dora Mavor Moore Award for outstanding performance in dance.

During her years at Toronto Dance Theatre (1986-1998), Lemieux taught in the School's professional programme, and choreographed and presented her own work. *Crosswalk* (1992), a haunting minimalist solo she performed at the Canada Dance Festival in 1994, typified what has become her choreographic trademark: a gentle nostalgia offering subtle glimpses into her past. *Amber Silence* (1994), *La Mer* (1995), *Les Limbes* (1995), *Nuit de la St. Jean* (1996) and *Hiver Dernier* (1997), which was commissioned by Toronto Dance Theatre, all delve into the realm of memory and deliver a mysterious atmosphere and evocative mixture of characters. In 1998, she developed material on Dancemakers in a choreographic lab process monitored by Peter Boneham.

In 1996, William Douglas, commissioned by Dancers for Life, was developing a duet for Lemieux and her husband Bill Coleman, when he required hospitalization for late stages of AIDS. Coleman and Lemieux slid hospital beds aside in his tiny room to make rehearsal space, but in the end Douglas was unable to see their feisty performance of his untitled work; he passed away late the same night. The two were deeply affected by this experience, and Douglas' duet became the basis for *Mr. Coleman & Mrs. Lemieux*, a touring show with other duets commissioned from James Kudelka, Tere O'Connor and Margie Gillis.

Leaving Toronto to work with Fondation Jean-Pierre Perreault, Lemieux, her husband and their two children moved to Montreal in 1999.

suivit Earle à Toronto, s'inscrit au School of the Toronto Dance Theatre et se joint à la compagnie en 1986.

Ses talents ainsi canalisés dans des rôles créés à son intention, elle attira l'attention dans les oeuvres Christopher House *Artemis Madrigals* (1989) et *Four Towers* (1994), atteignant son apogée avec l'oeuvre solo, *Cryptoversa* (1998), qui lui mérita le Prix Dora Mavor Moore en 1998 pour Interprétation exceptionnelle en danse.

Durant ses années au Toronto Dance Theatre (1986-1998), Lemieux enseigna dans le cadre du programme professionnel de l'école, chorégraphia et présenta ses propres oeuvres. *Crosswalk* (1992), un solo minimaliste obsédant qu'elle dansa au Festival Danse Canada en 1994, est caractéristique de ce qui est devenu sa signature chorégraphique: une douce nostalgie révélant des reflets subtils de son passé. *Amber Silence* (1994), *La Mer* (1995), *Les Limbes* (1995), *Nuit de la St. Jean* (1996) et *Hiver Dernier* (1997), une commande du Toronto Dance Theatre, toutes ces oeuvres traitent du monde de la mémoire et suscitent une atmosphère mystérieuse et un mélange évocateur de personnages. En 1998, elle travailla avec Dancemakers dans le cadre d'un laboratoire chorégraphique supervisé par Peter Boneham.

En 1996, William Douglas, sous commande par Dancers for Life, élaborait un duo pour Lemieux et son mari, Bill Coleman, lorsqu'il dut être hospitalisé pour une phase avancée du SIDA. Coleman et Lemieux déplacèrent des lits d'hôpitaux dans sa petite chambre pour créer un espace de répétition mais Douglas ne put assister à leur interprétation vibrante de son oeuvre (non titrée) car il décéda, tard, dans la même soirée. Les deux danseurs furent profondément touchés par cette expérience et le duo de Douglas devint l'inspiration pour *Mr. Coleman & Mrs. Lemieux*, un spectacle de tournée présentant aussi d'autres duos commandés à James Kudelka, Tere O'Connor et Margie Gillis.

Quittant Toronto pour travailler avec la Fondation Jean-Pierre Perreault, Lemieux, son mari et leurs deux enfants s'installèrent à Montréal en 1999.

Photo: Michael Slobodian

**Léveillé, Daniel**. Choreographer, teacher, dancer, artistic director, designer. Born: November 27, 1952, Ste. Rosalie, Quebec.

Daniel Léveillé started his dance training in Montreal at the school of Le Groupe Nouvelle Aire, and also took classes with Linda Rabin. He danced professionally with Le Groupe Nouvelle Aire from 1979-1980, with Axis Dance from 1979-1981, and with Françoise Sullivan from 1978-1981.

He gained recognition as a choreographer, as one of the new wave of avant-garde dancemakers which arose in the late 1970's. Of his early choreographies, *Voyeurisme* (1979), a solo which he danced himself, was the most provocative and dealt with one of his recurring themes – sexuality.

Léveillé's dance pieces range from outwardly theatrical ones: *Le jeu* (1981), *Ecris-moi n'importe quoi* (1983), *Jéricho* (1987), *L'exil ou la mort* (1990); to others which are minimalistic:

## Daniel Léveillé
by/par Iro Valaskakis Tembeck

**Léveillé, Daniel**. Chorégraphe, professeur, danseur, directeur artistique, concepteur. Né : 27 novembre 1952, Ste. Rosalie, Québec.

Daniel Léveillé débuta sa formation en danse à Montréal à l'école du Groupe Nouvelle Aire ainsi qu'avec Linda Rabin. Il dansa professionnellement avec Le Groupe Nouvelle Aire de 1979 à 1980, avec Axis Dance de 1979 à 1981 et avec Françoise Sullivan de 1978 à 1981.

Son talent de chorégraphe fut reconnu dans la foulée d'une nouvelle vague de créations avant-gardistes en danse qui surgit vers la fin des années 1970. La plus provocante de ses premières oeuvres, *Voyeurisme* (1979), fut un solo qu'il interpréta et qui traitait d'un de ses thèmes récurrents – la sexualité.

Les oeuvres de Léveillé sont soit des oeuvres à caractère théâtral: *Le jeu* (1981), *Écris-moi n'importe quoi* (1983), *Jéricho* (1987), *L'exil ou la mort* (1990); soit des oeuvres à caractère minimaliste: *Les Mémoires d'un temps ravagé* (1988) et *For the Day was Brief and the Day*

*Les Mémoires d'un temps ravagé* (1988) and *For the Day was Brief and the Day was All* (1994). All of them display a strong sense of theatre, and pay meticulous attention to visual details of sets and costumes. Léveillé taught theatre students at the Conservatoire d'art dramatique in Montreal for several years, and was the choreographer for several plays shown in Montreal during the 1980's. This ongoing collaboration between theatre and dance has clearly influenced his choreographic process.

Having started as an iconoclast, rejecting dance technique in favour of portraying disturbing images, Léveillé subsequently somewhat mellowed. Later pieces include lyrical music, some display of emotions and less provocation. He often relies on his performers' studio improvisations, following set rules and tasks which he has assigned. His own drawings act as a further source of inspiration for his dancemaking, and he is a fierce advocate of artistic freedom.

Léveillé founded and directed his company, Daniel Léveillé Chorégraphe Indépendant, from 1981 to 1984, and since 1991 has headed Daniel Léveillé Nouvelle Danse Inc. which comes together for specific projects such as the premiere of Léveillé's *Utopie* (1998), which featured nineteen dancers.

In 1982 he received the Canada Council's Jacqueline Lemieux prize. He is a member of the faculty of the dance department at the Université du Québec à Montréal.

*was All* (1994). Chaque oeuvre révèle un sens aigu du théâtre et porte une attention méticuleuse aux détails visuels des décors et costumes. Léveillé a longtemps enseigné aux élèves d'art dramatique au Conservatoire d'art dramatique à Montréal et a chorégraphié plusieurs spectacles présentés à Montréal durant les années 1980. Cette collaboration soutenue entre le théâtre et la danse continue d'influencer son processus chorégraphique.

Au départ iconoclaste, rejetant la technique en danse au profit d'une imagerie troublante, Léveillé s'est depuis quelque peu radouci. Ses oeuvres plus récentes incluent de la musique lyrique, traduisent des émotions et sont moins provocantes. Il tire souvent partie des improvisations de ses interprètes en studio qui doivent adhérer à une série de consignes et de critères précis. Ses oeuvres sont aussi fréquemment inspirées de ses propres dessins et il persiste à prôner résolument la liberté artistique.

De 1981 à 1984, Léveillé a fondé et dirigé sa propre troupe, Daniel Léveillé Chorégraphe Indépendant. Depuis 1991 il dirige la troupe Daniel Léveillé Nouvelle Danse Inc. qui travaille dans le cadre de projets spécifiques comme par exemple à l'occasion de la première de son *Utopie* (1998), qui exigeait dix-neuf interprètes.

En 1982, il reçut le Prix Jacqueline Lemieux du Conseil des Arts. Il est membre de la faculté du département de Danse de l'Université du Québec à Montréal.

**Del-Roy and Merinoff**
**Studio, Vancouver, 1931**

Photo: David Cooper

**André Lewis**
by/par Greg Klassen

**Lewis, André**. Artistic director, teacher, dancer. Born: January 16, 1955, Hull, Quebec.

On March 7, 1996, when André Lewis was named artistic director of the Royal Winnipeg Ballet, it was the fulfilment of over two decades of association with the RWB. He entered the RWB School in 1975 and the company in 1979. In 1984, he became a member of the RWB's artistic staff, and was named associate artistic director in 1990.

Lewis began his ballet training at Nesta Toumine's Classical Ballet Studio in Ottawa. Later, at the Professional Division of the Royal Winnipeg Ballet School, he completed his ballet training under the direction of David Moroni. He joined the company as a corps de ballet member and was promoted to soloist in 1982.

During his career, Lewis worked with many eminent teachers and coaches including Galina

**Lewis, André**. Directeur artistique, professeur, danseur. Né : 16 janvier 1955, Hull, Québec.

La nomination d'André Lewis au poste de directeur artistique du Royal Winnipeg Ballet le 7 mars 1996 résultait de plus de deux décennies d'association avec le RWB. Il était entré à l'école du RWB en 1975 et à la compagnie en 1979. En 1984, il se joint au personnel artistique et il fut nommé au poste de directeur adjoint en 1990.

C'est au Classical Ballet Studio de Nesta Toumine à Ottawa que Lewis débuta sa formation en danse, formation qu'il compléta dans la section professionnelle du Royal Winnipeg Ballet School sous la direction de David Moroni. Il joint le corps de ballet et fut promu au poste de soliste en 1982.

Tout au long de sa carrière, Lewis travailla avec plusieurs professeurs et entraîneurs éminents entre autres, Galina Yordanova, Rudi van Dantzig, Jiri Kylian, Alicia Markova et Agnes de Mille. Comme danseur, Lewis était particulièrement remarquable dans les rôles de soliste et de partenariat. Parmi ces rôles se retrouvent *Lento A Tempo E Appassionatto* de Vincente Nebrada, *Song of a Wayfarer* de

Yordanova, Rudi van Dantzig, Jiri Kylian, Alicia Markova and Agnes de Mille. As a dancer, Lewis was well known for his strength as a soloist and as a partner. His roles included Vincente Nebrada's *Lento A Tempo E Appassionatto*, Maurice Béjart's *Song of a Wayfarer*, Jiri Kilian's *Nuages*, Gunther in John Neumeier's *Nutcracker*, Romeo and Mercutio in van Danzig's *Romeo and Juliet* and Jamie Paul in Norbert Vesak's *Ecstasy of Rita Joe* (1971). He appeared as a guest artist throughout North America, the Orient and the USSR, and in many prestigious gala events, including the opening gala performance of the International Ballet Competition in Jackson, Mississippi, Le Don des Étoiles in Montreal, a special gala honouring Queen Beatrix of Holland and a gala performance in Tchaikovsky Hall, Moscow. His television and film credits include van Danzig's Romeo and Juliet for the CBC, Nebrada's Firebird for Greek National Television, Jacques Lemay's The Big Top for CBC/PRIMEDIA and Vesak's Belong Pas de Deux for IMAX.

In 1984, Lewis was asked to join the artistic staff of the Royal Winnipeg Ballet as artistic coordinator. During this period, he worked closely with former artistic directors Arnold Spohr and Henny Jurriens. Lewis was appointed associate artistic director in 1990.

In 1994, he travelled to Italy and Greece where he set *Romeo and Juliet* on Teatro Communale de Firenze and the Greek National Opera and Ballet Company. On March 7, 1996, he was named artistic director of the RWB. He has since commissioned Mark Godden's blockbuster production of *Dracula* in 1998, and a new version of *Nutcracker* in 1999, choreographed by resident choreographer Nina Menon and resident guest teacher Galina Yordanova, to replace John Neumeier's twenty-six year old version.

Maurice Béjart, *Nuages* de Jiri Kilian, le rôle de Gunther dans le *Casse-Noisette* de John Neumeier, ceux de Roméo et Mercutio dans *Roméo et Juliette* de van Danzig, et celui de Jamie Paul dans *The Ecstasy of Rita Joe* (1971) de Norbert Vesak. Il dansa comme artiste invité à travers l'Amérique du Nord, l'Orient et l'U.R.S.S. et dans le cadre de nombreux galas prestigieux, notamment le gala d'ouverture du Concours international de ballet à Jackson au Mississipi, Le Don des Étoiles à Montréal, un gala spécial honorant la Reine Béatrice de Hollande et un spectacle-gala présenté au Tchaikovsky Hall à Moscou. Il a également participé à plusieurs films et émissions de télévision: Roméo et Juliette de van Danzig pour le CBC, Firebird de Nebrada pour la télévision de l'État de Grèce, The Big Top de Jacques Lemay pour CBC/PRIMEDIA et Belong Pas de Deux de Vesak pour IMAX.

En 1984, Lewis fut invité à se joindre au personnel artistique du Royal Winnipeg Ballet au poste de coordinateur artistique, ce qui lui permit de travailler étroitement avec les directeurs artistiques de l'époque, Arnold Spohr et Henny Jurriens. Lewis fut nommé directeur artistique adjoint en 1990.

En 1994, il voyagea en Italie et en Grèce où il monta *Roméo et Juliette* sur le Teatro Communale de Firenze et le Greek National Opera and Ballet Company. Lewis fut promu au poste de directeur artistique du RWB le 7 mars 1996. Depuis, il a commandé la superproduction de *Dracula* de Mark Godden en 1998 ainsi qu'une nouvelle version de *Casse-Noisette* en 1999, version chorégraphiée par la chorégraphe en résidence Nina Menon et la maîtresse de ballet invitée de la compagnie, Galina Yordanova, afin de remplacer la version précédente de John Neumeier, vieille de vingt-six ans.

### Robert Lindgren
by/par Leland Windreich

**Lindgren, Robert**. Dancer, teacher, artistic
director. Born: December 9, 1923, Victoria,
British Columbia.

When Dorothy Wilson mounted North
America's first production of *Coppélia* at the
Royal Theatre in Victoria in 1936, the
thirteen-year-old Robert Lindgren was in the
audience and was thrilled by the production and
smitten by the dancing of Ian Gibson. He
enrolled in Wilson's school and began training
in ballet – one of the few boys in the community
determined to overcome the stigma attached to
male dancing. In 1940 he followed Wilson to
Vancouver, where she took part in the transition
of direction of the British Columbia School of
Dancing, as June Roper prepared to retire.
Lindgren thus had the benefit of private
coaching with Roper, who helped him overcome
physical limitations and taught him the feats
associated with the classical male repertoire.

During the years of World War II Lindgren
was accepted into the Ballets Russes de Monte
Carlo, but was unable to obtain an American
work visa. From 1941-1943, he worked in the
aircraft industry, ultimately joining Ballet

**Lindgren Robert**. Danseur, professeur,
directeur artistique. Né : 9 décembre 1923,
Victoria, Colombie-Britannique.

Lorsque Dorothy Wilson monta la première
production nord-américaine de *Coppélia* au
théâtre Royal à Victoria en 1936, Robert
Lindgren, alors âgé de treize ans, était présent
dans l'auditoire et fut emballé par la production
et subjugué par l'interprétation de Ian Gibson. Il
s'inscrit donc à l'école de Wilson pour débuter
sa formation en ballet – l'un des seuls garçons de
la communauté déterminé à dépasser les
préjugés associés aux danseurs masculins. En
1940, il suivit Wilson à Vancouver où celle-ci
participait à la transition du British Colombia
School of Dancing, transition suscitée par la
retraite prochaine de June Roper. Lindgren put
donc bénéficier de cours privés avec Roper ce
qui l'aida à surmonter ses limites physiques et
lui appris les exploits associés au répertoire
classique masculin.

Lindgren fut accepté aux Ballets Russes de
Monte Carlo pendant la Deuxième Guerre
mondiale mais ne put obtenir un visa de travail
américain. De 1941 à 1943, il travailla dans
l'aéronautique et se joigna éventuellement au
Ballet Theatre où il passa deux saisons dans le
corps de ballet. Suite à une année passée dans les
Forces de l'Aviation Royale Canadienne,
Lindgren fut incapable de rejoindre le Ballet
Theatre à cause d'un délai d'obtention de visa. Il

Theatre, where he spent two seasons in the corps de ballet. After a year in the Royal Canadian Air Force, Lindgren, unable to rejoin Ballet Theatre because of a delay in the processing of his visa, auditioned for the Ballets Russes de Monte Carlo and was promptly accepted.

Lindgren stayed with the company for eight years, dancing in every ballet in the repertoire but ultimately distinguishing himself in the virile roles of the Golden Slave in *Scheherazade*, the Warrior in *Prince Igor*, Trepak in *The Nutcracker*, the Russian Sailor in *The Red Poppy* and the Champion Roper in *Rodeo*. During George Balanchine's three-year stint as resident choreographer for the company, Lindgren was immeasurably impressed by the vision of the Russian-American neoclassicist and relished each new role he was assigned.

By 1951 the Ballets Russes was artistically on the skids, and Lindgren, now married to the dancer Sonja Taanila, spent the next five years in the popular media, dancing in several hit Broadway musicals and on television. He and Taanila joined Ballets Russes dancer Alexandra Danilova on a pioneer tour, which took their small ensemble to appearances in Africa and Asia.

In 1957 the Lindgrens joined Balanchine's New York City Ballet and spent two years with the company, learning new roles in the home season, and touring to Japan and Australia. Retiring from dancing, they moved to Phoenix, Arizona, where they opened a ballet school. There their two daughters were born. When the North Carolina School of the Arts at Winston-Salem was in the planning stage, Lindgren's excellence as a teacher and potential as an administrator made him a likely candidate for the assignment as Dean of the Dance Department, a position he assumed in 1965 and remained in for more than twenty years. In that period he concurrently directed the activities of the North Carolina Dance Theatre.

In 1987 Lindgren became General Director of the School of American Ballet in New York City and succeeded Lincoln Kirstein as President of the school in 1989. He remained in that capacity for less than a year, resigning

passa l'audition pour les Ballets Russes de Monte Carlo et fut accepté.

Lindgren demeura avec cette compagnie pendant huit ans, dansant dans chacun des ballets du répertoire, se distinguant dans des rôles virils tels que ceux de l'esclave doré de *Schéhérazade*, le guerrier dans *Prince Igor*, Trepak dans *Casse-Noisette*, le marin russe dans *The Red Poppy*, et le champion du lasso dans *Rodéo*. George Balanchine fut chorégraphe permanent de la compagnie pendant trois années, et Lindgren fut inlassablement impressionné par la vision de ce néoclassissiste russo-américain et se délecta de chaque nouveau rôle que ce dernier lui assignait.

En 1951, les Ballets Russes étaient artistiquement en déroute et Lindgren, maintenant marié à la danseuse Sonja Taanila, passa les cinq années suivantes au sein des médias populaires, dansant dans plusieurs revues musicales sur Broadway et à la télévision. Lui et Taanila s'associèrent à la danseuse des Ballets Russes, Alexandra Danilova pour une tournée d'avant-garde où leur petit ensemble offrit des spectacles en Afrique et en Asie.

En 1957, les Lindgren entrèrent au New York City Ballet de Balanchine et passèrent deux ans avec cette compagnie, apprenant de nouveaux rôles pour les représentations en Amérique et faisant des tournées au Japon et en Australie. Après s'être retirés de la danse, ils déménagèrent à Phoenix, Arizona, où ils ouvrirent une école de ballet. C'est dans cette ville que naissèrent leurs deux filles. Lorsque le North Carolina School of the Arts de Winston-Salem était au stade de la planification, l'excellence de Lindgren comme professeur et son potentiel comme administrateur firent de lui un excellent candidat au poste de doyen du département de Danse, poste qu'il assuma à partir de 1965 et pour plus de vingt années subséquentes. Concurremment à ces activités, il dirigea le North Carolina Dance Theatre.

En 1987, Lindgren fut nommé Directeur général du American Ballet School à New York, succédant à Lincoln Kirstein comme président de l'école en 1989, poste qu'il conserva moins d'une année, offrant sa démission en raison de

because of conflicting visions regarding the curriculum. He returned to Winston-Salem for his retirement, where he had spent so many happy and successful years.

divergences d'opinions à propos du curriculum. Il retourna à Winston-Salem à sa retraite, à cette ville où il avait passé de longues années fructueuses.

Photo: Richard Gurstin

**Marianne Livant**
by/par Barbara Cameron

**Livant, Marianne**. Teacher, artistic director, dancer, choreographer. Born: April 30, 1929, Berlin, Germany. Died: November 24, 1998, Victoria, British Columbia.

Born in Germany to Jewish parents, Livant was sent to the safety of a family in England at the onset of World War II, and was reunited with her parents in New York after the war.

Livant received her basic training at the University of Michigan, Ann Arbor, and later studied at Connecticut College, the American University in Washington, D.C., Boston

**Livant, Marianne**. Professeure, directrice artistique, chorégraphe. Née : 30 avril 1929, Berlin, Allemagne. Décédée : 24 novembre 1998,Victoria, Colombie-Britannique.

Née en Allemagne de parents juifs, Livant fut envoyée pour vivre en sécurité avec une famille en Angleterre au début de la Deuxième Guerre mondiale. Elle retrouva ses parents à New York après la fin de la guerre.

Livant reçut sa formation de base en danse de l'Université de Michigan, Ann Arbor et elle étudia plus tard au Connecticut College, à l'Université American à Washington, D.C., à l'Université de Boston, au Colorado Springs, et aux studios de New York. Ses mentors furent José Limón, Hanya Holm et Bella Lewitzky.

En 1967, Livant instaura la formation de danse moderne en Saskatchewan. À cette

University, Colorado Springs, and studios in New York. Her mentors were José Limón, Hanya Holm and Bella Lewitzky.

In 1967 Livant brought modern dance training to Saskatchewan. There, dance classes had previously been an activity for young females; Livant taught women of all ages, as well as men and teen-age boys. In Canada a few universities were beginning to develop modern dance programmes and she initiated this development in Saskatchewan, teaching at the University of Regina in both the theatre and extension departments.

By 1970 she had founded the Regina Choreographic Workshop, an organization consisting mainly of university and high school students. She also began to conduct workshops for schools and teachers in and outside of Regina. Her impact on many young lives was enormous.

A chance meeting with Maria Formolo in 1972 led to a partnership that was to develop, in 1974, into the founding of Regina Modern Dance Works. The company was run as a co-operative, with Formolo and Livant as co-artistic directors, and seven dancers who shared the responsibilities of running the company. Livant developed a unique performance model with a participatory component for the audience, incorporating her own music and chants.

Formolo and Livant held very different views of modern dance. Livant preferred more accessible works using music and theatrical imagery that communicated with the local audience; Formolo emphasized an avant garde approach directed at sophisticated urban audiences. These differences combined to create a dynamic company which was able to attract audiences on many levels through an eclectic repertoire. At its height, the company toured Canada to critical acclaim, enjoying strong financial support and success at the box office. But the very reason for its strength eventually led to Livant's withdrawal. Formolo favoured high risk in exchange for fame, while Livant favoured cautious growth, and she reluctantly resigned from the company in December 1976,

époque, les cours de danse étaient réservés aux jeunes femmes; Livant enseigna aux femmes de tous les âges aussi bien qu'aux hommes et aux garçons adolescents. Certaines universités canadiennes avaient commencé à élaborer des programmes de formation moderne et c'est elle qui instaura ce type de programme en Saskatchewan, enseignant à l'Université de Régina aux départements d'Éducation permanente et de Théâtre.

En 1970 elle créa le Regina Choreographic Workshop, un organisme composé surtout d'élèves provenant d'universités et d'écoles secondaires. Elle commença également à animer des ateliers pour les écoles et les professeurs à Régina, ainsi qu'à l'extérieur de la ville. Elle eut un impact énorme sur de nombreux jeunes.

Une rencontre fortuite avec Maria Formolo en 1972 se traduit par un partenariat qui allait mener à la création du Regina Modern Dance Works en 1974. La compagnie opérait comme coopérative avec Formolo et Livant à la codirection artistique et sept danseurs/seuses qui partageaient les responsabilités de la gestion. Livant élabora un modèle unique d'interprétation avec un élément de participation de l'auditoire et incorporant sa propre musique et ses chants.

Formolo et Livant avaient des visions très différentes de la danse moderne. Livant préférait des oeuvres plus accessibles intégrant de la musique et de l'imagerie théâtrale qui communiquaient avec les auditoires locaux; Formolo était plus attirée par une approche avant-gardiste à l'intention d'auditoires urbains plus sophistiqués. L'alliage de ces différences se traduit par une compagnie dynamique qui attirait des auditoires de différents niveaux grâce à un répertoire éclectique. À son apogée, la compagnie fit une tournée acclamée au Canada, tournée qui bénéficia d'un soutien financier solide et d'un succès de salle. Cependant, la source même de la force de la compagnie conduit éventuellement au retrait de Livant. Formolo était en faveur du risque en échange d'une gloire possible alors que Livant tendait plutôt vers une croissance prudente; ces différences artistiques l'amenèrent, à contrecoeur, à offrir sa démission de la

due to these artistic differences.

It was a bitter parting at the time, but with typical determination she went on to found the Prairie Dance Lab, a group which resembled her earlier choreographic workshop. From 1983-1989 she was employed as a music and movement therapist at the Regina General Hospital. She retired to Victoria, B.C. in 1990 but continued to dance until her diagnosis of cancer.

compagnie en décembre 1976.

La séparation fut amère mais, grâce à sa détermination si caractéristique, elle fonda le Prairie Dance Lab, un groupe qui rappelait son premier atelier chorégraphique. De 1983 à 1989, elle travailla comme thérapeute par la musique et le mouvement au Regina General Hospital. Elle se retira finalement à Victoria, C.-B. en 1990 et continua de danser jusqu'à ce qu'on lui découvre un cancer.

**Lloyd, Gweneth**. Choreographer, teacher, artistic director, writer. Born: September 15, 1901, Eccles, Lancashire, England. Died: January 1, 1993, Kelowna, British Columbia.

Gweneth Lloyd is most often identified as the co-founder (with Betty Farrally) of the Royal Winnipeg Ballet. Her life, however, included

## Gweneth Lloyd
by/par Anna Blewchamp

**Lloyd, Gweneth**. Chorégraphe, professeure, directrice artistique, écrivaine. Née : 5 septembre 1901, Eccles, Lancashire, Angleterre. Décédée : 1er janvier 1993, Kelowna, Colombie-Britannique.

On identifie fréquemment Gweneth Lloyd comme la cofondatrice du Royal Winnipeg Ballet (avec Betty Farrally). Cependant, sa vie renferme plusieurs autres réalisations et reflète certains des changements apparus au niveau de l'éducation et de la carrière des femmes au vingtième siècle. La carrière de Lloyd se caractérisa par ses changements de direction, ses innovations artistiques et les défis qu'elle se donna.

Lloyd était la fille de Winnifred Mary (née Stace) et de Joseph Charles Lloyd. Ses parents l'envoyèrent vivre avec sa grand-mère maternelle à Cambridge dès l'âge de trois ans. Son grand-père, George Stace, avait fondé un magasin de nouveautés très rentable. Lui et sa femme Amelia, (née Groves) avaient une vie publique active à Cambridge, George Stace étant échevin du Conseil de ville. Il fut aussi élu maire de Cambridge pour deux termes. Amelia Stace influença beaucoup l'éducation et, plus tard, la carrière en danse de Lloyd. Elle insista pour que sa petite-fille soit éduquée avec rigueur, l'envoyant d'abord au Perse High School à

many other achievements, and mirrors some of the twentieth century's most important changes for women in terms of education and career opportunities. Lloyd's career was also characterized by changes in direction, artistic innovations, self-induced challenges and restlessness.

Lloyd was the daughter of Winnifred Mary (nee Stace) and Joseph Charles Lloyd. When she was three years old, her parents sent her to live with her maternal grandparents in Cambridge. Her grandfather George Stace founded a highly successful draper's store. He and his wife Amelia (nee Groves) were active in the public life of Cambridge, with George Stace being an alderman on the town council. He also served as the Lord Mayor of Cambridge for two terms. Amelia Stace was highly influential in Lloyd's education and later dance career. She insisted that her granddaughter be well-educated, sending Lloyd first to the Perse High School in Cambridge which was noted for its high academic goals. At the Perse, which Lloyd attended from her kindergarten years until she was twelve years old, she studied painting, piano and dancing as well as academic subjects. She also attended dance classes with a local teacher, Miss Rose Barley, who taught both social dances and "skirt" or "fancy" dancing. Once a year, Miss Barley presented a recital at the Guildhall in Cambridge, and this was where Lloyd had her first performance experiences. She also danced, acted or played piano at the many "at-home" gatherings organized by her grandmother.

In 1913, her parents with her younger sister, Enid, moved from Lancashire to London, and Lloyd joined them. Both she and Enid attended Northwood College as boarders from 1915-1919. Here Lloyd took her matriculation exams through Bedford College, and continued with her interest in physical movement and dance. Classes at Northwood were taught by an assistant of the then-fashionable Mrs. Wordsworth, and included social and "skirt" dancing. At Northwood, she met the second most influential person in her life after her grandmother. Bertha "Bunty" Knowles, later

Cambridge, une école qu'elle fréquenta de la maternelle jusqu'à douze ans; elle y étudia la peinture, le piano et la danse en plus de compléter ses études régulières. De plus, elle suivit des cours de danse avec Mademoiselle Rose Barley, une professeure de l'école qui enseignait la danse sociale et la danse de «jupe». Une fois par année, elle présentait un récital au Guild Hall à Cambridge. C'est là que Lloyd fit ses premières expériences de scène. En plus de toutes ces activités, Lloyd dansait, faisait du théâtre ou jouait du piano à plusieurs des rencontres «at home» (maison) organisées par sa grand-mère.

En 1913, ses parents et sa plus jeune soeur, Enid, quittèrent le Lancashire pour Londres où Lloyd les rejoignit. Les deux soeurs furent pensionnaires au Northwood College de 1915 à 1919. C'est là que Lloyd passa ses examens d'immatriculation à travers le Bedford College et poursuivit ses activités en mouvement et en danse. Les cours à Northwood étaient alors enseignés par Madame Wordsworth, une professeure «à la mode» et comportaient de la danse sociale et la danse de «jupe». C'est à Northwood qu'elle rencontra la deuxième plus importante personne de sa vie après sa grand-mère, Bertha «Bunty» Knowles, qui devint plus tard Madame Robert Jarman, et qui fut sa professeure d'éducation physique. Lloyd aurait préféré poursuivre une formation en danse après avoir complété ses études à Northwood mais elle accepta le compromis proposé par sa grand-mère qui finançait ses études et elle étudia plutôt au Liverpool College.

À l'âge de vingt et un ans, Lloyd avait complété ses examens d'admission universitaire et reçu un diplôme «first class honours» du Liverpool College (1919-1921). C'était inhabituel car au début du siècle, de nombreuses femmes n'étaient pas éduquées, leurs options de carrière étant soit limitées, soit découragées. L'une des seules carrières permettant une certaine indépendance était le domaine excitant de l'éducation physique et de la gymnastique.

À la fin de ses études, Lloyd possédait une connaissance approfondie de l'anatomie, de la gymnastique, du massage, de la physiothérapie

Mrs. Robert Jarman, was her physical education teacher. Lloyd would have preferred to study dance immediately after graduating from Northwood, but reached a compromise with her grandmother, who was financing Lloyd's education, by attending Liverpool College.

By the time Lloyd was twenty-one, she had completed both her University entrance exams and received a first-class honours diploma from Liverpool College (1919-1921). This was, in itself, unusual. Many women during the early years of the century remained uneducated. Their career options were limited or not encouraged at all. One of the few careers which offered independence was in the exciting field of physical education and gymnastics.

Lloyd graduated with a thorough knowledge of anatomy, gymnastics, massage, physiotherapy and calisthenics. She also studied folk dance, social dances and the Revived Greek Dance. The Revived Greek Dance was a technique developed by Ruby Ginner and was incorporated into the training at many physical education colleges. The technique included improvisation and choreography, as well as the development of demanding physical skills. Its strongest emphasis was on expressivity and musicality, and these were elements which later characterized Lloyd's own choreography.

Lloyd was fortunate that while teaching in her first job at Jersey Ladies' College, 1921-1923, in the Channel Islands, she discovered that a graduate of the Ginner-Mawer school (a partnership between mime artist Irene Mawer and Ginner) was giving open classes. Here her love of dance was fully realized, and she decided, with some prompting from a wrist injury which curtailed her gymnastics abilities, to return to London and attend the Ginner-Mawer School as a student-teacher, from 1923-1926. While she was in London, she began her first studies in ballet, which had been incorporated into the Ginner-Mawer training, and also took classes with Margaret Craske.

When Lloyd graduated from the school, she and a fellow teacher, Doris McBride, moved to Leeds to open the Torch Studio (1926-1938). The Leeds opportunity arose through Bunty and

et de la gymnastique suédoise. Elle étudia aussi la danse folklorique, les danses sociales et le Revived Greek dance. Mise au point par Ruby Ginner, le Revived Greek dance était une technique incorporée dans la formation offerte par de nombreux collèges d'éducation physique. La technique incluait l'improvisation et la chorégraphie ainsi que le développement d'habiletés physiques exigeantes. Sa principale emphase était sur l'expressivité et la musicalité, deux éléments qui caractériseront plus tard les chorégraphies de Lloyd.

À son premier poste de professeure au Jersey's Ladies College (1921-1923) aux Îles de la Manche, Lloyd apprit qu'une diplômée du Ginner-Mawer School (un partenariat entre la mime Irene Mawer et Ginner) offrait des cours au public. Son amour de la danse complètement ravivé elle décida, encouragée par une blessure au poignet qui limitait ses activités de gymnastique, de revenir à Londres et de suivre la formation d'élève-enseignante à l'école Ginner-Mawer de 1923 à 1926. À Londres, elle débuta aussi ses premières leçons de ballet, leçons incorporées dans la formation Ginner-Mawer ainsi que des cours avec Margaret Craske.

Après avoir complété ses études, Lloyd et une de ses collègues, Doris McBride, s'installèrent à Leeds pour ouvrir le Torch Studio (1926-1938). Ce projet fut réalisé grâce à Bunty et à son mari Robert Jarman. Ce dernier était directeur d'éducation physique pour la région de Leeds et désirait incorporer la danse dans les écoles. On proposa à Lloyd de s'établir à Leeds où elle pourrait donner des cours privés et voyager à travers la région comme professeure invitée par le district de Leeds. Ainsi, elle enseigna dans le Yorkshire, le Lincolnshire et dans le sud du Pays de Galles. Cette association se poursuivit lorsque les Jarmans émigrèrent au Canada en 1929. Robert devint directeur de l'éducation physique pour la province du Manitoba et la ville de Winnipeg. On invita Lloyd à enseigner le Revived Greek dance dans le contexte d'une série de conférences-démonstrations organisées par les Jarmans dans les écoles du Manitoba en 1935.

her husband Robert Jarman. Jarman was Physical Education Officer for the Leeds area, and wanted to incorporate dance into the schools. Lloyd was encouraged to set up a base in Leeds where she could teach privately, and to travel throughout the region as a guest teacher for the Leeds district. She taught throughout Yorkshire, Lincolnshire and in South Wales. This connection continued when the Jarmans emigrated to Canada in 1929. Robert Jarman became Head of Physical Education for the Province of Manitoba and the City of Winnipeg. Lloyd was invited to teach the Revived Greek dance component in lecture-demonstrations organized by the Jarmans in Manitoba schools in 1935.

Lloyd was also, by this time, writing about her teaching methods in The Link, (1934, 1936). As a choreographer, she was developing her work in studio concerts and lecture-demonstrations.

Typically for Lloyd, having already switched careers in her early twenties, she now decided (after building up a school and a following in the North of England) to emigrate to Canada in 1938, and begin something else. She was accompanied by her former Leeds student Betty Hey (later Farrally). Lloyd arrived as a fully-accredited teacher (dates unknown) for both the Imperial Society of Teachers of Dancing and the Royal Academy of Dancing. Lloyd was to act as an Examiner for both organizations from 1940 until her retirement.

Lloyd and Hey opened their studio, the Canadian School of Ballet, in 1938 in Winnipeg, and Lloyd taught at the private girls' schools Balmoral Hall, St. Mary's Convent, Ravenscourt, River Bend and Rupertsland. Farrally and Lloyd also founded a company, the Winnipeg Ballet Club, in 1938, which became the Royal Winnipeg Ballet in 1953. They were soon joined by David Yeddeau, an active member of the Winnipeg theatre community, who became the company manager.

The new challenge for Lloyd was to realize her talents as a choreographer. Between 1939 and 1952, she created thirty-six ballets for the company, as well as numerous lecture-

À cette époque, Lloyd avait commencé à mettre ses méthodes sur papier dans The Link (1934, 1936) tout en développant son travail de chorégraphe dans des concerts en studio lors des conférences-démonstrations.

De façon caractéristique, Lloyd, qui avait déjà changé de carrière dans la jeune vingtaine, fondé une école et attiré des adeptes dans le nord de l'Angleterre, décida d'émigrer au Canada en 1938 et de travailler à de nouveaux projets. Elle était accompagnée d'une de ses anciennes étudiantes, Betty Hey (plus tard Farrally). Lloyd s'installa comme professeure dûment accréditée (dates inconnues) par l'Imperial Society of Teachers of Dancing et le Royal Academy of Dancing. Elle servit d'examinatrice pour ces deux organismes de 1940 jusqu'à sa retraite.

En 1938, Lloyd et Hey ouvrirent leur studio, le Canadian School of Ballet, à Winnipeg. Lloyd enseigna également aux écoles privées pour filles de Balmoral Hall, au Couvent de St Mary's à Ravenscourt, à Riverbend et à Rupertsland. Farrally et Lloyd fondèrent aussi une compagnie de danse, le Winnipeg Ballet Club en 1938; ce club allait devenir le Ballet Royal de Winnipeg en 1953. David Yeddeau, un membre actif du milieu du théâtre de Winnipeg, s'associa à la compagnie rapidement et en devint le gérant.

Le nouveau défi pour Lloyd était maintenant de concrétiser ses talents de chorégraphe. Entre 1939 et 1952, elle créa trente-six ballets pour la compagnie ainsi que plusieurs conférences-démonstrations et des chorégraphies pour l'opéra et le théâtre. Son objectif pour la compagnie était de créer des oeuvres accessibles (ballets comiques ou dramatiques) qui aideraient à cultiver un public et d'ensuite présenter à ce même public du ballet plus traditionnel ainsi que des oeuvres modernes abstraites et innovatrices. Ses talents multiples associés à sa connaissance de plusieurs formes de danse ainsi que son amalgame du style de mouvement «danse-libre» (un mouvement développé à partir du Revived Greek dance) avec la technique du ballet classique assurèrent rapidement sa renommée.

Lloyd fut l'une des rares chorégraphes capable de visualiser complètement une oeuvre avant le début des répétitions. Elle écoutait la

demonstrations and choreography for opera and plays. Her aim, with the company, was to create accessible works (comedic or dramatic ballets) which would develop an audience, and to present these with more traditional "white" ballets and with innovative abstract modern works. Her wide-ranging abilities were coupled with her knowledge of many dance forms. It was this and her amalgamation of a "free-dance" movement style (an innovative development of Revived Greek Dance) with classical ballet technique, which soon earned her acclaim.

Lloyd was one of the few choreographers who could visualize complete works before she began rehearsals. She would listen to the music and write her ballets, sometimes with casts of over twenty dancers, with musical measures noted against her own personal notation of descriptions, ballet, national and Greek dance terminology, floor plans and figure drawings. Her works were the mainstay of the Winnipeg Ballet repertoire throughout the 1940's.

The company soon embarked on cross-Canada tours, and ventured into the United States. Yeddeau, with Lloyd and Farrally, organized the First Canadian Ballet Festival in Winnipeg in 1948. The festivals continued through 1954 in various Canadian cities. Lloyd continued to write on her theories of teaching and on Canadian dance. In 1946, she also began her long association with the Banff Centre School of Fine Arts. She and Mara McBirney were invited to advise on a proposed dance division. Lloyd sent teachers from the Winnipeg company to Banff in 1948, and she joined the staff in 1949. She continued at Banff as the Director of the Dance Division until 1967, during which time she remounted works from the Winnipeg repertoire as well as creating new ballets.

In 1950, she left Winnipeg to open a branch of the Canadian School of Ballet in Toronto. Once again, her restlessness and desire for new challenges moved her on. In Toronto, she formed another company, the Toronto Festival Dancers (1951-1954), and began choreographing for the new medium of television, creating a new ballet every two weeks for the programme

musique, rédigeait ses ballets, avec quelquefois une distribution de plus de vingt danseurs/seuses, avec le tempo musical noté à coté de ses notations personnelles de descriptions, de terminologie de ballet de danse nationale et de danse grecque, de plans de scène et de dessins. Ses oeuvres furent le pilier du répertoire de Winnipeg Ballet pendant toutes les années quarante.

Bientôt, la compagnie débuta une série de tournées à travers le Canada et s'aventura aux États-Unis. Yeddeau, assisté de Lloyd et de Farrally, organisa le premier Festival de ballet canadien à Winnipeg en 1948. Ces festivals eurent lieu dans différentes villes canadiennes jusqu'en 1954. Pendant ce temps, Lloyd poursuivait la rédaction de ses théories sur l'enseignement et la danse canadienne. En 1946 commença une longue association avec le Banff Centre School of Fine-Arts où elle fut invitée, avec Mara McBirney, comme expert-conseil pour une section de danse de l'école. Lloyd envoya des professeurs de la compagnie à Banff en 1948 et elle devint membre du personnel en 1949. Elle fut directrice de la section danse de Banff jusqu'en 1967, une époque où elle remonta des oeuvres du répertoire de la compagnie de Winnipeg et créa de nouveaux ballets.

En 1950, elle quitta Winnipeg pour ouvrir une succursale du Canadian School of Ballet à Toronto. De nouveau, son désir constant de mouvement et de nouveaux défis la poussèrent à créer une autre compagnie de danse à Toronto, les Toronto Festival Dancers (1951-1954) et à commencer à élaborer des chorégraphies pour le nouveau médium de la télévision, créant un ballet original chaque deux semaines pour l'émission Junior Magazine. Elle fut également responsable de la chorégraphie pour des spectacles de l'Exposition nationale canadienne et pour les productions d'opéra et du Conservatoire de musique de Toronto. Son association avec la chaîne CBC et le Conservatoire s'étendit pendant toutes les années cinquante. Elle donna des cours au Havergal College et à l'école Bishop Strachan de Toronto, au Ontario Ladies' College ainsi qu'à l'école

Junior Magazine. She also choreographed for performances at the Canadian National Exhibition and for the Toronto Conservatory of Music opera productions. Her association with CBC Television and the Conservatory lasted throughout the 1950's. She taught at Havergal College and Bishop Strachan School in Toronto, and the Ontario Ladies' College and Strathallan School in Hamilton. Throughout the 1950's, she continued to act as an Examiner for the RAD.

In 1952, her best-known work, *Shadow on the Prairie*, premiered in Winnipeg and was hailed as a truly Canadian ballet. *Shadow on the Prairie* was filmed by the National Film Board of Canada in 1954. Later that year, the studios of the Royal Winnipeg Ballet were destroyed by fire, and most of Lloyd's choreographic notes for the Winnipeg repertoire were destroyed. In 1957, Lloyd resigned as Artistic Director from the Winnipeg company following the Board's treatment of Betty Farrally. She joined Farrally in British Columbia in 1958; they opened a branch of the Canadian School of Ballet in Kelowna, and this became their home base.

During the 1960's and 1970's, Lloyd taught throughout British Columbia, examined students for the RAD, oversaw the Banff ballet division, and choreographed. She regularly created works for the Kelowna school, and choreographed pantomimes and musicals for Kelowna Little Theatre and Vernon Little Theatre. Two ballets, *Partita* (1960) and *Petite Suite* (1962), which were created at Banff, were expanded and remounted for Ruth Carse of the Alberta Ballet.

Lloyd's work in Canada was subsequently honoured through numerous awards. She received the Centennial Medal from the Manitoba Historical Society (1967), an honourary degree from the University of Calgary (1969), the Order of Canada (1969), the Civic Achievement Medal from the City of Winnipeg (1977), the Fellowship Award from the Royal Academy of Dancing (1979). In the 1980's, she received the Dance Canada Award (1984), the Royal Bank Award (1987) and the Diplôme d'honneur from the Canadian Conference for the Arts (1989). She was also inducted into the Encore Hall of Fame (1986), and received a

Strathallan à Hamilton. Elle continua également à assister le RAD comme examinatrice durant les années cinquante.

En 1952, son oeuvre la plus connue *Shadow on the Prairie* fut présentée en première à Winnipeg et fut acclamée comme un ballet «véritablement canadien». Cette oeuvre fut aussi filmée par l'Office national du film du Canada en 1954. Plus tard, dans la même année, les studios du Royal Winnipeg Ballet furent détruits par un incendie et la majorité des notes chorégraphiques de Lloyd pour le répertoire de Winnipeg furent perdues. En 1957, Lloyd démissionna du poste de directrice artistique de la compagnie de Winnipeg suite aux conflits entre le Conseil d'administration et Betty Farrally. Elle rejoint celle-ci en Colombie-Britanique en 1958. Elles y ouvrirent une succursale du Canadian School of Ballet à Kelowna, qui devint leur port d'attache.

Durant les années 1960 et 1970, Lloyd enseigna à travers la Colombie-Britannique, examina des étudiant(e)s pour le RAD, supervisa la section danse de Banff et élabora plusieurs chorégraphies. Elle créa aussi régulièrement des oeuvres pour l'école de Kelowna et chorégraphia des pantomimes et des revues musicales pour le Kelowna Little Theatre et le Vernon Little Theatre. Deux ballets qui furent créés à Banff, *Partita* (1960) et *Petite Suite* (1962), furent élargis et remontés pour Ruth Carse du Alberta Ballet.

La valeur de Lloyd au Canada fut par la suite reconnue par de nombreux prix. Elle reçut la médaille du Centenaire du Manitoba Historical Society (1967), un diplôme honorifique de l'Université de Calgary (1969), l'Ordre du Canada (1969), la médaille Civic Achievement de Winnipeg (1977), le Prix Fellowship du Royal Academy of Dancing (1979). Dans les années 1980, le Prix Dance Canada (1984), le Prix de la Banque Royale (1987) et le diplôme d'honneur de la Conférence canadienne des arts (1989). Elle fut aussi introduite au Temple de la renommée Encore (1986) et reçut un Prix Senior Fellowship du Conseil des Arts du Canada (année inconnue).

En 1986, *Shadow on the Prairie* fut

Senior Fellowship Award from the Canada Council (year unknown).

In 1986, *Shadow On The Prairie* was reconstructed and notated by Dance Collection Danse. This ballet and *The Wise Virgins* (1942), reconstructed by Anna Blewchamp in 1992, are the only two Lloyd works from the Royal Winnipeg Ballet repertoire currently available for remounting. Notebooks of later choreography are held in the archives of Dance Collection Danse.

Lloyd's importance in Canadian dance was honoured through the 1992 Governor General's Performing Arts Award for Lifetime Achievement. Lloyd died shortly after the awards ceremony, on January 1, 1993 in Kelowna.

Throughout her life, she maintained that her success was "accidental". Lloyd wrote in the Manitoba Arts Review (1947) that "Ballet ... depends on the quality of the human beings involved. In Canada ... (there are) people ... with virile physical powers ... accompanied by mental and physical forces belonging to those who have the tenacity to become pioneers. These are the first essentials ... of a dancer, but added to that we must search for the inner consciousness of beauty and the desire to give it visual form through the medium of the body." Lloyd herself gave her own "consciousness of beauty" visual form in her distinctive choreography, and through her compassionate training of hundreds of dancers.

reconstruit et annoté par Dance Collection Danse. Ce ballet ainsi que *The Wise Virgins* (1942), reconstruit par Anna Blewchamp en 1992, sont les deux seules oeuvres du répertoire du Royal Winnipeg Ballet qu'il est présentement possible de remonter. Les cahiers de ses chorégraphies plus récentes reposent dans les archives de Dance Collection Danse.

L'importance de Lloyd pour la danse canadienne fut soulignée en 1992 par l'attribution du prix des arts de la scène du gouverneur général du Canada pour Réalisations exceptionelles. Elle décéda peu de temps après la cérémonie de remise du prix, le 1er janvier 1993 à Kelowna.

Tout au long de sa vie elle insista sur le fait que son succès avait été accidentel. Elle écrivit dans le Manitoba Arts Review ce qui suit: «le Ballet est relatif à la qualité des êtres humains impliqués. Au Canada, il y a des gens... avec une force physique virile ... associée à des forces mentales et physiques appartenant à ceux et celles qui ont la ténacité de devenir des pionniers.Voilà les vraies qualités essentielles... pour un(e) danseur/seuse, mais on doit aussi retrouver une conscience intérieure de la beauté et un désir d'y donner une forme visuelle à travers le médium du corps.»

Lloyd elle-même donna une forme visuelle à sa propre «conscience de la beauté» grâce à sa chorégraphie très personnelle et à son enseignement rempli de compassion dispensé à des centaines de danseurs et danseuses.

**Édouard Lock**
by/par Kathryn Greenaway

**Lock, Édouard**. Choreographer, artistic director, dancer. Born: March 3, 1954, Casablanca, Morocco.

Édouard Lock approached the dance world with casual interest in the early 1970's, while studying film and literature at Concordia University in Montreal. He studied improvisation with Nora Hemenway of Le Groupe de la Place Royale, a more structured dance curriculum with Lawrence Gradus, and expanded his modern dance studies with Douglas Dunn, Merce Cunningham, Simone Forti and Nina Wiener. In the late 1970's, Lock experimented with choreography, creating *Tempsvolé* (1975) for Paul-André Fortier, Ginette Laurin and Philippe Vita, and *Quatre solos pour quatre femmes* (1979) for Myriam Moutillet, Cathy Buchanan, Deana Lay and Manon Hotte of Les Grands Ballets Canadiens.

It was not until he founded La La La Human

**Lock, Édouard**. Chorégraphe, directeur artistique, danseur. Né : 3 mars, 1954, Casablanca, Maroc.

Édouard Lock s'intéressa à la danse de façon désinvolte au début des années 1970 alors qu'il étudiait en cinéma et en littérature à l'Université Concordia à Montréal. Il explora l'improvisation avec Nora Hemenway du Groupe de la Place Royale et suivit un programme de formation plus structuré en danse avec Lawrence Gradus. Il approfondit ses études en danse moderne avec Douglas Dunn, Merce Cunningham, Simone Forti et Nina Wiener. Vers la fin des années 1970, il explora la chorégraphie, créant *Tempsvolé* (1975) pour Paul-André Fortier, Ginette Laurin et Philippe Vita, et *Quatre solos pour quatre femmes* (1979) pour Myriam Moutillet, Cathy Buchanan, Deana Lay et Manon Hotte des Grands Ballets Canadiens.

Ce n'est que lorsqu'il fonda La La La Human Steps en 1980 qu'il fut remarqué du public et de la critique. Ses premières chorégraphies pour la troupe révélèrent sa volonté de forger une nouvelle esthétique à partir de la puissance brute de la génération du rock alternatif et de la liberté

Steps in 1980, that the public and critics alike sat up and took notice. His early choreographies for the company demonstrated a will to forge a new aesthetic from the raw power of the alternative rock generation, and with the boundary-smashing freedom of postmodern movement.

Choreograhies *Lili Marlene dans la jungle* (1981), *Oranges, or the search for paradise* (1981), *Dishes* (1983) and *Businessman in the Process of Becoming an Angel* (1983) paved the way for Lock's first bona fide hit, *Human Sex* (1985). Not only did this work make its impact on the international scene for its androgynous partnering skills, hyperkinetic energy and dangerous horizontal volleys through space, it made a star of Lock's unofficial muse, Louise Lecavalier.

Lock combines classical placement with punk attitude. The women in his troupe demonstrate amazing strength, lifting and throwing the men, while flaunting their superb muscle definition with an assertive grace. Lock's choreographic works *New Demons* (1987) and *Infante, c'est destroy* (1991), have taken his theatricality and visceral energy to new heights; each toured worldwide for two years. Lock's work continues to have international appeal. *Salt/Exaucé* (1998) was a co-production of the Saitama Arts Theater in Japan, the National Arts Centre in Ottawa, Paris' Théâtre de la Ville, Amsterdam's Het Muziektheater, deSingel in Antwerp, the Theater der Stadt in Remscheid and the Association Léonard da Vinci-Opéra de Rouen.

Lock's futuristic approach to movement has inspired artists including David Bowie, the late Frank Zappa, video artist Nam June Paik, film director Lewis Furey and performer Carole Laure to search him out and commission his talents. He has created works for the National Ballet of Holland, Nederlands Dans Theater, including *Touch to Include* (1999), and for institutions such as the National Arts Centre and the Montreal Museum of Fine Arts. In addition to touring, Lock's company has been seen on television broadcasts worldwide, and he has collaborated with filmmakers including Bernar Hébert, who directed Velasquez's Little

du mouvement postmoderne de fracasser les frontières.

Des chorégraphies comme *Lili Marlene dans la jungle* (1981), *Oranges, or the search for paradise* (1981), *Dishes* (1983), et *Businessman in the Process of Becoming an Angel* (1983) préparèrent le terrain pour le premier véritable grand succès de Lock, *Human Sex* (1985). Non seulement cette oeuvre eut-elle un impact à l'échelle internationale grâce à son partenariat androgyne, son énergie hyperactive et ses envolées dangereuses à l'horizontale, mais elle assura également la renommée de la muse non officielle de Lock, Louise Lecavalier.

Lock associe le positionnement classique à une attitude punk. Les femmes de sa compagnie font preuve d'une force étonnante, soulevant et projetant des hommes tout en paradant leur superbe musculature ciselée avec une grâce confiante. Dans les oeuvres chorégraphiques *New Demons* (1987) et *Infante, c'est destroy* (1991), Lock pousse son énergie viscérale et sa théâtralité vers de nouveaux sommets; chaque oeuvre fut présentée en tournée internationale d'une durée de deux ans. Le travail de Lock fascine toujours son public international. *Exaucé/Salt* (1998) fut une coproduction du Saitama Arts Theater au Japon, du Centre National des Arts à Ottawa, du Théâtre de la Ville de Paris, du Het Muziektheater d'Amsterdam, de deSingel à Antwerp, du Theater der Stadt à Remscheid et de l'Association Léonard da Vinci-Opéra de Rouen.

L'approche futuristique du mouvement de Lock a inspiré et poussé des artistes tels que David Bowie, le défunt Frank Zappa, le vidéaste Nam June Paik, le réalisateur de film Lewis Furey et l'interprète Carole Laure à le rencontrer et à lui commander des chorégraphies. Il a créé des oeuvres pour le Ballet national de la Hollande, le Nederlands Dans Theater, dont *Touch to Include* (1999), et pour des institutions comme le Centre National des Arts et le Musée des Beaux-Arts de Montréal. En plus de ses tournées, la compagnie de Lock a participé à des émissions de télévision diffusées partout dans le monde et Lock a également collaboré avec des cinéastes notamment Bernar Hébert, qui dirigea

Museum in 1994, and La La La Human Steps duo no.1, in 1987.

Lock has earned the 1982 Jean A. Chalmers award for choreography and the 1986 Bessie Award for best dance event of the year in New York. He was named the 1989 dance personality of the year by the Montreal daily newspaper La Presse, cited as one of the decade's ten most influential artists by the Montreal weekly Voir in 1996 and listed as one of the top ten choreographers in the world by Tokyo's Dance Magazine in 1997.

le Petit Musée de Velasquez en 1994, et le duo no.1 La La La Human Steps en 1987.

Lock a remporté le Prix Jean A. Chalmers pour la chorégraphie en 1982 et le Prix Bessie en 1986 pour le Meilleur événement en danse à New York. Il fut nommé Personnalité de l'année en 1989 par le quotidien montréalais La Presse, cité en 1996 comme l'un des artistes les plus influents de la décennie par l'hebdomadaire montréalais Voir et nommé l'un des dix plus importants chorégraphes du monde par la revue Dance Magazine de Tokyo en 1997.

Photo: Marcel Ray

## Beth Lockhart
by/par Leland Windreich

**Lockhart, Beth**. Teacher, choreographer, dancer, artistic director. Born: circa 1917, Carnduff, Saskatchewan. Died: April 26, 2000, Vancouver, British Columbia.

At the age of two, Lockhart moved with her family to Calgary, where she had her first dance training and performed in benefit shows for veterans of World War I. Moving to Vancouver in her tenth year, she became fascinated by the

**Lockhart, Beth**. Professeure, chorégraphe, danseuse, directrice artistique. Née : env. 1917, Carnduff, Saskatchewan. Décedée : 26 avril 2000, Vancouver, Colombie-Britannique.

Lockhart déménagea à Calgary avec sa famille à l'âge de deux ans et c'est dans cette ville qu'elle reçut sa première formation en danse et participa à plusieurs spectacles-bénéfices pour des vétérans de la Première Guerre mondiale. Déménageant à Vancouver à dix ans, elle devint fascinée par le phénomène Denishawn et commença à suivre des cours de danse dans l'espoir d'émuler le couple renommé. Elle en fut cependant empêchée par des blessures causées par un entraînement excessif en acrobatie et par du travail de pointes prématuré.

Denishawn phenomenon and began dancing lessons with the hopes of emulating the style of the popular couple, only to be thwarted by injuries caused by improper training in acrobatics and premature pointe work.

She went to Los Angeles after her high school graduation to study with the Cecchetti disciple Ernest Belcher. His link to the motion picture industry provided Lockhart with a dancing role in the 1935 Rita Hayworth film, Paddy O'Day, but she preferred the stage. After joining a group of young dancers contracted by Agnes de Mille for a one-night ballet and dance extravaganza at the Hollywood Bowl in 1935, she was accepted into the ranks of the Hollywood Ballet, a short-lived enterprise backed by the theatrical dancing team Fanchon and Marco, who arranged a transcontinental tour that terminated with a performance at the Metropolitan Opera House in New York.

Lockhart returned to Vancouver and for a short time operated her own dance studios. Married to John A. Bourne, she followed her husband to Brandon, Manitoba during World War II and became adept in devising, staging and performing in shows for servicemen. Over the years following the War she performed with the fledgling Winnipeg Ballet and with Boris Volkoff's company in Toronto, spending her summers in study at the Ballet Arts school in Manhattan.

She returned to Vancouver to teach, and in 1946 she was a founder and charter member of the Vancouver Ballet Society, which over the next decade was a vital force in consolidating the work of local teachers for "Showcase" performances, and in providing educational resources through lectures, panels and guest performances.

With the development of the Canadian Ballet Festival in Winnipeg in 1948, Lockhart became a charter member of the executive committee. The following year she and Mara McBirney took the Panto-Pacific Ballet to the second festival in Toronto. She choreographed for Theatre Under the Stars, and it was in her production of Song of Norway that Vancouver was introduced to the partnership of Lois Smith and David Adams.

Après la fin de ses études secondaires, elle se rendit à Los Angeles pour étudier avec un disciple de Cecchetti, Ernest Belcher, dont les relations avec l'industrie cinématographique permirent à Lockhart d'avoir un rôle dansant dans le film de Rita Hayworth de 1935, Paddy O'Day. Cependant, Lockhart préférait la scène. Après s'être jointe à un groupe de jeunes danseurs/seuses sous contrat avec Agnes de Mille pour une soirée de spectacles somptueux de ballet et de danse à l'Hollywood Bowl en 1935, elle fut acceptée dans les rangs du Hollywood Ballet, un projet de courte durée soutenu par l'équipe de danse théâtrale Fanchon et Marco, qui organisa une tournée transcontinentale qui conclut avec un spectacle au Metropolitan Opera House à New York.

Lockhart retourna ensuite à Vancouver et y dirigea, pour une brève période, ses propres studios de danse. Mariée à John A. Bourne, elle suivit son mari à Brandon, au Manitoba pendant la Seconde Guerre mondiale, devenant très habile à créer, mettre en scène et danser dans des spectacles pour les membres de l'armée. Dans les années d'après-guerre, elle dansa avec la compagnie du Winnipeg Ballet qui n'était alors qu'à ses débuts et avec la compagnie de Boris Volkoff à Toronto, passant ses étés à étudier le ballet au Ballet Arts School à Manhattan.

Elle retourna à Vancouver pour enseigner et en 1946, elle devint membre-fondatrice du Vancouver Ballet Society. Pendant la décennie suivante, cet organisme consolida le travail des professeurs locaux dans le cadre de spectacles d'envergure et en offra des ressources éducatives par des conférences, des tables rondes et spectacles d'artistes invités.

L'arrivée du Festival de ballet canadien en 1948 permit à Lockhart de devenir membre-fondatrice du comité exécutif. L'année suivante, elle et Mara McBirney dirigèrent le Panto-Pacific Ballet au second Festival à Toronto. Elle chorégraphia pour le Theatre Under the Stars et ce fut sa production du Song of Norway qui introduit Vancouver au partenariat de Lois Smith et David Adams. Pendant les années où le Festival international de Vancouver eut lieu, Lockhart chorégraphia pour

During the years of the Vancouver International Festival, Lockhart choreographed for the opera Don Giovanni, and arranged the Indian dances for the play, The World of the Wonderful Dark. Over the next two decades she continued to take an active role in Vancouver's musical theatre and in television. In 1978 Lockhart was honoured for her excellence in teaching at a ceremony during the Dance in Canada Association's conference in Vancouver.

l'opéra Don Giovanni, et fut responsable des arrangements des danses indiennes pour la pièce de théâtre The World of the Wonderful Dark. Dans les deux décennies suivantes elle continua à jouer un rôle actif dans le monde du théâtre musical et de la télévision à Vancouver. En 1978 Lockhart fut honorée pour l'excellence de son enseignement par une cérémonie présentée dans le cadre de la conférence Dance in Canada à Vancouver.

ALBERTA BALLET COMPANY

Brydon Paige, Artistic Director

"Choreography and dancers first rate"
Dance News, New York

"Articulate, sensuous, intensely energetic"
Financial Post, Toronto

In cooperation with *Alberta* CULTURE

## Brian Macdonald
by/par Michael Crabb

**Macdonald, Brian**. Choreographer, artistic director, dancer. Born: May 14, 1928, Montreal, Quebec.

Brian Macdonald holds a special place in the history of Canadian dance as a staunch champion of indigenous creativity and as the first Canadian-born choreographer of international repute. Theatricality is a key to Macdonald's artistic sensibility. His devotion to the lyric theatre is unquestioned. His sense of showmanship makes him one of Canada's great entertainers. Yet, at the same time, alongside his overtly popular works, Macdonald has probed darker subjects both in ballet and opera.

Macdonald's ability to respond to the mood of the moment, to embrace, as he often has, the responsibility of a resident choreographer, declared or de facto, providing material as needed that both extends and shows off his dancers, help explain his success in a long and continuing career.

Although Macdonald has worked extensively abroad, he has remained staunchly and proudly Canadian throughout his career, using Canadian composers, designers and themes for his work

**Macdonald, Brian**. Chorégraphe, directeur artistique, danseur. Né : 14 mai 1928, Montréal, Québec.

Brian Macdonald occupe une place exceptionnelle dans l'histoire de la danse au Canada en tant que promoteur infatigable de la créativité propre à son pays et premier chorégraphe né au Canada à atteindre une renommée internationale. Une des caractéristiques de la sensibilité artistique de Macdonald est sa théâtralité. Sa ferveur pour le théâtre lyrique est incontestable. Son flair dramatique en fait l'un des grands artistes de la scène au Canada. Cependant, en parallèle à ses oeuvres dites plus «populaires», Macdonald a exploré des thèmes plus sombres dans le ballet et l'opéra.

Le succès soutenu de la longue carrière de Macdonald s'explique par sa capacité de s'adapter à l'esprit de l'époque, d'accepter, comme il l'a si souvent fait, la responsabilité de chorégraphe en résidence, officiellement ou non, et de créer des oeuvres qui stimulent, provoquent et permettent à ses danseurs/seuses de briller.

Bien que Macdonald ait beaucoup travaillé à l'étranger, il est demeuré fermement et fièrement canadien tout au long de sa carrière, travaillant, si possible, avec des compositeurs, concepteurs et thèmes canadiens et défendant l'autonomie des arts de la scène canadiens contre leurs précurseurs, en grande partie britanniques.

Macdonald ne débuta sérieusement sa formation en danse qu'à l'âge de seize ans avec des professeurs de Montréal tels qu'Elizabeth Leese, Gérald Crevier, Françoise Sullivan et plus

wherever possible, and defending the distinctive independence of the Canadian performing arts from their mostly British progenitors.

Macdonald did not begin serious dance studies until he was sixteen, with such Montreal teachers as Elizabeth Leese, Gérald Crevier, Françoise Sullivan and later Ludmilla Chiriaeff. He also studied in New York, and in Toronto in 1951 at Celia Franca's first ballet summer school.

Macdonald danced with the National Ballet of Canada in its first two seasons, but turned to choreography in 1953 after a severe arm injury ended his dancing career. Moving to Montreal he choreographed for television shows such as l'Heure du Concert for the Société Radio Canada. In 1956 he organized the Montreal Theatre Ballet with Elsie Salomons, Joey Harris and Elizabeth Leese. The company used only Canadian creative talent, dancers, designers and composers, and was saluted as "a great achievement" by Sydney Johnson of the Montreal Star.

In 1957, Macdonald, who had choreographed many McGill student reviews, came to national prominence as the director and choreographer, with his first wife Olivia Wyatt, of McGill's irreverent hit, My Fur Lady, which went on an extended national tour. In 1960, Wyatt died in a car accident.

After early works for the Royal Winnipeg Ballet, *The Darkling* (1958) and *Les Whoops De Doo* (1959), Macdonald's international choreographic career blossomed with his 1962 hit *Pointe Counterpointe*, later renamed *Aimez-vous Bach?* In 1964 the work won Macdonald the gold star for choreography at the Paris International Dance Festival. In 1966, using a folk story as his theme, Macdonald created *Rose Latulippe*, an evening-length ballet, for the RWB. Other popular works from this period include *Time Out of Mind* (1963) and *The Shining People of Leonard Cohen* (1970).

Macdonald won the post of director of the Royal Swedish Ballet in 1964 where he remained until 1967, there meeting his second wife, the ballerina Annette av Paul.

Although he continued to choreograph for the

tard Ludmilla Chiriaeff. Il étudia également à New York et à Toronto en 1951 à la première session d'été de cours de ballet offerte par Celia Franca.

Macdonald dansa avec le Ballet national du Canada pour ses deux premières saisons mais se tourna bientôt vers la chorégraphie en 1953 suite à une blessure grave au bras qui interrompit sa carrière de danseur. Il s'installa alors à Montréal, créant des chorégraphies pour des émissions de télévision comme l'Heure du Concert pour la Société Radio Canada. En 1956, il organisa le Montreal Theatre Ballet avec Elsie Salomons, Joey Harris et Elizabeth Leese. La compagnie n'engageait que des interprètes, concepteurs et compositeurs canadiens et fut acclamée comme une «grande réalisation» par Sydney Johnson du Montreal Star.

En 1957, Macdonald, qui avait chorégraphié plusieurs revues pour des étudiant(e)s de McGill, atteint une renommée nationale comme réalisateur et chorégraphe, avec sa première femme Olivia Wyatt, pour le succès irrévérencieux de McGill, My Fur Lady, qui fut présenté en tournée à travers le Canada. Wyatt décéda suite à un accident de la route en 1960.

Suite à ses premières oeuvres pour le Royal Winnipeg Ballet, *The Darkling* (1958) et *Les Whoops De Doo* (1959), la carrière chorégraphique internationale de Macdonald prit un essor important avec son succès de 1962, *Pointe Counterpointe*, intitulée plus tard *Aimez-vous Bach?*. En 1964, cette oeuvre mérita à Macdonald l'Étoile d'or pour la chorégraphie au Festival international de danse de Paris. En 1966, Macdonald, s'inspirant d'un récit folklorique, créa *Rose Latulippe*, un ballet pleine soirée pour le RWB. On retrouve, parmi les autres oeuvres populaires de cette époque *Time Out of Mind* (1963) et *The Shining People of Leonard Cohen* (1970).

Macdonald fut nommé directeur du Royal Swedish Ballet en 1964 où il travailla jusqu'en 1967, y rencontrant sa deuxième femme, la ballerine Annette av Paul.

Malgré son travail de chorégraphe pour le RWB, Macdonald continua à travailler à l'étranger comme directeur du Harkness Ballet

RWB, Macdonald remained busy abroad as director of New York's Harkness Ballet, 1967-1968, and Israel's Batsheva Dance Theatre, 1971-1972.

With his return to Canada, Macdonald became artistic director of Les Grands Ballets Canadiens, 1974-1977, and was resident choreographer from 1980-1990, again putting a personal imprint on the company with works that covered a stylistic gamut from folk-inspired works such as *Tam Ti Delam* (1974) and *Fête Carignan/Hangman's Reel* (1978) with their strong Québécois appeal, to the astringently neo-classical *Lignes et Pointes* (1976), choreographed with Brydon Paige, *Double Quartet/Double Quator* (1978) and the dramatic *Adieu Robert Schumann* (1979).

Since the early 1980's Macdonald, while continuing to work as a choreographer and playing an influential role in Canadian ballet as head of the Banff Centre's summer professional dance programme from 1982-2000, has become increasingly well known internationally as a stage director of musical theatre and opera.

Macdonald has an enormous facility for creating steps. In his more abstract work, he must be seen within the broad tradition of Balanchine neo-classicism, although he is not afraid to draw, when appropriate, on elements of the traditional vocabulary often neglected by contemporary ballet choreographers. At the same time, within his work for Les Ballets Jazz de Montréal and in directing musicals, one can see Macdonald's delight in the traditions of Broadway and Hollywood.

Despite his versatility and enormous creative output, as a ballet choreographer Macdonald remains an individual, without obvious stylistic disciples.

de New York de 1967 à 1968 et du Batsheva Dance Theatre d'Israël de 1971 à 1972.

À son retour au Canada, Macdonald devint le directeur artistique des Grands Ballets Canadiens de 1974 à 1977 et chorégraphe en résidence de 1980 à 1990, imposant à la compagnie un large éventail de styles de danses, allant d'oeuvres tirées du folklore telles que *Tam Ti Delam* (1974) et *Fête Carignan/Hangman's Reel* (1978), deux oeuvres proches du coeur québécois, aux chorégraphies néo-classiques astringentes, *Lignes et Pointes* (1976), chorégraphiée avec Brydon Paige, *Double Quartet/Double Quator* (1978) et le dramatique *Adieu Robert Schumann* (1979).

Depuis le début des années 1980 Macdonald, tout en continuant à travailler comme chorégraphe et tout en exerçant beaucoup d'influence dans le monde du ballet canadien dans le cadre de son poste directeur du programme professionnel d'été du Banff Centre de 1982 à 2000, a vu sa renommée croître à l'échelle internationale comme metteur en scène de théâtre musical et d'opéra.

Macdonald a une facilité désarmante pour la chorégraphie. Ses oeuvres plus abstraites doivent être perçues dans le cadre de la vaste tradition néo-classique de Balanchine, même s'il ne craint pas, au besoin, de s'inspirer d'éléments du vocabulaire traditionnel si fréquemment négligé par les chorégraphes de ballet contemporain. Par contre, l'amour de Macdonald pour les traditions de Broadway et de Hollywood se reflètent dans son travail avec Les Ballets Jazz de Montréal et dans sa direction de revues musicales.

Malgré sa versatilité et le nombre impressionnant de ses créations chorégraphiques pour le ballet, Macdonald demeure un être autonome sans disciples stylistiques évidents.

Photo: Daniel Collins

**MacLaughlin, Lola Elizabeth Harris**.
Choreographer, dancer, artistic director. Born:
Oliver, British Columbia.

Lola MacLaughlin was a performer from an
early age. She studied ballet, tap and acrobatics
with itinerant teacher Buddy Taft, and in high
school played bass clarinet and was active in the
school drama club. Even so, her entry into
professional dance occurred comparatively late.

After two years studying fine arts,
psychology and biology at the University of
British Columbia, she spent 1974 in Berlin
singing and studying languages and ballet. When
she returned to Canada in 1975, she began to
study modern dance with Paula Ross. In the
summer of 1977, she took a summer course in
modern dance taught at Simon Fraser University
by New York dancer-choreographer Phyllis
Lamhut. She switched to the SFU dance
programme that year, and graduated with a BA
in modern dance in 1981. Her graduation

## Lola MacLaughlin
by/par Max Wyman

**MacLaughlin, Lola Elizabeth Harris**.
Chorégraphe, danseuse, directrice artistique.
Née : Oliver, Colombie-Britannique.

Lola MacLaughlin fut danseuse très jeune;
elle étudiait le ballet, les claquettes et l'acrobatie
avec le professeur itinérant Buddy Taft. Au
secondaire, elle jouait de la clarinette basse et
fut active dans le club d'art dramatique de
l'école. Elle commença à danser
professionnellement à une époque relativement
tardive de sa vie.

Suite à deux années d'études en beaux-arts,
en psychologie et en biologie à l'Université de la
Colombie-Britannique, elle passa l'année 1974 à
Berlin, chantant et étudiant les langues et le
ballet. À son retour au Canada en 1975, elle
commença à étudier la danse moderne avec
Paula Ross. À l'été de 1977, elle suivit un cours
de danse moderne offert à l'Université Simon
Fraser par la danseuse/chorégraphe de New
York, Phyllis Lamhut. Elle transféra au
programme en danse du SFU la même année et à
la fin de ses études, en 1981, on lui décerna un
BA en danse moderne. Sa production de fin
d'études, une oeuvre multimédia intitulée *Brain
Drain*, fut présentée dans un hangar de
Vancouver. MacLaughlin affirme que les
professeurs qu'elle rencontra au SFU – parmi
eux Lamhut, Santa Aloi, Lee Eisler et Gladys

production, a multi-media work titled *Brain Drain*, was presented at a Vancouver warehouse. MacLaughlin credits the teachers she encountered at SFU – among them Lamhut, Santa Aloi, Lee Eisler and Gladys Bailin – and the cross-disciplinary emphasis of the SFU Centre for the Arts as significant influences on her choreographic style.

She toured nationally as a dancer with Vancouver-based Karen Jamieson and Terminal City Dance in 1982, and in 1983 joined Desrosiers Dance Theatre in Toronto, spending summers studying in New York at the Merce Cunningham studio and with Anna Sokolow, and in Toronto with Amelia Itcush. She made her first professional foray into independent choreography with a solo titled *Vortex* (1984).

In 1984, she became a founding member of the seven-person Vancouver collective, Experimental Dance and Music, and with EDAM produced many of the works on which her reputation as an exciting and innovative choreographer was founded. During this period she also worked with non-EDAM dancers and musicians across Canada, took part in the 1985 National Choreographic Seminar at SFU, and received a grant to study the work of Wuppertal's Pina Bausch and German Expressionist dance, another influence on her emerging style. In 1989 MacLaughlin left EDAM to launch Lola MacLaughlin Dance. The company made its debut at that year's Dancing on the Edge festival in Vancouver, with MacLaughlin's much-praised solo, *Theme for Nino*.

There is a contained, energetic rangeiness to the MacLaughlin choreographic footprint: sinewy lunges and whirls, stretched circlings, scooping leg-swings, unexpected collapses. However, she is unwilling to settle for dance as a purely abstract art, believing that art's function is to communicate, and overtones of emotional or humanistic concerns are always present, usually supported by elements such as text, film, props and experimental lighting. She is quite renowned for her wit and sensitivity to character, and her work has been praised for its "troubled humour", its ability to soothe the soul.

Bailin - ainsi que l'emphase sur l'interdisciplinarité retrouvée au SFU Centre for the Arts eurent un impact important sur son style chorégraphique.

Elle dansa dans le cadre de tournées nationales avec Karen Jamieson et Terminal City Dance de Vancouver en 1982, et l'année suivante, elle se joint au Desrosiers Dance Theatre à Toronto, passant ses étés étudiant à New York au studio de Merce Cunningham et Anna Sokolow, et à Toronto sous Amelia Itcush. Sa première oeuvre chorégraphique indépendante fut un solo intitulé *Vortex* (1984).

En 1984, elle devint membre fondatrice du collectif de sept personnes de Vancouver, Experimental Dance and Music et c'est dans le cadre d'EDAM qu'elle produit plusieurs des oeuvres qui la révélèrent comme une chorégraphe stimulante et innovatrice. À la même époque, elle travailla avec des danseurs/seuses non membres d'EDAM et des musiciens d'à travers le Canada, elle prit part au National Choreographic Seminar au SFU en 1985 et elle reçut une subvention pour étudier le travail de Pina Bausch à Wuppertal et la danse expressionniste allemande, une autre influence sur son style d'expression. En 1989, MacLaughlin quitta EDAM afin de fonder Lola MacLaughlin Dance. Cette même année, la compagnie fit son début au festival Dancing on the Edge à Vancouver, avec le solo très acclamé de MacLaughlin, *Theme for Nino*.

Le vocabulaire chorégraphique de MacLaughlin exprime une intensité dynamique contenue, élancée et vaste: des sauts et des tourbillons sinueux, des cercles étirés, des balancements de jambe emportants et des chutes soudaines. Cependant, elle ne peut se satisfaire d'un aspect purement abstrait de la danse et elle est convaincue que la fonction de l'art est de communiquer. Ses oeuvres sont immanquablement marquées d'une couleur émotionnelle ou humaniste et accompagnées d'éléments tels que le texte, le film, des accessoires et des éclairages expérimentaux. Elle est reconnue pour son esprit vif et sa sensibilité; son oeuvre a été acclamée pour son «humour inquiet» et pour sa capacité à rafraîchir l'âme.

# MACLAUGHLIN, MACPHERSON

MacLaughlin has won the 1991 Clifford E. Lee Choreographic Award and the 1994 Jacqueline Lemieux Prize.

MacLaughlin a remporté le Prix Clifford E. Lee pour la Chorégraphie en 1991 et le Prix Jacqueline Lemieux en 1994.

Photo: Frank Richards

## Susan Macpherson
by/par Graham Jackson

**Macpherson, Susan**. Dancer, teacher, artistic director, designer. Born: November 21, 1944, Toronto, Ontario.

One of the most distinguished of Canadian modern dancers, Macpherson trained in both ballet and modern dance before concentrating in the mid-1960's on the technique evolved by Martha Graham. In 1968, she took part in the first concert of Toronto Dance Theatre.

In her first years with that company, Macpherson was associated with the lyrical, theatrical work of David Earle, notably *The Recitation* (1968), *A Thread of Sand* (1969) and *Operetta* (1970), but soon she became one of the

**Macpherson, Susan**. Danseuse, professeure, directrice artistique, conceptrice. Née : 21 novembre 1944, Toronto, Ontario.

Macpherson, l'une des danseuses modernes canadiennes les plus remarquables, fut formée en ballet et en danse moderne avant de se consacrer, vers le milieu des années 1960, à la technique élaborée par Martha Graham. En 1968, elle participa au premier concert du Toronto Dance Theatre.

Pendant ses premières années avec cette compagnie, Macpherson fut associée au travail lyrique et théâtral de David Earle, notamment *The Recitation* (1968), *A Thread of Sand* (1969) et *Operetta* (1970). Cependant, elle devint rapidement l'un des plus formidables personnages des tableaux ombragés de Peter Randazzo, hypnotisant les auditoires dans *Visions for a Theatre of the Mind* (1971), *The Amber Garden* (1972) et *Mythic Journey* (1974).

En quittant le Toronto Dance Theatre en 1980 pour le Danny Grossman Dance Company,

formidable powers of Peter Randazzo's shadowy dance landscapes, mesmerizing audiences in *Visions for a Theatre of the Mind* (1971), *The Amber Garden* (1972) and *Mythic Journey* (1974).

Leaving Toronto Dance Theatre in 1980 for the Danny Grossman Dance Company, Macpherson's stage persona acquired a ferocity in works such as *Endangered Species* (1981), *Portrait* (1982) and *Shaman* (1983). However, even as she was dancing with Grossman, her energies were very clearly focussed on her solo programme, A Personal Collection, of which Robert Cohan's *Canciones del Alma* (1979) had marked the beginning. From 1981-1986, Macpherson put together an impressive, daunting repertoire of dance works created for her by choreographers including Ricardo Abreut, Anna Blewchamp, Margaret Dragu, James Kudelka, Paul-André Fortier and David Earle. She also incorporated existing works by Linda Rabin and Doris Humphrey. This collection she performed in Canada and throughout Europe.

In 1985-1986, in addition to touring her show, Macpherson taught dance at the Université du Québec à Montréal. In May of 1986, in Victoriaville, Quebec, Macpherson gave her last solo show, performed, as she explains, virtually on one leg, and finally submitted to surgery for a knee injury that had been plaguing her for years.

Since retiring from full-time performing, Macpherson has made occasional stage appearances, and in 1992 danced with Joysanne Sidimus in Peggy Baker's *Spätstil* for The Dance Goes On, a gala benefit performance. She performed the same duet, with the choreographer, at the Toronto Dance Theatre 25th Anniversary Gala in 1993. She danced in Laura Taler's *sick farm* and Elizabeth Chitty's *Progress of the Body* in 1997, and in Rachel Browne's *Edgelit* in 1999. She has appeared in dance films including Rhombus Media's Romeos and Juliets, John Faichney's No Guilt and Philip Barker's Five Souls Released from Fetters.

Macpherson created costumes for her solo work, and for others including Peggy Baker and

le personnage de scène de Macpherson acquis une férocité certaine dans des oeuvres comme *Endangered Species* (1981), *Portrait* (1982) et *Shaman* (1983). Cependant, même lorsqu'elle dansait avec Grossman, il était évident que ses énergies se concentraient sur son programme solo, «A Personal Collection», dont l'oeuvre de Robert Cohan *Canciones del Alma* (1979) marquait le début. De 1981 à 1986, Macpherson assembla un répertoire impressionnant et exigeant d'oeuvres de danse créées pour elle par des chorégraphes tels que Ricardo Abreut, Anna Blewchamp, Margaret Dragu, James Kudelka, Paul-André Fortier et David Earle. Elle incorpora également dans cette collection des oeuvres déjà existantes de Linda Rabin et de Doris Humphrey. Elle interpréta cette collection d'oeuvres au Canada et à travers l'Europe.

De 1985 à 1986, en plus de la tournée de son spectacle, Macpherson enseigna la danse à l'Université du Québec à Montréal. En mai de 1986, à Victoriaville, au Québec, Macpherson donna son dernier spectacle solo, interprété, comme elle l'explique, virtuellement sur une jambe. Elle accepta finalement de subir une chirurgie sur un genou blessé qui l'avait dérangé pendant de nombreuses années.

Depuis sa retraite du travail d'interprète à temps plein, Macpherson est occasionnellement revenue sur scène et en 1992, elle dansa avec Joysanne Sidimus dans *Spâtstil* de Peggy Baker pour The Dance Goes On, un gala-bénéfice. Elle interpréta le même duo, avec la chorégraphe, au Gala du 25ième anniversaire du Toronto Dance Theatre en 1993. Elle dansa aussi dans *sick farm* de Laura Taler, dans *Progress of the Body* d'Elizabeth Chitty en 1997, et dans *Edgelit* de Rachel Browne en 1999. Elle a participé à des films sur la danse incluant les Romeos and Juliets de Rhombus Media, No Guilt de John Faichney et Five Souls Released from Fetters de Philip Barker.

Macpherson créa les costumes pour son oeuvre solo ainsi que pour d'autres artistes, notamment Peggy Baker et Patricia Fraser; cette activité s'inscrivait dans la continuité de création de costumes réalisés pendant les quatre premières années d'existence de TDT. Elle agit

Patricia Fraser; this was a continuation of the costume-making she had done for TDT in its first four years. She has served as adviser to several dance committees and panels, and in 1991 she produced an extensive research paper for the Canada Council supporting the opening of council funding criteria to include dance forms other than ballet, modern and experimental dance.

In 1994 she returned to teaching at the school of her alma mater, the Toronto Dance Theatre, and in 1997 became artistic associate at the school. She has edited various publications for Dance Collection Danse Press/es including Dictionary of Dance: Words, Terms and Phrases.

également comme conseillère sur divers comités et tables rondes sur la danse et en 1991, elle rédigea un texte de recherche pour le Conseil des Arts du Canada soutenant l'ouverture des critères sous-tendant l'attribution de bourses et subventions afin d'inclure d'autres formes de danses que le ballet, la danse moderne et expérimentale.

En 1994, elle retourna enseigner la danse à l'école de son Alma Mater, le Toronto Dance Theatre, et en 1997 devint directrice artistique associée de l'école. Elle a édité diverses publications pour Dance Collection Danse Press/es entre autres, Dictionary of Dance: Words, Terms and Phrases.

## Edna Malone
by/par Allana Lindgren

**Malone, Edna Margaret**. Danseuse. Née : 1er février 1899, Nelson, Colombie-Britannique. Décédée : 15 mars 1979, Penticton, Colombie-Britannique. Nom à la naissance: Edna Margaret Malone. Noms de femme mariée: Edna Siegrest, Edna Spangler. Nom de scène: Peggy Malone.

Edna Malone débuta sa formation en danse avec Gladys Attree à Nelson et en 1917 elle fut invitée à étudier à l'école de Ruth St. Denis et

**Malone, Edna Margaret**. Dancer. Born: February 1, 1899, Nelson, British Columbia. Died: March 15, 1979, Penticton, British

Columbia. Birth name: Edna Margaret Malone. Married names: Edna Siegrest, Edna Spangler. Stage name: Peggy Malone.

Edna Malone began her dance training with Gladys Attree in Nelson and in 1917 was invited to study at the Ruth St. Denis and Ted Shawn School in Los Angeles. Malone danced with St. Denis and two other students, Doris Humphrey and Betty Horst, on the tour that included stops in Toronto in 1918 and Vancouver in 1919.

The following year, Malone was hired to dance three times a night as part of the dinner vaudeville show at the Rose Room, in San Francisco's Palace Hotel. Her repertoire included *The Inspiration of Wedgwood*, an interpretation of the story of the creation of Wedgwood pottery, *The Moon of Love*, a veil dance inspired by a Botticelli painting, *A Chopin Fantasy* and the *Egyptian Palace Dance*. Malone became a drawing card for the Rose Room and her talent prompted one reviewer to write, "Miss Edna Malone, the famous soloist danseuse is probably the highest developed type of an interpretative dancer appearing before the public today".

In 1922, Malone was a featured dancer in the Ferris Hartman and Paul Steindorff Season of Comic Opera at the Auditorium Opera House in Oakland, California and at the Rivoli Opera House in San Francisco. The productions Malone danced in included The Serenado, The Idol's Eye, The Geisha, The Toy Maker, The Chimes of Normandy, Rip Van Winkle, The Wizard of the Nile and The Bohemian Girl. As noted in reviews of these productions, the petite Malone was an audience favourite and her dance numbers regularly stopped the show.

In the 1920's and 1930's, Malone adopted the stage name Peggy Malone. She joined forces with a ballroom dancer from Spain and together the two dancers gained an international reputation as the ballroom dance duo, Peggy and Cortez. The couple began their partnership in musical shows in Paris and London and soon gained a following in the United States, performing in 1924-1925 at the Hippodrome and the Hotel Ambassador, both in New York. The two dancers then made the transition from

Ted Shawn à Los Angeles. Malone dansa avec St. Denis et deux autres élèves, Doris Humphrey et Betty Horst, lors de la tournée qui incluait entre autres les villes de Toronto en 1918 et de Vancouver en 1919.

L'année suivante, Malone fut engagée à danser trois fois par soirée dans le cadre d'un spectacle-souper de vaudeville du Rose Room, à l'hôtel Palace de San Francisco. Son répertoire incluait *The Inspiration of Wedgwood*, l'interprétation d'un récit décrivant la création de la porcelaine Wedgwood, *The Moon of Love*, une danse avec voile inspirée d'une peinture de Botticelli, *A Chopin Fantasy*, et *Egyptian Palace Dance*. Malone devint l'attraction principale pour le Rose Room et son talent poussa un critique à écrire, «Mademoiselle Edna Malone, la célèbre danseuse soliste, représente probablement l'apogée de la danseuse d'interprétation dansant devant le public d'aujourd'hui.»

En 1922, Malone fut la danseuse vedette du Ferris Hartman and Paul Steindorff Season of Comic Opera à l'Auditorium Opera House à Oakland en Californie et du Rivoli Opera House à San Francisco. Malone dansa entre autres dans les productions suivantes: The Serenado, The Idol's Eye, The Geisha , The Toy Maker, The Chimes of Normandy, Rip Van Winkle, The Wizard of the Nile et The Bohemian Girl. Les critiques de ces productions relataient que Malone, toute menue, était une des favorites du public et que ses numéros de danse interrompaient littéralement le spectacle.

Dans les années 1920 et 1930, Malone adopta le nom de scène de Peggy Malone. Elle s'associa à un danseur espagnol de danse de salon et sous l'appellation Peggy and Cortez, le couple atteint une réputation internationale comme duo de danse de salon. Ils amorcèrent leur partenariat dans des revues musicales à Paris et à Londres et furent rapidement reconnus aux États-Unis, dansant de 1924 à 1925 à l'Hippodrome et à l'hôtel Ambassador de New York. Les deux interprètes firent ensuite la transition de salle de bal aux théâtres de Broadway dansant dans des productions comme A Night in Spain de Shubert.

ballroom to Broadway, performing in productions such as the Shuberts' A Night in Spain.

Malone's career was cut short unexpectedly in the late 1930's when she was diagnosed with diabetes. She returned to Canada to be with her family, and eventually married Joseph Emile Spangler, who owned a grocery store in Princeton, British Columbia. Malone occasionally judged local dance competitions, but she never performed professionally again.

Malone spent her final years in Penticton, British Columbia and her place within dance history is as one of Canada's first professional dancers of international standing.

La carrière de Malone fut interrompue soudainement vers la fin des années 1930 lorsqu'on découvrit qu'elle souffrait de diabète. Elle retourna au Canada avec sa famille et épousa plus tard Joseph Emile Spangler, qui possédait une épicerie à Princeton en Colombie-Britannique. Occasionnellement, Malone jugeait des concours de danse locaux mais ne dansa plus jamais professionnellement.

Malone passa ses dernières années à Penticton en Colombie-Britannique. Dans l'histoire de la danse au Canada, elle se démarque pour avoir été l'une des premières danseuses professionnelles à atteindre une renommée internationale.

**Judith Marcuse**
by/par Max Wyman

Photo: Daniel Collins

**Marcuse, Judith**. Artistic director, choreographer, dancer. Born: March 13, 1947, Montreal, Quebec. Birth name: Judith Rose Margolick.

Judith Marcuse began to dance in Montreal at the age of three, with her aunt, the modern dance

**Marcuse, Judith**. Directrice artistique, chorégraphe, danseuse. Née : 13 mars 1947, Montréal, Québec. Nom à la naissance : Judith Rose Margolick.

Judith Marcuse débuta sa formation en danse à Montréal à l'âge de trois ans avec sa tante, Elsie Salomons, une professeure de danse moderne. Pendant dix ans, elle fut formée à divers styles de danse avec Salomons, Séda Zaré (danse moderne) et Sonia Chamberlain (ballet). Elle s'inscrit ensuite au stage d'été de l'École nationale de ballet et au stage d'été du Banff

teacher Elsie Salomons, and had ten years of mixed dance training with Salomons, modernist Séda Zaré and ballet teacher Sonia Chamberlain, before attending the summer session of the National Ballet School, and the Banff School of Fine Arts summer dance programme. From 1962-1965 she attended the Royal Ballet School in London, England, and spent summers studying in New York with Benjamin Harkarvy, Antony Tudor and Hector Zaraspe, and in Banff.

Marcuse danced with Les Grands Ballets Canadiens in 1965, and in 1969 left to join the Ballet de Genève in Switzerland. She spent 1970-1972 as a member of the Bat-Dor Dance Company, danced as a guest artist with the Classical Ballet of Israel and choreographed for Israeli television. She returned to North America for two years in 1972, dancing with the Oakland Ballet, where she continued to choreograph. She spent two years as a dancer and choreographer at London's Ballet Rambert, where in 1976 she made *Four Working Songs*, a ballet that was remounted the same year for Les Grands Ballets Canadiens.

Establishing a base in Vancouver, she created an evening of new dance and music for herself, as well as works for Entre-Six, Winnipeg's Contemporary Dancers, Vancouver's Mountain Dance Theatre and Pacific Ballet Theatre, Dennis Wayne's Dancers and the Banff Festival. In 1980, she created the Judith Marcuse Dance Projects Society, launched with an ambitious co-production with the 1980 Shaw Festival, *Mirrors, Masques and Transformations*. The company's production, *In Concert: Judith Marcuse and Sacha Belinsky Dance*, was given its premiere at the 1982 World's Fair in Knoxville, Tennessee.

She continued freelance choreography for Nederlands Dans Theater, Les Grands Ballets Canadiens, San Diego's Three's Company, the National Ballet of Portugal and the Royal Winnipeg Ballet. She has worked extensively with theatre companies in western Canada, and has choreographed for the Vancouver Opera, the Stratford Festival, the Canada Dance Festival and the 1988 Winter Olympics arts festival in Calgary. Her work has been seen frequently on

School of Fine Arts. De 1962 à 1965 elle étudia au Royal Ballet School à Londres, en Angleterre et elle passa plusieurs étés à New York suivant des cours de Benjamin Harkarvy, d'Antony Tudor et d'Hector Zaraspe, ainsi qu'à Banff.

Marcuse dansa avec Les Grands Ballets Canadiens en 1965 et en 1969 se joint au Ballet de Genève en Suisse. Elle fut membre de Bat-Dor Dance Company de 1970 à 1972, dansa comme artiste invitée avec le Classical Ballet of Israel et chorégraphia pour la télévision israélienne. En 1972, elle revint en Amérique du Nord pour deux ans, dansant avec l'Oakland Ballet, où elle continua de créer des chorégraphies. Elle passa deux années comme danseuse-chorégraphe avec le Ballet Rambert à Londres où, en 1976, elle créa *Four Working Songs*, un ballet qui fut aussi monté par Les Grands Ballets Canadiens la même année.

S'installant à Vancouver, elle organisa une soirée de nouvelles danses et de musique à titre personnel et elle créa des oeuvres pour Entre-Six, les Contemporary Dancers de Winnipeg, le Mountain Dance Theatre et le Pacific Ballet Theatre de Vancouver ainsi que pour le Dennis Wayne's Dancers et le Festival de Banff. En 1980, elle fonda Judith Marcuse Dance Projects Society qui fut lancée par une coproduction ambitieuse avec le Shaw Festival de 1980, *Mirrors, Masques and Transformations*. La première de la production de la troupe, *In Concert: Judith Marcuse and Sacha Belinsky Dance* fut présentée au World's Fair en 1982 à Knoxville au Tennessee.

Marcuse continua à créer des oeuvres comme chorégraphe indépendante pour le Nederlands Dans Theater, Les Grands Ballets Canadiens, le San Diego's Three's Company, le Ballet National du Portugal et le Royal Winnipeg Ballet. Elle a beaucoup travaillé avec des compagnies de théâtre de l'Ouest du Canada et a chorégraphié pour le Vancouver Opera et le Festival de Stratford, le Festival Danse Canada et le Festival des arts des Jeux Olympiques d'Hiver de Calgary en 1988. Son travail fut diffusé fréquemment sur les chaînes de télévision de la Grande Bretagne, des États-Unis et du Canada. Le film tourné sur la compagnie

television in Britain, the United States and Canada. Her company's 1993 film with filmmaker Daniel Conrad, Second Nature, won a silver medal at that year's New York Dance Film and Video Festival, was a "pick of the festival" at the Seattle International Film Festival, and has been seen at other festivals throughout Europe and North America; another film work, A Day at the Races (1994), has also been seen at international festivals.

In 1995 she founded the Vancouver KISS Project, a festival held each winter combining dance, theatre, music and the visual arts in a variety of workshops and performances. In the late 1990's she also developed dance-theatre projects involving youth and social issues such as teen suicide and violence.

Marcuse won the 1976 Jean A. Chalmers and the 1979 Clifford E. Lee Choreography Awards. In 1985 she was named the Vancouver YWCA Woman of Distinction in the arts and culture category.

en 1993, avec le cinéaste Daniel Conrad, Second Nature, remporta une médaille d'argent au New York Dance Film and Video Festival de la même année et fut le «choix du festival» au Festival international du film de Seattle; il a été également été présenté à d'autres festivals à travers l'Europe et l'Amérique du Nord. Un second film, A Day at the Races (1994), a aussi été projeté à des festivals internationaux.

En 1995, elle fonda le Vancouver KISS Project, un festival présenté chaque hiver qui inclu la danse, le théâtre, la musique et les arts visuels grâce à divers ateliers et spectacles. À la fin des années 1990, Marcuse élabora des projets de danse-théâtre suscitant la participation de jeunes et traitant de questions sociales comme le suicide et la violence chez les adolescents.

Marcuse remporta le Prix Jean A. Chalmers en 1976 et le Prix Clifford E. Lee en 1979. En 1985, elle fut nommée «Femme exceptionnelle» pour la catégorie des arts et de la culture par le YWCA de Vancouver.

---

**Marie-Madeleine** (renamed/rebaptisé Maria Chapdelaine in/en 1958)
Premiere/Première: The Classical Ballet Company, Capitol Theatre, Ottawa, January 24 janvier, 1957
A Ballet in Three Scenes/Un Ballet en trois scènes
Music by/Musique par Hector Gratton
Choreography by/Chorégraphie par Nesta Toumine
Costumes and Scenery by/Costumes et scénographie par Sviatoslav Toumine
Lighting/Éclairages: George L. Palmer

SCENE I - Winter homecoming.
Marie-Madeleine and her father, laden with gifts, arrive home from the city amid family rejoicing. Isidore, a friend of the family, pays a visit, bringing with him Jean who is immediately attracted to Marie-Madeleine.

SCENE II - Summer party.
A party is given by Marie-Madeleine's parents, and after smoking out all the mosquitoes, everyone joins in a merry dance. During the evening, Jean and Marie-Madeleine declare their love for each other. When it comes time for Jean to leave, Marie-Madeleine pleads with him not to go because she has a premonition of impending disaster.

SCENE III - Holiday preparations.
Amid holiday preparations, Isidore arrives alone. He tells the story of Jean's tragic death.

Isidore and the family leave the grief-stricken Marie-Madeleine with her thoughts.

SCÈNE I - Fête d'hiver annuelle.
Marie-Madeleine et son père, les bras remplis de cadeaux, arrivent de la ville au grand bonheur de la famille. Isidore, un ami de la famille, vient faire un tour amenant avec lui Jean qui est immédiatement attiré vers Marie-Madeleine.

SCÈNE II - Fête d'Été.
Les parents de Marie-Madeleine organisent une fête et après avoir chassé tous les moustiques, tout le monde danse joyeusement. Pendant la soirée, Jean et Marie-Madeleine se déclarent leur amour. Lorsque vient le temps pour Jean de partir, Marie-Madeleine le suplie de rester car elle pressent un désastre.

SCÈNE III - Préparations des Fêtes.
Isidore arrive seul durant les préparation des fêtes. Il raconte l'histoire tragique du décès de Jean. Isidore et la famille laissent Marie-Madeleine éplorée et perdue dans ses pensées.

Cast/Distribution:
    The Mother/La Mère: Margaret Morris
    Ti-loup, le frère de Marie-Madeleine's Brother: Gay Weir
    Bébé, le frère de Marie-Madeleine's Brother: Richard Patterson
    Marie-Madeleine: Joanne Ashe
    The Father/Le père: Michael McKay
    Isidore: Gérard Desbiens
    Jean: David Moroni
    Guests/Invités: Murielle Abbott, Beverley Bourguignon, Toni Layton, Elizabeth Spohn,
     Paulette St. Amour, Bernice Thornton, Merle Wallack, Bill Beltz, Louis Falsetto,
     Armando Milito, George Tremblay.
    Fiddler/Violonneux: Charles Chalmers
    Snow/Neige: Murielle Abbott, Beverley Bourguignon, Muriel Grace, Hélène Guindon,
     Carla Katznelson, Celia Lang, Sandra Leafloor, Carolyn Pinhey, Christine Touhey,
     Linda Toy
    Wind/Vent: Toni Layton, Bernice Thornton, Merle Wallack, Gay Weir
    Wolves/Loups: Joan Askwith, Norah Dale, Geraldine Gross, Mary Elizabeth Williams
    Vision: Merle Wallack, David Moroni

Photo: Cylla von Tiedemann

**Jennifer Mascall**
by/par Max Wyman

**Mascall, Jennifer**. Dancer, choreographer, artistic director, teacher. Born: December 11, 1952, Winnipeg, Manitoba. Birth name: Jennifer Wooton Mascall. Married name: Jennifer Macfarlane.

Jennifer Mascall is recognized internationally as an innovative modern dance choreographer and performer. Her studies have included dance forms ranging from Spanish dance to Chinese theatre, t'ai chi to tap, contact improvisation to aikido, and her teachers have included Antony Tudor, Nora Kiss and Robert Cohan. She graduated from York University in 1974, studied with Twyla Tharp in the summer of 1975, received a scholarship to the Cunningham Studio in New York in 1976, and took part in

**Mascall, Jennifer**. Danseuse, chorégraphe, directrice artistique, professeure. Née : 11 décembre 1952, Winnipeg, Manitoba. Nom à la naissance : Jennifer Wooton Mascall. Nom de femme mariée : Jennifer Macfarlane.

Jennifer Mascall est reconnue à l'échelle internationale comme chorégraphe et interprète innovatrice de danse moderne. Sa formation chevauche plusieurs formes de danse, de la danse espagnole au théâtre chinois, du t'ai chi aux claquettes, de l'improvisation-contact à l'aïkido. Parmi ses professeurs on retrouve Antony Tudor, Nora Kiss et Robert Cohan. Elle compléta ses études à l'Université York en 1974, étudia avec Twyla Tharp à l'été de 1975, reçut une bourse pour étudier au Cunningham Studio à New York en 1976, et participa au premier Séminaire national de chorégraphie à l'Université York en 1978.

Elle a dansé avec Lazy Madge, la compagnie de Douglas Dunn, de 1977 à 1978, et après avoir

the first National Choreographic Seminar at York University in 1978.

She performed with Douglas Dunn's Lazy Madge company from 1977-1978, and after spending several years as an independent choreographer and on tour in Canada, she joined the Paula Ross Dancers in Vancouver in 1980. She stayed with Ross for two seasons, but also maintained her solo activities, touring across Canada and to Europe and Scandinavia.

In 1982 she became one of seven founding directors of the Vancouver-based EDAM (Experimental Dance and Music), and remained with the ensemble, creating numerous works, until 1989 when she founded her own company, Mascall Dance. The same year, at the Canada Dance Festival, she initiated an interdisciplinary improvisation showcase, the Nijinsky Gibber Jazz Club, which appears intermittently in Canada and elsewhere.

Mascall Dance was launched with a production of her solo work, *Elle*, a reworking of King Lear, at the 1989 Festival international de nouvelle danse in Montreal, and in the inaugural year she took the company on a cross-Canada tour. Subsequent seasons included reworkings of existing material as well as on-going choreographic inventions such as *Ghosts* (1991).

Mascall has taught modern dance and improvisation extensively across Canada since 1975, and has choreographed for modern dance companies from Halifax to Vancouver. Her work fits no stylistic pigeonhole. Absurdist one minute, minimalist the next, radically revisionist the one after that, it assaults the viewer from all sides with the uncomfortable, the unexpected and the bizarrely theatrical. She has choreographed three works for film or video, *The Lesson* (1992), *If the Right Hand Only Knew* (1986) and *Homily Possum* (1977).

She won the 1982 Clifford E. Lee Choreographic Award and first prize in the Ann O'Connor Awards at the 1983 Edinburgh Fringe Festival for her solo work *No Picnic*. She has also won the Canada Council's Jacqueline Lemieux Prize, in 1983, a 1983 Dora Mavor Moore Award, a 1988 Jessie Award (Vancouver

passé plusieurs années comme chorégraphe indépendante et avoir complété de nombreuses tournées au Canada, elle se joint aux Paula Ross Dancers à Vancouver en 1980. Elle demeura avec Ross pour deux saisons tout en continuant ses activités de soliste, réalisant des tournées à travers le Canada, l'Europe et la Scandinavie.

En 1982, elle fut l'une des sept fondateurs-directeurs d'EDAM (Experimental Dance And Music) une compagnie basée à Vancouver, et demeura avec l'ensemble créant de nombreuses oeuvres jusqu'en 1989, année où elle fonda sa propre compagnie, Mascall Dance. La même année, au Festival Danse Canada, elle initia son propre cadre d'improvisation interdisciplinaire, le Nijinsky Gibber Jazz Club qui présente des spectacles par intermittence au Canada et ailleurs.

Mascall Dance fut lancée par une production de son oeuvre solo, *Elle*, une adaptation du Roi Lear, solo présenté au Festival international de nouvelle danse à Montréal en 1989. Pendant sa première année d'existence, la compagnie fit une tournée à travers le Canada. Aux saisons suivantes, la compagnie remonta certaines oeuvres existantes et présenta des créations chorégraphiques en chantier telles que *Ghosts* (1991).

Mascall a enseigné la danse moderne et l'improvisation à travers le Canada depuis 1975 et a chorégraphié pour des compagnies de danse moderne d'Halifax à Vancouver. Il est impossible de cataloguer son style. Tour à tour l'absurdité, le minimalisme, le révisionnisme radical sont au rendez-vous; son style assaille le spectateur de tous les côtés avec ses aspects inconfortables, inattendus et bizarrement théâtraux. Elle a chorégraphié trois oeuvres pour film ou vidéo, *The Lesson* (1992), *If the Right Hand Only Knew* (1986) et *Homily Possum* (1977).

On lui décerna le Prix Clifford E. Lee en 1982 et le premier Prix Ann O'Connor au Fringe Festival d'Édimbourg en 1983 pour son oeuvre solo *No Picnic*. Elle a aussi remporté le Prix Jacqueline Lemieux du Conseil des Arts en 1983, la même année le Prix Dora Mavor Moore, le Prix Jessie (théâtre-Vancouver) en

theatre) and a 1992 Commemorative Medal on the 125th anniversary of confederation. She has served as an adviser on dance for the Canada Council and on the board of the Vancouver Dance Centre. In 1999 she completed certification as a Body-Mind Centering Practitioner.

1988 et la médaille commémorative du 125ième anniversaire de la Confédération en 1992. Elle a siégé comme expert-conseil sur la danse pour le Conseil des Arts et sur le conseil d'administration du Vancouver Dance Centre. En 1999, elle fut accréditée comme pratiquante de Body-Mind Centering.

## Jean McKenzie
by/par MaryJane MacLennan

**McKenzie, Jean**. Danseuse, professeure. Née : Vancouver, Colombie-Britannique. Décédée : 14 mars 1986, Winnipeg, Manitoba.

En 1939, le Winnipeg Ballet Club ouvrit ses portes à de nombreux jeunes élèves prometteurs dont Jean McKenzie, qui avait étudié le ballet à Vancouver avec June Roper avant de déménager à Winnipeg avec sa famille.

La première prima ballerina du Canada, McKenzie fut danseuse principale aux débuts du Winnipeg Ballet Company et Paddy Stone fut son partenaire à maintes reprises. Elle interpréta plusieurs des rôles principaux des ballets de Gweneth Lloyd entre autres, *Les Préludes* (1941), *Through the Looking Glass* (1942) et *The Wise Virgins* (1942). C'est en 1948 que McKenzie interpréta son premier rôle classique,

**McKenzie, Jean**. Dancer, teacher. Born: Vancouver, British Columbia. Died: March 14, 1986, Winnipeg, Manitoba.

Among the promising dancers who were accepted into the Winnipeg Ballet Club in 1939 was the young Jean McKenzie who had studied ballet in Vancouver with June Roper prior to

moving to Winnipeg with her family.

Canada's first prima ballerina, McKenzie was a principal dancer in the fledgling Winnipeg Ballet Company, often partnered by Paddy Stone. She took leading roles in many of Gweneth Lloyd's ballets including *Les Preludes* (1941), *Through the Looking Glass* (1942) and *The Wise Virgins* (1942). In 1948 McKenzie performed her first classic work, the pas de deux from *Swan Lake* Act II, with David Adams, on a programme that toured through Eastern Canada.

In 1948 Winnipeg hosted the First Canadian Ballet Festival. McKenzie was greatly admired in a leading role in another Lloyd ballet, a gangster melodrama set in New York called *Chapter 13* (1947). For the Festival, McKenzie also danced with Arnold Spohr in *Etude* (1943), another of Lloyd's highly successful classic ballets.

At the Second Canadian Ballet Festival in Toronto in 1949 McKenzie danced with Spohr in Lloyd's ballet *Visages*, described in a programme note as: "A young girl and her lover are assailed by dissonant emotions (Lust, Jealousy, Fear, Greed, Hate, Indecision) and succumb eventually to Tragedy."

In the fall of 1951 Celia Franca invited McKenzie, among other dancers in the Winnipeg company, to travel to Toronto to work with the new National Ballet. They refused, citing their personal and professional commitment to the Winnipeg company.

The disastrous fire in June of 1954 destroyed the company's headquarters, sets and costumes. The years following were in turmoil with changing artistic directors and conflicts in the company. During this time McKenzie began to teach and direct company rehearsals. Stability came to the company with the appointment of Arnold Spohr as artistic director in 1958.

The official school of the Royal Winnipeg Ballet was opened in 1962 with McKenzie as the head of the teaching staff. She held the Advanced Honours Solo Seal and Advanced Teacher's Diploma from the RAD, and throughout her teaching career she travelled to London, Paris and Copenhagen to study teaching methods.

le pas de deux du *Lac de cygnes*, acte II, avec David Adams, dans le cadre d'un programme qui fit la tournée de l'est canadien.

En 1948 Winnipeg fut la ville hôtesse du premier Festival de ballet canadien. McKenzie y remporta un franc succès dans le rôle principal d'un ballet de Lloyd, un mélodrame de gangsters à New York intitulé : *Chapter 13* (1947). Toujours à ce festival, McKenzie dansa avec Arnold Spohr dans *Étude* (1943), un autre ballet classique très populaire de Lloyd.

McKenzie dansa de nouveau avec Spohr au deuxième Festival de ballet canadien présenté à Toronto en 1949 ; à cette occasion, ils interprétèrent le ballet de Lloyd, *Visages*, décrit au programme : «Une jeune femme et son amoureux sont tourmentés par des émotions contradictoires (Désir, Jalousie, Peur, Convoitise, Cupidité, Haine, Indécision) et succombent éventuellement à la Tragédie.»

À l'automne de 1951, Celia Franca invita certains interprètes de la compagnie de Winnipeg, dont McKenzie, à s'installer à Toronto dans le but de travailler avec la nouvelle compagnie du Ballet national. Ils refusèrent, mettant l'emphase sur leur engagement personnel et professionnel envers la troupe de Winnipeg.

L'incendie désastreux de juin 1954 détruit les quartiers généraux, les décors et les costumes de la compagnie. Les années qui suivirent furent turbulentes, marquées de changements répétés à la direction artistique et de conflits au coeur même de la troupe. C'est à cette époque que McKenzie commença à enseigner et à diriger les répétitions. La compagnie retrouva une certaine stabilité lorsqu'Arnold Spohr fut nommé directeur artistique en 1958.

L'école officielle du Royal Winnipeg Ballet fut fondée en 1962 et McKenzie fut nommée à la direction du personnel enseignant. Elle était détentrice du Advanced Honours Solo Seal et du diplôme de perfectionnement en enseignement du RAD, et tout au long de sa carrière de professeure, elle approfondit sa formation d'enseignante à Londres, à Paris et à Copenhague.

Son dévouement à l'enseignement de la

Her devotion to the teaching of dance was an enduring gift to many aspiring artists. After her death in 1986, a studio was dedicated in her name at the Royal Winnipeg Ballet's new Graham Avenue building in Winnipeg.

danse profita à de nombreux jeunes artistes. En 1986, suite à son décès, on dédia un studio en son honneur au nouvel édifice du Royal Winnipeg Ballet situé sur l'Avenue Graham à Winnipeg.

## Margaret Mercier
by/par Vincent Warren

**Mercier, Margaret**. Dancer, teacher. Born: 1937, Montreal, Quebec.

Margaret Mercier began ballet classes as a young girl in Montreal with Eleanor Moore Ashton. Mercier's rapid progress and natural physical attributes, perfect for classical dance, moved Ashton to present her for an audition with Mary Skeaping, ballet mistress with the Sadler's Wells Ballet – later England's Royal Ballet – when that company was on its first North American tour in 1949. She was encouraged to continue her training in England and was accepted at the Sadler's Wells School in London, where she studied with Winifred Edwards, Lydia Kyasht, Ursula Moreton and Ailne Phillips. The young dancer was taken into

**Mercier, Margaret**. Danseuse, professeure. Née : 1937, Montréal, Québec.

Margaret Mercier débuta ses classes de ballet à un jeune âge à Montréal avec Eleanor Moore Ashton. Le progrès rapide de Mercier ainsi que ses attributs physiques (un corps parfaitement adapté à la danse classique) poussèrent Ashton à lui faire passer une audition avec Mary Skeaping, la maîtresse de ballet du Sadler's Wells Ballet – qui devint plus tard le Royal Ballet – lorsque cette compagnie complétait sa première tournée nord-américaine en 1949. Mercier fut encouragée à poursuivre sa formation en Angleterre où elle fut admise au Sadler's Wells School à Londres étudiant avec Winifred Edwards, Lydia Kyasht, Ursula Moreton et Ailne Phillips. En 1954, à l'âge de dix-sept ans, elle se joint à la compagnie dès la fin de ses études, devenant ainsi le plus jeune membre du corps de ballet. Elle dansa comme soliste, notamment dans le pas de trois Florestan du dernier acte de *La Belle au bois dormant*. Ninette de Valois affirma que l'interprétation de

the company immediately after graduation in 1954 at age seventeen, becoming the youngest member of the corps de ballet. She advanced into solo work, notably in the Florestan pas de trois from the last act of *The Sleeping Beauty*. Ninette de Valois cited Mercier's interpretation as a model for later newcomers to the role. She also performed the pas de six and the pas de trois in *Swan Lake* Act I.

After three years of performances, touring Italy and North America, Mercier sustained an injury and returned to Montreal to recuperate. When her foot mended, she began to appear on television with Les Ballets Chiriaeff, forerunner of Les Grands Ballets Canadiens, in choreographies including *Horoscope* by Ludmilla Chiriaeff, *Labyrinthe* (1958) and *Premiere Classique* (1958) by Eric Hyrst. She was soon recognised as the company's ballerina, partnered by Eric Hyrst, and she excelled in the classic repertory: the Rose Adagio from *The Sleeping Beauty*, and in pas de deux from *Swan Lake*, *Don Quixote*, *Nutcracker* and *Raymonda*. In 1962, Chiriaeff choreographed the evening-length ballet *Cinderella* to music by Mozart, with Mercier in the title role.

Edward Caton choreographed a pas de deux to music by Massenet for Mercier and Hyrst, and began his version of *La Fille mal gardée*, completed by Hyrst and Chiriaeff, in which Mercier shone as the spirited and mischievous Lise. Touring with LGBC, Mercier was seen across Canada and the United States. During this period she made two films with the National Film Board of Canada: Ballerina, a documentary on her career by Wolf Koenig, and the award winning Pas de Deux with Vincent Warren by Norman McLaren. Mercier joined the Joffrey Ballet in New York in 1963 and the Harkness Ballet in 1964, touring in the United States and Europe, performing leading roles in works including Brian Macdonald's *Time Out of Mind* (1963). She married dancer Richard Wolf in 1965, and tiring of the peripatetic life, returned with her husband as guest artist to LGBC, dancing in Fernand Nault's *Carmina Burana* (1967) and other ballets. Shortly thereafter she retired from the stage, and since then has made

Mercier devrait servir de modèle aux futures interprètes de ce rôle. Elle interpréta également le pas de six et le pas de trois du premier acte du *Lac des cygnes*.

Après trois années de tournées en Italie et en Amérique du Nord, Mercier revint à Montréal pour se remettre d'une blessure. Dès que son pied fut guéri, elle commença à participer à des émissions de télévision avec Les Ballets Chiriaeff, le précurseur des Grands Ballets Canadiens, dansant dans *Horoscope*, une oeuvre de Ludmilla Chiriaeff, *Labyrinthe* (1958) et *Première Classique* (1958) d'Eric Hyrst. Elle fut rapidement acceptée comme ballerine de la compagnie avec Eric Hyrst comme partenaire et elle excella dans le répertoire classique: l'adagio de la rose de *La Belle au bois dormant*, ainsi que dans les pas de deux du *Lac des cygnes*, de *Don Quichotte*, de *Casse-Noisette* et de *Raymonda*. En 1962, Chiriaeff chorégraphia le ballet pleine soirée *Cendrillon* sur une musique de Mozart, Mercier interprétant le rôle titre.

Edward Caton chorégraphia un pas de deux sur de la musique de Massenet à l'intention de Mercier et de Hyrst. Il amorça également sa version de *La Fille mal gardée*, version complétée par Hyrst et Chiriaeff; Mercier brilla dans le rôle de Lise, espiègle et fantasque. Lors d'une tournée avec LGBC, on put admirer Mercier à travers le Canada et les États-Unis. C'est également à cette époque qu'elle participa à deux films de l'Office National du Film du Canada: Ballerina, un documentaire sur sa carrière réalisé par Wolf Koenig et Pas de Deux avec Vincent Warren, un film de Norman McLaren. En 1963, Mercier se joint au Joffrey Ballet à New York et au Harkness Ballet en 1964, complétant des tournées aux États-Unis et en Europe et interprétant des rôles principaux dans des oeuvres de Brian Macdonald entre autres, *Time Out of Mind* (1963). Elle épousa le danseur Richard Wolf en 1965, et lasse de la vie nomade, retourna aux GBC comme artiste invitée avec son mari dansant entre autres dans *Carmina Burana* (1967) de Fernand Nault. Elle se retira de la scène peu après et depuis s'est méritée une réputation internationale de professeure au Royal Ballet School en

an international reputation as a teacher, at England's Royal Ballet School, and as guest teacher with LGBC. She teaches regularly for the school and the company of the Royal Danish Ballet, in Copenhagen, commuting to Denmark from her home in Malmo, Sweden.

Angleterre et comme professeure invitée aux GBC. Elle enseigne régulièrement dans le cadre de l'école et de la compagnie du Royal Danish Ballet, à Copenhague, faisant régulièrement l'aller-retour Danemark - Malmo, la ville où elle habite en Suède.

## Patricia Meyers
by/par Leland Windreich

**Meyers, Patricia**. Dancer, teacher, choreographer, artistic director. Born: September 22, 1922, Vancouver, British Columbia. Stage names: Alexandra Denisova, Patricia Denise. Married name: Patricia Meyers Galian.

Her mother had been a Tiller Girl in England, and wanted her two daughters, Pat and Sheila, to know the joy of dancing. Both girls were enrolled in June Roper's British Columbia School of Dancing, but it was Patricia Meyers who began at age twelve to reveal the talent and temperament of a ballerina. The blonde, blue-eyed Meyers excelled in acrobatics and

**Meyers, Patricia**. Danseuse, professeure, chorégraphe, directrice artistique. Née : 22 septembre 1922, Vancouver, Colombie-Britannique. Noms de scène : Alexandra Denisova, Patricia Denise. Nom de femme mariée : Patricia Meyers Galian.

La mère de Meyers avait été l'une des Tiller Girls en Angleterre et désirait que ses deux filles, Pat et Sheila, connaissent la joie de danser. Ces dernières étudièrent au British Colombia School of Dancing fondée par June Roper et c'est Patricia qui commença, dès l'âge de douze ans, à révéler le talent et le tempérament d'une ballerine. La jeune Meyers, une blonde aux yeux bleus, excellait en acrobatie et faisait preuve d'une technique solide et d'une mémoire sans faille pour les combinaisons de danse. Roper amena la jeune fille à Los Angeles pour des leçons spéciales avec Ernest Belcher et au Ned Wayburn School à New York pour étudier avec Maria Chabelska Yakovleva.

Meyers fut préparée à une carrière en ballet en interprétant des rôles principaux dans tous les

exhibited a strong technique and a faultless memory for dance combinations. Roper took the child for special training with Ernest Belcher in Los Angeles and with Maria Chabelska Yakovleva at the Ned Wayburn School in New York.

Dancing leading roles in all of June Roper's revue recitals and local charity and cabaret engagements, Meyers was groomed for a career in ballet and was one of three Roper pupils brought to audition before Colonel de Basil during his Ballets Russes company's last visit to Vancouver in February, 1938. Meyers and Rosemary Deveson were chosen for the company and joined the Russian dancers in Portland two days later.

After a few months of orientation in the corps de ballet, Meyers, saddled with the Russian pseudonym of Alexandra Denisova, began taking on difficult assignments. She made her solo debut in Berlin as The Top in Massine's *Jeux d'enfants* and danced in David Lichine's *Protée* with four other teen-aged recruits. During the company's first tour of Australia she was called upon to take over many of Irina Baronova's roles during the dancer's indisposition, and on the second visit assumed most of her major parts, while the Russian dancer toured with the rival Denham Ballets Russes. Lichine created the Competition Dance to show off Meyers' prodigious turning feats in *Graduation Ball* (1940).

At age eighteen she married the Cuban dancer, Alberto Alonso, and after a successful debut in New York with the de Basil Ballets Russes, Meyers joined her husband in Havana where they took over the direction of the ballet school and performing unit at the Sociedad Pro Arte Musical. For the next four years they laid the foundation for Cuban ballet, training able students in the methods they had acquired and restaging many of the Fokine ballets for performance at Teatro Auditorium.

Both Meyers and Alonso created original ballets as well, and devised dances for the Society's opera performances. When Alonso received an offer to join Ballet Theatre in New York, Meyers signed for a new Broadway

récitals de revue musicale, événements sociaux et contrats de cabarets de June Roper; elle fut l'une des trois élèves de Roper à passer une audition devant le Colonel de Basil durant la dernière visite des Ballets Russes à Vancouver en février 1938. Meyers et Rosemary Deveson furent acceptées par la compagnie et rejoignirent les danseurs/seuses russes à Portland deux jours plus tard.

Après quelques mois de préparation dans le corps de ballet, Meyers, accablée du pseudonyme russe Alexandra Denisova, commença à relever des défis importants. Elle débuta sa carrière de soliste à Berlin en interprétant la toupie dans le *Jeux d'enfant* de Massine et dansa dans *Protée* de David Lichine avec quatre autres recrues adolescentes. C'est durant la première tournée de la compagnie en Australie qu'on lui demanda d'interpréter plusieurs des rôles normalement dansés par Irina Baronova lorsque celle-ci fut indisposée. Elle interpréta la majorité des rôles principaux de celle-ci pendant la deuxième tournée, la danseuse russe étant alors en tournée avec la compagnie rivale : les Ballets Russes de Denham. Lichine créa Competition Dance afin de lui permettre d'exécuter ses prodigieuses pirouettes dans *Graduation Ball* (1940).

À l'âge de dix-huit ans, elle épousa le danseur cubain Alberto Alonso et après une première réussite à New York avec les Ballets Russes du Colonel de Basil, Meyers rejoint son mari à La Havane où ils prirent en main la direction de l'école de ballet et la section des arts de la scène à la Sociedad Pro Arte Musical. Pendant les quatre années suivantes, ils mirent en place les assises du ballet cubain, formant des élèves de talent selon les méthodes qu'ils avaient acquises et créant de nouvelles mises en scène de plusieurs des ballets de Fokine pour des spectacles au Teatro Auditorium.

Meyers et Alonso créèrent aussi des ballets originaux et inventèrent des danses pour les spectacles d'opéra de la Sociedad. Lorsqu'Alonso reçut une offre de se joindre au Ballet Theatre de New York, Meyers accepta de danser pour une revue musicale sur Broadway, Rhapsody, revue qui comportait plusieurs ballets

musical called Rhapsody for which Lichine devised several spectacular ballets. Her marriage was terminated, and Meyers settled in Hollywood, where she began a long association with the motion picture industry, interrupted by special assignments in musical theatre.

George Balanchine chose her to head the ballet unit of the touring company of Song of Norway; the tour kept her on the road for two years. Meyers alternated between Hollywood and Broadway over the next decade and became one of the most sought-after dance captains for the Hollywood musicals of the 1950's under the name of Patricia Denise. She also had occasional assignments in television. Early in the 1980's she began teaching at the Holden Ballet Center in Los Angeles, retiring after her seventieth birthday. Married to the pianist Geri Galian, she raised four daughters. Patricia Meyers Galian lives in retirement in Studio City, California.

spectaculaires élaborés par Lichine. Son mariage terminé, Meyers s'installa à Hollywood où elle débuta une longue association avec l'industrie du cinéma, association interrompue ici et là par des contrats spéciaux pour le théâtre musical.

George Balanchine la choisit pour diriger l'unité de ballet de la compagnie de tournée de Song of Norway, tournée qui l'a contrainte à voyager pendant deux ans. Durant la décade qui suivit, Meyers alterna entre Hollywood et Broadway et devint l'une des capitaines de danse les plus recherchées pour les revues musicales de Hollywood des années cinquante. Elle décrocha aussi occasionnellement des contrats à la télévision. Au début des années 1980, elle commença à enseigner au Holden Ballet Center à Los Angeles, prenant sa retraite à soixante-dix ans passés. Mariée au pianiste Geri Galian, elle éleva quatre filles. Patricia Meyers Galian vit retirée à Studio City en Californie.

---

**Millaire, Andrée**. Dancer, teacher. Born: September 6, 1929, Montreal, Quebec.

Andrée Millaire was the first French Canadian ballerina to have an international performing career. She originally took dance classes to improve her fragile health with Montreal teachers George Sheffler and Gérald Crevier and later with Ruth Sorel and Tatiana Lipkovska. She completed her ballet training with Lubov Egorova and Olga Preobrajenska in Paris and Kathleen Crofton in London.

She returned to Montreal, and from 1948-1952 she performed with Les Ballets Ruth Sorel. As a dancer with Sorel's company, she took part in the three Canadian Ballet Festivals, in Winnipeg in 1948, Toronto in 1949 and Montreal in 1950, appearing in *Mea Culpa Mea Culpa* (1949), *Biographie Dansée* (1948), *Shakespearean Shadows* (1949) and *La Gaspésienne* (1949).

From 1953-1956, she appeared in England with London's Festival Ballet. She again returned to Montreal, to dance as a soloist for Les Grands Ballets Canadiens from 1958-1965, both on stage and in television programmes. Her

**Andrée Millaire**
by/par Iro Valaskakis Tembeck

performing partners at LGBC included Lawrence Haider, Eric Hyrst, Roger Rochon and Vincent Warren. She was widely admired for the purity of her technique, and her cool serenity in performance.

As well as dancing the classics, she had leading roles in new ballets such as Hyrst's *Labyrinthe* (1959), *Première Classique* (1958) and *Sea Gallows* (1959), and in Ludmilla Chiriaeff's *Étude* (1958) and *Nonagone* (1959).

Millaire also danced for Rosella Hightower in France, and studied at Hightower's Cannes academy with the help of a teaching grant from the Canada Council. Millaire first started teaching for Ruth Sorel in Trois Rivières, and her teaching style was influenced by her studies with Hightower. From 1966 to 1977 she was assistant director of l'École supérieure de danse du Québec. She transferred in 1978 to the École

**Millaire, Andrée**. Danseuse, professeure. Née : 6 septembre 1929, Montréal, Québec.

Andrée Millaire fut la première ballerine canadienne francophone à profiter d'une carrière d'interprète internationale. C'est initialement dans le but d'améliorer sa santé fragile qu'elle suivit des cours de danse avec les professeurs de Montréal George Sheffler et Gérald Crevier, et plus tard avec Ruth Sorel et Tatiana Lipkovska. Elle compléta sa formation en ballet avec Lubov Egorova et Olga Preobrajenska à Paris et Kathleen Crofton à Londres.

Elle revint à Montréal et de 1948 à 1952, elle dansa avec Les Ballets Ruth Sorel, participant à trois Festivals de ballet canadien, à Winnipeg en 1948, à Toronto en 1949 et à Montréal en 1950, dansant dans *Mea Culpa Mea Culpa* (1949), *Biographie dansée* (1948), *Shakespearean Shadows* (1949) et *La Gaspésienne* (1949).

De 1953 à 1956, elle dansa en Angleterre avec le Festival Ballet de Londres. Elle revint de nouveau à Montréal pour danser comme soliste avec Les Grands Ballets Canadiens de 1958 à 1965, sur la scène et dans le cadre d'émissions télévisées. Ses partenaires de danse aux GBC furent, entre autres, Lawrence Haider, Eric Hyrst, Roger Rochon et Vincent Warren. Elle était très admirée pour la pureté de sa technique ainsi que pour sa sérénité lors de ses interprétations.

En plus de danser des oeuvres classiques, elle interpréta des rôles principaux dans de nouveaux ballets comme *Labyrinthe* (1959), *Première classique* (1958), *Sea Gallows* (1959) et *Étude* (1958) de Hyrst ainsi que *Nonagone* (1959) de Ludmilla Chiriaeff.

Millaire dansa également pour Rosella Hightower en France et étudia à l'Académie de Hightower à Cannes grâce à une bourse de formation du Conseil des Arts. Elle commença d'abord à enseigner pour Ruth Sorel à Trois Rivières et il fut évident que son style d'enseignement était imprégné de sa formation avec Hightower. De 1966 à 1977, elle fut directrice adjointe de l'École supérieure de danse du Québec. En 1978, elle transféra à l'École Pierre Laporte qui offrait un programme professionnel d'études en danse dans le cadre du

Pierre Laporte, a professional dance studies programme within the public school system in Montreal. She remained there as a teacher until her retirement in 1994. Noted dancers who studied with her include Marie-France Lévesque, Katia Breton and Manon Hotte.

On occasion, Millaire choreographed for operas, but her main contributions to dance were as a performer and teacher.

système scolaire publique de Montréal. Elle y demeura jusqu'à sa retraite en 1994. Parmi les élèves remarquables qui ont étudié avec elle se retrouvent Marie-France Lévesque, Katia Breton et Manon Hotte.

À l'occasion, Millaire chorégraphia pour des opéras mais ses contributions les plus importantes résultèrent de son travail d'interprète et de professeure de danse.

Photo: Andrew Oxenham

### Grace Miyagawa
by/par Carol Anderson

**Miyagawa, Grace**. Dancer, teacher. Born: November 4, 1959, Calgary, Alberta.

Grace Miyagawa began dancing as a child, studying at the Ottawa Dance Centre from 1971 to 1977, where her teachers included Joyce Sheitze and Judith Davies. In 1973 she attended summer school at the National Ballet School, and in July 1977 she studied with David Moroni

**Miyagawa, Grace**. Danseuse, professeure. Née : 4 novembre, 1959, Calgary, Alberta.

Dès son enfance, Grace Miyagawa commença à étudier au centre de danse d'Ottawa de 1971 à 1977 avec entre autres, Joyce Sheitze et Judith Davies. En 1973, elle participa aux cours d'été de l'École nationale de ballet et en juillet 1977, elle étudia avec David Moroni au Royal Winnipeg Ballet School.

En septembre 1977, Miyagawa s'inscrit au School of the Toronto Dance Theatre comme étudiante boursière. Elle se joint au Toronto Dance Theatre comme apprentie en 1978 et fut membre de la compagnie de 1978 à 1988. À cette époque, elle fut un des piliers de la troupe

at the Royal Winnipeg Ballet School.

In September 1977, Miyagawa enrolled at the School of Toronto Dance Theatre as a scholarship student. She joined Toronto Dance Theatre as an apprentice in 1978, and was a company member from 1978-1988. During that time many roles were created for her, and she was a pivotal presence in the company. A unique dancer, Miyagawa radiated a sense of utter commitment through the sweep and pristine depth of her dancing. She was recognized as a generous and compassionate spirit of dance, and a sense of her complete command of space characterized her dancing. She was important to the creation of works by all four of the company's choreographers: Patricia Beatty used her translucent serenity in *Seastill* (1979) and *Radical Light* (1986); David Earle's *Frost Watch* (1980) gave audiences the strong, mysteriously metaphysical imagery of Miyagawa's presence onstage, and she delighted them with her charming Gypsy in Earle's *Court of Miracles* (1983); Peter Randazzo used her strength and clarity in his *Octet* (1981) and *Rewind* (1985); and she shone in Christopher House's *The Excitable Gift* (1982) and *Glass Houses* (1983).

Miyagawa received numerous study grants to refine her skills: in 1983 she studied with Robert Cohan, Mary Hinkson, Clay Taliaferro and Hans van Manen at the summer Dance Academy in Cologne, West Germany.

She was involved with Amelia Itcush's work in the Alexander technique from 1980 until 1988. When she was compelled to leave full-time performing because of injury, she spent four years, from 1989-1993, training as a teacher in the Mitzvah technique with Nehemia Cohen, founder and director of the Toronto Mitzvah school. Since then, she has built a successful teaching practice with her own Mitzvah work.

Miyagawa continues to perform selectively. She has appeared frequently in David Earle's work since 1996, in Selene, a project of Toronto choreographer Naoko Murakoshi, and in works by Nenagh Leigh in Spring Rites programmes in 1994 and 1995. She participated as a dancer and teacher in Breaking Ground, a Toronto summer dance school, in 1997 and 1998. She was artistic

et de nombreux rôles furent créés à son intention. Cette danseuse sans pareil dégage une qualité d'engagement absolu se manifestant par l'étendue et la profondeur parfaite de ses interprétations. Elle incarne à merveille l'esprit généreux et compatissant de la danse et ses interprétations se distinguent par sa maîtrise de l'espace. Elle fut importante pour la création d'oeuvres par les quatre chorégraphes de la troupe: Patricia Beatty tira partie de sa sérénité translucide dans *Seastill* (1979) et *Radical Light* (1986); dans *Frost Watch* (1980), David Earle mit en relief la puissance et la présence mystérieusement métaphysique de Miyagawa sur scène et elle enchanta les auditoires avec sa charmante gitane dans le *Court of Miracles* (1983), une autre oeuvre d'Earle; Peter Randazzo utilisa sa force et sa clarté pour son *Octet* (1981) et *Rewind* (1985); elle brilla dans *The Excitable Gift* (1982) et *Glass Houses* (1983) de Christopher House.

Miyagawa fut la récipiendaire de nombreuses bourses d'études lui permettant de se perfectionner: à l'été de 1983, elle étudia avec Robert Cohan, Mary Hinkson, Clay Taliaferro et Hans van Manen au Dance Academy à Cologne, en Allemagne de l'Ouest.

Elle collabora au travail d'Amelia Itcush sur la technique Alexander de 1980 à 1988. Lorsqu'elle fut contrainte d'interrompre son travail d'interprète à temps plein à cause d'une blessure, elle passa quatre années, de 1989 à 1993, à recevoir une formation de professeure de la technique Mitzvah avec Nehemia Cohen, la fondatrice et directrice du Toronto Mitzvah School. Depuis, elle a établi une pratique florissante d'enseignement de cette technique.

Miyagawa danse toujours, mais de façon sélective. Depuis 1996, elle a fréquemment participé au travail de David Earle, à Selene, un projet de la chorégraphe de Toronto, Naoko Murakoshi, ainsi qu'à des oeuvres de Nenagh Leigh dans le cadre des programmes Spring Rites de 1994 et 1995. De plus, en 1997 et 1998, elle fut danseuse et professeure à Breaking Ground, une école de danse offrant des cours d'été à Toronto. Elle agit comme directrice artistique d'un concert de gala en danse pour la

director of a benefit dance concert for the World Conference on Breast Cancer Research in July, 1998 at Queen's University, Kingston, Ontario.

Miyagawa's friend and dance colleague, Michael Conway, celebrated her as "one of the most charismatic, alluring and transcendent dancers this country has ever seen".

Conférence internationale de la recherche sur le cancer du sein, en juillet de 1998 à la l'Université Queen's, à Kingston en Ontario.

L'ami et collègue de Miyagawa, Michael Conway, la célébra dans les termes suivants: «une des danseuses les plus charismatiques, séduisantes et transcendantes de ce pays».

---

## Montréal Danse
by/par Linde Howe-Beck

Montreal's first contemporary dance repertory company, Montréal Danse, made its premiere not at home but at Ottawa's National Arts Centre in January 1987. The venue implied that the new group was determined to be a major player in Canadian dance. It was an ambition that would be difficult to realize. The two-programme debut showed a commitment to new works. Commissioned by company founders Daniel Jackson and Paul-André Fortier, pieces from eight Montreal choreographers marked the first time that such diverse dance voices had been shown together outside a festival.

A choreography by Françoise Sullivan opened the first evening, followed by Ginette Laurin, Linda Rabin, Daniel Léveillé and Jean-Pierre Perreault. The second night featured

Montréal Danse, la première troupe de danse de répertoire contemporain à voir le jour à Montréal, donna son premier spectacle non pas dans sa ville d'origine, mais au Centre National des Arts à Ottawa en janvier 1987. Le choix de cette salle proclamait déjà que ce nouveau groupe entendait bien jouer un rôle majeur sur la scène canadienne de la danse. Cette ambition s'avéra par contre difficile à concrétiser. La première à deux programmes révéla une volonté de présenter de nouvelles oeuvres. Daniel Jackson et Paul-André Fortier, les cofondateurs de la troupe, avaient commandé des oeuvres à huit chorégraphes montréalais, une première fois où des voix si différentes furent présentées ensemble hors du contexte d'un festival.

Le spectacle débuta par une chorégraphie de Françoise Sullivan suivie d'oeuvres de Ginette Laurin, de Linda Rabin, de Daniel Léveillé et de Jean-Pierre Perreault. Au second programme se retrouvaient les chorégraphes Catherine Tardif, une des interprètes de la troupe, James Kudelka – qui résidait alors à Montréal – Laurin, Fortier et Perreault. Les fondateurs de Montréal Danse avaient une formation en ballet et en danse moderne: Jackson avait codirigé Les Grands Ballets Canadiens pour sept des vingt-cinq années de son association avec cette troupe; Fortier, directeur de Danse-Théâtre Paul-André Fortier, fut membre senior du Groupe Nouvelle Aire avant de se façonner une carrière de chorégraphe-interprète indépendant acclamé.

Montréal Danse débuta ses activités avec un dynamisme exceptionnel grâce à ses huit interprètes versatiles et ses deux apprentis. La troupe amorça immédiatement une tournée à travers le Canada et la saison suivante, elle donna des représentations à l'Université de New

choreographers Catherine Tardif, one of the company's eight dancers, along with James Kudelka – then a Montreal resident – Laurin, Fortier and Perreault. Montréal Danse's founders came from ballet and modern dance: Jackson co-directed Les Grands Ballets Canadiens for seven of the twenty-five years he was with that company; Fortier, head of Danse-Théâtre Paul-André Fortier, had been a senior member of Groupe Nouvelle Aire before a high profile career as an independent choreographer-interpreter.

With eight versatile dancers and two apprentices, Montréal Danse got off to a fast start. Immediately it embarked on a cross-Canada tour. The next season it played New York University where it was introduced by Lawrence Rhodes, the future artistic director of LGBC. It performed in Paris and toured Spain during its third year, returning to Europe the following season for a ten-city tour of Holland and Germany.

In an era when choreographer-driven companies were the norm, a repertory group was considered unusual in contemporary dance. This was particularly true in Europe where presenters preferred to feature single choreographers. Repertory was difficult to market; so was the fact that Montréal Danse was not headed by a choreographer. Before the second European tour, Fortier left to take a university teaching position and continue his solo career. However, he kept close links to the company which remounted and commissioned several of his pieces, including, in 1988, Soirée Fortier, an evening of his works. For the company's tenth anniversary, he choreographed *Entre la mémoire et l'oubli*, performed with the Société de Musique Contemporaine du Québec. In its early years, the company commissioned several more short choreographies by Hélène Blackburn, Tom Stroud and Charles Moulton as well as others by Léveillé and James Kudelka. These were followed in 1990 by *Les Revenants/Ghost Stories*, a daring full-evening piece that caused a huge energy shift in the company which had specialized in the brazen physicality and high octane performances characteristic of Montreal

York où la troupe fut présentée par Lawrence Rhodes, l'éventuel directeur artistique des Grands Ballets Canadiens. La troupe dansa à Paris à sa deuxième saison et en Espagne lors de sa troisième année d'existence; l'année suivante elle compléta une tournée de dix villes de la Hollande et d'Allemagne.

À une époque où les troupes dirigées par des chorégraphes étaient la norme, une compagnie de répertoire de danse contemporaine était une rareté. Ceci était particulièrement vrai en Europe où les diffuseurs préféraient présenter des chorégraphes seuls. La danse de répertoire ne se vendait pas bien et le fait que Montréal Danse ne soit pas dirigée par un chorégraphe n'était pas non plus très bien vu. Fortier quitta la troupe avant la deuxième tournée européenne afin d'accepter un poste d'enseignant universitaire et pour poursuivre sa carrière de soliste. Il garda cependant des liens étroits avec la troupe qui remonta et commanda plusieurs de ses oeuvres entre autres en 1988, Soirée Fortier, un spectacle en soirée de ses oeuvres. Dans le cadre du dixième anniversaire de la troupe, Fortier chorégraphia *Entre la mémoire et l'oubli*, interprété avec la Société de musique contemporaine du Québec. À ses débuts, la troupe commanda plusieurs oeuvres à Hélène Blackburn, Tom Stroud, Charles Moulton, Léveillé et James Kudelka. Ces oeuvres furent suivies en 1990 de *Les Revenants/Ghost Stories*, une oeuvre pleine soirée audacieuse qui suscita une évolution drastique de la compagnie qui se spécialisait dans les interprétations flamboyantes exigeant une physicalité impudente caractéristique de la danse montréalaise. La chorégraphe japonaise Natsu Nakajima était une artiste de butoh qui n'avait jamais encore travaillé avec des Occidentaux. *Les Revenants*, une exploration dramatique au coeur de l'intérieur fragile de l'humain, mena les interprètes de la troupe vers une nouvelle maturité.

Jackson exploita cette évolution avec un programme de duos illustrant trente-cinq années de l'histoire de la danse de la ville. Présenté au Festival international de nouvelle danse en 1992, Duos illustra brillamment l'importance des

dance. Japanese choreographer Natsu Nakajima was a butoh artist who had never before worked with westerners. A dramatic adventure into the fragile human interior, *Ghost Stories* triggered a new maturity among the company's dancers.

Jackson capitalized on this with a programme of duets, entitled Duos, showing thirty-five years of the city's dance history. Presented at the Festival international de nouvelle danse in 1992, Duos aptly underlined the festival's focus on Montreal choreographers. Making an important stop at Washington's Kennedy Center, Duos toured for three years. In 1994, French choreographer Jean Gaudin changed the company's focus with a rollicking slice of everyday love, follies and passions in the evening-long work, *L'Homme qui essaie devant la gare d'embrasser*. In 1995, more dance theatre was added with *Lines from Memory* by New York choreographer Susan Marshall and *Les Yeux Troublés* by Montreal's Danièle Desnoyers.

During Jackson's decade as artistic director, the company gave an average of twenty-five performances each year. Even though Canada's tightening economic situation made for less touring, Montréal Danse appeared in most Canadian cities. It toured Quebec and the Maritimes in 1991-1992, followed the next season by eleven shows in Western Canada. 1992-1993 saw it in Vancouver, Toronto, Washington, outdoors at New York's Lincoln Center and at the Festival international de nouvelle danse. But by 1996 when Kathy Casey took over the artistic direction, its touring had almost dried up.

American-born Casey, who had danced with New York choreographers Lar Lubovitch and Marshall, joined Montréal Danse briefly in 1991 but left to return to university to study sciences for three years. She came back in 1995.

Just after she assumed her new post, the Quebec government gave notice it would withdraw all funding over a two-year period. Its life threatened, Montréal Danse underwent radical belt tightening; those who remained voted to accept an eighteen-week commitment instead of twenty-five or thirty. Casey developed

chorégraphes montréalais pour le festival. Duos fit un arrêt important au Kennedy Center de Washington et fut présenté dans le cadre d'une tournée qui s'étendit sur trois ans. En 1994, le chorégraphe français Jean Gaudin changea le point d'emphase de la troupe avec l'oeuvre pleine soirée *L'Homme qui essaie devant la gare d'embrasser*, explorant l'amour, les folies et les passions au quotidien. En 1995, la troupe rajouta d'autres danses théâtrales à son répertoire avec *Lines from Memory* de la chorégraphe newyorkaise Susan Marshall et *Les Yeux troublés* de la Montréalaise Danièle Desnoyers.

Tout au long de la décennie du mandat de Jackson comme directeur artistique, la troupe offrit en moyenne vingt-cinq spectacles par année. Bien que la situation financière du Canada ait imposé des contraintes aux tournées, Montréal Danse donna malgré tout des représentations dans la plupart des villes canadiennes. Elle fit la tournée du Québec et des Maritimes en 1991-1992 et la saison suivante elle présenta onze spectacles dans l'Ouest du Canada: en 1992-1993, la troupe était à Vancouver, Toronto, Washington, à l'extérieur du Lincoln Center de New York ainsi qu'au Festival international de nouvelle danse. Cependant, en 1996 lorsque Kathy Casey assuma la direction artistique, la troupe avait pratiquement cessé de danser en tournée.

Casey, une Américaine qui avait dansé avec les chorégraphes newyorkais Lar Lubovitch et Marshall, se joint à Montréal Danse brièvement en 1991 mais quitta la troupe pendant trois ans afin de poursuivre des études universitaires en sciences. Elle revint en 1995.

Dès qu'elle eut assumé son nouveau poste, le gouvernement du Québec avisa la troupe qu'il coupait toute forme de subvention. Sa survie menacée, Montréal Danse se serra radicalement la ceinture. Ceux/celles qui décidèrent de demeurer avec la troupe votèrent pour un engagement de dix-huit semaines plutôt que les vingt-cinq ou trente semaines habituelles. Casey mit en place de nouvelles stratégies et plaça l'emphase sur les caractéristiques personnelles de chaque interprète. Elle commanda à l'artiste de théâtre Paula de Vasconcelos une oeuvre de

new strategies. She promoted dancers as interesting individuals in their own right. She commissioned a bright, sometimes funny and very physical dance theatre piece, *Lettre d'amour a Tarantino/Love Letter to Tarantino* from theatre artist Paula de Vasconcelos. And she booked the company's first creative residency in Edmonton where for five weeks Belgian choreographer José Besprosvany worked on *Cuidad de Hierro*.

In 1997-1998, Montréal Danse went back on the road, giving seven performances in the United States and ten in Mexico. José Navas choreographed *Enter:Last*, a darkly flamboyant, emotional work that showed well with *Tarantino*. These pieces played at an international dance festival in Medellin, Colombia in 1999. Hearkening back to the company's early days of short works by Montrealers, Casey commissioned three short works for intimate spaces for the spring of 2000 from Estelle Clareton, Jean-Pierre Mondor and Dominique Porte.

Montréal Danse expects to open up the South American market to Canadian dance with a return visit to South America in autumn 2000. It also plans involvement in co-productions including one with Vancouver's Holy Body Tattoo set for 2000-2001.

danse théâtrale brillante, parfois drôle et très physique: *Lettre d'amour à Tarantino/Love Letter to Tarantino*. Casey installa la troupe dans son premier stage-résidence en création à Edmonton, stage où pendant cinq semaines, le chorégraphe belge, José Besprosvany, travailla sur *Cuidad de Hierro*.

En 1997-1998, Montréal Danse repartit en tournée, présentant sept spectacles aux États-Unis et dix au Mexique. José Navas chorégraphia *Enter:Last*, une oeuvre obscurément flamboyante et intense qui s'alliait bien à *Tarantino*. Ces oeuvres furent présentées à un festival international de danse à Médellin en Colombie en 1999. Désireuse de retrouver la saveur des oeuvres brèves des premiers jours de la troupe, oeuvres créées par des chorégraphes de Montréal, Casey commanda trois oeuvres de courte durée à l'intention de lieux intimes pour le printemps 2000, oeuvres créées par Estelle Clareton, Jean-Pierre Mondor et Dominique Porte.

Montréal Danse espère ouvrir le marché sud-américain à la danse canadienne grâce à son spectacle de retour présenté à l'automne de l'an 2000. La troupe prévoit également collaborer à des coproductions avec entre autres, Holy Body Tattoo de Vancouver, prévu pour la saison 2000-2001.

---

**Moore, Claudia**. Dancer, choreographer, artistic director. Born: April 14, 1953, Buffalo, New York.

Toronto-based Claudia Moore began her dance career in the world of ballet, but feeling limited, left the corps of the National Ballet of Canada and in 1973, with fellow dancer Robert Desrosiers, she went to Europe to dance with Felix Blaska in Grenoble, France, and Lindsay Kemp in London, England. After a brief stint with companies in Montreal, the couple joined Toronto Dance Theatre in 1976, where they were cast in important works; they left when Desrosiers set up his own company in 1980. For the next five years, Moore was both lead dancer and muse for Desrosiers Dance Theatre.

**Claudia Moore**
by/par Paula Citron

Photo: Frank Richards

Moore acquired a reputation as one of the finest contemporary dancers in Toronto, interpreting both the modern work of Patricia Beatty, David Earle and Peter Randazzo at Toronto Dance Theatre and the wild imaginings of Desrosiers. In 1977, she began to choreograph, making works for Toronto Dance Theatre's choreographic workshop, and by the early 1980's was showing pieces at venues such as Toronto's Harbourfront Centre and Music Gallery, and Montreal's Tangente. Her first commission was the outdoor piece *Where did you find those strange glasses?* (1984) for the Toronto International Theatre Festival.

When both her personal and professional relationships with Desrosiers ended, Moore began to develop her own choreography, honing her craft at Toronto's Pavlychenko Studio from 1986-1987. The piece which first attracted wide-spread attention was *Animal Crackers* (1988), a delightful overlay of animal and human behaviour, using descriptions from books

**Moore, Claudia**. Danseuse, chorégraphe, directrice artistique. Née : 14 avril 1953, Buffalo, New York.

Claudia Moore, basée à Toronto, débuta sa carrière en danse dans l'univers du ballet mais, se sentant limitée, elle quitta le corps de ballet du Ballet national du Canada en 1973 et, avec son collègue danseur Robert Desrosiers, elle se rendit en Europe afin de danser avec Felix Blaska à Grenoble, en France, ainsi qu'avec Lindsay Kemp à Londres en Angleterre. Après un bref séjour avec des compagnies de Montréal, le couple se joint au Toronto Dance Theatre en 1976 où on leur confia des rôles importants; ils quittèrent cette compagnie lorsque Desrosiers créa sa propre troupe en 1980. Pendant les cinq années subséquentes, Moore fut à la fois muse et danseuse principale pour le Desrosiers Dance Theatre.

Moore est reconnue pour être l'une des plus intéressantes danseuses contemporaines de Toronto, interprétant tout aussi bien les oeuvres modernes de Patricia Beatty, David Earle et de Peter Randazzo au Toronto Dance Theatre que les délires imaginatifs de Desrosiers. En 1977, elle réalisa ses premières chorégraphies, créant des oeuvres pour l'atelier chorégraphique du Toronto Dance Theatre et au début des années 1980, elle présentait des oeuvres dans des salles comme le centre Harbourfront et le Music Gallery de Toronto ainsi que chez Tangente à Montréal. Sa première commande fut une l'oeuvre à l'extérieur, *Where did you find those strange glasses?* (1984) pour le International Theatre Festival de Toronto.

Lorsque sa relation professionnelle et personnelle avec Desrosiers prit fin, Moore investit dans sa propre chorégraphie, approfondissant sa recherche au Pavlychenko Studio à Toronto de 1986 à 1987. La première oeuvre qui capta l'attention générale fut *Animal Crackers* (1988), un recoupage délicieux de comportements humains et animaux, utilisant des descriptions tirées de livres d'anthropologie qui en disaient long sur la condition humaine. La force de Moore réside dans son humour comique, saugrenu à l'occasion, et dans sa capacité à créer des mouvements bien adaptés à

on anthropology which spoke volumes about the human condition. Moore's forte was a droll humour, whimsical at times, coupled with an ability to create movement well suited for her themes.

The turning point in Moore's choreographic career was her full-evening work *Kleinzeit* (1989), based on a novel by Russell Hoban. In this work, she used both dancers and actors in imaginative fashion. The work was rooted in reality, although couched in surreal humour, without any of the theatrical trappings and flights of visual fancy which were Desrosiers' hallmark. Her growing choreographic vocabulary paid attention to arm and body gestures, fast and detailed movement, and a strong sense of physicality.

Having proven, in *Kleinzeit*, that she could do a full-length work that was uniquely her own, she subsequently moved increasingly away from the narrative element of text-based works, to more abstract presentations of movement images.

Moore is in demand as a choreographer for theatre; she has created movement for the music theatre pieces of composer R. Murray Schafer, and for musicals at the Shaw Festival in Niagara-on-the-Lake. She has worked on collaborations such as a multi-media production with The Glass Orchestra, *Duality* (1997) with Classical Indian dancer/choreographer Menaka Thakkar, and The Chocolate Bath with Mark Christmann and Paulette Phillips. She has also choreographed for film and video, including Atom Egoyan's award-winning Exotica, and Box Pieces for the BRAVO! arts channel. In 1997, Moore launched her own company, MOonhORsE dance theatre.

Moore's work has earned her the 1991 Jacqueline Lemieux Award and the 1998 Dora Mavor Moore Award.

ses thèmes.

Le point tournant de la carrière chorégraphique de Moore fut son oeuvre pleine soirée, *Kleinzeit* (1989), oeuvre inspirée d'un roman de Russell Hoban. Dans cette création, elle utilisa des danseurs/seuses et des comédien(ne)s de façon inventive. Cette oeuvre s'enracina dans la réalité bien qu'elle fut formulée en termes humoristiques surréalistes et qu'elle fut dénudée de toutes fioritures théâtrales et truc visuels si caractéristiques au travail de Desrosiers. Son vocabulaire chorégraphique attacha de plus en plus d'importance aux gestes des bras et du corps, au mouvement rapide et détaillé ainsi qu'à un sens aigu de la physicalité.

Avec *Kleinzeit*, ayant fait la preuve qu'elle pouvait créer une oeuvre pleine durée vraiment personnelle, elle délaissa de plus en plus l'élément narratif d'oeuvres inspirées de textes pour investir dans des présentations plus abstraites d'images de mouvement.

Le talent de Moore pour la chorégraphie de théâtre est particulièrement recherché; elle a créé des chorégraphies pour des oeuvres que R. Murray Schafer composa pour le théâtre musical ainsi que pour les revues musicales du Shaw Festival à Niagara-on-the-Lake. Elle a collaboré à une production multimédia avec The Glass Orchestra, *Duality* (1997) avec la danseuse/chorégraphe classique indienne Menaka Thakkar et The Chocolate Bath avec Mark Christmann et Paulette Phillips. Elle a également chorégraphié pour film et vidéo, notamment Exotica une oeuvre primée d'Atom Egoyan et Box Pieces pour BRAVO!, une chaîne consacrée aux arts. En 1997, Moore fonda sa propre troupe, MOonhORsE dance theatre.

Moore reçut le Prix Jacqueline Lemieux en 1991 ainsi que le Prix Dora Mavor Moore en 1998.

# MORENOFF

## Maurice Lacasse Morenoff
## Carmen Sierra Morenoff
by/par Iro Valaskakis Tembeck

**Morenoff, Maurice Lacasse**. Dancer, teacher, choreographer. Born: 1906, Montreal, Quebec. Died: January 23, 1993, Montreal, Quebec. Birth name: Maurice Lacasse.
**Morenoff, Carmen Sierra**. Dancer, teacher, choreographer, designer. Born: 1905. Birth name: Carmen Sierra. Died: 1990, Montreal, Quebec.

Maurice Lacasse Morenoff was the son of Adélard Lacasse, a ballroom dance instructor who had opened a studio in Montreal's east end in 1895. In the 1920's, Maurice fell in love with Carmen Sierra, a dancer of French and Spanish origin whom he met in his father's studio. They eloped in 1925, starting a real-life and on-stage partnership which was to last until their deaths. They started working as adagio dancers, offering live entertainment as a prologue to film showings; this was a strategy of the budding movie industry to attract viewers. From 1926-1931 their "toe tap and acrobatic routines"

**Morenoff, Maurice Lacasse**. Danseur, professeur, chorégraphe. Né : 1906, Montréal, Québec. Décédé : 23 janvier 1993, Montréal, Québec. Nom à la naissance : Maurice Lacasse
**Morenoff, Carmen Sierra**. Danseuse, professeure, chorégraphe, conceptrice. Née : 1905. Décédée : 1990, Montréal, Québec. Nom à la naissance : Carmen Sierra.

Maurice Lacasse Morenoff était le fils d'Adélard Lacasse, un professeur de danse de salon à Montréal qui avait ouvert un studio de danse dans l'est de la ville en 1895. Dans les années 1920, Maurice tomba amoureux de Carmen Sierra, une danseuse d'origine française et espagnole rencontrée au studio de son père. Ils s'enfuirent pour se marier en 1925, débutant ainsi un partenariat de vie et de scène qui devait durer toute leur vie. Ils commencèrent à travailler comme danseurs adagio, offrant des spectacles en prologue à la projection de films. Cette stratégie de la nouvelle industrie du film visait à attirer le public. De 1926 à 1931, leurs numéros de danse à claquettes et d'acrobatie les

took them on a five-year North American vaudeville touring circuit. En route, they adopted the Russian-sounding name of Morenoff, probably to be part of the aura of glamour associated with the Ballets Russes.

Returning to Montreal in 1931, the Morenoffs took over the Lacasse studio, soon adding ballet to the varied curriculum. From the mid-1930's onwards, the professional couple, mostly self-taught, organized annual recitals under the name Le Ballet Music Hall Morenoff. Between 1936 and 1951 Maurice Morenoff was also the resident choreographer for Les Variétés Lyriques, Montreal's small scale equivalent to Broadway. Carmen Morenoff not only danced but also acted as rehearsal mistress and created the shows' numerous costumes until the school closed its doors in 1986, having provided an unprecedented record of ninety-one years of uninterrupted dance instruction.

The Morenoff studio offered an eclectic course of study, and succeeded in attracting the first generation of French Canadian male dancers who were to have international ballet careers: Fernand Nault worked with American Ballet Theatre before returning to Montreal to become the artistic director of Les Grands Ballets Canadiens; Roland Lorrain danced with the Ballet du Marquis de Cuevas and with Les Grands Ballets Canadiens; Marc Beaudet performed with the New York City Ballet; Michel Boudot was a member of London's Festival Ballet and Les Grands Ballets Canadiens.

Maurice Morenoff's choreographies were theatrical, and were inspired by a variety of sources: period dancing, ballet, acrobatics, contemporary styles and jazz as well as Spanish dancing. He was often criticized by his contemporaries for his eclecticism. He did, however, successfully transmit his love of dance to his numerous students, and was prominent in the artistic milieu for many decades.

amenèrent à faire une tournée de vaudeville nord-américaine qui dura cinq ans. En route, ils adoptèrent le nom de semblance russe, Morenoff, probablement dans une tentative d'être associés au prestige des Ballets Russes.

De retour à Montréal en 1931, les Morenoffs prirent le Studio Lacasse en charge, ajoutant le ballet à un curriculum déjà varié. À partir des années 1935, le couple de professionnels, en grande partie autodidacte, organisa des récitals annuels sous le nom Le Ballet Music Hall Morenoff. Entre 1936 et 1951, Maurice Morenoff fut aussi le chorégraphe permanent des Variétés Lyriques – l'équivalent montréalais, à une plus petite échelle, de Broadway. Carmen Morenoff non seulement dansait mais était aussi répétitrice; elle créa également les nombreux costumes des spectacles jusqu'à la fermeture de l'école en 1986, école ayant offert un nombre record de quatre-vingt-onze années ininterrompues de cours de danse.

Le Studio Morenoff offrait un éventail éclectique de cours et réussit à attirer la première génération de danseurs masculins canadiens-français qui plus tard feraient carrière internationalement en ballet. Fernand Nault travailla avec l'American Ballet Theatre avant de revenir à Montréal comme directeur artistique des Grands Ballets Canadiens; Roland Lorain dansa avec le Ballet du Marquis de Cuevas et avec Les Grands Ballets Canadiens; Marc Beaudet dansa avec le New York City Ballet; Michel Boudot fut membre du London Festival Ballet et des Grands Ballets Canadiens.

Les chorégraphies de Maurice Morenoff étaient théâtrales et inspirées de sources variées : danse d'époque, ballet, acrobaties, danse contemporaine, ballet jazz et danse espagnole. Cet éclectisme lui attira souvent les critiques de ses contemporains. Cependant, il réussit à transmettre son amour de la danse à ses nombreux élèves et était très connu dans le milieu artistique pendant plusieurs décennies.

Photo: Paul Martens

## David Moroni
by/par Jacqui Good

**Moroni, David**. Teacher, dancer. Born: 1938, Ottawa, Ontario.

David Moroni's major contribution to Canadian dance has been as the founding principal of the Royal Winnipeg Ballet's Professional School. He has nurtured talents such as Evelyn Hart and David Peregrine, who both won medals at international ballet competitions in Bulgaria and Japan in 1980.

At an early age, Moroni was enrolled in Nesta Toumine's Classical Ballet Studio in Ottawa. He was soon a pint-sized star and developed his professional skills in Toumine's Ottawa Classical Ballet. Frequently partnering Joanne Ashe, Moroni performed the classics, and roles created for him by Toumine in her *Marie-Madeleine* (1957), *David*, *Pas de Deux* and *The Seasons*. As well as performing, Moroni

**Moroni, David**. Professeur, danseur. Né : 1938, Ottawa, Ontario.

La contribution majeure de David Moroni à la danse canadienne fut en tant que fondateur-principal de l'école professionnelle du Royal Winnipeg Ballet. Il a cultivé des talents comme Evelyn Hart et David Peregrine, qui tous deux décrochèrent des médailles aux concours internationaux de ballet en Bulgarie et au Japon.

Moroni fut inscrit au Classical Ballet Studio de Nesta Toumine à Ottawa dès son enfance. Rapidement, il devint une vedette «petit format» et développa ses talents professionnels au studio de Toumine. Partenaire fréquent de Joanne Ashe, Moroni interpréta les grands classiques ainsi que des rôles créés à son intention par Toumine dans *Marie-Madeleine* (1957), *David*, *Pas de deux* et *The Seasons*. En plus de danser, Moroni développait son talent de professeur et à quatorze ans, il enseignait déjà à des élèves plus jeunes et créait des oeuvres pour leurs spectacles. C'est à cette époque que, comme le raconte Moroni, «J'ai découvert que je deviendrais fort probablement bien meilleur enseignant que danseur.»

Néanmoins, en 1964, Moroni se joint au

developed as a teacher. By the time he was fourteen, he was teaching classes to younger students and creating dances for their recitals. That was when, Moroni says, "I discovered that I would probably end up being much better at teaching than dancing".

Nonetheless, in 1964 Moroni joined the Royal Winnipeg Ballet's corps de ballet. His first appearances in Brian Macdonald's *Les Whoops de doo* (1959) and *Aimez-vous Bach?* (1962) were a far cry from the classical repertoire he had explored in Ottawa. But, in a CBC Radio interview, Moroni said "the most constructive part of my career was when I had to dance in the corps de ballet ... and shed this cloak of perfection".

Moroni, described as "handsome as a movie star" by dance critic Max Wyman, had a strong and dramatic on-stage presence. Even as a corps dancer he attracted the attention of choreographers. He was given important roles in Todd Bolender's *The Still Point* which entered the RWB repertoire in 1966, and in Macdonald's *Rose Latulippe* (1966) and *While the Spider Slept* (1966).

In 1968, Moroni was promoted to principal dancer, and helped lead the company to international success on a tour of France, Czechoslovakia and the U.S.S.R. The RWB won the gold medal for best company at the 6th Paris International Festival of Dance, and Moroni recalled feeling "very proud to be a Canadian".

Moroni retired from performing in the fall of 1970 to become the principal of the RWB's professional training programme. Influenced very much by Vera Volkova's interpretation of the Vaganova style, Moroni set out to improve the quality of dancing in the RWB. He also wanted to end the Royal Winnipeg's "revolving door" as dancers signed on to gain valuable experience only to leave soon for a job with a bigger company.

Currently, the majority of RWB dancers are graduates of Moroni's school and students regularly augment the corps de ballet for large-scale classics such as *Swan Lake* and *Giselle*. Moroni's contributions to dance in Canada have been recognized with appointments

corps de ballet du Royal Winnipeg Ballet. Ses premières interprétations dans *Les Whoops de doo* (1959) et *Aimez-vous Bach?* (1962), deux oeuvres de Brian Macdonald, étaient fort différentes du répertoire classique qu'il avait exploré à Ottawa. Dans une entrevue diffusée à la chaîne de radio CBC, Moroni affirme que «la partie la plus constructive de ma carrière survint lorsque je dus danser dans le corps de ballet... et me départir de cette lourde cape de perfection.» Moroni, «beau comme une vedette de cinéma», comme le décrit le critique de danse Max Wyman, avait une présence sur scène puissante et dramatique. Même comme danseur dans le corps de ballet, il captait l'attention des chorégraphes. On lui donna des rôles importants dans l'oeuvre de Todd Bolender, *The Still Point*, une oeuvre incorporée au répertoire du RWB en 1966, et dans *Rose Latulippe* (1966) de Macdonald et *While the Spider Slept* (1966).

En 1968, Moroni fut promu au poste de danseur principal et contribua au succès international de la compagnie lors d'une tournée de la France, de la Tchécoslovaquie et de l'URSS. Le RWB a remporté la médaille d'or comme meilleure compagnie au 6ième Festival international de danse à Paris et Moroni se souvient d'avoir «ressenti beaucoup de fierté d'être Canadien.»

Moroni cessa de danser à l'automne de 1970 afin de devenir principal du programme de formation professionnelle du RWB. Très influencé par l'interprétation de Vera Volkova du style Vaganova, Moroni était déterminé à améliorer le niveau de qualité de la danse au RWB. Il voulait aussi interrompre le syndrome de la porte tournante du Royal Winnipeg Ballet, les danseurs/seuses ne s'engageant que pour gagner de l'expérience précieuse et quittant ensuite pour un poste avec une compagnie plus importante.

Présentement, la majorité des danseurs/seuses du RWB sont des diplômé(e)s de l'école de Moroni et ses élèves gonflent les rangs du corps de ballet régulièrement lors de présentations de spectacles d'envergure comme *Le Lac des cygnes* et *Giselle*. La contribution de Moroni au monde de la danse au Canada a été soulignée par

to the Order of Canada, in 1990, and the Order of the Buffalo Hunt from the Province of Manitoba, in 1991.

ses nominations, en premier lieu à l'Ordre du Canada en 1990 et à l'Ordre du Buffalo Hunt, du Manitoba en 1991.

## Marial Mosher
by/par Pat Richards

**Mosher, Marial**. Danseuse, professeure, chorégraphe. Née : 1917, Vancouver, Colombie-Britannique.

La famille Mosher s'établit à Halifax, Nouvelle-Écosse, peu après la naissance de Marial. Elle commença à étudier la danse sérieusement à l'âge de dix ans avec Madame Hylda Davies. Après deux ans d'études, elle participa à des prologues aux projections des films au théâtre Capitol à Halifax. Ces prologues offraient un divertissement en direct avant la projection du film à l'affiche. Le spectacle comportait des éléments de musique instrumentale, de chant et de danse dans le style des revues musicales.

Halifax avait une longue tradition de théâtre et de vaudeville et la présentation de prologues était une stratégie pour attirer les gens au cinéma. Les thèmes de ces prologues variaient, quelquefois reflétant le contenu du film projeté, d'autres fois une histoire sans lien ou encore un

**Mosher, Marial**. Dancer, teacher, choreographer. Born: 1917, Vancouver, British Columbia.

The Mosher family moved to Halifax, Nova Scotia shortly after Marial's birth. She began studying dance seriously at the age of ten with Madame Hylda Davies. After studying for a couple of years, she appeared in prologues to the movies at the Capitol Theatre, Halifax. These prologues provided live entertainment before the film feature of the week. The entertainment

included instrumental music, singing and dance in revue style.

Halifax had a strong tradition of theatre and vaudeville, and it was thought that the prologues were a way to persuade people to go to the movies. The themes of the prologues varied, sometimes reflecting the movie they were accompanying or an unrelated story ballet, or sometimes a composite of dances from other shows. For example, an undated newspaper review describes a prologue beginning with a "nature dance" in a woodland setting, followed by a "spirited" Apache dance featuring Davies as the Apache girl and Kitty Richards as her underworld "lord", the final number being cabaret style with boys and girls seated at tables near the rear of the stage. This cabaret number featured a pony ballet and thirteen girls doing a Charleston.

By 1937, there were many more movie houses in Halifax, and the live shows at the Capitol were less frequent; by this time, they were sometimes shown after or between two showings of a movie. For example, on May 14, 1937, a special Coronation performance was held called the *Red White and Blue Stage Show*. The next day, the following appeared in the Halifax Mail: "Last evening a special Coronation Stage Show was presented, featuring an orchestra led by Harry Cochrane, Madame Hylda's dancers, with Miss Marial Mosher, and Beatrice Fortune and Charles Brown as soloists. The programme offered patriotic music and dances and costumes designed to express the spirit of the season." Davies was contracted by John F. O'Connell, manager of the Capitol Theatre (formerly the Majestic) to create these prologues for the movies in 1926 and the contract lasted until approximately 1942.

In 1933, Mosher left Halifax to study at the Albertina Rasch Studio in New York. She studied and performed with Rasch for three years, only returning to Halifax for Christmas and summer vacations. Mosher remembers one performance being a musical operetta called Music Has Charms, and another performance being with a Russian Opera Company, although many of the dancers were not Russian. Mosher

pot-pourri de danses tirées de d'autres spectacles. Ainsi, un article de journal (date inconnue) décrit un prologue débutant avec «une danse de la nature» dans un paysage boisé suivi d'une danse «Apache» fougueuse dansée par Davies dans le rôle de la jeune Apache et Kitty Richards jouant son seigneur des enfers; le numéro final était de style cabaret avec des filles et garçons assis à des tables en haut de la scène. Ce numéro comportait aussi un ballet «Pony» et treize jeunes filles dansant le Charleston.

Vers 1937, les cinémas étaient beaucoup plus nombreux à Halifax et les prologues en direct au Capitol étaient moins fréquents À cette époque, ils étaient quelquefois présentés après ou entre deux projections d'un film. Ainsi, le 14 mai 1937, un spectacle special du couronnement fut présenté: le *Red, White and Blue Stage Show*. Le lendemain on pouvait lire dans le Halifax Mail : «Hier soir, un spectacle special de couronnement fut présenté, mettant en vedette un orchestre dirigé par Harry Cochrane, les danseurs/seuses de Madame Hylda avec comme solistes, Mesdemoiselles Marial Mosher, Beatrice Fortune et M. Charles Brown. Au programme, de la musique patriotique ainsi que des danses et costumes exprimant l'esprit du jour.» En 1926, John F. O'Connell, gérant du théâtre Capitol (anciennement le Majestic) accorda le contrat de créer les prologues à Davies, contrat qui s'étira environ jusqu'en 1942.

En 1933, Mosher quitta Halifax pour étudier au Albertina Rasch Studio à New York. Elle étudia et dansa pour Rasch pendant trois ans, ne retournant à Halifax que pour les vacances d'été et de Noël. Mosher a le souvenir d'un spectacle d'opérette musicale appelé Music Has Charms et d'un autre spectacle avec le Russian Opera Company, même si la majorité des interprètes n'étaient pas russes. Mosher raconte qu'il était à la mode à cette époque pour les interprètes d'adopter des noms russes.

Au studio Rasch, le ballet était étudié deux heures le matin et les deux années subséquentes, une classe de danse moderne avec Martha Graham ou l'un(e) de ses danseurs/seuses était ajoutée l'après-midi. Mosher étudia aussi les claquettes et l'acrobatie et ce, sans l'approbation

said it was popular at the time for performers to adopt Russian names.

At the Rasch studio, ballet was studied for two hours in the morning; in the second two years, a modern dance class was held in the afternoon with Martha Graham or one of her dancers. Mosher also studied tap and acrobatics, without Rasch's approval. Mosher knew her tap teacher as Carlos, and she brought back the new style of tap she learned from him to Davies' School. Mosher remembers him using more upper body movement than the English style tap taught by Davies' sister, Kate Early. Mikhail Fokine also had a studio in New York in the early 1930's, and Mosher took an occasional class with him.

In 1936, she returned to Halifax in order to accompany Early to England. They spent from June until October in London, where Mosher continued her studies. In October she was offered a job dancing in a pantomime, but Early was returning to Canada, and Mosher's parents were reluctant to let her stay. The following year she continued dancing and teaching with Davies, but also returned to New York, "picking up new ideas and coming up to scratch".

There were a great many performances from 1937-1941, some of them at the Capitol. There is videotape footage, from a film shot by her father, of Marial dancing at the Capitol Theatre. With the beginning of World War II, however, most of the performances were for the troops, at places like York Redout, or any military base where there was a suitable hall and troops. Mosher remembers it as mostly solo work and light entertainment, which included jazzy numbers and tap dancing. By this time, Davies had become increasingly dependent on Mosher to assist with the teaching and choreography. She was considered to be a part of the family, and the most gifted performer of the later group of Davies' dancers. In fact, the advertisement for the special Coronation show of 1937 said "Mme. Hylda and Marial Mosher Dance School present...."

In 1939, Mosher was also a part-time member of the volunteer army corps, learning motor mechanics by day and dancing at night.

de Rasch. Mosher connaissait son professeur de claquettes sous le nom de Carlos et elle implanta un nouveau style de claquettes à l'école de Davies. Mosher se souvient que la technique de Carlos incorporait plus le haut du corps que le style anglais enseigné par la soeur de Davies, Kate Early. Mikhail Fokine avait aussi un studio à New York au debut des années trente et Mosher suivait un cours avec lui à l'occasion.

En 1936, elle revint à Halifax afin d'accompagner Early en Angleterre. Elles passèrent de juin à octobre à Londres, où Mosher poursuivit ses études. En octobre, on lui offrit de danser dans un pantomime mais Early retournait au Canada et les parents de Mosher étaient réticents à la laisser seule à Londres. L'année suivante, elle continua à danser et enseigner avec Davies mais se rendait à New York pour «ramasser de nouvelles idées et pour se forcer à relever des défis.»

Elle participa à de nombreux spectacles de 1937 à 1941, dont certains au Capitol. Il existe une bande vidéo d'un film tourné par son père, montrant Marial dansant au théâtre Capitol. Avec l'arrivée de la Deuxième Guerre cependant, la majorité des spectacles étaient présentés à des troupes de l'armée, à des endroits comme York Redout, ou à toute base militaire qui possédait une salle appropriée et des troupes à divertir. Selon elle, les spectacles étaient surtout des solos et du divertissement léger comme des numéros de ballet jazz et de danse à claquettes. À cette époque, Davies dépendait de plus en plus sur Mosher pour l'enseignement et la chorégraphie. Elle était considérée comme membre de la famille et était perçue comme l'interprète la plus talentueuse des plus récents groupes de danseurs/seuses de Davies. En fait, on pouvait lire sur l'annonce publicitaire pour le spectacle spécial du couronnement de 1937: «L'école de danse de Madame Hylda et de Marial Mosher présente...»

En 1939, Mosher était aussi membre à temps partiel du Corps de l'armée bénévole, étudiant la mécanique le jour et la danse le soir. Elle s'engagea dans le corps de l'Armée des Femmes Canadiennes dès la formation de cette unité et laissa le monde de la danse derrière elle. Joan

With the formation of the Canadian Women's Army Corps, she joined up, leaving the dance world behind her. Joan Watson, Davies' daughter, says that this was a tremendous loss for her mother, and shortly after, in 1943, Davies closed her dance school permanently.

After postings in England and Victoria, Mosher left the army, returning to Nova Scotia in 1947 to begin studying at Acadia University. From 1947-1951, she completed her BA and MA in Social Psychology and Sociology. Although she had not been dancing for five years, she was asked to choreograph several shows while she was there. Her father died the day after her graduation; this prevented her from taking a field research position with Cornell University in Digby, Nova Scotia. Instead, she became a Staff Officer with the newly constituted Canadian Women's Army Corps Militia in Halifax, a position she held for the next ten years. In 1961, the year after her mother died, Mosher went to Toronto to complete a second MA in Anthropology and Sociology, following which she taught part-time at the newly formed Simon Fraser University in the Department of Anthropology, Sociology and Political Science. While she was there she also conducted research on Native Peoples. After "the revolution" within the department by the more radical members, she returned to Halifax, and began teaching Anthropology and Canadian Studies at Mount Saint Vincent University, where she remained until her retirement in 1984. Mosher still lectures on Native Peoples and advanced field research, and continues to be involved with Elder Learners, of which she is one of the founders.

Watson, la fille de Davies, dit que ce fut un coup terrible pour sa mère et peu après, Davies ferma son école de danse de façon permanente.

Après avoir été affectée en Angleterre et à Victoria, Mosher quitta l'armée et revint en Nouvelle-Écosse en 1947 pour débuter des études à l'Université Acadia. De 1947 à 1951, elle compléta un B.A. ainsi qu'une Maîtrise ès Arts en Psychologie et Sociologie. Malgré qu'elle n'ait pas dansé depuis cinq ans, on lui demanda de chorégraphier durant ses études. Son père décéda le lendemain de la remise des diplômes, ce qui l'empêcha d'accepter un poste de recherche sur le terrain à l'Université Cornell à Digby, Nouvelle-Écosse. Elle accepta plutôt un poste d'Officier d'état-major avec la nouvelle Milice canadienne du Corps de l'Armée des Femmes à Halifax, poste qu'elle occupa pendant les dix années subséquentes. En 1961, un an après le décès de sa mère, Mosher alla étudier à Toronto pour compléter une seconde maîtrise en Anthropologie et Sociologie. Suite à ces études, elle enseigna à temps partiel à la nouvelle Université Simon Fraser au département d'Anthropologie, Sociologie et Sciences Politiques. C'est à cette époque qu'elle mena des recherches sur les Amérindiens. Après une «révolution» au département suscitée par des membres plus radicaux, elle revint à Halifax pour enseigner l'anthropologie et les études canadiennes à l'Université du Mont Saint-Vincent où elle demeura jusqu'à sa retraite en 1984. Mosher donne toujours des conférences traitant de la culture amérindienne, mène des recherches poussées sur le terrain et continue à être impliquée avec les Elder Learners, un groupe qu'elle a contribué à mettre sur pied.

# MUSIC FOR DANCE/MUSIQUE POUR LA DANSE

The founding of the Winnipeg Ballet in 1938 appears to mark the beginning of musical composition for dance in Canada. The prolific Winnipeg composer, Marius Benoist, seems to have been the first composer to write specifically for dance with three scores for the company in 1939. In the same year in Toronto, the Volkoff company used an orchestral piece by John Weinzweig, The Whirling Dwarf, and choreographed it as *Doll*. Both musical composition and dance were poised for development in the late 1930's when the outbreak of war in Europe in 1939 brought a sudden setback.

With the end of the war in 1945 there was a surge of activity. In the following list, only five names appear as composers of dance music before 1945, but between 1945 and 1959, there are twenty-eight. Almost every young composer of serious music is represented, but equally notable is the propensity of dance to draw not only on composers in the established tradition, but to turn to such varied musicians as jazz pianist Calvin Jackson, popular song composer Dolores Claman, and arranger and band conductor, Giuseppe Agostini.

Through the 1980's and 1990's the extraordinary number and diversity of dance companies across the country generated an equally distinctive body of musical works. Composers contributed new works or had their music adapted to dance by individual choreographers. Moreover, the late twentieth-century interest in open forms of theatre and the adventurous and avant garde features of modern dance often resulted in the generation of music by dancers, choreographers and artists as well as by traditional composers, where the musical content grew out of the integrated conception and realization of a new work.

The following list includes both original musical works by Canadians for dance as well as independent works that have been adapted. Extensive as the list is, there has almost certainly been more than is recorded here. The ephemeral nature of dance, and often of dance companies, makes the recovery of information difficult, but it is clear that since mid-twentieth century there has been vigorous and varied interest in music for dance.


Il semble bien que ce soit avec la création du Winnipeg Ballet en 1938, que s'amorce au Canada la composition musicale destinée à la danse. Le prolifique compositeur de Winnipeg, Marius Benoist, est probablement le premier compositeur à écrire spécifiquement pour la danse, créant trois oeuvres pour la troupe en 1939. La même année à Toronto, la troupe de Volkoff utilisa une oeuvre orchestrale de John Weinzweig, The Whirling Dwarf, et la chorégraphia sous le titre de *Doll*. Vers la fin des années 1930, la composition musicale et la chorégraphie s'apprêtaient à prendre leur envol, envol brusquement interrompu en 1939 par le début de la guerre en Europe.

Les activités reprirent à la fin de la guerre en 1945. La liste suivante ne comporte que cinq noms de compositeurs ayant créé des oeuvres avant 1945 mais en énumère vingt-huit entre les années 1945 et 1959. Presque tous les jeunes compositeurs de musique sérieuse y sont représentés. Il est également remarquable que la danse ait attiré non seulement des compositeurs traditionnels mais également des musiciens de styles aussi divers que le pianiste de jazz Calvin Jackson, la compositrice de chansons populaires Dolores Claman et l'arrangeur et conducteur d'ensemble, Giuseppe Agostini.

Tout au long des années 1980 et 1990, le nombre et la diversité exceptionnelles des troupes de danse à travers le pays se traduisirent par un corpus distinct d'oeuvres musicales. Les compositeurs contribuaient soit de nouvelles oeuvres ou adaptaient leur musique aux oeuvres de chorégraphes individuels. L'intérêt, à la fin du vingtième siècle, pour les formes éclatées de théâtre et les caractéristiques de l'avant-garde en danse se reflétaient fréquemment dans la création d'oeuvres musicales par des danseurs, chorégraphes et artistes ainsi que dans le travail de compositeurs

traditionnels chez qui le contenu musical surgit de l'intégration de concepts et de réalisations de nouvelles oeuvres.

La liste qui suit inclut à la fois des oeuvres musicales originales créées pour la danse par des Canadien(ne)s ainsi que des oeuvres indépendantes adaptées pour la danse. Bien que cette liste soit longue, elle n'est vraisemblablement pas complète. Le caractère éphémère de la danse et, fréquemment, des troupes de danses elles-mêmes, rend difficile la collecte d'informations mais il est évident que depuis la moitié du vingtième siècle, le domaine de la musique à l'intention de la danse est empreint de dynamisme et de vitalité.

Carl Morey

**Abreut, Ricardo**
*It's Like Looking Out of the Window of the Train*, Phyllis Whyte, 1979;
**Adams, Miriam**
*Yogurt*, Miriam Adams, 15 Dancers, 1972; *Another Nutcracker*, Miriam Adams, 15 Dancers, 1974;
*So What's This Got To Do With God Already?*, Miriam Adams, INDE '90
**Agostini, Giuseppe**
*La Petite Canadienne*, Montréal Ballet, 1949
**Albrecht, Wendy**
*Gnash Nash*, Charlene Tarver, Alberta Contemporary Dance Theatre, 1976; *Images*, Brian Webb, Brian Webb Dance, 1976; *Parts*, Jacqueline Ogg, Alberta Contemporary Dance Theatre, 1976; *Unspoken*, Sherry Waggoner, Alberta Contemporary Dance Theatre, 1977; *Centre of the Night*, Brian Webb, Brian Webb Dance, 1978; *Feedback*, Brian Webb, Brian Webb Dance, 1978; *Double Solo*, Brian Webb, Brian Webb Dance, 1979; *Ennui*, Brian Webb, Brian Webb Dance, 1979; *Liebchen Mia*, Ken Gould, Brian Webb Dance, 1979; *Thamar and Amnon*, Brian Webb, Brian Webb Dance, 1979; *Haiku*, [1980], Rachel Browne, 1980; *Image*, Andrea Rabinovich, Brian Webb Dance, 1980; *Venetian Moonslide*, Brian Webb, Brian Webb Dance, 1980; *Angst*, Andrea Rabinovich, Brian Webb Dance, 1981; *Flight*, Brian Webb, Brian Webb Dance, 1981; *Framework*, Andrea Rabinovich, Brian Webb Dance, 1981; *Haiku*, [1980], Brian Webb, Brian Webb Dance, 1981; *Sun, Moon, Stars*, Maria Formolo and/et Keith Urban, Formolo and Urban Dance Company, 1981; *Three In Me*, Brian Webb, Brian Webb Dance, 1981; *Contrapuntal Reflections*, Ken Gould, Brian Webb Dance, 1982; *Haiku*, [1980], Andrea Rabinovich, 1982; *Mythical Beast*, Keith Urban, Formolo and Urban Dance Company, 1982; *Ukranian Village*, ACCESS, 1982; *A Wave On The Beach*, Brian Webb, Brian Webb Dance, 1983; *Hub of Time*, Jacqueline Ogg, 1983; *Improvisation III*, Maria Formolo, Formolo and Urban Dance Company, 1983; *Three Emotions*, Andrea Rabinovich, 1983; *The A.M. Warmup*, Maria Formolo and/et Keith Urban, Formolo and Urban Dance Company, 1984; *Circular Paths*, Debra Shantz, Mile Zero Dance Company, 1985; *Indian Legend*, Gail Leonard, Charlene Tarver, B. Bonner and/et E. Hebron, Grant MacEwan Community College, 1986; *Snow Drifts*, Charlene Tarver, 1986; *The Anatomy Book*, Gail Leonard, Charlene Tarver, B. Bonner and/et P. Hardy, Grant MacEwan Community College, 1987; *Thoughts On Dying*, Keith Urban, 1987; *Phantasmagoria*, Anne Kipling-Brown, Grant MacEwan Community College, 1988; *Arctic*, Maria Formolo, Formolo Dance, 1989; *Healing Song at Day's End (1)*, Maria Formolo, Formolo Dance, 1989; *Polluck*, Brian Webb, Brian Webb Dance, 1989; *Healing Song at Day's End (2)*, Maria Formolo, Formolo Dance, 1990; *Spirits of Air*, Maria Formolo, Formolo Dance, 1990; *Healing The Child*, Chick Snipper, 1991; *Noise Pollution*, Charlene Tarver, Grant MacEwan Community College, 1991
**Allen, Ron**
- with/avec Ahmed Hassan, John Lang and/et Gordon Phillips: *Nightclown*, Robert Desrosiers, Desrosiers Dance Theatre, 1980; *Lumière*, Robert Desrosiers, Desrosiers Dance Theatre, 1986; - with/avec Jesse Cook and/et Gordon Phillips: *Incognito*, Robert Desrosiers, Desrosiers Dance Theatre, 1988; *Motion Pictures*, [Hollow Sheets], Donna Krasnow, 1998; *Quatre tableaux*, Sonya Delwaide, 1987
**Anderson, Janet**
- with/avec Terry Head: *Private Spaces - Hourglass*, Marie-Josée Chartier, Dancemakers, 1989
**Anhalt, Istvan**
*Arc-en-ciel*, 1951
**Applebaum, Louis**
*Suite of Miniature Dances*, 1953; *Legend of the North*, Janet Baldwin, Janet Baldwin Ballet, 1957; *Barbara Allen (Dark of the Moon)*, David Adams, National Ballet of Canada, 1960; *Homage*, Grant Strate, National Ballet of Canada, 1969; *Balletic Overture*, National Ballet School, 1987; *The Legend of Sleepy Hollow*,

# MUSIC FOR DANCE/MUSIQUE POUR LA DANSE

Danny Grossman and/et Lawrence Gradus, The Danny Grossman Dance Company, 1991; *Buffalo Jump*, Michael Greyeyes, Michael Greyeyes and Company, 1996

**Arasimowicz, George**
- with/avec Douglas Lovied and/et Jamie Philp: *GO ON ... Go On ... go on*, Dancers Studiowest, 1988

**Arteaga, Edward**
*Solitaire*, Paula Ross, 1976; *Ed's Piece*, [String Quartet #1], Paula Ross, 1976; *Venturi*, Paula Ross, 1979

**Ashley, Cori**
*Wasted Rituals*, Phyllis Whyte, 1980; *Attention to Inner Stillness*, Phyllis Whyte, 1983

**Assaly, Edmund**
*Carrefour*, Elizabeth Leese, 1950; *Mount Royal Fantasy* [1948], Elizabeth Leese, 1952

**Aston, Paul**
*Ariadne*, Paula Thompson, Northern Lights Dance Theatre, 1985

**Austin, Kevin**
*Spheres, Chains, Corridors, Passage*, Elizabeth Langley, 1978; *Vortex*, Iro Tembeck, 1979

**Axon, George**
*When the Bough Breaks*, Patricia Fraser, Dancemakers, 1984

**Bakan, Daniel**
*Landmines*, Kim Frank, 1994; *Willy*, Kim Frank, 1994

**Bakan, Michael**
*Pet*, Lisa Cochrane, 1987

**Baker, Michael Conway**
*The Letter*, Peter Randazzo, Toronto Dance Theatre, 1974; *The Recital*, [Piano Sonata], Peter Randazzo, Toronto Dance Theatre, 1977; *Courances*, [Flute Concerto], David Earle, Toronto Dance Theatre, 1978; *The Raven*, David Earle, Toronto Dance Theatre, 1978; *Washington Square*, James Kudelka, National Ballet of Canada, 1979; *Untitled Duet*, Peter Randazzo, Toronto Dance Theatre, 1980; *L.I.F.E. (Love Is For Eternity), "Power"*, [Starwarriors], Michael Peters, Royal Winnipeg Ballet, 1989; *L.I.F.E. (Love Is For Eternity), "Joy"*, [Technophrenia], Michael Peters, Royal Winnipeg Ballet, 1989

**Baker, Michael J.**
*Immelman's Turn*, Paula Ravitz, 1978; *Spiral*, Karen Jamieson, Dancemakers, 1979; *Disc*, Peggy Baker, Dancemakers, 1979; *The Nightingale*, Peggy Baker, Dancemakers, 1979; *Despair Comics*, Karen Jamieson, Karen Jamieson Dance Company/Dancemakers, 1980/1983; *A Christmas Carol*, Stephanie Ballard, Winnipeg's Contemporary Dancers, 1980; *Skyling*, Patricia Beatty, Toronto Dance Theatre, 1980; *Cantus*, Karen Jamieson, Terminal City Dance, 1980; *Mas' Harai*, Patricia Beatty, Toronto Dance Theatre, 1981; *Two Strand River*, Karen Jamieson, Terminal City Dance, 1981; *In Paradisum*, James Kudelka, Les Grands Ballets Canadiens, 1982; *Mud*, Karen Jamieson, T.I.D.E., 1982; *unfinished business*, James Kudelka, Dancemakers, 1983; *Windhover*, Carol Anderson, Dancemakers, 1983; *Animated Shorts*, [Animated Shorts 1 and 2, 1984], Christopher House, Toronto Dance Theatre, 1984; *Avant-Propos*, Charles-Matthieu Brunelle, Dancemakers, 1985; *Dracula*, James Kudelka, Les Grands Ballets Canadiens, 1985; *Angel Food*, Carol Anderson. Dancemakers, 1986; *the wakey nights*, James Kudelka, 1987; *Body/Space/Desire*, [Desire Variations], Susan Cash, Dancemakers, 1987; *R.E.D. The Mens Club*, Marie-Josée Chartier, 1988; *Love, Dracula*, James Kudelka, Les Grands Ballets Canadiens, 1989; *In The Trees*, Bill James, Dancemakers, 1990; *C.V.*, [Columbus, 1988], James Kudelka, Montréal Danse, 1990; *Dimanche soir à Marie-Clarac*, Marie-Josée Chartier, 1990; *Big Pictures*, Bill James, ARRAYMUSIC, 1992; *La vie de bohème*, Peggy Baker, Peggy Baker Dance Projects, 1993; *Spring Awakening*, James Kudelka, National Ballet of Canada, 1994; *Columbus*, [Columbus, 1988], Christopher House, Toronto Dance Theatre, 1995; *Encoded Revision*, Peggy Baker, Peggy Baker Dance Projects, 1997; *C'est beau ça, la vie*, Serge Bennathan, Dancemakers, 1998; - with/avec Henry Kucharzyk, Linda C. Smith, Jean François Estager, Pierre Alain Jaffrennou and/et James Giroudon: *Chemin de ronde*, Serge Bennathan, Dancemakers and/et ARRAYMUSIC, 1999; -with/avec John M. Sherlock: *the glass anchor*, Heidi Strauss, 2000

**Barnes, Milton**
*Rhapsody in the Late Afternoon*, Peter Randazzo, Toronto Dance Theatre, 1971; *The Amber Garden*, Peter Randazzo, Toronto Dance Theatre, 1972; *The Last Act*, Peter Randazzo, Toronto Dance Theatre, 1972; *Three Sided Room*, Peter Randazzo, Toronto Dance Theatre, 1972; *A Flight of Spiral Stairs*, Peter Randazzo, Toronto Dance Theatre, 1973; *Cape Eternity*, David Earle, Toronto Dance Theatre, 1984; *Anerca I*, Peggy McCann, 1980; *Anerca: The Raven and the Children and Origin of the Winds*, Randy Glynn, Soundstreams Canada, 1990

**Barrett, Ross**
*Fog Rolls in on Little Cats' Feet*, Barbara Bourget, Kokoro Dance, 1988
**Barrosso, Sergio**
*Ireme*, Terry Hunter, Vancouver Moving Theatre, 1984; *Night Parade*, Savannah Walling, Vancouver Moving Theatre, 1985; - with/avec Jay Godsmark, Dayne Lycett and/et Adam McGillivray: *Private Spaces - Junglehead*, Philip Drube, Dancemakers, 1989
**Bartley, Wende**
- with/avec Michelle George: *Only Time To/No Time Not To*, Terrill Maguire, INDE '88, 1988; *Lost Innocence*, Allen Kaeja, Kaeja d'Dance, 1993
**Baxter, Lee**
- with/avec George Gershwin, Terry Snyder and/et Don Swan: *Champs D'Agneaux (lamb fields)*, Catherine Tardif, 1998
**Beau Dommage**
*Jigsaw Puzzle*, Maxine Heppner, 1982
**Beaudoin, Adrien**
*Brasilia*, Hélène Blackburn, Montréal Danse, 1989; *Epilogue*, Hélène Blackburn, 1990
**Becker, Bob**
*Urbhanamudra*, Joan Phillips, 1990; *It Shall Come To Pass*, Danny Grossman and/et Rina Singha, Danny Grossman Dance Company, 1995
**Beckwith, John**
*The Littlest One*, David Adams, National Ballet of Canada, 1959
**Beecroft, Norma**
*Hedda*, James Kudelka, National Ballet of Canada, 1983
**Beeson, Brit**
*Grava*, Karen Kaeja, Kaeja d'Dance, 1997
**Behrens, Jack**
*Traces*, Donna Krasnow, 1990
**Bellman, Tom**
*June and Ted and Patti and Les*, Laura Taler, 1991
**Belton, Owen**
*Moving Day*, Crystal Pite, Ballet BC, 1996
**Benn, Gail**
- with/avec Phyllis Whyte: *The Millionth "NO"*, Phyllis Whyte, 1984
**Bennett, Geoff**
*Future Crimes*, Learie McNicolls, Dancemakers, 1992; *Sonic Timbre*, Michael Menegon, 1994; *Phoenix*, Peter Randazzo, 1995; *Edge*, Allen Kaeja, Kaeja d'Dance, 1995; *Skinny Saints*, Sara Porter with/avec Philippa Domville, La Compagnie Petit Jeu, 1995
**Benoist, Marius**
*Grain*, Gweneth Lloyd, Winnipeg Ballet Club, 1939; *Great Bear*, Gweneth Lloyd, Winnipeg Ballet Club, 1939; *Kilowatt Magic*, Gweneth Lloyd, Winnipeg Ballet Club, 1939
**Bertrand, Ginette**
*Antichambre*, Pierre-Paul Savoie, 1987; *Trippes attisées*, Pierre-Paul Savoie, 1987; *Ce n'est guère civil*, [Visas pour ailleurs], Pierre-Paul Savoie, Montréal Danse, 1988; *Don Quichotte de la Tache*, Pierre-Paul Savoie, PPS Danse, 1988; *Duodenum*, Pierre-Paul Savoie and/et Jeff Hall, PPS Danse, 1989; *L'ombre d'un doute*, Pierre-Paul Savoie, PPS Danse, 1992; *Bagne*, Pierre-Paul Savoie and/et Jeff Hall, PPS Danse, 1993; *Pôles*, Pierre-Paul Savoie and/et Jeff Hall, PPS Danse, 1996
**Besold, Bobbe**
- with/avec Geordie MacDonald: *Notime*, Bobbe Besold, 1979
**Betts, Lorne**
*Music for a Ballet*, 1960
**Bibb, Leon**
*Red Madonna*, Karen Jamieson, 1982;
**Bird, Jeff**
*Savage Garden*, Allen Kaeja, Kaeja d'Dance, 1990
**Bonnier, Bernard**
*La Diagonale du Coeur*, Luc Tremblay and/et Lucie Boissinot, Le Carrefour international de Théâtre, 1992; *Le Charme persiste mais n'opère plus*, Luc Tremblay, La Compagnie Danse Partout, 1994

# MUSIC FOR DANCE/MUSIQUE POUR LA DANSE

**Booth, Allen**
*Beggars Would Ride*, Conrad Alexandrowicz, 1987
**Borzac, Leslie**
*Bottled Spirit*, Phyllis Whyte, 1982
**Bouchard, Linda**
*Sex Is My Religion*, [Eternity, 1995], John Alleyne, Ballet BC, 1996
**Boudreau, Walter**
*Chaleur*, Paul-André Fortier, Fortier Danse Création, 1985; *Brûler*, Paul-André Fortier, Fortier Danse Création, 1986
**Bouhalassa, Ned**
*Music for a Millennium Mosaic*, Irène Stamou, Metaspora Dance, 1999
**Bourassa, François**
*Accelerando*, Mauricio Wainrot, Les Ballets Jazz de Montréal, 1990
**Brabant, Pierre**
*La Gaspésienne*, Ruth Sorel, Les Ballets Ruth Sorel, 1949
**Brady, Tim**
*Brutal Motion*, [Inventions, 1988], Julie West, Julie West Dance, 1989
**Brott, Alexander**
*La Corriveau*, Brydon Paige, Les Grands Ballets Canadiens, 1967
**Bryans, Billy**
*The Tribulations of an Ordinary Mortal*, Conrad Alexandrowicz, Dancemakers, 1984; *Auto-da-Fée*, Conrad Alexandrowicz, Dancemakers, 1985
**Buchbinder, David**
*Doyne Suite*, [arrangement of traditional Klezmer/arrangement de Klezmer traditionel], Kim Frank, Canadian Children's Dance Theatre, 1994; *Dig*, Kim Frank, 1995
**Buhr, Glenn**
*Shift*, Tom Stroud, 1995
**Burton, Laura**
*Tables*, Paula Thompson, Northern Lights Dance Theatre, 1987
**Butterfield, Christopher**
*The Dumbfounding*, Jennifer Mascall, EDAM, 1989; *The Light at the End of the Tunnel May Be the Other Train Coming Towards You*, Jennifer Mascall, Mascall Dance, 1990; *Super Jack*, Benoît Lachambre, 1990; *The Inner Sea*, Benoît Lachambre, 1990
**Buxton, William**
*Mannequin Suite*, [Stuff Your Strut], Karen Bowes-Sewell, 1981
**Cadesky, Eric**
*N'Adjustez Pas*, Louise Bédard, 1983; *Rhyme Nor Reason*, Leica Hardy, 1983; *Sight Unseen*, Paula Ravitz, 1983; *Dick and Jane Trilogy*, Leica Hardy, 1984; *Openings*, Maxine Heppner, 1986; *Weathervane*, Maxine Heppner, 1986; *Ladia Medric Takes Off*, Claudia Moore and/et Lola MacLaughlin, 1987; *Ma Poubelle*, Claudia Moore, 1987; *Peter Pistolino*, York University Dance Department, 1987; - with/avec Bill Gilliam: *Flesh and Clay*, Maxine Heppner, Phyzikal Theatre Company, 1987; *Corridor*, Brigitte Bourbeau, 1988; *Music for Sore Throats*, Claudia Moore and/et Lola MacLaughlin, 1988; *Telephone Calling*, Joanna Powell, 1988; - with/avec John Lang: *First Year*, Robert Desrosiers, National Ballet School, 1988; - with/avec John Lang: *Incognito*, [other versions contain music by/autres versions incluent de la musique par Gordon Phillips and others/et autres], Robert Desrosiers, Desrosiers Dance Theatre, 1988; - with/avec John Lang et/and Gordon Phillips: *Avalanche*, [various versions also include music by/diverses versions incluent aussi de la musique par Jesse Cook, Ron Allen and others/et autres], Robert Desrosiers, Desrosiers Dance Theatre, 1989; *Arc En Ciel*, Robert Desrosiers, Desrosiers Dance Theatre, 1989; *The Transparent Man*, Laurie Shawn Borzovoy, 1989; - with/avec Ahmed Hassan: *Into Limbo*, Maxine Heppner, 1989; - with/avec James Rohr: *Provocation*, Sonya Delwaide, 1989; *Boundary Water*, Sonya Delwaide, 1990; *Fossil*, Claudia Moore, 1990; *Just Visiting*, Claudia Moore, 1990; - with/avec John Lang: *Jeux*, Robert Desrosiers, Desrosiers Dance Theatre, 1990; *Full Moon*, Robert Desrosiers, Desrosiers Dance Theatre, 1991; *Oh, Amelia*, Hope Terry, 1991; - with/avec John Lang: *Black and White*, Robert Desrosiers, Desrosiers Dance Theatre, 1991; *Boudoir*, Maxine Heppner, 1992; *In The Time*, Darcy Wood, 1992; *Line Theory*, Laura Taler, 1992; *Spirit World*, Robert Desrosiers, 1992; *Windman Solo*, Robert Desrosiers, 1992; *Box Pieces*, Claudia Moore, 1993; *The Hotel Project*, Dominique Dumais, Dances for a Small Stage, 1993; - with/avec Anne Bourne: *Black and White In Colour*, Robert Desrosiers, Desrosiers

Dance Theatre, 1993; *Study #3*, Michael Montanaro, Montanaro Dance, 1994; *White Clouds*, Robert Desrosiers, Desrosiers Dance Theatre, 1994; *do moments of Her dissolve?*, Dominique Dumais, National Ballet of Canada Choreographic Workshop, 1995; *Musical Chairs*, Robert Desrosiers, Desrosiers Dance Theatre, 1995; *Pinocchio*, Robert Desrosiers, Hamilton Youth Ballet Ensemble, 1995; *Dreams In Flux*, Dominique Dumais, 1996; *Sporting Life*, Julia Sasso, 1996; *The Visitant*, Coralee MacLaren, 1996; - with/avec John Lang: *Corridors*, Robert Desrosiers, Desrosiers Dance Theatre, 1996; *After Lucy*, Dominique Dumais, 1997; *Chambers*, Dominique Dumais, Ballet Jörgen, 1997; *Person Project*, Tere O'Connor, Peggy Baker Solo Dance, 1997; - with/avec Gavin Bryars: *Pulled by Blue*, Dominique Dumais, Stuttgart Ballet, 1997; *Pierrot*, Robert Desrosiers, Desrosiers Dance Theatre, 1997; *Profonde Légèrté*, Dominique Dumais, CBC TV, 1998; *The Weight of Absence*, Dominique Dumais, National Ballet of Canada, 1998; *Circus Dream*, Robert Desrosiers, Desrosiers Dance Theatre, 1999; *Garden of Stone*, Joanna Das, BRAVO! TV, 1999; *Masquerade*, Robert Desrosiers, Desrosiers Dance Theatre, 1999; - with/avec Alexina Louie: *100 Words For Snow*, [In memorium Glenn Gould], Dominique Dumais, National Ballet of Canada, 1999; *Pricking thE ROSe*, Katherine Duncanson, ARRAYMUSIC and/et The Theatre Centre, 1999

**Calon, Christian**
*La Voisine*, Dulcinea Langfelder, Dulcinea Langfelder and co., 1989; *Hockey! OK?*, Dulcinea Langfelder, Dulcinea Langfelder and co., 1991; *Victoria*, Dulcinea Langfelder, Dulcinea Langfelder and co., 1999

**Campbell, Elyra**
*Banana Splitz*, Savannah Walling, Terminal City Dance and/et Vancouver Moving Theatre, 1982

**Campbell, Reid**
- with/avec William Winant: *15 minutes for Dance in Canada*, Terry Hunter, Karen Jamieson and/et Savannah Walling, Terminal City Dance, 1978

**Carignan, Jean**
- arranged by/arrangée par Donald Patriquin: *Fête Carignan/Hangman's Reel*, [Paddy Ryan's Dream, Les Reels de Crowley: Potpourri de Gigues, Ronfleuse Gobeil, Banks Medley, Joyous Waltz, L'Aire Ecossais, American Polka, La Flute Magique, Reel du Pendu, Cape Breton Medley], Brian Macdonald, Les Grands Ballets Canadiens, 1978

**Carpenter, Jim**
*Much Ado*, Phyllis Whyte, 1988

**Cash, Andrew**
*Close Line Open*, Susan Cash, 1985

**Castellano, Steven**
- with/avec Edward Zaski: *Split Image*, Donna Krasnow, 1988; - with/avec Edward Zaski: *Timescapes*, Donna Krasnow, 1989; - with/avec Edward Zaski: *Turnstile*, Donna Krasnow, 1991

**Caux, Robert**
*La Débâcle*, Luc Tremblay, La Compagnie Danse Partout, INDE '88, 1988; - with/avec Bruno Paquet: *Mirages*, Luc Tremblay, La Compagnie Danse Partout, 1991

**Celona, John**
*It Sounded Like Cry*, Lee Eisler, JumpStart, 1986

**Chamberland, Mireille**
*Duodenum*, Pierre-Paul Savoie, Jeff Hall and/et Marc Boivin, 1988

**Charney, Miriam**
*Clown*, Margie Gillis, 1978

**Charpentier, Gabriel**
*Artère*, Ludmilla Chiriaeff, Les Grands Ballets Canadiens, 1976

**Charpentier, Jacques**
*Nataraja*, Constantin Patsalas, National Ballet of Canada, 1981

**Chartier, Marie-Josée**
*Vue sur l'infini*, Marie-Josée Chartier, 1997

**Chénier, Bertrand**
*Retour d'exil*, Sylvain Émard, 1991; *Terrains Vagues*, Sylvain Émard, 1993; *La Vita*, Jean-Pierre Perreault, Fondation Jean-Pierre Perreault, 1993; *Installation chorégraphique 1: L'Instinct*, Jean-Pierre Perreault, Fondation Jean-Pierre Perreault, 1994; *Des siècles avec vous*, Sylvain Émard, 1994; *Eironos*, Jean-Pierre Perreault, Fondation Jean-Pierre Perreault, 1995; *Les Années de Pèlerinage*, Jean-Pierre Perreault, Fondation Jean-Pierre Perreault, 1995; *Agathe*, Sylvain Émard, 1995; *Le bruit qui court*, Sylvain Émard, 1995; *Les ombres dans ta tête*, Jean-Pierre Perreault, Fondation Jean-Pierre Perreault, 1996; *Rumeurs*, Sylvain Émard, 1996; *À jamais,* Sylvain Émard, 1997; *Mensonge Variations*,

# MUSIC FOR DANCE/MUSIQUE POUR LA DANSE

Sylvain Émard, 1998

**Chin, Peter**

*Eve*, Bill James, 1986; *Last Song*, Peter Chin, 1986; *Nulla in Mundo Pax Sincera*, Peter Chin, 1986; *Ooki La Tronem*, Peter Chin and/et Katherine Duncanson, 1986; *Circle of Fire* Peter Chin, 1987; *Maple Syrup*, Allen Norris, T.I.D.E., 1987; *Vava Vivi Slosh*, Peter Chin and/et Katherine Duncanson, 1987; *Limbough* (video), Peter Chin, Pavlychenko Dance, 1987; *Come into the last forest before it is cut down*, Peter Chin, 1988; *Flambeaux*, Peter Chin, 1989; *La voix le corps*, Peter Chin, 1989; *Things Shrouded*, Peter Chin, 1990; *In Red Night: A Street Action*, Bill James and/et Peter Chin, BLOC 16, 1992; *Seven Mountains*, [Monks], Bill James, 1992; *Songs and Dances from the Interior*, Peter Chin, 1992; *The Bed of the River*, Peter Chin, Dancemakers, 1992; *cycLone*, Peter Chin, 1993; *Southwestnortheast*, Peter Chin, 1995; *Berberapa*, Peter Chin and/et Katherine Duncanson, Toronto Dance Theatre, 1996; - with/avec John Oswald: *Northeastsouthwest*, Peter Chin, 1996; *Language*, Peter Chin, princess productions, 1997; *Pierce*, Peter Chin, 1997; *Raturaja*, Peter Chin, 1997; *Cathedral*, Gerry Trentham, lbs/sq", 1998; *Inirian*, Peter Chin, 1998; *Bako National Park*, Peter Chin, Overall Dance, 1998; *BITE*, Peter Chin, 1999; *Hutan Belantara*, Peter Chin, 1999; *Mata Hari Terbenam*, Peter Chin, 1999; *Prakaram*, Peter Chin, 1999

**Chomsky, Marcus**

*Rhythm Suite*, Manhattan Tap, 1986

**Cimon, Bernard**

*Famille d'Artistes*, Luc Tremblay with/avec Lucie Boissinot, Le Théâtre du Trident, 1992

**Claman, Dolores**

*Rêve Fantasque*, Kay Armstrong, B.C. School of Dancing, 1950

**Clouser, James**

*Recurrence*, James Clouser, Royal Winnipeg Ballet, 1961; *Golden Phoenix*, Don Gillies, Royal Winnipeg Ballet, 1962; *Out of Lesbos*, James Clouser, Royal Winnipeg Ballet, 1966; *Riel*, James Clouser, Royal Winnipeg Ballet, 1966

**Coffey, Marsha**

*Journey*, David Earle, Toronto Dance Theatre, 1981; *The Modest Rose Puts Forth a Thorn*, Conrad Alexandrowicz, 1983

**Cohen, Leonard**

*Mercy*, [Sisters of Mercy], Margie Gillis, 1977

**Cole, Allen**

*Songs*, Tom Stroud, Winnipeg's Contemporary Dancers, 1992

**Cole, Keith**

*Toilet*, Keith Cole, 1996

**Collectors, The**

*What Love*, Paula Ross, 1969

**Collier, Ron**

*Aurora Borealis*, CBC TV, 1976

**Conte, Michel**

*Un et un font deux*, Michel Conte, Royal Winnipeg Ballet, 1961; *Cantique des cantiques*, Fernand Nault, Les Grands Ballets Canadiens, 1974

**Cooke, Coat**

- with/avec Ron Samworth and/et David MacAnulty: *Dreamtigers*, Peter Bingham, EDAM, 1992; - with/avec Ron Samworth: *Born Naked Died Blonde*, Peter Bingham, EDAM, 1996; *Hard Felt*, Peter Bingham, EDAM, 1999

**Copeland, Darren**

*Howling After Music*, Conrad Alexandrowicz, Wild Excursions Productions, 1995; *Forth*, Jessica Runge, 1999

**Corness, Jeff**

*Teller Of Visions*, Peter Bingham, EDAM, 1986; *Sexual Outlaw*, Peter Bingham, EDAM, 1987; *Tadlha*, Cornelius Fischer-Credo, Dancecorps, 1987; *Episode in Blue*, Barbara Bourget and/et Jay Hirabayashi, Kokoro Dance, 1988; *Danceland*, Karen Jamieson, Karen Jamieson Dance Company, 1989; *Point of Departure*, Harvey Meller, Cornelius Fischer-Credo and/et Andrew Mcilroy, Dancecorps, 1989; *The Man Within*, Karen Jamieson, Karen Jamieson Dance Company, 1989; *Ceremony Of Innocence*, Peter Ryan, EDAM, 1989; *Critical Mass*, Peter Bingham, EDAM, 1989; *House Pets*, Jennifer Mascall, EDAM, 1989; *Mudwoman*, [mudwoman, 1989], Karen Jamieson, Karen Jamieson Dance Company, 1990; *Passage*, Karen Jamieson, Karen Jamieson Dance Company, 1990; *Somewhere, A Kinder Garden*, Chick Snipper, Danstabat,

1990; *Rock Of Ages*, Karen Jamieson, Karen Jamieson Dance Company, 1990; *Gawa Gyani*, Karen Jamieson, Karen Jamieson Dance Company, 1991; *Lessons In Survival*, Harvey Meller, Dancecorps, 1991; *Mixk Aax*, Karen Jamieson, Karen Jamieson Dance Company, 1991; *Oracles of Innocence*, Karen Jamieson, Karen Jamieson Dance Company, 1991; *Eternal Return*, Lola Maclaughlin, Lola Maclaughlin Dance, 1992; *Faust*, Karen Jamieson, Karen Jamieson Dance Company, 1992; *Tales of Descent*, Karen Jamieson, Karen Jamieson Dance Company, 1993; *Counterplay*, Karen Jamieson, Karen Jamieson Dance Company, 1994; *Solace*, Peter Bingham, EDAM, 1994; *Blind Impulse*, Judith Garay, 1995; *Cafe Nocturne*, Paras Terezakis, Kinesis Dance Society, 1995; *In Her Scarlet Underdress*, Chick Snipper, Danstabat, 1995; *Mask*, Karen Jamieson, Karen Jamieson Dance Company, 1995; *Redemption*, Karen Jamieson, Karen Jamieson Dance Company, 1995; *Necessary Encounter*, Karen Jamieson, Karen Jamieson Dance Company, 1998; *Unruly Body*, Paras Terezakis, Kinesis Dance Society, 1998; *Becoming Sophia*, Katherine Labelle, Katherine Labelle Dance, 2000

**Coulthard, Jean**
*Excursion*, 1940; *Four Bizarre Dances*, [The Devil's Fanfare], 1958; *The Devil's Fanfare*, 1958

**Cronje, Chrissie-Jane**
*born, never asked*, [Awakening], Kathy Ochoa, Brian Webb Dance, 1998; *The Polite Desire*, [Seria Drammatica], Kathy Ochoa, University of Alberta Orchesis Modern Dance, 1998; *little words*, [Four Preludes for Piano], Kathy Ochoa, Brian Webb Dance, 1999

**Dagenais, Luc-Martial**
*M'a*, Louise Bédard, 1990

**Daigneault, Robert**
*Dark of Moon*, Peter Randazzo, Toronto Dance Theatre, 1971; *The Silent Feast*, David Earle, Toronto Dance Theatre, 1971; *A Walk in Time*, Peter Randazzo, Toronto Dance Theatre, 1973; *Atlantis*, David Earle, Toronto Dance Theatre, 1974; *Bugs*, David Earle, Toronto Dance Theatre, 1974; *Field of Dreams*, David Earle, Toronto Dance Theatre, 1976; *Raptures and Ravings*, Patricia Beatty, Toronto Dance Theatre, 1983

**Danbrook, Debbie**
- with/avec Celina Carroll: *Unearthed*, Denise Fujiwara, 1994

**Danielson, Janet**
*At the Round Earth's Imagined Corners*, Santa Aloi, 1987

**Danza, Joseph "Pepe"**
*Drum Mother's Gifts*, Savannah Walling and/et Terry Hunter, Vancouver Moving Theatre, 1987; *Runners' Tale*, Savannah Walling, Vancouver Moving Theatre, 1990; *The House of Memory*, Savannah Walling, Vancouver Moving Theatre, 1990; - with/avec Jeff Corness: *Samarambi: Pounding of the Heart*, Savannah Walling, Vancouver Moving Theatre, 1992; *The Call*, Savannah Walling, Vancouver Moving Theatre, 1993; *Heronsong*, Savannah Walling, Vancouver Moving Theatre, 1994; *Wak!*, Savannah Walling, Vancouver Moving Theatre, 1994; - with/avec Terry Hunter: *Ab audire: Gifts of the Heart*, Savannah Walling and/et Terry Hunter, Vancouver Moving Theatre, 1996; *Luigi's Kitchen*, Savannah Walling, David Chantler and/et Terry Hunter, Vancouver Moving Theatre and/et Trickster Theatre, 1997; *Zumbelele*, Joseph "Pepe" Danza with/avec Savannah Walling, Vancouver Moving Theatre, 1997; *Cabin Fever*, Savannah Walling, Vancouver Moving Theatre, 1998; *Millenium Blues*, Savannah Walling, Vancouver Moving Theatre, 1999; - with/avec Terry Hunter: *Blood Music*, Savannah Walling, Vancouver Moving Theatre, 1999

**Das, Ritesh**
- with/avec Donald Quan, George Koller and/et Ali Koushkani: *Nine Women*, Joanna Das, M-DO Dance Company, 1994; - with/avec Nicolas Hernandez, Ramesh Misra, Maryem Tollar and/et Paco Fonta: *Old Roads/New World*, Joanna Das and/et Esmerelda Enrique, FIREDANCE, 1996; - with/avec Christopher Ris and/et Miguel de Cadiz: *Collected Stories*, Joanna Das and/et Esmerelda Enrique, FIREDANCE, 1997; -with/avec Ramesh Misra: *Ho-E, Cheng-O*, Joanna Das and/et T.P. Chai, 1997; - with/avec Ramesh Misra: *Kathak Nritt*, Joanna Das and/et T.P. Chai, 1997; - with/avec Ramesh Misra: *Salaam/Namaskar*, Joanna Das and/et T.P. Chai, 1997

**Das, Robin**
- with/avec Deepti Gupta: *Shakuntala*, Deepti Gupta, 1994

**David, Marjorie**
*Heart's Garden*, Kay Armstrong, Kay Armstrong Vancouver Ballet School, 1953; *Waldo's Whirl*, Kay Armstrong, Kay Armstrong Dance Theatre, 1954; *The Legend of the Black Swan*, Kay Armstrong, Kay Armstrong Vancouver Ballet School, 1957

**Davies, Victor**
*The Colour of Our Times*, Rachel Browne, Winnipeg's Contemporary Dancers, 1965; *Evening in the*

*Suburbs*, Rachel Browne, Winnipeg's Contemporary Dancers, 1966; *The Big Top: A Circus Ballet*, Jacques Lemay, Royal Winnipeg Ballet, 1986

**Davis, Aaron**

*Ariel*, Anna Blewchamp, 1984; *Lionheart*, [Violet], Anna Blewchamp, Danceworks, 1984; *Ivory*, Terrill Maguire, 1985

**Dawson, Ted**

*Not Exactly with Difficulty but with Effort*, Paula Ravitz, T.I.D.E., 1982

**Decent, Bone**

*Tony, Me and I*, Keith Cole, 1993

**Derome, Jean**

*Confitures de Gagaku*, Daniel Soulières, Louise Bédard, Richard Simas and/et Andréa Davidson, 1986; *Le Magasin de tissu*, Francine Gagné, 1993; *La Bête*, Ginette Laurin, O Vertigo, 1997; *Les oizelles d'hier*, Monique Girard, 1983; *Frogs*, Jean Derome, 1984; *Rudiments, 250 nécessités*, Jean Derome and/et Nathalie Derome; *L'ange du métro*, Daniel Soulières, 1983

**Dion, Denis**

*Konzert*, Luc Tremblay, La Compagnie Danse Partout, 1986

**Dion, Vincent**

*Danse pour sept voix*, Le Groupe de la Place Royale, 1976; *I Must Say: Il faut bien de dire*, Peter Boneham, Le Groupe de la Place Royale, 1976; *La Dernière Paille*, Le Groupe de la Place Royale, 1976; *Les Nouveaux Espaces*, Peter Boneham, Le Groupe de la Place Royale, 1976; *Vues parallèles*, Le Groupe de la Place Royale, 1976; *En Mouvement*, Lawrence Gradus, Entre-Six, 1977; *Création*, Paul-André Fortier, Fortier Danse Création, 1982; *ça ne saigne jamais*, Paul-André Fortier, Fortier Danse Création, 1983; *Germinal*, Iro Tembeck, Les Ballets Jazz de Montréal, 1984

**Djwa, Philip**

*Quatre voies*, Tassy Teekman, Danse Tassy Teekman, 1993; *Déluge*, Tassy Teekman, Danse Tassy Teekman, 1994

**Doolittle, Quenten**

*Elemental Encounters*, [The Fifth Element], Diana Millbank, University of Calgary Dance Department, 1979; *Sparks*, [Music for Oedipus, 1976], Renald Rabu, 1980; *Helen in Egypt*, Denise Clarke, New Works Calgary, 1989; *Scenes for Trio*, [Scenes for Trio, 1985], Jennifer Bensen, 1999

**Dorio, Derek**

- with/avec Tassy Teekman and/et Michael Montanaro: *Don't Call It At All*, Tassy Teekman, Le Groupe de la Place Royale, 1983

**Drapeau, Michel**

*La Chambre Blanche*, Ginette Laurin, O Vertigo, 1992

**Dufort, Louis**

*Quelques façons d'avancer tranquillement vers toi*, Marie Chouinard, 1980; *Humanitas*, Marie Chouinard, 1998; *Étude poignante*, Marie Chouinard, 1998

**Dugdale, Tim**

*Ajar*, Lorna Reddick, 1987

**Duncanson, Katherine**

- with/avec Erin Donovan: *Brocaded Clouds: a love story*, Yvonne Ng, princess productions, 1999

**Dunleavy, Deborah**

*Patch Dance*, Peggy McCann, Canadian Children's Dance Theatre, 1987

**Duplessis, Paul**

*Hip and Straight*, Fernand Nault, Les Grands Ballets Canadiens, 1970; *Trilogy*, Peter Boneham, Le Groupe de la Place Royale, 1972; *Mirages*, Le Groupe de la Place Royale, 1975

**Eigenfeldt, Arne**

*Enosis*, Iris Garland, Off-Centre Dance Company, 1986; *The Fall*, Serge Bennathan, Ballet BC/National Ballet of Canada, 1988/1997; *And He Lay Himself Down As If To Sleep*, Serge Bennathan, Off-Centre Dance Company, 1988; *Small People Behind the Big Red Suns*, Serge Bennathan, Judith Marcuse Dance Company, 1988; *The Hunt*, Serge Bennathan, Dancecorps, 1988; *Calculus and Arithmetic*, Serge Bennathan, EDAM, 1989; *Le Voyage*, Serge Bennathan, Le Jeune Ballet International de Cannes, 1989; *Mirage*, Serge Bennathan, Ballet Jörgen, 1989; *Picnic*, Serge Bennathan, EDAM, 1990; *Song of the Nightingale*, Serge Bennathan, 1990; *Quand les Grand-mères s'envolent*, Serge Bennathan, Dancemakers, 1991; *Chronicles of a Simple Life*, Serge Bennathan, Dancemakers, 1993; *The Strangeness of a Kiss*, Serge Bennathan, National Ballet of Canada, 1993; *In and Around Kozla Str.*, Serge Bennathan, Ballet BC, 1994; *Les Vents tumultueux*,

Serge Bennathan, Dancemakers, 1994; *ZigZag*, Pipo Damiano, Frozen Eye, 1995; *Les Arbres d'or*, Serge Bennathan, Dancemakers, 1996; *Boy Wonder*, Serge Bennathan, John Alleyne and/et Jean Grand-Maître, Ballet BC, 1997; *les yeux fermés*, Serge Bennathan, Katherine Labelle Dance, 1997; *Remembering, Forgetting*, John Alleyne, Stuttgart Ballet, 1997; *Defiant Paths*, Judith Garay, 1998; *Image d'une Tranversée*, Serge Bennathan, Les Ballets Monte Carlo, 1998; *Water Stories*, Marla Eist, 1998

**Elliott, Kirk**
*Thank You Very Much*, Miriam Adams, 1981; *Pentacost Dance*, Phyllis Whyte, 1983; *Pentacost Dance 2*, Phyllis Whyte, 1984; *Desperate Fantasies*, Susan Cash, Dancemakers, 1986; *Polyhymnia Muses*, Carol Anderson, 1987; *Two Muses*, Carol Anderson, Dancemakers, 1987; *Romeo*, Tom Stroud, 1987; *Dorothy*, Paula Ravitz and co., 1987; *Drive*, Karen Jamieson, Vancouver New Music Society, 1987; *From One House*, Tama Soble and/et Denise Fujiwara, 1987; *Burning House*, Carol Anderson, Dancemakers, 1988; *d'arc,* Carol Anderson, 1988; *Nowell Sing We*, [- with arrangements of traditional music/avec arrangements de musique traditionnelle], Carol Anderson, Canadian Children's Dance Theatre, 1988; *Time and Fevers*, Carol Anderson, 1988; *Solo for Julia*, Tom Stroud, 1989; *Meridien*, Tama Soble, T.I.D.E., 1989; *Haiku*, Carol Anderson, Canadian Children's Dance Theatre, 1990; *Songs of Innocence and of Experience*, Conrad Alexandrowicz, Carol Anderson, Serge Bennathan, Bill Coleman, David Earle, Danny Grossman, Maxine Heppner, Deborah Lundmark, and/et Holly Small, Canadian Children's Dance Theatre, 1991; *Miniature*, Serge Bennathan, Canadian Children's Dance Theatre, 1992; *Human Form Divine*, Danny Grossman, Danny Grossman Dance Company, 1992; *Rat Race*, Danny Grossman, Danny Grossman Dance Company, 1993; *Join Us*, Deborah Lundmark, Canadian Children's Dance Theatre, 1994; *Les Belles Heures*, Carol Anderson, Canadian Children's Dance Theatre, 1994; *Six Oddities*, Deborah Lundmark, Canadian Children's Dance Theatre, 1996; *Visionary Realm*, Danny Grossman, Danny Grossman Dance Company, 1996; *Lily*, Carol Anderson, Canadian Children's Dance Theatre, 1997

**Ellis, Steve**
*Intervention*, Georgie Donais, 1994

**Evangelista, José**
*Rodolphe*, Jean-Pierre Perreault, 1983

**Everything, Eva**
*No Pleasure*, Maxine Heppner, 1985

**Fabiano, J-F**
*Like the Moon Pulls the Tide*, Margie Gillis, 1988; *Roots of the Rhythm Remain*, Margie Gillis, 1988

**Feldman, Barbara Monk**
*gargoyles and angels*, [The Gentlest Chord, 1991], Catherine Lewis, Gargirls, 1997

**Ferland, Marcien**
*Rose Latulipe*, [1990], Jacques Lemay, Les Danseurs de la Rivière-Rouge, 1991; *Thrénodie*, [Thrénodie, 1984], Marcien Ferland and/et Angèle Lavergne, 1994

**Ferreras, Salvador**
*Knots*, Gina Lori Riley, Gina Lori Riley Dance Enterprises, 1980; *Hoofers*, Karen Jamieson, Karen Jamieson Dance Company, 1985; *New Music, New Dance*, Karen Jamieson, 1986; *Vessel*, Karen Jamieson, Karen Jamieson Dance Company, 1988

**Fleming, Matthew**
*Mutual Aid*, Bill James, 1984; *Atlas Moves Watching*, Bill James, INDE '85, 1985; *Curriculum Vitae*, Carol Anderson, Le Groupe de la Place Royale (students), 1985; - with/avec Michael Montanaro: *Sometime After*, Tassy Teekman, 1985; *Amorosa*, Bill James, La Compagnie Danse Partout, 1986; *Not Knowing Which Way To Turn*, Tassy Teekman, 1986; *Geography*, Bill James, 1987; *Mass Solus*, Philip Drube, Dancemakers, 1987; *No Man's Land*, Philip Drube, Dancemakers, 1988; *Asianos*, Bill James, York Dance Ensemble, 1989; *Don't Make Fun*, Philip Drube, 1990; *Lost*, Paul-André Fortier, 1991

**Fleming, Robert**
*Chapter 13*, Gweneth Lloyd, Winnipeg Ballet, 1948; *Shadow on the Prairie*, [1951], Gweneth Lloyd, Winnipeg Ballet, 1952

**Foote, Arthur**
*The Willow*, Grant Strate, National Ballet of Canada, 1957

**Fortier, Paul-André**
*O-Pé-Ra Savon*, Paul-André Fortier, Fortier Danse Création, 1987

**Fournier, Thierry**
*La Mue de l'Ange*, Isabelle Choinière, le Corps Indice, 1999

**Frasconi, Miguel**

# MUSIC FOR DANCE/MUSIQUE POUR LA DANSE

*The Something Likes and The Something Likes II*, Holly Small, 1982; *A Threshold. Memory as a Grand Canyon*, Susan McNaughton, 1984; *Cataract*, Joan Phillips, 1985; *Confessions of a Romance Junkie*, Terrill Maguire, 1986; *give us this day our DAILY*, Maxine Heppner, 1992

**Freedman, Harry**
*Dark Cry*, Nancy Lima, 1949; *The Fisherman and His Soul*, Grant Strate, National Ballet of Canada, 1956; *Rose Latulippe*, Brian Macdonald, Royal Winnipeg Ballet, 1966; *Five over Thirteen*, Brian Macdonald, Royal Winnipeg Ballet, 1969; *Romeo and Juliet* (originally/originallement *Star Cross'd*), Brian Macdonald, Royal Winnipeg Ballet/Les Grands Ballets Canadiens, 1973/1975; *Oiseaux Exotiques*, Constantin Patsalas, National Ballet of Canada, 1984; *Heroes of Our Time* (1952), [for/pour reconstruction], Nancy Lima Dent, Encore! Encore!, 1986; *Breaks*, [- by/par Mozart with/avec variations by/par Harry Freedman], Brian Macdonald, Banff Centre for the Arts, 1987

**Furey, Louis**
*Learning How to Die*, Margie Gillis, 1978

**Gagnon, André**
*Nelligan*, Ann Ditchburn, Ballet Ys, 1975; *Mad Shadows*, Ann Ditchburn, National Ballet of Canada, 1977; *Nelligan*, Francine Boucher, 1987; *Hommage*, [Comme au Premier Jour], Margie Gillis, 1992

**Galant, Pierre**
*Light, Fire, Dark*, [Trois Mouvements Canadiens], Deborah Lundmark, Canadian Children's Dance Theatre, 1987

**Galt, Barbara**
*The Magic Snowman*, Bettina Byers, 1954; *The Nightingale*, Bettina Byers, 1954

**Geddes, Murray**
*Portrait*, Danny Grossman, Danny Grossman Dance Company, 1982; *Shaman*, Danny Grossman, Danny Grossman Dance Company, 1983

**Genge, Anthony**
*Ravens*, [Sunda], David Ferguson, Suddenly Dance Theatre, 1997

**George, Graham**
*Jabberwocky*, Bettina Byers, 1947; *Peter Pan*, Bettina Byers, 1948; *The King, the Pigeon and the Hawk*, Bettina Byers, 1949; *The Queen's Jig*, Bettina Byers, 1950

**George, Michelle**
- with/avec Wende Bartley: *Only Time To/No Time Not To*, Terrill Maguire, INDE '88, 1988; *Spine Lines*, Jennifer Mascall, 1990; *Story, First and Second Hand*, Jennifer Mascall, 1990

**Gilliam, Bill**
*Conversations*, Maxine Heppner, 1985; *Flesh and Clay*, Maxine Heppner, 1987; *Seeing is Believing*, Philip Drube, 1988; *OS*, Marie-Josée Chartier, 1989; *Telum Amoris*, Marie-Josée Chartier, 1989; *Forced Horn*, [The River Styx], Eryn Dace Trudell, 1996

**Gillis, Don**
*Les Whoops-de-Doo*, Brian Macdonald, Royal Winnipeg Ballet, 1959

**Gillmor, Jennifer**
*G is for Glue II - SuperGlue*, Sara Porter, 1999

**Gitfrit, Martin**
*Flipping Channels*, Marla Eist, Judith Garay and/et Iris Garland, 1996; - with/avec The Glass Orchestra: *Vérillon*, Ginette Laurin, O Vertigo, 1984; - with/avec Evergreen Gamelan: *Arbor*, Terrill Maguire, 1989; *Re-Birthing the Earth*, Terrill Maguire, 1989

**Glick, Srul Irving**
*Heritage*, [Heritage Dance Symphony], Cynthia Barrett, New Dance Group of Canada, 1967

**Goldberg, Sam**
*Set Your Clock At U235*, Nancy Lima, 1946

**Gonneville, Michel**
- with/avec Gaétan Leboeuf: *Orénoque*, Jean-Pierre Perreault, Fondation Jean-Pierre Perreault, 1990; *Îles*, Jean-Pierre Perreault, Fondation Jean-Pierre Perreault, 1991; *Adieux*, Jean-Pierre Perreault, Fondation Jean-Pierre Perreault, 1993

**GordonMarsh, Steve**
*My Thoughts on Miss Julie*, Cathy GordonMarsh, Crossed Perspectives, 1997; *Pendulum*, Cathy GordonMarsh, Crossed Perspectives, 1998; *Three Prong Attack*, [five, eight and thirteen], Cathy GordonMarsh, Crossed Perspectives, 2000

**Gotham, Nick**
*Saturday Morning, 1953: When the Honeymoon's Over*, Tom Stroud, 1986
**Gougeon, Denis**
*Emma B.*, Jean Grand-Maître, Bayerisches Staatsballett de Munich, 1999; *Les Liaisons Dangereuses*, Jean Grand-Maître, Ballets National d'Oslo, 2000
**Goyette, Gilles**
*Croix*, David Pressault, David Pressault Danse, 1998; *Deep Field*, Nenagh Leigh, 1998
**Gratton, Hector**
*Le Pommier*, Celia Franca, National Ballet of Canada, 1952; *Les Feux Follets*, Nesta Toumine, Ottawa Classical Ballet Company, 1952; *La Légende de l'arbre*, 1952; *Marie-Madeleine*, Nesta Toumine, Ottawa Classical Ballet Company, 1957
**Green, Bryan**
*Human Weather*, Phyllis Whyte, Gail Benn and/et Elaine Bowman, 1984
**Greenaway, John**
*Stage of Fools*, Jay Hirabayashi, Kokoro Dance, 1987
**Grove, Bill**
*Brass Fountain*, Robert Desrosiers, Desrosiers Dance Theatre, 1983; *End Song for a Pillow*, Learie McNicolls, Dancemakers, 1991; *Crow Sisters*, Claudia Moore, 1992
**Gummerson, Glen**
*Wedding Bells*, Arwyn Carpenter, Canadian Children's Dance Theatre, 1997
**Gzowski, John**
*Fall*, Jean-Louis Morin, 1990; *Five Characters in Pieces*, Gina Lori Riley, Gina Lori Riley Dance Enterprises, 1990; *Tending to Darkness*, Pedestrian Waltz, 1990; *Trio*, Jean-Louis Morin, 1990; *Movements 5 to 9*, Julia Aplin, 1996; *Shrick*, Julia Aplin, 1996; *Inner City Sirens, Part I*, Julia Aplin, 1997; *Libra*, Julia Aplin, 1998; *Absquatulations/Why Don't They Listen?*, Kate Alton, Overall Dance, 1998; *Inner City Sirens, Part III, The Race*, Julia Aplin, 1999; *The Wheel Ballet*, Julia Aplin, 1999; *Koron*, Julia Aplin, ARRAYMUSIC and/et The Theatre Centre, 1999; *The Great Leap Forward/Damaged*, Kate Alton, Overall Dance, 1999; *The invisible life of Joseph Finch*, Serge Bennathan, Dancemakers, 2000
**Hadju, Tom**
*Necropolis*, Jay Hirabayashi, Kokoro Dance, 1985; *The Hopes of the Bald*, Barbara Bourget, Kokoro Dance, 1985
**Hamilton, Ted**
*Affiliation*, Paras Terezakis, Kinesis Dance Society, 1999; *Affiliations II*, Paras Terezakis, Kinesis Dance Society, 1999
**Hand, Mark**
*I, Among Men*, David Earle and/et Graham Jackson, School of Toronto Dance Theatre, 1990
**Hanley, Ed**
*Glimpses of Shiva*, Nova Bhattacharya, 1999; *La Diablesse*, Ronald Taylor, 1999; *Stink*, Jenn Goodwin, 1999; *Universal Being*, Ronald Taylor, 1999; *unTitLeD*, Hari Krishnan, 1999
**Hannan, Peter**
*Lexicons of Space*, Tedd Senmon Robinson, 1995; *The River*, Karen Jamieson, Karen Jamieson Dance Company, 1998; *The Garden*, Karen Jamieson, Karen Jamieson Dance Company, 1999
**Harris, Carl**
*Mabel, Two Nights At the Bowling Alley And We Can Do That*, Gina Lori Riley, Gina Lori Riley Dance Enterprises, 1985; *Things That Go Bump In The Night*, Gina Lori Riley, Gina Lori Riley Dance Enterprises, 1987
**Harris, Holly**
*Spectral*, Debbie Brown, 1992
**Hassan, Ahmed**
*Coming Out of Chaos*, Karen Jamieson, Terminal City Dance, 1980; *Meetings*, Savannah Walling, Terminal City Dance, 1981; *Solo from Chaos*, Karen Jamieson, Terminal City Dance, 1981; *Plutonian Jungle*, Robert Desrosiers, Desrosiers Dance Theatre, 1981; *The Silence and the Flies (requiem for Beirut)*, Lola MacLaughlin, EDAM, 1982; *Light*, Karen Jamieson, Dancemakers, 1983; - with/avec John Lang and/et Jean Dorais: *L'Hôtel Perdu*, Robert Desrosiers, Desrosiers Dance Theatre, 1983; - with/avec John Lang and/et Jean Dorais: *Ciel Rouge*, Robert Desrosiers, Desrosiers Dance Theatre, 1983; *From the Feet of Dead Dancers*, Terry Hunter, Vancouver Moving Theatre, 1984; - with/avec John Lang and/et Jean Dorais: *Ultracity*, Robert Desrosiers, Desrosiers Dance Theatre, 1984; *(F)light*, Karen Jamieson, Dancemakers, 1984;

# MUSIC FOR DANCE/MUSIQUE POUR LA DANSE

- with/avec John Lang and/et Ron Allen: *Mirrors*, Robert Desrosiers, Desrosiers Dance Theatre, 1985; -with/avec John Lang: *Blue Snake*, Robert Desrosiers, National Ballet of Canada, 1985; *Gotta Go Now, Love Always*, Jennifer Mascall, Dancemakers, 1986; - with/avec John Lang and/et Ron Allen: *The Wash, The Image and the Story*, Jennifer Mascall, Dancemakers, 1986; - with/avec Aaron Davis: *Lepidoptera*, Tedd Robinson, Winnipeg's Contemporary Dancers, 1989; *In the Belly of a Whale*, Darcey Callison, Da Collision, 1990; *NEW MATERIAL ONLY*, Jennifer Mascall, Mascall Dance, 1990; - with/avec Celina Carroll and/et Debbie Danbrook: *Writing On The Wall*, Tama Soble, 1990; *Sanctum*, Peggy Baker, Peggy Baker Solo Dance, 1991; - with/avec Celina Carroll and/et Debbie Danbrook: *No End*, Tama Soble, 1992; *Geometry of the Circle*, Peggy Baker, Peggy Baker Solo Dance, 1993; *Sable/Sand*, Serge Bennathan, Dancemakers, 1994; *Sable/Sand Trilogy*, Serge Bennathan, Dancemakers, 1997

**Hatch, Peter**
*Psionic Interference*, Bill James, 1998
**Hatzis, Christos**
*Devil In the Drain*, [Nadir], Holly Small, York Dance Ensemble, 1989
**Hebert, Denis**
*Thule*, Luc Tremblay, La Compagnie Danse Partout, 1988
**Heppner, Maxine**
*E.B. White's Door*, Maxine Heppner, 1982; *Masa in de col, col groun'*, Maxine Heppner, 1990; - with/avec Jay Fisher and/et Phillip Shepherd: *Table*, Maxine Heppner, Phyzikal Theatre Company, 1991; - with/avec Miguel Frasconi: *My Past Follows Me Like a Dragon's Tail*, Yvonne Ng, princess productions, 1997; *Malam Biru - Blue Night*, Maxine Heppner, 1998; *Stone Patch/parts 1 and 2*, Maxine Heppner, Across Oceans, 1998; *Steel*, Maxine Heppner, Maxine Heppner Dance Productions, 1999; *Stone Patch/parts 3 and 4*, Maxine Heppner, Across Oceans, 1999
**Hinton, Michel**
*On est 00016 pour assurer votre confort (À la recherche de la lumière)*, Daniel Jackson, Les Grands Ballets Canadiens, 1972
**Hockin, Nicholas**
*Earwitness*, Maxine Heppner, 1990; *Era*, Kim Frank, 1995
**Hodge, Paul**
*Lake*, Elizabeth Chitty, 1990; *Mountainscape*, Phyllis Eckler, 1980; - with/avec Marvin Green: *Improvisation*, Jo Leslie, 1982
**Hoffert, Paul**
- with/avec Skip Prokop: *A Ballet High*, Brian Macdonald, Royal Winnipeg Ballet, 1970
**Honigman, Saul**
*The Lady from the Sea*, Elizabeth Leese, Elizabeth Leese Ballet/National Ballet of Canada, 1952/1955
**Hood, Laurie**
*Orkney Hill*, Gerry Trentham, lbs/sq", 1986; *Maxine*, Julia Sasso, 1993
**Horwood, Michael**
*Salut*, Jennifer Van Papendorp, Toronto Dance Theatre, 1978; *The Human Dimension*, Peggy McCann, Peggy McCann Dancers, 1983
**Hoskins, Nicholas**
*Eugene Walks with Grace*, Karen Kaeja, Kaeja d'Dance, 1995
**Houdy, Pierick**
*Fall Play and Fair Dance*, [Le Messe Québécois], Deborah Lundmark, Canadian Children's Dance Theatre, 1984; *La Cerisaie*, Luc Tremblay, Le Théâtre du Trident, 1987
**Huber, Rupert**
*Deuxception*, Lydia Wagerer, 1997; *Kinetic Skin*, Lydia Wagerer, 1998
**Hubert, Paul**
*Timber*, Ginette Laurin, O Vertigo, 1984; *Up the Wall*, Ginette Laurin, O Vertigo, 1985
**Humphrey and the Dumptrucks**
*Goose!*, collective creation, Regina Modern Dance Works, 1977
**Hunter, Basil**
*Pacific Rhapsody*, Kay Armstrong, Kay Armstrong Dance Theatre, 1954; *Serenade of a Minx*, Kay Armstrong, Kay Armstrong Dance Theatre, 1954; *Bride Ship*, Mara McBirney, 1958; *Cosmic Serenade*, Mara McBirney, 1958
**Hunter, Terry**
- with/avec Menlo Macfarlane: *Klagenfort*, Terry Hunter, Terminal City Dance, 1979; *Creature*, Terry

Hunter, Terminal City Dance, 1980; - with/avec Randy Raine Reusch: *Drum House*, Terry Hunter, Terminal City Dance, 1983

**Hurst, Peter**
*Homeland*, Karen Jamieson, Karen Jamieson Dance Company, 1995; - with/avec Simon Kendall: *Shattered Space*, Karen Jamieson, Karen Jamieson Dance Company, 1996; - with/avec Simon Kendall: *Stone Soup*, Karen Jamieson, Karen Jamieson Dance Company, 1997

**Ingram, Daniel**
*Snow Angels*, Judith Garay, 1995

**Jackson, Calvin**
*Maria Chapdelaine*, Willy Blok Hanson, Willy Blok Hanson Dance Group, 1953; *The Loon's Necklace*, Willy Blok Hanson, Willy Blok Hanson Dance Group, 1953

**Jacobs, Simon**
*Califia*, Terrill Maguire, 1984

**Jaeger, David**
*Dream Visitation*, [To the Wall], Kathryn Brown, 1985

**Jaggs, David Akal**
*Forest*, Robert Cohan, Dancemakers, 1975; *Mythos*, David Earle, Toronto Dance Theatre, 1977; *Akhenaten*, David Earle, Toronto Dance Theatre, 1980; *Spirit Catcher*, Christopher Bannerman, Susan Macpherson Dance Collection, 1981; *Adagio from The Theatre of Memory*, David Earle, 1984; - with/avec Kirk Elliott: *Realm*, David Earle, National Ballet of Canada, 1984; *Coelacanth*, Nenagh Leigh, 1992; *Rendezvous*, Nenagh Leigh, 1992; *Ripple*, Nenagh Leigh, 1993; *Metamorphosis*, Nenagh Leigh, 1994; *Intimations of Extinction*, Nenagh Leigh, 1995; *Forest*, Nenagh Leigh, 1997; *Lake*, Nenagh Leigh, 1999

**James, Dudley**
*Fire in the Eye of God*, David Earle, Toronto Dance Theatre, 1969

**Janitors Animated**
*Don Quichotte*, Ginette Laurin, O Vertigo, 1988

**Janke, Daniel**
*Rain Season*, Yuri Ng, 1990; *Signed Edgar Sighed*, Yuri Ng, 1990

**Jarvis, Bentley**
*Bardo*, Luc Tremblay, Toronto Dance Theatre, 1984; *Au-delà du Point de Fuite*, Luc Tremblay, La Compagnie Danse Partout, 1986

**Jean, Monique**
*Animato: Les paroles de l'autre*, Tedi Tafel and/et Rodrigue Jean, Les productions de l'Os, 1987; *Hymne*, Tedi Tafel and/et Rodrigue Jean, Les productions de l'Os, 1987; *Hantise*, Danielle Lecourtois, 1988; *Sand Bond Symbol*, Heather Mah, 1988; *Still Man in Water Colour*, James Saya, 1988; *Désir*, Tedi Tafel, 1990; *Refuge*, Tedi Tafel, 1992; *Embrace*, Tedi Tafel, 1994; *Le chant profond*, Tedi Tafel, 1998

**Johnson, Mark**
*Midnight Crunch*, Allen and/et Karen Kaeja, Kaeja d'Dance, 1991

**Jordan, William**
*Topological Fantasy*, Donna Krasnow, 1984; - with/avec Bruce Green: *Cruisin' In the 80's*, Donna Krasnow, 1985

**Jowett, John**
*Drinking From the Cactus*, Gerry Trentham, lbs/sq", 1995

**Kahre, Andreas**
*Shivers*, Lee Eisler, JumpStart, 1988

**Kasemets, Udo**
*Time Trip To Big Bang....and Back*, Holly Small, 1992

**Kaufmann, Walter**
*Visages*, Gweneth Lloyd, Winnipeg Ballet, 1949; *The Rose and the Ring*, Gweneth Lloyd, Winnipeg Ballet, 1949

**Keane, David R.**
*Naissance*, Soundstage Canada, 1981; *Falling Forward*, [Sinfonia], Donna Krasnow, 1999

**Kierulf, Erika**
- with/avec Eric Craven and/et Jean-Marc Pelletier: *A Chemistry Experiment*, Julie Duzyk, Ame Henderson, Claudia Fancello, Lauren Degilio, Stacy Hannah and/et Katie Ewald, F.effect productions, 1999

**Kirshner, Harry**
- with/avec Michael Montanaro: *Red Winged Surfaces*, Tassy Teekman, Le Groupe de la Place Royale, 1982

# MUSIC FOR DANCE/MUSIQUE POUR LA DANSE

**Klein, Lothar**
- with/avec André Prévost, Harry Freedman and/et John Weinzweig: *The Newcomers*, Brian Macdonald, National Ballet of Canada, 1980

**Kolt, Mark**
*La Charme de l'impossible*, Peggy Baker, Peggy Baker Solo Dance, 1990

**Korsrud, John**
*Speck*, Lee Su-Feh, Battery Opera, 1995

**Kubota, Nobuo**
*Shadow Plays*, Holly Small, Pavlychenko Dance, 1987

**Kucharzyk, Henry**
*Time Piece*, Karen Jamieson, Terminal City Dance, 1977; *Snakes and Ladders*, [assembled from existing works/montage d'oeuvres existantes], Karen Jamieson, Winnipeg's Contemporary Dancers, 1978; *Walking the Line*, [Walk the Line], Karen Jamieson, Dancemakers, 1980; *Non Coupable*, Paul-André Fortier, Susan Macpherson Dance Collection, 1983; *Personal History: Popular Science*, Susan Cash, 1983; - with/avec Edwin Dolinsky: *Work!Work!Work!*, Savannah Walling, Terminal City Dance, 1983; *Personal History: Pushing Buttons*, Tedd Robinson, 1984; *Quartet (For Missing Persons)*, [Quartet], Carol Anderson, Dancemakers, 1984; *Personal History: Generation*, Holly Small, 1985; *Beating*, Susan McKenzie, 1986; *Collisions*, James Kudelka, Les Grands Ballets Canadiens, 1986; *Off The Floor*, Christopher House, Dancemakers, 1987; *Venus*, Karen Jamieson, Karen Jamieson Dance Company, 1996

**Kunz, Alfred**
*Moses*, 1965

**Lachance, Brigitte**
*Le brassage d'os*, Brigitte Lachance, Brigitte Lachance Danse, 1996

**Lachapelle, Guy**
*Per-Q-Délic*, Le Groupe de la Place Royale, 1967; - with/avec Micheline St-Marcoux and/et Pierre Béluse: *Zones*, Lionel Kilner, Groupe Nouvelle-Aire, 1972

**Lacosse, Pierre**
*Nine Lives*, Phyllis Whyte, 1984

**Lamandier, Esther**
*Sans titre et qui restera*, Paul-André Fortier, Fortier Danse Création, 1987

**Landey, Peter M.**
*Faces*, Judith Davies, Ottawa Dance Theatre, 1975; *Lost Moments*, Judith Davies, Ottawa Dance Theatre, 1979; *Ceremonies*, Judith Davies, Ottawa Dance Theatre, 1980; *Alice Through The Looking-Glass*, Judith Davies, Ottawa Dance Theatre, 1983; *The Painter's Dream*, [String Quartet], David Earle, Toronto Dance Theatre, 1993

**Landry, Johanne**
*Oda*, Chantal Cadieux, La Compagnie DansEncorps, 1997

**Lang, John**
*Picnic On the Battlefield*, Gloria Grant, Ballet Ys, 1977; - with/avec Ahmed Hassan and/et Jean Dorais after a concept by/d'après un concept de Gordon Phillips and/et Sara Dalton Phillips: *Bad Weather (Mille Millions de Tonnerres)*, Robert Desrosiers, Desrosiers Dance Theatre, 1982; - with/avec Ahmed Hassan and/et Jean Dorais: *Ciel Rouge*, Robert Desrosiers, Desrosiers Dance Theatre, 1983; - with/avec Ahmed Hassan and/et Jean Dorais: *L'Hôtel Perdu*, Robert Desrosiers, Desrosiers Dance Theatre, 1983; - with/avec Harry Mann: *Cutting Losses #1*, Terrill Maguire, 1983; - with/avec Jesse Cook, Jean Dorais and/et Ahmed Hassan: *Brass Fountain*, Robert Desrosiers, Desrosiers Dance Theatre, 1984; *Vortex*, Lola MacLaughlin, EDAM, 1984; - with/avec Ahmed Hassan and/et Jean Dorais: *Ultracity*, Robert Desrosiers, Desrosiers Dance Theatre, 1984; - with/avec Ahmed Hassan: *Blue Snake*, Robert Desrosiers, National Ballet of Canada, 1985; *Labyrinth*, Robert Desrosiers, EDAM, 1985; *Natural Inversions*, Louise Parent, INDE '85, 1985; *Stanza*, Daniel Tremblay, 1986; - with/avec Ahmed Hassan: *Mirrors*, Robert Desrosiers, Desrosiers Dance Theatre, 1986; *Lonesome Pete, Square Dance, Twang*, Lola MacLaughlin, EDAM, 1987; - with/avec Ahmed Hassan and/et Ron Allen: *Laundry Day*, Robert Desrosiers, Winnipeg's Contemporary Dancers, 1987; - with/avec Ron Allen: *Concerto in Earth Major*, Robert Desrosiers, Desrosiers Dance Theatre, 1987; *Animal Crackers*, Claudia Moore, 1988; *Soror Mundi*, Lola MacLaughlin, 1988; *Entre Ciel et Terre*, Luc Tremblay, La Compagnie Danse Partout, 1989; *Berlin Angels*, Lee Eisler and/et Nelson Gray, Jumpstart, 1990; *Zitti!*, Claudia Moore, INDE '90, 1990; - with/avec Eric Cadesky: *Jeux*, Robert Desrosiers, Desrosiers Dance Theatre, 1990; *Alisa Knows, But What Does She Know?*, Randy Glynn, Randy Glynn Dance Project, 1991; *Arthur Hill*, Randy Glynn, Randy Glynn Dance Project/Winnipeg's Contemporary Dancers, 1992; *studies for*

*the human body/études pour le corps humain*, Marie-Josée Chartier, 1992; *Five Seated Figures/Cinq Silhouettes Assises*, Marie-Josée Chartier, 1992; *The Cook's Tale*, Claudia Moore, 1992; - with/avec Eric Cadesky and/et E. Desai: *Colours of Dawn*, Menaka Thakkar, 1992; *Angelus Novus/Shifting Ground*, Lola MacLaughlin, 1993; *Horses on the Moon*, Claudia Moore, 1993; *The Mourning of Queens*, Darcey Callison, 1994; *With the Moon Falling From Your Eyes*, Darcey Callison, 1994; *Dragon*, Claudia Moore, 1995; *Sexual Ecstasy and Falling*, Barbara Grant, 1995; - with/avec Eric Cadesky: *Corridors*, Robert Desrosiers, Desrosiers Dance Theatre, 1996; *Wishes*, Claudia Moore, 1997; - with/avec Eric Cadesky: *Pierrot*, Robert Desrosiers, Desrosiers Dance Theatre, 1997; *Albrecht*, Darcey Callison, 1998

**Laprise, Dominic**
*Chiaroscuro*, Luc Tremblay, La Compagnie Danse Partout, 1986; *Courants*, Luc Tremblay, 1987; *Indigo*, Luc Tremblay, La Compagnie Danse Partout, 1987; *La Porte étroite*, Luc Tremblay, La Compagnie Danse Partout, 1990

**Laroche, Gérald**
*Le Reel Canadien*, [Le Reel Canadien/Dans Le Loup], Deborah Lundmark, Canadian Children's Dance Theatre, 1990

**Lasovich, William**
*Correspondents*, Joan Phillips and/et Lin Snelling, 1985

**Lavallée, Callixa**
- arranged by/arrangée par Edmund Assaly: *Pointes sur glace*, Michel Conte, Les Grands Ballets Canadiens, 1967

**Leblanc, Charmaine**
- with/avec Louis Montpetit: *Au pays des petites merveilles*, Tassy Teekman, Danse Tassy Teekman, 1999; - with/avec Dino Giancola: *Burning Skin*, Roger Sinha, Sinha Danse, 1992; - with/avec Dino Giancola: *Chai*, Roger Sinha, Sinha Danse, 1994; - with/avec Dino Giancola: *Le Jardin des Vapeurs*, Roger Sinha, Sinha Danse, 1994; *From a crack in the earth...light*, Roger Sinha, Sinha Danse, 1996; - with/avec Dino Giancola: *Glace Noire*, Roger Sinha, Sinha Danse, 1998

**Leboeuf, Gaétan**
*L'Été latent*, Paul-André Fortier, Fortier Danse Création, 1989; *Les Males Heures*, Paul-André Fortier, Fortier Danse Création, 1989; *Screamers*, Tom Stroud, Montréal Danse, 1989; - with/avec Janitors Animated: *Chagall*, Ginette Laurin, O Vertigo, 1989; *Train d'enfer*, Ginette Laurin, O Vertigo, 1990; *La Tentation de la transparence*, Paul-André Fortier, Fortier Danse Création, 1991; *Plein le coeur*, Paul-André Fortier, La Compagnie Danse Partout, 1991; *Dualité* (1947), [composed for reconstruction/composé pour reconstruction], Françoise Sullivan, 1992; *Bras de plomb*, Paul-André Fortier, Fortier Danse Création, 1993; *La part des anges*, Paul-André Fortier, Fortier Danse Création, 1996; *Sous des ciels troublés*, Tassy Teekman, Danse Tassy Teekman, 1996; *Tête d'Ange*, Paul-André Fortier, 1996; *Arrows*, Tom Stroud, Winnipeg's Contemporary Dancers, 1998; *Jeux de fous*, Paul-André Fortier, Fortier Danse Création, 1998; *Loin, trés loin,* Paul-André Fortier, Peggy Baker Dance Projects, 2000

**Lee, Susan**
*3 Eves*, Keith Cole, 1993

**Leonard, Luc**
*Talking, talking*, Phyllis Whyte, 1983; *Little Dreams*, Phyllis Whyte, Ontario Ballet Theatre, 1984; *little fantasies*, Phyllis Whyte, 1985

**Lepage, Robert M.**
*Manngard*, Louise Bédard, 1993

**Letourneau, Marc**
*ABC*, Julie West, 1986

**Léveillée, Claude**
*Fleur de lit*, Eva von Gencsy, Les Ballets Jazz de Montréal, 1976

**Lewis, Catherine Fern**
*Cathode In Transit*, [Cathode In Transit, 1984], Simon Fraser Choreographic Symposium, 1985; *gargoyles and angels*, [Open Mouths, Benificent, Saint Blaise, Dancing In the Flames, Rock A Bye, 1997], Catherine Lewis, Gargirls, 1997; - with/avec Treena Stubel: *Conversation*, Catherine Lewis and/et Treena Stubel, Gargirls, 1999

**Longtin, Michel**
*La Trilogie de la montagne*, Martine Époque, Groupe Nouvelle-Aire, 1980

**Louie, Alexina**
*Journal - a.k.a. New York Times*, Mitch Kirsch, Toronto Dance Theatre Composers' Symposium, 1980;

# MUSIC FOR DANCE/MUSIQUE POUR LA DANSE

*Molly*, Terrill Maguire, 1985
**Lussier, René**
*La stupéfiante Alex*, Ginette Laurin, O Vertigo, 1983
**MacAnulty, David**
*Senseless*, Peter Bingham, EDAM, 1990; *Never facing East*, Peter Bingham, EDAM, 1991; *Left Behind*, Peter Bingham, EDAM, 1993
**Macdonald, Fraser**
*Earth*, 1941
**MacDonald, Geordie**
*Tightrope*, Jo Leslie, 1980
**MacDonald, Laurel**
*The Winter Room*, [Kyrie from Kiss closed my eyes], Jean Grand-Maître, Ballet BC, 1995
**Macdonald, Nadine**
*Imbroglio*, Peter Randazzo, Toronto Dance Theatre, 1969
**MacIntyre, David**
*Calliope*, Jean-Pierre Perreault, Fondation Jean-Pierre Perreault, 1982; *Sysiphus*, Karen Jamieson, Karen Jamieson Dance Company, 1983; *Roadshow*, Karen Jamieson, Karen Jamieson Dance Company, 1985; *L'Événement Autoroute 86*, Jean-Pierre Perreault, Fondation Jean-Pierre Perreault, 1986; *Piazza*, Jean-Pierre Perreault, Fondation Jean-Pierre Perreault, 1988; *Smudge*, Lola MacLaughlin, 1990
**Mackie, Ian**
*empreinte de lumière*, Tassy Teekman, 1988; *26, rue de l'attente*, Tassy Teekman, 1989; *Le Seuil*, Tassy Teekman, 1990; *Trait de Rouge*, Tassy Teekman, 1991
**MacMillan, Don**
- with/avec Jeff Reilly: *Improvisation for Two Wind Instruments*, Carolyn Shaffer, 1980
**Maggs, Caitlin**
*Forgotten Journey*, Daniel Tremblay, 1986
**Maguire, Michael**
*Ten Thousand Things*, [The Discofication of the Mongols], Lee Su-Feh, Battery Opera, 1995; *Gecko Eats Fly*, [Narcissus auf Bali], Lee Su-Feh, Battery Opera, 1997
**Malcolm, Trevor**
*Lifeline*, Gina Lori Riley, Gina Lori Riley Dance Enterprises, 1992
**Malstaff, Vincent**
*Danse ça l'Appuie (Danse In Support Of)*, Benoît Lachambre, 1994; *Lanoline (Lanolin)*, Benoît Lachambre, 1995; *The Water Fait Mal (The Water Hurts)*, Benoît Lachambre, 1996
**Marcel, Luc**
*Entre la mémoire et l'oubli*, Paul-André Fortier, Montréal Danse, 1996
**Margolian, Samuel**
*Alice in Wonderland*, 1945
**Martin, Jean**
*My Private Venus*, Eryn Dace Trudell with/avec Shauna Jensson, 1998
**Martineau, Michel**
*Communion*, Eddy Toussaint, Compagnie de Danse Eddy Toussaint, 1975
**Marulanda, Diego**
*Story/Tale*, Rodolfo Rivas Franco, The Aleph Company, 1997; *Genetically incorrect*, Rodolfo Rivas Franco, The Aleph Company, 1998
**Maslé, Laurent**
*L'ane Et La Bouche (The Donkey And The Mouth)*, Benoît Lachambre, 1997; *One Night Only 1/3*, José Navas, princess productions, 1998; *One Night Only 2/3*, José Navas, 1998; *One Night Only 3/3*, José Navas, Flak, 1998; *Délire Défait (undone delirium)*, Benoît Lachambre, 1999
**Massey, Miklos**
*In the Land of the Spirits*, Jacques Lemay, 1988
**Matton, Roger**
*L'Horoscope*, Ludmilla Chiriaeff, 1958
**McCarthy, Rusty**
*Wonders of the Universe*, Robert Siddons and/et Judith Miller, 1985; *The Noir Sisters*, Randy Glynn, Randy Glynn Dance Project/Judith Marcuse Dance Company, 1989; *All From The Line*, Randy Glynn, Randy Glynn Dance Project, 1990; *Joringel*, Randy Glynn, 1995

**McCartney, Andra**
*Letter On the Wind*, Lorna Reddick, 1996
**McConnel, Phil**
*Mary's Gift*, Phyllis Whyte, 1988
**McGowan, Sue**
*Pathways*, Judith Garay, 1994; *Rooting*, Judith Garay, 1997; *Whirlpools*, Judith Garay, 1999
**McIntosh, David**
*Tiger*, Lee Su-Feh, Battery Opera, 1991
**McIntosh, Diana**
*To the New Year*, Rachel Browne, Winnipeg's Contemporary Dancers, 1985; *Dream Rite*, Rachel Browne, Winnipeg's Contemporary Dancers, 1992
**McIntyre, David L.**
*Echoes*, Connie Moker-Wernikowski, New Dance Horizons, 1998; *Pro Motion*, Connie Moker-Wernikowski, New Dance Horizons, 1998
**McKay, James**
 *Flight*, Peggy McCann, 1980
**McKennit, Loreena**
*Beare: A Celtic Odyssey*, Allen Kaeja, 1987; *Source Sauvage*, [She Moved Through the Fair, Stolen Child, Come By the Hills], Margie Gillis, 1998
**McLean, Anne**
*Barbara, Hi There*, Keith Cole, 1994
**McSween, Alex**
 *Contraction of Lavender*, Sara Porter, 1990
**Melas, Rachel**
*G is for Glue II*, Sara Porter, 1999
**Melnyk, Lubomyr**
*Blossom*, Joan Phillips, 1979; *Islands*, 1984; *The Eastern Horn*, 1984
**Mercure, Pierre**
*Dualité*, Françoise Sullivan, 1949; *La Femme archaïque*, Françoise Sullivan, 1949; *Lucrèce*, Françoise Sullivan, 1949; *Emprise*, Studio Françoise Riopelle, 1950; *Improvisation*, Studio Françoise Riopelle, 1961; *Incandesence*, Studio Françoise Riopelle, 1961; *Structures métaliques I and II*, Studio Françoise Riopelle, 1961; *Manipulations*, Françoise Riopelle and/et Jocelyne Renaud, 1963; *Tétachromie*, Ludmilla Chiriaeff, Les Grands Ballets Canadiens, 1963; *Surimpressions*, Studio Françoise Riopelle, 1964
**Millard, John**
*Sleeping Dogs Lie*, Susan McKenzie, 1991; *Callumlillies*, [Elegy], 1993
**Miller, Elma**
*Voices in Stone*, Robert Desrosiers, Desrosiers Dance Theatre, 1997
**Miller, Paul**
- with/avec Zab Maboungou: *Reverdanse*, Zab Maboungou, Compagnie Danse Nyata Nyata, 1991;
- with/avec Zab Maboungou: *Incantation*, Zab Maboungou, Compagnie Danse Nyata Nyata, 1995;
- with/avec Zab Maboungou: *Mozongi*, Zab Maboungou, Compagnie Danse Nyata Nyata, 1997
**Mills-Cockell, John**
*For Internal Use as Well*, Timothy Spain, National Ballet of Canada, 1971; *Journey Tree*, Timothy Spain, National Ballet of Canada, 1971; *Starscape*, Peter Randazzo, Toronto Dance Theatre, 1971; *Chant for a Beggar Queen*, Ricardo Abreut, Toronto Dance Theatre, 1974; *Deflections*, Anna Wyman, Anna Wyman Dance Theatre, 1976; *Beauty and the Beast*, Ontario Ballet Theatre, 1989
**Milne, Moon**
*Awakenings*, Nova Bhattacharya, 1992
**Ming, Lee Pui**
*Meditation*, [Taklamakan], Andrea Nann, 1999; *Taklamakan*, Eryn Dace Trudell, 1999
**Mitchell, Joni**
*Willie*, [Willy], Margie Gillis, 1973
**Mohler, Roberta**
- with/avec Jeff Reilly: *Vagrant Vignettes*, Roberta Mohler and/et Jeff Reilly, 1980
**Montanaro, Michael**
*Around, the Ragged Rock*, Tassy Teekman, Le Groupe de la Place Royale, 1979; *Opalescent*, Tassy

Teekman, Le Groupe de la Place Royale, 1979; *Once more on the Edge*, Tassy Teekman, Le Groupe de la Place Royale, 1980; *Shooter Shute*, Tassy Teekman, Le Groupe de la Place Royale, 1980

**Montpetit, Louis**
*the line theory*, Laura Taler, 1993

**Moreno, Edgardo**
*In Blood*, Allen Kaeja, Kaeja d'Dance, 1993; *Sarah*, Allen and/et Karen Kaeja, Kaeja d'Dance, 1994; *Old Country*, Allen Kaeja, Kaeja d'Dance, 1995; *Quicksand*, Karen Kaeja, Kaeja d'Dance, 1996; *Zummel*, Allen Kaeja, NorrDans (Sweden), 1996; *fiftyne*, Allen Kaeja, Kaeja d'Dance, 1997; *Courtyard*, Allen Kaeja, Kaeja d'Dance, 1997; *Witnessed* (film), Allen Kaeja, Kaeja d'Dance, 1997; *Call Forward*, Allen and/et Karen Kaeja, School of Toronto Dance Theatre, 1998; *Concrete Garden*, Allen and/et Karen Kaeja, Canadian Children's Dance Theatre, 1998; *Permafrost*, Allen Kaeja, Transitions Dance Company (England), 1998; *Brutal Calm*, Allen Kaeja, NorrDans (Sweden), 1999; *Sarah* (film), Allen and/et Karen Kaeja, Kaeja d'Dance, 1999; - with/avec Ritesh Das: *Raw Umber*, Allen Kaeja, Kaeja d'Dance, 1999; *Zummel* (film), Allen Kaeja, Kaeja d'Dance, 1999; *Resistance*, Allen Kaeja, Kaeja d'Dance, 2000

**Morin-Labrecque, Albertine**
*Au Petit Trianon*; *Bohémien*; *Les Rives du Danube*; *Russe*

**Mortifee, Ann**
*The Ecstasy of Rita Joe*, Norbert Vesak, Royal Winnipeg Ballet, 1971; *Klee Wyck: A Ballet for Emily Carr*, Anna Wyman, Anna Wyman Dance Theatre, 1975; *Yesterday's Day/Variations pour une souvenance*, Linda Rabin, Les Grands Ballets Canadiens, 1975

**Mortilla, Michael**
- with/avec Timothy Martyn: *Open Walls*, Elisa King, 1983; *Mountain Spirit (excerpt from "Once Upon a time...")*, Judith Garay, 1983; *Arcturean Invasion*, Judith Garay, 1985; *Human Dreams*, 1988; *Tree Dreams*, Judith Garay, 1988; *Rituals*, Judith Garay, 1989; *Fragments*, Judith Garay, 1990; *Inner Streams*, Judith Garay, 1990; *Rivers*, Judith Garay, 1992; *Labyrinth Of Tunnels*, Judith Garay, 1993

**Mozetich, Marjan**
*Tyger, Tyger*, Anna Blewchamp, Toronto Dance Theatre Composers' Symposium, 1980; *After the Fire*, Anna Blewchamp, 1985; *Call for Celebration*, Paula Ross, University of Calgary, 1998

**Murphy, Caitriona**
*Morgaine*, Eryn Dace Trudell, 1996

**Muth, Henry**
*Opus Ornithologicus 2*, Sara Porter, 1997

**Myers, Janet**
- with/avec Judith Amesbury and/et Scott Apted: *Private Spaces - Dream Tunnel*, Cathy Kyle Fenton, Dancemakers, 1989

**Myhr, Ken**
- with/avec Rebecca Jenkins: *Mine (Part Two of Unearthed Places)*, Lisa Cochrane and/et Lee Anne Smith, 1989

**Naidu, Santosh**
*LIFT*, Nova Bhattacharya, 1998

**Nexus**
- with/avec David Jaeger: *Playthings* (also/aussi *Play and Things*), Deborah Lundmark, Canadian Children's Dance Theatre, 1985; *Figure Painting*, Deborah Lundmark, Canadian Children's Dance Theatre, 1987; *Once There Was Only Sky*, Gina Lori Riley, Canadian Children's Dance Theatre, 1989; *The Narrow Place*, [Unexpected Pleasures], Donna Krasnow, Canadian Children's Dance Theatre, 1997

**Nichols, Kenneth**
*Thumbelina*, Barbara Withey Ehnes, Brandon Dance Ensemble, 1979; *Reminiscences*, Barbara Withey Ehnes, Brandon Dance Ensemble, 1982; *Spectrum*, Barbara Withey Ehnes, Brandon Dance Ensemble, 1991

**Nicholson, G. Gordon**
*Hammersuite*, Heidi Bunting, Brian Webb Dance Co., 1997; *Nine Miniatures*, Heidi Bunting, Brian Webb Dance Co., 1998; *Space*, Brian Webb, Brian Webb Dance Co., 2000

**Nin, Chan Ka**
*Sylvan Quartet*, [I think that I shall never see...], Peggy Baker, Peggy Baker Dance Projects, 1998; *Words Fail*, [Soulmate], Peggy Baker, Peggy Baker Dance Projects, 1999

**Norman, Marek**
*The Tin Soldier*, William Orlowski, National Tap Dance Company, 1978

**Normandeau, Robert**
*Still Life No. 1*, Lynda Gaudreau, Lynda Gaudreau Compagnie De Brune, 1997
**Nurock, Kirk**
*Cuts*, Judith Marcuse, Dancemakers, 1981
**Oliver, John**
*Tales From the Vaudeville Stage*, [El Reposo del Fuego, 1987], Judith Marcuse, Judith Marcuse Dance Company, 1991; *Second Nature*, Judith Marcuse, Judith Marcuse Dance Company, 1993
**Orrego, Juan Pablo**
- with/avec John Kuypers: *Sloughing*, Holly Small, Ace Buddies, 1978
**Oswald, John**
*Listening*, John Oswald, 1979; *Beat*, Savannah Walling, Terminal City Dance, 1982; *Minefield*, Holly Small, 1985; *Parade*, Jennifer Mascall, EDAM, 1986; - with/avec Holly Small: *Attack of the Small Ones*, [1984], Holly Small, Canadian Children's Dance Theatre, 1988; - with/avec Holly Small: *Wounded*, Holly Small, 1988; *Full Circle*, Paula Ravitz, Paula Ravitz and co., 1989; *ZORRO, 3 Acts of Revenge*, Bill Coleman, 1989; *Don't*, Holly Small, 1990; *Loud Colours*, Denise Fujiwara, 1990; *Short Attack*, Holly Small, 1990; *Suit*, Holly Small, 1990; *The Wilis*, Holly Small, 1990; - with/avec Bill Coleman: *This Thing Called Life*, Bill Coleman, Canadian Children's Dance Theatre, 1990; - with/avec Miguel Frasconi/traditional: *Four Small Deaths*, Maxine Heppner and/et Holly Small, 1990; *Parade*, Jennifer Mascall, 1990; *The Fence*, Tom Stroud, Dancemakers, 1991; *This Isn't the End, The Case of Death*, James Kudelka, Peggy Baker Solo Dance, 1991; *The First Dance*, James Kudelka, The Dance Goes On, 1992; *Remember Vienna* (1989), [Bell Speeds], Holly Small, 1993; - with/avec Holly Small: *Reginald Godden's Dream*, Holly Small, Canadian Children's Dance Theatre, 1994; *Exquisite Corpse*, 22 choreographers/chorégraphes, 1995; *WX*, Joan Phillips, 1995; *Transitory Train Story*, [X-map], Holly Small, 1996; -with/avec Pie Lieu and/et Eleni Kiandrou: *Dream*, Margie Gillis and/et Rena Schenfield, 1997; *A Disembodied Voice*, James Kudelka, National Ballet of Canada, 1999
**Paivio, Allen**
*2000 Positions*, Suzanne Miller, ARRAYMUSIC and/et The Theatre Centre, 1999
**Palmer, Juliet**
*Cocktail*, Karen Kaeja, Kaeja d'Dance, 1999
**Pannell, Raymond**
*Masque*, 1977
**Papineau-Couture, Jean**
*Papotages/Tittle-Tattle*, Ruth Sorel, Les Ballets Ruth Sorel, 1950
**Passmore, David**
*La Bilancia*, David Earle and/et Graham Jackson, Toronto Dance Theatre Composers' Symposium, 1980
**Patnaik, Devraj**
*Draupadi's Curse*, Hari Tuma Haro and/et Nova Bhattacharya, 1997
**Payne, Richard**
*Homefield*, Paula Ross, 1970
**Peach, Earl**
*"37"*, Barbara Bourget, Kokoro Dance, 1987
**Pederson, Chris**
- with/avec the 1001 All Star Pit Orchestra: *Tijuana, August 34th*, Debbie Brown, 1985
**Peebles, Sarah**
*The Hoop: Visions of Four Native American Women*, René Highway, 1988; *Strange Nature*, Kazue Mizushima, Studio Excelo, 1996
**Pelletier, Jean-Marc**
- with/avec Erika Kierulf and/et Eric Craven: *A Chemistry Experiment*, Julie Duzyk, Ame Henderson, Claudia Fancello, Lauren Degilio, Stacy Hannah and/et Katie Ewald, F.effect productions, 1999; *Abstract Souvenirs: Speeches to a Crowd*, Katie Ewald, 1999
**Pennefather, Patrick**
*Pox*, Deborah Dunn, Trial and Eros, 1997
**Pentland, Barbara**
*Beauty and the Beast*, Gweneth Lloyd, Winnipeg Ballet, 1940
**Pepa, Michael**
*Mockingbird*, Nancy Ferguson, 1981; *Speos*, Robert Desrosiers, 1987
**Pépin, Clermont**
*Les Portes de l'enfer*, 1953; *L'Oiseau-phénix*, Ludmilla Chiriaeff, Les Grands Ballets Canadiens, 1956; *Le*

# MUSIC FOR DANCE/MUSIQUE POUR LA DANSE

*Porte-rêve*, Michel Conte, CBC "L'Heure du concert", 1958; *Pas de Deux*, David Gordon, National Ballet of Canada, 1968

**Perreault, Jean-Pierre**
*Joe*, Jean-Pierre Perreault, Fondation Jean-Pierre Perreault, 1983; *Nuit*, Jean-Pierre Perreault, Fondation Jean-Pierre Perreault, 1986; *Les Lieux-dits*, Jean-Pierre Perreault, Fondation Jean-Pierre Perreault, 1988

**Perreault, Michel**
*Suite canadienne*, Ludmilla Chiriaeff, Les Grands Ballets Canadiens, 1957; *Farces: Commedia del arte*, Ludmilla Chiriaeff, Les Grands Ballets Canadiens, 1958; *Sea Gallows*, Erik Hyrst, Les Grands Ballets Canadiens, 1959; *La Belle Rose*, Ludmilla Chiriaeff, Les Grands Ballets Canadiens, 1959; *Bérubée*, Brydon Paige, Les Grands Ballets Canadiens, 1960; *Canadiana*, Ludmilla Chiriaeff, Les Grands Ballets Canadiens, 1960

**Perry, A.D.**
*Adage*, Soonee Lee, Vancouver Academy of Music, 1982; *Waltz Extraordinaire*, J. Vacheresse, 1982; *Duet for Two Flutes*, Sheryl Freeman, Gyrus Dance, 1983; *Peter Pan*, Susan Higgins, 1984; *Three Dances for Piano*, Gisa Cole, Gisa Cole Dance Company, 1984; *Ziyarah*, Gisa Cole, Gisa Cole Dance Company, 1985; *The Times After*, Sharon Wehner, 1988; *The Baker and the Fairy King*, Judy Russell, 1995; *The Steadfast Tin Soldier*, Judy Russell, 1996; *Rumpelstiltskin*, Judy Russell, 2000

**Phillips, Gordon**
*Dream in a Dream*, Robert Desrosiers, Desrosiers Dance Theatre, 1979; *Brass Fountain*, Robert Desrosiers, Desrosiers Dance Theatre, 1980; *Bad Weather* (*Mille Millions de Tonnerres*), Robert Desrosiers, Desrosiers Dance Theatre, 1982; - with/avec Sara Dalton Phillips: *The Fool's Table*, Robert Desrosiers, Desrosiers Dance Theatre, 1983; *Divine Air*, Danny Grossman, Danny Grossman Dance Company, 1985; *River*, Carol Anderson, Dancemakers, 1985; *Inklings*, Holly Small, Canadian Children's Dance Theatre, 1989; *Inklings Premiere*, Holly Small, York Dance Ensemble, 1991

**Piché, Jean**
*Under the Influence*, [Stealing Thunder], Dance Continuum, 1992

**Pinker, Chris-Gerrard**
- with/avec Gaetan Leboeuf: *R and J...21 Scenes for Romeo and Juliet*, Tom Stroud, Winnipeg's Contemporary Dancers, 1996

**Plant, John**
*The Collector of Cold Weather*, Peter Boneham, Le Groupe de la Place Royale, 1980

**Plourde, Michel**
*The Philosopher's Fall*, Michael Menegon, The Beat Suit Projects, 1999

**Porter, Cathy**
*Flag and Anchor*, Sara Porter, 1991; *Souls in the Rinse Cycle*, Sara Porter, 1991

**Proulx, Jamie**
*Hexatrix*, Gina Lori Riley, Gina Lori Riley Dance Enterprises, 1984

**Provencher, Michel**
*Behind the Window, Inside the Courtyard, Where there's a Fountain*, [Toka, Corail], Robert Wood, 1996

**Prud'homme, Jean-François**
*Ludillo*, Marija Skecic, 1999

**Purdy, Richard**
*Stills*, Tassy Teekman, Le Groupe de la Place Royale, 1977

**Racine, Rober**
*Cristallisation*, Marie Chouinard, 1978; *La Jouissive pour Elle d'Elgée*, Ginette Laurin, O Vertigo, 1982; - and/et Igor Stravinsky: *Le Sacre du printemps*, [Signature sonores, 1992/Le Sacre du printemps, 1913], Marie Chouinard, Compagnie Marie Chouinard, 1993; *Document 1*, Lynda Gaudreau, Lynda Gaudreau Compagnie De Brune, 1999; *Des feux dans la nuit*, Marie Chouinard, Compagnie Marie Chouinard, 1999

**Raine-Reusch, Randy**
*Totem*, Santa Aloi, 1981; *The Return*, Santa Aloi, 1984; *Spiral*, Santa Aloi, 1986

**Raum, Elizabeth**
*The Green Man*, Tracy Pheifer, Saskatchewan Youth Ballet, 1993; *Northern Lights*, Connie Moker-Wernikowski, Saskatchewan Youth Ballet, 1995; *Prelude to Parting*, Connie Moker-Wernikowski, Saskatchewan Youth Ballet, 1995; *Prairie Alphabet Musical Parade*, [1993], Barbara Cameron, Elaine Hanson and/et Connie Moker-Wernikowski, 1998

**Ray, Greg**
*White Collar*, Lee Eisler, JumpStart, 1986; *Cory Cory*, Lee Eisler, JumpStart, 1988

**Raye, Michael**
*The Need*, David Parsons, National Ballet of Canada, 1990
**Rea, John**
*Les Jours/The Days*, 1969; *Treppentanz*, [Treppenmusik], Donna Krasnow, 1987
**Reilly, Jeff**
- with/avec Dennis Borycki: *Human Race*, Catherine Findlay-Reilly, 1980
**Reinhart, Michael**
*Abacus*, Lin Snelling, Canadian Children's Dance Theatre, 1986; *Homework*, Lin Snelling, Canadian Children's Dance Theatre, 1988; *Duet*, Lin Snelling and/et Deborah Lundmark, Canadian Children's Dance Theatre, 1995; *Duets Plus*, Lin Snelling and/et Deborah Lundmark, Canadian Children's Dance Theatre, 1995; *Solo*, Lin Snelling and/et Deborah Lundmark, Canadian Children's Dance Theatre, 1995;
**Repar, Patricia**
*Treyeangle*, Lorna Reddick, 1986
**Ridout, Godfrey**
*La Prima Ballerina*, Heino Heiden, National Ballet of Canada, 1967
**Riley, Doug**
*Sessions for Six*, Rob Iscove, National Ballet of Canada, 1972; *Jeu en blanc et noir*, Shaw Festival, 1975
**Robert, Jocelyn**
*Untitled*, Holly Small, 1992
**Rolf, Jeffrey**
*The Ballad of Bob and Pat*, Judith Garay and/et Anthony Morgan, 1998
**Rosen, Robert J.**
*Dance, Stuff and Nonsense*, Barbara Bourget, Jay Hirabayashi and/et Lola MacLaughlin, 1984; *Anima-Animus*, Massimo Agostinelli, ARRAYMUSIC, 1986; *Four Little Girls*, Lola MacLaughlin, 1986; *Rage*, Jay Hirabayashi, Kokoro Dance, 1987; *Zero to the Power*, Barbara Bourget, Kokoro Dance, 1989; *Aeon*, Barbara Bourget and/et Jay Hirabayashi, Kokoro Dance, 1990; *Sade Part III*, [1. Who could endure the pain 2. Curl round the sharpest teeth, 1999], Barbara Bourget, Kokoro Dance, 1999
**Ross, Paula**
- with/avec Elizabeth Chitty: *The Bridge*, Paula Ross, 1979; *Mobiles*, Paula Ross, 1982; *Shades of Red* (film), Paula Ross, 1982; *Diary Personal, The Campbells, 1886-1986*, Paula Ross, Expo 86, 1986
**Row, Hann**
*Solo Excerpt From No Longer Ready Made*, Meg Stuart, Le Groupe de la Place Royale, 1993
**Royse, Anthony**
*Alice in Wonderland*, Oakville Junior Ballet, 1975
**Ruddell, Bruce**
*Altamira*, Karen Jamieson, Karen Jamieson Dance Company, 1986; - with/avec Sal Ferreras: *Rainforest*, Karen Jamieson, Karen Jamieson Dance Company, 1987
**Sabat, Marc**
- with/avec John Oswald: *Déclenchement*, Marie-Josée Chartier, The School of Dance, 1999
**Sacks, Richard**
*Vol Plane à Bout Portant/Could It Be a Nightmare?*, Benoît Lachambre and/et Marie-Josée Chartier, 1988; *Gathering Trains*, Susan Cash, 1990; *Monkeyear*, Bill James, 1992; *Grunt*, [Pegasus], Michael Menegon, 1992; - with/avec Michael J. Baker: *Garden of the Guns*, [improvisation], Maxine Heppner, 1993; *quicksilver*, Marie-Josée Chartier, princess productions, 1999
**Sankaran, Trichy**
*Timescape*, Lata Pada, Sampradaya Dance Creations, 1996
**Sasonkin, Manus**
*Sculptural Interludes*, Jacqueline Ogg and/et Charlene Tarver, Alberta Contemporary Dance Theatre, 1971
**Savaria, Georges**
*Médée/Medea*, Brydon Paige, Les Grands Ballets Canadiens, 1962
**Scannura, Roger**
*Arcos*, Esmerelda Enrique, Esmerelda Enrique Dance Company, 1995; *Saracen*, Valerie Scannura, Ritmo Flamenco Dance Company, 1997; *Shakti*, Valerie Scannura, Ritmo Flamenco Dance Company, 1997; *Borabodur*, Valerie Scannura, Ritmo Flamenco Dance Company, 1998; *Brisa Cubana*, Valerie Scannura, Ritmo Flamenco Dance Company, 1998; *Dance in the Blood*, Valerie Scannura, Ritmo Flamenco Dance Company, 1999

# MUSIC FOR DANCE/MUSIQUE POUR LA DANSE

**Schaeffer, Dr. Myron**
*Many Faces of Man*, Nancy Lima Dent, Manitou-Wabing Fine Arts Camp, 1959

**Schafer, R. Murray**
- and/et Franz Schubert: *Double Quartet*, Brian Macdonald, Les Grands Ballets Canadiens, 1978; *Scared of the Dark*, [excerpt from/extrait de The Crown of Ariadne], Deborah Lundmark, Canadian Children's Dance Theatre, 1982; *The Star Princess and the Water Lilies*, Lawrence Gradus, Soundstreams Canada, 1992; *The Enchanted Forest*, Brigitte Lachance, 1994; *Ariadne*, [The Crown of Ariadne], Brigitte Lachance, Brigitte Lachance Danse, 1995; *The Spirit Garden*, Brigitte Lachance, 1996; *And Wolf Shall Inherit the Moon*, Brigitte Lachance

**Schragge, Lawrence**
*Once upon a time in high places*, Maxine Heppner, 1982; *Hold Me*, Terrill Maguire, 1985; *J'ai perdu les paroles #2*, Maxine Heppner, Across Oceans, 1996

**Scott, Amanta**
- with/avec David Tomlinson: *Virago Project*, Joan Phillips, 1992

**Seize, Louis**
*STAB (Space, Time and Beyond)*, Marie Chouinard, 1987

**Sereda, David**
*Believe in Us*, Allen and/et Karen Kaeja, National Ballet of Canada's Dances in the Schools Project, 1993

**Serra, Emanuel**
*Papou and His Paper Whales*, Ron De Jager, R.O.D. Music productions, 2000

**Sharman, Rodney**
*Predators of Light*, Bill James, Dancemakers, 1989; *seated woman/femme assise*, [adapted from/adapté de Towards White], Marie-Josée Chartier, 1990; *Diving for the Moon*, [Dark Glasses], David Earle, Toronto Dance Theatre, 1992; *Those Who Remain*, [Dark Glasses], Grant Strate, Simon Fraser University, 1992; *Pillow of Grass*, [Towards White], David Earle, Suddenly Dance Theatre, 1993; *study for a crouching figure/étude pour sihouette accroupie*, [Narcissus, Echo and Narcissus], Marie-Josée Chartier, 1994; *Through Her Eyes*, [Cordes Vides, Companion Piece], Cheryl Prophet, Off-Centre Dance Company, 1994; *Furniture*, [Sleeping Beauty], David Earle, Toronto Dance Theatre, 1995; *Ma*, [Cordes Vides], Cheryl Prophet, EDAM, 1995; *Tri-angles*, [Echo and Narcissus, 1st version], Grant Strate, Judith Marcuse Dance Company, 1995; *Apollo's Touch*, [Apollo's Touch], Christopher House, Toronto Dance Theatre, 1997

**Shepherd, Sam**
*Fast Johnny*, Tom Stroud, 1988

**Shepherd, Stuart**
*S/He*, Paula Ravitz, ARRAYMUSIC, 1986

**Sherlock, John Mark**
*Variations on Figures*, [lilac aubergine], Marie-Josée Chartier, 1997; *Cicatrice*, [tattoo/necklace], Marie-Josée Chartier, Springboard Dance, 1998

**Shumsky, Russell**
- with/avec Toni Stanick: *La Beauté du Diable*, Serge Bennathan, 1990

**Sieberry, Jane**
*Jane Sieberry Trilogy*, Paula Ross, Expo 86, 1986

**Sinha, Debashis**
*The Crowning*, Rubene Sinha, Fusion Dance Theatre, 1997; - with/avec John Gzowski: *Shrick*, Julia Aplin, 1997; - with/avec Rick Hyslop, Maryem Tollar, Ernie Tollar and/et Sophia Grigoriadis: *Assara*, Patricia Beatty, 1997; *The Possession*, Shaun Phillips, 1998; - with/avec Chris Wilson: *Inner City Sirens, Part II*, Julia Aplin, 1998; *Circle/Triangle*, Fubuki Taiko, 1999; *Genesis of Phobia*, Sukalyan Bhattacharjee, 1999

**Small, Holly**
*Bargain Basement Helen of Troy: The face that launched 10 canoes*, Holly Small, Rachel Rosenthal's Studio, 1987; - with/avec John Oswald: *Short Attack*, Holly Small, 1990; *Who's Trying To Electrocute Us?*, Holly Small, 1991; *Ophelia - Part II*, Holly Small, princess productions, 1998; *Stork*, Holly Small, princess productions, 1998

**Smith, Bill**
*Joint Actions*, Ted Dawson, 1983; *Widowspeak*, Karen Duplessis, 1985; *Archaic Myth*, Monique Léger, 1988

**Smith, Linda Catlin**
*gargoyles and angels*, [Gold Sandals, 1989], Catherine Lewis, Gargirls, 1997; *Vestige*, [Bloom/A Nocturne], Marie-Josée Chartier, Toronto Dance Theatre, 1998; - with/avec Michael J. Baker, Henry Kucharzyk, Jean François Estager, Pierre Alain Jaffrennou and/et James Giroudon: *Chemin de ronde*, Serge Bennathan,

Dancemakers, 1999

**Smith, Michael David**
- with/avec Alexandre Burton: *Communion*, Isabelle Choinière, le Corps Indice, 1995

**Smith, Ronald Bruce**
*She!*, [Nocturnes, 1995], Conrad Alexandrowicz, Continuum, 1995

**Smith, Sharon**
*Raining Heart*, Terrill Maguire, 1980; *In the Fullness of Time*, [String Quartet #1], Phyllis Whyte, Toronto Dance Theatre, 1981; *one month's work*, [String Quartet #1], Phyllis Whyte, 1988

**Smith, Sue**
*Hangman*, Karen Kaeja, Kaeja d'Dance, 1991

**Sokol, Casey**
*The Women*, Judith Miller, 1988

**Sokolovic, Ana**
*Anatomie*, Lynda Gaudreau, Lynda Gaudreau Compagnie de Brune, 1995

**Somers, Harry**
*Ballad*, Grant Strate, National Ballet of Canada, 1958; *The House of Atreus*, Grant Strate, National Ballet of Canada/CBC TV, 1963/1969

**Southam, Ann**
- after/après François Couperin and/et Jean-Philippe Rameau: *Momentum*, Patricia Beatty, New Dance Group of Canada, 1967; *3 + 3*, Bertram Ross, Toronto Dance Theatre and/et CBC, 1968; *Mito*, Ricardo Abreut, Toronto Dance Theatre, 1968; and/et Frédéric Chopin: *The Recitation*, David Earle, Toronto Dance Theatre, 1968; - with/avec Donald Himes: *Trapezoid*, Peter Randazzo, Toronto Dance Theatre, 1968; *Encounter*, Peter Randazzo, Toronto Dance Theatre, 1969; *A Thread of Sand*, David Earle, Toronto Dance Theatre, 1969; *Against Sleep*, Patricia Beatty, Toronto Dance Theatre, 1969; *Continuum*, Peter Randazzo, Toronto Dance Theatre, 1969; *Bernarda Alba*, Ricardo Abreut, Toronto Dance Theatre, 1970; *Hot and Cold Heroes*, Patricia Beatty, Toronto Dance Theatre, 1970; *Portrait*, David Earle, Toronto Dance Theatre, 1970; *Untitled Solo*, Peter Randazzo, Toronto Dance Theatre, 1970; *Voyage for Four Male Dancers*, Peter Randazzo, Toronto Dance Theatre, 1970; *Legend*, David Earle, Toronto Dance Theatre, 1971; *Prospect Park*, Peter Randazzo, Toronto Dance Theatre, 1971; *Boat, River, Moon*, David Earle, Toronto Dance Theatre, 1972; *Harold Morgan's Delicate Balance*, Patricia Beatty, Toronto Dance Theatre, 1973; *Figure In the Pit*, Peter Randazzo, Toronto Dance Theatre, 1973; *Antic Eden*, Kathryn Brown, Toronto Dance Theatre, 1974; *Mythic Journey*, Peter Randazzo, Toronto Dance Theatre, 1974; *Walls and Passageways*, David Earle, Toronto Dance Theatre, 1974; *Arrival of All Time*, Anna Blewchamp, Dancemakers, 1975; *L'Assassin Menacé*, Peter Randazzo, Toronto Dance Theatre, 1975; *Me and My Friends*, Kathryn Brown, Toronto Dance Theatre, 1975; *The Reprieve*, Patricia Beatty, Toronto Dance Theatre, 1975; *Nighthawks*, Peter Randazzo, Toronto Dance Theatre, 1976; *Rude Awakening*, Kathryn Brown, Toronto Dance Theatre, 1976; *Seastill*, Patricia Beatty, Toronto Dance Theatre, 1979; *Sunday Afternoon*, William Douglas, Dancemakers, 1983; *Emerging Ground*, Patricia Beatty, Toronto Dance Theatre, 1983; *Glass Houses*, [Glass Houses #5], Christopher House, Toronto Dance Theatre, 1983; *Rite for Future Time*, Patricia Beatty, Toronto Dance Theatre, 1983; *My Family: Their Dance*, Allen Kaeja, 1983; *Keeper of the Keys*, Peter Randazzo, Toronto Dance Theatre, 1984; *Untitled Quartet*, Christopher House, Toronto Dance Theatre, 1984; *Ces Plaisirs*, Danny Grossman, Danny Grossman Dance Company, 1985; *Rewind*, Peter Randazzo, Toronto Dance Theatre, 1985; *Goblin Market*, Christopher House, Toronto Dance Theatre, 1986; *Broken Symmetry*, Carol Anderson, Dancemakers, 1987; *Hyacinth*, Terrill Maguire, 1989; *Calm*, [Re-Tuning, 1985], Michael Menegon, 1995; *Re-Tuning (or the Great Canadian Hoedown)*, [Re-Tuning, 1985], Rachel Browne, Canadian Children's Dance Theatre, 1995; *Toward Light*, Rachel Browne, 1995; *Edgelit*, [Music for Slow Dancing], Rachel Browne, 1996; *Six Messages*, [Music for Slow Dancing], Rachel Browne, 1996; *Four Messages*, [Music for Slow Dancing], Rachel Browne, 1997; *L'Hiver Dernier*, [Full Circles], Laurence Lemieux, Toronto Dance Theatre, 1997; *Strand*, [Spatial View of Pond], Peggy Baker, 1997; *Edgelit*, [Soundstill], Rachel Browne, 1998; *Vice Versa*, [Full Circles], James Kudelka, 1999; *Edgelit*, [Music for Slow Dancing/Fluke Sound/Slow Music], Rachel Browne, 1999; *Remembering Summer*, [Slow Dances], Rachel Browne, 1999

**Spirit of the West**
*Daisy's Dead*, James Kudelka, 1996

**Splatt, Linda**
*Stanley Park Sketches*, Kay Armstrong, Kay Armstrong Vancouver Ballet School, 1956

**Sprecht, Judy**
*Summer Bliss (A Tribute to Summer)*, [Summer], Sophia Gupta and/et Sudnya Naik, 1998

# MUSIC FOR DANCE/MUSIQUE POUR LA DANSE

**St. Pierre, Anthony**
*Passages: "Towards the Darkness"*, [Sarabande and Musette], Donna Greenberg, 2000
**Stanko, Brian**
*Right, (as in, I'm_)*, Phyllis Whyte, 1985
**Stecky, Michael**
*Those Penetrating Dreams*, Sara Porter, 1993; *Opus Ornithologicus*, Sara Porter, 1994; *Twixt these blossoms deep red...*, Sara Porter, 1994
**Stephens, Greg**
*Letter Dance*, Phyllis Whyte, 1979
**Stevenson, Robert W.**
*Cheap Sunglasses*, Holly Small, Musicdance Orchestra, 1980; *Lagoon*, Joanna Speller, Musicdance Orchestra, 1981; *Traffic*, Maxine Heppner, 1982; *Dark Wave*, [Tombeau], Holly Small, Musicdance Orchestra, 1983; *Go Ahead Wes*, Holly Small and/et Joanna Speller, Musicdance Orchestra, 1983; *Cutting Losses #2*, Terrill Maguire, 1984; *Klown*, Maxine Heppner, Phyzikal Theatre Company, 1986; *Queen's Entrails*, Maxine Heppner, Phyzikal Theatre Company, 1988; *Edvard's Scream*, Maxine Heppner, Phyzikal Theatre Company, 1989; *Cheap Sunglasses* (expanded group version/version élaborée pour groupe), Holly Small, York Dance Ensemble, 1992; *Gold Wall*, Maxine Heppner, Maxine Heppner Dance Productions, 1999
**Stochansky, Andy**
- with/avec Maxine Heppner: *Watercolours*, Maxine Heppner, Phyzikal Theatre Company, 1987
**Strong, Philip**
*Hard Drive*, Conrad Alexandrowicz, CA Theatrical Dance, 1992; *This is a Dance*, Conrad Alexandrowicz, CA Theatrical Dance, 1993; *Le Malade Imaginaire Rêve à sa Mort*, Conrad Alexandrowicz, 1993; *Half Hidden/Have Hit*, Heidi Latsky, Sari Eckler and/et Janine Gutheil, 1994
**Sullivan, Timothy**
*The Archeology Of Karl*, John Alleyne, Ballet BC, 1993; *Apollo*, William Douglas, 1994; *Remember Me From Then*, John Alleyne and/et Peter Bingham, Ballet BC, 1996; - with/avec Jeff Mann: *Lake Flo*, Mitch Kirsch, Dogs In Space, 1997; *In the Course of Sleeping*, [Double Concerto], John Alleyne, Ballet BC, 1998; *entre-deux*, Dominique Dumais, Les Ballets Jazz de Montréal, 1999; *COSMOS*, Lata Pada, Sampradaya Dance Creations, 1999
**Surdin, Morris**
*Petite Ballet*, 1955; *The Remarkable Rocket*, Don Gillies, National Ballet of Canada, 1961
**Swinghammer, Kurt**
*Rocket Girl*, [Dawn], Peggy Baker, Dancemakers, 1999
**Symonds, Norman**
*Tensions*, CBC TV, 1964; *Lessons in Another Language*, Patricia Beatty, Toronto Dance Theatre, 1979
**Szlavnics, Chiyoko**
*Child of 10,000 Years*, [i], Michael Greyeyes and/et Floyd Flavel, 1993; *The Mound Builders*, Michael Greyeyes, 1994; *Inferno*, Bill James, Atlas Moves Watching, 1995; *Sailor*, Robin Poitras, 1995; *Picture Garden Falling*, Robin Poitras, 1998; *Return of the Moon*, [Shape Studies, solo percussion study], Guillaume Bernardi and/et Boyzie Cekwana, 1999
**Tanguay, Pierre**
*Inner Rhythms*, Martha Carter, 1990
**Tannenbaum, Michael**
*(for lonely spouses)*, Phyllis Whyte, 1985; *Thirteen women*, Phyllis Whyte, 1985
**Tansman, Alexander**
*Down To Sleep*, Andrea Smith, Canadian Children's Dance Theatre, 1989
**Tate, Brian**
*Moebius Strip*, Robyn Allan, Vancouver Dance Theatre, 1998; *In the Nature of Dreaming*, [Mandalas], Robyn Allan, Center Dance Ensemble, 1999
**Tenney, James**
*Run Ragged*, [Three Rags for Piano: Raggedy Ann, Milk and Honey, Tangled Rag, 1969], Terrill Maguire, 1977; *Restless Rags*, Terrill Maguire, 1981; *For Ann Rising*, Paula Ravitz, Dancemakers, 1981; *Matrix*, [Septet], Carol Anderson, INDE '85, 1985; *Remember Vienna*, [Spectral Canon for Conlon Nancarrow], Holly Small, 1989; *Harmonium #5*, Grant Strate, 1989
**Thériault, Jean-Yves**
- with/avec Craig Riddock: *Poetry and Apocalypse*, Noam Gagnon and/et Dana Gingras, The Holy Body Tattoo, 1994; *our brief eternity*, Noam Gagnon and/et Dana Gingras, The Holy Body Tattoo, 1996; *White*

*Riot*, Noam Gagnon and/et Dana Gingras, The Holy Body Tattoo, 1996

**Therrien, Michel**
*Lush Life*, Margie Gillis, 1981; *Secret*, Margie Gillis, 1982

**Thibault, Alain**
*Per Amore dell'Arte dell'Amore*, Luc Tremblay, La Compagnie Danse Partout, 1988

**Thompson, Catherine**
*Elimination of Lateral Violence*, Eryn Dace Trudell, 1997; *macadam...little broken rocks*, Darryl Tracy, 1997; *Creature*, Louise Bédard, Overall Dance, 1998; *le couer de l'ombre*, Darryl Tracy, 1998; *of transient overtures*, Heidi Strauss, 1998; *Uninvited*, Darryl Tracy, 1998; *Cassiopeia*, Serge Bennathan, Peggy Baker, Karen Kaeja and/et Roger Sinha, Corpus, 1999; *Studies of the Heart*, Susannah Hood, 1994

**Thorpe, Josh**
*Traveler*, Judith Garay, 1997

**Timar, Andrew**
*Kapilavastu*, Musicdance Orchestra, 1979; *Frog Bog*, Musicdance Orchestra, 1980; *Fountain Dance: A Homage to Circe, Lorelei, and Esther Williams*, Terrill Maguire, 1987; *Heron Under Observation*, Maxine Heppner, 1994; *Unsleeping City*, Bianca Rogge

**Tittle, Steven**
*Spirit Journey*, Francine Boucher, 1983

**Tobin, Nancy**
*Concerto Grosso Pour Corps Et Surface Métallique*, [Interstices], Danièle Desnoyers, Le Carré des Lombes, 1999

**Tollar, Ernie**
*Rebel Goddess*, [Karmic Creations], Bageshree Vaze, 1999; *Woollen*, Shannon Cooney, 1999

**Toucash, Sasha**
*One Tree Hill*, Karen Kaeja, Kaeja d'Dance, 1997

**Tremblay, Dominique**
*La Scouine*, Fernand Nault, Les Grands Ballets Canadiens, 1977

**Tremblay, Georges**
*Ni plus ni moins qu'une variation*, Eddy Toussaint, Compagnie de Danse Eddy Toussaint, 1976

**Tsissevreu, Alex**
*Pendulum*, [Blaada Djaaka], Crystal Pite, Les Ballets Jazz de Montréal, 1995

**Tukatsch, Alexander**
*WIRED*, Michael Menegon, The Beat Suit Projects, 1994; *21st Century Sarah*, Michael Menegon, The Beat Suit Projects, 1996; *A Ladle in the Reservoire*, Michael Menegon, The Beat Suit Projects, 1999

**Turner, Robert**
*My Laura*, Paula Ross, 1968

**Underhill, Owen**
*Yeats, the Moon and the Tower*, Santa Aloi, 1987

**Urban Pygmies**
*The Writing on the Wall*, Tama Soble, 1990; *Musing*, Denise Fujiwara, 1991

**Van Deusen, Kira**
*Herd*, Barbara Bourget, Kokoro Dance, 1987

**Vanasse, Normand**
*Buleria*, [Inspiracion de Joaquim], Sarah Vincent, Los Flamencos, 1999

**Vigneault, Gilles**
- arranged by/arrangée par Edmund Assaly: *Tam Di Delam*, Brian Macdonald, Les Grands Ballets Canadiens, 1974; - with/avec Gaétan Leboeuf: *The Voyage*, Margie Gillis, 1997

**Vincent, Sarah**
*Fandango*, [Agua Limpia], Sarah Vincent, Los Flamencos, 1997; *Rumba flamenca*, [Un dia/Hay dos caminos], Sarah Vincent, Los Flamencos, 1999

**Weaver, Carol Anne**
*Pumps 'n Power*, Conrad Alexandrowicz, 1985

**Weinzweig, John**
*Doll*, [The Whirling Dwarf], Boris Volkoff, Volkoff Ballet, 1940; *The Red Ear of Corn*, Boris Volkoff, Volkoff Canadian Ballet, 1949; *The Newcomers*, [Barn Dance (from The Red Ear of Corn), 1949], Brian Macdonald, National Ballet of Canada, 1980; *Quarks*, [15 Pieces for Harp], Barry Ingham, Ballet BC, 1991

# MUSIC FOR DANCE/MUSIQUE POUR LA DANSE

**Wells, John**
*Do you know where your uncrossed fences are?*, Tassy Teekman, Le Groupe de la Place Royale, 1981
**Werren, Phillip**
*Mediums*, Karen Jamieson, Simon Fraser University, 1968; *What to Do till the Messiah Comes*, Norbert Vesak, Royal Winnipeg Ballet, 1973; *Premonitions*, Linda Rabin, Margie Gillis, 1977; *The Last Dance*, Savannah Walling, Terminal City Dance, 1980; *Tellurian*, Linda Rabin, Les Grands Ballets Canadiens, 1981; *Music Box*, Margie Gillis, 1982; *Gravitation*, Paul-André Fortier, Fortier Danse Création, 1983; *Pandora's Box*, Savannah Walling, Terminal City Dance, 1983; *Wands*, Linda Rabin, Triskelion Dance Co., 1983; *Pandora*, Savannah Walling, Vancouver Moving Theatre and/et Terminal City Dance, 1984; *Venus 84*, Paul-André Fortier, Fortier Danse Création, 1984; *Stone Witness*, Linda Rabin, Les Grands Ballets Canadiens, 1986; *Summer Evening*, Peter Randazzo, Toronto Dance Theatre, 1992
**Wild, Eric**
*The Shooting of Dan McGrew*, Gweneth Lloyd, Winnipeg Ballet, 1950
**Williams, Nicholas**
*Thoughts of Him*, Donna Krasnow, 1998
**Williamson, Graeme**
*Ice Age*, Mitch Kirsch, Toronto Dance Theatre Composers' Symposium, 1980
**Windeyer, Richard C.**
*A Parcel of Men's Knowledge*, Paras Terezakis, Kinesis Dance Society, 1993
**Wiseman, Bob**
*Man From Glad* (film), Yvonne Ng, princess productions, 1992; - with/avec John Oswald: *Into a Dinosaur* (film), Yvonne Ng, princess productions, 1996
**Wiseman, Ronnie**
*La/Les Sylphides* (*A Romantic Dream*), Gail Benn, 1984
**Wojawoda, Michael P.**
*Aviatrix*, Susan McKenzie, 1988
**Wragget, Wes**
*Quartet For Cannibals*, Holly Small, Young People's Theatre, 1981
**Wyre, John**
- with/avec Michael Craden: *Study for a Song in the Distance*, Patricia Beatty, Toronto Dance Theatre, 1970
**Yamashiro, Takeo**
*Still, Water Moving*, Savannah Walling, Vancouver Moving Theatre, 1985
**Young, Gayle**
*Amaranthea*, Terrill Maguire, 1982
**Zaski, Edward**
- with/avec Steven Castellano: *Split Image*, Donna Krasnow, 1988
**Ziebarth, Craig**
*Safe Dancing*, Donna Krasnow and/et Jean Bellefleur, 1988
**Zuckert, Leon**
*Preciosa y el viento*, 1986

## Birouté Nagys
by/par Iro Valaskakis Tembeck

**Nagys, Birouté**. Dancer, choreographer, teacher. Born: 1920, Lithuania.

Nagys first took ballet classes and character dance at age twelve in Kaunas, Lithuania, and later studied in Vilnius with Danute Nasvytis, an exponent of Central European modern dance. By 1941 Nagys moved to Vienna to enrol in Rosalia Chladek's dance academy, graduating three years later. Under Chladek's tutelage, which was more structured than the improvisational style of Ausdruckstanz, or expressionist dance, she learned compositional skills, solfegio, Dalcroze Eurhythmics, dance theory, anatomy and related arts. After dancing with Chladek at the Vienna Opera House and in operettas, Nagys relocated to Canada in 1948.

Upon arrival in Montreal she danced with Ruth Sorel for two years, partnered by Alexander Macdougall; there she met Yone Kvietys, a fellow Lithuanian also working for Sorel, with whom she was later to collaborate many times.

Nagys started teaching dance at the YMCA soon after her arrival and moved in 1953 to an independent studio which she kept for ten years. Her students included Françoise Graham, Ina Hazen and Linda Rabin. As a teacher she was supportive of her pupils' individual creativity. In the 1960's Nagys introduced expression corporelle classes at Marguerite Bourgeois, a private college run by progressive Catholic nuns,

**Nagys, Birouté**. Danseuse, chorégraphe, professeure. Née : 1920, Lituanie.

Nagys suivit ses premiers cours de ballet et de danse de caractère à l'âge de douze ans à Kaunas en Lituanie et étudia plus tard à Vilnius avec Danute Nasvytis, un adepte de la danse moderne d'Europe centrale. En 1941, elle s'installa à Vienne et s'inscrit à l'Académie de danse de Rosalia Chladek et compléta cette formation trois ans plus tard. Sous la direction de Chladek, qui imposait plus de structures que le style d'improvisation d'Ausdruckstanz ou la danse expressionniste, elle apprit la composition, le solfège, l'eurythmie Dalcroze, la théorie de la danse, l'anatomie et les arts connexes. Après avoir dansé avec Chladek à la Maison de l'Opéra deVienne et dans des opérettes, Nagys s'installa au Canada en 1948.

À son arrivée à Montréal, elle dansa pour Ruth Sorel pendant deux ans avec Alexander Macdougall comme partenaire; c'est aussi là qu'elle fit la connaissance d'Yone Kvietys, une compatriote lituanienne qui travaillait aussi pour Sorel et avec laquelle elle allait collaborer à répétition dans l'avenir.

Nagys commença à enseigner la danse au YMCA peu après son arrivée et s'installa en 1953 dans un studio indépendant qu'elle conserva pendant dix ans. Ses élèves de l'époque incluaient Françoise Graham, Ina Hazen et Linda Rabin. Comme professeure, elle encourageait la créativité personnelle de ses élèves. Dans les années 1960, Nagys introduit des cours d'expression corporelle au Collège Marguerite Bourgeois, un collège privé dirigé par des religieuses catholiques progressistes; elle enseigna également à Québec, en Ontario et aux États-Unis. Elle cessa d'enseigner en 1984.

Comme chorégraphe, Nagys fut particulièrement appréciée pour son sens artistique, son imagination et son expressivité.

and also guest taught in Quebec, Ontario and the United States. She retired from teaching dance in 1984.

As a choreographer Nagys was appreciated for her craft, imagination and expressivity. In 1954 the Kvietys/Nagys duo appeared at the Sixth Canadian Ballet Festival in Toronto. She again joined forces with Kvietys and together they choreographed *The Return*, billing themselves as Montreal's Modern Dance Company for performances at McGill's Moyse Hall. Later they were both featured in the 1963 Canadian Modern Dance Festival, also in Toronto, where adjudicator Walter Sorell had words of praise for Nagys' craft and stage presence, stating that she and Kvietys stole the show.

Nagys often used the spoken word, poetry and haiku as rhythmic backdrop to her stage movement. The first full evening concert of her own works was in 1959 at the Théâtre Gésu in Montreal, and included the *Song of Hiawatha* set to Longfellow's poem. Her music was often selected or arranged once the choreography had been conceived. According to the press reviews her patterns were structured, her sense of space predominant; both these characteristics revealed Chladek's continued influence on her dancemaking. By 1963 her group was renamed the Contemporary Dance Trio, and it included her followers Françoise Graham and Ina Hazen.

As a performer, Nagys was confident, expressive and authoritative. In the early 1960's, she occasionally performed for Françoise Riopelle, or shared evenings with other Montreal dancers such as Hugo Romero and Jean Dudan. She appeared on television, as a soloist and/or choreographer, for Claudine Vallerand's programme Mama FanFan, and for writer- choreographer Michel Conte.

Throughout her career Nagys continued to teach, and it is mainly as a teacher that she left her mark. As a choreographer, despite impressive credentials, she had missed being part of the ground-breaking Refus Global generation of dancemakers, and was working in what was then a cultural void in Montreal; dance had yet to acquire the support structure of public

En 1954, le duo Kvietys/Nagys participa au Sixième festival canadien de ballet à Toronto. Elle collabora de nouveau avec Kvietys en 1955 et ensemble, ils chorégraphièrent *The Return*, s'annonçant sous le nom de Montreal Modern Dance Company pour des spectacles présentés au Moyse Hall de McGill. Plus tard, ils dansèrent dans le cadre du Festival canadien de danse moderne aussi à Toronto où le juré Walter Sorell souligna le sens artistique et la qualité de présence de Nagys, affirmant qu'elle et Kvietys avaient volé la vedette.

Nagys utilisait fréquemment les mots, la poésie et le haïku comme éléments rythmiques sous-tendant ses mouvements scéniques. Le premier concert pleine soirée de ses oeuvres fut présenté en 1959 au Théâtre du Gésu à Montréal et incluait le *Song of Hiawatha* monté sur le poème de Longfellow. Fréquemment, la musique ou les arrangements n'étaient choisis que lorsque la chorégraphie était déjà complétée. Selon les revues de presse, ses phrases chorégraphiques étaient structurées, son sens de l'espace prédominait; ces deux caractéristiques reflétaient l'influence soutenue de Chladek sur le processus de création de Nagys. En 1963, elle changea le nom de son groupe qui devint alors le Contemporary Dance Trio, groupe qui incluait ses disciples Françoise Graham et Ina Hazen.

Comme interprète, Nagys était expressive et faisait preuve de confiance et de maîtrise. Au début des années 1960, elle dansa à l'occasion pour Françoise Riopelle ou participa à des soirées communes avec d'autres danseurs de Montréal tels que Hugo Romero et Jean Dudan. Elle participa à des émissions de télévision, comme soliste et chorégraphe dans l'émission de Claudine Vallerand Mama FanFan ainsi que pour l'écrivain chorégraphe Michel Conte.

Nagys continua son enseignement tout au long de sa carrière et c'est surtout grâce à ce rôle de professeure qu'elle laissa sa marque. En tant que chorégraphe, malgré une liste imposante de crédits, elle ne fut pas de la génération avant-gardiste de créateurs en danse associés au Refus Global mais travailla plutôt dans le cadre d'un désert culturel à Montréal; la danse ne recevait alors aucun soutien de l'état et les institutions

funding and institutions that might have allowed greater visibility to her art.

qui auraient pu favoriser une plus grande visibilité pour son art n'existaient toujours pas.

---

Photo: Michael Slobodian

### Fernand Nault
by/par Iro Valaskakis Tembeck

**Nault, Fernand**. Choreographer, artistic director, dancer, teacher. Born: 1921, Montreal, Quebec.

Fernand Nault inherited his love of dance from his paternal grandmother Belzemire. She had married Joseph Boissoneault, a carpenter by trade who was also the fiddler of Saint-Tite des Caps. During village feasts she would dance so intensely to her husband's music that villagers believed her to be possessed by the devil.

Nault originally intended to enter the priesthood, but changed his mind after seeing a film on the tango. He signed up for dance classes at the Lacasse-Morenoff studio in Montreal, and soon afterward performed in some of Morenoff's dance numbers with Les Variétés Lyriques.

A lucky break propelled him into an

**Nault, Fernand**. Chorégraphe, directeur artistique, danseur, professeur. Né : 1921, Montréal, Québec.

Fernand Nault a hérité de son amour de la danse de sa grand-mère paternelle Belzemire. Elle avait épousé Joseph Boissoneault, un menuisier de métier qui était aussi le violoneux de Saint-Tite des Caps. Durant les fêtes de village, elle dansait si passionnément sur la musique de son mari que les villageois(e)s la croyaient possédée du démon.

Au départ, Nault avait l'intention de devenir prêtre mais changea d'opinion après avoir visionné un film sur le tango. Il s'inscrit à des cours de danse au studio Lacasse-Morenoff à Montréal et se mit rapidement à interpréter certains des numéros de Morenoff aux Variétés Lyriques.

C'est une chance inattendue qui le propulsa vers une carrière internationale. L'American Ballet Theatre était en tournée à Montréal en

international career. American Ballet Theatre was touring in Montreal in 1944 when one of its dancers, Todd Bolender, was injured, and auditions to find a replacement were immediately held. Nault was chosen, and the initial six-week contract with the company stretched into twenty-one long and prolific years with American Ballet Theatre. During that period Nault became famous for his character roles, and for his incredible memory, which he put to use as the company's ballet master. From 1960-1964, he was also director of the School of American Ballet Theatre. This experience proved useful when he later became the ballet master for L'École supérieure de danse du Québec.

He choreographed his first work in Montreal, a city he visited regularly. He created and performed Slaughter on Tenth Avenue with Elizabeth Leese, for Montreal's nascent CBC Television network. In 1965, Ludmilla Chiriaeff invited him to join her at the artistic helm of Les Grands Ballets Canadiens, and from then on he focussed on choreography and no longer performed. During his lengthy and continuing collaboration with that company, he created more than twenty-eight original works and remounted classical ballets such as *Les Sylphides*.

Nault's artistic directorship continued from 1965-1974, and marked a transition for Les Grands Ballets Canadiens. His *Carmina Burana* was mounted in Montreal during the Expo '67 season, and gave international exposure to the company, which left the following year on its first European tour. In 1969 his *Symphonie des psaumes*, set to Stravinsky's score, was performed in the nave of Saint-Joseph's Oratory in Montreal during Holy Week. This marked an important turning point in Quebec's dance history, when the Catholic clergy acknowledged dance as an art form not antithetical to religious values.

The following year, Nault choreographed *Tommy*, to the music of The Who; the dance portrayal of the hippie culture attracted a younger audience for the company, and broke all their previous box office records. The annual

1944 lorsqu'un de ses danseurs, Todd Bolender, fut blessé et des auditions furent passées immédiatement afin de trouver un remplaçant. C'est Nault qui fut choisi et le contrat initial de six semaines se prolongea, Nault passant vingt et une longues et prolifiques années avec l'American Ballet Theatre. Durant cette période, Nault fut renommé pour ses rôles de genre et pour sa mémoire phénoménale, dont il tira partie dans son poste de maître de ballet de la troupe. De 1960 à 1964, il fut aussi directeur de l'École de l'American Ballet Theatre. Cette expérience lui fut salutaire lorsqu'il accepta, plus tard, le poste de maître de ballet de L'École supérieure de danse du Québec.

Il chorégraphia sa première oeuvre à Montréal, une ville qu'il visitait régulièrement. Il créa et interpréta Slaughter on Tenth Avenue avec Elizabeth Leese, pour le nouveau réseau de télévision CBC de Montréal. En 1965, Ludmilla Chiriaeff l'invita à partager la direction artistique des Grands Ballets Canadiens, et à partir de ce moment, il consacra ses énergies à la chorégraphie et cessa de danser. Tout au long de sa longue collaboration avec cette troupe, il créa plus de vingt-huit oeuvres originales et remonta des ballets classiques tels que *Les Sylphides*.

Nault fut directeur artistique des Grands Ballets de 1965 à 1974, une période de transition pour cette troupe. Son *Carmina Burana* fut montée à Montréal pendant la saison de l'Expo'67 et donna une visibilité internationale à la troupe qui entreprit sa première tournée européenne l'année suivante. En 1969 son oeuvre, *Symphonie des psaumes*, sur une musique de Stravinsky, fut présentée durant la Semaine sainte dans la nef de l'Oratoire Saint-Joseph à Montréal. Cet événement fut un point tournant dans l'histoire de la danse au Québec, l'Église catholique reconnaissant enfin la danse comme une forme d'art et non comme l'antithèse des valeurs religieuses.

L'année d'après, Nault chorégraphia *Tommy*, sur une musique du groupe The Who; la représentation en danse de la culture hippie attira un public plus jeune vers la troupe et fracassa tous les records d'assistance. Les reprises annuelles de sa version de *Casse-Noisette*

revivals of Nault's version of *The Nutcracker* also continue to draw large crowds.

Nault is choreographer emeritus for Les Grands Ballets Canadiens, and has also worked with the Colorado, Washington and Atlanta Ballets. He is the recipient of numerous prizes, including the award for best choreography for the solo *Incohérence* at the 1976 International Ballet Competition in Varna, Bulgaria, and the prestigious Denise Pelletier Performing Arts Award of the Prix du Québec (1984). He has been awarded the Canadian government's Centennial Medal (1967), and he is a member of the Order of Canada (1977) and a Chevalier de l'Ordre national du Québec (1990).

continuent également à attirer les foules.

Nault est chorégraphe émérite pour Les Grands Ballets Canadiens et a également travaillé avec les Ballets du Colorado, de Washington et d'Atlanta. On lui a décerné de nombreux prix incluant le prix pour la meilleure chorégraphie pour son solo *Incohérence* au Concours International de Ballet à Varna en Bulgarie en 1976 ainsi que le prestigieux Prix Denise Pelletier, le Prix du Québec pour les Arts de la scène (1984). Il a de plus reçu la Médaille du Centenaire du Gouvernement canadien (1967) et il est membre de l'Ordre du Canada (1977) et un Chevalier de l'Ordre national du Québec (1990).

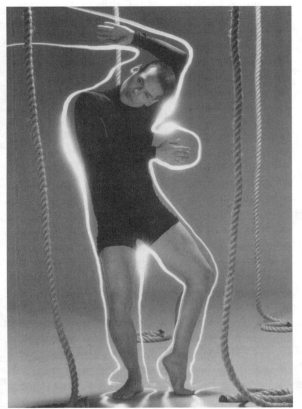

Photo: Michael Slobodian

**José Navas**
by/par Linde Howe-Beck

**Navas, José**. Danseur, chorégraphe, professeur, directeur artistique. Né : 10 janvier 1965, Caracas, Vénézuela.

L'arrivée en 1991 du danseur de New York de vingt-six ans, José Navas, eut un impact dramatique sur la danse à Montréal. Dans les trois années qui suivirent, il dansa pour des troupes dirigées par William Douglas et Marie Chouinard et amorça des carrières parallèles de

**Navas, José**. Dancer, choreographer, teacher, artistic director. Born: January 10, 1965, Caracas, Venezuela.

In a 1991 move that resulted in a dramatic influence on Montreal dance, twenty-six year old José Navas arrived in Montreal from New York. For the next three years he danced in companies headed by William Douglas and Marie Chouinard, and began parallel careers as a teacher and choreographer.

Navas was immediately recognized as an extraordinary talent. Dramatic and compact, he moved with a formidable intensity that exploded in unlikely combinations of sensuality and repetitious robotics. Dance by Navas was luminous and enlightening. It was also emotional, daring and highly theatrical.

Dropping his university studies at the age of eighteen, Navas enrolled as a dance student at the Escuela de Danza de Caracas. He was quickly hired by the Taller de Danza Contemporanea group, dancing there from 1984-1987. The following year he moved to New York where he danced with the Lucinda Childs Dance Company, studied at the Merce Cunningham Studio, and performed with the companies of Randy Warshaw, Stephen Petronio and Michael Clark. He also performed for many independent choreographers including William Douglas.

He began to choreograph soon after his arrival in Montreal. His first piece, *When We Dreamed The Other Heaven* (1991), launched Navas on the festival circuit. In 1992, he danced it at Montreal's Festival international de nouvelle danse and at the Canada Dance Festival in Ottawa. The next four years saw this work, and succeeding pieces, performed at Caracas' postmodern dance festival Casa Del Artista, Lisbon's Culturgest, Glasglow's New Moves Festival, and Vancouver's Dancing on the Edge.

Until he founded his own company, Flak, in 1995, he continued performing for others, notably William Douglas, with whom he shared the 1995 Bessie Award (New York Dance and Performance Award) for his interpretation of Douglas' *While Waiting*.

Navas' solos for himself have been markedly concerned with death and grieving as well as the contrasts between his South American heritage and his homes in the urban north. His solos and

professeur et de chorégraphe.

Le talent de Navas fut immédiatement reconnu comme exceptionnel. Dramatique et dense, il bougeait avec une intensité impressionnante qui explosait en un mélange inattendu de sensualité et de robotique répétées. Voir Navas danser était une expérience lumineuse et éclairante. C'était aussi rempli d'émotions, d'audaces et extrêmement théâtral.

Navas interrompit ses études universitaires à l'âge de dix-huit ans et s'inscrit en danse à l'Escuela de Danza de Caracas. Il fut engagé rapidement par le groupe Taller de Danza Contemporanea, y dansant de 1984-1987. L'année suivante, il s'installa à New York où il dansa avec la Lucinda Childs Dance Company, étudia au Studio de Merce Cunningham et dansa avec les troupes de Randy Warshaw, Stephen Petronio et Michael Clark. Il interpréta également des oeuvres de chorégraphes indépendants tels que William Douglas.

Peu après son arrivée à Montréal, il commença à créer des chorégraphies. Sa première oeuvre, *When We Dreamed The Other Heaven* (1991), le lança sur le circuit des festivals. En 1992, il participa au Festival international de nouvelle danse de Montréal et Festival de danse du canada à Ottawa. C'est au cours des quatre années suivantes que cette oeuvre et d'autres furent présentées au festival postmoderne de danse Casa Del Artista, au «Lisbon's Culturgest» au festival New Moves de Glascow ainsi qu'à Dancing on the Edge à Vancouver.

Jusqu'à ce qu'il fonde sa propre troupe de danse, Flak, en 1995, il continua à danser pour d'autres, notamment, William Douglas, avec lequel il partagea le Prix Bessie en 1995 (Prix de New York pour la Danse et l'Interprétation) pour son interprétation de *While Waiting* de Douglas.

Les oeuvres solos que Navas créa à sa propre intention sont imprégnées de notions de mort et de deuil ainsi que de contrastes entre son héritage sud-américain et ses maisons du Nord urbain. Les costumes, les éclairages et la mise en scène sont extraordinaires. Ses oeuvres plus récentes comportent des éléments d'humour noir, entre autres un trio pour sa troupe, *One*

group works are stunningly costumed, staged and lit. More recent pieces contain elements of dark humour – notably a trio for his company, *One Night Only 3/3* (1998) and a solo for Annik Hamel, *Côté Coeur, Côté Jardin* (1999). *Enter: Last* (1999), for Montréal Danse, is his first choreography for seven dancers who hurl and twist themselves across the stage, arms whirling, signing, chopping like spitfires.

Navas has taught technique, improvisation and composition from Stockholm to Saskatoon. He specializes in Cunningham style.

He has choreographed and performed in three films: Dances for a Small Screen (1997), directed by Moze Mossanen; Lodela (1995) directed by Philip Baylaucq; and The Village Trilogy (1996), directed by Laura Taler. He received the 1996 Moving Pictures' Choreography for the Camera Award for Lodela which he co-conceived, and Caracas' 1996 Casa des Artista prize as dancer of the year.

*Night Only 3/3* (1998) ainsi qu'un solo pour Annik Hamel, *Côté Coeur, Côté Jardin* (1999). L'oeuvre *Enter: Last* (1999), pour Montréal Danse est sa première chorégraphie comportant sept danseurs qui se jettent et pivotent violemment au travers de la scène, les bras qui tournoient, qui dessinent des signes, coupant et tranchant comme des tourbillons émotifs.

Navas a enseigné la technique, l'improvisation et la composition et ce, de Stockholm à Saskatoon. Il se spécialise dans le style Cunningham.

Il a chorégraphié et dansé dans trois films : Dances for a Small Screen (1997), dirigé par Moze Mossanen; Lodela (1995) dirigé par Philip Baylaucq et The Village Trilogy (1996), dirigé par Laura Taler. En 1996, on lui décerna le Prix du Cinéma pour la chorégraphie pour caméra pour son Lodela une cocréation et le Prix Caracas Casa des Artista comme danseur de l'année 1996.

---

## The National Ballet of Canada
## Le Ballet national du Canada

Following the twenty-first meeting of the Board of Directors of the National Ballet Guild of Canada, the National Ballet of Canada made its debut at Eaton Auditorium in Toronto in November of 1951. The company performed under the artistic direction of Celia Franca, a dancer/choreographer from England brought to

C'est suite à la vingt et une nième réunion du Conseil d'Administration de la Guilde du Ballet National du Canada que le Ballet National du Canada fit son début à l'Auditorium Eaton en novembre de 1951. Celia Franca, une danseuse et chorégraphe d'Angleterre, assumait la direction artistique de la troupe ; Franca s'était installée au Canada sur le conseil de Ninette de Valois, du Sadler's Wells Ballet, dans le but de former une troupe nationale de ballet. En 1952 et 1953, les danseurs principaux étaient Irene Apinee, Lois Smith, David Adams, Jury Gotshalks et Celia Franca et le répertoire était composé d'oeuvres du chorégraphe canadien, Antony Tudor et de nouvelles mises en scène par Franca de classiques tels que *Coppélia*, *Lac des cygnes* Act II, *Giselle* et *Casse-Noisette*. La troupe compléta des tournées à travers le Canada affirmant ainsi son existence à l'échelle nationale. Le directeur musical et conducteur était George Crum. Kay Ambrose, une Anglaise invitée par Franca, conçut plusieurs des premières productions et Betty Oliphant en fut la maîtresse de ballet. En 1952, la troupe s'installa

Canada on the advice of the Sadler's Wells Ballet's Ninette de Valois to found a national ballet company. In 1952 and 1953, with principal dancers Irene Apinee, Lois Smith, David Adams, Jury Gotshalks and Celia Franca, the repertoire consisted of works by Canadian choreographers, Antony Tudor, and Franca's restaging of classics including *Coppélia*, *Swan Lake* Act II, *Giselle* and the *Nutcracker*. The company toured across Canada establishing its national presence with George Crum as musical director and conductor. Kay Ambrose, whom Franca imported from England, designed many of the early productions; Betty Oliphant acted as ballet mistress. The company moved to the Royal Alexandra Theatre for its 1952 Toronto season where Lois Smith was firmly acknowledged as the company's first prima ballerina.

Grant Strate, who became resident choreographer, would contribute a dozen works to the repertoire, creating his first ballet in 1957.

In 1957, 1958 and 1959 the company played four-week seasons at the Royal Alexandra Theatre in Toronto and travelled on lengthy tours through the United States and Canada, including a three-week stint in Mexico City in 1958. The repertoire included works by Canadians David Adams, Joey Harris, Don Gillies and Grant Strate, as well as works imported from England. In 1961 the company played at the Royal Alexandra Theatre for five weeks.

Following the 1960 study by the Canada Council – an attempt to merge the Winnipeg, Montreal and Toronto ballet companies into one – the National Ballet turned an artistic corner with the introduction of works by George Balanchine, John Cranko and Kenneth MacMillan. Strate, who had been on sabbatical in Europe, saw Cranko's *Romeo and Juliet* in Stuttgart and an arrangement was quickly made to have this ballet set on the company in 1963. This lavish production graced the stage of the recently built O'Keefe Centre, introducing guest artists from the Stuttgart Ballet – Marcia Haydée and Ray Barra – and a fresh epoque for the company took root.

au Royal Alexandra Theatre pour sa saison de Toronto, une saison où Lois Smith fut sans contredit acclamée comme la première prima ballerina de la troupe.

Grant Strate, qui devint chorégraphe permanent de la troupe, contribua une douzaine d'oeuvres au répertoire et créa son premier ballet en 1957.

Dans les années 1957, 1958 et 1959, la troupe étendait sa saison sur quatre semaines au Royal Alexandra Theatre à Toronto et complétait de longues tournées aux États-Unis et au Canada en plus d'une tournée de trois semaines dans la ville de Mexico en 1958. Le répertoire présenté consistait d'oeuvres des canadiens David Adams, Joey Harris, Don Gillies et Grant Strate ainsi que d'oeuvres importées d'Angleterre. En 1961, la troupe se produisit sur la scène du Royal Alexandra Theatre pendant cinq semaines.

Suite à l'Étude du Conseil des Arts de 1960 – une tentative de fusionnement des troupes de ballet de Winnipeg, Montréal et Toronto en une seule troupe – le Ballet National prit un tournant artistique décisif en introduisant des oeuvres de George Balanchine, John Cranko et Kenneth MacMillan. Strate, en congé sabbatique en Europe, assista à une représentation à Stuttgart du *Romeo and Juliet* de Cranko et prit des arrangements sur-le-champ pour que ce ballet soit monté sur la troupe en 1963. Cette production somptueuse fut présentée sur la scène du tout nouveau Centre O'Keefe et incorpora des artistes invités du Stuttgart Ballet – Marcia Haydée et Ray Barra – amorçant ainsi une nouvelle ère pour la troupe.

En 1964, Veronica Tennant fit son début dans le rôle de Juliette avec Earl Kraul comme partenaire. La même année, la première du splendide *Casse-Noisette* de Celia Franca marqua le début d'une longue tradition de ce spectacle, un pilier de la saison du temps des Fêtes de Noël, présenté régulièrement jusqu'en 1995.

En 1965, Erik Bruhn fut invité à monter son oeuvre, *La Sylphide* sur la troupe. Celle-ci compléta des tournées tout au long des années 1960 à travers le Canada et dans les plus grands centres des États-Unis; elle retourna également à

In 1964, Veronica Tennant made her debut as Juliet, partnered by Earl Kraul, and in the same year the opening of Celia Franca's lavish *Nutcracker* became a Christmas season mainstay for the company which continued until 1995.

In 1965, Erik Bruhn guested with the company in his staging of *La Sylphide*. Throughout the 1960's the company toured across Canada and in major centres throughout the United States, as well as returning to Mexico in 1968 for a three-week season.

There was a choreographic surge in the late 1960's when a fresh crop of young talent emerged from the National Ballet School. The 1960's also hosted dancers such as Martine van Hamel, Vanessa Harwood, Nadia Potts, Mary Jago, Victoria Bertram and Hazaros Surmeyan.

Bruhn's *Swan Lake* premiered in 1967. Norman Campbell later produced it for CBC television with Lois Smith and Erik Bruhn in the lead roles. In January of 1971, Karen Kain made her debut as the Swan Queen in *Swan Lake*; her stage partnership with Frank Augustyn was solidified in 1972 in Cranko's *Romeo and Juliet*.

In the 1970's the company travelled to Japan and Europe and debuted at the Metropolitan Opera House in New York with Rudolph Nureyev's opulent production of the *Sleeping Beauty*.

Celia Franca retired as artistic director in 1974 and David Haber took the reins with plans to restage the Diaghilev Ballets Russes repertoire. His tenure was short-lived and Alexander Grant from England's Royal Ballet was appointed artistic director in 1976. He brought ballets by Frederick Ashton as well as commissioning works from James Kudelka, and from Constantin Patsalas who was later named resident choreographer. In 1979 the National Ballet was the first Canadian ballet company to appear at the Royal Opera House in London, England.

During the 1970's and 1980's a new group of dancers entered the company as principal performers, including Gisella Witkowsky, Sabina Alleman, Raymond Smith, Kevin Pugh, Rex Harrington, Martine Lamy, Kimberly Glasco, John Alleyne, Jeremy Ransom, Peter

Mexico en 1968 pour une saison de trois semaines.

Il y eut une marée chorégraphique vers la fin des années 1960 alors qu'une nouvelle fournée de jeunes talents émergea de l'École du Ballet National. C'est à la même époque le Ballet National invita des danseurs tels que Martine van Hamel, Vanessa Harwood, Nadia Potts, Mary Jago, Victoria Bertram et Hazaros Surmeyan.

La première du *Lac des cygnes* de Bruhn fut présentée en 1967. Norman Campbell produit plus tard cette oeuvre pour la chaîne de télévision CBC avec Lois Smith et Erik Bruhn dans les rôles principaux. En janvier de 1971, Karen Kain fit son début dans le rôle de la Reine des Cygnes dans *Le Lac des cygnes*; son partenariat scénique avec Frank Augustyn se poursuivit en 1972 avec le *Roméo et Juliette* de Cranko.

Dans les années 1970, la troupe visita le Japon et l'Europe et fit son début à la Metropolitan Opera House à New York avec l'opulente production de Rudolph Nureyev, *La Belle au bois dormant*.

Celia Franca quitta la direction artistique en 1974 et c'est David Haber qui prit la relève avec l'intention de remettre en scène le répertoire des Ballets Russes Diaghilev. Son règne fut de courte durée et Alexander Grant du Royal Ballet d'Angleterre fut nommé à la direction artistique en 1976. Il incorpora des ballets de Frederick Ashton et commanda des oeuvres à James Kudelka et à Constantin Patsalas qui devint plus tard le chorégraphe permanent de la troupe. En 1979, le Ballet National fut la première troupe de ballet canadienne à se produire à la Royal Opera House à Londres.

Dans les années 1970 et 1980, la troupe accueillit un nouveau groupe de danseurs principaux incluant Gisella Witkowsky, Sabina Alleman, Raymond Smith, Kevin Pugh, Rex Harrington, Martine Lamy, Kimberly Glasco, John Alleyne, Jeremy Ransom, Peter Ottman et Jennifer Fournier.

Erik Bruhn fut nommé directeur artistique en 1983 et présenta de nouvelles oeuvres de chorégraphes canadiens tels que Robert

Ottman and Jennifer Fournier.

Erik Bruhn became artistic director in 1983, introducing new works by Canadian choreographers Robert Desrosiers, David Earle and Danny Grossman, as well as American choreographer Glen Tetley. Following Bruhn's death in 1986, Valerie Wilder and Lynn Wallis became co-artistic directors with Glen Tetley as artistic associate.

Reid Anderson became artistic director in 1989, presenting more of John Cranko's works including *Taming of the Shrew*. Other ballets added to the repertoire were Jiri Kylian's *Soldier's Mass*, William Forsythe's *The Second Detail*, John Neumeier's *Now and Then*, as well as *Interrogating Slam* by John Alleyne, and several works by James Kudelka, who became artist-in-residence and created a new *Nutcracker* in 1995. In the midst of a severe economic depression Anderson resigned in 1995 to be replaced by James Kudelka.

In 1996 the company moved into its new quarters, the Walter Carsen Centre, at Harbourfront in Toronto. Two years later the company made a triumphant return to New York with a programme of all-Canadian choreography.

Kudelka's new production of *Swan Lake* in 1999 re-established the strength of the company with a tour of the production across Canada. In that same year Karen Kain, who had retired as a dancer in 1997, became artistic associate. Kudelka has commissioned new works for the repertoire from Canadian choreographers John Alleyne, Dominique Dumais, Édouard Lock and Jean-Pierre Perreault, and has clearly put his personal artistic signature on the company as it moves into its 50th year.

Desrosiers, David Earle et Danny Grossman et du chorégraphe américain Glen Tetley. Suite au décès de Bruhn en 1986, Valerie Wilder et Lynn Wallis devinrent codirectrices artistiques et Glen Tetley directeur artistique associé.

Reid Anderson assuma la direction artistique en 1989 et présenta d'autres oeuvres de John Cranko entre autres, *Taming of the Shrew*. Les ballets suivants furent également ajoutés au répertoire de la troupe : *Soldier's Mass* de Jiri Kylian, *The Second Detail* de William Forsythe, *Now and Then* de John Neumeier, *Interrogating Slam* de John Alleyne ainsi que plusieurs oeuvres de James Kudelka qui fut nommé artiste en résidence et qui créa un nouveau *Casse-Noisette* en 1995. Dans un contexte économique extrêmement difficile, Anderson offrit sa démission en 1995 et c'est James Kudelka qui prit la relève.

En 1996, la troupe s'installait dans ses nouveaux quartiers, le Walter Carsen Centre, dans le Harbourfront de Toronto. Deux années plus tard, la troupe retourna en triomphe à New York présentant un programme de chorégraphies entièrement canadiennes.

La nouvelle production du *Lac des cygnes* de Kudelka (1999) ancra plus solidement la renommée de la troupe grâce à une tournée pancanadienne. La même année, Karen Kain, qui s'était retirée comme danseuse en 1997, fut nommée directrice associée. Kudelka enrichit le répertoire de la troupe en commandant de nouvelles oeuvres aux chorégraphes canadiens John Alleyne, Dominique Dumais, Édouard Lock et Jean-Pierre Perreault; Kudelka a sans contredit forgé pour la troupe une vision artistique très personnelle alors que celle-ci entreprend sa 50ième année d'existence.

**Nighthawks** (Engoulevents)

Premiere/Première: Toronto Dance Theatre, MacMillan Theatre, Edward Johnson Building, University of Toronto, April 27 avril, 1976

... and those who spend their time being out at night, and share our loneliness, aloneness and fantasies.

... et ceux qui passent leur temps dehors la nuit, et qui partagent notre isolement, notre solitude et nos fantasmes.

Choreography/Chorégraphie: Peter Randazzo

Music/Musique: Ann Southam and/et Tommy Dorsey

Set Design/Décor: David Davis

Costumes: Carol Crawley

Lighting Design/Éclairages: Ron Snippe

Dancers/Danseurs: Peter Randazzo, David Wood, Sara Pettitt, Anna Blewchamp, Michael Quaintance

The inspiration for this work comes from a painting of the same title by the American painter, Edward Hopper

Cette oeuvre fut inspirée par un tableau du même nom par le peintre américain Edward Hopper

*One of three works by choreographer Randazzo inspired by American painter Hopper's canvases, this one the celebrated portrait of urban solitude and alienation set in an all-nite diner. Faithfully observing Hopper's setting and characters Randazzo then adds a mysterious woman in green. The imagined relationships among these denizens of the night as well as their inner lives spilling out in unexpected ways form the substance of the dance. All are relayed in Randazzo's edgy but lyrical Graham-esque style.*

*Une des trois oeuvres du chorégraphe Randazzo inspirées par les tableaux du peintre américain Hopper. Ici, l'oeuvre source est le portrait célèbre de la solitude urbaine et de l'aliénation dans un petit resto ouvert toute la nuit. Méticuleusement fidèle à l'univers et aux personnages de Hopper, Randazzo y ajoute une mystérieuse femme vêtue de vert. Les relations imaginées de ces créatures de la nuit ainsi que le déversement imprévisible de leur vie intérieure forment le corps de la danse. Tous ces éléments s'associent dans le style de Randazzo, un style tendu empreint de lyrisme à la Graham.*

Graham Jackson

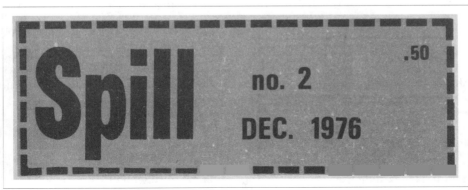

Spill no. 2 DEC. 1976 .50

15 Dance Lab newspaper/journal, 1976 - 78

Photo: Cylla von Tiedemann

**Noah, Gwen**. Choreographer, dancer, teacher. Born: February 27, 1962, St. John's, Newfoundland.

Gwen Noah began her dance training in 1970 in St. John's studying ballet, jazz and Spanish dance. She subsequently began travelling both to Halifax, where she took classes at the DanceExchange and Halifax Dance studios, and to London, England where she earned a certificate as an Associate in Classical Ballet, Cecchetti Method, through the Nesta Brooking School of Ballet.

She began her professional career with Nova Dance Theatre in 1982, and danced with Split Second Dance in 1987, before joining the Julie West Dance Foundation to tour Canada, the United States and Africa from 1987-1990. She also produced a variety of independent work during this time, including dances such as

**Gwen Noah**
by/par Christopher Majka

**Noah, Gwen**. Chorégraphe, danseuse, professeure. Née : 27 février, 1962, St. John's, Terre-Neuve.

Gwen Noah débuta sa formation en danse en 1970 à St. John's, étudiant le ballet, le jazz et la danse espagnole. Subséquemment, elle alterna entre Halifax, où elle suivait des cours à DanceExchange et aux studios d'Halifax Dance et Londres en Angleterre où elle se mérita un certificat d'Associate in Classical Ballet, Méthode Cecchetti de la Nesta Brooking School of Ballet.

Elle débuta sa carrière professionnelle avec le Nova Dance Theatre en 1982 et dansa avec Split Second Dance en 1987 avant de se joindre à la Julie West Dance Foundation pour une tournée au Canada, aux États-Unis et en Afrique, tournée qui dura de 1987 à 1990. À la même époque, elle créa une série d'oeuvres indépendantes notamment, *Migrations* (1984), *Aqua* (1985), *Gorgeous Girls* (1986), *Me and You* (1987), et *God is in Dartmouth* (1988).

Depuis 1990 elle agit comme directrice artistique de la troupe Gwen Noah Dance,

*Migrations* (1984), *Aqua* (1985), *Gorgeous Girls* (1986), *Me and You* (1987) and *God is in Dartmouth* (1988).

Since 1990 she has been artistic director of Gwen Noah Dance, choreographing, performing and teaching at many venues on a number of cross-Canada tours. In works such as *Home* (1990), *Passion Under Cover* (1991), *Dances and Winds* (1992), *Which Side of the Line* (1993), *John Wayne is Dead* (1994), *Paint it Yellow* (1995) and *The Last Show* (1996) she has created a body of work in a personal and distinctive postmodern style.

She has had a particular interest in collaborations with musicians, and her work has featured new and improvised musical work with composers and instrumentalists including Brian Bourne, Gordon Laurin, Paul Cram and Norman Adams. Her association with choreographer Julie West has also been important and productive.

A particularly noteworthy work is *Send* (1998) which Lisa Cochrane, writing in the Halifax Daily News, called "a complex work showing a new level of maturity for this dedicated artist". Noah's interests in collaboration are brought to full fruition in this work through an intriguing sound-scape, with recorded music by Paul Cram and live accompaniment by cellist Norman Adams. The work is further refined by Philippe Dupeyroux's striking lighting and Holly Crook's evocative costumes.

Noah has taught classes and workshops in Canada and England, and since 1990 has been an instructor at Halifax Dance, teaching modern dance, composition and fitness classes. Gwen Noah Dance is also company-in-residence at Halifax Dance, and Noah has created work for their performances. Her choreography *I Feel the Winds of God* (1998) was performed by Leica Hardy as part of Halifax Dance's Black Tie with a Twist.

chorégraphiant, interprétant et enseignant à différents endroits lors de nombreuses tournées à travers le Canada. Dans des oeuvres comme *Home* (1990), *Passion Under Cover* (1991), *Dances and Winds (1992), Which Side of the Line* (1993), *John Wayne is Dead* (1994), *Paint it Yellow* (1995) et *The Last Show* (1996), elle a créé un corpus d'oeuvres personnelles et résolument postmodernes.

Elle est particulièrement intéressée aux collaborations avec des musiciens et son travail a tiré partie d'oeuvres musicales originales et improvisées par des compositeurs et instrumentistes tels que Brian Bourne, Gordon Laurin, Paul Cram et Norman Adams. Son association avec la chorégraphe Julie West a également été importante et fructueuse.

Une oeuvre particulièrement remarquable est *Send* (1998), que Lisa Cochrane, écrivant dans le Halifax Daily News, a appelé «une oeuvre complexe révélant une nouvelle maturité pour cette artiste si passionnée.» Dans cette oeuvre, l'intérêt de Noah pour le travail de collaboration donne des résultats particulièrement réussis grâce à un environnement sonore fascinant élaboré à partir d'une musique préenregistrée par Paul Cram et d'un accompagnement en direct par le violoncelliste Norman Adams. L'oeuvre s'affine encore plus grâce aux éclairages étonnants de Philippe Dupeyroux et aux costumes évocateurs de Holly Crook.

Dans le cadre de son enseignement, Noah a offert des cours et des ateliers de danse au Canada et en Angleterre et depuis 1990, elle est professeure de danse chez Halifax Dance, y enseignant la danse moderne, la composition et le conditionnement physique. «Gwen Noah Dance» est également la troupe permanente chez Halifax Dance, et Noah a créé des oeuvres pour leurs spectacles. Sa chorégraphie, *I Feel the Winds of God* (1998) fut interprétée par Leica Hardy dans le cadre de l'événement Black Tie with a Twist de Halifax Dance.

### Duncan Noble
by/par Leland Windreich

**Noble, Duncan**. Danseur, professeur, chorégraphe, directeur artistique. Né : 1923, Vancouver, Colombie-Britannique. Nom à la naissance : Duncan MacGillivray.

Les parents de Duncan MacGillivray vinrent au Canada après qu'un incendie ait détruit leur prospère entreprise laitière située en banlieue d'Édimbourg. Ils élevèrent huit enfants à Vancouver et le jeune Duncan fut choisi pour apprendre et maintenir la tradition de danse écossaise. Enthousiasmé par les scènes de danse des films de l'époque, il commença à suivre des cours de claquettes avec Ted Cawker, un professeur de Vancouver. Peggy Pool, une autre étudiante de Cawker qui prenait des cours de ballet avec June Roper, introduisit Noble au ballet et à cette professeure qui allait l'inspirer à atteindre ses idéaux.

Alors que sa formation avec Roper et plus tard Dorothy Wilson fut plutôt traditionnelle, il se concentra sur le ballet et, recommandé par Roper, fut accepté au Ballet Theatre où sa carrière professionnelle débuta à dix-huit ans à New York sous le nom de Duncan Noble. Ses

**Noble, Duncan**. Dancer, teacher, choreographer, artistic director. Born: 1923, Vancouver, British Columbia. Birth name: Duncan MacGillivray.

Duncan MacGillivray's parents came to Canada when their prosperous dairy business on the outskirts of Edinburgh was destroyed in a fire. In Vancouver they raised eight children, of which young Duncan was elected to learn and carry on the traditions of Highland dancing. Smitten by the dancing he saw on the movie screens of the era, he began training in tap with Vancouver teacher Ted Cawker. Peggy Pool, a fellow pupil also studying ballet with June Roper, introduced him to ballet, and to a teacher who gave him great confidence for attaining his ideals.

While his training under Roper, and later Dorothy Wilson, was catholic in scope, he concentrated on ballet and was accepted in 1941,

on Roper's recommendation, at Ballet Theatre, where he began his professional career in New York at age eighteen under the name Duncan Noble. His two years with the company were particularly eventful ones, offering him the opportunity to work with Mikhail Fokine, Mikhail Mordkin, Leonide Massine, Anton Dolin and others. Noble found the competitive spirit at Ballet Theatre distressing and moved into another sphere as a dancer in Broadway musicals, appearing in such hit shows as On the Town, Annie Get Your Gun, One Touch of Venus and Can-Can. His fastidious nature and reliability made him a favourite dance captain for the choreographers of the era. Noble offered Agnes de Mille his expertise in Scottish dancing for her choreography for Brigadoon, a service which was never officially acknowledged.

Fascinated by the high-powered emotion in the dancing of Valerie Bettis, Noble joined the American expressionist dancer's ensemble and achieved acclaim for his portrayal of the characters in her turgid dance dramas, *Yerma* and *As I Lay Dying*. During his dedication to a new medium, Noble maintained his ballet practice with daily classes. In 1949 he joined Serge Denham's Ballets Russes de Monte Carlo, where he gained solo assignments and began to perfect his abilities as a classical partner. He credits Alexandra Danilova as his major inspiration for the wisdom and achievements that would later be so valuable in his teaching of ballet.

Noble moved freely among the theatrical media, working again in musicals, in summer stock, as partner to several itinerant ballerinas, in television, and as choreographer and director. For four years he headed the Pittsburgh Playhouse. By the time he was invited to join his colleague Robert Lindgren at the North Carolina School of the Arts, he had acquired remarkable credentials. He assumed the position of Assistant Dean at the Winston-Salem school in 1965, retiring in 1993. During his tenure he created new works for recital programmes and for nearby ballet and modern dance companies.

He became an authority on ballet partnering, and one of the most respected teachers of the

deux années avec cette troupe furent particulièrement actives, lui permettant de travailler avec Mikhail Foukine, Mikhail Mordkin, Leonide Massine, Anton Dolin et d'autres encore. Noble trouvait l'atmosphère de compétition au Ballet Theatre très affligeante et se dirigea plutôt vers une autre sphère de la danse, les revues musicales sur Broadway, dansant dans des spectacles à succès comme On the Town, Annie, Get Your Gun, One Touch of Venus et Can-Can. Sa nature exigeante et sa fiabilité firent de lui un capitaine de danse favori des chorégraphes de l'époque. Noble mit son expertise de la danse écossaise au service d'Agnes de Mille pour sa chorégraphie de Brigadoon, une contribution qui ne fut jamais reconnue officiellement.

Fasciné par l'émotion puissante de la danse de Valerie Bettis, Noble se joint à l'ensemble de la danseuse expressionniste et fut acclamé pour son interprétation des personnages de ses drames dansés turgides, *Yerma* et *As I Lay Dying*. Lorsqu'il s'intéressait à un nouveau médium, Noble le pratiquait avec intensité. En 1949, il se joint aux ballets Russes de Monte-Carlo de Serge Denham avec lequel il interpréta plusieurs rôles solos et où il commença à perfectionner ses capacités de partenaire classique. Il affirme être redevable à Alexandra Danilova pour la sagesse et les réalisations qui allaient lui être plus tard si profitables dans l'enseignement du ballet.

Noble évoluait facilement dans le milieu théâtral, travaillant dans des revues musicales de répertoire estival, comme partenaire de plusieurs ballerines itinérantes et comme chorégraphe et metteur en scène. Pendant quatre ans, il dirigea le Pittsburg Playhouse et lorsqu'il fut invité à rejoindre son collègue Robert Lindgren à l'École des Arts de la Caroline du Nord, il possédait déjà des acquis considérables. Il accepta le poste d'adjoint au doyen de l'École Winston-Salem en 1965 et y demeura jusqu'à sa retraite en 1993. Durant cette période, il créa de nouvelles oeuvres pour récitals et pour des troupes de ballet et de danse moderne avoisinantes. Il fit autorité en matière de partenariat en ballet et devint l'un des professeurs les plus respectés de la technique classique masculine. Patrick Bissel

male classical technique. Patrick Bissell and Edward Stierle were among his many pupils who would win international prizes and assume stellar positions in the major American and European ballet troupes. Noble's gifts as a teacher were treasured abroad, and he undertook frequent assignments to instruct the dancers of Nederlands Dans Theater in the Hague, and the students at the Hungarian National Ballet School in Budapest.

et Edward Stierle furent parmi ses nombreux élèves qui remportèrent des prix internationaux et décrochèrent des postes-vedettes dans d'importantes troupes de ballet européennes et américaines. Les talents de professeur de Noble étaient fort recherchés à l'étranger et il accepta de nombreux contrats pour enseigner aux danseurs/seuses du Netherlands Dans Theater à La Haye et aux élèves de l'École Nationale de Ballet Hongrois à Budapest.

Photo: Dwayne Brown

## Jacqueline Ogg
by/par Anne Flynn

**Ogg, Jacqueline**. Teacher, choreographer, artistic director. Born: November 27, 1917, Boulder, Colorado.

Jacqueline Ogg was eight years old when her family moved to California. There, she first attended Pasadena Community Playhouse College of Theatre Arts, where she completed a programme which included Dalcroze Eurythmics. In 1942 she received a BA from Stanford University in Speech and Drama with a Dance minor, and in 1945 was awarded an MA,

**Ogg, Jacqueline**. Professeure, chorégraphe, directrice artistique. Née : 27 novembre 1917, Boulder, Colorado.

Jacqueline Ogg avait huit ans lorsque sa famille s'installa en Californie. C'est là qu'elle étudia au Pasadena Community Playhouse College of Theatre Arts, où elle compléta un programme d'études qui incluait l'Eurythmie Dalcroze. En 1942, elle reçut un B.A. de l'Université Stanford en Élocution et Arts Dramatiques, Mineure en danse et en 1945, elle obtint un M.A., également de l'Université Standford.

Ogg fut formée en technique de danse moderne, ballet, danse d'époque, chorégraphie et en Labanotation ce qui l'amena à New York, Californie, Colorado, France, Allemagne et en Suisse. La liste de ses professeurs est étendue et

also from Stanford University.

Ogg trained in modern dance technique, ballet, period dance, choreography and Labanotation, which took her to New York, California, Colorado, France, Germany and Switzerland. The list of her teachers is extensive and includes Doris Humphrey, Charles Weidman, José Limón, May O'Donnell, Gertrude Shurr, Martha Graham, Erick Hawkins, Hanya Holm, Alwin Nikolais, Kurt Jooss and Ann Hutchinson Guest.

Until 1958, Ogg taught dance in a number of settings, ranging from kindergarten to university, and choreographed for productions in San Francisco, Palo Alto and Pasadena. She was married in the late 1940's and had three children by 1955. Between 1958 and 1963 she lived and worked in Switzerland, France and England. Ogg was happy living in Europe, but when her professor husband died, she decided to return to the United States with her children to look for a teaching position at a university.

From 1963-1968 she was assistant professor and dance director in the Department of Physical Education at Colorado State University in Fort Collins, Colorado. She created a dance major in her five years there, and produced an annual dance show.

In 1968, Ogg moved to Edmonton, taking up a position in the Drama Department of the University of Alberta. She developed the dance and movement curriculum for drama majors, and created many eclectic choreographies for theatre department productions. She also choreographed almost annually for Orchesis, the Department of Physical Education's annual dance production. Ogg retired from the university in 1983.

Outside of her university work, Ogg co-founded the Alberta Contemporary Dance Theatre in 1972, with her colleague Charlene Tarver. With a company of ten to twelve dancers, they produced and choreographed one major show a year that toured to communities in Alberta. The company was active until 1978.

Ogg has created over thirty dance works, choreographed for over seventy-five theatre productions and created several video series on dance. She has received numerous awards

inclut Doris Humphrey, Charles Weidman, José Limón, May O'Donnell, Gertrude Shurr, Martha Graham, Erick Hawkins, Hanya Holm, Alwin Nikolais, Kurt Jooss et Ann Hutchinson Guest.

Depuis 1958, Ogg a enseigné la danse dans différents cadres allant de la maternelle à l'université et chorégraphiant pour des productions à San Francisco, Palo Alto et Pasadena. Elle se maria vers la fin des années 1940 et en 1955, avait donné naissance à trois enfants. De 1958 à 1963, elle vécut et travailla en Suisse, en France et en Angleterre. Ogg aimait vivre en Europe mais lorsque son mari professeur décéda, elle décida de revenir aux États-Unis avec ses enfants pour tenter de décrocher un poste d'enseignement dans une université.

De 1963 à 1968, elle fut professeure adjointe et ensuite directrice de la section Danse du Département d'Éducation physique de l'Université d'État du Colorado à Fort Collins au Colorado. Pendant les cinq années de son mandat, elle mit sur pied un programme de Majeure en danse et produisit un spectacle annuel.

En 1968, Ogg s'installa à Edmonton, acceptant un poste au Département d'Art dramatique de l'University of Alberta. Elle élabora un programme en danse et mouvement à l'intention d'étudiant(e)s en art dramatique et créa plusieurs chorégraphies éclectiques pour des productions du département de théâtre. Elle chorégraphia également des oeuvres presque chaque année pour Orchesis, le spectacle annuel de danse du Département d'Éducation physique. Ogg se retira de l'Université en 1983.

En plus de son travail à l'université, Ogg cofonda le Alberta Contemporary Dance Theatre en 1972, avec sa collègue Charlene Tarver. Avec une troupe de dix à douze danseuses/seurs, elles produisirent et chorégraphièrent un spectacle d'envergure chaque année, spectacle présenté en tournée à travers l'Alberta. La troupe interrompit ses activités en 1978.

Ogg a plus de trente chorégraphies à son actif, a chorégraphié pour plus de soixante-quinze productions théâtrales et créé plusieurs séries de vidéos sur la danse. Elle fut honorée à

including the 1999 Summit Creative Award. She was chair of the conference committee for the 1972 American Dance Guild Conference on Movement for Actors.

Ogg was a very early student of Moshe Feldenkrais and she has been a certified Feldenkrais practitioner since 1984. Her involvement in this work is as extensive as her involvement in dance and she has conducted workshops in the United States, Brussels and Beijing. She continues to have a private practice, teach workshops and create video and CD ROM projects with her daughter Sherry, also a Feldenkrais practitioner.

répétition notamment par la Summit Creative Award en 1999. Elle fut présidente du comité-conférence pour l'American Dance Guild Conference on Movement for Actors de 1972.

Ogg fut l'une des premières élèves de Moshe Feldenkrais et est une praticienne Feldenkrais accréditée depuis 1984. Son engagement dans ce travail est aussi important que son engagement en danse et elle a animé des ateliers aux États-Unis, à Bruxelles et à Bejiing. Elle travaille toujours en pratique privée, enseigne des ateliers et crée des projets de vidéos et de CD-ROM avec sa fille Sherry, également praticienne de la technique Feldenkrais.

Photo: David Cooper

**Elizabeth Olds**
by/par Greg Klassen

**Olds, Elizabeth**. Danseuse. Née : 20 juillet, 1962. Minneapolis, Minnesota.

Elizabeth Olds dansa avec le Royal Winnipeg Ballet pendant quinze ans, huit de ces années

**Olds, Elizabeth**. Dancer. Born: July 20, 1962. Minneapolis, Minnesota.

A dancer with the Royal Winnipeg Ballet for fifteen years, Elizabeth Olds spent eight of those years as a principal. Although she danced a wide variety of roles, both contemporary classical, her signature role was undoubtedly Juliet in Rudi van Dantzig's gloriously dramatic version of *Romeo and Juliet*. Somehow, she seemed inseparable from the role of the young lovestruck girl who wears her heart on her sleeve.

Olds grew up in Ann Arbor, Michigan and began her dance training with Nancy Abbey and Marjorie Randazzo. She later studied at the SouthWest Ballet Center under the direction of William Martin-Viscount and the National Academy of Arts in Illinois, as well as the RWB School under the direction of David Moroni.

She joined the RWB in 1982, was promoted to soloist in 1985 and to principal in 1989. She was noted for her performances in Jiri Kylian's *Nuages* and *Symphony in D*, Rudi van Dantzig's *Four Last Songs* and *Romeo and Juliet*, Hans van Manen's *Adagio Hammerklavier* and *Three Pieces*, as Giselle in Peter Wright's production, Lizzie Borden in Agnes de Mille's *Fall River Legend* and The Cowgirl in de Mille's *Rodeo*.

During the 1991-1992 season, Olds took a leave of absence from the RWB to dance with Ballet du Nord in France. She expanded her repertoire to include George Balanchine's *Apollo* and *Scotch Symphony*, Paul Taylor's *Roses*, José Limón's *There is a Time* and numerous works by artistic director Jean-Paul Comelin. A popular guest artist, she performed throughout the United States and Canada, dancing *Nutcracker* in Delaware, Balanchine's *Tarantella* for Dancers for Life in Toronto and *La Fille Mal Gardée* in Lake Charles, Louisiana.

Olds was an active spokesperson for the RWB during her career, relishing any chance to do public speaking or to write about her experiences travelling the world as a dancer. She retired from dance in May of 1997.

comme danseuse principale. Malgré qu'elle ait dansé une variété de rôles, classiques et contemporains, son rôle-signature fut sans aucun doute celui de Juliette dans la version glorieusement dramatique du *Roméo et Juliette* de Rudi van Dantzig. Elle semblait inséparable du rôle de la jeune fille éperdument amoureuse au coeur transparent.

Olds grandit à Ann Arbor, au Michigan, et amorça sa formation en danse avec Nancy Abbey et Marjorie Randazzo. Elle étudia plus tard au South West Ballet Center sous la direction de William Martin-Viscount, à la National Academy of Arts en Illinois, ainsi qu'à la RWB School sous la direction de David Moroni.

Elle se joint au RWB en 1982, devint soliste en 1985 et danseuse principale en 1989. Ses interprétations des oeuvres suivantes furent particulièrement remarquables : *Nuages* et *Symphony in D* de Jiri Kylian, *Four Last Songs* et *Roméo et Juliette* de Rudi van Dantzig, *Adagio Hammerklavier* et *Three Pieces* d'Hans van Manen, Giselle dans la production de Peter Wright, Lizzie Borden dans *Fall River Legend* et La Cowgirl dans le *Rodéo*, d'Agnes de Mille.

Pendant la saison 1991-1992, Olds prit un congé sans solde du RWB afin de danser avec le Ballet du Nord en France. Elle élargit son répertoire pour inclure *Apollo* et *Scotch Symphony* de George Balanchine, *Roses* de Paul Taylor, *There is a Time* de José Limón et plusieurs oeuvres par le directeur artistique Jean-Paul Comelin. Une artiste invitée populaire, elle dansa à travers les États-Unis et le Canada dans *Casse-Noisette* au Delaware, *Tarantella* de Balanchine pour Dancers for Life à Toronto et *La Fille mal gardée* à Lake Charles, Louisiana.

Olds fut une porte-parole enthousiaste pour le RWB tout au long de sa carrière, ne manquant aucune occasion de donner des conférences ou d'écrire sur ses expériences de danseuse voyageant à travers le monde. Elle cessa de danser en mai de 1997.

Photo: Christopher Darling

**Oliphant, Betty**. Teacher, artistic director, dancer. Born: August 5, 1918, London, England.

Betty Oliphant, an internationally famed ballet educator, studied classical ballet under Laurent Novikoff and noted Diaghilev ballerina Tamara Karsavina in England, adding studies in the Cecchetti method with Margaret Saul in 1933. Oliphant's height barred her from considering a professional career as a ballet dancer, but she pursued a career as principal dancer and dance arranger with Prince and Emile Littler productions, among others, until 1946. Simultaneously she began what would be a long and illustrious career as a ballet teacher.

Characterized throughout her life by a bold spirit and visionary determination, in 1947 Oliphant came to Canada, where she established the Oliphant Ballet School and later became the Founding Principal of the National Ballet School, now long heralded as one of the two or three best in the world.

Recognized as an exceptional teacher, in

## Betty Oliphant
by/par Penelope Reed Doob

**Oliphant, Betty**. Professeure, directrice artistique, danseuse. Née : 5 août, 1918, Londres, Angleterre.

Betty Oliphant, une formatrice en ballet de renommée internationale étudia le ballet classique sous Laurent Novikoff et la célèbre ballerine Diaghilev, Tamara Karsavina en Angleterre; à ces études se rajoutèrent une formation dans la méthode Cecchetti avec Margaret Saul en 1933. La taille d'Oliphant l'empêchait de penser à une carrière professionnelle de danseuse de ballet mais elle poursuivit néanmoins une carrière comme danseuse principale et adaptatrice, entre autres avec les productions Prince et Emile Littler jusqu'en 1946. Simultanément, elle débuta ce qui allait devenir une longue et illustre carrière comme professeure de ballet.

Toute sa vie animée par un esprit fonceur et une détermination de visionnaire, Oliphant s'installa au Canada en 1947 et y fonda l'École de Ballet Oliphant et devint plus tard la Principale-Fondatrice de l'École Nationale de Ballet, maintenant reconnue comme l'une des deux ou trois meilleures écoles de ballet au monde.

Renommée comme enseignante exceptionnelle, Oliphant fut invitée en 1951 par Celia Franca à devenir la Maîtresse de Ballet du nouveau Ballet National du Canada dont plusieurs des membres, courageux et inexpérimentés, avaient bien besoin de formation additionnelle d'excellence. Oliphant remplit ce besoin et plus encore, prolongeant son association avec la troupe comme directrice artistique adjointe de 1969 à 1975 et demeurant sur le Conseil d'administration de la troupe

1951 Oliphant was invited by Celia Franca to become Ballet Mistress of the new National Ballet of Canada, many of whose brave but inexperienced founding members were in dire need of further training. Oliphant supplied that training and more, continuing her association with the company as associate artistic director from 1969-1975, and remaining on the company's board of directors until 1989, although what had been a close working partnership with Franca had deteriorated some years before, for reasons that remain somewhat mysterious.

Oliphant's most significant contributions to the National Ballet and to the dance world in general, however, would come not from her direct association with the company but from the National Ballet School, of which she was founding principal in 1959. As artistic director and principal of the school until 1989, Oliphant played a major role in creating excellent dancers, well schooled in both the technical and academic senses, not only for the National Ballet but for companies around the world. Her own training methods were Cecchetti-based, but she enriched the techniques of her students by bringing in faculty and guests representing other schools of training techniques, including Kirov-trained Sergiu Stefanschi, Eugen Valukhin, and, for an extraordinary series of classes in the Bournonville style, Erik Bruhn. In this vein, one of Oliphant's most successful innovations was to incorporate Spanish dance into the curriculum, for this purpose engaging the services of noted Spanish and flamenco dancer-choreographer Susana and her husband, the musician-composer Antonio Robledo, over a number of years. This training added incalculably to the musical sophistication, stage bearing and presence of generations of National Ballet School graduates.

Equally as important for the dancers trained at her school, and even more so for those who did not pursue a career in dance, Oliphant believed in educating the whole person, so she insisted that the school offer a rich and rigorous academic programme enhanced by attention to all the arts, and that psychological support systems be in place for students who needed

jusqu'en 1989 même si ce qui avait été un étroit partenariat de travail avec Franca s'était détérioré quelques années auparavant, pour des raisons quelque peu mystérieuses.

Les contributions les plus significatives d'Oliphant au Ballet National en particulier et au monde de la danse en général découlèrent non pas de son association directe avec la troupe mais de son association avec l'École Nationale de Ballet dont elle fut la Principale-Fondatrice en 1959. Comme directrice artistique et Principale de l'École jusqu'en 1989, Oliphant joua un rôle majeur dans la création d'excellent(e)s danseurs/seuses, bien formé(e)s dans le sens technique et académique, non seulement pour répondre aux besoins du Ballet National mais aux besoins de troupes à l'échelle internationale. Ses propres techniques d'enseignement étaient fondées sur la Méthode Cecchetti mais elle enrichit les techniques de ses élèves en important des professeurs et artistes invités d'autres écoles entre autres, Sergiu Stefanschi, formé par Kirov, Eugene Valukin et pour une série de classes extraordinaires dans le style Bournonville, Erik Bruhn. Dans la même veine, l'une des innovations les plus réussies d'Oliphant fut d'incorporer la danse espagnole au curriculum et à cette fin, d'engager les services de la renommée danseuse-chorégraphe de danse espagnole et de flamenco Susana et de son mari, le compositeur-musicien Antonio Robledo. Cet enseignement rehaussa de façon inestimable le niveau de sophistication musicale, la posture et la présence sur scène de générations de diplômé(e)s de l'École Nationale de Ballet.

Oliphant croyait qu'il était très important de former la personne dans son ensemble et que ceci s'appliquait non seulement aux nombreux danseurs/seuses formé(e)s à son école mais encore plus à ceux et celles qui ne poursuivraient pas de carrière en danse; elle insistait donc pour que l'école offre un programme académique riche et vigoureux, rehaussé de cours touchant toutes les formes d'art et que des systèmes de soutien psychologique soient offerts aux étudiant(e)s qui en auraient besoin.

Le résultat fut une école aussi admirable pour sa formation académique que pour sa formation

them.

The result was a school as admirable for its academic offerings as for the dance training it provided. Oliphant's unusual alertness to the need of young dancers for occasional psychological attention is acknowledged in Karen Kain's 1994 autobiography, which, while not completely uncritical of the school, recounts numerous instances of Oliphant's concern for her students and for Kain personally. As teacher and principal, Oliphant inspired generations of fine dancers, teachers and choreographers, including Veronica Tennant, Nadia Potts, Karen Kain, Frank Augustyn, Luc Amyot, Martine Lamy, James Kudelka, John Alleyne and her successor at the school, Mavis Staines.

Not surprisingly, during her three decades at the school she garnered admiration and acclaim from the international dance community. Erik Bruhn (in 1967) and Henning Kronstam (in 1978) perhaps paid her the greatest compliments in inviting her to reorganize the ballet schools of the Royal Swedish and Royal Danish Ballets, for which they were at that time responsible. Oliphant has been much in demand as a guest teacher in ballet schools around the world, not least Moscow's Bolshoi School, where she taught the graduating class.

She was a guest of honour at the First International Ballet Concours in Moscow in 1969, and has frequently served as a juror in competitions in Moscow, Jackson, Mississippi and Lausanne. Her contributions to dance also include serving as a Fellow and Examiner of the Imperial Society of Teachers of Dancing, and founding membership in both the Canadian Dance Teachers Association and the Canadian Association of Professional Dance Organizations.

Among Oliphant's many honours are the Molson Prize (1978), the National Dance Award (1981), the Diplôme d'honneur of the Canadian Conference of the Arts (1982), and the Toronto Arts Foundation Lifetime Achievement Award (1989).

In 1990 she was one of the first two women (and only the third Canadian) to receive the Order of Napoleon from the Maison

en danse. La sensibilité inhabituelle d'Oliphant aux besoins de jeunes danseuses/seurs pour des soins psychologiques occasionnels est soulignée par Karen Kain dans son autobiographie de 1994; Kain, sans être totalement en accord avec l'École, rappelle les nombreuses occasions où Oliphant s'inquiétait de ses élèves en général et de Kain en particulier. Dans son rôle de professeure et de Principale de l'École, Oliphant inspira des générations de bons et bonnes danseurs et danseuses, professeur(e)s, chorégraphes entre autres, Veronica Tennant, Nadia Potts, Karen Kain, Frank Augustyn, Luc Amyot, Martine Lamy, James Kudelka, John Alleyne et son successeur à l'École, Mavis Staines.

Il n'est pas étonnant que pendant ses trois décades à l'École, elle récolta l'admiration et une renommée dans le milieu international de la danse. Erik Bruhn (en 1967) et Henning Kronstam (en 1978) lui firent peut-être le plus grand compliment en l'invitant à réorganiser les Écoles du Ballet Royal Suédois et du Ballet Danois dont ils avaient à ce moment la charge. Oliphant à été fortement en demande comme professeure invitée dans des écoles de ballet à travers le monde entre autres, l'École Bolshoi de Moscou où elle enseigna la classe des finissants.

Elle fut invitée d'honneur au Premier Concours International de Ballet à Moscou en 1969 et servit fréquemment de juré pour des concours à Moscou, Jackson, Mississipi et Lausanne. Ses contributions au monde de la danse incluent aussi de servir comme Membre associé et Examinatrice de la Société Impériale des Professeurs de Danse et membre-fondatrice de l'Association canadienne des Professeurs de Danse et de l'Association Canadienne des Organismes Professionnels de Danse.

Parmi les honneurs qui lui ont été décernés on retrouve le Prix Molson (1978), le Prix National en Danse (1981), le Diplôme d'Honneur de la Conférence Canadienne des Arts (1982) et le Prix Lifetime Achievement de la Fondation des Arts de Toronto (1989).

En 1990, elle fut l'une des deux premières femmes (et la troisième Canadienne) à recevoir l'Ordre Napoléon de la Maison Courvoisier. On

Courvoisier. She was awarded the Order of Canada (Officer 1973 and Companion 1985) and honourary doctorates from Queen's, Brock and York Universities, and the University of Toronto. In 1992, she was named a Paul Harris Fellow of the Rotary Foundation, and also received the Commemorative Medal for the 125th anniversary of Canadian confederation.

In 1996, Oliphant published her autobiography, Miss O: My Life In Dance.

lui décerna l'Ordre du Canada (Officier en 1973 et Compagnon en 1985) ainsi que des doctorats honorifiques des Universités Queen's, Brock et York ainsi que de l'Université de Toronto. En 1992, elle fut nommée Paul Harris Fellow de la Fondation Rotary et reçut également la médaille commémorative pour le 125 ième anniversaire de la Confédération canadienne.

Oliphant publia son autobiographie en 1996, Miss O: My Life In Dance.

Photo: Cylla von Tiedemann

## William Orlowski
by/par Paula Citron

**Orlowski, William**. Choreographer, dancer, artistic director, teacher. Born: June 21, 1952, Brampton, Ontario.

William Orlowski is an advocate of tap dancing as an art form; he is a hoofer, and proud

**Orlowski, William**. Chorégraphe, danseur, directeur artistique. Né : 21 juin 1952, Brampton, Ontario.

William Orlowski est un adepte des claquettes qu'il estime être une forme d'art ; il est un danseur de claquettes professionnel et fier de l'être. Dès sa jeunesse, il tomba amoureux des films de Fred Astaire et à dix ans, débuta des cours de claquettes à la Marise White School of Dance à Port Credit. Il étudia également la danse jazz et le ballet avec Gladys Forrester. A près avoir complété ses études secondaires en 1969, Orlowski s'installa à Toronto pour poursuivre une carrière de danseur de concert, poursuivant sa formation en claquettes avec Bob van Norman et Jack Lemen. Il gagna de l'expérience grâce à des productions amateurs et perça finalement le milieu de la télévision et de la scène

of it. As a youngster, he fell in love with Fred Astaire movies and began tap lessons when he was ten at the Marise White School of Dance in Port Credit. He also studied jazz and ballet with Gladys Forrester. After graduating from high school in 1969, Orlowski moved to Toronto to pursue a career as a show dancer, continuing his tap training with Bob van Norman and Jack Lemen. He cut his teeth in amateur theatricals, finally breaking into television and the professional stage in 1972.

Orlowski left musical theatre in 1977 to become a concert tap dancer. He was intrigued by specialty artists from the past such as Paul Draper, who had tap danced with elegance in concert halls, and who had pioneered tap as a narrative style. Orlowski opened the Hoofer's Club in Toronto as a tap school and co-founded, with Steve Dymond, the National Tap Dance Company, which became an international success.

His first major choreography, *Brandenburg Concerto #3* (1977) impressed critics with its intricate counterpoint filigree, tapped by six dancers, over J.S. Bach's complex music; Dance in Canada's Spring 1978 issue commented, "Tap triumphed here, emerging as a versatile and legitimate art form". Orlowski also explored the possibilities of narrative tap as a medium for both expressing mood and emotion, and linking motivation and rhythm, in two full-length shows, *The Tin Soldier* (1979) and *Oliver Button is a Sissy* (1981). He experimented as well with combinations of tap and poetry, live percussion, and serious subject matter. In the early 1980's, concert tap masters including Americans Barbara Perry and Draper, and Canadian John Stanzel, gave works to the company. Orlowski's own full-length *Hound of the Baskervilles* (1987), a dramatic and humorous narrative work, was performed at Toronto's Premiere Dance Theatre. He left the company in 1990 to found William Orlowski Tap Dance Projects, creating concert works for dance series and symphony orchestras.

In 1987, Orlowski rediscovered his love of musicals, working with director Brian Macdonald on Dames at Sea, which earned him

professionnelle en 1972.

Orlowski délaissa l'univers du théâtre musical en 1977 afin d'investir dans sa carrière de danseur de claquettes de concert. Il était fasciné par les artistes spécialisés du passé tels que Paul Draper, qui avait dansé les claquettes avec élégance dans des salles de concert et qui, le premier, avait élaboré un style narratif de danse. Orlowski ouvrit l'école de danse à claquettes, le Hoofer's Club à Toronto et avec Steve Dymond, fonda la National Tap Dance Company, qui remporta un succès international.

Sa première chorégraphie importante, *Brandenburg Concerto #3* (1977) impressionna les critiques par son contrepoint élaboré en filigrane ; cette oeuvre était dansée par six danseurs sur de la musique complexe de J.S. Bach ; le numéro du printemps 1978 de Dance in Canada commenta l'oeuvre en ces termes : «Ce fut un triomphe de la danse à claquettes qui se révèle être une forme d'art légitime et versatile». Orlowski explora également les possibilités du style narratif des claquettes comme moyen d'expression des sentiments et des émotions et réussit à associer la motivation et le rythme dans deux spectacles pleine durée : *The Tin Soldier* (1979), et *Oliver Button is a Sissy* (1981). Il tenta également de combiner les claquettes à la poésie, aux percussions en direct et à des thèmes plus sérieux. Au début des années 1980, des maîtres de la danse à claquettes de concert, notamment les Américains Barbara Perry et Draper ainsi que le Canadien John Stanzel, donnèrent des oeuvres à la troupe. L'oeuvre pleine durée d'Orlowski, *Hound of the Baskervilles* (1987), une oeuvre à la fois dramatique et humoristique, fut présentée au Premiere Dance Theatre de Toronto. Il quitta la troupe en 1990 afin de fonder les William Orlowski Tap Dance Projects, créant des oeuvres de concert à l'intention de séries de danses et d'orchestres symphoniques.

En 1987, Orlowski s'enflamma de nouveau pour les revues musicales, travaillant avec le directeur Brian Macdonald sur Dames at Sea, qui lui mérita son premier Prix Dora Mavor Moore pour la Meilleure chorégraphie. Il remporta ce prix une seconde fois pour That

his first Dora Mavor Moore Award for Best Choreography. His second was for That Scatterbrain Booky, in 1991. He has also choreographed for the Shaw Festival, and for film and television. Orlowski has been mounting tap productions for schools since 1978, including writing his own short stories to serve as libretti, such as *Jennifer's Dream* (1984), about a young girl coping with the death of her grandfather. Another ongoing interest is creating performances for the Smile Company, a theatre group which tours hospitals and nursing homes. As part of his mandate to have tap taken more seriously, his choreographic focus is on creating more dramatic works.

Scatterbrain Booky en 1991. Il a chorégraphié pour le Shaw Festival ainsi que pour le cinéma et la télévision. Depuis 1978, Orlowski monte des productions de danse à claquettes dans des écoles, rédigeant ses propres courts récits qui servent de livrets : *Jennifer's Dream* (1984), traite d'une jeune fille réagissant à la mort de son grand-père. Il s'intéresse aussi toujours à la création de spectacles pour la Smile Company, un groupe de théâtre qui fait la tournée d'hôpitaux et de centres d'accueil. Afin de remplir son mandat, c'est à dire, faire en sorte que la danse à claquettes soit prise au sérieux, son oeuvre chorégraphique met l'accent sur la création d'oeuvres à caractère plus dramatique.

---

### Over Easy

Premiere/Première: Margaret Dragu, Toronto Dance Festival, Toronto Workshop Productions Theatre, November 16 novembre, 1976
Music/Musique: Frederick deKnit
Choreography/Chorégraphie: Margaret Dragu
Lighting/Éclairages: Mark Hammond, Margaret Dragu
Dancer/Danseuse: Margaret Dragu

*Set to a taped montage of street noises, restaurant sounds, random conversations and disco music, performance artist Dragu's work evokes Toronto's notorious Yonge Street strip and its denizens, after hours. Garbed in a rose-coloured hood and cape adorned with flashing bulbs, Dragu resembles a cross between a stripper and a kitsch madonna as she shows us the sights of the city, employing a vocabulary that mixes natural gestures with pop-dance references, larger-than-life dramatic poses, and strip-tease gyrations.*

*Élaborée sur un montage sonore de bruits de rues, de bruits de restaurants, de conversations aléatoires et de musique disco, l'oeuvre de l'interprète Dragu évoque l'allée notoire de la rue Yonge et de ses habitants dans les petites heures de la nuit. Affublée d'une cape avec capuchon de couleur rose et décorée d'ampoules clignotantes, Dragu ressemble à un être hybride, strip-teaseuse et madonne kitsch, nous montrant les spécialités touristiques de la ville, utilisant un vocabulaire qui associe des gestes naturels avec des références de danse pop, des poses dramatiques amplifiées et des gyrations de strip-teaseuse.*

Graham Jackson

**BERNADETTE CARPENTER**

*"the shop for dancers"*

*January Spotlight*

Newsletter/Bulletin, Toronto, 1951 - 1962

## Paige, Brydon

Choreographer, artistic director, dancer, teacher. Born: January 13, 1933, Vancouver, British Columbia. Birth name: Brydone James Duncan.

Brydon Paige began his performing career as an actor, and started to study dance in Vancouver with Kay Armstrong in the fall of 1950 to help his on-stage movement. Two months later he was dancing with her company at the Third Canadian Ballet Festival in Montreal.

Paige subsequently studied with Duncan Noble and Rosemary Deveson, Canadians who had performed with the Ballets Russes, and he danced in a small company headed by Heino Heiden. He returned to Montreal in 1953 with Heiden's group to perform on Pierre Mercure's Trente Secondes television programme on Radio-Canada; a chance encounter with dancer-choreographer Brian Macdonald led to an introduction to Ludmilla Chiriaeff, and

## Brydon Paige
by/par Max Wyman

Paige, Brydon. Chorégraphe, directeur artistique, danseur, professeur. Né : 13 janvier 1933, Vancouver, Colombie-Britannique. Nom à la naissance : Brydone James Duncan.

Brydon Paige débuta sa carrière sur scène comme acteur et amorça ses études en danse à Vancouver avec Kay Armstrong à l'automne de 1950 dans le but d'améliorer son engagement physique sur scène. Deux mois plus tard, il dansait avec la troupe d'Armstrong au troisième Festival de ballet canadien à Montréal.

Paige étudia ensuite avec Duncan Noble et Rosemary Deveson, des Canadiens qui avaient dansé avec les Ballets Russes. Il dansa aussi avec une petite troupe dirigée par Heino Heiden. Il revint à Montréal en 1953 avec cette troupe afin de participer à l'émission télévisée Trente Secondes, une émission de Pierre Mercure diffusée à Radio-Canada. Une rencontre fortuite avec le danseur-chorégraphe Brian Macdonald se traduit par une introduction à Ludmilla Chiriaeff et à son engagement comme l'un des membres fondateurs de l'ensemble d'interprétation qu'elle créa pour la télévision, Les Ballets Chiriaeff. Lorsque ce groupe devint Les Grands Ballets Canadiens en 1958, Paige

employment as one of the founding members of her television performing ensemble, Les Ballets Chiriaeff. By the time the group evolved into Les Grands Ballets Canadiens in 1958 Paige had become a principal dancer, and in 1964 he became resident choreographer and ballet master.

Paige left LGBC in 1969 for the first of several engagements as choreographer and eventually artistic director with the National Ballet of Guatemala, staging and choreographing, among other works, *Romeo and Juliet*, *Medea* (1962) and *Carmina Burana* (1966). He returned to Montreal as head of LGBC's junior company, Les Compagnons de la Danse, in 1972, and returned to LGBC when Macdonald took control in 1974. He created a number of ballets for the company in that period, including a 1976 collaboration with Macdonald, *Lignes et Pointes*. In 1983, he and company principal dancer John Stanzel created *Astaire*, to celebrate LGBC's twenty-fifth anniversary and in tribute to Stanzel's long relationship with the company.

Paige was artistic director of the Alberta Ballet from 1976-1987, choreographing a wide range of ballets, significant among them *The Firebird* (1981), *Daphnis and Chloe*, and versions of three classics, *The Nutcracker* (1980), *Cinderella* (1984) and *Coppélia* (1985) . He gave the company a firm footing on the Canadian dance scene. In 1988, his production of *The Snow Maiden* (1988), was the Alberta Ballet's contribution to the 1988 Calgary Winter Olympics arts festival.

Meanwhile, in 1987, he acted as artistic director of the National Ballet of Portugal, staging *Swan Lake*, returning to the company in 1988 to stage *The Firebird*. He has choreographed works for a variety of other companies such as the Royal Winnipeg Ballet, and returned to the National Ballet of Guatemala to stage his *Carmina Burana* (1992) and *Don Quixote* (1993).

He has choreographed many operas, among them a highly acclaimed Idomeneo for the Montreal Opera at the National Arts Centre in Ottawa (1981). His choreography for a touring,

était danseur principal et en 1964, il devint chorégraphe en résidence et maître de ballet.

Paige quitta LGBC en 1969 pour le premier de plusieurs travaux comme chorégraphe et éventuellement, pour la direction artistique du Ballet national du Guatemala, mettant en scène et chorégraphiant entre autres: *Roméo et Juliette*, *Medea* (1962) et *Carmina Burana* (1966). Il revint à Montréal en 1972 comme directeur de la troupe junior des GBC, Les Compagnons de la Danse, et il revint aux GBC lorsque Macdonald assuma la direction en 1974. Il créa plusieurs ballets pour la compagnie durant cette période, notamment une collaboration en 1976 avec Macdonald, *Lignes et Pointes*. En 1983, il créa *Astaire* avec le danseur principal de la compagnie, John Stanzel, dans le cadre du vingt-cinquième anniversaire des GBC et en reconnaissance de la longue association de Stanzel avec la troupe.

Paige occupa le poste de directeur artistique de l'Alberta Ballet de 1976 à 1987, chorégraphiant une grande diversité de ballets, parmi les plus importants se retrouvent: *The Firebird* (1981), *Daphnis and Chloe* ainsi que des versions des trois classiques, *Casse-Noisette* (1980), *Cendrillon* (1984) et *Coppélia* (1985). Grâce à lui, la compagnie s'établit solidement sur la scène de la danse canadienne. En 1988, l'Alberta Ballet participa au festival des arts des Jeux olympiques d'hiver de Calgary avec la production de Paige *The Snow Maiden* (1988).

Entre-temps, en 1987, il agit comme directeur artistique du Ballet national du Portugal, montant *Le Lac des Cygnes* et retournant en 1988 pour y monter *The Firebird*. Il a chorégraphié des oeuvres pour plusieurs autres compagnies telles que le Royal Winnipeg Ballet et il travailla de nouveau avec le Ballet national du Guatemala pour monter *Carmina Burana* (1992) et *Don Quichotte* (1993).

Il a chorégraphié de nombreux opéras, notamment, le très célèbre Idomeneo pour l'Opéra de Montréal au Centre National des Arts à Ottawa (1981). Sa chorégraphie pour la gigantesque production Aida fut présentée à Montréal au Stade Olympique en 1988, et fut subséquemment présentée en tournée mondiale

arena-scale production of Aida, first presented in Montreal at the Olympic Stadium in 1988, was subsequently seen on a continuing world tour that included the Far East, North America and Europe; since 1989 Paige served as staging director as well as choreographer.

He began to teach at the Banff School of the Arts in 1974, and became associate director of the Banff dance programme in 1982. In 1994 he became artistic director of Ballet Divertimento Academy and Choreographic Centre in Montreal and artistic consultant-director of the dance department at the École Pierre Laporte.

qui incluait l'Extrême-Orient, l'Amérique du Nord et l'Europe. Depuis 1989, Paige agit à la fois comme metteur en scène et chorégraphe de la production.

Il donna ses premiers cours au Banff School of the Arts en 1974 et devint directeur adjoint du programme de formation en danse de Banff en 1982. C'est en 1994 qu'il accepta le poste de directeur artistique de l'Académie Ballet Divertimento et du Centre chorégraphique à Montréal ainsi que le poste de directeur-conseiller artistique du département de danse de l'École Pierre Laporte.

Photo: David Cooper

### David Peregrine
by/par MaryJane MacLennan

**Peregrine, David**. Danseur. Né : 1955, Llay, Pays de Galles. Décédé : 1989. Nom à la naissance David Evans.

David Peregrine fut l'un des artistes de danse masculins les plus accomplis du Canada. Il débuta sa formation en ballet à l'age de quinze

**Peregrine, David**. Dancer. Born: 1955, Llay, Wales. Died: 1989. Birth name: David Evans.

David Peregrine was one of Canada's most accomplished male dance artists. He began his ballet training in Ottawa at the age of fifteen, at Nesta Toumine's Classical Ballet Studio, and spent a summer at the Banff School of Fine Arts. He continued his training at the Royal Winnipeg Ballet School, studying under David Moroni, Jorge Garcia, Chiat Goh, Galina Yordanova and Ludmila Bogomolova. He made his professional debut with the Royal Winnipeg Ballet in 1975 and was promoted to soloist in 1978.

In 1978, Peregrine received a Canada Council grant to study in Europe, where he worked with Victor Rona, Terry Westmoreland and Raymond Franchetti. He became a principal dancer with the RWB in 1980.

Peregrine spent two seasons as a member of both the RWB and the San Francisco Ballet and danced also with the Louisville Ballet in Kentucky, where he appeared in *Sleeping Beauty* and in *Collette* by Domi Ritter Soffers. He was a popular guest artist, and performed with the Alberta Ballet, Scottish Ballet and Boston Ballet. In 1983, he appeared at the Jacob's Pillow dance festival in Lee, Massachusetts, and toured with the Festival Dance Theatre, performing *Sleeping Beauty*.

Peregrine danced in ballet galas in the 1980's, and partnered Marianna Tcherkassky at a Don des Étoiles gala in Montreal. In June 1980, he competed with RWB principal Evelyn Hart at the World Ballet Concours in Japan, receiving a bronze medal. The couple won a gold medal for choreography on behalf of Norbert Vesak for his pas de deux *Belong* (1973). In July 1980, Peregrine appeared at the 10th International Ballet Competition in Varna, Bulgaria, winning a bronze medal. Hart and Peregrine became a stellar partnership, performing in galas around the world.

Peregrine was acclaimed for his roles as Jamie Paul in Norbert Vesak's *The Ecstasy of Rita Joe* (1971), both Romeo and Mercutio in *Romeo and Juliet*, and in *Swan Lake*, *Cinderella*, *Midsummer Night's Dream*, *Les Sylphides*, Rudi van Dantzig's *Four Last Songs*, Hans van

ans au studio de ballet classique de Nesta Toumine à Ottawa et passa un été au Banff School of Fine-Arts. Il poursuivit sa formation à l'école du Royal Winnipeg Ballet, étudiant sous David Moroni ainsi qu'avec Jorge Garcia, Chiat Goh, Galina Yordanova et Ludmilla Bogomolova de l'école de ballet Bolshoi. Il fit son début professionnel avec le Royal Winnipeg Ballet en 1975 et fut promu au poste de soliste en 1978.

En 1978, il reçut une subvention du Conseil des Arts du Canada afin de poursuivre ses études en Europe où il travailla avec Victor Rona, Terry Westmoreland et Raymond Franchetti. Peregrine devint danseur principal du RWB en 1980.

Peregrine passa deux ans comme membre à part entière du RWB ainsi que du San Francisco Ballet. Il passa aussi une partie de la saison avec le Louisville Ballet au Kentucky où il apparut dans *La Belle au bois dormant* et *Collette* de Domi Ritter Soffers. Il fut également un artiste invité populaire et dansa avec l'Alberta Ballet, le Scotish Ballet et le Boston Ballet. En 1983, il dansa au festival de danse Jacob's Pillow à Lee au Massachusets et fit la tournée avec le Festival Dance Theatre dansant dans *La Belle au bois dormant*.

Peregrine dansa dans des galas de ballet dans les années 1980 et fut le partenaire de Marianna Tcherkassky au gala le Don des Étoiles à Montréal. En juin 1980, il participa au Concours mondial de ballet au Japon avec la danseuse première du RWB, Evelyn Hart, et il reçut une médaille de bronze pour son interprétation. Le couple remporta une médaille d'or pour le pas de deux chorégraphier par Norbert Vesak, *Belong* (1973). En juillet 1980, Peregrine dansa au 10ième Concours international de ballet à Varna, Bulgarie et y remporta une médaille de bronze.

Peregrine fut acclamé pour ses rôles de Jamie Paul dans *The Ectasy of Rita Joe* (1971) de Norbert Vesak, Roméo et Mercutio dans *Roméo et Juliette* et pour ses rôles dans *Le Lac des cygnes*, *Cendrillon*, *Midsummer Night's Dream*, *Les Sylphides*, *Four Last Songs* de Rudi van Dantzig, *Five Tangos* de Hans van Manen et *Song of a Wayfarer* de Maurice Béjart.

Manen's *Five Tangos* and Maurice Béjart's *Song of a Wayfarer*.

In 1982, Peregrine received an ACTRA Award for Best Variety Performer on Television. Other appearances included an award-winning programme for CKND Television (Winnipeg) entitled Belong; British Broadcasting Corporation's Belong Pas de Deux; Greece National Television's Pas de Deux Romantique; CBC's Christmas at Rideau Hall and Romeo and Juliet. Peregrine made his acting debut as Smike in the Manitoba Theatre Centre's production of Nicholas Nickleby in 1982.

In 1986, Peregrine was made an Officer of the Order of Canada. He died in 1989, when the single-engine plane he owned and piloted crashed in Alaska.

En 1982, Peregrine reçut un prix de l'Actra comme Meilleur interprète de variété pour la télévision. Il participa aussi à des émissions télévisées telles qu'une émission primée de la chaîne CKND (Winnipeg), intitulée Belong; une série de la BBC, Belong Pas de deux; une émission spéciale sur la danse pour la télévision nationale grecque, Pas de deux romantique; deux émissions du réseau national de la CBC, Christmas at Rideau Hall et Roméo et Juliette. Peregrine fit son début comme acteur en 1982, personnifiant Smike, dans Nicholas Nickleby, une production du Manitoba Theatre Centre.

En 1986 Peregrine fut nommé Officier de l'Ordre du Canada. Il décéda en 1989 lorsque son avion monomoteur, qu'il pilotait, s'écrasa en Alaska.

---

Photo: Michael Slobodian

**Perreault, Jean-Pierre**. Choreographer, artistic director, dancer, designer, teacher. Born: February 16, 1947, Montreal, Quebec.

**Jean-Pierre Perreault**
by/par Aline Gélinas

**Perreault, Jean-Pierre**. Chorégraphe, directeur artistique, danseur, concepteur, professeur. Né : 16 février 1947, Montréal, Québec.

Jean-Pierre Perreault reçut sa formation en danse à Montréal avec Jeanne Renaud et Peter Boneham et il fut membre fondateur du Groupe de la Place Royale en 1966. Il réalisa ses premières chorégraphies en 1972 et son

Jean-Pierre Perreault trained in Montreal as a dancer with Jeanne Renaud and Peter Boneham, and was a founding member of Le Groupe de la Place Royale in 1966. He began to choreograph in 1972, and his approach to choreography was influenced by his exposure to the works of several important Montreal painters, including Fernand Leduc and Marcelle Ferron.

From 1972-1981, Perreault was co-artistic director, with Boneham, of Le Groupe de la Place Royale, where he choreographed over twenty works. On leaving the company, he worked as a choreographer and guest teacher in Canada and Europe, including Simon Fraser University in Vancouver, the Laban Centre in London and the Cullberg Ballet in Stockholm. In 1984, he returned to Montreal, founded La Fondation Jean-Pierre Perreault for the production of his own work, and taught at the Université du Québec à Montréal until 1991. There he created *Joe* (1984) with twenty-four students; the work was to become a classic of the international contemporary choreographic scene. Subsequent professional restagings took place in Montreal in 1984 and 1989, in Paris, with French and Canadian dancers, in 1989, and on Canadian and American tours, with dancers from Montreal, Toronto and Winnipeg, in 1994 and 1996.

Perreault's choreography displays a complex organization of space and movement, strongly rooted in the sharpness of a visual artist's imagination, and conveying a powerful sense of humanism. The artist covers the whole spectrum of human experience: the oppressive mood of a crowd wandering in a huge void, with a few individuals trying to escape their fate – *Joe*; a series of works that seemed to zoom into the darkness of the psyche in order to decipher human behaviour – *Stella* (1985), *Nuit* (1986), *Les Lieux-dits* (1988), *Îles* (1991), *Adieux* (1993); the most intimate feelings of closeness and compassion in the thoughtful combined duets of *La Vita* (1993), *L'Instinct* (1994) and *Les Années de Pèlerinage* (1996). *L'Instinct*, a four-hour choreographic installation, was performed at the Musée d'art contemporain de Montréal. It was designed to be seen by an

approche de la chorégraphie fut influencée par ses contacts avec les oeuvres de plusieurs peintres montréalais importants tels que Fernand Leduc et Marcelle Ferron.

De 1972 à 1981, Perreault partagea la direction artistique du Groupe de la Place Royale avec Boneham et y chorégraphia plus de vingt oeuvres. Après avoir quitté cette troupe, il travailla comme chorégraphe et professeur invité au Canada et en Europe, notamment à l'Université Simon Fraser à Vancouver, au Laban Centre à Londres et au Cullberg Ballet à Stockholm. En 1984, il revint à Montréal, créant La Fondation Jean-Pierre Perreault afin de produire ses propres oeuvres et enseignant à l'Université du Québec à Montréal jusqu'en 1991. C'est là qu'il créa *Joe* (1984) avec vingt-quatre étudiant(e)s: cette oeuvre allait devenir un classique de la scène chorégraphique contemporaine internationale. De nouvelles mises en scène professionnelles de *Joe* eurent lieu à Montréal en 1984 et 1989, à Paris avec des danseurs français et canadiens en 1989 et lors de tournées canadiennes et américaines avec des danseurs de Montréal, Toronto et Winnipeg en 1994 et 1996.

La chorégraphie de Perreault révèle une organisation complexe de l'espace et du mouvement profondément enracinée dans la vivacité de l'imagination de l'artiste en arts visuels et communicant une qualité importante d'humanisme. L'artiste explore tout l'éventail de l'expérience humaine: l'oppression d'une foule évoluant dans un vide immense avec quelques individus isolés tentant de fuir leur destin – *Joe*; une série d'oeuvres qui semblaient plonger dans la noirceur de la psyché afin de déchiffrer le comportement humain – *Stella* (1985), *Nuit* (1986), *Les Lieux-dits*, *Îles* (1991), *Adieux* (1993); les plus intimes sentiments d'union et de compassion dans les duos méditatifs combinés de *La Vita* (1993), *L'Instinct* (1994) et *Les Années de Pèlerinage* (1996). *L'Instinct,* une installation chorégraphique d'une durée de quatre heures, fut présentée au Musée d'art contemporain de Montréal. Cette oeuvre était conçue pour être vue par un auditoire de seulement dix-sept personnes, libres d'aller et de

audience of only seventeen spectators at a time, and they were free to come in and leave as they wished. The three duets of the piece *Les Années de Pèlerinage* were also performed at the Musée d'art contemporain, and were remounted in 1998 for tours to Glasgow, Scotland, Toronto and Ottawa.

Perreault transfers his vision into powerful kinetic metaphors, involving men and women shown in utter vulnerability and raw self-awareness. With seemingly pedestrian movements, wearing street clothing of sombre black and grey, his dancers look like ordinary people engaged in intense relationships – with their physical environment, with each other, with their own selves and with an invisible divinity. Perreault draws, paints and imagines his whole décor before he starts to anticipate the presence of human life in his fictional territories.

As well as works for his own Fondation, Perreault has choreographed *Eva Naissance* (1987) for Paul-André Fortier, *Eldorado* (1987) for Montréal Danse, *Flykt* (1991) for the Cullberg Ballet in Sweden, and *Eironos* (1996) for the Chrissie Parrot Dance Company in Australia. *Eironos* received public and critical acclaim when it premiered at Australia's Festival of Perth. It was remounted in Montreal, toured throughout Quebec in 1997, and to Portugal, the Netherlands and Belgium in 1998.

In 1990, Perreault was awarded the Jean A. Chalmers Award for Choreography and in 1996 was the recipient of the Jean A. Chalmers Award for Distinction in Choreography.

venir. Les trois duos de l'oeuvre *Les Années de Pèlerinage* furent également présentés au Musée d'art contemporain et furent remontés en 1998 pour des tournées à Glascow en Écosse, à Toronto et à Ottawa.

Perreault traduit sa vision en métaphores cinétiques puissantes, impliquant des hommes et des femmes en état de vulnérabilité totale et de conscience de soi. À vif et avec des mouvements qui semblent prosaïques, portant des vêtements de rue dans des tons de noir et gris sombres, ses interprètes ressemblent à des gens ordinaires engagés dans des relations intenses – avec leur environnement physique, avec les autres, avec eux-mêmes ainsi qu'avec une divinité invisible. Perreault dessine, peint et imagine le décor dans son ensemble avant d'anticiper la présence humaine dans ses territoires fictifs.

En plus de son travail pour sa propre Fondation, Perreault a chorégraphié *Eva Naissance* (1987) pour Paul-André Fortier, *Eldorado* (1987) pour Montréal Danse, *Flykt* (1991) pour le Cullberg Ballet en Suède et *Eironos* (1996) pour le Chrissie Parrot Dance Company en Australie. *Eironos* fut acclamée par la critique et le public lorsqu'elle fut présentée en première au Festival of Perth d'Australie. L'oeuvre fut remontée à Montréal, présentée en tournée à travers le Québec en 1997, et au Portugal, aux Pays-Bas et en Belgique en 1998.

En 1990, Perreault reçut le prix Jean A. Chalmers pour la Chorégraphie et en 1996, il fut récipiendaire du Prix Jean A. Chalmers pour ses Réalisations en chorégraphie.

**Crystal Pite**
by/par Deborah Meyers

**Pite, Crystal**. Dancer, choreographer. Born: December 15, 1970 Terrace, British Columbia.

Crystal Pite began her dance training at age four with Maureen Eastick and Wendy Green at Pacific Dance Centre in Victoria. She turned down a place at the National Ballet School because she didn't feel ready to leave home, and supplemented her training with summers at the Banff Centre for the Arts and the School of Toronto Dance Theatre. She joined the fledgling Ballet British Columbia as a dancer in 1988 at age seventeen.

From a young age, Pite was creating and performing dances; she was thirteen when she showed her first choreography, *Bug Dance* (1983), at a local dance festival. Six years later she had her professional choreographic debut when Ballet BC performed her *Between the Bliss and Me* (1989) as part of the company's first choreographic workshop. That same year she

**Pite, Crystal**. Danseuse, chorégraphe. Née : 15 décembre, 1970, Terrace, Colombie-Britannique.

Crystal Pite débuta sa formation en danse à l"âge de quatre ans avec Maureen Eastick et Wendy Green au Pacific Dance Centre à Victoria. Elle refusa une place à l'École nationale de Ballet car elle ne se sentait pas prête à quitter la maison familiale et opta plutôt pour des cours d'été au Banff Centre for the Arts et à l'ecole du Toronto Dance Theatre. En 1988, à l'âge de dix-sept ans, elle se joint, comme danseuse, au nouveau Ballet British Columbia.

Dès son enfance, Pite créait et interprétait ses danses; elle n'avait que treize ans lorsqu'elle présenta sa première chorégraphie, *Bug Dance* (1983), à un festival de danse local. Six années plus tard, elle fit son début professionnel comme chorégraphe lorsque Ballet BC présenta son *Between the Bliss and Me* (1989) dans le cadre du premier atelier chorégraphique offert par la troupe. Toujours en 1989, elle chorégraphia *Hopping the Twig* pour le Ballet Jörgen et *Great-granddaughter's Dance* une commande de la danseuse indépendante Sara Harrigan. Elle créa *Moving Day* (1996) pour Ballet BC ainsi que de nombreuses oeuvres pour d'autres troupes canadiennes, notamment, l'Alberta

also choreographed *Hopping the Twig* (1989) for Ballet Jörgen and *Great-granddaughter's Dance* (1989) commissioned by independent dancer Sara Harrigan. She created *Moving Day* (1996) for Ballet BC, and has choreographed for many other Canadian companies including Alberta Ballet, Judith Marcuse's Dance Arts Vancouver, and Les Ballets Jazz de Montréal, as well as for community dance organizations, schools and independent dance artists. She received the Clifford E. Lee Choreographic Award in 1995, and while she was artist-in-residence at the Banff Centre for the Arts she choreographed *Quest* (1995), which was later added to the repertoire of the Alberta Ballet.

Pite's curiosity, intelligence and boldness as a performer have kept pace with her burgeoning choreographic craft. She spent eight years dancing for Ballet BC with artistic directors Reid Anderson, Patricia Neary, Barry Ingham and John Alleyne, performing in works by Alleyne, Serge Bennathan, David Earle and William Forsythe. Forsythe's ballets in particular influenced her. She worked with the choreographer in 1990 when he set his *In the middle, somewhat elevated* on Ballet BC, and in 1994 with Ballett Frankfurt's Michael Schumacher who staged Forsythe's *The Vile Parody of Address*.

In 1996 Pite accepted an invitation to join Ballett Frankfurt in Germany where she has danced existing Forsythe repertory and participated in new Forsythe ballets. She has toured with the company in Europe, Asia and to New York. Pite is one of four Ballett Frankfurt dancers featured in the 1999 CD-ROM William Forsythe - Improvisation Technologies.

Pite's creative achievements cross disciplines: she has choreographed and appeared in dance sequences in two films – Dan Sadler's five-minute short, *A Hollow Place* and Mike Figgis's feature length *One Night Stand*, both in 1996 – and designed sets for her own *Moving Day*. She is an artist who, from a remarkably young age, has eschewed boundaries and made risk-taking an active part of her choreographic focus.

Ballet, le Judith Marcuse's Dance Arts Vancouver, Les Ballets Jazz de Montréal ainsi que pour des organismes communautaires de danse, des écoles et des artistes indépendants en danse. On lui décerna le Prix Clifford E. Lee pour la Chorégraphie en 1995, et lors de son séjour comme artiste en résidence au Banff Centre for the Arts elle chorégraphia *Quest* (1995), qu'elle ajouta plus tard au répertoire de l'Alberta Ballet.

La curiosité de Pite, son intelligence et son audacité comme interprète évoluèrent en parallèle à son talent de chorégraphe. Elle passa huit années avec Ballet BC travaillant avec les directeurs artistiques Reid Anderson, Patricia Neary, Barry Ingham et John Alleyne, interprétant des oeuvres d'Alleyne, de Serge Bennathan, de David Earle et de William Forsythe. Les oeuvres de Forsythe l'influencèrent plus particulièrement. Elle travailla avec ce chorégraphe en 1990 lorsqu'il monta son ballet *In the middle, somewhat elevated* sur le Ballet BC, et en 1994 avec Michael Schumacher du Ballett Frankfurt, qui monta l'oeuvre de Forsythe *The Vile Parody of Address*.

En 1996, Pite accepta une invitation à se joindre au Ballett Frankfurt en Allemagne où elle interpréta le répertoire de Forsythe déjà en place et contribua à ses nouveaux ballets. Elle participa aux tournées de la troupe en Europe, en Asie et à New York. Pite est l'une des quatre interprètes du Ballett Frankfurt à être en vedette dans le CD-ROM William Forsythe - Improvisation Technologies, lancé en 1999.

La créativité de Pite se manisfeste dans le cadre de multiples disciplines: elle a chorégraphié et interprété des séquences de danse dans deux films – un film de cinq minutes, *A Hollow Place*, de Dan Sadler et le long métrage de Mike Figgis, *One Night Stand*, tous deux en 1996 – et elle conçut les décors pour sa propre oeuvre, *Moving Day*. Pite est une artiste qui, à un âge remarquablement précoce, repoussa les limites conventionnelles et pour qui la notion de risque est au coeur de sa recherche chorégraphique.

Photo: Andrew Oxenham

**Potts, Nadia**. Dancer, teacher. Born: June 14, 1948, London, England.

Nadia Potts was one of the first of the National Ballet School-trained ballerinas who went on to become principal dancers in the National Ballet of Canada. She started ballet training with Betty Oliphant at age seven and attended the National Ballet School from 1960-1966, serving as an apprentice in the company and a teaching assistant in the school from 1964, and then joined the corps de ballet in 1966. Her delicate beauty, fresh lyricism and sensitive musicality contributed to her rapid rise through the ranks to soloist in 1968, and principal dancer in 1969. She achieved international recognition as early as 1970, when she was awarded a Bronze Medal, and, with Clinton Rothwell, First Prize for the best pas de deux, at the International Ballet Competition in

**Nadia Potts**
by/par Penelope Reed Doob

**Potts, Nadia**. Danseuse, professeure. Née : 14 juin 1948, Londres, Angleterre.

Nadia Potts fut l'une des premières ballerines formée à l'École nationale de ballet à devenir danseuse principale du Ballet national du Canada. Elle commença ses études de ballet avec Betty Oliphant à l'âge de sept ans et fut inscrite à l'École nationale de ballet de 1960 à 1966, servant d'apprentie à la compagnie et enseignante adjointe à l'école dès 1964. Elle se joint au corps de ballet en 1966. Sa beauté délicate, son lyrisme frais et sa musicalité si sensible contribuèrent à son progrès rapide au rang de soliste en 1968 et de danseuse principale en 1969. Elle atteint une renommée internationale dès 1970, où elle remporta d'une part la médaille de bronze et d'autre part, avec Clinton Rothwell, le premier prix pour le meilleur pas de deux au Concours international de ballet à Varna en Bulgarie.

Potts offrait uniformément d'excellentes interprétations stylistiques de tous ses rôles, qu'il s'agisse d'Aurore dans *La Belle au bois dormant* ou d'Odette/Odile dans *Le Lac des*

Varna, Bulgaria.

Potts typically gave excellent and stylistically adept interpretations of all her roles, from Aurora in *The Sleeping Beauty* to Odette/Odile in *Swan Lake*, the ballet in which she was partnered by Mikhail Baryshnikov in his debut with the company in 1975. However, she excelled particularly in roles calling for otherworldly serenity, such as Sir Frederick Ashton's *Monotones II* or Hans Van Manen's *Four Schumann Pieces*; charmingly well-bred playfulness tinged with passion, as Juliet in Cranko's *Romeo and Juliet*, Lise in Ashton's *La Fille mal gardée*, and the solo in Gerald Arpino's *Kettentanz*; or a steely authority that contrasted markedly with her very womanly physical beauty, as Myrtha in *Giselle*, the leading role in Constantin Patsalas' *Black Angels* (1976) or Nikiya in *La Bayadère*. But above all, Potts' gift of conveying gentle vulnerability made her a distinctively touching Giselle, Sylph in *La Sylphide*, and Aminta in John Neumeier's *Don Juan*. Her ability to combine great technical strength with endearing softness made her an exceptional interpreter of romantic and neo-romantic roles.

Following her retirement from the National Ballet in 1986, Potts launched a varied and successful career as a teacher/producer/administrator. She has taught at the National Ballet School, York University, the University of Western Ontario and the Quinte Ballet School, and in 1988 coached Canadian ice dancers for the Calgary Olympics. She was director of the George Brown College Summer School in Toronto in 1989, and is director of the programme in dance at Ryerson Polytechnic University, Toronto, which was implemented as an undergraduate degree programme in 1999.

*cygnes*, son partenaire étant Mikhail Baryshnikov, alors à ses débuts avec la compagnie en 1975. Elle excellait cependant dans des rôles exigeant une certaine sérénité éthérée comme dans *Monotones II* de Sir Frederick Ashton ou *Four Schumann Pieces* de Hans Van Manen et des rôles exigeant une qualité enjouée, de style fille bien élevée avec un soupçon de passion comme le rôle de Juliette dans le *Roméo et Juliette* de Cranko, Lise dans *La Fille mal gardée* de Ashton et le solo dans le *Kettentanz* de Gerald Arpino, et encore des rôles exigeant une autorité d'acier qui contrastait étonnamment avec sa beauté si féminine qui transparaissait dans le rôle de Myrtha dans *Giselle*, le rôle principal du ballet *Black Angels* (1976) de Constantin Patsalas ou celui de Nikiya dans *La Bayadère*. Mais, plus remarquable encore, sa facilité à communiquer une douce vulnérabilité s'est traduite par des interprétations particulièrement émouvantes de Giselle, de Sylph dans *La Sylphide* et d'Aminta dans *Don Juan* de John Neumeier. Sa capacité à associer une puissante technique à une douceur touchante en a fait une interprète exceptionnelle de rôles romantiques et néo-romantiques.

Suite à sa retraite du Ballet national en 1986, Potts opta pour une carrière variée fort réussie comme professeure/productrice/administratrice. Elle a enseigné à l'École nationale de ballet, l'Université York, l'Université Western de l'Ontario et le Quinte Ballet School. En 1988 elle entraîna les danseurs sur glace canadiens pour les Olympiques de Calgary. Elle fut directrice du stage d'été du George Brown College à Toronto en 1989 et elle dirige le programme de danse à l'Université Ryerson Polytechnic à Toronto, programme accrédité comme programme de premier cycle en 1999.

# POURFARROKH

Photo: Ed Ellis

**Pourfarrokh, Ali**. Artistic director, choreographer, dancer, teacher. Born: Tehran, Iran.

Ali Pourfarrokh was appointed artistic director of the Alberta Ballet in 1988, when the company moved from Edmonton to Calgary. He split his time between Calgary and New York, where he maintained an involvement in the Dance Theater of Long Island, a company he founded in 1984.

Pourfarrokh began dancing at age eleven in his native Iran. He won a scholarship to the American Ballet Theatre School, and from 1959-1971 he danced professionally with Alicia Alonso's West Coast Company, American Ballet Theatre, Metropolitan Opera Ballet, Harkness Ballet, Frankfurt Opera Ballet and Garden State Ballet. Pourfarrokh then began the transition from lead dancer to choreographer/teacher/director.

In 1973 he became associate artistic director and ballet master of Alvin Ailey's American Dance Theater, where he worked for three years until accepting an offer to become director of the

## Ali Pourfarrokh
by/par Anne Flynn

**Pourfarrokh, Ali**. Directeur artistique, chorégraphe, danseur, professeur. Né : Téhéran, Iran.

Ali Pourfarrokh fut nommé au poste de directeur artistique du Alberta Ballet en 1988 lorsque la compagnie quitta Edmonton pour s'installer à Calgary. Il partagea son temps entre Calgary et New York où il conserva un intérêt pour le Dance Theater of Long Island, une compagnie qu'il avait fondée en 1984.

Pourfarrokh commença à danser à l'âge de onze ans dans sa ville natale de Téhéran. Il remporta une bourse pour étudier à l'école de l'American Ballet Theatre et de 1959-1971 il dansa professionnellement avec le West Coast Company d'Alicia Alonso, l'American Ballet Theatre, le Metropolitan Opera Ballet, le Ballet Harkness, le Ballet de l'Opéra de Francfort, et le Garden State Ballet. Pourfarrokh amorça ensuite la transition du rôle de danseur principal à celui de chorégraphe/professeur/directeur.

En 1973, il devint directeur artistique adjoint et maître de ballet à l'American Dance Theater d'Alvin Ailey. Il demeura à ce poste trois ans jusqu'à ce qu'il accepte une offre de direction au Ballet National Iranien à Téhéran, poste qu'il occupa pendant trois ans. Pourfarrokh revint ensuite aux États-Unis pour travailler comme chorégraphe indépendant.

Iranian National Ballet in Tehran; that position lasted for three years. Pourfarrokh then returned to the United States to freelance as a choreographer.

From 1981-1984, he was resident choreographer and co-director of the Essen Ballet in Germany, and in 1984 he founded the Dance Theater of Long Island and the North Shore School of Dance, both in New York State.

His own choreography is described as neo-classical or modern ballet, and he created seventeen pieces for the repertoire of the Alberta Ballet. He also staged a number of works from the classical repertoire for the company. Pourfarrokh has created work for several other companies, including the Ballet du Nord and the Ballet Contemporaneo de Caracas.

During his tenure with the Alberta Ballet, he commissioned work from Canadian artists such as Crystal Pite and Denise Clarke. He moved the almost thirty-year-old company of twenty dancers into an international arena, expanding its audience and touring schedule. An active teacher, Pourfarrokh has over twenty years of experience and has worked with dancers from around the world.

De 1981 à 1984, il fut chorégraphe permanent et codirecteur du Ballet Essen en Allemagne et en 1984, il fonda le Dance Theater of Long Island et le North Shore School of Dance, tous deux dans l'État de New York.

Son oeuvre chorégraphique se rattache au ballet dit néoclassique ou moderne et il a créé dix-sept oeuvres pour le répertoire du Alberta Ballet. Il a aussi mis en scène plusieurs oeuvres du répertoire classique pour cette même compagnie. Pourfarrokh a également créé des chorégraphies pour de nombreuses autres compagnies notamment le Ballet du Nord et le Ballet Contemporaneo de Caracas.

Dans son rôle de directeur artistique du Alberta Ballet, il a commandé des oeuvres à des artistes canadiennes telles que Crystal Pite et Denise Clarke. Il transporta la compagnie, qui avait déjà presque trente ans d'existence et qui comptait une vingtaine de danseurs/seuses, sur l'arène internationale, élargissant son public et son horaire de tournée. Professeur actif, Pourfarrokh possède plus de vingt années d'expérience et a travaillé avec des danseurs/seuses provenant de partout dans le monde.

---

**Pugh, Kevin**. Dancer, teacher. Born: January 22, 1960, Indianapolis, Indiana.

Gifted with dazzling virtuosity, infectious joie de vivre, and unusual elevation with a Nijinsky-like ability to hover in the air, Kevin Pugh has received numerous accolades, hailed by England's Dance and Dancers as Best New Male Dancer of 1979, and winning the Silver Medal at the Fourth International Ballet Competition in Moscow in 1981. Even more precious recognition came in 1979, at the New York State Theater, when Rudolf Nureyev was so delighted by Pugh's Bluebird pas de deux in *Sleeping Beauty* that in the final curtain calls he presented Pugh with his own bouquet.

Entering the National Ballet School at the age of thirteen, Pugh became one of an exceptional group of "Erik's boys", including John Alleyne, Jeremy Ransom, Rex Harrington, and David Nixon, who took class and

**Kevin Pugh**
by/par Penelope Reed Doob

**Pugh, Kevin**. Danseur, professeur. Né : 22 janvier 1960, Indianapolis, Indiana.

Doué d'une virtuosité époustouflante, d'une

Photo: Andrew Oxenham

Bournonville variations from Erik Bruhn. Bruhn claimed that Pugh had as much natural talent as any dancer he had ever seen. In 1978 Pugh joined the National Ballet of Canada, becoming second soloist in 1979, first soloist in 1980, and principal dancer in January, 1984.

Initially, Pugh shone as a magnificent technician in roles such as the Bluebird, the Neapolitan Dance and pas de trois in Bruhn's *Swan Lake*, Solor in *La Bayadère*, and Toni Lander's *Études*. Determined to excel as a partner and a dramatic dancer, however, he developed quickly into a fine Oberon and Puck in Frederick Ashton's *The Dream*, Gennaro in the Schaufuss-Bournonville *Napoli*, Melancholic in George Balanchine's *The Four Temperaments*, Basilio in *Don Quixote*, Maurice Béjart's *Songs of a Wayfarer*, and Anubis in Glen Tetley's *Sphinx*. Comparatively slight in build, Pugh came late to the few princely roles

joie de vivre contagieuse, d'une élévation exceptionnelle et d'une capacité, tout comme Nijinsky, de demeurer suspendu dans l'espace, Kevin Pugh reçut de nombreuses marques d'estime, fut acclamé en Angleterre par Dance and Dancers comme le meilleur danseur masculin de 1979, et remporta la médaille d'argent au troisième Concours international de ballet à Moscou en 1981. Plus exceptionnelle encore fut la marque d'admiration que lui accorda Rudolf Nureyev en 1979 au New York State Theater, lorsque ce dernier, ravi par le pas de deux de l'oiseau bleu de *La Belle au bois dormant* interprété par Pugh, lui offrit son propre bouquet de fleurs lors du dernier rappel.

Inscrit à l'École nationale de ballet à treize ans, Pugh devint l'un des «garçons d'Erik», un groupe d'étudiants exceptionnels où se retrouvaient également John Alleyne, Jeremy Ransom, Rex Harrington et David Nixon, étudiants qui suivirent les classes et variations Bournonville avec Erik Bruhn. Ce dernier affirma que Pugh avait un talent naturel aussi important que n'importe quel danseur de sa connaissance. En 1978, Pugh se joint au Ballet national du Canada et fut nommé second soliste en 1979, premier soliste en 1980 et danseur principal en janvier de 1984.

Initialement, Pugh brilla dans des rôles techniquement difficiles comme: l'oiseau bleu, la danse napolitaine, le pas de trois dans *Le Lac des cygnes* de Bruhn, Solor dans *La Bayadère* et *Études* de Toni Lander. Décidé à exceller autant comme partenaire que comme danseur dramatique, il interpréta le rôle d'Oberon et Puck dans *The Dream* de Frederick Ashton, Gennaro dans *Napoli* de Schaufuss-Bournonville, Mélancolique dans *The Four Temperaments* de George Balanchine, Basilio dans *Don Quichotte* et *Songs of a Wayfarer* de Maurice Béjart et Anubis dans le *Sphinx* de Glen Tetley. Comparativement de petite taille, Pugh interpréta ses rares rôles de prince relativement tard dans sa carrière mais son Florimond dans *La Belle au bois dormant* (1988) révéla les fruits d'un talent naturel extraordinaire associé à une discipline féroce.

he would perform, but his Florimund in *Sleeping Beauty*, in 1988, showed the fruits of extraordinary native talent and ferocious discipline.

Choreographer Constantin Patsalas created roles for Pugh, one of his favourite dancers, in *Poèmes Intimes*, *Canciones*, *Nataraja* and *Concerto for the Elements*. Pugh also danced in Patsalas's remarkable *Rite of Spring*. Other created roles included leads in Susanna's *The Seven Daggers*, Brian Macdonald's *Newcomers* (1980), and John McFall's *Components*.

His performing career was interrupted and finally terminated in 1990 by recurrent injuries. Pugh is remembered most vividly for his Patsalas roles and for Bluebird, Gennaro, Basilio, and – perhaps finest of all – the Nijinsky role in *Le Spectre de la rose*.

A frequent guest teacher with Ballet Jörgen, Desrosiers Dance Theatre, Ballet British Columbia, Opera Atelier, the National Ballet School, and the National Ballet, in 1997 Pugh founded Dance Teq, a studio that shares the National Ballet's Walter Carsen Centre and that offers classes taught by Pugh and guests, including Tomas Schramek, Karen Kain, Veronica Tennant, and Pugh's former partner and fellow Moscow silver medallist Kimberly Glasco.

Le chorégraphe Constantin Patsalas créa des rôles à l'intention de Pugh, l'un de ses danseurs préférés: *Poèmes Intimes*, *Canciones*, *Nataraja* et *Concerto for the Elements*. Pugh dansa également dans le remarquable *Rite of Spring* de Patsalas. Pugh créa les rôles principaux dans *The Seven Daggers* de Susanna, *Newcomers* (1980) de Brian Macdonald et *Components* de John McFall.

Sa carrière d'interprète fut interrompue temporairement et ensuite définitivement en 1990 à cause de blessures répétées. Pugh fut particulièrement mémorable dans ses rôles de Patsalas et dans ceux de l'oiseau bleu, Gennaro, Basilio et – possiblement le plus inoubliable – dans le rôle de Nijinsky dans le *Le Spectre de la rose*.

Professeur fréquemment invité par le Ballet Jörgen, le Desrosiers Dance Theatre, le Ballet British Columbia, l'Opera Atelier, l'École nationale de ballet et le Ballet national, Pugh fonda Dance Teq en 1997, un studio qui partage le centre Walter Carsen avec le Ballet national et qui offre des cours enseignés par Pugh et des professeurs invités notamment, Tomas Schramek, Karen Kain, Veronica Tennant, ainsi que l'ancienne partenaire de Pugh, corécipiendaire de la médaille d'argent de Moscou, Kimberly Glasco.

---

**Rabin, Linda**. Teacher, choreographer, artistic director, dancer. Born: September 28, 1946, Montreal, Quebec.

Rabin studied creative dance with Elsie Salomons and modern dance with Birouté Nagys in Montreal, before enrolling in the Juilliard School of Music in New York in 1964. While in New York, she studied with José Limón, Betty Jones, Anna Sokolow and members of the Martha Graham Dance Company. She graduated from Juilliard with a BA Fine Arts majoring in dance, in 1967.

She began choreographing while studying at Juilliard, and then travelled to Israel, where she taught and choreographed for the Batsheva Dance Company, Bat Dor and the Kibbutz Dance Company. She also worked as rehearsal

**Linda Rabin**
by/par Kathryn Greenaway

Photo: Michael Slobodian

director and teacher for the Ballet Rambert in London. Returning to Canada, she choreographed works for Les Grands Ballets Canadiens, Winnipeg's Contemporary Dancers, Margie Gillis Dance Foundation, Montréal Danse and independent artists including Manon Levac and Jacqueline Lemieux. She has dissected the mysteries of myth and ritual in dance, with such works as Levac's solo *Ereshkigal* (1992) set to a montage of Mongolian, Tibetan and Tuvian music; and studied the impact of minimal movement with maximum thought in works such as *A Moment Sitting* (1975), set to music by Benjamin Britten, for an independent production at the Vancouver Art Gallery.

*Katabasis* (1992), a Danse Cité/Montréal Danse co-production, was Rabin's first creation following a five-year break from choreography, and demonstrated her curiosity with everything primal and ritualistic. It grew from improvisational sessions with members of Montreal's independent dance community.

Rabin has travelled to the far reaches of the

**Rabin, Linda**. Professeure, chorégraphe, directrice artistique, danseuse. Née : 28 septembre 1946, Montréal, Québec.

Rabin étudia la danse créative avec Elsie Salomons et la danse moderne avec Birouté Nagys à Montréal avant de s'inscrire au Juilliard School of Music à New York en 1964. C'est dans cette ville qu'elle étudia avec José Limón, Betty Jones, Anna Sokolow et avec des membres du Martha Graham Dance Company. À Juilliard, elle compléta un B.A. en beaux-arts, majeure danse, en 1967.

Elle commença à chorégraphier tout en étudiant à Juilliard et voyagea ensuite à Israël où elle enseigna et chorégraphia pour le Batsheva Dance Company, Bat Dor et le Kibbutz Dance Company. Elle travailla également comme directrice de répétitions et professeure au Ballet Rambert à Londres. De retour au Canada, elle chorégraphia des oeuvres pour Les Grands Ballets Canadiens, les Contemporary Dancers de Winnipeg, La Fondation de danse Margie Gillis, Montréal Danse et pour des artistes indépendants comme Manon Levac et Jacqueline Lemieux. Elle a disséqué les mystères du mythe et du rituel en danse dans des oeuvres comme le solo de Levac *Ereshkigal* (1992), oeuvre interprétée sur un montage de musique mongolienne, tibétaine et tuvienne. Elle a également étudié l'impact du mouvement minimal associé à une pensée maximale dans des oeuvres comme *A Moment Sitting* (1975), sur une musique de Benjamin Britten pour une production indépendante du Musée des beaux-arts de Vancouver.

*Katabasis* (1992), une coproduction de Danse Cité et de Montréal Danse, fut la première création de Rabin suite à une interruption de cinq ans de son activité chorégraphique. Cette oeuvre révèle son intérêt marqué pour tout ce qui touche le primitif et le rituel et est le fruit de sessions d'improvisations avec le milieu indépendant de la danse de Montréal.

Rabin a voyagé dans les coins les plus reculés de la planète: Indes, Népal, Japon et Bali, en quête d'une compréhension des traditions de danse rituelle. Elle a également exploré l'intégration de techniques de théâtre à

globe – India, Nepal, Japan and Bali – in search of an understanding of ritualistic dance traditions. She has also worked on applying theatre techniques to dance with the late theatre director Richard Pochinko and voice teacher Ann Skinner.

As well as teaching professional dancers theatre techniques as applied to dance, Rabin has choreographed for two theatre productions: Kriza (1976) directed by Nola Chelton for the Municipal Theatre of Haifa in Israel, and Borders Boundaries and Thresholds (1977) directed by Eileen Thalenberg in Toronto.

She founded the Linda Rabin danse moderne school, with Candace Loubert, in Montreal in 1981, and the following year founded the Triskelian Dance Foundation to function as a vehicle for her choreography. Staffed by students from the school, the company lasted two seasons.

In 1985, she and Loubert renamed and established the school as Les Ateliers de danse moderne de Montréal Inc. From 1987-1992, Rabin stopped choreographing and concentrated entirely on teaching. In 1992, she retired as co-director of LADMMI to re-assess her professional direction. "I am pursuing my long-time interest in the relationship between the body/mind, movement, creativity and health", Rabin said in a 1994 interview.

This interest eventually led Rabin to Bonnie Bainbridge Cohen and her School for Body-Mind Centering, and by the summer of 1998, Rabin was certified as a BMC Practitioner.

la danse avec l'ancien metteur en scène, maintenant décédé, Richard Pochinko et la professeure de voix, Ann Skinner.

En plus d'enseigner aux danseurs/seuses professionnel(le)s l'application des techniques de théâtre à la danse, Rabin a chorégraphié deux productions théâtrales: Kriza (1976), réalisée par Nola Chelton pour le Municipal Theatre of Haifa en Israël et Borders Boundaries and Thresholds (1977), réalisée par Eileen Thalenberg à Toronto.

En 1981, elle fonda l'école Linda Rabin danse moderne avec Candace Loubert à Montréal et l'année suivante elle établit le Triskelian Dance Foundation, un véhicule pour sa chorégraphie. La troupe, oeuvrant avec l'aide d'élèves de l'école, continua ses activités pendant deux saisons.

En 1985, elle et Loubert rebaptisèrent et établissèrent l'école sous le nom Les Ateliers de danse moderne de Montréal Inc. De 1987 à 1992, Rabin cessa de chorégraphier et se consacra entièrement à l'enseignement. En 1992, elle quitta la codirection de LADMMI afin de réévaluer sa direction professionnelle. «Je poursuis mon intérêt continu pour la relation entre le corps/esprit, le mouvement, la créativité et la santé», affirme-t-elle lors d'une entrevue accordée en 1994.

Cet intérêt mena éventuellement Rabin vers Bonnie Bainbridge Cohen et son School for Body-Mind Centering et à l'été de 1998, Rabin fut accréditée praticienne de BMC.

---

**Rage**
Premiere/Première: Kokoro Dance, Asia Pacific Festival, Vancouver Playhouse Theatre, Vancouver, June 22 juin, 1987 (Programme information from/Informations du programme du July 7 juillet, 1987, Canada Dance Festival Danse Canada, National Arts Centre Theatre/Théâtre du Centre National des Arts, Ottawa)
Conception and/et Direction: Jay Hirabayashi
Choreographed in collaboration with the Company/Oeuvre chorégraphiée avec la collaboration de la compagnie
Composers/Compositeurs: John Greenaway, Robert Rosen, Takeo Yamashiro
Set Design/Décors: Duncan Wilson

Costume Design/Costumes: Tsuneko "Koko" Kokubo
Lighting Design/Éclairages: Edward Arteaga
Technical Director/Directeur des services techniques: Ken Alexander
Stage Manager/Régisseur: Andrea Lougheed
Musicians/Dancers/Musiciens/Danseurs: Marie Berg, Joyce Chong, Harold Gent, John Greenaway, Linda Uyehara Hoffman, Sumi Imamoto, Connie Kadota, Eileen Kage, Les Murata, Diane Nishii, Naomi Shikaze, Mayumi Takasaki, Jan Woo
Solo Buto Figure/Soliste Buto: Jay Hirabayashi
Spirit Dancers/Danseurs des esprits: Barbara Bourget, Sioux Hartle, Keith Hirabayashi
Sculptural figure/Être sculptural: Paul "Garbonzo" Gibbons
Shakuhachi: Takeo Yamashiro

Narration excerpted from This is My Own - Letters to Wes and Other Writings on Japanese Canadians, 1941-48, by Muriel Kitagawa (edited by Roy Miki, Talonbooks, Vancouver, 1985)./Les éléments narratifs sont extraits de This is My Own - Letters to Wes and Other Writings on Japanese Canadians, 1941-48, de Muriel Kitagawa (publié par Roy Miki, Talonbooks, Vancouver, 1985).

Artistic Director's Note:
In 1942, over 20,000 people of Japanese ancestry were removed from the coast of British Columbia by the government of Canada. Over 12,000 people were sent to ill-prepared shacks in interior B.C. ghost towns. Over 8,000 people had to spend time in the stinking and unsanitary livestock buildings at Hastings Park in Vancouver while waiting to be "processed". Their property and possessions were placed in "protective custody" and later sold without their permission to try to prevent them from returning to B.C. (A 1986 Price Waterhouse study estimated the property and income losses of these people exceed $443 million.) They remained subject to the controls of the War Measures Act until four years after the war ended and it was not until then that these people, the majority of whom were Canadian-born, were allowed to return to the coast of B.C. or to vote in B.C. elections. The humiliation and psychological trauma suffered by Japanese Canadians during this period is tragic testimony to the danger of allowing racism to rear its ugly head.

*Rage* is dedicated to the spirit of people of Japanese ancestry in North America.

Note du directeur artistique:
En 1942, le gouvernement du Canada a ordoné à plus de 20 000 personnes d'ascendance japonaise de quitter la côte de la Colombie-Britannique. Quelque 12 000 d'entre elles ont été déportées dans des villes mortes, disséminées dans la province, et cantonnées dans des cabanes insalubres. Huit mille autre personnes ont été littéralement parquées dans des hangars à bestiaux du Parc Hastings à Vancouver en attendant qu'on règle leur sort. Leurs biens personnels et mobiliers furent placés sous tutelle, puis vendus d'office pour les empêcher de revenir en Colombie-Britannique. (En 1986, une étude de la firme Price Waterhouse a estimé que ces gens avaient subi des pertes de plus de 443 millions de dollars.) Ils sont demeurés assujettis aux contrôles de la Loi sur les mesures de guerre jusqu'en 1949. Même si la plupart d'entre eux étaient nés au Canada, ce ne fut qu'à cette époque-là qu'on leur a permis de réintégrer la côte de la Colombie-Britannique et qu'on leur a redonné le droit de vote. Toutes les humiliations subies par ces Canadiens d'origine japonaise et les traumatismes psychologiques dont ils ont été

victimes nous rappellent tragiquement les méfaits du racisme.

*Rage* rend hommage aux Japonais d'origine qui on démontré de l'opiniâtreté durant les années 40 en Amérique du Nord malgré tous les tourments qu'on leur a fait subir.

*Rage* est dédié au courage et à la dignité des personnes d'origine japonaise vivant en Amérique du Nord.

Photo: Andrew Oxenham

## Peter Randazzo
by/par Graham Jackson

**Randazzo, Peter**. Dancer, choreographer, artistic director, teacher. Born: January 2, 1942, New York.

Peter Randazzo trained in his hometown with a wide range of teachers including Antony Tudor, Robert Joffrey, Leon Danelian, Mme. Svoboda and, most importantly, Martha Graham. He joined the Graham Company in 1960 at the age of eighteen, and for the following six years, he danced in much of the repertoire. During this period, he also toured with the José Limón Dance Company and

**Randazzo, Peter**. Danseur, chorégraphe, directeur artistique, professeur. Né : 2 janvier 1942, New York.

Peter Randazzo fut formé dans sa ville natale sous un large éventail de professeurs entre autres, Antony Tudor, Robert Joffrey, Leon Danelian, Mme Svoboda et particulièrement Martha Graham. Il se joint au Graham Company en 1960 à l'âge de dix-huit ans et, pendant les six années subséquentes, il interpréta une grande partie du répertoire de la compagnie. À la même époque, il participa aussi à une tournée du José Limón Dance Company et dansa avec les compagnies de Donald McKayle et d'Eleo Pomare.

Randazzo arriva au Canada en 1967, afin de danser avec le New Dance Group of Canada de Patricia Beatty et déjà en 1968, il avait cofondé le Toronto Dance Theatre avec Beatty et David Earle. Il créa plus de quarante oeuvres pour cette compagnie. Dans les premières années d'existence du Toronto Dance Theatre, son style

performed with Donald McKayle's and Eleo Pomare's companies.

In 1967, Randazzo arrived in Canada to perform with Patricia Beatty's New Dance Group of Canada, and by 1968 had co-founded, with Beatty and David Earle, the Toronto Dance Theatre. He created over forty works for the company. In the early years of Toronto Dance Theatre, his own very lithe, very aggressive, firecracker dance style influenced the shape of his choreographies, which can best be characterized by their ambivalences: bright yet shadowy, tough yet brittle, intense yet darkly humorous, cool yet passionate. *Fragments* (1968), *Encounter* (1969), *Untitled Solo* (1970), *Visions for a Theatre of the Mind* (1971), *The Amber Garden* (1972) and *A Flight of Spiral Stairs* (1973), are testimony to the contradictions of Randazzo's first period, as well as to his enormous creative vitality.

With *L'Assassin Menacé* (1975), a work inspired by both the anti-hero of French pulp fiction, Fantômas, and the painting of surrealist René Magritte, Randazzo's work became more extroverted and deliberately audience-grabbing, although *Nighthawks* (1976), the first of three works dedicated to the vision of American painter, Edward Hopper, had much in common with the earlier works, particularly its brooding nature. However, with *Recital* (1977), *A Simple Melody* (1977), *The Light Brigade* (1979) and *Tango, So!* (1983), Randazzo was clearly in a joking mood. This was complemented by a growing fascination with minimalist music, *Octet* (1980), *Arc* (1981). But the old Randazzo was still in evidence in *Enter the Dawn* (1981), the second of his Hopper dances, a work created for dancer Sara Pettitt, and *In Retrospect* (1981), which, like so many of his early works, was principally a technically gruelling exercise for female dancers. Throughout the first dozen years of his creative association with Toronto Dance Theatre, Randazzo worked very closely with composers and designers to give his dances their distinctive style. Composer Ann Southam was especially influential in the definition of Randazzo's aesthetic.

In the 1990's, Randazzo spent less time on

de danse, très fluide, très agressif et explosif se reflétait dans ses chorégraphies qui peuvent être décrites par leurs ambivalences: brillantes mais pleines d'ombres, dures mais cassantes, intenses mais pleines d'humour noir, sereines mais passionnées. *Fragments* (1968), *Encounter* (1969), *Untitled Solo* (1970), *Visions for a Theatre of the Mind* (1971), *The Amber Garden* (1972) et *A Flight of Spiral Stairs* (1973), témoignent des contradictions inhérentes à la première période de création de Randazzo autant que de son énorme vitalité créatrice.

Avec *L'Assassin Menacé* (1975), une oeuvre inspirée à la fois par l'anti-héros de la bande dessinée française, Fantômas, et par les oeuvres du peintre surréaliste René Magritte, le travail de Randazzo devint plus extroverti et délibérément provoquant même si *Nighthawks* (1976), la première de trois oeuvres consacrées à la vision du peintre américain Edward Hopper, comportait plusieurs des caractéristiques de ses premières oeuvres, en particulier la nature mélancolique. Cependant, avec *Récital* et *A Simple Melody*, toutes deux de 1977, *The Light Brigade* (1979) et *Tango, So!* (1983), Randazzo était manifestement dans une humeur blagueuse empreinte d'une fascination croissante avec la musique minimaliste (*Octet* (1980), *Arc* (1981)). Mais ses inspirations premières étaient toujours présentes dans *Enter the Dawn* (1981), la seconde oeuvre associée à Hopper, oeuvre créée à l'intention de la danseuse Sara Pettitt, et *In Retrospect* (1981) qui, comme plusieurs de ses premières oeuvres, se résumait essentiellement à un exercice extrêmement exigeant pour les danseuses. Au cours des douze premières années de son association comme créateur avec le Toronto Dance Theatre, Randazzo travailla en étroite collaboration avec les compositeurs et les concepteurs afin d'imprimer à ses oeuvres leur style caractéristique. La compositrice Ann Southam eut énormément d'influence sur la définition de l'esthétisme propre à Randazzo.

Dans les années 1990, Randazzo consacra moins de temps à la chorégraphie mais créa tout de même deux nouvelles oeuvres pour le Toronto Dance Theatre, *Outside in Time* (1990) et *Summer Evening* (1992), la dernière des

choreography but did create two new works for Toronto Dance Theatre, *Outside in Time* (1990) and *Summer Evening* (1992), the last of the Hopper-inspired works.

He created new works for other groups including Pavlychenko Studios, Danceworks, Anna Wyman Dance Theatre, the School of Toronto Dance Theatre – where he also taught regularly from 1968-1990, and Spring Rites '98. With Canadian theatre director Blake Heathcote, he collaborated on two musicals and a play, and he worked with Randy Glynn in 1987, creating a duet, *Exit*, in which Randazzo also danced. In fact, Randazzo continued to dance on and off through the 1980's, most memorably in the revival of *L'Assassin Menacé*. His work *A Simple Melody* is in the repertoire of the Danny Grossman Dance Company.

In 1983, he was honoured, along with Toronto Dance Theatre co-founders Beatty and Earle, with the Dance Ontario Award. The three were honoured again in 1988 with the Toronto Arts Award for Performing Arts. Randazzo retired from dance in 1998.

oeuvres inspirées par Hopper.

Il créa de nouvelles oeuvres pour d'autres groupes, entre autres, Pavlychenko Studios, Danceworks, Anna Wyman Dance Theatre, le School of the Toronto Dance Theatre, où il enseigna régulièrement de 1968 à 1990, ainsi qu'à Spring Rites '98. Il collabora à deux revues musicales et à une pièce de théâtre avec le directeur de théâtre canadien Blake Heathcote, et en 1987, travailla avec Randy Glynn pour créer un duo, *Exit* dans lequel il dansa. En fait, Randazzo continua à danser de façon intermittente tout au long des années 1980, et la plus mémorable de ses interprétations fut la reprise de *L'Assassin menacé*. Son oeuvre, *A Simple Melody* fait partie du répertoire du Danny Grossman Dance Company.

En 1983, il reçut le Prix Dance Ontario conjointement avec les cofondateurs du Toronto Dance Theatre, Beatty et Earle. Les trois collègues furent de nouveau honorés en 1988 par le Prix Toronto Arts pour les Arts de la scène. Randazzo se retira du monde de la danse en 1998.

---

**Ransom, Jeremy**. Dancer. Born: July 26, 1960, St. Catharines, Ontario.

Admired for the quicksilver precision of his technique, the edgy, restless intensity of his acting, and his adaptability to virtually any choreographic style, Jeremy Ransom is one of a talented group of young men – including Rex Harrington, Kevin Pugh, David Nixon, Lindsay Fischer and John Alleyne – who graced the National Ballet School in the late 1970's and had the benefit of taking class with and learning Bournonville variations from Erik Bruhn. Ransom acknowledges great personal indebtedness to Bruhn, whose high expectations inspired the highest achievement. In addition, Bruhn, himself moderate in height and slender in build, helped Ransom learn to exploit the advantages of speed and deftness inherent in a comparatively slight stature.

Joining the National Ballet of Canada in 1980, Ransom quickly undertook important soloist and principal roles, including Gennaro in

**Jeremy Ransom**
by/par Penelope Reed Doob

**Ransom, Jeremy**. Danseur. Né : 26 juillet 1960, St. Catharines, Ontario.

Admiré pour sa technique précise, l'intensité nerveuse et angulaire de son jeu et par son aisance à explorer une multitude de styles

# RANSOM

Photo: Andrew Oxenham

Peter Schaufuss's production of *Napoli*, Colas in Frederick Ashton's *La Fille mal gardée*, Oberon in Ashton's *The Dream*, Espada in *Don Quixote* and Melancholic in George Balanchine's *Four Temperaments*. In 1986, he won a bronze medal at the Third International Ballet Competition in Jackson, Mississippi. The following year he danced leading roles with the Zurich Ballet – Uwe Scholz's *The Firebird* and *Octet*. Other guest engagements have included James in Bruhn's staging of *La Sylphide* with the Australian National Ballet and the Lensky-Olga pas de deux from *Onegin* at St. Petersburg's Maryinsky Theatre. In 1990, he became a principal dancer with the National Ballet.

Impeccable in Bournonville ballets like *La Sylphide* and *Tales of the Arabian Nights*, Ransom has also given compelling renderings in the classics, both in rare princely roles, including Albrecht in *Giselle* and Siegfried in *Swan Lake*, and in leading character roles such as Dr. Coppelius in *Coppélia* and Carabosse in *The Sleeping Beauty*. Ransom also has put his stamp on major dramatic roles in the John Cranko and Kenneth MacMillan repertoires: Lensky,

chorégraphiques, Jeremy Ransom appartient à ce groupe de jeunes hommes de talent – où se retrouvent aussi Rex Harrington, Kevin Pugh, David Nixon, Lindsay Fischer et John Alleyne – qui enrichirent l'École nationale de ballet à la fin des années 1970 et qui eurent la chance d'étudier avec Erik Bruhn et d'apprendre les variations Bournonville sous sa direction. Ransom voue une énorme reconnaissance à Bruhn dont les critères élevés ont inspiré des grandes réalisations. De plus, Bruhn, lui-même de grandeur moyenne et très mince, aida Ransom à exploiter les avantages de vitesse et de dextérité inhérents à une stature relativement petite.

Des rôles importants de solistes et des rôles principaux furent proposés à Ransom peu après son entrée au Ballet national du Canada en 1980 entre autres, Gennaro dans *Napoli* de Peter Schaufuss, Colas dans *La Fille mal gardée* de Frederick Ashton, Obéron dans *The Dream* toujours de Ashton, Espada dans *Don Quichotte* et Mélancolique dans *Four Temperaments* de George Balanchine. En 1986, il remporta une médaille de bronze au troisième Concours international de ballet à Jackson au Mississipi. L'année suivante, il interpréta des rôles principaux avec le Zurich Ballet dans *The Firebird* et *Octet* d'Uwe Scholz. Toujours comme artiste invité, il interpréta le rôle de James dans la mise en scène de *La Sylphide* de Bruhn avec l'Australian National Ballet ainsi que le pas de deux Lensky-Olga de *Onegin* au Théâtre Maryinsky à St Pétersbourg. En 1990, il devint danseur principal avec le Ballet national.

Impeccable dans des ballets Bournonville comme *La Sylphide* et *Tales of the Arabian Nights*, Ransom interpréta habilement les rôles classiques, à la fois dans de rares rôles de prince comme Albrecht dans *Giselle* et Siegfried dans *Le Lac des cygnes* et dans des rôles de caractère tels que Dr Coppelius dans *Coppélia* et Carabosse dans *La Belle au bois dormant*. Ransom a également laissé sa marque dans des rôles dramatiques importants des répertoires de John Cranko et de Kenneth MacMillan: Lensky, Mercutio, et un Lescaut décadent mais étrangement vulnérable dans *Manon*.

Mercutio, and a decadent yet oddly vulnerable Lescaut in *Manon*.

Perhaps the best measure of Ransom's quirky eminence is the number of roles he has originated in new works: William Forsythe's *the second detail*, John Neumeier's *Now and Then*, and the fussy, petulant Mad Hatter in Glen Tetley's *Alice*. He worked with Constantin Patsalas in *L'Île inconnu* (1993) and *Oiseaux Exotiques* (1983), John Alleyne in *Have Steps Will Travel* (1988), *Time Out with Lola* (1991) and *Interrogating Slam* (1991) and, above all, James Kudelka, whose works draw richly on Ransom's musicality and dancing-on-the-brink quality: *Pastorale* (1990), the abused youngest son in *The Miraculous Mandarin* (1993), the manic-depressive Director in *The Actress* (1994), brilliantly paired on Karen Kain's Farewell Tour with The Shoemaker in Lar Lubovich's *The Red Shoes*, the charismatic Nikolai in *The Nutcracker* (1996), inescapable Winter in *The Four Seasons* (1997), the Fool in *Swan Lake* (1999).

Ransom has appeared in CBC films of Alice and Onegin and in the 1995 Rhombus film Satie and Suzanne.

L'éminence de Ransom se mesure peut-être mieux par le nombre de rôles qu'il a créés dans de nouvelles oeuvres: *the second detail* de William Forsythe, *Now and Then* de John Neumeier, et le chapelier fou, tatillon et irascible dans *Alice* de Glen Tetley. Il a travaillé avec Constantin Patsalas dans *L'Île inconnue* (1993) et *Oiseaux exotiques* (1983), avec John Alleyne dans *Have Steps Will Travel* (1988), *Time Out with Lola* (1991) et *Interrogating Slam* (1991) et par-dessus tout, avec James Kudelka, dont les oeuvres exploitèrent à merveille la musicalité de Ransom et sa qualité de danser sur le fil du rasoir: *Pastorale* (1990), le jeune fils maltraité dans *The Miraculous Mandarin* (1993), le directeur maniaco-dépressif dans *The Actress* (1994), jumelé brillamment avec le cordonnier dans *The Red Shoes* de Lar Lubovich lors de la tournée d'adieu de Karen Kain, le charismatique Nikolai dans *Casse-Noisette* (1996), l'incontournable Hiver dans *The Four Seasons* (1997) et le bouffon dans *Le Lac des cygnes* (1999).

Ransom a participé à des films du CBC: Alice et Onegin ainsi qu'à Satie and Suzanne, un film de Rhombus tourné en 1995.

---

**The Red Ear of Corn** (L'Épi de maïs rouge)
Premiere/Première: The Volkoff Canadian Ballet, Second Canadian Ballet Festival, Royal Alexandra Theatre, Toronto, March 2 mars, 1949
Music by/Musique par John Weinzweig
Choreography by/Chorégraphie par Boris Volkoff
Costumes and Scenery designed by/Conception des costumes et du décor par W.K. Gee and/et J.D. Williamson
Costumes executed by/Réalisation des costumes par Vivian Keogh
Costume fabrics selected by/Choix des tissus des costumes: Mary McMillan
Scenery executed by/Réalisation du décor par J.H.C. Heitinga, George Clark and John Koster
Programme notes by/Notes du programme: Wendy Canetta
Lighting/Éclairages: Herman Voaden
Make-up for Act I, Scene I/Maquillage pour l'acte I, scène I: courtesy of/courtoisie de Richard Hudnut

ACT I - SCENE I, THE LEGEND. Tekakwitha is pledged against her will to marry Renard the Chief. As the scene opens she is dancing with her friend. Hearing drums in the distance she realizes that today she must present the betrothal gift of food to Renard. As she moves towards

the place of the feast, a vision appears to her and she drops the food. Renard comes toward her, furious, as he has been terribly insulted. He wounds Tekakwitha with his knife. She flees and eventually finds refuge in the corn where her blood seeps into the ground turning one ear of corn crimson. Renard swears to search and not return without her scalp. The braves surround him and dance wildly to encourage him, then leave him to carry out his revenge alone.

ACT I - SCENE II, THE LEGEND CONTINUED. It is springtime and the young corn is pushing up through the black earth. The spirits of the corn bend and sway about the spirit of the Red Ear which grows ever higher, symbolical of living sacrifice and dedication.

ACT II - SCENE I, THE CORN HUSKING BEE. It is dusk inside the great barn. The Lantern Lighters enter, laughing and chattering. Soon the barn fills with happy girls and boys eager to seek the Red Ear amongst the golden corn. Amidst great excitement the lucky finder of the Red Ear chooses his partner and starts the dance. Everyone joins in the gaiety. Gradually the dancers disperse, leaving the barn echoing to the Spirit of the Red Ear.

ACT I - SCÈNE I, LA LÉGENDE. Contre son gré, Tekakwitha est promise au Chef Renard. À l'ouverture de la scène, elle danse avec son ami. Entendant le bruit des tambours au loin, elle comprend qu'elle doit aujourd'hui présenter à Renard un cadeau de nourriture pour leurs fiançailles. En se rendant au festin, elle a une vision et laisse tomber le plat. Renard vient vers elle, furieux, car le geste est une insulte terrible. Il blesse Tekakwitha avec son couteau. Elle s'enfuit et trouve éventuellement refuge dans le maïs où son sang coule dans la terre, transformant un épi de maïs en rouge vif. Renard jure de la trouver et de ne pas revenir sans son scalp. Les Braves l'entourent et dansent avec abandon afin de l'encourager et le laissent ensuite accomplir sa vengeance seul.

ACTE I - SCÈNE II, LA LÉGENDE - SUITE. C'est le printemps et les jeunes épis de maïs émergent de la terre noire. Les esprits du maïs se courbent et se balancent autour de l'esprit de l'épi rouge qui pousse de plus en plus haut, symbole du sacrifice vivant et du dévouement.

ACTE II - SCÈNE I, LA FÊTE D'ÉPLUCHAGE DE MAÏS. C'est le crépuscule à l'intérieur de la grange. Ceux qui allument les lanternes font leur entrée en riant et bavardant. La grange est bientôt remplie de filles et de garçons heureux et impatients de trouver l'épi rouge parmi le maïs doré. Dans un climat d'excitation le garçon chanceux qui a trouvé l'épi choisit sa partenaire et initie la danse. Tout le monde embarque dans la fête. Graduellement, les danseurs se dispersent, laissant l'écho de l'esprit de l'épi rouge résonner dans la grange.

ACT I - SCENE I, THE LEGEND/ ACTE I - SCÈNE I, LA LÉGENDE
Tekakwitha: Natalia Butko
Her Friend/Son Ami: Sydney Vousden
Renard, the Chief/Le Chef: John Majcher
Braves: Larry Bartscher, Umberto Campitelli, Clifford Collier, William Diver, Donald Gillies, Dan Martyniuk, Isaac Morgulis, Sydney Vousden

ACT I - SCENE II/ACTE I - SCÈNE II
Spirit of the Red Ear of Corn/Esprit de l'épi de maïs rouge: Isabel Bodkin
Spirits of the Corn/Esprits du maïs: Leila Anderson, Janet Baldwin, Connie Campbell, Barbara Cook, Devon Dabelle, Nancy Hazell, Joyce Hill, Lilian Jarvis, Mary MacMillan

ACT II - SCENE I, THE CORN HUSKING BEE/ACTE II - SCÈNE I, LA FÊTE D'ÉPLUCHAGE DE MAÏS
The Lucky Boy/Le Garçon chanceux: Everett Staples
His Chosen Partner/Sa Partenaire: Doreen Russell
Girls/Filles: Leila Anderson, Janet Baldwin, Betty Blick, Isabel Bodkin, Natalia Butko, Connie Campbell, Wendy Canetta, Ruth Carse, Barbara Cook, Devon Dabelle, Gladys Forrester, Nancy Hazell, Joyce Hill, Lilian Jarvis, Mary MacMillan, Joan Pickard, Katharine Stewart, Pat Thornton, Doris Wade
Boys/Garçons: Larry Bartscher, Umberto Campitelli, Clifford Collier, William Diver, Donald Gillies, John Majcher, Dan Martyniuk, Isaac Morgulis, Sydney Vousden

## Marguerite Redden
by/par Pat Richards

**Redden, Marguerite**. Danseuse, professeure. Née : 18 janvier 1911, Halifax, Nouvelle-Écosse. Décédée : 1985. Nom de femme mariée : Marguerite Eagles.

Une danseuse extrêmement talentueuse, Marguerite Redden souffrit de rachitisme dans son enfance et le médecin conseilla à sa mère, Joy Redden, de l'inscrire à des cours de danse. En 1922, une rencontre fortuite entre Joy Redden et Hylda Davies, une immigrante

**Redden, Marguerite**. Dancer, teacher. Born: January 18, 1911, Halifax, Nova Scotia. Died: 1985. Married name: Marguerite Eagles.

Marguerite Redden, an extremely gifted dancer, suffered as a child from rickets and her mother, Joy Redden, was advised by the doctor to enroll Marguerite in dance classes. In 1922, a chance encounter between Joy Redden and Hylda Davies, a recent immigrant from England, led to the formation of the Madame Hylda Davies School of Dance, of which Marguerite was the first student. By 1925, Marguerite Redden was performing in Halifax Dramatic and Musical Club presentations of Here and There, May 13-14, and Swing Along October 1-3. The dances for these productions were choreographed by Davies.

A newspaper review of Here and There noted: "Nothing prettier has ever been seen in Halifax than Marguerite Reddens'[sic] *Life of the Moth*. It was in fact exquisitely lovely, and when, after the death of the moth the lights were extinguished, and the luminous costume shimmered and glowed as the spirit of the moth floated lightly away, lost to mortal view, the effect was wonderfully beautiful."

The following year, she began to appear in prologues to the movies at the Majestic Theatre, Halifax. Davies had a contract with John F. O'Connell, lessee and manager of the theatre, to create prologues before the main film of the evening. The prologues were live entertainment, designed to bring audiences in to see movies. Halifax was used to live theatre, having a strong tradition in vaudeville and touring theatre companies. The prologues, which combined instrumental music, singing and dance, proved to be very popular, and Davies continued to create them until approximately 1942.

Redden again performed with the Halifax Dramatic and Musical Club in Ship Ahoy! (1928) and The Fortune Teller (1929). The latter show was the final production of the Majestic Theatre before it was pulled down to make way for the new Capitol Theatre. Redden was the ballet mistress for this production, in addition to performing. By 1929, Redden, Ruth Tully and Greta Rent were beginning to separate from Davies, doing more and more of their own performances at the Majestic Theatre, for service clubs and at Daisy Foster's Enchanted Hour

récemment arrivée d'Angleterre, mena à la formation du Madame Hylda Davies School of Dance, école dont Marguerite fut la première élève. En 1925, Marguerite Redden participa aux représentations du Halifax Dramatic and Musical Club dans Here and There, le 13 et le 14 mai et Swing Along du 1er au 3 octobre. Les chorégraphies de ces productions étaient de Davies.

Une critique de journal de Here and There nota : «Rien de plus joli ai-je aperçu à Halifax que le *Life of the Moth* de Marguerite Redden. C'était magnifiquement exquis et lorsque les lumières furent éteintes, suite au décès de papillon de nuit, le costume lumineux chatoyait et brillait légèrement au loin, perdu à la vision humaine; l'effet était incroyablement merveilleux.»

L'année suivante, elle participa aux prologues des films présentés au théâtre Majestic à Halifax. Davies avait un contrat avec John F O'Connell, le locataire et gérant du théâtre, pour créer des prologues présentés avant la projection des films à l'affiche de la soirée. Ces prologues étaient une forme de divertissement en direct conçus pour attirer le public au cinéma car Halifax avait une longue tradition de vaudeville et de compagnies de théâtre itinérantes. Les prologues qui combinaient la musique instrumentale, le chant et la danse s'avéraient très populaires et Davies continua à les créer jusqu'à environ 1942.

Redden dansa de nouveau pour le Halifax Musical and Dramatic Club dans Ship Ahoy (1928) et The Fortune Teller (1929). Ce dernier spectacle fut la dernière production du théâtre Majestic avant sa démolition et son remplacement par le nouveau théâtre Capitol. En plus de danser, Redden fut la maîtresse de ballet pour cette dernière production. En 1929, Redden, Ruth Tully et Greta Rent commençaient à se distancer de Davies, présentant de plus en plus de spectacles au théâtre Majestic, pour des boîtes de nuit et pour l'Enchanted Hour Show de Daisy Foster à l'hôtel Lord Nelson. Un de ces spectacles fut le Russian Hour (1929) pour lequel elles créèrent des danses russes y compris une danse funéraire au son du Volga Boatman.

Show at the Lord Nelson Hotel. One such show in 1929 was a Russian Hour for which they created Russian dances, including a funeral dance to the Volga Boatman. The costumes for this performance were beautiful, designed by Rent and sewn by her mother.

In 1931, Redden travelled to New York, to study at the Ned Wayburn Institute of Dancing, where she received a certificate in dance for musical comedy, tap, ballroom and ballet; she returned to New York in July, 1933, to take her teacher's certificate of dance. She opened her own school of dance shortly after this, in the Willis Piano Building, Sackville Street, Halifax, calling it Pupils of Marguerite Redden. Joy Redden was a gifted pianist and accompanied both Marguerite and her pupils in concerts and recitals.

Redden married Dr. Eldon Eagles in October, 1935, leaving Halifax the following spring for Port Maitland, Nova Scotia, where her husband set up a practice. Redden continued to teach and perform in Windsor and Yarmouth, Nova Scotia until 1950. During this time she bore three children: Joy (Bell) in 1937, Marguerite (Jane MacLachlan) in 1943 and Star (Grant) in 1945.

According to the many photographs and newspaper descriptions of her, Redden was an exceptional performer who brought a special magic to her dancing.

Les costumes pour ces spectacles étaient magnifiques, conçus par Rent et cousus par sa mère.

En 1931, Redden se rendit à New York pour étudier au Ned Wayburn Institute of Dance où on lui accorda un certificat en danse pour la comédie musicale, la danse à claquettes, la danse de salon et le ballet. Elle y retourna de nouveau en juillet 1933 afin de compléter un certificat d'enseignement de la danse. Peu après, elle ouvrit sa propre école de danse dans le Willis Piano Building, sur la rue Sackville à Halifax, nommant cette école : Pupils of Marguerite Redden. Joy Redden était une pianiste de talent et elle accompagnait Marguerite et ses élèves dans les concerts et récitals.

Redden épousa le Dr Eldon Eagles en octobre 1935, et quitta Halifax le printemps suivant pour Port Maitland, Nouvelle-Écosse, où son mari établit sa pratique privée. Redden continua à danser et à enseigner à Windsor et à Yarmouth, Nouvelle-Écosse jusqu'en 1950. Durant cette période de sa vie, elle donna naissance à trois enfants, Joy (Bell) en 1937, Marguerite (Jane MacLachlan) en 1943 et Star (Grant) en 1945.

Selon les nombreuses photographies et descriptions de l'époque, Redden était une interprète exceptionnelle qui infusait ses danses de magie.

RE-FLEX

danse

2,00$

Magazine Montréal, 1981 - 1986

Photo: Dominique Durocher

**Jeanne Renaud**
by/par Linde Howe-Beck

**Renaud, Jeanne**. Choreographer, artistic director, teacher, dancer. Born: August 27, 1928, Montreal, Quebec.

Jeanne Renaud has the distinction of enjoying one of the most diversified careers that any Canadian dance artist has so far experienced. From her earliest beginnings, Renaud showed an enthusiasm for all the arts, dance in particular. She studied music at Montreal's École Vincent d'Indy, ballet with Gérald Crevier and modern dance with Elizabeth Leese. In 1946, she teamed up with dancer/choreographer Françoise Sullivan, to produce their first evening of dance, for which Renaud choreographed and performed two works, *Les sables du rêve* and *Improvisation*. They worked together again in 1948.

Committed to encouraging artistic expression of all kinds, Renaud was a junior member of a coterie of mainly visual artists who collaborated with her from the start. Many of these were members of the revolutionary group known as the Automatistes, whose 1948 manifesto, Le Refus Global, demanded artistic freedom from

**Renaud, Jeanne**. Chorégraphe, directrice artistique, professeure, danseuse. Née : 27 août 1928, Montréal, Québec.

La carrière de Jeanne Renaud en danse se démarque de celle d'autres artistes canadien(ne)s de la danse par son exceptionnelle diversité. Dès le tout début, Renaud manifestait un grand enthousiasme pour toutes les formes d'art et pour la danse en particulier. Elle étudia la musique à l'École Vincent d'Indy à Montréal, le ballet avec Gérald Crevier et la danse moderne avec Elizabeth Leese. En 1946, elle s'associa à la danseuse/chorégraphe Françoise Sullivan afin de produire leur première soirée de danse et à cette occasion, Renaud chorégraphia et interpréta deux oeuvres: *Les sables du rêve*, et *Improvisation*. Elles collaborèrent de nouveau en 1948.

Engagée dans la promotion de l'expression artistique sous toutes ses formes, Renaud fut membre junior d'un cercle d'artistes, surtout d'arts visuels, qui collaborèrent avec elle dès le départ. Plusieurs de ces derniers étaient également membres d'un groupe révolutionnaire connu sous le nom d'Automatistes dont le manifeste de 1948, Le Refus Global, revendiquait la liberté artistique d'une société québécoise alors très rigide. La pétition fut refusé, et les artistes choisit de s'exiler. Renaud avait déjà quitté Montréal en 1947 afin d'étudier à New York avec Hanya Holm, Mary Anthony, Merce Cunningham et Alwin Nikolais, et en

the then-rigid Quebec society. Renaud had already left Montreal in 1947 to study in New York City with Hanya Holm, Mary Anthony, Merce Cunningham and Alwin Nikolais, and by 1949 had relocated to Paris and London to further her studies.

While in Paris she reconnected with some of the dissident Quebec artists, and staged four of her choreographies at the American Club, with décor by Jean-Paul Riopelle and music by Pierre Mercure, Jérome Rosen and Gabriel Charpentier.

By the late 1950's, she had returned to Montreal to give more performances, including appearances at the Festival de musique et danse actuelle organized by Pierre Mercure. By this time she was not only collaborating with artists Jean-Paul Mousseau and Sullivan, who had stopped dancing, but with dancers including Françoise Riopelle.

Interested almost exclusively in expanding the boundaries of dance through experimentation, Renaud produced a number of short works to new music. Ahead of her time, she sometimes set pieces in silence, having dancers accompany their movements by creating sounds with elaborate costumes or decors. *Rideau* (1965) used a metallic curtain in three sections designed by Sullivan, that made sounds when touched by dancers.

In 1966, Renaud undertook the first of many administrative roles, founding and directing Le Groupe de la Place Royale and its school. She directed LGPR until 1972, creating thirty-one works that were performed at Place des Arts in Montreal, and toured in the United States. Upon leaving the company, she founded Galerie III, where she not only mounted visual arts exhibitions but organized evenings of experimental music, theatre and dance. Three years later, she turned her attention for four years to the Canada Council, where she held two consecutive positions. She worked subsequently at Quebec's Ministère des affaires culturelles, the Université du Québec à Montréal, and Les Grands Ballets Canadiens, where she accepted the post of co-artistic director with Linda Stearns.

1949, elle s'était installée à Paris et à Londres afin d'approfondir sa formation.

C'est à Paris qu'elle reprit contact avec certains des artistes dissidents du Québec et mit en scène quatre de ses chorégraphies à l'American Club, utilisant un décor de Jean-Paul Riopelle et une musique de Pierre Mercure, Jérome Rosen et Gabriel Charpentier.

Vers la fin des années 1950, elle revint à Montréal pour y présenter des spectacles, notamment au Festival de musique et de danse actuelle organisé par Pierre Mercure. À cette époque, non seulement collaborait-elle avec des artistes comme Jean-Paul Mousseau et Sullivan, qui avait cessé de danser, mais également avec des danseuses comme Françoise Riopelle.

Se consacrant presque exclusivement au dépassement des limites de la danse grâce à la recherche expérimentale, Renaud produit une série de courtes oeuvres sur de la nouvelle musique. Avant-gardiste, elle monta certaines oeuvres sur du silence, forçant les danseuses/seurs à accompagner leurs mouvements avec des sons créés à partir de costumes élaborés ou de décors. *Rideau* (1965) utilisait un rideau métallique en trois sections conçu par Sullivan, rideau qui émettait des sons lorsque touché par les interprètes.

En 1966, Renaud accepta le premier de nombreux postes administratifs, fondant et dirigeant Le Groupe de la Place Royale ainsi que son école associée. Elle dirigea LGPR jusqu'en 1972, créant trente et une oeuvres qui furent présentés à la Place des Arts à Montréal et en tournée aux États-Unis. Après avoir quitté la compagnie, elle fonda Galerie III, où elle monta non seulement des expositions d'art visuel mais organisa également des soirées de musique, de théâtre et de danse expérimentale. Trois ans plus tard, elle tourna son attention vers le Conseil des Arts pendant quatre ans où elle assuma deux postes successifs. Elle travailla ensuite au ministère des Affaires culturelles du Québec, l'Université du Québec à Montréal et Les Grands Ballets Canadiens où elle accepta le poste de codirectrice artistique avec Linda Stearns.

Ses carrières de danseuse, de chorégraphe et

Her dancing, choreographic and administrative careers ran in tandem with another life – that of teaching. She taught first in New York City for Mary Anthony and the New Dance Group, and then in Paris. With Françoise Riopelle, she founded and taught at L'École de Danse Moderne de Montréal from 1961-1964. Students she produced at the LGPR school, between 1966 and 1972, formed the backbone of that company. She also taught at the National Theatre School and at UQAM.

In 1986, several of Renaud's choreographic works from the 1940's and 1950's were reconstructed and preserved during the Dance Collection Danse Encore! Encore! Reconstruction project.

After more than a decade away from choreography, Renaud returned to it in 1991 with a duet to mark the 25th anniversary of LGPR. In Montreal in 1993 she created *Des Voix* (1993) for Gioconda Barbuto, Daniel Soulières and David Rose.

In 1989, the Quebec government recognized Renaud's contributions as a driving force in Quebec dance, the grande dame whose knowledge and ability has touched every kind of dance the province has produced in half a century, by awarding her the Prix Denise Pelletier. In 1995 Renaud was the dance recipient of the Governor General's Performing Arts Award.

d'administratrice s'exercèrent en parallèle à une autre vie – celle de professeure. Elle enseigna initialement à New York pour Mary Anthony et le New Dance Group et ensuite à Paris. Avec Françoise Riopelle, elle fonda et enseigna à L'École de danse moderne de Montréal de 1961 à 1964. Les élèves qu'elle forma de 1966 à 1972, à l'école du GPR, formèrent le noyau de la compagnie qui en suit. Elle a aussi enseigné à l'École nationale de Théâtre et à l'UQAM.

En 1986, plusieurs des oeuvres chorégraphiques de Renaud, créées dans les années 1940 et 1950 furent remontées et préservées dans le cadre du projet de reconstruction de Dance Collection Danse Encore! Encore!.

Après plus d'une décennie passée loin de la chorégraphie, Renaud décida de créer un duo en 1991 dans le cadre du 25ième anniversaire du GPR. À Montréal en 1993, elle créa *Des Voix* pour Gioconda Barbuto, Daniel Soulières et David Rose.

En 1989, le gouvernement du Québec souligna la contribution exceptionnelle au milieu de la danse du Québec, de cette grande dame dont le savoir et le talent ont touché toutes les formes de danse ayant surgi au coeur de la province depuis la moitié d'un siècle, en lui décernant le Prix Denise Pelletier. En 1995 Renaud fut récipiendaire du Prix du Gouverneur-général pour les Arts de la scène.

**Canadian Dance News**

$1.00
MM 70906

CANADA'S MONTHLY DANCE NEWSPAPER

Newspaper/ journal Toronto, 1980 - 1983

Photo: David Cooper

### Lawrence Rhodes
by/par Linde Howe-Beck

**Rhodes, Lawrence**. Artistic director, dancer, teacher. Born: November 24, 1939, Mount Hope, West Virginia.

Inspired by Fred Astaire, Lawrence Rhodes began his career as a tap dancer at the age of nine. He was a sickly child and credits dance with changing his life. Following a third attack of rheumatic fever in 1952, he enrolled in ballet classes with Violette Armand in Detroit, Michigan. Ballet agreed with him, and the illnesses which had plagued him since birth disappeared.

After studying less than a year in New York with the Ballets Russes de Monte Carlo, Rhodes launched an illustrious performing career in 1958, performing first with the Joffrey Ballet and then with the Harkness Ballet. He danced most of the major classic roles, as well as originating parts in ballets by choreographers including John Butler, Gerald Arpino, Brian Macdonald, John Neumeier, Robert Joffrey, Benjamin Harkarvy, Anna Sokolow, Lar Lubovitch and Rudi van Danzig. He was lauded as a virtuoso performer of great agility, technique and dramatic interpretative ability.

**Rhodes, Lawrence**. Directeur artistique, danseur, professeur. Né : 24 novembre 1939, Mount Hope, West Virginia.

Inspiré par Fred Astaire, Lawrence Rhodes amorça sa carrière de danseur de claquettes à l'âge de neuf ans. Enfant chétif, il a déjà affirmé que la danse avait changé sa vie. Suite à une troisième crise de fièvre rhumatismale en 1952, il s'inscrit à des cours de ballet avec Violette Armand à Détroit au Michigan. Le ballet lui convenait et la maladie qui le hantait depuis sa naissance le quitta.

Après avoir étudié moins d'un an à New York avec les Ballets Russes de Monte Carlo, Rhodes débuta une carrière illustre d'interprète en 1958, dansant d'abord avec le Joffrey Ballet et ensuite avec le Harkness Ballet. Il interpréta la majorité des rôles classiques principaux et créa également des rôles dans des ballets de plusieurs chorégraphes entre autres, John Butler, Gerald Arpino, Brian Macdonald, John Neumeier, Robert Joffrey, Benjamin Harkarvy, Anna Sokolow, Lar Lubovitch et Rudi van Danzig. Il fut acclamé comme interprète exceptionnellement virtuose et agile, doué d'une maîtrise technique et d'un talent dramatique d'interprétation. Le critique newyorkais Clive Barnes disait qu'il était un des danseurs masculins les plus expressifs au monde.

Protégé de Robert Joffrey et danseur principal de la compagnie du même nom, Rhodes fut un des membres fondateurs du Harkness Ballet en 1964 et il en devint directeur quatre ans plus tard. Il assuma les postes de directeur et de danseur principal de la troupe jusqu'à sa dissolution en 1970. C'est à cette

# RHODES

New York critic Clive Barnes called him one of the most expressive male dancers in the world.

A protégé of Robert Joffrey, with whose company he became principal dancer, Rhodes was a founding member of the Harkness Ballet in 1964, becoming director four years later. He served as director and leading dancer until the company disbanded in 1970. During this period he originated some of his most memorable roles, in ballets such as Butler's *After Eden* and Macdonald's *Time Out of Mind* (1963).

The 1970's heralded hectic years of guest-dancing all over the world, during which he performed with celebrated ballerinas including Natalia Makarova, Melissa Hayden and Carla Fracci, and with companies including Het National Ballet, the Feld Ballet, the Pennsylvania Ballet and Les Grands Ballets Canadiens. He appeared in televised productions in France, Germany and the United States, and was featured in Nina Feinberg's film, A Dancer's Vocabulary.

By 1978, when he retired from the stage at the age of thirty-eight, Rhodes had found a new career – teaching. He taught at the Milwaukee Ballet where he had been co-director from 1971-1973, Dennis Wayne's Dancerschool, the American Dance Festival and other American summer festivals, as well as at Israel's Bat-Dor Dance Company. In 1981, he was appointed chair of the dance department at the Tisch School of the Arts at New York University.

He was artistic director of Les Grands Ballets Canadiens from 1989-1999, where, besides using his teaching skills to strengthen dancer technique, he used his extensive contacts with European choreographers to instill a different vitality into the company. During his tenure, he added Nils Christie's *Before Nightfall*, Ohad Naharin's *Axioma 7* and *Perpetuum*, Jiri Kylian's *Sinfonietta* and *Stepping Stones*, and William Forsythe's *Urlicht*; added to existing repertoire by Nacho Duato with *Cor Perdut*; and commissioned works from American choreographers including Kevin O'Day, Septime Webre and Mark Morris.

Rhodes enjoyed a hands-on approach at LGBC, giving company class every day, as well

époque qu'il créa certains de ses rôles les plus mémorables dans des ballets comme *After Eden* de Butler et *Time Out of Mind* (1963) de Macdonald.

Les années 1970 furent des années trépidantes où Rhodes fut invité à danser à travers le monde, des années où il dansa avec des ballerines célèbres telles que Natalia Makarova, Melissa Hayden et Carla Fracci et avec des companies comme le Het National Ballet, le Feld Ballet, le Pennsylvania Ballet et Les Grands Ballets Canadiens. Il participa à des productions télévisées en France, en Allemagne, aux États-Unis; il fut aussi la vedette du film de Nina Feinberg, A Dancer's Vocabulary.

En 1978, alors qu'il se retirait de la scène à l'âge de trente-huit ans, Rhodes s'était forgé une nouvelle carrière, celle de professeur. Il enseigna au Milwaukee Ballet, une troupe qu'il codirigea de 1971 à 1973, au Dancerschool de Dennis Wayne, à l'American Dance Festival et dans le cadre de plusieurs festivals d'été, ainsi qu'à la companie Bat-Dor Dance en Israël. En 1981, il fut nommé directeur du département de danse du Tisch School of the Arts à l'Université de New York.

Il fut directeur artistique des Grands Ballets Canadiens de 1989 à 1999, où, en plus d'utiliser ses talents de professeurs afin de perfectionner la technique des danseurs/seuses, il tira partie de son réseau étendu de liens avec des chorégraphes européens, instillant ainsi une nouvelle vitalité à la troupe. Pendant son mandat, il ajouta au répertoire des GBC les oeuvres suivantes: *Before Nightfall* de Nils Christie, *Axioma 7* et *Perpetuum* de Ohad Naharin, *Sinfonietta* et *Stepping Stones* de Jiri Kylian et *Urlicht* de William Forsythe; il ajouta *Cor Perdut* au répertoire existant de Nacho Duato et commanda des oeuvres à des chorégraphes américains notamment, Kevin O'Day, Septime Webre et Mark Morris.

Rhodes aimait travailler «sur le terrain» aux GBC, offrant des classes à la troupe quotidiennement et demeurant très visible parmi ses propres danseurs et à l'intérieur du milieu de la danse de Montréal en général. Sous sa direction, la troupe réintroduit la tradition des

as being highly visible among his own dancers and in the Montreal dance community at large. Under his direction, the company reintroduced free performances in parks and community theatres, the sort of public education programmes used to build audiences in the company's early days.

In 2000, Rhodes continues to guest teach in Europe and North America.

spectacles gratuits dans les parcs et dans les théâtres communautaires, ravivant ainsi le type de programmes de sensibilisation du public visant à augmenter les auditoires, programmes utilisés par la troupe lors de ses premières années d'existence.

Pour l'an 2000, Rhodes travaillera comme professeur invité en Europe et en Amérique du Nord.

## Patricia Richards
by/par Christopher Majka

**Richards, Patricia.** Choreographer, dancer, teacher. Born: March 8, 1946, Liverpool, England. Died: June 24, 1998, Halifax, Nova Scotia. Birth name: Patricia Doreen Foulis.

Patricia Richards began her dance studies at the Laban Movement Centre and Trent Park College of Education in England, and continued at the University of Colorado. She moved to Halifax in 1971, and for twenty-seven years was on the faculty of Dalhousie University, where she introduced dance to the Physical Education and Theatre Departments. She also taught

**Richards, Patricia.** Chorégraphe, danseuse, professeure. Née : 8 mars 1946, Liverpool, Angleterre. Décédée : 24 juin 1998, Halifax, Nouvelle-Écosse. Nom à la naissance : Patricia Doreen Foulis.

Patricia Richards débuta sa formation en danse au Laban Movement Centre ainsi qu'au Trent Park College of Education en Angleterre et poursuivit ses études à l'Université du Colorado. Elle s'installa à Halifax en 1971 et pendant vingt-sept années, elle fut membre de la faculté de l'Université Dalhousie, où elle introduit la danse aux départements d'Éducation physique et de Théâtre. Elle enseigna également l'histoire de la danse au département de Musique et rédigea une série de textes érudits sur divers aspects de l'histoire de la danse.

Comme chorégraphe, elle laissa un héritage de plus de soixante oeuvres incluant plusieurs

history of dance through the Music Department, and wrote a number of scholarly papers on aspects of historical dance.

As a choreographer, she left a legacy of over sixty dances, including many solos, her extensive Winter Dance series, which continued from 1980-1986, and many works created for Split Second Dance, the Halifax Dance Young Company, and OnAxis Dance. Particularly well known were works such as *Which I is I?* (1982), *Finding Herself* (1983), *Lady Nijo* (1986), *From the Plains* (1987), and *Spirit of the Desert* (1997), the latter two inspired by the paintings of Georgia O'Keefe. Her approach to choreography was much influenced by the work of Rudolph Laban.

Richards performed in many of her own works as well as in choreographies by Beverly Brown, Penny Evans, Leica Hardy, Sheilagh Hunt, Sara Porter, and Alan Tug. She was also a noted authority in Baroque and Renaissance dance, and staged over forty performances of historical dance at conferences, banquets, for operas and as part of historical animations. She was often called on to set dances for film and television, and her work was featured in productions by Atlantic Theatre Festival, Dalhousie Theatre Productions, Mermaid Theatre, Neptune Theatre and Stage East.

She served with many provincial and national organizations, including the Dance in Canada Association and the Canadian Association of Professional Dance Organizations. She was a founding director of the Association of Dance in Universities and Colleges in Canada, and worked tirelessly and passionately for the cause of arts education.

Richards was on the founding board of the Nova Scotia Arts Council, and she served for many years as both a board and jury member for the Nova Scotia Talent Trust. Among her many honours were the 1993 Outstanding Cultural Educator Award from the Cultural Federations of Nova Scotia and the 1996 Dance Nova Scotia Award.

A key member of Halifax Dance from its earliest days, she played many roles there: teacher, choreographer, administrator, chair of

solos, son importante série Winter Dance présentée de 1980 à 1986 et plusieurs oeuvres créées pour Split Second Dance, le Halifax Dance Young Company et OnAxis Dance. Parmi ses chorégraphies les plus connues se retrouvent: *Which I is I?* (1982), *Finding Herself* (1983), *Lady Nijo* (1986) ainsi que deux oeuvres inspirées de peintures de Georgia O'Keefe, *From the Plains* (1987) et *Spirit of the Desert* (1997). Son processus chorégraphique fut très influencé par le travail de Rudolph Laban.

Richards interpréta plusieurs de ses propres oeuvres ainsi que des chorégraphies de Beverly Brown, Penny Evans, Leica Hardy, Sheilagh Hunt, Sara Porter et Alan Tug. Elle était également spécialiste de la danse baroque et de danse de la Renaissance et monta plus de quarante danses historiques dans le cadre de conférences, banquets, opéras et événements à caractère historique. On faisait régulièrement appel à elle pour monter des danses pour le cinéma et la télévision et elle contribua à des productions de l'Atlantic Theatre Festival, des Dalhousie Theatre Productions, du Mermaid Theatre, du Neptune Theatre et de Stage East.

Elle travailla avec de nombreux organismes provinciaux et nationaux, entre autres l'association Danse au Canada ainsi que l'association canadienne des organismes professionnels de danse. Elle fut directrice fondatrice de l'association de danse aux niveaux universitaire et collégial à travers le Canada et travailla passionnément et sans relâche pour l'éducation en arts.

Richards siégea sur le conseil de fondation du Conseil des Arts de la Nouvelle-Écosse et pendant de nombreuses années, elle siégea comme membre du conseil d'administration et juré du Nova Scotia Talent Trust. Elle fut récipiendaire de nombreux honneurs notamment, le Prix de l'éducatrice culturelle exceptionnelle en 1993, prix décerné par les fédérations culturelles de la Nouvelle-Écosse ainsi que le Prix Dance Nova Scotia en 1996.

Membre et pilier de Halifax Dance dès sa création, elle y occupa plusieurs postes: professeure, chorégraphe, administratrice et présidente du conseil d'administration. Le Prix

the board. In her honour, the Pat Richards Choreographic Award was created in 1996, to recognize the Halifax Dance student who shows most promise as a choreographer.

Richards was much beloved for her appearances from 1991-1997 as Mother Ginger and Lotte Drosselmyer in the *Nutcracker*, co-produced annually by Symphony Nova Scotia, Halifax Dance and the Mermaid Theatre. Her final work, *Eù Rossa*, part of her Five Sacred Trees cycle, was completed by her collaborators in OnAxis Dance.

chorégraphique Pat Richards fut créée en son honneur en 1996, un prix décerné et décerné à l'étudiant(e) en danse de Halifax qui montre le plus de promesse en chorégraphie.

Richards fut très appréciée pour ses interprétations de Mother Ginger et de Lotte Drosselmyer dans *Casse-Noisette* (1991-97) coproduit annuellement par Symphony Nova Scotia, Halifax Dance et le Mermaid Theatre. Sa dernière oeuvre, *Eù Rossa*, un volet de son cycle Five Sacred Trees, fut complétée par ses collaborateurs d' OnAxis Dance.

Photo: Greg McKinnon

## Jeanne Robinson
by/par Elissa Barnard

**Robinson, Jeanne.** Choreographer, artistic director, dancer, teacher, writer. Born: March 30, 1948, Boston, Massachusetts.

Jeanne Robinson began performing at five, choreographing at eleven, and teaching at fifteen. Age fifteen was also the year she discovered modern dance, studying at the Boston Conservatory, the Martha Graham, Alvin

**Robinson, Jeanne.** Chorégraphe, directrice artistique, danseuse, professeure, écrivaine. Née: 30 mars 1948, Boston, Massachusetts.

Jeanne Robinson participa à ses premiers spectacles à l'âge de cinq ans, créa ses premières chorégraphies à onze ans et commença à enseigner à quinze ans. C'est aussi à quinze ans qu'elle découvrit la danse moderne, étudiant au Boston Conservatory et aux écoles de Martha Graham, Alvin Ailey et Erick Hawkins, au Nikolais/Louis Dance Theatre Lab, au School of Toronto Dance Theatre et à l'American Dance Festival. Elle étudia également sous la danseuse principale du Ballet Hawkins, Beverly Brown, et dansa avec la compagnie de cette dernière, le Beverly Brown Dancensemble, au Riverside Dance Festival de 1981 à New York.

Ailey and Erick Hawkins schools, Nikolais/Louis Dance Theatre Lab, the School of Toronto Dance Theatre and the American Dance Festival. She also studied under Hawkins' principal dancer Beverly Brown, and performed with her company, Beverly Brown Dancensemble, at the 1981 Riverside Dance Festival in New York.

Robinson moved to Nova Scotia in 1972, and taught, choreographed and danced throughout the province, both as a solo artist, and with Halifax Dance Co-Op and Halcyon Dance Theatre. In 1979 she founded DancExchange Studio in Halifax, offering classes in modern dance, jazz and ballet; she also choreographed several Neptune Theatre productions.

After two seasons of mounting her own choreography under the name Jeanne Robinson Dance Project, in 1980 she founded Nova Dance Theatre, the province's first professional repertory modern dance company. During its seven-year history, NDT produced critically acclaimed concerts, performed school shows throughout the province, and toured the Maritimes and Newfoundland. In 1985, CBC television broadcast highlights from the Dance In Canada Gala, including NDT's performance of Robinson's *Ficton*. In addition to producing her own work, Robinson consistently offered NDT as a venue to both emerging regional choreographers and out-of-town artists.

A spiritual seeker who is now a lay-ordained Soto Zen Buddhist, Robinson speaks of her dances as "moving koans, visual parables". Works such as *reMembering* (1981), *Dance for Changing Parts* (1982), *Grecia* (1985) and *Indices of Refraction* (1985) reflected her ongoing spiritual inquiry, but it was not until *Zenki-zu*, created for Vancouver's 1992 Women In View Festival, that Robinson permitted herself any overt references to Buddhism.

Her work was noted for its ingrained optimism, warmth and wry humour as much as for its spirituality and theatricality. Sometimes narrative, sometimes pure movement, it was often set to original music commissioned from local composers.

"It's not unusual for Robinson to think in

Robinson s'installa en Nouvelle-Écosse en 1972, enseignant, dansant et créant des chorégraphies à travers toute la province; elle dansa comme artiste soliste et avec le Halifax Dance Co-Op et le Halcyon Dance Theatre. En 1979, elle fonda le DancExchange Studio à Halifax, offrant des cours de danse moderne, jazz et de ballet. Elle chorégraphia également plusieurs productions du Neptune Theatre.

Après deux saisons où elle monta sa propre chorégraphie sous le nom de Jeanne Robinson Dance Project, elle fonda en 1980 le Nova Dance Theatre, la première compagnie de répertoire de danse moderne de la province. Pendant ses sept années d'existence, le NDT produit des concerts acclamés par la critique, présenta des spectacles dans les écoles de la province et compléta des tournées dans les Maritimes et à Terre-Neuve. En 1985, la chaîne de télévision CBC diffusa les points saillants du gala Dance in Canada, incluant l'interprétation du NDT de Robinson *Ficton*. En plus de produire son propre travail, Robinson offrait sa compagnie comme tremplin aux chorégraphes régionaux débutants et aux artistes en visite.

Animée d'une quête spirituelle, membre de l'ordre bouddhiste Soto Zen, Robinson discute de ses oeuvres en ces termes: «koans mouvants, paraboles visuelles.» Des oeuvres comme *reMembering* (1981), *Dance for Changing Parts* (1982), *Grecia* (1985) et *Indices of Refraction* (1985) reflétaient sa quête spirituelle du moment mais ce n'est qu'avec *Zenki-zu*, créée pour le festival Women In View de Vancouver de 1992 que Robinson se permit une référence évidente au Bouddhisme.

Son travail était remarquable par son optimisme invétéré, sa chaleur, son humour ironique autant que par sa spiritualité et sa théâtralité. Parfois narratives, parfois mouvement pur, ses oeuvres étaient fréquemment montées sur de la musique originale commandée à des compositeurs locaux.

«Il n'est pas rare pour Robinson de réfléchir en termes cosmiques», affirme le Globe and Mail en 1985. «Dans les années soixante-dix, elle créa le concept de danse en gravité-zéro

cosmic terms," the Globe and Mail said in 1985. "In the seventies she created the concept of zero-gravity dance in the Hugo Award-winning novel Stardance, which she wrote with her husband, science fiction writer Spider Robinson." In 1980, NASA asked her to dance in space, aboard its Space Shuttle – an invitation withdrawn when the Challenger explosion ended the Civilians In Space Program.

In 1987, exhausted by the constant fund-raising struggle, and having reached the end of her own performing career, Robinson closed her company. Moving to Vancouver, the Robinsons co-wrote a sequel to Stardance titled Starseed, in 1991, eventually followed by a third volume, Starmind, in 1995, which featured an orbiting dance company called Nova Dance Theatre; all three books are considered classics of modern science fiction.

dans le roman Stardance, un roman qui reçut le prix Hugo et qu'elle rédigea en collaboration avec son mari, l'écrivain de science fiction Spider Robinson.» En 1980, NASA lui demanda de danser dans l'espace, à bord de son Space Shuttle – une invitation retirée lorsque l'explosion du Challenger mit fin au programme Les Civils dans l'espace.

En 1987, épuisée par des luttes constantes pour lever des fonds et ayant atteint la fin de sa carrière d'interprète, Robinson dissout sa compagnie. S'installant à Vancouver, les Robinson rédigèrent ensemble une séquelle à Stardance intitulée Starseed en 1991, suivie plus tard d'un troisième volume, Starmind en 1995, qui mettait en vedette une compagnie de danse en orbite appelée Nova Dance Theatre. Ces trois livres sont classés parmi les classiques de la science fiction moderne.

Photo: Pascal Teste

## Tedd Senmon Robinson
by/par MaryJane MacLennan

**Robinson, Tedd Senmon**. Danseur, chorégraphe, professeur, directeur artistique. Né : 1952, Ottawa, Ontario.

Dès le début de sa carrière, Tedd Senmon Robinson se mérita une réputation nationale de chorégraphe original et audacieux doué d'un sens inné de la comédie et de l'absurde. Les critiques de danse l'associaient à Chaplin et un

**Robinson, Tedd Senmon**. Dancer, choreographer, teacher, artistic director. Born: 1952, Ottawa, Ontario.

Early in his choreographic career, Tedd Senmon Robinson established a national reputation as a wildly creative choreographer with a flare for the comic and the absurd. Dance critics saw his work as "Chaplinesque", and one reviewer called him "the Buster Keaton of the Canadian dance scene".

His formal dance training began at York University in Toronto in 1974, and he graduated with a BFA in 1978. He also studied ballet in Los Angeles for three years. His dance career began late at age twenty-two, and Robinson was interested in choreography from the start. An important influence in his artistic life was Lindsay Kemp, an eminent English theatre artist, with whom he studied in Toronto in 1978. He participated in three National Choreographic Seminars: at York University in 1978, the Banff School of Fine Arts in 1980, and Simon Fraser University in 1991.

Robinson spent a year at the School of Toronto Dance Theatre, and then joined the Winnipeg Contemporary Dancers in the fall of 1979. After two years he joined Terminal City in Vancouver. He then returned to Winnipeg, becoming resident choreographer for Contemporary Dancers in 1984.

Robinson's first professional work was *Crimes of Difficult Proof* (1980), a slow-moving work set to electronic music by Pauline Oliveros. His second work was a revelation to Robinson. *Attitudes of Risk and Uncertainty* (1980) was supposed to be serious, but it had people wiping away tears of laughter.

Once Robinson became resident choreographer for Contemporary Dancers, he created *Who Could Ask For Anything More* (1984), to the George Gershwin score. In *Nothing Past the Swans* (1985-1986), Robinson used Contemporary Dancers' founder Rachel Browne in a speaking role. *Camping Out* (1986-1987) toured Mexico and was performed at the Festival international de nouvelle danse in Montreal.

There was a lot of speaking and humour in

critique le nomma «le Buster Keaton de la scène canadienne de la danse».

Robinson débuta officiellement sa formation en danse à l'Université York à Toronto en 1974 où il obtint un baccalauréat en beaux-arts en 1978. Il étudia également le ballet à Los Angeles pendant trois ans. Il amorça sa carrière tardivement à l'âge de vingt-deux ans mais s'intéressa rapidement à la chorégraphie. Lindsay Kemp, un éminent artiste anglais de théâtre avec lequel il étudia à Toronto en 1978, eut un impact marquant sur son travail. Il participa à trois National Choreographic Seminars : à l'Université York en 1978, au Banff School of Fine Arts en 1980 et à l'Université Simon Fraser en 1991.

Robinson passa une année au School of Toronto Dance Theatre et se joint ensuite aux Winnipeg Contemporary Dancers à l'automne de 1979. Deux ans plus tard, il s'associa à Terminal City à Vancouver. Il revint ensuite à Winnipeg pour occuper le poste de chorégraphe en résidence des Contemporary Dancers en 1984.

La première oeuvre professionnelle de Robinson fut *Crimes of Difficult Proof* (1980), une oeuvre composée de mouvements lents sur de la musique électronique de Pauline Oliveros. Sa seconde oeuvre fut une véritable révélation pour Robinson: *Attitudes of Risk and Uncertainty* (1980) était supposée être une oeuvre «sérieuse» mais la réaction fut toute autre: les gens pleuraient de rire.

Dès que Robinson fut installé comme chorégraphe en résidence des Contemporary Dancers, il créa *Who Could Ask For Anything More* (1984) sur une musique de George Gershwin. Dans *Nothing Past the Swans* (1985-1986), Robinson assigna un rôle parlé à la fondatrice des Contemporary Dancers, Rachel Browne. *Camping Out* (1986-1987) fut présenté en tournée au Mexique et au Festival international de nouvelle danse à Montréal.

Ses premières créations comportaient beaucoup de textes parlés et d'humour, éléments que Robinson élimina dans ses productions plus tardives et moins bizarres. Son oeuvre *He Called Me His Blind Angel* (1987-1988) traitait du

these early creations, elements Robinson eliminated in his later, less bizarre productions. *He Called Me His Blind Angel* (1987-1988) looked at the myth of innocence with a series of images associated with his youth. *Lepidoptera* (1988-1989), a co-production with the National Arts Centre, featured live jazz music.

Robinson left Contemporary Dancers in 1990 and did choreographic research for two years. His work *Anti-social Studies #1 through #21* (1992) has been performed in Canada, Italy and the United States. His *Lexicons of Space* (1994), was co-commissioned by the Canada Dance Festival and CanDance Network.

Robinson has been commissioned by the Dance Collective in Winnipeg, and by independent performers Katherine Labelle, Marc Boivin, Jane Mappin, Claudia Moore, D-Anne Kuby and Andrew Harwood. He has created works for Vancouver's EDAM, Les Ballets Jazz de Montréal, students of Main Dance in Vancouver, Professional Program of Contemporary Dancers in Winnipeg, School of Toronto Dance Theatre and Les Ateliers de danse moderne de Montréal Inc. He frequently acts as a mentor at Le Groupe Dance Lab in Ottawa.

Robinson was featured in The Barber's Coffee Break, a half-hour video production directed by Laura Taler in 1997.

mythe de l'innocence et incorporait une série d'images associées à sa jeunesse. *Lepidoptera* (1988-1989), une coproduction avec le Centre National des Arts, utilisait de la musique jazz en direct.

Robinson quitta les Contemporary Dancers en 1990 et s'engagea dans une recherche chorégraphique de deux ans. Son oeuvre, *Anti-social Studies #1 through #21* (1992) a été présentée au Canada, en Italie et aux États-Unis. Son *Lexicons of Space* (1994), fut commandée par le Festival Danse Canada et le CanDance Network.

Le Dance Collective à Winnipeg lui commanda ensuite une oeuvre tout comme le firent les interprètes indépendants Katherine Labelle, Marc Boivin, Jane Mappin, Claudia Moore, D-Anne Kuby et Andrew Harwood. Il a chorégraphié pour EDAM de Vancouver, Les Ballets Jazz de Montréal ainsi que pour des élèves de Main Dance à Vancouver, dans le cadre du programme professionnel des Contemporary Dancers de Winnipeg, pour le School of Toronto Dance Theatre et pour Les Ateliers de danse moderne de Montréal Inc. Il agit fréquemment comme mentor pour Le Groupe Dance Lab à Ottawa.

Robinson participa à The Barber's Coffee Break, une production vidéo de trente minutes réalisée par Laura Taler en 1997.

---

**Robitaille, Louis**. Dancer, artistic director. Born: December 21, 1957, Montreal, Quebec.

After winning prizes in competition swimming, Louis Robitaille began his dance training at age fifteen, studying jazz with Peter George. He had seen Maurice Béjart's *Messe pour le temps présent* on television, and was struck by the dynamic choreography. Robitaille won a scholarship at the school of Les Ballets Jazz in 1973, and studied with Eva von Gencsy, Louise Lapierre and Eddy Toussaint. He was a founding apprentice member of la Compagnie de Danse Eddy Toussaint when he was sixteen.

For the next fifteen years, he performed in Toussaint's choreography in Montreal and on tour in Canada, the United States and Europe.

## Louis Robitaille
by/par Vincent Warren

Photo: Michael Slobodian

Robitaille, Louis. Danseur, directeur artistique. Né : 21 décembre 1957, Montréal, Québec.

Après avoir remporté des concours de natation, Louis Robitaille commença sa formation en danse à l'âge de quinze ans, étudiant la danse jazz avec Peter George. Il avait vu l'oeuvre de Maurice Béjart *Messe pour le temps présent* à la télévision et il fut frappé par cette dynamique chorégraphie. En 1973, Robitaille se mérita une bourse pour l'École des Ballets Jazz et y étudia avec Eva von Gencsy, Louise Lapierre et Eddy Toussaint. Il fut membre-apprenti fondateur de la Compagnie de Danse Eddy Toussaint alors qu'il n'avait que seize ans.

Au cours des quinze années suivantes, il interpréta les chorégraphies de Toussaint à Montréal et en tournée au Canada, aux États-Unis et en Europe. Robitaille devint rapidement le danseur étoile de la troupe, créant le rôle-titre dans *Alexis le Trotteur* en 1978. L'année suivante, il interpréta le mystérieux et diabolique étranger dans *Rose la Tulippe* de Toussaint, révélant son flair pour le dramatique. Ses talents naturels de partenaire – sa force, sa sensibilité et sa musicalité – s'aiguisèrent en dansant avec diverses ballerines notamment Manon Hotte et Sonia Vartanian.

En 1980, il fut invité à danser en Europe au le Ballet Théâtre d'Avignon avec lequel il dansa de nouveau lors de festivals subséquents présentés à Avignon.

*Un Simple Moment* (1981), un duo chorégraphié par Toussaint sur une musique d'Albinoni, marqua le début d'un partenariat légendaire avec Anik Bissonnette. Le couple se mérita des éloges à l'échelle internationale et fut le véritable pilier de la troupe qui, en 1984, changea son nom en devenant Les Ballets de Montréal Eddy Toussaint. La même année, leur interprétation de *Un Simple Moment* remporta la médaille d'or pour la chorégraphie au Concours de ballet d'Helsinki. Dans les années 1980, le couple dansa en Italie, en Australie, en Russie et en France.

En 1989, Bissonnette et Robitaille s'associèrent aux Grands Ballets Canadiens,

Robitaille quickly became the recognised male star of the company, originating the title role in *Alexis le Trotteur* in 1978. In 1979 he danced the diabolical, mysterious stranger in Toussaint's *Rose la Tulippe* and revealed a strong flair for the dramatic. His natural gifts as a partner – strength, sensitivity and musicality – were honed by working with different ballerinas including Manon Hotte and Sonia Vartanian.

In 1980, he was invited to dance in Europe with le Ballet Théâtre d'Avignon, and he returned in later years to perform with this group in subsequent Festivals at Avignon.

*Un Simple Moment* (1981), a duet choreographed by Toussaint to the music of Albinoni, was the beginning of a legendary partnership with Anik Bissonnette. Together the couple won international praise and were the mainstays of the company, which became Les Ballets de Montréal Eddy Toussaint in 1984. That year, their performance of *Un Simple Moment* won the gold medal for choreography in the Helsinki Ballet Competition. During the

1980's, the couple appeared internationally in Italy, Australia, Russia and France.

In 1989, Bissonnette and Robitaille joined Les Grands Ballets Canadiens. Robitaille danced leading roles in the nineteenth-century classics, and in works by Leonide Massine, George Balanchine, Antony Tudor, and Canadians Mark Godden, Christopher House, James Kudelka, Édouard Lock and Fernand Nault. International choreographers including Nacho Duato, William Forsythe, Jiri Kylian and Hans van Manen have all used Robitaille's exceptional talents in their choreography.

In the early 1990's, Robitaille and choreographer Gioconda Barbuto organised Bande À Part, a group of young dancers and choreographers which performed experimental works. In 1994, he became director of Le Jeune Ballet du Québec, composed of finishing students of L'École Supérieure de Danse du Québec, which toured the province. When the JBQ closed, Robitaille founded his own company, Danse-Théâtre de Montréal, in 1996, presenting an hour-long creation by Myriam Naisy, *Soleil Noir*, to critical acclaim.

Robitaille left LGBC to perform in *L'Hiver* with Giles Maheu's Carbone 14, but withdrew when he accepted the position of artistic director of Les Ballets Jazz de Montréal in 1998. He continues the tradition of encouraging new talent, and has instituted a choreographic workshop for the dancers of LBJM. Since 1990 Robitaille and Bissonnette have performed annually in The Gala des Étoiles. They were both named Officers of the Order of Canada in 1995, and Chevaliers of l'Ordre de Québec in 1996.

Robitaille y dansant les rôles classiques du dix-neuvième siècle et des rôles créés par Leonide Massine, George Balanchine, Antony Tudor et les Canadiens Mark Godden, Christopher House, James Kudelka, Edouard Lock et Fernand Nault. Des chorégraphes de niveau international tels que Nacho Duato, William Forsythe, Jiri Kylian et Hans van Manen ont tous exploité les talents exceptionnels d'interprète de Robitaille.

Au début des années 1990, Robitaille et la chorégraphe Gioconda Barbuto organisèrent Bande À Part un groupe de jeunes interprètes et de chorégraphes qui interprétaient des oeuvres expérimentales. En 1994, il fut nommé directeur du Jeune Ballet du Québec, une troupe composée de finissant(e)s de l'École supérieure de danse du Québec qui compléta des tournées de la province. Lorsque le JBQ ferma ses portes, Robitaille fonda sa propre troupe en 1996, Danse-Théâtre de Montréal, présentant une création de Myriam Naisy, *Soleil Noir*, une oeuvre d'une heure acclamée par la critique.

Robitaille quitta LGBC afin de danser dans *L'Hiver* avec Carbone 14 de Giles Maheu, mais se retira pour accepter le poste de directeur artistique des Ballets Jazz de Montréal en 1998. Il maintient la tradition d'encourager les nouveaux talents et a créé un atelier chorégraphique à l'intention des danseurs/seuses des BJM.

Depuis 1990, Robitaille et Bissonnette ont dansé chaque année au Gala des Étoiles. Tous deux furent nommés Officiers de l'Ordre du Canada en 1995 et Chevaliers de l'Ordre du Québec en 1996.

## Rokudo

Premiere/Première: Tedd Senmon Robinson, Canada Dance Festival/Festival Danse Canada, National Gallery of Canada, Rideau Chapel/Chapelle Rideau du Musée des beaux-arts du Canada, Ottawa, June 9 juin, 1996
Choreographer and Performer/Chorégraphe et interprète: Tedd Senmon Robinson
Environmental Consultant and Soundscape Design/Conseiller environnemental et montage sonore: Anzan Hoshin
Lighting Design/Éclairages: Roelof Peter Snippe
Costume Design/Conception des costumes: Joan Shikai Woodward
Costume construction/Réalisation des costumes: Teruko
Consulting Director/Eye/Conseillère artistique/Oeil: Susan McKenzie
Duration/Durée: 45 minutes

The body stands, sits, walks, lies down. Movements rise and fall, gather in patterns that disperse and recur. Themes and patterns form that fall apart and recombine as new meanings, new movements.

The journey of the bodymind through its life and the turning wheel of lives has been called a dance through Rokudo: six destinies. These six destinies are ways of configuring meanings that then create a closure of possibilities until they simply fall away to become something else.

The realm of the gods or devas is the realm of obsession with bliss. The realm of the asuras is the aggressive stance of responding to experiences as if they were threats. The human realm is one of longing. The animal realm is the limitation of direction to what is immediately before us that can be eaten, slept with or slept on. The ghost realm is one of a thirst and hunger that cannot be filled because of the insubstantiality of ghosts. The hell realm is falling into a completely closed horizon.

These destinies describe how our lives turn through these themes and meanings. Sometimes they stand out as certainties, sometimes they fall into and become each other. Always in motion, gathering in patterns that disperse and recur.

Le corps se dresse, s'assied, marche, s'allonge. Les élans s'amorcent et retombent, esquissant des motifs récurrents qui s'éparpillent. Les thèmes et les motifs amorcés se désintègrent et se recomposent en des combinaisons nouvelles, produisant de nouveaux sens, de nouveaux gestes.

Le cheminement du corps astral dans la vie et le mouvement perpétuel de la roue du destin ont été assimilés à une danse appelée Rokudo, c'est-à-dire «les six destinées». Ces six destinées représentent les différentes avenues que l'on peut emprunter pour donner un sens à sa vie, et qui ont pour effet de sceller l'éventail de nos possibilités jusqu'à leur complète dissolution et leur métamorphose.

Le royaume des dieux ou devas est le domaine obsédant de la béatitude. Le royaume des asuras est celui des réactions agressives aux expériences de la vie, perçues comme autant de menaces. Le royaume des hommes est celui du désir ardent. Le royaume des animaux est celui du mouvement limité à l'environnement immédiat, et concentré exclusivement sur ce qui peut servir de nourriture, d'objet sexuel ou d'abri. Le royaume des esprits est celui de la soif et de la

faim qui ne peuvent être satisfaites, en raison de l'immatérialité de ses habitants. Finalement, le royaume infernal est celui des horizons complètement fermés.

Ces six destinées décrivent le parcours de nos vies autour des différents thèmes et motivations évoqués ci-dessus. Parfois, elles se dressent comme des certitudes, et à d'autres moments elles retombent l'une sur l'autre et se confondent. Toujours en mouvement, elles esquissent sans cesse des motifs récurrents qui s'éparpillent.

Rokudo *is a one-man tour de force. Tedd Senmon Robinson's practice as a Buddhist monk has profoundly influenced his creative outlook. In* Rokudo *he is reminiscent of a Japanese Charlie Chaplin, his presence piquant, theatrical and clown-like. The metaphors of* Rokudo – *Robinson balancing an impossibly tall stack of red-lacquered wooden sandals on his head, or apparently standing still in a tornado, under an inside-out umbrella – are whimsical, immaculately-presented imagistic koans.*

Rokudo *est un véritable tour de force solo. La pratique de Tedd Senmon Robinson comme moine boudhiste a profondément influencé sa vision créatrice. Dans* Rokudo, *il évoque un Charlie Chaplin japonais, sa présence piquante, théâtrale et bouffonne. Les métaphores de* Rokudo – *Robinson balançant une pile impossiblement haute de sandales de bois laquées rouge, ou demeurant apparemment immobile dans une tornade, sous un parapluie renversé – sont des koans imagés, empreints d'étrangeté et présentés de façon impeccable.*

Carol Anderson

**Roper, June**. Dancer, teacher, choreographer. Born: December 4, 1907, Rosebud, Texas. Died: November 21, 1991, Bellingham, Washington.

In the small Texas community of Rosebud where June Roper was born, the Fundamentalist Christian populace considered dancing grist for Satan's mills. When her family moved to Los Angeles, Roper, at age ten, saw Anna Pavlova dance and was determined to emulate her. Surreptitiously studying with the Cecchetti-trained Ernest Belcher, Roper was ready at age sixteen for a career in ballet in a country offering few opportunities. She turned to adagio dancing with her partner, Jack Kinney; the pair became one of the most popular in the European theatre, dancing their own speciality numbers in Haller's Revue in Berlin, the Casino de Paris and the Cochrane Revues in London. Her dances with Kinney contained spectacular leaps and daring feats of support and balance as well as occasional performances en pointe.

**June Roper**
by/par Leland Windreich

Roper, June. Danseuse, professeure, chorégraphe. Née : 4 décembre 1907, Rosebud, Texas. Décédée : 21 novembre 1991, Bellingham, Washington.

Dans la petite ville de Rosebud au Texas où June Roper vit le jour, la population chrétienne intégriste pensait que la danse était un piège de Satan. Lorsque sa famille s'installa à Los Angeles, Roper, alors âgée de dix ans, vit Anna Pavlova danser et décida de l'émuler. Étudiant clandestinement avec Ernest Belcher, formé à l'école Cecchetti, Roper était prête dès l'âge de seize ans à une carrière en ballet dans un pays peu enclin à cette discipline. Elle se tourna donc vers la danse adagio avec son partenaire Jack Kinney; ce couple devint l'un des plus populaires dans le théâtre européen, interprétant leurs propres numéros dans les Haller's Revues à Berlin, au Casino de Paris et dans les Cochrane Revues à Londres. Ses danses avec Kinney comportaient des sauts spectaculaires et des exploits audacieux de soutien et d'équilibre ainsi que des spectacles occasionnels sur pointes.

En 1934, sa carrière ralentie par la Dépression et sa santé précaire, Roper visita Vancouver et fut invitée à enseigner la danse à une école prévue pour les arts de la scène. Ses cours eurent tant de succès qu'elle ouvrit son propre studio dans l'année qui suivit. Elle avait appris de Belcher une pédagogie efficace qui lui permettait de transformer ses élèves en danseurs/seuses professionnel(le)s en trois ans et d'introduire le travail de pointes aux pré-adolescentes en toute sécurité et avec succès. Durant les six années de son séjour, elle produisit une douzaine d'artistes de ballet dans ses studios, huit desquels furent acceptés dans les rangs des Ballets Russes du Colonel de Basil et de Denham ainsi que du Ballet Theatre; tous et toutes eurent des carrières réussies à l'étranger.

En 1945, Dance Magazine reconnut son impact en titrant : «June Roper: Créatrice de vedettes de ballet». À cette époque, on estimait à soixante-dix le nombre de ses élèves travaillant dans des revues musicales à New York ou des

In 1934, her career curtailed by the Depression and years of poor health, Roper visited Vancouver and was invited to teach dancing at a projected school for the theatre arts. So popular were her classes that she opened her own studio within a year. From Belcher she had learned an effective pedagogy which enabled her to turn students into professionals in three years, and to introduce the youngest pre-teen girls to pointe work with safety and success. During the six years of her tenure she produced a dozen ballet artists in her studios, eight of which were accepted into the ranks of the de Basil and Denham Ballets Russes and Ballet Theatre; all enjoyed vital and significant careers abroad.

Dance Magazine paid tribute to her in 1945 with an article called "June Roper: Ballet Starmaker"; at that time it was estimated that

there were seventy of her trainees performing in New York musicals, reviews and theatrical dance ensembles. Many of her pupils, including seven of her ballet stars, went on to careers in teaching, theatrical production and choreography.

During her short period of activity in Vancouver, Roper delighted and dazzled local audiences with her imaginative Stars of Tomorrow revues, held annually in a major theatre. In her famous *Dream Bird Ballet* (1936) she demonstrated the excellence of her teaching, using an ensemble of dancers in an age range from five to fifteen. After her marriage and retirement from teaching, Roper was active in the formation of the Vancouver Ballet Society, and for many years contributed her expertise to the training and coaching of dancers, and gave support to the art she so loved.

Roper died in Bellingham, Washington, of Alzheimer's Disease. Her daughter, Elizabeth Roper, founded the June Roper Arts Society in her mother's name, with the purpose of supporting young dancers and artists and aiding in the research for the cure of Alzheimer's.

ensembles de danse théâtrale. Plusieurs de ses élèves, entre autres sept de ses étoiles de ballet, se dirigèrent vers des carrières en enseignement, production théâtrale et chorégraphie.

Durant la courte période où elle fut active à Vancouver, Roper ravit et épata les auditoires locaux avec ses revues pleines d'imagination, les «Stars of Tomorrow», présentées chaque année sur une scène importante de la ville. Dans son célèbre *Dream Bird Ballet* (1936), elle prouva l'excellence de son enseignement, mettant en scène des danseuses/seurs âgé(e)s de cinq à quinze ans. Suite à son mariage et à sa retraite de l'enseignement, Roper participa à la formation duVancouver Ballet Society et pendant de longues années, elle offrit son expertise en enseignement et en entraînement de danseurs/seuses et soutint l'art de la danse qu'elle aimait tant.

Roper décéda à Bellingham, Washington, de la maladie d'Alzheimer. Sa fille, Elizabeth Roper, fonda le June Roper Arts Society, au nom de sa mère, avec l'intention de soutenir les jeunes danseurs/seuses et artistes ainsi que la recherche sur la maladie d'Alzheimer.

---

## Rose Latulippe

Premiere/Première: Royal Winnipeg Ballet, Avon Theatre, Stratford, August 16 août, 1966
Music by/Musique par Harry Freedman
Costumes and/et Décor by/par Robert Prévost
Scenario by/Scénario de: William Solly and Brian Macdonald
Choreography by/Chorégrahie par Brian Macdonald
"Seventeen hundred and forty I'm told
The winter was long and dark and cold"
«Mille sept cent quarante, on m'a ranconté
L'hiver fut long, sombre et très glacé»
Act I/Acte I
Scene 1/Scène 1 - Rose's bedroom, Mardi Gras evening/Chambre à coucher de Rose, la soirée du Mardi Gras
Scene 2/Scène 2 - North shore of the St. Lawrence River/Côte Nord du Fleuve Saint-Laurent
Scene 3/Scène 3 - Madame Latulippe's barn, later that evening/La grange de Madame Latulippe, plus tard en soirée
Act II/Acte II
The Latulippe barn, immediately following/La grange des Latulippe, immédiatement après
Act III/Acte III
Scene 1/Scène 1 - North shore of the St. Lawrence/Côte Nord du Saint-Laurent

Scene 2/Scène 2 - The Barn, early next morning/La Grange, tôt le lendemain matin
Cast/Distribution
Rose, a young Canadian girl/une jeune Canadienne: Annette de Wiedersheim-Paul
Mme Latulippe, her widowed mother/sa mère veuve: Gwynne Ashton
The Curé/Le curé: Ted Patterson
Brother and Sisters/Frères et soeurs: Terry Thomas, Marilyn Lewis, Dianne Bell
Anselme, Rose's fiancé/Fiancé de Rose: Richard Rutherford
Pierrette, a high spirited friend/une amie dynamique: Sheila Mackinnon
Dé Dé, the fiddler/le violoneux: Raymond Goulet
The Stranger, a courtier from Quebec/L'Étranger, un courtisan de Québec: David Moroni
Rose's Friends/Amis de Rose, Trappers/Coureurs-de-Bois, Voyageurs, Ghostly
Apparitions/Fantômes: Joan Askwith, Nicola Betts, Paul Blakey, Winthrop Corey, Dick Foose,
Donna Frances, Anthony Geeves, Graham Goodbody, Florence Kingsbury, Donna Kirkbride,
Alexandra Nadal, Shirley New, Jennifer Sholl, James Thurston, Morley Wiseman
Conductor/Chef d'orchestre: Carlos Rausch
Lighting Designed by/Éclairages: Robert Reinholdt
Assistant to/Adjoint à Mr./M. Macdonald: Richard Rutherford
Rehearsal Pianist/Pianiste de répétition: Dorothy Escosa
Miss de Wiedersheim-Paul appears as guest artist to the Company
Mlle de Wiedersheim-Paul participe en tant qu'artiste invitée de la troupe

This work was commissioned by the Centennial Commission to mark the celebration of the
Centennial of Canadian Confederation.
Cette oeuvre fut commandée par la Commission du centenaire dans le cadre des célébrations du
centenaire de la Confédération du Canada

**Ross, Paula**. Choreographer, artistic director,
teacher, dancer. Born: April 29, 1941,
Vancouver, British Columbia. Birth-name:
Pauline Cecilia Isobel Teresa Campbell. Married
name: Paula Fukushima.

Born of part Scots, part native Indian
ancestry, Paula Ross began to study ballet at the
age of five in Vancouver with Mara McBirney.
She danced in McBirney's Panto-Pacific Ballet
at the age of twelve, and at fifteen left home to
join the Moro Landis Dancers chorus line at the
Bellevue Casino in Montreal. For four years she
travelled the club and show circuits in Canada
and the United States as a dancer and
comedienne, working with such performers as
Sophie Tucker, Danny Kaye and Donald
O'Connor, but returned to Vancouver at the age
of nineteen. She joined Joy Camden's
short-lived Pacific Dance Theatre in the early
1960's, eventually becoming a principal dancer,

**Paula Ross**
by/par Max Wyman

**Ross, Paula**. Chorégraphe, directrice artistique,
professeure, danseuse. Née : 29 avril 1941,
Vancouver, Colombie-Britannique. Nom à la

Photo: Daniel Collins

and in 1965 launched her own modern dance company, the Paula Ross Dancers.

The company operated for many years on a financial shoestring, presenting a repertoire made up exclusively of works created by Ross in collaboration with her dancers; she did not receive government funding until 1974. Financial restraints meant the company rarely appeared outside British Columbia, though when it did tour, for example across Canada in 1978 and to San Francisco in 1980, it was warmly received. Although she received commissions to create new works for the 1986 Vancouver centennial celebrations and for Expo '86, financial problems forced her to close her studio and suspend company operations in 1987. She subsequently moved with her family to Vancouver Island, where she continued to teach with Joy Camden in Nanaimo.

Ross, who won the Jean A. Chalmers Choreographic Award in 1977, spent much of

naissance : Pauline Cecilia Isobel Teresa Campbell. Nom de femme mariée : Paula Fukushima.

D'origine écossaise et amérindienne, Paula Ross débuta ses études de ballet à cinq ans avec Mara McBirney à Vancouver. Elle dansa dans le Panto-Pacific Ballet de McBirney dès l'âge de douze ans et à quinze ans, elle quitta la maison familiale pour se joindre à la troupe des Moro Landis Dancers au Casino Bellevue à Montréal. Elle travailla les quatre années subséquentes dans le cadre du circuit de spectacles et de boîtes de nuits au Canada et aux États-Unis comme danseuse et comédienne, travaillant aux côtés d'artistes comme Sophie Tucker, Danny Kaye et Donald O'Connor. Elle décida de revenir à Vancouver à l'âge de dix-neuf ans. Au début des années 1960, elle se joint à une compagnie qui serait bientôt dissoute, le Pacific Dance Theatre de Joy Camden, y devenant la danseuse principale. En 1965 elle lança sa propre troupe de danse moderne Paula Ross Dancers.

La troupe fonctionna pendant des années avec des moyens financiers minimes, présentant un répertoire composé exclusivement d'oeuvres créées par Ross en collaboration avec ses interprètes; la troupe ne reçut un appui financier gouvernemental qu'en 1974. Ces contraintes financières signifiaient que la troupe ne pouvait que très rarement se produire en dehors de la Colombie-Britannique; elle réussit malgré tout à compléter des tournées à travers le Canada en 1978 et à San Francisco en 1980, tournées qui furent très bien accueillies. Bien que de nouvelles oeuvres lui furent commandées pour les célébrations du Centenaire de Vancouver en 1986 et pour Expo '86, des difficultés financières la forcèrent à fermer son studio et interrompre les activités de la troupe en 1987. Elle s'installa avec sa famille sur l'Île de Vancouver où elle continua d'enseigner avec Joy Camden à Nanaimo.

Ross, qui remporta le Prix Jean A. Chalmers pour la Chorégraphie en 1977, passa une grande partie de sa carrière comme directrice artistique de sa compagnie, investissant dans une odyssée de création, explorant plusieurs styles en quête d'un langage chorégraphique qui lui permetterait

her career as artistic director of her company on a creative odyssey, exploring many styles in a search for a choreographic language that would best allow her to make what she called her "visual poetry", her "universal tribal metaphor". In 1979 she told an interviewer for Vancouver's Playboard magazine, referring to her mixed ancestry, "My dances are the expression of the breed, the expression of being proud of that, the expression of a young, strong country and young, strong trees coming out of that country". Often her choreography carried a strong social or environmental message. Among her most successful works were *Coming Together* (1975), about the effects of imprisonment on native Indian men, *Strathcona Park* (1980), celebrating a provincial park on Vancouver Island, and *Shades of Red* (1982), about aspects of womanhood. David Rimmer's 1982 film, Shades of Red, was built around the re-choreographing of these three dances for the camera. She remounted *Coming Together* in 1993 on the Danny Grossman Dance Company in Toronto for a national tour.

She continues to create, and in 1991 with the assistance of a Canada Council grant took her first trips outside Canada, to Japan and France. In 1998, she did a residency at the University of Calgary and she choreographed *Fisher of Man: Man the Fisher*, which premiered at the Baltic Festival in Gdansk, Poland.

de créer ce qu'elle appellait de la «poésie visuelle» et sa «métaphore tribale universelle.» En 1979, lors d'une entrevue pour la revue Playboard de Vancouver, elle affirma, en référant à ses racines mixtes : «Mes danses expriment la race, la fierté de cette race, elles sont une expression de ce pays fort et des jeunes arbres solides qui émergent de cette terre.» Ses chorégraphies transmettent fréquemment un message à caractère environnemental ou social prononcé. Parmi ses oeuvres les plus réussies se retrouvent *Coming Together* (1975), traitant de l'impact de l'incarcération d'Amérindiens, *Strathcona Park* (1980), célébrant un parc provincial sur l'Île de Vancouver et *Shades of Red* (1982), traitant d'aspects de la féminité. Le film de David Rimmer Shades of Red s'élabore autour d'une nouvelle chorégraphie de l'ensemble de ces trois oeuvres en fonction de la caméra. Elle remonta *Coming Together* en 1993 pour le Danny Grossman Dance Company à Toronto en vue d'une tournée nationale.

Ross crée toujours des chorégraphies et en 1991, grâce à une subvention du Conseil des Arts, elle voyagea pour la première fois à l'extérieur du Canada, se rendant au Japon et en France. En 1998, elle fut artiste en résidence à l'Université de Calgary et elle chorégraphia *Fisher of Man: Man the Fisher*, qui fut en présentée en première au festival Baltic à Gdansk, en Pologne.

## The Royal Winnipeg Ballet
by/par Max Wyman

The second-oldest ballet company in North America, and one of the most-travelled, the Royal Winnipeg Ballet has established an international reputation for its diverse and accessible repertoire and its versatile and spirited performances. "Some companies have a style; the Royal Winnipeggers have a manner," New York Times critic Clive Barnes famously wrote in 1968. "There is a buoyancy to the company, a kind of prairie freshness, warm and friendly and informal." More than three decades later, his words still hold true, despite the fact that in those years the company has expanded its repertoire to include several full-length classical productions. It was the first ballet company in the British Commonwealth to be honoured with the appellation "Royal" by the Queen, in 1953, and was the first Canadian company to tour not only to the United States but to Europe, the U.S.S.R., South America, Australia and the Asia Pacific. Much of its early success can be attributed to the no-nonsense practicality of its founding artistic director, Gweneth Lloyd.

Lloyd was an English dance teacher trained in ballet and the Revived Greek Dance. She visited Winnipeg in 1937 as guest of one of her

La deuxième plus ancienne compagnie de ballet en Amérique du Nord, et une de celles ayant complété le plus de tournées, le Royal Winnipeg Ballet s'est imposé à l'échelle internationale par son répertoire diversifié et accessible et ses spectacles versatiles et énergiques. «Certaines compagnies ont du style, les danseurs/seuses du Royal Winnipeg ont de la manière» selon la phrase célèbre que le critique du New York Times, Clive Barnes écrivit en 1968. «Cette compagnie a une gaieté, une sorte de fraîcheur typique aux Prairies, chaleureuse, amicale et non guindée.» Plus de trois décennies plus tard, ces mots décrivent toujours aussi bien la compagnie, malgré le fait qu'elle ait élargi son répertoire pour inclure plusieurs productions classiques élaborées. Le RWB fut la première compagnie de ballet du Commonwealth britannique à être honorée de l'appellation «Royal» par la Reine en 1953 et fut également la première compagnie à faire une tournée, non seulement les États-Unis mais de l'Europe et de l'URSS, de l'Amérique du Sud, de l'Australie et de l'Asie du Pacifique. Une bonne partie de son succès initial est attribuable à la sensibilité pratique et terre à terre de sa fondatrice-directrice artistique, Gweneth Lloyd.

Lloyd était une professeure de danse anglaise formée en ballet et en Revived Greek Dance. Elle visita Winnipeg en 1937 comme invitée de l'une de ses anciennes professeures de gymnastique. Une année plus tard elle revint, cette fois comme émigrante accompagnée par une de ses anciennes étudiantes, Betty Hey (plus tard Farrally). Ensemble, elles créèrent une école de ballet et le Ballet Club, et c'est à partir d'un spectacle monté par ce club pour une visite du Roi et de la Reine à Winnipeg en 1939, que le Royal Winnipeg Ballet surgit. Le premier spectacle officiel du Winnipeg Ballet fut présenté le 11 juin 1940 et comportait un programme mixte en trois parties chorégraphié par Lloyd; elle allait d'ailleurs créer la majorité des chorégraphies interprétées par la compagnie pendant la décennie suivante. Ce premier spectacle fut un désastre financier mais un succès critique et de salle, et la ville embrassa la compagnie avec enthousiasme.

former gymnastics teachers; a year later she returned as an immigrant, accompanied by a former student of her own, Betty Hey (later Farrally). They set up a dance school and a Ballet Club, and it is from a performance staged by this club for a visit to Winnipeg by the King and Queen in 1939, that the Royal Winnipeg Ballet grew. The first official performance of the Winnipeg Ballet took place on June 11, 1940, with a three-part mixed bill choreographed by Lloyd; she would choreograph almost everything the company danced for the next decade. The show was a financial disaster but a critical and public success, and the city took the company enthusiastically to its bosom.

Dancers in the first decade included Farrally who was also ballet mistress, Jean McKenzie, later to establish the company's school, Paddy Stone, later to find fame as a variety choreographer in England, David Adams, later to dance with London's Royal Ballet and the National Ballet of Canada, and Arnold Spohr.

In 1945 the company began to tour the country – Ottawa and Western Canada – and in 1948 they hosted the First Canadian Ballet Festival, featuring the Volkoff Canadian Ballet from Toronto, and Ruth Sorel's modern dance group from Montreal. However, economic difficulties persisted and it was not until the company's official incorporation, complete with board of directors, in 1949 that it gained solid financial footing. Lloyd left Winnipeg a year later for Toronto, returning for a Royal Command performance in 1951. In 1952 she was commissioned to choreograph what was to become her signature work, *Shadow on the Prairie*.

The early 1950's were times of artistic turmoil, economic uncertainty and physical disaster – a fire in 1954 destroyed the company's headquarters and studios. A succession of artistic directors came and went – first Betty Farrally, then New York City Ballet veteran Ruthanna Boris from 1956-1957, followed by another New Yorker, Benjamin Harkarvy from 1957-1958. Harkarvy left hurriedly in mid-season after conflicts with the company board, and into the breach, fortuitously

Pendant la première décennie, la compagnie comptait les danseuses/seurs suivant(e)s: Farrally qui était aussi maîtresse de ballet, Jean McKenzie, qui devait plus tard fonder l'école de la compagnie, Paddy Stone, qui acquerra plus tard une renommée en Angleterre comme chorégraphe de variétés, David Adams, qui danserait éventuellement avec le Royal Ballet de Londres et le Ballet national du Canada et finalement, Arnold Spohr.

En 1945, la compagnie commença à faire des tournées au pays – Ottawa et l'ouest du Canada – et en 1948, ils furent les hôtes du premier Festival de ballet canadien où participèrent le Volkoff Canadian Ballet de Toronto et le groupe de danse moderne de Ruth Sorel de Montréal. La situation financière de la compagnie demeurait cependant précaire et ce n'est que lorsqu'elle s'incorpora officiellement et se donna un conseil d'administration en 1949 qu'elle put bénéficier d'un statut financier stable. Lloyd quitta Winnipeg une année plus tard pour Toronto, ne revenant qu'à l'occasion d'un spectacle sous Commande Royale en 1951. L'année suivante, on lui commanda une oeuvre qui allait s'imposer comme son oeuvre-signature, *Shadow on the Prairie*.

Le début des années 1950 s'avéra très pénible au niveau artistique, économique et même physique: un incendie détruit le siège social et les studios de la compagnie en 1954. Les directeurs artistiques se succédèrent rapidement, d'abord Betty Farrally, ensuite le vétéran du New York City Ballet, Ruthanna Boris de 1956 à 1957, suivie d'un autre New Yorkais, Benjamin Harkarvy de 1957 à 1958. Harkarvy quitta rapidement en mi-saison suite à des conflits avec le conseil d'administration de la compagnie et dans la brèche béante se glissa Arnold Spohr, fortuitement et sous d'heureux auspices.

C'est sous la direction de Spohr que le RWB atteint sa renommée internationale. Conscient de la nécessité d'élaborer un répertoire pour satisfaire le large éventail d'auditoires de la compagnie itinérante, il explora inlassablement les studios et théâtres de la planète à la recherche de nouveaux talents chorégraphiques. L'un des

and auspiciously, stepped Arnold Spohr.

It was under Spohr's direction that the RWB grew to international stature. Recognising the need to develop a repertoire to satisfy the wide range of audiences that the itinerant company served, he tirelessly combed the theatres and ballet studios of the world for new choreographic talent. One of the first he discovered was Montrealer Brian Macdonald, who went on to mount over a dozen ballets on the company, among them *The Shining People of Leonard Cohen* (1970) and *A Ballet High* (1970), effectively defining its artistic character for a decade. Spohr also acquired works by United States luminaries such as George Balanchine, Agnes de Mille, Todd Bolender and John Butler, as well as England's Sir Frederick Ashton, but his great genius was to be able to spot significant choreographers early in their careers. Among these were John Neumeier who gave the company his *Nutcracker* – its first full-evening classic, the Argentinian Oscar Araiz, Vicente Nebrada from Venezuela, Hans van Manen, Jiri Kylian and Rudi van Dantzig from Holland, and Vancouver's Norbert Vesak, whose *What to Do till the Messiah Comes* (1973) gave the company a pas de deux, *Belong*, that proved a fail-proof audience-pleasing meal-ticket for years.

In 1970, Spohr created the Professional Division of the RWB School, and *Belong* was the vehicle on which the RWB was able to display the burgeoning talents of its first international star, Evelyn Hart. It was clear that Hart's talents as a classical ballerina demanded a more substantial repertoire, and in the 1980's Spohr introduced new productions of van Dantzig's *Romeo and Juliet*, Peter Wright's *Giselle* and Galina Yordanova's *Swan Lake*. Today the company balances the classical traditions of Europe and the boldness of contemporary ballet, still overlaid with its fabled "prairie freshness."

Because of its relatively modest size – rarely larger than thirty dancers – and portable repertoire, the company has always been highly sought by presenters in North America and abroad. By the early 1960's, it was touring the

premiers talents qu'il découvrit fut le Montréalais Brian Macdonald, qui allait monter plus d'une douzaine de ballets pour la compagnie notamment *The Shining People of Leonard Cohen* (1970) et *A Ballet High* (1970), qui allaient définir le caractère artistique de la compagnie pendant une décennie. Spohr acquerra également des oeuvres par des sommités américaines comme George Balanchine, Agnes de Mille, Todd Bolender et John Butler, ainsi que des oeuvres de l'Anglais Sir Frederick Ashton. Cependant, le génie de Spohr consistait à déceler les chorégraphes de talent au début de leur carrière. Parmi ceux-ci se retrouvèrent John Neumeier qui créa son *Casse-Noisette* pour la compagnie – son premier classique pleine-soirée, l'Argentin Oscar Araiz, Vicente Nebrada du Venezuela, Hans van Manen, Jiri Kylian et Rudi van Dantzig de la Hollande et Norbert Vesak de Vancouver dont le *What to Do till the Messiah Comes* (1973) donna à la compagnie son pas de deux, *Belong*, qui fut un succès assuré pendant des années.

En 1970, Spohr créa la section professionnelle du RWB School, et *Belong* fut le véhicule permettant au RWB de présenter le talent bourgeonnant de sa première vedette internationale, Evelyn Hart. Il était clair que le talent de ballerine classique de Hart exigeait un répertoire plus substantiel et dans les années 1980, Spohr introduit de nouvelles productions de *Roméo et Juliette* de van Dantzig , *Giselle* de Peter Wright et *Le Lac des cygnes* de Galina Yordanova. La compagnie présente aujourd'hui un mélange équilibré de tradition classique et européenne et d'audace du ballet contemporain, toujours empreint de sa «fraîcheur des Prairies» renommée.

En raison de sa taille relativement modeste – rarement plus de trente danseuses/seurs – et de son répertoire transportable, la compagnie a toujours été très recherchée par les diffuseurs d'Amérique du Nord et de l'étranger. Au début des années 1960, la compagnie faisait des tournées à travers le monde et fut acclamée en 1968 comme la meilleure compagnie participant au Festival international de danse à Paris. Elle est l'un des importants ambassadeurs culturels

world in earnest, winning acclaim in 1968 as the best company appearing at the International Festival of Dance in Paris. It is regarded as one of Canada's foremost cultural ambassadors. The last tour over which Spohr presided as artistic director was in early 1988; he was succeeded that June by Henny Jurriens, a former principal with the Dutch National Ballet. Jurriens began a programme intended to modernise and expand the company's image and repertoire, but before this could be fully realised he was killed in an April, 1989, auto accident.

In 1990 Australian John Meehan, formerly of American Ballet Theatre, became artistic director, adding to the repertoire works by international choreographers such as Antony Tudor, Sir Frederick Ashton, Jiri Kylian and Jerome Robbins, as well as a new staging of *The Sleeping Beauty*. Meehan left in 1993, and was succeeded by William Whitener, formerly of the Joffrey Ballet and Les Ballets Jazz de Montréal. Whitener added to the repertoire works by Robert Joffrey and Twyla Tharp, but was released in 1995, and succeeded as artistic director by former principal dancer André Lewis. Under Lewis, the company has added a number of large, popular works to the repertoire, principal among them *Dracula* by company alumnus Mark Godden and, for 2000, *Beauty and the Beast* by David Nixon, plus a new version of *The Nutcracker* by Galina Yordanova and Nina Menon.

Throughout six decades of growth and change, the RWB has maintained professional principles of versatility, accessibility and technical assuredness that have ensured its enduring popularity with audiences in every part of the world.

du Canada. La dernière tournée sous le règne de Spohr comme directeur artistique fut au début de 1988; c'est Henny Jurriens, un ancien danseur principal du Ballet national de la Hollande, qui lui succéda en juin de la même année. Jurriens amorça un programme dont l'objectif était de moderniser et de faire croître l'image et le répertoire de la compagnie mais il mourut dans un accident sur la route en avril 1989 avant de compléter sa vision.

En 1990, l'Australien John Meehan, anciennement de l'American Ballet Theatre, fut nommé directeur artistique ajoutant au répertoire de la compagnie des oeuvres par des chorégraphes de calibre international tels qu'Antony Tudor, Sir Frederick Ashton, Jiri Kylian et Jerome Robbins, ainsi qu'une nouvelle mise en scène de *La Belle au bois dormant*. Meehan quitta le RWB en 1993, et fut remplacé par William Whitener, anciennement du Joffrey Ballet et des Ballets Jazz de Montréal. Whitener ajouta au répertoire des oeuvres par Robert Joffrey et Twyla Tharp, mais fut libéré de son poste en 1995, et le prochain directeur artistique fut l'ancien danseur principal, André Lewis. Sous la tutelle de Lewis, la compagnie s'enrichit de plusieurs oeuvres populaires d'envergure, particulièrement *Dracula* par un ancien de la compagnie, Mark Godden, et pour l'an 2000, *La Belle et la Bête* de David Nixon, en plus d'une nouvelle version de *Casse-Noisette* par Galina Yordanova et Nina Menon.

Tout au long de ses six décennies de croissance et de changement, le RWB a maintenu ses engagements professionnels de versatilité, d'accessibilité et de maîtrise technique qui ont assuré sa popularité auprès des auditoires de partout à travers le globe.

**Rumeurs** (Rumours)
Premiere/Première: Sylvain Émard Danse, Canada Dance Festival/Festival Danse Canada, National Arts Centre Theatre/Théâtre du Centre national des Arts, Ottawa, June 10 juin, 1996
Dedicated to/Dédiée à Guy Fréchette
Choreographer/Chorégraphe: Sylvain Émard
Composer/Compositeur: Bertrand Chénier
Lighting and Technical Director/Éclairages et direction technique: Marc Parent
Set/Scénographie: Richard Lacroix
Set Construction/Réalisation du décor: Alain Cadieux for/pour Maneouvre Montréal
Production Director/Direction de production: André Malacket
Costume Design/Conception des costumes: Angelo Barsetti
Performers/Interprètes: Sylvain Émard, Marc Boivin, Blair Neufeld, Luc Ouellette, Sylvain Poirier, Ken Roy
Duration/Durée: 45 minutes

"*Rumeurs* is a convivial rite, an abstract dance that follows its own sensory logic, with movement determining content. I was inspired by written and visual art, without necessarily attempting to reproduce the works on stage. Instead, I want to focus on the choreographic framework and process they inspired, in order to arrive at a state of wakeful dreaming...." - Sylvain Émard

«*Rumeurs* représente un rite à la convivialité; une danse abstraite qui procède de sa propre logique sensorielle, et où la kinesthésie détermine le contenu. Je m'inspire ici autant de travaux écrits que de certaines oeuvres de maîtres sans toutefois chercher à les reproduire sur scène. Je veux plutôt privilègier la trame et le déroulement chorégraphique qu'elles m'inspirent pour aboutir peut-être en plein rêve éveillé.» - Sylvain Émard

Co-producers/Coproducteurs: Canada Dance Festival/Festival Danse Canada, Sylvain Émard Danse, La Femme 100 Têtes.

DANCE CONNECTION

February/March 1990

Magazine, Calgary, 1987 - 1995

### Richard Rutherford
by/par MaryJane MacLennan

**Rutherford, Richard**. Dancer, administrator. Born: March 3, 1935, Augusta, Georgia.

Richard Rutherford is a legend in Winnipeg's artistic community having spent twenty years with the Royal Winnipeg Ballet – thirteen as a soloist and then principal dancer, and seven as a dance coach and associate artistic director to RWB director Arnold Spohr.

Rutherford's father loved vaudeville and Fred Astaire movies, and used to take his children to see them. Rutherford didn't start studying dance until he was eighteen years old. His first ballet teacher encouraged him to go to New York, and at the American Ballet Theatre he studied with Erik Bruhn and Nora Kaye; he later studied in France with former Paris Opera Ballet director Rosella Hightower. While in New York, Rutherford auditioned for many companies; he was chosen by the Royal Winnipeg Ballet and headed north.

He arrived in Winnipeg in 1957 with several other dancers, among them Rachel Browne, who later founded Winnipeg's Contemporary Dancers. Benjamin Harkarvy was the company's

**Rutherford, Richard**. Danseur, administrateur. Né : 3 mars 1935, Augusta, Géorgie.

Richard Rutherford est une figure légendaire du milieu artistique de Winnipeg, ayant passé vingt ans avec le Royal Winnipeg Ballet - treize de ces années comme soliste et ensuite danseur principal et sept comme entraîneur et directeur artistique adjoint au directeur du RWB, Arnold Spohr.

Le père de Rutherford adorait le vaudeville et les films de Fred Astaire et y amenait ses enfants. Rutherford ne commença à danser qu'à l'âge de dix-huit ans. Son premier professeur de ballet l'encouragea à aller à New York et à l'American Ballet Theatre, il étudia avec Erik Bruhn et Nora Kaye. Il étudia plus tard en France avec l'ancienne directrice du Ballet de l'Opéra de Paris, Rosella Hightower. Durant son séjour à New York, Rutherford passa des auditions pour plusieurs troupes de danse et fut accepté par le Royal Winnipeg Ballet. Il se dirigea donc vers le Canada.

Il s'installa à Winnipeg en 1957 en même temps que plusieurs autres danseurs/seuses notamment Rachel Browne, qui allait plus tard fonder les Contemporary Dancers de Winnipeg. À l'époque, Benjamin Harkarvy était le directeur

artistic director at the time, but left before the season was through. Arnold Spohr took over the position and led the small troupe of dancers.

Rutherford shone in dramatic and comedic roles, and he worked extensively with both Agnes de Mille and Brian Macdonald. Macdonald created a number of works especially for him, including *Les Whoops De Doo* (1959), which premiered in Flin Flon, Manitoba. Rutherford was widely admired for his performance in de Mille's *The Bitter Weird*, which was filmed by CBC television. He danced the lead in Macdonald's *Rose Latulippe* (1966), an evening-length ballet which premiered in the Avon Theatre in Stratford, and was also filmed by the CBC. Rutherford danced as well in the CBC television children's series The Dancing Story Book, and later Toes in Tempo, both created by Brian Macdonald.

With only sixteen dancers in the company, Rutherford says it was a gruelling season.

Every summer, he danced in Winnipeg's outdoor theatre Rainbow Stage, in productions including Westside Story, Brigadoon, Paint Your Wagon and Damn Yankees.

Rutherford retired from dancing with the company after a career of thirteen years. He was thirty-four years old. After he stopped performing, Spohr asked him to become his assistant, and to coach the company. Rutherford had learned from masters like dancer/choreographer John Neumeier, and became a very good coach himself. He stayed in the position for seven years.

Rutherford later moved to Ottawa, and for many years he worked as head of the Arts Awards Service at the Canada Council, where his good humour, positive energy and encouragement was greatly appreciated by a wide cross-section of the country's dance community.

artistique de la compagnie mais il quitta ce poste avant la fin de la saison. C'est Arnold Spohr qui prit la relève.

Rutherford brilla dans des rôles dramatiques et comiques et travailla beaucoup avec Agnes de Mille et Brian Macdonald. Ce dernier créa plusieurs oeuvres à son intention entre autres, *Les Whoops De Doo* (1959), dont la première eut lieu à Flin Flon au Manitoba. Rutherford était très admiré pour son interprétation dans *The Bitter Weird* de de Mille, oeuvre qui fut filmée par la chaîne CBC. Il dansa également le rôle principal dans *Rose Latulippe* (1966) de Macdonald, un ballet pleine soirée présenté en première à l'Avon Theatre à Stratford et filmé par le CBC. Rutherford dansa également dans la série télévisée pour enfants du CBC, The Dancing Story Book et plus tard dans Toes in Tempo, deux oeuvres de Brian Macdonald.

Rutherford affirma, qu'avec seulement seize danseurs/seuses, la saison fut extrêmement exigeante.

Chaque été, il dansait au théâtre de plein air de Winnipeg, le Rainbow Stage, dans des productions comme Westside Story, Brigadoon, Paint Your Wagon et Damn Yankees.

Rutherford cessa de danser avec la troupe après treize années de carrière. Il était alors âgé de trente-quatre ans et Spohr lui demanda de devenir son adjoint et de superviser la compagnie. Rutherford avait été formé par des maîtres tels que le danseur-chorégraphe John Neumeier et devint lui-même un entraîneur très apprécié. Il demeura à ce poste pendant sept ans.

Il s'installa ensuite à Ottawa et pendant plusieurs années, il dirigea le Service de l'attribution des prix en arts du Conseil des Arts du Canada, poste où sa bonne humeur, son dynamisme et son encouragement furent grandement appréciés par un vaste segment du milieu canadien de la danse.

Magazine, New Westminster, 1961 - 1962

## Sable/Sand

Premiere/Première: Dancemakers, Musiktheater Stadt Görlitz, Germany, October 2 octobre, 1994
(Programme information from/informations du programme du October 11 octobre, 1994,
University Theatre, University of California, Riverside.)
To my father/A mon père
Choreographer/Chorégraphe: Serge Bennathan
Original music/Musique originale: composed by/composéé par Ahmed Hassan in collaboration
with the musicians/en collaboration avec les musiciens
Musicians/Musiciens: Colin Couch (tuba, didjeredoo), Ahmed Hassan (didjeredoo, percussion,
voice/voix), Maryem Hassan (voice/voix), John Jowett (trombone, flute/flûte, didjeredoo), Frank
Prather (percussion, flute/flûte, frankolin, kalimba, voice/voix)
Set and costume design/Conception des costumes et du décor: Nancy Bryant
Lighting design/Éclairages: Borja Brown
Stage Manager/Régie: Lars Tilander
Choreographer's Note/Note du chorégraphe : sable [sabl] s.m./sand n: very fine loose fragments
resulting from the wearing down of rock/fragments meubles pulvérulents provenant de la
désagrégation lente des roches.

The Company/La compagnie: Julia Aplin, Marie-Josée Chartier, Ken Cunningham, Julia Sasso,
Gary Tai, Hope Terry, Gerry Trentham, Carolyn Woods, Shannon Cooney (Apprentice/
Apprentie)

"Bennathan captivates with images that recall an Arabic world: wrists, heads and shoulders curl
and spiral like snakes in the desert; there are dervishes and sphinx-like poses.... The experience is
enhanced by an original Arabic score created by Ahmed Hassan and performed in part live by
vocalist Maryem Hassan, trombonist John Jowett and percussionist Frank Prather."

«Bennathan nous captive avec des images qui rappellent le monde arabe : poignets, têtes et
épaules roulent en spirales comme des serpents dans le désert; on observe des poses qui évoquent
les  derviches et le sphinx... L'expérience est accentuée par la partition originale arabe créée par
Ahmed Hassan et interprétée en partie par la chanteuse Maryem Hassan, le tromboniste John
Jowett et le percussionniste Frank Prather.»

Excerpt from/Extrait de "Dancemakers' stunning leap forward." Globe and Mail. April 28 avril,
1995, p. C2.                                                                                          – Deirdre Kelly

**Sacra Conversazione**
Premiere/Première: Banff Centre Dance Performance Class with the Alberta Ballet Company/Classe d'interprétation en Danse du Centre Banff avec l'Alberta Ballet, Théâtre Eric Harvie Theatre, Banff Centre, Banff Festival of the Arts, July 26 juillet, 1984
Choreography/Chorégraphie: David Earle
Music/Musique: W.A. Mozart, Requiem, K. 626, Introit, Kyrie, Dies irae, Tuba mirum, Recordare, Offertarium, Lacrimosa
Costume Coordinator/Coordinatrice des costumes: Julia Tribe
Lighting Designer/Éclairages: Peter McKinnon
The first performance of this work is dedicated to Douglas Earle, my brother, who taught me the meaning of compassion./La première représentation de cette oeuvre est dédiée à Douglas Earle, mon frère, qui m'a enseigné le sens de la compassion.

Many years ago, during a visit to France, I went to the Abbey of St. Denis, north of Paris, to see the tombs of the French Kings. As I stood amidst the fabulous white marble monuments the great centre doors of the church opened on a scene of unforgettable poignance. A family dressed with all the dignity evident poverty would allow, stumbling, wild-eyed with grief, under the precious weight of a wooden coffin, entered the pantheon of French royalty from a violent, wind-blown, rain-lashed world. And on a wreath ... "à Jean 18 ans." This vision is perhaps the seed of this work.

Il y a plusieurs années, lors d'un voyage en France, je me suis rendu à l'Abbaye de Saint Denis, au nord de Paris, afin de contempler les tombes des Rois de France. Debout parmi les fabuleux monuments de marbre blanc, les grandes portes centrales de l'église s'ouvrirent sur une scène d'une intensité inoubliable. Une famille, vêtue avec toute la dignité permise par la pauvreté, aux yeux dévastés par la peine, titubant sous le poids précieux d'un cercueil en bois, pénètre dans le panthéon de la royauté française, famille provenant d'un monde violent balayé par le vent et fouetté par la pluie. Et sur une couronne mortuaire... «À Jean 18 ans.» Cette vision est peut-être à l'origine de cette oeuvre.

Mozart died at 35 - of poverty - of neglect - and left his Requiem Mass unfinished. Surely it is against the dark background of Death that our small flame of existence appears the most brilliant.
– D.E.

Mozart mourut à 35 ans - de pauvreté - de négligence - et laissa sa Messe Requiem inachevée. C'est surement contre l'arrière-plan sombre de la Mort que la petite flamme de notre existence semble la plus brillante.
– D.E.

Cast/Distribution: Allan Barry, Francine Liboiron, Jocelyn Paradis, Karin Wakefield, Lorna McConnell, Nancy Shainberg, Learie McNicolls, Jay Gower Taylor, Clark Blakley, Anita Bostok, Kenneth Cooper, Marilyn Gabriel, John-Eric Kent, Marie Josée Lecours, Laurence Lemieux, Jessica Manzo, Elaine Pollock, Dawn Pyke, Robyn Richards, Chip Seibert, Thomas Walker

*Earle first created* Sacra Conversazione *at the Banff Centre in 1984. The work quickly became*

*a mainstay of Toronto Dance Theatre's repertory. Set to the glories of Mozart's Requiem, it is an epic elegy to a community torn by tragedy. Dancers sweep the stage in highly-charged waves of full-bodied dance, the group sections spiked by torquing, anguished solos and duets. It is a magnificent dance, driven by a sense of beauty and resolve in the face of brutality, apotheosis of Earle's humanism.*

*Earle créa initialement* Sacra Conversazione *au Banff Centre en 1984. L'oeuvre devint rapidement l'un des piliers du répertoire du Toronto Dance Theatre. Montée sur le glorieux Requiem de Mozart, l'oeuvre est une élégie épique à une communauté déchirée par une tragédie. Les danseurs balaient la scène par des vagues chargées de mouvements amples, les sections de groupe rehaussées par des solos et des duos en torsion et angoissés. C'est une danse magnifique, propulsée par un sens de la beauté et de détermination face à la brutalité, une apothéose de l'humanisme d'Earle.*

Carol Anderson

**Salbaing, Geneviève**. Artistic director, choreographer, dancer. Born: February 2, 1922, Paris, France. Birth-name: Genevieve Nehlil.

Geneviève Salbaing began dancing as a young girl at the Casablanca Conservatory of Music and Dance in 1935. In 1940, she was awarded the conservatory's first prize for excellence. She rounded off her dance studies with Lubov Egorova, Madame Rousanne and Victor Gsovsky in Paris, as well as studying piano at the Paris Conservatory of Music. In 1941, she received a Bachelor in Philosophy degree from the University of Nantes, in France.

It was not until she was eighteen years old that she saw a dance performance that changed her life. "The first real ballet performance I saw was with the Paris Opera when Serge Lifar was artistic director," Salbaing said during a 1994 interview. "He was dancing in *Giselle*. Everything was perfect, the music, the dancers, the costumes – to me it was a dream world. This is when I decided I had to be a dancer."

Salbaing was principal dancer with the Municipal Theatre of Casablanca from 1939 until 1943, soloist with Washington Concert Ballet of Washington D.C. for three seasons, and danced with Les Ballets Chiriaeff - the forerunner of Les Grands Ballets Canadiens – for the 1954-1955 season.

During the 1950's, she worked as a freelance

## Geneviève Salbaing
by/par Kathryn Greenaway

**Salbaing, Geneviève**. Directrice artistique, chorégraphe, danseuse. Née : 2 février 1922, Paris, France. Nom à la naissance : Geneviève Nehlil.

Jeune fille, Geneviève Salbaing commença à danser au Conservatoire de Musique et de Danse de Casablanca en 1935. Ce conservatoire lui accorda son premier Prix d'excellence en 1940. Elle compléta ses études en danse avec Lubov Egorova, Madame Rousanne et Victor Gsovsky à Paris et étudia aussi le piano au Conservatoire de musique de Paris. En 1941, elle reçut un baccalauréat en Philosophie de l'Université de Nantes en France.

Ce n'est qu'à l'âge de dix-huit ans qu'elle assista à un spectacle de danse qui changea sa vie. «Le premier vrai spectacle de ballet que j'ai vu était à l'Opéra de Paris lorsque Serge Lifar était directeur artistique» raconte Salbaing lors d'une entrevue en 1994. «Il dansait dans *Giselle*. Tout était parfait, la musique, les danseurs/seuses, les costumes – pour moi c'était comme un univers de rêve. C'est à ce moment que j'ai décidé que je serais danseuse.»

Salbaing fut danseuse principale avec le Théâtre Municipal de Casablanca de 1939 à 1943, soliste avec le Washington Concert Ballet de Washington D.C. pendant trois saisons et dansa avec Les Ballets Chiriaeff – le précurseur des Grands Ballets Canadiens – pour la saison 1954-1955.

Durant les années 1950, elle travailla comme danseuse pigiste à Montréal et commença à créer des chorégraphies pour des productions théâtrales, pour la télévision ainsi que pour Les Grands Ballets Canadiens.

En 1972, elle fonda Les Ballets Jazz de Montréal avec Eva von Gencsy et Eddy Toussaint. Ces derniers s'intéressèrent bientôt à d'autres projets, laissant Salbaing l'unique directrice de la compagnie, un poste qu'elle occupa jusqu'en 1992. Son travail auprès des Ballets Jazz devait concrétiser son rêve professionnel.

Après avoir assisté à la revue musicale West Side Story à New York plus tôt dans sa carrière, Salbaing avait rêvé d'une compagnie de danse qui pourrait exécuter des oeuvres fortes et techniques sur de la musique jazz.

«La danse, comme tous les arts, devrait parler aux émotions et à l'esprit» dit-elle, «le rôle de la danse est aussi d'offrir un divertissement, dans

dancer in Montreal, and began choreographing for theatre productions and television as well as for Les Grands Ballets Canadiens.

In 1972 she founded Les Ballets Jazz de Montréal with Eva von Gencsy and Eddy Toussaint. Both von Gencsy and Toussaint soon moved on to other projects, leaving Salbaing as sole director of the troupe, a position she held until 1992. Her work with Les Ballets Jazz would prove to be the fulfilment of her professional dream.

Ever since seeing the musical West Side Story in New York, earlier in her career, Salbaing had dreamed of having a company that would dance strong, technical works to jazz

music.

"Dance, like all the arts, should talk to the feelings and the mind," she said. "The role of dance is also to entertain, if possible. I don't see a strong connection, for example, between politics and dance."

Les Ballets Jazz de Montréal has consistently remained one of the most entertaining dance companies on the Canadian scene, and is one of the best-travelled. Salbaing was with them every step of the way. She hand-picked the dancers – looking for strong classical technique and a jazzy charisma - and she accompanied them on arduous tours which touched all five continents, again and again. Most seasons saw the troupe on the road more than in their hometown.

By 1992, at seventy years old, Salbaing decided she had had enough of the gypsy lifestyle. She unpacked her suitcase for good, and now spends comfortable days at her country home outside Montreal, visits with her grandchildren, and sits back and watches her dream dance off on its own. "We never had the means to arrive at perfection of every detail," she said. "But sometimes – with reservation – I look at the company, and feel very proud of what we have accomplished over the years."

Prior to founding Les Ballets Jazz de Montréal, Salbaing served on the board of directors, at various times, for the National Theatre School, McGill University and the Concours de Musique de Montréal. In 1987, she was appointed to the Order of Canada.

la mesure du possible. Ainsi, je ne vois pas de lien strict entre la politique et la danse.»

Les Ballets Jazz de Montréal sont demeurés l'une des compagnies de danse les plus divertissantes sur la scène canadienne et aussi une de celles qui à complété le plus de tournées. Salbaing était présente à chacune des étapes. Elle choisissait personnellement les danseurs/seuses, recherchant une solide technique classique alliée à un charisme «jazzy» et elle les accompagnait lors des tournées exigeantes, courant les cinq continents et ce, à répétition. La compagnie était en tournée plus souvent qu'à son port d'attache pour la majorité des saisons.

En 1992, à l'âge de soixante-dix ans, Salbaing décida qu'elle en avait assez du style de vie gitan. Elle déballa ses valises pour de bon et passe maintenant des journées confortables à sa maison de campagne à l'extérieur de Montréal, visite ses petits enfants, s'allonge et contemple son rêve qui danse tout seul. «Nous n'avions jamais les moyens d'atteindre la perfection dans chaque détail» dit-elle, «mais quelquefois – avec des réserves – je contemple la compagnie et me sens très fière de ce que nous avons accompli au fil des années.».

Avant de fonder Les Ballets Jazz de Montréal, Salbaing était à diverses époques sur le Conseil d'administration de l'École nationale de Théâtre, de l'Université McGill et du Concours de Musique de Montréal. En 1987, on lui décerna l'Ordre du Canada.

Bernice Harper

School of the Dance

London
1954

## Elsie Salomons
by/par Iro Valaskakis Tembeck

**Salomons, Elsie**. Teacher, choreographer. Born: 1917, Montreal, Quebec. Died: 1999, Montreal, Quebec. Birth name: Elsie Hilda Salomons. Married name: Elsie Hilda Salomons Schwartz.

Elsie Salomons was a prize student of ballet teacher Ezak Ruvenoff and was often partnered by him in his annual Montreal recitals. Her most significant contribution to dance was not as a performer but as a teacher. She graduated from McGill University in 1937 with a degree in Physical Education, a programme which included several creative dance classes. Soon afterward, she left for England to study with Rudolph Laban and Kurt Jooss, whose humanism and political perspective were to shape her own dance approach. Through their work she became aware of the importance of blending different dance styles to nurture both individual creativity and social consciousness. After the outbreak of World War II she managed to return home in 1940, and found work teaching creative dance at the YMHA and at St. George's, a progressive English school. She thus helped to integrate creative dance into Montreal's Anglophone schools.

**Salomons, Elsie**. Professeure, chorégraphe. Née : 1917, Montréal, Québec. Décédée : 1999, Montréal, Québec. Nom à la naissance : Elsie Hilda Salomons. Nom de femme mariée : Elsie Hilda Salomons Schwartz.

Elsie Salomons fut une élève exceptionnelle du professeur de ballet Ezak Ruvenoff et fut fréquemment son partenaire lors de ses récitals annuels à Montréal. Cependant, c'est comme professeure et non comme interprète qu'elle laissa sa marque sur le monde de la danse. Elle compléta sa formation à l'Université McGill en 1937, une formation en éducation physique qui comportait plusieurs cours de danse créative. Peu après, elle quitta pour l'Angleterre afin d'étudier avec Rudolph Laban et Kurt Jooss, dont l'humanisme et la perspective politique allaient influencer grandement son approche en danse. Grâce à ses professeurs, elle devint consciente de l'importance d'intégrer différents styles de danse afin de faciliter la créativité individuelle et la conscience sociale. Après le début de la Deuxième Guerre mondiale, elle réussit à revenir dans sa ville natale en 1940 et elle dénicha un poste d'enseignante en danse créative au YMHA et à St. George's, une école progressive anglaise. Elle contribua donc à l'intégration de la danse créative dans les écoles anglophones de Montréal.

Tout au long de sa vie, Salomons adhéra à une philosophie et un activisme progressifs, adoptant des approches très radicales dans sa vie et son art. Elle fut membre du Parti Communiste durant la période noire de l'histoire de la

Throughout her life Salomons adhered to progressive philosophy and actions, adopting very radical approaches in both life and art. She was a member of the Communist Party during Premier Maurice Duplessis's dark period of Quebec history, defying the omnipresent Padlock Law by choreographing in leftist venues such as 5 Mount Royal West (a left wing Jewish cultural organization) and with the Negro Theatre Guild. She choreographed works which reflected her political leanings and social commitment, portraying adolescent malaise in *Trial Flight* and *Ever So Very Contemporary* and creating a dance for peace in 1941. But her most avant-garde and innovative production must surely have been a folk dance performance given by the Grey Nuns of the Mother House on Atwater Avenue. They had called upon Salomons' expertise to choreograph a special Passover service that was to be conducted by Father Goldstein, a recent convert to Catholicism.

As a teacher, Salomons was much respected and left her mark on students such as Linda Rabin, Judith Marcuse and Betsy Margolick Carson, (the last two were her own nieces). Outspoken and courageous, she sought to bridge the gap between professional dance and personal creativity. The Elsie Salomons Dance Studio located in Westmount officially opened its doors in 1953, though she gave classes as early as 1946. It kept going until 1976, catering primarily to a broad Anglophone clientele. A small performing troupe billed as the Experimental Dance Theatre performed for both young and adult audiences, and reflected her eclectic approach to both teaching and choreography. Classes included a ballet barre, floor work and some time allotted to improvisation on a given theme. Salomons also taught folk dancing. As well, her studio hosted master classes by visiting artists such as Helen Tamiris and Anna Sokolow.

Salomons held several administrative and artistic positions, including vice president and co-founder of Brian Macdonald's collective, the Montreal Theatre Ballet.

province du Québec sous le règne du Premier Ministre Maurice Duplessis, et ignora systématiquement l'omniprésente Loi du Cadenas en chorégraphiant des oeuvres dans des théâtres gauchistes tels que le 5 Mont-Royal Ouest (une organisation juive gauchiste) et le Negro Theatre Guild. Elle chorégraphia des oeuvres qui reflétaient ses tendances politiques et son engagement social, illustrant le malaise adolescent dans *Trial Flight* et *Ever So Very Contemporary* et en créant une oeuvre pour la paix en 1941. Sa production la plus avant-gardiste demeure sans contredit le spectacle de danse folklorique présenté par les Soeurs Grises de la Maison-mère sur l'avenue Atwater. Elles avaient fait appel à l'expertise de Salomons pour chorégraphier un service spécial de la Pâques Juive officié par le Père Goldstein, récemment converti au Catholicisme.

Salomons fut très respectée comme professeure et laissa sa marque sur des élèves comme Linda Rabin, Judith Marcuse et Betsy Margolick Carson (ces deux dernières étant ses nièces). Courageuse et directe, elle tenta de créer un pont entre la danse professionnelle et la créativité personnelle. L'Elsie Salomons Dance Studio, situé à Westmount, ouvrit ses portes officiellement en 1953, même si Salomons enseignait déjà depuis 1946. Ce studio persévéra jusqu'en 1976, essentiellement en réponse aux besoins d'une clientèle anglophone diversifiée. Une modeste troupe d'interprétation, annoncée sous le nom Experimental Dance Theatre offrit des spectacles à des auditoires jeunes et adultes, spectacles qui reflétaient son approche éclectique de l'enseignement et de la chorégraphie. Les cours incluaient du travail à la barre de ballet, du travail au sol ainsi que de l'improvisation sur des thèmes donnés. Salomons enseigna aussi la danse folklorique. Son studio offrit aussi des cours de maître enseignés par des artistes de passage comme Helen Tamiris et Anna Sokolow.

Salomons occupa plusieurs postes administratifs et artistiques entre autres, elle fut vice-présidente et cofondatrice du collectif de Brian Macdonald, le Montreal Theatre Ballet.

## Sanctum

Premiere/Première: Peggy Baker, 7th Winnipeg Dance Festival, Walker Theatre, Winnipeg, May 25 mai, 1991
Choreography and Visual Design/Chorégraphie et conception visuel: Peggy Baker
Music, composed and performed by/Musique composée et interprétée par: Ahmed Hassan

"*Sanctum*, the opening piece on Peggy Baker's solo concert program, is a visually arresting, physically contained dia logue between two people in squares of light. Seeming to float in the blackness are Baker and, slightly behind her, a seated musician, composer Ahmed Hassan. He calls tunes and taps rhythms on instruments arranged around him - a wooden flute, bells on leather, a clay drum. She breathes into angular and curved poses, wrapping her long, expressive hands around her torso, her head, her hips."

«*Sanctum*, la première oeuvre au programme du concert solo de Peggy Baker, est un dialogue saisissant sur le plan visuel, contenu physiquement entre deux personnes délimités par des carrés de lumière. Baker et Ahmed Hassan, le compositeur/musicien assit légèrement derrière elle, semblent flotter dans la noirceur. Il joue de la musique et frappe des rythmes sur des instruments installés autour de lui - une flûte de bois, des cloches sur du cuir, un tambour d'argile. Elle respire des poses angulaires et courbes, enveloppant ses longues mains expressives autour de son tronc, sa tête, ses hanches.»

Excerpt from/Extrait de "Peggy Baker Solo Dance, Premiere Dance Theatre, January 24-26 janvier, 1992." Dance Connection. April/May/avril/mai 1992, Vol. 10, No. 1, p. 44.

Jennifer Fisher

---

**Schramek, Tomas**. Dancer, teacher. Born: September 11, 1944, Bratislava, Czechoslovakia.

## Tomas Schramek
by/par Penelope Reed Doob

Tomas Schramek began his professional dance career at the age of fifteen, joining and becoming principal dancer in the folk dance company Sluk while pursuing a Fine Arts degree from Bratislava's Academy of Musical and Theatre Arts. In 1968 he came to Canada, where he spent a year polishing his ballet technique at the National Ballet School before joining the National Ballet of Canada in 1969. He was made a soloist in 1971 and a principal dancer in 1973. After a highly successful career in leading classical and contemporary roles, in 1990 Schramek was appointed principal character artist and then company teacher in 1992. In 1996, he was appointed ballet master, and two years later became principal dancer/guest artist

Photo: Andrew Oxenham

in residence.

It is likely that he has danced more roles in more different ballets than any other member of the company, as befits his versatility as an artist. A convincing Romeo in John Cranko's ballet, Schramek was also an outstanding Mercutio, and in later years offered a memorable interpretation of Tybalt, as well as several character roles in the work. Similarly, Schramek has given fine performances as Basilio, Gamache and Don Quixote in that classic.

Perhaps not ideally suited by nature and training to a career as danseur noble, Schramek nevertheless throve on the challenge, typically working harder than his male contemporaries and crafting performances that were not only elegant and technically deft but also filled with dramatic intelligence, psychological acuity, and an appealing blend of wry humour and romantic ardour, whether as the princes in *Swan Lake*, *The Sleeping Beauty*, *Giselle* and *The*

**Schramek, Tomas**. Danseur, professeur. Né : 11 septembre 1944, Bratislava, Tchécoslovaquie.

Tomas Schramek débuta sa carrière professionnelle en danse à l'âge de quinze ans, se joignant à la troupe de danse folklorique Sluk comme danseur principal tout en poursuivant des études en vue d'un diplôme en Beaux Arts à l'Académie de musique et des arts dramatiques de Bratislava. En 1968, il s'installa au Canada où il passa une année à raffiner sa technique à l'École nationale de ballet avant de se joindre au Ballet national du Canada en 1969. Il devint soliste en 1971 et danseur principal en 1973. En 1990, suite à une carrière très réussie comme interprète de rôles principaux classiques et contemporains, Schramek fut nommé danseur de caractère principal et en 1992, professeur de la troupe. En 1996, il fut nommé maître de ballet et deux ans plus tard, danseur principal/artiste invité en résidence du Ballet national.

Danseur remarquablement versatile, il a probablement dansé plus de rôles dans différents ballets que tout autre membre de la compagnie. Interprétant un Roméo convaincant dans le ballet de John Cranko, Schramek donna également une interprétation exceptionnelle de Mercutio et offrit plus tard une interprétation mémorable de Tybalt, ainsi que d'autres rôles de caractère toujours dans le même ballet. Schramek a également interprété les rôles de Basilio, Gamache et Don Quichotte dans cette oeuvre classique.

Schramek n'était pas conforme, ni de par sa nature ou de sa formation, au rôle de danseur noble mais il réussit malgré tout à relever le défi, travaillant généralement avec plus d'acharnement que ses collègues masculins et offrant des interprétations qui non seulement étaient élégantes et techniquement adroites, mais qui révélaient une intelligence dramatique, une précision psychologique et un mélange d'humour ironique et d'ardeur romantique, que ce soit dans les rôles de prince du *Lac des cygnes*, *La Belle au bois dormant*, *Giselle* et *Casse-Noisette* ou dans les rôles de héros paysan de *La Sylphide*, *Don Quichotte*, *Coppélia* et *La*

*Nutcracker* or as the peasant heros of *La Sylphide*, *Don Quixote*, *Coppélia* and Frederick Ashton's *La Fille mal gardée*. His strength in the contemporary repertoire was evident in ballets such as Kenneth MacMillan's *Elite Syncopations*, in which he danced a splendid Friday Night Rag, Ann Ditchburn's *Mad Shadows* (1977) and Maurice Béjart's *Songs of a Wayfarer*.

With Karen Kain, Frank Augustyn, Ditchburn and others, Schramek was part of the group Ballet Revue, which toured successfully in 1978.

In 1990, Schramek shifted to principal character roles with the National Ballet, and he has brought a profound appreciation of the value of clear, economical gesture to roles including Dr. Coppelius, Madge in *La Sylphide*, Prince Gremin in Cranko's *Onegin*, Monsieur G.M. in MacMillan's *Manon*, and Gremio in Cranko's *The Taming of the Shrew*. He has originated major roles in works by James Kudelka, including *The Miraculous Mandarin* (1993) and *The Actress* (1994).

Schramek has coached some of Canada's best skaters, including former world champions Barbara Underhill, Paul Martini and Kurt Browning, and his film appearances include the 1977 Eric Till film of Mad Shadows and the 1986 Rhombus Media/CBC production The Making of Blue Snake.

*Fille mal gardée* de Frederick Ashton. Sa force dans le répertoire contemporain transparaît dans des ballets comme *Elite Syncopations* de Kenneth MacMillan, dans lequel il interprète un splendide Friday Night Rag, *Mad Shadows* (1977) d'Ann Ditchburn et dans *Songs of a Wayfarer* de Maurice Béjart.

Schramek, tout comme Karen Kain, Frank Augustyn, Ditchburn et d'autres, dansa avec le groupe Ballet Revue qui compléta une tournée acclamée en 1978.

En 1990, Schramek commença à interpréter plutôt des rôles de caractère principaux avec le Ballet national et révéla sa profonde appréciation de la valeur des gestes clairs et retenus dans des rôles comme Dr Coppelius, Madge dans *La Sylphide*, Prince Gremin dans *Onegin* de Cranko, Monsieur G.M. dans *Manon* de MacMillan et Gremio dans *The Taming of the Shrew* de Cranko. Il a créé des rôles majeurs dans des oeuvres de James Kudelka, notamment *The Miraculous Mandarin* (1993) et *The Actress* (1994).

Schramek a supervisé certains des meilleurs patineurs artistiques canadiens, entre autres les anciens champions du monde de patinage, Barbara Underhill, Paul Martini et Kurt Browning. En 1977, il a participé au film Mad Shadows d'Eric Till et en 1986, à la production de Rhombus Media/CBC, The Making of Blue Snake.

Ottawa, 1965

## Daniel Seillier
by/par Iro Valaskakis Tembeck

**Seillier, Daniel**. Dancer, teacher, choreographer. Born: 1926, Villiers-sur-Marne, France.

Daniel Seillier trained under Gustave Ricaud at the Opéra de Paris from 1936-1942, and later with Lubov Egorova, Victor Gsovsky and Olga Preobrajenska. He danced with the Ballet de l'Opéra from 1942-1946, and also appeared with Roland Petit's Les Ballets de Paris, in 1945. His international performing career started in 1947, when he spent four years with Les Étoiles du Ballet de l'Opéra de Paris, a small company which toured North and South America, including Montreal. He then worked – first as a soloist and later as a star dancer and ballet master – for the International Ballet of the Marquis de Cuévas, from 1951-1961. He also choreographed *Trapeze* (1960) for the company, on the invitation of Cuévas. As a dancer, he was technically strong, especially in allegro work, though his small frame dictated that he be cast as

**Seillier, Daniel**. Danseur, professeur, chorégraphe. Né : 1926, Villiers-sur-Marne, France.

Daniel Seillier fut formé sous Gustave Ricaud à l'Opéra de Paris de 1936 à 1942 et ensuite avec Lubov Egorova, Victor Gsovsky et Olga Preobajenska. Il dansa avec le Ballet de l'Opéra de Paris de 1942 à 1946 et avec Les Ballets de Paris de Roland Petit en 1945. Il amorça sa carrière internationale d'interprète en 1947, passant quatre années avec Les Étoiles du Ballet de l'Opéra de Paris, une petite troupe qui compléta des tournées en Amérique du Sud et du Nord, incluant Montréal. Il travailla ensuite - d'abord comme soliste et ensuite comme danseur étoile et maître de ballet - pour le Ballet international du Marquis de Cuévas et ce de 1951 à 1961. Il fut également invité par Cuévas à chorégraphier une oeuvre pour la troupe, *Trapèze* (1960). Comme danseur, il maîtrisait fort bien l'aspect technique, particulièrement les allegros, bien que sa stature modeste le confinait à être un danseur de caractère plutôt qu'un

a character dancer rather than a danseur noble.

Dynamic and daring on stage, he was most famous for his satirical and humorous performances. Principal roles included le Bagnard (the convict) in Philippe Heriat's *Piège de lumière*; the title role in Roger Fenonjois' *Wodka*; the clown in *Tertulia*; the brigand in *Scarlatiana* and the warrior in *The Prisoner of the Caucasus*.

In 1961, Seillier was invited to form a ballet company for the National Theatre of San Carlos, in Lisbon, and that year he choreographed two ballets for the company, *Danses Caucasiennes and Grenier*.

Accepting an invitation from Ludmilla Chiriaeff in 1963, he became ballet master and artistic advisor at Les Grands Ballets Canadiens, and for that company, re-staged his earlier work *Trapeze*. In 1964, he choreographed *Les Contes de Ma Mère Oie*, for Radio Canada television.

By 1965 he had moved to Toronto to teach at the National Ballet School, and for a time he also coached and taught company class for the National Ballet of Canada. He choreographed *Rivalité* (1965) for the company's fifteenth season.

Seillier remained on the faculty of the NBS for many years. He returned to Montreal in 1980 as ballet master for the professional schools affiliated with LGBC: l'École Pierre Laporte and l'École Supérieure de danse du Québec. In 1998 he and his son Alexandre Seillier opened le Conservatoire de danse de Montréal.

In 1986 he acted as artistic director of the initial Don des Étoiles, later renamed Gala des Étoiles, an annual Montreal fundraising gathering of international ballet stars.

Seillier has had a long and remarkable teaching career, both in Canada and abroad, and among the many dancers whom he inspired are Frank Augustyn, Karen Kain and Veronica Tennant.

danseur noble.

Dynamique et audacieux sur scène, il était célèbre pour ses interprétations satiriques et remplies d'humour. Parmi ses rôles principaux se retrouvent: le bagnard dans *Piège de lumière* de Philippe Heriat; le rôle-titre dans *Wodka* de Roger Fenonjois; le clown dans *Tertulia*; le brigand dans *Scarlatiana* et le guerrier dans *The Prisoner of the Caucasus*.

En 1961, Seillier accepta l'invitation de former une troupe de ballet pour le Théâtre national de San Carlos à Lisbonne et la même année, il chorégraphia deux ballets pour cette troupe: *Danses caucasiennes* et *Grenier*.

À l'invitation de Ludmilla Chiriaeff, il accepta le poste de maître de ballet et conseiller artistique des Grands Ballets en 1963 et remonta *Trapèze* pour la compagnie. En 1964, il chorégraphia *Les Contes de Ma Mère Oie* pour la chaîne de télévision Radio-Canada.

En 1965, il s'installa à Toronto afin d'enseigner à l'École nationale de ballet et pendant un certain temps, il supervisa et enseigna les classes du Ballet national. Il chorégraphia *Rivalité* (1965) dans le cadre de la quinzième saison de la compagnie. Seillier demeura sur la faculté de l'École nationale de ballet pendant de nombreuses années.

Il revint à Montréal en 1980 comme maître de ballet aux écoles affiliées aux GBC: l'École Pierre Laporte et l'École supérieure de danse du Québec. En 1998, Seillier et son fils Alexandre ouvrirent le Conservatoire de danse de Montréal. En 1986, il fut le directeur artistique du premier Don des Étoiles, plus tard appelé le Gala des Étoiles, un gala bénéfice annuel rassemblant à Montréal des vedettes internationales de ballet.

Seillier eut une longue et remarquable carrière d'enseignement au Canada et à l'étranger; il inspira de nombreux danseurs entre autres Frank Augustyn, Karen Kain et Veronica Tennant.

**Shadow on the Prairie** (Ombre sur la Prairie)
Premiere/Première: Winnipeg Ballet, Playhouse Theatre, Winnipeg, October 30 octobre, 1952
Commissioned by/Une commande de: James Richardson & Sons
Music/Musique: Robert Fleming
Choreography/Chorégraphie: Gweneth Lloyd
Décor: John W. Graham
Costumes: Stuart McKay

On the boundless prairie, a young settler and his wife have built a small dwelling which will be their shelter during the oncoming winter. They dance together, happy in their devotion to each other, and sheltered by their ignorance of the hardship before them.

Their neighbours bring homely gifts of welcome and, in the prairie sunshine, their native dances bring comfort from the past and faith in the future. In the midst of the simple gaiety, a shadow of foreboding comes over the sensitive young wife when, with the gift of a young tree, she suddenly becomes aware of the contrast between the great open prairie and the sheltered glen she has left behind.

She mourns the loss of the gentle hills and streams, but is comforted by the love and protection of her husband.

Winter comes, but the kindliness of neighbours, the grandeur of the prairie and the strength and determination of the settlers do nothing to help the growing fears of the young wife who, in agony of nostalgia and fear of the great snowy wastes, dies, tragically sheltered in death by the wooden walls of her marriage chest.

Un jeune colon et sa femme ont bâti une petite maison sur les vastes prairies, maison qui les protégera de l'hiver qui s'approche. Ils dansent ensemble, heureux de leur dévotion mutuelle et ignorants de la dûre réalité qui les attend.

Leurs voisins leur apportent des cadeaux de bienvenue et dans la prairie ensoleillée, les danses du pays leur apportent réconfort du passé et foi en l'avenir. Au milieu de toute cette gaieté, la jeune épouse sensible éprouve un mauvais présage lorsqu'elle reçoit un jeune arbre en cadeau. Elle réalise soudainement le contraste entre les vastes prairies ouvertes et le vallon protégé qu'elle a laissé derrière elle.

Elle pleure la perte des douces rivières et collines mais est réconfortée par la présence et la protection de son mari.

L'hiver arrive mais la générosité des voisins, la grandeur de la prairie, la force et la détermination des colons n'arrivent pas à diminuer les peurs croissantes de la jeune femme qui, dans une agonie de nostalgie et de peur des immenses espaces enneigés, meurt, tragiquement protégée dans la mort par les murs de bois de son coffre de mariage.

The Young Girl/La Jeune Femme: Carlu Carter
Her Husband/Son Mari: Gordon Wales

Early Settler/Premier Colon: Roger Fisher
His Wife/Sa Femme: Gloria Campbell
His Daughter/Sa Fille: Josephine Andrews
His Sons/Ses Fils: Leslie Carter, Paddy McIntyre
Settlers/Colons: Women/Femmes: Kay Bird, Marina Katronis, Peggy Rae Norman, Marilyn Young, Beverley Ivings
Men/Hommes: Bill McGrath, Victor Duret

## Wynne Shaw
by/par Leland Windreich

**Shaw, Wynne**. Dancer, teacher, choreographer. Born: February 5, circa 1905, Greenfield, England. Died: July 24, 1985, Victoria, British Columbia. Birth name: Ethel Winifred Shaw.

Wynne Shaw's family emigrated to Canada in her infancy, first settling in Strathcona, Alberta and finally in Victoria. As a teenager, Shaw began her association with Dorothy Wilson, who was teaching in ad hoc quarters until 1927 when she established the Russian Ballet School of Dancing. Shaw performed in all of the school recitals and revues, including

**Shaw, Wynne**. Danseuse, professeure, chorégraphe. Né : 5 février, environ 1905, Greenfield, Angleterre. Décédée : 24 juillet 1985, Victoria, Colombie-Britannique. Nom à la naissance : Ethel Winifred Shaw.

La famille de Wynne Shaw émigra au Canada lorsque celle-ci n'était qu'une enfant, s'installant d'abord à Strathcona en Alberta et finalement à Victoria. À l'adolescence, elle amorça une association avec Dorothy Wilson, qui enseignait dans des lieux ad hoc jusqu'à 1927 alors qu'elle fonda le Russian Ballet School of Dancing. Shaw participa à tous les récitals et revues musicales de l'école incluant la production légendaire de Wilson du ballet *Coppélia* en 1936. Shaw travailla comme assistante hors-pair à l'école de Wilson où elle enseignait aux plus jeunes élèves et dénichait et recrutait des enfants dans les régions avoisinantes. Elle voyagea avec Wilson afin de perfectionner ses habiletés d'enseignante, visitant à répétition les studios de Lee Foley à Seattle et allant à San Francisco pour étudier

Wilson's legendary production of the ballet *Coppélia* in 1936. She proved to be an able assistant at Wilson's school, where she taught the younger pupils and served as an outreach scout for recruiting children in neighbouring communities. She travelled with Wilson to advance her teaching skills, making frequent visits to Lee Foley's studios in Seattle and to San Francisco to study with Adolph Bolm. In 1940 when Wilson left Victoria, Shaw took over the reins at the school, which became the Wynne Shaw Dance Studio. For four decades she continued to train dancers for careers in ballet and the musical theatre, regularly travelling to upgrade her methodology, and to chaperon particularly gifted students on junkets abroad to observe mainstream dancers and companies. In 1950 she went to England for certification in the RAD method, after which the syllabus became the foundation for her pedagogy.

During World War II a Hollywood film crew arrived on Vancouver Island to shoot a feature picture called The Commandos Strike at Dawn. Shaw was contracted to populate the village scenes with the young dancers from her studios and to devise a series of dances for the film. In Victoria she began shortly thereafter to stage some of the major musical comedies of the era, including Brigadoon, The King and I, Camelot and The Roar of the Greasepaint. Local organisations in Victoria frequently contracted her for the arrangement of pageants and charity events. During the 1950's she commuted weekly between Victoria and Vancouver by overnight ferry with a troupe of her dancers, to perform in CBC television variety shows. Shaw's professional programme in Victoria launched the careers of dozens of Canadian dancers who went on to perform in ballet troupes in Canada and abroad.

An inspired teacher, she managed to pass on her love of ballet education to many who became teachers in their own communities. In 1978 the Dance in Canada Association honoured her for her excellence in teaching at a special ceremony at the University of British Columbia.

avec Adolph Bolm. En 1940 lorsque Wilson quitta Victoria, Shaw assuma la direction de l'école qui s'appela alors le Wynne Shaw Dance Studio. Pendant quatre décennies, elle continua à former des danseurs/seuses pour des carrières en ballet et en théâtre musical, tout en voyageant sur une base régulière pour mettre à jour ses méthodes, pour superviser des élèves doués en stage à l'étranger et pour observer les danseurs/seuses et compagnies de danse renommés. En 1950, elle se rendit en Angleterre pour obtenir une certification dans la méthode RAD; le syllabus servit ensuite de sa base pédagogique.

Pendant la Deuxième Guerre mondiale, une équipe de tournage de Hollywood arriva sur l'Île de Vancouver pour tourner un film intitulé The Commandos Strike at Dawn. On demanda à Shaw de peupler les scènes du village avec les jeunes danseurs/seuses de ses studios et de créer une série de danses pour le film. Peu après, à Victoria, elle commença à mettre en scène quelques unes des comédies musicales les plus populaires de l'époque, entre autres, Brigadoon, The King and I, Camelot et The Roar of the Greasepaint. Les organismes locaux de Victoria l'engagèrent fréquemment pour organiser des spectacles historiques et des événements-bénéfices. Pendant les années 1950, elle voyageait chaque semaine entre Victoria et Vancouver par traversier de nuit avec un groupe de ses danseurs/seuses afin de participer à des émissions de variété pour la chaîne de télévision CBC. Le programme professionnel que Shaw offrait à Victoria lança les carrières de douzaines de danseurs/seuses canadien(ne)s qui devinrent membres de compagnies de ballet au Canada et à l'étranger.

Professeure inspirée, elle réussit à transmettre son amour de l'enseignement du ballet à plusieurs qui, à leur tour, se consacrèrent à l'enseignement dans leurs propres milieux. En 1978, l'association Danse au Canada souligna l'excellence de son enseignement par une cérémonie spéciale à l'Université de la Colombie-Britannique.

Photo: Cylla von Tiedemann

**Suzette Sherman**
by/par Carol Anderson

**Sherman, Suzette**. Dancer, teacher. Born:
September 12, 1952, Chicago, Illinois. Birth
name: Suzette Pompei.

Suzette Sherman studied ballet in Chicago at
the Stone-Camryn School of Ballet. From
1970-1973 she studied in New York with Finis
Jhung, Barbara Fallis and Richard Thomas, and
spent a year at the school affiliated with the
Joffrey Ballet. She also studied modern dance
with Bertram Ross, and jazz at the Luigi Studio.
While in New York, she auditioned for Rachel
Browne, director of Winnipeg's Contemporary
Dancers. She became an apprentice to WCD

**Sherman, Suzette**. Danseuse, professeure.
Née : 12 septembre 1952, Chicago, Illinois.
Nom à la naissance : Suzette Pompei.

Suzette Sherman étudia le ballet à Chicago
au Stone-Camryn School of Ballet. De 1970 à
1973, elle poursuivit sa formation à New York
avec Finis Jhung, Barbara Fallis et Richard
Thomas et elle passa une année à l'école affiliée
au Joffrey Ballet. Elle étudia aussi la danse
moderne avec Bertram Ross et la danse jazz au
Luigi Studio. À la même époque, elle passa une
audition pour Rachel Browne, la directrice des
Contemporary Dancers de Winnipeg. Elle dansa
comme apprentie avec les WCD de 1973 à 1975
et elle dansa ensuite avec le Saskatchewan
Dance Theatre pour la saison 1975-1976. Après
avoir été apprentie en 1977, Sherman se joint au

from 1973-1975, and then danced with the Saskatchewan Dance Theatre for the 1975-1976 season. After apprenticing in 1977, Sherman joined Toronto Dance Theatre in 1978. She danced with the company for nineteen years, and was a featured performer, dancing most of the principal roles in the repertory.

Sherman appeared in important roles in works by all three company founders. She performed Patricia Beatty's roles in *First Music* (1969) and in the 1996 revival of *Lessons in Another Language* (1980). She danced challenging roles in the revival of Peter Randazzo's *Nighthawks* (1976) and in his *Summer Evening* (1992). Her long-term devotion to dancing and staging the work of David Earle has been integral to her dance life. While at TDT, she danced a wide range of Earle's work, from the seriousness of the *Angelic Visitations* (1968) or *Sacra Conversazione* (1984) to the abstraction of *Sunrise* (1987) or *Visible Distance* (1992). She credits the work of Christopher House with moving her in new artistic directions, in works such as his *Handel Variations* (1987) and *Island* (1989).

Sherman performed in the Rhombus Media films La Valse, Romeos and Juliets and The Planets, and in director Moze Mossanen's films The Dancemakers and Dance for Modern Times. She also appeared in Ariadne Ochrymovicz's film treatment of Patricia Beatty's *Dancing the Goddess*. She has been active in the Toronto independent community, dancing in works by Anna Blewchamp, Susan Cash, Murray Darroch, D.A. Hoskins, Graham Jackson, Terrill Maguire and Michael Trent, who created the duet *Sisu* (1995) as a tribute to her passionate tenacity and longevity as a dancer. Sherman has also appeared as a guest with the Danny Grossman Dance Company in Charles Weidman's 1930's classic, *Lynchtown*.

For Ballet British Columbia, in 1997, Sherman and dancer Michael Sean Marye, remounted James Kudelka's *Fifteen Heterosexual Duets* (1991), originally created for TDT. From the early 1980's until 1997, she was a senior faculty member of the School of Toronto Dance Theatre. She has taught across

Toronto Dance Theatre en 1978, y dansant pendant dix-neuf ans et interprétant la majorité des rôles principaux du répertoire.

Sherman interpréta des rôles principaux créés par chacun des trois fondateurs de la troupe. Elle interpréta les rôles de Patricia Beatty dans *First Music* (1969) et dans la reprise en 1996 de *Lessons in Another Language* (1980). Elle interpréta des rôles exigeants dans la reprise de *Nighthawks* (1976) de Peter Randazzo ainsi que dans son *Summer Evening* (1992). Son dévouement tenace envers l'oeuvre et la mise en scène du travail de David Earle est central à sa vie de danseuse. Avec TDT, elle a interprété une grande diversité des rôles d'Earle, allant du sérieux de *Angelic Visitations* (1968) et de *Sacra Conversazione* (1984) à l'abstraction de *Sunrise* (1987) et de *Visible Distance* (1992). Elle affirme par contre que le travail de Christopher House l'a poussée à explorer de nouvelles directions artistiques par des oeuvres telles que *Handel Variations* (1987) et *Island* (1989).

Sherman a dansé dans les films de Rhombus Media : La Valse, Romeos and Juliets et The Planets ainsi que dans les films du réalisateur Moze Mossanen : The Dancemakers et Dance for Modern Times. Elle participa à la version filmée de *Dancing the Goddess* de Patricia Beatty, un film tourné par Ariadne Ochrymovicz. Elle est active dans le milieu de la danse indépendante de Toronto, dansant dans des oeuvres d'Anna Blewchamp, Susan Cash, Murray Darroch, D.A. Hoskins, Graham Jackson, Terrill Maguire et Michael Trent; ce dernier créa un duo intitulé *Sisu* (1995) en hommage à sa ténacité passionnée et sa longévité comme danseuse. Sherman fut également invitée à danser avec le Danny Grossman Dance Company dans l'oeuvre classique des années 1930 de Charles Weidman, *Lynchtown*.

En 1997, Sherman et le danseur Michael Sean Marye remontèrent une oeuvre de James Kudelka créée originellement pour le TDT, *Fifteen Heterosexual Duets* (1991), pour le Ballet British Columbia. Des débuts des années 1980 jusqu'en 1997, elle fut membre senior de la faculté du School of Toronto Dance Theatre.

Canada, in the United States and in Tokyo, and has assisted Earle in working with companies including Vancouver's Goh Ballet, the National Ballet of Canada, Ontario Ballet Theatre and Canadian Children's Dance Theatre. She has danced with Dancetheatre David Earle since its inception in 1997, and is the company's associate director. Earle created *Imagined Memories* (1999) for her, as a tribute to twenty years of collaboration.

Elle a enseigné à travers le Canada, les États-Unis et à Tokyo et elle a assisté Earle dans son travail avec des troupes comme le Goh Ballet de Vancouver, le Ballet national du Canada, l'Ontario Ballet Theatre et le Canadian Children's Dancetheatre. Elle est danseuse et directrice adjointe de Dance Theatre David Earle depuis sa fondation en 1997. Earle créa à son intention *Imagined Memories* (1999), en hommage à leur vingt ans de collaboration.

Photo: Cylla von Tiedemann

## Rina Singha
by/par Nadine Saxton

**Singha, Rina**. Dancer, choreographer, teacher, artistic director. Born: January 7, 1937, Calcutta, India.

Born into a Christian family at the time of the fight for Indian independence from Britain, Singha was sent to a Christian boarding school at the age of three and a half. At fourteen, she entered Osmania University in Hyderabad to take a Masters degree in geography. About that time, she was chosen to participate in a government programme that was reviving ancient dance traditions. She specialized in Kathak, the classical dance of Northern India,

**Singha, Rina**. Danseuse, chorégraphe, professeure, directrice artistique. Née : 7 janvier 1937, Calcutta, Inde.

Originaire d'une famille chrétienne, Singha fut née pendant que l'Inde luttait pour son indépendance de la Grande-Bretagne. Elle fut inscrite à un pensionnat chrétien à l'âge de trois ans et demi. À quatorze ans, elle entra à l'Université Osmania à Hyderabad afin de compléter une maîtrise en Géographie. À la même époque, elle fut choisie pour participer à un projet gouvernemental visant à raviver les anciennes traditions de danse du pays. Elle se concentra sur le Kathak, la danse classique du nord de l'Inde, étudiant sous Guru Shambhu Maharajet. À vingt ans, elle fut promue soliste de la plus importante troupe de danse de Kathak en Inde.

En 1960, Singha s'installa en Angleterre pour des études doctorales en géographie. Elle fut invitée à joindre la compagnie de Ram Gopal comme partenaire et soliste principale par Gopal lui-même. Toujours en Angleterre, Singha

under Guru Shambhu Maharaj, and at the age of twenty, became a soloist in India's leading Kathak dance company.

In 1960 Singha moved to England to pursue a PhD. in geography, and was invited by Ram Gopal to join his company as partner and lead soloist. While in England, Singha co-authored a book with Reginald Massey, called Indian Dances, Their History and Growth.

Singha moved to Canada with her husband and children in 1965. Learning that her daughter was severely hearing-impaired, she researched the application of dance as a tool in deaf education. She also became involved in the public education system, teaching multiculturalism through dance. From 1971-1976 she designed and taught a course at York University entitled World Dance. In 1979 she produced *The Children's Parade of Nations*, in which 100 children from ten different cultural groups performed.

Singha has received numerous awards for her work in the fields of Dance in Education and Community Development. She was invited to develop the Culture Specific Dance Pilot Project for the Ontario Arts Council in 1990, and in 1991, she was honoured with the Dance Ontario Award for significant contribution to dance in Ontario.

A professional soloist since 1960, Singha is internationally recognized for the purity of her traditional Kathak dancing, and for her bold choreographic experimentation with Biblical and contemporary societal themes. Her major dance works include: *The Seekers* (1997); *Part I of the Bible Epic, Becoming - A Song From Exile* (1996); *Prithvi - An Earth Narrative* (1991); *Yeshu Katha - 4 women tell the story of Jesus* (1991), and *Lullabye & Lament* (1991). She is the founder of the Kathak Institute in Toronto and artistic director of the Rina Singha Dance Organization. In 1998, in partnership with Toronto's Music Gallery, she initiated Legacies In Dance, a festival to promote non-Western classical dance forms.

Throughout the 1980's and 1990's, Singha's dancing took her to India, Europe and across North America. She performed at the prestigious

cosigna un livre avec Reginald Massey, livre intitulé: Indian Dances, Their History and Growth.

Singha s'installa au Canada avec son mari et ses enfants en 1965. Lorsqu'on lui annonça que sa fille souffrait d'un handicap auditif profond, elle se mit à explorer la danse comme outil d'enseignement aux malentendants. Elle oeuvra également dans le cadre du système scolaire public, enseignant le multiculturalisme par la danse. De 1971 à 1976, elle conçut et offrit un cours intitulé World Dance à l'Université York. En 1979, elle produit *The Children's Parade of Nations*, un spectacle auquel participèrent une centaine d'enfants provenant de dix groupes culturels différents.

Singha fut récipiendaire de nombreux prix pour son travail dans les domaines de l'éducation en danse et du développement communautaire. Elle fut invitée à élaborer le projet pilote Culture Specific Dance pour le Conseil des Arts de l'Ontario en 1990. L'année suivante, on lui décerna le Prix Dance Ontario pour son importante contribution à la danse en Ontario.

Soliste professionnelle depuis 1960, Singha est reconnue à l'échelle internationale pour la pureté de son interprétation traditionnelle du Kathak ainsi que pour son audacieuse exploration de thèmes bibliques et de thèmes sociaux contemporains. Parmi ses oeuvres les plus importantes se démarquent: *The Seekers* (1997); *Part I of the Bible Epic, Becoming - A Song From Exile* (1996); *Prithvi - An Earth Narrative* (1991); *Yeshu Katha - 4 women tell the story of Jesus* (1991), et *Lullabye & Lament* (1991). Elle est la fondatrice du Kathak Institute à Toronto et directrice artistique du Rina Singha Dance Organization. En 1998, en collaboration avec le Music Gallery de Toronto, elle initia le projet Legacies In Dance, un festival consacré à la promotion de formes de danses classiques non occidentales.

Tout au long des années 1980 et 1990, son travail d'interprète l'amena en Inde, en Europe ainsi qu'à travers l'Amérique du Nord. Elle a dansé au prestigieux Festival d'Avignon en France et elle fut invitée à participer à de

Avignon Festival in France, and was invited to dance at other international arts festivals in China, Bulgaria, Bali and Hawaii.

By forging new directions in cross-cultural understanding through the arts and learning, Singha has broadened the horizons of the community at large, and contributed to the development and integration of multi-cultural dance in Canada.

nombreux autres festivals artistiques internationaux notamment en Chine, en Bulgarie, à Bali et à Hawaii.

En élaborant de nouveaux ponts de communication interculturelle grâce aux arts et à l'éducation, Singha a élargi les horizons de la communauté dans son ensemble et contribué au développement et à l'intégration de la danse multiculturelle au Canada.

Photo: Michael Slobodian

**Roger Sinha**
by/par Silvy Panet-Raymond

**Sinha, Roger**. Choreographer, dancer, artistic director. Born: August 31, 1959, London, England.

At the age of twenty-three, Roger Sinha yearned to discover movement beyond the simple physical prowess of karate, or the exhilaration of disco dancing. He began in jazz dance, quickly leaving it for Richard Sugarman's ballet classes in Toronto, and then

**Sinha, Roger**. Chorégraphe, danseur, directeur artistique. Né : 31 août 1959, Londres, Angleterre.

À l'âge de vingt-trois ans, Roger Sinha rêvait de découvrir une forme de mouvement autre que les simples exploits physiques du karaté ou l'ivresse de la danse disco. Il commença alors à étudier la danse jazz qu'il interrompit rapidement pour s'inscrire aux cours de ballet de Richard Sugarman à Toronto, et ensuite aux stages d'été du Royal Winnipeg Ballet School où on lui annonça que, malgré sa passion, il n'avait pas le modèle physique du danseur classique.

Après avoir complété un B.A. en Économie à l'Université de Toronto, Sinha reprit sa

the Royal Winnipeg Ballet summer school, where he was told that, however passionate, he did not fit the physical mould of a classical dancer.

After completing a BA in economics at the University of Toronto, Sinha resumed his training at the School of Toronto Dance Theatre. From 1986-1988, as a member of Danse Partout in Quebec City, he appeared in works by artistic director Luc Tremblay, Bill James and Jean-Pierre Perreault. Sinha moved to Montreal in 1988, and went on to perform in Perreault's *Joe* (1983), his site-specific *Piazza* (1988) at New York's International Festival of the Arts, and Hélène Blackburn's *Cathédrale* at the 1989 Festival international de nouvelle danse. He has also performed choreographies by Tom Stroud and Randy Glynn, *Os Hiroas* by Irène Stamou and Sylvain Émard's *Terrains Vagues* (1993).

In Montreal in 1991, Sinha founded his own dance company, Misrasena, changing its name to Sinha Danse in 1999. His choreographic signature, inspired by martial arts, the East Indian classical dance form of Bharata Natyam, and contemporary dance, is both physically rigorous and flowing, engaging the whole body against detailed articulation of the hands. His first significant choreography was his solo, *Burning Skin* (1993). *Pehla Safar*, meaning "first journey" in Hindi, was danced by Sinha and Natasha Bakht, a dancer formerly with the Indo-British choreographer Shobana Jeyasingh. This work was inspired both by his first trip to India and by Bharata Natyam. In 1995, the sextet *Loud Sounds, Soft Steps and Silent Cries* and the trio *From a Crack in the Earth... Light* were both presented at l'Agora de la danse in Montreal, and on cross-Canada tours.

Sinha received the Bonnie Bird Choreography Award in 1996 to create a work for the Transitions Dance Company, based at the Laban Centre for Movement and Dance in London, England. *Le jardin des vapeurs*, a quartet seen in the 1997 F.I.N.D., uses intricately woven dynamics and spatial patterns. *Chai*, a solo created in Vienna in 1997, and the quintet *Glace Noire* (1998), combine kinetic complexity, almost psychedelic theatricality and

formation au School of the Toronto Dance Theatre. De 1986 à 1988, il fut membre de Danse Partout à Québec et il dansa dans des oeuvres des directeurs artistiques Luc Tremblay, Bill James et Jean-Pierre Perreault. Sinha s'installa à Montréal en 1988, et il dansa pour Perreault dans *Joe* (1983) et dans l'oeuvre à site spécifique *Piazza* (1988), présenter au International Festival of the Arts à New York, et pour Hélène Blackburn dans *Cathédrale*, présenté au Festival international de nouvelle danse de 1989. Il a également interprété des chorégraphies de Tom Stroud et de Randy Glynn, *Os Hiroas* d'Irène Stamou et *Terrains Vagues* (1993) de Sylvain Émard.

Sinha fonda sa propre compagnie de danse, Misrasena, à Montréal en 1991, compagnie qu'il renomma Sinha Danse en 1999. Sa signature chorégraphique, inspirée des arts martiaux, de la danse classique de l'Inde orientale, le Bharata Natyam, et de la danse contemporaine, est à la fois vigoureuse et fluide, engageant le corps dans son ensemble contre une articulation détaillée des mains. Sa première chorégraphie importante est son oeuvre solo, *Burning Skin* (1993). *Pehla Safar*, qui signifie «premier parcours» en Hindi, fut dansé par Sinha et Natasha Bakht, une danseuse qui travailla avec le chorégraphe indo-britannique Shobana Jeyasingh. Cette oeuvre fut inspirée à la fois par son premier voyage en Inde et par le Bharata Natyam. En 1995, le sextuor *Loud Sounds, Soft Steps and Silent Cries* et le trio *From a Crack in the Earth... Light* furent tous deux présentés à l'Agora de la danse à Montréal, et lors de tournées à travers le Canada.

Sinha reçu le Prix Bonnie Bird pour la chorégraphie en 1996 afin de créer une oeuvre pour le Transitions Dance Company, associée au Laban Centre for Movement and Dance à Londres, Angleterre. *Le jardin des vapeurs*, un quatuor présenté au F.I.N.D. de 1997, utilise un tissage complexe de dynamiques et de motifs spatiaux. *Chai*, un solo créé à Vienne en 1997, ainsi que le quintette *Glace Noire* (1998), intègrent une complexité cinétique, une théâtralité presque psychédélique et des décors élaborés.

elaborate stage settings.

Since *Glace Noire*, Sinha has felt a need to scale down, to further discover his own movement language in solos and duets for himself and Natasha Bakht.

Depuis *Glace Noire*, Sinha a ressenti le besoin de simplifier, et d'explorer plus à fond son propre vocabulaire du mouvement par des solos et des duos qu'il interprète avec Natasha Bakht.

**Josephine Slater**
by/par Deborah Meyers

**Slater, Josephine**. Teacher. Born: April 5, 1915, Vancouver, British Columbia. Died: May 24, 1995, New Westminster, British Columbia.

Josephine Slater began her dance training in Vancouver at age seven, learning minuets and hornpipes from Mabel Bancroft, ballet from Isadora Cohen at the Great West School, and song and dance, acrobatics, tap and jazz in Gladys Atree's studio. By the time she moved with her family to the neighbouring municipality of New Westminster when she was fourteen, she was teaching other children to dance in her living room for twenty-five cents a lesson. During the Depression she supported her family with these lessons, and with ballroom dance

**Slater, Josephine**. Professeure. Née : 5 avril 1915, Vancouver, Colombie-Britannique. Décédée : 24 mai 1995, New Westminster, Colombie-Britannique.

Josephine Slater amorça sa formation en danse à Vancouver à l'âge de sept ans, apprenant le menuet et l'arlepape avec Mabel Bancroft, le ballet avec Isadora Cohen au Great West School ainsi que le chant, la danse, l'acrobatie, les claquettes et la danse jazz au studio de Gladys Atree. À l'âge de quatorze ans, lorsqu'elle déménagea avec sa famille à la municipalité avoisinante de New Westminster, elle enseignait la danse à d'autres enfants dans le salon familial pour la somme de vingt-cinq sous la leçon. Ces leçons ainsi que des cours de danse de salon offerts en soirée aux adultes permirent à sa famille de survivre pendant la Dépression.

C'est à vingt ans qu'elle eut la chance de rejoindre sa soeur aînée à San Francisco et d'étudier avec Adolph Bolm. Elle gravita tout

classes for adults in the evening.

Her break came at age twenty when she joined her eldest sister in San Francisco, and began training with Adolph Bolm. She gravitated easily toward teaching, and by the early 1930's she had opened Lynden Studio – later called Canadian Dance World Studios – in New Westminster.

Slater cited two defining influences in her development as a teacher. The first was her exposure to contemporary dance at Jacob's Pillow, in Lee, Massachussetts, where she spent the first of many summers in 1938. She was thrilled by the work of Ted Shawn and his dancers, and thereafter taught the combinations she learned from him in her school. This was a rarity at a time when modern dance and ballet were typically considered antithetical.

The second influence was her exposure to Royal Academy of Dancing training with Mara McBirney's arrival in Vancouver from England in 1945. Slater completed all the examinations of the major syllabus, and then the Advanced Teachers Certificate in 1965. From 1948 onwards she taught the RAD syllabus in her school.

Perhaps her most celebrated student was Norbert Vesak, who said that meeting Slater was "absolutely the turning point in my career". She first saw him at age nineteen, dancing at the Coquitlam Music Festival, where she was adjudicating. After giving him the highest marks at the festival, she took him under her wing, coaching him through RAD elementary and intermediate exams, opening her large library to him, and taking him east to meet Erick Hawkins, José Limón and Ted Shawn. Vesak went on to a successful choreographic career in Canada, the United States and Europe.

Slater claimed she was never drawn to anything but teaching, and retained a deep, instinctual love for it to the end. She was proud of her emphatic, hands-on style of teaching, which many of her former students are slow to forget.

naturellement vers l'enseignement et dès le début des années 1930, elle ouvrait le Lynden Studio – plus tard appelé Canadian Dance World Studios – à New Westminster.

Slater cite deux influences déterminantes sur son évolution d'enseignante. La première fut sa découverte de la danse contemporaine au Jacob's Pillow à Lee au Massachussetts, où elle passa le premier de plusieurs étés en 1938. Elle eut une grande affinité au travail de Ted Shawn et ses danseurs et elle enseigna leurs exercices à sa propre école. Ceci était exceptionnel à une époque où la danse moderne et le ballet étaient vus comme antithétiques.

Elle fut influencée en second lieu par sa formation dans la méthode du Royal Academy of Dancing, formation qu'elle reçut de Mara McBirney à Vancouver à l'arrivée de celle-ci de l'Angleterre en 1945. Elle compléta d'abord les examens ayant trait aux plus importants éléments du syllabus suivi du certificat de perfectionnement en enseignement en 1965. Elle enseigna le syllabus du RAD à son école à partir de 1948.

Son élève le plus célèbre fut probablement Norbert Vesak, qui affirme que faire la connaissance de Slater fut «sans aucun doute le point tournant de ma carrière». Elle le rencontra alors qu'il était âgé de dix-neuf ans et dansait au Coquitlam Music Festival, où elle était juré. Après lui avoir accordé les plus hautes notes du festival, elle en fit son protégé, le supervisant pour les niveaux élémentaires et intermédiaires des examens RAD, lui donnant accès à sa bibliothèque bien garnie et l'emmenant sur la côte Est rencontrer Erick Hawkins, José Limón et Ted Shawn. Vesak mena une carrière chorégraphique réussie au Canada, aux États-Unis et en Europe.

Slater affirmait que seul l'enseignement l'avait réellement attirée et elle lui voua un amour profond et instinctif tout au long de sa vie. Elle était fière de son approche énergique et directrice, approche dont se souviennent encore plusieurs de ses anciens élèves.

Photo: Cylla von Tiedemann

**Holly Small**
by/par Paula Citron

**Small, Holly**. Choreographer, dancer, teacher.
Born: August 10, 1953, Kingston, Ontario.

Holly Small studied ballet and highland
dancing as a child in Ottawa. An expert
baton-twirler, she became a majorette for the
Ottawa Roughriders football team, and was then
required to take jazz classes. At seventeen, she
entered Carlton University School of
Journalism, and also took classes at the Ottawa
Dance Centre, her interest in modern dance
having been sparked by reading about Martha
Graham. Disappointed with the lack of creativity
in her journalism programme, Small transferred
to the York University dance programme, under
the direction of Grant Strate, in 1976, and found
a stimulating environment which legitimized the
art form for her, principally Terrill Maguire's
choreography classes and Julianna Lau's dance
therapy course. For Small, dance became a
powerful, transformative experience. She took
her Masters degree in 1986 at the University of

**Small, Holly**. Chorégraphe, danseuse,
professeure. Née : 10 août 1953, Kingston,
Ontario.

Holly Small étudia le ballet et la danse
écossaise dès son enfance à Ottawa. Experte à
manier le bâton, elle devint majorette pour les
Ottawa Roughriders ce qui la contraint à suivre
des cours de danse jazz. À dix-sept ans, elle
s'inscrit à l'école de journalisme de l'Université
Carleton et elle suivit des cours au Ottawa
Dance Centre, son intérêt pour la danse stimulé
par des lectures sur la vie de Marta Graham. En
1976, déçue du manque de créativité du
programme d'études en journalisme, Small
transféra au programme en danse de l'Université
York, programme dirigé par Grant Strate. Elle y
trouva un environnement stimulant qui validait
l'art pour elle, surtout grâce aux classes de
chorégraphie de Terrill Maguire et du cours de
thérapie par la danse offert par Julianna Lau. La
danse devint pour Small une expérience
puissante et transformante. Elle compléta des
études de maîtrise en 1986 au University of
Southern California, où elle fut particulièrement
influencée par la danse indonésienne qui accorde
tant d'importance au geste. Depuis 1989, elle est
professeure adjointe de danse à l'Université

Southern California, where she was influenced particularly by Indonesian dance with its attention to gesture. Since 1989, she has been an associate professor in dance at York University.

Small attributes her provocative, unpredictable choreography to her active – at times almost grotesque – imagination. While her themes are anchored in the intellect, her visual images, swinging between broad humour and melancholia, tend to be bizarre. Her works may be shocking, quirky, or sarcastic, but never superficial. The use of text and collaboration with musicians figure strongly in her choreography. Her signature work *Wounded* (1988, 1995), a collaboration with composer John Oswald, her longtime partner, explores a damaged and inarticulate female psyche. In the original version, a woman was on a pedestal, her invisible face swathed in tulle. As the three male musicians and three female dancers orbited around her, the woman made a tortuous journey, finally revealing different masks beneath the tulle cloud. A perfectionist, Small is rarely satisfied with her work, and the 1995 version of *Wounded* replaced the three live musicians with male dancers and removed the pedestal.

Each Small piece is very different. Her fascination with Ophelia from Shakespeare's Hamlet produced a solo and a duet in 1997-1998; *Stork* (1998) is Small's peculiar spin on the novel Little Women, while *Remember Vienna* (1990, 1994) uses breathlessness as a metaphor for loss. She has also created seven acclaimed pieces for Canadian Children's Dance Theatre. As well, she is collaborating with Susan Cash on a book entitled Renegade Dance in Canada.

York.

Small attribue son style chorégraphique imprévisible et provocant à son imagination délirante qui tient parfois du grotesque. Bien que ses thèmes s'ancrent dans l'intellect, ses images visuelles, oscillant de l'humour à la mélancolie, tendent vers le bizarre. Ses oeuvres peuvent êtres choquantes, étranges ou sarcastiques mais jamais superficielles. Des éléments qui prédominent dans son travail sont l'utilisation du texte et la collaboration avec des musiciens. Son oeuvre signature, *Wounded* (1988, 1995), une collaboration avec le compositeur John Oswald, son partenaire de longue date, explore la psyché féminine blessée et inarticulée. Dans la version originale, une femme était debout sur un piédestal, son visage caché par un voile de tulle; les trois musiciens et trois danseuses tournaient autour d'elle. La femme progressait à travers un cheminement tortueux révélant divers masques sous le nuage de tulle. Perfectionniste, Small est rarement satisfaite de son travail et dans la nouvelle version de *Wounded* (1995), elle remplaça les trois musiciens en direct avec des danseurs masculins et retira le piédestal.

Chaque oeuvre de Small est très différente de la précédente. Sa fascination pour Ophélie dans Hamlet de Shakespeare se traduit en 1997-1998 par un solo et un duo. *Stork* (1998) est l'interprétation personnelle de Small du roman Little Women, alors que *Remember Vienna* (1990, 1994) utilise la respiration haletante comme métaphore de la perte. Elle a créé sept oeuvres acclamées pour le Canadian Children's Dance Theatre. De plus, elle collabore avec Susan Cash sur un livre intitulé: Renegade Dance in Canada.

Photo: Ken Bell

**Lois Smith**
by/par Graham Jackson

**Smith, Lois**. Dancer, teacher, choreographer, artistic director. Born: October 8, 1929, Vancouver, British Columbia.

Although her performing career began in the late 1940's, in the choruses of musicals such as Oklahoma! and Song of Norway at Theatre Under the Stars in Vancouver, Lois Smith not only stepped into a principal position with the National Ballet of Canada the year it was born (1951), but also by 1955 had been hailed as Canada's first "prima ballerina". She was to wear this mantle proudly for the following fourteen years, until a torn tendon forced her to leave the stage in 1969.

As Smith herself has said in interview, "The Lady Continues", Onion, November, 1977, she was a good "well-rounded dancer, as competent in allegro work as in adage." These early years

**Smith, Lois**. Danseuse, professeure, chorégraphe, directrice artistique. Née : 8 octobre 1929, Vancouver, Colombie-Britannique.

Malgré que sa carrière d'interprète n'ait débutée que vers la fin des années 1940 dans des revues musicales telles que Oklahoma et Song of Norway au Theatre Under the Stars à Vancouver, Lois Smith fut non seulement nommée à un poste important avec le Ballet national du Canada, l'année même de sa fondation (1951), mais acclamée déjà en 1955 comme la première prima ballerina du Canada. Elle devait porter cette épithète pendant les quatorze années subséquentes jusqu'à ce qu'un tendon déchiré la força à abandonner la scène en 1969.

Comme Smith le dit elle même dans une entrevue intitulée: "The Lady Continues", Onion, Novembre 1977, elle était une «danseuse relativement complète, aussi compétente dans l'allegro que dans l'adagio». Ses premières années avec le Ballet national ne se résumaient cependant pas simplement à des exploits techniques. Les ballets que Smith dansait avec la compagnie étaient avant tout des divertissements ou des spectacles dramatiques et elle releva ces défis avec un panache théâtral nourri, nul doute, par ses années passées dans sa jeunesse avec le Theatre Under the Stars et le Los Angeles Civic Light Opera.

Dans les cinquante années d'existence du

of the National Ballet were not, however, about bravura technique for its own sake. The ballets Smith danced with the company were primarily entertaining and/or dramatic, and she embraced the challenges these offered her with real theatrical panache, fed, no doubt, by her early years with Theatre Under the Stars and the Los Angeles Civic Light Opera.

As a dramatic dancer, she has hardly had her peer in the National Ballet's fifty-year history. Her interpretations of the major classical parts, the title roles in *Giselle* and *La Sylphide*, Odette/Odile in three different versions of *Swan Lake*, Nikiya in *Bayaderka* and Swanhilda in *Coppélia* all revealed nuances not frequently encountered in these heroines. Dramatic ballets were made for her, too, such as *Ballad* (Grant Strate, 1958), *The House of Atreus* (Strate, 1964) in which she portrayed the brooding princess of Mycenae, Electra, and *La Prima Ballerina* (Heino Heiden, 1967). Where her dramatic gifts could be seen to greatest effect, however, was in the three works of Antony Tudor which the National Ballet danced throughout the 1950's and 1960's, *Offenbach in the Underworld*, *Dark Elegies* and *Lilac Garden*. This last ballet, in particular, became so closely identified with Smith that it was hard to imagine anyone else embodying Caroline. It was perhaps her greatest triumph. Toronto Star dance and theatre critic, the late Nathan Cohen, wrote, "Hers was a performance of the most remarkable discipline and muted anguish. Over the years, her work in *Lilac Garden* grew steadily in lyricism and power."

Since her exit from the ballet stage, Smith has concentrated most of her energies on teaching, first on Toronto's Front Street, at the Lois Smith School of Dance, and later as head of the Dance Department at George Brown College in Toronto. She has from time to time acted as guiding light for various chamber dance companies: Dancesmiths, Canadian Silent Players and, with Earl Kraul, her former partner at the National Ballet, the Dance Company of Ontario. She has provided choreography for the Canadian Opera Company (Aida, Eugene Onegin, Joan of Arc and La Traviata) and the

Ballet national, peu de personnes peuvent se vanter de lui être égale en terme de danse dramatique. Ses interprétations des rôles classiques tels que les rôles-titres dans *Giselle*, *La Sylphide*, Odette/Odile dans trois versions différentes du *Lac des cygnes*, Nikiya dans *Bayaderka* et Swanhilda dans *Coppélia*, révélèrent toutes des nuances rarement évoquées chez ces héroïnes. Des ballets dramatiques furent aussi créés à son intention, entre autres *Ballad* (Grant Strate, 1958), *The House of Atreus* (Strate, 1964) dans lequel elle personnifia la mélancolique Princesse d'Électre et *La Prima Ballerina* (Heino Heiden, 1967). Ses talents dramatiques par contre étaient vraiment mis en valeur dans les trois oeuvres d'Antony Tudor, oeuvres dansées par le Ballet national tout au long des années 1950 et 1960; *Offenbach In the Underworld*, *Dark Elegies* et *Jardin aux lilas*. Ce dernier ballet en particulier, devint si étroitement identifié à Smith qu'il était difficile d'imaginer quelqu'un d'autre personnifiant Caroline. Il s'agit peut-être là de son plus grand triomphe. Le critique de danse et de théâtre du Toronto Star, le défunt Nathan Cohen écrit: «Son interprétation traduisait la plus remarquable des disciplines et une angoisse silencieuse. Au fil des années, son travail dans le *Jardin aux lilas* gagna régulièrement en lyrisme et en puissance.»

Depuis son départ de la scène, Smith a concentré la majorité de son énergie à l'enseignement, initialement sur la rue Front à Toronto, au Lois Smith School of Dance et plus tard en tant que directrice du département de Danse au George Brown College à Toronto. De temps en temps, elle a guidé certaines compagnies de danse de chambre : Dancesmith, Canadian Silent Prayers, et avec Earl Kraul, son ancien partenaire du Ballet National, le Dance Ontario Company. Elle a également créé des chorégraphies pour le Canadian Opera Company: Aida, Eugene Onegin, Joan of Arc, La Traviata et pour la compagnie de l'Opéra de Winnipeg: Aida.

À l'occasion, depuis son départ du Ballet national, elle est retournée à la scène dans des rôles de caractère comme ceux de Dame Capulet

Winnipeg Opera Company (Aida).

Occasionally, since she left the National Ballet, she has returned to the stage in character roles like that of Lady Capulet in Brian Macdonald's *Star-Crossed* (Ottawa Festival Ballet, 1973) and Giovanina in *Napoli* (National Ballet of Canada, 1981). Most memorably, she appeared as the Writer in Anna Blewchamp's darkly brooding masterpiece *Arrival of All Time* when it was revived in 1985. It was a perfect vehicle for demonstrating once again her great dramatic presence. She was also twice (1986, 1987) a participant in David Earle's Christmas festivities for the Toronto Dance Theatre, *Court of Miracles*, at the Premiere Dance Theatre.

Smith has received many awards, including the Centennial Medal in 1967, the International Women's Day Medal 1977, the Order of Canada 1980, Dance Ontario Award 1983 and the City of Toronto's Service Medal 1985.

In 1988, Smith left her post at George Brown College, and soon after moved back to her home province where she currently resides. Upon her return, she taught for a couple of seasons at Earl Kraul and Grant Strate's Dance Gallery in Vancouver (1989, 1990) and since then has taught at Dance World (1990) and adjudicated ballet in Nanaimo and Coquitlam. She sits on the boards of several organizations including the Hunter Gallery and the Festival of Written Arts, as well as serving as trustee for Ballet British Columbia. Most of her energy these days, however, goes into the creation of stained glass.

In 1992, Toronto audiences were given a rare opportunity to see Smith perform, albeit briefly, in *Rosemary, That's for Remembrance*, at the Dancer Transition Resource Centre/Actors' Fund gala, The Dance Goes On.

dans *Star-Crossed* de Brian Macdonald (Ottawa Festival Ballet, 1973) et de Giovanina dans *Napoli* (Ballet national du Canada, 1981). Dans un très mémorable, elle interpréta l'écrivaine dans le chef-d'oeuvre profondément mélancolique d'Anna Blewchamp, *Arrival of All Time* lorsqu'il fut repris en 1985. Cette oeuvre est un véhicule parfait pour sa grande présence dramatique. Elle participa aussi à deux reprises (1986, 1987) aux festivités de Noël de David Earle pour le Toronto Dance Theatre, *Court of Miracles* au Premiere Dance Theatre.

Smith à reçu plusieurs prix entre autres, la médaille du Centenaire en 1967, la médaille de la Journée internationale des femmes en 1983 et la médaille pour services rendus de la ville de Toronto en 1985.

En 1988, Smith laissa son poste au George Brown College et peu après déménagea dans sa province natale où elle réside toujours présentement. À son retour dans cette province elle enseigna quelques saisons chez Earl Kraul et au Grant Strate Dance Gallery à Vancouver (1989, 1990) et à depuis enseigné à Dance World (1990) et a siégé comme juré à Nanaimo et Coquitlam. Elle est membre de nombreux conseils d'administration, entre autres, la Galerie Hunter et le Festival of Written Arts. Elle agit aussi en tant qu'administratrice du Ballet British Colombia. La majorité de son énergie passe maintenant dans la création d'oeuvres en vitrail.

En 1992, les auditoires de Toronto eurent la chance rarissime de voir Smith danser brièvement dans *Rosemary, That's for Remembrance* au gala de levée de fonds du Centre de ressources et transition pour danseurs/Fonds des acteurs, The Dance Goes On.

**Song of David** (Chant de David)
Premiere/Première: Neo Dance Theatre, Second Canadian Ballet Festival/deuxième Festival de ballet canadien, Royal Alexandra Theatre, Toronto, March 4 mars, 1949
Based on the 23rd Psalm (A Salute to Israel)/Inspiré du 23ième Psaume (Un Salut à Israël)
Choreography and Direction/Chorégraphie et direction: Cynthia Barrett
Costumes: Avrom, Florence Cash
Lighting/Éclairages: Avrom
Piano Accompanist/Accompagnatrice au Piano: Tillie Podoliak
Soprano Voice/Voix: Shirley Newman
Speaking Voice/Voix parlée: Peter Manierko
Music/Musique: Moussorgsky, J. Chajez, A. Weprik
Cast/Distribution:
    The Sages/Les Sages: Rachel Browns
    The Three Wanderers/Les Trois Vagabonds: Anna Burns, Frances Bernholtz, Lillian Pearl
    The Two Lovers/Les Deux Amoureux: Shoshana Teitel, Cliff Collier
    The Family/La Famille:
    Mother/Mère: Shelagh Granovsky
    Father/Père: Norman Litvak
    Children/Enfants: Terrye Swadron, Rene Burman
    Others/Autres: Barbara Sheinkman, Ruth Zarnet, Pearl Blazer, Florence Cash, Jerry Stachow

PART I - "I Shall Not Want." 1. Entrance of the Group. 2. The Statement - "I Shall Not Want." 3. The eternal wanderers and scapegoats - driven from land to land - are symbolized by the dance of the three wanderers, the lovers separated, the family torn apart. Out of the suffering, desolation and futility arises a new spirit which is symbolized by the statement - "I Shall Not Want!"
PART II - "To Lie Down in Green Pastures, Beside Still Waters." This is a pastoral scene. The group re-enters in peace and hopes fulfilled. The wanderers find a place called home. The two lovers are re-united. The family unit is a happy, carefree one. It closes on a joyous dance.
PART III - "Though I walk through the Valley of the Shadow of Death, I Shall Fear No Evil." This is the challenge, and the group answer with a strong dance, based on a marching theme.
PART IV - "I Shall Not Want!"


PARTIE I - «Rien ne saurait me manquer» 1. Entrée du groupe. 2. L'Énoncé - «Rien ne saurait me manquer». 3. Les éternels vagabonds et les bouc-émissaires - chassés d'une terre à l'autre - sont symbolisés par la danse des trois vagabonds, les amants séparés, la famille déchirée. De la souffrance, de la désolation et de la futilité surgit une nouvelle vision symbolisée par l'énoncé - «Rien ne saurait me manquer!»
PARTIE II - «Se reposer dans de verts pâturages, près d'eaux paisibles.» Il s'agit d'une scène pastorale. Le groupe entre de nouveau dans un climat de paix et d'espoirs comblés. Les vagabonds trouvent leur propre lieu. Les deux amants sont réunis. Le noyau familial est heureux et libre. Une danse joyeuse clôt le tout.
PARTIE III - «Bien que je marche dans la Vallée de l'ombre de la Mort, je ne crains aucun mal.» Voilà bien le défi et le groupe répond avec une danse puissante, inspirée du thème d'une marche.
PARTIE IV - «Rien ne saurait me manquer!»

Photo: John Steele

## Ruth Sorel
by/par Iro Valaskakis Tembeck

**Sorel, Ruth**. Choreographer, artistic director, dancer, teacher. Born: 1907, Halle, Germany. Died: 1974, Warsaw, Poland. Birth name: Ruth Abramowitz (or Abramovitch).

Born of Polish parents, Ruth Abramowitz studied Dalcroze Eurhythmics, and danced for Mary Wigman in Dresden from 1923-1928. From 1927-1933 she was also a soloist with the Berlin Municipal Opera (Berlin Stadtisheoper), appearing in works by Lizzie Maudrik, and was particularly known for her character role in the *Legend of Joseph* (1930). In 1933, she won first prize for her exceptionally expressive dancing at the International Solo Dance Festival held in Warsaw. Soon after, she was forced to flee Nazi persecution because of her Jewish parentage, and she settled in Poland with her dance partner George Groke. Together they toured Italy, France, England and Palestine for the next two years, venturing also as far as Canada, the United States and Brazil. Her concert work *Salome* or the *Dance of the Seven Veils* was particularly well received.

**Sorel, Ruth**. Chorégraphe, directrice artistique, danseuse, professeure. Née : 1907, Halle, Allemagne. Décédée : 1974, Varsovie, Pologne. Nom à la naissance : Ruth Abramowitz (ou Abramovitch).

Née de parents polonais, Ruth Abramowitz étudia l'Eurythmie Dalcroze et dansa pour Mary Wigman à Dresden de 1923 à 1928. De 1927 à 1933, elle fut soliste avec l'Opéra municipal de Berlin (Berlin Stadtishoeper), dansant des oeuvres de Lizzie Maudrik. Elle fut particulièrement reconnue pour son rôle de caractère dans la *Legend of Joseph* (1930). En 1933, elle gagna le premier prix pour son interprétation exceptionnellement expressive au Festival international de danse solo à Varsovie. Ses parents étant juifs, elle fut contrainte peu après à fuir la persécution nazie et elle s'installa en Pologne avec son partenaire de danse, George Groke. Ensemble, ils firent la tournée de l'Italie, de la France, de l'Angleterre et de la Palestine pour les deux années subséquentes, étirant leur parcours jusqu'au Canada, les États-Unis et le Brésil. Son oeuvre pour concert *Salomé* ou le *Dance of the Seven Veils* fut particulièrement appréciée.

In Warsaw, Abramowitz opened a school for dance and theatre professionals with an official permit from the Ministry of Education. The students she trained were to receive awards at subsequent international competitions, notably in Brussels in 1939.

While in Poland, Abramowitz married a Polish writer and dramaturge, Michel Choromanski, and emigrated with him to Canada in 1944. During her stay in Montreal, Abramowitz performed and worked under the name of Sorel, dropping her other surname. She opened a dance studio in Westmount, and she also taught in Trois-Rivières and Shawinigan. Her troupe was alternately billed as Les Ballets Ruth Sorel or the Ruth Sorel Modern Dance Group, and the pieces involved both the European modern dance approach and the classical ballet vocabulary.

Among her best known works was *Mea Culpa, Mea Culpa*, a medieval mystery play with characters including a sinner, a priest and a Greek-style chorus of women. The work was featured in the Second Canadian Ballet Festival held in Toronto in 1949, and a very short sequence from it appears in the National Film Board documentary Ballet Festival. Other works include *Tittle Tattle*, *Two Lawyers in the Moonlight*, *Shakespearean Shadows* and *La Gaspésienne*. This last piece, created in 1949, was one of the first dance works to deal with French Canadian subject matter.

As well as performing in Canada, Sorel's group appeared in New York at the Choreographers' Workshop. Among the dancers in the company were Andrée Millaire, Birouté Nagys, Alexander Macdougall and Michel Boudot.

In the mid-1950's, Sorel and her husband left Canada, returning to Warsaw, where she died in 1974.

À Varsovie, Abramowitz ouvrit une école à l'intention de professionnels de la danse et du théâtre avec un permis du ministère de l'Éducation. Les élèves qu'elle forma reçurent plus tard des prix à des concours internationaux, notamment à Bruxelles en 1939.

En Pologne, Abramowitz épousa un écrivain polonais dramaturge, Michel Choromanski et émigra avec lui au Canada en 1944. Lors de son séjour à Montréal, Abramowitz travailla et donna des spectacles sous le nom de Sorel, laissant tomber son nom de famille. Elle ouvrit un studio de danse à Westmount et enseigna aussi à Trois-Rivières et à Shawanigan. Sa compagnie s'affichait sous le nom Les Ballets Ruth Sorel ou le Ruth Sorel Modern Dance Group et les oeuvres présentées reflétaient à la fois l'approche européenne de la danse moderne et le vocabulaire du ballet classique.

Parmi ses oeuvres les plus connues on compte *Mea Culpa, Mea Culpa*, un mystère médiéval dont les personnages incluent un pécheur, un prêtre et une chorale de femmes de style grecque. L'oeuvre fut au programme du second Festival de ballet canadien à Toronto en 1949 et une très courte séquence apparaît dans le documentaire tourné par l'ONF sur le Festival de ballet. D'autres oeuvres incluent *Tittle Tattle*, *Two Lawyers in the Moonlight*, *Shakespearean Shadows et La Gaspésienne*. Cette dernière oeuvre, créée en 1949, fut l'une des premières à traiter de la question canadienne-française.

En plus d'offrir des spectacles au Canada, le groupe de Sorel donna aussi des représentations à New York au Choreographers' Workshop. On retrouvait parmi les danseurs de la compagnie André Millaire, Birouté Nagys, Alexander Macdougall et Michel Boudot.

Sorel et son mari quittèrent le Canada au milieu des années 1950 et retournèrent à Varsovie où elle décéda en 1974.

**Du souffle de sa tourmente, j'ai vu** (From the breath of her torment, I saw)
Première/Premiere: Le Carré des Lombes, l'Agora de la danse, Montreal, October 12 octobre, 1994
une chorégraphie de Danièle Desnoyers/A Danièle Desnoyers Choreography
Interprètes/Performers: Sophie Corriveau, Anne Le Beau, Heather Mah, Catherine Tardif, Suzanne Trépanier (Stagiaire/Understudy: Nancy Leduc)
Répétitrice/Rehearsal Director: Cathy Casey
Musique originale/Original Music: Gaétan Leboeuf
Costumes et conception du mannequin de cèdre/costumes and design of cedar mannequin: Georges Lévesque
Éclairages/Lighting: Marc Parent
Maquillage et coiffures/Make-up and Hairstyles: Angelo Barsetti
Équipe technique/Technical Crew: Anne Plamondon, Réjean Bourgault, Vincent Rouleau, Michel Maher, Luc Roy, Marc Tremblay
Photographie/Photography: Luc Sénécal, Michael Slobodian

Une production du Carré des Lombes, en co-production avec Danse à Lille et le Festival Danse Canada, avec la collaboration de l'Agora de la danse (Montréal) et du Yellow Springs Institute (EU)./A Le Carré des Lombes production in co-production with Danse à Lille and the Canada Dance Festival, in collaboration with l'Agora de la danse (Montreal) and the Yellow Springs Institute (U.S.A.).

*Du souffle de sa tourmente, j'ai vu* échappe à la rationalité d'un thème avoué et laisse ainsi jaillir l'imprévisible, la liberté du geste, son empreinte sur le corps des interprètes. Des corps qui imposent un ordre dans l'espace puis laissent transparaître une "intime sauvagerie". Obsession du rythme, jeu preste des jambes, accumulation de sens, de regards troubles. Des corps qui se cabrent, qui vibrent, soufflent, souffrent, désirent ... dansent!.

*Du souffle de sa tourmente, j'ai vu* eludes the rationality of an acknowledged theme, letting an unexpected flow and freedom of movement imprint on the dancers' bodies, bodies which impose an order into space, then lead to show an "intimate wildness". Rhythm obsession, nimble leg motion, concurrent meanings, troubled looks. Bodies that rebel, vibrate, breathe, hurt, desire ... dance!

- $3.00 -

# THE DANCE CURRENT

**TORONTO'S ONLY COMPREHENSIVE MONTHLY DANCE PUBLICATION**
**WRITTEN AND PUBLISHED BY DANCERS FOR DANCERS**

VOLUME 2, ISSUE 10                    MAR 2000

Toronto, 1998 -

Photo: Michael Slobodian

### Daniel Soulières
by/par Linde Howe-Beck

**Soulières, Daniel**. Dancer, choreographer, artistic director, teacher. Born: January 10, 1950, Montreal, Quebec.

This veteran of Montreal contemporary dance began exerting a quiet influence over the development of Quebec dance after joining Groupe Nouvelle Aire in 1974, following six years of studying Graham technique, movement innovation and collective choreography with Françoise Graham in Montreal.

After receiving a degree in psychology from the Université de Montréal in 1975, Soulières studied classical ballet, improvisation, and Graham, Limón and Cunningham techniques from many of the best teachers of the times. Throughout his long performing career he continued seeking out top teachers such as Peggy Baker, Peter Boneham, Martha Carter, Linda Rabin, Joel Simkin, Mel Wong and Tassy Teekman.

He became one of Montreal's most popular

**Soulières, Daniel**. Danseur, chorégraphe, directeur artistique, professeur. Né : 10 janvier 1950, Montréal, Québec.

Ce vétéran de la danse contemporaine à Montréal commença à exercer une influence certaine sur le développement de la danse au Québec après qu'il se soit joint au Groupe Nouvelle Aire en 1974. Il avait étudié la technique Graham pendant six ans auparavant, ainsi que le mouvement innovateur et la chorégraphie en collectif avec Françoise Graham à Montréal.

Suite à l'obtention d'un diplôme en psychologie de l'Université de Montréal en 1975, Soulières étudia le ballet classique, l'improvisation et les techniques Graham, Limón et Cunningham avec plusieurs des meilleurs professeurs de l'époque. Pendant sa longue carrière d'interprète, il continua à étudier avec des professeurs de renom tels que Peggy Baker, Peter Boneham, Martha Carter, Linda Rabin, Joel Simkin, Mel Wong et Tassy Teekman.

Il devint l'un des danseurs les plus populaires de Montréal, dansant plus de 165 rôles créés à son intention par des chorégraphes comme James Kudelka, Françoise Sullivan, Jeanne Renaud, Daniel Léveillé, Gilles Maheu, Jean-Pierre Perreault, Robert Desrosiers, Paul-André Fortier, Hélène Blackburn et Ginette Laurin. On l'associe le plus fréquemment aux

dancers, appearing in more than 165 roles created for him by dancemakers including James Kudelka, Françoise Sullivan, Jeanne Renaud, Daniel Léveillé, Gilles Maheu, Jean-Pierre Perreault, Robert Desrosiers, Paul-André Fortier, Hélène Blackburn and Ginette Laurin. Most closely identified with Perreault's works – he might have been the prototype for *Joe* (1983) with his chameleon-like ability to transform himself into a bland-faced, hunched little nebbish – he has been significant in Perreault's monumental works for two decades.

Considering Soulières maintained a full-time position as chief usher at Place des Arts, his touring schedule was staggering. Performing up to seventy shows a year, he toured North America, Europe and Australia. He averaged thirty-seven shows annually for the nineteen years between 1977 and 1996.

He also choreographed more than thirty-five pieces, including collective works or structured improvisations. Some, particularly his solos and duos, enjoyed critical and popular success, like *Le Jet d'eau qui jase* (1979), co-choreographed and performed with Monique Girard. It toured internationally for years and in 1992 was remounted by Montréal Danse. Several of his intimate solos like *À propos du grand'homme* (1985) and *Tom* (1987) illustrate his talent for creating irresistible characters who wrestle with their flaws with pride and pathos.

Soulières taught infrequently at Université du Québec à Montréal, Les Ateliers de danse moderne de Montréal and a workshop in Arnhem, Holland, as well as acting as artistic advisor at Le Groupe de la Place Royale for choreographers Hélène Blackburn and Tassy Teekman. Despite the many touching works he has danced and choreographed, Soulières' greatest contributions to dance lies in his unobtrusive commitment to helping others realize their potential as choreographers and dancers. He was the founder and administrator of the production groups Qui Danse, Les Événements de la Pleine Lune and Most Modern. Danse-Cité, another of his innovations, has flourished due to his tireless efforts. Founded in 1982, Danse-Cité offers a laboratory

oeuvres de Perreault, il aurait pu être le prototype pour *Joe* (1983) avec sa capacité, digne d'un caméléon, de se transformer en petit empoté, voûté, au visage vide. Sa présence fut importante pour les oeuvres monumentales de Perreault pendant deux décennies.

Si l'on se rappelle que Soulières a conservé un poste à temps plein de placier principal à la Place des Arts, son horaire de tournée apparaît époustouflant. Participant à plus de soixante-dix spectacles par année, il a fait la tournée de l'Amérique du Nord, de l'Europe et de l'Australie. En moyenne, il dansa dans trente-sept spectacles par année au cours des dix-neuf années entre 1977 et 1996.

Il chorégraphia aussi plus de trente-cinq oeuvres, incluant des oeuvres collectives et des improvisations structurées. Certaines de ses oeuvres, en particulier ses solos et ses duos, furent prisés de la critique et du public, tel que *Le Jet d'eau qui jase* (1979), cochorégraphié et interprété avec Monique Girard. Ce spectacle fut présenté en tournée pendant des années et fut remonté par Montréal Danse en 1992. Plusieurs de ses solos intimes comme *À propos du grand'homme* (1985) et *Tom* (1987) illustrent son talent pour créer des personnages irrésistibles qui se débattent avec leurs faiblesses avec dignité et pathos.

Soulières enseigna occasionnellement à l'Université du Québec à Montréal, aux Ateliers de danse moderne de Montréal et à un atelier à Arnhem, Hollande, tout en agissant comme conseiller artistique au Groupe de la Place Royale pour les chorégraphes Hélène Blackburn et Tassy Teekman. Malgré les nombreuses oeuvres émouvantes qu'il a dansé et chorégraphié, les plus importantes contributions de Soulières à la danse résident dans son engagement discret à aider d'autres à réaliser leur potentiel comme danseur/seuse et chorégraphe. Il fut le fondateur et l'administrateur des groupes de production QuiDanse, Les Événements de la Pleine Lune et Most Modern. Danse-Cité, une autre de ses innovations, a réussi grâce à ses efforts constants. Fondée en 1982, Danse-Cité offre un laboratoire où les jeunes talents et les artistes

environment where young talent and mature artists are supported in their creative process; from four to six projects are staged annually. As artistic director, Soulières provides counselling when requested.

Soulières sits on various committees concerned with the status and recognition of artists. Since 1979 he has made several films and appeared on television. In 1989 he received the Jacqueline Lemieux Prize.

accomplis sont soutenus dans leur processus créateur; de quatre à six projets sont mis en scène chaque année. En tant que directeur artistique, Soulières est disponible pour offrir ses conseils.

Soulières siège sur divers comités travaillant au statut et à la reconnaissance des artistes. Depuis 1979, il a participé à plusieurs films et à des émissions de télévision. On lui a décerné le Prix Jacqueline Lemieux en 1989.

## Arnold Spohr
by/par Max Wyman

**Spohr, Arnold**. Artistic director, teacher, choreographer, dancer. Born: December 26, 1923, Rhein, Saskatchewan. Birth name: Arnold Theodore Spohr.

**Spohr, Arnold**. Directeur artistique, professeur, chorégraphe, danseur. Né : 26 décembre 1923, Rhein, Saskatchewan. Nom à la naissance : Arnold Theodore Spohr.

Arnold Spohr fut un phare de génie pour la danse au Canada dans la deuxième moitié du vingtième siècle. Quand on lui décerna le Diplôme d'honneur de la Conférence canadienne des arts en 1983, la citation le décrivit comme «l'homme le plus aimé de la danse au Canada».

Il tomba amoureux du ballet dès qu'il assista à un spectacle des Ballets Russes de Monte Carlo en tournée à Winnipeg en 1942, et deux ans plus tard, il s'inscrit secrètement aux cours offerts par Gweneth Lloyd et Betty Farrally, les

Arnold Spohr has been one of the guiding geniuses of dance in Canada in the second half of the twentieth century. When he was awarded the Diplôme d'honneur of the Canadian Conference of the Arts in 1983, the citation described him as "the best loved man in Canadian dance".

He became enamoured of ballet on his first exposure to the touring Ballets Russes de Monte Carlo in Winnipeg in 1942, and two years later enrolled secretly in classes with the Winnipeg Ballet's founders, Gweneth Lloyd and Betty Farrally. Within three months he was a member of the fledgling company's corps de ballet; within two years he was a principal. In the following decade roles were created for him in more than twenty ballets.

His highpoint as a dancer came in 1956, in London, when he partnered Alicia Markova in a production of *Where the Rainbow Ends*. By that time he had also started to choreograph. After seeing Spohr's *Ballet Premier* (1950), writer Anatole Chujoy said, "there is no doubt that the inventive Mr. Spohr has the makings of a very gifted choreographer". His work was seen not only on the RWB but also at Winnipeg's summer musical theatre, Rainbow Stage, and extensively in the early years of CBC Television in Winnipeg.

However, his choreographic career was forsaken for a more important task; in 1958 he was called on to take over the artistic direction of the RWB at one of the lowest points in its history – almost destroyed by fire in 1954, it had suffered through several shaky years as directors came and went. Spohr picked up the reins reluctantly, believing himself less than qualified for the job, but his accession was a turning-point for the company and for Spohr. He devoted much of his time for several years to touring the world in search of ballet excellence, then settled down to develop a company that would offer a wide range of stylishly-performed dance. His unflagging belief in the need to make dance accessible, a principle instilled in him by Lloyd and Farrally, made the RWB by the 1970's one of the world's best-loved and most-travelled companies.

cofondatrices du Winnipeg Ballet. Après trois mois, il devint membre du corps de ballet de la compagnie débutante et après deux ans, danseur principal. Dans la décennie qui suivit, on créa des rôles à son intention dans plus de vingt ballets.

L'apogée de son travail de danseur se produit en 1956, à Londres, lorsqu'il fut le partenaire d'Alicia Markova dans une production de *Where the Rainbow Ends*. À cette époque, il avait également commencé à chorégraphier. Après avoir assisté à une représentation du *Ballet Premier* de Spohr, l'écrivain Anatole Chujoy affirma: «il n'y a aucun doute que l'inventif M. Spohr a l'étoffe d'un chorégraphe de grand talent». Ses oeuvres furent présentées non seulement avec le RWB mais aussi avec le théâtre musical d'été, le Rainbow Stage, ainsi qu'à de très nombreuses émissions produites durant les débuts de la chaîne de télévision CBC à Winnipeg.

Cependant, il délaissa sa carrière chorégraphique au profit d'une tâche plus importante; en 1958, on lui demanda de prendre en charge la direction artistique du RWB à l'un des ses plus bas niveaux de son histoire - presque détruit par un incendie en 1954, la compagnie avait vécu plusieurs années précaires où les directeurs se succédaient rapidement. C'est avec réticence que Spohr accepta le poste, ne se croyant pas vraiment qualifié mais son arrivée marqua un point tournant et pour la compagnie et pour Spohr. Il consacra beaucoup de son temps à voyager à la recherche de l'excellence en ballet et s'attela ensuite à développer une compagnie qui allait offrir un large éventail de danses présentées avec style. Sa confiance inébranlable dans la nécessité de rendre la danse plus accessible, un principe inculqué par Lloyd et Farrally, ont fait du RWB des années 1970 l'une des compagnies de danse les plus aimées au monde et l'une de celles qui voyagea le plus.

L'un des plus précieux apports de Spohr à la compagnie fut la découverte des chorégraphes Brian Macdonald, Norbert Vesak, John Neumeier et Oscar Araiz, qui créèrent tous des ballets pour le RWB dans les premières années

One of Spohr's greatest values to the company was as a discoverer of choreographers. Brian Macdonald, Norbert Vesak, John Neumeier and Oscar Araiz all provided ballets for the RWB in the early stages of their creative careers. Spohr also sought out guest stars and internationally renowned teachers to clarify his company's performance style, among them Vera Volkova, one of the leading authorities on the technique of Agrippina Vaganova. However, he also became legendary in his own right as a coach and motivator. New York critic Walter Terry once described him as "one of the greatest ballet directors I have ever watched at work."

Led by Spohr, the RWB was acclaimed as the "crown jewel" of the 1964 Jacob's Pillow season in Lee, Massachusetts. "That's where we became famous", says Spohr. The company subsequently went on to major national and international acclaim.

From 1967 to 1983 Spohr served as director of the dance department at the Banff Centre for the Arts. He has been for many years a juror and assessor for the Canada Council. His awards are numerous, among them various scholarships and grants from the Canada Council; the 1967 Centennial Medal; honorary degrees at the Universities of Manitoba, 1970; Winnipeg, 1983; and Victoria, 1987; the Order of Canada, 1970; the 1970 Molson Prize; the 1981 Dance Magazine Award; the 1983 Diplôme d'honneur from the Canadian Conference of the Arts; the 1986 Canada Dance Award; the 1987 Royal Bank Award, and in 1998 Spohr received a Governor General's Performing Arts Award.

Spohr relinquished artistic directorship of the Royal Winnipeg Ballet in 1988, after thirty years of service to the company. He was appointed artistic director emeritus, retained an office at the company's Winnipeg headquarters and continued to devote much of his time to work on behalf of the RWB, as well as maintaining his longterm availability as a consultant to other dance companies in Canada and the United States, such as Toronto's Ballet Jörgen, where he is the associate director.

de leur carrière. Spohr rechercha également des danseurs/seuses-étoiles et des professeur(e)s de renom international afin de préciser le style inhérent à la compagnie comme par exemple, Vera Volkova, l'une des autorités en matière de la technique d'Agrippina Vaganova. Il devint une figure légendaire à son propre titre comme entraîneur et motivateur. Le critique de New York, Walter Terry l'a déjà décrit comme «un des plus grands directeurs de ballet que j'ai pu observer au travail».

Sous la direction de Spohr, le RWB fut acclamé comme le «joyau de la couronne» de la saison 1964 du Jacob's Pillow à Lee au Massachusetts. «C'est à cette occasion que nous sommes devenus célèbres», raconte Spohr. Subséquemment, la compagnie atteint une renommée nationale et internationale.

De 1967 à 1983 Spohr assuma le poste de directeur du département de danse au Banff Centre for the Arts. Depuis de nombreuses années, il a aussi été juré et évaluateur pour le Conseil des Arts du Canada. Il a reçu de nombreux prix, ainsi que des bourses et subventions du Conseil des Arts du Canada, la médaille du centenaire de 1967, des diplômes honorifiques des universités du Manitoba en 1970, de Winnipeg en 1983 et de Victoria en 1987, l'Ordre du Canada en 1970, le Prix Molson en 1970, le Prix Dance Magazine en 1981, le diplôme d'honneur de la Conférence canadienne des arts en 1983, le Prix Dance Canada en 1986, le Prix de la Banque Royale en 1987 et le Prix du Gouverneur général pour les Arts de la scène en 1998.

Spohr quitta le poste de directeur artistique du Royal Winnipeg Ballet en 1988, après trente années de service à la compagnie. Il fut nommé directeur artistique émérite, conservant un bureau au siège social de la compagnie à Winnipeg et il continua à consacrer une grande portion de son temps à oeuvrer au profit du RWB, tout en agissant comme expert-conseil pour d'autres compagnies de danse au Canada et aux États-Unis notamment, le Ballet Jörgen de Toronto dont il est directeur-associé.

Photo: Jeannette Edissi-Collins

**Staines, Mavis**. Teacher, artistic director, dancer. Born: April 9, 1954, Glen Sutton, Quebec.

Mavis Staines studied dance in Ottawa and Vancouver before entering the National Ballet School at the age of thirteen. She graduated in 1972, and continued her studies for another year in Toronto, London and Paris before entering the National Ballet of Canada in 1973. She was promoted to second soloist in 1975 and first soloist in 1976.

At the National Ballet, Staines distinguished herself by the analytical quality of mind and impeccable accuracy she brought to ballets of varying styles, from the works of Sir Frederick Ashton to those of Constantin Patsalas, *Black Angels* (1976); Hans Van Manen, *Four Schumann Pieces*; and Toer Van Schayk, *Collective Symphony*. Even more impressive than Staines' sensitivity to stylistic nuance,

**Mavis Staines**
by/par Penelope Reed Doob

**Staines, Mavis**. Professeure, directrice artistique, danseuse. Née : 9 avril, 1954, Glen Sutton, Québec.

Mavis Staines étudia la danse à Ottawa et à Vancouver avant d'entrer à l'École nationale de ballet à treize ans. Elle compléta ses études en 1972 et poursuivit sa formation pour une autre année à Toronto, à Londres et à Paris avant de se joindre au Ballet national du Canada en 1973. Elle fut promue au poste de seconde soliste en 1975 et de première soliste en 1976.

Au Ballet national, Staines se démarqua par la qualité analytique de son esprit et l'impeccable précision qu'elle apportait aux ballets de styles variés, des oeuvres de Sir Frederick Ashton à celles de Constantin Patsalas *Black Angels* (1976); de Hans Van Manen *Four Schumann Pieces*; et de Toer Van Schayk *Collective Symphony*. En plus de sa grande sensibilité aux nuances stylistiques, elle démontre un abandon étrangement nostalgique lorsqu'elle interprète des rôles comme celui d'Isabelle-Marie dans *Mad Shadows* (1977) d'Ann Ditchburn.

En 1978, Staines se joint au Ballet national de la Hollande. Elle fut contrainte de prendre sa retraite à cause d'une blessure grave à une jambe

however, was the oddly wistful emotional abandon she brought to roles such as Isabelle-Marie in Ann Ditchburn's *Mad Shadows* (1977).

In 1978, Staines joined the Dutch National Ballet. She was forced into retirement by a serious leg injury in 1981, and she then launched a second career as teacher by enrolling in the National Ballet School's Teacher Training Program, and joining the staff in 1982.

The questioning and creative qualities of mind that Staines had brought to her dancing informed her teaching, and were now overlaid by a profoundly nurturing concern for her students that went hand in hand with adherence to high artistic standards. Staines became associate director of the National Ballet School in 1984, and upon Betty Oliphant's retirement in 1989, Staines became artistic director and ballet principal.

Committed to maintaining the school's position as one of the best such institutions in the world, Staines has continued Oliphant's insistence on purity of style and solid classical training as well as a strong emphasis on the need to train and support the full development of young dancers as strong and confident individuals, in and out of class. To this end, and not without controversy, Staines has brought in great teachers from across the world, so that the best of every training method can be adapted to student needs for an evermore inclusive technical background. Realizing the importance of providing strong training in modern styles, Staines appointed Peggy Baker as continuing artist-in-residence at the school. Aware of new research and practices in kinesiology and physiotherapy, Staines has also invited experts such as Irene Dowd to give regular workshops for staff, students and – in an effort to play a leadership role in community dance training – private dance teachers.

Now recognized as a major force in the world of dance education, Staines has served on numerous advisory panels and as a judge in international dance competitions such as the Prix de Lausanne. In 1998, Staines won the Toronto Arts Award for Performing Arts.

en 1981. Elle se lança alors dans une seconde carrière, celle d'enseignante, en s'inscrivant au programme de formation des enseignant(e)s de l'École national de ballet et se joignant au personnel de l'école en 1982.

La curiosité et la créativité que Staines apportait à sa danse informa son enseignement et étaient en plus imprégnées d'un intérêt profondément nourrissant pour ses élèves, qui allait de pair avec son adhérence à des normes artistiques élevées. Staines devint directrice associée de l'École national de ballet en 1984 et suite à la retraite d'Oliphant en 1989, elle fut nommée directrice artistique et principale de ballet.

Engagée à préserver la renommée de l'école comme l'une des meilleures institutions du genre au monde, Staines insiste toujours sur la pureté du style instaurée par Oliphant et sur une formation technique solide. Elle mise aussi sur l'importance du besoin de former et de soutenir le développement complet de jeunes danseurs/seuses en individus forts et confiants, à l'intérieur et à l'extérieur des classes. Cette vision a poussé Staines, non sans controverses, à engager des professeurs exceptionnels d'à travers le monde de telle sorte que le meilleur de chaque méthode puisse être adapté aux besoins des élèves dans le but de les former techniquement de façon plus complète. Bien consciente de la nécessité d'une formation solide en danse moderne, Staines nomma Peggy Baker au poste d'artiste en résidence permanente à l'école. Bien consciente des nouvelles recherches et des pratiques en kinésiologie et en physiothérapie, Staines a aussi invité des experts comme Irene Dowd à offrir des ateliers régulièrement aux membres du personnel, aux élèves et – dans une tentative d'assumer un leadership dans le milieu de l'enseignement de la danse – à des professeurs de danse privés.

Maintenant reconnue comme une force majeure dans le monde de l'enseignement de la danse, Staines a siégé sur de nombreuses tables rondes et elle fut juré pour des concours internationaux de danse comme le Prix de Lausanne. En 1998, Staines remporta le Prix Toronto Arts pour les Arts de la scène.

Photo: Michael Slobodian

**Stearns, Linda**. Artistic director, teacher, dancer. Born: October 22, 1937, Toronto, Ontario.

Linda Stearns spent her entire career with Les Grands Ballets Canadiens in Montreal. She began her training in Toronto with Bettina Byers, and continued in London, England with Phyllis Bedells, Marion Knight and Anna Northcote, before enrolling at the School of American Ballet in New York, where she studied under Felia Doubrovska, Pierre Vladimirov, Anatol Ouboukhov and Melissa Hayden. She also took private lessons with mentor Alexandra Danilova, a personal friend of her family, who guided her towards Les Grands Ballets Canadiens.

Stearns joined that company as a dancer in 1961, and was promoted to soloist within three years. She danced leading roles in the company's repertoire, including Eric Hyrst's *Sea Gallows* (1957), Brydon Paige's *Medea* (1962), Richard Kuch's *The Brood*, the role of Carlotta

## Linda Stearns
by/par Linde Howe-Beck

**Stearns, Linda**. Directrice artistique, professeure, danseuse. Née : 22 octobre 1937, Toronto, Ontario.

Toute la carrière en danse de Linda Stearns fut passée avec Les Grands Ballets Canadiens à Montréal. Elle débuta sa formation à Toronto avec Bettina Byers et la poursuivit à Londres avec Phyllis Bedells, Marion Knight et Anna Northcote. Elle s'inscrit ensuite au School of American Ballet à New York où elle étudia sous Felia Doubrovska, Pierre Vladimirov, Anatol Ouboukhov et Melissa Hayden. Elle suivit également des cours privés avec son mentor, Alexandra Danilova, une amie de famille qui la guida vers Les Grands Ballets Canadiens.

Stearns se joint à la compagnie comme danseuse en 1961 et fut promue soliste trois ans plus tard. Elle dansa des rôles principaux du répertoire entre autres, *Sea Gallows* (1957) d'Eric Hyrst, *Medea* (1962) de Brydon Paige, *The Brood* de Richard Kuch, le rôle de Carlotta Grisi dans *Le Pas de Quatre* d'Anton Dolin, *Graduation Ball* de David Lichine et *Casse-Noisette* (1964) de Fernand Nault.

Stearns aimait passionnément le travail

Grisi in Anton Dolin's *Le Pas de Quatre*, David Lichine's *Graduation Ball* and Fernand Nault's *The Nutcracker* (1964).

Stearns was passionate about performing, and it was with great reluctance in 1966 that she accepted the position of assistant ballet mistress with LGBC, gradually phasing out her stage career by 1969. She quickly distinguished herself under Nault's guidance, and three years later became ballet mistress for the company, retaining this position until 1984. During this period, she rehearsed a multitude of works by Canadian and international choreographers including Nault, Brian Macdonald, James Kudelka, Christopher House, Dolin, John Butler, Antony Tudor and Lar Lubovitch. She took a year away from LGBC in 1970 to work as ballet mistress for the Pennsylvania Ballet. In 1976 she mounted Brian Macdonald's *Time Out of Mind* (1963) for Alicia Alonso's National Ballet of Cuba in Havana.

In 1978, Stearns was appointed one of three members of the company's artistic directorate, with Daniel Jackson and Colin McIntyre. This was a period of broad eclecticism in the company's repertoire. In 1985, she became co-artistic director with Jeanne Renaud. At this time the company added several works by Quebec post-modern choreographers. However, audiences didn't approve of these additions to the repertoire and the company's audience base became seriously eroded. Stearns was appointed sole artistic director in 1987, and scrambled to retrieve lost subscribers by reintroducing a more conservative repertoire. She held this post until her retirement two years later.

Since leaving LGBC, she has assisted choreographer Brydon Paige with a Toronto production of the opera, Aida, served on several dance juries and committees, and returned to LGBC to restage and rehearse several ballets including *Giselle*, *Raymonda*, *The Four Temperaments*, *Lilac Garden* and *The Nutcracker*. She has twice set Fernand Nault's *Carmina Burana* (1966) for the Southern Ballet Theatre in Orlando, Florida, in 1992 and 1994.

In 1994, she worked with British ice dance champions Christopher Dean and Jayne Torvill

d'interprète et c'est avec grand regret qu'elle accepta en 1966 le poste de maîtresse-adjointe de ballet avec LGBC, délaissant son travail de scène en 1969. Sous la supervision de Nault, elle se démarqua rapidement et trois ans plus tard elle fut nommée maîtresse de ballet de la compagnie, conservant ce poste jusqu'en 1984. À cette époque, elle fut répétitrice pour une multitude d'oeuvres de chorégraphes canadiens et internationaux notamment, Nault, Brian Macdonald, James Kudelka, Christopher House, Dolin, John Butler, Antony Tudor et Lar Lubovitch. En 1970, elle prit congé des GBC pour un an afin de travailler comme maîtresse de ballet du Pennsylvania Ballet. En 1976, elle monta *Time Out of Mind* (1963) de Brian Macdonald pour le Ballet national de Cuba d'Alicia Alonso à La Havane.

En 1978, Stearns fut nommée à la direction artistique des GBC avec Daniel Jackson et Colin McIntyre. Le répertoire de la troupe fut particulièrement éclectique durant cette période. En 1985, elle fut nommée codirectrice artistique avec Jeanne Renaud. À cette époque, la troupe ajouta à son répertoire plusieurs oeuvres de chorégraphes québécois postmodernes. Ces additions ne plurent cependant pas au public et le bassin de l'auditoire de la troupe s'en trouva sérieusement réduit. Stearns assuma seule la direction artistique en 1987 et elle se démena pour rattraper les abonnés perdus en introduisant un répertoire plus conservateur. Elle demeura à ce poste jusqu'à sa retraite deux ans plus tard.

Depuis son départ des GBC, elle a assisté le chorégraphe Brydon Paige dans le cadre de la production à Toronto de l'opéra Aida, elle a siégé sur de nombreux comités et jurys en danse et elle a travaillé de nouveau avec LGBC afin de remonter et répéter plusieurs ballets tels que: *Giselle*, *Raymonda*, *The Four Temperaments*, *Jardin aux lilas* et *Casse-Noisette*. Elle a monté à deux reprises le ballet de Fernand Nault *Carmina Burana* (1966) pour le Southern Ballet Theater à Orlando en Floride, en 1992 et en 1994.

En 1994, elle travailla avec les champions britanniques de danse sur glace, Christopher Dean et Jayne Torvill et leur troupe, préparant

and their company, preparing a programme for a world tour. She coaches and teaches ballet and modern movement to young figure skaters in several Ontario communities.

In 1999, for the Alberta Ballet, she staged John Butler's *Othello* – a work that she rehearsed with the choreographer when it entered Les Grands Ballets Canadiens' repertoire in the 1980's.

un spectacle pour une tournée mondiale. Elle supervise et enseigne le ballet et le mouvement moderne à de jeunes patineurs/neuses artistiques dans plusieurs villes de l'Ontario.

En 1999, elle monta *Othello* de John Butler pour l'Alberta Ballet, une oeuvre qu'elle répéta avec le chorégraphe lorsque cette oeuvre fut incluse au répertoire des Grands Ballets Canadiens dans les années 1980.

### Amy Sternberg
by /par Mary Jane Warner

**Sternberg, Amy**. Teacher, choreographer. Born: 1880, Montreal, Quebec. Died: July 6, 1935, Toronto, Ontario.

Amy Sternberg and her elder sister, Sarah, studied Delsarte expression and physical culture at Barnjum's Gymnasium. In 1891 the family moved to Toronto where Sarah established Miss

**Sternberg, Amy**. Professeure, chorégraphe. Née : 1880, Montréal, Québec. Décédée : 6 juillet 1935, Toronto, Ontario.

Amy Sternberg et sa soeur aînée, Sarah, étudièrent l'expression Delsarte et la culture physique au Barnjurn's Gymnasium. En 1891, la famille s'installa à Toronto où Sarah fonda le Miss Sternberg's Gymnasium, offrant des cours de danse et de culture physique. Les élèves du gymnase s'exerçaient avec des poids libres, des anneaux, des cerceaux, des cloches et des foulards. En 1895 Amy, alors âgée de quatorze ans, devint partenaire à part entière de l'école.

Sternberg's Gymnasium, offering classes in dancing and physical culture. Students performed exercises with equipment including bar bells, rings, hoops, bells and scarves. In 1895, Amy, at age fourteen, became an equal partner in the school.

The Sternberg school was patronized by leading members of society who sent their children to learn social dancing as well as aesthetic forms of dance. Fancy dress balls were held regularly in the school's early years.

1910 marked a turning point in Sternberg's career. Her sister married and moved to British Columbia, leaving her in complete charge of the school. The same year Anna Pavlova made the first of ten visits to Toronto, inspiring Sternberg to pursue further training in ballet. She made regular study trips to New York City during the summer months. In 1913 she received a teaching certificate from the Elizabetta Menzelli Normal School of Artistic Dancing; Menzelli was a graduate of La Scala and taught the Italian style of ballet. In New York, Sternberg also studied with Albertina Rasch, at the Vestoff-Serova School, and at the Denishawn school.

In 1914 the Sternberg School offered classes for children age three or older, teenagers, business women, and public school teachers who needed materials for teaching purposes. Students could study a variety of dance styles: classical which included ballet and toe dancing as well as interpretive dance in the style of Isadora Duncan; national and folk dance; and modern which referred to the latest social dances. Sternberg also ran a three-year teacher training programme to prepare young women for teaching careers. She was responsible for the dance instruction at several private schools including St. Margaret's College, Upper Canada College and St. Andrew's College.

Sternberg was known for her ambitious concerts that frequently included her versions of famous ballets such as the *Dying Swan*, *Firebird* and *Les Sylphides*. She had considerable choreographic ability that enabled her to mount elaborate productions such as *Lorelei*. In addition to her annual recitals, usually held at Massey Hall, she staged many "fantastic

L'École Sternberg était fréquentée par les membres de la haute société qui y envoyaient leurs enfants apprendre la danse sociale ainsi que des formes esthétiques de danse. Des bals masqués avaient lieu régulièrement dans les premieres années d'existence de l'école.

L'année 1910 fut une année charnière pour la carrière d'Amy Sternberg. Sa soeur, Sarah, se maria et déménagea en Colombie-Britannique laissant Amy seule à la tête de l'école. La même année, Anna Pavlova fit la première de dix visites à Toronto, inspirant Amy à poursuivre sa formation en ballet. Elle fit plusieurs voyages d'études à New York pendant les mois d'été. En 1913, elle reçu un certificat d'enseignement du Elizabeth Menzelli Normal School of Artistic Dancing. Menzelli était une diplômée de La Scala et enseignait le style italien de ballet. À New York, Sternberg étudia également avec Albertina Rasch, à l'école Vestoff-Serova et à l'école Denishawn.

En 1914, l'école Sternberg offrait des cours aux enfants âgés de trois ans jusqu'à l'adolescence, aux femmes d'affaires et aux enseignants à la recherche de nouveau matériel pédagogique. Les élèves pouvaient étudier un éventail de styles de danse : la danse classique, incluant le ballet et les claquettes ainsi que la danse d'interprétation dans le style d'Isadora Duncan, la danse nationale et folklorique et finalement, la danse dite moderne, c'est à dire, les plus récentes danses sociales. Sternberg offrait aussi un programme de formation d'enseignante de trois ans. De plus, elle dirigeait les cours de danse à plusieurs écoles privées, entre autres, le St Margaret's College, l'Upper Canada College et le St Andrew's College.

Sternberg etait reconnue pour ses concerts ambitieux qui fréquemment présentaient ses versions personnelles de ballets célèbres comme *Dying Swan*, *Firebird* et *Les Sylphides*. Son grand talent de chorégraphe lui permit de monter des productions complexes telles que *Lorelei*. En plus de ses récitals annuels, généralement présentés au Massey Hall, elle monta plusieurs «fantastic extravaganzas» et de grands spectacles historiques pour des organismes de charité, entre autres le spectacle historique célébrant le Jubilé

extravaganzas" and pageants for charity, including the Imperial Order Daughters of the Empire's 1927 Diamond Jubilee pageant, staged at Massey Hall and tracing the history of Canada. She also produced several shows for the Canadian National Exhibition.

Sternberg was the first person to teach ballet in Toronto in the early twentieth century. A reviewer commented: "Her annual exhibition of pupils' work was invariably successful and the high quality of her teaching was testified to in the number of her pupils who successfully turned to the stage for a career."

Among Sternberg's best-known students are Olga Fricker, a founder and examiner of the Cecchetti Society Inc. in the USA; Earl Forbes, who joined Denishawn; Betty Compton, who became a professional dancer in New York City; and Toronto dance teachers, Irene Bauckham, Louise Burns and Beth Weyms.

de Diamant des Imperial Order Daughters of the Empire, monté au Massey Hall et retraçant l'histoire du Canada. Elle produisit aussi plusieurs spectacles pour l'Exposition nationale canadienne.

Sternberg fut la première à enseigner le ballet à Toronto au début du vingtième siècle. Un critique commenta ainsi : «La présentation annuelle du travail de ses élèves était immanquablement réussie et la grande qualité de son enseignement se refléta dans le nombre de ses élèves qui réussirent une carrière sur scène.»

Parmi les élèves les plus connus de Sternberg, on note Olga Fricker, une fondatrice et examinatrice de la Société Cecchetti Inc. aux É.U., Earl Forbes qui se joint à Denishawn, Betty Compton qui devint danseuse professionnelle à New York et les professeures de danse de Toronto, Irene Bauckham, Louise Burns et Beth Weyms.

---

**Still Life No. 1** (Nature Morte No 1)
Première/Premiere: Compagnie De Brune, La Faculté de médecine de l'Université catholique de Louvain, Louvain, Belgique/Belgium, Klapstuk 97, October 15 octobre, 1997
Chorégraphie/Choreography: Lynda Gaudreau
Danseurs/Dancers: Heather Mah et Mark Eden-Towle
Musique/Music: Robert Normandeau
Éclairages/Lighting: Lucie Bazzo
Scénographie/Set Design: Lynda Gaudreau
assistée de/Assisted by: Lucie Bazzo
Coordination: Paul Dumoulin
Consultant: David Metcalfe
Direction technique/Technical Director: Richard Desrochers
Réalisation de la table/Table Construction: Alain Cadieux, Maneouvre Montréal
Coproduction Klapstuk 97 (Louvain, Belgique/Belgium) et/and Compagnie de Brune (Montréal, Québec)

Ce projet a pris naissance au cours d'une résidence de recherche à Ottawa au Dance Lab du Groupe de la Place Royale durant l'hiver 1996. La chorégraphe remercie son directeur artistique, Peter Boneham ainsi que ses interprètes.

Still Life No. 1 rassemble les mondes de l'anatomie et de la peinture. Les corps sont presque transparents et sont montrés dans leur forme la plus pure (nus). Les corps sont condensés sur la table et imprimés comme sur une radiographie. La Faculté de médecine place cette représentation dans un contexte scientifique et nous rappelle l'aventure du cours d'anatomie.

This project was born during a research residency in Ottawa, at the Dance Lab of le Groupe de la Place Royale in the winter of 1996. The choreographer is grateful to its artistic director, Peter Boneham, as well as the performers.

Still Life No. 1 combines the worlds of anatomy and painting. The bodies are almost transparent and are shown in their purest forms (naked). The bodies are condensed on the table and printed as on X-rays. The Faculty of Medicine provides a scientific context and reminds us of an anatomy class.

*A unique and bold work, exploring the male and female bodies, exposed, exhibited and detailed in their familiarity and their strangeness. Precise lighting frames and reveals unexpected curves and volumes. The music, an echo of nature or of the unconscious, creates a tension with the aloof interpretation of the dancers. The interest of this work lies equally in the ambiguous play between clinical body and erotic body, which compels the viewer to question the ambivalence of his/her own gaze.*

*Travail unique et audacieux d'exploration des corps féminin et masculin exposés, exhibés, détaillés dans leur familiarité et leur étrangeté. Des éclairages précis cadrent et révèlent des courbes et des volumes inattendus, et la musique, écho aux forces de la nature ou de l'inconscient, crée une tension avec l'interprétation distanciée des danseurs. L'intérêt de cette pièce se situe également dans le jeu ambigü entre corps clinique et corps érotique qui oblige le spectateur à s'interroger sur l'ambivalence de son propre regard.*

Michèle Febvre

Helen Crewe Studio,
Vancouver, 1931

**Paddy Stone**
by/par MaryJane MacLennan

**Stone, Paddy**. Dancer, choreographer. Born: September 16, 1924, Winnipeg, Manitoba. Died: September 23, 1986, Winnipeg, Manitoba.

Paddy Stone grew up in Winnipeg's North End, and as a teenager he formed a tap dance duo with his brother and performed in theatres as the Stepping Stones. He appeared in his first ballet recital in 1936, and in 1939 joined the fledgling Winnipeg Ballet Club, becoming a principal dancer as a founding member of the Winnipeg Ballet Company.

As partner of Jean McKenzie, he took lead roles in many of Gweneth Lloyd's ballets,

**Stone, Paddy**. Danseur, chorégraphe. Né : 16 septembre 1924, Winnipeg, Manitoba. Décédé : 23 septembre 1986, Winnipeg, Manitoba.

Paddy Stone grandit dans le nord de Winnipeg et à l'adolescence, il créa un duo de claquettes avec son frère; il présenta leur spectacle dans des salles sous le nom Stepping Stones. Il participa à son premier récital de ballet en 1936 et en 1939, il se joint au tout nouveau Winnipeg Ballet Club, y dansant comme danseur principal et membre fondateur du Winnipeg Ballet Company.

En tant que partenaire de Jean McKenzie, il interpréta plusieurs rôles principaux dans plusieurs des ballets de Gweneth Lloyd entre autres, *The Wager* (1940), *Backstage 1897* (1941), *The Wise Virgins* (1942) et *Dionysos* (1945).

Sa première chorégraphie pour la compagnie fut *Zigeuner* (1943), décrite comme «un ballet

including *The Wager* (1940), *Backstage 1897* (1941), *The Wise Virgins* (1942) and *Dionysos* (1945).

Stone's first choreography for the company was *Zigeuner* (1943) noted as "a colourful narrative ballet in a gypsy setting." Stone's was the only ballet choreographed by anyone other than Lloyd during the company's first decade.

In January of 1942, Leonide Massine's Ballet Russe de Monte Carlo performed at Winnipeg's Walker Theatre. A nineteen year old Stone auditioned for Massine, who was so impressed that he engaged Stone to dance two small roles with his company for its Winnipeg performances.

In 1946, Stone left Winnipeg for New York to study at the School of American Ballet, and a few months later was dancing in the Broadway production of Annie Get Your Gun, starring Ethel Merman. After a London agent offered him a contract, he travelled to England, and soon joined the Sadler's Wells Theatre Ballet in London. He left the company and appeared in a production of Annie Get Your Gun at the London Coliseum as the Wild Horse Ceremonial dancer and later danced in several London and Paris cabaret shows.

During the late 1950's and early 1960's, Stone became a popular choreographer and director in London's West End where, in 1958, he choreographed Mister Venus. The same year he choreographed *Octetto* for the London Festival Ballet, and later the musicals Maggie May and Twang.

Other musical shows which he directed and choreographed included: Don't Shoot We're English, Pieces of Eight, The Golden Touch, One over the Eight and Little Mary Sunshine.

As well as choreographing and directing for the stage, he did extensive television productions and choreographed and performed in a number of films including As Long As They're Happy, Value for Money, Scrooge and Victor/Victoria.

In 1954 he returned to the Royal Winnipeg Ballet to set his *Ballet Classico*, and later he choreographed *Variations on Strike Up the Band* (1969) and *The Hands* (1975).

In 1978, Stone semi-retired to Winnipeg

coloré dans un décor évoquant les gitanes». Cette oeuvre de Stone fut le seul ballet qui n'était pas chorégraphié par Lloyd durant la première décennie d'existence de la troupe.

En janvier de 1942, le Ballet Russe de Monte Carlo de Leonide Massine présenta un spectacle au Walker Theatre de Winnipeg. Stone, alors âgé de dix-neuf ans, passa une audition pour Massine, qui fut tellement impressionné qu'il l'engagea sur-le-champ pour interpréter deux rôles mineurs pour les représentations de sa troupe à Winnipeg.

En 1946, Stone quitta Winnipeg pour New York afin d'étudier au School of American Ballet et, quelques mois plus tard, il dansait avec la production sur Broadway, Annie Get Your Gun, mettant en vedette Ethel Merman. Un agent londonien lui offrit un contrat qu'il accepta; il s'envola vers Londres et se joint rapidement au Sadler's Wells Theatre Ballet. Il quitta ensuite cette troupe et participa à la production de Annie Get Your Gun au London Coliseum dans le rôle du danseur Wild Horse Ceremonial et dansa plus tard dans de nombreux spectacles de cabaret à Londres et à Paris.

Durant la fin des années 1950 et au début des années 1960 Stone était renommé comme chorégraphe et metteur en scène dans l'ouest de Londres où, en 1958, il chorégraphia *Mister Venus*. La même année, il chorégraphia *Octetto* pour le London Festival Ballet et plus tard les revues musicales Maggie May et Twang.

Parmi les autres revues musicales qu'il mit en scène et chorégraphia se retrouvent : Don't Shoot We're English, Pieces of Eight, The Golden Touch, One over the Eight et Little Mary Sunshine.

En plus de chorégraphier et mettre en scène, il dirigea de nombreuses productions pour la télévision, il chorégraphia et il dansa dans de nombreux films, entre autres, As Long As They're Happy, Value for Money, Scrooge et Victor/Victoria.

En 1954, il retourna au Royal Winnipeg Ballet afin de monter son *Ballet Classico* et en 1969, il y chorégraphia *Variations on Strike Up the Band* et en 1975, *The Hands*.

En 1978, Stone diminua ses activités et

setting works for the Royal Winnipeg Ballet School and his final work for the RWB, *Bolero* (1981).

In 1986, a portion of Stone's London Times obituary read, "Stone was a perfectionist who worked on a short fuse. This resulted in a love/hate relationship between himself and his dancers, though they greatly admired his dedication and talent. He also had a charisma and an intensity which generated enthusiasm in his colleagues."

s'installa à Winnipeg. Il bloqua des oeuvres pour le Royal Winnipeg Ballet School et il monta son oeuvre finale pour le RWB, *Boléro* (1981).

Publiée dans le London Times en 1986, sa nécrologie notait que: «Stone était un perfectionniste soupe au lait, ce qui se traduit par une relation d'amour et de haine avec ses interprètes bien qu'ils aient grandement admiré son dévouement et son talent. Il possédait également un charisme et une passion qui enthousiasmaient ses collègues.»

Photo: Daniel Collins

**Grant Strate**
by/par Max Wyman

**Strate, Grant**. Educator, choreographer, teacher, dancer. Born: December 7, 1927, Cardston, Alberta. Birth name: Grant Elroy Strate.

Grant Strate didn't so much choose dance as get vacuumed up into it. His father was a

**Strate, Grant**. Éducateur, chorégraphe, professeur, danseur. Né : 7 décembre 1927, Cardston, Alberta. Nom à la naissance: Grant Elroy Strate.

Grant Strate n'a pas vraiment choisi de danser mais fut plutôt emporté par le milieu. Son père travaillait comme vendeur de produits pour nettoyer planchers. Un de ses clients était professeur de danse à claquettes et lorsque ce dernier ne respecta pas ses échéances de paiement, le père de Grant accepta un paiement sous forme de troc : une année de cours de claquettes gratuits pour Grant et sa soeur. Ce fut la seule formation officielle en danse que Grant reçut avant de s'inscrire à l'Université de l'Alberta à Edmonton pour étudier le droit. À l'université, il étudia aussi l'art dramatique,

floor-cleaner salesman. One of his customers was a tap-dancing teacher, and when the teacher defaulted on payments on the machine, Grant's father accepted payment in kind - a year's free tap classes to Grant and his sister. That was the only formal dance training Strate had until he went to the University of Alberta at Edmonton to study law. At university he also studied drama, winning the university's best actor award in 1949, and became involved with Laine Metz, an Estonian immigrant who taught a form of dance based on the work of Mary Wigman. When Celia Franca passed through Edmonton in 1951 on an audition tour to find dancers for the National Ballet of Canada, he showed her some short works he had choreographed – a solo to Malaguena and a solo to a song by Yma Sumac – and she invited him to join the company.

Since he was not trained in ballet, Strate initially was given acting and character roles, though Franca's chief interest in him for the company was as a choreographer. In the late 1950's and 1960's, he created more than a dozen works for the National Ballet of Canada, significant among them *The Fisherman and His Soul* (1956), *Ballad* (1958) and *House of Atreus* (1964). He also became Franca's artistic assistant, travelling with her to learn new ballets from foreign choreographers, and sometimes negotiating for new works himself; it was Strate who persuaded John Cranko to set his *Romeo and Juliet* on the company.

In 1971 Strate left the National Ballet of Canada to become founding chair of the dance department at York University. He developed the department to provide a comprehensive degree programme in dance. In 1978, at York, 1980 at Banff, 1985 and 1991 at Simon Fraser University, he organized the National Choreographic Seminars in which young choreographers were teamed with emerging composers in a programme that forced creative risk. Led by Robert Cohan, founding director of the London Contemporary Dance Theatre, they were seminal events in the evolution of contemporary choreography in Canada. Strate's profoundly felt belief in the need to allow dance and dancers to flourish and grow to their fullest

remportant le prix du meilleur acteur en 1949. Il fréquenta Laine Metz, une émigrante d'Estonie qui enseignait une forme de danse inspirée du travail de Mary Wigman. Lorsque Celia Franca visita Edmonton en 1951 dans le cadre d'une tournée pour dénicher des danseurs/seuses pour le Ballet national du Canada, Grant lui montra quelques oeuvres de courte durée qu'il avait chorégraphiées – un solo à Malaguena et un solo sur un chant d'Yma Sumac – et elle l'invita à se joindre à la compagnie.

Comme il n'avait pas de formation classique, on donna initialement à Strate des rôles provisoires et des rôles de caractère, bien que Franca s'intéressait plutôt à ce qu'il pourrait contribuer à la compagnie comme chorégraphe. Vers la fin des années 1950 et durant les années 1960, il créa plus d'une douzaine d'oeuvres pour le Ballet national, dont les plus remarquables furent : *The Fisherman and His Soul* (1956), *Ballad* (1958) et *House of Atreus* (1964). Il devint également l'adjoint artistique de Franca, voyageant avec elle afin d'apprendre de nouveaux ballets de chorégraphes étrangers et négociant parfois de nouvelles oeuvres lui-même. Ainsi, ce fut Strate qui persuada John Cranko de monter son *Roméo et Juliette* sur la compagnie.

En 1971, Strate quitta le Ballet national du Canada afin de devenir président-fondateur du département de danse à l'Université York. Il monta le département dans le but d'offrir un programme en danse complet. En 1978 à York, en 1980 à Banff, et en 1985 et 1991 à l'Université Simon Fraser, il organisa les National Choreographic Seminars, où de jeunes chorégraphes furent associés à de jeunes compositeurs/trices dans le cadre d'un programme qui suscitait la recherche et le risque en création. Ces Séminaires, dirigés par Robert Cohan, le directeur-fondateur du London Contemporary Dance Theatre, eurent un impact majeur sur l'évolution de la chorégraphie contemporaine au Canada. La profonde conviction animant Strate, son besoin de permettre à la danse et aux danseurs/seuses de réaliser leur véritable potentiel au risque d'échouer si nécessaire, en ont fait l'une des

potential, and to fail if they have to, has made him one of the most outspoken and controversial figures in the Canadian dance community, and one of the most significant. He did the York job so well that, by the mid-1970's, people joked that every time a York dance class graduated, five new companies sprang up.

In 1980 he took up the post of director of the Centre for the Arts at Simon Fraser University, a position that allowed him to open himself up to music, theatre and film as well as dance, and to bring his nurturing influence to bear on an altogether broader creative picture. He remained in the position until 1989, when he became director of the Simon Fraser University Summer Institute of the Contemporary Arts, until his retirement in 1994.

He was founding chair of the Dance in Canada Association in 1973, a position he retained for three years, and remained on the Association board until 1980. He was also founding chair of the Vancouver Dance Centre from 1986-1992, and has been a member of the British Columbia arts board since 1986. He has been a member of the Canada Council's Dance Advisory Committee, Assessment Review Committee and Peer Assessment Committee. In 1999 he was elected President of the World Dance Alliance.

He has choreographed more than fifty works for companies in Canada and abroad, among them the Royal Flemish Ballet, the Royal Swedish Ballet, Ballet van Vlanderen in Belgium, Regina Modern Dance Works, Entre-Six, Mountain Dance Theatre, Toronto Dance Theatre, Dancemakers and the Off-Centre Dance Company at Simon Fraser University. He has taught extensively throughout Canada, and has four times travelled to China and South-East Asia to teach. His work in Asia led to the publication of Grant Strate's China Dance Journal by Dance Collection Danse Press/es in 1997. He had authored another book a year earlier, Guide to Career Training in the Dance Arts.

In 1993 he received the second of the newly-created Chalmers Awards for Creativity in Dance, in recognition of his contribution to

figures les plus visibles, controversées et importantes du milieu de la danse canadien. Il remplit tellement bien son mandat à York qu'au milieu des années 1970, on disait en riant que chaque fois qu'une classe de danse de York complétait ses études, cinq nouvelles compagnies de danse voyaient le jour.

En 1980, il accepta le poste de directeur du Centre for the Arts à l'Université Simon Fraser, un poste qui lui permit de s'ouvrir à la musique, au théâtre, au cinéma en plus de la danse et d'apporter sa riche contribution à l'intérieur d'un contexte de création beaucoup plus vaste. Il conserva le poste jusqu'en 1989, alors qu'il fut nommé directeur du Simon Fraser University Summer Institute of the Contemporary Arts, poste qu'il occupa jusqu'à sa retraite en 1994.

Il fut président-fondateur de l'Association Danse au Canada en 1973, un poste qu'il conserva pendant trois ans et il demeura sur le conseil d'administration jusqu'en 1980. Il fut président-fondateur du Vancouver Dance Centre de 1986 à 1992, et il est membre du Conseil des Arts de Colombie-Britannique depuis 1986. Il fut également membre du comité consultatif sur la danse, du comité de révision et du comité d'évaluation par les pairs du Conseil des Arts du Canada. En 1999, il fut élu président du World Dance Alliance.

Il a chorégraphié plus de cinquante oeuvres pour des compagnies au Canada et à l'étranger, notamment le Royal Flemish Ballet, le Royal Swedish Ballet, le Ballet van Vlanderen en Belgique, Regina Modern Dance Works, Entre-Six, Mountain Dance Theatre, Toronto Dance Theatre, Dancemakers et Off Centre Dance Company à l'Université Simon Fraser. Il a enseigné sur une grande échelle à travers le Canada et a voyagé quatre fois en Chine et en Asie du Sud-Est pour enseigner. Son travail en Asie mena à la publication de Grant Strate's China Dance Journal par Dance Collection Danse Press/es en 1997. Il est également l'auteur du guide: Les Arts de la scène: Guide de formation professionnelle, des mêmes presses.

En 1993, il fut le second récipiendaire du nouveau Prix Chalmers pour la Créativité en danse en reconnaissance de sa contribution à la

the art's growth in Canada. Other honours include the Order of Canada in 1995, the 1996 Governor General's Performing Arts Award and an honorary degree from Simon Fraser University in 1999. Also in 1999, the Jacqueline Lemieux Award was given jointly to Strate and dancer Marc Boivin.

croissance de l'art au Canada. Il fut honoré par l'Ordre du Canada en 1995, le Prix du Gouverneur général pour les Arts de la scène en 1996 ainsi qu'un diplôme honorifique de l'Université Simon Fraser en 1999. Également en 1999, il reçu le Prix Jaqueline Lemieux conjointement avec le danseur Marc Boivin.

## Tom Stroud
by/par Jacqui Good

Photo: Bruce Monk

**Stroud, Tom**. Artistic director, choreographer, dancer. Born: July 10, 1953, Hamilton, Ontario.

Artistic director of Winnipeg's Contemporary Dancers since August 1991, Tom Stroud is a nationally known dancer and choreographer. After finishing high school, he followed his father into factory work. Before embarking on a dance career, he worked in social services, formed a housing collective and even operated a small construction company.

In 1978, some evening acting classes in

**Stroud, Tom**. Directeur artistique, chorégraphe, danseur. Né : 10 juillet 1953, Hamilton, Ontario.

Tom Stroud, directeur artistique des Winnipeg's Contemporary Dancers depuis août 1991, est un danseur et chorégraphe connu à l'échelle nationale. Après avoir complété ses études secondaires, il suivit les traces de son père et travailla dans une manufacture. Avant d'amorcer sa carrière en danse, il oeuvra au sein des services sociaux, fonda un collectif d'habitation et dirigea une petite entreprise de construction.

En 1978, quelques cours du soir en théâtre à Vancouver éveillèrent en lui une véritable passion pour les arts de la scène. Stroud écrit qu'à ce moment «J'ai eu l'impression d'avoir enfin trouvé ce que j'avais cherché toute ma

Vancouver led to a passionate interest in the performing arts. Stroud writes that he felt "I had found the home I had been looking for all my life". Along with dance, he studied music at Vancouver Community College, and choreography at Simon Fraser University's Centre for the Arts. The Centre's interdisciplinary approach to creation appealed to Stroud.

By 1983, Stroud was a member of the Karen Jamieson Dance Company. Later he danced with T.I.D.E. (Toronto Independent Dance Enterprise), Le Groupe de la Place Royale, Fondation Jean-Pierre Perreault, as well as with independent choreographers including Lee Eisler, Jennifer Mascall and Grant Strate.

Stroud's first professionally produced work, *Under the Table: Wrestling with Dad* (1984), established him as an important choreographer. In many ways, it became his signature piece. It used a simple and theatrical approach to the emotionally charged subject of father-son rivalry and love.

Stroud has been active in the politics of dance, representing the independent dance community on a number of committees. He has also served on the board of directors for the Dance in Canada Association (1986-1990), the Dance Umbrella of Ontario (1989-1991), the Canadian Association of Professional Dance Organizations (1993-1999) and, beginning in 1989, the Dancer Transition Resource Centre.

He moved to Winnipeg's Contemporary Dancers at a time of great turmoil for the company, and early in his tenure as director, the company weathered considerable financial difficulties. Stroud also brought a commitment to experimentation, outreach and, perhaps most of all, collaboration with other dance companies. In 1994 Stroud and Contemporary Dancers initiated a successful national tour, with Fondation Jean-Pierre Perreault and Dancemakers, of Perreault's *Joe* (1983) which also toured the United States in 1996. Stroud himself appeared as one of the faceless Joes in the large scale piece. 1999 saw another large collaboration with Mexico's Delfos Danza Contemporanea and the American Neo Labos

vie». Il étudia la danse et la musique au college communautaire de Vancouver, et la chorégraphie au Centre des arts de l'Université Simon Fraser. L'approche interdisciplinaire de la création proposée par ce centre plaisait à Stroud.

En 1983, Stroud fut membre du Karen Jamieson Dance Company. Plus tard, il dansa avec T.I.D.E. (Toronto Independent Dance Enterprise), Le Groupe de la Place Royale, la Fondation Jean-Pierre Perreault, ainsi qu'avec des chorégraphes indépendants tels que Lee Eisler, Jennifer Mascall et Grant Strate.

La première oeuvre de Stroud produite professionnellement, *Under the Table: Wrestling with Dad* (1984), l'établit comme chorégraphe important et cette oeuvre devint son oeuvre-signature. Elle utilisait une approche simple et théâtrale pour illustrer le thème de la rivalité et de l'amour père-fils, un thème chargé d'émotions.

Stroud s'est engagé dans l'aspect politique de la danse représentant, à plusieurs reprises, des membres indépendants du milieu de la danse sur divers comités. Il a également siégé sur le conseil d'administration de l'Association Danse au Canada (1986-1990), le Dance Umbrella of Ontario (1989-1991), le Canadian Association of Professional Dance Organisations (1993-1999) et, depuis 1989, au Centre de ressources et transition pour danseurs.

Il joint la compagnie Winnipeg's Contemporary Dancers à une époque de bouleversements pour celle-ci et, au début de son entrée en fonction, la compagnie fit face à des difficultés financières considérables. Stroud instaura une vision de travail expérimental, de diffusion et surtout, de collaboration avec d'autres compagnies de danse. En 1994, Stroud et les Contemporary Dancers initièrent une tournée nationale réussie avec la Fondation Jean-Pierre Perreault et Dancemakers avec l'oeuvre de Perreault *Joe* (1983), qui fit aussi la tournée des États-Unis en 1996. Stroud lui-même interpréta un des «Joe» sans visage de cette oeuvre d'envergure. Une autre collaboration majeure fut réalisée en 1999 avec le Delfos Danza Contemporanea du Mexique et l'American Neo Labos Dancetheatre pour créer

Dancetheatre to create The Pan American New Creation Project. This joint effort resulted in three new works as well as residencies in Mexico and Canada.

In 1993 Tom Stroud received the Commemorative Medal for the 125th Anniversary of the Confederation of Canada, "in recognition of significant contribution to compatriots, community and to Canada".

le Pan American New Creation Project. Cet effort commun donna naissance à trois oeuvres ainsi qu'à des stages-résidences au Mexique et au Canada.

En 1993, Tom Stroud reçut la médaille commémorative soulignant le 125ième anniversaire de la Confédération du Canada, «en reconnaissance de sa contribution considérable à ses compatriotes, son milieu et au Canada».

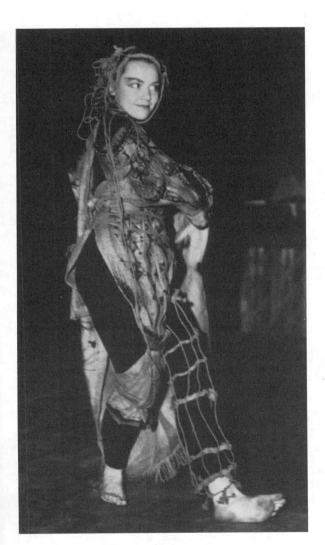

**Françoise Sullivan**
by/par Iro Valaskakis Tembeck

**Sullivan, Françoise**. Dancer, choreographer, designer. Born: June 10, 1925, Montreal, Quebec.

**Sullivan, Françoise**. Danseuse, chorégraphe, artiste en arts visuels. Née : 10 juin 1925, Montréal, Québec.

Françoise Sullivan has earned a double reputation for herself on the Canadian artistic scene: first as a dancer, choreographer, and one of the founders of the French Canadian modern dance lineage; subsequently she also became an acclaimed painter and sculptor.

She started training in ballet at Gérald Crevier's Montreal studio in 1934, and studied and performed with him until the beginning of the 1950's. As well, Sullivan studied painting at Montreal's École des Beaux-Arts.

An accomplished ballet dancer, she was also closely connected with the artistic avant-garde of Quebec, and was one of the sixteen signatories of the Refus Global, the epoch-making manifesto of 1948 spearheaded by painter Paul-Émile Borduas. She contributed a philosophical text entitled La Danse et l'espoir to the collected essays of the Automatist manifesto.

As an Automatist, Sullivan advocated the return of intuition or instinct in dance, and the setting aside of Cartesian logic. Dance was to be the medium through which the unconscious realm would be revealed. A dance recital which she shared in Montreal with Jeanne Renaud in 1948 showed some of her novel choreographic exploration. Dualité and Dédales were two short works of that period that have been revived on more than one occasion, and were created just after she had spent time studying dance in New York with Fransiska Boas and Hanya Holm. These pieces illustrate the tendency towards streamlining and abstracting that was part of the Automatists' aesthetic contribution.

However, during that time, and up until the demise of Gérald Crevier's Les Ballets-Québec in 1952, Sullivan was paradoxically also featured as a soloist in the classic repertoire of that company. During the 1950's as well, she danced and choreographed works for CBC television which were both classical and experimental, while many of her fellow signatories left Quebec for the greener aesthetic pastures of Paris or New York.

In 1949, soon after the scandal created by the Refus Global manifesto, Sullivan married the painter Paterson Ewen, and was busy during the

Françoise Sullivan s'est méritée une double réputation sur la scène artistique canadienne: en premier lieu comme danseuse, chorégraphe et l'une des fondatrices de la lignée canadienne-française de la danse moderne et subséquemment, elle devint une peintre et sculpteure renommée.

Elle amorça sa formation en ballet au studio montréalais de Gérald Crevier en 1934, étudiant et dansant avec lui jusqu'au début des années 1950. Sullivan étudia également la peinture à l'École des Beaux-Arts de Montréal.

Danseuse de ballet accomplie, elle fut aussi étroitement associée à l'avant-garde artistique du Québec et fut l'une des seize signataires du Refus Global, le manifeste révolutionnaire de 1948 inspiré par le peintre Paul-Émile Borduas. Elle contribua un texte philosophique intitulé La Danse et l'espoir à la collection d'essais du manifeste automatiste.

En tant qu'Automatiste, Sullivan prônait le retour à l'intuition ou à l'instinct en danse et le rejet de la logique cartésienne. La danse devait alors être le médium à travers lequel l'univers inconscient serait révélé. Un récital de danse qu'elle partagea à Montréal avec Jeanne Renaud en 1948 présenta certaines de ses explorations chorégraphiques innovatrices. Dualité et Dédales sont deux oeuvres de cette époque qui furent reprises à plus d'une occasion et qui furent créées juste après son séjour d'études en danse à New York avec Fransiska Boas et Hanya Holm. Ces oeuvres illustrent la tendance vers l'épurement et l'abstraction caractéristiques de la contribution esthétique de l'Automatisme.

Cependant, à la même époque et jusqu'à la dissolution de Les Ballets-Québec de Gérald Crevier en 1952, Sullivan était paradoxalement affichée comme soliste du répertoire classique de cette troupe. Dans les années 1950, elle dansa et chorégraphia des oeuvres expérimentales et classiques pour la chaîne de télévision CBC, alors que plusieurs de ses cosignataires avaient quitté le Québec pour Paris et New York en quête de lieux plus propices aux arts.

En 1949, peu après le scandale suscité par le manifeste du Refus Global, Sullivan épousa le peintre Paterson Ewen et s'affaira à élever ses

1950's raising her four sons.

Her fine art career soared in the 1960's and 1970's. Around 1978 she returned to choreography, remounting *Dédales* for Le Groupe Nouvelle Aire Choréchanges series, followed by the creation of *Hiérophanie* (1978, 1979), and her cycle of *Accumulations I to VII*, which was performed by Le Groupe Nouvelle Aire in Quebec and Italy.

Innocence, spontaneity, risk-taking and random occurrences are elements in both Sullivan's choreographic and sculptural works. Her leitmotifs in fine art and in dance are to be found in the important place given to myth and ritual, and to "primitive" unadorned forms such as the circle. Choreographically, *Labyrinthe* (1981) and *Et la nuit à la nuit* (1981) both deal with Grecian themes and fertility symbols.

In 1986, several of Sullivan's choreographies, dating from the 1940's and 1950's, were preserved during the Dance Collection Danse ENCORE! ENCORE! Reconstruction project. In 1998, she received an honorary degree from York University for her work as a visual artist and a choreographer.

quatre fils durant les années 1950.

Sa carrière en arts visuels prit beaucoup d'ampleur dans les années 1960 et 1970. Autour de 1978 elle retourna à la chorégraphie, remontant *Dédales* pour la série Choréchanges du Groupe Nouvelle Aire, créant *Hiérophanie* (1978, 1979), et un cycle, *Accumulations I à VII,* qui fut interprété par Le Groupe Nouvelle Aire au Québec et en Italie.

L'innocence, la spontanéité, le risque et le hasard sont des éléments visibles dans son oeuvre chorégraphique et sculpturale. Ses leitmotivs en beaux-arts et en danse traitent de mythe, de rituel et de formes «primitives» pures telles que le cercle. Les chorégraphies *Labyrinthe* (1981) et *Et la nuit à la nuit* (1981) traitent toutes deux de thèmes grecs et de symboles de fertilité.

En 1986, plusieurs des chorégraphies de Sullivan datant des années 1940 et 1950 furent préservées dans le cadre du projet de reconstruction ENCORE! ENCORE! de Dance Collection Danse. En 1998 l'Université York lui décerna un doctorat honorifique pour son travail en arts visuels et en chorégraphie.

Photo: Stacy Clark Baisley

### Laura Taler
by/par Heidi Strauss

**Taler, Laura**. Cinéaste, chorégraphe, danseuse, professeure. Née : 21 décembre 1969, Brasnov, Roumanie.

Énergique et innovatrice, Laura Taler s'est tracée un sillon unique dans l'univers de la

**Taler, Laura**. Filmmaker, choreographer, dancer, teacher. Born: December 21, 1969, Brasnov, Romania.

Spirited and innovative, Laura Taler has carved a unique path for herself in the dance world. At the age of twenty-one she founded a non-profit production company, the taler group, which presented Dances for a Small Stage, new and experimental choreography in the smoky backspace of the Toronto bar, the Rivoli.

Her leadership qualities, however, were evident from a much younger age. During grade school, with less than a year of ballet and jazz training, she instituted and taught extra curricular dance classes. Introduced to modern dance by Maxine Heppner at the Earl Haig High School for the Performing Arts in Toronto, she founded the company Terpsichore with Eryn Dace Trudell in 1985. Her roles within the company provided her with opportunities to explore her own choreography and develop the skills she later required to produce her own work.

After graduating from high school, Taler spent six months as a film actor. Although she was excited by the intensity of working in film, she decided to return to dance and in 1991, produced her first full evening of work entitled *I Want to Be a Man*. In 1992, she presented *the Hunger Artists* at the Toronto fringe Festival of Independent Dance Artists, and began work on a solo called *Casa*. That same year, inspired by dance film screenings at the Canada Dance Festival, her interest in film was renewed. Taler participated in the first Dance and the Camera workshop at the Banff School of the Arts, organized by Peter Boneham and the BBC's Bob Lockyer.

With a nostalgic sensibility and a subtle theatricality, Taler's choreography lent itself well to film. Her fleeting memories of an early childhood spent in Romania and Italy gave her the basis for the film, the village trilogy, with which she made her directorial debut in 1995. It included a version of her solo *Casa* and won her the Moving Pictures Cinedance Award.

In 1997, Taler co-produced and directed The Barber's Coffee Break, capturing Tedd Senmon

danse. À l'âge de vingt et un ans, elle fonda une maison de production à but non lucratif, le taler group, qui présenta Dances for a Small Stage, une série de nouvelles chorégraphies expérimentales, dans la salle arrière d'un bar de Toronto, le Rivoli.

Ses qualités de leadership étaient par contre évidentes à un âge beaucoup plus précoce. Alors qu'elle était à l'école primaire et avec moins d'une année de formation en ballet et en danse jazz, elle organisa et enseigna des cours de danse périscolaires. C'est Maxine Heppner qui l'introduit à la danse moderne au Earl Haig High School for the Performing Arts de Toronto et en 1985, Taler fonda la troupe Terpsichore avec Eryn Dace Trudell. Ses activités dans le cadre de la troupe lui permirent d'explorer sa propre chorégraphie et de développer les habiletés nécessaires à la production de ses propres oeuvres.

Après la fin de ses études secondaires, Taler travailla comme actrice de cinéma pendant six mois. Bien qu'elle fut très stimulée par l'intensité du travail cinématographique, elle décida de revenir à la danse et en 1991, elle réalisa sa première oeuvre pleine soirée intitulée *I Want to Be a Man*. En 1992, elle présenta *the Hunger Artists* au Toronto fringe Festival of Independent Dance Artists et commença à travailler un solo, *Casa*. La même année, inspirée par la projection de films sur la danse au Festival Danse Canada, son intérêt pour le cinéma fut ravivé. Taler participa au premier atelier Camera au Banff School of the Arts, un atelier organisé par Peter Boneham et Bob Lockyer du BBC.

Avec sa sensibilité nostalgique et sa théâtralité subtile, la chorégraphie de Taler se prête bien au médium cinématographique. Les souvenirs fugaces de son enfance passée en Roumanie et en Italie ont inspiré son film the village trilogy qui marqua son début comme réalisatrice en 1995. Ce film comportait une version de son solo *Casa* et lui mérita le Prix Moving Pictures Cinedance.

En 1997, Taler coproduit et réalisa The Barber's Coffee Break, capturant sur film les improvisations chorégraphiques de Tedd

Robinson's improvised choreography on camera, and the award-winning Heartland, a documentary/dancefilm about Bill Coleman. With Heartland, Taler told the story of a man who found joy, finally, in the simplicity of everyday life. That same year, she presented a warehouse space performance called *sick farm* (1997). Insightful and meticulous, Taler's film and choreographic style is both direct and understated, balancing expertly in that place of revealing without baring.

Taler has lectured and taught dancefilm workshops in Germany, England, Italy and Canada.

Senmon Robinson et le film primé Heartland, un documentaire/film de danse sur Bill Coleman. Dans Heartland, Taler raconte l'histoire d'un homme qui trouve finalement la joie dans la simplicité de la vie quotidienne. La même année, elle présenta un spectacle, *sick farm* (1997), dans un hangar. Perspicace et méticuleuse, le style cinématographique et chorégraphique de Taler est à la fois direct et sans fioriture, se mouvant dans l'espace précaire séparant la révélation du dévoilement total.

Taler a donné des conférences et enseigné des ateliers de films sur la danse en Allemagne, en Angleterre, en Italie et au Canada.

Photo: Michael Slobodian

## Catherine Tardif
by/par Philip Szporer

**Tardif, Catherine**. Dancer, choreographer. Born: April 25, 1961, Trois Rivières, Quebec.

Catherine Tardif has developed as an artist in theatre and dance circles in Montreal since the

**Tardif, Catherine**. Danseuse, chorégraphe. Neé : 25 avril 1961, Trois Rivières, Québec.

Catherine Tardif s'est développée comme artiste dans les cercles de théâtre et de danse à Montréal depuis le début des années 1980. Étudiante-boursière à l'école de danse Pointépiénu, elle étudia avec Linda Rabin, Joel Simkin et James Kudelka. Elle est probablement

early 1980's. A scholarship student at the Pointépiénu dance school, she also studied with Linda Rabin, Joel Simkin and James Kudelka. She is perhaps best known as a dancer, and she has been a staple in the Montreal dance community for the better part of two decades. In 1985, she joined Fortier Danse Création, and in 1986 became a member of Montréal Danse. Since 1989 she has worked as an independent dancer, originating roles for the Fondation Jean-Pierre Perreault, Gilles Maheu's Carbone 14, Hélène Blackburn's Cas Public and Danièle Desnoyers' Le Carré des Lombes.

In addition to performing, Tardif has directed choreographic workshops – and worked as invited choreographer – with companies such as Pointépiénu, Fortier Danse Création and Spindrift in Kingston. In the early 1980's, she was one of the founding members, with Danièle Desnoyers and others, of Productions Swing-Gomme Inc., a collective of young, independent choreographers.

Tardif balances a busy career, moving between choreographing her own works and dancing in those of others. Her choreographic work is described as "sensitive and stripped of all that is superficial". In the 1990's, she choreographed non-narrative dance works on a regular basis. Tardif, in an interview, described the comical universe of her *Léopold et Maurice* (1996) as "a little naive, a male place of hunting and fishing, a world of fathers and barbecues".

*Esquisses à quatre mains pour quelques gestes inattendus* (1997) was produced by Montreal's Danse Cité in the Volet Interprètes series. Tardif, as a dancer, was offered the opportunity to choose a choreographer and develop a project. Tardif selected two people – choreographer Louise Bédard and stage director Brigitte Haentjens. With *Décorum* (1998), also produced by Danse Cité, she was hired as the choreographer, and did not dance. Instead, she hired non-dancers – actors and a composer – for the piece. This casting was important to her because she feels that non-dancers come to dance with a fresh approach, allowing audiences the opportunity to see real people on stage. The following year, she created a dance work for

mieux connue comme danseuse, ayant été une artiste incontournable du milieu montréalais de la danse depuis presque deux décennies. En 1985 elle se joint à Fortier Danse Création et en 1986 elle devint membre de Montréal Danse. Depuis 1989, elle a travaillé comme artiste indépendante, créant des rôles avec la Fondation Jean-Pierre Perreault, Carbone 14 de Gilles Maheu, Cas Public d'Hélène Blackburn et Le Carré des Lombes de Danièle Desnoyers.

En plus de danser, Tardif a dirigé des ateliers de chorégraphie et elle a travaillé comme chorégraphe invitée avec des troupes comme Pointépiénu, Fortier Danse Création et Spindrift à Kingston. Au début des années 1980 elle fut l'un des membres fondateurs, avec Danièle Desnoyers et d'autres de Productions Swing-Gomme Inc., un collectif de jeunes chorégraphes indépendants.

Tardif balance une carrière dynamique, oscillant entre la chorégraphie de ses propres oeuvres à l'interprétation des oeuvres de collègues. Son oeuvre chorégraphique a été décrite comme «sensible et dénuée de toute superficialité». Dans les années 1990, elle chorégraphia régulièrement des chorégraphies non narratives. Lors d'une entrevue, elle décrit l'univers comique de son *Léopold et Maurice* (1996) comme une oeuvre «un peu naive, un monde masculin de chasse et de pêche, un monde de pères et de barbecues».

*Esquisses à quatre mains pour quelques gestes inattendus* (1997) fut produite par Danse Cité de Montréal dans le cadre de la série Volet Interprètes. Tardif eu l'occasion en tant que danseuse de choisir un/e chorégraphe et d'élaborer un projet. Elle choisit deux personnes: la chorégraphe Louise Bédard et la metteure en scène Brigitte Haentjens. Elle chorégraphia une autre production de Danse Cité : *Décorum* (1998). Elle engagea des non-danseurs – des acteurs et un compositeur. Ce choix d'interprètes fut important pour elle car elle estime que les non-danseurs approchent la danse avec une fraîcheur particulière, donnant l'occasion aux auditoires de découvrir de vraies personnes sur scène. L'année suivante, elle créa une oeuvre en danse pour le spectacle en soirée de la

lighting designer Lucie Bazzo's evening, *Lumières variables* (1999), featuring soloist Marc Boivin.

In the late 1990's, Tardif was involved as a co-creator and dancer, in Montreal and on tour, with the Ex Machina company production of La Géométrie des Miracles, directed by Robert Lepage.

conceptrice d'éclairage, Lucie Bazzo, *Lumières variables* (1999), mettant en vedette le soliste Marc Boivin.

Vers la fin des années 1990, Tardif participa comme cocréatrice et danseuse, à Montréal et en tournée, avec la troupe Ex Machina à la production de La Géométrie des Miracles, dirigée par Robert Lepage.

### Charlene Tarver
by/par Anne Flynn

**Tarver, Charlene**. Teacher, choreographer, dancer, artistic director. Born: June 7, 1930, Denver, Colorado.

Charlene Tarver started dancing in Denver at the LaPointe School of Dance and the Cushing School of Ballet. She began teaching children's

**Tarver, Charlene**. Professeure, chorégraphe, danseuse, directrice artistique. Née : 7 juin 1930, Denver, Colorado.

Charlene Tarver commença à danser à Denver au LaPointe School of Dance et au Cushing School of Ballet. À quinze ans, elle donnait déjà des cours de danse à des enfants et elle continua à enseigner durant toute sa vie. Comme danseuse-actrice, elle dansa dans des spectacles de théâtre musical et de danse moderne de 1942 à 1961. Plusieurs années plus tard, elle participa au film de danse de Cynthia Wells Black Angels en 1994.

classes as a fifteen-year-old, and has continued to teach throughout her life. She performed in musical theatre and modern dance as a dancer/actress from 1942-1961. Many years later, she appeared in Cynthia Wells' dancefilm Black Angels (1994).

Tarver studied the Hanya Holm style of modern dance for four years at the University of Denver, graduating in 1952 with a degree in drama. After graduation she headed to San Francisco with her husband, and for the next two years, she studied with Anna Halprin and taught children's classes.

In 1955 the Tarvers moved to New York where they lived until 1969. For the first two years, Tarver studied ballet with Nina Fonaroff and jazz with Bob Fosse, Peter Genaro and Luigi. She studied and taught from 1960-1967 at the Hanya Holm School, and completed the certification programme at the Dance Notation Bureau, later the Laban Institute. Tarver taught classes for children and adults at several studios and institutions, including the Valerie Bettis School.

She danced with the Shirley Broughton Dance Company from 1957-1959, and was resident choreographer for the Boys' Club of New York from 1960-1965. She also choreographed musicals for the Festival Music Theater in Fort Wayne, Indiana. In 1970, when her husband was offered a position at the University of Alberta, the family moved to Edmonton where Tarver began a new chapter in her professional career.

In 1972, she founded the Alberta Contemporary Dance Theatre with Jacqueline Ogg, and they co-directed it until 1978. Grant MacEwan Community College (GMCC) was in a developmental phase when Tarver arrived in Edmonton, and she was brought in to consult on the creation of a dance diploma programme. By 1973, GMCC was offering a two-year diploma programme in dance and in 1974, Tarver became its head. She developed and instructed the curriculum for creative and modern dance, and in 1975 she implemented the Dance Outreach Program which offered classes in ballet, modern and jazz to the community.

Tarver étudia le style de danse moderne de Hanya Holm pendant quatre ans à l'Université de Denver, complétant ses études en 1952 avec un diplôme en art dramatique. Après la remise des diplômes, elle se dirigea vers San Francisco avec son mari et pendant les deux années suivantes, elle étudia avec Anna Halprin et enseigna des classes d'enfants.

En 1955, les Tarver s'installèrent à New York où ils habitèrent jusqu'en 1969. Durant les deux premières années de leur séjour dans cette ville, Tarver étudia le ballet avec Nina Fonaroff et la danse jazz avec Bob Fosse, Peter Genaro et Luigi. Elle étudia et enseigna de 1960 à 1967 au Hanya Holm School et compléta un certificat au Dance Notation Bureau, plus tard appelé le Laban Institute. Tarver enseigna des classes pour enfants et adultes à différents studios et institutions de danse entre autres à la Valerie Bettis School.

Elle dansa avec le Shirley Broughton Dance Company de 1957 à 1959 et fut la chorégraphe en résidence du Boys' Club de New York de 1960 à 1965. Elle chorégraphia également des revues musicales pour le Festival Music Theater à Fort Wayne en Indiana. En 1970, lorsque l'Université de l'Alberta offrit un poste à son mari, la famille déménagea à Edmonton où Tarver amorça un nouveau chapitre de sa carrière professionnelle.

En 1972, elle fonda l'Alberta Contemporary Dance Theatre avec Jacqueline Ogg, troupe qu'elles codirigèrent jusqu'en 1978. Le Grant MacEwan Community College (GMCC) était en pleine expansion lorsque Tarver s'installa à Edmonton et celle-ci fut invitée à contribuer à la création d'un programme offrant un diplôme en danse. En 1973, le GMCC offrait effectivement un programme de deux ans en danse avec diplôme et l'année suivante, Tarver assuma la direction de ce programme. Elle façonna et enseigna le programme d'études pour la danse créative et la danse moderne. En 1975, elle mit en place le programme Dance Outreach qui offrait des cours de ballet, de danse moderne et de danse jazz à la communauté.

En 1983, Tarver et Gail Leonard conçurent et mirent en place le programme de formation des

In 1983 she and Gail Leonard designed and implemented the Dance Teachers' Training Program and the Children's Dance Education Program, which continued until budget cuts in 1992.

Tarver was a part of the dance department at GMCC from 1974 until she retired in 1994. During her twenty-five years in Edmonton she choreographed close to twenty dances and conducted numerous workshops. She has collaborated on a number of performance and pedagogical projects with musician Wendy Albrecht. Since 1995 she has lived with her husband in Santa Fe, New Mexico, where she continues to teach, choreograph and serve on the boards of dance organizations. She periodically travels to Canada to teach workshops.

enseignants de la danse ainsi que le programme d'éducation en danse des enfants, programmes qui furent interrompus par des coupures budgétaires en 1992.

Tarver fut associée au département de danse du GMCC de 1974 jusqu'à sa retraite en 1994. Pendant ses vingt-cinq années passées à Edmonton, elle chorégraphia près d'une vingtaine de danses et dirigea de nombreux ateliers. Elle a également collaboré à plusieurs spectacles et projets pédagogiques avec la musicienne Wendy Albrecht. Depuis 1995, elle vit avec son mari à Santa Fe, New Mexico, où elle continue d'enseigner et de siéger sur les conseils d'administration d'organismes de danse. Elle dirige périodiquement des ateliers au Canada.

**La Tentation de la Transparence** (The Temptation of Transparency)
Première/Premiere: Fortier Danse Création, L'Agora de la danse, Festival international de nouvelle danse, September 26 septembre, 1991
Chorégraphie/Choreography: Paul-André Fortier
Musique originale/Original Music: Gaétan Leboeuf
Décor/Set Design: François Pilotte avec la collaboration de/with the collaboration of Betty Goodwin
Lumières/Lighting: Jean-Philippe Trépanier
Direction de jeu/Acting Coach: Claude Poissant
Costumes: Carmen Alie et/and Denis Lavoie
Maquillage/Make-up: Angelo Barsetti
Coproduction de/of Fortier Danse Création, du Centre National des Arts/National Arts Centre et/and du/of Festival Danse Canada Dance Festival

*Danced in close proximity to the audience, this work is unsettling in its intimacy. Created by a dancer/choreographer at the top of his craft, it evokes a quest for identity. This solo marks a transition between the sometimes aggressive dramatics revealed in earlier works, the autobiographical tone of the* Males Heures *(1989), and the subsequent works anchored solely in the poetic power of bodies and movement. A gestural signature is revealed: wide opening of arms, ample or precipitated plays of legs, self-touching, precise gazes, vibrant mobilization of the trunk.*

*Dansée dans la proximité du spectateur, c'est une oeuvre troublante d'intimité crée par un danseur-chorégraphe au fait de sa maturité et qui évoque la quête de l'identité. Ce solo fait la transition entre la théâtralité parfois agressive présente depuis les débuts, l'aspect autobiographique des* Males Heures *(1989), et les pièces suivantes ancrées dans le seul pouvoir poétique des corps et du mouvement. Une signature gestuelle se précise : ouverture large des*

> *bras, jeux de jambes amples ou précipités, autotouchers, précision du regard, mobilisation vivante du tronc.*
>
> Michèle Febvre

Photo: Suzanne Bilodeau

### Iro Valaskakis Tembeck
by/par Linde Howe-Beck

**Tembeck, Iro**. Birth name: Iro Valaskakis. Dancer, choreographer, teacher, historian. Born: November 3, 1946, Cairo, Egypt.

A cyclone of energy and ambition, Tembeck has played a vital role in the development of contemporary dance in Quebec since the early 1970's, as dancer, choreographer and company co-founder/director, and, most importantly, as historian. Thoroughly at ease in French and English, she has written voluminously in both languages in academic journals, magazines and encyclopedias as well as published the first

**Tembeck, Iro**. Nom à la naissance : Iro Valaskakis. Danseuse, chorégraphe, professeure, historienne. Née : 3 novembre 1946, Caire, Égypte.

Depuis le début des années 1970, Tembeck, un véritable cyclone d'énergie et d'ambition, a joué un rôle primordial en ce qui concerne le développement de la danse contemporaine au Québec et ce, à titre de danseuse, chorégraphe, cofondatrice et directrice de troupe de danses et surtout, comme historienne. À l'aise autant dans la langue française qu'anglaise, elle a rédigé de très nombreux textes dans les deux langues pour des revues, académiques et autres, ainsi que pour des encyclopédies. Elle a également publié la première histoire de la danse à Montréal: *Danser à Montréal: Germination d'une histoire*

choreographic history of Montreal dance in Danser à Montréal: Germination d'une histoire chorégraphique (1991, Presses de l'Université du Québec) and its companion volume, Dancing in Montreal: Seeds of a Choreographic History (1994, Studies in Dance History).

Born to Greek parents, twenty-year-old Iro Valaskakis Tembeck arrived in Canada in 1967 equipped with a bachelor's degree in English literature and eight years experience as an opera ballet dancer at the Cairo Opera House. Throughout her career she would continue to straddle the worlds of academe and stage. Hyper aware of her chosen society and the role of dance in it, she looked at dance from a historical perspective even while living it as an active interpreter and choreographer. In 1988, her intense interest in dance history led her to mount the first of a series of photo exhibits reflecting the development of Quebec dance, Hier Montréal Dansait ... Portraits d'une Histoire chorégraphique.

Rigorous and organized, Tembeck simultaneously taught, studied and performed in Montreal contemporary dance while obtaining a masters degree in 1969 and a doctorate in 1992. She taught in many insitutions, finally settling in a professorship at the Université du Québec à Montréal where she teaches dance history, criticism, choreographic composition, theatricality and ritual.

In Cairo, she had studied Russian and English ballet, character and interpretive dance with Sonia Ivanova, although she had never taken exams. By 1971 she qualified to teach jazz, character and modern dance (Imperial Society of Teachers of Dancing and Canadian College of Dance methods). From 1968 to 1976 she taught and studied dance history and modern dance at the former Academy of Les Grands Ballets Canadiens while dancing and choreographing with Groupe Nouvelle Aire, a seminal Montreal modern dance company which she joined in 1972. She became director of Nouvelle Aire's school in 1976-1977.

Although Tembeck had choreographed for theatre plays in the late 1960's, 1974 marked the beginning of a prolific outpouring of dances. She

chorégraphique (1991, Presses de l'Université du Québec) ainsi que sa version anglaise Dancing in Montreal: Seeds of a Choreographic History (1994, Studies in Dance History).

Née de parents grecs, Iro Valaskakis Tembeck arriva au Canada en 1967 à l'âge de vingt ans équipée d'un baccalauréat en Littérature anglaise et de huit années d'expérience comme danseuse de ballet d'opéra à la Maison de l'Opéra au Caire. Tout au long de sa carrière, elle allait chevaucher le monde universitaire et la scène. Extrêmement consciente de sa nouvelle communauté et du rôle de la danse dans celle-ci, elle contemplait déjà son environnement sous une perspective historique, tout en la vivant comme interprète et chorégraphe. En 1988, son intérêt profond pour l'histoire de la danse l'amena à monter la première d'une série d'expositions de photographies reflétant l'évolution de la danse au Québec : Hier Montréal dansait ... Portraits d'une histoire chorégraphique.

Rigoureuse et méthodique, Tembeck enseignait, étudiait et dansait en danse contemporaine à Montréal tout en décrochant une maîtrise en 1969 ainsi qu'un doctorat en 1992. Elle donna des cours à plusieurs institutions décidant finalement d'accepter le poste de professeure à l'Université du Québec à Montréal où elle enseigne l'histoire de la danse, la critique de la danse, la composition chorégraphique, la théâtralité et le rituel.

Au Caire, elle avait étudié le ballet russe et anglais ainsi que la danse de caractère et d'interprétation avec Sonia Ivanova, bien qu'elle n'ait jamais passé d'examens. En 1971, elle fut accréditée pour enseigner la danse jazz, la danse de caractère et la danse moderne (Imperial Society of Teachers of Dancing et les méthodes du Canadian College of Dance). De 1968 à 1976, elle a étudié et enseigné l'histoire de la danse à l'ancienne Académie des Grands Ballets Canadiens tout en dansant et chorégraphiant avec le Groupe Nouvelle Aire, une troupe de danse moderne qui a fait école à Montréal, et avec laquelle elle s'associa en 1972. Elle fut directrice de l'école de Nouvelle Aire dans les années 1976-1977.

made more than fifty works for companies like Axis Dance and Artscène which she co-founded in 1977 and 1985, respectively, as well as for Les Ballets Jazz de Montréal and Ballet Eddy Toussaint.

*Plumage* (1974), a lyrical pas de deux to Bach, gave no indication of the dark churnings of the soul which would be released in *Howl*, commissioned by the Olympic Games Festival in 1976 and performed by Nouvelle Aire. *Howl* was ritualistic and highly theatrical, a forceful comment on alienation. Subsequent works full of passion and angst referred to her concern with societal rites, her Greek roots and mythology: *Incubus* and *Corfou 1913: L'après des enfants* (1977), *Kouros* (1978), *Amazonie* (1982) and *Labyrinthe* (1985), among others. Tembeck danced in many of these works, her dramatic presence occasionally borrowing inspiration from Isadora Duncan. Strong and striking, she dominated the stage with her handsome exotic looks like a warrior queen from one of her own myths. As well as frequently performing her own pieces, she danced for choreographers such as Martine Époque, Christina Coleman, Lawrence Gradus, Linda Rabin, Jean-Pierre Perreault, sculptor Doris May and theatre directors Alexander Hauswater and Robert Tembeck.

Rare in the Quebec dance community, Tembeck's dedication to recording dance history has made her a contemporary pioneer. Her book, Dancing in Montreal: Seeds of a Choreographic History, received a 1996 award for outstanding scholarly publication by the Congress on Research in Dance, an international association of dance researchers.

Bien que Tembeck ait chorégraphié pour des pièces de théâtre vers la fin des années 1960, ce n'est qu'en 1974 qu'elle amorça une période très prolifique de création en danse, créant plus de cinquante oeuvres pour des troupes comme Les Ballets Jazz de Montréal, le Ballet Eddy Toussaint et pour Axis Dance et Artscène, deux troupes qu'elle cofonda respectivement en 1977 et en 1985.

*Plumage* (1974), un pas de deux lyrique sur une musique de Bach, ne laissait rien transparaître des bouleversements de l'âme qui seraient révélés dans *Howl*, une oeuvre commandée par le festival des Jeux Olympiques de 1976 et interprétée par Nouvelle Aire. Ses oeuvres subséquentes furent remplies de passion et d'angoisse existentielle et reflètaient son intérêt pour les rites de société, la mythologie grecque et ses propres racines, par exemple: *Incubus*, *Corfou 1913: L'après des enfants* (1977), *Kouros* (1978), *Amazonie* (1982) et *Labyrinthe* (1985). Tembeck dansa dans plusieurs de ses oeuvres, dominant la scène grâce à ses magnifiques allures exotiques. Elle dansa aussi pour des chorégraphes comme Martine Époque, Christina Coleman, Lawrence Gradus, Linda Rabin, Jean-Pierre Perreault, la sculpteure Doris May et les metteurs en scène Alexander Hauswater et Robert Tembeck.

L'engagement de Tembeck à documenter l'histoire de la danse, une passion rare au Québec, fait d'elle une pionnière contemporaine. En 1996, son livre, Dancing in Montreal: Seeds of a Choreographic History, fut primé comme publication érudite exceptionnelle par le Congrès de la Recherche en Danse, une association internationale de chercheur(e)s en danse.

Photo: David Street

## Veronica Tennant
by/par Penelope Reed Doob

**Tennant, Veronica**. Dancer, teacher, writer, producer, broadcaster, choreographer. Born: January 15, 1946, London, England.

A woman of sparkling intelligence, profound dramatic intensity and ferocious personal drive, Veronica Tennant began dance studies in London at age four and, after moving to Toronto, attended the National Ballet School. In 1965 she joined the National Ballet of Canada as a principal dancer, making a stunning debut as Juliet, with partner Earl Kraul, in John Cranko's *Romeo and Juliet*.

With the company, Tennant was chosen for the premieres of most important new productions for at least a decade. Her roles encompassed the classics: Giselle, Swanhilda in *Coppélia*, the Sylph in *La Sylphide*, Teresina in *Napoli*, and Aurora in *The Sleeping Beauty*, in which she was partnered by Rudolf Nureyev. Tennant's greatest performances, however, probably occurred in the more modern

**Tennant, Veronica**. Danseuse, professeure, écrivaine, productrice, diffuseure, chorégraphe. Née : 15 janvier 1946, Londres, Angleterre.

Femme animée d'une intelligence brillante, d'une intensité dramatique profonde et d'une ambition personnelle féroce, Veronica Tennant débuta sa formation en danse à Londres à l'âge de quatre ans et, après s'être installée à Toronto, la poursuivit à l'École nationale de ballet. En 1965, elle se joint au Ballet national du Canada comme danseuse principale, faisant un début époustouflant avec son partenaire Earl Kraul, dans le rôle de Juliette dans *Roméo et Juliette* de John Cranko.

Tennant dansa à toutes les premières des plus importantes productions de cette compagnie pendant au moins une décennie. Parmi ses rôles se retrouvaient les classiques comme Giselle, Swanhilda dans *Coppélia*, la Sylphide dans *La Sylphide*, Teresina dans *Napoli*, et Aurore dans *La Belle au bois dormant* avec Rudolf Nureyev comme partenaire. Cependant, les plus grandes interprétations de Tennant furent probablement celles où elle dansa dans un répertoire plus moderne. Elle brilla dans son rôle de Lise dans *La Fille mal gardée* de Sir Frederick Ashton, Tatiana dans *Onegin* de Cranko et fut particulièrement frappante dans son interprétation de Titania dans *The Dream* d'Ashton qu'elle dansa avec Anthony Dowell.

repertoire. Tennant shone as Lise in Sir Frederick Ashton's *La Fille mal gardée*, Tatiana in Cranko's *Onegin*, and, perhaps most striking of all, Titania in Ashton's *The Dream*, which she danced with Anthony Dowell.

Tennant's contributions to the company during her years at the National Ballet far exceeded her reliably brilliant performances. Karen Kain recalls with joy that Tennant went far beyond the call of duty to encourage and support the younger dancer with remarkable generosity. And it was Tennant who did most to bring young choreographers to public attention. Her record of created roles by in-house choreographers must surely be unassailable: in works by James Kudelka, *A Party* (1976), *Washington Square* (1978-1979), *Hedda* (1983); in works by Ann Ditchburn, *Mad Shadows* (1977); in works by Constantin Patsalas, *Parranda Criolla* (1979), *Canciones* (1980), *Bolero* (1980) and *Liebestod* (1983); in works by David Allan, *Villanella* (1985) and *Masada* (1987).

Other roles created for Tennant also constitute a distinguished list, and include Cinderella in Celia Franca's production, and leading roles in Roland Petit's *Kraanerg*, Brian Macdonald's *The Newcomers* (1980), Norbert Vesak's *Whispers of Darkness* (1974) and David Earle's *Realm* (1985). Tennant's guest engagements ranged from Jacob's Pillow, the Caracas Ballet and the New Orleans Ballet to American Ballet Theatre, the Royal Winnipeg Ballet and Les Grands Ballets Canadiens. Many of her performances were preserved on film or videotape, including the Emmy Award-winning films Cinderella (1967) and The Sleeping Beauty with Nureyev (1972), as well as La Sylphide with Mikhail Baryshnikov (1974).

Since her retirement from the National Ballet, Tennant has worked as actor, broadcaster and public speaker. In 1989, she became host, continuity writer and creative consultant for Sunday Arts and Entertainment on CBC Television.

She has worked as a performer in theatre and music, and as assistant or associate director and choreographer of numerous theatrical

La contribution de Tennant au Ballet national s'étend bien au-delà de la brillance constante de ses interprétations. Karen Kain se souvient avec joie avec quelle générosité débordante Tennant encourageait et soutenait la plus jeune danseuse. Ce fut aussi Tennant qui amena à l'attention du public les jeunes chorégraphes. Le nombre record des rôles qu'elle a créés pour les chorégraphes de la compagnie est fort probablement insurpassable: dans des oeuvres de James Kudelka, *A Party* (1976), *Washington Square* (1978-1979), *Hedda* (1983); dans les oeuvres d'Ann Ditchburn, *Mad Shadows* (1977); les oeuvres de Constantin Patsalas, *Parranda Criolla* (1979), *Canciones* (1980), *Boléro* (1980) et *Liebestod* (1983) et les oeuvres de David Allan, *Villanella* (1985) et *Masada* (1987).

Les autres rôles créés pour Tennant constituent également une liste remarquable et incluent Cendrillon dans la production de Celia Franca ainsi que des rôles principaux dans le *Kraanerg* de Roland Petit, *The Newcomers* (1980) de Brian Macdonald, *Whispers of Darkness* (1974) de Norbert Vesak et *Realm* (1985) de David Earle. Comme artiste invitée, elle dansa au Jacob's Pillow, au Ballet de Caracas, au New Orleans Ballet, à l'American Ballet Theatre, au Royal Winnipeg Ballet et avec Les Grands Ballets Canadiens. Plusieurs de ses interprétations sont préservées sur film ou bande vidéo entre autres les films primés, Cendrillon (1967) La Belle au bois dormant avec Nureyev (1972), ainsi que La Sylphide avec Mikhail Baryshnikov (1974).

Depuis sa retraite du Ballet national, Tennant a travaillé comme actrice, diffuseure et conférencière. En 1989, elle devint animatrice, scénariste et consultante en créativité pour l'émission Sunday Arts and Entertainment de la chaîne de télévision CBC.

Elle a de plus travaillé comme interprète au théâtre et en musique et comme directrice adjointe ou associée de nombreuses productions théâtrales entre autres On the Town du Shaw Festival en 1992 et The Piano Man's Daughter en 1997. Pour la chaîne de télévision CBC, elle a produit trois émissions spéciales: Salute to Dancers for Life en 1994, Margie Gillis: Wild

productions, including the Shaw Festival's On the Town in 1992 and The Piano Man's Daughter in 1997. For CBC Television she has produced three performance specials: Salute to Dancers for Life in 1994; Margie Gillis: Wild Hearts in Strange Times in 1996; and in 1999, Karen Kain: Dancing in the Moment, for which she won an International Emmy Award. Other television projects include choreographing and directing Song of Songs in 1999 for BRAVO! and in 2000 co-producing, with Rhombus Media, James Kudelka's The Four Seasons.

Tennant has devoted time to coaching, lecturing and teaching at York University where she is Adjunct Professor of Dance and a Fellow of Winters College. She has also taught at the University of Waterloo and the National Ballet School, as well as giving occasional master classes in North America and Hong Kong.

Tennant is the author of two children's books and a host of articles on dance for Toronto newspapers and performance programmes.

Tennant's many honours include honorary doctorates from Brock, York and Simon Fraser Universities and the University of Toronto; the 1975 Order of Canada; a 1987 Toronto Arts Award for Performing Arts; the 1989 Award of Merit, City of Toronto; the 1990 Artpark Peoples Award; the 1991 Canadian Club Arts and Letters Award and the 1992 Governor General's Commemorative Medal.

Her broader contributions to the community have included work with the Canadian Council on the Status of the Artist, and on various boards of directors including Ontario Arts Council, Toronto Arts Awards Foundation, Glenn Gould Foundation, Dancer Transition Resource Centre, Governor General's Performing Arts Awards, and since 1992 she has been honorary chair of UNICEF.

Hearts in Strange Times en 1996 et Karen Kain Dancing in the Moment en 1999, pour lequel elle gagna un Prix international Emmy. D'autres projets télévisés incluent la chorégraphie et la réalisation de Song of Songs en 1999 pour BRAVO! et pour l'an 2000, une coproduction avec Rhombus Media, de The Four Seasons de James Kudelka.

Tennant a consacré du temps à superviser, donner des conférences et enseigner à l'Université York où elle est professeure adjointe de danse et «Fellow» du Winters College. Elle a également enseigné à l'Université de Waterloo et à l'École nationale de ballet et a occasionnellement animé des classes de maître en Amérique du Nord et à Hong Kong.

Tennant a écrit deux livres pour enfants et une série d'articles sur la danse pour les journaux de Toronto ainsi que des programmes de spectacles.

Elle a été honorée à répétition, entre autres par des doctorats honorifiques des universités Brock, York, Simon Fraser et de Toronto; par l'Ordre du Canada en 1975; le Prix Toronto Arts pour les Arts de la scène en 1987; le Prix Merit en 1989 de la ville de Toronto; le Prix Artpark Peoples en 1990; le Prix Canadian Club Arts and Letters en 1991 et la médaille commémorative du Gouverneur général en 1992.

De plus, elle a contribué au milieu de la danse en travaillant avec le Conseil des Arts sur le Statut des artistes et a siégé sur de nombreux conseils d'administration, entre autres, le Conseil des Arts de l'Ontario, le Toronto Arts Awards Foundation, le Glenn Gould Foundation, le Centre de ressources et transition pour danseurs, le Prix du Gouverneur Général pour les Arts de la scène et depuis 1992, elle est présidente honoraire de l'UNICEF.

Photo: Cylla von Tiedemann

## Menaka Thakkar
by/par Nadine Saxton

**Thakkar, Menaka**. Dancer, choreographer, artistic director, teacher. Born: March 3, 1942, Bombay, India.

"Indian dancing originates in Temple dancing, and for me it is a form of worship." Menaka Thakkar grew up with a family background that celebrated a belief in universal humanity, and this has sustained, informed, and influenced her life as an artist. In 1946, Thakkar began training in Bharata Natyam under the guidance of her sister, a professional dancer and teacher. By her mid-twenties, Thakkar was also accomplished in Odissi and Kuchipudi dance styles. In recognition of performing excellence, she was twice awarded the title of Singar Mani, in 1968 for Bharata Natyam and 1971 Odissi. Her brother, who had taken a position at York University, arranged a Canadian tour for her in 1972. Her performances and lecture demonstrations were warmly received, and she was encouraged to emigrate. Since then she has

**Thakkar, Menaka**. Danseuse, chorégraphe, directrice artistique, professeure. Née : 3 mars 1942, Bombay, Inde.

«La danse indienne tire ses origines de la danse sacrée et constitue pour moi une forme de prière.» Menaka Thakkar grandit dans une famille qui prônait la croyance en une humanité universelle et cette conviction a nourri, éclairé et influencé sa vie d'artiste. Thakkar débuta sa formation en Bharata Natyam en 1946 sous la supervision de sa soeur, une professeure et danseuse professionnelle. À l'âge de vingt-cinq ans, elle était une danseuse accomplie des styles de danse Odissi et Kuchipudi. En reconnaissance de l'excellence de ses interprétations, on lui accorda, à deux reprises le titre de Singar Mani, en 1968 pour le Bharata Natyam et en 1971 pour l'Odissi. Son frère, qui avait accepté un poste à l'Université York, organisa une tournée canadienne à son intention en 1972. Ses spectacles ainsi que ses conférences-démonstrations furent très bien accueillies et on l'encouragea à s'installer au Canada. Elle a depuis continué à voyager en Inde dans le but d'y étudier et d'y enseigner.

En s'installant au Canada, elle était déterminée à promouvoir la danse et la culture

continued to return to India to study and perform.

In Canada she was determined to propagate awareness of East Indian dance and culture in both mainstream and Indian communities. In 1975, Thakkar opened her school, Nrityakala – The Canadian Academy of Indian Dance, and she taught regularly in communities across Canada, training a new generation of dancers and audiences in the culture as well as the art. In 1978, using her advanced students, she established the Menaka Thakkar Dance Company.

Thakkar is a prolific choreographer. Besides the many original solo and group works in the Indian classical tradition, she collaborated in 1984 with Winnipeg dancer Faye Thompson to produce a stage presentation called *Bharata Natyam and Ballet – A Comparison* (1984). Her repertoire includes the popular children's work *Wise Monkey and Foolish Crocodile* (1979); *Sitayana* (1994), an interpretation of the Indian epic Ramayana from a feminist perspective; a one-woman production based on the twelfth century Sanskrit poem Geet Govinda; and several interpretations of India's best known poet Rabindranath Tagore, including *Karna – Kunti* and *Bhanusingher Padavali*. She continued to break new ground in the 1980's and 1990's through her collaborations which synthesized Indian and Western dance forms: *Blue Saturn* (1983) with Grant Strate; *Moods of Morning* (1992) with Robert Desrosiers; *Duality* (1997) with Claudia Moore; and *Farewell to Heaven* (1995) with Dana Luebke and Alex Pauk.

In 1998 Thakkar began her most ambitious work in dance style integration, inviting modern dance creator Danny Grossman, ballet choreographer Bengt Jörgen, Classical Chinese dance artist William Lau and Afro-Caribbean choreographer Patrick Parsons to collaborate with her company on *Land of Cards*, based on a short story by Tagore.

Thakkar was nominated for a 1993 Dora Mavor Moore Award for her work *Untitled* for Le Groupe de la Place Royale, and in 1995 she was nominated for the Fukuoka Asian Cultural

de l'Inde orientale dans la population en général et dans les communautés indiennes. En 1975, Thakkar ouvrit son école, Nrityakala – The Canadian Academy of Indian Dance, et elle enseigna régulièrement à divers groupes à travers le Canada, formant une nouvelle génération de danseurs/seuses et de public attirés par cette culture et cet art. En 1978, elle fonda la Menaka Thakkar Dance Company, une troupe composée de ses élèves les plus accomplis.

Thakkar est une chorégraphe prolifique. En plus de ses nombreuses oeuvres solos originales et de ses oeuvres pour groupe dans la tradition classique indienne, elle collabora, en 1984, avec la danseuse de Winnipeg, Faye Thompson, à la production: *Bharata Natyam and Ballet - A Comparison* (1984). Parmi son répertoire se retrouvent: l'oeuvre populaire pour enfant, *Wise Monkey and Foolish Crocodile* (1979); *Sitayana* (1994), une interprétation féministe de l'épique indienne Ramayana; une production pour femme seule inspirée du poème sanskrit du douzième siècle Geet Govinda; ainsi que plusieurs interprétations du plus célèbre poète de l'Inde, Rabindranath Tagore, entre autres, *Karna - Kunti* et *Bhanusingher Padavali*. Elle continua à explorer de nouvelles avenues dans les années 1980 et 1990 grâce à ses collaborations qui visaient à créer une synthèse des formes de danse indiennes et occidentales: *Blue Saturn* (1983) avec Grant Strate; *Moods of Morning* (1992) avec Robert Desrosiers; *Duality* (1997) avec Claudia Moore; et *Farewell to Heaven* (1995) avec Dana Luebke et Alex Pauk.

En 1998, Thakkar commença son oeuvre la plus ambitieuse à date, une oeuvre d'intégration de styles de danse, invitant le créateur de danse moderne Danny Grossman, le chorégraphe de ballet Bengt Jörgen, l'artiste de danse chinois William Lau et le chorégraphe afro-antillais Patrick Parsons à collaborer avec sa troupe à *Land of Cards*, une oeuvre inspirée d'un court récit de Tagore.

En 1993, Thakkar fut mise en nomination pour le prix Dora Mavor Moore pour son oeuvre *Untitled*, une oeuvre créée pour Le Groupe de la Place Royale. En 1995, elle fut de nouveau en nomination, cette fois pour le Fukuoka Asian

prize for Lifetime Achievement in Dance. The same year, for her pioneering work in the integration of dance styles, Thakkar received a Trinational Creative Residency Award from the United States' National Endowment for the Arts.

In 1993, she was awarded an Honorary Doctorate of Letters from York University for her contribution to Canadian culture and the dance community. She is an adjunct professor in York University's Dance Department.

Cultural Award pour ses réalisations exceptionnelles en danse. La même année, le National Endowment for the Arts américain lui décerna le Prix Trinational Creative Residency pour son travail de pionnier de l'intégration des styles de danse.

Toujours en 1993, l'Université York lui décerna un Doctorat honorifique en Lettres pour sa contribution à la culture canadienne et au milieu de la danse. Elle est professeure adjointe au département de Danse de l'Université York.

◆

### Audree Thomas
by/par Leland Windreich

**Thomas, Audrée**. Danseuse, professeure. Née : 9 octobre 1925, Vancouver, Colombie-Britannique. Nom de scène : Anna Istomina.

Timide de nature, la jeune Audrée Thomas trouva dans la danse un véhicule approprié pour exprimer ses émotions. Elle débuta sa formation en ballet et en acrobatie aux studios Merinoff/ Del Roy à l'âge de six ans, transférant aux

**Thomas, Audree**. Dancer, teacher. Born: October 9, 1925, Vancouver, British Columbia. Stage name: Anna Istomina.

Instinctively shy offstage, young Audree Thomas found in dancing a reliable vehicle for the expression of her feelings. She began training in ballet and acrobatics at the Merinoff/Del Roy studios at age six, later transferring to June Roper's studios in 1934 when the celebrated teacher set up her school. There she received the gamut of training, from tap to ballet. Her teacher advised her to drop out of high school and spend her day in the studio, preparing for a career in ballet. During her training she performed in various local charity programmes and in cabarets, appearing in June Roper's *Dream Bird Ballet* and in her *Casanova*, in which Thomas at age thirteen played the part of a courtesan.

In 1940 she auditioned in Seattle for Leonide Massine's Ballets Russes de Monte Carlo, and was accepted at age fourteen as an apprentice dancer. She made her professional debut with the company in Los Angeles a month later in the Pas de Trois from *Swan Lake* and within her first year danced the role of Venus in Massine's surrealist ballet, *Bacchanale.* As she progressed, she was advised to take on a Russian name; Ballets Russes director Serge Denham suggested Istomina, the name of a ninteenth-century St. Petersburg dancer celebrated in the poetry of Pushkin.

During her five years with the Ballets Russes, Thomas toured North and South America and took over roles vacated by peripatetic ballerinas: Woman in Massine's *Rouge et Noir*, and the title role in Bronislava Nijinska's *Snow Maiden.* She was in the original cast of Agnes de Mille's *Rodeo* and danced in the musical Song of Norway when the Ballets Russes performed at its debut season. In Massine's *Gaité Parisienne* she danced every role in the ballet, beginning as one of the Scrub-women and ending as the chief Can-Can Dancer. Ultimately she inherited Alexandra Danilova's coveted role as the Glove Seller. In 1944 she made a surprise debut in New York as Odette in *Swan Lake* with Ballet International on an occasion in which both

studios de June Roper en 1934 lorsque la célèbre professeure fonda son école. Elle reçut tout un éventail de cours, allant des claquettes au ballet. Sa professeure lui conseilla d'abandonner ses études secondaires et de mettre toutes ses énergies dans le travail en studio en vue d'une carrière en ballet. Durant cette formation, elle participa à divers spectacles pour organismes de charité, à des cabarets dansant dans le *Dream Bird Ballet* de June Roper ainsi que dans son *Casanova* où Thomas, âgée de treize ans, joua le rôle d'une courtisane.

En 1940, à l'age de quatorze ans, elle passa une audition à Seattle pour les Ballets Russes de Monte Carlo de Leonide Massine et fut acceptée comme apprentie. Elle fit son début professionnel avec cette troupe à Los Angeles un mois plus tard dans le Pas de trois du *Lac des cygnes* et dans sa première année interpréta le rôle de Vénus dans le ballet surréaliste de Massine *Bacchanale*. Eventuellement on lui conseilla de prendre un nom russe; le directeur des Ballets Russes, Serge Denham, lui suggéra le nom d'Istomina, une danseuse du dix-neuvième siècle de Saint Pétersbourg célébrée dans la poésie de Pushkin.

Pendant ses cinq années avec les Ballets Russes, Thomas participa à des tournées en Amérique du Nord et du Sud et remplaça certaines ballerines péripatétiques: la femme dans *Le Rouge et le Noir* de Massine et le rôle-titre dans *Snow Maiden* de Bronislava Nijinska. Elle fit aussi partie de la distribution originale de *Rodeo* d'Agnes de Mille et dansa dans Song of Norway au début de la saison des Ballets Russes. Dans *Gaieté Parisienne* de Massine, elle dansa tous les rôles de ballet en commençant par celui de la femme de ménage jusqu'à celui de la principale danseuse de cancan. Finalement, elle hérita du rôle convoité de la vendeuse de gants, rôle tenu par Alexandra Danilova. En 1944, elle fit un début inattendu à New York dans le rôle d'Odette dans *Le Lac des cygnes* avec le Ballet International lorsque les deux ballerines permanentes furent indisposées. Sa capacité à relever ce défi avec seulement quelques heures d'avis et de quand même offrir une interprétation crédible dans un rôle pour

resident ballerinas were indisposed. Her ability to take on this assignment with a few hours notice and to give a creditable performance in a role for which she had never been coached attests to her courage and confidence. At this time, at age nineteen, she was named Canadian Woman of the Year in an award bestowed on her from Ottawa.

When Massine left the Ballets Russes, Thomas joined his Ballets Russes Highlights and toured with the ensemble for two years. In 1947 she accepted a contract as guest prima ballerina at the Teatro Colon in Buenos Aires, where she performed both classic and contemporary roles and made her debut in new creations by Margarita Wallmann. For her, Massine flew to Argentina the following year to mount his *Rouge et Noir.* Adored by the public and the press, Thomas was invited to spend another year with the Buenos Aires company.

Married to the dancer Serge Ismailoff between these engagements, Thomas next joined Mia Slavenska in her Ballet Variante and toured Latin America and the Caribbean ports for two years. Her last professional assignment was as guest ballerina at the Ballet Nacional de Venezuela for the years 1957-1958, performing at its home theatre and on tour; she returned to Caracas several times thereafter to teach in the Academia Interamericana de Ballet.

Retired as a performer at thirty-two, Thomas had two sons and worked with her husband as a teaching team, establishing three ballet studios in suburban New York. Ultimately they concentrated on the site in White Plains, where Thomas continued to teach after Ismailoff's death and until her retirement. Her younger son Gregory danced with Nureyev and Friends, the Stuttgart Ballet and the Chicago City Ballet. Thomas retired to West Vancouver in 1986.

lequel on ne l'avait pas préparée, témoigne de son courage et de sa confiance en elle-même. C'est à cette époque, à l'âge de dix-neuf ans, qu'elle fut nommée Femme canadienne de l'année, un prix originant d'Ottawa.

Lorsque Massine quitta Les Ballets Russes, Thomas se joint à ses Ballets Russes Highlights et participa à une tournée de l'ensemble s'étirant sur deux ans. En 1947, elle accepta un contrat de prima ballerina invitée au Teatro Colon à Buenos Aires où elle fit son début dans de nouvelles creations de Margarita Wallmann. C'est pour elle que Massine s'envola pour l'Argentine l'année suivante pour monter son *Rouge et Noir.* Adorée du public et de la presse, Thomas fut invitée à passer une autre année avec la compagnie de Buenos Aires.

Mariée au danseur Serge Ismailoff entre ses deux contrats, Thomas se joint ensuite au Ballet Variente de Mia Slavenska et fit la tournée de l'Amérique latine et des ports des Caraïbes pendant les deux années suivantes. Son dernier contrat professionnel fut celui de ballerine invitée au Ballet Nacional du Venezuela pour les années 1957-1958, dansant au théâtre de la compagnie et en tournée; elle retourna à Caracas plusieurs fois pour enseigner à l'Academia Interamericana de Ballet.

Thomas prit sa retraite en tant qu'interprète à l'âge de trente-deux ans, eut deux fils et forma équipe avec son mari pour enseigner la danse, fondant trois studios de ballet en banlieue de New York. Finalement, ils concentrèrent leurs énergies sur le studio de White Plains où Thomas continua à enseigner après le décès d'Ismailoff et ce jusqu'à sa retraite. Son plus jeune fils, Gregory, dansa avec Nureyev and Friends, le Stuttgart Ballet et le Chicago City Ballet. Thomas se retira à Vancouver Ouest en 1986.

**Three Women** (Trois Femmes) fourth section of *People ... People ...*quatrième section de *Des Gens ... des gens ...*
Premiere/Première: Judy Jarvis Dance and Theatre Company, Toronto Workshop Productions Theatre, Toronto, September 3 septembre, 1974
Choreography/Chorégraphie: Judy Jarvis
B.: Deborah McLachlan
Blacklack: Judy Jarvis
Nora: Pamela Grundy
Music/Musique: Steve Miller Band

Programme Note from *People ... People ...*
I looked through the eye of an imaginary film camera and saw a kaleidoscope of people passing by, appearing, disappearing, behaving, misbehaving, interacting and alone. They are the people you might see pass by your window in a Toronto restaurant or perhaps anywhere. Some become known, some are glimpsed at - soon to disappear from your vision. Some are amusing, some not. Some are ugly, some beautiful. They all form their own connections, or do not - according to their inclinations and Life's chance. – J.J.

Note du Programme de *People ... People ...*
J'ai regardé à travers la lentille d'une caméra cinématique imaginaire et j'ai vu un kaléidoscope de gens passant, apparaissant, disparaissant, sages, déraisonables, interagissant et seuls. Ce sont des gens que vous pourriez voir passer d'une fenêtre d'un restaurant de Toronto ou peut-être de n'importe où. Certains deviennent connus, certains ne sont qu'aperçus - pour ensuite disparaître du champ de vision. Certains sont amusants, d'autres pas. Certains sont laids, d'autres beaux. Tous, ils forment leurs propre liens ou non - selon leurs penchants et le hasard de la vie. – J.J.

*This haunting portrait of the loneliness of three derelict women is typical of Jarvis' impressive ability to capture character using minimal movement and subtle theatrical timing. Nora, a grinning, gregarious misfit with camp-stool; B., a down-at-the-over-sized-heels tramp; and Blacklack, a knotted old crone in a hair-net simply cross and recross the stage, each with her own distinctive walk, rarely connecting, indeed, lost in their private little worlds.*

*Ce portrait obsédant de la solitude de trois femmes sans-abri est caractéristique de la capacité impressionnante de Jarvis à capturer un personnage en utilisant des mouvements minimes et de son sens aigu du minutage dramatique. Nora, une inadaptée sociale souriante, grégaire avec un tabouret pliant; B., une sans-abri, usée jusqu'à ses talons trop gros; et Blacklack, une vieille ratatinée noueuse portant une résille. Elles se promènent simplement de long en large sur la scène, chacune avec son style caractéristique de marche, interagissant rarement, perdues dans leur propre univers étroit.*

Graham Jackson

**Samuel Titchener Smith**
by/par Mary Jane Warner

**Titchener Smith, Samuel**. Teacher. Born: 1895, Toronto, Ontario. Died: 1980.

Samuel Titchener Smith grew up in a large Toronto family with aspirations to become a medical doctor. When his dream proved financially impossible, he went to Cleveland, Ohio, to study ballroom dancing with Frossiter, a highly respected dance instructor. On his return, he married Mattie Stilloway, the coachman's daughter at the Grange Estate, where he began giving occasional ballroom instruction; his wife served as his dance accompanist until her death in 1935.

In 1912, he opened his first studio, but was soon operating both the Broadway School of Dancing in Toronto's west end and the Riverdale Dancing Academy in the east end. He also hosted Tango Teas regularly at the Masonic Temple, where he introduced the latest ballroom dances to invited guests. Since the tall, handsome Titchener Smith was a talented dancer, he often performed at these events.

Gradually Titchener Smith broadened his

**Titchener Smith, Samuel**. Professeur. Né : 1895, Toronto, Ontario. Décédé : 1980.

Samuel Titchener Smith fut partie d'une grande famille de Toronto et il avait le désir de devenir médecin. Lorsqu'il s'avéra que son rêve était financièrement impossible à réaliser, il se rendit à Cleveland, en Ohio, pour étudier la danse de salon avec Frossiter, un professeur de danse très estimé. À son retour, il épousa Mattie Stilloway, la fille du cocher au Domaine Grange où il commença à donner occasionnellement des cours de danse de salon. Sa femme lui servait d'accompagnatrice jusqu'à son décès en 1935.

En 1912, il ouvrit son premier studio mais peu de temps après, il dirigea le Broadway School of Dancing dans l'ouest de Toronto ainsi que le Riverdale Academy of Dancing dans l'est. Il organisa de plus des Thés Tango régulièrement au Temple des Francs-maçons, là où il introduit les plus récentes danses de salon à des invités. Comme Titchener Smith, beau et grand, était un danseur de talent, il participait fréquemment à ces événements.

Graduellement, Titchener Smith élargit l'étendue de ses cours et offrit le ballet classique, les cours de pointes, la danse nationale, l'esthétique ainsi que la danse d'agrément. La

offerings to include classical ballet, pointe, national, aesthetic and fancy dancing. Most summers he studied in New York with leading teachers such as Veronine Vestoff, Sonia Serova, Mikhail Fokine, Mikhail Mordkin and Ted Shawn. He received both the Gold Medal and the Artist Diploma in the Imperial Russian Method from the Vestoff-Serova School. Throughout his career, he maintained strong links with American dance organizations, particularly the American National Dancing Masters' Association which appointed him chief supervisor for Canada.

In 1922 he relocated to the Yonge and Bloor area near the Uptown Theatre. Although he still offered ballroom instruction, he focused increasingly on theatrical forms. All of his students danced in his annual recitals, but the most talented senior students were hired to perform in movie theatres and at local fairs and garden parties. Many of the Uptown dancers in the 1920's studied with him, and a substantial number of his students including Evelyn Geary, Hilda Eckler, Edna Liggett and Annie Traynor went on to professional careers in the United States or Europe.

In 1932 he became president of the Dancing Masters of America. Through this position, he arranged to host the organization's annual convention at the Royal York Hotel in 1936. Following his second marriage, he retired from teaching, in 1942, to devote his energy to community service and politics.

plupart des étés, il étudiait à New York avec des professeurs aussi renommés que Veronine Vestoff, Sonia Serova, Mikhail Fokine, Mikhail Mordkin et Ted Shawn. Il reçut la médaille d'or et le diplôme d'artiste du Russian Imperial Method de l'école Vestoff-Serova. Tout au long de sa carrière, il maintint des liens étroits avec les organismes de danse américains, spécifiquement l'American National Dancing Masters' Association qui le nomma au poste de superviseur en chef pour le Canada.

En 1922, il déménagea dans le quartier des rues Yonge et Bloor près du théâtre Uptown. Même s'il offrait toujours des cours de danse de salon, il se consacrait de plus en plus à des formes théâtrales. Tous/toutes ses étudiant(e)s participaient à ses récitals annuels, et les élèves les plus avancés étaient engagés pour danser dans des cinémas ainsi qu'à des foires locales et des fêtes champêtres. Plusieurs des danseurs/seuses Uptown des années 1920 étudièrent avec lui et un nombre important de ses élèves, incluant Evelyn Geary, Hilda Eckler, Edna Liggett et Annie Traynor poursuivirent des carrières professionnelles aux États-Unis et en Europe.

En 1932 il devint président de Dancing Masters of America. Grâce à ce poste, il organisa la convention annuelle de cet organisme à l'hôtel Royal York en 1936. Il cessa d'enseigner après son second mariage en 1942 et consacra ses énergies au service communautaire et à la politique.

## Toronto Dance Theatre
by/par Carol Anderson

Toronto-born Patricia Beatty joined forces with Peter Randazzo and David Earle, another Toronto native, to create the Toronto Dance Theatre in 1968. Beatty danced in New York with Pearl Lang's company while studying at the Martha Graham School, where she met David Earle. Earle had studied with Yone Kvietys, one of Toronto's European modern dance pioneers. Peter Randazzo, third of Toronto Dance Theatre's triumvirate of founders, a native of Brooklyn and a veteran of the Martha Graham Dance Company, claims that Toronto Dance Theatre was born from a casual conversation he had with Earle on the top of a doubledecker bus in Manchester, England. Whatever its inspiration, the time was ripe for a new burst of dance energy in Toronto.

Patricia Beatty returned to Toronto from New York in 1967 and started her own company, the New Dance Group of Canada. With David Earle and Peter Randazzo as guests, the new company gave its inaugural performance in December 1967. On this programme, Beatty presented her work *Momentum* (1967), an adaptation of the Macbeth story. As well, Beatty, Earle and Randazzo danced Randazzo's first choreographic work, *Fragments* (1967).

Following these performances, Earle returned to London and Randazzo to New York. But they were determined to establish a company in

Patricia Beatty, une Torontoise de naissance, s'associa à Peter Randazzo et David Earle, un autre natif de Toronto, dans le but de créer le Toronto Dance Theatre en 1968. Beatty avait dansé à New York avec la troupe de Pearl Lang tout en étudiant au Martha Graham School où elle fit la connaissance de David Earle. Ce dernier avait étudié avec Yone Kvietys, l'une des pionnières de la danse moderne européenne à Toronto. Peter Randazzo, le troisième membre du triumvirat des fondateurs du Toronto Dance Theatre, un natif de Brooklyn et un vétéran du Martha Graham Dance Company, affirme que le Toronto Dance Theatre vit le jour suite à une conversation banale à bord d'un bus à impériale à Manchester, en Angleterre. Peu importe la source de l'initiative, Toronto était mûre pour accueillir une nouvelle flambée d'énergie en danse.

Patricia Beatty retourna à Toronto de New York en 1967 et fonda sa propre troupe, le New Dance Group of Canada. Avec David Earle et Peter Randazzo comme artistes invités, la nouvelle troupe donna son spectacle inaugural en décembre 1967. Au programme, Beatty présenta son oeuvre *Momentum* (1967), une adaptation du récit de Macbeth. Par surcroît, Beatty, Earle et Randazzo interprétèrent la première oeuvre chorégraphique de Randazzo, *Fragments* (1967).

Suite à ces représentations, Earle retourna à Londres et Randazzo à New York. Ils étaient cependant toujours déterminés à former une troupe de danse à Toronto. Près de signer un accord avec John Sime, le fondateur de Three Schools of Art, un havre de l'activité artistique du Toronto des années 1960, ils choisirent plutôt de s'associer avec Beatty, et le Toronto Dance Theatre vit le jour. Celui-ci donna ses premiers spectacles en décembre 1968, au Toronto Workshop Productions Theatre.

La troupe était basée sur des idéaux communs et un désir de contribuer à la danse moderne au Canada. Les fondateurs voulaient développer des artistes d'envergure et de profondeur, des artistes qui pourraient enseigner. Ils prônaient une vision de la danse comme forme d'art sérieuse et significative. Malgré ce

Toronto. On the verge of signing an agreement with John Sime, founder of the Three Schools of Art, a haven of artistic activity in Toronto in the 1960's, they joined forces with Beatty instead and the Toronto Dance Theatre was born. The company gave its first performances in December, 1968, at the Toronto Workshop Productions Theatre.

Fundamental to the company was a sense of shared ideals, a sense that the founders were nurturing modern dance in Canada. They wanted to develop artists of scope and depth, artists who could teach. They were advocates of the idea that dance is a profound and serious art form. Inside this framework of ideals, the artistic signatures of the three founding directors were distinctive from the start. Strong management figures also played a part in the early development of the company.

By 1971, Jim Plaxton was involved as company manager, stage manager, set and lighting designer. A kindred spirit to the ideals of the company's founders, he became their trusted administrator. He was active in the planning and realization of the company's first tour to England in 1972. His design work and production values helped bring the company serious critical attention, and were praised during their London performances.

By 1973, Dr. Roger Jones was involved with the company's business and financial aspects. David Earle found St. Enoch's church in the Cabbagetown neighbourhood, suggesting it as a permanent home for the company and school. Jones managed the company while this major investment took shape; TDT bought the building in 1979. Following increasing disagreement with the founders about the extent of his decision-making throughout TDT, Jones departed in 1981.

For almost three decades, the artistic continuity of Toronto Dance Theatre was in the work of the three founders. Patricia Beatty's work is characterized by a meticulous attention to detail. Her *First Music* (1969), a beautiful, starkly simple piece, was a long, slow diagonal danced toward a sculptural set. In honour of her mentor Martha Graham, Toronto Dance Theatre

cadre d'idéaux partagés, les signatures artistiques des trois directeurs-fondateurs se démarquèrent nettement dès le début. Un personnel de gestion exceptionnel joua également un rôle importants aux débuts de la troupe.

En 1971, Jim Plaxton agissait comme gérant, régisseur, concepteur des décors et des éclairages. Sympathique aux idéaux des fondateurs, il devint leur administrateur loyal. Il participa à la planification et à la production de la première tournée de la troupe en Angleterre en 1972. Son travail de conception et ses critères de production contribuèrent à susciter l'intérêt suivi de la critique et furent acclamés lors des spectacles londoniens.

En 1973, le Dr Roger Jones s'appliqua aux affaires et à l'aspect financier de la troupe. David Earle trouva l'Église St. Enoch dans le quartier Cabbagetown et il suggéra qu'elle deviennent le pied à terre de la compagnie et de son école. Jones géra la troupe durant cette phase importante d'investissement; le TDT se porta acquéreur de l'édifice en 1979. Suite à des conflits avec les fondateurs concernant l'étendue de son pouvoir décisionnel à tous les échelons du TDT, Jones quitta la troupe en 1981.

Pendant près de trois décennies, la continuité artistique du Toronto Dance Theatre fut assurée par le travail de ses trois fondateurs. Le travail de Patricia Beatty se caractérisait par une attention méticuleuse aux détails. Son *First Music* (1969), une oeuvre magnifique, dénudée et simple, était une longue danse lente en diagonale vers un décor sculptural. En hommage à son mentor, Martha Graham, le Toronto Dance Theatre présenta l'oeuvre au Joyce Theater à New York en 1991. L'oeuvre de Beatty, *Against Sleep* (1968), fut remontée en novembre 1998 dans le cadre des spectacles soulignant le 30ième anniversaire de la compagnie.

Les premières oeuvres de Peter Randazzo notamment, *Visions for a Theatre of the Mind* (1971) et *Mythic Journey* (1974), étaient des oeuvres sombres et abstraites. Des oeuvres plus tardives révélèrent une brillance provocante. *L'Assassin Menacé* (1975), inspirée de tableaux de Magritte, était une série d'ébats empreints

presented the work at the Joyce Theater, New York, in 1991. Beatty's *Against Sleep* (1968) was remounted in November 1998 for the company's 30th anniversary performances.

Peter Randazzo's early works, such as *Visions for a Theatre of the Mind* (1971) and *Mythic Journey* (1974), were sombre and abstract. Later works showed a provocative brilliance. His *L'Assassin Menacé* (1975), based on paintings by Magritte, was a darkly funny, surreal romp, the satyr-like Randazzo originally dancing the role of Fantômas with unforgettable wit.

David Earle's impassioned style is often seen in great storms and sweeps of motion through large groups of dancers. Massive, sculptural, evocative, humanist dances, a majority of his more than one hundred works were created for TDT. Dances such as *Baroque Suite* created in 1972, his *Fauré's Requiem* (1977) and *Sacra Conversazione* (1985), became much-loved standards in the company's repertoire.

At points the seriousness of the three founders' work distanced them from their audience, but they persevered. In 1988 they received the prestigious Toronto Arts Award for having changed the face of dance in Toronto.

Toronto Dance Theatre has always been notable for its superb dancers. Among the outstanding performers in the early company were: Amelia Itcush, a possessed spirit, incandescent as the young Mary Magdalen in Earle's *A Thread of Sand* (1969); Barry Smith, long and ascetic; Susan Macpherson, a gloriously regal presence onstage; Keith Urban, all manly flow; Helen Jones, cool and plastic, with a flawless technique; Peggy Baker, passionate and marvellously gifted, later an icon of Canadian dance. Later Grace Miyagawa danced with mysterious, enigmatic depth; Karen duPlessis soared and darted like a sea-bird; Robert Desrosiers' virtuosity torqued through the work; Claudia Moore was both a muse and inspiration. And then Christopher House, a superbly musical and eloquent performer, who became resident choreographer of TDT in 1981.

By 1982 the creative output of the three TDT founders reflected their growing fatigue from

d'humour noir et de surréalisme où Randazzo ressemblant à un satyre, créa le rôle de Fantômas avec une finesse inoubliable.

Le style exalté de David Earle s'exprima souvent par des tempêtes et de grandes envolées de mouvements à travers de larges groupes de danseurs. La majorité des oeuvres qu'il créa pour le TDT, plus d'une centaine, sont des oeuvres massives, sculpturales, évocatrices et humanistes. Des oeuvres comme *Baroque Suite* créée en 1972, son *Fauré's Requiem* (1977) et *Sacra Conversazione* (1985), devinrent des classiques populaires du répertoire.

À certains moments, la gravité des oeuvres des trois fondateurs les éloignait de leur public, mais ils persévérèrent malgré tout. En 1988, ils reçurent le prestigieux Prix Toronto Arts pour avoir influencé le visage de la danse à Toronto.

Le Toronto Dance Theatre a toujours été remarquable par la qualité superbe de ses danseurs. Parmi les interprètes exceptionnels de la troupe à ses premiers jours se retrouvent: Amelia Itcush, un esprit possédé, incandescente en jeune Marie-Madeleine dans *A Thread of Sand* (1969) d'Earle; Barry Smith, effilé et ascétique; Susan Macpherson, une présence fabuleusement altière sur scène; Keith Urban, la fluidité masculine totale; Helen Jones, sereine et plastique, dotée d'une technique impeccable; Peggy Baker, passionnée et merveilleusement douée, une future icone de la danse au Canada. Plus tard, Grace Miyagawa dansa avec une profondeur mystérieuse et énigmatique; Karen duPlessis s'envola et s'élança comme un oiseau marin; la virtuosité de Robert Desrosiers, trancha à travers l'oeuvre; Claudia Moore fut à la fois muse et inspiration. Et ensuite Christopher House, un interprète superbement musical et éloquent, qui devint chorégraphe en résidence du TDT en 1981.

En 1982, les créations des trois fondateurs du TDT reflétaient leur fatigue croissante suscitée par leurs tâches administratives et politiques. Le TDT croulait sous une dette accumulée énorme et certains observateurs estimaient le travail de la troupe anachronique. De plus, le TDT devrait bientôt subir des coupures importantes de leurs subventions gouvernementales.

dealing with administrative and political matters. TDT was carrying a staggering accumulated debt on the building, and the company's work was considered anachronistic by some observers. TDT was on the verge of severe cuts from government funding agencies.

In 1983, at Earle's suggestion, Toronto-born Kenny Pearl became the company's artistic director. Pearl, formerly a dancer with the Alvin Ailey and Martha Graham companies, nurtured the dancers' talents and gave the programming a fresh look. He presented work by all four resident choreographers, but the inventive dances of Christopher House and David Earle's *Sacra Conversazione* were the works that re-invigorated the company's profile. After a nine-year absence from international performing, the company toured to Great Britain, Mexico and Venezuela, and gave its first critically acclaimed performances in New York. When Pearl and general manager Ellen Busby left, the company was healthy once more, both artistically and financially.

Earle became artistic director in 1987 after Pearl stepped down. TDT enjoyed great acclaim at New York's Joyce Theater in 1991, with a programme that included choreographer James Kudelka's brilliant *Fifteen Heterosexual Duets* (1991). Following the company's 25th anniversary in 1994, Earle resigned and Christopher House became the company's artistic director.

House's choreography reveals the diversity of his interests, the increasing depth of his craft and musicality. His *Vena Cava* (1998), a rhythmic, driving kinetic poem, premiered on the company's 30th anniversary.

TDT has continued to broaden its touring base, travelling to Mexico, Europe, Japan and India, and the company has found financial stability with the team of House and administrative director Jini Stolk.

House is intensely interested in the dynamic challenges and vitality of performing to live music, and he has led TDT into collaborative projects with the respected new music ensemble ARRAYMUSIC. In 1997 House invited Chandraleka, visionary East Indian

En 1983, à la suggestion d'Earle, le Torontois de naissance Kenny Pearl devint directeur artistique de la troupe. Pearl, un ancien danseur des troupes Alvin Ailey et Martha Graham, encouragea le talent des danseurs et imprima une nouvelle couleur à la programmation de la troupe. Il présenta des oeuvres des quatre chorégraphes en résidence mais les oeuvres inventives de Christopher House et l'oeuvre de David Earle *Sacra Conversazione*, furent celles qui rehaussèrent le profil de la compagie. Suite à une absence de neuf ans de la scène internationale, celle-ci partit en tournée en Grande-Bretagne, au Mexique et au Venezuela, et présenta ses premiers spectacles à New York, des spectacles acclamés par la critique. Au moment du départ de Pearl et de la directrice générale, Ellen Busby, la troupe était de nouveau sur un bon pied, artistiquement et financièrement.

Earle devint directeur artistique en 1987 après le départ de Pearl. TDT fut acclamé au Joyce Theater à New York en 1991, avec un programme qui incluait le brillant *Fifteen Heterosexual Duets* (1991) du chorégraphe James Kudelka. Earle offrit sa démission suite au 25ième anniversaire de la troupe en 1994 et fut remplacé à la direction artistique par Christopher House.

La chorégraphie de House révèle la diversité de ses intérêts et l'intensité croissante de son art et de sa musicalité. La première de son *Vena Cava* (1998), un poème cinétique compulsif et rythmique, fut présentée lors du 30ième anniversaire de la troupe.

TDT a continué d'élargir sa base de tournée, voyageant au Mexique, en Europe, au Japon et en Inde. La troupe est maintenant stable financièrement grâce à l'équipe formée par House et la directrice administrative Jini Stolk.

House s'intéresse passionnément aux défis dynamiques et à la vitalité associés aux spectacles avec la musique en direct. Il a dirigé TDT dans des projets de collaboration avec l'ensemble estimé de musique contemporaine, ARRAYMUSIC. En 1997, House invita Chandraleka, une chorégraphe visionnaire de l'Inde orientale à créer une oeuvre pour le TDT.

choreographer, to create a work for TDT. The annual series he started, Four at the Winch, provides an opportunity for guest choreographers to work with the company. House sees dance as a poetic form, and is "committed to exploring new ideas in choreographic expression while embracing the fresh and vital aspects of inherited traditions".

La série annuelle qu'il a initiée, Four at the Winch, permet à des chorégraphes invités de travailler avec la troupe. House perçoit la danse comme une forme poétique, il est «engagé à explorer de nouvelles avenues d'expression chorégraphiques tout en englobant les aspects de fraîcheur et de vitalité associés aux traditions reçues».

## Nesta Toumine
by/par Rosemary Jeanes Antze

**Toumine, Nesta**. Artistic director, choreographer, teacher, dancer. Born: October 28, 1912, Croyden, England. Died: February 1, 1996, Ottawa, Ontario. Birth name: Nesta Williams.

Born to an English mother and a Canadian father, Nesta Williams and her family returned from England to Ottawa in 1913. She received her early dance training in Ottawa with Professor Sinclair and with Gwen Osborne (a teacher of Betty Lowe, Pat and Nora Wilde). In 1933 she went to London, where she studied with Nicholas Legat, and the Cecchetti method with Margaret Craske and Mabel Ryan.

**Toumine, Nesta**. Directrice artistique, chorégraphe, danseuse, professeure. Née : 28 octobre 1912, Croyden, Angleterre. Décédée : 1er février 1996, Ottawa, Ontario. Nom à la naissance : Nesta Williams.

Née d'une mère anglaise et d'un père canadien, Nesta Williams et sa famille quittèrent l'Angleterre et s'installèrent à Ottawa en 1913. Elle reçut sa formation initiale en danse à Ottawa avec le Professeur Sinclair et avec Gwen Osborne (une professeure de Betty Lowe, Pat et Nora Wilde). En 1933, elle se rendit à Londres où elle étudia avec Nicholas Legat et apprit la méthode Cecchetti avec Margaret Craske et Mabel Ryan.

Sa carrière professionnelle débuta avec *The Golden Toy* (1934), chorégraphié par Ninette de

She began her professional career dancing in the *The Golden Toy* (1934), choreographed by Ninette de Valois. In 1936 she joined the Ballets Russes de Paris, touring England and Ireland. There she met Sviatoslav Toumine, whom she married on September 18, 1941, when their rival ballet companies crossed paths in Toronto – she was with Leonide Massine's Ballets Russes de Monte Carlo, and he with Colonel de Basil's Ballets Russes.

From 1938-1943, she danced with the Ballets Russes de Monte Carlo, working with choreographers Michel Fokine, Leonide Massine, George Balanchine and Agnes de Mille, as well as dancing in the major classical ballets.

In 1946, she returned to Ottawa with her two sons, Peter (born 1942) and Lorne (born 1945), and began teaching with Yolande Le Duc. Under her direction, the Ottawa Ballet Company made its debut on March 12, 1947, at the Capitol Theatre, with a cast of forty, dancing *Les Sylphides* and *The Nutcracker*. In 1948, she mounted *Giselle*, and premiered her first original work, *Once Upon a Time*. In 1949 she created *Sonata in C Sharp Minor*, which was presented at the Second Canadian Ballet Festival in Toronto.

In 1949, Toumine split with Le Duc and formed the Classical Ballet Studio. Over the next twenty years, she created over thirty original works for the company, including *Fadette* (1951), *Les Valses* (1951), *Romantique* (1954), *David* (1957), *Marie-Madeleine* (1957) (later called *Maria Chapdeleine*, and reconstructed in Toronto by the Encore! Encore! project, 1986), *Faust* (1959), *Gymnopédies* (1960), *The Seasons* (1961), *Russian Suite* (1962), *La Bayadère* (1962), *The Legend* (1963) and *Medusa* (1963). She also produced the classics, and remounted the Fokine works *Les Elfes*, *Mandarin's Daughter*, *Spectre de la Rose* and *Prince Igor*. Her husband, Sviatoslav Toumine, designed decor and costumes for the company.

In 1958, she formed the Classical Ballet Concert Group with her twenty-five strongest dancers, led by Joanne Ashe and David Moroni, and increased touring and performances in and

Valois. En 1936, elle se joint aux Ballets Russes de Paris, faisant la tournée de l'Angleterre et de l'Irlande. C'est là qu'elle rencontra Sviatoslav Toumine qu'elle épousa le 18 septembre 1941, lorsque leurs compagnies de ballet rivales se croisèrent à Toronto – elle était avec les Ballets Russes de Monte Carlo de Leonide Massine et lui avec les Ballets Russes du Colonel de Basil.

De 1938 à 1943, elle dansa avec les Ballets Russes de Monte Carlo travaillant avec les chorégraphes Michel Fokine, Leonide Massine, George Balanchine et Agnes de Mille tout en interprétant les plus importants classiques.

En 1946, elle retourna à Ottawa avec ses deux fils, Peter (né en 1942) et Lorne (né en 1945) et commença à enseigner avec Yolande Le Duc. C'est sous sa direction que le Ottawa Ballet Company fit son début le 12 mars 1947 au théâtre Capitol avec une distribution de quarante danseurs/seuses interprétant *Les Sylphides* et *Casse-Noisette*. En 1948, elle monta *Giselle* et présenta sa première oeuvre originale en première, *Once upon a Time*. En 1949, elle créa *Sonata in C Sharp Minor* qui fut présentée au second Festival de ballet canadien à Toronto.

En 1949, Toumine rompit avec Le Duc et fonda le Classical Ballet Studio. Au cours des vingt années suivantes, elle créa plus de trente oeuvres originales pour la compagnie, entre autres, *Fadette* (1951), *Les Valses* (1951), *Romantique* (1954), *David* (1957), *Marie-Madeleine* (1957), (rebaptisé *Maria Chapdelaine*, 1958, et remonté à Toronto grâce au projet Encore! Encore!, 1986), *Faust* (1959), *Gymnopédies* (1960), *The Seasons* (1961), *Russian Suite* (1962), *La Bayadère (1962)*, *The Legend* (1963) et *Medusa* (1963). Elle produit également des oeuvres classiques et remonta certaines oeuvres de Fokine : *Les Elfes*, *Mandarin's Daughter*, *Spectre de la rose* et *Prince Igor*. Son mari, Sviatoslav Toumine conçut les décors et costumes pour la compagnie.

En 1957, elle forma le Classical Ballet Concert Group avec vingt-cinq de ses meilleur(e)s danseurs/seuses avec Joanne Ashe et David Moroni en tête, et elle entreprena des tournées et des spectacles à, et aux alentours

around Ottawa. The company received acclaim at the First Northeast Regional Ballet Festival in the United States in 1959, and continued to be invited to these festivals until 1977, under the name Ballet Imperial which the company adopted in 1965.

Toumine's school, the Classical Ballet Studio, officially closed in 1990, though, in 1994, she continued to teach.

The many dancers trained by Toumine include David Moroni, Joan Askwith, Marilee Williams, Victoria Pulkkinen, David Peregrine, Susan Bennett, Michael O'Gorman (Royal Winnipeg Ballet); Alistair Munro, Rosemary Jeanes, Christopher Bannerman (National Ballet of Canada); Lorne Toumine, Susan Toumine, Pandora Robertson, Richard Sugarman (Les Grands Ballets Canadiens); Carol Barrett (Northern Dance Theatre, London Festival Ballet, England), Gail Benn (Ballet Ys), Frederick Braun, Dwight Davis (Les Feux Follets).

d'Ottawa. La compagnie fut acclamée au premier Northeast Regional Ballet Festival, aux États-Unis en 1959 et continua à être invitée à ces festivals jusqu'en 1977 sous le nom de Ballet Impérial, nom adopté par la compagnie en 1965.

L'école de Toumine, le Classical Ballet Studio, ferma officiellement ses portes en 1990 même si en 1994, Toumine continuait toujours à enseigner.

Parmi les nombreux danseurs et danseuses formés par Toumine on retrouve David Moroni, Joan Askwith, Marilee Williams, Victoria Pulkkinen, David Peregrine, Susan Bennett, Michael O'Gorman (Royal Winnipeg Ballet); Alistair Munro, Rosemary Jeanes, Christopher Bannerman (Ballet national du Canada); Lorne Toumine, Susan Toumine, Pandora Robertson, Richard Sugarman (Les Grands Ballets Canadiens); Carol Barrett (Northern Dance Theatre, London Festival Ballet, Angleterre); Gail Benn (Ballet Ys); Frederick Braun et Dwight Davis (Les Feux Follets).

### Eddy Toussaint
by/par Kathryn Greenaway

**Toussaint, Eddy**. Directeur artistique, chorégraphe, danseur. Né : 27 décembre 1945, Cap Haïtien, Haïti.

Toussaint suivit son premier cours de ballet avec Lavinia Williams à Port au Prince, en Haïti,

**Toussaint, Eddy**. Artistic director, choreographer, dancer. Born: December 27, 1945, Cap Haitien, Haiti.

Toussaint took his first ballet class with Lavinia Williams in Port au Prince, Haiti, when he was six years old. He also studied folklore with Vivian Gauthier and ballet with Balanchine-trained Norma Chauvet. His family moved to Canada when Toussaint was nine.

Toussaint completed a pedagogy degree at the Université de Montréal and a physical education degree, specializing in dance, from the Université du Québec à Montréal. At UQAM he began to choreograph, and created *Femmes* for a group of student dancers.

In 1972 he formed Les Ballets Jazz de Montréal with Eva von Gencsy and Geneviève Salbaing. He was principal dancer and choreographer with the company for three years before leaving to establish La Compagnie de Danse Eddy Toussaint, the forerunner to Ballet de Montréal Eddy Toussaint, and its affiliated school.

In the beginning, Toussaint relied primarily on his ballet-jazz vocabulary, a hybrid style which he had refined, along with von Gencsy, during his years with Les Ballets Jazz. But the jazz part of the choreographic equation quickly faded after he joined forces with Russian-trained ballet mistress Camilla Malashenko. Toussaint began to choreograph for women wearing pointe shoes, and the memories of jazz sandals and swinging hips slipped away. The transition took Toussaint's avid mass following off-guard, but the public stuck with him throughout the metamorphosis. His accessible style had always attracted large crowds. This large-scale popularity did not sit well with some, and Toussaint was often criticized for being too commercial.

He choreographed crowd-pleasing story ballets such as *Alexis le Trotteur* (1978) and *Rose Latulippe* (1979), both onFrench-Canadian themes, and paid homage to his Haitian roots with *Dam Ballah* (1976) and *Rythmes et Couleurs*. He also created contemporary ballets set to the music of Bach, Mozart and Dvorak. Toussaint loved long, clean

à l'âge de six ans. Il étudia également la danse folklorique avec Vivian Gauthier et le ballet avec Norma Chauvet, une danseuse formée sous Balanchine. Sa famille émigra au Canada lorsque Toussaint avait neuf ans.

Il compléta une formation en enseignement à l'Université de Montréal ainsi qu'un programme en éducation physique, majeure danse, à l'Université du Québec à Montréal. C'est à l'UQÀM qu'il commença à chorégraphier et c'est là qu'il créa *Femmes* à l'intention d'un groupe d'élèves en danse.

En 1972, il fonda Les Ballets Jazz de Montréal avec Eva von Gencsy et Geneviève Salbaing. Il fut danseur principal et chorégraphe de la troupe pendant trois ans avant de se retirer afin de fonder La Compagnie de Danse Eddy Toussaint, le précurseur du Ballet de Montréal Eddy Toussaint et de son école affiliée.

Au début, Toussaint puisait essentiellement à son vocabulaire de ballet jazz, un style hybride qu'il avait élaboré avec von Gencsy durant ses années avec Les Ballets Jazz. Mais l'aspect jazz s'estompa rapidement suite à sa collaboration avec Camilla Malashenko, une maîtresse de ballet formée selon la méthode russe. Toussaint commença à créer des chorégraphies à l'intention de femmes portant des pointes; les sandales de jazz et les déhanchements disparus. Cette transition prit son public enthousiaste par surprise mais celui-ci lui resta fidèle tout au long de la métamorphose. Son style accessible avait toujours attiré les foules; cette grande popularité déplaisait à certains et on accusa fréquemment Toussaint d'être trop commercial.

Il chorégraphia des ballets narratifs très populaires tels que *Alexis le Trotteur* (1978) et *Rose Latulippe* (1979) deux oeuvres traitant de thèmes canadiens-français et il rendit hommage à ses racines haïtiennes avec *Dam Ballah* (1976) et *Rythmes et Couleurs*. Il créa également des ballets contemporains sur de la musique de Bach, Mozart et Dvorak. Toussaint adorait les lignes fines et longues, les extensions élevées, les pieds très arqués et les mouvements de torse articulés.

*Symphonie du Nouveau-Monde* (1987), montée sur une musique de Dvorak, fut

lines, high extensions, beautifully arched feet and versatility of torso movement.

Dancemagazine wrote of his *Symphonie du Nouveau-Monde* (1987), set to music by Dvorak, "It firmly follows the style that marks Toussaint's brand of neo-classicism. Layers of movement, particularly massed and linear, focus on the strong techniques and beautiful bodies of his dancers".

Toussaint's choreographic strength was the contemporary pas de deux and his vehicle was the dream couple Anik Bissonnette and Louis Robitaille. In 1984 the couple performed Toussaint's pas de deux *Un Simple Moment*, at the first International Ballet Competition in Helsinki, Finland. It won the gold medal for best choreography.

Despite the international recognition, Toussaint continued to struggle to keep the company financially afloat. The company toured extensively in Europe, South America, the United States and the French Caribbean, to great success, but the financial strain finally became too much to bear. In 1990, Toussaint closed the company and moved to Sarasota, Florida, where he worked for three years with the Sarasota Ballet of Florida. Subsequent years were spent setting his ballets on companies including the St. Louis Ballet, Ballet West in Salt Lake City, Ballet Concerto in Puerto Rico and Ballet de Caracas in Venezuela. He has also been an honorary artistic advisor and resident choreographer with the National Ballet of Moravia-Silesia in the Czech Republic. In the late 1990's, Toussaint worked with a new company, the Brandywine Ballet, in Westchester, Pennsylvania.

commentée dans Dancemagazine: «Cette oeuvre est strictement conforme au style néoclassique caractéristique de Toussaint. Des couches de mouvement, surtout ramassés et linéaires, mettent l'emphase sur les techniques solides et les merveilleux corps de ses interprètes.»

Les forces chorégraphiques de Toussaint était son pas de deux contemporain et son superbe véhicule, le couple idéal formé d'Anik Bissonnette et de Louis Robitaille. En 1984, ces derniers interprétèrent le pas de deux de Toussaint, *Un Simple Moment* au premier Concours international de ballet à Helsinki en Finlande. Cette oeuvre reçut la médaille d'or accordée à la meilleure chorégraphie.

Malgré sa renommée internationale, Toussaint dut continuer à se débattre pour maintenir la stabilité financière de la compagnie. La troupe compléta de grandes tournées acclamées en Europe, en Amérique du Sud, aux États-Unis et dans les Caraïbes françaises mais la charge financière s'avéra finalement trop lourde. En 1990, Toussaint ferma les portes de la troupe et s'installa à Sarasota en Floride où il travailla trois ans avec le Sarasota Ballet. Il passa les années subséquentes à monter ses ballets sur diverses troupes notamment le St. Louis Ballet, le Ballet West à Salt Lake City, le Ballet Concerto à Puerto Rico ainsi que le Ballet de Caracas au Venezuela. Il fut également conseiller artistique honorifique et chorégraphe en résidence du Ballet national de Moravie-Silésie dans la République Tchèque. Vers la fin des années 1990, Toussaint travailla au sein d'une nouvelle compagnie, le Brandywine Ballet, à Westchester en Pennsylvanie.

Photo: Michael Slobodian

## Luc Tremblay
by/par Silvy Panet-Raymond

**Tremblay, Luc**. Choreographer, artistic director, teacher. Born: March 27, 1956, Les Escoumins, Quebec.

At the age of twenty, while studying electrical engineering at Laval University, Luc Tremblay obtained a diploma in piano from the University's School of Music, and began his dance training at the Académie des Grands Ballets with Andrea Davidson and Danielle Lauzanne in Quebec City, and with Fernand Nault and Vincent Warren in Montreal. Shortly thereafter, he began to train in modern dance with Chantal Belhumeur at Danse Partout in Quebec City, and at Montreal's Le Groupe Nouvelle Aire under Martine Époque.

Tremblay performed with Danse Partout from 1977 to 1981, training periodically in the United States. He studied at the American Dance Festival in 1979, and in New York he took ballet classes with Robert Denvers and modern dance with Louis Falco and Marcus Shulkind.

The period from 1980 to 1985 was a prolific one. As a performer, he attended the second National Choreographic Seminar at the Banff

**Tremblay, Luc**. Chorégraphe, directeur artistique, professeur. Né : 27 mars 1956, Les Escoumins, Québec.

À vingt ans, Luc Tremblay obtint un diplôme en piano de l'École de Musique de l'université Laval tout en étudiant en électrotechnique à la même université. Il débuta sa formation en danse à l'Académie des Grands Ballets avec Andrea Davidson et Danielle Lauzanne dans la ville de Québec, et avec Fernand Nault et Vincent Warren à Montréal. Il amorça peu après une formation en danse moderne avec Chantal Belhumeur de la troupe Danse Partout à Québec et avec le Groupe Nouvelle Aire sous Martine Époque à Montréal.

Tremblay dansa avec Danse Partout de 1977 à 1981 tout en poursuivant des études périodiquement aux États-Unis. Ainsi, il étudia à l'American Dance Festival en 1979 et à New York, il suivit des classes de ballet avec Robert Denvers et des classes de danse moderne avec Louis Falco et Marcus Shulkind.

Tremblay fut particulièrement prolifique de 1980 à 1985. Il participa, comme interprète, au deuxième National Choreographic Seminar offert au Banff Centre en 1980 et il fut soliste avec le Toronto Dance Theatre. Il suivit des

Centre in 1980, and was soloist with the Toronto Dance Theatre. He took improvisation and choreography workshops at the Nikolais-Louis Dance Lab in New York, and was guest choreographer for the first Pilobolus Choreographic Colony in Connecticut, in 1984. That same year his first full-length group work, *Bardo*, was performed by TDT dancers.

From 1986 to 1996, Tremblay was artistic director of La Compagnie Danse Partout. He choreographed a number of works on the company, notably *La Débâcle* (1988), for Quebec's Museum of Civilization, and *Mirages* (1991), commissioned by the Grand Théâtre de Québec. That same year the company, under his directorship, received Quebec City's Award of Excellence in Culture.

Tremblay continued to pursue his training with choreographer Richard Alston and composer Nigel Osborne at the International Dance Course for Professional Choreographers and Composers in England; at Vienna's Internationale Tanzwochen with Suzanne Linke, Stephen Petronio, and Régine Chopinot, with whom he later studied at the Ballet Atlantique in La Rochelle, France; Dojo theatre with Pol Pelletier in Montreal; and Les Cycles Répère Method with theatre director Jacques Lessard in Quebec City.

In 1996, he founded and was artistic director of Quebec City's La Rotonde, a centre for contemporary choreography. The following year, he left Quebec for Toronto, and joined York University's Dance Department as guest professor and artistic director of the York Dance Ensemble. In 1999 he returned to freelance choreography in Montreal and part-time teaching at Concordia University's Contemporary Dance Department.

ateliers d'improvisation et de chorégraphie au Nikolais-Louis Dance Lab à New York et fut chorégraphe invité à la première Pilobolus Choreographic Colony au Connecticut en 1984. La même année, sa première longue oeuvre pour groupe, *Bardo*, fut interprétée par le TDT.

De 1986 à 1996, Tremblay fut le directeur artistique de la compagnie Danse Partout et il chorégraphia plusieurs oeuvres à son intention, notamment *La Débâcle* (1988), pour le Musée de la Civilisation du Québec et *Mirages* (1991), une commande du Grand Théâtre de Québec. Toujours sous sa direction, la compagnie reçut le Prix de l'Excellence en culture de la Ville de Québec la même année.

Tremblay poursuivit sa formation avec le chorégraphe Richard Alston et le compositeur Nigel Osborne dans le cadre du cours international de danse à l'intention de chorégraphes et de compositeurs professionnels en Angleterre; à l'Internationale Tanzwochen de Vienne avec Suzanne Linke, Stephen Petronio et Régine Chopinot, avec laquelle il étudia plus tard au Ballet Atlantique à La Rochelle en France; au théâtre Dojo avec Pol Pelletier à Montréal et il étudia également la Méthode des Cycles Répère avec le directeur de théâtre Jacques Lessard à Québec.

En 1996, il fonda et agit comme directeur artistique de La Rotonde, un centre de chorégraphie contemporaine à Québec. L'année d'après, il quitta Québec pour Toronto et se joint au Département de danse de l'Université York comme professeur invité et directeur artistique du York Dance Ensemble. Depuis 1999, il oeuvre de nouveau comme chorégraphe indépendant et enseigne à temps partiel au département de Danse contemporaine de l'Université Concordia.

**Anne Troake**
by/par Joan Sullivan

**Troake, Anne**. Artistic director, choreographer, dancer. Born: August 15, 1964, Twillingate, Newfoundland.

Troake began dance lessons at the age of five, and in 1983 was accepted into the School of Toronto Dance Theatre, where she studied for a year and a half. Subsequently, significant teachers included contemporary dancer Peggy Baker and ballet teachers Diane Miller and Grant Strate. Troake also studied with Dancemakers in Toronto, taking company classes with Carol Anderson and Bill James, and with Dancecorps in Vancouver.

Troake has consistently sought to blend dance with other art forms and to set it in non-traditional places. She began choreographing in Vancouver in 1989 with Daring Unknown Choreographers Kollective, co-founded with Barb Meneley, Katerina Dunn and Lee Su-Feh. In their first show, she performed her solo *Rat Jelly*, and created *Total*

**Troake, Anne**. Directrice artistique, chorégraphe, danseuse. Née : 15 août 1964, Twillingate, Terre-Neuve.

Troake commença ses cours de danse à cinq ans et en 1983 fut acceptée au School of Toronto Dance Theatre, où elle passa une année et demie. Ses influences importantes furent entre autres, l'interprète de danse contemporaine Peggy Baker et les professeurs de ballet Diane Miller et Grant Strate. Troake étudia également avec Dancemakers à Toronto, suivant des cours donnés à la compagnie par Carol Anderson et Bill James, et avec Dancecorps à Vancouver.

Troake a tenté, avec constance, d'intégrer la danse avec d'autres formes d'arts et de la présenter dans des lieux non traditionnels. Elle commença à chorégraphier à Vancouver en 1989 avec le Daring Unknown Choreographers Kollective, cofondé avec Barb Meneley, Katerina Dunn et Lee Su-Feh. Lors de leur premier spectacle, elle interpréta son oeuvre solo, *Rat Jelly* et créa *Total What?* pour Meneley. Troake travailla avec D.U.C.K.s pendant deux ans et dansa ensuite avec Le Groupe de la Place Royale à Ottawa pendant une

*What?* for Meneley. Troake worked with D.U.C.K.s for two years, and then danced with Le Groupe de la Place Royale in Ottawa for one year.

In 1992 she moved back to Newfoundland. In St. John's she choreographed *Blue Trio* and *The Dress*, which involved an oversized net and an on-stage musician. *The Sinking: Stories of Cold Water* used spoken text, taped music, and film sequences shot in the flume tank at Memorial University, on location in Conception Harbour and off Little Bay Islands. Troake also worked with the Comic Dance Laboratory, creating *Parents Night at the Dance* with CODCO's Andy Jones.

As artistic director since 1994 of Neighbourhood Dance Works, and curator of its annual St. John's Festival of New Dance, Troake has programmed such artists as Benoît Lachambre, Tedd Robinson, Christopher House, Peggy Baker, José Navas, Dulcinea Langfelder, and Latsky and Goldhuber. Recognizing that the city can not offer the infrastructure of classes and studios that a larger centre does, she also schedules classes and workshops with visiting artists as part of every festival. The event has expanded steadily, both in audience numbers and in length, during her tenure.

Troake's choreography is highly individual, often humourous, sometimes edgy. She continues to integrate film, costume design, choreography and performance. This multi-layered storytelling is both a response to Newfoundland's oral culture, and a way to support her expressions in movement.

année.

En 1992, elle retourna à Terre-Neuve. À St. John's, elle chorégraphia *Blue Trio* et *The Dress* qui utilisait un filet géant et un musicien sur scène. *The Sinking: Stories of Cold Water*, incorporant du texte, de la musique sur bande et des séquences de film tournées dans le réservoir d'eau de l'Université Memorial, au Port Conception et au large des Îles Little Bay. Troake travailla aussi avec le Comic Dance Laboratory, créant *Parents Night at the Dance* avec Andy Jones de CODCO.

Depuis 1994, elle est directrice artistique du Neighbourhood Dance Works, et conservatrice du festival annuel le St. John's Festival of New Dance. Dans ce cadre, Troake a présenté des artistes comme Benoît Lachambre, Tedd Robinson, Christopher House, Peggy Baker, José Navas, Dulcinea Langfelder, et le duo Latsky et Goldhuber. Estimant que la ville ne peut offrir l'infrastructure de cours et de studios propre à une grande ville, elle organise également, à chacun de ces festivals, des cours et des ateliers avec les artistes de passage. Depuis qu'elle le dirige, le festival n'a cessé de croître, en terme d'auditoire et en durée.

L'oeuvre chorégraphique de Troake est très personnelle, souvent humoristique, quelquefois animée de tension. Elle continue d'intégrer le film, la conception de costumes, la chorégraphie et l'interprétation. Ses «contes» à multiples couches surgissent à la fois en réponse à la culture orale de Terre-Neuve et en réponse à son besoin, comme chorégraphe, de s'exprimer par le mouvement.

Toronto, 1980's

**Ruth Tully**
by/par Pat Richards

**Tully, Ruth**. Dancer, teacher, choreographer.
Born: 1908, Halifax, Nova Scotia. Died: July,
1997. Married names: Ruth Bell; Ruth Bell
Davison.

By the age of eight, Ruth Tully was
performing dances at the annual concert of
Camp Wekawenak at Petite Rivière, Nova
Scotia, a camp run by two Physical Education
teachers from Boston. These teachers must have
immediately been aware of Tully's ability,
because they invited her to return to Boston with
them to study dance; however, at that age, she
did not want to leave home. The teachers taught
her to foxtrot and waltz amongst other things,
and bought Tully her first pair of ballet slippers.
After these camps, she went regularly to Stella

**Tully, Ruth**. Danseuse, professeure,
chorégraphe. Née : 1908, Halifax, Nouvelle-
Écosse. Décédée : juillet 1997. Noms de femme
mariée : Ruth Bell, Ruth Bell Davison.

Ruth Tully dansait déjà à l'âge de huit ans à
l'occasion du concert annuel du Camp
Wekawenak à Petite-Rivière, Nouvelle-Écosse,
un camp dirigé par deux professeurs d'éducation
physique de Boston. Ces derniers ont du
s'apercevoir très rapidement du talent de Tully
car ils l'invitèrent à rentrer à Boston avec eux
pour étudier la danse. Elle n'avait cependant pas
envie de quitter ses parents à un âge si jeune. Ses
professeurs lui enseignèrent entre autres le fox
trot et la valse, et lui offrirent sa première paire
de souliers de ballet. Après ces camps, elle se
rendait régulièrement au Cotillon de Stella
Harris où elle divertissait les gens en inventant
ses propres danses; elle se souvient également
d'avoir dansé avec des hommes, probablement
parce qu'Halifax était un port affairé en temps
de guerre. Tully interpréta aussi ses propres
créations pour les George's Juvenile
Entertainers, organisés par Madame Bouthiller
de l'Église Saint George.

À l'âge de douze ans, suite à un
spectacle-bénéfice au théâtre Acker, elle fut
invitée à joindre le Halifax Dramatic and
Musical Club. Ce club était à l'époque l'un des
groupes les plus importants de Halifax et c'est à

Harris' Cotillion, where she would entertain by creating her own dances; she also remembers dancing with men, perhaps because Halifax was a war-time port. Tully also performed her own creations for George's Juvenile Entertainers, organized by Mrs. Boutilier of St. George's Church.

It was after a benefit show at Acker's Theatre, at the age of twelve, that she was invited to join the Halifax Dramatic and Musical Club. This was one of the most important groups in Halifax at this time, and it was out of this group that Rowland Young developed a professional touring group called the Dominoes. The first performance that Tully appeared in that she can remember, was a sacred pageant, *Queen Esther* at the Majestic Theatre November 1-3, 1923. She seemed to have been picked out immediately by the press for special mention.

An undated newspaper reported: "The gem of the evening was the solo dance by Miss Ruth Tully in ballet costume, who was the personification of grace." After Queen Esther, Tully was in constant demand for her performances, including the following Halifax Dramatic and Musical Club or Dominoes productions: Country Girl, Yo Ho Little Girls and Steppin' Around (1924), Swing Along (1925), Here and There (1925-1926), Ship Ahoy! (1926-1928), Minstrel Revue and Zanzibar (1926), and the show which closed the Majestic Theatre, The Fortune Teller (1929).

For the production of Here and There in 1925, Tully was asked to create a fan dance, but she had never seen one. Her friend and fellow performer, Margueritte Redden, was taking classes at this time at Madame Hylda's School of Dance, so Tully decided she would ask Hylda Davies to create a fan dance for her, which she did. The following year, after joining Davies' group, she began to appear in prologues to the movies at the Majestic Theatre in Halifax.

Davies had a contract with John F. O'Connell, lessee and manager of the theatre, to create prologues before the main film of the evening. Halifax at this time was a city of live entertainment, including musical revues and touring theatre companies, and so it was felt that

partir de ce groupe que Rowland Young développa un groupe professionnel de tournée, les Dominoes. Le premier spectacle auquel elle se souvient d'avoir participé était un spectacle historique sacré Queen Esther au théâtre Majestic, du 1er au 3 novembre 1923. Il semble que la presse se soit invariablement intéressée à elle.

Ainsi on peut lire dans un journal de l'époque (date inconnue) : «Le joyau de la soirée fut le solo de Mademoiselle Ruth Tully qui, en costume de ballet, personnifiait la grâce.» Après Queen Esther, les interprétations de Tully furent constamment en demande pour les productions suivantes du Halifax Musical and Dramatic Club et des Dominoes : Country Girl, Yo Ho Little Girls et Steppin' Around (1924), Swing Along (1925), Here and There (1925-1926), Ship Ahoy (1926-1928), Minstrel Revue, Zanzibar (1926) et le spectacle qui clôtura le théâtre Majestic, The Fortune Teller (1929).

Pour la production de Here and There en 1925, on demanda à Tully de créer une danse-éventail mais elle n'en avait jamais vue. Son amie et collègue, Margueritte Redden, prenait des cours à cette époque au Madame Hylda's School of Dance et Tully demanda donc à Hylda Davies de lui créer une danse-éventail, ce qu'elle fit. L'année suivante, elle se joignit au groupe de Davies et commença à participer aux prologues présentés en avant-première des films projetés au théâtre Majestic à Halifax.

Davies avait à cette époque un contrat avec John F. O'Connell, le locataire et gérant du théâtre, pour monter des prologues précédant la projection du film principal. À cette époque, les spectacles de divertissement fleurissaient à Halifax, on pouvait y voir des revues musicales et des compagnies de théâtre en tournée. On croyait donc que le public serait attiré par les films si on les précédaient d'un spectacle de divertissement.

Le premier prologue était intitulé : *Sea Beast* sur un thème sous-marin. Phyllis Early jouait le rôle d'une perle sortant d'une écaille. Tully se souvient que Davies contrôlait tous les aspects de la production, s'assurant de sa qualité. Les danseurs/seuses devaient assister aux cours et

more people would attend the movies if they were also provided with live entertainment.

The first prologue was called *Sea Beast*, with an underwater theme. Phyllis Early played the part of a pearl that came out of a shell. Tully remembers Davies controlling everything to ensure that a good standard was maintained. The dancers were expected to attend class, and additional rehearsals for the shows. Davies continued to choreograph shows at the Majestic, and then at the Capitol, until approximately 1942. Tully feels that Davies was a very clever woman, very good at choreography and creative ideas; however, when Davies began to resent the extra performances that Tully and the other dancers were involved with, they decided that they would leave. Redden remained with Davies the longest, until Davies fired her over a small incident. The split occurred around 1927-1928.

Davies created the first performance in the Public Gardens for 4,000 people, but the second year the performance was staged by Jean Wood, Gertrude Sheehan, Greta Rent, Mattie Jenks and Tully. This might have been because of the split, or because Davies was expecting her first child. The Daily Star of Friday, September 7, 1928 said: "The third and last solo dance by Miss Ruth Tully was the *Gypsy Dance*. Dressed in a most attractive costume Miss Tully, whose ability as a dancer is well known in Halifax, certainly lived up to her reputation. This clever young artist gracefully lent herself to the will of the music and danced with simple abandon. Whirling like a leaf in the wind, ecstatically kicking her tamborine [sic] there was not an abrupt or ungraceful movement throughout the entire dance. Miss Tully received round after round of applause, but did not give a second number."

After the split with Davies, Redden, Rent and Tully created dances for themselves, performing for Service Clubs and at Daisy Foster's Enchanted Hour show at the Lord Nelson Hotel. One such show in 1929 was a Russian Hour, for which they created Russian dances, including a funeral dance to the Volga Boatman. The final show at the Majestic Theatre was also performed by these three, along with Kathlyn Richardson

aux répétitions additionnelles exigées par les spectacles. Davies continua à chorégraphier des spectacles au Majestic et ensuite au Capitol jusqu'à environ 1942. Tully estime que Davies était une femme très astucieuse, pleine de talent pour la chorégraphie et remplie d'idées originales. Cependant, lorsque Davies commença à s'offusquer du fait que Tully et autres danseurs/seuses travaillaient à d'autres spectacles que les siens, ces derniers décidèrent de quitter son groupe. Redden demeura avec Davies le plus longtemps, en fait jusqu'à ce que Davies la congédie pour un petit incident. Cette rupture eut lieu autour de 1927-1928.

Davies créa le premier spectacle aux Jardins publics avec un auditoire de quatre mille personnes. La seconde année, le spectacle fut mis en scène par Jean Wood, Gertrude Sheehan, Greta Rent, Mattie Jenks et Tully. Ceci fut probablement en raison de la rupture ou parce que Davies attendait son premier enfant. Le Daily Star du vendredi 7 septembre 1928 écrit: «La troisième et dernière danse solo par Mlle Ruth Tully fut la *Danse gitane*. Vêtue d'un costume très charmant, Mlle Tully, dont les talents de danseuse sont bien connus à Halifax, fut certainement à la hauteur de sa réputation. Cette jeune artiste glissa avec grâce au sein de la musique et dansa avec un abandon simple. Pirouettant comme une feuille au vent, frappant son tambourin dans un état d'extase, il n'y a pas eu aucun mouvement saccadé ou disgracieux tout au long de son interprétation. Mlle Tully reçut salve après salve d'applaudissements mais ne présenta pas de second numéro.»

Suite à la rupture avec Davies, Redden, Rent et Tully créèrent leurs propres danses, les présentant au Club de service et au spectacle de l'Enchanted Hour de Daisy Foster à l'hôtel Lord Nelson. Un de ces spectacles de 1929 était le Russian Hour pour lequel elles créèrent des danses russes entre autres, une danse funéraire sur la musique du Volga Boatman. La dernière représentation au théâtre Majestic était aussi interprétée par les trois danseuses avec Kathlyn Richardson et Dot Wright.

Tully épousa son premier mari, George Bell, le 14 juillet 1928 et ses enfants naissèrent en

and Dot Wright.

Tully was married to her first husband, George Bell, on July 14, 1928, and her children were born in 1930, 1933 and 1935. After the birth of her children, she stopped dancing until 1947, when she attended the first Nova Scotia Dance Camp in Tatamagouche; it was here that she discovered a new passion, folk dance. In 1954, she opened Sunnybrae Dance Studio in her basement. The school remained in existence until 1958. She was also invited to various places to teach, including the Halifax YWCA. Then in 1965 she began teaching for Halifax City Recreation, the same year she encouraged and helped to organize the Nova Scotia Dance Federation. At sixty-seven she was still teaching.

Tully felt very strongly about the right of everyone to experience dance. Her father's successful business was wiped out after a fire in the early 1900's, and so she was unable to afford the dance classes and trips to New York and England to study that her fellow dancers enjoyed. Yet her natural ability and joy in dancing thrilled the Halifax audiences of the day. It is not an understatement to say that she was the darling of the Halifax press. (Many of the complimentary reviews of her work were sent to her by Mr. Power of the Acadian Recorder; she said she was very glad, because she was too busy dancing to see them.) Her own teaching was always particularly for those children whose parents could not afford to send them to private classes.

1930, 1933 et 1935. Après leurs naissances, elle cessa de danser jusqu'en 1947 où elle assista au premier Nova Scotia Dance Camp à Tatamagouche et y découvrit une nouvelle passion: la danse folklorique. En 1954, elle ouvrit le Sunnybrae Dance Studio dans son sous-sol. Cette école offrit des cours jusqu'en 1958. On l'invita à plusieurs endroits pour enseigner entre autres au YWCA de Halifax. En 1965, elle commença à donner des cours dans le cadre du Halifax City Recreation et la même année, encouragea et participa à l'organisation du Nova Scotia Dance Federation. Elle enseignait toujours à l'âge de soixante-sept ans.

Tully croyait fermement que toute personne désirant faire l'expérience de la danse devrait avoir l'occasion de le faire. L'entreprise lucrative de son père fut détruite par le feu au début des années 1900 et elle ne put donc se payer les cours de danse et les voyages à New York pour étudier la danse alors que ses jeunes collègues le pouvaient. Néanmoins, son talent naturel et sa joie de la danse emballèrent les auditoires d'Halifax de l'époque. Elle était invariablement la chérie de la presse de cette ville. (Plusieurs des critiques positives de son travail lui furent envoyées par M. Power de l'Acadian Recorder; elle s'en est dit très heureuse car elle était trop occupée à danser pour les voir.) Son propre enseignement visait toujours les enfants dont les parents n'avaient pas les moyens financiers de leur offrir des cours privés.

---

**Vers l'azur des lyres ...** (Towards the azure of lyres ... ) (Valéry)
Première/Premiere: Le Groupe de la Place Royale, Théâtre Port-Royal, Place des Arts, Montréal, April 14 avril, 1968
Musique/Music: Bruce Mather, Orphée  Soprano: Margot McKinnon, Piano: Bruce Mather
Percussion: Guy Lachapelle
Chorégraphie/Choreography: Jeanne Renaud
Décor/Set Design: Mariette Rousseau-Vermette
Mise en scène/Direction: Jeanne Renaud
Éclairage et régie/Lighting Designer and Stage Manager: Claude Lamarche
Catherine Blackburn, Maria Formolo, Pauline Blackburn, Nora Hemenway, Jean-Pierre Perreault, Rosemary Toombs, Peter Boneham, Mannie Rowe
Oeuvre pour piano, voix et percussion sur un poème de Valéry./
Work for piano, voice and percussion on a poem by Valéry.

Photo: Walter Swarthout

**Norbert Vesak**
by/par Max Wyman

**Vesak, Norbert**. Choreographer, designer, artistic director, dancer, teacher. Born: October 22, 1936, Port Moody, British Columbia. Died: October, 1990, Charlotte, North Carolina.

Norbert Vesak was a leading modern dancer in Vancouver in the 1960's, though his mastery of a variety of dance techniques and his involvement in every facet of theatre-making made him a Renaissance man of contemporary dance theatre. He began to study modern dance at the age of seventeen with Laine Metz, in Edmonton, and ballet when he was twenty-one, with Josephine Slater, an RAD teacher in New Westminster, British Columbia. In 1960, he won a scholarship to study under Ted Shawn at Jacob's Pillow in Lee, Massachusetts.

In 1961, he worked with Western Theatre Ballet in England, and travelled to Mexico City to study at the Ballet Folklorico School. He

**Vesak, Norbert**. Chorégraphe, concepteur, directeur artistique, danseur, professeur. Né : 22 octobre 1936, Port Moody, Colombie-Britannique. Décédé : octobre 1990, Charlotte, Caroline du Nord.

Norbert Vesak fut l'un des plus importants interprètes de danse moderne des années 1960 à Vancouver bien que sa maîtrise d'une diversité de techniques en danse et sa participation à toutes les facettes du monde du théâtre fassent de lui un homme de la Renaissance de l'univers de la danse théâtrale contemporaine. Il commença à étudier la danse moderne à l'âge de dix-sept ans avec Laine Metz à Edmonton et à vingt et un ans, il étudia le ballet avec Josephine Slater, une professeure de la technique RAD à New Westminster en Colombie-Britannique. En 1960, on lui décerna une bourse pour étudier avec Ted Shawn au Jacob's Pillow à Lee au Massachusetts.

En 1961, il travailla avec le Western Theatre Ballet en Angleterre et voyagea à Mexico City dans le but d'étudier à l'école du Ballet Folklorico. Il participa au Festival canadien de danse moderne à Toronto en 1963 où il présenta son oeuvre *Parenthesis*. Il mena une carrière dynamique de danseur et voyagea à travers le monde afin d'approfondir sa formation, travaillant en autres sous Vera Volkova, Merce

participated in the Canadian Modern Dance Festival held in Toronto in 1963, where he showed his work *Parenthesis*. He pursued an active career as a dancer, and travelled internationally to further his studies, notably with Vera Volkova, Merce Cunningham, La Meri, Geoffrey Holder and Pauline Koner.

From the mid-1960's, Vesak was choreographing frequently, as resident choreographer with the Vancouver Playhouse theatre company, for the Vancouver Opera Association, the Vancouver Symphony Orchestra, Theatre Calgary, the Vancouver International Festival, the Banff Festival Ballet, Jeunesses Musicales, the touring revue Spring Thaw, and for the opening of the National Arts Centre in Ottawa.

His determination to establish a resident professional dance company in Vancouver led to his involvement in 1964 with the short-lived Pacific Dance Theatre, a group that included the English ballet teacher Joy Camden, the show-dancer Patrick O'Hara, and modern dance artists Paula Ross and Gisa Cole.

He persisted in his ambitions, and in May, 1970, launched Western Dance Theatre. Work by New York modernist Pauline Koner, and a guest appearance by Canadian-born Lynn Seymour, highlighted the company's debut performances. The company developed an enthusiastic audience in its first season; however, negative press response and what Vesak regarded as a widespread lack of audience understanding, combined with financial troubles and administrative and personnel problems, forced him to abandon the project midway through its second season.

He subsequently left Vancouver permanently, settling in the United States. However, he retained links with Canada, particularly with the Royal Winnipeg Ballet, where he choreographed one of the company's most successful ballets of the 1970's, *The Ecstasy of Rita Joe* (1971), followed by *What to do Till the Messiah Comes* (1973), from which came his famous pas de deux *Belong*. This piece won Vesak gold medals for choreography at Osaka, Japan and Varna, Bulgaria, in 1980.

Cunningham, La Meri, Geoffrey Holder et Pauline Koner.

Dès le milieu des années 1960, Vesak créait plusieurs chorégraphies: comme chorégraphe en résidence avec la compagnie de théâtre Vancouver Playhouse, pour le Vancouver Opera Association, le Vancouver Symphony Orchestra, le Theatre Calgary, le Vancouver International Festival, le Festival Ballet de Banff, les Jeunesses Musicales, la revue musicale de tournée, Spring Thaw, ainsi que dans le cadre de l'ouverture du Centre National des Arts à Ottawa.

Sa détermination à établir une troupe de danse contemporaine permanente à Vancouver mena à sa participation, en 1964, au Pacific Dance Theatre, un groupe de courte durée composé entre autres de la professeure anglaise de ballet Joy Camden, du danseur de revue Patrick O'Hara ainsi que des artistes de danse moderne Paula Ross et Gisa Cole.

Il persista malgré tout et en mai 1970, il créa le Western Dance Theatre. Une oeuvre de l'interprète newyorkaise de danse moderne, Pauline Koner ainsi qu'une interprétation par l'artiste invitée Lynn Seymour, une Canadienne de naissance, marquèrent le début des représentations de la compagnie. Dès sa première saison, la troupe suscita un grand enthousiasme mais Vesak fut contraint à abandonner ce projet au milieu de sa deuxième saison en raison de la critique négative de la presse jumelée à des difficultés financières, administratives et personnelles. Vesak associait certaines des ces difficultés à un manque généralisé de compréhension du public.

Il quitta ensuite Vancouver pour toujours et s'installa aux États-Unis. Il conserva par contre des liens avec le Canada, particulièrement avec le Royal Winnipeg Ballet, où il chorégraphia l'un des ballets les plus populaires de la troupe dans les années 1970: *The Ecstasy of Rita Joe* (1971), suivi de *What to do Till the Messiah Comes* (1973), duquel surgit son célèbre pas de deux *Belong*. C'est avec cette oeuvre que Vesak remporta les médailles d'or pour la chorégraphie à Osaka, au Japon et à Varna en Bulgarie en 1980. Vesak créa ensuite d'autres oeuvres à

Other works Vesak subsequently made for Canadian companies included *Whispers of Darkness* (1974) for the National Ballet of Canada, *In Quest of the Sun* (1975) for the Royal Winnipeg Ballet, and *The Grey Goose of Silence* (1985) for the Alberta Ballet.

Once he left Vancouver, Vesak's international career blossomed. He became director of the San Francisco Opera Ballet and the Metropolitan Opera Ballet in New York, and choreographed extensively for the Miami Ballet, Washington Ballet, Scottish Ballet, Deutsche Opera Ballet in Berlin and the Joffrey II company. He was also in much demand as a teacher and lecturer throughout the United States.

Vesak died suddenly, in October, 1990, of a brain aneurism in Charlotte, North Carolina, en route from an engagement at the Metropolitan Opera to his California home.

l'intention de troupes canadiennes entre autres: *Whispers of Darkness* (1974) pour le Ballet national du Canada, *In Quest of the Sun* (1975) pour le Royal Winnipeg Ballet et *The Grey Goose of Silence* (1985) pour l'Alberta Ballet.

La carrière internationale de Vesak prit un essor considérable dès son départ de Vancouver. Il devint directeur du San Francisco Opera Ballet et du Metropolitan Opera Ballet à New York et chorégraphia à maintes reprises pour le Miami Ballet, le Washington Ballet, le Scottish Ballet, le Deutsche Opera Ballet à Berlin et pour le Joffrey II. Il fut également très en demande comme professeur et conférencier à travers les États-Unis.

Vesak décéda subitement suite à la rupture d'un anévrisme cérébral en octobre 1990 à Charlotte en Caroline du Nord alors qu'il était en route vers sa maison en Californie après avoir complété un travail pour le Metropolitan Opera.

## Boris Volkoff
### by/par Clifford Collier

**Volkoff, Boris**. Professeur, chorégraphe, directeur artistique, danseur. Né : 24 avril 1900, Schepotievo, Russie. Décédé : 11 mars 1974, Toronto, Ontario. Nom à la naissance : Boris Baskakov.

Boris Volkoff est fréquemment surnommé le «Père du Ballet canadien». Il étudia à l'école de Tula et dans son enfance participait activement aux concours de danse dans son village.

Igor, son frère plus âgé, était déjà un danseur reconnu avec l'Opéra d'État et la compagnie de variété de la Varsovie. Dès l'âge de onze ans, Volkoff rejetait l'idée d'une vie rurale et quitta la maison pour rejoindre la petite compagnie de danse fondée par son frère pour faire la tournée du Sud et de l'Ouest de l'Empire russe. Igor avait déjà pris le nom de scène Volkoff, le nom de naissance de sa mère, ce que Boris allait

**Volkoff, Boris**. Teacher, choreographer, artistic director, dancer. Born: April 24, 1900, Schepotievo, Russia. Died: March 11, 1974, Toronto, Ontario. Birth name: Boris Baskakov.

Boris Volkoff is often acknowledged as the "father of Canadian ballet". He went to school in Tula, and while growing up, took an active part in the village dance competitions.

His older brother, Igor, was already a successful dancer with the Warsaw State Opera and Variety Company. By the time Volkoff was eleven, he rejected the idea of rural life, and left home to join the small dance company Igor had formed to tour the western and southern parts of the Russian Empire. Igor had already taken his mother's maiden name of Volkoff for his stage name, something which Boris, himself, was to do later. Volkoff's dance debut was ignominious; after forgetting most of the choreography, he climaxed his performance by pirouetting into the orchestra pit. An irate Igor demanded a hiatus in his brother's budding career lest he disgrace the company again, so Volkoff was sent home, and he went back to school in Tula. He later returned to Igor's company as a character dancer, just before World War I.

With the outbreak of war, Igor was drafted into the Czar's army. Volkoff, age thirteen, found himself on his own, dancing with the company that, luckily, spent most of the war years in Baku on the Caspian Sea. There it joined forces with an opera company which performed at the Mailoff Opera House. During those years, Volkoff studied with Jan-Janowicz and Domaratski-Novakowski while attending school in Baku. In 1918 he was accepted into the State Ballet School in Moscow, eventually becoming first character dancer with the attached company.

In Moscow, one of Volkoff's first teachers was the choreographer, Kasyan Goleizovsky, and from 1920-1924, at a school affiliated with the Bolshoi Theatre, he studied with Olga Nekrasova and Alexander Gorski. Gorski, like Mikhail Fokine, was influenced by Isadora Duncan; he was a reformer who stressed plasticity of movement and complete corporeal

imiter plus tard. Les débuts en danse de Volkoff furent ignominieux car non seulement avait-il en grande partie oublié la chorégraphie mais l'apogée de son interprétation eut lieu lorsqu'il pirouetta et culbuta dans la fosse d'orchestre. Igor, furieux, exigea qu'il cesse de danser pour ne pas déshonorer la compagnie et Volkoff fut renvoyé chez lui et repris ses cours à Tula. Il se joint de nouveau à la compagnie d'Igor en tant que danseur de caractère juste avant la Première Guerre mondiale.

La Guerre déclarée, Igor fut conscrit dans l'armée du Tsar. Volkoff, âgé de treize ans, se retrouva seul, dansant avec la compagnie qui, heureusement, passa la majorité des années de guerre à Baku, sur la mer caspienne. C'est à cet endroit que la compagnie s'associa à une compagnie d'opéra qui présentait des spectacles à la Maison de l'Opéra Mailoff. À cette époque, Volkoff étudia avec Jan-Janowicz et Domaratski-Novakowski, tout en allant à l'école à Baku. En 1918, il fut accepté à l'École de ballet national de Moscou où il allait éventuellement devenir le premier danseur de caractère avec la compagnie associée.

À Moscou, l'un des premiers professeurs de Volkoff fut le chorégraphe Kasyan Goleizovsky. De 1920 à 1924, à une école affiliée au Théâtre de Bolshoi, il suivit des cours sous Olga Nekrasova et Alexander Gorski. Ce dernier, tout comme Mikhail Fokine, fut influencé par Isadora Duncan; il était un réformateur qui soulignait l'importance de la fluidité du mouvement et de l'expression corporelle complète. À cette époque, Moscou comptait un très grand nombre d'écoles privées de ballet ainsi que des studios de danse prônant les méthodes de François Delsarte, Émile Jaques-Dalcroze et Isadora Duncan, dont le travail avait un impact sur les écoles de ballet et les compagnies de ballet académiques. Voilà l'environnement artistique des années 1918 à 1924 auquel Volkoff était exposé et c'est là qu'il s'imprégna des bases principales sur lesquelles sa future carrière de danseur et de chorégraphe allait se fonder.

Après la fin de ses études, Volkoff se joint au Jeune ballet national de Moscou. Lors d'une tournée de six mois en 1924, il quitta la

expression. Moscow, at that time, had a great variety of private ballet schools, as well as the studios of proponents of François Delsarte, Émile Jaques-Dalcroze and Isadora Duncan, all of whose work had an influence on the academic ballet schools and companies during those years. From 1918-1924, as a student and dancer, this was the artistic environment Volkoff experienced and observed, and here he absorbed the principle foundations on which his later career as a teacher and choreographer was based.

After his graduation, Volkoff joined the Moscow State Youth Ballet. While on a six-month tour in 1924, he left the company in Harbin, China, and fled to Shanghai, where he signed a one-year contract with the Shanghai Variety Ballet as a dancer and choreographer. The company performed at the Carleton Cafe, a popular Shanghai nightclub. From that contract, he moved on to work with the Italian Opera Company, while at the same time he also opened his own school. An involvement with a Mata Hari-like agent resulted in his heading a short-lived group called the Stavrinsky Ballets Russes, which toured throughout the Far East.

When that group disbanded, the determined Volkoff formed another to tour Japan and Hawaii, from where it was an easy jump to San Francisco, and all the small-town fairs of California and Texas which his agent next booked for them. Unhappy with this, Volkoff bought out his contract in 1928 and joined Adolph Bolm, once soloist in Diaghilev's Ballets Russes and Pavlova's partner. At that time, Bolm operated both a school and a company in Chicago and did extensive work in California. Later, when Volkoff's U.S. visa lapsed, he was told to return to Shanghai or find another country to take him. Bolm advised him that Leon Leonidoff had left Toronto's Loew's Uptown Theatre for the Roxy Theater in New York, and that Toronto producer Jack Arthur needed a leading dancer and ballet master. With the help of an English-speaking couple, Volkoff entered Canada illegally, and started work at Loew's Uptown in May, 1929.

1931 saw the opening of the first Volkoff ballet school, which operated continuously for

compagnie à Harbin, en Chine et s'enfuit vers Shangai où il signa un contrat d'un an avec le Ballet Variété de Shangai comme danseur et chorégraphe. La compagnie se présentait au Café Carleton, une boîte de nuit connue de Shanghai. À la fin de ce contrat, il alla travailler avec la Compagnie de l'Opéra italienne tout en ouvrant sa propre école de danse. Une association avec un agent du style «Mata Hari» se solda par Volkoff à la direction d'un groupe éphémère, les Ballets Russes Stavrinsky, groupe qui fit la tournée d'Extrême-Orient.

Lorsque ce groupe se dispersa, Volkoff, très déterminé, en forma un autre pour faire la tournée du Japon, de l'Hawaii, du San Francisco et de toutes les foires de la Californie et du Texas, un parcours déterminé par son agent. Mécontent, Volkoff racheta son contrat en 1928 et s'associa à Adolph Bolm, un ancien soliste des Ballets Russes de Diaghilev et partenaire de Pavlova. À cette époque, Bolm dirigeait une école et une compagnie à Chicago et travaillait beaucoup en Californie. Plus tard, lorsque le visa de Volkoff pour les États-Unis expira, on lui dit de retourner à Shanghai ou de trouver un autre pays qui l'accepterait. Bolm l'informa que Leon Leonidoff avait quitté le Loew's Uptown Theatre de Toronto pour le Roxy Theater à New York et que le producteur de Toronto, Jack Arthur, avait besoin d'un danseur principal et d'un maître de ballet. Assisté par un couple anglophone, Volkoff pénétra au Canada illégalement et commença à travailler au Loew's Uptown en mai 1929.

En 1931, Volkoff ouvrit sa première école de ballet qui offrit des cours (sans interruption) pendant plus de quarante ans. Dès le début, Volkoff envisageait un avenir pour le ballet au Canada et il s'investit sans réserves dans cette vision. C'est ainsi que dès son arrivée, il attira immédiatement l'attention de l'élite sociale et artistique. Toronto n'avait encore jamais vu un chorégraphe de cette trempe. Pavlova et les divers Ballets Russes avaient laissé leur marque sur l'Amérique du Nord et Volkoff, parce qu'il était Russe, avait été porté aux nues.

Anxieux de présenter la danse au public, Volkoff sautait sur chaque occasion offerte. La

over forty years. From the very beginning, Volkoff saw a future for ballet in Canada, a vision he doggedly pursued. On his arrival, he immediately attracted the attention of the social and artistic elite. Toronto had never before had such a choreographer in its midst. Pavlova and the various Ballets Russes had made their impact on North America, and Volkoff, as a Russian, was lionized.

Eager to expose audiences to dance, he leapt at every opportunity. One of the first came in 1932, with the offer from the socially-exclusive Toronto Skating Club to mount a ballet for their annual carnival. Ballets had been attempted on ice before, but it was left to Volkoff to create full-scale productions of *Prince Igor*, *Swan Lake* and, later, abstract choreographies to the concertos of Rachmaninov and others. From 1932 until the war disrupted the carnivals in 1941, skaters became his corps de ballet, and the current champions were his soloists. These skating spectacles, artistically and financially successful, did much for Volkoff's fame, both in the city and beyond. Offered a position in New York to create similar works for professional ice shows, he turned it down. It was not skating he wished to develop, but ballet. He wanted to fulfil his dream of a company of young Canadian dancers.

His school flourished, for it was socially acceptable to study there. Moreover, he was an excellent teacher, able to inspire and develop dancers. By 1935, when he took Canadian citizenship, he had commenced his annual recitals, to show the developing quality of his students to the audiences he was also developing. There was little ballet-going public then; it needed to be nurtured, and this he did with determination.

In 1936, Volkoff received an invitation to take a group to the Internationale Tanzwettspiele attached to the Summer Olympic Games in Berlin. Just before making the trip to Germany, Volkoff married his star pupil, Janet Baldwin, a member of the historically and socially prominent (Robert) Baldwin family, and the trip to the Berlin Olympics became their honeymoon. The Canadians had assumed that

première, en 1932, fut une commande du Skating Club de Toronto, un club huppé, pour un ballet pour leur carnaval annuel. On avait déjà tenté de monter des ballets sur glace à Toronto mais Volkoff fut le premier à réussir, montant des productions à grande échelle de *Prince Igor*, du *Lac des cygnes* et plus tard des chorégraphies abstraites sur des concertos de Rachmaninoff et autres. À partir de 1932 jusqu'à ce que la Guerre interfère avec les carnavals en 1941, les patineurs/neuses devinrent son corps de ballet et les champions du jour étaient ses solistes. Ces spectacles sur patins, réussis sur les plans artistique et financier, moussèrent grandement la célébrité de Volkoff. Lorsqu'on lui offrit de monter des spectacles semblables à New York, il refusa. Il s'intéressait avant tout au ballet et non au patinage. Il désirait concrétiser son rêve d'une compagnie de jeunes danseurs/seuses canadien(ne)s.

Son école prospéra car c'était «bien vu» d'y étudier. Il était de plus un excellent professeur, bien capable d'inspirer et de former des danseurs/seuses. En 1935, lorsqu'on lui octroya la citoyenneté canadienne, il avait commencé à présenter ses récitals annuels afin de montrer la qualité de ses élèves à des auditoires qu'il tentait simultanément de séduire. À cette époque, le public intéressé au ballet était bien mince et nécessitait d'être cultivé ce à quoi il s'acharna.

En 1936, Volkoff reçut une invitation de présenter une compagnie de danse à l'Internationale Tanzwettspiele associée aux Jeux Olympiques à Berlin. Juste avant de partir pour l'Allemagne, Volkoff épousa son élève-vedette, Janet Baldwin, membre de l'importante et historique famille de Robert Baldwin, et le voyage aux Olympiques de Berlin se transforma en lune de miel. Les Canadiens avaient cru que le festival de danse serait à l'intention d'amateurs et sans compétition; ils furent donc ébahis de constater, à leur arrivée en Allemagne, qu'ils allaient partager l'affiche avec des danseurs professionnels de renom tels qu'Harald Kreutzberg et Mary Wigman. Cependant Volkoff, un pionnier dans le domaine de l'expression naturelle, avait utilisé une légende amérindienne canadienne pour son

the dance festival was amateur and non-competitive, so it came as a shock to them when, on arrival in Germany, they realized that they would be sharing the programme with such renowned professional dancers as Harald Kreutzberg and Mary Wigman, among others. However, Volkoff, a pioneer in the field of national expression, had used a Canadian Indian legend for the ballet *Mon-Ka-Ta,* and an Eskimo story for the solo work, *Mala*. The costumes were designed by prominent Canadian artists such as Emmanual Hahn and Elizabeth Wyn-Wood, and had authentic musical themes arranged for piano and percussion by Margaret Clemens, his company pianist. The work won approval from the German audiences, and other participants in the festival. No prizes were awarded, but five honourable mentions were announced, and to their surprise, Volkoff and his Canadian dancers were included among them.

Typically, it was this foreign notice which made Canada realize it now had a ballet company, and, on returning home, the dancers were asked to participate more and more in Toronto's cultural life. Volkoff's company performed ballets in the operas presented by the Toronto Opera Company; the group showed original ballets at the Promenade Symphony Concerts, held every summer at Varsity Arena; the dancers also prepared their own programmes for Eaton Auditorium and Massey Hall. Just two years later, the Olympic dancers became the Volkoff Canadian Ballet, and, until the formation of the National Ballet decimated its ranks, it continued to operate. Volkoff trained such dancers as Melissa Hayden (Mildred Herman), Patricia Drylie and Don Gillies, many of whom later yielded to the talent drain to other countries – a situation which Volkoff volubly decried.

As the Volkoff Ballet grew in the 1940's, so did the regional dance phenomenon. The First Canadian Ballet Festival, organized by Gweneth Lloyd, David Yeddeau, Volkoff and Baldwin, was held in Winnipeg in 1948, and the Festivals continued annually until 1954, in alternating Canadian cities. The early Festivals attracted non-professional groups from all of Canada. The

ballet *Mon-Ka-Ta* et un récit inuit pour l'œuvre solo *Mala*. Les costumes étaient conçus par des artistes canadiens célèbres tels qu'Emmanuel Hahn et Elizabeth Wyn-Wood et la musique utilisait des thèmes musicaux authentiques arrangés pour piano et percussion par Margaret Clemens, pianiste de concert. Les oeuvres furent applaudies par les auditoires allemands et autres participants du Festival. Aucun prix ne fut décerné mais cinq mentions honorables furent annoncées et, à leur grande surprise, Volkoff et ses danseurs/seuses canadien(ne)s étaient du nombre.

Encore une fois, c'est cette reconnaissance de l'étranger qui permit au Canada de constater qu'il avait maintenant une compagnie de danse et à leur retour au pays, la compagnie fut de plus en plus sollicitée pour participer à la vie culturelle de Toronto. La compagnie de Volkoff interpréta des ballets dans des opéras présentés par le Toronto Opera Company; elle présenta aussi des ballets originaux aux Promenade Symphony Concerts, un événement annuel estival présenté à l'aréna Varsity. Les danseurs/seuses préparèrent aussi leurs propres programmes pour l'auditorium Eaton et le Massey Hall. Deux ans plus tard, ces danseurs olympiques devinrent le Volkoff Canadian Ballet, une compagnie qui exista jusqu'à ce que le Ballet national décime ses rangs. Volkoff forma des danseuses/seurs tels que Melissa Hayden (Mildred Herman), Patricia Drylie et Don Gillies. Plusieurs de ses interprètes furent plus tard embauchés dans d'autres pays, un état de fait que Volkoff dénonça volubilement.

En parallèle à la croissance du Volkoff Ballet dans les années quarante, le phénomène de la danse régionale prit de l'ampleur. Le premier Festival de ballet canadien, organisé par Gweneth Lloyd, David Yeddeau, Volkoff et Baldwin, eut lieu à Winnipeg en 1948; ces festivals eurent lieu chaque année jusqu'en 1954, dans différentes villes en alternance. Les premiers festivals attirèrent des groupes amateurs de partout au Canada. Au programme, des classiques comme *Le Lac des cygnes* interprété par Irene et Jury Gotshalks du Gotshalks' Halifax Ballet, *Les Sylphides* de

programming ranged from the classics, *Swan Lake* by Irene and Jury Gotshalks' Halifax Ballet, and *Les Sylphides* by Nesta Toumine's Ottawa Ballet, to original works, many having historical or contemporary Canadian themes. Gweneth Lloyd presented her *Shooting of Dan McGrew* (1950) at one festival, while Volkoff created his *Red Ear of Corn* for the one in 1949. Its score was commissioned from Canadian composer John Weinzweig, and the work was designed by Mstislav Doubjinsky, who also designed for Stanislavsky, Diaghilev, the Ballets Russes, the Metropolitan Opera and Ruth Sorel.

The Canadian Ballet Festivals were significant in the development of Canadian dance. Without them, it is possible that the National Ballet of Canada might never have been born, for it was to the third Festival, in Montreal, that Celia Franca came from England, to evaluate the state of Canada's dance. Her decision to accept an offer to organize a ballet company in this country was based on what she saw there, and Volkoff welcomed her with open arms.

In 1951, Baldwin and Volkoff divorced. He remarried shortly afterwards, and Baldwin went on to make her own name in the Canadian dance world. But with the growth of the National Ballet, Volkoff's name slowly faded.

On June 22, 1973, seven years after the establishment of the award, Volkoff was made an Officer of the Order of Canada. He had assembled the first company of Canadian ballet dancers, and with this group won acclaim for Canada and praise for his presentations. This was some three years before Gweneth Lloyd and Betty Farrally co-founded their Winnipeg Ballet Club, which became the Royal Winnipeg Ballet, and fifteen years before Celia Franca established the National Ballet of Canada. A generation of young Canadian dancers has grown up unaware of the volatile, unpredictable and sharp-tongued "mad Russian", who never quite mastered the English language but who did father, and further, the development of Canada's classical dance. An early interviewer wrote prophetic words about Volkoff: "Pioneer in a thankless task, he is not likely to catch the eye of Ottawa

Nesta Toumine du Ottawa Ballet et des oeuvres originales dont plusieurs traitaient de thèmes canadiens historiques ou contemporains. Gweneth Lloyd présenta son *Shooting of Dan McGrew* (1950) lors d'un festival alors que Volkoff créa son *Red Ear of the Corn* (1949) pour le festival de 1949. La musique fut commandée au compositeur canadien John Weinzweig et l'oeuvre fut conçue par Mstislav Doubjinsky qui avait réalisé des conceptions pour Stanislavsky, Diaghilev, les Ballets Russes, le Metropolitan Opera et Ruth Sorel.

Ces festivals de ballet eurent un impact marqué sur l'évolution de la danse au Canada. Il est possible que sans ces festivals, le Ballet national du Canada n'ait jamais vu le jour car ce fut au troisième Festival, présenté à Montréal, que Celia Franca visitait d'Angleterre pour évaluer l'état de la danse au Canada. Sa décision d'accepter l'offre de fonder une compagnie de ballet au Canada fut basée sur ce qu'elle put observer à ce festival et Volkoff l'accueillit à bras ouverts.

En 1951, Baldwin et Volkoff divorcèrent et il se maria de nouveau peu après. Baldwin se tailla une place dans l'univers de la danse canadienne alors que la renommée de Volkoff s'éteignit peu à peu avec l'arrivée du Ballet national.

Le 22 juin 1973, Volkoff devint Officier de l'Ordre du Canada, sept ans après la fondation du prix. Il avait formé la première compagnie de ballet canadienne et avec cette compagnie avait récolté une certaine renommée pour le Canada et pour ses propres oeuvres. Ces événements précédèrent de trois ans la fondation du Winnipeg Ballet Club par Gweneth Lloyd et Betty Farrally, compagnie qui devint le Royal Winnipeg Ballet, et de quinze ans la fondation du Ballet national par Celia Franca. Une génération de jeunes danseurs/seuses canadien(ne)s a grandi sans connaître l'imprévisible, volatile et tranchant «Russe fou» qui ne maîtrisa jamais la langue anglaise mais qui donna le jour et nourrit le développement de la danse classique canadienne. Un interviewer écrivit ces mots prophétiques à propos de Volkoff :

«Être un pionnier est une tâche ingrate, et il

when it comes to ... honour lists, nor would he be likely to appreciate such a distinction.... However Boris is in there punching to establish the right of young Canadians to dance for the pleasure of other Canadians and to prove the country's maturity in spite of itself".

During the forty-four years that Volkoff lived in Canada, he created over 350 separate works. Actively teaching until a fire destroyed his Yorkville studio in November, 1973, Volkoff died in 1974. A few days before his death, he donated his papers to the Theatre Section of the Metropolitan Toronto Reference Library, where the vast amount of surviving documentation can be consulted.

His work *The Red Ear of Corn* was reconstructed in 1986 during the Encore! Encore! Reconstruction project.

---

**von Gencsy, Eva**. Dancer, choreographer, teacher. Born: March 11, 1924, Csongrad, Hungary.

Eva von Gencsy's very traditional introduction to ballet gave no indication of the contribution she would make as the innovator of that freest, most North American and joyous of all dance forms which she called ballet jazz. It captured the hearts of Quebeckers first and then others around the world, and it made her an institution. Von Gencsy's initial training was in Russian ballet with V.G. Troyanoff at the Russian Academy in Budapest from 1934 to 1941. In 1945, she took a conventional position as a soloist at the Salzburg Landes Theatre, dancing in operas, operettas and ballets.

In 1948, von Gencsy immigrated to Canada, where she was immediately hired as the only European dancer at the newly professional Winnipeg Ballet. Combining natural vivacity with a linear style, her dancing was clean, perky, expressive and endearing. She had particular success in character roles like the Lady Known as Lou in Gweneth Lloyd's *The Shooting of Dan McGrew* (1950).

When the fire that destroyed the Royal Winnipeg Ballet's sets and costumes also ended her career with the company, she headed for

est peu probable qu'il reçoive bien des honneurs d'Ottawa et encore moins probable qu'il les apprécie... Cependant, Boris se bat pour établir le droit des jeunes Canadien(ne)s à danser pour les Canadien(ne)s et pour prouver la maturité du pays bien malgré celui-ci.»

Pendant les quarante-quatre années que Volkoff vécu au Canada, il créa plus de 350 oeuvres. Il enseigna activement jusqu'à ce qu'un incendie détruise son studio à Yorkville en 1973 et il mouru en 1974. Quelque jours avant son décès, il légua ses papiers à la section de théâtre du Metropolitan Toronto Reference Library, où une vaste quantité de ses documents peuvent être consultés.

Son oeuvre *The Red Ear of Corn* fut reconstruite en 1986 à l'occasion du projet de reconstruction  Encore! Encore!.

**Eva von Gencsy**
by/par Linde Howe-Beck

**von Gencsy, Eva**. Danseuse, chorégraphe, professeure. Née : 11 mars, 1924, Csongrad, Hongrie.

La façon très traditionnelle par laquelle Eva von Gencsy fut introduite au ballet ne laissait nullement présager de sa future contribution comme innovatrice de la plus libre et joyeuse

forme de danse nord-américaine, danse qu'elle appela le «ballet-jazz». Les coeurs des Québécois/es furent les premier captivés, suivis rapidement par l'ensemble de la planète. Cette création lui assura le statut de véritable institution. La formation initiale de von Gencsy fut en ballet russe avec V.G. Troyanoff à l'Académie Russe à Budapest de 1934 à 1941. En 1945, elle accepta un poste traditionnel de soliste au Salzburg Landes Theatre dansant dans des opéras, opérettes et ballets.

En 1948, von Gencsy immigra au Canada où elle fut immédiatement engagée comme unique danseuse européenne à la nouvelle compagnie professionnelle, le Winnipeg Ballet. Alliant une vivacité naturelle à un style linéaire, ses interprétations étaient précises, vives, expressives et émouvantes. Elle brillait particulièrement dans des rôles de caractère comme la Lady Known as Lou dans le *The Shooting of Dan McGrew* (1950) de Gweneth Lloyd.

L'incendie qui détruit les décors et costumes du Royal Winnipeg Ballet mit simultanément fin à sa carrière avec cette compagnie et elle se dirigea vers Montréal pour devenir danseuse principale avec Les Ballets Chiriaeff, une compagnie de télévision qui deviendrait Les Grands Ballets Canadiens. Parmi ses nombreux rôles, von Gencsy interpréta la ballerine dans *Petrouchka*, Swanhilda dans *Coppélia* et participa à une émission spéciale de la CBC, Suite Canadienne pour la Reine Élizabeth et le Duc d'Édimbourg. Elle quitta LGBC en 1959 afin de consacrer les huit années subséquentes à la danse pour émissions de télévision. En 1967, le réseau de télévision Radio-Canada la nomma meilleure danseuse.

Montreal to become the leading dancer in Les Ballets Chiriaeff, a television group destined to become Les Grands Ballets Canadiens. Among her many roles, von Gencsy performed the Ballerina in *Petrouchka*, Swanhilda in *Coppélia* and a special CBC performance of Suite Canadienne for Queen Elizabeth and the Duke of Edinburgh. She left LGBC in 1959 to devote the next eight years to full-time television performing. In 1967, she was named best dancer by the French language network, Radio Canada.

Her career as an educator parallelled her performance life, beginning in 1953 when she began teaching ballet at the Banff School of Fine Arts. By the early 1960's, she had discovered the area of dance that would become the basis of her professional life - jazz. Passionately, she taught jazz in Banff from 1962 through 1976, directing the jazz dance department from 1966. The same year she introduced jazz to Montreal

Sa carrière de professeure se développa en parallèle à sa carrière d'interprète, débutant en 1953 à Banff School of Fine Arts où elle commença à enseigner le ballet. Dès le début des années 1960, elle était convaincue que la section de la danse qui serait le pilier de sa vie professionnelle serait le jazz et c'est avec passion qu'elle enseigna la danse jazz à Banff de 1962 à 1976, dirigeant le département de danse jazz à partir de 1966. C'est aussi cette même

at a workshop at the Saidye Bronfman Centre and the Montreal Professional Dance Centre (directed by Séda Zaré).

These courses, with their emphasis on jazz music and funky, happy-go-lucky angularity, became the root of Les Ballets Jazz de Montréal, which she co-founded in 1972 with Eddy Toussaint and Geneviève Salbaing. Von Gencsy was artistic director and resident choreographer of LBJ until 1979, creating half a dozen upbeat works including *Jérémie*, *Up There*, *Jazz Sonata* and *Fleur de Lit*. Several of these works were televised.

Von Gencsy's jazz ballet was intensely popular among audiences who found it accessible enough to pursue as recreation. Ballet jazz was taught throughout Quebec in the 1970's and 1980's; LBJ alone had an enrolment of 3,000 students in five schools.

Under von Gencsy, ballet jazz was also recognized in other parts of the world, and she was commissioned to create solos for dancers of the Paris Opera to perform at the 1978 International Dance Competition in Varna, Bulgaria. The following year she choreographed a solo for French ballet star Rudy Bryans at the International Dance Festival in Château Valon, France.

By the early 1980's, von Gencsy had become a highly respected teacher of the unique dance form. She taught regular sessions throughout Germany, France and Morocco and gave master classes across Canada. She continues teaching and serving on juries in Europe and North America.

In 1977, she received Queen Elizabeth's silver jubilee medal for excellence in the arts. In 1997, she was given two lifetime achievement awards from Rossetti and from the Université du Québec à Montréal.

année qu'elle introduit la danse jazz à Montréal lors d'un atelier au Centre Saidye Bronfman et au Centre de Danse Professionnelle de Montréal (dirigé par Séda Zaré).

Ces cours, avec leur emphase sur la musique jazz et leur angularité «funky» et désinvolte furent les racines des Ballets Jazz de Montréal qu'elle cofonda en 1972 avec Eddy Toussaint et Geneviève Salbaing. Von Gencsy fut la directrice artistique et chorégraphe permanente de LBJ jusqu'à 1979, créant une demi-douzaine d'oeuvres comme *Jérémie*, *Up There*, *Jazz Sonata* et *Fleur de Lit*. Plusieurs de ces oeuvres furent télévisées.

Le ballet jazz de von Gencsy's jazz était extrêmement populaire à travers le Québec dans les années 1970 et 1980; à lui seul, le LBJ cumulait 3 000 élèves dispersés à travers cinq écoles.

Sous la direction de von Gencsy, le ballet jazz fut aussi reconnu dans d'autres parties du globe et on lui commanda la création de solos pour des danseurs/seuses de l'Opéra de Paris participant au Concours international de danse à Varna en Bulgarie en 1978. L'année suivante elle chorégraphia un solo pour la vedette française de ballet, Rudy Bryans au Festival international de danse à Château Valon, France.

Dès le début des années 1980, von Gencsy était déjà une professeure très appréciée de cette forme de danse unique. Elle enseigna régulièrement à travers l'Allemagne, la France et le Maroc et dirigea des cours de maître à travers le Canada. Elle continue à enseigner et à siéger comme juré en Europe et en Amérique du Nord.

En 1977, elle reçut la médaille du jubilé d'argent de la Reine Elizabeth pour l'Excellence en arts. En 1997, Rossetti et l'Université du Québec à Montréal lui octroyèrent chacun leur prix pour l'ensemble de ses réalisations.

**"War Ballet" and "Peace Ballet"** («Ballet de guerre» et «Ballet de paix»)
Premiere/Première: The Fantastic Extravaganza, Massey Hall, Toronto, January 28 janvier, 1915
Choreography/Chorégraphie: Amy Sternberg
Conductor/Conducteur: Mr. H.S. Strickland
Costumes: Mrs. A.J. Arthurs
Scenery painted by/Décor peint par: William Drake
Dancers/Danseurs:
War Ballet/Ballet de Guerre: Miss K. Campbell, Miss A. Da Costa, Miss Helen Brown, Miss H. Turner, Miss M. Lyon, Miss E. Snow, Miss N. Smith, Miss V. Da Costa, Miss C. Lester, Miss G. Watts, Miss D. May, Miss F. Snow, Miss A. Firstbrook, Miss K. Pearson, Miss Loreda McAndrew, Miss N. Bungay, Miss A. Hall, Miss E. Wilson, Miss D. Marks, Miss E. Watson

Peace Ballet/Ballet de Paix: Miss. A. Burrett, Miss A. Marks, Miss E. Ellis, Miss Lenore Scott, Miss M. Da Costa, Miss M. Chisholm, Miss M. Daltry, Miss D. Walmsley.

*These patriotic ballets were part of the fifth and final section of a grand spectacle held to raise funds for the Red Cross Society. With 300 performers, 600 costumes and royal patronage, the Fantastic Extravaganza was, in 1915, the largest multi-disciplinary performance ever held in Toronto. Unattributed clippings from local papers report that, "the stage will be transformed into a bower of loveliness where color runs riot", and "A war ballet of war maidens in scarlet and glittering steel was very effective." During these ballets, an emotional audience looked to the section where numerous soldiers from Toronto's "Exhibition Camp" were seated.*

*Ces ballets patriotiques étaient présentés en cinquième et dernière partie d'un spectacle d'envergure destiné à lever des fonds pour la Société de la Croix rouge. Avec 300 interprètes, 600 costumes et un patronage royal, l'Extravaganza fantastique était, en 1915, le plus grand spectacle d'envergure multidisciplinaire jamais présenté à Toronto. Des extraits de journaux locaux, d'auteurs inconnus, rapportent que «la scène sera transformée en un berceau de verdure et de beauté où la couleur éclate de partout», et «Un ballet de guerre de jeunes guerrières vêtues de tissu écarlate et d'acier brillant, très efficace.» Pendant ces ballets, un auditoire très ému regardait vers la section de la salle où de nombreux soldats de l'«Exhibition Camp» de Toronto étaient assis.*

Amy Bowring

$3.00     Summer 1990

VANDANCE

Vancouver, 1977–

Photo: Jack Mitchell

## Vincent Warren
by/par Kathryn Greenaway

**Warren, Vincent**. Dancer, teacher, dance historian. Born: August 31, 1938, Jacksonville, Florida.

Vincent Warren has had two distinctly different, but equally rich, dance careers – one on and one off the stage. He retired from the stage in 1979, and immediately channelled his talents into teaching, coaching and grooming himself as a dance historian.

Warren studied with a long list of teachers including Betty Hyatt, James Waring, Peter Appel, Ludmilla Chiriaeff, Merce Cunningham, William Griffith, Antony Tudor and Terry Westmoreland. He danced with the Metropolitan Opera Ballet in New York from 1957-1959, and then moved on to dance with the Santa Fe Opera, Pennsylvania Ballet, Le Théâtre Français de la Danse and the Cologne Opera Ballet.

It was with Les Grands Ballets Canadiens that he spent the majority of his performing years. During his time with the company, from 1961-1979, he danced principal roles in classics such as *Giselle*, *Swan Lake* and *Les Sylphides*,

**Warren, Vincent**. Danseur, professeur, historien de la danse. Né : 31 août 1938, Jacksonville, Floride.

Vincent Warren mena de front deux carrières en danse très différentes mais toutes aussi riches – une sur la scène et l'autre en dehors de la scène. Il quitta la scène en 1979 et il consacra immédiatement tous ses talents à l'enseignement, à l'entraînement et à son apprentissage pour devenir un historien de la danse.

Warren étudia avec un grand nombre de professeurs entre autres: Betty Hyatt, James Waring, Peter Appel, Ludmilla Chiriaeff, Merce Cunningham, William Griffith, Antony Tudor et Terry Westmoreland. Il dansa avec le Metropolitan Opera Ballet à New York de 1957 à 1959 et ensuite avec le Santa Fe Opera, le Pennsylvania Ballet, le Théâtre Français de la Danse et l'Opéra Ballet de Cologne.

C'est avec Les Grands Ballets Canadiens qu'il passa la majorité de sa carrière d'interprète. De 1961 à 1979, il dansa les rôles principaux dans des classiques tels que *Giselle*, *Le Lac des cygnes* et *Les Sylphides*, ainsi que dans des oeuvres de Balanchine telles que *Theme and Variations*, *Four Temperaments*, *Divertimento #15* et *Sérénade*.

Il avait autant de facilité pour les ballets contemporains et il interpréta les rôles principaux de ballets chorégraphiés par Chiriaeff et Brydon Paige, dans *Catulli Carmina* de John Butler, *Auréole* de Paul Taylor, *Les Noces* de Lar Lubovitch et *l'Oiseau de feu* de Maurice Béjart.

and in Balanchine works including *Theme and Variations*, *Four Temperaments*, *Divertimento #15* and *Serenade*.

He was equally adept at contemporary ballets, and danced lead roles in ballets choreographed by Chiriaeff and Brydon Paige, in John Butler's *Catulli Carmina*, Paul Taylor's *Aureole*, Lar Lubovitch's *Les Noces* and Maurice Béjart's *l'Oiseau de Feu*.

Two Canadian choreographers who played a major role in Warren's stage career were Brian Macdonald and Fernand Nault. Warren danced important Macdonald works including *Diabelli Variations* (circa 1974), *Romeo and Juliet* (1973) and *Tam Ti Delam* (1974). Macdonald choreographed *Adieu Robert Schumann* for Warren's farewell performance in 1979. Nault supplied Warren with wonderful roles in *Tommy* (1970), *Carmina Burana* (1966), *Cérémonie* (1972), *Pas Rompu* (1968) and his ever-popular *Nutcracker* (1964).

Warren has always been a huge dance fan – all kinds of dance. He was right in the thick of the postmodern scene at Judson Church in New York, performing with James Waring and Aileen Passloff from 1959-1964, and worked off and on with Montreal's Le Groupe de la Place Royale and choreographers such as Jeanne Renaud, Françoise Riopelle, Peter Boneham and Paul-André Fortier.

A demonstration of Warren's considerable talent was documented in Pas de Deux, the award-winning National Film Board film by Norman McLaren. Prior to retiring, Warren received the Queen's Jubilee medal for artistic excellence.

Warren continued to make the dance world richer following his retirement from the stage. From 1979-1992, he taught dance history, ballet technique, male variations and pas de deux at the school affiliated with Les Grands Ballets Canadiens, and he continues to give lectures on dance history at various institutions, including Montreal's four universities, Les Ateliers de danse moderne de Montréal and the School of the Royal Winnipeg Ballet.

In 1980, he began working at the library affiliated with Les Grands Ballets Canadien's

Deux chorégraphes canadiens furent particulièrement importants pour sa carrière d'interprète: Brian Macdonald et Fernand Nault. Warren interpréta des oeuvres majeures de Macdonald notamment, *Diabelli Variations* (env. 1974), *Roméo et Juliette* (1973) et *Tam Ti Delam* (1974). Macdonald chorégraphia également *Adieu Robert Schumann* pour le spectacle d'adieu de Warren en 1979. Nault permit à Warren d'interpréter des rôles magnifiques dans *Tommy* (1970), *Carmina Burana* (1966), *Cérémonie* (1972), *Pas Rompu* (1968) et son toujours populaire *Casse-Noisette* (1964).

Warren a toujours été un adepte avide de tous les types de danse. Il fut au coeur même du milieu de la danse postmoderne à Judson Church à New York, dansant avec James Waring et Aileen Passloff de 1959 à 1964 et travaillant à intermittence à Montréal avec Le Groupe de la Place Royale et des chorégraphes tels que Jeanne Renaud, Françoise Riopelle, Peter Boneham et Paul-André Fortier.

Le talent considérable de Warren fut illustré dans Pas de Deux, le documentaire tourné par Norman McLaren, un film primé de l'Office National du Film. Avant de prendre sa retraite, Warren reçut la médaille du jubilé de la Reine pour son excellence dans le domaine artistique.

Malgré son retrait de la scène, Warren continua d'enrichir l'univers de la danse. De 1979 à 1992, il enseigna l'histoire de la danse, le ballet, les variations pour interprètes masculins et le pas de deux à l'école affiliée aux Grands Ballets Canadiens. Il présenta également des conférences sur l'histoire de la danse à diverses institutions notamment les quatre universités de la Ville de Montréal, Les Ateliers de danse moderne de Montréal et au Royal Winnipeg Ballet School.

En 1980, il commença à travailler à la bibliothèque affiliée à l'école des Grands Ballets Canadiens, l'École supérieure de danse du Québec. Il a fait don d'au moins 1 000 livres de sa collection personnelle à la bibliothèque de l'école. En 1989, il fut nommé conservateur de cette bibliothèque qui contient une des plus amples collections de livres sur la danse au

school, l'École supérieure de danse du Québec. He has donated at least 1,000 books to the school library from his private collection. In 1989, he was named curator of the library, one of the best dance collections in Canada.

Warren's wisdom has reached beyond the library and into private coaching sessions with dancers such as Les Grands Ballets Canadiens principal dancers Anik Bissonnette, Louis Robitaille, Kenneth Larson and Yvonne Cutaran.

Warren has served as a member of the board of directors of the Dance in Canada Association, president of Le Regroupement Québécois de la danse, moderator of pre-performance interviews at Place des Arts, and a member of the Arts Council of the Montreal Urban Community. In 1992, Warren was the recipient of the Prix Denise Pelletier, one of Les Prix du Québec, lifetime achievement awards given annually by the Quebec government.

Canada.

La riche expérience et les connaissances de Warren s'étendent au-delà de cette bibliothèque et se communiquent dans le cadre de sessions privées d'entraînement avec des danseurs principaux des Grands Ballets Canadiens tels qu'Anik Bissonnette, Louis Robitaille, Kenneth Larson et Yvonne Cutaran.

Warren a siégé sur le conseil d'administration de l'Association Danse au Canada, comme président du Regroupement Québécois de la danse, comme modérateur des discussions précédant les représentations à la Place des Arts et en tant que membre du Conseil des Arts de la Communauté urbaine de Montréal. En 1992, Warren fut récipiendaire du Prix Denise Pelletier, un des Prix du Québec, en reconnaissance de ses réalisations exceptionnelles; ce prix est accordé annuellement par le Gouvernement du Québec.

Photo: Julianna Barabas

## Brian Webb
by/par Anne Flynn

**Webb, Brian H**. Chorégraphe, directeur artistique, danseur, professeur. Né : 25 mai 1951, Unity, Saskatchewan.

L'engagement de Brian Webb dans l'univers de la danse s'exprime à divers niveaux. Alors

**Webb, Brian H**. Choreographer, artistic director, dancer, teacher. Born: May 25, 1951, Unity, Saskatchewan.

Brian Webb's involvement in dance is richly layered. While many dance artists play different roles at various stages of their careers, Webb is simultaneously balancing the jobs of artistic director, choreographer and dancer in his own company; chair of the dance department and full-time teacher at Grant MacEwan Community College; and dance presenter and member of the CanDance Network. His appetite for contemporary dance is enormous, and it appears that his multiple work roles, rather than scattering his energies, create an elegant balance that sustains his artistry.

Webb completed a BFA in drama from the University of Alberta in 1973 and then travelled to New York where he danced with the Erick Hawkins Dance Company and premiered his first choreographic works with the Carol Conway Dance Company. Webb continued his education in the mid-1980's, completing an MFA in choreography at the California Institute of the Arts in 1986, and danced with the Cal Arts Dance Ensemble from 1984-1986. This two-year period away from Canada and his teaching responsibilities provided Webb with an opportunity to focus exclusively on his choreographic ideas.

A strong believer in the use of original music, he has commissioned thirty-seven scores since 1979 when he founded the Brian Webb Dance Company, and since 1986 he has created over twenty pieces. He has also had a long association with the visual arts community. His closest artistic collaborator is sculptor Blair Brennan, with whom he has created five works since 1989.

Webb describes his choreography as content-based and non-formalist. He credits Hawkins with instilling his sustaining interest in contemporary music, and his vision of choreography in which all the elements are original. Working largely with autobiographical content in his choreography, Webb aligns himself with American queer philosophical/political thought. A believer in the importance

que plusieurs artistes en danse explorent diverses activités à différentes étapes de leur carrière, Webb jongle simultanément avec les postes de directeur artistique, chorégraphe et danseur dans le cadre de sa troupe. Il est également directeur du département de danse et professeur à temps plein au Grant MacEwan Community College. Finalement, il agit comme diffuseur et membre du réseau CanDance. Il fait montre d'un appétit vorace pour la danse contemporaine et il semble bien que la multiplicité des postes qu'il occupe ne disperse pas ses énergies mais au contraire crée un équilibre élégant qui stimule son talent artistique.

Webb compléta un baccalauréat en beaux-arts en Arts dramatique à l'Université de l'Alberta en 1973 et voyagea ensuite à New York où il dansa avec le Erick Hawkins Dance Company. Il présenta ses premières oeuvres chorégraphiques avec le Carol Conway Dance Company. Webb poursuivit sa formation au milieu des années 1980, complétant une Maîtrise en Beaux-arts (en chorégraphie) au California Institute of the Arts en 1986 et dansant avec le Cal Arts Dance Ensemble de 1984 à 1986. Ce séjour de deux ans loin du Canada et de ses charges d'enseignement permit à Webb d'explorer à fond sa vision chorégraphique.

Adepte fervent de l'utilisation de musique originale, il a commandé trente-sept partitions originales depuis 1979 alors qu'il fondait le Brian Webb Dance Company et depuis 1986, il a créé plus de vingt oeuvres. Il collabore également avec le milieu des arts visuels depuis longtemps. Son collaborateur artistique le plus proche est le sculpteur Blair Brennan, avec lequel il a créé cinq oeuvres depuis 1989.

Webb décrit sa chorégraphie comme imprégnée de contenu et non formaliste. Il affirme que c'est Hawkins qui a instillé en lui un intérêt soutenu pour la musique contemporaine et qui lui a transmis sa vision de la chorégraphie où tous les éléments sont originaux. Utilisant surtout du matériel autobiographique dans ses oeuvres, Webb s'allie à la pensée philosophique et politique américaine gaie. Convaincu de l'importance de la communauté, Webb est complètement engagé dans la pratique de l'art

of community, Webb is totally committed to the practice of art-making as a community endeavour, with both active creators and active viewers.

Important works include *Victories Over Us/Defeat at Our Hands* (1993), an audience inter-active performance shown across Canada, *(I Wanted to Know) The Exact Dimensions of Heaven* (1993), an outdoor performance in a five-acre field involving issues of cultural appropriation, and *The Telephone Book* (1999), commissioned by the Edmonton Symphony Orchestra for the Festival of Contemporary Music.

Webb has served on the boards of the Dance in Canada Association, the Alberta Dance Alliance and the Edmonton Professional Arts Council.

Webb has acted as a presenter since forming his company. Beginning with producing the works of company members annually, in 1987 he began presenting touring artists, including Karl Andersen, William Douglas, Paul-André Fortier, Jeff Hall and Pierre-Paul Savoie, Kokoro and Tracy Rhodes.

For his dedication to his community and to dance, Webb received Edmonton's Syncrude Award for Artistic Direction in 1995, and the TELUS Award for Arts of the Future for using technology in his *Project Desire/the mountains and the plains*. A collaboration with New York-based performer Jeff McMahon, *Project Desire* was initially performed in Edmonton, Calgary and Vancouver in 1997 and then toured to Toronto and New York in 1999.

comme projet communautaire et il travaille avec des créateurs et des spectateurs engagés.

Parmi ses oeuvres importantes se démarquent, *Victories Over Us/Defeat at Our Hands* (1993), un spectacle interactif avec le public présenté à travers le Canada, *(I Wanted to Know) The Exact Dimensions of Heaven* (1993), un spectacle en plein-air interprété dans un champ de cinq acres et traitant d'appropriation culturelle, et *The Telephone Book* (1999), une commande de l'Edmonton Symphony Orchestra pour le festival de musique contemporaine.

Webb a siégé sur les conseils d'administration de l'Association Danse au Canada, de l'Alberta Dance Alliance ainsi que de l'Edmonton Professional Arts Council.

Webb agit aussi comme diffuseur depuis la formation de sa troupe, d'abord en produisant annuellement les oeuvres de ses membres et en 1987, il commença à présenter des artistes en tournée notamment Karl Andersen, William Douglas, Paul-André Fortier, Jeff Hall et Pierre-Paul Savoie, Kokoro et Tracy Rhodes.

En reconnaissance de son dévouement à sa communauté et à la danse en général, Webb fut récipiendaire en 1995 du Prix Syncrude d'Edmonton pour la direction artistique ainsi que le Prix TELUS, Arts of the Future pour l'utilisation de la technologie dans son oeuvre *Project Desire/the mountains and the plains*. Une oeuvre de collaboration avec l'interprète newyorkais Jeff McMahon, *Project Desire* fut d'abord présentée à Edmonton, Calgary et Vancouver en 1997 et ensuite en tournée à Toronto et à New York en 1999.

**We Were WARned** (Nous Fûmes Avertis)
Premiere/Première: William Douglas Danse, INDE Festival, du Maurier Theatre Centre
Toronto, March/mars, 1992
Choreography/Chorégraphie: William Douglas
Music/Musique: Reid Robbins
Dancers/Danseurs: William Douglas, José Navas, Dominique Porte
Costumes: William Douglas
Lighting/Éclairages: Jean-Philippe Trépanier

*Commissioned by the 1992 INDE Festival, this trio won the National Arts Centre award at the Festival and also first prize at the 1994 Rencontres chorégraphiques internationales de Bagnolet, France. Three different gesture languages play a game of choreographic tag in this kinetic energy piece set to a commissioned score. Each furtive touch triggers a ripple effect in the formal construction of percussive movements that result in a fast-paced complex mix.*

*Commandé par le Festival INDE de 1992, ce trio remporta le prix du Centre National des Arts au Festival, ainsi que le premier prix des Rencontres chorégraphiques internationales de Bagnolet en France en 1994. Trois langages gestuels différents jouent un jeu de la «tag» chorégraphique dans cette oeuvre dynamique montée sur une partition commandée. Chaque toucher furtif déclenche un effet d'ondulation sur la construction formelle de mouvements percussifs résultant ainsi en un mélange complexe et accéléré.*

Iro Valaskakis Tembeck

---

**What to do Till the Messiah Comes** (Que faire jusqu'à l'arrivée du Messie)
Premiere/Première: Royal Winnipeg Ballet, Manitoba Centennial Concert Hall, Winnipeg,
September 26 septembre, 1973
Conceived and choreographed by/Conception et chorégraphie: Norbert Vesak
Music/Musique: Chilliwack, Syrinx & Phillip Werren
Decor designed by/Décor: Robert Darling
Costumes and lighting design/Costumes et éclairages: Norbert Vesak
Music collage consultant/Conseiller au collage musical: Luigi Zaninelli
Assistant to Mr. Vesak/Adjoint à M.Vesak: Robert-Glay LaRose
Title derived from the book/Titre dérivé du livre "What to do Till the Messiah Comes" by/par
Bernard Gunther, published by the/publié par le Macmillan Company, 1971.

"catch the joy as it flies .../«attrape la joie à son passage ...
this you owe yourself, /tu le mérites
this you must allow yourself, /tu dois te le permettre
if you can."/si tu peux.»
Prologue: The Dancer in Grey/Prologue: La Danseuse en gris: Jane Thelen
Part 1 Be/Partie 1 Sois: Richard Gibbs
Part 2 Be Aware/Partie 2 Sois Conscient: Trish Wilson & Bill Lark
Part 3 Belong/Partie 3 Appartient: Louise Naughton & Craig Sterling
Part 4 Be Together/Partie 4 Soyez ensemble: The Company/La Troupe

Part 5 Believe/Partie 5 Crois : Louise Naughton & Craig Sterling
Part 6 Be You to the Full/Partie 6 Sois complètement toi-même: The Company/La Troupe
Epilogue: Life is Breathtaking–and Giving/Épilogue: La Vie est saisissante et généreuse: The Company/la troupe
The Company/La Troupe: Kathleen Duffy, Richard Gibbs, Eric Horenstein, Bill Lark, James Mercer, Louise Naughton, *Patti Ross, Craig Sterling, Jane Thelen, Trish Wilson

To Mr. and Mrs. C.W.J. Vincent, who have lived the life this ballet evinces.
We wish to acknowledge the creative efforts of the following people whose original music made the tape collage possible:
Phillip Werren–Electronically produced musical fabric, Mr. Werren's works are available on the I.R.S. Label.
Chilliwack– "Always", "Rosie", "Changing Reels", solo flute, whistle and vocal sections. Chilliwack records on A&M label.
Syrinx– "December Angel", and brief orchestral moments from their compostition "Stringspace". Syrinx records on the True North label.
Scenery constructed in the Vancouver Opera Association Scenic Studios under the supervision of Mr. Harold Laxton.
Costumes executed in the studios of the Royal Winnipeg Ballet, under the direction of Doreen Macdonald.

*Arleen Dewell will dance this role on Thursday September 27th and Sunday Matinee September 30th, 1973

À M. Et Madame C.W.J. Vincent, qui ont vécu la vie évoquée par ce ballet.
Nous désirons exprimer notre gratitude pour le travail de création contribué par les personnes suivantes dont la musique originale a rendu le collage musical possible :
Phillip Werren–Arrangement musical produite électroniquement; les oeuvres de M. Werren sont sous l'étiquette I.R.S.
Chilliwack– "Always", "Rosie", "Changing Reels", solo flûte, sifflet et section voix. Chilliwack enregistre sour l'étiquette A&M.
Syrinx– "December Angel", ainsi que de brefs moments orchestraux tirés de leur composition «Stringspace». Syrinx enregistre sous l'étiquette True North.
Le décor fut construit aux Scenic Studios du Vancouver Opera Association sous la supervision de M. Harold Laxton.
Les costumes furent exécutés dans les studios du Royal Winnipeg Ballet, sous la direction de Doreen Macdonald.

*Arleen Dewell interprétera ce rôle, jeudi, le 27 septembre ainsi qu'en matinée du dimanche 30 septembre, 1973

**The White Goddess** (La Déesse Blanche)
Premiere/Première: St. Paul's Church, Toronto, May 12 mai, 1977
A Theatre Resource Centre Production/Une production du Theatre Resource Centre
choreographed by/chorégraphié par Linda Rabin
realized by/réalisé par: Stephanie Ballard, Elizabeth Bolton, Leslie Dillingham, Ilana Federman, Margie Gillis, Candace Loubert, Robbie O'Neill, Susan Rome
electronic tape/bande sonore: David Sutherland
song melodies/mélodies des chants: Linda Rabin
singing coach/répétiteur de chant: Elizabeth Bolton
voice production vocale: Ann Skinner
chorus costumes pour chorale: Fran Pauzé & dancers/danseurs
sow goddess & White goddess costumes pour la Déesse Blanche et la Déesse des Truies: Susan Rome
lighting/éclairage: Fly by Night
Texts spoken and sung/Textes récités et chantés: tirés de "Darien", "Ode To The White Goddess", both by/de Robert Graves and/et "Song of Amergin", an ancient Irish-Celtic litany/une vieille litanie irlando-celtique.


1 Invocation of the Goddess/Invocation à la Déesse
A journey through some of the images and symbols that surround the White Goddess and that are a part of her world./Un voyage à travers les images et symboles associés à la Déesse Blanche, qui font partie d'elle et de son monde.
The three white cranes/les trois grues: Stephanie Ballard, Leslie Dillingham, Margie Gillis
The Sow Goddess/La Déesse des Truies: Susan Rome
The Sea Goddess/La Déesse des Mers: Margie Gillis
The Five Sacred Trees/Les Cinq Arbres Sacrés:
silver fir/sapin argenté (birth/naissance): Susan Rome
furze/ajonc (spring/printemps): Leslie Dillingham
heather/bruyère (summer/été): Ilana Federman
White poplar/peuplier blanc (autumn/old age/automne/vieillesse): Margie Gillis
Yew/if (winter/death/hiver/mort): Stephanie Ballard
Chorus/Le Choeur: Stephanie Ballard, Elizabeth Bolton, Leslie Dillingham, Ilana Federman, Margie Gillis, Candace Loubert, Robbie O'Neill, Susan Rome
Musician/Singer/La Musicienne/chanteuse: Elizabeth Bolton


II The White Goddess/La Déesse Blanche
The White Goddess in her ancient quintuple person: the Goddess of Birth-Initiation-Consummation-Repose and Death./La Déesse Blanche et son personnage quintuple: La Naissance-L'Initiation-La Consommation-Le Repos-La Mort.
The White Goddess/La Déesse Blanche: Candace Loubert
The son/the lover/Le fils/L'amant: Robbie O'Neill
Chorus/Le Choeur: Stephanie Ballard, Leslie Dillingham, Ilana Federman, Margie Gillis, Susan Rome


The audience is invited to participate by moving together from one area to another following the action as it takes place; and to be seated when the performers so indicate./On invite le public à participer en se déplaçant d'une pièce à une autre afin de suivre l'action de la pièce. Les danseurs

inviteront le public à s'asseoir pendant le déroulement de la pièce.

To fulfill the vision of The White Goddess was only possible through the dancers' personal belief and involvement in the work. Also they voluntarily gave their full time and energy for three months of workshops and rehearsals. To them I offer my deepest thanks. – Linda Rabin

Ce n'est qu'à travers la foi personnelle et le dévouement total des danseurs que ma vision de La Déesse Blanche ai pu être réalisée. Pendant trois mois lors des ateliers et des répétitions, les danseurs ont travaillé bénévolement et y ont mis toute leur énergie. Je les remercie du fond du coeur. – Linda Rabin

*The evening-length* White Goddess *was choreographed in two parts, and its staging included moving the audience from one area to another as the piece unfolded. Based on Robert Graves' eponymous book, ritualised movements highlight mysterious and ancient overtones in its exploration of life's cycles and female archetypes. The work was a significant breakthrough both for audiences and Rabin herself for it heralded the tendencies for minimalism, stretched out time and the integration of text and voice into a ceremonial framework.*

*L'oeuvre pleine soirée* White Goddess *fut chorégraphiée en deux parties et sa mise en scène exigeait que le public se déplace durant la représentation. Inspirée du livre éponyme de Robert Graves, les cycles de la vie et les archétypes féminis sont explorés avec des mouvements ritualisés, révélant des accents mystérieux et anciens. L'oeuvre fut une percée importante à la fois pour les auditoires et pour Rabin elle-même car elle présageait des tendances vers le minimalisme, la souplesse du temps et l'intégration du texte et de la voix à l'intérieur d'un cadre cérémonial.*

Iro Valaskakis Tembeck

Montreal, 1950's

## Mildred Wickson
by/par Freda Crisp

**Wickson, Mildred**. Teacher, choreographer, dancer. Born: 1907, Milton, Ontario. Died: November 7, 1984, Aurora, Ontario. Birth name: Jessie Mildred Wickson.

Mildred Wickson attended high school in Toronto, and in 1927 enrolled at the Margaret Eaton School, a prestigious normal school devoted to physical education training for women, where she was introduced to dance. In addition to physical education, she studied a varied dance curriculum which included modern dance, folk, social, tap and national dance. All of these equipped her for her first paid position as a gym instructor at the Toronto YWCA. In 1933, she was promoted to Director of Physical Education, a position she held until 1936 when she resigned to open her first dance studio.

In 1941, Wickson moved into a building which housed a dance studio on the ground level and living accommodations for herself and her sister on the second floor. From this time forward Wickson specialized in teaching ballet,

**Wickson, Mildred**. Professeure, chorégraphe, danseuse. Née : 1907, Milton, Ontario. Décédée: 7 novembre 1984, Aurora, Ontario. Nom à la naissance : Jessie Mildred Wickson.

Mildred Wickson fit des études secondaires à Toronto et en 1927, elle fut introduite à la danse au Margaret Eaton School, une école normale prestigieuse vouée à l'éducation physique des femmes. En plus de l'éducation physique, elle y étudia une variété de styles de danse dont la danse moderne, la danse folklorique, la danse sociale, les claquettes et la danse nationale. Cette formation diverse la prépara bien à son premier poste rémunéré de monitrice d'éducation physique au YWCA de Toronto. En 1933, elle fut promue au poste de directrice de l'Éducation physique, un poste qu'elle assuma jusqu'en 1936, année où elle remit sa démission et ouvrit son premier studio de danse.

En 1941, Wickson s'installa dans un édifice qui abritait un studio de danse au rez-de-chaussée et des espaces habitables à l'étage. À partir de ce moment, Wickson se spécialisa dans les cours de ballet et continua d'enseigner et de vivre dans cet édifice jusqu'à sa retraite en 1967, alors qu'elle et sa soeur s'installèrent à Windrush, leur ferme à Aurora en Ontario.

Avant 1936, Wickson avait étudié le ballet

and continued to teach and live at this location until her retirement in 1967, when the sisters relocated to Windrush, their farm in Aurora, Ontario.

Prior to 1936, Wickson had studied ballet with Boris Volkoff, and in 1936 she performed with the Volkoff Canadian Ballet at the International Dance Festival held in conjunction with the Berlin Olympic Games. Also during the 1930's, Wickson took advanced ballet training in London, England with Cleo Nordi, who had been a member of the Anna Pavlova Ballet Company. Later, following World War II, Wickson arranged for two of her most outstanding students, Katherine Stewart Anderson and Lilian Jarvis, to study with Nordi. Both Stewart and Jarvis went on to flourishing careers with the National Ballet of Canada.

In addition to teaching ballet, Wickson directed and choreographed for her own ballet company which performed in Toronto at the Varsity Promenade Concerts in 1951, and in the Canadian Ballet Festival, 1949 and 1952. Her work *Lyrical Variations* was set to music by Elgar; *La Vie Champêtre* (1952) used music by Milhaud orchestrated by Oscar Morowitz, with scenery and costumes designed by James Pape.

A founding member of the Canadian Dance Teachers Association (CDTA), Wickson served as the Association's first president from 1949 to 1954. Generous, respected and well-liked by her colleagues, she opened her studio to the CDTA, and all the Association's meetings were held there during her presidency. By 1954, the Association was firmly established as a vital force in Canadian dance.

An early supporter of Celia Franca's efforts to establish the National Ballet of Canada, Wickson encouraged the CDTA to support the company by organizing fundraising events. Wickson was also a founding member of the National Ballet Guild Board of Directors.

In her passion for dance, and her dedication to the Canadian Dance Teachers Association, Mildred Wickson remains an inspiration for her artistic descendants. Former students include Lilian Jarvis, Katherine Stewart and Walter Foster, all charter members of the National

avec Boris Volkoff et en 1936, elle dansa avec le Volkoff Canadian Ballet au Festival international de danse présenté dans le cadre des Jeux Olympiques de Berlin. Toujours dans les années 1930, Wickson poursuivit des études avancées de ballet à Londres avec Cleo Nordi, une ancienne membre du Anna Pavlova Ballet Company. Après la Deuxième Guerre mondiale, Wickson fit en sorte que deux de ses élèves les plus exceptionnelles, Katherine Stewart Anderson et Lilian Jarvis, puissent étudier avec Nordi. Stewart et Jarvis s'illustrèrent éventuellement avec le Ballet national du Canada.

Avant d'enseigner le ballet, Wickson dirigea et chorégraphia pour sa propre troupe de ballet, troupe qui offrit des spectacles à Toronto dans le cadre des Varsity Promenade Concerts en 1951 ainsi qu'au Festival de ballet canadien en 1949 et 1952. Son oeuvre *Lyrical Variations*, fut montée sur une musique d'Elgar; *La Vie Champêtre* (1952) utilisait de la musique de Milhaud orchestrée par Oscar Morowitz et des décors et costumes conçus par James Pape.

Membre fondateur de l'association Canadian Dance Teachers (CDTA), Wickson en fut sa première présidente de 1949 à 1954. Généreuse, respectée et appréciée de ses collègues, elle ouvrit les portes de son studio au CDTA et toutes les réunions de l'association y prirent place durant son mandat de présidente. En 1954, cette association s'était fermement ancrée et se révélait être une force vitale de la danse canadienne.

Une des premières personnes à soutenir les efforts de Celia Franca visant à établir le Ballet national du Canada, Wickson encouragea le CDTA à soutenir la troupe grâce à l'organisation de divers événements de lever des fonds. Wickson fut également membre fondatrice du Conseil d'administration de la Guilde du Ballet national.

Par sa passion pour la danse et son engagement envers le CDTA, Mildred Wickson est une source d'inspiration pour les héritiers de sa vision artistique. Parmi ses anciens élèves se retrouvent Lilian Jarvis, Katherine Stewart et Walter Foster, tous membres fondateurs du

Ballet of Canada; Carol Chadwick, Vice-Principal, National Ballet School of Canada; Jean Geddes, Royal Swedish Ballet School; Susan Macpherson, Toronto Dance Theatre and School of Toronto Dance Theatre; and Mary Jane Warner, Professor of Dance, York University.

Ballet national du Canada; Carol Chadwick, vice-principale de l'École nationale de ballet; Jean Geddes, École du Royal Swedish Ballet; Susan Macpherson, Toronto Dance Theatre et l'école du Toronto Dance Theatre; et Mary Jane Warner, professeure de danse à l'Université York.

**Vicki Adams Willis**
by/par Anne Flynn

Photo: Trudie Lee

**Willis, Vicki Adams**. Artistic director, choreographer, teacher, dancer. Born: November, 1950, Calgary, Alberta. Birth name: Vicki Adams.

Vicki Adams grew up in the studio and theatre beginning at age three. She has been an active participant in four decades of the Calgary dance community, and as the daughter of Alice Murdoch Adams, she represents a link to the city's early dance history. Her first teachers were her aunt Jean Murdoch, and Cybil Rogers with whom she studied ballet and highland dancing; as a teenager she studied at the Banff School of Fine Arts where she met Eva von Gencsy and

**Willis, Vicki Adams**. Directrice artistique, chorégraphe, professeure, danseuse. Née : novembre 1950, Calgary, Alberta. Nom à la naissance : Vicki Adams

Vicki Adams grandit dans le studio et dans le théâtre dès l'âge de trois ans. Elle fut une participante active au milieu de la danse de Calgary pendant quatre décennies et, en tant que fille d'Alice Murdoch Adams, elle représente un lien avec le début de l'histoire de la danse dans cette ville. Ses premières professeures furent sa tante Jean Murdoch et Cybil Rogers, avec laquelle elle étudia le ballet et la danse écossaise. Adolescente, elle suivit des cours au Banff Centre of Fine Arts où elle fit la connaissance d'Eva von Gencsy et dansa dans les productions de théâtre musical. Willis a aussi eu des liens très proches avec la chorégraphe et professeure Margot McDermott. Tout en complétant un baccalauréat en Art dramatique à l'Université de Calgary de 1968 à 1972, Willis passa ses étés à New York étudiant le jazz avec Luigi et après la

performed in musical theatre. Willis also had a close association with choreographer and teacher Margot McDermott. While completing a BFA in drama at the University of Calgary between 1968-1972, Willis spent summers in New York studying jazz with Luigi, and after graduation she left for England for a year to study with Matt Maddox.

In 1973 Willis began teaching in the faculty of fine arts at the University of Calgary, where she built a substantial number of jazz dance courses. She choreographed for faculty and student shows, as well as for a wide range of community groups, and she also maintained a strong teaching profile in the community. She continued to travel to New York, England and France to study, and remained a full-time professor at the University until 1988, when she resigned to concentrate on her work as artistic director/choreographer of Decidedly Jazz Danceworks which she founded in 1984. The company is dedicated to preserving the roots and integrity of concert jazz dance; they present an annual season in Calgary, tour, and conduct an annual artist-in-residence programme in Calgary schools. The company has commissioned works from choreographers Denise Clarke and Claudia Corolina, among others.

A prolific choreographer herself, Willis has created many works in her thirty-year career. In addition to the company, Willis has a thriving dance school which is located within view of her mother's 1930's studio; like her mother, Willis is sharing her dance experience with thousands of others. In 1980 she was awarded the University of Calgary's Superior Teacher Award, and she has guest taught at the Jacob's Pillow Dance Festival in Lee, Massachusetts.

fin de ses études, elle se rendit en Angleterre pour étudier avec Matt Maddox.

En 1973 Willis commença à enseigner à la faculté des Beaux-arts de l'Université de Calgary où elle mit sur pied un nombre important de cours de danse jazz. Elle chorégraphia des spectacles du corps professoral et des spectacles étudiants, ainsi que pour une vaste panoplie de groupes communautaires, tout en maintenant des activités importantes d'enseignement dans le milieu. Elle continua ses voyages d'études à New York, en Angleterre et en France et demeura professeure à temps plein à l'université jusqu'en 1988 alors. Elle donna alors sa démission pour se consacrer à son travail de directrice artistique et chorégraphe de Decidedly Jazz Danceworks, compagnie qu'elle avait fondée en 1984, consacré à la préservation des racines et de l'intégrité de la danse jazz de concert. Willis présente des spectacles annuellement à Calgary, fait des tournées et dirige un programme annuel d'artiste-en-résidence dans des écoles de Calgary. La compagnie a commandé des oeuvres à des chorégraphes telles que Denise Clarke et Claudia Corolina.

Elle-même une chorégraphe prolifique, Willis a créé plusieurs oeuvres dans sa carrière qui s'étale sur trente années. En plus de sa compagnie, Willis dirige une école de danse florissante dans un studio qui s'aperçoit de l'ancien studio de 1930 de sa mère. Tout comme sa mère, Willis partage son expérience en danse avec des milliers de personnes. En 1980 l'Université de Calgary lui décerna le prix Superior Teacher. Willis a de plus été professeure invitée au Festival de danse Jacob's Pillow à Lee, au Massachusetts.

## Dorothy Wilson
by/par Leland Windreich

**Wilson, Dorothy**. Teacher, choreographer.
Born: 1892, Liverpool, England. Died: August,
1991, Victoria, British Columbia. Birth name:
Dorothy Astle. Married name: Dorothy Wilson;
Dorothy Forster.

Born into a military family, and trained in
ballet in her childhood, Dorothy Wilson
emigrated with her family to Canada at age ten
and settled in Victoria. There two emigrant
French ballet teachers, Madame Fay and
Madame Vera, offered further dance training.
Her parents thwarted all her desires to perform
professionally, but she remained passionately
committed to dance. She personally trained her
young daughters in the refinements of ballet for
a school programme, only to be inundated by the
children in the neighbourhood who wanted
similar instruction. Beginning in the living room
of her house, she moved to the recreation hall of
a nearby church, ultimately opening a full
professional school in 1927 for her growing
clientele. The Russian Ballet School of Dancing
was inaugurated with the services of Nikolai
Rusanoff, an itinerant Russian ballet teacher.

Wanting to expand her teaching skills,

**Wilson, Dorothy**. Professeure, chorégraphe.
Née : 1892, Liverpool, Angleterre. Décédée :
août 1991, Victoria, Colombie-Britannique.
Nom à la naissance : Dorothy Astle. Nom de
femme mariée : Dorothy Wilson; Dorothy
Forster.

Née dans une famille de militaires et formée
en ballet classique dès son enfance, Dorothy
Wilsom émigra au Canada à l'âge de dix ans
avec sa famille qui s'installa à Victoria. C'est là
que deux professeures d'origine françaises,
Madame Fay et Madame Vera, lui permirent de
continuer sa formation en danse. Ses parents
l'empêchèrent de poursuivre son désir de danser
professionnellement mais elle demeura
passionnément éprise de cette discipline. Elle
enseigna le ballet à ses propres filles dans le
cadre d'un programme à leur école et fut ensuite
inondée d'enfants du voisinage désirant une
formation du même type. Elle commença alors à
donner des cours dans son salon, pour ensuite
utiliser une salle de récréation d'une église
avoisinante et, en 1927, elle fonda sa propre
école professionnelle pour répondre aux besoins
de sa clientèle croissante. Le Russian Ballet
School of Dancing fut inaugurée avec les cours
de Nikolai Rusanoff, un professeur de ballet
itinérant.

Wilson, désirant approfondir sa méthode
d'enseignement, se rendait régulièrement à
Seattle pour suivre des cours avec la famille
Novikoff et avec Lee Foley, et à San Francisco
pour étudier avec Adolph Bolm et plus tard les
frères Christensen. Elle étudia la danse
espagnole au Mexique et fit plusieurs voyages en
Europe suivant des cours avec Marie Rambert,
Olga Preobrajenska, Lubov Egorova, Mathilde
Kschessinska et Mary Wigman et assistant aux

Wilson went regularly to Seattle for courses with the Novikoff family and Lee Foley, and to San Francisco for training with Adolph Bolm and later the Christensen brothers. She studied Spanish dancing in Mexico, and she made frequent trips to Europe, taking classes with Marie Rambert, Olga Preobrajenska, Lubov Egorova, Mathilde Kschessinska and Mary Wigman, and attending festivals of folk dance, all of which contributed material to her methodology and to her creative activity.

In 1936 Wilson mounted North America's first production of the ballet *Coppélia* at Victoria's Royal Theatre. Her daughter Doreen danced the role of Swanhilda, with Ian Gibson as Franz. Student dancers and local thespians constituted the ensemble. Wynne Shaw, who performed as one of Swanhilda's friends, would become Wilson's chief assistant and ultimately her disciple, continuing her teaching programme for more than forty years. Wilson frequently choreographed the dance sequences in many of Victoria's musical comedy and grand opera productions, and was active in designing shows for charity events and civic celebrations. She offered a wide range of ballroom dancing forms and taught limbering exercises and calisthenics.

When June Roper retired as director of the B.C. School of Dancing in Vancouver in 1940, Wilson replaced her, assisted for a time by Princess Sylvia Arfa. She revived her *Coppélia* for the Vancouver students and for eight years choreographed the dances for the Theatre Under the Stars musicals in the Malkin Bowl. Two of her Victoria students, Ian Gibson and Robert Lindgren, as well as Duncan Noble of Vancouver, went on to careers in the Ballets Russes de Monte Carlo and Ballet Theatre.

Wilson moved to Fort St. John in northern British Columbia, where she remarried and lived for over thirty years as Dorothy Forster. She retired in Victoria. In 1986 she was inducted into the Encore Hall of Fame in a ceremony in Toronto as one of Canada's ballet pioneers. Even in her nineties, Wilson continued to teach, as an instructor in fitness for the tenants in her retirement condominium. She died in Victoria at age ninety-nine.

festivals de danse folklorique. Toutes ces activités contribuèrent à enrichir sa méthodologie et sa créativité.

En 1936, elle monta la première production nord-américaine du ballet *Coppélia* au théâtre Royal à Victoria. Sa fille, Doreen, interpréta le rôle de Swanhilda et Ian Gibson interpréta Franz. Des élèves et comédiens locaux composaient l'ensemble. Wynne Shaw, qui interpréta l'une des amies de Swanhilda, allait devenir un jour la principal assistante de Wilson et ultérieurement son disciple, perpétuant son programme d'enseignement pendant plus de quarante ans. Wilson chorégraphia fréquemment les séquences de danse pour plusieurs des comédies musicales de Victoria et des productions de grand opéra et elle fut également active dans la conception de spectacles pour des oeuvres de charité ou des célébrations municipales. Elle offrait un large éventail de formes de danse de salon ainsi que des cours d'exercices d'assouplissement et de gymnastique suédoise.

Lorsque June Roper quitta le poste de direction du British Colombia School of Dancing à Vancouver en 1940, c'est Wilson qui la remplaça, assistée pour un temps par la Princesse Sylvia Arfa. Elle remonta *Coppélia* pour les étudiants de Vancouver et pendant huit ans, elle chorégraphia pour les revues musicales du Theater Under the Stars dans le Malkin Bowl. Deux de ses étudiants de Victoria, Ian Gibson et Robert Lindgren ainsi que Duncan Noble de Vancouver, firent carrière avec les Ballets Russes de Monte Carlo et le Ballet Theatre.

Wilson s'installa à Fort St John dans le Nord de la Colombie-Britannique, elle se maria de nouveau et y vécut pendant trente ans sous le nom de Dorothy Forster. Elle se retira finalement à Victoria. En 1986, elle fut introduite au Temple de la renommée Encore lors d'une cérémonie à Toronto, reconnaissant ainsi son rôle de pionnière du ballet au Canada. Wilson continua à enseigner même dans sa neuvième décennie en tant que professeure de conditionnement physique pour les locataires de son condominium de retraite. Elle décéda à Victoria à l'âge de quatre-vingt-dix-neuf ans.

## Winnipeg's Contemporary Dancers
by/par Carol Anderson

Founded by dancer Rachel Browne, Winnipeg's Contemporary Dancers dates its official beginning from 1964. Born in Philadelphia, Browne trained as a ballet dancer, studying in New York with Benjamin Harkarvy and others. In 1957, Browne came to Canada to dance with the Royal Winnipeg Ballet. She left the company in 1961 and shortly after that began to teach and choreograph. Contemporary Dancers, as Browne called the company, came into being effortlessly, giving its inaugural performances at the University of Manitoba in 1964. The young company soon found a niche in its home town, giving school and concert performances, and began to undertake tours in the Prairies.

Contemporary Dancers' identity as a repertory company offering a broad range of work, with an eye to accessibility and artistic challenge, reflected Rachel Browne's socialist ideals. Initially Browne was the company's chief fund-raiser, choreographer, teacher, dancer and tour manager. The early artistic history of Contemporary Dancers is the story of Rachel Browne's growth as a dancer and choreographer. As she began to choreograph and direct Contemporary Dancers, she made yearly trips to New York, where she studied Graham and Limón techniques, contracted choreographers

Rachel Browne fonda la troupe des Contemporary Dancers de Winnipeg officiellement en 1964. Née à Philadelphie, Browne reçu une formation classique, étudiant à New York avec entre autres Benjamin Harkarvy. En 1957, Browne s'installa au Canada afin de danser avec le Royal Winnipeg Ballet. Elle quitta cette compagnie en 1961 et commença peu après à enseigner et à chorégraphier. La troupe des Contemporary Dancers, comme Browne l'appelait, vit le jour tout naturellement, offrant ses représentations inaugurales à l'Université du Manitoba en 1964. La jeune troupe trouva rapidement une niche dans sa ville natale, offrant des concerts et des spectacles dans des écoles et amorçant ensuite des tournées dans les prairies.

La vision des Contemporary Dancers reflétait les idéaux socialistes de Browne: une compagnie de répertoire offrant une grande diversité d'oeuvres tout en tenant compte du niveau d'accessibilité et du défi artistique. Browne cumula initialement toutes les charges: principale responsable des levers de fonds en plus d'être chorégraphe, professeure, danseuse et gérante de tournée de la troupe. Les premières étapes de croissance des Contemporary Dancers tracent également les étapes de l'évolution de Rachel Browne comme danseuse et chorégraphe. Tout en commençant à créer des chorégraphies et à diriger les Contemporary Dancers, elle se rendit chaque année à New York où elle étudia les techniques Graham et Limón, elle signa des contrats avec des chorégraphes et elle engagea des danseurs/seuses.

Vers 1970, les Contemporary Dancers étaient une compagnie complètement professionnelle avec son premier directeur général, Bob Holloway. En 1972, Browne fonda le School of Contemporary Dancers, école dirigée par Faye Thomson et Odette Heyn-Penner depuis environ 1975.

Dès ses premières années d'existence, Contemporary Dancers compléta de très nombreuses tournées dans plusieurs petites villes. Browne croyait qu'un répertoire réunissant une variété de styles de danse de divers chorégraphes serait la meilleure façon de

and hired dancers.

By 1970, Contemporary Dancers was a full-time professional entity, with its first general manager, Bob Holloway. By 1972, Browne had founded the School of Contemporary Dancers, directed since the mid-1970's by Faye Thomson and Odette Heyn-Penner.

Contemporary Dancers' extensive touring in its first years included appearances in many small communities. Browne believed that repertory which reflected a variety of dance styles by various choreographers was the best way of presenting her company to audiences unfamiliar with modern dance. Throughout the 1970's Browne mounted work by American choreographers, among them Bill Evans, Cliff Keuter, Sophie Maslow, Fred Mathews, Gary Masters, Paul Sanasardo and Dan Wagoner. Robert Moulton, a connection from Browne's Royal Winnipeg Ballet days, choreographed a number of significant works for the company including *Rondo ad Absurdum* (1968), *True Believer* (1969) and *Turn In, Turn Out, Turn On* (1970). James Waring created *Happy Endings* for the company in its 1972-1973 season, as well as a solo for Browne, *Rune to a Green Star*. Lynn Taylor-Corbett set a number of works important to the company, including *Spy in the House of Love* (1978) and *Diary* (1979). Norman Morrice's luminous *Songs* (1978) was set to Cantaloube's Songs of the Auvergne. As well, Contemporary Dancers re-mounted some classic modern dance works, including José Limón's *Exiles* in 1983, and Doris Humphrey's landmark work *Two Ecstatic Themes*, danced by Browne in 1982.

During the 1970's the company toured widely in Canada and often in the United States, including 1977 appearances at Jacob's Pillow, Wolf Trap and at the Delacorte Festival in New York. The company also ran a very successful subscription series in Winnipeg through the 1970's.

Many of the company's key works have been Canadian-made. Brian Macdonald created works for the company in its early days. In 1976 David Earle mounted his *Baroque Suite* (1972) and

présenter sa troupe à un public nouveau à la danse moderne. Tout au long des années 1970, Browne monta des oeuvres de chorégraphes américains entre autres, Bill Evans, Cliff Keuter, Sophie Maslow, Fred Mathews, Gary Masters, Paul Sanasardo et Dan Wagoner. Robert Moulton, que Browne avait connu au Royal Winnipeg Ballet, chorégraphia plusieurs oeuvres importantes pour la troupe notamment: *Rondo ad Absurdum* (1968), *True Believer* (1969) et *Turn In, Turn Out, Turn On* (1970). James Waring créa *Happy Endings* pour la saison 1972-1973 de la troupe ainsi qu'un solo à l'intention de Browne, *Rune to a Green Star* (Rune pour une étoile verte). Lynn Taylor-Corbett bloqua un certain nombre d'oeuvres importantes pour la troupe entre autres: *Spy in the House of Love* (1978) et *Diary* (1979). L'oeuvre lumineuse de Norman Morrice, *Songs* (1978) fut montée sur les Chants d'Auvergne de Cantaloube. Contemporary Dancers remonta également quelques oeuvres de danse moderne incluant *Exiles* de José Limón en 1983, et l'oeuvre magistrale de Doris Humphrey *Two Ecstatic Themes* interprétée par Browne en 1982.

Dans les années 1970, en plus de compléter plusieurs tournées au Canada ainsi qu'aux États-Unis notamment au Jacob's Pillow, au Wolf Trap et au Delacorte Festival à New York, la compagnie présenta une série de spectacles à Winnipeg, acclamée par ses abonnés.

Plusieurs des oeuvres majeures de la compagnie furent créées par des Canadiens tel que Brian Macdonald qui créa des oeuvres pour la compagnie à ses débuts. En 1976 David Earle monta *Baroque Suite* (1972) et *Angelic Visitations* (1968) pour les WCD. L'oeuvre de Norbert Vesak, *The Gift to be Simple* (1976) fut présentée à répétition par la troupe. Vers le milieu des années 1970, les Contemporary Dancers étaient un commanditaire important de chorégraphies canadiennes. Karen Jamieson, Jennifer Mascall, Judith Marcuse, Linda Rabin et Paula Ravitz créèrent toutes des oeuvres pour la troupe. Vers la fin de la décennie, Anna Blewchamp contribua *Baggage* (1977) et *Homage* (1976) au répertoire.

*Angelic Visitations* (1968). Norbert Vesak's *The Gift to be Simple* (1976) was widely performed by the company. By the mid-1970's Contemporary Dancers was a significant commissioner of Canadian choreography. Karen Jamieson, Jennifer Mascall, Judith Marcuse, Linda Rabin and Paula Ravitz all created work for the company; Anna Blewchamp contributed *Baggage* (1977) and *Homage* (1976) to the repertory in the late 1970's.

Browne started choreographic workshops in 1977 to nurture choreographic talent from within the company. Stephanie Ballard, Tedd Robinson, Conrad Alexandrowicz, Ruth Cansfield and Gaile Petursson-Hiley all started choreographing in these workshops and went on to notable creative careers.

Contemporary Dancers has suffered from recurrent financial and artistic conflict. By the early 1980's, dance across Canada was growing increasingly sophisticated. Browne's ideals for her company and her own modernist choreography began to seem less of a priority in the national picture. By 1981, discontent was breeding at Contemporary Dancers. Late in 1983, after nineteen years of leadership, Rachel Browne resigned as artistic director, following a coup by the company's board, company members and manager.

Released from her responsibilities to the company, Browne launched a successful and evolving career as an independent choreographer. Following her resignation, she insisted on maintaining ties to the company she had initiated and developed, and became part of the search for a new artistic director. Seattle-based Bill Evans came to the company, but his tenure lasted only one season. Then Tedd Robinson became director from 1984-1990. Robinson enjoyed great popular success with his bold, theatrical works for the company, including *Camping Out* (1986-1987), which was performed at Montreal's Festival international de nouvelle danse and toured Mexico, *He Called Me His Blind Angel* (1987-1988) which featured opera music and an eleven-member pipe band, and *Lepidoptera* (1988-1989), a co-production with the National Arts Centre. During

Browne initia des ateliers chorégraphiques en 1977 dans le but de promouvoir et de cultiver le talent créateur à l'intérieur de la troupe. Stephanie Ballard, Tedd Robinson, Conrad Alexandrowicz, Ruth Cansfield et Gaile Petursson-Hiley commencèrent tous à chorégraphier dans le cadre de ces ateliers et poursuivirent des carrières remarquables en création.

Contemporary Dancers dut faire face à des difficultés financières et à des conflits artistiques de façon récurrente. Au début des années 1980, la danse au Canada s'était considérablement raffinée. Les idéaux de Browne et sa propre chorégraphie moderne commençaient à sembler moins pertinents sur la scène nationale. En 1981, l'insatisfaction régnait chez les Contemporary Dancers. Vers la fin de 1983, après dix-neuf années de leadership, Rachel Browne quitta son poste de directrice artistique en réponse à une manoeuvre du conseil d'administration, des membres de la compagnie et du gérant.

Libérée de ses responsabilités envers la troupe, Browne se lança avec succès dans une carrière dynamique de chorégraphe indépendante. Malgré son retrait de la troupe, elle insista pour conserver des liens et elle participa à la recherche d'un nouveau directeur artistique. Bill Evans, de Seattle, la succeda comme directeur artistique mais ne conserva son poste qu'une saison. C'est Tedd Robinson qui assuma ensuite la direction artistique de 1984 à 1990. Robinson profita d'une grande popularité grâce aux oeuvres audacieusement théâtrales qu'il créa pour la troupe: *Camping Out* (1986-1987), qui fut présentée au Festival internationale de nouvelle danse de Montréal et en tournée au Mexique, *He Called Me His Blind Angel* (1987-1988) qui utilisait de la musique d'opéra et un groupe de onze joueurs de pipeau, et *Lepidoptera* (1988-1989), une coproduction avec le Centre National des Arts. Durant le règne de Robinson, la compagnie fut connue sous le nom Contemporary Dancers Canada.

Après que Robinson eut quitté la troupe dans le but d'explorer de nouveaux projets artistiques, il fut remplacé à la direction artistique par Charles Moulton, un chorégraphe newyorkais.

Robinson's tenure, the company was known as Contemporary Dancers Canada.

When Robinson left to pursue new artistic ventures, New York-based choreographer Charles Moulton was hired as the company's artistic director. His tenure was brief and troublesome. When choreographer Tom Stroud was hired in 1991, he took over a company with a diminished reputation and a massive accumulated debt. There was speculation about whether Contemporary Dancers would survive. Stroud and the company's new manager Alanna Keefe looked to the company's history, to its sense of integrity, and to its tenacious founder. Key people in the company and school agreed to work for six months without salary. This saved the company from having to declare bankruptcy.

Stroud, who had danced with Karen Jamieson, Jean-Pierre Perreault and Toronto Independent Dance Enterprise, brings a strong theatrical background to his work. His own choreography shows a deep commitment to experimentation and collaboration, as in *Shift* (1995), a visual arts collaboration, *R and J* (1996), an updated look at Romeo and Juliet, and *Arrows* (1998). He was key in organizing the 1994 touring production of Jean-Pierre Perreault's landmark work *Joe* (1983) with Fondation Jean-Pierre Perreault and Dancemakers. Performances in the company's 1999-2000 season included the July 1999 Pan American New Creation Project, an international choreographic exchange linked to the 1999 Winnipeg Pan-Am Games, and a fall 1999 thirty-fifth Anniversary Festival, featuring dance created within the company and school, and by dance artists from Canada's western provinces.

Winnipeg's Contemporary Dancers celebrates the impulses of experimentation, the aspiration to bring dance to a broad community and the love of dance which lie at the root of the company's existence.

Son séjour fut de courte durée et souleva plusieurs controverses. Lorsque le chorégraphe Tom Stroud fut engagé en 1991, la compagnie était très endettée et sa réputation souffrait. La survie même des Contemporary Dancers était remise en question. Stroud et la nouvelle gérante de la troupe, Alanna Keefe, s'inspirèrent de l'historique de la troupe, de son intégrité et de la ténacité de sa fondatrice; les principaux membres de la troupe et de l'école acceptèrent alors de travailler sans salaire pendant six mois, épargnant ainsi la faillite à la troupe.

Stroud, qui avait dansé avec Karen Jamieson, Jean-Pierre Perreault et Toronto Independent Dance Enterprise, apporta au WCD son expérience solide en théâtre. Sa propre chorégraphie révèle un engagement profond envers l'expérimentation et la collaboration, comme l'illustrent *Shift* (1995), une collaboration en arts visuels, *R and J* (1996), un regard contemporain sur Roméo et Juliette et *Arrows* (1998). En 1994, il fut l'un des piliers de l'organisation de la tournée de la production de l'oeuvre magistrale de Jean-Pierre Perreault, *Joe* (1983) en collaboration avec la Fondation Jean-Pierre Perreault et Dancemakers. Les spectacles au programme de la saison 1999-2000 de la troupe inclurent le Pan American New Creation Project en juillet 1999, un programme international d'échange chorégraphique associé aux Jeux panaméricains de 1999 à Winnipeg. À l'automne de 1999, il y a eu un festival célébrant le trente-cinquième anniversaire de la compagnie où furent présentées des oeuvres créées dans le cadre de la troupe et de l'école ainsi que des oeuvres d'artistes en danse provenant des provinces de l'ouest du Canada.

Les Contemporary Dancers de Winnipeg célèbrent les pulsions d'expérimentation, l'aspiration de partager la danse avec un public étendu et l'amour de la danse qui est à l'origine son existence.

**The Wise Virgins** (Les Vierges sages)
Premiere/Première: Winnipeg Ballet, Walker Theatre, Winnipeg, November 6 novembre, 1942
An abstract interpretation of the parable/Une interprétation abstraite de la parabole.
Music by/Musique par J.S. Bach, arranged by/arrangée par William Walton
Choreography by/Chorégraphie par Gweneth Lloyd
Costumes and/et Décor by/par John A. Russell
Cast/Distribution:
Youthfullness/Jeunesse: Clare Brown, Shiffy Weinberg
Foolishness/Folie: Betty Hey, Helen Robertson, Lillian Lewis, Monica Phibbs, Eileen Hyman
Wisdom/Sagesse: Pat Litchfield, Marguerite Hayes, Kay Esau, Joan Stirling, Sheila Hershfield
Spiritual Apotheosis/Apothéose spirituelle: Jeanne McKenzie, Paddy Stone.

"Then shall the Kingdom of Heaven
Be likened unto ten virgins ...
And five of them were wise,
And five were foolish.

.... And while the bridegroom tarried
They all slumbered and slept: And
At midnight there was a cry made,
"Behold the bridegroom cometh!
Go ye out to meet him.""

Unconscious of its innate trend towards folly or wisdom, youth dances gaily, sometimes in one direction, sometimes in another.

Perfection in balance of form and force is the fitting apotheosis of the human desire for a long awaited spiritual visitation, and the foolish and the wise continue to follow each their own inevitable course.

«Le Royaume des Cieux
Devient semblable à dix vierges ...
Cinq d'entre elles étaient sages,
Et Cinq d'entre elles étaient folles.

.... Et comme l'époux tardait
Toutes s'assoupirent et s'endormirent:
À minuit, on cria,
Voici l'époux, allez à sa rencontre.»

Inconsciente de ses tendances innées vers la folie ou la sagesse, la jeunesse danse gaiement, parfois dans une direction, parfois dans une autre.

La perfection de l'harmonie de la forme et de la force est une apothéose appropriée de l'aspiration humaine à une communication spirituelle longtemps espérée; les fous et les sages persévèrent dans leurs parcours inévitables.

**The Woman I Am** (La Femme que je suis)
Premiere/Première: Winnipeg's Contemporary Dancers, Playhouse Theatre, Winnipeg, October 24 octobre, 1975
Poems/Poèmes: Dorothy Livesay, Miriam Mandel
Choreography/Chorégraphie: Rachel Browne
Music/Musique: Paul Horn
Narration: Renee Iles
Costumes: Taras Korol
Lighting Design/Éclairages: Bill Williams
Verses from Dorothy Livesay's collected poems "The Two Seasons" and a poem by Miriam Mandel "Wells Into Wells" are the inspiration for this celebration of International Women's Year –R.B.
Des strophes de la collection de poèmes de Dorothy Livesay, «The Two Seasons» et d'un poème de Miriam Mandel, «Wells Into Wells» sont à l'origine de cette célébration de l'Année internationale de la femme.

A Letter/Une Lettre
... Head in air/have got taller/as my past/shrinks smaller .../
... Tête en l'air/ai grandi/en même temps que mon passé/se rapetisse ...
Suzanne Oliver

The Unquiet Bed/Le Lit agité
... The Woman I am/is not what you see/move over love/make room for me .../
... La Femme que je suis/n'est pas ce que vous voyez/pousse-toi mon amour/fais-moi de la place...
James Davis, Charles Flanders, Grant McDaniel, Nancy Paris, Suzanne Oliver, Shelley Ziebel

At Dawn/À l'aurore
... You turn/returning/and over all/my body's fingertips/day breaks/a thousand crystals/
...Tu tournes/retournant/et sur tous/les doigts de mon corps/le jour brise/mille cristaux
Stephanie Ballard, Kenneth Lipitz

Wells Into Wells/Puits dans des puits
... Wells for eyes .../... My son, the son, the sun/Do not be shuttered .../
... Puits pour les yeux ../... Mon fils, le fils, le soleil/Ne soyez pas fermés...
Shelley Ziebel

And Give Us Our Trespasses/Et donnez-nous nos offenses/
... Between the impulse to speak/and the speaking/storms crackle/Forgive us our/distances ...
... Entre la pulsion de parler/et le parler/l'orage crépite/Pardonnez-nous nos/distances...
Nancy Paris, Charles Flanders

Waking in the Dark/Éveil dans le noir
... It's going to take a hundred years/the experts say/to finish this genocide .../... so our grandchildren growing up .../... will be humans who feel no pity/for the green earth .../
... Ça va prendre une centaine d'années/affirment les experts/pour achever ce génocide.../ ...de

telle sorte que nos petits-enfants qui grandissent.../ ...seront des humains qui ne ressentent aucune pitié/pour la terre verte...
Stephanie Ballard, James Davis, Grant McDaniel, Frederick McKitrick, Suzanne Oliver, David Tucker, Zella Wolofsky

**Improvisation on an Old Theme/Improvisation sur un vieux thème**
If I must go, let it be easy, slow .../... Keep me for quiet. Save me ever from .../... The dazzling violence of atomic death./
Si je dois partir, que ce soit facile, lent.../... Réserve-moi le calme. Épargne-moi pour toujours de.../... La violence aveuglante de la mort atomique
The Company/La compagnie

**Look to the End/Contemple la fin**
And if I hurt my knee/my good leg shows my poor leg/what to do .../... and if I hurt an eye/my good eye sees beyond the other's range .../... but if my good heart breaks/I have no twin/to make it beat again.
Et si je blesse mon genou/ma jambe saine montre à ma jambe blessée/quoi faire… / et si je blesse un oeil/mon bon oeil perçoit au-delà de la limite de l'autre.../... mais si mon bon coeur se brise/je n'ai pas de coeur jumeau/pour le faire battre de nouveau.
Rachel Browne and The Company/ et la compagnie

**Where I Usually Sit/Là où je m'assoie d'habitude**
... I sorrow a little/that I'm only an aging person/onlooker/petrified behind glass/And yet/from where I usually sit/my feet slide and skate/my arms gesticulate .../I stay in love with movement/hug hug/the dancers/this world's youngest/most daring dancers.
... Ça m'attriste un peu/que je ne sois qu'une personne vieillissante/spectatrice/pétrifiée derrière la vitre/Et cependant/de là où je m'assoie d'habitude/mes pieds glissent et patinent/mes bras gesticulent.../Je reste amoureuse du mouvement/étreinte étreinte/les danseurs/les plus jeunes de ce monde/les danseurs les plus audacieux.
Rachel Browne and The Company/et la compagnie

**Sunfast**
... I lurch/into the sun .../... I break/fast/munch morning .../... I am one/with rolling animal life/legs in air/green blades scissoring/the sun.
... Je vacille/dans le soleil.../... Je déjeune/mastique matin.../... Je suis une/avec la vie animale qui roule/jambes en l'air/lames vertes cisaillant/le soleil.
The Company/La compagnie

*Created in 1975,* The Woman I Am *was a significant work of Rachel Browne's "middle period" of creating and directing Winnipeg's Contemporary Dancers – a strong feminist message began to emerge. The dance incorporated poetry by Dorothy Livesay and Miriam Mandel. The work had a score by Paul Horn, a jazz flautist famed for a recording made in the Taj Mahal.* The Woman I Am *toured extensively with the Paul Horn Quintet, earning raves for Contemporary Dancers.*

*Créée en 1975,* The Woman I Am *fut une oeuvre importante de la «période intermédiaire» de Rachel Browne, période où elle travaillait en création tout en dirigeant les Contemporary*

*Dancers de Winnipeg. Un puissant message féministe commença alors à émerger. La danse incorpora des poèmes de Dorothy Livesay et de Miriam Mandel. L'oeuvre fut montée sur une musique de Paul Horn, un flûtiste de jazz réputé pour un enregistrement réalisé dans le Taj Mahal.* The Woman I Am *fut présentée lors de nombreuses tournées avec le Quintuor Paul Horn, les Contemporary Dancers récoltant de nombreux éloges.*

Carol Anderson

Photo: Daniel Collins

## Anna Wyman
by/par Max Wyman

**Wyman, Anna**. Choreographer, artistic director, teacher, dancer. Born: April 29, 1928, Graz, Austria. Birth name: Anna Margaretta Fladnitzer. Married name: Anna Margaretta Wyman.

Trained at the Schonemann school in Graz, and briefly a member of the Schonemann Ballet,

**Wyman, Anna**. Chorégraphe, directrice artistique, professeure, danseuse. Née : 29 avril 1928, Graz, Autriche. Nom à la naissance : Anna Margaretta Fladnitzer. Nom de femme mariée : Anna Margaretta Wyman.

Anna Wyman reçut sa formation à l'école Schonemann à Graz. Elle fut membre brièvement du Schonemann Ballet et elle dansa comme soliste avec le Graz Opera Ballet et l'Opéra Ballet de Vienne avant de s'installer à Londres en 1947. Dans cette ville, elle étudia la théorie et la technique Laban et elle enseigna la danse créative dans des écoles privées. Elle s'installa à Vancouver en 1967.

Anna Wyman danced as a soloist with the Graz Opera Ballet, and at the Vienna Opera Ballet, before moving to London in 1947. In London she studied Laban theory and technique and taught creative dance in private schools. She moved to Vancouver in 1967.

She initially taught dance at Simon Fraser University and for various teachers in Vancouver, and in 1968 opened the Anna Wyman Studio of Dance Arts. The Anna Wyman Dancers, made up of advanced students from the school, began to stage informal performances in schools, at dance seminars and in lunchtime performances at the Vancouver Art Gallery in 1971. Her style at that time was deeply rooted in improvisational work, and in Laban technique, though her background in both ballet and modern dance training led her to evolve a wide-ranging crossover choreographic style.

The Anna Wyman Dance Theatre was formally created in 1973, and that year the company travelled to the International Young Choreographers Competition in Cologne, Germany, where her *Here at the Eye of the Hurricane* (1972) was chosen as one of the three best works. In 1975 the company toured Canada, and subsequently became one of the most extensively travelled companies in North America. The company toured China, Mexico, India, South-East Asia, Australia and Europe.

Dance Magazine writer Norma McLain Stoop wrote in 1982, "Anna Wyman is an exceptionally gifted choreographer whose roots in classical dance have tempered her own modern dance idiom into an invigorating amalgam of the experimental, the improvisational, the humorous, and the visionary." Always intrigued by the creative potential implicit in the interaction of art and technology, she made many works that pushed at the conventional boundaries of dance, employing advanced technologies of light, film, video, lasers and computers for their theatrical effect, among them *Quicksilver* (1976) and *Adastra* (1982).

Although there was a time when much of her work was non-narrative, "abstract" modern

Au début, elle enseigna la danse à l'Université Simon Fraser ainsi que pour divers professeurs de Vancouver et en 1968, elle ouvrit le Anna Wyman Studio of Dance Arts. Anna Wyman Dancers, une troupe composée d'élèves aguerris de l'école, commença à monter des spectacles non officiels dans des écoles, dans des séminaires de danse et lors de spectacles-midi au musée des beaux-arts de Vancouver en 1971. À cette époque, ses chorégraphies étaient imprégnées d'improvisation et de la technique Laban bien que sa formation en ballet et en danse moderne l'amena à élaborer un style hybride très diversifié.

Anna Wyman Dance Theatre vit le jour en 1973 et la même année, la troupe participa au Concours international de jeunes chorégraphes à Cologne en Allemagne où son *Here at the Eye of the Hurricane* (1972) fut choisie comme l'une des trois meilleures oeuvres présentées. La troupe compléta une tournée au Canada en 1975 et devint subséquemment l'une des troupes ayant complété le plus grand nombre de tournées en Amérique du Nord. De plus, la troupe fit des tournées en Chine, au Mexique, en Indes, en Asie du Sud-Est, en Australie et en Europe.

La chroniqueuse de Dance Magazine Norma McLain Stoop écrivit en 1982: «Anna Wyman est une chorégraphe douée d'un talent exceptionnel dont les racines en danse classique sont intégrées à son propre langage moderne en un amalgame stimulant d'expérimental, d'improvisation, d'humour et de visionnaire.» Toujours intéressée par le potentiel créatif inhérent à l'interaction des arts et de la technologie, elle a créé plusieurs oeuvres qui confrontent les limites conventionnelles de la danse par l'utilisation de technologies de pointe en éclairage, en cinéma, en vidéo, en rayons lasers et en informatique afin de tirer partie de leur impact dramatique notamment dans *Quicksilver* (1976) et *Adastra* (1982).

Bien qu'à une certaine époque, une grande partie de son oeuvre était dénuée de caractère narratif et se résumait à une danse moderne abstraite, elle a également créé des oeuvres à caractère social ou artistique évident entre autres: *Klee Wyck* (1975), qui explorait la

dance, she also made dances with overt social or artistic content, among them *Klee Wyck* (1975), which explored the spirituality of the paintings of Emily Carr, and *Walls* (1990), a comment on social and international politics. However, she remained equally aware of the everyday physical foundation on which all dance is built, and many of her dances were frank celebrations of the human body's athleticism and virtuosity, among them *Dance is ...* (1973) and *A Dancer's Circus* (1980).

In the late 1980's, a perceived decline in artistic standards persuaded the Canada Council to withdraw its support, and the company suspended operations in 1990. Since then, Wyman has devoted her energy to the Anna Wyman School of Dance Arts and its Professional Training Programme.

Wyman guest-teaches extensively, and was founder of the contemporary dance faculty at Vancouver Island's Shawnigan Lake School for the Arts. Among numerous awards, she was named the Vancouver YWCA's "Woman of Distinction" in the Arts and Culture category in 1984, she won the Vancouver Sweeney Award for excellence in the arts in 1985, and was inducted into the British Columbia Entertainment Hall of Fame in 1988.

spiritualité de la peinture d'Emily Carr et *Walls* (1990), un commentaire sur les politiques sociales et internationales. Elle demeure cependant très consciente de la réalité quotidienne physique qui sous-tend la danse et plusieurs de ses oeuvres sont de franches célébrations de l'athlétisme et de la virtuosité du corps humain: *Dance is ...* (1973) et *A Dancer's Circus* (1980).

Vers la fin des années 1980, le Conseil des Arts du Canada, concluant à une diminution des normes artistiques de la troupe, retira son soutien financier et la troupe fut contrainte d'interrompre ses activités en 1990. Depuis, Wyman s'est consacrée au Anna Wyman School of Dance Arts et à son programme de formation professionnelle.

Wyman travaille très fréquemment comme professeure invitée et a fondé la faculté de danse contemporaine au Shawnigan Lake School for the Arts sur l'Île de Vancouver. Elle fut récipiendaire de nombreux prix, notamment, elle fut nommée Femme exceptionnelle par le YWCA de Vancouver, catégorie arts et culture en 1984; elle remporta le Prix Vancouver Sweeney pour l'excellence en arts en 1985 et elle fut introduite au Temple de la Renommée du British Columbia Entertainment en 1988.

Vancouver, 1938

# Jean A. Chalmers Awards

The Chalmers family, Floyd S., Jean A. and M. Joan, have a long history of philanthropy in the arts. The Chalmers Awards were established in 1972 to acknowledge the achievements of Canadian playwrights and choreographers. Since that time the awards have grown to include crafts, visual art, music, arts administration, artistic direction, theatre for young audiences, and film and video. The awards are funded through an endowment from the Chalmers family and administered by the Ontario Arts Council Foundation.

The Chalmers Award for dance began in 1972 as the Jean A. Chalmers Choreographic Award and was granted every year until 1991 when more money became available and the Award was expanded into three: the Choreographic Award, the Award for Creativity in Dance and the Award for Distinction in Choreography. In 1997 all three Awards were discontinued and replaced with the Jean A. Chalmers National Dance Award, granted to performers as well as choreographers. The $25,000 Award is given annually and recognizes achievement during the previous three to five years. Nomination and selection is made by a jury of members of the Canadian dance community.

# Prix Jean A. Chalmers

La famille Chalmers, Floyd S., Jean A. et M. Joan, a depuis longtemps fait preuve de philanthropie en ce qui concerne les arts. Les Prix Chalmers furent créés en 1972 dans le but de souligner les réalisations de dramaturges et de chorégraphes canadiens. Depuis, les prix se sont multipliés afin d'inclure les métiers d'art, les arts visuels, la musique, la gestion des arts, la direction artistique, le théâtre pour jeune public, le cinéma et le vidéo. Les fonds pour ces prix proviennent d'une dotation de la famille Chalmers administrée par la Fondation du Conseil des Arts de l'Ontario.

Le Prix Chalmers pour la danse fut initié en 1972 sous la forme du Prix Jean A. Chalmers pour la chorégraphie et fut décerné chaque année jusqu'en 1991, année où des fonds supplémentaires furent accordés et le nombre de prix tripla: le Prix pour la chorégraphie, le Prix pour la créativité en danse et le Prix pour l'excellence en chorégraphie. En 1997, ces trois prix furent remplacés par le Prix national en danse Jean A. Chalmers, décerné à des interprètes aussi bien qu'à des chorégraphes. Ce prix de $25 000 est décerné sur une base annuelle en guise de reconnaissance d'accomplissements couvrant les trois à cinq dernières années. Le jury de nomination et de sélection est composé de membres du milieu canadien de la danse.

**Recipients/Récipiendaires**
**Jean A. Chalmers Choreographic Award/**
**Prix Jean A. Chalmers pour la chorégraphie**
1972 Ann Ditchburn
1973 James Kudelka
1974 Judy Jarvis
1975 Lawrence Gradus
1976 Judith Marcuse
1977 Paula Ross
1978 Danny Grossman
1979 Anna Blewchamp
1980 Karen Rimmer with/avec William Thompson and/et Maria Formolo
1981 Paul-André Fortier
1982 Edouard Lock

1983 Christopher House
1984 Stephanie Ballard
1985 Robert Desrosiers
1986 Ginette Laurin
1987 Marie Chouinard
1988 Terrill Maguire
1989 David Allan
1990 Jean-Pierre Perreault
1993 James Kudelka
1996 Sylvain Émard

**Jean A. Chalmers Award for Creativity in Dance/**
**Prix Jean A. Chalmers pour la créativité en danse**
1991 Peter Boneham
1993 Grant Strate
1995 Rachel Browne

**Jean A. Chalmers Award for Distinction in Choreography/**
**Prix Jean A. Chalmers pour l'excellence en chorégraphie**
1994 David Earle
1996 Jean Pierre-Perreault

**Jean A. Chalmers National Dance Award/Prix national en danse Jean A. Chalmers**
1997 Louise Bédard
1998 Tedd Senmon Robinson
1999 Louise Lecavalier
2000 Evelyn Hart

## Jacqueline Lemieux Prize

The Jacqueline Lemieux Prize was founded in 1980 to honour the contribution made to the dance community by Jacqueline Lemieux. Lemieux, with her husband Lawrence Gradus, was co-founder of the Montreal-based dance company Entre-Six. She also founded the dance summer school Québec-été Danse and was recognized as an accomplished teacher and administrator. When she died in 1979, the award was established by Gradus and funded by an endowment from her estate. It is given annually to the most deserving candidate in the Canada Council for the Arts Dance Section's "Projects in Dance - Discovery" category. The award is valued at $6000 and is usually divided between two recipients who are selected by a peer assessment committee.

## Prix Jacqueline Lemieux

Le Prix Jacqueline Lemieux fut créé en 1980 en hommage à la contribution de Jacqueline Lemieux au milieu de la danse. Lemieux, avec son époux Lawrence Gradus, cofonda Entre-Six, une troupe de danse de Montréal. Elle fonda également l'école Québec-été Danse. Lemieux était renommée pour ses talents d'enseignante et de gestionnaire. Gradus créa ce prix au décès de Lemieux en 1979, prix provenant d'une dotation de sa succession. Ce prix est décerné annuellement au/à la candidat/e le/la plus méritoire de la section Arts de la danse du Conseil des Arts du Canada, catégorie «Projets en danse - découverte». Le Prix est évalué à $6 000 et est généralement divisé entre deux récipiendaires choisis par un comité de leurs pairs.

**Jacqueline Lemieux Prize Recipients/**
**Récipiendaires du Prix Jacqueline Lemieux**
1980-1981 Robert Desrosiers
1981-1982 Roxane D'Orléans-Juste, Daniel Léveillé
1982-1983 Amelia Itcush, Jennifer Mascall
1983-1984 Louise Bédard, Murray Darroch
1984-1985 Sylvain Lafortune, Michael Montanaro
1985-1986 Lucie Boissinot, Stephanie Ballard
1986-1987 Marie Chouinard, Paula Moreno
1987-1988 Danielle Tardif, Conrad Alexandrowicz
1988-1989 Manon Levac, Daniel Soulières
1989-1990 Anuradha Naimpally, Cylla von Tiedemann
1990-1991 Sylvain Émard, Hélène Blackburn
1991-1992 Claudia Moore, Tedi Tafel
1992-1993 Jean Philippe Trépanier, Linde Howe-Beck
1993-1994 Jo Lechay, Louis Robitaille
1994-1995 Lola MacLaughlin, Jay Hirabayashi
1995-1996 Lee Eisler, Pierre-Paul Savoie, Jeff Hall
1996-1997 Harold Rhéaume
1997-1998 Elizabeth Langley
1998-1999 Joysanne Sidimus, Benoît Lachambre
1999-2000 Marc Boivin, Grant Strate

## Clifford E. Lee Choreography Award

The Clifford E. Lee Choreography Award was created in 1978 to encourage the development of Canadian choreographers. It was established by the Clifford E. Lee Foundation, an Alberta-based organization with a history of supporting Alberta's social and artistic development. The Award is administered by the Banff Centre for the Arts, is open to all Canadian choreographers and is aimed at assisting emerging artists who have made an impact through their work. The recipients receive $5000 and spend six weeks at the Banff Centre creating a new choreographic work. These new choreographies are presented at the Banff Arts Festival, often finding their way into the repertories of established Canadian dance companies. In 1999, the Clifford E. Lee Foundation added a further $100,000 to the endowment for this Award guaranteeing that it could be given in perpetuity.

## Prix Clifford E. Lee pour la chorégraphie

Le Prix Clifford E. Lee pour la chorégraphie fut créé en 1978 dans le but de faciliter l'émergence de chorégraphes canadiens. Le prix fut établi par la Fondation Clifford E. Lee, un organisme installé en Alberta reconnu pour son soutien au développement social et artistique dans cette province. Le prix est géré par le Banff Centre for the Arts, est ouvert à tous les chorégraphes canadiens et vise à soutenir les artistes de la relève qui ont eu un impact par leur travail. Les récipiendaires reçoivent $5 000 et passent six semaines au Centre Banff à créer une nouvelle oeuvre chorégraphique. Ces nouvelles chorégraphies sont présentées au Festival des Arts Banff et se retrouvent fréquemment aux répertoires de troupes de danse canadiennes établies. En 1999, la Fondation Clifford E. Lee ajouta une somme de $100 000 à la dotation pour ce prix, assurant ainsi son existence à perpétuité.

**Clifford E. Lee Award Recipients/Récipiendaires du Prix Clifford E. Lee**

1978 Mauryne Allan
1979 Judith Marcuse
1980 Renald Rabu
1981 Jennifer Mascall
1982 Stephanie Ballard
1983 Martine Époque
1984 Not awarded/Non décerné
1985 Constantin Patsalas
1986 Christopher House
1987 David Earle
1988 Randy Glynn
1989 Mark Godden
1990 Howard Richard
1991 Edward Hillyer
1992 Lola MacLaughlin
1993 Bengt Jörgen
1994 Michael Downing
1995 Crystal Pite
1996 Gioconda Barbuto, Joe Laughlin
1997 Shawn Hounsel
1998 Gaétan Gingras
1999 Allen Kaeja
2000 Wen Wei Wang

## Order of Canada

In 1967, as part of the nation's centennial celebrations Canadian Prime Minister Lester B. Pearson asked Queen Elizabeth II to create the Order of Canada. The Award has three levels and is considered among Canada's highest honours for lifetime achievement. The motto of the Order is the Latin phrase "Desiderantes meliorem patriam" — "they desire a better country".

Companion is the highest level of the Award and is granted to those who have achieved national or international pre-eminence in their field or have made a highly significant contribution to Canada. Companions are noted with C.C. following their names. Officers are recognized for exceptional talent or significant service to Canada or humanity and recipients use O.C. following their names. Members of the Order are recognized for distinguished service to a particular group or in a particular field at a local or regional level and recipients use C.M. following their names.

Canadian citizens can make nominations for the Order of Canada to the Governor General who, based on the recommendations of an Advisory Council, makes appointments twice each year.

## Ordre du Canada

En 1967, dans le cadre des célébrations du centenaire, le Premier Ministre canadien Lester B. Pearson demanda à la Reine d'Angleterre de créer l'Ordre du Canada. Le Prix se présente sous trois grades et est l'un des hommages les plus importants décernés au Canada en reconnaissance de réalisations exceptionnelles. La devise de l'Ordre est la phrase suivante en latin «Desiderantes meliorem patriam» — «ils désirent un pays meilleur».

Le grade de Compagnon est le grade le plus élevé de ce prix, décerné aux personnes qui ont

atteint une renommée nationale ou internationale dans leur domaine ou qui ont contribué de façon exceptionnelle au Canada. Les lettres C.C. sont ajoutées au nom du Compagnon. Les Officiers de l'Ordre sont reconnus pour leur talent exceptionnel ou pour la grande portée de leur contribution envers le Canada ou l'humanité et les récipiendaires ajoutent les lettres O.C. à leur nom. Les Membres de l'Ordre sont reconnus pour leur contributions exceptionnelles à un groupe particulier ou à un domaine précis au niveau local ou régional et les récipiendaires ajoutent les lettres C.M. à leurs noms.

Les citoyens et citoyennes canadiennes peuvent soumettre des nominations pour l'Ordre du Canada au Gouverneur général qui, s'appuyant sur les recommandations d'un Conseil consultatif, annonce les lauréats deux fois par année.

**Order of Canada Recipients in the field of Dance/**
**Récipiendaires de l'Ordre du Canada dans le domaine de la danse**
1967 Celia Franca, O.C. (C.C. 1985)
1967 Brian Macdonald, O.C.
1968 Gweneth Lloyd, O.C.
1969 Ludmilla Chiriaeff, O.C. (C.C. 1984)
1970 Arnold Spohr, O.C.
1972 Betty Oliphant, O.C. (C.C.1985)
1973 Boris Volkoff, C.M.
1975 Veronica Tennant, O.C.
1976 Karen Kain, O.C. (C.C. 1991)
1977 Fernand Nault, O.C.
1979 Frank Augustyn, O.C.
1980 Lois Smith, O.C.
1981 Betty Farrally-Ripley, O.C.
1983 Evelyn Hart, C.C.
1982 Alan Lund, O.C.
1984 Vanessa Harwood, O.C.
1986 David Peregrine, O.C.
1987 Geneviève Salbaing, C.M.
1987 Margie Gillis, C.M.
1990 David Moroni, C.M.
1991 Ruth Carse, C.M.
1994 Grant Strate, C.M.
1995 Anik Bissonnette, O.C.
1995 Louis Robitaille, O.C.
1996 David Earle, C.M.
1997 Rachel Browne, C.M.
1998 Jeanne Renaud, C.M.

# Diplôme d'honneur
Since 1954, the Canadian Conference of the Arts (CCA) has been awarding the Diplôme d'honneur to people who have made significant contributions to the arts, although they may not necessarily be artists themselves. Nominations are made annually by CCA members and the recipient is selected by the CCA Awards Committee. Since 1974, the award has frequently been

given to multiple recipients. The Diplôme d'honneur recipients receive a diploma and a sterling silver talisman designed by the late west coast artist Bill Reid.

## Diplôme d'honneur

Depuis 1954, la Conférence Canadienne des Arts (CCA) décerne le Diplôme d'honneur aux personnes qui ont contribué de façon importante aux arts bien qu'elles ne soient pas nécessairement des artistes elles-mêmes. Les nominations sont faites chaque année par des membres de la CCA et le/la récipiendaire est choisi(e) par le Comité des prix du CCA. Depuis 1974, le prix a fréquemment été décerné à des récipiendaires multiples. Ces derniers reçoivent un diplôme ainsi qu'un talisman en argent sterling conçu par Bill Reid, un artiste de la Côte Ouest, maintenant décédé.

### Recipients in the field of Dance/Récipiendaires dans le domaine de la danse
1974 Erik Bruhn
1975 Ludmilla Chiriaeff
1982 Betty Oliphant
1983 Arnold Spohr
1986 Celia Franca
1989 Gweneth Lloyd, Betty Farrally

## Governor General's Performing Arts Awards

The Governor General's Performing Arts Awards were established in 1992. The Awards recognize the lifetime achievements and significant contributions of artists in theatre, dance, classical music and opera, popular music, film and broadcasting. Nominations are made by six Nominating Committees, each composed of artists, managers, impresarios and producers from the various disciplines. Each committee submits three nominations to the Board of Directors of the Governor General's Performing Arts Awards Foundation, which makes the final selection of recipients for both the Governor General's Performing Arts Awards and the Ramon John Hnatyshyn Award for Voluntarism in the Performing Arts. An award is not necessarily given in each discipline each year. Also related to these awards is the National Arts Centre Award which recognizes the artistry or significance of a specific performer or company who has been active during the previous year. This award is decided by the NAC Board of Trustees based on proposals submitted by the NAC Programming Committee.

The awards are presented by the Governor General at a ceremony in Ottawa; the recipients are honoured with a gala performance at the National Arts Centre. Recipients of a Governor General's Performing Arts Award receive $10,000 and a medallion. National Arts Centre Award recipients receive $10,000 donated by the NAC Foundation and a sculpture by Canadian artist Stephen Brathwaite. Approximately seventy per cent of the funding for the awards is provided by corporate sponsors.

## Prix du Gouverneur général pour les Arts de la Scène

Les Prix du Gouverneur général pour les Arts de la Scène furent créés en 1992. Ces prix sont décernés en reconnaissance de réalisations exceptionnelles et de contributions importantes d'artistes dans les domaines du théâtre, de la danse, de la musique classique, de l'opéra, de la musique populaire, du cinéma et de la radiodiffusion. Les nominations sont faites par six Comités de nomination, chacun composé d'artistes, de gérants, d'imprésarios et de producteurs provenant des diverses disciplines. Chaque comité soumet trois nominations au conseil d'administration de la

Fondation des Prix en Arts de la Scène du Gouverneur général qui choisit les lauréats(es) du Prix du Gouverneur général pour les Arts de la Scène ainsi que pour le Prix Ramon John Hnatyshyn pour le Bénévolat en Arts de la Scène. Un prix n'est pas nécessairement accordé dans chaque discipline chaque année. Un autre prix est également associé aux prix du Gouverneur général, le Prix du Centre national des Arts, qui souligne le talent artistique ou l'importance d'un(e) interprète ou d'une troupe active dans l'année précédente. C'est le Conseil d'administration du CNA qui choisit le/la récipiendaire se fondant sur des propositions soumises par le Comité de programmation du CNA.

Les prix sont présentés par le Gouverneur général lors d'une cérémonie à Ottawa; les récipiendaires sont honorés par un spectacle gala au Centre national des Arts. Les lauréats du Prix du Gouverneur général pour les Arts de la Scène reçoivent une somme de $10 000 ainsi qu'un médaillon. Les récipiendaires du Prix du Conseil national des Arts reçoivent une somme de $10 000 offerte par la Fondation du CNA ainsi qu'une sculpture de l'artiste canadien Stephen Brathwaite. Environ soixante-dix pour cent des fonds pour ces prix proviennent de commanditaires corporatifs.

**Governor General's Performing Arts Award Recipients in the field of Dance/
Récipiendaires du Prix du Gouverneur général pour les Arts de la Scène dans le domaine de la danse**
1992 Gweneth Lloyd
1993 Ludmilla Chiriaeff
1994 Celia Franca
1995 Jeanne Renaud
1996 Grant Strate
1997 Betty Oliphant
1998 Arnold Spohr

**National Arts Centre Award Recipients in the field of Dance/
Récipiendaires du Prix du Centre National des Arts dans le domaine de la Danse**

1992 Gilles Maheu and/et CARBONE 14
1997 Karen Kain

# CONTRIBUTORS-COLLABORATEURS/TRICES

**Susan Macpherson**, Editor, has been active for many years as an advisor, assessor, and researcher on dance and dance-related issues for various arts funding bodies. In 1991 she produced an extensive research paper for the Canada Council that supported the subsequent opening of its funding criteria to include forms of dance other than ballet, modern dance and experimental dance. She has a BA in languages from the University of Toronto. She has acted as a proof reader and copy editor for various publications of Dance Collection Danse Press/es, and in 1996 she edited their *Dictionary of Dance: Words, Terms and Phrases*. In 1996-1997, she edited Dance News, a national newspaper for people who work in dance, and in 1997 she edited the first edition of the *Encyclopedia of Theatre Dance in Canada*. See also entry page 368.

**Carol Anderson** has moved away from intense involvement with performance in recent years, and has started writing about dance. Her writing has appeared in many publications, and she is doing research for a book on the art of Peggy Baker. See also entry page 29.

**Pamela Anthony** writes about dance and the arts for *The Edmonton Journal*. A freelance dance journalist since the early 1980's, she has had her writing featured in *Dance Connection*, *Culture Shock* and *The Canadian Encyclopedia*. She has worked with several Canadian dance organizations and companies, including the Royal Winnipeg Ballet, Nova Dance Theatre and Alberta Dance Alliance. Anthony is also co-founder/producer of the Edmonton Comedy Arts Festival, and is director of Canucks Amuck, a theatre collective developing work in Europe. She was associate producer for the 1999 KSPS Public Television documentary Edmonton Remembered, and is active in programming and audience development with numerous arts organizations, including the Edmonton

**Susan Macpherson**, rédactrice, ravaille depuis de nombreuses années comme conseillère, consultante et chercheuse dans le domaine de la danse et dans des secteurs connexes à la danse pour divers organismes de financement. En 1991, elle compléta un vaste texte de recherche pour le Conseil des Arts, texte qui encourageait l'élargissement des critères d'admissibilité aux subventions afin d'inclure des formes de danse autres que le ballet, la danse contemporaine et la danse expérimentale. Elle détient un B.A. en Langues de l'Université de Toronto. Elle a oeuvré comme correctrice d'épreuves et secrétaire de rédaction pour de nombreuses publications de Dance Collection Danse Press/es et en 1996, elle édita leur *Dictionary of Dance: Words, Terms and Phrases*. En 1996-1997, elle édita Dance News un journal national à l'intention de professionnels de la danse et en 1997, elle édita la première édition du *Encyclopedia of Theatre Dance in Canada* (l'Encyclopédie de la Danse théâtrale au Canada). Voir aussi l'article à la page 368.

**Carol Anderson** s'est moins investie dans le travail de scène ces dernières années; elle a plutôt commencé à écrire sur la danse. Ses textes sont publiés dans diverses publications et elle poursuit une recherche pour un livre au sujet de Peggy Baker. Voir aussi l'article à la page 29.

**Pamela Anthony** écrit sur la danse et les arts pour *The Edmonton Journal*. Journaliste pigiste depuis le début des années 1980, ses textes furent publiés dans *Dance Connexion*, *Culture Shock* et *The Canadian Encyclopedia*. Elle a collaboré avec plusieurs organismes et troupes de danses canadiens notamment le Royal Winnipeg Ballet, le Nova Dance Theatre ainsi que l'Alberta Dance Alliance. Anthony est également cofondatrice/productrice de l'Edmonton Comedy Arts Festival et directrice de Canucks Amuck, un collectif de théâtre élaborant des oeuvres en Europe. En 1999, elle fut productrice adjointe du documentaire de la chaîne de télévision publique KSPS, Edmonton Remembered. Elle collabora à la programmation et au développement d'auditoires avec plusieurs groupes du domaine des arts notamment le festival Edmonton International Street Performers et

International Street Performers Festival and the Alberta Arts Festivals Association. As a visual artist, she has exhibited at Latitude 53 Gallery, with Celebration of Women in the Arts, and in Edmonton's public transit system. Her most recent solo show was titled subliminal (1998), for The Works.

**Rosemary Jeanes Antze** was a dancer with the National Ballet of Canada from 1968-1972. She continued her performing career with Sheela Raj in Paris, Brian Macdonald's Festival Ballet in Ottawa and Ballet Ys in Toronto. For over five years she acted with director Andrei Serban at La Mama, New York. She studied Indian dance forms Odissi and Bharata Natyam on several research trips to India, and has written on the teacher-student relationship in temple, court and theatrical worlds of dance. She holds an honours BA from the University of Toronto, and an MFA and BEd from York University. Her writing on dance appears in several journals, as well as in two books, one edited by Eugenio Barba/Nicola Savarese and the other by David Waterhouse. As a dance anthropologist, Antze has taught at York University, the University of Toronto, the University of Waterloo, Ryerson Polytechnic University and George Brown College. She has served as an advisor and assessor for various arts councils. Antze has studied yoga with T.K.V. Desikachar, and she teaches yoga in the Viniyoga tradition.

Composer **Michael J. Baker** (Co-Editor, Music for Dance) has received commissions from ARRAYMUSIC, Peggy Baker, the Canadian Electronic Ensemble, Les Coucous Bénévoles, Les Grands Ballets Canadiens, Montréal Danse, Strange Companions and Toronto Dance Theatre. He is an active composer of music for dance; he has numerous works in the repertoires of many Canadian companies, and an ongoing interest in multi-disciplinary creation. Big Pictures, his full-length collaboration with painter Dan Solomon and choreographer Bill James, was

l'association Alberta Arts Festivals. En temps qu'artiste en arts visuels, elle a présenté ses oeuvres au Latitude 53 Gallery, dans le cadre du projet Celebration of Women in the Arts ainsi que dans le réseau de transport public d'Edmonton. Sa plus récente exposition solo, en 1998, s'intitulait subliminal et fut présentée à The Works.

**Rosemary Jeanes Antze** dansa avec le Ballet national du Canada de 1968 à 1972. Elle poursuivit sa carrière d'interprète avec Sheela Raj à Paris, le Festival Ballet de Brian Macdonald à Ottawa et le Ballet Ys à Toronto. Elle fut interprète pendant plus de cinq ans avec le metteur en scène Andrei Serban à La Mama, New York. Elle a étudié des formes de danses indiennes, l'Odissi et le Bharata Natyam, lors de plusieurs voyages d'exploration en Inde. Elle a rédigé des essais traitant de la relation maître-disciple dans le cadre de la danse de temple, de cour et de théâtre. Elle détient un B.A. avec mention de l'Université de Toronto ainsi qu'une maîtrise en Arts et un B.A. en Éducation de l'Université York. Ses textes sur la danse sont publiés dans diverses revues et dans deux livres, l'un édité par Eugenio Barba/Nicola Savarese et le second par David Waterhouse. Dans son rôle d'anthropologue de la danse, Antze a enseigné à l'Université York, l'Université de Toronto, l'Université de Waterloo, l'Université Ryerson Polytechnic ainsi qu'au George Brown College. Elle a siégé comme consultante, conseillère et juré sur divers conseils des arts. Antze a étudié le yoga avec T.K.V. Desikachar et elle enseigne cette discipline selon la tradition Viniyoga.

Le compositeur **Michael J. Baker** (co-rédacteur, Musique pour la Danse) a reçu des commandes d'ARRAYMUSIC, de Peggy Baker, du Canadian Electronic Ensemble, des Coucous Bénévoles, des Grands Ballets Canadiens, de Montréal Danse, des Strange Companions et du Toronto Dance Theatre. Il compose activement de la musique pour la danse et ses oeuvres sont au répertoire de nombreuses troupes canadiennes. Il s'intéresse également au travail de création multidisciplinaire. Big Pictures, sa longue oeuvre créée en collaboration avec le peintre Dan Solomon et le chorégraphe Bill James, fut produite par ARRAYMUSIC au printemps de

produced by ARRAYMUSIC in the spring of 1992. His dance work, *C'est beau ça, la vie!* was produced by Dancemakers in October 1998. As conductor of the ARRAYMUSIC ensemble, he has performed and recorded many contemporary music works. He became Artistic Director of ARRAYMUSIC in 1993.

**Elissa Barnard** is a Halifax-based arts writer who has written contemporary dance criticism and feature stories about dance since 1984, for *The Chronicle-Herald* and *The Mail-Star*. She covers dance, theatre and visual art for the newspapers' arts and entertainment departments. Born in Toronto, she grew up in Halifax, and studied English literature at Dalhousie University for her Honours BA. She pursued an MA in creative writing at the University of Windsor studying with W.O. Mitchell and Alistair MacLeod, both in Windsor and at the Banff Centre School of Fine Arts. In the field of dance, she covers ballet and modern dance companies visiting Halifax, as well as touring contemporary independent dancer/choreographers. She also writes on the local dance scene, from young emerging choreographers to established dancer/choreographers.

**Anna Blewchamp** is on the undergraduate faculty at York University, teaching dance composition, dance history and modern technique, and on the graduate faculty in dance history. Besides choreographing and teaching, she has acted as an advisor and assessor for various arts councils. See also entry on page 79.

**Amy Bowring** holds a BA in Fine Arts from York University and an MA in Journalism from the University of Western Ontario. She is a freelance writer and teacher of Canadian dance history, and works with Dance Collection Danse as Research Coordinator. She guest teaches at Cawthra Park Secondary School and York University, and she is the dance history instructor at George Brown

1992. Sa composition, *C'est beau ça, la vie !* fut produite par Dancemakers en octobre 1998. En tant que chef d'orchestre de l'ensemble ARRAYMUSIC, il a interprété et enregistré plusieurs oeuvres de musique contemporaine. Il accepta le poste de directeur artistique d'ARRAYMUSIC en 1993.

**Elissa Barnard**, écrivaine sur les arts vivant à Halifax, a rédigé des textes critiques sur la danse contemporaine ainsi que des chroniques sur la danse depuis 1984, pour *The Chronicle-Herald* et *The Mail-Star*. Elle rédige au sujet de la danse, le théâtre et les arts visuels pour les sections arts et divertissements de ces journaux. Née à Toronto, elle grandit à Halifax et elle étudia la littérature anglaise à l'Université Dalhousie dans le cadre d'un B.A. avec mention. Elle compléta ensuite une maîtrise en Création littéraire à l'Université Windsor étudiant avec W.O. Mitchell et Alistair MacLeod à Windsor et au Banff School of Fine Arts. En danse, elle traite le ballet ainsi que les troupes de danse moderne en visite à Halifax tout aussi bien que les interprètes/chorégraphes indépendants en tournée. Elle traite aussi de la scène locale, écrivant à propos de jeunes chorégraphes débutants et d'interprètes/ chorégraphes aguerris.

**Anna Blewchamp** est membre de la faculté des études de premier cycle à l'Université York, enseignant la composition en danse, l'histoire de la danse et la technique. Elle enseigne également l'histoire de la danse à la faculté des études supérieures. En plus d'oeuvrer comme chorégraphe et professeure, elle a collaboré avec divers conseils des arts comme conseillère et juré. Voir aussi l'article à la page 79.

**Amy Bowring** est détentrice d'un B.A. en Beaux-arts de l'Université York ainsi que d'une maîtrise en Journalisme de l'Université Western de l'Ontario. Elle est écrivaine pigiste, professeure d'histoire de la danse canadienne et elle occupe le poste de Coordinatrice à la recherche chez Dance Collection Danse. Comme professeure invitée, elle enseigne au Cawthra Park Secondary School et à l'Université York; elle enseigne également

College and the School of Canadian Children's Dance Theatre. Bowring has written historical essays and articles for *Canadian Dance Studies, Dance Collection Danse Magazine, The Canadian Encyclopedia*, the *International Dictionary of Modern Dance* and *The Dance Current*. She had a three-year association with Canadian Children's Dance Theatre as its administrator, and continues to work with the company as its archivist. She is continuing ongoing research on the Canadian Ballet Festivals (1948-1954).

**Barbara Cameron** was born in London, England and trained in ballet as a full-time student at the Royal Ballet School. She spent a year in Paris before emigrating to Ottawa in 1967. Her move to Regina, Saskatchewan in 1980 gave her the opportunity to pursue her career as a ballet teacher, beginning at the school of Regina Modern Dance Works. Within two years the company was dismantled, but the school remained, and Cameron eventually became its artistic director, a position she held until 1993. She teaches at the Youth Ballet Company of Saskatchewan, and devotes much of her time to arts organizations in Saskatchewan. She has served on the juries and boards of many arts-funding organizations, and has been the recipient of grants for various dance-related projects. In 1996 she wrote a history of professional dance companies in Saskatchewan.

**Felix Cherniavsky** is the author of *The Salome Dancer, the Life and Times of Maud Allan*, published by McClelland and Stewart, 1991. He researched Maud Allan's secretive story both in Europe and California, and tape recorded interviews with various members of the Cherniavsky family, Maud Allan's friends for over forty years. He also compiled *Did She Dance?*, an electronic publication produced by Dance Collection Danse Press/es in 1991. Addressed to the dance community, *Did She Dance?* provides source

l'histoire de la danse au George Brown College et au School of Canadian Children's Dance Theatre. Bowring a rédigé des essais historiques ainsi que des articles pour *Canadian Dance Studies, Dance Collection Danse Magazine, The Canadian Encyclopedia, International Dictionary of Modern Dance* et *The Dance Current*. Elle fut administratrice du Canadian Children's Dance Theatre pendant trois ans et collabore toujours avec cette troupe comme archiviste. Elle poursuit également sa recherche sur les Festivals de ballet canadien présentés de 1948 à 1954.

**Barbara Cameron** est née à Londres, en Angleterre, et elle étudia le ballet à temps plein au Royal Ballet School. Elle passa une année à Paris avant d'émigrer à Ottawa en 1967. S'installant à Regina en Saskatchewan en 1980, elle eut l'occasion de poursuivre une carrière comme professeure de ballet, carrière qu'elle amorça à l'école du Regina Modern Dance Works. La troupe interrompit ses activités deux ans plus tard mais l'école continua d'offrir des cours et Cameron y occupa éventuellement le poste de directrice artistique, poste qu'elle assuma jusqu'en 1993. Cameron enseigne au Youth Ballet Company de la Saskatchewan et consacre une grande portion de son temps à divers organismes en danse de la Saskatchewan. Elle a siégé sur les jurys et les conseils d'administration de nombreux organismes de financement des arts et elle fut récipiendaire de plusieurs subventions accordées pour des projets connexes à la danse. En 1996, elle rédigea une histoire des troupes professionnelles de danse en Saskatchewan.

**Felix Cherniavsky** est l'auteur de *The Salome Dancer, the Life and Times of Maud Allan*, publié par McClelland et Stewart en 1991. Il élucida les aspects les plus secrets de la vie de Maud Allan grâce à des recherches menées en Europe et en Californie. Il enregistra également de nombreuses entrevues avec les membres de la famille Cherniavsky, des amis qui ont côtoyé Maud Allan pendant plus de quarante ans. Cherniavsky a aussi compilé *Did She Dance?*, une publication électronique produite par Dance Collection Danse Press/es en 1991. Cette dernière oeuvre, à

material, references and documented evidence with which to appraise the course of Maud Allan's career, the nature of her art, and her place in and possible contribution to early twentieth-century dance history. Cherniavsky took his BA and MA at McGill University, and his PhD in English Literature at the University of Alberta. He is revising his biography of Maud Allan's brother, whose execution in 1898 for "The Crime of the Century" made him the eminence grise of his sister's life and career. In 1999, his book *Maud Allan and Her Art* was published by Dance Collection Danse Press/es.

**Paula Citron** is a freelance arts writer, broadcaster and critic specializing in classical music and dance. She is opera, dance and musical theatre reviewer for Classical 96 FM, producer of the station's weekly musical theatre programme, Give My Regards to Broadway, and opera record reviewer for Sunday Night at the Opera. Citron also writes the monthly dance previews for *Toronto Life Magazine*, and her arts reviews and features have appeared in *The Globe and Mail* and *The Toronto Star*. She is a frequent contributor to *Opera Canada Magazine* (Toronto) and *Dance International* (Vancouver), and is Toronto correspondent for *Dance Magazine* (New York), among other publications. Before retiring from a thirty-year teaching career in 1997, she was a member of the Theatre Department of the Claude Watson Arts Program, North York's performing arts high school, where she taught acting, directing and improvisation.

**Clifford Collier** started dancing in 1947 with the Boris Volkoff Studio in Toronto, and performed with the Volkoff Canadian Ballet, including performances in several Canadian Ballet Festivals. He left the studio in 1952. He then studied for a short period with Willy Blok Hansen, and performed with the Willy Blok Hansen Trio on television. Leaving Toronto, he moved to Ottawa where he performed with Nesta Toumine and the

l'intention du milieu de la danse, offre des sources, des références et de la documentation permettant d'évaluer la carrière de Maud Allan, la nature de son art et l'importance de sa contribution à l'histoire de la danse du début du vingtième siècle. Cherniavsky reçut un B.A. et une maîtrise de l'Université McGill et un doctorat en Littérature anglaise de l'Université de l'Alberta. Il révise présentement la biographie du frère de Maud Allan, frère dont l'exécution en 1898 pour «Le Crime du siècle» fit l'éminence grise de la vie et de la carrière de sa soeur. En 1999, son livre, *Maud Allan and Her Art* fut publié par Dance Collection Danse Press/es.

**Paula Citron** est écrivaine pigiste dans le domaine des arts. Elle est également animatrice de radio et critique spécialiste de la musique classique et de la danse. Elle est critique d'opéra, de danse et de revue musicale pour Classical 96 FM, une station de radio qui produit l'émission hebdomadaire de théâtre musical, Give My Regards to Broadway. De plus, elle est critique de disques d'opéra pour Sunday Night at the Opera. Citron rédige les aperçus mensuels sur la danse pour *Toronto Life Magazine* et ses critiques artistiques ainsi que ses chroniques furent publiés dans *The Globe and Mail* et *The Toronto Star*. Elle contribue fréquemment aux revues *Opera Canada Magazine* (Toronto) et *Dance International* (Vancouver). Elle est aussi la correspondante à Toronto pour plusieurs revues dont *Dance Magazine* (New York). Avant de mettre fin, en 1997, à une carrière de plus de trente ans en enseignement, elle fut membre du département de Théâtre du Claude Watson Arts Program à l'école secondaire des arts de la scène de North York où elle enseignait l'art dramatique, la mise en scène ainsi que l'improvisation.

**Clifford Collier** commença à danser en 1947 au Boris Volkoff Studio à Toronto et il dansa avec le Volkoff Canadian Ballet, notamment lors de plusieurs Festivals de ballet canadien. Il quitta le Studio en 1952, étudiant ensuite pour une brève période avec Willy Blok Hansen et dansant avec le Willy Blok Hansen Trio lors d'émissions télévisées. Il quitta Toronto pour Ottawa où il dansa avec Nesta Toumine et le Ottawa Classical Ballet. En

Ottawa Classical Ballet. In 1953, Collier moved to Montreal where he danced in television productions for Brian Macdonald, Heino Heiden and Elizabeth Leese. After sustaining an injury, he returned to Toronto where he began to teach, first with Janet Baldwin and later, Gladys Forrester. In 1960, he began to choreograph and stage high school productions of Broadway shows for several Toronto schools. In 1970, Collier entered the Program in Dance in the Fine Arts Department at York University, where his interest in dance changed from the physical aspect to the academic. He graduated from York summa cum laude in 1975, and has since devoted his energies to research and the development of archival resources.

**Michael Crabb** emigrated to Canada from his native England in 1969 to pursue post-graduate studies in Canadian history. Soon after, he began writing about the performing arts, and by 1972 had begun to specialize in dance criticism. While teaching at Appleby College in Oakville, Ontario, he became dance editor of *Performing Arts in Canada* (1974-1977), and then editor of the *Dance in Canada* magazine (1977-1983). He reviewed dance for the *Toronto Star* from 1977-1996 and has written reviews and features for such Canadian and international publications as *Maclean's, Border Crossings, Dance International, Dance Connection, Ballet News, Dance Magazine, Dancing Times, Danse* and *Dance Australia*. He is dance critic for the *National Post*. Crabb has also worked extensively on CBC radio arts programmes since 1976, as a producer, host, critic and documentarist. He has been a full-time CBC producer and the host of CBC's The Arts Report since 1993. He wrote the lengthy introduction to Andrew Oxenham's collection of Canadian dance photos, *Dance Today in Canada,* Simon and Pierre, 1977, and edited the collection of essays, *Visions: Ballet and Its Future*, 1979. Crabb lectures on dance history and dance

1953, Collier s'installa à Montréal où il dansa pour Brian Macdonald, Heino Heiden et Elizabeth Leese dans le cadre de productions télévisées. Après s'être blessé, il revint à Toronto où il commença à enseigner, d'abord avec Janet Baldwin et plus tard avec Gladys Forrester. En 1960, il amorça un travail de création chorégraphique et de mise en scène de productions de spectacles de Broadway dans le cadre de nombreuses écoles secondaires de Toronto. En 1970, Collier s'inscrit au programme en danse du département des Beaux-arts de l'Université York et c'est là que son intérêt pour la danse se transféra de l'aspect corporel vers l'aspect académique. Il compléta ses études à York avec la mention summa cum laude en 1975 et il a depuis consacré ses énergies à la recherche et au développement de ressources d'archives.

**Michael Crabb** émigra au Canada de son Angleterre natale en 1969 afin de poursuivre des études supérieures en Histoire du Canada. Peu après son arrivée, il commença à écrire sur les arts de la scène et en 1972, il s'était déjà spécialisé en critique de danse. Tout en enseignant à l'Appleby College à Oakville en Ontario, il fut nommé éditeur de la section danse de *Performing Arts in Canada* (1974-1977) et ensuite éditeur de la revue *Dance in Canada* (1977-1983). Il fut critique de danse pour le *Toronto Star* de 1977 à 1996 et il a rédigé des critiques ainsi que des chroniques pour le compte de publications canadiennes et internationales dont *Maclean's, Border Crossings, Dance International, Dance Connection, Ballet News, Dance Magazine, Dancing Times, Danse* et *Dance Australia*. Il est critique de danse pour le *National Post*. Crabb a également collaboré fréquemment aux émissions radiophoniques du CBC sur les arts depuis 1976 et ce comme producteur, animateur, critique et documentaliste. Depuis 1993, il a occupé un poste à temps plein de producteur du CBC et d'animateur de l'émission The Arts Report. Il est l'auteur de la longue introduction à la collection de photographies de danse canadienne d'Andrew Oxenham, *Dance Today in Canada*, Simon and Pierre, 1977, et il a édité la collection d'essais intitulée *Visions: Ballet and Its Future*, 1979. Crabb donne des conférences sur l'histoire de la danse et l'appréciation de la danse. Il travaille présentement à une biographie

appreciation. He is working on a biography of Arnold Spohr.

**Freda Crisp**, a native Hamiltonian, received her dance training in Toronto, New York, London, England and at Connecticut College School of Dance. She holds a BA in Classical Civilization from McMaster University and an MFA in Dance History from York University. Her teaching and consulting career includes the Royal Hamilton College of Music, Hillfield-Strathallan College in Hamilton, the Dance Teachers Club of Boston Summer School, York University (guest lecturer) and McMaster University, where she developed and taught dance courses in the School of Physical Education and Athletics, and the Department of Dramatic Arts. She performed professionally in Toronto and New York, and directed her own dance company. Crisp is a published author on the history of dance in Canada, and from 1976 to 1982 was the principal dance critic of the *Hamilton Spectator*. Although no longer actively engaged in teaching dance, she continues to write, research and work on various Canadian historical dance reconstruction projects. Crisp is a Life Member of the Canadian Dance Teachers Association and has prepared a history of that organization.

**Dena Davida** is engaged in teaching, researching and writing about contemporary theatrical dance from an anthropological viewpoint. A Montrealer, she is a veteran contact improviser, and she is a co-founder/artistic programmer of both the Festival international de nouvelle danse and the Tangente performance space and archives. After finishing her Masters degree in Movement Studies at the Université du Québec à Montréal, and becoming a certified Laban Movement Analyst, she started her doctoral studies, during which she will complete an ethnography of new dance in Montreal.

d'Arnold Spohr.

**Freda Crisp**, native de Hamilton, reçut sa formation en danse à Toronto, New York, Londres ainsi qu'au Connecticut College School of Dance. Elle détient un B.A. en Civilisation classique de l'Université McMaster une maîtrise en Histoire de la danse de l'Université York. Dans le cadre de sa carrière d'enseignante et de consultante, elle a travaillé au Royal Hamilton College of Music, au Hillfield-Strathallan College à Hamilton, au Dance Teachers Club of Boston Summer School, à l'Université York (professeure invitée) et à l'Université McMaster, où elle a élaboré et enseigné des cours de danse à l'école d'Éducation physique et d'athlétisme et au département d'Art dramatique. Elle a dansé comme professionnelle à Toronto et à New York, et elle a dirigé sa propre troupe de danse. Crisp a publié des textes sur l'histoire de la danse au Canada et de 1976 à 1982, et elle travailla comme principale critique de danse pour le *Hamilton Spectator*. Bien qu'elle ne soit plus activement engagée dans l'enseignement de la danse, elle continue d'écrire, de mener des recherches et de travailler sur divers projets de reconstruction de danses canadiennes historiques. Crisp est membre à vie de l'Association canadienne des professeurs de danse et a compilé l'historique de cet organisme.

**Dena Davida** travaille activement à l'enseignement, à la recherche et à l'écriture au sujet de la danse théâtrale contemporaine d'un point de vue anthropologique. Montréalaise, elle est un vétéran de l'improvisation contact et rlle est cofondatrice et responsable de la programmation artistique du Festival international de nouvelle danse, de l'espace Tangente et de ses archives. Après avoir complété sa maîtrise en Études du mouvement à l'Université du Québec à Montréal et avoir été accréditée comme Analyste en mouvement Laban, elle amorça des études doctorales qui lui permettront de compléter l'ethnographie de la nouvelle danse à Montréal.

**Penelope Reed Doob**, détentrice d'un doctorat summa cum laude de Harvard (1965) et d'un doctorat en Études médiévales de l'Université

**Penelope Reed Doob**, Harvard summa cum laude graduate (1965) with a PhD in medieval studies from Stanford (1969), is Professor of English and Dance at York University. She studied ballet and Graham technique and acted, produced, and choreographed in theatre before joining York in 1969. She served as Associate Principal (Academic) at Glendon College (1981-1985), Associate Vice-President (Faculties) at York (1986-1989), and Academic Director of the Centre for the Support of Teaching at York (1994-1998). Doob is researching the nature and nurture of creativity in dance. She has written dance history, criticism, and interviews since 1973 for the *York Dance Review*, *Dance Magazine*, *Ballet News*, *Ballett International*, *Brick* and the *Globe and Mail*, and has written programme notes, histories, biographies, and articles for the National Ballet of Canada and other groups. From 1976-1979 she regularly produced, reviewed, and interviewed for CBC's The Dance. She has held fellowships from the Guggenheim, Danforth, Woodrow Wilson, and National Science Foundations. In addition to three books in medieval studies, Doob co-authored *Movement Never Lies: An Autobiography* with Karen Kain and Stephen Godfrey (McClelland & Stewart, 1994) and has published widely in medieval studies and medicine.

**Lisa Doolittle** trained as a contemporary dancer and choreographer in Calgary, New York, Toronto and Rome. She co-founded the experimental dance collective Co-Motion in 1977 in Calgary, where she choreographed, performed and taught for five years. She spent four years in Rome as a teacher of contemporary dance, and performed and choreographed in experimental dance and multi-media works. Pursuing interests in the socio-cultural aspects of dance, she received an MA in Liberal Studies, focussing on Dance and Culture, at Wesleyan University in 1989. Returning to Calgary, she was a co-founder

Stanford (1969), est professeure d'anglais et de danse à l'Université York. Elle étudia le ballet et la technique Graham, et elle joua, produisit et chorégraphia au théâtre avant de se joindre à l'Université York en 1969. Elle occupa le poste de principale adjointe (académique) au Collège Glendon (1981-1985), vice-présidente adjointe (facultés) à York (1986-1989) et directrice des études du Centre for the Support of Teaching à York (1994-1998). Doob étudie la nature de la créativité en danse et l'impact des influences extérieures sur cette créativité. Depuis 1973, elle a écrit sur l'histoire de la danse, elle est auteure de critiques et d'entrevues pour le *York Dance Review*, *Dance Magazine*, *Ballet News*, *Ballett International*, *Brick* et *The Globe and Mail*. Elle a rédigé des notes de programme, des biographies, des articles et elle a retracé l'historique pour divers groupes dont le Ballet national du Canada. De 1976 à 1979, elle a régulièrement oeuvré comme productrice, critique et elle a réalisé des interviews pour l'émission The Dance du CBC. Elle fut nommée membre des fondations Guggenheim, Danforth, Woodrow Wilson, et National Sciences. En plus de trois livres en études médiévales, Doob est coauteure, avec Karen Kain et Stephen Godfrey, de *Movement Never Lies: An Autobiography*, (McLelland & Stewart, 1994) et elle a publié de très nombreux articles en études médiévales et en médecine.

**Lisa Doolittle** fut formée en danse et en chorégraphie contemporaine à Calgary, à New York, à Toronto et à Rome. En 1977 elle fut cofondatrice du collectif Co-Motion à Calgary, collectif en danse expérimentale où elle chorégraphia, dansa et enseigna pendant cinq ans. Elle passa quatre années à Rome comme professeure de danse contemporaine, interprétant et chorégraphiant des oeuvres expérimentales en danse ainsi que des oeuvres multimédias. S'intéressant aux aspects socioculturels de la danse, elle obtint une maîtrise en Études culturelles de l'Université Wesleyan en 1989, ses études étant concentrées plus précisément sur la danse et la culture. À son retour à Calgary, elle cofonda la revue *Dance Connection* et y occupa les postes de rédactrice collaboratrice et de membre du conseil

of *Dance Connection* magazine, and was a contributing editor and board member from 1987-1996. As associate professor in the Division of Theatre Arts at the University of Lethbridge since 1989, she has established a strong movement and dance programme within Theatre Arts, and has developed numerous projects in interactive theatre for social change. She curates an ongoing dance and physical theatre performance series that integrates visiting professional artists into the academic curriculum. Her published writings focus on Canadian dance and cultural history, and theatre for social change.

**Anne Flynn** has contributed writing on Alberta dance history, dance and philosophy to several books, wrote numerous articles for *Dance Connection* magazine in the 1980's and 1990's, and has organized a number of academic conferences. See also entry page 193.

**Aline Gélinas** holds a BA in French literature (Université du Québec à Trois-Rivières, 1981) a BA in Drama (Université du Québec à Montréal, 1984) and an MA in dance (Université du Québec à Montréal, 1997). Gélinas became dance and theatre reviewer for Montreal's daily *La Presse* in 1985, and the weekly *Voir* (1987-1990). She has edited several collections of essays on dance: *Corps-témoin Bilan de la danse, saison 1989-1990* (1991); *Corps-témoin 2 Bilan de la danse 1991* (1992); *Jean Pierre Perreault, chorégraphe* (1991, Les herbes rouges), and an English language edition (1992, Dance Collection Danse Press/es); *Les Vendredis du corps* (1993). Gélinas trained in French master Étienne Decroux's corporal mime, at l'École de mime de Montréal, from 1982-1986, and then started her own mime practice. She has taught dance history at the Cegep Saint-Laurent, and contemporary issues in dance at Les Ateliers de danse moderne de Montréal. She was the artistic director of l'Agora de la danse in Montreal from

d'administration de 1987 à 1996. Dans le cadre de son poste de professeure adjointe à la section Art dramatique de l'Université de Lethbridge depuis 1989, elle a mit sur pied un programme et elle a initié un mouvement important en danse à l'intérieur du département et elle a élaboré de nombreux projets de théâtre interactif visant à initier des changements sociaux. Elle est conservatrice d'une série de spectacles de danse et de théâtre physique qui cherche à intégrer les artistes professionnels en visite au programme d'études universitaires. Ses oeuvres publiées traitent surtout de la danse canadienne, de l'histoire de la culture et de l'utilisation du théâtre comme outil de changement social.

**Anne Flynn** a contribué des textes sur l'histoire de la danse en Alberta et sur la philosophie à plusieurs livres, elle a rédigé de nombreux articles pour la revue *Dance Connection* de 1980 à 1990 et elle a également organisé de nombreuses conférences à caractère académique. Voir aussi l'article à la page 193.

**Aline Gélinas** est détentrice d'un B.A. en Littérature française (Université du Québec à Trois-Rivières, 1981), d'un B.A. en Art dramatique (Université du Québec à Montréal, 1984) ainsi que d'une maîtrise en Danse (Université du Québec à Montréal, 1997). Gélinas devint critique de danse et de théâtre pour le quotidien montréalais *La Presse* en 1985 et pour l'hebdomadaire *Voir* (1987-1990). Elle a édité plusieurs collections d'essais sur la danse: *Corps-témoin Bilan de la danse, saison 1989-1990* (1991); *Corps-témoin 2 Bilan de la danse 1991* (1992); *Jean Pierre Perreault, chorégraphe* (1991, Les herbes rouges) ainsi qu'une édition du même livre en anglais (1992, Dance Collection Danse Press/es); *Les Vendredis du corps* (1993). Gélinas étudia le mime corporel selon la méthode du maître français Étienne Decroux, à l'École de Mime de Montréal, de 1982 à 1986, amorçant ensuite sa propre pratique de mime. Elle a enseigné l'histoire de la danse au Cégep Saint-Laurent et les thèmes contemporains en danse aux Ateliers de danse moderne de Montréal. Elle fut directrice artistique de l'Agora de la danse à Montréal de 1993 à 1997. En 1998, elle collabora,

1993-1997. In 1998, she worked as artistic director for the dance film Corps à corps - Au Québec la danse a cinquante ans, by Jean-Claude Burger (Entreprises de Création Panacom). She has been involved in audience education programmes with several major Montreal dance companies.

**Jacqui Good** is a broadcaster, journalist and publisher with a particular interest in the arts. For over twenty years she worked with CBC radio as host, producer and reviewer. Many of those years were spent in Winnipeg, where she had the opportunity to report extensively on the Royal Winnipeg Ballet, at home and on several international tours. Her reports and reviews have been heard on a variety of radio programmes including Sunday Morning, The Arts Report and The Arts Tonight. She has contributed to a number of publications, including *Dance International*, *Dance Connection* and *Border Crossings*. Good lives in Nova Scotia where she runs Good Cheer Publishing, specializing in books on the arts and travel. She is the co-editor of *Dear RSVP: Listeners share Music, Life and Laughter with Leon Cole*. She is working on a biography of Canadian musician Howard Cable. Her academic background includes an Honours BA in English and Drama from Queen's University and graduate work in Canadian literature at the University of New Brunswick.

**Kathryn Greenaway** danced professionally for eleven years with Ballet de Montréal Eddy Toussaint. She retired from the stage in 1985. In 1989, she graduated from Montreal's Concordia University with a BA in Broadcast Journalism. For one year following graduation, she worked as a weekly entertainment columnist for the Montreal CBC radio afternoon programme Homerun, was director of the current affairs television programme *The Editors*, and was dance critic for Montreal's daily *The Gazette*. The following year, she left the radio and television work, and concentrated full-time

comme directrice artistique, au film de danse Corps à corps - Au Québec la danse a cinquante ans, film réalisé par Jean-Claude Burger (Entreprises de Création Panacom). Elle a contribué à divers programmes de sensibilisation du public, programmes initiés par de nombreuses troupes de danse importantes de Montréal.

**Jacqui Good** est une animatrice de radio, journaliste et éditrice qui s'intéresse particulièrement aux arts. Pendant plus de vingt ans, elle a travaillé avec la chaîne de radio CBC comme animatrice, productrice et critique. Plusieurs de ces années furent passées à Winnipeg où elle eut l'occasion de documenter les activités du Royal Winnipeg Ballet en détail, dans leur ville natale et en tournée. Ses reportages et ses critiques furent diffusés dans le cadre d'une variété d'émissions radiophoniques notamment, Sunday Morning, The Arts Report et The Arts Tonight. Elle a contribué à plusieurs publications dont *Dance International*, *Dance Connection* et *Border Crossings*. Good réside en Nouvelle-Écosse où elle dirige la maison Good Cheer Publishing qui se spécialise en livres sur les arts et les voyages. Elle est coéditrice de *Dear RSVP: Listeners share Music, Life and Laughter with Leon Cole*. Elle travaille à une biographie du musicien canadien Howard Cable. Elle est détentrice d'un B.A. avec mention en Anglais et en Art dramatique de l'Unviersité Queen's et elle a complété des études supérieures en Littérature canadienne à l'Université du Nouveau Brunswick.

**Kathryn Greenaway** dansa professionnellement pendant onze ans avec le Ballet de Montréal Eddy Toussaint. Elle quitta la scène en 1985. En 1989, elle obtint un B.A. en Reportage télévisé de l'Université Concordia à Montréal. L'année suivante, elle travailla comme chroniqueuse de la section divertissement de la chaîne de radio CBC pour Homerun, une émission hebdomadaire diffusée l'après-midi à Montréal. Elle fut la réalisatrice de l'émission télévisée de nouvelles courantes, *The Editors*, et elle agit comme critique de danse pour le quotidien montréalais *The Gazette*. Par après, elle quitta le milieu de la radio et de la télévision pour écrire à temps plein pour *The Gazette*. Elle y

on writing for *The Gazette*. She remained as dance critic until March 1993, and in 1994 began working as general entertainment reporter and feature writer for *The Gazette*.

**Linde Howe-Beck** is a Montreal-based dance writer and critic. A graduate of Ryerson University in Toronto, she has worked on several daily newspapers in Canada and England including *The Gazette* in Montreal, where she was arts editor before becoming dance critic in 1975. Her dance articles have been published in dozens of news magazines, daily newspapers and specialized publications in Canada, the United States, England, France and Germany, and her commentaries broadcast on radio and television. She contributes frequently to international encyclopedias and dictionaries and has juried competitions in Canada and France. In 1993, Howe-Beck became the first dance writer to win the Canada Council's Jacqueline Lemieux Prize. She is writing a biography of Ludmilla Chiriaeff, founder of Les Grands Ballets Canadiens and its affiliated schools.

**Graham Jackson** was educated at the University of Toronto, from which he received both BA and MLSc degrees. Following graduation, he worked briefly as a librarian and then turned his energies to writing, both journalistic and creative. As journalist he wrote on dance and theatre for a wide variety of magazines and papers including *Onion*, *Performing Arts in Canada*, *Dance in Canada*, *The Body Politic*, *Christopher Street*, *Vandance*, *Spill*, *Toronto Theatre Review* and the *Toronto Star*. His creative writing also frequently involved dance and dancers, most notably in his dance-theatre collaborations with David Earle, Anna Blewchamp, Phyllis Whyte and Nancy Ferguson. He is the author of a collection of dance criticism, *Dance as Dance* (Catalyst Press, 1978), as well as books of short fiction and poetry. Between 1984 and 1990, Jackson trained at the C.G.

demeura comme critique de danse jusqu'en mars 1993 et en 1994, elle commença à y travailler comme journaliste de la section divertissement et rédactrice de chroniques.

**Linde Howe-Beck** travaille à Montréal comme critique de danse et auteure dans le secteur de la danse. Diplômée de l'Université Ryerson à Toronto, elle a travaillé pour de nombreux quotidiens au Canada et en Angleterre dont, *The Gazette* à Montréal, où elle fut rédactrice de la section Arts avant d'y occuper le poste de critique de danse en 1975. Ses articles sur la danse ont été publiés dans des douzaines de revues, de quotidiens et de publications spécialisées au Canada, aux États-Unis, en Angleterre, en France et en Allemagne. Ses analyses ont également été diffusées à la radio et à la télévision. Elle contribue fréquemment aux encyclopédies et dictionnaires internationaux et elle a siégé sur des jurys de concours au Canada et en France. En 1993, Howe-Beck devint la première écrivaine de danse à recevoir le Prix Jacqueline Lemieux du Conseil des Arts du Canada. Elle rédige présentement une biographie de Ludmilla Chiriaeff, la fondatrice des Grands Ballets Canadiens et de ses écoles affiliées.

**Graham Jackson** fut éduqué à l'Université de Toronto qui lui octroya un B.A. ainsi qu'une maîtrise. Après la fin de ses études, il travailla brièvement comme libraire et il consacra ensuite ses énergies à l'écriture journalistique et à la création littéraire. Comme journaliste, il écrivit sur la danse et le théâtre pour une grande diversité de revues et de journaux notamment, *Onion*, *Performing Arts in Canada*, *Dance in Canada*, *The Body Politic*, *Christopher Street*, *Vandance*, *Spill*, *Toronto Theatre Review* et le *Toronto Star*. Ses créations littéraires touchaient fréquemment la danse et ses interprètes, plus particulièrement ses collaborations danse-théâtre avec David Earle, Anna Blewchamp, Phyllis Whyte et Nancy Ferguson. Il est l'auteur d'une collection d'oeuvres critiques sur la danse, *Dance as Dance* (Catalyst Press, 1978) ainsi que de livres de courtes nouvelles et de poésie. Entre 1984 et 1990, Jackson étudia à l'Institut C.G. Jung à Zurich et il pratique maintenant l'analyse jungienne à Toronto. En plus de son travail d'analyste, il

Jung Institute in Zurich, and practises as a Jungian analyst in Toronto. In addition to his analytic work, he continues writing on dance for various publications and is a Board member of the Danny Grossman Dance Company.

**Greg Klassen** studied English at Vancouver's Simon Fraser University and began his career working in theatre, with Winnipeg's Prairie Theatre Exchange and Popular Theatre Alliance. He also worked for a year with the Vancouver International Writers Festival. Seeing Tedd Robinson's *He Called Me His Blind Angel* opened his mind to the possibilities of dance and changed his focus permanently. He spent several seasons as a publicist for Contemporary Dancers, as well as with the Festival of Canadian Modern Dance. Since 1994, he has been publicity manager with the Royal Winnipeg Ballet. He is also a freelance writer and social activist. In 1997, he organized Up Close and Personal, a highly successful AIDS fundraiser featuring Margie Gillis and Evelyn Hart. He is a founding member of the Winnipeg performance group Queer Stages.

**Jo Leslie**, born in Halifax and raised in England, studied with Til Thiele in Toronto, Linda Rabin and Richard Pochinko in Montreal, and Alvin Ailey in New York. She performed with various theatre collectives, and independent choreographers including Jennifer Mascall, Judy Jarvis and Rabin. She settled in Montreal in 1981 and established herself as a teacher at Les Ateliers de danse moderne de Montréal and Concordia University, and as a guest teacher across the country. The core of her solo performing work was improvisational dance with musicians including Marvin Green, Michael Snow, Peter Chin and Malcolm Goldstein. In 1989 Leslie co-founded Studio 303 and the Vernissage Performance Series in Montreal. Leslie toured the Candance network from 1982-1990, and regularly gave residencies and workshops. On faculty at National

continue à écrire au sujet la danse pour diverses publications et il est membre du conseil d'administration du Danny Grossman Dance Company.

**Greg Klassen** étudia l'anglais à l'Université Simon Fraser à Vancouver, et il amorça sa carrière en théâtre avec le Prairie Theatre Exchange et le Popular Theatre Alliance de Winnipeg. Pendant une année, il travailla avec le festival Vancouver International Writers. C'est en découvrant l'oeuvre de Tedd Robinson, *He Called Me His Blind Angel* qu'il s'ouvrit aux possibilités de la danse et qu'il modifia son orientation de façon permanente. Il passa plusieurs saisons comme publiciste avec les Contemporary Dancers ainsi qu'avec le Festival canadien de danse moderne. Depuis 1994, il est gérant de la publicité du Royal Winnipeg Ballet. Il est également écrivain pigiste et activiste social. En 1997, il organisa Up Close and Personal, un spectacle fort réussi visant à lever des fonds au profit de la lutte contre le SIDA, spectacle mettant en vedette Margie Gillis et Evelyn Hart. Il est membre fondateur du groupe d'interprétation de Winnipeg, Queer Stages.

**Jo Leslie**, née à Halifax, grandit en Angleterre et étudia avec Til Thiele à Toronto, avec Linda Rabin et Richard Pochinko à Montréal et avec Alvin Ailey à New York. Elle a dansé avec divers collectifs de théâtre et divers chorégraphes indépendants entre autres Jennifer Mascall, Judy Jarvis et Rabin. Elle s'installa à Montréal en 1981 et se tailla une place de professeure aux Ateliers de danse moderne de Montréal et à l'Université Concordia. Elle est également professeure invitée à travers le pays. Le coeur de son travail de soliste résidait dans l'improvisation avec musiciens tels que Marvin Green, Michael Snow, Peter Chin et Malcolm Goldstein. En 1989 Leslie cofonda Studio 303 et la Série Vernissage à Montréal. Leslie fit la tournée du réseau Candance de 1982 à 1990 et elle dirigea régulièrement des programmes en résidence ainsi que des ateliers. Membre de la faculté de l'École nationale de Théâtre du Canada depuis 1992, Leslie a également travaillé comme directrice de mouvement pour le Caravan Theatre (Colombie-Britannique) et le Great Canadian

Theatre School of Canada since 1992, Leslie has also worked as a movement director for Caravan Theatre (British Columbia) and the Great Canadian Theatre Company (Ottawa). Leslie is a dance journalist with Montreal's *Hour* weekly paper.

**Allana Lindgren** trained at the Royal Winnipeg Ballet School, studying with Elaine Werner and Sandra Neels. In 1995 she graduated with a BA (Honours) in English from the University of Victoria, and two years later received her MA in Dance from York University. She has presented papers on dance-related topics at the Learned Societies Congress in 1996 and at the Society of Dance History Scholars Conference in 1999. Lindgren's awards include a University of Toronto Open Fellowship (1999) and the Heather McCallum Scholarship (1999). Lindgren is doing research for a book on Françoise Sullivan and the Boas Dance Group, 1945-1947. She is working on her PhD at the Graduate Centre for the Study of Drama, University of Toronto, where her area of research is Canadian dance history.

**MaryJane MacLennan** is a freelance writer/broadcaster with CBC Radio Manitoba, and a journalism instructor at Red River College. She began her journalism career as a reporter for the *Saint John Telegraph Journal/Evening Times Globe* in New Brunswick, and has worked in print, television and radio across Canada. MacLennan has been a reporter, columnist and entertainment editor for *The Winnipeg Sun* and dance critic for the *Winnipeg Free Press* and *Uptown Magazine*. She is a contributing editor for *Dance International* magazine. She has produced dance documentaries for Global Television and CBC Radio Manitoba. She began dancing herself as a student of former Royal Winnipeg Ballet principal dancer Jean McKenzie, and continued with classes at the School of the Royal Winnipeg Ballet. She has served as a board member of the RWB.

Theatre Company (Ottawa). Leslie est journaliste en danse avec l'hebdomadaire montréalais *Hour*.

**Allana Lindgren** fut formée à l'école du Royal Winnipeg Ballet, étudiant avec Elaine Werner et Sandra Neels. En 1995, l'Université de Victoria lui octroya un B.A. avec mention en Anglais et deux ans plus tard, elle reçut une maîtrise en Danse de l'Université York. Elle a présenté des articles sur des sujets connexes à la danse au congrès des «Learned Societies» en 1996 et à la conférence du Society of Dance History Scholars en 1999. Lindgren a remporté plusieurs prix notamment le «Open Fellowship» de l'Université de Toronto (1999) ainsi que la bourse d'études Heather McCallum (1999). Elle fait de la recherche pour un livre traitant de Françoise Sullivan and the Boas Dance Group, 1945-1947. Lindgren poursuit présentement des études doctorales au Graduate Centre for the Study of Drama à l'Université de Toronto, sa recherche se concentrant sur l'histoire de la danse canadienne.

**MaryJane MacLennan** est écrivaine pigiste et animatrice à la chaîne CBC Radio Manitoba ainsi que monitrice en journalisme au Red River College. Elle débuta sa carrière en journalisme comme reporter pour le *Saint John Telegraph Journal/Evening Times Globe* au Nouveau Brunswick et elle a travaillé dans la presse écrite, la radio et la télévision à travers le Canada. MacLennan a été reporter, chroniqueuse et rédactrice de la section divertissement pour *The Winnipeg Sun* et critique de danse pour le *Winnipeg Free Press* et le *Uptown Magazine*. Elle est rédactrice collaboratrice pour *Dance International*. Elle a également produit des documentaires sur la danse pour Global Television et CBC Radio Manitoba. Elle commença à danser avec l'ancienne danseuse principale du Royal Winnipeg Ballet, Jean McKenzie, et elle poursuivit sa formation à l'école du Royal Winnipeg Ballet. Elle fut membre du conseil d'administration du RWB.

**Christopher Majka** est associé depuis longtemps à la danse, initialement grâce à ses nombreuses années comme interprète dans divers groupes de danse ethnique dont le Pomorze Polish Folkdance

**Christopher Majka** has a long involvement in dance stemming from his many years as a performer in various ethnic dance groups, including the Pomorze Polish Folkdance Ensemble (Halifax), Balaton Hungarian Dancers and the Doina Romanian dance ensemble (both in London, England). He has performed in a variety of productions with Halifax Dance, with choreographers including Sheilagh Hunt. As a reviewer and critic, he has written on dance for publications such as *Dance in Canada, Dance International, StepText* and *ArtsAtlantic*. He is the recipient of a MacLean-Hunter Fellowship in Arts Journalism at the Banff Centre. He served on the Board of Directors of Halifax Dance for eight years, and works as an administrator with the contemporary dance group OnAxis Dance. He also works as an event manager for touring groups such as the Royal Winnipeg Ballet, Les Grands Ballets Canadiens, Les Ballets Jazz, Margie Gillis and others. He works as the education coordinator for Symphony Nova Scotia, is the publisher of Empty Mirrors Press, and is the editor-in-chief of the Chebucto Community Net on the Internet.

**Deborah Meyers** has been writing about dance since 1983. She contributes dance criticism to *Dance Magazine* and the *Vancouver Sun*. Her dance writing has been published in *Dance International, Dance in Canada, Performing Arts in Canada* and *The Canadian Encyclopedia*. Meyers was the contributing editor of *Dance International* magazine from 1985-1997, and she served as a CBC Radio dance critic from 1985-1987. She is active in Canada's dance community as a researcher, assessor, speaker, and instructor. Meyers is executive director of the Assembly of British Columbia Arts Councils, a provincial organization working in the area of community cultural development. She has a particular interest in the connection between professional dance practice and community animation.

**Ensemble** (Halifax), les Balaton Hungarian Dancers et l'ensemble de danse Doina Romanian (tous deux à Londres). Il a dansé dans le cadre de diverses productions avec Halifax Dance et pour divers chorégraphes dont Sheilagh Hunt. En tant que critique, il a écrit sur la danse pour des publications comme *Dance in Canada, Dance International, StepText* et *ArtsAtlantic*. Il fut récipiendaire du MacLean-Hunter Fellowship in Arts Journalism au Banff Centre. Il a siégé sur le conseil d'administration de Halifax Dance pendant huit ans et il occupe le poste d'administrateur du groupe de danse contemporaine OnAxis Dance. Il collabore également comme gérant d'événements pour des groupes en tournée, en autres pour le Royal Winnipeg Ballet, Les Grands Ballets Canadiens, Les Ballets Jazz et Margie Gillis. Il assure la coordination de la formation pour Symphony Nova Scotia, il est éditeur des presses Empty Mirrors et il est éditeur en chef de Chebucto Community Net sur l'Internet.

**Deborah Meyers** écrit sur la danse depuis 1983. Elle contribue des textes critiques sur la danse au *Dance Magazine* ainsi qu'au *Vancouver Sun*. Ses textes sur la danse ont été publiés dans *Dance International, Dance in Canada, Performing Arts in Canada* et *The Canadian Encyclopedia*. Meyers fut rédactrice collaboratrice de la revue *Dance International* de 1985 à 1997 et elle occupa le poste de critique de danse pour CBC Radio de 1985 à 1987. Elle contribue au milieu de la danse au Canada par ses activités de recherche ainsi que par ses rôles de juré, de conférencière et de monitrice. Meyers est directrice générale du Assembly of British Columbia Arts Councils, un organisme provincial oeuvrant dans le secteur du développement culturel. Elle est particulièrement intéressée par les relations existant entre la pratique professionnelle de la danse et l'animation communautaire.

**Dianne Milligan** retourna à la danse après une carrière d'actrice. Elle travailla au bureau de Dance Co-op, (plus tard Halifax Dance) en échange de cours et elle fut engagée comme registraire. En 1980, elle devint la gérante d'affaires de Halifax Dance, ensuite gérante de la troupe Nova Dance

# CONTRIBUTORS-COLLABORATEURS/TRICES

**Dianne Milligan** returned to dance after a career as an actress. She worked in the office of the Dance Co-op, (later Halifax Dance), in exchange for classes, and was hired as registrar. In 1980, she became business manager of Halifax Dance, then company manager of Nova Dance Theatre, and in 1984, became executive director of Dance Nova Scotia (DANS). She has served on the Board of Dance in Canada and the Association of Cultural Executives, and was a member of the Nova Scotia Arts Advisory Board. She sits on the Board of the Cultural Federations of Nova Scotia. As Executive Director of DANS, she has actively promoted joint action by artists and dance teachers from around the province and across the country, to create such projects as Dance and other Art, the New Choreographers Competition and the DANS Summer Dance school. Milligan has worked with the traditional Cape Breton step and square dance community to preserve indigenous dance, through such projects as Four on the Floor: a Guide to Teaching Cape Breton Square Sets.

**Carl Morey** (Introduction: Music for Dance) began a life-long interest in opera when he worked for the Canadian Opera Company during its early years. His articles on opera have appeared in such publications as Opera Canada and he has been a frequent broadcaster on opera programmes for the CBC. He is Professor of Musicology in the Faculty of Music, University of Toronto, when he was Dean, 1984-1990, and where he now occupies the Jean A. Chalmers Chair in Canadian Music. His recent publications include *MacMillan on Music* (Dundurn, 1997), a collection of essays by Sir Ernest MacMillan, and *Music in Canada: A Research and Information Guide* (Garland Publishing, 1997). He is editor of the musical works of Glenn Gould for the German publishing house Schott.

**Selma Odom** teaches dance history and

Theatre et en 1984, elle fut nommée au poste de directrice générale de Dance Nova Scotia (DANS). Elle a siégé sur le conseil d'administration de Danse au Canada et du Association of Cultural Executives et elle fut membre du conseil consultatif de Nova Scotia Arts. Elle siège aussi sur le conseil des fédérations culturelles de la Nouvelle-Écosse. Dans son rôle de directrice générale de DANS, elle a promulgué activement la collaboration entre les artistes en danse et les professeurs de danse, à l'échelle provinciale et nationale, dans le but d'élaborer des projets comme Dance and other Art, le Concours des nouveaux chorégraphes et le stage d'été de DANS. Milligan a travaillé avec les groupes communautaires de quadrille et de danse traditionnelle du Cap Breton dans le but de préserver la danse indigène grâce à des projets tels que Four on the Floor: a Guide to Teaching Cape Breton Square Sets.

**Carl Morey** (Introduction : Musique pour la Danse) s'intéresse depuis longtemps à l'opéra, intérêt qui se manifesta lors de son travail dans le cadre du Canadian Opera Company, dans les premières années d'existence de cette troupe. Ses articles sur l'opéra ont été publiés dans des revues telle que Opera Canada et il a fréquemment animé des émissions traitant d'opéra pour le CBC. Il est professeur de musicologie à la faculté de Musique de l'Université de Toronto, où il fut doyen de 1984 à 1990 et où il occupe présentement la présidence de Jean A. Chalmers pour la Musique canadienne. Parmi ses plus récentes publications se retrouvent : *MacMillan on Music*, (Dundurn, 1997), une collection d'essais par Sir Ernest MacMillan, et *Music in Canada: A Research and Information Guide*, (Garland Publishing, 1997). Il est également l'éditeur des oeuvres musicales de Glenn Gould pour la maison d'édition allemande, Schott.

**Selma Odom** enseigne l'histoire de la danse et l'écriture à la faculté des Beaux-arts de l'Université York à Toronto. Elle enseigne de plus des cours en études sur la femme. Ses articles et ses critiques ont paru dans de nombreuses publications depuis les années 1960. Sa recherche est axée sur la danse, la musique et l'éducation au dix-neuvième et au vingtième siècle. Parmi ses projets se retrouvent:

writing in the Faculty of Fine Arts at York University in Toronto. She also teaches courses in women's studies. Her articles and reviews have appeared in many publications since the 1960's. Her research focusses on dance, music and education in the nineteenth and twentieth centuries. Her projects include: *Musicians Who Move: People and Practice in Dalcroze Eurhythmics*, a book based on extensive fieldwork and historical research; *Canadian Dance Visions and Stories*, an anthology of writings, which she is co-editing with Mary Jane Warner; and Voices and Visions: Joan of Arc and the Arts, a web site under development by a team of York University Fine Arts and Humanities faculty and graduate students.

**Silvy Panet-Raymond** trained in modern dance and improvisation with Elizabeth Langley in Ottawa, then in the United States with the companies of Merce Cunningham, Twyla Tharp, the Wooster Group and Trisha Brown. In London, England from 1976 to 1980, she studied contemporary dance with Richard Alston, launched the New Dance Series at the Battersea Arts Centre, and danced with the Rosemary Butcher Dance Company and with performance artist Bruce McLean. She moved to Montreal in 1980, presenting her dance/performance work and collaborations with visual artists and musicians throughout Canada, in Mexico and in Europe. She is a co-founder of Tangente danse actuelle and of Art-Adventura, an umbrella organization producing site-specific multidisciplinary projects with international artists. Panet-Raymond has choreographed for multimedia music productions including Michel Lemieux's Solide Salad, 1985 and Martine Michaud's Kâ, 1989. She has written for *Artscribe*, *Performance Magazine* (England), *Jeu*, *Herbes Rouges* and *Inter* (Quebec). She is a faculty member and chair of Concordia University's Contemporary Dance Department. During a sabbatical in 1999-2000, Panet-Raymond researched performance work and lectured at the Voice

*Musicians Who Move: People and Practice in Dalcroze Eurhythmics*, un livre fondé sur des recherches poussées sur le terrain et sur des recherches d'archives; *Canadian Dance Visions and Stories*, une anthologie de textes coéditée avec Mary Jane Warner; et Voices and Visions: Joan of Arc and the Arts, un site Internet en construction par une équipe constituée de membres et d'étudiant(e)s de grades supérieurs de la faculté des Beaux-arts et des humanités de l'Université York.

**Silvy Panet-Raymond** étudia en danse moderne et en improvisation avec Elizabeth Langley à Ottawa et ensuite aux États-Unis avec les compagnies de Merce Cunningham, Twyla Tharp, le Wooster Group et Trisha Brown. De 1976 à 1980, elle étudia la danse contemporaine à Londres avec Richard Alston, elle initia les New Dance Series au Battersea Arts Centre et elle dansa avec la Rosemary Butcher Dance Company et avec l'interprète Bruce McLean. Elle s'installa à Montréal en 1980, présentant ses oeuvres de danse/interprétation ainsi que ses oeuvres de collaboration avec des artistes en art visuel et des musiciens à travers le Canada, le Mexique et l'Europe. Elle est cofondatrice de Tangente danse actuelle et d'Art-Adventura, un organisme-cadre qui produit des projets multidisciplinaires spécifiques à un lieu avec des artistes de calibre international. Panet-Raymond a chorégraphié dans le cadre de productions musicales multimédias dont Solide Salad de Michel Lemieux, 1985 et Kâ de Martine Michaud en 1989. Elle a rédigé des textes pour *Artscribe*, *Performance Magazine* (Angleterre), *Jeu*, *Herbes Rouges* et *Inter* (Québec). Elle est membre de la faculté et directrice du département de Danse contemporaine de l'Université Concordia. Lors d'une année sabbatique, en 1999-2000, Panet-Raymond approfondit le thème de l'interprétation et elle donne des cours dans le cadre de Voice in Dance, Synthesis in Contemporary Choreography, une conférence à Volgograd, Russie.

**Kaija Pepper** a contribué «View from Vancouver» à *Dance International* depuis 1994 et elle occupe le poste d'éditrice de critiques de la même publication depuis 1997. Elle a également écrit sur la danse pour des publications telles que: *Artichoke, Border*

in Dance, Synthesis in Contemporary Choreography, a conference in Volgograd, Russia.

**Kaija Pepper** has contributed "View from Vancouver" to *Dance International* since 1994, and has been review editor since 1997. She has also written about dance for publications including *Artichoke, Border Crossings*, the *National Post, Dance Collection Danse Magazine, Dance Connection, Dance Magazine, DanceView* (United States) and *New Dance* (England). Since 1995, she has edited the Vancouver Dance Centre's monthly newsletter, a forum for the exchange of news, ideas and writing on dance from the province's dance community. She holds a BA magna cum laude in Communication Arts from Concordia University, where she studied film criticism with Marc Gervais, SJ. She also holds an MA in Liberal Studies from Simon Fraser University; her final project, "Paying Attention to the Experience of Dance", linked issues from the wide-ranging liberal studies curriculum with the experience of a performance of dance. Pepper is researching a book on Vancouver dancer, teacher and choreographer, Kay Armstrong. DCD published her book, *Theatrical Dance in Vancouver: 1880's-1920's*, in the spring of 2000.

**Sara Porter**, born in Nova Scotia, has a background in music, gymnastics and theatre, and works as a choreographer, performer, teacher, writer and lecturer in contemporary dance. As a writer for *Dance Connection* magazine, *Dance News Scotland, The List* (Glasgow, Edinburgh) and the *Montreal Mirror* where she was dance editor from 1993-1995, she has covered the Canada Dance Festival, Montreal's FIND festival, and Edinburgh's Fringe Festival. She has taught performance and theory in colleges and universities in Scotland and Canada. Known for her humorous theatrical dances, Porter practises a broad range of techniques

*Crossings*, le *National Post, Dance Collection Danse Magazine, Dance Connection, Dance Magazine, DanceView* (États-Unis) et *New Dance* (Angleterre). Depuis 1995, elle a édité le bulletin mensuel du Vancouver Dance Centre, un forum d'échanges de nouvelles, d'idées et de textes sur la danse émergeant du milieu de la danse à l'échelle provinciale. Elle est détentrice d'un B.A. magna cum laude en Arts de la communication de l'Université Concordia où elle étudia la critique de cinéma avec Marc Gervais, SJ. Elle détient également une maîtrise en Études culturelles de l'Université Simon Fraser; son projet de maîtrise, «Paying Attention to the Experience of Dance» traça les liens entre le programme d'études en culture générale et l'expérience d'une représentation d'un spectacle de danse. Pepper est présentement engagée dans une recherche sur la danseuse, professeure et chorégraphe de Vancouver, Kay Armstrong. DCD publia son livre *Theatrical Dance in Vancouver: 1880's-1920's* au printemps 2000.

**Sara Porter**, née en Nouvelle-Écosse, possède une formation en musique, en gymnastique et en théâtre et elle travaille comme chorégraphe, interprète, professeure, écrivaine et conférencière sur la danse contemporaine. Elle a rédigé des textes pour la revue *Dance Connection, Dance News Scotland, The List* (Glascow, Édimbourg) et le *Montreal Mirror* où elle fut rédactrice en danse de 1993 à 1995, couvrant le Festival Canada Danse, le festival FIND et le fringe d'Édimbourg. Elle a enseigné l'interprétation et la théorie dans des collèges et universités en Écosse et au Canada. Bien connue pour ses danses théâtrales remplies d'humour, Porter pratique une vaste diversité de techniques s'étalant de la danse contemporaine à la technique de clown et s'est produite fréquemment en Grande-Bretagne et au Canada. Elle est diplômée des universités Acadia et Surrey d'Angleterre. En 1999, elle se joint à la faculté du département de Danse de l'Université York.

**Pat Richards**. Voir l'article à la page 487.

**Nadine Saxton**, A.R.A.D., est une éducatrice professionnelle de mouvement depuis 1983. Elle a

from contemporary dance to clown, and has performed widely in Britain and Canada. She is a graduate of the Universities of Acadia and Surrey, England. In 1999, she joined the faculty of the Dance Department at York University.

**Pat Richards**. See entry page 487.

**Nadine Saxton**, A.R.A.D., has been a professional movement educator since 1983. She has worked with dancers and actors, choreographing high school productions as well as professional theatre. As a Certified Movement Analyst she has a private practice in movement education, therapy and fitness. She holds an MA in Dance from York University, where she has taught movement analysis and other dance courses since 1991. She is also on faculty at Ryerson Polytechnic University, teaching anatomy and lifestyles to actors and dancers. As a freelance writer, Saxton has completed the Labanotation score for Anna Blewchamp's reconstruction of Gweneth Lloyd's ballet, *The Wise Virgins*. Her book *Toronto Dance Theatre, 1968-1998, Stages in a Journey*, co-authored with Katherine Cornell, was published in 1998. She was part of the editing team for *Children on-the-Hill Thank God*, a book of children's writings and drawings published in 1999.

**John Mark Sherlock** (Co-Editor, Music for Dance) is a Toronto-based composer who studied composition at the University of Western Ontario with Jack Behrens, Arsenio Girón and David Myska. His work entitled *tattoo* was written for ARRAYMUSIC's Young Composers Workshop, and his piece *necklace* was performed in their 25th Anniversary Concert of Miniatures. Written for Eve Egoyan and Linda Catlin Smith, *lilac aubergine*, a work for two pianos, won a prize for chamber music in SOCAN's Awards for Young Composers. His compositions have been played by Stephen Clarke, Richard Moore, Rick Sacks, the

dansé avec des danseurs/seuses et acteurs/actrices, chorégraphiant des productions dans des écoles secondaires et des théâtres professionnels. En tant qu'analyste accréditée en Mouvement, elle travaille, en pratique privée, dans les secteurs de l'éducation du mouvement, de la thérapie et de la santé. Elle est détentrice d'une maîtrise en Danse de l'Université York où, depuis 1991, elle a enseigné l'analyse du mouvement et d'autres cours en danse. Elle est également sur la faculté du Ryerson Polytechnic University, enseignant l'anatomie et les modes de vie à des acteurs/trices et danseurs/seuses. Auteure pigiste, Saxton a complété la Labanotation pour la reconstruction par Anna Blewchamp du ballet de Gweneth Lloyd *The Wise Virgins*. Son livre *Toronto Dance Theatre, 1968-1998, Stages in a Journey*, écrit en collaboration avec Katherine Cornell, fut publié en 1998. Elle fut membre de l'équipe d'éditeurs pour *Children on-the-Hill Thank God*, un livre de textes et de dessins réalisés par des enfants, publié en 1999.

**John Mark Sherlock** (co-rédacteur, Musique pour la Danse) est un compositeur installé à Toronto, qui étudia la composition à l'Université Western de l'Ontario avec Jack Behrens, Arsenio Girón et David Myska. Son oeuvre intitulée *tattoo* fut écrite pour l'atelier des jeunes compositeurs de ARRAYMUSIC et *necklace* fut présentée au Concert of Miniatures célébrant le vingt-cinquième anniversaire de ARRAYMUSIC. Une autre de ses oeuvres, *lilac aubergine*, pour deux pianos, fut créée pour Eve Egoyan et Linda Catlin Smith et remporta le Prix de la SOCAN accordé à de jeunes compositeurs pour la musique de chambre. Ses compositions ont été interprétées par Stephen Clarke, Richard Moore, Rick Sacks, les Burdock et l'ensemble Critical Band lors de concerts au Canada et aux États-Unis. Plusieurs de ses compositions ont été utilisées pour des oeuvres en danse de la chorégraphe torontoise Marie-Josée Chartier.

**Karen Stewart**, native de la Saskatchewan, étudia la musique au Royal Conservatory of Toronto avant de se tourner vers la danse. Elle étudia ensuite à l'Université du Québec à Trois Rivières, l'Université de la Saskatchewan et l'Université

Burdocks and the Critical Band ensemble in concerts in Canada and the United States. Several of his compositions have been used in dance works by Toronto choreographer Marie-Josée Chartier.

**Karen Stewart**, originally from Saskatchewan, studied music at the Royal Conservatory of Toronto before turning to dance. She has studied at the Université du Québec à Trois Rivières, the University of Saskatchewan and York University, where in 1990 she completed the honours degree programme in dance. She graduated from York with an MFA (Dance) two years later. While attending graduate school, Stewart wrote *Moon Magic: Gail Grant and the 1920's Dance in Regina*, funded by Dance Saskatchewan and published by Dance Collection Danse Press/es in 1992. She worked as a research assistant to Mrs. Doris Tennant on the Veronica Tennant Collection, and was editor of the York University dance department newsletter. As a dancer, Stewart has worked with several Toronto choreographers, and has created and performed her own work. She is a Pilates instructor, and teaches in several Toronto studios.

**Heidi Strauss** (Co-Editor, Music for Dance) studied at The School of Toronto Dance Theatre as a scholarship student, and has spent summers training in Winnipeg, New York and Vienna. After graduating from STDT in 1994, she began her performing career with roles created for her by Conrad Alexandrowicz, Kate Alton, Michael Downing, Laurence Lemieux, Peter Randazzo and Darryl Tracy. She has also performed in works by David Earle, Bill James and James Kudelka. In 1996, she returned to The School of Toronto Dance Theatre as a faculty member. Her own choreography has been presented at Dances for a Small Stage, Series 8:08, Tarragon Theatre, Danceworks, and by earthdancers, a company she began in her hometown of

York où en 1990, elle compléta le programme avec mention en danse. Deux ans plus tard, elle obtint une maîtrise en Beaux-arts de l'Université York (Danse). C'est en complétant ses études supérieures que Stewart écrivit *Moon Magic: Gail Grant and the 1920's Dance in Regina*, un projet subventionné par Dance Saskatchewan et publié par Dance Collection Danse Press/es en 1992. Elle a travaillé sur le Veronica Tennant Collection comme assistante de recherche de Madame Doris Tennant et elle fut rédactrice du bulletin du département de Danse de l'Université York. Comme danseuse, Stewart a travaillé avec plusieurs chorégraphes de Toronto et elle a créé et interprété ses propres oeuvres. Elle enseigne la technique Pilates à divers studios de Toronto.

**Heidi Strauss** (co-rédactrice, Musique pour la Danse) fut étudiante-boursière au School of Toronto Dance Theatre et elle a également étudié plusieurs étés à Winnipeg, à New York et à Vienne. Après la fin de ses études au STDT en 1994, elle amorça sa carrière d'interprète avec des rôles créés à son intention par Conrad Alexandrowicz, Kate Alton, Michael Downing, Laurence Lemieux, Peter Randazzo et Darryl Tracy. Elle a également interprété des oeuvres de David Earle, Bill James et James Kudelka. En 1996, elle retourna au School of Toronto Dance Theatre comme membre de la faculté. Ses chorégraphies furent présentées à Dances for a Small Stage, à Series 8:08, au Tarragon Theatre, à Danceworks et par earthdancers, une troupe qu'elle fonda dans sa ville natale de Sudbury lorsqu'elle avait seize ans. En 1998, Strauss représenta le Canada à DanceWEB, un festival international de danse à Vienne, une des cinq interprètes non européennes. Ses textes sur la danse furent publiés dans le *National Post* et elle contribue régulièrement au bulletin mensuel de Toronto, *The Dance Current*.

**Joan Sullivan**, installée à St. John's, Terre-Neuve, travaille comme auteure pigiste depuis 1985, contribuant régulièrement au *Globe and Mail*, au *Atlantic Business*, au *The Evening Telegram* et à CBC Radio One. Elle a écrit plusieurs pièces de théâtre entre autres, *Harpies*, *Wolf in The Fold* et *A Very Sudden Widow* et elle dirigea une remise en

Sudbury when she was sixteen. In 1998, Strauss represented Canada at DanceWEB, an international dance festival in Vienna, where she was one of five dancers from outside Europe. Her writing on dance has appeared in the *National Post*, and she is a regular contributor to the Toronto monthly newsletter *The Dance Current*.

**Joan Sullivan**, based in St. John's, Newfoundland, has worked as a freelance writer since 1985, making regular contributions to *The Globe and Mail*, *Atlantic Business*, *The Evening Telegram* and CBC Radio One. She has written several plays, including *Harpies*, *Wolf in The Fold* and *A Very Sudden Widow*, and directed a restaging of Harpies in the 1999 St. John's Fringe Festival. Sullivan has also written for television, and is working on a screenplay: *Sooner Or Later, Everyone Comes To Newfoundland*.

**Philip Szporer** is a freelance writer, broadcaster, filmmaker, lecturer and consultant living in Montreal. He participated as a Dance/Media Fellow in the 1999 National Dance/Media Project at the University of California at Los Angeles. He has done various broadcast work for the CBC radio and television networks, BBC Radio, Public Radio International and Radio Netherlands International, in the arts, music, variety and public affairs divisions. His writing on dance has been published in Montreal's weekly *HOUR* and *The Gazette*, as well as in *The Village Voice*, *The Globe and Mail* and *Dance Connection*. Szporer served as dance consultant on the National Film Board of Canada's award-winning experimental dance film *Lodela*. He co-directed, co-edited and co-produced, with Marlene Millar and Carmella Vassor, the video documentary *Eko & Sen Hea: A Journey Beyond*, and *Creating Across Cultures*, a video documentary about the 1999 Asia Pacific Performance Exchange held in Los Angeles.

scène de *Harpies* au Fringe Festival 1999 de St. John's. Sullivan écrit également pour la télévision et travaille présentement à un scénario: *Sooner Or Later, Everyone Comes To Newfoundland*.

**Philip Szporer** est auteur pigiste, animateur de radio, cinéaste et consultant vivant à Montréal. Il a participé, comme membre Dance/Media, au projet national Dance/Media de 1999 à l'Université de la Californie à Los Angeles. Il a contribué plusieurs oeuvres pour les réseaux de radio et de télévision CBC, BBC Radio, Public Radio International et Radio Netherlands International et ce, dans les domaines des arts, de la musique, des variétés et des affaires publiques. Ses textes sur la danse ont été publiés dans l'hebdomadaire montréalais, *HOUR* et dans *The Gazette* ainsi que dans *The Village Voice*, *The Globe and Mail* et *Dance Connection*. Szporer a travaillé comme expert-conseil en danse pour le film de danse expérimentale, *Lodela*, un film primé de l'Office National du Film du Canada. Avec Marlene Millar et Carmella Vassor, il a coréalisé et coproduit un documentaire vidéo, *Eko & Sen Hea: A Journey Beyond* et *Creating Across Cultures* un documentaire vidéo sur l'Asia Pacific Performance Exchange, un événement présenté à Los Angeles en 1999.

**Iro Valaskakis Tembeck**. Voir l'article à la page 572.

**Mary Jane Warner** a enseigné pendant cinq ans pour la Commission de l'éducation de Toronto avant de poursuivre des études de maîtrise et de doctorat en Danse et Théâtre à l'Université Ohio. En 1971, elle fonda Entrée à Danse, une troupe de danse historique et elle fut directrice du programme en danse du Kirkland College dans le nord de l'état de New York de 1974 à 1980. Depuis 1981, elle est professeure agrégée au département de Danse à l'Université York à Toronto; elle dirigea le département de 1988 à 1993 et elle occupa le poste de vice-doyenne de la faculté des Beaux-arts de 1993 à 1996. Elle dirige le programme d'études supérieures en danse et elle enseigne des cours en éducation, en histoire et en analyse du mouvement de la danse. Warner est l'auteure de *Laban Notation Scores: An International Bibliography* et de

**Iro Valaskakis Tembeck**. See entry page 572.

**Mary Jane Warner** taught for five years for the Toronto Board of Education before pursuing an MA and PhD in Dance and Theatre from Ohio State University. She founded Entrée à Danse, an historical dance company, in 1971, and was director of the dance programme at Kirkland College in upstate New York from 1974-1980. Since 1981 she has been an associate professor in the Department of Dance at York University in Toronto; she was chair of the department (1988-1993), and an associate dean (1993-1996) in the Faculty of Fine Arts. She directs the graduate programme in dance, and teaches courses in dance education, history and movement analysis. Warner is the author of *Laban Notation Scores: An International Bibliography*, and *Toronto Dance Teachers, 1825-1925* published by Dance Collection Danse Press/es. She has published articles on dance education and nineteenth-century Canadian dance. With associate Norma Sue Fisher-Stitt she developed the CD-Rom, Shadow on the Prairie: An Interactive Multimedia Dance History Tutorial. With colleague Selma Odom, Warner is completing an anthology of essays on Canadian dance, and developing a web site that examines the portrayal of Joan of Arc in the arts.

**Vincent Warren**. See entry page 615.

**Leland Windreich** began writing about dance late in his teens in California. He emigrated to Canada in 1961, and worked until 1986 as a librarian. In 1976, he resumed his writing, and began a project of delving into Vancouver's ballet history, interviewing eight Vancouver-trained dancers who appeared with the Ballets Russes companies. He wrote for *Dance in Canada* magazine and *Vandance*, and edited the latter periodical from 1978 to 1980. His studies on the Vancouver dancers appeared in both these

*Toronto Dance Teachers, 1825-1925*, publiés par Dance Collection Danse Press/es. Elle a également publié des articles sur l'éducation de la danse et sur la danse canadienne du dix-neuvième siècle. En collaboration avec son associée, Norma Sue Fisher-Stitt, elle a élaboré un CD-Rom, «Shadow on the Prairie: An Interactive Multimedia Dance History Tutorial». Avec sa collègue Selma Odom, Warner complète présentement une anthologie d'essais sur la danse canadienne et élabore un site Web qui se penche sur la représentation de Jeanne d'Arc dans les arts.

**Vincent Warren**. Voir l'article à la page 615.

**Leland Windreich** commença à écrire sur la danse en fin d'adolescence en Californie. Il émigra au Canada en 1961, travaillant comme libraire jusqu'en 1986. En 1976, il recommença à écrire et il amorça un projet d'exploration de l'histoire de la danse à Vancouver, interviewant huit interprètes formés à Vancouver qui avaient dansé avec les troupes de Ballets Russes. Il écrit pour la revue *Dance in Canada* et *Vandance* et il a édité ce dernier périodique de 1978 à 1980. Ses études sur les interprètes de Vancouver furent publiées dans ces deux publications trimestrielles, ainsi que dans *Performing Arts in Canada* et dans la revue américaine *Dance Chronicle*. Il a édité et annoté la correspondance de Rosemary Deveson, publiée en 1996 sous le titre *Dancing for de Basil* par Dance Collection Danse Press/es. En 1991, il a compilé et édité un répertoire, *Multicultural Dance Resources of Greater Vancouver* pour le Vancouver Dance Centre. Il a donné des conférences sur l'histoire du ballet à Vancouver, il a interviewé des artistes en danse renommés de Vancouver, il a conçu et organisé des conférences et des tables-rondes au sujet de la critique en danse et en 1992, il supervisa un voyage de groupe, de Vancouver à Copenhague, pour le II Bournonville Festival. Ses livres, *Dance Encounters* (1998) et *June Roper: Ballet Starmaker* (1999), furent publiés par Dance Collection Danse Press/es.

**Max Wyman** a oeuvré comme critique de danse, de musique, de théâtre et comme chroniqueur artistique et éditeur de livres avec le *Vancouver Sun*

quarterlies, in *Performing Arts in Canada*, and in the American journal, *Dance Chronicle*. He edited and annotated the letters of Rosemary Deveson, published in 1996 as *Dancing for de Basil* by Dance Collection Danse Press/es. For the Vancouver Dance Centre, he compiled and edited a directory, *Multicultural Dance Resources of Greater Vancouver*, in 1991. He has lectured on Vancouver ballet history, conducted video interviews with prominent Vancouver dance artists, conceived and organized dance critics' conferences and panel discussions, and in 1992, he led a Vancouver group tour to Copenhagen for the II Bournonville Festival. His books, *Dance Encounters* (1998) and *June Roper: Ballet Starmaker* (1999) were published by Dance Collection Danse Press/es.

**Max Wyman** has served variously as dance, music and drama critic, arts columnist, and books editor with *The Vancouver Sun* and *The Province* from 1967, and in 1999 was appointed senior writer at *The Vancouver Sun*. His books include *The Royal Winnipeg Ballet: The First Forty Years* (Doubleday, 1978), *Dance Canada: An Illustrated History* (Douglas & McIntyre, 1989) and *Evelyn Hart: An Intimate Biography* (McClelland & Stewart, 1991). He has edited a collection of essays on the state of Vancouver culture, *Vancouver Forum 1* (Douglas & McIntyre, 1992), and completed a biography of Oleg Vinogradov, former artistic director of the Kirov Ballet of St. Petersburg. His arts commentaries have been heard frequently on national CBC radio since 1975, and he has contributed criticism and commentary to numerous publications, ranging from *The New York Times* and *Maclean's* to *Books in Canada* and *Dance Magazine*. He has been at the forefront of advocacy for the arts, and for the establishment of principles and standards to advance and elevate the level of arts criticism in Canada. He has taught principles of criticism at universities in Vancouver and at the Banff Centre.

et *The Province* depuis 1967. En 1999 il fut nommé rédacteur principal au *The Vancouver Sun*. Parmi ses livres se retrouvent: *The Royal Winnipeg Ballet: The First Forty Years* (Doubleday, 1978), *Dance Canada: An Illustrated History* (Douglas & McIntyre, 1989) et *Evelyn Hart: An Intimate Biography* (McClelland & Stewart, 1991). Il a édité une collection d'essais sur l'état de la culture à Vancouver, *Vancouver Forum 1* (Douglas & McIntyre, 1992), et il a complété une biographie d'Oleg Vinogradov, l'ancien directeur artistique du Ballet Kirov de Saint Pétersbourg. Ses commentaires sur les arts sont fréquemment diffusés sur la chaîne nationale de radio CBC et ce depuis 1975. Il a de plus contribué des critiques ainsi que des articles à de nombreuses publications dont *The New York Times*, *Maclean's*, *Books in Canada* ainsi que la revue de New York, *Dance Magazine*. Il s'est fait champion des arts au Canada et prône la mise en place de principes et de normes précises dans le but de développer et d'améliorer le niveau de la critique artistique au Canada. Il a enseigné les principes de la critique dans le cadre d'universités à Vancouver ainsi qu'au Banff Centre.

# FURTHER READING/OUVRAGES SUPPLÉMENTAIRES

**Valois, Marcel**. 1943. *Figures de danse*. Montréal: Les Éditions Variétés.

**Whittaker, Herbert**. 1967. *Canada's National Ballet*. Toronto: McClelland and Stewart.

**Guilmette, Pierre**. 1970. *Bibliographie de la Danse Théâtrale au Canada*. Ottawa: National Library of Canada.

**Varley, Gloria** and/et **Peter Martin**. 1971. *To Be a Dancer: Canada's National Ballet School*. Toronto: Associates Limited.

**Lorrain, Roland**. 1973. *Les Grands Ballet Canadiens ou cette femme qui nous fit danse*. Montréal: Éditions du Jour.

**Leborgne, Odette**. 1976. *Un pas vers les autres*. Montréal: Éditions du Jour.

**Oxenham, Andrew** and/et **Michael Crabb**. 1977. *Dance Today in Canada*. Toronto: Simon & Pierre.

**Crabb, Michael**, editor/rédacteur. 1978. *Visions: Ballet and its Future. Essays from the International Dance Conference to commemorate the twenty-fifth anniversary of the National Ballet of Canada*. Toronto: Simon & Pierre.

**Franca, Celia** and/et **Ken Bell**. 1978. *The National Ballet of Canada*. Toronto: University of Toronto Press.

**Jackson, Graham**. 1978. *Dance As Dance*. Toronto: Catalyst.

**Wyman, Max**. 1978. *The Royal Winnipeg Ballet: The First Forty Years*. Toronto: Doubleday.

**Laflamme, Jean** and/et **Rémi Tourangeau**. 1979. *L'église et le théâtre au Québec*. Québec: Fides.

**Taplin, Diana Theodores**, editor/rédactrice. 1979. *New Directions in Dance*. Ontario: Pergamon Press.

**Conte, Michel**. 1980. *Nu comme danse un nuage*. Montréal: Édition de la Montagne.

**Geddes, Murray**, editor/rédacteur. 1980. *Canadian Dancers Survival Manual*. Toronto: Dance in Canada Association.

**Sullivan, Françoise**. 1981. *Rétrospective Françoise Sullivan*. Québec: Ministère des affaires culturelles.

**Collier, Clifford** and/et **Pierre Guilmette**. 1982. *Ressources sur la danse dans les bibliothèques canadiennes*. Ottawa: Bibliothèque Nationale du Canada, Division de l'inventaire des ressources.

**Ellenwood, Ray**, translator/traducteur. 1985. *Refus global/Total Refusal*. Toronto: Exile Editions.

**Lorrain, Roland**. 1985. *À moi ma chair, à moi mon âme: du cloître au ballet*. Montréal: VLB.

**Mitchell, Léonore Lillian**. 1985. *Boris Volkoff, Dancer, Teacher, Choreographer*. Doctoral Thesis/Thèse de doctorat. Ann Arbor.

**Dubuc, Jacques**. 1986. *Le langage corporel dans la liturgie*. Montréal: Fides.

**Séguin, Robert Lionel**. 1986. *La Danse traditionnelle au Québec*. Québec: Presses de l'Université du Québec.

**Voyer, Simonne**. 1986. *La Danse traditionnelle dans l'est du Canada: quadrilles et cotillions*. Laval: Presses de l'Université Laval.

**Febvre, Michèle**. 1987. *La danse au défi*. Montréal: Parachute.

**Carpenter, Bernadette**. 1989. *SPOTLIGHT: Newsletters 1951 - 1956*. Toronto: Dance Collection Danse Electronic Publication.

**Windreich, Leland**, editor/rédacteur. 1989. *Dancing for de Basil - Letters to her Parents from Rosemary Deveson*. Toronto: Dance Collection Danse Electronic Publication.

**Wyman, Max**. 1989. *Dance Canada: An Illustrated History*. Vancouver: Douglas & McIntyre.

**Dafoe, Christopher**. 1990. *Dancing Through Time: The First Fifty Years of Canada's Royal Winnipeg Ballet*. Winnipeg: Portage and Main Press.

*Just Off Stage # 1, 2: Selected stories from Canadian dance history*. 1990. Toronto: Dance Collection Danse Electronic Publication.

**Officer, Jill**. 1990. *Encyclopedia of Theatre Dance in Canada*. Toronto: Dance Collection Danse Electronic Publication.

**Cherniavsky, Felix**. 1991. *Did She Dance: Maud Allan in Performance*. Toronto: Dance Collection Danse Electronic Publication.

**Cherniavsky, Felix**. 1991. *The Salome Dancer*. Toronto: McClelland and Stewart.

*From the Point: National Ballet of Canada Newsletters 1950's -1970*. 1991. Toronto: Dance Collection Danse Electronic Publication.

**Gélinas, Aline**, editor/rédactrice. 1991. *Jean-Pierre Perreault chorégraphe*. Montréal: Les Herbes Rouge.

**Gélinas, Aline**, editor/rédactrice. 1991. *Corps témoin, Bilan de la saison de danse 1990*. Montréal: Les Herbes Rouge.

**Tembeck, Iro**. 1991. *Danser à Montréal: Germination d'une histoire chorégraphique*. Montréal: Presses de l'Université du Québec.

**von Tiedemann, Cylla**. 1991. *The Dance Photography of Cylla von Tiedemann*. Ottawa: National Arts Centre.

**Wyman, Max**. 1991. *Evelyn Hart: An Intimate Portrait*. Toronto: McClelland and Stewart.

**Gélinas, Aline**, editor/rédactrice. 1992. *Jean-Pierre Perreault Choreographer*. Toronto: Dance Collection Danse Press/es.

**Rennie, Karen**. 1992. *Moon Magic: Gail Grant and the 1920's Dance in Regina*. Toronto: Dance Collection Danse Press/es.

**Anderson, Carol**. 1993. *Judy Jarvis Dance Artist: A Portrait*. Toronto: Dance Collection Danse Press/es.

**Alonso, Anne Marie**. 1993. *Margie Gillis: La danse des marches*. Le Noroît.

**Gélinas, Aline**, editor/rédactrice. 1993. *Les Vendredis du Corps*. Montréal: Cahiers de Théâtre Jeu/Festival international de nouvelle danse.

**Kain, Karen**, with/avec **Stephen Godfrey** and/et **Penelope Reed Doob**. 1994. *Karen Kain, Movement Never Lies: An Autobigraphy*. Toronto: McClelland and Stewart.

**Tembeck, Iro**. 1994. *Dancing in Montreal*. Studies in Dance History, Volume 22. Madison: Society of Dance History Scholars.

**Barras, Henri**. 1995. *Ginette Laurin, chorégraphe*. Montréal: éditions Mnemosyne.

**Bélanger, Nicole** and/et **Claire Bouchard**. 1995. *La musique en mouvement, 1946-1990*. Chicoutimi: Les Éditions Vivat.

**Brillarelli, Livia**. 1995. *Cecchetti: A Ballet Dynasty*. Toronto: Dance Collection Danse Press/es.

**Brochu, Yvan**. 1995. *Anik Bissonnette, danseuse de ballet et Pat le Pou*. Montréal: Éditions Héritage, collection En plein coeur.

**Carpenter, Bernadette**. 1995. *Spotlight Newsletters, 1951-1956*. Toronto: Dance Collection Danse Press/es.

**Febvre, Michèle**. 1995. *Danse comtemporaine et théâtralité*. Paris.

**Simard, François-Xavier**. 1995. *Milenka*. Vents d'ouest.

**Warner, Mary Jane**. 1995. *Toronto Dance Teachers 1825-1925*. Toronto: Dance Collection Danse Press/es.

**Gaston, Anne-Marie**. 1996. *Bharata Natyam: From Temple to Theatre*. New Delhi: Ajay Kumar Jain, Manohar Publishers and Distributors.

**Macpherson, Susan**, editor/rédactrice. 1996. *Dictionary of Dance: Words, Terms and Phrases*. Toronto: Dance Collection Danse Press/es.

**Neufeld, James**. 1996. *Power to Rise: The Story of the National Ballet of Canada*. Toronto: University of Toronto Press.

**Oliphant, Betty**. 1996. *Miss O: My Life in Dance*. Winnipeg: Turnstone Press.

**Windreich, Leland**, editor/rédacteur. 1996. *Dancing for de Basil - Letters to her Parents from Rosemary Deveson*. Toronto: Dance Collection Danse Press/es.

**Elton, Heather**, editor/rédactrice. 1997. *Chinook Winds, Aboriginal Dance Project*. Banff: Banff Centre Press.

# FURTHER READING/OUVRAGES SUPPLÉMENTAIRES

**Macpherson, Susan**, editor/rédactrice. 1997. *101 from the Encyclopedia of Theatre Dance in Canada*. Toronto: Dance Collection Danse Press/es.

**Strate, Grant**. 1997. *China Dance Journal*. Toronto: Dance Collection Danse Press/es.

**Anderson, Carol**, editor/rédactrice. 1998. *This Passion: for the love of dance*. Toronto: Dance Collection Danse Press/es.

**Saxton, Nadine** and/et **Katherine Cornell**. 1998. *Toronto Dance Theatre 1968-1998: Stages in a Journey*. Toronto: Captus Press.

**Windreich, Leland**. 1998. *Dance Encounters: Leland Windreich Writing on Dance*. Toronto: Dance Collection Danse Press/es.

**Anderson, Carol**. 1999. *Chasing the Tale of Contemporary Dance*. Toronto: Dance Collection Danse Press/es.

**Anderson, Carol**. 1999. *Rachel Browne: Dancing Toward the Light*. Winnipeg: J. Gordon Shillingford Publishing Inc.

**Benjamin, Jacques**. 1999. *La Beauté pure en mouvement: Le premier demi-ciècle des danseurs des Grands Ballets Canadiens*. Montréal: Les Éditions carte blanche.

**Cherniavsky, Felix**. 1999. *Maud Allan and Her Art*. Toronto: Dance Collection Danse Press/es.

**Époque, Martine**. 1999. *Nouvelle Aire en Mémoires*. Montréal: Presses de l'Université du Québec.

**Lapointe, Pierre**. 1999. *Trois danseurs intrépides: Montréal 1940 et 1950*. Montréal: Les Éditions Francine Breton.

**Windreich, Leland**. 1999. *June Roper: Ballet Starmaker*. Toronto: Dance Collection Danse Press/es.

**Augustyn, Frank**. 2000. *Dancing from the Heart: A Memoir*. Toronto: McClelland and Stewart.

*The Canadian Encyclopedia*. 2000. CD ROM. McClelland and Stewart.

**Macpherson, Susan**, editor/rédactrice. 2000. *The Encyclopedia of Theatre Dance in Canada/Encylopédie de la Danse Théâtrale au Canada*. Toronto: Dance Collection Danse Press/es.

**Pepper, Kaija**. 2000. *Dancing in Vancouver, 1880-1920*. Toronto: Dance Collection Danse Press/es.

**Smith, Cheryl**. 2000. *Stepping Out: The Emergence of Professional Ballet in Canada 1939-1962*. Doctoral Thesis/Thèse de doctorat. University of Toronto.